U0906353

中華大藏經編輯局編

# 中華大藏經

漢文部分

五三

中華書局

圖書在版編目(CIP)數據

中華大藏經:漢文部分. 第53册/《中華大藏經》編輯局編. —北京:中華書局,1984.4(2023.8 重印)
ISBN 978-7-101-00950-7

Ⅰ.中… Ⅱ.中… Ⅲ.大藏經 Ⅳ.B941

中國版本圖書館 CIP 數據核字(2016)第 050268 號

內封題簽:李一氓
裝幀設計:伍端端

中華大藏經(漢文部分)

第五三册

《中華大藏經》編輯局 編

*

中華書局出版發行
(北京市豐臺區太平橋西里 38 號 100073)
http://www.zhbc.com.cn
E-mail:zhbc@zhbc.com.cn
北京建宏印刷有限公司印刷

*

787×1092 毫米 1/16 · 63 印張 · 2 插頁
1984 年 4 月第 1 版 2023 年 8 月第 4 次印刷
定價:600.00 元

ISBN 978-7-101-00950-7

# 中華大藏經(漢文部分)

## 第五十三册目録

千字文編次 丙——極

丙

一一四一 經律異相二十一——五十卷

梁沙門僧旻寶唱等集

卷二一(金藏廣勝寺本) 一
聲聞現行惡行僧部 一
調達與佛結怨之始一 一
調達欲害佛及佛弟子二 一
調達博學兼脩神足止要利養三 二
調達拘迦利更相讃歎四 三
調達就佛索衆不得翻失眷屬五 三
調達先身爲野狐六 四
調達欲侵陵拘夷身入地獄七 五
提婆達多昔爲野干破瓶喪命八 五
提婆達多昔爲獼猴取井中月九 五
提婆達多先身殺金色師子十 六
提舍等四比丘受罪輕重十一 六
善星比丘違反如來謗無因果十二 七
校勘記 八
卷二二(金藏廣勝寺本) 一一
聲聞無學沙彌僧部第十一 一一
雙德雙福二沙彌遇佛成道一 一一
須陁耶在塜生長遇佛得道二 一二
均提沙彌出家并前身因緣三 一三
沙彌救蟻延壽精進得道四 一三
沙彌推師倒地而亡以無惡心精進得道五 一三
沙彌早夭生天失善師友憤念詣佛得
分別聖諦六 一四
純頭沙彌爲鬼所敬用須跋外道自然降伏七 一四
沙彌隨聖師入山得四通知爲五母所痛念八 一五
沙彌護戒捨所愛身九 一五
沙彌於龍女生愛遂生龍中十 一六
沙彌愛酪即受虫身十一 一七
校勘記 一七
卷二三(金藏廣勝寺本) 二〇
聲聞無學學尼僧部第十二 二〇

目録


跋陀羅自識宿命遇佛成道一 二〇
叔離以氎裹身而生出家悟道二 二一
跋陀迦毘羅爲王所逼其心無染三 二二
華色得道後卧婆羅門竊行不淨四 二二
蓮華婬女見化人聞説法意解五 二三
五百婆羅門女聞法開悟六 二三
婆羅門尼請優陀夷慢不聞法七 二四
差摩蓮華遇强暴人脱眼獲免八 二四
毘低羅先慳貪從佛受化悟道九 二四
婆四吒母喪子發狂聞法得道十 二六
孤獨母女爲王所納出家悟道十一 二六
尸利摩忘飢贍僧十二 三〇
暴志前生爲鷲婦十三 三〇
暴志謗佛十四 三〇
校勘記 三一
卷二四 （金藏廣勝寺本） 三六
轉輪聖王諸國王部第一 三六
劫初人王始原一 三六
大王致輪之初二 三六
金輪王王化方法三 三七
燈光金輪王捨臂四 三八
蓋事金輪王有大利益五 三九
轉輪王爲半偈剜身然千燈六 四一
摩調金輪王捨國學道七 四二
無諍念金輪王請佛僧八 四二
堅固金輪王失輪出家九 四三
文陀竭金輪王遊四天下十 四四
頂生金輪王愛别離苦十一 四五
阿育四分王始終造業十二 四六
校勘記 四八
卷二五 （麗藏本） 五三
行菩薩道上諸國王部第二 五三
虔闍尼婆梨王爲聞一偈剜身以然一千燈一 五三
毘楞竭梨王爲請一偈以釘釘身二 五三
大光明王捨頭施婆羅門三 五三
尸毘王割肉代鴿四 五四
慧燈王好施捨身血肉五 五五
大力王好施不惜肌體六 五六
慈力王刺血施五夜叉七 五六
須陀須摩王爲鹿足王所負聽還布施

事畢獲免八　五七
薩惒檀王以身施婆羅門作奴九　五七
衞樓婆王爲聞一偈捨所愛妻子十　五八
善宿王好施令鬼王移信十一　五八
校勘記　五九
卷二六（金藏廣勝寺本）　六二
行菩薩道下諸國王部第三　六二
惒黑王因母疾悟道大行惠施一　六二
二王以袈裟上佛得立不退之地二　六三
薩和達王布施讓國後還爲王三　六三
日難王棄國學道濟三種命四　六五
仙豫王護法殺婆羅門五　六六
普明王誦般若偈得免斑足王害六　六六
阿闍貰王從文殊解疑得於信忍七　六六
大光明王始發道心八　六八
多福王事梵志增福太子奉佛兩師角術九　六九
校勘記　六九
卷二七（金藏廣勝寺本）　七三
行聲聞道上諸國王部第四　七三
波羅奈王得辟支佛一　七三
月氏王造三十二塔成羅漢道二　七三
摩訶劫賓寧王伐舍衛遇佛得道三　七三
有德王擁護弘法法師失命爲佛弟子四　七四
功德莊嚴王請佛得道五　七五
藍達王因目蓮悟道六　七五
普安王化四王聞法得道七　七六
婆羅門王捨於國俸布施得道八　七八
摩達王從羅漢聞法得道九　七八
乾陀王捨外習内得須陀洹道十　七八
普達王遇佛得道十一　七九
校勘記　八〇
卷二八（金藏廣勝寺本）　八四
行聲聞道中諸國王部第五　八四
横與賞調爲姦臣所害鬼復爲王一　八四
感佛聞法得須陀洹道二　八五
波斯匿王後園生自然甘蔗粳米三　八六
波斯匿王請佛解夢四　八六
波斯匿王求贖女命五　八七
波斯匿王遊獵得末利夫人六　八七
好信王發願灌佛七　八八

書域藥王請僧佛八　八八
瓶沙王有四種畏九　八八
瓶沙王樂食而死生四天王天十　八九
瓶沙王與弗迦沙王親厚更獻珎異十一　九〇
赤馬天子問佛無生死處十二　九〇
多智王佯狂免禍十三　九〇
校勘記　九一
卷二九　（金藏廣勝寺本）　九五
行聲聞道下諸國王部第六　九五
鏡面王欲起新殿一　九五
不梨先泥王請佛解夢二　九六
惡少王遶塔散冠三　九六
難國王因兒婦得解四　九七
阿質王從佛生信五　九八
優填王請求治化方法六　九九
優填王惑於女人射其正后矢不能傷七　一〇〇
檀那王國遭暴水虵遶其城爲二比丘所救八　一〇〇
國王酒獵聞之脩福九　一〇〇
國王臨死藏珠髻中十　一〇〇
有王遇伐不拒十一　一〇〇
國王試一智臣十二　一〇一
驢首王食雪山藥草得作人頭十三　一〇一
不眠王殺睡左右十四　一〇一
校勘記　一〇二
卷三〇　（金藏廣勝寺本）　一〇五
諸國王夫人部　一〇五
阿育王夫人受八歲沙彌化一　一〇五
王后生肉棄水遂生二子爲毘舍離人種二　一〇六
拘藍尼國王后悟法三　一〇六
末利夫人持齋四　一〇七
優達那王妻學道生天五　一〇七
國王大夫人與一賢者共王造寺六　一〇八
校勘記　一〇九
舍
卷三一　（金藏廣勝寺本）　一一二
行菩薩道長上諸國太子部上　一一二
乾陀尸利國王太子投身餓虎遺骨起塔一　一一二
曇摩鉗爲法燒身火坑變爲花池二　一一三
忍辱爲父殺身三　一一四

智止以血肉施病比丘四　一一四
月光破身出血髓以救病人五　一一四
須闍提太子割肉供父母命六　一一四
須大拏好施爲與人白象詰擯山中七　一一六
祇域爲㮈女所生捨國爲醫八　一一九
校勘記　一二四
卷三二（金藏廣勝寺本）　一三二
能施王子入海採寶緣一　一三二
善友好施求珠喪眼還明二　一三四
長生欲報父怨後還得國三　一三八
遮羅國儲形醜失妃運智還得四　一三九
慕魄不言被埋後言得脩道五　一四〇
薩埵王子捨身六　一四二
人藥王子救疾七　一四二
有一王子聞宿命事怖求以還佛八　一四三
無畏王子耆婆學術九　一四三
校勘記　一四四
卷三三（麗藏本）　一四九
學聲聞道諸國太子部下　一四九
均隣儒悟世無常得羅漢道一　一四九
帝須出家得羅漢道二　一四九
祇陀太子捨五戒行十善請佛聞法得初道果三　一五二
鳩那羅失肉眼得慧眼四　一五二
諸太子問佛已等有出家者佛出所更皆悉悟道五　一五六
最勝王子植德堅固終不可移六　一五七
校勘記　一五七
卷三四（金藏廣勝寺本）　一六一
諸國王女部　一六一
波羅奈王女金色女求佛爲夫一　一六一
波斯匿王女金剛形醜以念佛力立改妹顏二　一六二
波斯匿王女喪婿更於樹下復得後夫三　一六二
安息國王女先從狗來四　一六三
波羅奈國王七女與帝釋共語五　一六三
波斯匿王女金剛爲火所焚六　一六四
國王女見水上泡起無常想七　一六五
摩闍尼爲婆羅門所嫉八　一六五
王女狗頭感捕魚師述婆伽九　一六六

校勘記 一六七

卷三五（金藏廣勝寺本） 一七〇

得道長者部上 一七〇

寶稱出家見佛悟道一 一七〇

守籠那足下生毛苦行得道二 一七一

最勝難降染化成道三 一七一

福增百歲出家見其本骸心曉見道四 一七一

須達多崎嶇見佛時獲悟道五 一七三

須達七貧後得食併奉佛僧倉庫自滿六 一七三

最勝魔嬈不移七 一七三

中日爲佛作毒飯火坑自皆變滅八 一七四

辯意請佛僧有二乞兒一死一爲王九 一七四

曇摩留友先身爲大魚十 一七五

慳長者入海婦施佛絹衆商皆死唯己獨存十一 一七五

毘羅陀請佛僧食而庫藏自滿十二 一七五

婆世躓染欲危身爲目連所救十三 一七五

長者新生一子即識本緣求母請佛甘味自下十四 一七六

阿那邠邸七子爲財受戒聞法離垢十五 一七六

校勘記 一七七

卷三六（金藏廣勝寺本） 一八一

雜行長者部下 一八一

流水救十千魚一 一八一

樹提伽身生人中受天果報二 一八三

迦羅越手能雨寶三 一八三

迦羅越以飽食施鳥令出腹中珠四 一八四

忽起經暫貧客作設會即獲華報五 一八四

無耳目舌先世因緣六 一八五

音悅今身受先世四種報七 一八六

鳩留飢遇樹神因得信解八 一八七

日難財富巨億慳惜不施後世貧盲九 一八七

長者發菩薩心將諸貧人取得珎寶十 一八八

長者後貧舉財供施耕遇千鼎用之不盡十一 一八八

香身長者婦爲國王所奪十二 一八八

長者婦懷妊口氣香十三 一八八

慳財生號哭地獄十四 一八九

以擣衣石施人起塔生天十五 一八九

須達三子事窮方信十六 一八九

| | |
|---|---|
| 須檀子貪財殺第十七 | 一八九 |
| 犁耆彌第七兒婦生三十卵卵出一男十八 | 一八九 |
| 癡子賣香遲燒之爲炭以求速售十九 | 一九〇 |
| 校勘記 | 一九〇 |
| 卷三七（麗藏本） | 一九五 |
| 優婆塞部 | 一九五 |
| 沙門億耳入海見地獄一 | 一九五 |
| 優婆塞持戒鬼代取花二 | 一九七 |
| 優婆塞爲王厨吏被逼殺害指現師子三 | 一九八 |
| 優婆塞被魔試四 | 一九八 |
| 清信士嫁女與事鬼家五 | 一九八 |
| 清信士始精進未懈後生慚愧鬼不能害六 | 一九八 |
| 清信士臨亡夫妻相愛生爲婦鼻中虫七 | 一九八 |
| 薄拘羅持一戒得五不死報八 | 一九九 |
| 持戒誦經續明供養鬼不能害九 | 一九九 |
| 執持求還佛戒口中諸鬼出打其身十 | 一九九 |
| 不信罪福夢鬼取之令其受戒後壽百 | |
| 年十一 | 二〇〇 |
| 家有六人割口施僧同受富樂十二 | 二〇〇 |
| 有人路行遇見三變身行精進十三 | 二〇〇 |
| 有人命終十日還生述所經見十四 | 二〇〇 |
| 校勘記 | 二〇一 |
| 卷三八（金藏廣勝寺本） | 二〇五 |
| 優婆夷部 | 二〇五 |
| 優波斯那割肉救病比丘一 | 二〇五 |
| 阿凡和利至心請佛庫中自然倫二 | 二〇六 |
| 蘇曼女產十卵卵成一男并其往緣三 | 二〇六 |
| 孤母喪子遇佛慈誘厭愛得道四 | 二〇七 |
| 婦人喪失眷屬心發狂癡五 | 二〇七 |
| 提韋婆羅門女無子自梵遇辯才沙門 | |
| 聞法悟解六 | 二〇七 |
| 女人懷妊願得出家母子爲道皆得成立七 | 二〇八 |
| 難陀燃燈聲聞神力共不能滅八 | 二〇八 |
| 善信女少悟無常秉志清白爲天帝所試九 | 二〇九 |
| 校勘記 | 二一〇 |
| 卷三九（金藏廣勝寺本） | 二一三 |
| 外道仙人部 | 二一三 |
| 外道立異見原由一 | 二一三 |
| 六師共誓伺欲降佛累遣覘觀皆從佛化二 | 二一四 |
| 六師與佛弟子捔道力三 | 二一四 |

以鑱鑱腹頭上戴火自顯雄異四 二一五
智幻國人事烏與孔雀五 二一五
富蘭迦葉與佛捔道不如自盡六 二一五
羼提仙人脩忍行慈爲迦利王所割截七 二一六
螺文仙人造書風雨不能飄侵八 二一六
四仙人得道緣九 二一六
仙人失通生惡道十 二一七
仙人見聞女人聲色失其神通十一 二一七
化足手著王女生愛後興惡念墮墜阿
鼻十二 二一七
提波延那聞舍芝聲起愛十三 二一八
雪山仙人與虎行欲生十二子十四 二一八
撥劫仙人見王女發欲失通十五 二一八
獨角仙人情染世欲爲婬女所騎十六 二一九
校勘記 二二〇
卷四〇 (金藏廣勝寺本) 二二四
梵志部 二二四
超術師又從定光佛請記一 二二四
寶海梵志述其所夢二 二二五
須項梵志聞法憂解三 二二六
摩因提梵志將女妻佛四 二二七
梵志喪兒從閻羅乞活詣佛得道五 二二七
梵志諂施比丘說一偈能消六 二二七
梵志奉佛鉢蜜衆食不減施水中衆生七 二二八
梵志遠學值五無反復八 二二八
梵志兄弟四人同日命終九 二二九
梵志棄端正婦於樹上愛著鄙婢後悔
無益十 二二九
梵志夫婦採花失命佛爲說其往事十一 二三〇
梵志失利養殺女人謗佛十二 二三〇
校勘記 二三一
傍
卷四一 (金藏廣勝寺本) 二三四
婆羅門部 二三四
檀膩鞞身獲諸罪一 二三四
阿耆尼達多在胎令母能論議二 二三五
鷄頭以身質錢欲飯佛僧帝釋所助乃
及於王三 二三六
老乞婆羅門誦佛一偈兒子還相供養四 二三六
散若學射得妻五 二三七

目録


婆羅門納施佛得聞記六 二三七
婆羅門以餅奉佛聞法得道七 二三七
拔抵婆羅門瞋失弟子生惡龍中爲佛所降八 二三八
婆羅門入定三百餘年九 二三八
婆羅門兒婦信向見其後報十 二三八
婆羅門從佛意解十一 二三九
婆羅門持一齋不全生爲樹神能出飲食施諸餓者十二 二三九
婆羅門夫婦吞金錢爲粮身壞人取爲福即得道迹十三 二三九
婆羅門生美女佛言不好十四 二三九
大黐與瓦師子爲善知識共相勸信十五 二四〇
婆羅門婦事佛爲婿所患投河水竭婿方醒悟十六 二四一
校勘記 二四一
卷四二（金藏廣勝寺本） 二四五
居士部 二四五
琝茶財食自長聞法悟解一 二四五
郁伽見佛其醉自醒受戒以妻施人二 二四五
魚身得富緣三 二四六
闍梨兄弟以法獲財終不散失四 二四六
居士子大意以求明月珠五 二四六
校勘記 二四八
卷四三（金藏廣勝寺本） 二五一
估客部 二五一
波利得海神瓔珞上王王及夫人共以獻佛一 二五一
善求惡求採寶經飢樹出所須二 二五二
師子有智免羅刹女三 二五二
彌蓮持齋得樂踰母燒頭四 二五四
優波斯納兄妻後悔爲道兄射殺弟矢反自害五 二五四
薩薄然臂濟諸賈客六 二五五
薩薄欲買取五戒羅刹不能得侵七 二五五
商人共鵠生子子皆得道八 二五五
衆賈飢渴天人指間降八味水九 二五六
商人驅牛以贖龍女得金奉親十 二五六
賈客爲羅刹所縛十一 二五七
賈客採寶救將死人十二 二五七

二賈客採寶貪者没命廉者安全十三　二五七
賈人害侣獨取珎寶大哀殺此兇人十四　二五八
五百賈人值摩竭魚稱佛獲免十五　二五八
賈人爲友逼飲酒犯戒父母擯出遠國
尚爲鬼所畏十六　二五八
校勘記　二六〇
卷四四（麗藏本）　二六六
男庶人部上　二六六
颰陀以化城請佛及見佛欲滅化不能一　二六六
阿難邠坻井出珎寶二　二六七
賢直竊珠不欺獲賜三　二六七
慈羅放鷩後遇大水還濟其命四　二六七
千那傭畫得金設會爲婦所訟五　二六八
神識還摩娑故身之骨六　二六八
木巧師與畫師相誑七　二六八
醫治王病差獲王報殊常八　二六八
破齋猶得生天九　二六九
耕夫施僧一訶梨勒果後生爲兩國太子十　二六九
供養沙門心有善惡獲報不同十一　二六九
舅甥共盗甥黠慧後得王女爲妻十二　二六九
羅閲國男子與耆闍崛國女人宿世有
緣十三　二七〇
夫婦約不先語見偷取物夫能不言十四　二七一
婦人鼻醜夫割他好者以易之十五　二七一
賃人善解鳥語十六　二七一
溺人憑風獲全附鸕鷀須命十七　二七一
有人買智慧得免大罪十八　二七一
有人張鬼免害十九　二七二
有人爲兩婦所惡以至於死二十　二七二
有人遠求仙水主人惡心使登樹得仙
二十一　二七二
有人使鬼得富後害其兒二十二　二七二
有人富王責條疏已用物王乃覺悟二十三　二七二
有人爲罪王令割肉五斤二十四　二七二
有二人共誓以胎中兒共爲婚姻二十五　二七三
大姓二兒大子失財被念小子得財獲
罪二十六　二七三
三人共施僧一錢後身獲自然之金二十七　二七三
貧人供僧僧報致富二十八　二七四
貧人得伏藏爲王所治二十九　二七四

貧人買斧不識是寶三十　二七四
貧老夫妻三時懈怠三十一　二七四
窮人違樹神誓還爲樹枝所殺三十二　二七四
人遇象逐墮深谷際天降甘露遂得昇
天三十三　二七五
五百幼童聚沙興塔命終生天三十四　二七五
童子施佛豆生天後作轉輪王三十五　二七六
牧牛小兒取花上佛牛觸而死即生天
上三十六　二七六
小兒先身以三錢施今解鳥語遂得爲
王三十七　二七六
諸劫分物不識好者三十八　二七六
校勘記　二七七
卷四五（金藏廣勝寺本）　二八四
女庶人部下　二八四
長髮女人捨髮供養佛一　二八四
獨母見沙門神足願後生百兒二　二八四
母人懷妊遇佛願以兒爲道三　二八五
老母慳病時見地獄婢行善覩有天堂四　二八五
母人爲比丘起屋壽終生天手出衆物五　二八六
母二兒溺死哭知浮者六　二八六
婦人化婿户上懸鈴使聞聲稱佛後免
地獄七　二八六
瞻婆女人身死闍維於火中生子八　二八六
摩那祇女懷杅謗佛地即震裂身陷地獄九　二八七
婬盪婦人苦一沙門沙門心至火變爲水十　二八七
童女火氣入身懷妊生端正子十一　二八七
女人懷妊口常誦經生兒多智爲衆人
所宗十二　二八八
女人懷妊生四種異物十三　二八八
女人心緣丈夫誤繫兒入井十四　二八八
換貸自取多還少命終爲犢十五　二八九
青衣割食施辟支佛立改醜顔得爲夫
人十六　二八九
醜婦臨水見他影謂其端正十七　二八九
校勘記　二九〇
卷四六（金藏廣勝寺本）　二九四
鬼神部　二九四
阿修羅第一　二九四
乾闥婆第二　二九六

緊那羅第三 二九六
雜鬼神第四 二九六
校勘記 三〇三
卷四七 （金藏廣勝寺本） 三〇八
雜獸畜生部上 三〇八
師子第一 三〇八
象第二 三一一
馬第三 三一三
牛第四 三一三
驢第五 三一四
狗第六 三一四
鹿第七 三一六
駱駝第八 三一七
野狐第九 三一八
狼第十 三一八
獼猴第十一 三一八
兔第十二 三二〇
猫狸第十三 三二一
鼠第十四 三二一
校勘記 三二一
卷四八 （金藏廣勝寺本） 三三一
禽畜生部中 三三一
金翅第一 三三一
千秋第二 三三二
雁第三 三三二
鶴第四 三三二
鴿第五 三三二
雉第六 三三三
烏第七 三三三
虫畜生部下 三三四
龍第一 三三四
蛇第二 三三五
龜第三 三三六
魚第四 三三六
蛤第五 三三七
穀賊第六 三三七
虫第七 三三七
虱第八 三三八
校勘記 三三八
卷四九 （金藏廣勝寺本） 三四六

地獄部上 三四六
閻羅王等爲獄司往緣一 三四六
閻羅王三時受苦二 三四六
閻羅王問罪人三 三四六
十八地獄及獄主名字四 三四七
三十地獄及獄主名字五 三四七
五官禁人作罪六 三四七
始受地獄生七 三四七
應生天墮地獄臨終有迎見善惡處八 三四七
八王使者於六齋日簡閲善惡九 三四八
寒熱邊地地獄十 三四八
金剛山間八大地獄各有十六小獄十一 三四九
金剛山間別有十地獄十二 三五一
校勘記 三五二
卷五〇（麗藏本） 三五七
地獄部下 三五七
阿鼻地獄受諸苦相一 三五七
十八小地獄各有十八獄圍繞阿鼻二 三五八
六十四地獄舉因示苦相三 三六三
五大地獄示受苦相四 三六六
校勘記 三六六
啟
一一四二 陀羅尼雜集十卷
未詳撰者今附梁録
卷一（金藏廣勝寺本） 三七二
校勘記 三七九
卷二（麗藏本） 三八一
校勘記 三八九
卷三（金藏廣勝寺本） 三九二
校勘記 四〇二
卷四（麗藏本） 四〇五
校勘記 四一六
卷五（金藏廣勝寺本） 四一八
校勘記 四二五
卷六（金藏廣勝寺本） 四二七
校勘記 四三六
卷七（麗藏本） 四三七
校勘記 四四六
卷八（麗藏本） 四四九
校勘記 四五七

卷九　（金藏廣勝寺本）　四五九
校勘記　四六六
卷一〇　（金藏廣勝寺本）　四六八
校勘記　四七五
甲
一一四三　諸經要集二十卷
西明寺沙門釋道世集
卷一　（金藏廣勝寺本）　四七六
三寶部第一　四七六
校勘記　四八八
卷二　（金藏廣勝寺本）　四九一
校勘記　五〇七
卷三　（金藏廣勝寺本）　五一一
敬塔部第二　五一一
攝念部第三　五二〇
校勘記　五二四
卷四　（金藏廣勝寺本）　五二八
入道部第四　五二八
唄讚部第五　五三三
香燈部第六　五三六
校勘記　五四四
卷五　（金藏廣勝寺本）　五四八
受請部第七　五四八
校勘記　五六〇
卷六　（金藏廣勝寺本）　五六四
受齋部第八　五六四
破齋部第九　五六六
富貴部第十　五六九
貧賤部第十一　五七四
校勘記　五八〇
卷七　（金藏廣勝寺本）　五八五
獎道部第十二　五八五
校勘記　五九九
卷八　（金藏廣勝寺本）　六〇三
報恩部第十三　六〇三
放生部第十四　六〇八
興福部第十五　六一三
校勘記　六二〇
卷九　（金藏廣勝寺本）　六二五
擇交部第十六　六二五

思愼部第十七 六三三
校勘記 六三八
卷一〇（金藏廣勝寺本） 六四三
六度部第十八 六四三
校勘記 六六四
帳
卷一一（金藏廣勝寺本） 六七〇
業因部第十九 六七〇
校勘記 六七八
卷一二（麗藏本） 六八〇
欲蓋部第二十 六八〇
四生部第二十一 六八五
校勘記 六九五
卷一三（金藏廣勝寺本） 七〇〇
受報部第二十二 七〇〇
校勘記 七一三
卷一四（金藏廣勝寺本） 七一七
十惡部第二十三 七一七
校勘記 七三二
卷一五（金藏廣勝寺本） 七三八
十惡部之二 七三八
校勘記 七五一
卷一六（金藏廣勝寺本） 七五五
詐僞部第二十四 七五五
憍慢部第二十五 七六二
校勘記 七六六
卷一七（麗藏本） 七六九
酒肉部第二十六 七六九
占相部第二十七 七七九
校勘記 七八四
卷一八（麗藏本） 七八七
地獄部第二十八 七八七
校勘記 八〇〇
卷一九（金藏廣勝寺本） 八〇四
送終部第二十九 八〇四
校勘記 八一七
卷二〇（麗藏本） 八二二
雜要部第三十 八二二
校勘記 八三六
楹

一一四四　出三藏記集一——十卷
釋僧祐撰
卷一（麗藏本）　八四〇
校勘記　八四六
卷二（金藏廣勝寺本）　八四九
校勘記　八六〇
卷三（麗藏本）　八七一
校勘記　八七八
卷四（金藏廣勝寺本）　八八一
校勘記　八九六
卷五（金藏廣勝寺本）　九〇三
校勘記　九一〇
卷六（金藏廣勝寺本）　九一三
校勘記　九一九
卷七（金藏廣勝寺本）　九二三
校勘記　九三一
卷八（金藏廣勝寺本）　九三六
校勘記　九四九
卷九（金藏廣勝寺本）　九五五
校勘記　九六七
卷一〇（金藏廣勝寺本）　九七三
校勘記　九八四
中華大藏經（漢文部分）校勘凡例　九九一

# 經律異相卷第二十一 聲聞現行惡行僧部第十　丙

梁沙門　僧旻　寶唱　等集

調達與佛結怨之始一
調達欲害佛及佛弟子二
調達博學兼脩神足止要利養三
調達拘迦利更相讃歎四
調達就佛索衆不得翻失眷屬五
調達先身為野狐六
調達欲倰陵拘夷身入地獄七
提婆達多昔為野干破瓶喪命八
提婆達多昔為獼猴取井中月九
提婆達多先身殺金色師子十
提舍等四比丘受罪輕重十一
善星比丘違反如來謗無因果十二

調達與佛結怨之始一

尒時調達心念毒害誹謗如來自謂有道衆人呵之天龍鬼神釋梵四王悉共曉喻卿欲毀佛由如舉手欲擲日月調達聞之其心不改時諸比丘具以啓佛調達有何重嫌懷結乃尒佛告諸比丘調達不但今生世世如是過去世時有梵志女端正殊妙



色像第一諸梵志法假使處女與閉經者請諸同學五百之衆供養三月察其所知時五百人中一人博達而年朽耄面醜眼青父母愁憂女亦懊惱云何當為此人作婦可以怨鬼當奈之何於時遠方有一梵志年既幼少顔貌殊好聰明智慧聞彼梵志請諸同學欲處於女尋時往詣難問諸梵志等皆窮無辭五百之衆智皆不及時女父母及女見之皆大歡喜吾求女智今乃獲願年尊梵志曰吾年既老久許我女以為我妻且以服我所得施遺悉用與卿傷我年高勿相毀辱年少荅曰不可越法以從人情我應納之三月畢竟即以處女用與年少其年老者心懷毒惡即相毀辱而奪我婦世世所在與卿作怨終不相置年少梵志常行慈心彼獨懷害佛告諸比丘尒時年尊梵志今調達是年少梵志我身是也其女者瞿夷是（出生經第一卷）

調達欲害佛及佛弟子二

調達與阿闍世王共議毀佛及諸弟子

王勅國人不得奉佛時舍利弗等及波和提比丘尼等各將弟子去到他國唯佛與五百羅漢住崛山中調達至王所言佛諸弟子今已迸散尚有五百弟子在佛左右願王明日請佛入城吾當飲五百大象使醉令蹹煞之吾當作佛教化世間王聞歡喜即往請佛佛知其謀荅言大善王退而去還報調達明日食時佛與羅漢共入城門醉象鳴鼻而前唐突牆壁樹木折敗一城戰慄五百羅漢飛在空中獨有尊者阿難在邊醉象齊頭徑前趣佛佛舉五指為五師子同聲俱吼震動天地醉象伏地不敢舉頭醉解垂淚悔過王及臣民莫不欽肅世尊徐前至王殿上與諸羅漢食訖呪願王白佛言稟性不明信彼讒言興造逆惡願垂大慈恕我迷愚佛告阿闍世及諸大眾世有八事興長誹謗皆由名譽以致大罪何等為八利衰毀譽稱譏苦樂自古至今尠不為惑佛即說偈（文多不載）佛曰昔有國王喜食鴈肉常遣獵師張網捕鴈日送一鴈以



供王食時有鴈王將五百鴈飛下求食鴈王墮網為獵師所得餘鴈驚飛徘徊不去時有一鴈連翩追隨不避弓矢悲鳴吐血晝夜不息獵師見之感憐其義即放鴈王令相隨去羣鴈得王歡喜迴繞尒時獵師具以聞王王感其義斷不捕鴈時鴈王者我身是也一鴈者阿難是也五百群鴈今五百羅漢是也食鴈國王者今大王是也時獵師者今調達是前世已來恒欲害我我以大慈之力因而得濟不念怨惡自致得佛王及群臣莫不歡喜（出法句經第四卷）

調達博學兼脩神足止要利養三

昔有比丘名曰調達聦明廣學十二年中坐禪入定心不移易十二頭陀初不缺減起不淨觀了出入息世間第一法乃至頂法一一分別所誦佛經六万為載不勝後意轉退漸生惡念望人供養著世利養至世尊所頭面礼足在一面立前白佛言唯然世尊願說神足之道我聞此已當善脩行便我得神足已遊至他方處處



教化世尊告曰汝今且置神足何不學四非常義苦義空義無我之義是時調達比丘便生此念如來所以不與我說神足者恐有勝己耻在不如調達即捨如來往舍利弗所求神足道時舍利弗謂調達曰汝今且置何不脩四非常調達思惟此舍利弗智慧第一如吾觀之猶如螢火比於日月吾所誦習無與等者猶尚不解神足之道况舍利弗豈能解乎即便捨去至目連所求神足道目連語曰止止調達始行之人先學四非常復當精脩四禪尒乃得神足道耳調達恚怒此目連者自誇神足無與等者所以不與我者恐其不如我若得者已無名譽吾今處處學神足道皆不教我吾弟阿難多聞博學衆德具足吾今當往問之語阿難曰吾聞卿善解神足之道可與吾說吾得神足已遊至他方處處教化是時阿難便與說之調達聞已在閑靜處專心一意以廣入微復從微起還至於廣以心舉身以身舉心身心俱合漸漸離地初如胡

麻轉如胡挑漸離於地從地至牀從
牀至屋從屋至空在虛空中作十八
變涌没自由化作嬰孩小兒形貌端正
頭上五處面如桃華在阿闍世太子
膝上或笑或啼現嬰兒態然太子知
是調達身終日翫弄無有猒足或嗚
嗽唾或嗏其身傳左右手太子思
惟調達神足勝彼瞿曇能作無數變
化阿闍世日給五百釜食隨時供養
不令有乏尒時衆多比丘見阿闍世
供給調達具白世尊佛告諸比丘汝
等勿貪調達供養調達自陷亦陷他
人二俱墮罪如芭蕉樹愚人求實不
能剋獲竹蘆亦然駏驉懷妊二命俱
喪昔有群鷲各各孚乳鷲告其鷚
曰汝若學飛懸在虛空見地如槃慎
勿上過有隨藍風傷害於汝頭腦支
節各在異處時鷚不隨𣫭敎飛越過
量為風所吹喪命異處汝等比丘勿
興斯意比丘當知猶如羣龜告語諸
子汝等自護莫至某處彼有獵者恪
獲汝身分為五分時諸龜子不隨其
語便至某處共相歡娛便為獵者所獲

或有安隱還得歸者龜問其子汝從
何来子報父母我等相将至彼處觀
不見獵者唯覩長綖而追我後龜語
其子此綖逐汝由来久矣先祖父母
皆由此綖而致喪亡諸比丘當知猶
如蠱狐晝夜伺求大便畜獸屎橐已
自食訖復自大便調達比丘貪致供
養亦復如是昔大月支國風俗常儀
要當蘇煎麦食賭時官馬駒謂其
母曰我等與王致力不計遠近皆赴
其命然食以草茵飲以潦水馬告其
子汝等慎勿興此意羡彼蘇煎麦也
如是不久自當現驗時逼節會新歲
垂至家家縛賭投於灌湯嘷聲嘷喚
馬母告子汝等頗憶羨煎麦不欲
知證驗可往觀之諸馬駒等知之審
然方知煎御情分食草時復遇麦䴬
而不敢佛說偈言
芭蕉以實死　竹蘆實亦然　駏驉坐姙死
士以貪自喪〔出出曜經第十卷〕
調達拘迦利更相讃歎四
佛告諸比丘調達四危横相嗟嘆拘
迦利比丘讃嘆調達調達亦復嘆拘

迦利其彼二人無義無理諸比丘聞
唯然大聖覩拘迦利比丘長曰曰
依因典緣法律教以信出家横歎調
達調達嗟歎拘迦利並以非為是以
是為非佛言此輩愚騃前世亦然過
去世時黃門命過棄樗樹間時作
蠱狐烏鳥共来食肉更相讃歎烏曰
君體如師子　君頭若仙人　脂由鹿中王
善哉如好華
蠱狐讃曰
唯尊在樹上　智慧最第一　明照於十方
如積紫磨金
如是往反時大仙人言横相嗟嘆言
虛無實蠱狐者調達是烏者拘迦
利是仙人者則菩薩是〔出佛說蠱狐烏經〕
調達就佛索衆不得翻失眷屬五
調達往至世尊所頭面礼足在一面
立白佛言我觀如来顔色變易諸根
純熟年過少壯垂朽老邁唯願世尊
自閑靜室禪定自娛四部之衆願見
付授我當教戒如佛無異隨時供養
四事不乏佛曰咄愚癡人不慮後殃
舍利弗目連比丘由尚不付況汝懶

憒弊惡之人而可付授聖衆調達內興妬嫉聞世尊語倍生恚怒如來今日讚嘆舍利弗目連比丘而更輕賤小弟子要當求便喪滅師徒使此國界衆生不覩其形不聞其聲時調達比丘即從坐起礼足而退在在周章巧言為辭誑惑俗人誘得數十在在處處共相勸勉取要言之佛與大衆圍遶說法時調達告已弟子曰汝等莫聽瞿曇所說不隨正法吾有一一深經好義當以相教但求方便欲壞聖衆佛言止止調達慎勿興意壞亂聖衆後備受報其痛難忍調達固執不改知其意正佛觀過去因緣宿對知不可迴調達將五百弟子如來亦將五百弟子俱遊寶積山側菩薩門徒寬仁柔和教以正法脩持禁戒出入進止不越其序調達之衆出言麁麁語輙興恚與弟子語如怨鬬訟弟子默愚盡共捨之往就菩薩並自稱說吾有千弟子衆德具足與世殊絕誰能及者調達恚怒即發攢願此人今日誘我弟子壞我門徒正使成

經律異相卷第二十一　第十張

佛我當壞其徒衆如今無異如來觀知調達必壞聖衆定無有疑如來即從坐起捨衆而去有五事知不得壞亂衆僧一者如來目前如來威神不捨本誓故二者如來般泥洹後設有人言我今成佛逮冣正覺應當問之釋迦文佛在時汝為所在三者未曾有惡時四者比丘不覺利養五者智慧神足弟子和合如來以宿命智觀必知調達當壞亂衆僧如來即捨而去調達在後與衆說法若有衆生事我為尊承受教戒當習五法（五法文多不載）諸有比丘脩此五法者早得解脫盡有漏成無漏何假瞿曇八直行耶語舍利弗目連言吾獲大利成三界尊像如來告舍利弗目連曰吾患脊痛小欲安睡御等二人與聖衆說法調達右脅著地欲得睡寐天神强勉調達左脅在地天神復獸誰有言語鼾聲現外穢氣遠徹目連以神足力飛騰虛空作十八變坐卧經行勇没自由舍利弗告衆會人如來身神德無量具足一切智前達無窮却達無極如

經律異相卷第二十一　第十張

來法者得現法報快樂無為智者之所脩學非愚者之所習如來聖衆者五分法身皆悉成就可敬可貴承事供養為衆生良祐福田時諸比丘各生此念我等愚惑不識真正捨實就華棄本逐末今觀二賢所說世之希有我等寧可捨此調達就如來衆不亦快乎舍利弗知其心念即從坐起五百比丘皆亦相隨目連在後退隨而去瞿波離比丘以右脚蹹調達曰弊惡調達何為耽睡舍利弗目連二人將汝弟子去盡調達寤覺甚懷憂慼（出調達問佛顏色經弥沙塞律略同）

調達先身為野狐六

乃往古昔有一摩納（梁言仙人）在山窟中誦刹利書有一野狐從其左右專聽誦書心有所解作是念如我解此書語足作諸獸中王便起遊行逢一羸瘦野狐便欲殺之彼言何故煞我荅言我是獸王汝不伏我彼言願莫見煞我當隨從於是二狐便共遊行復逢一狐問荅如上如是展轉伏一切狐便以羣狐伏一切象復以象為伏一切

經律異相卷第二十一　第十一張

虎復以衆虎伏一切師子遂便擁得作獸中王復作是念我為獸王不應以獸為婦便乘白象使諸羣獸圍迦夷國數百千匝王遣使問何故如是野狐荅曰我是獸王應娶汝女若不與我當滅汝國使還白王王集臣議唯除一臣皆云應與國之所恃唯賴為馬我有為馬彼有師子為馬聞氣惶怖伏地戰必不如何惜一女而喪一國時一大臣聰鋭遠略白王言臣觀古今未曾聞見人王之女與下賤獸臣雖弱昧要煞此狐群獸散走王即問焉大臣荅言王但遣使剋期戰日從求一願令師子先戰後吼彼謂吾畏必令師子先吼後戰王至戰日當勑城內皆令塞耳王用其語然後出軍軍陣欲交野狐果令師子先吼野狐聞之心破七分便於為上墜落于地群獸散走佛說偈言

野狐憍慢盛　欲求其眷屬　行到迦夷城
自稱是獸王　人憍亦如是　現領於徒衆
在摩竭之國　法主以自号

告諸比丘尒時迦夷王者我是聰鋭七臣者舍利弗是野狐王者調達是（出野狐王事出弥沙塞律第四卷）

調達欲侵陵拘夷身入地獄七

調達在羅閱城興謀害心後事彰露時阿闍世王語調達曰汝宜出國不須住此十六大國莫不聞知調達造惡向於如來調達聞已內懷憂慼便還本國恚結所纏唐突菩薩宮內語瞿夷曰我欲拜汝為第一夫人不審聖女為可尒不瞿夷語曰前汝右手吾欲把之調達舒手使把扼腕骨碎五指血出當時迷悶良久乃蘇是時調達轉進入宮踞菩薩牀宮人見之捉擲牀下即傷左髂不堪行來轝還本舍諸釋皆嫌皆来告語汝今宜可詣佛懺悔調達聞之私設巧詐密作鐵爪害毒塗之外形柔和內懷瞋恚尒時調達憶佛所說瞿曇沙門恒陳此言有身無創瘡不為毒所害毒無奈創何無惡無所造我今當往揚如懺悔以抓摑壞其脚毒氣流溢自當取死諸人輦轝往詣世尊去三七刃語左右人下我在地吾欲步往尋下在地時勇火沸出纏裹其身將入地獄（出調達生身入地獄經）

提婆達多昔為野干破瓶喪命八

佛住王舍城是時提婆達多欲破和合僧比丘三諫而亦不止佛言過去世時波羅奈國有一婆羅門於曠野中造立義井供給行者日已向暮有羣野干来飲殘水有野干主不飲地水便內頭罐中飲水飲水已戴罐高舉撲破諸野干輩善意語之而不從受如是非一破十四罐時婆羅門伺見野干便作木罐堅固難破入易出難持著井邊捉杖伺之野干羣集王如前飲訖撲地不能令破時婆羅門捉杖来出打煞野干時野干主者今提婆達多是時羣野干者今諸比丘諫提婆達多者是（出僧祇律第八卷）

提婆達多昔為獮猴取井中月九

佛住王舍城時諸比丘為提婆達多作舉羯磨六羣比丘即同提婆達多同語同見佛告比丘過去世時於空閑處有五百獮猴遊行林中到一尼俱律樹樹下有井井有月影時獮猴

主見是月影語諸伴言月今死落乃
在井中當共出之莫令世間長夜闇
冥共作議言云何能出時獼猴主言
我知出法我捉樹枝汝捉我尾展轉
相連乃可出之時諸獼猴即如主語
展轉相捉小未至水連獼猴重樹
弱枝折一切獼猴墮井水中時獼
猴主者今提婆達多是尒時餘獼
猴者今六群比丘是 出僧祇律第八卷

提婆達多先身敘金色師子十

佛告阿難若有衆生起一悪心向三世
佛等若辟支若羅漢及著染衣人諸
沙門等獲罪無量所以者何染色之
衣是賢聖標式若能發心敬染衣人
獲福難量我由信心敬戴之故致得
成佛阿難白言昔往敬心其事云何
佛告阿難古昔無量劫此閻浮提有大
國 報恩經云波羅奈國 王名提毗領八万四千諸小
國王世無佛法有辟支佛在於山間
坐禪行道時諸野狩咸來親附有一
師子名号跡迦羅毗 梁言堅誓 軀體金色
光相煥然食菓噉草不害群生時有
獵師剃頭著袈裟内佩弓箭行於澤
中見師子睡眠 報恩經云狨比丘是 便以毒箭射
之師子驚覺即欲馳害見著袈裟便
自念言此染衣者善人標相我若害之
則為悪心向諸賢聖思惟還息箭毒
内行命在不久便說偈言

耶羅婆奢沙婆呵

說此語時天地大動無雲雨血諸天
驚愓即以天眼觀見獵師煞於師子雨
諸天花供養其屍是時獵師剥師子
皮奉提毗王時王念言經言有狩金
色必是菩薩問獵師言師子死時
有何瑞應荅言如上王聞是語悲喜
交懐信心益猛即召諸臣耆舊智人
令解是義時空林中有一仙人字奢
摩為王解說耶羅其義唯剔頭著染
衣當於生死疾得解脫婆奢沙者皆
是賢聖之相近於涅槃婆呵者當為
一切諸天世人所見敬仰於時仙人解
是語已提毗歡喜即召諸王悉集此
處作七寶車張師子皮表示一切悉
共敬戴燒香散花而以供養後復打
金為棺威師子皮以用起塔尒時師
子由發善心向染衣人十億万劫作



轉輪聖王佛告阿難時師子者我
身是時國王者今弥勒是時仙人者
今舍利弗是時獵師者今提婆達多
是 出賢愚經第十三卷

提舍等四比丘受罪輕重十一

婆伽婆在舍衛城祇樹給孤獨園生
諸比丘有四大泥犂一提舍大泥犂
身出火炎長二十肘二瞿波梨大泥
犂身出火炎長三十肘三調達大泥
犂身出火炎長四十肘四末佉梨大
泥犂身出火炎長六十肘諸有人民欲
求安隱獲其義者若二十大海水灌
彼身上彼海水盡火故不滅猶如融
銅若有人以二十海渧水澆融銅水
渧速滅提舍比丘火炎不滅若復有
人欲求安隱獲其義者復以二十大
海水灌其身上彼水速盡提舍比丘
愚人遮比丘僧使一日不得食使提
舍比丘入大地獄瞿波離比丘有人
欲使安隱獲其義者以大海水灌其
身上彼海水速盡辟如二日所融銅
或有一人以三十海水著融銅中消
盡瞿波離比丘愚人或有人起欲使

獲安隱義者以三十大海水灌其身上大海水速盡瞿波離比丘愚人謗舍利弗目揵連比丘身壞命終生三惡道墮鉢頭摩地獄瞿波離比丘入大泥梨調達大泥梨若復有人欲使獲安隱義者復以四十大海水灌其身上彼大海速盡彼火不滅辟如三日所融銅若有人以四十渧水着融銅中即時消盡無餘調達愚人若有人起欲使獲安隱義以四十大海水灌其身上彼大海水速盡彼火不滅所以然者調達愚人欲害如来殺阿羅漢比丘尼壞亂比丘僧身壞命終三惡道生阿鼻地獄調達比丘入大地獄身出火炎長四十肘諸有比丘彼末佉梨七泥梨若有一人欲使安隱以六十大海水灌其身上海水速盡彼火不滅辟如四日所融銅若有人以六十渧水着融銅中即時消盡末佉梨亦復如是以六十大海水灌其身上大海水速盡此火不滅此末佉梨愚人教受百物梨人使行邪見（出四泥梨經）



善星比丘違反如来謗無因果十二

佛言我於一時住王舍城善星比丘為我給使我於初夜為天帝釋說諸法要弟子之法應後師眠尒時善星以我久坐心生惡念時王舍城小男小女若啼不止父母則語汝若不止當將汝付薄拘羅鬼尒時善星反披拘執而語我言速入禪室薄拘羅来帝釋言世尊如是人等亦復得入佛法中耶我言亦有佛性當得無上菩提我雖為是善星說法而彼都無信受之心我在迦尸國尸婆富羅城善星為我給使我入城乞食無量衆生虛心渴仰欲見我跡善星隨後毀滅既不能滅而令衆生生不善心我入城已於酒家舍見一尼乹撲脊蹲地飡食酒糟善星言世間若有阿羅漢者是人冣勝何以故是人所說無因無果我言癡人汝常不聞阿羅漢者不飲酒不害人不欺誑不盜婬如是之人殺害父母食噉酒糟云何而言是阿羅漢是人捨身必定當墮阿鼻地獄阿羅漢者永斷三惡云



何而言是阿羅漢善星即言四大之性猶可轉易欲令是人必墮阿鼻無有是處我言癡人汝常不聞諸佛如来誠言無二我雖為說法而無信受之心善男子我與善星住王舍城有一尼乹名曰苦得常作是言衆生煩惱無有因緣衆生解脫亦無因緣善星言世間若有阿羅漢者苦得為上我言癡人苦得尼乹實非羅漢不能解了阿羅漢道善星復言何故羅漢於阿羅漢而生妬嫉我言癡人我於羅漢不生妬嫉而汝自生惡邪見耳若言苦得是羅漢者却後七日當患宿食腹痛而死生於食吐鬼中其同學輩當轝其屍置寒林中善星即語尼乹長老好善思惟作諸方便當令世尊墮妄語中苦得斷食從初一日乃至六日滿七日已便食黑蜜復飲冷水腹痛而終同學轝屍置寒林中即作食吐餓鬼之形在其屍邊善星至寒林中見苦得身善星語言大德死耶苦得荅言我已死矣云何死耶荅言因腹痛死誰出汝屍荅言同學

出置何處荅言癡人汝今不識是寒林耶得何等身荅言我得食吐鬼身善星言世尊苦得尼乾生三十三天我言癡人阿羅漢者無有生處云何而言苦得生於三十三天如來與迦葉往善星所善星遥見生惡邪心生身陷入隨阿鼻獄譬如有人没圊廁中有善知識以手挽之若得首髮便欲拔出久求不得尒乃息意我亦如是求覓善星微少善根便欲拔濟終日求之乃至不得如毛髮許是故不得拔其地獄出大涅槃經第三十七卷

經律異相卷第二十一

經律異相卷第二十一

校勘記

一　底本，金藏廣勝寺本。

一　一頁中一行「聲聞現行惡行僧部第十」，資、磧、普、南作「聲聞行惡行僧部第十」；徑、清作「聲聞行惡行僧部第十五」。

一　一頁中三行至一四行目録，徑無。

一　一頁中三行「結怨」，清作「結寃」。

一　一頁中一五行末字「一」，徑、清作「第一」。

一　一頁中一七行「四王」，磧作「四正」。

一　一頁中末行第一三字「殊」，資、磧、普、南、徑、清作「姝」。本頁下七行第五字同。

一　一頁下一行末字「開」，諸本（不含石，下同）作「明」。

一　一頁下五行「可以怨鬼」，資、普作「何以怨鬼」；徑、清作「何異惡鬼」。

一　一頁下一一行第六字「今」，資作「令」。

一　一頁下一三行首字「暇」，資、磧、普、南、徑、清作「假」。

一　一頁下二二行末字「二」，徑、清作「第二」。

一　二頁上一五行「敬肅」，資、磧、普、南、徑、清作「驚肅」。

一　二頁上二〇行首字「由」，磧、普、南作「曰」。

一　二頁中一〇行「調達是」，資、磧、普、南、徑、清作「調達是也」。

一　二頁中一四行末字「三」，徑、清作「第三」。

一　二頁下四行「神足者」，資、磧、普、南、徑、清作「神足義者」。又「耻在」，資、磧、普、徑、清作「耻有」。

一　二頁下二二行首字「入」，磧作「又」。

一　三頁上六行末字「鳴」，磧、普、南、徑、清作「嗚」。

一　三頁上七行第七字「傅」，資、磧、普、南、徑、清作「傳」。

一　三頁上九行「阿闍世」，資、磧、普、南、徑、清作「時阿闍世」。

一　三頁上一五行末字「鵄」，諸本作「鵤」。下同。

一　三頁上一六行首字「曰」，磧作「白」。

一　三頁上一八行第一一字「母」，麗無。

一　三頁中一行「還得」，資、磧、普、南、徑、清作「得還」。

一　三頁中六行「盂狐」，資、磧、普、南、徑、清作「野狐」。下同。

一　三頁中九行「食賭」，資作「餧猪」；磧、普、南、徑、清作「飼猪」。

一　三頁中一一行第四字「食」，資、磧、普、南、徑、清作「餉」。

一　三頁中一四行「灌湯」，諸本作「鑊湯」。又「嚁喚」，資、磧、普、南、徑、清作「嘷喚」。

一　三頁中一七行「煎御」，資、磧、普、南、徑、清作「前慫」。又末字「獲」。

一　三頁中一九行「妊死」，磧、普、南、徑、清作「護」。

一　三頁中一九行「妊死」，麗作「妊身」。

一　三頁中二一行末字「四」，徑、清作「第四」。

一　三頁下二行「長曰曰」，資、磧、普、徑作「曰」；南、清無。

一　三頁下三行「因典」，諸本作「正典」。

一　三頁下七行第一三字「烏」，資、磧、普、南、徑、清作「鳥」。一四行第一〇字同。

一　三頁下八行末字「王」，資、磧、普、南、徑、清作「生」。

一　三頁下一三行「仙人」，磧作「位人」。

一　三頁下一五行夾註左第二字「烏」，資、磧、普、南、徑、清無。

一　三頁下一六行末字「五」，徑、清作「第五」。

一　三頁下一八行「變易」，資、磧、普、南、徑、清作「變異」。

一　三頁下二〇行「自閑」，資、磧、普、南、徑、清作「自閑」。

一　四頁上六行「在周章」，資、磧、普、南、徑、清作「外周慞」。

一　四頁上一一行「但求」，資、磧、普、南、徑、清作「恒求」。

一　四頁上一九行「麁鑛」，資、磧、普、南、徑、清作「麁獷」。

一　四頁中一六行「如來」，資、磧、普、南、徑、清作「如如來」。

一　四頁中一八行「強勉」，資、磧、普、南、徑、清作「強挽」。

一　四頁中二一行「勇没」，諸本作「涌没」。

一　四頁下三行「可貴」，清作「可責」。

一　四頁下九行「退隨」，磧、普、南、徑、清、麗作「追隨」。

一　四頁下一二行「寐覺」，資、磧、普、南、徑、清作「覺寤」。

一　四頁下一三行夾註左第五字「律」，資無。

一　四頁下一四行末字「六」，徑、清作「第六」。

一　五頁上三行第四字「乘」，徑作「承」。

一　五頁上一〇行「聰銳」，資、磧、普、南、徑、清作「聰睿」。末行同。

一　五頁上一四行第三字「願」，資、磧、普、南、徑、清作「願願」。又第一三字「吾」，資、磧、普、南、徑、清作

「王」。
一　五頁中三行末字「七」，徑、清作「第七」。
一　五頁中一六行第七字「私」，清作「和」。又「鏉爪」，諸本作「鐵爪」。
一　五頁中一九行「創痏」，徑作「瘡疣」。
一　五頁中二〇行「楊如」，磧、普、南、徑、清、麗作「佯如」。
一　五頁中二一行「抓摑」，資、麗作「爪摑」；磧、普、南、徑、清作「爪指」。
一　五頁下一行「勇火」，資、磧、普、南、徑、清作「涌火」。
一　五頁下三行末字「八」，徑、清作「第八」。
一　五頁下八行「野千主」，麗作「野千王」。一五行同。
一　五頁下一四行首字「王」，資、磧、普、南、徑、清作「主」。
一　五頁下一八行末字「九」，徑、清作「第九」。
一　六頁上一行首字「主」，麗作「王」。三行第一三字、五行第一三字、八行第二字同。
一　六頁上二行末字「閒」，清作「門」。
一　六頁上一〇行末字「十」，徑、清作「第十」。
一　六頁中六行「耶羅」，磧、普、南、徑、清作「耶羅羅」。中一五行同。
一　六頁中一五行「剔頭」，徑作「剃頭」。
一　六頁下三行「提婆達多」，資、磧、普、南、徑、清作「提婆達」。
一　六頁下五行「十一」，徑、清作「第十一」。
一　六頁下一二行「義者」，諸本作「氣者」。
一　六頁下二二行「海水」，資、磧、普、南、徑、清作「滴水」。
一　七頁上二二行「百物梨人」，資、磧、普、南、徑、清作「百物利人」；麗作「百拘梨人」。
一　七頁中一行「十二」，徑、清作「第十二」。
一　七頁中八行首字「披」，徑、清、麗作「被」。
一　七頁中一六行末字「捲」，資、磧、普、南、徑、清作「踡」。
一　七頁中二〇行「欺誑」，資、磧、普、南、徑、清作「欺誑」。
一　七頁中二二行第一三字「定」，資、磧、普、南、徑、清無。
一　七頁下一七行「世尊」，資、磧、普、南、徑、清作「瞿曇」。
一　八頁上七行「阿鼻獄」，磧、普、南、徑、清作「阿鼻地獄」。
一　八頁上一二行夾註左「第三十七卷」，資、磧、普、南、徑、清作「第三十一卷」。

# 經律異相卷第二十二 聲聞無學沙弥僧部第十一

梁沙門僧旻寶唱等集

雙德雙福二沙弥遇佛成道一
須陁耶在罷生長遇佛得道二
均提沙弥出家并前身因緣三
沙弥救蟻延壽精進得道四
沙弥推師倒地而亡以無惡心精進得道五
沙弥早夭生天失善師友憤念誦佛得分別聖諦六
純頭沙弥為鬼所敬用須跋外道自然降伏七
沙弥隨聖師入山得四通知為五母所痛念八
沙弥護戒捨所愛身九
沙弥於龍女生愛遂生龍中十
沙弥愛酪即受虫身十一

## 雙德雙福二沙弥遇佛成道一

舍衛國有山民村五六十家去國五百里村中有一貧家婦懷妊十月雙生二男大端正無比父母愛之為子作字一名雙德二名雙福生五六十日其父牧牛息卧床上其母拾薪



來反此二兒共相責詰一言前時母當得道正坐愚意謂命可常退墮生死不可計劫今生此貧家萎草之物以為氈褐食飲麤惡裁自支命如此至久云何可活皆坐前世戀慕富貴放身散意快樂須臾從今以來長塗受苦如今憂惱當奈何恃怙一人答言時有小難一時之勤不竟精進而今數世遭諸惡患此是自為非父母作也但共當之復何所言父聞怪之謂呼是鬼男小未大宜當殺之父驚到田中収取樵薪欲燒殺之母還問夫用此薪何為夫說如是母聞冈然明日夫婦俱出潛聽二子相責如故便共集薪密欲燒之佛天眼見往到林中普放光明天地大動山川樹木皆作金色到雙生小兒家二兒見佛光明喜踊難量父母又驚各抱一子將至佛所問佛世尊此兒生來四五十日所說如是甚共怪之恐作禍害欲火燒之不知為是何等鬼魅也唯願解說小兒見佛踊躍歡喜佛見小兒大笑口出五色光普照天地佛告

此二小兒非是鬼魅福德之子前迦葉佛時作沙門少小共為朋友同志出家各自精進臨當得道欻起邪想共相沮敗樂世榮華恃福生天下為侯王國主長者欻起是想便自退轉不得泥洹更此生死弥連歲數常相鈎牽輙共雙生遭我世時今始乃生已曾供養佛故餘福應度生識宿命今来度之我不度者揃為火所燒即說偈言

大人體無欲　在所照然明　雖或遭苦樂
不高現其智　大賢無世事　不願子財國
當守戒慧道　不貪邪富貴　智人智動搖
譬如沙中樹　朋友志不強　隨色染其素

佛說是小兒見佛身踊如八歲兒大即作沙弥得羅漢道村人大小見佛光相又見小兒形變踊大皆大歡喜得須陁洹道父母疑解亦得法眼（出法句經第一卷）

須陁耶在冢生長遇佛得道二

有國王名曰旃陁越奉事婆羅門道領治國正亦任用之王重小夫人諸夫人憎嫉以金賜婆羅門語之於



王言其生子必為國患王聞不樂問婆羅門言當如之何荅曰唯并煞之耳王言人命之重云何可煞報言若不煞者必亡國喪身王便拉煞兒後於冢中坐其母半身不朽兒飲其湩湩即乳也乃至三年其冢崩陷其兒得出與鳥狩共戯暮即還冢中及年六歲佛念其勤苦與鳥狩同羣即化為沙門往呼問之言汝是誰家子居在何處見歡喜報言我無家居但插宿此冢中耳乞隨道人去佛言欲何為乎兒報言我今善惡終當隨道人佛便將其到祇洹中見諸比丘威儀法則意甚樂之便白佛言我欲乞作比丘佛即聽之以手摩其頭鬚自墮袈裟著身名為須陁守戒精進心不懈怠經涉七日得羅漢道佛語須陁宜度旃陁越王須陁往到其國王曰我心大憂當如之何道人言何所憂也王言我年已長過時無嗣為之愁憂道人聞王語初不應之獨笑而已王便恚言我與道人語初不荅我而更獨笑即欲煞之須陁知其意便輕舉



飛翔上住空中分身散體出入無間王見神化即悔過言我實愚癡不別真偽唯願大神一還令我得自歸命須陁即從空中下住王前謂王言若能自歸甚善當自歸於佛佛是我師三界之尊度脫衆生須陁便如申臂頃將王及人民俱到佛所歸命三尊乞受五戒為優婆塞佛具說須陁是王子王聞佛言更恐怖不能自勝佛言昔拘先屋佛世有國王号名弗舍達國中人民皆供養三尊時有凡人居貧無業常為國中富貴賃牧養數百頭牛見王及人民供養比丘僧便即問言卿等何所為乎人民荅言吾等供養三尊後常在處安樂尊貴無有勤苦即自念言我貧唯當煎牛湩為醍醐淨心上比丘耳比丘僧呪願言令汝世世得福自後展轉更歷生死輙受其福或上為諸天或下為王侯王侯時出遊獵見好牸牛懷犢殺之夫人語王莫殺其子時牛主破取子養其主恚言當令王如此牛也自後魂神為王作子時未出生母為王

所致須陁是也須陁母者是時王夫人也婆羅門者牛主是也須陁冢中生其母半身不朽得飲其湩以自長大者由其宿命以酪酥上比丘僧故王聞意解得須陁洹（出須陁越國王經）

均提沙弥出家并前身因緣三

佛在舍衛國尒時尊者舍利弗晝夜三時天眼觀視誰應度者輙往度之時有估客欲詣他國（報恩經云摩提二國中間有五百賈客）其諸商人共將一狗（報恩經云白狗）至於中路衆人疲頓息狗便盜肉於時衆人便共打狗而折其脚棄置空野捨之而去時舍利弗天眼見狗攣躄在地飢困垂死飛至狗所以食施與狗濟餘命心甚歡喜時舍利弗即為此狗說微妙法狗便命終生舍衛國婆羅門家時舍利弗獨行乞食婆羅門見而問之言尊者獨行無沙弥耶舍利弗言我無沙弥聞卿有子當用見與婆羅門曰我有一子字曰均提年既孩幼不任使命比前長大當用相與時舍利弗即戢在心至年七歲復來求之時婆羅門令兒出家舍利弗將至



祇洹漸為說法心意開解得阿羅漢（報恩經云佛言善來鬚髮自落袈裟着身）均提沙弥既始得道自以智力觀過去世見前身作一餓狗蒙和上恩今得人身并獲道果欣心內發而自念言我蒙師恩得脫諸苦今當盡身供給所須永作沙弥乃往過去迦葉佛時有諸比丘集在一處時年少比丘音聲清雅善巧讚唄有一比丘年高耆老音聲濁鈍不能經唄每自出聲而自娛樂老比丘者已得羅漢于時年少比丘而呵之言今汝長老聲如狗吠時老比丘便呼年少汝識我不年少荅曰我大識汝汝是迦葉佛時比丘上座荅言我今已得阿羅漢年少惶怖自責懺悔猶五百世中常受狗身由其出家持淨戒故今得見我蒙得解脫（出賢愚經第十三卷）

沙弥救蟻延壽精進得道四

昔有小國去城不遠有好林藪有五道士於中學道有一比丘得六神通有一沙弥年始八歲共在山中各一面坐思惟經道師知沙弥命餘七日在此亡者父母謂吾晋視不快使其



命終心懷怨恨即語沙弥汝父母思汝汝可歸家八日早來沙弥歡喜稽首而去道逢大雨流潦滂沛地有蟻孔流水欲入沙弥念曰我佛弟子一者慈心二者活生即便土壅决水令去沙弥歸家無有他變八日晨還師適見之怪其所以七日應亡今何因緣將無鬼神化現來乎即入三昧見其救蟻現世延壽沙弥至稽首作礼於一面坐師謂言汝作大功德為自知不沙弥言七日在家無他功德師言汝命應盡昨日以救蟻故現世增壽八十餘年沙弥歡喜信善有報即更勤脩精進不懈得阿羅漢（出福報經又出十卷譬喻經第七卷）

沙弥推師倒地而亡以無惡心精進得道五

舍衛國有一老公早失其婦獨與兒居困無財寶覺世非常從佛出家兒年尚小亦為沙弥共父乞食逼暮當還父行遲兒畏毒狩急扶其父排之進路軌之不固推父墮地應手而死獨至佛所時諸比丘呵責沙弥即以白佛佛告之曰此師雖死不以惡意

即問沙弥汝殺師不荅言我實排之不以惡意佛言我知汝心無有惡意過去世時亦復如是無有惡意而相殺害昔父子二人共住一處時父病極於時睡卧多有蚉䖟數来惱觸父令兒遮蠅望得安眠時兒急遮蠅来不止兒便瞋恚即持大杖伺蠅當殺（十誦律云持大石擲殺子）時諸蚉蠅覺集父額以杖打之其父即死父者此沙弥是時兒者死比丘是由無惡心不以惡意亦非故殺沙弥勤脩不懈遂得羅漢道（出賢愚經第十卷）

沙弥早夭生天失善師友憤念詣佛得分别聖諦六

佛遊舍衛祇樹給孤獨園時異比丘有弟子志性溫雅意行仁賢常侍和上誠謹精進敬從法教不違師命壽命短促幼小而亡生忉利宮觀於天上但覩大火本所志願不得如意與善友不能相守今捨善師隨逐惡友於是遠遠至尊和上及阿夷梨衆諸等類脩梵行者四輩弟子有一切智号曰如来今悉違遠無䟽數劫難值



難見興于世間講說經典微妙深奥未曾發言而安隱開化說諸縁起各各解了所從有因無䟽數劫所未見聞志為解決值此經律棄家為道所當興立不得究竟今反放逸先詣世尊稽首足下佛見其心真正樂道能皆在法說苦集滅道即便見諦和上愁念泣涕如雨佛呼問之何為憂惱荅曰弟子終没佛言何故愁憂荅曰我沙弥弟子甚大賢良未有究竟而中夭没是故憂悒不能自寛佛言勿愁已至究竟得生天上念日夜半分别聖諦比丘不復涕泣（出弟子過命經）

紇頭沙弥為鬼所敬用須跋外道自然降伏七

舍利弗有一沙弥名曰紇頭年八歳得六神通飛騰虚空至阿耨泉有五通梵志名曰須拔亦至彼泉時彼泉上有守泉青衣鬼驅逐五通梵志不石打擲不使逼近神泉紇頭沙弥来虚空至彼青衣鬼數百之衆皆前迎逆或前取攝衣者或持淨水洗手足者或以淨巾拂拭首面者或以香湯



沐浴身體者須拔梵志放聲說曰我今已得五通神德無量力能移山住流迴轉天地猶掌迴珠自學道以来百二十餘年勞形苦體形神疲極或事五明四處然火日光上照或卧灰粪或卧荆棘險難之中無道不學然更驅逐不得至泉然此黑衣小兒年在七八未離乳哺身體穢臭待敬過重用何等故時青衣鬼語梵志曰今此學士形年雖小行過三界得賢聖八品道汝今無是故不興敬有一婆羅門名曰閲叉興立一寺亦名閲叉恒供給酥油供寺然燈時有遠方婆羅門来至彼寺中又聞閲叉梵志高才明德偏信佛法建立神廟與共相見時有一沙弥来迎取油酥供寺然燈衆多梵志語閲叉婆羅門曰汝審向色衣人礼耶言語未訖沙弥已至即復礼之衆多梵志語此梵志曰汝出四姓才藝過人天文地理無不覩練神呪感靈無事不尅今此色衣之人出衆多姓種非真正何為違本法而向恭礼又卿梵志執行清淨自脩

內藏畐識秘記行道成福何頹不尅
文字章印無不周悉佛行索鮮有何
可貴捨本取末是我所疾蓋聞沙門
寒賤巧詐繁滋幻惑世人所行短促
脊崇一身不能延致梵福正使相見
正可攀搓而已何為五體投地恭敬
作礼耶我等親見甚怪所以況先學
大人豈能恕卿此罪耶閱叉報衆多
婆羅門曰諸人靜默聽我所說
賢聖德難量八直無上道是為梵沙門
如來口所宣觀此形雖小以果賢聖道
是故今自歸 梵志何為出
向得能究竟須陁洹斯陁含能斷欲界
縛諸纏陰入是故說曰向得能盡魔
原者入定坐禪之人樂處閑靜志崇
一意計出入息執意牢固能斷魔縛
及縛於魔入定之人能役鬼神如意
即至當求方便斷魔牢縛 出出曜經第五卷
沙弥隨聖師入山得四通知為五母所
痛念八
昔有一小兒年始七歲大好佛道作
於沙弥隨羅漢師在山中學精進不
懈及年八歲便得四通一者眼徹視



二者耳徹聽三者飛行變化四者自
知宿命所從来生自思念即見先世
宿命所更五母作子即還自笑師問
何笑沙弥言何敢笑師自視一身而
有五母晝夜啼哭感傷愁毒常言念
子未曾忽忘我自念一身愁毒五家
用是故笑耳我為第一母作子時比
隣有與我同時生者我無後同日生
者出入行步我母見之便言我子在
者亦當出入行步如是即愁憂感痛
念我復為第二母作子生不久復死我
母見人有乳養子者便感痛念我愁
憂啼哭我復為第三母作子不久復
死我母臨飯涕出念我言若子在者
興我共飯棄我死去我復為第四母作
子不久復死我時等輩娉娶者母復
念我言若子不死今亦當娶婦我為
第五母作子今故現存我捨家學道
母曰啼哭言亡我子不知所在飢寒
生死不復相見並忼慨悲痛今五母
共會各言亡子相對啼哭念我一人
是故笑耳世間人不知有後世生但
言死耳人作善得福作惡得殃人在



世間善惡自恐無所畏惡後受苦痛
入惡道中悔無所及我厭世間故辞
親求道我視地獄畜生餓鬼貧窮代
其恐怖我得師恩受佛經戒今以度
脫我念五母不能得脫反復憂我 出五母子人經
沙弥護戒捨所愛身九
有一比丘少欲知足時安陁國有優
婆塞敬信三寶終身供養日日遣送
其國有一長者生一男兒欲令出家
當求善師即往白比丘言我此一子
貪使出家唯願大德哀納濟度尒時
比丘以道眼觀此人出家能持淨戒
度為沙弥時優婆塞有一親善居士
明日客會朝念言今當就會誰後守
舍女即白父唯願父母從諸僮使但
行應請我堪後守父曰甚善合家悉
往女便閉門獨住家內時優婆塞是
日忩忩忘不送食尒時尊者心自念
言日時向晚俗人多事即遣沙弥往
取善攝威儀如佛所說沙弥打門女
問是誰荅言沙弥為師迎食即與開
門是女端正容貌姝妙年始十六婚

經律異相卷第二十二　第十五張　丙字号

欲火燒於沙弥前作諸妖媚深現欲相沙弥見已念言此女為有風癎病耶將無欲結所使欲毀我淨行耶堅攝威儀顏色不變女便五體投地白沙弥言我常願者欲有所陳我此舍中珍寶倉庫如毗沙門天宮寶藏而無有主汝可屈意為此舍主我為汝婢供給使令滿我所願沙弥念我寧捨命不毀禁戒昔日比丘至婬女家寧投火坑不犯於欲又諸比丘賊所劫奪以草繫縛風吹日曝諸虫唼食以護戒故不絕草而去如鳥吞珠比丘雖見以持戒故極苦不說如海船壞下坐比丘以守戒故授板上坐沒海而死如是諸人獨佛弟子能持禁戒我非弟子不能持也如來世尊獨為彼師非我師也方便語言牢閉門戶我入一房作所應作尒乃一相就女即閉門沙弥入房閞攊門戶得一剃刀脫身衣服置於架上合掌跪向拘尸那城佛涅槃處自立誓願我今不捨佛法衆僧亦不捨戒正為持戒捨此身命願所往生　出　家淨行盡

經律異相卷第二十二　第十六張　丙字号

漏成道即刎頸死時女怪遲趣戶看視見其已死失於本容欲心尋息懟結懊惱悲呼悶絕其父會還見女如是問何以故具荅以實父即入房見沙弥身血汙赤如栴檀作禮讚言護持佛戒能捨身命時彼國法若有沙門白衣舍死當罰金錢時優婆塞以一千金錢置銅案上載至王宮白言大王我有罰謫應入於王願當受之王言汝於我國敬信三寶言行無違唯汝一人當有何過而輸罰耶時優婆塞具陳上緣自毀其女讚嘆沙弥王聞悚然而告之言沙弥護戒自捨身命汝無辜咎但持還舍吾今躬欲自至汝家供養沙弥王往見之前為作礼以種種寶莊嚴高車載死沙弥至平坦地積衆香木闍毗供養嚴飾是女極世之殊置高顯處普使時會一切皆見語衆人言是女殊妙容暉乃尒未離欲者誰無染心而此沙弥既未得道以生死身奉戒捨命甚奇希有王即遣人令請其師廣為大衆說微妙法時會一切見聞此事

經律異相卷第二十二　第十七張　丙字号

有求出家有發無上菩提心者 出賢愚經第七卷

沙弥於龍女生愛遂生龍中十

昔有羅漢與沙弥於山中行道沙弥日日至人家所乞飲食經歷堤基上行岐嶮危險當壁覆地飯湊泥土沙弥取不湊飯著師鉢中湊飯洗自食之如是非一日師日何因洗棄飯味荅曰行乞去晴乞還時雨於堤基踏地覆飯師默然思之知是龍燒沙弥便起到堤基上持杖叩藪之龍化作老公來出頭面著地沙門言汝何燒我沙弥乎荅曰實愛其容貌耳從今日始日日於我室食沙門受請日日往食沙弥後時見師鉢中有兩三粒飯非世間飯問和上師默不應沙弥便入牀下手捉牀足和上禪定竟相隨俱飛到龍宮殿上龍及婦女俱礼沙門復礼沙弥師乃覺之呼出語言此非姝女是畜生耳汝為沙弥雖未得道必生忉利天上勝彼百倍勿以湊意沙弥言此龍居處世間少有師曰彼有三苦一者雖百味飯入口即化成蝦蟆二者姝女端正

無比欲為夫婦兩虵相交三者龍皆有逆鱗沙石生其中痛乃達心智此為大苦汝何因從之汝未得道不可令見鬼道及國王内事也沙弥不應晝夜思想憶彼不食病而死䰟神生為龍作子大智論云布施戒願早作龍要期心重足下水出後至師本所入處大池之邊以袈裟覆頭而入死即變為大龍神殺眷龍舉池盡赤出迦葉語難陁經又出大智論第十七卷

沙弥愛酪即受虫身十一

如一沙弥心常愛酪諸檀越餉僧酪時沙弥每得残分心中著樂喜不離命終之後生残酪瓶中沙弥師得阿羅漢僧分酪語言徐徐莫傷此愛酪沙弥諸人言何以言愛酪沙弥荅言此本是我沙弥但坐貪愛残酪故生此瓶中師得酪分虫在中来師言愛酪人汝何以来即以酪與之出大智論第十七卷

經律異相卷第二十二

經律異相卷第二十二

校勘記

一　底本，金藏廣勝寺本。

一　一一頁中一行「僧部第十一」，徑、清作「僧部第十六」。

一　一一頁中三行至二六行目錄，徑無。

一　一一頁中一七行末字「一」，徑、清作「第一」。

一　一一頁下一行「責詰」，資、磧、普、南、徑、清作「責語」。

一　一一頁下五行「皆坐」，磧、南作「皆生」。

一　一一頁下七行第八字「奈」，資、磧、普、南、徑、清無。

一　一一頁下八行「之勤」，磧作「之歎」。

一　一一頁下一一行第五字「曼」，資、磧、普、南、徑、清作「寧」。

一　一二頁上三行「欻起」，資、磧、普、南、徑、清作「忽起」。五行同。

一　一二頁上一七行「光相」，資、磧、普、南、徑、清作「光明」。

一　一二頁上二〇行末字「二」，徑、清作「第二」。

一　一二頁中五行第四字「坐」，諸本（不含石，下同）作「生」。

一　一二頁中一五行「頭髮」，資、磧、普、南、徑、清作「頭頭髮」。

一　一二頁下一二行第五字「常」，磧、普、南、徑、清作「當」。下一五行第七字資、磧、普、南、徑、清同。

一　一二頁下二〇行第三字「倏」，資、磧、普、南、徑、清無。

一　一三頁上五行夾註左「經」，資、磧、普、南、徑、清作「經中」。

一　一三頁上六行末字「三」，徑、清作「第三」。

一　一三頁上二一行「使命」，諸本作「使令」。

一　一三頁中八行「善巧」，資、磧、普、南、徑、清作「善能」。

一　一三頁中一〇行「出聲」，資作「其聲」；磧、普、南、徑、清作「唄聲」。

一　一三頁中一七行夾註左「第十二

卷」，資、磧、普、南、徑、清作「第十三卷」。

一三頁中一八行末字「四」，徑、清作「第四」。

一三頁下一行「心懷」，資、磧、普、南、徑、清作「必懷」。

一三頁下一三行「信善」，磧、南作「言善」。

一三頁下一四行夾註左「十卷」，磧、南、徑、清無。

一三頁下一五行夾註左「第七卷」，資、磧、普、南、徑、清作「第七卷中」。

一三頁下一六行末字「五」，徑、清作「第五」。

一四頁上五行「蝱蠅」，資、麗作「絲蠅」；磧、普、南、徑、清作「蜆蠅」。下同。

一四頁上八行夾註左「婢蚊子」，資作「壓蚊子」；磧、普、南、徑、清作「排蚊子」。

一四頁上一四行末字「六」，徑、清作「第六」。

一四頁上二〇行第二字「友」，資、磧、普、南、徑、清作「師友」。又「善即」，諸本作「善師」。

一四頁中七行首字「晳」，資、磧、普、南、徑、清作「淑」。

一四頁中一二行「念日」，諸本作「今日」。

一四頁中一五行末字「七」，徑、清作「第七」。

一四頁中一六行「年八歲」，資、磧、普、南、徑、清作「長年八歲」。

一四頁下三行首字「住」，資、磧、普、南、徑、清作「駐」。

一四頁下五行第八字「火」，磧、南作「大」。

一四頁下二〇行末字「觀」，資、磧、普、南、徑、清作「貫」。

一四頁下二一行第四字「感」，資、磧、普、南、徑、清作「威」。

一五頁上六行「正可挐捲」，資、磧、普、南、徑、清作「止可挐拳」。

一五頁上一七行「及縛」，資、磧、普、南、徑、清作「反縛」。又「能伇」，清作「能提」。

一五頁上二〇行末字「八」，徑、清作「第八」。

一五頁中六行「忽亡」，諸本作「忽忘」。

一五頁中八行「無後」，諸本作「死後」。

一五頁中一一行第二字「我」，資、磧、普、南、徑、清作「我我」。

一五頁中一八行「今故現存」，資、磧、普、南、徑、清作「人故見在」。

一五頁下一行「善怒」，資、磧、普、南、徑、清作「喜怒」；麗作「善惡」。

一五頁下五行「得脱」，徑作「度脱」。

一五頁下六行夾註「子人經」，資、磧、普、南、徑、清作「人子經」。

一五頁下七行末字「九」，徑、清作「第九」。

一五頁下一二行「貪使」，諸本作「令使」。

一五頁下一五行第五字「朝」，資、

磧、普、南、徑、清作「晨朝」。

一五頁下二二行「迎食」，資、磧、普、南、徑、清作「取食」。

一六頁上八行第一二字「念」，資、磧、普、南、徑、清作「心念」。

一六頁上一二行「如鳥」，資、磧、普、南、徑、清作「如鵠」。

一六頁上一九行第九字「撣」，清作「禪」。

一六頁上末行第八字「出」，資、磧、普、南、徑、清作「寂静」。

一六頁中五行第五字「汙」，資、磧、普、南、徑、清作「皆污」。

一六頁中一四行「無有辜」，資、磧、普、南、徑、清作「無罪」。

一六頁中二二行「令請」，資、磧、普、南作「今請」；徑、清作「命請」。

一六頁下二行末字「十」，徑、清作「第十」。

一六頁下四行「至人家所乞飲食」，資、磧、普、南、徑、清作「至王人家乞飯食」。

一六頁下五行「常躄覆地」，清作「當躄覆地」；麗作「脚趺躃地」。又第一一字「洿」，資、磧、普、南、徑、清作「污」，下同。

一六頁下一〇行「叩數」，磧、普、南、徑、清作「叩擻」。

一七頁上二行首字「有」，資作「布」。

一七頁上五行「病而死」，資、磧、普、南、徑、清作「得病而死」。

一七頁上六行夾註右「布施戒」，諸本作「布施持戒」。又左「後至」，磧、南作「後王」。

一七頁上七行夾註右「而入」，資、磧、普、南、徑、清作「而入水」。又左第四字「神」，資、磧、普、南、徑、清作「即」。又「迦葉語難陁經」，資、磧、普、南作「迦葉詰陁難經」；徑、清、麗作「迦葉詰難陀經」。

一七頁上九行「十一」，徑、清作「第十一」。

一七頁上一一行「心中著」，資、磧、普、南、徑、清作「心中貪着」。

一七頁上一二行第一三字「得」，資、磧、普、南、徑、清無。

一七頁上一三行「莫傷」，資、磧、普、南、徑、清作「勿傷」。

經律異相卷第二十三 聲聞無學尼僧部第十二 丙 金

梁沙門僧旻寶唱等集

跋陁羅自識宿命遇佛成道一
粹離以豔果身而生出家悟道二
跋陁迦毗羅為王所逼其心無染三
花色得道後卧婆羅門竊行不淨四
蓮花婬女見化人聞說法意解五
五百婆羅門女聞法開悟六
婆羅門尼請優陁夷慢不聞法七
差摩蓮華遇强暴人脫眼獲免八
毗伭羅先慳貪從佛受化得道九
婆四吒母喪子發狂聞法得道十
孤獨母女為王所納出家悟道十
尸利摩忘飢賠僧十二
暴志前生為黨婦十三
暴志謗佛十四

跋陁羅自識宿命遇佛成道一

婆伽婆在羅閱城時跋陁羅比丘尼出比丘圍在一樹下端坐繫念自識宿命便笑諸比丘尼見即問之跋陁羅比丘尼言我自識宿命過去九十一劫有毗婆式如来出現於世有一童子



名跋羅摩提婆饒財多貨極富無量童子執寶蓋從舍出有一長者婦端正無比亦從彼過有衆多人民皆悉觀察時童子便作是念我今華寶蓋衆寶合成從此路過然無人觀察我者此長者婦我今當設方便使衆人觀察我時童子手執寶蓋便出彼境界詣毗婆式如来所住如来後摯寶蓋經七日七夜作此誓願言持我供養世尊功德當為女身端正無比使有見者迷惑僵地童子壽終生三十三天為天女有五事勝云何為五天壽天色天樂天神足天增上功德天見此女皆懷悕望欲得與俱時三十三天皆各共諍天女壽終来生人間為后若達多婆羅門作女端正殊妙徃反人天常得端正多值諸佛悉皆承事供養求為女人後生人間卑賤婆羅門家為月光童子作婢名曰幾羅月光童子婦名摩奴訶羅端正無比時月光夫人語彼婢言汝出舍外若見沙門婆羅門者將来至此我欲惠施時婢出舍有辟支佛在門閾上乞食

時幾羅婢語言人来欲相惠施夫人身其體不端正語幾羅言發遣沙門我不施也婢言願尊開意莫嫌沙門形狀供養功德不可稱計時夫人報言速驅此沙門出我不堪施婢報言若尊不施此沙門者我今日所應得分食願莫愛惜時夫人即以麨与婢時幾羅婢即以分麨著辟支佛鉢中食已身昇虛空時婢見歡喜不能自勝便作撍願持是功德莫墮惡趣使我當来久遠恒值此聖為我說法使速解脫時波羅奈城梵摩達多王見彼辟支佛昇在虛空語羣臣言彼所惠施時月光長者將五百賈客集大講堂遥見辟支佛執鉢昇空或有賈客作是說此聖人必於我家得食時大月光夫人見為幾羅婢言汝所得功德持惠施我此則是我所惠施我今更持食與汝婢言不施又言我今與汝二分食對曰亦不須夫人又言與汝三分五分十分二十分乃至百分千分幾羅婢言我不相施夫人報言設汝不與我者我當截汝耳鼻手幾羅婢



言我不相施時長者婦以杖打婢打之已貢月光長者還来見幾羅婢頭破衣裂悲泣墮淚問其始末具以事白時月光童子取彼夫人持用作婢以幾羅婢作第一夫人五百婇女圍遶以百千珎寶莊嚴其身時梵摩達多王聞月光婢餉彼辟支佛時梵摩達多王以百千兩珎寶以餉月光長者婦復以田業惠施月光長者時梵摩達多王今伽毗羅摩奢羅是月光長者大迦葉是幾羅婢者即我身是今得值佛得阿羅漢出賢陁羅比丘尼經

㸶離以氎裹身而生出家悟道二

時舍衛國有一長者婦生一女殊妙少雙其初生時細濡白氎裹身而出父母怪之瞻相甚吉因為作字名曰㸶離梁言白也㸶離長大氎隨身大此女瓆偉國內遠近競来娉求女白父母我欲出家父母愛念不違其志尋為出氎欲作五衣女白父母我此所著恚已具足更不須作唯願聽我時往佛所詣佛作礼求索出家佛言善来頭髮



自墮所著白氎尋成五衣付大愛道為比丘尼精進不久成羅漢道阿難白佛言㸶離本脩何德生與氎俱出家得道佛言過去有佛名毗婆尸時王目民多設供養時有女人名檀膩羇極為貧窮夫婦二人共有一氎若夫出行則被而往婦便裸住若婦被氎夫則裸坐有勸化比丘行至其家見是女人因勸之言佛世難值人身難得汝當聽法汝當布施女還語夫外有沙門勸我見佛聽法布施夫荅之言我家窮困雖可有心當以何施婦言我意欲以此氎布施夫言我之與汝共此一氎出入求索以自存活今若用施俱當守死婦言人生有死不施會死施而死後世有望不施而死後遂當劇夫歡喜言分死用施婦即還出白比丘言大德可上蹈下我名字比丘荅言若欲施者汝當面施為汝呪願㸶離白言唯此被氎內無異衣女形穢惡不宜此脫即還入內遂於向下脫身上氎授與比丘比丘呪願持至佛所佛言比丘持此氎来比丘授佛

佛自手受此氎垢汙時王衆會徵心嫌佛受此垢氎佛知衆心而告之言我觀此會清淨大施無過於此以氎施者大衆聞已莫不悚然夫人歡喜即脱已身所著嚴飾瓔珞寶衣送與陁膩鞞王亦欣悦脱身衣服送與其夫命令詣會佛告阿難欲知尒時貧窮女人陁膩鞞者今𣏌離比丘尼是由於尒時以清淨心氎布施故九十一劫所生之處常與氎生無所乏少

出賢愚經第七卷

跋陁迦毗羅為王所逼其心無染三

俱薩羅國波斯匿王聞跋陁迦毗羅出家即請入宫夏四月安居共止一處王到園中語守門人言汝好守門莫令是比丘尼出守門人作是念是比丘尼樂住不去時守門人有餘因緣比丘尼著夫人被服從門而出逕到祇桓聽佛說法佛遥見言善來跋陁迦毗羅即失夫人被服頭髮自落袈裟著身作比丘尼到佛所頭面礼佛佛為說四如意足力時比丘尼得神足力是時王聞跋陁迦毗羅女走



去便將兵衆圍遶比丘衆及圍遶比丘尼坊是比丘尼便飛虚空王仰看即生悔心我云何乃汙阿羅漢比丘尼心悶躃地向比丘尼悔過寺中比丘尼駈令出去荅曰我無愛欲心諸比丘尼云汝夏四月共王殿中云何無愛以事白佛佛知故問是比丘尼汝實受細滑不荅言世尊我云何當受我覺是細滑如熱鐵入身佛言汝若無愛細滑心無罪 出十誦律善誦卷第二

華色得道後卧婆羅門竊行不淨四

佛在舍衛城尒時優善那邑有年少居士出行遊戲見一女人名蓮華色色如桃李女相具足情相敬重即娉為婦其後少時婦便有娠送歸其家月滿生女以婦在產不復附近遂乃私竊通于其毋蓮華既知便委去夫婦道絶恐累父毋顧愍嬰孩吞忍耻愧還于夫家養女八歲然後乃去至波羅奈飢渴疲極於水邊坐時彼長者出行遊觀見之愛重即問卿所居父毋氏族今為係誰而獨在此蓮華色言我某氏女今無所屬長者復問若無所屬能作我正室不荅言女人有夫何為不可即便載歸拜為正婦蓮華色料理其家允和小大夫婦相重至于八年尒時長者語其婦言我有出息在優善那邑不復責斂於今八年孝計生長乃有億數今往責之與汝蹔別婦言彼邑風俗女人放逸君今自往或失丈夫操荅言吾雖短昧不至此乱婦復言若必尒宜去思聞一誓荅言甚善若發邪心與念同滅於是別去到于彼邑責斂處多遂經年載思室漸深我若邪婬乃負本誓更取別室不為違信於是推訪遇見一女顔容雅妙視瞻不邪甚相敬愛便往求娉父以長者才明大富歡喜與之責斂既畢將還本國安處別宅然後乃歸晨出暮反異于平昔蓮華怪之密問從人從人荅有少婦其夫暮還蓮華色問君有新室何故藏隱不令我見荅言恐卿見恨是故留外婦言我無嫉妬神明監識便可呼歸助君料理即便將還乃是其女毋子相見不復相識後因沐頭諦觀形

相乃疑是女便問鄉邦父母姓族女具以荅尒乃知之母驚悅曰昔与母共夫今与女同胥生死迷乱乃至於此不斷愛欲出家學道如此倒惑何由得息便委而去到祇洹門飢渴疲極坐一樹下尒時世尊與大衆圍繞說法蓮花色見衆人多謂是節會當有飲食便入精舍見佛世尊為衆說法聞法開解飢渴消除於是世尊遍觀衆會誰應得度唯蓮華色應得道果即說苦集滅道便於坐上遠塵離垢得法眼淨既得果已一心合掌向佛而住佛說法已衆會各還時蓮華色前礼佛足長跪合掌白言於佛法中願得出家佛即許之告波闍波提比丘尼汝今可度此女為道即度出家受具足戒勤行精進逮成羅漢具八解脫顏容光發倍勝於昔入城乞食一婆羅門見生染樂心作是念此比丘尼今不可得當尋其住處方便畱之後復行乞食彼婆羅門於後逃入伏其床下是日諸比丘尼竟夜說法疲極還房仰卧熟眠於是婆羅門從



牀下出作不淨行時比丘尼即踊昇虛空時婆羅門便於牀上生入地獄（出弥沙塞律第五卷）

蓮華婬女見化人聞說法意解五

佛在羅閱祇耆闍崛山有一婬女名曰蓮花善心自生便棄世事作比丘尼即詣山中行到佛所未至中道有流泉水女因飲水澡手自觀見其面像姿姸無比即便念言云何自棄作沙門耶且當少時快我私情尋即還家佛知蓮華應當得度化作婦人端正絕世勝蓮華女尋路而來蓮華見之心甚愛敬即問化人從何所來夫主中外皆在何許云何獨行而無將從化人荅言從城中来欲還歸家雖不相識可俱還到向泉水上蓮華言善二人俱還到泉水上陳意委曲化人睡卧枕蓮華膝須臾之頃忽然命絕膖脹臭爛腹潰虫出齒落髮墮肌體解散蓮華見之心大驚怖云何好人忽便無常此人尚尒我豈得久怖當詣佛精進學道即至佛所五體投地作礼自說佛告蓮華女人有四事不可恃怙



一者少壯會當歸老二者强健會當歸死三者六親歡娛會當別離四者財寶積聚要當分散蓮華聞法欣然解釋得阿羅漢（出蓮華女經）

五百婆羅門女聞法開悟六

舍衛國東南海中有臺上有華香樹木清淨有婆羅門女五百人奉事異道意甚精進不知有佛時諸女自謂曰我等禀形生為女人從少至老為三事所鑑不得自由命又短促形如幻化當復死亡不如共至香華臺上採取香華精進持齋降屈梵天當從求願願生梵天長壽不死又得自在無有鑑忌離諸罪對無復憂患即賷供具往至臺上採取花香奉事梵天一心持齋願屈尊神佛見其心應可化度即與大衆飛昇虛空往至臺上坐於樹下諸女喜謂是梵天自相慶慰得我所願矣時一天人語諸女言此非梵天是三界㝡尊号名為佛度人無量諸女白佛言我等多垢今為女人求離鑑撿願生梵天佛言諸女善利乃發此願世有二事其報明審為

善受福為惡受殃世間之苦天上之樂有為之煩無為之寂誰能選擇求其真者善哉諸女乃有明志於是世尊即說偈言

孰能擇地　捨鑑取天　誰說法句
如擇善華　知世坏諭　幻法忽有
斷魔花開　不覩死生

諸女聞偈願學真道為比丘尼頭髮自墮法衣具足思惟寂定即得羅漢道 出法句譬喻經第三卷

婆羅門尼請優陁夷慢不聞法七

優陁夷往拘薩羅國到毗紐迦亶延氏婆羅門尼菴羅園中住尼諸弟子遊行採薪至菴羅園中見優陁夷坐一樹下容貌端正諸根寂靜心意安諦成就第一調伏往詣其所問訊退坐時優陁夷為諸年少種種說法勸勵已默然彼諸年少聞法歡喜攜持東薪還至尼所白言和上園中有沙門姓瞿曇氏極善說法尼語弟子言汝可往請明此飯食時諸弟子受教往請尊者默然還白和上尊者受請時優陁夷夜過著衣持鉢往詣尼舍



尼遥見来敷座請坐設種種飲食自手供養豐美滿足澡漱洗鉢還就本座婆羅門尼著好革屣以衣覆頭別施高牀現敖慢相語優陁夷言欲有所問寧有閑暇見荅與不荅言姊妹今非是時明日弟子復至園中採薪聽法還白和上尼復遣請食如前三反乃至請法荅言非時諸弟子言和上尼不恭敬坐彼云何說和上尼言若如是者更為我請受教更請供養如前時和上尼知食訖已脫革屣上服更坐卑牀恭敬白言敬有所問寧見荅不荅言但問審為汝說彼即問言云何有說苦樂自作復言苦樂他作復言苦樂自他作復言苦樂非自非他作荅言姊妹阿羅訶說苦樂異生復問其義云何荅言彼其因緣生諸苦樂復言我今問汝隨意荅我有眼不荅言有有色不荅言有有眼識眼觸觸因緣生受內覺若苦若樂不苦不樂不荅言如是優陁夷言此是阿羅訶說從其因緣生於苦樂尊者說是法時婆羅門尼遠塵離垢得法眼淨



從坐起正衣服恭敬合掌白尊者言我今日超入決定我從今日歸依佛法僧盡壽依三寶 出憂陁夷坐樹寂靜調伏經

差摩蓮華遇強暴人脫眼獲免八

昔舍衛城名拘薩國有諸放逸淫乱之衆專為兇惡時國中諸比丘尼樹下精思專惟正道不捨心懷比丘尼中智慧第一名曰差摩神足第一名蓮華鮮各有德行威神巍巍時天小熱俱行洗浴詣流水側兇衆遥見即生惡心淫意隆崇欲以犯之候比丘尼適脫衣被入水洗浴尋前掣衣持著遠處欲牽犯之時比丘尼慚然愍之因脫兩眼著其掌中以示諸逆卿所愛我唯愛面色巳盲無目何所可好復示腹腸身體五藏手脚各異棄在一面謂兇衆言好為何在逆兇見此忽然恐怖知世無常三界如寄其身化成骨血不淨無可貪著尋還衣被稽首悔過所作無狀返逆無義頓捨其殃長跪叉手各受五戒將至佛所稽首于地自責其罪 出生經第四卷 又出毗尼

毗伭羅先慳貪從佛受化悟道九

須達長者有一老母名毗伍羅勤謹家業掌執庫藏一切委之須達長者請佛及僧供給所須看病比丘多所求索老母慳貪瞋佛法僧而作是言我家長者愚癡迷惑受沙門術求乞無厭何道之有作是語已復發惡願何時當得不聞佛法僧名末利夫人聞之而作是言云何須達如好蓮華而立四毒蛇即勑須達遣汝婦來婦到語言汝家老婢惡口誹謗何不驅擯婦言佛出多所潤益何況老婢夫人聞已心大歡喜我欲請佛汝遣婢來明日佛到長者遣婢持滿瓶金摩尼珠善勸助王家供養衆僧時佛入門老婢見已心生不喜即時欲退從猗竇出狗竇及四方小巷一時閉塞唯正路開老母覆面以扇佛在其前令扇如鏡無所障礙迴頭四顧悉皆見佛頭伏地及手十指皆化為佛老母見佛及諸辟諭除却八十万億難不起信猶能却生死之罪佛見身異婢走還家入木籠中白氎纒頭畏復見佛佛言此婢罪重於佛無緣羅睺羅與



其有大緣當令化之時羅睺羅承佛威神入如意定化身作轉輪聖王千二百五十比丘化為千子阿難為典藏目揵連為主兵目七寶四兵皆悉具足時金輪寶在虛空中乗蓮華臺經往須達大長者家夜叉唱言聖王出世擯諸惡人宣揚善法老母聞已心大歡喜聖王出者有如意珠無所求索此當可言介時聖王撞鍾鳴鼓乗大寶轝至須達家老母見已甚大歡喜聖王出世多所潤益識別善惡必當不為沙門所惑從木籠出敬礼聖王聖王即遣主寶藏目往至女所告姊妹汝宿有福應王者相聖王今者欲以姊妹為玉女寶老母白言我身卑賤猶如糞穢聖王顧問喜慶無量何所堪任應王女寶若見念者勑我大家放我令脫所賜已多介時聖王告須達言卿家老女衆相巍巍吾今欲以充玉女寶須達白言唯命是從願上大王老婢聞放喜悅非恒聖王即便以如意珠照耀女面令女自見如玉女寶倍大歡喜而作是言諸沙門等



高談大語自言有道無一效驗聖王出世弥利廣多令我老弊如玉女寶作是語已五體投地礼於聖王時典藏目宣王優令開十善法女聞十善心大歡喜即作是言聖王所說義無不善為王作礼悔過自責心既調伏時羅睺羅還復本身老母舉頭見千二百五十比丘即作此言佛法清淨不捨衆生如我弊惡猶尚化度作是語已求受五戒時羅睺羅為說三歸受五戒法母聞此法未舉頭頃成須陁洹時羅睺羅將此老母詣祇陁林到已見佛歡喜合掌作礼懺悔求佛出家佛告羅睺汝將此母詣憍曇弥未至中閒羅睺羅為說苦空非常無我等法老母聞已頭髮自落成比丘尼三明六通具八解脫波斯匿王末利夫人心大歡喜白言世尊如此老母宿有何罪復何福慶得羅漢道佛告大王過去劫時有佛世尊名寶蓋燈王彼佛滅後於像法中王名雜寶花光其王有子名曰快見求欲出家父即聽許王子到僧坊中

求欲出家時有比丘聰明多智深解實相受為弟子復有比丘名德花光善說法要誘進初學王子比丘雖復出家猶懷憍慢和上為說甚深妙法般若波羅蜜大空之義王子聞已謗解邪說比丘滅後即作此言我大和上空無智慧但能讚嘆虛無空事願我後生不樂見也我阿闍梨智慧辯才願於此生為善知識王子比丘作是語已法說非法非法說法教諸徒衆皆行邪見雖持禁戒威儀不缺以謗解故命終之後如射箭頃墮阿鼻獄八十億劫恒受大苦出為貧賤人聾癡無目為人婢使尒時和上即我身是時阿闍梨者羅睺羅是王子比丘此老母是出觀佛三昧經第六卷

婆四吒母喪子發狂聞法得道十

有婆四吒婆羅門母有六子相續命終念子發狂裸形被髮隨路而走遇見世尊即得本心慙愧蓋恥斂身蹲坐佛告阿難取汝鬱多羅僧與蓋聽法阿難與衣著至佛前稽首礼佛佛為說法示教利喜受三自歸成優婆夷



歡喜而去其第七子後時命終都不啼哭時夫以偈問言

諸子先命終　汝念生憂惱　晝夜不飲食
乃至發狂乱　今喪第七子　而獨不生憂

婦言

兒孫無量數　因緣和合生　長夜遷過去
我與君亦然　彼所生處處　更牙相殘食
若知生要者　何足復為憂　我已識出離
是故不復惱

夫言

是法未曾聞　而今聞汝說　何處聞正法
而不憂念子

婦言

今日等正覺　永離一切苦　說苦習滅道
安隱趣涅槃　我已知正法　能開為子憂

夫言

我今亦當往　弥絺養羅園　從彼世尊所
求開憂子苦

婦言

當觀等正覺　柔濡金色身　不調者能調
廣度一切人

夫往見佛佛說偈言

苦習滅道　佛向涅槃　彼即見法



成無等閒

聞法意解從佛出家獨靜思惟成阿羅漢婦及女孫陁睺梨恚亦出家究竟苦邊出雜阿含經第三十四卷

孤獨母女為王所納出家悟道十一

舍衛城有孤獨母人自生一女年始十七顏容端嚴衣不蔽形母乞食自連女貞賢明達博讀經書守節不出門戶居近王道而心願嬙王又願事神如佛王出行國內見烏在貧女門上鳴王便舉弓射烏烏持王箭走入女家王傍人追烏入舍女不出面但拔箭放烏授箭擲外王人見指知之非凡却後年中王第一夫人平姊求夫人無應相者廣說人間左右白言前時射烏窮獨母女年十六七雖不見面瞻手聞聲似是貴人王便往覡呼將俱来使相師占之使到女門直入其內女母不在唯獨女住使呼女出三呼不應使曰貧家女出来女應曰才不才各一家子御是何人唐突我舍急出門外使人曰國王遣我呼汝汝小家子何敢尒耶女曰國王何事

使汝来若求我作婢者我家不犯王法若求我作婦者汝曹則是我給使何敢輕易貧門乘勢蹈突迫脇女人女人雖微自有宿命不為威屈汝曹啓王使人敢應具以啓王王使勑百官嚴駕脩具禮儀從五百婇女而往迎之使者賷持謌敎牛羊賭酒納娉之餜使者乘皂盖之車五馬引御以迎女前導精兵十万從車千乘細馬万疋散從十二万人鳴鍾伐鼓聲動天地觀者無數往到女門使者下車前通謁敎女教令曰謝使者及諸百官吏民大小勞屈道路孤貧之女鄙賤不遺遠煩官屬侍從枉屈辱王重命女以寒賤謬以宿福當王階殿自揆醜陋德無女儀容無桃華優曇之色聲無絃管入耳之聽智無神聖大人之明識無聖人万里之見身無紫金光潤之澤氣無栴檀香麝之芬言無忠和仁善之美行無進退高下之節謬忝王命徒勞觀者使者及百官無不累息語諸婇女汝曹薄福隨此卑役自今以往相與從事宜各正心脩善為



行莫犯王儀五百婇女皆應唯諾又呼二千五百青衣語之曰人無貴賤道在者尊汝等皆善人之子古今之變處在卑微莫以自卑當務為善僉曰奉教百官前進王礼黄金千斤白銀二千斤華瑞瓔珞水精琉璃明月神珠珊瑚虎魄白素千疋御練千疋綺繒綿羅朱繡紫緑素黄赤白羅縠之衣栴檀之香種種千疋百官進衣百領夫人服飾女便受之嚴莊已辦出拜上位百官見之莫不歡喜皆稱万歲國必太平得我百姓万民之母婇女青衣親近附之如子得母攝衣上車車為端安馬為調御天為清明白衆來下國必保安到王宮門自然開闢雲集相追悲鳴百官臣民皆言天人五百侍從入宮下車宮中自然生五色之光殿上晃晃内外照明入殿拜王王見驚悚不知下座荅之大夫人朝王百拜跪如流水自跪自起百拜乃止王長跪荅之教令宮内采和仁善不傷他意王愛敬之徐言少語語必合義内外敬伏入宮七日七夜不寢不



寐與諸夫人婇女共相娛樂王意欲見之夫人意貞心潔不在濁穢本意清淨不與王語又不相見王曰室家之義夫婦之分以恩愛為親夫人入宮七日七夜而不相見其意云何以為法乎夫人使婇女荅王曰本生有二願今已得一未得一也故未相見王曰以得何等未得何等夫人荅曰我少小結願使胥如國王事神如佛王曰可一相見後當為往呼佛夫人曰不也未得見佛終不與王相見王大怒曰汝死寒賤乞人種何敢違万乘之意夫人曰婦人繫命於夫胥耳東西准命我有宿撍不可負也王者雖尊不得枉問無辜之人王曰吾万乘之主犯者便誅豈問抂直夫人曰王者百姓父母斷截當以道理何得自喜自怒凡夫所不行豈況國王耶王曰從吾心者原不從者誅夫人曰女人亦有微心得從心者乃相見耳不得從心者終不相見王曰奈何請之耶夫人曰佛在我國請之必來王曰恐百官笑人耳夫人曰王請佛入宮上殿

百官自當歡喜世世受福不為笑王也王曰大善即日勑厨作十万人饌具還侍女白夫人言請佛作十万人饌已具可往請佛夫人曰婦人唯命是從請佛之義大王宜自枉車騎躄往與佛相見深恭敬之王曰我請我自往卿請卿自往吾不往也夫人言王者尊貴是妾之夫女人之力不如王者之微言王枉威躄往與佛相見不者非大王家人也未有夫婦室家之義故自他人耳王曰夫婦未成則無分義在卿意耳夫人默默不言光輝曄曄顏色非凡王疑夫人恐欲自往或恐突去勑內外游徼司候備衛吏兵閑閉宮門步羅相連飛鳥不得度宮內婇女展轉相次使針不得下夫人知王意不往請佛及不信夫人夫人便於殿上化滅身體了無所見婇女千人并七十一夫人皆驚相視分布求索內外羅落了無所見王大慙怖銜泣而起王曰柰何柰何我剛直所致追以為恨以何方便而使之還第二夫人白王言大夫人非我凡庶小人



華也王應當稱隨其意而忽拂逆喜怒惡言待之此乃天人王令去大夫人者我曹等七十一人何所依恃耶婇女青衣皆悲啼哭如有死者公卿男女亦皆悲惡今我國中誰所依怙百鳥啼鳴天地大動王感擊欲死向天太息泣落如雨民人不脩事業市里空廢十十五五相隨悲哀七日七夜王安卧絕穀不食第二夫人曰且當躄與佛相見并請俱來王到佛所頭面為礼白佛言我是阿祇羅奈國王阿迦達留如是者三須連梏礼敬連務國事不待日夕佛言國事勞擾衆猥煩惱誠枉神恩吏民境界平安不乎王曰皆授佛恩唯願枉屈躄臨鄙解佛默然須臾佛到殿上大夫人與諸夫人婇女三千五百七十一人俱為佛作礼王初未見夫人婇女亦不見唯佛自見王與佛作礼畢心愁不歡佛語王言所求大夫人者正此人是也王見歡喜百官夫人婇女大小皆亦歡喜王設飲食食畢佛大呪願各求心中所欲王白佛言我大夫人本貧賤



孤獨母之女今為大夫人復能滅身幻化如是有何罪福致斯尊貴在一人之上得為百姓之母德賢慈言語柔軟不傷人意隱形七日人鬼神龍不知其所佛告言大夫人昔為大迦羅越財富無數慳貪不施故今貧窮迦羅越性好婬妷樂與女人從事今故墮女人中又樂與明經道士遊學故有智慧已見五百佛今得值我昔與王為善知識故得為夫婦大夫人先世事五百佛但持心不堅燒惱世人故墮女人中大夫人却後三十九劫當得作佛王亦以七生天上七生世間王生天時大夫人為天女侍王左右常得王意王與大夫人結願俱死生生相隨俱為解脫王自憍奢制意喜怒一切不復更見也王心大歡喜即得阿惟越致道便授王五戒夫人婇女大小公卿百官舉國人民皆奉五戒大夫人前後十戒歲三齋月六齋與後宮婇女三千五百七十一人從事相率為善王正教寬弘國致太平興立塔寺皆以七寶更相尊敬內外無別離之心人

經律異相卷第二十三　第二十七張　丙字号

民死皆以壽終王大夫人覺意念世無常人晝夜婬泆恩愛無明濁穢生無賢名死為不淨之鬼便長歎易服敗狀亂頭前白王言天下一切無常皆當歸死王所以貪我者為我年少顏色肥滑澤氣息香絜是皆非常皆當歸死夫婦合會略無可奇是皆不淨恩愛於此當有老病至來無期誰當為我却之者我今愁怖灾害卒至不可得脫一切貴賤因此一事皆當膖脹臭處不淨空愛惜之夫復何益王自思惟男女合會有何可奇我言真諦非不及事王言卿是天人種所言不妄也皆得事體無不可者國人男女大小皆相恃賴唯復照察留念也大夫人言我是女人不得自制故以啓王大王可相發遣以副宿命之本願王言我年欲老雖有諸夫人婇女小兒輩無一人可我意者卿當卒我餘年終亡之後當以後事相付太子尚小柰何當相捨去至何所耶夫人言我生死無常猒是變化欲從佛求作沙門王言卿是一國之母為上

經律異相卷第二十三　第二十八張　丙字号

天人諸國夫人宮內婇女大小皆恃賴卿卿柰何忽規立此計遠近士夫聞之不當笑人如此沙門輩非卿夫人種所志作也宜更計之夫人言十方諸佛皆從沙門中來弗迦沙王捨九十九小國夫人婇女八九千人求作沙門前後男女求作沙門者不少非獨我一女人也王以恩愛貪欲華色愛惜我身我身皆膿血惡露不淨女人難與從事人有與女人從事無不墮罪中者女人之身熱於湯火燒炙於人令墮重罪千劫不服我前世亦為男子但坐與女久從事恩愛多故去男為女女人可畏王不覺耳王意不能與女人相離者夫人婇女故三千餘人足相娛樂王意宜發遣無令愁惱也我作沙門死死不止王當相勸不宜相制王曰卿若尒者我用國為夫人言王能知無常者是王上願國土王位百官婇女珎寶宮城皆非王有王有身體骸骨頭腦五藏皆當分散何所愛惜乎王言今日聽卿一人耳恐我夫人婇女相追俱去夫

經律異相卷第二十三　第二十九張　丙字号

人言各有宿命福力非人所止恐加刀杖事應當尒終不得止正希我身得發遣耳王當以恩愛慰愍諸人自當親近附王王言此諸人慕樂卿德我一男子何能善意周遍此耶我唯恃卿當為正御卿今捨我此諸女人持刀斫殺乃當畏我夫人言不也女人以男子為正耳王留意近之仍當自安王言在卿耳夫人便呼諸夫人婇女三千人諫謂之言卿諸女人善親近大王威尊致貴莫得輕慢我今與卿等別各自勞力勤意朝夕親奉經法加於精進願我早得佛道當還相度諸夫人婇女便舉聲大哭聞忉利天帝釋即下授与袈裟自然著身鬚便墮地授五百戒為比丘尼夫人婇女皆大歡喜帝釋復授袈裟食器為沙門王得知足晏然不怒忻然大笑曰諸賢者功德巍巍豈不快也即得道跡王還宮內意甚冈冈出呼太子以國委之王便願言我今欲作沙門誰知我者帝釋便剃王頭袈裟著身應器自具便隨佛去十二小國王皆捨國

付太子隨王作沙門一時同得阿羅漢道阿迦達留者我身是大夫人者瞿夷是(出貧女為國王夫人經)

尸利摩忘飢贍僧十二

佛住毗善離語諸比丘我聞尼中福德第一者有尸利摩時世飢饉乞食難得時尸利摩比丘尼入城乞食見比丘即問言尊者得食不比丘即以空鉢示之便持已鉢中食與比丘比丘得食還精舍喚餘比丘共食諸比丘問言長老何處得是好食答言尸利摩比丘尼邊得諸比丘聞已各各往索如是次第乃至五百比丘盡皆得食然後自求日時已過失食還到精舍明日晨朝諸比丘復著衣持鉢至比丘尼精舍門立比丘尼見已即入語尸利摩言諸比丘今在門外相待尸利摩聞已語弟子取衣鉢來我為諸上尊乞食如是次第供給五百人已然後自求日時復過失食而還至第三日亦復如是乃至次第供給五百人唯一人未得此比丘隨尸利摩後入一家以先三日失食故身體虛羸迷



悶倒地(出僧祇律二十一卷十誦四分並同)

暴志前生為鼈婦十三

有暴志比丘尼者及懷惡信謗佛毀僧佛言不但今世過去無數劫時一獼猴王居在林樹食果飲水時念一切蚑行喘息人物之類皆欲令度使至無為時有一鼈以為知友鼈數往來到獼猴所飲食言談說正義理其婦見之謂有婬泆問夫為何所至答曰吾与獼猴共結親友甚聡明智慧又曉義理婦猶不信因便佯病困劣著地治不肯差謂夫言吾病甚重得卿所親獼猴肝乃當活耳夫答曰吾寄身託命云何以活卿耶婦曰夫婦同共一體不念相濟反為獼猴夫敬重婦往請獼猴共食獼猴答曰吾家陸地卿在水中安得相從鼈曰吾當負卿獼猴從之負到中道語獼猴言婦病須卿肝獼猴曰何不早道吾肝掛樹不賫將來從還取肝乃相從耳便還樹上跳梁歡喜鼈問曰卿應取肝來到我家去反更跳梁何耶獼猴答曰天下至愚無過於汝共為親友寄



身託命還欲見危鼈婦暴志是鼈調達是獼猴王我是(出鼈獼猴經)

暴志謗佛十四

佛遊舍衛祇國波斯匿王請佛及僧宮中設飯欲詣王宮有比丘尼名暴志木盂繫腹似如懷姙因牽佛衣汝為我夫從得有身不給衣食此事太何時諸大衆人天釋梵四王諸天鬼神及國人民莫不驚惶佛為一切三界之尊其心清淨過於摩尼智慧之明超於日月獨步三世無能逮者降伏諸邪九十六種莫不歸伏道德巍巍不可為喻虛空無形不可汙染佛心過彼無有等侶此比丘尼既佛弟子云何懷惡欲謗如來佛見衆心欲為決疑仰瞻上方時天帝釋尋時來下化作一鼠齧繫魁繩魁即墮地衆會覩之瞋喜交集恠之所以時國王瞋此比丘尼棄家遠業為佛弟子既不能歎譽如來無極功德反還姤謗於是大王即勅侍者掘地為坑欲倒埋之時佛解喻勿得尒也是吾宿罪非獨彼殃乃往過去久遠世時有賈客責好

眞珠枚數甚多且圓明好時有一女皆欲買之向欲成市有一男子還益倍價獨得珠去女人不得心懷瞋恨乃從請求復不肯與心怒既盛我前買珠便來還奪又從請求復不肯與汝毁辱我我在生當報汝恐時買珠男子則我身是其女身者則暴志是此自性緣非直今身也（出生經第一卷）

經律異相卷第二十三

經律異相卷第二十三

校勘記

一 底本，金藏廣勝寺本。二〇頁中一行至二二頁中一〇行原係手抄，以麗藏本補。

一 二〇頁中一行「聲聞無學學尼僧部第十二」，資、磧、普、南作「聲聞無學尼僧部第十二」；徑、清作「聲聞無學尼僧部第十七」。

一 二〇頁中三行至一六行目録，徑無。

一 二〇頁中七行第九字「説」，資、磧、普、南無。

一 二〇頁中一三行末字「十」，資、普、南、清作「十一」。

一 二〇頁中一七行末字「一」，徑、清作「第一」。

一 二〇頁中末行「毗婆式」，磧、普、南、徑、清作「毗婆尸」。下八行資、磧、普、南、徑、清同。

一 二〇頁下一〇行末三字至次行首字「使有見者」，資、磧、普、南作「使有見」；徑、清作「使衆人見」。

一 二〇頁下一五行末字「后」，資、磧、普、南、徑、清作「舌」。

一 二一頁上二行首字「其」，資、磧、普、南、徑、清作「之」。

一 二一頁上一一行第一二字「使」，清作「便」。

一 二一頁上一五行第一三字「作」，資、磧、普、南、徑、清作「各作」。

一 二一頁上一七行第三字「爲」，資、磧、普、南、徑、清作「語」。

一 二一頁中一四行末字「二」，徑、清作「第二」。

一 二一頁中一五行「殊妙」，資、磧、普、南、徑、清作「姝妙」。

一 二一頁下五行「擅膩鞊」，資、磧、普、南、徑、清作「陀膩鞊」。

一 二一頁下七行第一〇字「住」，資、磧、普、南、徑、清作「坐」。

一 二一頁下一四行「自存」，清作「自在」。

一　二二頁上一二行末字「三」，徑、清作「第三」。

一　二二頁上一八行末字「遥」，資、磧、普、南、徑、清作「徑」。

一　二二頁中五行「無愛」，資、磧、普、南、徑、清作「無受」。六行同。

一　二二頁中一一行末字「四」，徑、清作「第四」。

一　二二頁中一八行「呑忍」，資、磧、普、南、徑、清作「無忍」。

一　二二頁下五行及一六行「責斂」，資、磧、普、南、徑、清作「索斂」。一一行磧、普、南、徑、清同。

一　二二頁下六行「責之」，資、磧、普、南、徑、清作「索之」。

一　二二頁下一二行「漸深」，資、磧、普、南、徑、清作「轉深」。

一　二二頁下一七行「與歸」，諸本（不含石，下同）作「乃歸」。

一　二二頁下一七行末字至次行首字「蓮花」，資、磧、普、南、徑、清作「蓮花色」。

一　二二頁下二一行「無嫌」，徑、清作「不嫌」。

一　二三頁上一行「鄉邦」，資、磧、普作「卿邦」。

一　二三頁上七行末字「飲」，南作「飯」。

一　二三頁上一九行首字「一」，資、磧、普、南、徑、清作「遇一」。

一　二三頁中四行末字「五」，徑、清作「第五」。

一　二三頁中一四行「將從」，資、磧、普、南、徑、清作「侍從」。

一　二三頁中一九行「腹膭」，資、徑、清作「腹潰」；磧、普、南作「腹殨」。又「落齒」，諸本作「齒落」。

一　二三頁中二一行第一〇字「怖」，資、磧、普、南、徑、清作「故」。

一　二三頁下三行第五字「要」，徑、清作「會」。

一　二三頁下四行夾註「蓮華女經」，資、磧、普、南、徑、清作「蓮花女經中」。

一　二三頁下五行末字「六」，徑、清作「第六」。

一　二三頁下八行末字「謂」，諸本作「相謂」。

一　二三頁下一八行第六字「喜」，資、磧、普、南、徑、清作「歡喜」。

一　二四頁上六行「坏諭」，麗作「坏論」。又「幻法」，資作「幼法」。

一　二四頁上一〇行夾註左「第三卷」，資、磧、普、南、徑、清作「第二卷」。

一　二四頁上一一行末字「七」，徑、清作「第七」。

一　二四頁上一二行末字「延」，清作「廷」。

一　二四頁中一一行「上服」，資、磧、南、徑、清作「整服」。

一　二四頁中一二行第八字「敬」，諸本作「欲」。

一　二四頁中一三行第六字「審」，諸本作「當」。

一　二四頁下三行夾註右「坐樹」，資、磧、普、南、徑、清作「坐樹下」。又左「調伏經」，資、磧、南、徑、清作

「調伏經中」。

一　二四頁下四行末字「八」，徑、清作「第八」。

一　二四頁下五行「拘薩國」，資、磧、普、南、徑、清作「拘薩園」。

一　二四頁下七行「精思專惟」，麗作「精專思惟」。

一　二四頁下一五行「腹胃」，資、磧、普、南、徑、清作「腸胃」。

一　二四頁下一七行「見此」，磧作「見比」。

一　二四頁下末行「悟道九」，資、磧、普、南作「得道九」；徑、清作「得道第九」。

一　二五頁上二行「掌執」，資、磧、普、南、徑、清作「常執」。

一　二五頁上三行「看病」，資、磧、普、南、徑、清作「有病」。

一　二五頁上一三行末字「善」，磧、普、南、徑、清、麗作「蓋」。

一　二五頁上二〇行「万億」，南、徑、清作「萬劫」。

一　二五頁中五行末字「經」，資、磧、普、南、徑、清作「逕」，麗作「徑」。

一　二五頁中一三行第一三字「告」，資、磧、普、南、徑、清作「告言」。

一　二五頁中一五行「玉女」，磧、南、徑、清作「王女」。中一七行徑同。

一　二五頁中一八行「令脱」，資、磧、普、南作「今脱」。

一　二五頁下二行「珎利」，諸本作「弘利」。

一　二五頁下六行「心既」，資、磧、普、南、徑、清作「心即」。

一　二五頁下一四行「羅睺」，資、磧、普、南、徑、清作「羅睺羅」。

一　二五頁下二一行首字「名」，資作「名日」，磧、普、南、徑、清作「名曰」。

一　二六頁上三行末字「復」，磧作「後」。

一　二六頁上四行「猶懷憍慢」，資、磧、普、南、徑、清作「心猶懷慢」。

一　二六頁上一七行末字「十」，徑、清作「第十」。

一　二六頁下一行「等開」，資、磧、普、南、徑、清作「等聞」。

一　二六頁下四行夾註右「雜阿含經」，徑、清作「雜阿含」。

一　二六頁下五行「十一」，資、磧、普、南、徑、清作「第十一」。

一　二六頁下七行「自連」，資、磧、普、南、徑、清作「自遣」。

一　二六頁下一一行首字「鳴」，徑作「嗚」。

一　二六頁下一五行「廣説」，諸本作「廣訪」。

一　二六頁下一七行「王便」，資、磧、普、南、徑、清作「王使」。

一　二七頁上三行「蹜突迫脇」，資作「蹜突迫慉」；磧、普、南、徑、清作「蹴突迫慉」；麗作「蹜突迫協」。

一　二七頁上五行「使勅」，諸本作「便勅」。

一　二七頁上八行第五字「皂」，資作「帛」。

一　二七頁上一二行「教令」，麗作「敬

令」。

一　二七頁上一四行「不遺」，資、磧、普、南、徑、清作「不貴」。

一　二七頁中一〇行末字「出」，資、磧、普、南、徑、清作「便出」。

一　二七頁中一四行「白豕」，資、磧、普、南、徑、清作「百鳥」。

一　二七頁中一八行「晃晃」，麗作「晃耀」。

一　二七頁下三行「又不」，資、磧、普、南、徑、清作「不往」。

一　二七頁下一二行第二字「死」，麗作「本」。

一　二八頁上一二行「光輝」，資、磧、普、南、徑、清作「光耀」。

一　二八頁上一三行「夫人」，資作「天人」。又「自往」，麗作「自殺」。

一　二八頁上二二行「爲恨」，磧作「爲根」；清作「爲悵」。

一　二八頁中二行「令去」，資、磧、普、南、徑、清作「今去」。

一　二八頁中六行「感擊」，資、磧、普、南、徑、清作「感隔」；麗作「感激」。

一　二八頁中九行第九字「曰」，資、磧、普、南、徑、清作「日王」。

一　二八頁中一三行「不待」，資、磧、普、南、徑、清作「不侍」。

一　二八頁中一五行「鄙解」，徑、清作「鄙廨」。

一　二八頁中二二行「飲食」，資、磧、普、南、徑、清作「飯食」。

一　二八頁下三行「仁德賢慈」，資、磧、普、南、徑、清作「仁賢慈美」。

一　二八頁下六行「故今」，資、磧、普、南、徑、清作「故令」。

一　二八頁下一一行「燒惱」，資、普、南、徑、清、麗作「嬈惱」；磧作「撓惱」。

一　二八頁下二〇行首字「後」，諸本作「受」。

一　二九頁上六行第二字「肥」，諸本作「肌膚」。

一　二九頁中九行「惡路」，諸本作「惡露」。

一　二九頁中一二行「不服」，諸本作「不脱」。

一　二九頁中一三行「女父」，諸本作「女人」。

一　二九頁中一八行「相割」，磧、普、南、徑、清作「相制」。

一　二九頁下二行「得上」，諸本作「得止」。

一　二九頁下一一行「威尊致貴」，資、磧、普、南作「大王威重致尊至貴」；徑、清作「大王威重至尊至貴」。

一　三〇頁上四行「十二」，徑、清作「第十二」。

一　三〇頁上一六行第一四字「語」，南作「諸」。

一　三〇頁上一八行「語弟子」，資作「諸弟子」。

一　三〇頁中一行夾註「二十一卷十誦四分」，資作「二十一卷十誦四分律」；磧、普、南、徑、清作「二十二卷十誦四分律」。

一　三〇頁中二行「十三」，徑、清作

「第十三」。

一 三〇頁中三行第八字「及」，諸本作「反」。

一 三〇頁中一一行「佯病」，資、磧、普、南、徑、清作「詐病」。

一 三〇頁中二一行「跳梁」，資、磧、普、南、徑、清作「跳踉」。二二行同。

一 三〇頁下一行第一三字「鱉」，資、磧、普、南、徑、清作「鼈者」。

一 三〇頁下三行「十四」，徑、清作「第十四」。

一 三〇頁下五行第一三字「名」，資、磧、普、南、徑、清作「名曰」。

一 三〇頁下六行「木匳」，資、磧、普、南、徑、清作「木魁」。又「索佛衣」，資、磧、普、南、徑、清作「牽佛衣」。

一 三〇頁下八行「人天」，資、磧、普、南、徑、清作「天人」。又「四王」，清作「四五」。

一 三〇頁下一七行「繫魁繩魁」，麗作「繫盔繩盔」。

一 三〇頁下二〇行第一〇字至次行首字「妬謗於是大王」，資、磧、普、南、徑、清作「懷垢謗於大聖」。

一 三一頁上六行「我在生」，資、磧、普、南、徑、清作「在在所生」；麗作「我在所生」。

一 三一頁上七行第六字「其」，資、磧、普、南、徑、清無。

經律異相卷第二十四 轉輪聖王諸國王部第一

梁沙門僧旻 寶唱 等集

劫初人王始原一
大王致輪之初二
金輪王王化方法三
燈光金輪王捨辭四
善事金輪王有大利益五
轉輪王為半偈剜身然千燈六
摩調金輪王捨國學道七
無諍念金輪王請佛僧八
堅固金輪王失輪出家九
文陁竭金輪王遊四天下十
頂生金輪王愛別離苦十一
阿育四分王始終造業十二

劫初人王始原一

劫欲成時水災既起壞第二禪風災吹結世界得成光音諸天福命既盡化生為人歡喜為食身光自照神足飛行無有男女尊卑隣異故曰衆生有自然地味猶如醍醐色如生酥味甜於蜜以手取嘗遂生味著食之多者顏色麁悴食之少者膚白光澤便有勝負白相是非地味又滅又生地皮狀如薄麩色味香美復共食之轉相輕易地皮又滅更生地膚增一阿含妻葉並云地肥因食多少生諸悪法地生粳米衆共食之生男女形乃至立王亦已見世界成壞部天下富樂地生青草如孔雀尾漸次分張有八万国人民聚落鷄鳴相聞天下無病大熱大寒以法治國奉行十善哀念一切猶如父毋人壽長久後王徳漸薄年壽轉減至一万歲令至一百王崩子嗣名曰珎寳出長阿含經第二十二卷

大王致輪之初二

轉輪聖王所以致金輪者帝釋常勑四天王一月六日案行天下伺人善惡四天王及太子使者見有大國王以十善四等治天下憂勤人物心踰慈父以是事白天帝釋帝釋聞之慶其能介便勑毗首羯摩賜其金輪即出持付毗沙門天王毗沙門天王持付飛行夜叉飛行夜叉持來與大國王毗沙門天王勑此夜叉汝常為王持此金輪當王頂上畢其壽命不得

中捨是夜叉常為持之進止来去隨聖王意盡其壽命然後還付毗沙門天王毗沙門天王還付毗首羯摩毗首羯摩還内著寶藏中（出雜譬喻經第六卷）

道種堅德乘金輪王四天下性種性王乘銀輪王三天下習種性王乘銅輪王二天下以上十善得王乘鐵輪王一天下（出仁王波若經）

金輪王王化方法三

轉輪聖王成就七寶有四神德一金輪寶二白象寶三紺馬寶四神珠寶五玉女寶六居士寶七主兵寶若轉輪王出閻浮提時諸刹利水澆王頂以月滿時香湯沐浴外高殿上會衆伎樂天金輪寶忽現在前輪有千輻光色具足天金所成非世所有輪徑丈四王見興念我從宿舊聞今此輪現將無是耶今我寧可試此輪寶王即召四兵向金輪寶偏露右臂右膝着地以右手摩捫金輪語言汝向東方如法而轉勿違常則輪即東轉轉輪聖王將四兵隨其後行輪前四神導輪所住王即止駕東方小國以金鉢盛銀粟銀鉢盛金粟来詣王所拜首白言善哉大王今此東方土地豐樂多諸珍寶人民熾盛願大王留此治化大王答曰汝等但以正法治民勿使偏枉無令國内有非法行自不殺生教人不殺偷盜邪婬兩舌惡口妄言綺語貪取嫉妬邪見之人此即名曰我之所治時諸小王即從大王巡行諸國至東南西北隨輪所至其諸國王皆獻國土平曠之處輪則周行封畫道度東西十二由旬南



北七由旬天神造城郭其城七重七重欄楯七重羅網七重行樹周匝交飾七寶所成乃至無數衆鳥相和而鳴復於城内造諸宫殿宫牆七重七寶所成時金輪寶在宫殿上虚空中住王清旦於正殿上坐自然象寶忽現在前其毛純白七處平住力能飛行其首雜色六牙纖牖真金間填王見念言此象賢良若善調者可中御乘即試調習諸能悉備時轉輪王欲自試象即乘其上清旦出城周行四海食時巳還時王清旦在正殿坐自然馬寶忽現在前其紺青色朱毛尾頭仰如馬力能飛行王見念言此馬寶良若善調者可中御乘即試調習諸能悉備王欲試馬即自乘之清旦出城周行四海食時巳還時王清旦在正殿上自然神珠忽現在前質色清徹無有瑕穢王見念言此珠妙好若有光明可照宫内王欲試珠即召四兵以此寶珠置高幢上於夜冥中賫幢出城其珠光明照一由旬見城中人皆起作務謂為是晝玉女寶者忽然



自現顔色從容面貌端正不長不短不麁不細不白不黑不剛不柔冬則身温夏則身凉舉身毛孔出栴檀氣口出優鉢羅華香言語柔濡舉動安詳先起後坐不失儀則時王無著心不暫念况復親近居士寶者忽然自出寶藏之内財富無量居士宿福眼能徹視地中伏藏有主無主皆悉見知其有主者能為擁護其無主者取給王用時居士寶往白王言大王有所給與不足為憂我自能辦時王欲試此居士寶即勅嚴船於水遊戲告居士曰我須金寶汝速與我居士報曰大王小待須我至岸上乃逼言我今須用居士寶以右手内著水中水中寶瓶隨手而出如虫緣樹時王見之語居士言止止吾無所須向相試耳尋以寶物還投水中主兵寶者忽然出現智謀雄猛英略獨決即詣王所白言大王有所討罰不足為憂我自能辦時王欲試主兵寶故即集四兵而告之曰汝今用兵未集者集已集者放未嚴者嚴已嚴者解未去者

去巳住者住時兵寶具如王言三
見踊躍曰
我今真為轉輪聖王
一者長壽不夭無能及者
二者身強無患無能及者
三者顏貌端正無能及者
四者寶藏盈出無能及者
是為聖王具四功德大海彼岸
復有鉢頭摩池俱物頭池分陁利池
過是地空其空地中有大海水名鬱
禪那此水下
有轉輪聖王道廣十二由旬俠道兩
邊有七重牆七重欄楯七重羅網
七重行樹以七寶成閻浮提地
轉輪聖王出于世時水自然去其
道平現又乃命駕出遊後園尋告御者
汝當善御而行
所以然者吾欲



諦觀國土人民安樂無患時國人民
路次觀者復語侍人汝且徐行吾欲
諦觀聖王威顏時王慈育民物如父
愛子國民慕王如子仰父所有珍奇
盡以貢王願垂納受時王報曰且止
諸人吾自有寶汝可自用王治此閻
浮提時其地平正無有荊棘坑坎堆
阜亦無蚉䖟蜂蠅虵虺惡蟲石沙瓦
礫自然沉沒寶金銀寶玉現於地上
四時和調不寒不熱其地柔濡無有
塵穢如油塗地潔淨光澤地出流泉
清淨無竭樹木實茂華果熾盛地生
濡草冬夏常青色如孔翠自然粳米
無有糠糩衆味具足時有香樹華果
茂盛其果熟時自然裂出香氣馚熏
復有衣樹華果茂盛其菓熟時皮㲉
自裂出種種衣復有莊嚴樹其菓熟時
出種種莊嚴具復有鬘樹其果熟時
出種種鬘復有器樹其果熟時出種
種器復有果樹華果茂盛其果熟時
皮㲉自裂出種種果復有樂器樹其
果熟時出衆樂器轉輪聖王治於世
時阿耨達龍王於中夜後起大密雲



彌滿世界而降大雨如搆牛乳而八
味水潤澤周普地無停水亦無泥淖
潤澤沾洽於中夜後空中清明淨無
雲曀海出涼風清淨調柔觸身生樂
聖王以正治國無有阿枉脩十善行
時諸人民亦脩正見具十善業其王
久時如樂人食身小不適而便命終
生梵世上時金輪白象紺馬明珠皆
悉滅沒時玉女寶居士寶主兵寶及
國土民作倡伎樂以香湯洗沐王身
纏五百張
劫貝疊次如纏之捧舉王身置金棺
裹以香油灌之置鐵棺裹復以木槨
累衣其外積衆香薪重衣其上而
闍維之於四衢道頭起七寶塔縱廣
一由旬雜色參間以七寶成玉女寶
居士寶典兵寶舉國士民皆來供養
此塔施諸窮乏須食與食須衣與衣
象馬寶乘給衆所須隨意所與（出樓炭經）
（第一卷又出長阿含）
燈光金輪王捨辟四
過去無量無邊阿僧祇劫時此界名

日月雷亦有五濁世我於是時作轉輪王王閻浮提号燈光明教化阿僧祇人住善法中見有一人身被縛束我即問言此何所犯大臣白言田作穀麦六分一分入官是人不從王法是故縛之我勑令放臣荅言今王諸子後宮眷屬諸所資用皆從他邊强取無有一人清淨心與王大憂愁分此地為五百分等與諸子即便出家至南海邊欝頭摩木林之中食諸果子漸漸修學得五神通時閻浮提有五百商人入海採寶有一商主名曰滿月得如所願即欲發還龍心懷瞋欲害商人復有一龍王名曰馬堅是大菩薩以本願故生於龍中起慈悲心救諸商人令得安隱過於大海至彼岸邊龍王然後還本住處尒時有大惡羅剎隨逐商人如影隨形欲為虐害是惡羅剎即於其日放大惡風時諸商人迷悶失道生大怖畏失聲啼哭嘆呼諸天摩醯首羅水神地神火神風神復稱父母妻子眷屬願救濟我善男子我於尒時以淨天



耳聞其音聲尋往其所以柔濡音而慰撫之莫生怖畏當示汝道令汝安隱還閻浮提善男子我於尒時白氎纏髀以油灌之然以為炷發真實言我先以於欝頭摩林三十年中專精行四無量心為諸衆生食敢果子勸化八万四千諸龍夜叉神等不退轉於阿耨多羅三藐三菩提以是善根令然此髀為示道故令諸商人安隱得還閻浮提中然髀乃至七日七夜此諸商人尋便安隱還閻浮提善男子我於尒時復作善願若閻浮提無諸珎寶者我必成阿耨多羅三藐三菩提得己利者當作商主於一一天下七反雨寶復入大海取如意珠於一一天下復雨種種雜廁寶物如是次第遍此世界乃至十方無量無邊阿僧祇諸世界中亦復如是善男子我於往昔諸所發願皆得成就如恒沙等大劫之中常作無上薩薄之主於恒河沙五濁惡世雨種種寶一日之中七反雨之令得滿足然後勸化令住三乘（出過去香蓮華佛世界經）



蓋事金輪王有大利益五

過去閻浮提有四河水二大國王一名婆羅門提婆（梁言梵天）獨擭三河人民繁盛然復儜弱一王名曰罰闍建提（梁言金剛衆）唯得一河人民亦少然其國人悉皆勇健時金剛衆處于正殿王念兵衆勇悍而所獲水少彼國儜弱獨霸三河今當遣使索取一河若與我者共為親厚國有好物更相貢贈若有艱難共相赴救若其不得便當力奪即遣使至梵天國具宣王意梵王云我國豈實人衆亦多又此國界父王所有轉用授我至於力諍我不下彼荅言此國乃是我父所授我力不相減若欲力決我不相畏使還具聞王即合軍攻梵天國共戰一交梵天軍壞乗比追躡逐至城邊衆人怖縮更不敢出諸臣共集詣梵王所白大王言他國兵强我國儜弱惜一河水令致此敗如是不久懼恐失國唯願開意以一河與之共為親厚足得安全王遣使與一河水又以女許為夫人國有奇物更相貢贈急難危嶮共相赴救時金

剛聚即迎其女拜為夫人各共和解迴
軍還國經於數時其王夫人便覺有
胎懷娠之後恒有自然七寶大蓋當
在身上坐卧行立終不遠離至滿十
月生一男兒身紫金色頭髮紺青光
相晒着世之少雙兒以出照蓋在其
上召諸相師令相此兒相師白王太
子德相世之希有王及羣臣喜不自
勝即為其立字字剎羅伽利（梁言蓋事）年至
成人父毋便命終小王臣民共立蓋事
治政數年出外遊觀見諸人民耕種
勞苦問左右曰此人何作荅言國以
民為本民以穀為命若其不尒民
命不存民命不存國則滅矣王便
言曰若我福相應為王者令我民衆
獲自然穀發言已竟人民倉簞滿種
種穀隨意悉有後復出遊見人汲水
舂磨作役又問臣言諸人何以尒耶
臣白王言蒙王恩澤獲自然穀事須
成熟是以庶民辦作食調王復言曰
若我福德應為王者令吾國內一切
人民有自然食發語已訖合境皆獲
自然之食後復出遊見人織作辦具



衣調問言此諸人等何故執作臣言
辦具衣裳王言若我福德應為王者
使吾國內一切樹木出自然衣適發
此語國中諸樹皆出妙衣極為細軟
青黃赤白隨人所好後復出遊見諸
人民競作樂器王復問臣何以故尒
臣言治伎樂器王言若我有福應為
王者令我國中樹生樂器稱意悉有
又經少時諸王臣民悉来拜賀值王
食時留與飲食尒時諸臣得王飲食
百味具足咸共白王臣等家食飲其
味薄少今得王食美味非凡王告之
曰卿等臣民若欲常得如我食者用
吾食時食者皆得如是之食即勑伺
官吾食時到恒鳴大鼓令諸人民悉
得聞知用我時食當得百味上妙之
供從是已後食便鳴鼓一切人民承
音念食百味上饌自然在前人民優
樂時王梵天遣使来至蓋事王國語
蓋事言汝父在時我以河水用與汝
父汝父已終宜當還我時蓋事王報
彼使曰我今境土及與河水亦非我力
強從汝得然我為王不勞民物且停



須我後與汝王相見使還白王王然
其意剋日共期二王俱進軍衆圍遶
各安大勞在河一邊二王乘舩河中
相見時王梵天初見蓋事身色晃曜
如紫金山頭髮弈弈如紺琉璃其目
廣長人中難有敬心內發謂是梵天
到相問訊對坐一處談兩國土論索
水事蓋事報曰我國人民所欲自然
亦無貲輸王役之勞所言未訖食時
已至蓋事王軍鳴鼓欲食梵天謂欲
煞之怖走謝罪羊皮四布腹拍前地
蓋事自起曉令還坐復語之曰大王
何以恐怖如是我軍食時恒自鳴鼓
所以尒者用我時食皆獲百味上饌
之供梵天復起白蓋事曰唯願大王
普見臨覆我及國人悉願降附令諸
民庶悉蒙恩澤於是蓋事典閻浮提
一切人民盡獲安樂登位之後處於
正殿群僚百官宿衛侍立日初出時
有金輪寶從東方来如是七寶相續
而至典四天下一切衆生蒙王恩德
所欲自恣王悉教令脩行十善壽命
之後皆得生天佛告阿難剎羅伽梨

王者我身是王爵闍違提令父王是毋者摩耶是出賢愚經第八卷

轉輪王為半偈剜身然千燈六

時轉輪聖王為求佛法遍問閻浮提誰解佛法大轉輪王欲得翫習時皆云無邊一小國有婆羅門解知佛法即請入宮為我解說婆羅門言王大愚也吾學佛法久受勤苦因乃得成今者云何直欲得聞王白師言欲須何物婆羅門言與我供養王言所須供養為是何物婆羅門言若能就王身上剜作千瘡灌滿膏油安施燈炷以供養者吾當為汝解說佛法王未答須尋下高座尒時大王即前抱持報言小復留懷須自思惟當奉供養尒時大王即入宮中報諸夫人令共汝別我欲剜身以作千燈供養大師夫人言天下所重莫若己身云何毀害王曰欲求佛法為一切衆生於大闇室然智慧燈照汝生死無明黑闇斷衆累結得至涅槃汝等諸人令者云何違逆我心時諸夫人黙然不對心悲鬱噎王與內外一切辭別還至殿上



往大師所脫身瓔珞端身正坐告衆人言誰能為吾剜身千瘡皆共荅言寧自剜兩目終不能以手仰剜王身有旃陁羅其性弊惡尋聲往趣語諸太子且莫憂苦我有方便能令大王事不得成還領國土如本不異諸太子聞喜時旃陁羅言欲剜身者我能為之王言汝令是我無上道伴時旃陁羅持牛舌刀就王身上眴速剜作數滿千瘡謂王意退投刀馳走灌滿膏油細氎為炷時婆羅門告王言精進如是難為能為脩此苦行為聞佛法即說半偈

夫生趣死　此滅為樂

王言於我有慈愍者應憶持是法於諸國土有人民處宣通王命諸人當知大轉輪王見諸衆生沒於苦海未能出要起大悲心剜身千燈求此半偈諸人令當書寫此偈讀誦翫習思惟其義如說脩行諸人異口同音讚大王言善哉大王真慈悲父為諸衆生脩此苦行我等應當速往書寫或於紙帛或於石上或於樹木瓦礫草葉蹊逕要路多人行處亦皆書寫



其見聞者皆發道心

王然千燈供養大師其明遠照十方世界其燈光中亦出音聲說此半偈其聞法者皆發道心其光上照至忉利宮隱蔽天光忉利天王即作是念以何因緣有此光明即以天眼觀於世間見轉輪王以大慈悲熏脩其心為衆生故剜身千燈供養大師為度衆生我等當往勸戒佐助即下世間化作凡人往詣王所問大王言剜身千燈脩此苦行為求半偈何所作為報言善男子我為衆生令發道心尒時化人即復釋身報言作是供養願求天王魔王梵王耶言我不求此正求菩提為衆生故不安者安不解者解未度者度未得道者欲令得道天王釋言大王令者不乃愚也求菩提者久受勤苦乃可得成汝云何欲求無上道報天王釋言假使熱鐵輪在我頂上旋終不以此苦退無上道心汝雖發是言吾終不信也時轉輪王於天王釋前立此誓言若不真實求三菩提欺天王釋者使我千瘡終無

愈時若不尒者血當為乳千瘡平復說是語時瘡即如本天王釋言善哉大王真是大悲如是苦行不久當得無上菩提得菩提時要先度我時天帝釋放大光明遍照王身與百千諸天發菩提心五百太子見其父王身瘡平復歡喜無量發菩提心二万夫人百千婇女亦復如是（出大方便佛報恩經第三卷）

摩調金輪王捨國學道七

昔者有王名曰摩調時号遮加越王主四天下以正法治不枉人民常行慈心視民如赤子人壽八万歲王有七寶又有千子鞭杖不行民無辞訟莫不變化王欲行四方隨意即至數千万人隨後而飛不持刀兵人民鬼神皆自歡喜語侍衛者頭鬚生白可以告我侍人言生白王召太子告言我頭生白表老將至今立汝為王四天下皆屬於汝汝後亦應猒於世樂當行求道王即棄國除鬚學道時諸臣民皆大啼哭摩調子孫相傳持國千八十四王鬚白學道摩調王千八十四世復復出為人還續王位名南



復持正法即勑中宮及諸貴人使持八戒月脩六齋臣民男女皆亦奉持沙門道人無有衣食皆悉給施乃至醫藥天帝語言寧欲得見忉利天上諸天不南王即言欲得見之帝釋言我遣一車駕千疋馬來迎王車名絫嗟育多南王名聲遠流聞忉利天為諸天王之所敬重欲得相見見車驚言非世所有我王施善天車迎王南王載車車馬俱飛即告御車汝過二道我欲得見惡人之道復欲得見善人之道摩曰婁即將過視泥犁地獄人所作惡考掠之處復上忉利觀天上樂王到釋宮天帝復言天上諸王大欲得見南王常道說功德即前牽辟與共並坐南王變身如天上體不復如世間臭也作倡天樂散華燒香帝釋語南王言莫愁憂也此閒諸伎可共相戲足可忘憂南王不持天上伎樂為樂南王即語釋言如人借物會應當還以本願故不以天伎為樂時南王者今我身也（出摩調王經）

無諍念金輪王請佛僧八



菩薩過去劫時此佛世界名䣊提嵐劫名曰善提有轉輪王名無諍念主四天下有一臣名曰寶海是梵志種善知占相時生一子有三十二相八十種好百福成相常光一尋百千諸天来共供養因為作字号曰寶藏其後長大剃除鬚髮法服出家成三菩提還号寶藏十号具足即轉法輪令諸衆生皆得生天咸蒙解脫利益天人聲聞大衆恭敬圍遶安周羅城即是聖王所治之處去城不遠有一園林名曰閻浮時佛與聲聞大衆止頓此林時王聞之與無量大衆往至佛所到佛所已頭面礼足右遶三匝却坐一面佛即為王說於正法以種種方便示教利喜王白佛言唯願如来及諸聖衆於三月中受我供養衣服飲食卧具湯藥時佛默然頭面作礼遶佛三匝還告小王及臣民眷屬辦諸供具時主寶臣於閻浮林中以純金為地於其地上作七寶樓其樓四門七寶所成七寶行樹其樹皆懸寶衣瓔珞種種珠蓋及諸寶器復散

諸香寶華綩綖繒纊以為敷具懸諸繒
幡及王金輪於樓觀前去地七尺女
寶執蓋以摩尼珠並置佛前珠輪二
光常照林中晝夜無異以牛頭栴檀
為牀榻机橙白為寶樹種種莊嚴在
佛僧前後玉女寶持七摩尼寶蓋在於
佛前以牛頭栴檀及黑沉水散以供
養作衆伎樂其園外邊有四兵寶周
匝圍遶王到佛所作礼右遶三匝自
行澡水手自斟酌上妙餚饍供養佛
及僧食訖捨鉢行水漱口王執寶扇
以扇如来及一一聲聞時王千子及
八万四千諸小王等悉皆供養一一聲
聞如轉輪王尋於食後有無量衆入
林聽法諸天散華作天伎樂以供養
佛虛空中有天衣瓔珞種種寶蓋
而自迴轉四万青衣夜叉取牛頭栴
檀為衆作食時轉輪王夜於衆前然
百千無量億那由他燈王頂戴一燈
肩荷二燈左右手中執持四燈其二
膝上各置一燈兩足趺上亦各一燈
晝夜供養佛神力故身無疲極如入
三禪轉輪聖王所受快樂亦復如是



終竟三月以主藏寶臣貢上如来閻
浮檀金作龍頭瓔珞八万四千上金
輪寶白象紺馬摩尼珠寶妙好火
珠主藏臣寶主兵臣寶諸小王等安
周羅城諸小城邑七寶衣寶華寶聚
寶蓋所著妙衣華鬘瓔珞寶車寶仗
七寶頭目交絡及諸寶網閻浮金璅
机橙七寶器物鍾鼓伎樂寶鈴珂貝
真珠寶貫上妙㲪㲣綩綖細縟微妙
園林幢幡瓶灌燈燭七寶鳥獸雜廁
妙扇種種諸藥如是等物各八万四
千以施佛僧作是施已白佛言世尊
我國多事有諸不及今我悔過唯願
如来久住此園復當令我數得礼敬
王諸子等復各請佛僧終竟三月如
来黙然善男子時王千子第一太子
名曰不眴終竟三月供養如王唯無
輪等七寶大臣寶海梵志遍閻浮提
告一切男女有所求乞者先歸依三
寶發菩提心然後當受汝之所施時閻
浮提無有一人不從梵志受三歸依
發菩提心便受所施之物時諸王子
皆各發心或願忉利天王或求梵王或



求魔王或求轉輪聖王或願大富或
求聲聞各各向佛及僧悔過轉輪
聖王曰過去布施故復求今住（出悲華經第二卷又出宿意菩薩問五濁經）

堅固金輪王失輪出家九

過去世時王名堅固有四種兵為轉輪
王攝御天下以法為治與七寶俱人
間四妙王於後時失於天輪告太子
頂来我本從舊人聞若轉輪王失天
輪者王必不長壽太子我已食人間
欲復欲求天欲我欲剃鬚被著法服
信樂出家我今以大海地與汝汝當
以法教令莫作非法若復與汝天輪
移處堅固王學道七日天輪晝忽然
不見頂来王白父王言不可為王當
云何父王言當作輪之福行可有是
處十五日說戒時沐頭昇在堂上東
方有天輪来非工巧所作光炎極妙
齋日沐頭昇在堂上東堅固王曰子
當如法觀行於男女婦子及諸臣民
非是一人沙門婆羅門下至鳥獸當
持齋月八日十四日十五日施與沙
門婆羅門貧窮孤老乞者當以飲

食衣被華鬘衆香牀卧屋舍給與使　經律異相卷第三十四　第二十四張　丁字号
為明證若界內所識沙門婆羅門當
至其所隨時問論云何為善不善白
黑報云何現在義云何後世義云何
作行受善不受惡當如是學若界內
有貧窮人當施與財物是為得輪之
行汝與行相應者便得若十五日說
戒時沐頭昇堂上東方當有天輪来
至繼後有頂来王以法治行於其界
內施與財物為轉輪王與七寶俱人
聞四妙云何曰妙如上七寶如上四
妙彼輪於後時天輪亦移處至輪不
現頂来王亦初不憂慼樂著婬欲
不知敗壞强御天下人民日減不增
先王如法但增不減知明星婆羅門
白言天王當知以欲御民但減不增
猶若過去諸轉輪王與輪法相應人
但增不減王曰我當云何荅曰天王
界內有明笇法有諸臣中明呪術知
於輪法王當與輪法行相應若與相
應者可有是處輪便可得十五日說
戒時沐浴昇高堂上東方當得天輪
王曰云何為輪行令我行與相應當

如法見行於法於妻子至施物是為　經律異相卷第三十四　第二十五張　丙字号
天王天輪行若應此行可有是處便
可得輪頂来王於後時行法於妻子
至貧窮人惜財不施既窮無物便行
偷盗詣王罰之王作是言汝衆生真
諦不與取耶荅言實尒我若不盗無
以存命王便與物語彼人曰汝去後
莫復尒復有窮者聞盗見王即賜其
物我等寧可作不與取便復行盗盗
轉增廣人壽漸減始八万四千歲終至
百年時有過者王言若復於我界盗
者當悉著樹下以刀梟首佛告諸比
丘當来人壽十歲出阿含經第十四卷

文陁竭金輪王遊四天下十

昔者有王名文陁竭從母頂出後作
遮迦越王東西南北皆屬之七寶具
足王有千子王四天下經數千歲意
中自念我有四天下人民熾盛穀米
平賤千子端正高才健猛令天雨金
銀七日七夜使耶天即為王雨錢金
銀七日七夜王心歡喜聞諸方土人
民熾盛王舉七寶四種兵衆俱共飛
行次到諸國悉皆降伏正法治世如

是各數千歲王復生意我有閻浮提　經律異相卷第三十四　第二十六張　丙字号
國二十八万里我有俱耶尼國三十
二万里我有弗于逮國三十六万里
王唯聞北方有欝單越天下大樂人
民熾盛王意欲往彼無貧窮豪羸强
弱無有奴婢尊卑皆同一等令我人
衆屬共食之自然粳米自然衣被服
飾諸珎寶便俱飛行入欝單曰地青
如翠適復前行見白如雪自然稻米
汝曹當食適復前行見諸寶樹百種
衣樹金銀瓔珞皆懸著樹王問邊臣
汝曹見是等不邊臣言唯然已見入
國人民皆悉降伏王治欝單越地四
十万里經數千歲復念我有四天下
王意欲上須弥寶山至忉利天王釋
所止處便舉七寶百官俱飛到須弥
山入天王釋宫王釋遥見迎之言歎
聞王功德欲相見日久仁者来大善
便牽與共坐以已半座與文陁竭王
適坐左右顧視天上有玉女心便念
言我有四天下所有雨寶使天王釋
死我欲代其處治天上如治天下便
覺去離即還天下便得疾病困劣著

牀目問王曰得無有意欲得天王釋處不荅適生意便下在地即嬰困病心自悔言人無猒足知足者少文陁竭王我身是也(出文陁竭王經)

頂生金輪王受别離苦十一

過去之世人壽無量王名善住其王尒時為太子治事及登王位各八万四千歲時王頂上生一肉皰其皰柔軟如兜羅綿細軟刼貝漸漸增長不以為患足滿十月皰即開剖生一童子其形端正人中第一父王歡喜字曰頂生時善住王即以國事而委付之棄捨妻子入山學道滿八万四千歲時頂生王於十五日在高樓上沐浴受齋即於東方有金輪寶至其輪千輻轂輞具足不由工匠自然成就而來應之王作是念我昔曾聞五通仙說若刹利王於十五日處高樓上沐浴受齋若有金輪而來應者當知得作轉輪聖帝即試以左手擎之右執香爐右膝著地而發誓言是金輪寶若實不虛應如過去轉輪聖王即飛昇虛空周遍十方還王左手王心知作轉輪聖王其後不久復有爲寶如白蓮華七枝拄地王念亦如仙說十五日處在高樓沐浴受齋王試擎香爐右膝著地而發誓言是白爲寶若實不虛應如過去轉輪聖王所行烏即旦至夕周遍八方盡大海際還住本處王大歡喜復作是言我今定是轉輪聖王其後不久次有馬寶王又如前復有女寶形容端正微妙第一以手觸王衣時即知王身苦樂亦知王心所緣自然而有摩尼珠寶如紺青琉璃大如車輪照一由旬若天降雨滞如車軸是珠勢力能作大蓋覆一由旬遮此大雨不令下過王念如前次有主藏臣自然而出多饒財寶無所闕少眼見伏藏隨王所念皆能辦之即共乘船入於大海告藏臣言我今欲得珎異之寶藏臣聞已即以兩手撓大海水時十指頭出十寶藏以奉聖王而白王言大王所須隨意用之其餘在者當投大海王大歡喜次有主兵臣自然而出勇健猛略策謀第一善知四兵能令摧伏已摧伏者力能守護王告諸臣汝等當知此閻浮提安隱豐樂我今七寶成就千子具足更何所為諸臣荅言唯然大王東弗婆提西拘耶尼北欝單越猶未歸德王今應往時王即與七寶一切營從飛空而往四方人民歡喜歸德復告大臣我四天下安隱豐樂人民熾盛咸已歸化更何所為諸臣荅言唯然聖王三十三天壽長安樂自恃天福未來歸化今應往討令其摧伏王復飛空上忉利天見有一樹其色青緑即問大臣此是何色大臣荅曰此是波利質多羅樹忉利諸天夏三月日常於其下娛樂受樂又見白色猶如白雲復問大臣此是何色大臣荅言是善法堂忉利諸天常集其中論人天事於是天主釋提桓因知王在外既出迎逆見已執手昇善法堂分座而坐彼時二王形容相貌等無差别唯有視眴為别異耳(賢愚經太先身以五豆散弗沙佛上四豆入鉢王四天下一豆在頂受樂二天)王言我今可住此中為天王不時天帝釋受持讀誦大乘經典為他宣說唯於深義

未盡通達王於帝釋乃生惡心即便墮落還閻浮提與所愛念人天離別生大苦惱復遇疾病即便命終帝釋迦葉佛是轉輪聖王即我身是出大涅槃經第十一卷

阿育四分王始終造葉十二

波吒利弗多國雜阿含云巴連弗邑王姓孔雀名頻頭婆羅父名日月護有子名阿輸柯梁言無憂又名阿育王前生名闍耶為童子時值釋迦入王舍城心念佛故於大路邊以沙為麨內佛鉢中以申供養因發願言我未來為一命地王廣興供養佛即記之我入涅槃百年之後當生波吒利弗多城姓孔雀名阿育為四分轉輪王起八万四千塔供養舍利出阿育王經第一卷身體麤澁父不愛念乃於後時使善相師相諸兒子誰堪為王不占阿育母寄報之汝宜就次阿育啓毋父王不喜毋言但去大臣成護問令何行荅以實事成護駕家勝為給其乘御設諸子食皆悉寶器不及阿育毋私辨饌器食皆勝相師曰阿育家勝是堪為王大王曰我所不重必當見殺可更搜筭相師又曰今好乘好食好器者此堪為王復無勝者後境內小國名德叉尸羅欲為逆王勅阿育汝集四兵擒集彼國器仗資物悉不給汝阿育奉命即自思惟若有功德應為王者願自然涌出地即震裂器食無數德叉尸羅國聞阿育來莊嚴道路望風奉迎一切人民競興供養初不[illegible]二遣使往佉師國求二健兒力能摧山偃岳時諸天發言語二人去此四分轉輪王領閻浮提不可逆也一切雄賢莫不奉覲諸天以天寶冠置其頭上大王聞之即遣大兒脩私摩大興兵力竟不能罰大王身遇重疾倍更瞋恚復聞不剋口吐熱血即便命終阿育即登大位拜成護為第一大臣領理國事脩私摩等聞父云背立阿育為王心生不忍即集諸兵來伐阿育二大力士為成護各鎮一門王頓東門立大火坑以物覆之無有烟炎作機関木人王騎大木為邏行示弱脩私摩率其銳卒現欲阿育見諸木人行步劣動督軍直前墮大火穽被燒而死二十八万里皆臣屬之陸地龍及夜叉悉皆降伏

但有一龍所止之地廣三百餘里得佛舍利宜初起塔在羅摩村有大功德獨不從化阿育因募得旃陀羅使名耆利柯能行殺戮即立牢獄以治不從莊嚴獄門擬令華嚴見者愛樂入不得出時鷄寺比丘誦脩多羅偷多羅說地獄事耆利柯聞之隨造鑊湯鑪炭刀山劍樹等有海比丘早起著衣持鉢入城乞食遇入地獄門耆利柯執之比丘泣而告之曰人身難得出家難遇我皆已得道法乞申一月荅曰我受王命終不可得聽至七日比丘晝夜精勤并見王子共內人語有勑付獄耆利柯即鐵臼杵碎之比丘心增怖畏第七日夜思惟得羅漢果明日耆利柯置比丘於鐵鑊中鹹沸屎尿雜穢膿血以猛火煑之經時不壞比丘獨坐蓮華王聞與一切人民共往看之比丘即以神力身昇虛空現十八變王大歡喜曰汝身同人身汝力過人力應令我知之為汝作神足荅曰王稱佛語廣作塔廟供養舍利為法饒益佛滅諸陋慈悲無比寂勝論邪師我為弟子佛記轉輪王將我舍利起八万四千塔廣作諸佛事王先起地獄等殺害甚

無數當除諸罪業施於無畏王即合掌向此比丘自說懺悔即自入地獄出之者利柯言我先奉勑無所蠲除入不得出王曰汝欲殺我耶荅曰如此王間初立此獄誰宜先入荅曰耆利柯先入王語獄卒以耆利柯置作膠舍裹以火燒之然後毀地獄去也便於五部僧以千金銀琉璃覞蔵以香水種種飲食香花等供養受八戒竟手執香爐而登高殿請四方僧說言世尊弟子在四方者為攝受我故悉應来此而說偈言

有諸阿羅漢　當来攝受我　我請阿羅漢
當悉来此處

有三十万比丘阿羅漢十万學人二十万凡夫無數於上座一處無有人坐王問耶舍言第一座處何故無人荅言佛說弟子中有能師子吼者名賓頭盧是第一上座王聞毛竪如柯曇婆花又言有見佛来入涅槃今在者不荅言即賓頭盧是也又問我於今者得見其人不荅言其今應来時王聞巳生大歡喜即說偈讚合掌仰



看空中目不暫捨時賓頭盧与無數阿羅漢隨從圍遶從空中下坐第一座闔衆皆起見賓頭盧頭鬚皓白額皮眉毛悉合覆面如緣覺身五體投地礼賓頭盧舌舐其足啼泣說偈讚歎賓頭盧以兩手舉眉毛歎阿育曰我數見如来因歎佛德阿育復問何處見佛荅曰佛与五百阿羅漢俱詣於王舍城安居我時在衆中又於舍衛國為勝外道故現種種神力又於三十三天上安居為母說法竟下復往於阿僧柯奢國又於脩摩陁伽孤獨女請佛及五百阿羅漢佛以神力至分陁跋陁國我以神力舉山從虚空中亦至彼國時如来戒勑去汝不得涅槃主我法住阿育復問賓頭盧大德幾人隨從偈荅曰

六万阿羅漢　悉盡煩惱毒　大王何忽疑
速施衆僧食

衆僧若食竟當更共語王荅尒種種欲去皆以供養時王語比丘名一切支我當施僧十万金及千銀琉璃覞於大衆中說我名供養阿育王子名



鳩郍羅往父邊畏其父故不敢發言舉二指示唱道尒比丘表其脩福倍其父相衆作大笑王見衆笑語大臣成護去汝所作非是故人笑成護荅言多人欲作福必欲一倍阿育荅言我當以三十万金供養衆僧以三千覞蔵以香水王又去大德我今作七寶庫蔵一切大地官人大臣并以我身及鳩郍羅悉以施僧（出阿育王經第一卷）

經律異相卷第二十四

經律異相卷第二十四
校勘記

一　底本，金藏廣勝寺本。三九頁下原版缺，以麗藏本補。
一　三六頁中一行「轉輪聖王諸國王部第一」，徑、清作「轉輪聖王諸國王部第十八」。
一　三六頁中三行至一四行目録，徑無。
一　三六頁中一〇行「無諍」，資作「無淨」。
一　三六頁中一一行「堅固」，資、磧、普、南作「堅固念」。
一　三六頁中一四行「造業」，資、磧、普、南、清作「造塔」。
一　三六頁中一五行末字「一」，徑、清作「第一」。
一　三六頁下一行「又滅」，資、磧、普、南、徑、清作「消滅」。
一　三六頁下一〇行「王德」，資、磧、普、南、徑、清作「王福德」。
一　三六頁下一三行末字「二」，徑、清作「第二」。
一　三六頁下一五行「一月」，磧作「六月」。
一　三七頁上九行末字「三」，徑、清作「第三」。
一　三七頁上二〇行小字左「轉輪聖」，諸本（不含石，下同）無。
一　三七頁上二〇行小字左第六字至次行小字右第五字「王將四兵隨其後行輪前四神導輪所住王即止駕東方小國以」，麗無。
一　三七頁上二一行小字左「善哉大王」，資、磧、普、南、徑、清作「善哉天王」。又「願大王」，資、磧、普、南、徑、清作「唯願大王」。
一　三七頁上二二行小字左「貪取」，麗作「貪邪」。
一　三七頁中八行「纖膹」，諸本作「纖臃」。又「間瑱」，諸本作「間填」。
一　三七頁中一四行「如馬」，資、普作「如烏」；磧、南、徑、清作「如鳥」。
一　三七頁下一行「縱容」，諸本作「從容」。
一　三七頁下一四行「上乃」，諸本作「王乃」。
一　三八頁上一行第七字「兵」，資、磧、普、南、徑、清作「主兵」。又末字「三」，諸本作「王」。
一　三八頁上一六行「平現」，資、磧、普、南、徑、清作「平現時轉輪聖王」；麗作「平正轉輪聖王」。
一　三八頁中四行「珎奇」，清作「珍意」。
一　三八頁中九行第六字「寶」，諸本無。
一　三八頁中一二行「實茂」，資、磧、普、南、徑、清作「繁茂」。
一　三八頁中一三行「孔翠」，諸本作「孔翠」。
一　三八頁下一行第一二字「乳」，麗作「頊」。
一　三八頁下八行「梵世」，諸本作「梵天」。
一　三八頁下一一行首字「緾」，諸本作「以劫貝纏」。

一 三八頁下一二行「刧貝」，諸本無。
一 同行「次如」，清作「故如」。
一 三八頁下一三行「鐵棺」，資、磧、普、南、徑、清作「鐵槨」。
一 三八頁下一四行「褁衣」，磧、普、南、徑、清作「重衣」。又「重衣」，資作「裹衣」。
一 三八頁下一六行「玉女」，南作「王女」。
一 三八頁下一七行「士民」，資、磧、普、南、徑、清作「土民」。
一 三八頁下一九行夾註左末字「經」，麗無。
一 三八頁下二〇行夾註「又出長阿舍」，資、磧、普、南、徑、清作「又出長阿含」；麗作「又炭經出長阿含」。
一 三八頁下二一行末字「四」，徑、清作「第四」。
一 三九頁上一九行「虐害」，資、磧、普、南、徑、清作「危害」。
一 三九頁上二一行「啼哭」，資、磧、普、南、徑、清作「號哭」。
一 三九頁中六行首字「行」，諸本作「修行」。
一 三九頁中一九行「皆得」，資、磧、普、南、徑、清作「皆悉」。
一 三九頁下一行「金輪」，資、磧、普、南作「轉輪」。又末字「五」，徑、清作「第五」。
一 三九頁下三行首字「名」，資、磧、普、南、徑、清作「名曰」。
一 三九頁下四行「俜弱」，資作「瘠弱」。下同。
一 三九頁下一三行「授我」，磧、南作「投我」。
一 三九頁下一六行第一三字「比」，資、普、南作「皆」；磧、徑、清作「背」。
一 四〇頁上二行「數時」，麗作「數日」。
一 四〇頁上六行首字「相」，徑、清作「明」。又「出照」，諸本作「出胎」。
一 四〇頁上一六行「倉箪」，資作「倉廪」；磧、普、南、徑、清作「倉篅」。
一 四〇頁中五行「赤白」，資、磧、普、南、徑、清作「赤白衣」。
一 四〇頁下三行「大勞」，諸本作「大營」。
一 四〇頁下一二行第五字「曉」，麗作「挽」。
一 四〇頁下一九行「羣僚」，資作「羣臣」。
一 四〇頁下二二行「壽命」，諸本作「壽終」。
一 四一頁上二行「摩耶」，資、磧、普、南、徑、清作「今摩耶」。
一 四一頁上三行末字「六」，徑、清作「第六」。
一 四一頁上末行「郁噎」，磧、普、南、徑、清作「嘟噎」。
一 四一頁中一三行「趣死」，麗作「輙死」。
一 四一頁中二二行「於紙」，資、磧、普、南、徑、清作「紙或」。
一 四一頁中末行第二字「磎」，資、磧、普、南、徑、清作「蹊」。
一 四一頁下五行第六字「光」，資、磧、普、南、徑、清作「光時」。

一　四一頁下一四行第九字「言」，資、磧、普、南、徑、清作「王言」。

一　四一頁下二二行第七字「此」，麗無。

一　四二頁上九行末字「七」，徑、清作「第七」。

一　四二頁上一四行「變化」，資、磧、普、南、徑、清作「戀化」。

一　四二頁上一六行「侍衛」，磧、普、南、徑、清作「持櫛」。又「頭鬚」，徑作「頭髮」。

一　四二頁上一八行第一三字「王」，資、磧、普、南、徑、清作「王王」。

一　四二頁上末行「名南」，諸本作「名喃」。

一　四二頁中五行「帝釋」，資、磧、普、南、徑、清作「天帝釋」。

一　四二頁中七行「嗦嗬」，資、磧、普、南、徑、清作「余吟」。

一　四二頁中九行首字「鶩」，資作「駑」。

一　四二頁中一七行「臭也」，資、磧、普、南、徑、清作「貌也」。又「作偈」，諸本作「作倡」。

一　四二頁中末行末字「八」，徑、清作「第八」。

一　四二頁下二行「善提」，資、磧、普、南、徑、清作「善持」。

一　四二頁下三行「一臣」，資、磧、普、南、徑、清作「一大臣」。

一　四二頁下一七行「供養」，磧作「佛養」。

一　四三頁上一行「綩綖」，資、磧作「綩筵」。中八行資、磧、普同。

一　四三頁上六行第三字「前」，資、磧、普、南、徑、清作「前住」。

一　四三頁上七行第八字「及」，徑作「又」。

一　四三頁上八行「其園」，資、磧、普、徑作「於園」。

一　四三頁上一〇行第一三字「養」，資、磧、普、南、徑、清無。

一　四三頁上一四行末字「入」，磧作「大」。

一　四三頁中二行第三字「金」，磧作「命」。

一　四三頁中七行第四字「自」，資、磧、普、南、徑、清作「茵」；麗作「目」。

一　四三頁中八行「徽妙」，磧、普、南、徑、清作「妙徽」。

一　四三頁中一〇行「瓶灌」，資、磧、普、南、徑、清作「瓶罐」。

一　四三頁中一四行「久住」，磧作「人住」。

一　四三頁下三行首字「聖」，資、磧、普、南、徑、清無。又第九字「復」，南作「後」。

一　四三頁下五行末字「九」，徑、清作「第九」。

一　四四頁上四行「現在義」，麗作「現世義」。

一　四四頁上五行「如是學」，麗作「如是覺」。

一　四四頁上六行「財物」，資、磧、普、南、徑、清作「時物」。

一　四四頁上一一行「如上」，磧作「加

上」。
一　四四頁中四行「惜財」，資、磧、普、南、徑、清作「積財」。
一　四四頁中五行「王作」，徑作「正作」。
一　四四頁中一三行夾註右「阿含經」，資、磧、南、徑、清作「中阿含經」。
一　四四頁中一四行末字「十」，徑、清作「第十」。
一　四五頁上五行「十一」，徑、清作「第十一」。
一　四五頁上二〇行第九字「以」，資、磧、普、南、徑、清無。
一　四五頁中一行第一〇字「久」，資作「又」。
一　四五頁中六行第二字「即」，資、磧、普、南、徑、清作「即從」。
一　四五頁中二一行「當没」，磧、普、南、徑、清作「當投」。
一　四五頁下一八行「既出」，資、磧、普、南、徑、清作「即出」。
一　四五頁下二一行夾註左「二天」，資、磧、普、南、徑、清作「二天也」。
一　四六頁上三行「復遇」，磧作「後遇」。
一　四六頁上六行「造業十二」，資、磧、普、南作「造塔十二」；徑、清作「造塔第十二」。
一　四六頁上九行夾註左「爲粽」，資作「爲粮」；磧、普、南、徑、清作「爲粳」；麗作「爲糉」。
一　四六頁上一〇行夾註右「命地王」，資、磧、普、南、徑、清作「傘地王」；麗作「金地王」。
一　四六頁上二二行「掩集」，麗作「掩奪」。
一　四六頁中四行末字「住」，諸本作「往」。
一　四六頁中五行「傴岳」，麗作「霞岳」。
一　四六頁中一〇行「不能罰」，磧、普、南、徑、清作「不能伐」。
一　四六頁中一三行「父亡」，資、磧、普、南、徑、清作「父母」。
一　四六頁中一八行「現殺」，資、磧、普、南、徑、清作「規殺」。
一　四六頁中二二行至本頁下一行「但有一龍所止之地廣三百餘里得佛舍利寂初起塔在羅摩村有大功德獨不從化」與「阿育因募得旃陁羅使」，資、磧、普、南、徑、清前後互置。
一　四六頁下六行「有海」，諸本作「有海意」。
一　四六頁下九行「道法」，資、磧、普、南、徑、清作「未得道法」。
一　四六頁下二一行第九字「邪」，資、磧、普、南、徑、清無。
一　四六頁下二二行「將我」，諸本作「取我」。
一　四七頁上一七行「座處」，南作「等處」。
一　四七頁上二〇行末字「在」，資、磧、普、南、徑、清作「猶在」。
一　四七頁中三行「頭鬚」，資、磧、普、南、徑、清作「頭鬢」。
一　四七頁中六行「歎阿育曰」，資、磧、普、南、徑、清作「觀阿育曰」。
一　四七頁中一六行第四字「主」，資、

磧、普、南、徑、清作「至」。

一　四七頁中一七行第七字「偈」，資、磧、普、南、徑、清作「說偈」。

一　四七頁中二〇行第一〇字「王」，磧作「三」。

一　四七頁下一行第四字「往」，資、磧、普、南、徑、清作「住」。

一　四七頁下二行「唱道」，資、磧、普、南、徑、清作「唱導」。

一　四七頁下八行「官人」，資、磧、普、南、徑、清作「宫人」。

經律異相卷第二十五　行菩薩道上諸國王部第二　丙
梁沙門僧旻寶唱等集

虔闍尼婆梨王為聞一偈剜身以然
一千燈一
毗楞竭梨王為請一偈以釘釘身二
大光明王捨頭施婆羅門三
尸毗王割肉代鴿四
慧燈王好施捨身血肉五
大力王好施不恡肌體六
慈力王刾血施五夜叉七
須陁須摩王為鹿足王所負聽還
布施事畢獲免八
薩惒檀王以身施婆羅門作奴九
衛樓婆王為聞一偈捨所愛妻
子十
善宿王好施令鬼王移信十一

虔闍尼婆梨王為聞一偈剜身以然千
燈一
昔有閻浮提王名虔闍尼婆梨典領
八萬四千聚落慈悲一切穀米豊賤
各得安樂而未盡我心當求妙法以
相利益宣令一切誰有妙法為我說



者隨所欲得有婆羅門名勞度差云
我有法王迎而禮之白言願大師闡
法令聞勞度差曰大王今日能於身
上剜然千燈用供養者乃相為說王
宣命閻浮提內却後七日剜身然燈
人民懷愁來詣王所有命依王如嬰
兒依母王若崩背何所覩怙云何為
此一婆羅門棄於一切汝等慎勿却
我無上道心吾為是事捨求作佛後
成佛時必先度汝衆人啼哭投地懊
惱即便剜身布諸脂炷白大師言哀
矜說法然後然燈我脫命斷不及聞
之勞度差言
常者皆盡　高者亦墮　合會有離
生者有死
王歡喜無量便命然燈所求之法為
成佛道當以慧明照悟衆人發此誓
時天地大動上至淨居皆亦震搖見
此大士不顧軀命僉然俱下側塞虚
空啼哭流淚猶如盛雨天帝言曰痛
惱如此心不悔耶荅曰不悔因立誓
言若我始終心不悔者願皆平復應
念平復時王者即佛身是出賢愚經第一卷



毗楞竭梨王為請一偈以釘釘身二　奇
昔於閻浮提有大國王名毗楞竭梨
心好妙法有婆羅門名勞度差詣宮
門言我能說法若能以千釘釘身者
我乃為說王言我於生死中殺身無
數或為三毒計集白骨高於須弥
流血適於五湖哭淚多於滄海唐捐身
命未曾為法今𢪛釘求道後成佛時
以智慧劍除汝等結慎勿遮我無上
道心大衆默然時勞度差便自說偈
一切所無常　生者所有苦　諸法空無生
實非我所有
即釘釘身因發願言曰若我永不悔
者平復如故身即如本出賢愚經第一卷
大光明王捨頭施婆羅門三
過去有國名波羅奈王名曰大光明
心慈一切不逆人意有一小王常懷惡
逆大王於月齋日以五百大象載珎寶
衣食著大市中及四城門外布施一
切時敵國怨家聞王布施恣前人意心
生嫉妬即集諸臣誰能乞大光明王
頭賞金千斤有一婆羅門言我能王
即資給婆羅門往到界上其地六

種震動禽獸四散日月無精星宿失
度赤黑白虹晝夜常現流星崩落於
其國中諸泉浴池而皆枯乾婆羅門
往到城門時守門神語守門者言此
人大悪從遠方來欲乞大王頭汝莫
聽入時婆羅門停滯一七日不能得
前語守門者我從遠來欲見大王時
守門者即入白王王聞即出奉迎如
子見父前為作禮問所從來冒涉塗
路得無疲惓婆羅門言我在他方聞
王布施不逆人意名聲遠聞上徹蒼
天下徹黃泉故從遠來欲有所得王言
我一切施有所求索莫自疑難婆羅門
言審實尒不我不用餘物今欲大祀
從王乞頭王自思惟從無始來未曾
為法空受生死勞我精神今有此身
欲求菩提誓及衆生今不與者違我
本心何緣當得成無上菩提王言大
善須我撿挍委付國位夫人太子過
於七日當相給與尒時大王即入宮
中報諸夫人言有婆羅門欲乞我
頭我已許之夫人太子聞是語已身
投於地舉聲大哭自拔頭髮裂壞衣



裳而作是言大王天下所重莫若已
身云何今日持用施人時五百大臣語
婆羅門言汝用是臭爛膿血頭為婆
羅門言我自乞自用問我為大臣言
卿入我國我應問卿卿應荅我時婆
羅門正欲實荅心懷恐懼畏斷其命
時大臣言我等今者施汝無畏以大
王故負婆羅門何用是頭為我等五
百人人作一七寶頭共相貿易并與
所須婆羅門言吾不用也時諸大臣
不果所願舉聲悲哭上白大王何忍
捨國夫人太子為一婆羅門永棄孤
背王言今為一切故捨此身時第一
大臣聞王語定即自思惟我今云何
當見大王捨此身命即入靜室以刀
自害尒時大王便入後園喚婆羅門
來汝從我乞頭我愍汝故不逆汝意
令我來世得智慧頭施於汝等作是
語已即起合掌向十方佛作礼而言
十方諸佛諸尊菩薩威神護助令我
此事必得成辦語婆羅門隨汝持去
時婆羅門言王有力士之力臨時苦
痛脫能變悔或反害我王審能尒者



何不以頭髮自繫樹枝王聞是語心
生慈愍此婆羅門老而且羸若當不
能斷我頭者而失大利即隨其言以
髮縛樹語婆羅門汝斷我頭還著我
手中我當以手授與於汝時婆羅門
捉刀而前尒時樹神即以手搏婆羅
門悶絕倒地尒時大光明王語樹神
言汝不助我反起留難樹神聞是心
生苦痛即唱苦哉於虛空中無雲雨
血天地大動日無精光時婆羅門尋
斷王頭持還本國尒時五百太子及諸
群臣收大王所餘身骨起塔供養佛
告阿難尒時第一大臣聞大光明王
以頭布施心不堪忍尋自捨命者
今舍利弗是尒時大光明王者釋迦
是（出大方便佛報恩經第四卷）

尸毗王割肉代鴿四

王大精進視一切衆生如母愛子世
中無佛釋提桓因命欲終時心自念
言何處有一切智人處處問難不能
斷疑愁憂而坐巧變化師名毗首羯
摩天問曰天主何以愁憂荅曰我求
一切智人不可得是故愁憂毗首羯

摩曰有菩薩布施持戒禪定智慧不久當得作佛帝釋問誰荅曰是優尸鄉種尸毗王釋提桓因語毗首羯摩令當試之言毗首羯摩變身作一赤眼赤足鴿釋提桓因變身作鷹急飛逐鴿直来入腋下舉身戰怖動眼促聲是時衆多人相與而語是王慈仁一切宜保護如鴿小鳥歸之如人入舍尒時鷹在近樹上語尸毗王還與我鴿此我所受王時語鷹我前受此非是汝受我初發意時受一切衆生皆欲度之鷹言王欲度一切衆生我非一切耶何以獨不見愍而奪我食王荅言汝須何食我作誓願其有衆生来歸我者必救護之汝須何食亦當相給鷹言我須新殺熱肉王心念言如此難得自非煞生無由得也我當云何煞一與一思惟既定曰

是我此身肉　恒屬老病死　不久當臭爛　須者我當與

如是思惟已呼人持刀自割股肉與鷹鷹語王言王雖以熱肉與我當用道理令肉輕重得與鴿等王言持秤



来以肉對鴿割王肉盡與鴿始等心自責言汝當自堅勿得迷悶一切衆生墮大苦海誓欲渡之何以怠悶此苦甚少地獄苦多我有智慧精進持戒禪定猶患此苦何況地獄中人無智慧者心定時天地六種震動大海波揚枯樹生華天降香雨及散名華天女歌讚必得成佛帝釋語王汝割肉辛苦心不惱没耶王言我心歡喜不惱不没帝釋言誰當信汝時王誓言若我割肉血流不瞋不惱一心不悶以求佛者願令我身即當平復即時如本出大智論第四卷

慧燈王好施捨身血肉五

舍衛國有別住處地甚平博時佛往坐梵天帝釋及四天王諸人聞王瓶沙王等各白佛言欲為世尊安處高座佛言且止我自知時時諸居士有信外道者各安價直百千之座復有信樂供養佛者從月初日至十五日摩竭瓶沙諸王更設供養諸座中央自然而有七寶師子座如来坐之時皆就坐時有檀越次尒日設供授佛楊枝世尊嚼已棄著背後即成大樹



根莖枝葉扶踈茂盛時諸大衆覩佛神力歡喜讚歎得未曾有時佛世尊以無數方便種種說法令得歡喜是時座上無數百千人遠塵離垢得法眼淨如是現於神變至十五日種種不同大衆見佛神力變化皆大歡喜佛為說法得法眼淨時摩竭王瓶沙王次十五日飯佛及僧并波羅殊提王憂陁延王梵施王波斯匿王末利夫人長者梨師達多富羅那一切大衆皆設供養食既滿足捨鉢行水瓶沙王更取卑牀於佛前坐於時世尊壞加趺坐曳脚橙上時地六反十八種震動時佛足下相輪輪有千輻輪郭成就輪相具足光明晃耀照三千土時摩竭王見即從坐起偏露右肩右膝著地白言世尊往昔作何福得此相好佛告瓶沙過去世時閻浮提地有王名利衆生時國豊饒人民熾盛領八萬四千城五十五億聚落王所住城名曰慧光王第一夫人字曰慧事初無兒息為求繼嗣礼事諸天山河鬼神處處求願後時懷身上白

王言我今懐姙王倍供侍飲食衣服（經律異相卷第三十五　第十張　丙惠）醫藥後生一男顔貌端正時兒生日八万四千伏藏自然涌出隨物成行王語其母名兒為慧燈後王崩殂太子年八九歳其母教學校藝書筭騎乘至年十五時諸臣啓言大王崩背次應登位太子荅言我前世經六年為國王後墮地獄六万歳以是故不能為王諸臣言頗有方便得作王不荅言閻浮提人若男若女能言之類皆行十善者我當為王時諸臣人聞太子令即四方唱令閻浮提人皆行十善不殺生諸臣具以啓太子令可登位太子即自継登位諸臣啓王言王初生時有八万四千伏藏自然涌出令可取入王藏王言不須入藏即勑隨所出處四交道頭布施沙門及婆羅門貧窮孤老時諸大臣即奉王勑隨藏所在於八万四千城門四交道頭以為布施時天帝釋化作男子自相謂言王教我行十悪大臣啓王有此勑耶王荅我先勑閻浮提内能言之類皆行十善初無是語即駕寳舃往至其所王

問汝言慧燈教汝行十悪耶化人荅（經律異相卷第三十五　第十一張　丙）曰實尒王復問言汝能行十善不荅曰若欲成菩薩道者我當生食其肉生飲其血然後身行十善王作是念我於無始来經歴衆苦輪轉五道偹更屠戮即取刀自割股肉以器盛血授與之曰男子汝可食肉飲血奉行十善是化男子即没不現還現帝釋身而問之曰布施為一天下為四天下耶王曰為求無上道度未度耳帝釋以天甘露灌之瘡即平復利益衆生尒時父王者今我父王是第一夫人今我母是慧燈王者我身是（出四分律第二卷）

大力王好施不悋肌體六

過去有王名曰大力有大善根盛設施會恣所求欲須食與食乃至為馬牛羊田地産業皆悉與之時目連曰汝是大施時天帝釋化作婆羅門往詣王所言王如是大施我今須王身分王自念言是婆羅門不須財物今来直欲破我大施我若不以身分與者我則自破大會施事作是念已語婆羅門言與汝身分截取持去但以

今者多有乞人四方来集我皆應使（經律異相卷第三十五　第十二張　丙）悉得滿足婆羅門言我今一人尚不充足何論餘人王即以刀自割其髀與婆羅門無有悔恨一心布施捨一切物辟還平復帝釋既為障礙因緣天福即盡墮阿鼻獄大力國王我身是也帝釋者調達是也（出菩薩藏經下卷）

慈力王刺血施五夜叉七

佛在舍衛國尒時阿難於中食後林間禅思如来興世衆生之類皆蒙安樂又憍陳如等種何善本法門初開而先得入以其所念而用白佛佛告之曰憍陳如等過去遠刧此閻浮提有大國王名弥羅（梁言慈力）有二万夫人一万大臣王具四等未曾懈猒十善誨民四方欽慕國土安樂諸疫鬼輩恒噉人血尒時人民攝身口意敦行十善悪疫敢侵飢羸困乏時五夜叉来至王所我等仰人血氣得全身命由王教導咸持十善我等飢渴求活無路大王慈悲豈不矜愍王懐哀傷即自放脉刺身五處時五夜叉承血而飲欣喜無量王曰汝念修十善我今以身血濟

汝飢渴後成佛時當以法身戒定慧
血除汝三毒安涅槃處時慈力王者今
我身是五夜叉者今憍陳如等是我
世世誓願許當先度 出賢愚經第二卷

須陁須摩王為鹿足王所負聽還布施
事畢獲免八

昔有須陁須摩王是王精進持戒常依
實語晨朝乘車將諸婇女入園遊戲
出城門時有一婆羅門来乞王言諾
敬如来告須我出還入園澡浴嬉戲
時有兩翅王名曰鹿足空中飛来於婇
女中捉王將去諸女啼哭號慟一國
驚城內外搔擾悲惶鹿足負王騰空
至所住山置九十九諸王中須陁須
摩王涕零如雨鹿足語言大剎利王
汝何以啼猶如小兒人生有死合會
有離須陁須摩王荅言我不畏死自
恨失信我從生以来初不妄語今日晨
朝出門時有婆羅門来從我乞我時
許言還當布施不慮無常孤負彼心
自招欺罪是故啼耳鹿足王曰汝畏妄
語聽汝還去七日布施婆羅門訖便
即来還若過七日不還我有翅力取



汝不難須陁須摩王得還本國恣意
布施立太子為王大會人民懺謝之
言我智不周物治不如法當見忠恕如
我今日身非己有正尒還去舉國人民
及諸親戚叩頭留之願王留意慈蔭
此國勿以鹿足鬼王為慮也當設鐵
舍奇兵鹿足雖神不畏之也王言不
得尒也而說偈言

實語第一戒　實語昇天梯　實語小人大
妄語入地獄　我今守實語　寧棄身壽命
心無有悔恨

如是思惟已王即發去到鹿足王所鹿
足遥見歡喜而言汝是實語人不
失信要然一切人皆惜命從死得脫
還来赴信汝是大人尒時須陁須摩
王讚實語實語是為人非實語非人
如是種種讚實語呵妄語鹿足聞之信
心清淨語須陁須摩王言今相放捨
九十九王亦還本國是為尸羅波羅
蜜滿 出大智論第四卷

薩惒檀王以身施婆羅門作奴九

昔有國王号薩惒檀 果言一切施 有所求索
不逆人意其王名字流聞八方文殊



師利欲往試之化作年少婆羅門從
異國来詣王宮門王甚歡喜即出奉
迎問訊道人所從何来耶婆羅門言聞
王功德故来相見今欲乞匃王言大
善所欲得者莫自疑難婆羅門言
欲得王身與我作奴及王夫人為我作
婢王甚喜悅報言大善今我身者定
自可得願屬道人供給使令其夫人
者大國王女當往問之時王即入語
夫人言是時夫人即隨王出自白道
人言願得以身供給道人婆羅門言
汝當隨我皆悉蹤跣不得著屐如奴
婢之法皆言唯諾從大家教便將奴
婢涉道而去以化作人代其王處及
夫人身領理國事令其如故其夫人者
長處深宮不更勤苦又復重身懷妊
數月步隨大家擧身皆痛脚底傷破
不能復前疲極在後時婆羅門還顧
罵言汝今作婢當如婢法不可作汝本
時之態夫人長跪白言不敢懈慢但
小疲極住止息耳嗔言疾来促隨我
後前到國市別賣奴婢各與一主相
去數里時有長者買得此奴使守斯

舍諸有埋死人者令収其税不得妄
税是時婢者所屬大家夫人甚妬晨
夜令作初不懈息其後數月時婢稅
身所生男兒夫人恚言汝為婢使鄉
得此兒捉取煞之隨大家教即煞其
兒持行埋之徃到奴所得共相見不
說勤苦各無恚心如是語言須臾之
頃恍惚如夢還在本國正殿上坐如
前不異及諸羣臣後宮婇女皆悉如
故所生太子亦自然活王及夫人心
內自疑何緣致尒文殊師利在虛空
中坐寶蓮華現身色相讚言善哉今
汝布施至誠如是王與夫人踊躍歡喜
即前作礼文殊師利為說經法三千
刹土悉為震動覆一國人皆發無上
正真道意王與夫人應時俱得不起法
忍佛告阿難是時王者則我身是也
時夫人者今瞿夷是時太子者今羅
云是也 出薩和檀王經

獨樓婆王為聞一偈捨所愛妻子十

昔閻浮提有大國王名獨樓婆領八
万四千小國覆育人物心自念言我
但以財貨資給一切終無道教此實



我各宣令國內誰能有法為我說者
資其所須毗沙門王化為夜叉來詣
宮門誰欲聞法我當為說王躬出迎
作礼初集羣僚請關正法夜叉告言
學法事難須王所愛妻子與我食
之王即命夫人太子與夜叉食羣臣
皆哭王意不迴夜叉食盡即說偈言

一切行無常　生者皆有苦　五陰空無相
無有我我所

王心喜無悔班示天人咸使誦持毗
沙門王還復本形夫人太子端然如
故歎王奇特佛言時國王者今我身
是 出賢愚經第一卷

善宿王好施令鬼王移信十一

昔有噉人鬼作人中王恒食人肉以
為厨宰隣國征伐得九十九王九十
九王白羅剎王曰隣國有王名曰善
宿好行施惠脩菩薩德有所求索不
逆人意大王設能擒獲彼者我等甘
心受死無恨尒時羅剎王即起鬼兵
往伺其便正值善宿遊在外園觀於
浴池有一梵志辭家外學夫梵志之
法臨辭去時白父母言我今離家追



伴學問訃還之日且未有期設財貧
窮乏從王舉貸我還當償其人學問
以得成就來王家中但見空屋不見
人衆即問比隣我今世父母兄弟姉
妹竟為所在比隣報曰汝學之後舉
王財賄無以當償為王所繫今在牢
獄其人自念家窮事狹無有財寶設
我詣獄覲父母復當拘執同受其
苦不免王法宜今在外改形易服竊
行求索畢償官物乃得出耳其人復
念隣國有王号曰善宿修行道德施
心不絕當往王彼王誠告請必不見
違足償王物尋往至彼隨王乞索王
言大佳當相供給須吾沐浴訖當相
惠施小停勿憂不負言信王詣浴池
為鬼兵所擒王尋還顧悲感涕零鬼
王問曰我等聞王仁和博愛靡不周
濟雖遭厄困何為悲感王報鬼曰我
生惠施未曾有悔向有梵志在外乞
索許而未與是以憂感耳鬼王白王
王守誠信由來不改如今放王施訖
時還乃知王心王得還宮開藏惠施
恣彼人意尋還就信詣鬼王所鬼王

告曰汝不畏吾乎何為受死而來善

經律異相卷第二十五　第十九張　丙

宿偈荅

作福不作惡皆由宿行法終不畏死徑
如般載流渡

鬼王聞之内懐慙愧改心易行思脩
善本即告善宿王曰今聞所説人中
難有今放九十九王我捨此位願王
攝領以法治化我領鬼衆還歸窠窟
若俱律者自當數覲即共離別各還
所在万民稱慶國界清泰共行十善
不修惡業善宿積行不息後得成佛
於樹王下復説先偈（出出曜經第十六卷）

經律異相卷第二十五

癸卯歲高麗國分司大藏都監奉
勅彫造

經律異相卷第二十五

校勘記

一　底本，麗藏本。

一　五三頁上一行「行菩薩道上諸國王部第二」，資、磧、普、南作「行菩薩道上諸國王第二」；徑、清作「行菩薩道諸國王部第十九之一」。

一　五三頁上三行至一六行目録，徑無。

一　五三頁上四行首字「一」，資、磧、普、南、清無。

一　五三頁上七行「代鴿」，資、磧、普、南、清作「施代鴿」。

一　五三頁上一一行「所負」，資、磧、普、南、清作「所録」。

一　五三頁上一八行末字「一」，徑、清作「第一」。

一　五三頁中一三行末字「言」，諸本（不含石，下同）作「説偈言」。

一　五三頁中一六行首字「王」，諸本作「王聞」。

一　五三頁下一行末字「二」，徑、清作「第二」。

一　五三頁下四行「千釘」，諸本作「千鐵釘」。

一　五三頁下一一行「空無生」，諸本作「空無主」。

一　五三頁下一三行第八字「言」，諸本無。

一　五三頁下一五行末字「三」，徑、清作「第三」。

一　五三頁下一七行「小王」，諸本作「小國王」。

一　五四頁上一四行第五字「不」，諸本作「耶」。

一　五四頁上一六行「今有」，諸本作「今者」。

一　五四頁中一行末字至次行首字「己身」，諸本作「身己」。

一　五四頁下一二行第三字「收」，諸本作「即收」。

一　五四頁下一六行夾註左「第四卷」，諸本作「第四卷中」。次頁中一二行夾註左同。

一 五四頁下一七行「代鴿四」，資、磧、普、南作「施代鴿四」；徑、清作「施代鴿第四」。

一 五四頁下末行「不可得」，諸本作「竟不可得」。

一 五五頁上一行「菩薩」，諸本作「大菩薩」。

一 五五頁上六行「入腹下」，諸本作「入王腹底」。

一 五五頁上七行「而語」，諸本作「而語曰」。

一 五五頁上八行第五字「如」，諸本作「如是」。又末字「尒」，諸本作「是」。

一 五五頁中一三行末字「五」，徑、清作「第五」。

一 五五頁下一三行「曳脚」，諸本作「伸脚」。

一 五五頁下一五行第三字「輻」，諸本無。

一 五五頁下一七行「何福」，諸本作「何福德」。

一 五六頁上一行「供侍」，諸本作「供待」。

一 五六頁上八行「國王」，諸本作「國王行王勑令」。

一 五六頁上一九行末字「布」，清作「有」。

一 五六頁中一三行「身是」，諸本作「身是也」。

一 五六頁中一四行末字「六」，徑、清作「第六」。

一 五六頁下八行末字「七」，徑、清作「第七」。

一 五六頁下一八行首字「疫」，諸本作「病」。

一 五六頁下二一行「矜愍」，諸本作「憐愍」。

一 五七頁上五行「所負」，諸本作「所録」。

一 五七頁上六行末字「八」，徑、清作「第八」。

一 五七頁上一〇行「澡浴」，諸本作「洗浴」。

一 五七頁上一四行第五字「置」，徑作「至」。

一 五七頁上二〇行「孤負」，諸本作「辜負」。

一 五七頁中一四行「從死」，諸本作「汝從死」。

一 五七頁中一九行第四字「王」，諸本作「王王」。

一 五七頁中二一行末字「九」，徑、清作「第九」。

一 五七頁下三行第八字「何」，諸本無。

一 五七頁下一二行「蹠跣」，諸本作「踱跣」。

一 五七頁下一六行「長處深宮不更勤苦又復重身」，諸本作「生長深宮不經勤苦又復身重」。

一 五七頁下一八行「還顧」，諸本作「迴顧」。

一 五八頁上五行「捉取」，諸本作「促取」。

一 五八頁上二〇行末字「十」，徑、清

作「第十」。

一　五八頁中一三行夾註左「第一卷」，諸本作「第一卷内」。

一　五八頁中一四行「十一」，徑、清作「第十一」。

一　五八頁中一六行「隣國征伐」，諸本作「征伐隣國」。

一　五八頁下四行第九字「世」，諸本無。

一　五八頁下五行首字「妹」，諸本作「姝」。

一　五九頁上九行「俱律」，諸本作「俱健」。

經律異相卷第二十六 行菩薩道下諸國王部第三 丙

梁沙門僧旻 寶唱 等集

䅣黑王因母疾悟道大行惠施一
二王以袈裟上佛得立不退之地二
薩和達王布施讓國後還為王三
日難王棄國學道濟三種命四
仙豫王護法殺婆羅門五
普明王誦般若偈得免班足王害六
阿闍貰王從文殊解疑得於信忍七
大光明王始發道心八
多福王事梵志增福太子奉佛兩師角術九

䅣黑王因母疾悟道大行惠施一

昔有國王名曰䅣黑處在邊境未覩聖化奉事外道舉國邪信煞生祭祠王母寢病求諸醫神經歷年歲未得除差更召國內諸婆羅門二百人而告之曰吾大夫人病困經久不知何故諸婆羅門言星宿倒錯陰陽不調故使尒耳王曰作何方宜使得除愈婆羅門言當於城外平治淨處郊祀四山日月星宿當得百頭畜生種種異類及



一小兒煞以祠天王自躬將母跪拜請命然後乃差王即奉命駈人及象馬牛羊百垂之類隨道悲鳴震動天地從東門出當就祭壇殺以祠天佛懷大慈愍王頑愚即將徒衆往向其國王遥見佛如日初出如月盛滿光相炳然人民見者莫不愛敬祭餟之具皆願求脫王為佛作礼叉手長跪問訊說母病經久良醫神祇無不周遍今始欲行解謝星宿四山五嶽為母請命冀蒙得差佛言欲得穀食當行耕種欲得大富當行布施欲得長壽當行大慈欲得智慧當行學問行此四事隨其所種得其果實祠祀婬亂以邪為正殺生求生去生道遠即說偈言

若人壽百歲　勤事天下神　象馬用祭祀
不如行一慈

佛放光明烈照天地三塗八難莫不歡喜王聞法覩光即得道迹母聞情中悅豫所患消除二百梵志慙愧悔過皆為沙門出法句譬喻經第二卷又出大乘方便經上卷王於是後愛民若子五穀豊熟一國無灾毒人壽八万歲慈護衆生如天帝

釋信敬三寶常行十善率化四鎮一切人民時有貧者盜他財物財主得之王問何以盜荅曰貧無自活仰違聖法王悵然曰民之飢者即我餓之寒者即我裸之吾勢能令國無貧者民之苦樂在我而已即大赦國内出藏珍寶布施飢寒車馬湯藥恣意而取飛鳥走獸下及魚王施之後國豊民富相率以道無十惡之名鬼神助喜擁護其國五穀豊登家有餘財即問五福一者長壽二者顏色更好三者德動八方四者無病增力五者境内安隱心常悅樂（出度無極集經第三卷）

二王以袈裟上佛得立不退之地二

昔有國王以袈裟上佛因發無上平等度意佛般泥洹自燒其身袈裟不然取佛舍利起塔滅盡袈裟故在後轉無塔供事袈裟積有年歲不復聞佛法每到齋日國王大臣無數人民以香華幡蓋供養袈裟轉相承續更相法效未曾有廢後有國王念言先王及我敬事此衣當得何福為何等衣莫有知者佛國人来商販治生以



白王言我國有王名悅頭檀生一聖子字為悉達出家學道号名曰佛身有三十二相正著此衣王聞歡喜遣使請佛商人言若請佛者但燒香遥礼請之即燒香熏請佛願佛明日勞屈精神香烟趣佛繞佛七迊即於虚空化成華蓋時佛乃笑口氣光炎照無數剎上昇虚空與香共合合成花蓋俱還入頂阿難白佛而此香烟從何方来佛具告阿難應時三千大千國土為大震動彼國城門皆悉為金箜篌樂器不鼓自鳴婦女珠環皆悉作聲百歲枯木更生王大恐怖呼問人言此何灾怪使我國動商人白王世尊所至之處先現善相皆王功德之所致王即踊躍宣語臣民燒香迎佛王心願言令我得如世尊侍者羅漢王以袈裟奉上世尊佛不能勝下没地中乃至下方無數佛剎懸止空中下剎菩薩白彼佛言是袈裟從何所來亦不墮地佛言須臾自當有應釋迦文佛教目連舍利弗等五百弟子行取袈裟各盡神足都不能致佛



告文殊往取復不能勝佛言此袈裟前世人持上先佛發大道意更無數世復還屬王今復上我中欲取證願為聲聞是以袈裟故不可勝所以者何前意尊重則袈裟輕後志於小故袈裟重王聞佛教即自懺悔我為國王不欲令國内人願處我位若有此意我謂之逆佛為世尊是故不敢願求佛果王及臣民皆發無上平等度意袈裟自然於地踊出王舉袈裟擎以上佛願為十方一切蠕動受此袈裟便為說經王及群臣皆立不退轉地（出折伏羅漢經）

薩和達王布施讓國後還為王三

過去劫時有大國王号薩和達（梁言一切施）施諸沙門及一切人不逆其意異國婆羅門子少喪其父獨與母姊弟居家甚貧苦其母曰今窮無自供可往詣薩和達王乞匄兒報母言我今未有所知先當學問然後乃行母不許兒先假貸索一兩金可備一歲之粮乃出家行學一歲来歸母見逆問汝詣薩和達王見復報母言所學未通當復更學母言前金已盡即復往至前

所貧家貸一兩金金主語兒汝前取
金既未還我若復欲索卿母及姊皆
將上劵尒乃可得若至時不畢以為
奴婢便作劵取歸以付其母復捨家
學復經一年所知粗備欲歸詣薩和
達王道中為債主所牽及母姊弟將
歸鏁繫婆羅門子語債主言卿今繫
我終年無益不如放我往詣薩和達王
乞匃得物相償其主令去時異國典
兵取薩和達王王聞自念人命短促
會歸無常我少好布施慈忍無傷
不欲復與彼國共相拒逆所以者何
但不須為備亦勿恐怖但且嚴出迎
逆作礼恭敬承事受其勑令使踰於
我諸臣白王他國入界云何不備王
默然不應如是至三王言不須拒逆
如我前言諸臣奉旨王言大善各自
安家慎莫勞擾其王夜半即脫印綬
默亡而去彼王入國即領王位便募索
薩和達其賞甚重王出國行五百餘
里遇見一婆羅門子二人相逢王問
卿今欲何所至荅曰欲詣薩和達我
少小失父居家甚貧窮以母及姊弟



持行質債欲乞匃贖之并得自濟王
言我是薩和達有他國王欲得我國
不欲傷害是以避之婆羅門子躃地大
泣不能自勝王便諫曉使起不須復
啼所求索者今當相與婆羅門子言
王今失國當持何等以相濟乞王便
報言彼國王来見募甚重卿今可截
我頭持往與之在所求索皆可得也
於是婆羅門子即說偈言

世間救父母　命盡墮泥犁　今若加害王
其罪等無異　我今實不忍　加惡於大王
寧令身命盡　終不造逆意

薩和達王復語婆羅門子言卿若不
欲取我頭者便可截我鼻耳送之不
復中王故也婆羅門子言亦所不忍
王曰縛送亦可婆羅門子曰能知彼
王無所危害於是王與婆羅門子相
將共還臨至國二十餘里王言卿可縛
我婆羅門子乃縛王一國人民男女大
小莫不啼哭崩絕劇喪父母前詣宮門
諸臣即入白彼王曰前募薩和達者
已為婆羅門子所縛送今在宮門彼
王即言便促現之一切臣民見薩和



達王無不僻地而啼泣者彼劫人王
亦復淚出而問諸臣汝輩何以皆啼
諸臣白言我等見薩和達王棄國與
王復持身施與婆羅門子所作不悔
是故啼耳彼劫人王聞諸臣民各各
說是即便僻地而大啼泣不能自勝
即問婆羅門子汝本那得是王婆羅
門子荅王言我實貧窮以母姊弟行
用質債聞此薩和達王大好布施故
從遠来欲乞匃還贖母姊弟得自濟
活於道中逢之共相問勞薩和達王
而語我言我今棄國以與他王無以
相乞我時愁憂酷毒無賴時薩和達
王便教我截取其頭送来與王我時
不敢復令我截取鼻耳送之我復不
肯遂相將還令縛送之所問本末其
實如此於彼劫人王聞婆羅門子所
說即復僻地涕淚如言告勑諸臣促
解王縛洗浴衣被著其印綬還立為
王即上坐領國如故於是彼王即長
跪叉手讚嘆而說偈言

自在本國時　遥聞大王德　今来至於此
見尊踰所聞　巍巍積功德　譬若紫金山

其力堅如是　無能動摇者　令見王所行
於世甚無雙　願以國相還　并奉所居界
覩歸得本土　脩敬為臣礼　不復敢慢慢
事王如尊天
佛言時王薩和達者我身是也彼國
王者舍利是也婆羅門子調達是也
成我六波羅蜜三十二相十種力滿
諸功德皆是調達恩調達是我善知
識亦為善師（出佛說一切施主所行六度檀波羅蜜經）

難王棄國學道濟三種命四

昔摩天羅國有王名曰難學通神明
靡幽不覩覺世非常曰吾身當朽為
世眞壞何國之可保捐榮棄樂服上
法服一鉢食為足稟沙門戒山林為
居積三十年樹邊有坑深三十丈時
有獵者馳騁尋鹿墮于坑中時有
一烏一虵俱時驚殞體皆毀傷仰天悲
號有狐窮之音道士愴然火照見之
涕泗交頸臨坑告曰汝等無憂吾將
拔汝即下長繩或銜或持遂獲全命
俱時謝曰吾等蒙道士仁恵無量得
覩天日願終斯身給衆所乏道士曰吾
為國王國大民多宮寶婇女諸國為



上願即響應何求不得吾以國為惑
六塵為六劍常截吾身六箭射吾體
因此六取轉受三塗酷烈難忍吾其
猒之故捐國為沙門願獲佛道開化
羣生令還本无豈但汝等三命而已
乎各還舊居見汝所親令受三自歸
無違佛教獵者曰我處世有年嘗覩
善人無有若佛弟子者恕已濟衆隱
不揚名若道士有之願至吾家乞微供
養烏曰吾名鉢道士有難願呼吾名
吾當馳詣虵曰吾名長若道士有患
願呼吾名必来報恩辤畢各退他日
道士之獵者舍獵者還見其来告妻
曰彼不祥之人来吾勑汝為饌徐設
之彼過日中不食妻覩道士勤而作
色詭留設食虛談過中道士退而還
山覩烏呼名曰鉢烏問曰自何来耶
荅曰獵者所来烏曰已食乎曰彼設
未辦日已過中不待而退烏曰凶咎
之物難以慈濟違仁背恩凶逝之人
吾無食歛以相供養且留心坐吾須
臾飛往殷遮國覩王夫人卧首飾之中
有明月珠烏銜而還以奉道士夫人



寐寤求之不獲即以上聞王勑臣民有
得之者賞金銀各千斤牛馬各千首
得不貢上罪及滅宗道士以恵獵者獵
者縛考白王曰汝何從得道士深惟
若言其主必一國烏死此非佛弟子
默然受考杖楚千數初不怨王亦不
辭彼如慈誓曰令吾得佛度衆苦矣
王埋道士唯出其頭明日戮之道士乃
呼虵曰長虵曰天下無知我名者唯
有道士耳揚聲相呼必有以也疾邁
見道士問曰何由致此道士乃說厥
所由然虵流淚曰道士仁慈天地之
間尚與禍會豈况無道誰將枯之乎
我將入宮咋殺太子虵以神藥與道
士傅之即瘳虵夜入宮咋太子即絶
停屍三日令曰有能活太子者分國
而治載之山間歷道士邊過道士曰
吾能活之王聞心喜道士以藥傅太
子身忽然語曰吾那在斯從者具陳
所以太子還宮臣細喜儛分國恵之
道士一無所受王寤曰分國不受豈
當盜哉問何從獲珠行高乃尒怨
離斯患道士具陳本末王涕淚流面

告獵者曰汝有勳於國悉呼九親来吾欲重賜之親無巨細皆詣宮門王曰不仁背恩恶之允首盡殺之矣道士入山學道精進不倦経生天上時道士者我身是也烏者秋露子是虵者阿難是獵者調達是妻者懐抃女子是也（出摩國王經）

仙豫王護法殺婆羅門五

昔閻浮提有大國王名曰仙豫愛重大乗其心純善無有麁悪嫉妬慳悋口常宣說愛語善語身常攝護貧窮孤獨布施精進無有休廢時世無佛聲聞緣覺時王愛樂大乗方等経典十二年中事婆羅門供給所須過十二年施安已訖即作是言師等今應發三菩提心婆羅門言大王菩提之性是無所有大乗経典亦復如是大王云何乃欲令人同於虚空王聞婆羅門誹謗方等即断其命以是因緣不墮地獄擁護攝持大乗経典有如是力（出大涅槃經第十一卷）

普明王誦般若偈得免斑足王害六

昔天羅國王有一太子欲登王位一名斑足受外道羅陁師教應取千王頭以祭冢神然後登王位已得九百九十九王所少一王即北行万里得普明王普明白斑足言願聽我一日飯食沙門頂礼三寶斑足許之普明即依過去七佛法一日二時講般若波羅蜜八千偈竟第一法師為王說偈

刧燒終訖　乾巛洞然　須弥巨海
都為灰湯　天龍福盡　於中凋喪
二儀尚殞　國有何常　生老病死
輪轉無際　事與願違　憂悲為害
欲深禍重　瘡疣無外　三界皆苦
國有何頼　有本自無　因緣成諸
盛者必衰　實者必虚　衆生蠢蠢
都如幻居　聲響俱空　國土亦如
識神無形　假乗四虵　無眼保養
以為樂車　形無常主　神無常家
形神尚離　豈有國耶

時普明王與其眷屬得法眼空王自證虚空等定聞法悟解還至天羅國斑足王所告九百九十九王言就命時到人人皆應誦過去七佛仁王般若波羅蜜偈斑足問誦何法普明



王即以上偈荅王王聞是法得空三昧九百九十九王亦聞法已皆證三空門定時斑足王極大歡喜告諸王言我為外道邪師所悮非君等過皆還本國各各請法師講般若波羅蜜名味句衆時斑足王以國付弟出家為道證無生法忍如十王地中說（出仁王般若經）

阿闍世王從文殊解疑得於信忍七

阿闍世王白文殊師利言（普首童真經出 白普首童真）唯願加恩明且屈德就我宮食荅言以足可為供養又佛法非以衣食故王曰當何以施之荅言若深入微妙其事審諦無所汚汙亦無所著亦無所疑亦無所畏難又念諸法亦不念有無不念去来現在竟又不當念一切可見者皆得加哀王曰如所言悉法之所載無有異也唯以身故當加哀受請文殊言且止其道者非以是之故若飲若食若王不念有吾我壽命人以念是者以得加哀（如此往反甚長文多不載）王大歡喜問有幾人舍利弗言五百人可悉令於宮食還城勑辦百味足食治其殿上施諸幢幡惟帳華蓋以華布地悉

以香薰設五百高牀宮城市里皆悉掃除布以華香人民奉迎文殊如申辟傾便到東方過八万二千佛号常名聞其佛字惟淨音今現在世有衆菩薩更無異道其剎常轉阿惟越致法輪其土常出三寶之聲文殊白佛願盡令諸菩薩到沙呵剎土至阿闍世所食佛欲行者行（出阿闍世王經上卷）王聞文殊師利行到從菩薩二万二千五百人其比丘者五百人（普首童真經云二万二千菩薩及諸聲聞）王自念吾正作五百人具云何供當應時天王名曰休息心與尊閱叉名曰金毗倶来與王相見曰勿恐勿懅勿以為難曰云何不難報言文殊者作漚恕拘舍羅無極智慧以功德光明具足而来能以一飯與文殊等若有三千大千一切人索飯食者悉能飽之其食不盡是二万三千人何足為憂文殊者其功德甚尊而不可盡王歡喜踊躍將其伎樂自出奉迎倶時入宫有一菩薩名曰普視悉見文殊勑三摩陁阿樓陁者令嚴治其處可容来者菩薩受教四面視占則時

悉辦復有菩薩名曰法来則得勑令具牀於彈指頃有二万三千牀座種種莊嚴菩薩聲聞皆悉就坐王白文殊所作供具甚少願忍須臾今更辦具答言所作已足勿復勞意天王惟沙門與家室僕從悉来而竭皆恭事左右釋提桓因自與大夫人名曰首耶及與天女皆持名香供養散文殊及諸菩薩比丘僧上諸菩薩等不以華香之所轉動梵天自化作年少婆羅門姝美端正住文殊之右侍而扇之諸梵天子悉扇諸菩薩比丘阿耨達龍王在虛空中而無見者把持貫珠垂下若幡八味香水從貫流降人人之前皆有垂珠水從中出悉給所須王念會者而不持鉢當何盛食時文殊言菩薩者不賫鉢行而所食處鉢自来手中諸菩薩念鉢鉢自飛来行伍而到阿耨達王皆自淨洗盛滿其水諸龍姝女皆擎持二万三千鉢授諸菩薩人人手中文殊謂王可分布飯食遍而不減故文殊言今為盡不答言不盡所以未盡者以有疑

故諸菩薩飯竟擲鉢虛空行列而住亦不墮地亦不轉搖王復問鉢去何住依何等文殊言是鉢所住如王疑所住王復言是鉢亦無所住處亦不在地亦無所依亦無處所文殊言如王狐疑亦無所住諸法如鉢無所住亦無所墮飯事既訖王取一牀座白文殊言願解我疑答曰若恒沙等佛不能為王說是狐疑王時驚怖從牀而墮若大樹躃摩訶迦葉謂王言勿恐勿懼所以者何文殊入甚深漚恕拘舍羅徐徐而問王言恒邊沙等佛不能說我之所疑文殊言仁者謂從心因緣而可見王曰不用心生故可見佛不生死與脫持是二事作佛吾之狐疑恒邊沙等佛所不能說所以者何若人言能以塵汙虛空乃能為不若有人言能却虛空之垢定能却不王言不能文殊言佛知諸法皆若虛空所以者何脫於本故亦不見諸法有本若有說者王之狐疑非恒邊沙等佛之所能說時王即得信忍歡喜踊躍言善哉善哉解我狐疑文殊曰是為大

經律異相卷第三十六　第十七張　丙字號

疑屬所說法諸無有本何從得疑王言蒙此大恩而得小差今我命盡不憂不至泥洹文殊言而王之所希望者是無有本所以者何諸法本泥洹故無所生王則從坐起取名氎價直億百千撓繞文殊身文殊身不現氎處於虛空中但聞言說不見其形聞說如見王自見疑以見諸法如所見空中有聲謂王所見便以氎而與之次坐菩薩名得上額王復持是氎欲奉上之得上額言求脫泥洹者我不從是有所受亦不受凡人所有何以故凡人者謂有俗間事故而不受亦不從求羅漢辟支佛者有所受與者無二心受者亦無二心故曰所受過於脫王即以衣欲著菩薩上忽然不現不復知處但聞其音不見其形說言其所現身以衣與之如是次第一以衣與之皆悉不現乃至牀机坐處悉亦不現但聞其音言其所現者以衣與之乃至五百聲聞皆亦不受王熟思念諸菩薩比丘僧悉凡當以我衣與誰自與中宮掇大夫人夫人時亦不現王便以得三昧不見諸色亦不見女人亦不見男子乃至垣牆樹木室宅城郭尚有餘念謂有我身諸色識悉止復聞其音如一切有所見當自見疑如所見疑見一切諸法亦復如是便取其衣還欲自著不見其身心（說與志相多不載）文殊言曾聞佛說作逆罪者當入大泥犁不王言聞汝自知當日泥犁不王曰得佛有法上生天入泥犁者不有法安隱當至泥洹者不文殊言無王曰我知諸法空所以者何泥犁上天安隱亦復皆空諸法無可壞敗是故入法身法身者亦無天上人間泥犁禽獸薜荔等世王諸逆以淨已得是忍王言一切諸法悉淨無所沾汙說是語時疾得信忍（出阿闍世王經下卷）

大光明王始發道心八（又出普門第二第八）

問難知眾所念前白佛言世尊從何因緣發道心佛言過去遠劫此閻浮提有一大王名大光明福德聰明時邊國王與為親厚更相贈遺國之所珠時彼國王獵得二象白如頗梨七

經律異相卷第三十六　第十八張　丙字號

丈柱地狂以雜寶極世之珍遣人往送時光明王見象心悅付象師散闍散闍奉勅不久調伏往白王言象今已調頤王觀試王會日下令觀試象大眾既集王初外象出城遊戲象氣猛壯見有羣象在蓮華池奔逐狩為逸至深林時王身破出血自惟必死手搏樹枝象去王住下樹坐地生大苦惱象師叩頭白言願王莫憂苦象淫心息厭穢草思美飲食如是自還王即告曰吾不復用象後果還象師白王象今還來王言我不須汝亦不須象散闍啓王王若不須並願觀我調象之方王即可之尋使師作七鐵丸燒令極赤作已念言象吞此丸決定當死王後或悔白言大王此白象寶祗轉輪王乃得之耳今有小過不應喪失王怒隆盛告言速去象師告象吞此鐵丸若不吞者當以鐵鉤斷裂汝腦象知其心我寧吞此熱丸而死屈膝向王垂淚望救王怒徐視散闍告象何不吞丸時象取丸置口吞之入腹焦爛直過而死丸墮地

猶赤王見乃悔即告散闍汝調為乃尒何故在林不能制之時淨居天知光明王應發菩提心即今為師跪荅王言我唯能調身不能調心唯有佛能調心耳王言佛者何種姓生荅二種姓生一者智慧二者大悲勤行六事所謂六波羅蜜功德智慧悉具足乙号之為佛王聞踊躍即起洗浴更著新衣四向作礼於一切衆生起大悲心燒香立誓願我所有功德迴向佛道自調其心亦當調伏一切衆生若於地獄有所益者當入是獄終不捨於菩提之心作是誓已六種震動諸山大海虛空之中自然樂聲佛告諸比丘尒時白為吞鐵丸者難陁是也時為師者舍利弗是也光明王者我身是也我於尒時見為調從始發道心出賢愚第二卷

多福王事梵志增福太子奉佛兩師角術九

昔有國王名曰多福太子名曰增福王奉六師其子事佛世無沙門唯一白衣以為師首外道五百人嫉其名德即白王言國事兩法令心不一願與佛師各現奇德約不如者役屬為奴王即可之外道與師剋日結約王前各試功藝梵志善射即行入山五百人各射大鹿皆貫左目負來角伎賢者入山精思念佛求威佐助以棄大道有五色鹿踊從地出欲喜持歸外道知之伺賢者行往語其婦曰卿夫捨家作沙門但坐此鹿破汝家法婦聞恚怒以鹿乞之賢者來歸不見其鹿即問所在婦曰此不祥之物今已失去夫甚愁憂復還山中至誠悔過即有明月神珠忽從地出便持此珠察梵志出行往詣其門衒賣奇物梵志婦曰吾家亦有異物可以相比即出五色鹿賢者便言王使吾賣此鹿汝今盜之其罪不測婦遽還之至其試日梵志各送鹿皆傷左眼既殲且臭王甚惋之賢者來奉奏神鹿賷明月神珠入王殿上二物飛騰俱戲星流電燿舉宮讚奇婆羅門五百人知術藝不如即役為奴其婦為婢賢者導示経教以為弟子出雜譬喻經第三

經律異相卷第二十六

經律異相卷第二十六

校勘記

一　底本，金藏廣勝寺本。六二頁中原版缺，以麗藏本補。

一　六二頁中一行下「行菩薩道下諸國王部第三」，經、清作「行菩薩道諸國王部第十九之二」。

一　六二頁中三行至一二行目錄，經無。

一六二頁中三行「恕黑王」，資、磧、普、南、清作「和墨王」。

一六二頁中一三行「恕黑」，資、磧、普、南、徑、清作「和墨」，下同。又末字「一」，徑、清作「第一」。

一六二頁中一五行「邪信」，資、磧、普、南、徑、清作「信邪」。

一六二頁中一六行「年歲」，徑作「半歲」。

一六二頁下三行「百虫」，資、磧、普、南、徑、清作「百頭」。

一六二頁下五行「禎愚」，諸本(不含石，下同)作「禎愚」。

一六二頁下二一行夾註右第八字「經」，資、磧、普、南無。

一六三頁上一〇行末字「問」，諸本作「得」。

一六三頁上一二行首字「德」，資作「得福」；磧、普、南、徑、清作「得福感」。

一六三頁上一三行夾註「度無極集經」，資、磧、普、南、徑、清作「度極集經」。

一六三頁上一四行末字「二」，徑、清作「第二」。

一六三頁上一八行「供事」，徑、清作「供養」。

一六三頁中四行「燒香」，資、磧、普、南、徑、清作「燒名香」。

一六三頁中一五行「善相」，資、磧、普、南、徑、清作「善瑞」。

一六三頁下一〇行「踊出」，資、磧、普、南、徑、清作「涌出」。

一六三頁下一三行末字「三」，徑、清作「第三」。

一六三頁下一九行「乃行」，資、磧、普、南、清作「及行」。

一六四頁上一一行「會歸」，資、磧、普、南、徑、清作「當歸」。

一六四頁上二二行首字「卿」，資、磧、普、南、徑、清作「我」。

一六四頁中一二行第二字「今」，資、磧、普、南、徑、清作「令」。

一六四頁中末行第五字「促」，資、磧、普、南、徑、清作「捉」。

一六四頁下一行「僻地」，資、磧、普、南、徑、清作「躃地」。下同。

一六四頁下一〇行第四字「欲」，資、磧、普、南、徑、清作「欲從」。

一六四頁下一一行「問勞」，資、磧、普、南、徑、清作「勞問」。

一六四頁下二〇行「上坐」，資、磧、普、南、徑、清作「還上坐」。

一六五頁上三行「慢慢」，諸本作「憍慢」。

一六五頁上六行「舍利」，諸本作「舍利弗」。

一六五頁上九行夾註右「施主」，資、磧、普、南、徑、清作「施王」。

一六五頁上一〇行末字「四」，徑、清作「第四」。

一六五頁上一五行第九字「坑」，資、磧、普、南、徑、清作「坑坑」。

一六五頁中三行「六取」，諸本作「六邪」。

一六五頁中九行「有之」，諸本作「有

之」。

一　六五頁中一三行第三字「之」，資、磧、普、南、徑、清作「至」。

一　六五頁中一五行「勤而」，資、磧、普、南、徑、清無；麗作「覲而」。

一　六五頁中二〇行末字「人」，資、磧、普、南、徑、清作「大」。

一　六五頁中二一行第九字「且」，資、磧、普作「旦」。

一　六五頁下四行「并白王曰」，資、磧、普、南、徑、清作「以白王王曰」。

一　六五頁下七行第三字「如」，資、磧、普、南、徑、清作「弘」。

一　六五頁下一三行「枯之」，諸本作「祐之」。

一　六六頁上四行「經生」，諸本作「終生」。

一　六六頁上五行「秋露」，磧、普、南、徑、清作「鶖鷺」。

一　六六頁上六行「妻者」，資、磧、普、南、徑、清作「其妻者」。

一　六六頁上七行夾註「摩國王經」，資、磧、普、南、徑、清作「摩日國王經」。

一　六六頁上八行末字「五」，徑、清作「第五」。

一　六六頁上一一行「宣說」，清作「宣語」。又「善語」，南作「善說」。

一　六六頁上二一行夾註右第五字「經」，資、磧、普、南、徑、清無。

一　六六頁上二二行末字「六」，徑、清作「第六」。

一　六六頁中二行「家神」，麗作「冢神」。

一　六六頁中九行「灰湯」，資、磧、南、徑、清作「灰揚」；麗作「灰煬」。

一　六六頁中一六行「無眼」，徑、清作「無明」。

一　六六頁下八行末字「七」，徑、清作「第七」。

一　六六頁下九行夾註右末字「出」，資、磧、普、南、徑、清作「云」。

一　六六頁下一〇行第五字「且」，麗作「旦」。

一　六六頁下一五行「現在竟」，資、磧、普、南、徑、清作「現在意」。

一　六六頁下一八行第六字「道」，資無。

一　六六頁下二二行「足食」，諸本作「之食」。

一　六六頁下末行「憧幡帷帳」，諸本作「幢幡帷帳」。

一　六七頁上三行「二千」，諸本作「二千佛土」。

一　六七頁上八行「欲行者行」，資、磧、普、南、徑、清作「言欲行者往」；麗作「言欲行者行」。

一　六七頁上九行第三字「行」，資、磧、普、南、徑、清作「且」；麗作「旦」。

一　六七頁上一一行第三字「正」，資、磧、普、南、徑、清作「止」。

一　六七頁上一二行第一一字「叉」，徑作「又」。

一　六七頁上一三行「勿懅」，資、磧、普、南、徑、清作「勿懼」。

一　六七頁上一八行「爲憂」，資、磧、普、南、徑、清作「可憂」。

一　六七頁上二二行「陁者」，資、磧、普、南、徑、清作「者陀」。

一　六七頁中五行末字「惟」，麗作「毗」。

一　六七頁中六行「而竭」，麗作「而謁」。

一　六七頁下六行第一一字「住」，資、磧作「往」。

一　六七頁下七行第一〇字「抹」，諸本作「牀」。

一　六七頁下八行「恒沙」，資、磧、普、南、徑、清作「恒河沙」。

一　六八頁上三行第九字「而」，資、磧、普、南、徑、清作「如」。

一　六八頁上六行「撓繞」，資、磧、普、南、徑、清作「持繞」。

一　六八頁上二二行第一一字「凡」，諸本作「亡」。

一　六八頁中七行夾註左「多不載」，資、磧、普、南、徑、清作「文多不載矣」；麗作「文多不載」。又正文第八字「作」，磧作「有」。

一　六八頁中八行「當日」，諸本作「當入」。

一　六八頁中一三行第二字「是」，資、磧、普、南、徑、清無。

一　六八頁中一七行夾註「普門第二第三」，諸本作「普超三昧第二第三卷」。

一　六八頁中一八行末字「八」，徑、清作「第八」。

一　六八頁中二〇行「發道心」，諸本作「初發道心」。

一　六八頁下三行「調伏」，諸本作「調從」。

一　六八頁下一六行「或悔」，資、磧、普、南、徑、清作「誠悔」。

一　六八頁下末行第一三字「丸」，資、磧、普、南、徑、清無。

一　六九頁上一八行夾註「賢愚第三卷」，資、磧、普、南、徑、清作「賢愚經第二卷」；麗作「賢愚經第三卷」。

一　六九頁上二〇行末字「九」，徑、清作「第九」。

一　六九頁中二行第一三字「役」，資、磧、普、南、徑、清作「没」。

一　六九頁中九行首字「卿」，資、磧、普、南、徑、清作「闍卿」。

一　六九頁中一五行「相比」，徑、清作「見比」。

一　六九頁中一六行第一三字「賣」，麗作「賫」。

一　六九頁中末行夾註左「第三」，資、磧、普、南、徑、清作「第二卷」；麗作「第三卷」。

經律異相卷第二十七 行覺閒道上諸國王部第四 丙

梁沙門 僧旻 寶唱 等集

波羅奈王得辟支佛一

月氏王造三十二塔成羅漢道二

摩訶劫賓寧王伐舍衛遇佛得道三

有德王擁護弘法法師失命為佛弟子四

功德莊嚴王請佛得道五

藍達王因目連悟道六

普安王化四王聞法得道七

婆羅門王捨於國俸布施得道八

摩達王從羅漢聞法得道九

乾陁王捨外習內得須陁洹道十

普達王遇佛得道十一

波羅奈王得辟支佛一

波羅奈王夏暑熱時處高樓上坐七寶牀令青衣摩牛頭栴檀香塗身青衣臂多著釧摩王身時釧聲滿耳王甚患之教次第令脫釧唯獨一釧寂然無聲王時悟曰國家臣民婇女多事多惱亦復如是即時離欲獨處思惟得辟支佛鬚髮自落著自然衣從樓閣去以己神足力出家入山如是因緣中品辟支佛也有人願作辟支佛種此善根時世無佛善熟猒世出家得道名辟支佛出坐禪三昧經中卷

月氏王造三十二塔成羅漢道二

月氏國王欲求佛道故作三十二塔為供養相一一作之至三十一時有惡人觸王王心退轉如此惡人云何可度即時迴心捨生死向涅槃作第三十二浮啚以求解脫由是因緣成羅漢道是故此寺名波羅提木叉梁言解脫自尒以来未滿二百年此寺猶在吾亦見之出雜寶藏經

摩訶劫賓寧王伐舍衛遇佛得道三

舍衛國王名波斯匿于時南方有國名曰金地其王字劫賓寧太子名摩訶劫賓寧父崩太子即位體性聰勇領三万六千小國威風遠振莫不摧伏然與中土不相交通後有商客往到金地以四端細氎奉上彼王王問商客言此物甚好為出何處啓曰出於中國王復問言其中國者号字云何荅曰名羅悅祇又名舍衛王復問言

中國王以何等故不来獻我又荅曰自鼐土威名相齊故不来耳王自思惟今當加威令彼率伏復問商客中國諸王何者㝡大白言舍衛國王為第一大即便遣使詣舍衛國持書示教其理委備告語其王波斯匿言我之威風遍閻浮提卿何所恃斷絶使命今故遣使共卿相聞却後七日與我相見設不如是吾當興兵破汝國界波斯匿聞深用驚惶即往詣佛具白斯事佛告王言還語使云我不大更有大王王奉佛教告彼使言世有聖王近在此間卿可到邊傳汝王命使即詣祇洹于時世尊自變其身作轉輪王七寶侍從皆悉備有使前入化城既覩大王情甚驚悚以書與之化王得書蹋著脚下告彼使言吾為大王臨領四域汝王頑迷敢見違距汝還國致宣吾教信至之日馳奔来覲卧聞當起坐聞應立剋期七日不得稽遅敢違斯制罪在不請使還本國具以聞見白金地王王承斯問深自咎責合率所領諸小王輩欲



朝大王未便即路先遣一使白大王言且所統御三万六千王為當都去將半去耶大王還報聽半留住但將半来時金地王將万八千小王同時来到既見化王謁拜畢已心作是念大王形貌雖復勝我力必不如化王于時勑典兵臣以弓與之金地國王手不能勝化王還取以指張弓復持與之勑令挽金地國王殊不能挽化王復取而彈扣之三千世界皆為震動復次取箭彎弓而射離手之後化為五發其諸箭頭皆出光明其光明頭皆有蓮華大如車輪一一華上各各皆有一轉輪王七寶具足奮出光明普照三千大千世界五道衆生莫不蒙賴諸天境界見其光明及聞說法身心清淨有發無上正真道意復有得住不退地者人道衆生有得一道二道三道之者出家入要得應真者有發無上正真道意得不退地不可稱計三塗衆生離苦解脫生人天中時摩訶刧賓寧王及金地諸小王見斯神變其心信伏遠塵離垢得法



眼淨万八千小王一時皆然須臾之傾佛攝神力還復本形諸比丘僧前後圍繞金地王衆求索出家鬚髮自墮袈裟在體思惟妙法盡得羅漢出賢愚經第七卷

有德王擁護弘法法師失命為佛弟子四

過去遠刧此拘尸城有佛出世号歡喜增益住世無量化衆生已然後乃於娑羅雙樹入般涅槃佛涅槃後遺法住世無量億歲餘四十年佛法未滅有一持戒比丘名曰覺德多有徒衆眷屬圍遶能師子吼廣說經典制諸比丘不得畜養奴婢牛羊非法之物時多破戒比丘聞作是說皆生惡心執持刀杖逼是法師是時國王名曰有德聞是事已為護法故即便往至說法者所與是破戒諸惡比丘極共戰鬪令說法者得免危害王時被瘡舉身周遍覺德尋讃王言善哉善哉王今真是護正法者當来之世此身當為無量法器王於是時得聞法已心大歡喜尋即命終生阿閦佛國

作第一弟子其王將從人民眷属有戰鬪者有隨喜者一切不退菩提之心命終悉生阿閦佛國覺德比丘却後壽終亦復往生阿閦佛國作聲聞衆中第二弟子若有正法滅時應當如是受持擁護時王者則我身是說法比丘迦葉佛是出大涅槃經第三卷

功德莊嚴王請佛得道五

尒時功德莊嚴王從佛聞說偈及覩神變增益堅固菩提之心頂礼佛足而白佛言唯願世尊及菩薩弟子大衆受我八万四千歲請普明王如来願以衣被飲食卧具醫藥給侍所須彼佛及大衆即便受請王知佛受其請已懽喜便去王子師子進及二万王子捨世榮位於佛法中剃除鬚髮出家修道勤行精進樂承善法時師子進得五神通堅固不退彼佛加其威神常為衆生顯說妙法遍三千大千界施作佛事無量衆生堅固不退無上大乘功德莊嚴王於八万四千歲中以諸樂具供養世尊及諸大衆與一切群臣前後導從為聽法衆而



作是念我諸子剃除鬚髮出家修道常受供養自不可行施亦未見得過人之法寧可還家捨財布施修諸功德如我所種諸善根耶尒時普光明王如来即知功德莊嚴王心所念告師子進菩薩言善男子現汝自在功德神力大菩薩變現使此大衆普得見聞迴彼邪心使得正見師子進菩薩即時入定現如是等相大千震動於上虛空雨華香繒蓋幢幡妓樂美饍飲食瓔珞衣服種種珍寶紛紛而下滿足大千衆生得未曾有皆大歡喜尒時從地神諸天上至阿迦膩吒皆唱是言此大菩薩可名虛空藏所以然者從虛空中能雨珠寶充足一切即印可王見踊悅得未曾有捨憍慢心合掌向佛作如是言希有世尊菩薩功德智慧乃能如是世尊在家施者所益無幾夫出家者以神通力施無崖際在家者施不稱彼意雖施猶悋以為苦惱出家不悋不出苦惱王捨位與子告意以真信心剃除鬚髮於佛法中出家修道增長善法常



勤精進得四禪四無量心及五神通時吉意王以法治化國無怨者精進不疲供養世尊功德莊嚴王者拘留孫如来是師子進菩薩者即虛空藏菩薩是吉意王者即弥勒是也出功德莊嚴王請佛供養出家得道經

藍達王因目連悟道六

舍衛有王号曰藍達土地豊沃人民淳信君臣父子相率以道後王即位法俗轉薄治行不平阿枉百姓撗誅無辜正亂禍應雨澤不時五穀不豊乏生嫉恠遂致荒殘懼於危亡奉事邪道五百餘人又祀妖神上下相斆如風靡草黎民樂乱競為姦宄強者陵弱更相傷煞劫奪人財不從道理婬他婦女君臣荒醉迷惑日滋旱踰三年前後請禱初不得雨諸師白王今當大祠應用童男七人白牛白馬各十頭燒以祭天然可獲雨王即辦具國中匈匈大小搔擾佛告目連藍達國荒人民勤苦有三億人應從汝得解可往開化目連往為說法開解其意國中人民初無受者目連化

作大鬼神身長數十大當城門坐洪聲呼王及諸近臣使出君臣惶惑自懼不全王即率將近臣叩頭自陳唯願生活神謂王言急求臣不忠子不孝者來吾欲食之王即推問荅言無有神復謂王言急求偷盜者淫泆者兩舌惡口者吾欲食之王即推問又荅言無神復謂王言急求飲酒者吾欲食之王即推問又荅言無於是目連復現真身往與鬼神共語王見目連叩頭守請令為解釋大神目連謂王言是神欲何所求王言欲食惡人目連問言國中信有此輩人不王荅言無重請發遣我當終身歸命道人目連語大神言此國中人民無有卿所覓者卿可原赦其罪若復有犯者可更來食之神即聽其言忽然而去王及臣民即俱叩頭陳謝乞得歸命目連告言王若欲歸命者宜先自歸佛王問佛功德目連說佛三界獨尊所說之法聲聞三千王言吾今有幸乃獲異聞即啓目連願欲請佛受尊法言終身奉行目連告王信能尒者



其福難量但當淨心存佛王即承教沐浴齋戒遥向佛國稽首為礼曰吾以闇昧誤處民上不能洗心率導致使空荒咎在吾身唯願天尊垂光降下普令黎民獲無盡之福佛與諸比丘未至百里豫行空中五色蓮華捧其足下諸天異從寶帳華蓋奉迎道路作衆名樂側塞空中覩佛威神光耀天地王及群臣稽首足下於四衢道廣施帳幔掃灑淨潔佛坐自然師子之座悉布以天繒綩綖王手斟飲食躬行澡水呪願畢佛便說苦空非常四諦之要王即歡喜乞受五戒結解垢除得須陁洹時王所事五百外道乞為比丘佛即聽之以手摩其頭鬚髮墮袈裟著身却後七日同得羅漢衆會人民得須陁洹或受五戒勸行十善歸命三尊月六齋歲三齋轉相率導以為常法阿難白佛此王人民宿與目連有何等緣佛言昔惟衛佛時目連為優婆塞居宿貧窶奉行戒行守意不毀採華山中見須文樹遠欲上樹取華不知前有蜂房群蜂



數千驚散逐之即心念言若我得道當度汝等今日得道者皆尒時蜂也

出藍達王經

## 普安王化四王聞法得道七

昔有五國王國界比近共作善友更相往來其最大者名曰普安習菩薩行餘四小王常習邪行大王愍之呼來上殿共相娛樂乃至七日終日竟夜七日已滿小王白大王言國事甚多請退還家大王送之出至道中語諸小王各說所樂一王荅曰陽春三月樹木榮華遊戲原野一王復荅願我常作國王鞍馬服飾官屬人民圍繞左右晃晃昱昱椎鍾鳴鼓出入行來路人傾目一王又言願好婦兒端正無雙共相娛樂極情快意一王復言願我父母常在朋友兄弟妻子羅列好衣美食以恣身口素琴青衣共相娛樂俱白大王所樂何事大王荅言我樂不生不死不苦不惱不飢不渴不寒不暑存亡自在四王俱言如此之樂當有明師大王荅言吾師号佛近在祇洹精舍諸王歡喜同詣世

尊大王白佛言今得為人闇鈍無智但深著世樂不知罪福願佛為弟子等說其苦諦佛言卿等善聽當為說之人生在世衆苦切身略說八苦一生苦人死時不知精神趣向何道未得生處普受中陰之形至三七日中父母和合便來受胎一七日如薄酪二七日如稠酪三七日如凝酥四七日如肉團五胞成就地風入腹吹其身體六情開張在母腹中生藏之下熟藏之上母噉一粒熱食灌其身體如入鑊湯母飲一杯冷水亦如寒氷切體母飽之時迫迮身體痛不可言母飢之時腹中了鳥亦如倒懸受苦無量至其滿月欲生頭向產門劇如兩石挾山生墮草上身體細軟草觸其身如履刀劍忽然失聲大呼此是苦不咸言是苦二者老苦父母養育至年長大飢時極飢飽時極飽無有節度漸至年老頭白齒落目視茫茫耳聽不聰盛去衰至皮緩面皺百節痛疼行步苦極坐起呻吟憂悲苦惱識神轉滅便旋即亡命日促盡言之流涕坐



起須人此是苦不答曰實苦三病苦地水火風和合成身一大不調百一病生四大不調四百四病同時俱作地大不調舉身皆痛水大不調舉身洪腫火大不調舉身苦熱風大不調舉身掘強百節苦痛猶被杖楚四大進退手足不任氣力虛竭坐起須人口燥脣焦筋斷鼻坼目不見色耳不聞聲不淨流出身卧其上心懷苦惱言輙悲哀六親在側晝夜看視初無休息甘美飲食入口皆苦此是苦不答曰實苦四死苦人死之時四百四病同時俱作四大欲散魂神不安欲死之時刀風解形無處不痛白汗流出兩手摸空室家內外在其左右憂悲啼哭痛徹骨髓不能自勝風去氣散火滅身冷魂靈去矣身體挻直無復所知旬日之間宍壞血流膖脹爛臭甚不可近棄之曠野衆鳥取食宍盡骨枯髑髏異處此是苦不答言實苦五恩愛別苦室家內外兄弟妻子共相戀慕一朝破亡為人抄劫各自分張父東子西母南女北非唯



一處為人奴婢各自悲呼內斷絕窈窈冥冥無有相見之期此是苦不答曰實苦六求不得苦家有財物散用求官望得富貴求之不止會遇得之得作邊職未經幾時貪取民物為人所言一朝有事檻車載來憂苦無量不知死活何日此是苦不答曰實苦七怨憎會苦世人薄俗居愛欲之中諍不急之事更相煞害遂成大怨各自相避隱藏無地各磨刀箭挾弓持杖會遇狹道張弓樹箭兩刃相向不知勝負是誰當尒之時怖畏無量此是苦不答曰實苦八憂悲惱苦人生在世長者百歲短命胞胎者傷墮繼得百歲夜消其半餘五十年醉酒疾病不知作人小時愚癡十五年中未知礼義年過八十老鈍無智耳聾目冥無復法則天下欲乱旱火大霜田種不熟室家內外多諸疾痛治生喜失官家百調閉繫牢獄未知出期兄弟兒子遠行未歸居家窮寒無有衣食比舍村落杜稷不辨家人死亡無可殯殮春時種作無有犁牛

節日共聚應當歡喜共悲相向此是
苦不荅曰實苦於時五王及諸羣臣
會中數千万人聞說苦諦心開意悟
即得須陁洹道令觀宮殿如視獄廁
無可樂者即捨王位付弟出家為
道修諸功徳日日不倦（出五王經）
婆羅門王捨於國俸布施得道八
多昧國有婆羅門王捨其王俸多事
異道王欻一日自發善心欲大布施
如婆羅門法積實如山有來乞者令
其自取手重一掬如是數日其積不
減佛知是王宿福應度化作梵志往
到其國王出相見礼問起居曰何所
求索莫自疑難梵志荅言吾從遠來
欲乞珎寶持作舍宅王言大善自取
重一掬梵志取一掬行七步還著故
處王問何故不取梵志荅曰此裁足
作舍廬耳須當取婦倶不足用是以
不取王言更取三掬梵志即取行七
步復還著故處王問梵志何以復介
荅言此足取婦復無田地奴婢牛馬
計復不足是以息意也王言更取七
掬梵志即取行七步復還著故處王



言復何意故梵志荅言若有男女當
復嫁娶吉凶用費計不足用是以不
取王言盡以積實持用相上梵志受而
捨去王甚恠之重問意故梵志荅曰
本来乞匄欲用生活諦念人命處世
無幾万物無常旦夕難保因縁遂重
憂苦日深積實如山無益於已貪欲鎖
啚唐自勤苦不如息意求無為道是
以不取王意開解稽奉明教於是梵
志現佛光相踊住空中為說偈言
雖得積珎寶　崇高至于天　如是滿世間
不如是道要　不善像如善　愛而似無愛
以苦為樂像　狂夫不為肰
王見佛光遠照天地又聞此偈踊躍
歡喜王及群臣即受五戒得須陁洹
道（出出曜經第十六卷）
摩達王從羅漢聞法得道九
有國王名曰摩達出軍征討選民數
百万時比丘得羅漢道入國分衛並
被執録將詣王宮王使養官馬勤苦
七日王自臨視比丘見王輕舉飛翔
上住空中現其威神王便恐怖叩頭
悔過我實愚癡不別真偽推問內外誰



令神人為是事者今當有所治敎比
丘告王非王及國人過也自我宿命
行道常供養師我時為師設飲師謂
我言且先澡手然後當飲我愚癡心
念言師亦不養官馬何故不豫澡手
師即謂我言汝今念此輕耳後重如
何我聞是語便自愁憂師知其意便
念言我會當涅洹何故令人惱耶即
以其夜三更師般涅洹從来久遠各
更生死今用是故受其宿殃養馬七
日夫善惡行輙有殃福如影隨形王
聞比丘說罪福意解歡喜乞得歸命
於神人比丘告言卿當自歸於佛佛
為三界師王及國人皆随比丘出到
佛所稽首作礼奉受五戒作優婆塞
佛便為王及國人民現相好威神光
曜夫地復為說非常苦空王於是時
得須陁洹道國中人民皆受五戒十
善歸命三尊月月齋戒以為常法（出摩
達國王經）
乹陁王捨外習内得須陁洹道十
時有國王名曰揵陁奉事婆羅門居
在山中多種果樹樵人毁樹時婆羅

門將詣王所言其無狀殘敗果樹請
王治煞王敬事婆羅門即為赦戮自
後未久有牛食人稻其主遂捶牛折
一角血流被面痛不可忍牛徑到王
所自言我實無狀食人少稻令捶折
我角王曉鳥獸語告牛言當為汝治
赦之牛言雖赦此人不止我痛但當
約勑後莫苦人王便感念我事婆羅
門但坐果樹令我煞人不如此牛也
便呼婆羅門問言今事此道有何福
乎婆羅門報言可得攘災致福富貴
長壽王復問言可得脫於生死不報
言不得免於生死也王到佛所五體
投地為佛作礼白言我聞佛道至尊
教化天下所度無數願受法言以自
改革佛即授王五戒十善為說一切
天地人物無生不死者布施持戒現
世得福忍辱精進心行智慧者其德
無量後生天上亦可得作遮迦越王
可得無為度世之道佛現相好威神
光耀王歡喜意解得須陁洹道牛
後七日壽終上生天上（出揵陁國王經）

普達王遇佛得道十一



有夫延國王名曰普達身奉佛法未
常偏枉常有慈愍國內愚民不知三
尊每常齋戒登高觀視還必頭面稽
首為礼國中臣民怪王如此自共議
言王處万民之尊遠近敬服登謂人
從有何請欲毀辱威儀頭面著地群
臣欲諫不敢與吏民數千出宮未遠
見一道人王下輦却蓋住其群從為
之作礼尋從而還施設飯食遂不成
行群臣諫言大王至尊何宜於道路
為此乞匃道人頭面著地天下尊貴
唯有頭面加為國王不與他同王勑
臣下求死人首及六畜頭臣下遍索
歷日乃得王言於市賣之臣下賣之
牛馬豬羊頭皆售但人頭未售王
言貴賤賣去如其不售使以匃人如
是歷日賣既不售匃無取者頭皆膖
臭王便大怒語臣下言卿言人頭㝡
貴不可毀辱今人頭何故匃無取者
即勑嚴駕出壙澤中當有所問群臣
振旅出到外告羣臣言卿寧識吾
先君時有小兒常執持蓋者不臣下
對曰實識王言今此兒何所在對曰亡



已十七年王言此兒為人善惡何如
對言臣等常觀其承事先王齋戒
恭肅誠信自守非法不言王告諸臣
今若見此兒在時所著衣服寧識之
不諸臣對曰雖自久遠臣故識之王
使取前亡小兒衣曰此事是不臣下
對曰是王曰今儻見兒身為識之不
臣下良久對曰臣自懼蔽闇卒覩不
別前所見道人來王大歡喜又為道
人賣頭匃人不取今欲示其本末有
幸相遇願為開導道人即為臣下說
王本是先王時執蓋小兒常隨先王
齋戒奉行正法清淨守意不犯諸惡
其後過世生為王子今得尊貴皆由
宿行齋戒所致臣下大小莫不僉曰
吾等幸遇得覩道人願宥愚矇乞
為弟子道人告諸臣民吾有大師當
從受問諸臣報言願盡年命一受法
言道人曰我師字佛身能飛行頂有
光明分身散體變化万端獨步三界
莫與齊倫門徒清潔皆為沙門其所
教授度脫不唐臣下即啓道人佛寧
可得見不去此幾何道人報言甚善當

啓世尊六千餘里道人即飛到舍衛具以啓佛佛言明日當到大延國臨至皆現威神王及群臣持華香出城迎佛覲佛威靈喜懼交并五體投地稽首為礼白佛言勞屈世尊并及衆僧遠到此土王盡心供設手自斟酌行澡水呪願畢佛笑口光五色阿難言佛不妄笑荅言昔摩呵文佛時王為大姓家子其父供養三尊父命子傳香時有一侍使意中輕之不與其香罪福響應覺招役報奉法無替今得為王若我得道當度此人本末意解即得須陁洹國中人民皆受五戒行十善 出普達王經

經律異相卷第二十七

經律異相卷第二十七

校勘記

一 底本，金藏廣勝寺本。

一 七三頁中一行「行聲聞道上諸國王部第四」，徑、清作「行菩薩道諸國王部第十九之三」。

一 七三頁中三行至一四行目録，徑無。

一 七三頁中四行「羅漢道」，資、磧、普作「阿羅漢」；南作「羅漢」。

一 七三頁中七行第三字「四」，資、磧、普、南作「第四」。

一 七三頁中一五行末字「一」，徑、清作「第一」。

一 七三頁中一六行第四字「王」，資、磧、普、南、徑、清作「國王」。

一 七三頁中一八行第六字「摩」，徑、清作「塗」。

一 七三頁下三行「善熟猒世」，資、磧、普、南、徑、清作「法善根熟爾時厭世」。

一 七三頁下五行末字「二」，徑、清作「第二」。

一 七三頁下一三行夾註「雜寶藏經」，資、磧、普、南、徑、清作「善藏經」。

一 七三頁下一四行末字「三」，徑、清作「第三」。

一 七四頁上二行首字「自」，麗作「各自」。

一 七四頁上一九行「違距」，諸本（不含石，下同）作「違拒」。又「還國」，諸本作「速還國」。

一 七四頁中二行「統御」，資、磧、普、南、徑、清作「總御」。

一 七四頁中九行第五字「挽」，資、磧、普、南、徑、清作「再挽」。

一 七四頁中一一行「復次」，資、磧、普、南、徑、清作「次復」。

一 七四頁下七行第二字「四」，徑、清作「第四」。

一 七四頁下二〇行「覺德」，資、磧、普、南、徑、清作「覺德比丘」。

一 七五頁上八行末字「五」，徑、清作「第五」。

一　七五頁上一七行「樂承」，諸本作「樂求」。

一　七五頁中一行「諸子」，資、磧、普、南、徑、清作「諸子等」。

一　七五頁中一六行首字「即」，資、磧、普、南、徑、清作「即時」；麗作「佛即」。

一　七五頁中二一行「不出」，諸本作「不生」。

一　七五頁下一行第四字「得」，資、磧、普、南、徑、清作「修得」。

一　七五頁下五行第八字「即」，資、磧、普、南、徑、清作「今」。

一　七五頁下七行末字「六」，徑、清作「第六」。

一　七五頁下一〇行「阿枉」，磧、普、南、徑、清作「苛枉」。

一　七五頁下一四行「姦宄」，資作「姦究」。

一　七五頁下二二行「往爲說法」，資、磧、普、南、徑、清作「即往爲說法要」。

一　七六頁上一四行「重請」，資、磧、普、南、徑、清作「願請」。

一　七六頁中三行末字至次行首字「致使」，諸本作「使國」。

一　七六頁中一〇行「帳幔」，資、磧、普、南、徑、清作「帳幕」。

一　七六頁中一一行「綩綖」，資、磧、普、南作「綩莚」。又末字「斟」，磧、普、南、徑、清作「酙酌」。

一　七六頁中一六行「頭髮墮」，資、磧、普、南、徑、清作「頭頭髮墮落」。

一　七六頁中一七行末字「勸」，麗作「勸」。

一　七六頁中末行首字「這」，諸本作「適」。

一　七六頁下四行末字「七」，徑、清作「第七」。

一　七六頁下一〇行末字「語」，資、磧、普作「請」。

一　七六頁下一三行「官屬」，磧作「宮屬」。

一　七六頁下一五行「好婦」，麗作「我婦」。

一　七七頁上九行「地風」，資、磧、普、南、徑、清作「圯風」；麗作「巧風」。

一　七七頁上一四行「了鳥」，資、磧、普、南、徑、清作「了〻」。

一　七七頁上一五行末二字至次行首二字「雨石挾山」，資、磧、普、南作「雨山俠石」；徑、清作「雨山夾石」。

一　七七頁上一六行「墮草上」，資、磧、普、南、徑、清作「墮落草上」。

一　七七頁上一八行「咸言」，資、磧、普、南、徑、清作「答言」。

一　七七頁上二一行「痛疼」，磧、普、南、徑、清作「痟疼」。

一　七七頁中二行末字「一」，磧作「二」。

一　七七頁中六行「掘強」，磧、普、南、徑、清作「倔強」。

一　七七頁中一七行「氣散」，資、磧、普、南、徑、清作「氣絶」。

一　七七頁下一行「心呼」，資、磧、普、南、徑、清作「呼心」。

一　七七頁下一一行「樹箭」，資、磧、

普、南、徑、清作「澍箭」。

一　七七頁下一四行末字至次行首二字「者傷墮」，資、磧、普、南、徑、清作「傷者墮落」。

一　七七頁下二〇行「閉繫」，磧、南作「閑繫」。

一　七八頁上七行末字「八」，徑、清作「第八」。

一　七八頁上一八行「須當」，諸本作「復當」。

一　七八頁中三行「相上」，南作「根上」。

一　七八頁中一一行「崇高」，諸本作「嵩高」。

一　七八頁中一二行「如是」，諸本作「如見」。

一　七八頁中一七行末字「九」，徑、清作「第九」。

一　七八頁中一九行「時比丘」，麗作「時有比丘」。

一　七八頁下一七行第二字「夫」，諸本作「天」。

一　七八頁下一九行至二〇行夾註「出摩達國王經」，資、磧、普、南、徑、清作「出佛說摩達國王經」。

一　七八頁下二一行末字「十」，徑、清作「第十」。

一　七九頁上三行首字「後」，資、磧、普、南、徑、清作「從」。又「遂捶」，資、磧、普、南、徑、清作「逐捶」。

一　七九頁上六行「告牛言當爲汝」，資、磧、普、南、徑、清作「王告牛言我當爲汝」。

一　七九頁上末行「十一」，徑、清作「第十一」。

一　七九頁中二行首字「常」，徑、清作「嘗」。

一　七九頁中三行「每常」，諸本作「每當」。

一　七九頁中五行「敬服登謂」，資、磧、普、南、徑、清作「敬伏登位」。

一　七九頁中八行「下輦」，資、磧、普、南、徑、清作「下車」。

一　七九頁中一二行「國王」，資、磧、普、南、徑、清作「國主」。

一　七九頁中一六行第一〇字「使」，資、磧、普、南、徑、清作「便」。

一　七九頁中二〇行「壙澤」，諸本作「曠澤」。

一　七九頁中二一行第五字「外」，諸本作「城外」。

一　七九頁下九行「大歡善」，資、磧、普、南、徑、清作「甚大歡喜」。

一　七九頁下一六行「愚曚」，資、磧、普、南、徑、清作「愚蒙」；麗作「愚矇」。

一　七九頁下一九行「字佛」，資、磧、普、南、徑、清作「號佛」。又「頂有」，資、磧、普、南、徑、清作「項有」。

一　七九頁下二二行「不唐」，資、磧、普、南、徑、清作「不虛」。

一　八〇頁上二行第一一字「大」，諸本作「夫」。

一　八〇頁上九行「三尊」，資、磧、普、

南、徑、清作「三寶」。

一八〇頁上一二行「本末」，磧、普、南、徑、清作「福願果合今來度王并及人民王時聞佛説其本末」。

經律異相卷第二十八 行聲聞道中諸國王部第三 丙

梁沙門 僧旻 寶唱 等集


攢輿眚讇為姧臣所害鬼復為王一
感佛聞法得須陁洹道二
波斯匿王後園生自然甘蔗粳米三
波斯匿王請佛解夢四
波斯匿王求贖女命五
波斯匿王遊獵得末利夫人六
好信王發願灌佛七
耆域藥王請佛僧八
瓶沙王有四種畏九
瓶沙王樂食而死生四天王天十
瓶沙王與弗迦沙王親厚更獻珎異十一
赤馬天子問佛無生死處十二
多智王佯狂免禍十三


攢輿眚讇為姧臣所殺鬼復為王一

昔瓶沙王有一大臣犯事從南山中去國千里由來無人不熟五穀大臣到中泉水通流五穀大熟四方諸國有飢寒者来至此中數年之中便有三四千家来者給與田地令得生活



其中三老諸長者宿年共議國之無君由身之無首相將至大臣所舉大臣為王大臣荅長老曰若以我為王者當如諸國王之法左右大臣文武將士上下朝直發女閨宮租稅穀帛當如民法諸國老曰唯然奉命一随王法即立為王處置群臣文武上下發調人民築城作舍宮殿樓觀民被苦毒不復能堪皆發想念欲謀害於王諸姧臣輩將王出獵去城三四十里於曠野澤中索王欲殺王問左右何緣殺我並曰民慕豊樂奉王以礼民困思亂破家害國王告之言卿等自為非我本造枉殺我者神祇知之聽我發一願死不有恨即時願曰我本開荒出土養民来者皆活富樂無極自舉我為王依案諸國自共作此今反殺我我實無惡於此人民若我死者願作羅刹還入故身中當報此怨於是教殺棄尸而去三日之後王神還身中自名阿羅波即起入宮殺新王并後宮婇女左右姧臣欲盡殺人國中三老草索自縛来向羅刹自

首此是姧日所為非是細民所可能
知乞旬原恕願還治國曰我是羅剎
與人從事食飲當得人肉羅剎急性
忿不思難三老曰國是王許故當如
前食飲所須當相差次國老共出宣
令人民從此為次家出一小兒生用
作食食羅剎王三四千家正有一户
為佛弟子居門精進持佛五戒賢者
大小懊惱啼哭遥向崛山為佛作礼
悔過自責佛以道眼見其辛苦便自
說言因是小兒當度無數人便獨飛
往至羅剎門現變光相照其宮內羅
剎見光疑是異人即出見佛便起毒
心欲前啗佛光刺其目揩山吐火皆
化為塵至久疾頓然後降化請佛入
坐頭面作礼佛為說法一心聽法即
受五戒為優婆塞里吏催食奪兒
將還室家嘷哭隨道而來觀者無數
為之悲哀吏抱兒擎食著羅剎前
羅剎以手擎兒長跪白佛國人相次
以兒食我今受佛五戒不復得食人
請以小兒持布施佛為佛給使佛
為受之說法呪願羅剎歡喜得須陀



洹道佛以小兒著鉢中擎出宮門還
其父母而告之曰快養小兒勿復愁
憂衆人見佛莫不驚怪是何神此兒
何福而獨救之羅剎所食奪還父母
佛即說偈言

戒德可恃怙　福報常隨己　見法為人長
終遠三惡道　戒慎除苦畏　福報三界尊
鬼龍邪毒害　不犯有戒人

見佛光像皆為佛弟子聞偈歡喜皆
得道跡（出法句譬經第五卷）

感佛聞法得須陀洹道二

舍衛國有二商人一人念曰佛身丈六
華色紫金頂有肉髻項背日光巍巍
難言佛猶帝王沙門猶忠臣佛陳明
法沙門誦宣斯王明矣知佛可尊佛
知其意而熟視之其人心意喜如獲
寶其一念曰佛者如牛弟子猶車
彼牛索車東西南北佛亦猶然佛知
其有惡念必獲其殃愴然愍之其人
心惡二人俱去至三十里有亭住宿
沽酒飲之共平屬事訟之紛紜其善
念者四天王遣善神護焉其毒念者
太山鬼神令酒入腹猶火燒身出亭



露卧宛轉落車轍中晨有商人車五
百乘經礫之焉伴見之曰吾今喪矣
還國見疑取物而去名為不義遂輕
身委財而逝展轉遠邁去舍衛數万
里有一國國王崩無太子讖書云中
國有微人當王斯土羣僚議曰國之
無君猶體之無首難以久立故王有
馬常為王作礼若任王者馬必屈膝
僉曰大善即具嚴駕以王印綬著車
上人馬填路觀者莫不揮涕時彼商
人亦出觀看國太史曰彼有黃雲之
蓋斯王者之氣也神馬直進屈膝舐
之群臣欣豫香湯澡浴拜為國主僉
然稱臣王曰余本商人無德於民不
任天位群僚曰天授有德神馬屈膝
於是遂處王宮聽省國政深自惟曰
我無微善何緣獲此必是佛恩使之
然也晨在御座嘆佛無上之聖率土
群僚向舍衛國稽首言曰賤人蒙世
尊潤獲為人君斯土傳世不知有佛流
俗之書亦無記焉願以大明開斯國
人之聾盲也明日願與真聖衆垂意
顧斯一時三月佛告阿難勑諸比丘

明日彼王請皆當隨變化現神尊德令其國民咸共覲焉諸天聞佛之彼教化相率尊從作樂歌德寶帳幢幡華下紛紛光色耀目佛及應真皆坐正殿王自斟酌畢以小床於佛前坐佛廣說法王曰吾本微人業無快德何緣獲斯佛告王曰昔彼國王飯佛王心念言佛心如國王沙門如臣王種斯栽今獲其果彼人去佛若牛弟子若車彼人自種車轢之哉今在太山為火車所轢自獲其果也非王勇猛所能致矣為善福隨禍惡禍追響之應聲善惡如音非天龍鬼神所授非先祢所為也造之者心成者身口矣佛頌偈曰

心為法本　心尊心使　中心念惡
即言即行　罪苦自追　車轢于轍
心為法本　心尊心使　中心念善
即言即行　福樂自追　如影隨形

世尊又告王曰衆惡之罪最重有五不孝不忠煞親殺君家滅國亂重罪一也羅漢之行得空不願無想之定與佛齊意極濟衆生而愚害之重



非二也佛者衆罪以畢最福會成相好十力法導衆生慈悲喜護心過慈母而愚惡謗重罪三也清潔沙門志靖行高情抱經法助佛化愚諸佛相紹衆生得度皆由衆僧倿讒抆邁以致不調以不調故正法毀正法毀則民在走民狂走者三惡道興惱比丘僧重罪四也佛尊廟寶物水土衆生赤心以貢三尊愚人或毀盜重罪五也犯斯五者罪無有請謂之自煞身自滅族自投太山火矣五罪之重於須弥慎無犯焉佛說經竟王及群臣皆得須陁洹受五戒為清信士國民有作沙門者守戒為清信士者遂以五戒十善為國政諸天祐護國遂興矣出百愛經

波斯匿王後園生自然甘蔗粳米三

波斯匿王宿殖德本福響自應於後園中自然生甘蔗之樹流出甘漿晝夜不絕又生一株粳米垂穗數百取之無盡王受其福食之無猒身體肥重喘息苦極不能轉側往到佛所住身揖讓在一面坐佛便說偈



若人能專意　於食知止足　趣欲支形命
養壽守道德

王歡喜踊躍即從坐起辭佛還宮勅厨食人在吾前者先說斯偈以為常法王轉減食身減體輕行來無患出出曜經第十七卷

波斯匿王請佛解夢四

波斯匿王夜卧有十種夢一小樹生華二見小樹生果三見牸牛從犢求乳四見人切索羊隨後食五見十釜重上釜踊溢入最下釜六見馬一身兩頭食麦七見血流成渠八見澄水四邊清中央濁九見犬金器中小便十見四方有四牛來相抵突各散還去王見恐怖衣毛皆竪即從卧覺便作是念我應命終失此王位耶即往問佛佛曰大王勿懷恐怖不由此夢乃失王位夢小樹生華者當來衆生非法欲行常懷貪嫉與邪法相應若是時人民不孝父母不承事沙門婆羅門便得供養猶如今孝從父母供養沙門者也小樹生果者當來衆生非法欲行常懷貪嫉與邪法相應

是時人民嫁未久而抱子歸不知慙愧也捊牛隨犢求乳者當来衆生非法欲行常懷貪嫉與邪法相應母守門女傍通以自存活也人切索羊隨後食者當来衆生非法欲行常懷貪嫉與邪法相應以已財寶與外人通也夢十釜列上頭釜溢踊灌冣下釜中者當来衆生非法欲行與邪法相應見語父母言速出此家詣山野澤我欲住此村落也馬一身兩頭食麦者當来衆生非法欲行常懷貪嫉與邪法相應彼依國王刼奪婆羅門長者或依婆羅門長者刼奪王藏也夢血流成渠者當来有國王不樂已境界便集四種兵侵奪他界亦不可制不隨法教是時人民死者衆多也夢澄水四邊清中央濁者當来衆生非法欲行常懷貪嫉與邪法相應中國衆生好喜鬪乱邊國人民無有諍訟也夢犬在金器中小便者當来衆生非法欲行常懷貪嫉與邪法相應我三問僧祇刧勤苦所集法實者皆當誹謗刀杖凡石打我聲聞此沙門種所



說非法好造歌頌也夢四面有四牛来共相抵突各散還去者當来衆生非法欲行常懷貪嫉與邪法相應是時四面有大雲起雷電霹靂不雨散去也是謂十夢應如是大王十夢者有是十應以是因緣王勿懷恐怖亦不命終不失王位皆是當来末世法應如是大王當作是學王大歡喜（出增一阿含經第四十一卷）

波斯匿王求贖女命五

波斯匿王女婆陁命過極愛念之未曾離目殯葬已畢親覲如来頭面礼足在一面坐佛言今王何故衣裳塵垢愁憂如是王言有一女這命終甚愛念始殯葬竟欲以象贖女命乃至車馬伏藏愁憂苦惱皆由恩愛生所以然者古者大王於此舍衛城有人女命終愛念女故未曾遠目便自迷惑不有所識處處遊行問人民言誰見我女大王當以此方便知愁憂苦惱皆由恩愛生大王勿懷愁憂一切恩愛皆當分離所生之物必當壞敗如是廣為說法王受教而去（出波斯匿王女命過詣佛經）



波斯匿王遊獵遇得末利夫人六

時舍衛城中有一大姓婆羅門名耶若達多饒財寶一婢名黃頭常守末羅園時彼婢常愁憂言我何時當免出於婢時彼婢晨朝已食分乾飯持詣園中尒時世尊入城乞食時黃頭婢遥見如来心自念言我今寧可持此飯施彼沙門或可脫此婢使即授飯施佛世尊慈愍受還精舍時黃頭婢即前進入末羅園中波斯匿王嚴四種兵出外遊獵從人分張馳逐群歷天時大熱遥見末利園即迴車往步入園中黃頭遥見波斯匿来行步舉動非是常人即前奉迎言善来大人可就此坐即脫一衣敷令王坐黃頭問言不審須水洗脚不王言可尒即取水與王為王揩脚復問王言欲洗面不即更以水與王洗面復問王言欲飲不即詣池更洗手取好藕菜盛水與王復問王言不審欲卧息不即復更脫一衣與王敷之見王卧已在前長跪案脚及餘支節解王疲勞黃頭身如天身細濡妙好王著細滑

心念言未曾有如此女聰明我所不
教而恚為之王即問言汝是誰家女
報言我是耶若達家婢使差我守此
園如是語須王諸大臣尋王車迹來
詣園中跪拜王足在一面立王勑一
人汝喚耶若達婆羅門來婆羅門來
詣王所王問言此女是汝婢耶荅曰
是王言吾今欲取為婦汝意云何報
言此是婢使云何為王婦言無苦但
論價直婆羅門言欲論價直百千兩
金我豈取王價令持奉王王言不尒
我取為婦云何不與價即出百千兩
金與婆羅門即迎載入宮衆臣衛從
末利園中將來故即剏之末利夫人
王甚愛敬復於異時王於五百女人
中立為第一夫人在高殿便自念言
我以何業報因緣得免於婢今受如
是快樂復作是念將是我先以和蜜
乾飯分施與沙門以此因緣今得免
婢受如是快樂耳 出四分律初分第十三卷

好信王發願灌佛七

古昔有佛号曰始無時有國王名曰
好信好樂佛法視佛無猒種屋俱類



樹樹下為佛敷栴檀牀座佛坐其上
好信王聽經佛泥洹後王不見佛便
名屋俱類樹則為佛樹見之如見佛
日日往樹下坐常所坐處想聞教戒王
有青衣名曰拘録常侍王邊夫人嫉
妬雇婆羅門令呪殺佛樹於常婆羅
門四月七日夜取南山中大毒虵惱
塗樹樹即枯死王即便悲涕不能自
勝四月八日夜半明星出時取五色
香水集華用灌此樹即還更生王便
願言當令十方諸佛生時用今日得
道時用今日般泥洹亦用今日從此
以來諸佛興世皆是此日故用四月
八日灌佛也 出宿願果報經

耆域藥王請僧佛八

耆域藥王請佛及僧唯除槃特槃特
四月誦帚篲名終不能得如來及僧
往坐耆域舍行清淨水如來不受耆
域白佛不審如來以何因緣而不受
水佛告耆域今此衆中無有槃特比
丘是故不受耆域白佛此槃特愚鈍放
牛羊人皆勝於此佛告耆域汝不請
槃特者吾不受清淨水時耆域承佛



教戒即遣人往喚槃特佛告阿難汝
授鉢與槃特令莫起于坐遥授與我
耆域見此神力便自悔責咄哉大誤
毀辱賢聖今日乃知大犯口過即生敬
心向槃特比丘逾於五百僧世尊廣
說過去世時耆域為將販賣轉易當
駈千疋馬往詣他國中路有一馬產
駒以駒乞人進至他國與國主相見
王語馬將君此千疋皆是凡馬一馬
悲鳴其聲有異必生駿駒其駒長大
者價當千馬若得此駒諸馬盡買不
尒不須馬將追乞駒處其駒未經旬
日便作人語語其主曰若使馬將來
求我者得五百疋馬可與馬將求以
一疋好馬贖之其人荅曰吾本不强
從君索勤苦養活君今欲須以五百
疋馬贖當相還也遂從之先薄賤馬
駒今留槃特後皆貴重槃特因緣久
矣非適今日 出請槃特比丘經

瓶沙王有四種畏九

昔瓶沙王先祖治罪人法若作賊者以
手拍頭賊大慙愧與死無異後更不
作至父王時治若作賊者駈令出城

以為嚴教賊悉慙愧與死無殊後更不作洴沙嗣立若作賊者駈令出國時有一賊七反駈出猶故復還劫殺村城寂後縛送王言將去截其小指時有司急截恐王有悔王自試齧指痛殊難忍即追莫截臣荅王言已截王甚愁悔即自念言我為法王之末而為非法之始夫為王者憂念民下而截人指即自命駕詣佛白言我曾祖先王迄至父王皆以法治民及到我身為惡日滋正化漸薄謬得為王傷截人體自惟無道愧懼實深佛告大王治國之法盜至幾錢罪應至死至幾出國擯幾用刑王曰世尊以十九古錢為一罽利沙槃分一罽利沙槃為四分若盜一分罪應至死佛為說法王礼佛而退時諸比丘言云何瓶沙王畏罪乃尒佛言其不但今世畏罪過去有國名曰迦尸王號名稱時國人民工巧伎術無不悉備以自生活若無工伎者謂之愚癡若作賊者亦名愚癡時有一人作賊縛送王所王言止止彼人失財此



人作賊我復何用昔作惡為思惟共来始一癡人是愚癡人不能滿千我應命終即持愚人付於大臣云我須千愚癡人用作大會及覓數滿白我令知臣執持愚人繫在一處王尋念言是愚癡者將無自苦便告大臣好看此人莫令羸瘦著我無憂園中五欲娛樂伎樂供給大臣奉教欲取王意加情看視如是不久其數滿千臣啓滿千更須何等當速辦之王聞此言甚大愁憂昔来久遠始有其一人如何今者倏已千數將是末世惡法增長王勑群臣灑掃園内燒香懸繒脩辦種種餚饍飲食王與群臣十八部衆詣無憂園勑現愚人見其衣破垢膩抓長鬚乱即勑沐浴剪鬚截甲給以新衣然後將来各與種種飲食財寶恣其所須語令還家供養父母勤脩產業莫復作賊愚人聞勑歡喜行時王以位授其太子出家入山學仙人法時國王者洴沙是也常畏罪報佛言洴沙王不但今世教令斬指追即還悔過去世時有婆羅門



無有錢財以乞自活是婆羅門妻不生兒子家本有那俱羅虫便生一子婆羅門念如兒想那俱羅子於婆羅門亦如父想少時婦生一子行乞食時便勑婦言汝若出行當將兒去婦與兒食往比舍寄舂見有酥酪香氣毒虵張口吐毒欲煞小兒那俱羅虫便作是念我父母不在云何毒虵欲煞我弟即煞毒虵斷為七分以血塗口當門而立欲令父母見之歡喜時婆羅門始從外来遥見其婦於舍外便瞋恚言我教行時當將兒去何以獨行父當入門見那俱羅口脣有血即作是念我夫婦不在那俱羅於後將無煞我兒以杖打煞那俱羅入門見其兒坐於庭中嗽指而戲又見毒虵七分甚大憂悔是那俱羅救我子命我不善觀卒便煞之可痛可憐即便迷悶躃地時空中有天即説偈言

宜審諦觀察　勿行卒威怒　善友恩愛離
枉害信傷苦

時婆羅門者今洴沙王也出僧祇律第二卷

瓶沙王樂食而　死生四天王天十

瓶沙王問目連何處天有好食目連嘆第四天王天瓶沙應生兜率即念先生此天後生兜率命終為毗沙門王太子名曰㝡勝子如目連施設所說始人者以曾臆行名為摩睺勒生三手衆生名為烏問曰命故說人或是摩睺勒或是烏荅曰謂彼衆生從光音天終来生於此當時生畜生中但形如人飲食惡意惡巧詐滋多故人相轉滅遂成畜生形如蝦蟇出鞞婆沙第十四卷

瓶沙王與弗迦沙王親厚更獻珍異十一

一者㬥我年少為王二者令我國中有佛三者使我常往来四者常聽說經五者聞疾開解得須陁洹王皆得之時王舍國北邊異國國名德差伊羅王名弗迦沙甚自高絶宿曾見佛受佛經道學身中六分經謂地水火風空心而洴沙王與弗迦沙王生未相見遥相愛敬有如兄弟常通書記更相問遺弗迦沙王國中生一蓮華而有千葉皆作金色遣遺洴沙王洴沙王見花大歡喜言弗迦沙王遺我物甚奇有異洴沙王作書與弗迦沙



王言我國中有金銀珍寶甚多我不用為寶今我國中生一人華字佛紫磨金色身有三十二相弗迦沙王聞佛聲歡喜踊躍作書與洴沙王佛教戒所行願具告意弗迦沙王却後數日自念言人命不可知在呼吸間我不能復待洴沙報書勅諸小國王及群臣嚴駕發行欲詣佛所道逢洴沙王書書上言佛教人棄家捐妻子斷愛欲當除鬚髮著法衣作沙門又跡十二因緣送與弗迦沙王弗迦沙王讀書竟自思念夜人定後群臣百官衆皆卧出寂然無聲竊起亡去入丘墓間便自剃頭被法衣作沙門佛以天眼見弗迦沙到王舍城止於窯家佛念弗迦沙王命盡明日即飛到窯家願寄一宿窯家報言可得相容佛於一處端坐便自念言是弗迦沙安諦寂寞起到弗迦沙前問言卿師受誰道作沙門耶報言我聞有佛今師事之佛念是賢者為用我故作沙門當為說宿命時所知經尒乃解耳佛言我為卿說經事善聽之弗迦沙言善



佛為說法得第三阿那含道能知是佛耳即起為佛作礼明日入城未遠有少齒牛觸抵弗迦沙諸比丘白佛言佛昨於窯家為說經沙門為犇牛所抵殺當趣何道佛言我為說經即得阿那含生十六天上得阿羅漢今諸比丘共取弗迦沙身好収葬之於其上起塔出洴沙王五願經又出弗迦沙王因緣經

赤馬天子問佛無生死處十二

時有赤馬天子容色絶妙於後夜時来詣佛所白佛言世尊頗有能行過世界邊至不生不老不死處不佛告赤馬無有能至者赤馬天子又白佛言奇哉世尊善說斯義如世尊說所以者何自憶宿命名曰赤馬作外道仙人得神通離諸愛欲我時作念我有如是捷疾神足如健士夫以利箭横射過多羅樹影頃能登須弥至一須弥足蹋東海趣至西海我念神力捷疾今求世界邊便發足去唯除食息便利減節睡眠常行百歲於路命終竟不得至即没不現出雜阿含第二十九卷

多智王佯狂免禍十三

經律異相卷二十八　十六張　丙字号

外國有惡雨若墮江湖河井陂池人食之者狂醉七日有國王多智善知惡雨見雲以知使蓋一井令雨不入時百官羣臣食惡雨水舉朝皆狂脫衣赤裸泥土塗頭坐王殿上唯王一人獨不狂耳一切羣臣不自知狂反謂王狂何故著衣獨異衆人皆相謂言此非小事思共宜之王恐諸臣欲反便自怖懅語諸臣言我有良藥能自愈病諸人小停待我服藥王便入內脫衣同其而出一切羣臣見皆大喜七日之後羣臣醒悟大自慚愧各著衣冠而來朝會王故如前赤裸而坐諸臣皆驚怪而問言王常多智何故若是王荅臣言我心常定無變易也以汝狂故反謂我狂非實心也出雜譬喻經第四卷

經律異相卷第二十八

經律異相卷第二十八

校勘記

一　底本，金藏廣勝寺本。

一　八四頁中一行「行聲聞道中諸國王部第五」，徑、清作「行聲聞道中諸國王部第二十之一」。

一　八四頁中三行至一六行「攅與……十三」，徑無。

一　八四頁中八行第七字「得」，清作「遇得」。

一　八四頁中一三行「更獻」，資、磧、普、南、清作「各獻」。

一　八四頁中一七行「所殺」，資、磧、普、南、徑、清作「所害」。又末字「一」，徑、清作「第一」。

一　八四頁下一行「長者」，資、磧、普、南、徑、清作「長老」。

一　八四頁下五行「朝直」，麗作「朝貢」。又「闕宮」，諸本（不含石，下同）作「開宮」。又第一一字「祖」，資作「粗」。

一　八四頁下一六行第一一字「活」，資、磧、普、南、徑、清無。

一　八四頁下二〇行「教殺」，諸本作「絞殺」。

一　八四頁下二一行末字「敍」，資、磧、普、南、徑、清作「哈殺」。

一　八四頁下末行首字「人」，資、磧、普、南、徑、清作「之」。

一　八五頁上二行「乞白」，資、磧、普、南、徑、清作「乞垂」。

一　八五頁上一四行「㕧佛」，資、磧、普、南、徑、清作「哈佛」。

一　八五頁上一五行「疾頓」，諸本作「疲頓」。

一　八五頁上一六行「説法」，資、磧、普、南、徑、清作「説經」。

一　八五頁上一七行「里吏」，資、磧、普、南、徑、清作「臣吏」。

一　八五頁上一八行「嘷咲」，資、磧、普、南、徑、清作「號哭」。

一　八五頁上二一行第二字「兒」，資、磧、普、南、徑、清作「小兒」。又末字「人」，資、磧、普、南、徑、清作「今」。

一八五頁中三行第八字「驚」，資、磧、普、南、徑、清作「驚愕」。

一八五頁中一〇行夾註「譬經」，麗作「譬喻經」。

一八五頁中一二行末字「二」，徑、清作「第二」。

一八五頁中一四行首字「難」，磧無。

一八五頁中一八行「索車」，資、磧、普、南、徑、清作「牽車」。又「南比」諸本作「南北」。

一八五頁下二行第四字「磔」，諸本作「轢」，下同。

一八五頁下七行「久立」，資、磧、普、南、徑、清作「久立也」。

一八五頁下一三行首字「之」，諸本作「足」。

一八五頁下二二行「真聖」，諸本作「應真聖」。

一八六頁上五行第七字「畢」，徑作「異」。

一八六頁上八行第六字「心」，資、磧、普、南、徑、清無。

一八六頁上末行第六字「極」，諸本作「拯」。

一八六頁中一行首字「非」，諸本作「罪」。

一八六頁中四行「情抱」，資、磧、普、南、徑、清作「懷抱」。

一八六頁中五行「佞讒挍遘」，資、磧、普、南、徑、清作「佞讒交搆」；麗作「佞讒挍遘」。

一八六頁中八行「佛尊廟」，資、磧、普、南、徑、清作「佛之尊廟」。

一八六頁中一一行第一二字「重」，麗作「重重」。

一八六頁中一五行「爲國政」，資、磧、普、南、徑、清作「而爲國政」。

一八六頁中一六行夾註「百愛經」，資、磧、普、南、徑、清作「自愛經」。

一八六頁中一七行末字「三」，徑、清作「第三」。

一八六頁下六行夾註右第二字「經」，資、磧、普、南、徑、清無。又左「一十七卷」，資、磧、普作「十七卷内」。

一八六頁下七行末字「四」，徑、清作「第四」。

一八六頁下一一行「踊灌」，資、磧、普、南、徑、清作「涌灌」。次頁上七行諸本同。

一八六頁下一三行「金器中」，麗作「在金器中」。

一八六頁下二〇行首字「若」，麗無。

一八七頁上二行「隨憒」，清作「隨獲」。

一八七頁上八行第一〇字「行」下，資、磧、普、南、徑、清有「常懷貪嫉」四字。

一八七頁上二二行「問僧祇」，諸本作「阿僧祇」。

一八七頁中七行第一三字「世」，資作「以」。

一八七頁中九行夾註右末字「經」，資、磧、普、南、徑、清無。

一八七頁中一〇行末字「五」，徑、清作「第五」。

一八七頁中一四行「這命終」，諸本作「適命終」。

一八七頁中一八行「愛念女故」，資、磧、普、南、徑、清作「愛念此女」。

一八七頁中末行夾註左「請弗經」，資、磧、普、南、徑、清作「請佛經」。

一八七頁下一行末字「六」，徑、清作「第六」。

一八七頁下五行「乾飯」，南作「朝飯」。

一八七頁下一二行及次頁上一四行「末利園」，資、磧、普、南、徑、清作「末羅園」。

一八七頁下一九行「欲飲不」，徑作「欲飯不」。

一八八頁上九行「爲王婦言」，諸本作「爲婦王言」。

一八八頁上一四行「荊之」，資、磧、普、南、徑、清作「別之」。

一八八頁上一五行第九字「王」，清作「正」。

一八八頁上一六行「高殿」，資、磧、普、南、徑、清作「高殿上」。

一八八頁上二〇行夾註左首字「第」，資、磧、普、南、徑、清無。

一八八頁上二一行末字「七」，徑、清作「第七」。

一八八頁中六行第二字「雇」，徑作「顧」。又「於常」，資、磧、普、南、徑、清作「於是」。

一八八頁中一五行「僧佛八」，資、磧、普、南作「佛僧八」，徑、清作「佛僧第八」。

一八八頁中一七行「帚篲」，資、磧、普、南、徑、清作「掃篲」。

一八八頁下六行第八字「爲」，資、磧、普、南、徑、清作「爲馬」。

一八八頁下一〇行「駁駒」，資、磧、普、南、徑、清作「駮駒」。

一八八頁下一八行第三字「留」，資、磧、普作「貴」。

一八八頁下一九行夾註右「臊時」，諸本作「槃特」。

一八八頁下二〇行末字「九」，徑、清作「第九」。

一八八頁下二一行第一一字「若」，磧作「告」。

一八九頁上七行末字「未」，諸本作「末」。

一八九頁中一行第八字「昔」，諸本作「共」。又末字「共」，諸本作「昔」。

一八九頁中一六行「衣破」，資、磧、普、南、徑、清作「衣被」。又「抓長」，諸本作「爪長」。

一八九頁中二〇行第三字「行」，諸本作「奉行」。

一八九頁下六行第七字「春」，諸本作「舂」。

一八九頁下一一行第一一字「於」，資、磧、普、南、徑、清作「在於」。

一八九頁下一六行「噭指」，資、磧、普、南、徑、清作「啑指」。

一八九頁下一九行「躃地」，麗作「僻地」。

一八九頁下二二行夾註左「第三卷」，資、磧、普、南、徑、清作「第三卷」。

一八九頁下末行末字「十」，徑、清作

「第十」。

一　九〇頁上二行第二字「第」，諸本作「曰」。

一　九〇頁上六行第一〇字「命」，麗作「何」。

一　九〇頁上一一行「更献」，資、磧、普、南、徑、清作「各獻」。又「十一」，徑、清作「第十一」。

一　九〇頁上一一行至一二行之間，諸本有經文「時王舍國王名曰瓶沙少作太子常求五願」十七字。

一　九〇頁上一二行「曼我」，資、普、徑、清作「願我」。

一　九〇頁上一三行「常聽」，磧作「當聽」。

一　九〇頁上一五行第四字「舍」，資、磧、普、南、徑、清作「捨」。

一　九〇頁上一八行「弗迦沙王」，麗作「弗沙王」。

一　九〇頁中六行第一三字「聞」，諸本作「間」。

一　九〇頁下一行及六行「阿那舍」，諸本作「阿那含」。

一　九〇頁下六行末字「今」，諸本作「令」。

一　九〇頁下九行「十二」，徑、清作「第十二」。

一　九〇頁下二二行夾註右「雜阿合」，諸本作「雜阿含」。

一　九〇頁下末行「十三」，徑、清作「第十三」。

一　九一頁上二行「善知」，資、磧、普、南、徑、清作「善相」。

一　九一頁上八行「宜之」，資、磧、普、南、徑、清作「置之」。

一　九一頁上九行「怖懅」，資、磧、普、南、徑、清作「怖懼」。

經律異相卷第二十九　行聲聞道下諸國王部第六　丙

梁沙門僧旻寶唱等集

鏡面王欲起新殿一
不梨先泥王請佛解夢二
惡少王遶塔散鞁三
難國王因兒婦得解四
阿質王從佛生信五
優填王請求治化方法六
優填王惑於女人射其正后矢不能傷七
檀鄰王國遭暴水勉遠其城為二比丘所救八
國王酒獵聞之脩福九
國王臨死藏珠髻中十
有王遇伐不拒十一
國王誐一智臣十二
驢首王食雪山藥草得作人頭十三
不眠王教瞻左右十四

鏡面王欲起新殿一

過去伽尸國王以正法治人民安樂無諸患難時王無子夫人忽然懷妊十月生兒無有眼鼻生得七日施設大會集諸羣臣相師道士為子立字時彼國法或因福相或因星宿或因父母而立字婆羅門問言王子身體有何異相傍人荅言今此王子其面正平都無眼鼻婆羅門言應名鏡面以四乳母供給抱養一人摩拭洗浴一人除棄不淨一人懷抱一人乳脯此四乳母晝夜給侍譬如蓮華日日增長至年長大父王命終即拜鏡面以尊王位然此太子宿殖德本雖生無目而有天眼堪為國王福德力大國中人民聞鏡面太子為王無不奇恠時有大臣便欲試之不能得便遇王出勑勑諸羣臣更立新殿彫文刻鏤種種彩畫大臣試王將一獼猴與著衣服作草囊盛之串其肩上將到王前巧匠已至願王指授王知相試便說偈言

觀此衆生類　睺睽面皺縮　結厭性輕躁
成事彼能壞　受分法如是　何能起宮殿
殘折華果樹　不中親近人　況能造宮殿
催送歸野林

時鏡面王今即我也出僧祇律第七卷

不梨先泥王請佛解夢二



不梨先泥王夜卧夢見十事一者夢見三瓶併兩邊瓶滿氣出相交往来不入中央空瓶中二者夢見馬口食尻亦食三者夢見小樹生華四者夢見小樹生果五者夢見一人索繩人後有羊羊主食繩六者夢見狐於金牀上金器中食七者夢見大牛還從犢子飲乳八者夢見四牛從四面鳴来相趣欲闘當合未合不知牛處九者夢見大波水中央濁四邊清十者夢見大谿水流正赤王寤大恐亡國及身即呂公臣及諸道人曉解夢者問之有一婆羅門皆非吉事當取所重愛夫人太子及邊親近侍人好婢皆煞以祠天王有卧具及著身珎寶好物皆當燒以祠天能如是者王身得無他王聞不樂夫人問王何故愁憂王言說昨夜夢見十事恐亡國及身有婆羅門解夢皆非吉事夫人言王莫愁憂今佛近在精舍去國不遠何以不往問夢意如佛所解王當隨之王即到佛所頭面礼佛足具以白



佛恐亡國土身及妻子願聞教戒佛言莫恐王夢者後世人當不畏法禁貪婬嫉妬不知猒足少義無慈不知慙愧第一夢者豪貴自相追隨不顧貧賤第二夢者見馬兩食後世帝王及諸大臣稟食俸禄復採万民不知猒足第三夢者小樹生華者後世人年未滿三十而頭生白髮貪婬多欲年少強老人弱第四夢者小樹生果者後世人年未滿十五便行嫁抱兒而歸不知慙愧第五夢者一人索繩後人有羊羊主食繩者後世人夫賈出行婦與他通食其財物第六夢者狐於金牀金器中食後世人下賤更尊貴有財產衆人敬畏之公侯子孫更貧賤處於下坐飲食在後第七夢者大牛還從小犢子乳者後世人無有礼義母為女媒誘他男子與女交通婬女求財以自饒給不知慙愧第八夢者四牛從四面鳴来相趣欲闘當合未合不知牛處者後世帝王長吏人民皆無至誠之心更相欺詐愚癡瞋恚不敬天地以用是故雨澤不



時長吏人民請禱求雨天當四面起雲雷電有聲長吏人民咸言當雨須臾之間雲散雨去遂為不墮所以者何帝王長吏人民無有忠正仁慈第九夢者大波水中央濁四邊清者後世中國當擾乱治行不平人民不孝父母不敬長老邊國面當平清人民和睦孝從二親第十夢者大谿水流正赤者後世諸國當忿諍興軍聚衆更相攻伐當作車兵步兵騎兵共闘相殺傷不可稱數死者於路血流正赤王長跪白言得佛教戒心即歡喜為佛作礼還歸宮中重貴正夫人皆奪諸大臣俸禄不復信異道婆羅門（出國王不梨先泥十夢經）

惡少王遶塔散冠三

月支國有王名惡少王此天下莫不靡伏母教勅王曰設有臨死之難慎莫左旋佛寺當念右旋慎莫違吾此教時惡少王大出兵衆攻純血城手自執劒殺三億人後戰不如乘馬奔走顧視佛圖憶母教誡便迴爲右旋敵國見之因各散伏王見賊退尋從進得其本城擒獲王身便憶佛語自歸佛者為

尊為上無有及者設我不右旋者豈
能壞此賊乎（出出曜經第十六卷　舊所辯前略同）

難國王因兒婦得解四

佛在舍衛國有難國王名分和檀大
好道德日飯道士千餘人王自謂智
慧無雙以鐵縛腹常恐智慧横出而
欲為子娶問羣臣曰天下有智如我
者不若其有者我欲為子取其女也
國內無有王遣使者求索他方到舍
衛國問彼人民有佛使者言佛寧有
女不荅曰道人無有女也使者言次
復有誰荅曰阿難邠坻賢善好道有
女第一使者言何用為第一荅曰曾
與太子祇共諍國田持以上佛為負
黃金數千万億不貪重寶但志為善
使者即往到阿難邠坻居所還以白
王王即馳往見難國王身了無衣服
裸形黑醜狀類如鬼阿難邠坻問言
欲何求也王言聞君賢善好道有女
第一故来為子請求君女阿難邠坻
孚前坐之去當啓佛具以白佛佛言
與之阿難邠坻言怖敎我女佛言不
也遂即與之女名三摩竭當於難國



度脫八万人阿難邠坻敢復問佛心
實懷恨即歸謂難國王女當相與
王即禮娉迎還其國太子夜往到三
摩竭所三摩竭以脚蹹太子却于地
如是四五日太子不敢復行王夫人問
之何故不行太子默聲夫人即往到
三摩竭所我為子娶妻令當承事我
子何故折辱三摩竭言夫人太子及
國中人形皆如狗與畜生無異夫人
白王王智慧無雙遠求子婦無所畏
難折辱我子復面罵我王聞之即往
到三摩竭所三摩竭不出礼拜王言
我遠娶新婦面罵夫人復折辱我
子可乎三摩竭言然王國中人民皆
如狗畜王即大驚曰我常恐智從腹
横出故以鐵縛之曰飯道士千餘人
誰能及我者而反見罵三摩竭曰
男女長少裸形相向雖復脩福猶可
棄賤王詣師門具陳上事師曰更
往復問之慎勿怒也王即還問汝國人
民何用為勝三摩竭曰我國男女皆
有衣裳尊卑異位身不相見有大人
名曰佛教化數千億万人皆令得道



入火不燒入水不溺能典攬三千日
月万二千天地知三世事身三十二相
八十種好道德通達諸天歎謂王言
佛寧可見不三摩竭言遥請可致育
王言大善請當云何三摩竭言但自
燒香王隨我後夫人太子皆隨我三
摩竭即上高臺請言難國王始聞
如来名願佛明日受王飯食佛告目
連勑諸比丘明日悉往難國三摩竭
令王及夫人太子齋戒燒香布席施
設食具供待千二百五十人三摩竭
即與王夫人太子共住中庭令諸羅
漢来當先到佛在後者慎莫驚怖隨
我所為佛諸比丘各自變化舍利弗
現作一雙白鳥目連化作師子諸大
比丘各變其身種種示現或鴈皆悉
不同從上来下難國人民大驚三摩
竭言勿怖也佛家在後身出水火三
摩竭前為佛作礼王夫人太子皆亦
作礼諸阿羅漢就坐大小相次三摩
竭王夫人太子次前行澡水下飯食
具國中人民悕王閉　門大怒各
持斧欲斫宮門佛言我皆欲使人作

善即令宮壁化作水精內外相見人
民即止不敢復斫時賓頭盧坐山忽
去住難國以鍼刺地縷與衣相連即
神足行至難國山便隨後國一女懷
姙見山来恐墜怖即墮身佛令目
連問賓頭盧汝後是何等賓頭盧顧
視山擲還前處八千里外佛言我教
度脫汝令失期復煞一人人命之重
我所不喜從今已後不得隨我飯食
須弥勒佛出乃得般泹洹賓頭盧默
然愁苦王白佛言寧可共挍道力不
如者當投井中佛言大善三問不如
者當投井中王言可佛問言若誦經
時云何王言我誦經時匍匐而行極
即伏地佛言我誦經時坐坐極徑行
若匍匐誦經是為狗行王為不如王
欲投井兩手攄地而不肯入佛言置
之即還歸國奉行佛道三摩竭乃承
事王夫人太子於難國教化八万人
皆得四聲聞果出分惒檀王經
可質王從佛生信五
時有國王名曰阿質其所治處周十
万里人民熾盛王大勇猛不解於法



侵伐隣國抂苦良善隣國皆苦之佛
與大衆往到其國阿質聞之與三十
二子身皆勇健惡心興兵合聚人衆
數百万人當於大道迎欲拒佛佛語
阿難阿質國王父子明日惡意向我
及大衆汝等何以降之諸大士天人
笑動天地佛問何笑阿難曰笑阿質
王耳佛言阿質愚癡起是惡意使民
獲罪巳毅大恃怙人馬之力正使滿
四天下不能動我一毛況但數百万
人佛告阿難勑諸明士皆持鉢行明
日當於阿質國王軍中取飯王父子
兵馬大感鬼神驚動當此之時佛身
在前放大光明從軍中渡阿質國王
鼓不復鳴弓弩不施刀兵不拔象馬
顛倒步兵轉筋天地陰冥日月無光
王及諸子皆迷惑失息頓伏而走佛
大衆住皆取飯滿鉢前到王國城門
自開佛前進王宮入殿而坐寂寞無
聲八十一万七千天人悉各就坐宮
更廣大自然高座交露寶帳五音自
奏王及諸子自相謂言王者之力不
如道德之力也士衆驚怖諸王子言



今聞佛入已在宮內宜還與佛相見
王言復何面目與相見下慙愧神上
負人民諸子曰佛既仁慈不傷人意
王便叔斂士衆安徐還宮與佛相見
頭面著地為佛作礼前謝佛言卑鄙
闇陋少不學問不知礼義狼獸為比
愚癡迷惑違犯天人大聖不顧邊醜
小國今抂世尊遠来鄙土君臣勃逆
唯願天尊哀此無智既巳厚恩教化
人民王復以頭面著地叉手却住王
三十二子公卿百官吏民皆悔過自
責一心向佛王見八十一万衆神人
皆列坐師子之座交露帳中自然
伎樂知佛神妙王勑後宮夫人婇女
皆出礼佛王設百味之飯悉與夫人
三十二子膝行澡水手自斟酌飯悉
周遍上下恭肅一心歡喜食竟王前
稽首白佛言蒙天中天恩宿福之厚
先君之助得在黎民之上天尊大聖當
哀我國人民乞戒終身奉行治民正
平當以何法當隣國為盟去惡就善
願佛留意佛言王侵伐非義非求長
生安社稷者也王當恩信仁義慈孝

貞絜寬柔忍辱布施育民覆蓋慈巳凡行此事可長保社稷若無此九社稷難保王曰為之如何願垂哀教佛言衆生可哀人命可惜國土珎寶不足恃怙王當愛惜人命當如父母哀其子也人民親王過於父母天下万國皆可得保非但一國也王雖有數百万衆車兵馬兵適可以排小敵耳我為菩薩道時於樹下坐禪魔王與鬼神兵一億八千人皆變形作雜獸畜生身欲壞我心我以神力右手指案地而天地大動皆悉顛躓不能復本形魔王降伏以王數百万人民之力何如鬼神億數之力王曰實以愚癡無所知故王即叩頭懺謝乞更改厲佛言我以大慈念度十方一切人民皆使解脫早得佛道未度者度非但為王父子王復悔責願佛哀我更受教戒終身奉行使國民安隱佛言王當寬刑罰除賦斂廣恩信給孤獨數赦囚窮者救之貧者饒之飢者飽之王若是者可保其終始王發道心謂左右傍臣取藏珎寶以上世尊佛呪願畢悉以施王左右皆得饒富王三十二子自相謂言生為無義之人死為無義之鬼不如兄弟求作沙門皆言大善即俱詣佛具陳所懷佛知其意深入道慧天帝釋剃其頭鬚皆成沙門後宮夫人婇女三千人公卿百官一切人民皆受五戒月月六齋國致豐熟隣國聞之遥欽仰焉王自從是来治國寬仁盜賊無有男女相欽無相貪欲普悉和善王以七寶作大精舍國中人民俱行十善壽盡生天無入惡道者佛言我為人求道但令度脫非天龍鬼神所能傾動也汝曹行道當應如我（出阿質國王經）

優填王請求治化方法六

時優填王白佛言國王成就幾法世尊不久在世外敵競興未得脩行而死入惡道佛曰十法云何為十一者意不專一於諸事業二貪著揣食猶彼餓虎三貪著酒肉不理國事四憙懷瞋恚多諸愁憂五常習愚癡不受人諫六自任其力所為能辦七常憙慾生熱易弱者八數遣兵革侵他國界九多有所說言無真要十不慈於人若成就此不久存世外敵競興若命終後趣三惡道惡聲遠布王言成就幾法久存於世外敵不興若命終後生天善處佛言十法久存於世外敵不興命終後生天上善處云何為十一者意不錯乱於諸業皆悉平等除去非行親近善業二者王不貪著揣食以等命存分別戒品三不貪味嗜酒見諸各過知出要為樂四不慳貪喜行惠施觀諸行業五有智慧遠解其義常脩善除不善六不自恃力不自用意諸有沙門婆羅門羣臣人民聰明黠慧者隨問其義皆為顯說便隨教導七不暴虐殺害人民觀其事業便加刑罰八不數遣兵侵他國界常與諸王共相和合九所說真要語不煩重察前人語然後說事十常懷慈悲於諸臣民常察國事成就十法久存於世外敵不興若身壞命終生善處天上設命終後名稱遠布天人所傳以等法化勿以非理時王荅曰等法化民身壞命終生

善天上非法行者身壞命終趣三惡道惡聲遠布（出增一阿含第三十九卷）

優填王惑於女人射其正后矢不能傷七

國人送美女上優填王王大欣悅女父為太傅為女與宮伎樂千人以給侍之王正后師事如來得須陁洹道王後受譖前后以百箭射后后見不懼都不恚怒一心念佛慈意向王箭皆遶后三匝還住王前百箭同尒王惕然驚懼即駕白象金車馳詣佛所稽首佛足自陳曰吾有重咎在三尊所婬妖縱欲興邪於佛聖衆生毒惡心自衣弟子慈力乃尒豈況如來乎我今首過歸命三寶唯願弘慈原赦我咎（出優填王經）

檀鄉王國遭暴水虵遶其城為亡比丘所救八

昔彼桓提國其王号曰檀鄉國中當有暴水水除之後忽有大虵繞城一匝頭尚城門城中居民三億餘人曆日不得出或多飢餓者虵亦無所瞋恚若有出者便當啖之舉國人民莫不恐怖時王國界山中有二道人清（[illegible]）淨行道一名摩訶調一名沙訶調坐思念言虵是含毒物今反繞城將危人命即時俱往化入其國與王相見王覩二道人言由我正化不平故致此患舉國愁荒無復人心二道人即告王言今當方便為王除之王及臣下皆叩頭守請言若蒙二道人恩此國人民便為更生沙訶調即化為大身蝦蟇行過虵前虵飢難忍便走逐蝦蟇摩訶調復化為裘奈從後追之虵見裘奈便驚走入深山虵去之後人民獲安王及臣下即尋二道人到其所在叩頭辭謝言二道人近在於此我實愚癡不早承奉至有災患道人相救唯願道人還住於宮我等人民得長供養道人告言吾之為道清淨無欲不樂供養王當撿身自率以道人民奉行正法可得終始獲安王即乞受五戒十善歸命三尊月月齋戒以為常法自是之後國豊民寧四方襁負遂致太平沙訶調者佛身是摩訶調者即彌勒是王者即鶖摩迦葉是大虵者即調達是（出菩薩本命經）

國王酒獵聞之脩福九

昔有國王喜飲酒射獵還便然鐙燒香投脲作礼邊侍人言王飲酒射獵還都投脲當有何福王聞之便使人然大鑊湯使沸內一瓶金湯沸踊躍便呼邊人使探取金來人言湯熱不可近王言汝當作方便取之何故不得侍人言不知作何方便當可得之王言汝去下火以水添湯侍人即如王令便探得金王言我飲酒射獵時自如湯沸我投脲作礼時自如去火以水添湯何以故不得福也（出雜譬喻經）

國王臨死藏珠髻中十

昔者國王有如意明珠藏於髻中夙夜珎愛王後薨亡國法先置田野令肉消盡乃取葬之其王形壞頭髻解散明珠出露時有征卒之妻名遮陁利行見珠持歸王家取葬忘失此珠太子傳位方悟求覓募得神珠封邑万户賜金千斤征卒之妻乃賫應命即便封邑王戴珠首上（出[illegible]經第七卷）

有王遇伐不誹十一

有隣國王興兵伐其敵國敵國諸臣啓其王曰某國興兵今已逼近願王自備共相攻擊王語諸臣曰此是閑事何必須吾賊攻城門諸臣啓王賊今在外王告諸臣賊雖在外不足遠慮但自營私何慮公務時賊恭壓轉前入城左右啓曰賊已入城王告諸臣此事微細何足上聞隣國大王轉進至殿諸臣啓曰隣國之王今已上殿不審聖尊有何思慮其王告曰我今處世變易不停興者必衰會合有離難可常保更改形容如乞士法摩何自退往適深山思惟道德可以自娛設此暴王欲害我身不辭其懸所以然者土國失土皆由一人我今受死万民無患豈不於我大有幸乎彼敵國之王歎未曾有舉聲唱曰善哉大王自古迄今未有斯比我雖得勝未如王也開懷大道不顧世榮自今以往還大王國與王訖化共相接待共為親厚出普曜經下卷

國王試一智臣十二

昔有國王選擇一國明智之人以為輔臣尒時國王設權方便無量之慧選得一人聰明博達其志弘雅威而不暴名德具足王欲試之故加重罪盛滿鉢油使擎二十里行墮一滴者誅不須啓羣臣行之觀者塡道辟如水定而風吹之其水波揚心不安隱其人心念吾今定死設能擎鉢使油不墮到彼國者乃得活耳唯念油鉢安行徐步時諸臣兵父母宗親國人悉集隨而觀之又逢大醉象𤴐走入道暴鳴哮吼辟如雷聲蹈殺道中象馬牛羊賭犢之屬碎諸車乘星散狼藉人見恐怖東西馳走如風吹雲又人射之而擎鉢人初不知有象来亦不覺象去城中失火燒諸宮殿又諸蜂放毒螫人官兵滅火又五色雲起天大雷震乱風吹地塵沙瓦礫塡塞王路拔樹折枝落諸華實掣電霹靂孔雀皆鳴天諸災變雖有此變其人都不覺聞擎滿鉢油得至彼國不墮一滴王乃歡喜立為大臣出脩行歡喜經

驢首王食雪山藥草得作人頭十三

昔有國王人身驢首佛語國王雪山有藥名曰上味王往食之可復人頭王往雪山擇藥噉之遂頭不改王還白佛何乃妄語佛白王言莫簡藥草自復人頭王復到山山中生者皆自除病不復簡擇取一口草即復人頭出雜譬喻經

不眠王敕睡左右十四

昔有國王晝夜不寐其邊直者若睡便煞前後煞四百九十九人有一長者子當應入直其家啼哭送之有一年少問何故啼哭以實荅之卿能雇我我能代卿長者大喜與金千兩遣令入直王曰汝何以入曰我代長者子直王曰汝慎勿眠我當煞汝時年少睡王欲煞之曰何以睡曰不睡我思事耳王曰何所思曰作一升器受二升物盛一升沙復受一升水王試實尒復睡嗜地王復欲煞曰思事耳曰何所思曰作一尺坑還持土塡不滿八寸王復使人作之審尒復睡伏地王復欲煞問汝何以復睡曰我思事耳王赦我罪我當說之王言便說年少言王正似鬼語竟便去王思此人

何以呼我作鬼便啓問毋母言汝實是鬼也我懷汝時夜夢見鬼與我共會便有汝耳王便遂寤改不煞人悔過為善遂便學道尒時王者我身是也四百九十九人者今五百上首弟子是年少覺寤我者文殊師利是（出譬喻經第五卷）

經律異相卷第二十九

經律異相卷第二十九

校勘記

一　底本，金藏廣勝寺本。

一　九五頁中一行「行聲聞道下諸國王部第六」，資、磧、普作「行聲聞道下諸王部第六」；徑、清作「行聲聞道諸國王部第二十之二」。

一　九五頁中三行至一八行目錄，徑無。

一　九五頁中一三行第五字「聞」，資、磧、普、南、清作「間」。

一　九五頁中一八行「不眠王」，資、磧、普作「睡王」。

一　九五頁中一九行末字「一」，徑、清作「第一」。

一　九五頁下三行「立字」，資、磧、南、徑、清作「立名字」。

一　九五頁下一六行第一〇字「串」，資、磧、普、南、徑、清作「擐」。

一　九五頁下一九行「皺⿰女宿」，諸本（不含石，下同）作「皺⿰女留」。又「結厥」，資、磧、普、南、徑、清作「踖蹶」；麗作「踖厥」。

一　九五頁下二二行首字「催」，資、磧、普、南、徑、清作「捉」。

一　九六頁上一行末字「二」，徑、清作「第二」。

一　九六頁上一一行「大波」，麗作「大池」。本頁下五行同。

一　九六頁上一四行「婆羅門」，資、磧、普、南、徑、清作「婆羅門答言」。

一　九六頁上一五行「奸婢」，諸本作「奴婢」。

一　九六頁中三行「貪婬」，資、磧、普、南、徑、清作「婬貪」。

一　九六頁中五行「兩食」，資、磧、普、南、徑、清作「兩頭食」。

一　九六頁中六行第一〇字「採」，南作「操」；麗作「探」。

一　九六頁中九行「人弱」，麗無。

一　九六頁中一一行末字至次行首字「後人」，資、磧、普、南、徑、清作「人後」。

一　九六頁中一七行第八字「乳」，資、

磧、普、南、徑、清作「飲乳」。

一 九六頁中一九行首字「婇」，資、磧、普、南、徑、清作「以」；麗作「授」。

一 九六頁下一〇行「騎兵」，資、磧、普、南、徑、清作「馬兵」。

一 九六頁下一三行第二字「還」，資、磧、普、南、徑、清無。又第七字「貴」，資、磧、普、南、徑、清作「賫」。

一 九六頁下一四行「異道」，資、磧、普、南、徑、清作「諸異道」。

一 九六頁下一五行末字「三」，徑、清作「第三」。

一 九六頁下二二行第一二字「進」，資、磧、普、南、徑、清作「進兵」。

一 九七頁上二行夾註左「舊新譬喻略同」，資、磧、普、南、徑、清作「舊雜譬喻略同矣」；麗作「舊雜譬喻略同」。

一 九七頁上三行末字「四」，徑、清作「第四」。

一 九七頁上六行第五字「鏚」，清作「識」。

一 九七頁上一四行「國田」，諸本作「園田」。

一 九七頁中七行「今當」，資、磧、普、南、徑、清作「令當」。

一 九七頁下一行「不溺」，資、磧、普、南、徑、清作「不濡」。又「典攬」，資、磧、普、南、徑、清作「典覽」。

一 九七頁下二行「三十二相」，資、磧、普、南、徑、清作「有三十二相」。

一 九七頁下六行「隨我」，資、磧、普、南、徑、清作「隨我後」。

一 九七頁下一二行第一二字「令」，資、磧、普、徑作「今」。

一 九七頁下一六行「或廌」，資、磧、普、南、徑、清作「形象」。

一 九八頁上三行首字「去」，資、磧、普、南、徑、清作「亡」。

一 九八頁上一〇行首字「頃」，資、磧、普、南、徑、清作「須」。

一 九八頁上一五行「徑行」，諸本作「經行」。

一 九八頁上二一行「可質王」，資、磧、普、徑、麗作「阿質王」。又末字「五」，徑、清作「第五」。

一 九八頁中九行第五字「大」，諸本作「大兵」。

一 九八頁中一五行「不施」，資作「不放」。

一 九八頁下二行「與相見」，諸本作「與佛相見」。又「下慙愧神上」，資、磧、普、南、徑、清作「上慚鬼神下」；麗作「上慚愧神下」。

一 九八頁下八行「勃逆」，徑、清作「悖逆」。

一 九八頁下二一行第六字「當」，諸本作「當與」。

一 九九頁中一五行末字「六」，徑、清作「第六」。

一 九九頁下七行「諸業」，諸本作「諸行業」。

一 九九頁下一二行「達解」，資、磧、普、南、徑、清作「速解」；麗作「解」。

一 九九頁下二一行「壞命」，南作「懷命」。

一〇〇頁上四行末字「七」，徑、清作「第七」。

一〇〇頁上六行第八字「與」，諸本作「興」。

一〇〇頁上一八行末字「八」，徑、清作「第八」。

一〇〇頁上一九行第二字「陂」，資、磧、普、南、徑、清作「波」。

一〇〇頁上二一行第三字「荷」，資、磧、普、南、徑、清作「向」。

一〇〇頁中四行第六字「化」，麗作「既」。

一〇〇頁下二行第五字「閒」，資、磧、普、南、徑、清作「間」。又末字「九」，徑、清作「第九」。

一〇〇頁下六行「大濩」，資、磧、普、南、徑、清作「火鑊」。又「使沸」，麗作「便沸」。

一〇〇頁下一三行夾註「譬喻經」，資、磧、普、南、徑、清作「譬喻經中」。

一〇〇頁下一四行末字「十」，徑、清作「第十」。

一〇〇頁下二二行夾註右末字「經」，資、磧、普無。

一〇〇頁下末行「十一」，徑、清作「第十一」。

一〇一頁上三行第二字「備」，資作「略」。

一〇一頁上二〇行第二字「興」，資、磧、普、南、徑、清作「與」。

一〇一頁上二二行「十二」，徑、清作「第十二」。

一〇一頁中一四行「不知有」，資、磧、普、南、徑、清作「不省」。

一〇一頁中二一行夾註「修行歡喜經」，資、磧、普、南、徑、清作「修行觀意經」。

一〇一頁中二二行「十三」，徑、清作「第十三」。

一〇一頁下六行夾註「雜譬喻經」，資作「離譬喻經中」；磧、普、南、徑、清作「雜譬喻經中」。

一〇一頁下七行末字「十四」，徑、清作「第十四」。

一〇一頁下一二行末字至次行首字「遣令」，資、磧、普、南、徑、清作「便代」。

一〇一頁下一五行「日何」，資、磧、普、南、徑、清作「問何」。

一〇一頁下一八行「幡地」，諸本作「翻地」。

一〇一頁下一九行「一尺」，資、磧、普、南、徑、清作「一丈」。

一〇一頁下二〇行「八寸」，資、磧、普、南、徑、清作「八尺」。

經律異相卷第三十 諸國王夫人部 丙

梁沙門僧旻寶唱等集

阿育王夫人受八歲沙弥化一
王后生肉棄水遂生二子為毗舍
離人種二
拘藍尸國王后悟法三
末利夫人持齋四
優達鄁王妻學道生天五
國王大夫人與一賢者共王造寺六

阿育王夫人受八歲沙弥化一

昔阿育王未解佛法造諸地獄入者必治酷以衆毒後得信心因棄諸非奉事正覺人民疾疫王断内外不得相通畏病及宫中遣信白聖衆乞遴呪願可遣一比丘入宫達覲使天下安病疾消除衆僧荷之願以見告時聖衆遣一沙弥其年八歲名曰妙頞已得羅漢神通具足飛到王宫見夫人娱女宣語所乏并顯道德知佛至尊况弟子乎妙頞受教飛入王宫住王后前王后作礼舉手欲抱言妙頞子何能自屈顯其神足妙頞謂夫人曰且却且却不宜身近沙門夫人答曰卿年幼小方始八歲心相戀念猶如吾子雖身近之當何所苦沙弥答曰近情喻之如夫人教情從微起猶粟之火能燒万里之野辟拍滞之水陷穿玉石亦能盈器事皆以漸以少致多以小成大是以智者遠嫌避疑以防未然沙弥夫人相難往来言聲遂高聲徹正殿王問傍人是誰語聲如有所諍傍臣答曰沙弥妙頞適至宫中與正后語音聲高亮乃聞於此王即起往與之相見作礼問訊以何所諍沙弥答曰貴后見顔垂意見慇欲往相見道法不應故難却之耳阿育王曰卿年尚幼猶如吾子愛念抱之當有何嫌乃以壯言相折耶沙弥荅曰不如王語古聖制儀豫其未萌亦戒終始女子年七不戲父机男兒八歲不踞母牀果下不捫首苽田無摸足所以然者遠嫌避疑杜漸消萌也勸示將来使防未然吾心以淨無復微翳辟如蓮華沮水不汚猶水精琉璃之器也實如来談等於母子所

以無異雖知無瑕當為不能者施王
與夫人聞其所言驚肰猗之如妙顏
言年幼八歲尚顧衆難況年長大三
毒未滅者於是沙弥為說經法夫人
婇女五百餘人悉得道跡及正后傍
臣太子皆發道意尋時得立不退轉
地（出八歲沙弥開解國王經）

王后生肉棄水遂生二兒為毗舍離
人種二

往昔波羅柰國王夫人懷身此夫人
自知懷身而白王言王即供給養視
皆使調適月滿生肉一段赫如槿花
諸餘夫人生兒端正我生段肉無有
手足心生羞恥若王見者必生惡賤
感貯器中打金作薄以朱沙題上是
波羅柰國王夫人所生蓋覆器頭以
王印印之以金薄書置器外送放江中
使人棄已諸鬼神營護使無風浪時
一道士依牧牛人住於江邊清朝澡洗
還見此器拾取見金薄書字復見有
王印印之便開器看唯見肉段而作
是念若是死肉久應爛臭必有異相將
還住所善舉一處過半月已而成二片



自介之後復經半月二片各生五胞
却後半月一片成男一片成女男色
如黃金女色如白銀道士見之心生
愛重如自有子兩手母指自然出乳
一指飲男一指飲女乳入子腹辟如
清水摩尼之珠內外明徹道士号
兒名為離車子（梁言皮薄亦言同皮）道士養此二
子極為辛苦且入聚落乞食兼為二
子日晏方還是時牧牛人見道士為
此二子辛苦如是謂言大德出家人
正應行道何為二子妨廢道業可叔
乞我我等為養活道士言善哉是牧
牛人各還到家明日與諸同伴平治
道路竪立幢幡散雜色花鳴鼓來迎
二子到道士處白道士言今此二子
時可去矣道士付囑此二子者有大
福德不可度量汝等善好料理當以
乳酪生熟酥五種而供養之者此二子
長大還自共疋對覓好平博處所安
立住止可拜男為王女為夫人牧牛
人等受教而去二子年至十六以平
博處縱廣一百由旬中央起宅以女
嫁男立為夫婦後一產二兒一男一



女如是十六過生諸牧牛人見王子
漸多更開舍宅造諸園地合三十二
人宅舍如是遂乃三過開廣故名為
毗舍離（出善見律毗婆沙第十卷）

拘藍尼國王后悟法三

佛與千二百五十比丘遊拘藍尼國美
音精舍足蹈門閫天地震動珠璣樂
器不鼓自鳴蠱毒隱伏吉瑞和清境
界人民靡不渴仰王名優填强戚
侵剋開納佞言躭荒女樂置左右
二后容姿妙絶左名照堂憍慠讒嫉
右字詃容常行仁愛王弥其擽每事
私焉詃容有老宿青衣名曰度勝恒
行布香減省而合集飯佛及僧佛
為說法書心不忘施訖還宮持所布
香因此功德本行所追香氣遠聞斤
兩倍香詃容詰問首減香錢飯佛及
僧法深義妙非世所聞詃容聞佛心生
歡喜自念無因得聞正法即報度勝
汝為我說度勝啓曰身賤口穢不敢
便宣如來尊言乞行詣佛受勅而還
便遣出宮重告之日具受儀式度勝未
還夫人與侍女側塞中庭佛告度勝

汝還說法多有度者說法之儀先施高座度勝具宣聖旨詃容欣悅開筍出衣積為高座承佛威神如應說法夫人詃容及諸侍女疑解得道度勝得捴持照堂妬責數譖非一王不肯從後又說之王心乃惑伺其齋時勸王奏樂請召夫人王便普召彼命皆會詃容持齋獨不應命反覆三召執節不移王怒隆盛縛曳殿前將欲射煞詃容寸心歸佛王自射兩箭皆還自向王怖而解之問曰汝有何術乃致是耶對曰唯事如來歸命三尊朝奉佛齋過中不食加行八事莊嚴不近必是世尊哀愍若茲王曰善哉豈可言也當詣精舍奉覲世尊會有敵國興兵入界王自出征顧命梵志名曰吉星攉領國正照堂喜曰吾父領正敎子必矣女與父謀遂燒煞詃容及諸侍女詐言失火謂可掩塞事後發露王大恚之遠徙吉星捐於界外照堂等輩幽之地窖摧遂邪道廣闡佛化（出中本起經）

末利夫人持齋四

佛在舍衛國國王羣臣莫不歸仰時有賈客名曰波利與五百賈人入海求寶時海神出掬水問波利言海水為多掬水為多波利荅言掬水為多海水雖多不能救飢渴之人掬水雖少能濟渴乏之命世世受福不可訾計海神歡喜即脫身上八種香瓔挍以七寶以上波利波利還國持此香瓔上波斯匿王王甚珎奇即列諸夫人若有好者以香瓔與之六万夫人盡嚴束而出王問末利夫人何以不出侍人荅言今十五日持佛法齋素服不嚴王曰如今持齋應違王命乎如是三反末利夫人素服而出在衆人中明如日月倍好於常王意竦然加敬問曰有何道德炳然有異夫人白王自念少福稟斯女形情態垢穢日夜山積人命促短懼墮三塗是以月日奉佛法齋割愛從道世世奉戒王聞歡喜便以香瓔與之夫人辭曰我今持齋不應著此可與餘人王曰我本發意欲與勝者卿今冣勝又奉法齋道志殊高是以相與若卿不受吾將安置夫人荅言大王勿憂願王屈意共到佛所以此香瓔奉上世尊并採聖訓累劫之福矣王即許焉即勅嚴駕往至佛所白佛言海神香瓔波利所上六万夫人莫不貪得末利夫人與而不取持佛法齋心無貪欲謹以上佛願垂納受世尊弟子執心難齊直信如此豈有福乎於是世尊為受香瓔即說偈言

多作寶華　結步搖綺　廣積德香
所生轉好　猗草芳華　不逆風熏
近道敷聞　德人逼香　栴檀多香
青蓮芬花　雖曰是真　不如戒香
華香氣微　不可謂真　持戒之香
到天殊勝　戒具成就　行無放逸
定意度脫　長離魔道（出法句經第二卷）

優達那王妻學道生天五

樂提國王名優達迦葉佛時出家脩道仰值釋迦皆得道迹其國豪富人民熾盛王有二万夫人第一夫人字曰月明容儀端正王甚愛敬不過半歲夫人將終相現王甚憂慼月明問之王言汝壽將終情愛別離是故愁耳

月明荅言夫生有死自世之常何獨憂
耶若隆顧念但放出家王聽入道汝
若出家設未成道必生天上若生天
上還至我所聽汝出家月明即許其
擔嬈比丘尼即捨五欲多来問訊恭
敬供養妨其道業是故遊行諸國從
出家日數滿六月持戒清淨猒患世
間得阿那含道終一聚落即生色天
觀昔因緣於王有約欲赴本誓觀王
没於五欲憍逸難化直尒而往無以
感發宜以恐逼尒乃降伏便自變身
作大羅刹衣毛振豎執五尺刀因王
夜卧去之不遠懸在空中王甚大怖
即語王言汝雖士衆千万今唯屬我
不得自在死時巳至何緣自滯王即
報言我無因緣惟持本所作善脩心
清淨死生善處天言此寂可恃更無
餘理王便問言汝是何神使我怖畏
天荅我是月明夫人王放出家思惟
離欲生色天上今来赴約王言汝雖
說此我猶不信復汝本形尒乃可信
天即變為昔形衣裳服飾如本而立
王欲心發即趣欲捉月明即昇虛空

為王說法曰此身無常彈指叵保譬
如朝露日出則滅不惟無常貪著我
身王不見盛年華色老所吞滅諸根
朽邁目視不明耳聽不聰形敗腐朽
無所復堪譬如釀酒搾取淳味糟無
所直是身既老無所貪樂雖有死在
身既生死無常與俱王不見胎夭幼
壯皆死是身危脆死賊常隨身心
火然但是衆苦心有三毒身有寒熱
飢渴而不生猒貪著我身宮人伎女
華色五欲國財妻子悉非我有死去
之時無一隨者身尚自棄何況餘物
迷没五欲迴流生死莫知出路王是
智人何不猒離出家求道王善心
生許其出家月明重化之曰君當出
家求於妙法受而脩行日夕精進翹
勤匆懈說此語已忽然不現王即禪
位太子捨離五欲投迦旃延出家為
道時人以其捨重榮利求正真道臣
吏人民多来供養恭敬問訊妨脩道
業於是遊行至摩竭國佛為說法得
阿羅漢道執持瓦鉢入王舍城乞得
宿飯還林坐食洴沙王出遊詣林間

訊曰汝本為王出入榮從今作乞兒
獨行匃食豈可樂耶汝還罷道分半
國治道人荅言我大國王聚落甚多
今復何緣捨大就小非我所宜洴沙
王曰汝本食以上味盛以寶器今執
瓦鉢乞殘宿食不亦難乎汝本為王勇
士侍衛今日單獨豈不恐耶本在深
宮妃妓妙色盈悅耳目坐以寶牀敷
以細緤今日獨宿林野卧坐草豈
不苦哉荅曰我今知足無所貪樂洴
沙王曰卿今可憐荅言卿是可憐非
是我也所以者何卿五欲所纏恩愛
所驅不得自在我今快樂心無罣礙
甁沙聞已即便還去 出雜藏經

國王大夫人與一賢者共王造寺六

昔有一人見浮圖寺意欲作之而錢帛
不足發願入海益得金寶我當作寺
國中第一得金銀還復熟思惟誰能
同意共作寺者國王常言我欲作寺
塔今初未作當珠寶瑛貢上於王王
得歡喜問何處得此賢者言我願作
寺不辦獨作入海得寶當作寺今安
隱還是我一利至得金寶是我二利

意不貪著興立寺舍是我三利我猗
三利功德令欲作寺唯無人力功夫
故以聞王王言我亦有三利欲作寺
塔身得作王為人中上是我一利
豐饒財寶人兵是我二利四方皆伏
是我三利當與卿共作寺王呼五百
夫人以珠與之五百夫人皆自莊飾
各欲得珠唯大夫人獨不裝梳王問
何故答亦有三利故得作王夫人一
宮所敬是我一利生男為太子是我
二利常樂經道欲作佛圖寺是我三
利王言善哉以珠與之大夫人以百千
兩金助王立寺王與國中賢者作寺
廣千步皆以金銀刻鏤王言唯我三
人有此福我國中人不蒙此耶遣使
街里宣令誰能多有善意得福無
量有貧窮女唯一小垦乞匃衣食閒
之自責宿不布施令致困窮解身布
裙向中擲與使者以裙助王我形裸
露無衣可出王聞驚怪乃有是善心
即勑將來使者曰此女人無衣可著
王勑五百夫人各取一領衣與之速往
迎取王即見之拜為第二夫人令教

經律異相卷第三十　第十三張　丙

授宮中　出十卷譬喻經第四卷

經律異相卷第三十

癸卯歲高麗國分司大藏都監奉
勑彫造

經律異相卷第三十

校勘記

一　底本，金藏廣勝寺本。一〇九頁中
原版缺，以麗藏本補。

一　一〇五頁中一行「諸國王夫人部」，
徑、清作「諸國王夫人部第二十一」。

一　一〇五頁中三行至九行目録，徑無。

一　一〇五頁中一〇行末字「一」，徑、
清作「第一」。

一　一〇五頁中一六行「荷之」，磧、普、
南、徑、清作「可之」。

一　一〇五頁中一九行第六字「乏」，
磧、普、南、徑、清作「之」。

一　一〇五頁下八行第八字「相」，磧、
普、南、徑、清作「因相」。

一　一〇五頁下一〇行第一二字「這」，
磧、普、南、徑、清作「適」。

一　一〇五頁下一四行「相見」，磧、普、
南、徑、清作「相抱」。

一　一〇五頁下一八行「年七」，磧、普、
南、徑、清作「年七歲」。

一 一〇五頁下二〇行第一一字「杜」，磧、普、南作「壯」。

一 一〇五頁下二一行第六字「使」，麗作「便」。

一 一〇五頁下二二行「不洿」，磧、普、南、徑、清作「不染」。

一 一〇六頁上二行「琦之」，磧、普、南、徑、清作「奇之」。

一 一〇六頁上四行第一一字「經」，磧、普、南、徑、清無。

一 一〇六頁上九行末字「二」，徑、清作「第二」。

一 一〇六頁上一二行「赫如槿花」，磧作「赤如種花」；普、南、徑、清、麗作「赤如槿花」。

一 一〇六頁中四行「毋指」，磧、普、南、徑、清作「拇指」。

一 一〇六頁中八行「且入」，磧、普、南、徑、清、麗作「旦入」。

一 一〇六頁中一一行末字「收」，磧、普、南、徑、清作「持」。

一 一〇六頁中一八行第一二字「者」，磧、普、南、徑、清、麗作「若」。

一 一〇六頁下五行末字「三」，徑、清作「第三」。

一 一〇六頁下一一行「左名」，磧、普、南、徑、清作「左字」。

一 一〇六頁下一四行「布香」，磧、普、南、徑、清作「市香」，下同。又「減省而」，磧、普、南、徑、清作「每省」。

一 一〇六頁下一五行第四字「書」，磧、普、南、徑、清、麗作「盡」。

一 一〇六頁下一七行第六字「諎」，磧、普、南、徑、清作「誥」。

一 一〇七頁上五行「姤責」，磧、普、南、徑、清作「姤憒」。

一 一〇七頁上七行「召夫人」，磧、普、南、徑、清作「右夫人」。

一 一〇七頁上一三行「莊嚴」，磧、普、南、徑、清作「莊飾」。

一 一〇七頁上末行末字「四」，徑、清作「第四」。

一 一〇七頁中一行「歸仰」，磧、普、南、徑、清作「宗仰」。

一 一〇七頁中一九行「奉戒」，磧、普、南、徑、清、麗作「蒙福」。

一 一〇七頁中二二行第一二字「又」，南作「人」。

一 一〇七頁中末行末字「將」，磧、普、南、徑、清作「何」。

一 一〇七頁下一二行「敷聞」，磧、普、南、徑、清、麗作「敷開」。

一 一〇七頁下一七行末字「五」，徑、清作「第五」。

一 一〇八頁上二行「若隆」，磧、普、南、徑、清作「若降」。

一 一〇八頁上一〇行「憹庬」，磧、普、南、徑、清作「憹怏」。

一 一〇八頁上一六行「惟持本所作善」，磧、普、南、徑、清作「唯恃本所善」。

一 一〇八頁中五行「撓取淳味」，磧、普、南、徑、清作「捩取醇味」；麗作「戾取淳味」。

一 一〇八頁中一三行首字「迷」，南、徑、清作「悉」。

一 一〇八頁中二〇行「妨脩」，麗作

「方修」。

一一〇八頁下一行「榮從」，磧、普、南、徑、清作「營從」。

一一〇八頁下三行「大國王」，南、徑、清作「本國王」。

一一〇八頁下四行首字「令」，磧作「令」。

一一〇八頁下九行「細縟」，磧、南、清作「細褥」。

一一〇八頁下一五行末字「六」，徑、清作「第六」。

一一〇八頁下二〇行「當珠寶瑛」，磧、普、南、徑、清作「當以珠寶瓔」。

一一〇九頁上三行末字至次行首字「寺塔」，磧、普、南、徑、清作「塔寺」。

一一〇九頁上四行第三字「得」，徑作「當」。

一一〇九頁上一六行「多有」，磧、普、南、徑、清作「多少有」。

一一〇九頁中一行「宮中」，磧、普、南、徑、清作「宮內」。又夾註右「十卷」，徑、清無。

# 經律異相卷第三十一 行菩薩道長上 諸國太子部上 舍

梁沙門 僧旻 寶唱 等集

乾陁尸利國王太子投身餓乕遺骨起塔一

曇摩鉗為法燒身火坑變為花池二

忍辱為父煞身三

智止以血肉施病比丘四

月光破身出血髓以救病人五

須闡提割肉供父母命六

須大拏好施為與人白象詰擯山中七

祇域為㮈女所生捨國為醫八

## 乾陁尸利國王太子投身餓乕遺骨起塔一

乾陁尸利國王太子不好榮華栖遁山澤時深谷底有一餓乕新產七子遇天降雪乕母抱子已經三日不得求食懼子凍死守餓護子雪落不息母子飢困寧命不久母既飢逼還欲噉子時諸仙曰誰能捨身救濟此者太子曰善哉吾願果矣往到崖頭下向望視見乕母抱子為雪所覆生大悲心立住山頭寂然入定即逮清淨無生法忍觀見過去無數劫事未來亦尒即還白師及五百同學吾今捨



身願各隨喜師曰學道日淺知見未廣何忽自發捨所愛身太子荅曰吾昔有願應捨千身前已曾捨九百九十九身今日所捨足滿千身是故捨耳願師隨喜師曰卿志願高妙必先得道勿復見遺太子辭師而去師與五百神仙啼泣滿目送太子到山崖頭時日有富蘭長者將從男女五百人賫供上山見太子捨身悲感涕哭亦隨太子至山崖頭太子在衆人前發大誓願我今捨身救衆生命所有功德速成菩提得金剛身常樂我淨無為法身未度者度未解者解未安者安我今此身無常苦惱衆毒所集此身不淨九孔盈流四大毒虵之所蜇螫五拔刀賊追逐傷割如此身者為無反復甘饍美味及欲樂供養此身命終之後無善報恩及墮地獄受無量苦夫人身者唯應令苦不得與樂又發誓言今我以肉血救彼餓乕餘舍利骨我父母後時必為起塔令一切衆生身諸病苦宿罪因緣湯藥針灸不得差者來我塔處至心供養

隨病輕重不過百日必得除愈若實不虛者諸天降雨香華應聲雨墮羅華地皆振動太子即解麁皮衣以纏頭自投身虎前虎母得食菩薩肉母子俱活時崖頭諸人望見太子為虎所噉骨肉狼藉悲號大叫聲動山中或有椎胷自撲宛轉卧地或有禪思或有叩頭懺悔首陁會諸天及天帝釋四天王等日月諸天數千万衆皆發無上菩提之心作唱伎樂燒香散華供養太子而唱是言善哉摩訶薩埵從是不久當坐道場五百仙人皆發無上正真道意神仙大師得無生忍夫人遺餉唯見衣裳傘蓋鉢錫瓶讙在石室中遍問仙人十十五五相向啼泣到大師所唯見仙師以手支頰涕泣滿目呻吟而坐周匝推問無肯應對使者怖懼即以飲食施諸仙士走還向夫人具說上事夫人曰禍哉吾子死矣椎胷大叫奔走詣王王聞迷悶群臣諫王太子在山願王小息

王及夫人妃后婇女臣佐吏民奔走上山長者富蘭逆来告王太子昨日投身巖下以肉飤虎今唯餘骨狼藉在地共到屍處王及夫人后妃婇女群臣吏民舉聲悲叫振動山谷王與夫人伏子屍上心肝斷絕悶不識人妃前扶頭理太子鬚日寧令我身碎如塵粉不令我夫奄忽如今時群臣白王太子布施搖度群生非無常殺鬼所侵奪也及未燒爛宜設供養即収骸骨出山谷口於平坦地積旃檀香薪及香酥油用闍維之収取舍利起七寶塔時太子者我身是父王者即今我父輸頭檀是夫人者母摩耶是后妃者今瞿夷是闍耶者阿難是山上神仙大師者弥勒是（出菩薩投身飤餓虎經）

曇摩鉗為法燒身火坑變為花池二

昔閻浮提有王名梵天王有太子字曇摩鉗深樂正法帝釋化作婆羅門言我能說法太子接足礼敬請欲聞之婆羅門言我學積久去何直欲便聞若能不惜身命及於妻子入大火坑以見供養者吾乃與法太子具如其言作大火坑王及夫人婇女詣宮晚諭婆羅門乞以國城妻子一為給便莫令太子投此火中婆羅門言吾不相逼隨其意耳但如此者我不為說王宣令國內却後七日太子燒身若欲見者至日早来合國貴賤一時皆集求哀固請具說如前太子語衆人言我於久遠生死之中喪身無數人中為貪更相斬害天上壽盡失欲憂苦地獄燒煑刀剥解害灰河劒樹痛徹心髓餓鬼之中百毒鑽軀畜生之報身供衆口食草負重持此衆苦空生身命未曾善心為法今捨毳穢之形以求清勝汝等云何欲見前却吾得佛道施汝五分法身太子便立火坑上婆羅門曰

常行於慈心　除去恚害想　大悲愍衆生
矜傷為雨淚　修行大喜心　同己所得法
擁護以道意　乃應菩薩行

太子聞之便欲投火時帝釋梵王為捉一手而難之云閻浮提內一切生類賴太子恩莫不得所今若投火天下喪父何為自沒孤棄一切太子謝曰莫遮我無上道心身投火坑天地

大動虛空諸天同時號哭淚如感雨時烈火坑變成花池太子坐蓮花臺諸天雨花乃至于䏶梵天王者今淨飯是母者今摩耶夫人是太子者今世尊是出賢愚經第一卷

忍辱為父殺身三

毗婆尸佛時波羅㮈國王聰慧仁賢無有子息事一山神經十二年祈求不懸後第一夫人生育一男性善不瞋人相具足召諸群臣占其吉凶即為立字名曰忍辱及年長大好行布施於諸衆生等以慈悲國有六臣奸猾諂佞枉橫無道人所猒患嫉妬太子時王重病命在旦夕忍辱太子告父諸臣曰父王危篤今當前為諸臣曰妙藥難得命去不遠太子悲悶躃地惡臣立計欲除太子啓太子曰王病須藥藥不可得太子問曰為是何物荅曰是不瞋人眼睛及髓若得此藥王命必全太子曰我身似是其人即辭其母并集諸小國王自宣令言我今此身與大衆別即喚旃陁羅碎骨出髓剜取兩目臣即擣合奉上大王王即服之病得除愈問諸大臣此藥殊妙除我苦患諸臣荅曰今藥者太子所辦王曰今何所在荅曰在外身軆傷壞命不去遠王大悲哭往到子所其命已終其母懊惱投身屍上我有宿罪應末軆如塵乃令我子喪失身命以牛頭栴檀而闍維之以其身骨起七寶塔出大方便佛報恩經第三卷

智止以血肉施病比丘四

昔閻浮利王名智力常護佛法深有至誠比丘與王有親王所尊敬國人愛重王欲見之無有猒足比丘髀上生大惡瘡國中醫藥所不能愈王及二万夫人皆悉悲念時王卧夢有天人来語王言若欲愈此比丘者當須生人宍血飲食之即愈王寤不樂念是比丘病重乃須此藥勑問臣下何從而得生人血肉時王太子名曰智止白王王莫愁憂人之血宍寂為賤物世人所重道無所違王曰善哉太子默然還齊持刀割䏶取肉及血送與比丘比丘服之瘡即除愈身得安隱王聞比丘已得除愈歡喜悅懌不能自勝太子自然平復舉國財寶賜與太子時至誠意者提和竭羅佛是智力王者弥勒是也智止太子我身是也出月明菩薩三昧經

月光破身出血髓救病人五

有月光太子出行遊觀癩人見之要車白言我身重病辛苦懊惱太子嬉遊獨自歡耶大慈愍念願見救療太子聞之以問諸醫言當須從生及長無嗔之人血髓塗而飲之如是可愈太子念言設有此人貪生惜壽何可得耶自除我身無可得處即命旃陁羅令除身肉破骨出髓以塗病人以血飲之如是等施及施妻子施而無悋如棄草木觀所施物知從緣有推求其實都無所得一切清淨如涅槃相乃至得無生法忍是為結業生身行檀波羅蜜出大智論第十二卷

須闍提太子割肉供父母命六

毗婆尸佛像法時波羅奈國王名羅闍唯有三子各任小國時王聰叡正法為治不枉人民王有德力風雨以時五穀豐熟王所重臣名羅睺羅心

生惡逆忽起四兵伐波羅柰國斷大王命續伐第一第二王子次討第三第四王子形體姝大端正殊美任性調善語常含笑發言利益不傷人意正法治民土地豐樂國計充盈四方歎美虛空諸天一切神鬼亦皆欽愛有一太子名須闡提聰明慈仁好喜布施身黃金色七處平滿人相具足年始七歲其父愛念心不暫捨時守宮神語王言羅睺惡逆謀奪國位已殺父王尋起師衆伺捕二兄亦已斷命軍馬不久當復至此王聞是語憂愁憒惱不能自持心肝崩裂婉轉躃地良久乃穌微聲報虛空中言卿是何人但聞其聲不見其形向者所宣審實尒不即報王言吾是守宮神以王聰明正直不枉人民以是相告王宜速出其至不久王思投隣國而有兩道一道七日行一道十四日行即感一人七日粮食入宮呼須闡提抱着䏶上夫人前問大王今者似有恐狀王言非卿所知夫人白言我身與王如鳥兩翅云何而言不相關預王報



如上即抱太子便出進路夫人隨後迷荒失心悟入十四日道其路險難無有水草前行數日三人共資粮粒已盡道路猶遠王及夫人舉聲大哭佐哉苦哉從生迄今未曾聞有如是之苦如何今日身自更之深自悔責飢渴所迫命在呼吸思設方便不欲三人併死殺婦活我及兒須闡提見王異相前捉父手啓言欲作何等父悲淚滿目微聲語子欲殺汝母取其肉血以續汝命須闡提銜泣啓父何處有子噉於母肉既不噉肉子母俱死願但殺子濟父母命王聞子言即便悶絕微聲語子子如吾目何處有人自挑目而還自食吾寧喪命終不殺子噉子肉也須闡提又言若便斷命血肉臭爛未經幾日欲求一願若逆違者非慈父母時父王語太子言不逆汝意須闡提言唯願日日就兒身上割三斤肉二分奉供父母一分自食以續身命父母泣而從之得至前路故餘二日身肉轉盡肢節筋骨故相連續餘命未斷父母抱持舉聲



大哭我等無狀横噉汝肉使汝苦痛前路猶遠未達所在而汝肉盡今者併命聚㒵一處時須闡提微聲諫言噉子肉進路至此父母今者莫如凡人併命一處為憐愍故莫見拒逆可於身諸節間淨割餘肉用濟父母可達所在父母隨言食竟跪叩分別須闡提起立視父母父母大哭隨路而去父母去遠不見須闡提太子戀慕父母目不暫捨良久躃地身躰新血肉香於十方面有蚊虻聞血肉香来封身上遍唼食楚毒苦痛不可復言餘命未斷發聲立誓願宿世殃惡從是除盡自今已往更不敢作今我此身以供養父母願我父母常得十一餘福所殘血肉施諸蚊虻皆得飽滿發是願時天地六種震動日無精光禽獸散走大海波動須彌涌沒六欲諸天皆悉怯怖下閻浮提化作師子虎狼之屬張目摑眥咆地大吼振跳騰躑来欲摶齧時須闡提見諸禽獸作大威勢微聲語言汝欲見噉隨意取食何為見恐時天王帝釋即復天

身太子見之歡喜無量時帝釋問太子言汝難捨能捨如是功德為願生天作魔王梵王耶太子報言我願成無上菩提天帝釋言空有此言誰當信太子誓言我若欺誑令我身瘡始終莫合若不尒者令我平復血反為乳身軀平復端正倍常時天王帝釋頭面礼足歎言善哉吾不及汝汝精進勇猛會得菩提願先度我時天王帝釋於虛空中即沒不現時王及夫人得到隣國隣國聞之遠出奉迎相見具說上事供給所須甚稱意望憐感念太子慈孝即上四兵還與彼王伐羅睺隨路而歸欲至先別太子處収其骸骨前望悲哭轉近遥見太子身體平復即前抱持悲喜交集時須闍提具以上事啓其父母父母歡喜共載大象還歸本國太子福深剋旋本國即立太子以為大王時父王者今輸頭檀王是也時母者今摩耶夫人是須闍提者今佛身是時天帝釋者阿若憍陳如是也出大方便佛報恩經第一卷

須大拏好施為與人白象詰擯山中七



昔者葉波國王号濕隨太子名須大拏四等普護言不傷人常願布施拯濟群生令吾後世受福無窮愚者不覩非常之變謂之可保智者照有五家欲得衣食金銀衆珎車馬田宅無求不與光聲遠被四海咨嗟父王有一白象威猛武勢敵六十惡國來戰為輙能勝諸王共議遣梵志八人從乞白象太子欣然問欲何求對曰欲乞行蓮花上白象象名羅闍和檀太子曰善金銀雜寶恣心所求即勑侍者疾被白象金銀鞍勒左持為勒右持金甕澡梵志手慈歡授為梵志大喜即呪願竟騎為而去相國百揆靡不悵然僉曰斯為力猛交戰輙勝今以惠讎國將何所恃具以白王王聞愴然久而曰太子好喜佛道以賙窮濟乏慈育為行無從禁止假使拘罰斯無道矣百揆僉曰切磋之教議無失矣拘罰為虐臣敢聞之逐令出國置于田野十年之間令自尅悔臣等之願也王即遣使者語之曰為是國寶以惠怨乎不忍加罰疾出國去使



者奉命宣述如斯太子對曰不敢違天命願以私財更七日布施不敢侵國使者以聞王即聽許太子欣然大施窮乏宣語疾來恣意所欲七日既竟貧者皆富妻名曼坻本諸王女頻華綽約一國無雙自首至足七寶瓔珞謂其妻曰起聽吾言大王徙吾著檀特山十二年為限汝知之乎妻驚視太子泣淚而云何罪見逐捐國尊榮方處深山乎荅曰吾用國名為以施怨家王逮群臣患逐我耳妻即發願願國豐熟王臣兆民富壽無極唯當逮志山澤擠成道矣太子曰惟彼山澤恐怖之處虎狼害獸難為止矣又有毒虫魍魅魃鬼雷電礔礰風雨雲霧甚可怖畏寒暑過疾樹木難依蒺藜礫石非躡所堪尒王者之子生于榮樂長於宮中衣即細軟飲食甘美臥則帷帳衆樂聒耳願即恣心今處山澤臥即草蓐食即果菜非人所忍何以堪之乎妻曰細靡衆寶帷帳甘美何益於己而與太子生離乎夫王者以幡為幟火以烟為幟婦人

以夫為識吾侍太子猶侍二親太子在國布施四遠吾輙同願今當歷嶮而留守榮豈仁道哉儻有来乞不現我夫心之感結必死無疑太子曰遠國之人来乞妻子吾無逆心尒為情戀儻違惠道者擿絕洪潤壞吾重任也妻曰太子布施覩世希有當卒弘誓慎無勸矣百千万世無人如卿建佛重任吾不敢違也太子曰善即將妻子詣母辭別稽首于地愍然辭曰願捐重恩保寧玉體國事鞅掌數以慈諫無以自由抂彼天民當忍不可忍母曰未有子時結願求嗣懷妊之曰如樹含華曰須其成天不奪願令吾有子養育成就而當生離夫人嬪妾不復相敬太子妻兒稽首拜退宮內巨細靡不哽咽出與百揆辰訣俱出城去靡不竊云太子國之聖靈衆賢之尊二親何心而逐之乎太子坐城外謝諸送者遣之還居兆民拜伏僉然舉哀傷或有躃踊呼天音響震國去國已遠坐一樹下有梵志遠来乞身寶服及妻子珠璣盡以惠之今



妻子共車執轡而去始欲就道又逢梵志曰馬以馬惠之自於轅中挽車進道又逢梵志来曰其車即以車惠太子車馬衣裳身寶雜物都盡無餘令妻嬰女巳自抱男經二十一日乃到山中太子覩山樹木茂盛流泉美水甘果備焉羌鷹鴛鴦遊戲其間太子謂妻曰樹木參天獸有折傷群鳥悲鳴泉果甚多足為飲食唯道是務耳山中道士晉守節好學有一道士名阿珠陁乂處山間甚有妙德即與妻子詣之稽首曰吾將妻子来斯學道願垂洪慈誨成吾志也道士誨之太子則焉茅草為屋結髮莞衣食菓飲泉男名耶利衣小草服從父母入女名罽拏延著鹿皮衣從母出入處山一宿天為增泉更生藥木後有鳩留孫貧老梵志其妻年豐顏華端正拱挑行汲道逢年少遮而調之曰尒居貧乎貪彼去財庶以歸居彼翁条道希成一人專愚憒快尒將所貪乎顏狀醜黑鼻正鶣鶣身體了戾面皺脣俊言語蹇澀兩目又青狀類如鬼



舉身无好就不僁憎尒為室家將无愧猷乎婦流淚而去翁驗驗正白由韜著樹朝夕未死無如之何歸向其許具陳是事若無奴使吾去子矣翁曰吾貧何緣卒獲給使乎妻曰吾聞須大拏洪慈濟衆從著山中其有兩兒乞則惠卿數有言婦愛難違即用其言尋覔道路逢獵士獵士素知太子送逐所由勃然罵曰吾斬尒首問太子為梵志遷而懼曰王遣群臣令呼太子還國為王荅曰大善喜示其處遠見小屋太子亦覩其来兩兒覩之中心相懼兄弟俱白吾父向施而斯人遠来財盡无副必以吾兄弟惠之携手俱逃母故屋蔭蹈容人二兒入中以柴覆上自相誡曰父呼莫應也太子慰勞之曰歷遠疲惓矣對曰吾自彼来舉身惱痛又大飢渴太子設果蓏今故歸窮庶延微命太子惻然曰財盡无惜矣梵志曰可以二兒給養吾老矣荅曰吾心无違太子呼兒兄弟懼矣又相謂曰吾父呼求必以惠此鬼違命不應太子知其隱

自掐中發栄覩之兒出抱父戰慓涕獡言此是鬼耳非梵志也兒數覩梵志顏類未有若茲無以我等為鬼作食我母採果来歸何遲今日定死為鬼所敢母歸索吾如牛喪犢狂走哀慟父必悔矣太子曰我生布施未甞從悔吾以許焉尒無違矣梵志曰吾老氣微兒捨逌邁之其母所子已弘恵縛以見付太子持兒令梵志縛自牽繩端兩兒躃身婉轉父前哀號呼母曰天神地祇山樹諸神一哀告母云兩兒以恵人可一相見哀感二儀山神作響有若雷震母時採果中心憧憧仰看蒼天不覩雲雨右目瞤左腋痒兩乳流出母惟之曰斯怪甚大歸視我兒委果旋歸惶惶如狂帝釋念曰菩薩志隆欲成重任若及妻到壞其高志化為師子當道而蹲婦曰卿是狩中之王吾人中王之女俱處斯山吾有兩兒皆尚微細朝来未食須望我耳師子避之婦得進路迴徑於前化作白狼婦辭如前狼又避焉又化為虎計梵志志遠乃避退矣婦



覩太子獨出悇然怫曰吾兒所之而今獨坐兒常見歸犇走趣吾跳梁喜笑曰母歸矣今兒戲具泥爲泥牛泥馬泥賭雜巧諸物縱撗于地覩之心感吾便發狂將不為虎狼鬼魅盜賊所吞乎疾釋斯結吾必死矣太子久而言曰有一梵志来索兩兒去年盡命微欲以自濟吾以恵之婦聞斯言感躍躃地婉轉哀慟流淚而去審如一夜所夢夢覩老貧梵志剖吾兩乳執之疾馳正為今也哀慟呼天動一出聞太子覩妻哀慟尤甚謂之曰吾本惲尒隆孝奉尊无求不恵盟誓甚明而今哀慟以乱我心妻曰太子求道厥勞何甚帝釋諸天僉然議曰太子道弘普施無盡試求其妻釋化梵志曰子懐乹巛之仁普濟群生布施無逆故来歸心子妻賢貞徳馨遠聞故来乞匃荅曰大善天地卒然大動天人鬼神靡不歎善梵志曰吾是天帝非世庸人也故来試子子尚佛慧影範難雙矣今欲何願恣求必從太子曰願獲大冨常好布施無貪踰今吾父



王及國臣民思得相見天帝曰善應時不現梵志喜獲其息行不覺疲連牽兩兒如得亡佼兒王者之孫榮樂自由去取二親為繩所縛結處皆傷哀號呼母鞭之而走血流丹地天神愍念解縛愈傷為生甘果令地柔軟兒弟摘果更相授啖曰甘如菀中果地柔軟如王邊氍毦矣兒弟相狀仰天呼母涕泣流身歸到其家喜笑且云吾為尒得奴婢二人自從所使妻覩兒曰奴婢不尒斯兒端正手足悦懌不任作勞乎行街賣更買所使又欲往異國天惑其路乃之本土地民識焉僉曰斯大王孫矣便以聞王王呼入宮宮人巨細靡不噓唏王欲抱兩兒不就王曰何故兒曰昔為王孫今為奴婢之賤緣坐王膝乎王問梵志曰緣得斯兒對之如實曰賣兒幾錢梵志未荅男孫勸曰男直銀錢一千特牛牸牛各百頭女直金錢一千特牛牸牛各二百頭王曰男長而賤女幼而貴何也對曰太子既聖且仁濁穢仁義衆所依附而見遠逐故知男賤也釈

庻之女苟以華色處在深宮故知女貴也王曰八歲孩童而有高士之論豈况其父乎宮人巨細聞其諷諫莫不舉哀王願皆如數梵志退矣王抱兩孫坐之于膝曰向不就抱今来何疾乎對曰向是奴婢今為王孫曰汝父處山何食自供兩兒俱曰食菜樹果以自給耳曰與禽獸百鳥相娛亦無愁心王遣使者迎馬使者就道山中樹木俯仰屈伸似有跪起之礼百鳥悲鳴哀感人情太子曰斯者何瑞妻卧地曰王意解釋使者来迎神祇助善故興斯瑞妻自亡見卧地使者到乃起拜王命矣使者曰王逮皇后損食銜泣身命日衰思覩太子太子左右顧望戀慕山中樹木流泉収淚昇車自使者發舉國歡喜治道掃除豫施帳幔燒香散華伎樂幢蓋舉國趍蹌稱壽無量太子入城頓首謝過退勞起居王復以國藏珎寶都付太子勸令布施隣國困民似川歸海宿怨覩之拜表稱臣貢獻相銜賊寇尚仁偷盜競施干戈戢藏囹圄毀矣



群生永樂十方慶善積德不休始雖嬰苦今為無盡尊矣太子後終生兜術天自天来下生白淨王宮今吾身是父王者阿難是妻瞿夷是子男羅云是女者羅漢珠遲母是天帝釋者弥勒是射獦者優陁耶是珠陁者大迦葉是賣兒梵志者調達是菩薩惠布施如是（出須大拏經）

祇域為柰女所生捨國為醫八

昔維耶離國王苑中生一柰樹枝葉繁茂加有光色香美非凡王極寶愛自非宮中尊貴不得啖之時有梵志居家饒富一國無雙聡明博達才智出群王用為大臣諸食設禘畢以一㮈實與之梵志見㮈香美非凡乃問曰此柰樹下寧有小栽可得乞不王曰卿若欲得一栽相與梵志種之朝夕灌溉枝條茂好三年生實光彩大小如王家許梵志大喜自念我資財無數不減於王唯無此㮈今既得之即無所減便取食之而大苦澁乃退思惟當是土无肥耳仍捉取乳以飲一牛次第至百煎為醍醐日日灌之



却至明年實乃甘美而樹邊生一搯節大如手捲日月增長恐妨其實適欲斫去復恐傷樹遅迴未決節生一枝洪直調好高出樹顛去地七丈杪生諸枝形如偃盖華葉茂好勝於樹本即作棧閣登而視之見偃盖之中乃有池水既清且香衆華鮮明披視華下有一女兒在池水中梵志抱取歸家長養名曰㮈女至年十五顏色端正天下無雙聲聞遠國有七國王同時俱来詣梵志所求娉㮈女以為夫人梵志不知與誰於其園中架一高樓以㮈女置上謂諸王曰此女非我所生自出於柰樹之上今七王俱求我設與一六當見怒不敢愛惜女今在園中樓上諸王但自評議應得者取非我所制七王共爭紛紜未決其夜洴沙王從伏竇入登樓就宿明晨當去柰女曰大王幸枉威尊接逮若其有子則是王種當何所付王曰是男還我是女還汝王即脫手金環之印以付柰女曰以是為信出語群臣我已得柰女與共一宿洴沙軍人

皆稱万歲曰我王已得奈女六王聞之便各還去奈女生男兒初生時手中把持針藥囊梵志曰此國王之子而執持醫器必醫王也名曰祇域涅槃等諸經皆云耆婆請槃特比丘經云耆域至年八歲聰明學問書疏越倫與隣比小兒遊戲心常輕諸小兒諸兒罵曰無父之子婬女所生何敢輕我祇域愕然默而不荅便歸問母曰我視諸子皆不如我而反罵我言无父之子我父今者為在何許母曰汝父者是洴沙王祇域曰洴沙王乃在羅悅祇國去此五百里何緣生我即持此環往羅悅祇國徑入宮門即到王前為王作礼長跪白曰我是王子奈女所生今年八歲始知是大王種故奉指鐶印信遠來歸家王見印文憶昔有誓知是其子愴然憐之以為太子涉歷二年會阿闍世王生祇域因白王曰我初生時手把針藥囊應當為醫王雖以我為太子非我所樂王嫡子生矣應襲尊嗣我願得行學醫術王即聽之勑國上醫術盡教之而祇域嬉戲未嘗受學諸



師責謂之曰醫術鄙陋誠非太子至尊所學然大王之命不可違廢受勑已來積有日月而太子初不受半言若王問我我何以對祇域曰我生而有醫證在手故白大王捐弃榮豪求學醫術豈復懈怠直以諸師之道無足學者故耳便取本草藥方針脉諸經具難問師師無能荅反為作礼曰太子神聖非我所及塵世疑義請太子說便說其義諸醫歡喜作礼奉行祇域便就救療所治輙愈遠國知名還於宮門逢擔樵小兒望見五藏纖悉分明祇域心念本草經說有藥王樹從外照內此兒樵中有藥王樹即問曰賣堪幾錢兒曰十錢依雇十錢兒下樵置地則闇不復見其腹中祇域思惟不知束中何者是藥王木便解兩束一一聚之以著兒腹上無所照見如是盡兩束樵最後小枝照見腹內祇域大喜知此小枝定是藥王悉還兒樵兒歡喜去時國中迦羅越家女年十五臨當嫁日忽頭痛而死祇域聞之往至其家問女常有何病



乃致夭死父曰女小有頭痛疾日日增甚朝發致命祇域以藥王照女頭見有刻蟲大小相生乃數百枚鑽食頭腦腦盡故死便以金刀披破其頭悉出諸蟲封著甖中以三種神膏塗瘡一種補蟲所食骨間之傷一種生腦一種治外刀瘡告女父曰好令安静慎莫使驚七日當愈到日我當復來祇域適去女母便更啼哭曰我子為弄死也豈有破頭鑿腦當復活者父止之曰祇域生而把持針藥捐弃尊位行作醫師但為一切護治人命此天醫王豈當妄耶囑語汝言慎莫便驚而卿今反啼哭以驚動之欲令此兒不復生耶母聞便止哭供養護之寂静七日女便吐氣而寤如從卧覺曰我今者了不頭痛身體皆安誰護我者使得如是父曰汝前已死醫王祇域故來護汝破頭出蟲以得更生便開甖出蟲示之女見大更驚怖深自悔悼曰祇域乃神如是何報其恩須臾祇域來至女大歡喜出門奉迎作礼跪曰願為君婢終身以報更生之

恩祇域曰我為醫師周行治病居無常處何用婦為必欲報恩者與我五百兩金我不自用當謝師恩師雖無以教我我見當為弟子令得汝金當以與之女便奉五百兩金祇域受以與師因白王暫歸省母到維耶離國有迦羅越家兒好學作一木馬高七尺餘學習蹁上初學得上馬後遂失擬躃地而死祇域聞之便往以藥王照復見肝反戾向後氣結不通故死復以金刀破腹手探料理還肝向前畢以三種神膏塗之其一種者補手所護持之處一種通利氣息一種主合刀瘡囑語其父曰慎莫令驚三日當愈父承教勅寂靜養視至於三日兒便吐氣而寤亦如卧覺即便起坐俄而域來兒出迎礼曰願為作奴終身供養以報生活之恩祇域曰我為醫師周行治病病者之家爭為我使當用奴為我母養我勲苦我未有供養卿若欲謝我與我五百兩金以報母恩取金以上柰女還歸羅悅祇國祇域活此兩人便馳名天下莫不聞



知又南有大國去羅悅祇八千里洴沙及諸小國皆臣屬之其王疾病積年不差恒苦瞋恚睍眥煞人人舉目視之亦煞低頭不仰亦煞使人行遲亦煞疾走亦煞左右侍人不知當何措手足醫師合藥輙嫌有毒亦復煞之前後所煞傍臣宮女及醫師輩不可稱數病乃日增其毒氣攻心煩滿短氣如火燒身聞祇域名即為下書勅洴沙王徵呂祇域祇域聞此王多煞醫師大小恐怖洴沙又憐其年小恐為所煞適欲不遣畏見誅伐父子相守晝夜憂愁乃將祇域俱往問佛佛告祇域汝宿命時與我約誓俱當救護天下人病我治內病汝治外病今我得佛故如本願會生我前此王病篤遠来迎汝如何不往急往護之趣作方便令病必愈不煞汝也祇域便承佛威神往到王所診省脉理及以藥王照之見王五藏百脉之中血氣擾擾悉見是虵蠆之毒周匝身體祇域白王王病可治治之保愈然宜見太后諮議合藥若不見大后藥終不



成王聞此語不解其故意甚欲煞患身病宿聞祇域之名故遠迎之冀必有益且見小兒知无姧私忍而聽即遣青衣黃門將入見太后祇域白太后王病可治今當合藥宜密啓其方不可宣露願屏左右太后即遂遣青衣黃門出祇域因問太后向省王病見王身中血脉悉見虵蠆之毒似非人類王為定是誰子太后以實語我我能治之若不語我我則不知所治太后曰我昔嘗於金柱殿中晝卧忽有来摩我上者我時恍惚夢與通情忽然而寤見有大蠆長三尺餘從我上去即覺有軀玉實是此蠆子也我為羞恥此未常出口童子今乃覺之何其神妙若病可治願以王命委屬童子今者治之當用何藥祇域曰唯有醍醐耳太后曰咄童子慎莫道此王大惡聞醍醐之氣又惡聞其名前後坐口道醍醐而死者數千百人汝今道此必當煞汝以此飲王終不得下願更用他藥祇域曰醍醐治毒病惡聞醍醐是也王病若微及是他毒

為有餘藥可以愈之毒既重又已匝體自非醍醐終不能消今當煎煉化令成水乃出見王日向入見太后已啓藥方今當合之十五日當成今我有五願王若聽我病可即愈若不聽我病不得愈王問五願盡何等事祇域曰一者願得王匣藏中新衣未經軀者與我衣之二者願令我得獨出入宮門不使禁訶三者願得日日獨入見太后及王后亦莫禁呵四者願王飲藥當一仰令盡莫得中息五者願得王八千里白鳥與我乘之王聞大怒曰兒子何敢求是五願從且解之若不能解今打煞汝祇域曰合藥宜當精潔齋戒而我来日經衣服皆被塵垢故欲得王衣者以合藥也又王前後使諸藥群臣大小皆言王當復煞我而王病已甚恐外人生心作乱若令我自出自入不見禁呵則外人大小皆知王信我無疑必服我藥病必當愈則不敢生逆乱之心也又言前後煞人甚多臣下大小各懷恐怖皆不願王之安隱無可信者

令共合藥恐其因我顧睨之間便投毒藥中我所不覺則非小故恩惟天下可信者恩情無猒唯有母與婦故欲入見太后與共合藥當煎十五日乃成故欲日日得入伺候火齊耳又藥有齊數氣味宜當相及若其中息則氣不相係也又乃南山中有神妙藥草去此四千里王服藥宜當即得此草重復服之故欲乘此鳥詣徃採之朝去暮還令藥味相及也王意大解皆悉聽之於是祇域煎煉醍醐十五日成化如清水凡得五升便與太后王后俱出奉藥白可服願被白烏置殿前王即聽之王見藥但如清水一服便盡祇域便乘烏徑去歸其本國道適行三千里年幼微弱不堪疾迅頭眩疲極卧息山間過中王意出醍醐氣怒曰小兒子敢以醍醐中我佐小兒所以求我白烏正欲以叛去耳王有勇士名曰烏神足能行即勑遂取小兒還我目前搵而煞之烏行及之曰汝何故以醍醐與王而言是藥王令我追呼汝還汝急隨去陳

謝自首庶望得活若故欲走今必煞汝終不得脱祇域自念我雖方便求此白烏故復不脱今當復作方便何可隨去乃謂烏言我朝来未食還必當死寧可假我須臾得於山間啖果飲水絶而就死乎烏見祇域小兒懼死言辭辛苦矜而聽之曰促食當去不得久留祇域乃取一梨噉食其半以毒藥著爪甲中以分餘半便置於地又取一坏水先飲其半又行爪下毒於餘水中復置於地乃歎曰此水及梨皆是天藥清香且美其飲食者令人身安百病皆愈氣力兼倍恨其不在國都之下百姓當共得之而在深山之中人不知也便進入山索求他果烏性既貪舐不能忍於飲食又聞祇域歎為神藥亦見祇域已飲食之謂必無毒便食餘梨飲餘水即便下痢痢如注水躃地而卧起輒眩倒不能復動祇域徃語之曰王服我藥病必當愈然今藥力未行餘毒来盡我今徃者必當煞我汝無所知趣欲得我以解身負故使汝病病自無苦

慎莫動搖三日當差若遂起逐我必死不疑便上烏而去過語墟聚伍長曰此是大國王使令忽得病汝等急往舉取歸家好養護之厚其床席給與糜粥慎莫令死若令死者王滅汝國語畢便去逐歸本國伍長承勑迎取養護三日毒歇下給便歸見王叩頭自陳曰我實愚癡違負王教信祇域言飲食其餘果水為藥所中下痢三日始今旦差自知當死比烏還三日之中王病已差悔遣烏行見烏來還且喜且悲曰賴汝不即將兒來當我恚時必當搥煞我得其恩今得生活而反煞之逆戾不可即料前後所枉煞者悉更厚葬復其家門賜與錢財思見祇域欲報其恩即遣使者奉迎祇域祇域雖知王病已差猶懷怖畏不欲復往佛告祇域汝令宿命已有弘誓願成就功德何得中止應當更往汝已治其外病我亦復治其內病祇域便隨使去王見祇域甚大歡喜引與同坐把持其臂曰賴蒙仁者之恩今得更生當何以報當分國土以半相與宮內婇女庫藏寶物悉當分半祇域曰我本為太子雖寶小國亦有民人珎寶具足不樂治國故求為醫當行治病當用土地婇女寶物為皆所不用王前聽我五願外病得愈今若復聽我一願內病復除王曰唯聽仁教請復問之祇域曰願王請佛從受明法為王說佛功德王聞大喜曰今欲遣烏臣以白烏迎佛可得致不祇域曰不用白烏也佛遥知心念但齋戒清潔辦諸供具燒香遥礼長跪請佛佛必自來王如其言佛與千二百五十比丘俱來飯食已畢為王說經王即開解發無上道心舉國大小皆奉五戒柰女生時既有奇異長又聰明從父學問博知經道星歷諸術有勝於父加達音樂聲如梵天諸迦羅越及梵志家女合五百人皆往從學以為大師柰女常將五百弟子講授經術或相與遊戲園池及非音樂國人不解其故便生誹謗呼為婬女五百弟子皆号婬黨柰女生時國中復有二女俱產一須蔓女二波曇女須蔓女者生在迦羅越家常笮須蔓以為香膏笮高石邊忽作留節大如彈丸長如手捲石便爆破見石節中耿如是熒火射出墮地三日而生須蔓又三日成華中有小女迦羅越取而養之名須蔓女及年長大才明智慧亞次柰女波曇女者有梵志家浴池之內生青蓮華日日長大如五升瓶華舒見中有一小女梵志養之名曰波曇女年長大才智明達如須蔓女諸國王聞此二女顏容絕世交來求娉二女曰我生不由胞胎乃出草華之中與凡人不同何宜當隨世俗乃復嫁娶聞柰女聰明遍世无疋生又與我同體皆辭父母往事柰女求作弟子明智博達皆勝五百人佛時到維耶離國柰女師諸弟子出城奉迎礼佛跪言願佛明日園中食佛默然受王出宮迎又請明日宮食佛言柰女前請王後之矣王曰我為國主　至心請佛必望哀許柰女但是婬女日日將從五百弟子行作不軌佛何為捨我而應其請佛言此女

非婬其宿命有大功德已供養三億佛昔又常與須曼波曇俱為姊妹柰女衆大須曼次之波曇衆小生於大姓家財寶饒富姊妹相師共供養五百比丘尼施設飲食及作衣服隨所乏无皆悉供之盡其壽命三人誓言願我後世值佛自然化生不由胞胎遠離穢濁今如本願生得值我昔雖供養五百比丘尼既生豪宮言語嬌縱時戲尼日諸道人等抱悒日久必當欲嫁迫我供養不得恣情耳故今者受此餘殃雖講經道而虚被婬謗此五百弟子時併力同心今生復得相隨祇域時為貧家小兒柰女見供養意甚慕樂而無資財乃常為比丘尼掃除淨已輒復念言願我能除天下人病柰女憐其貧又加其勤常呼為子其比丘尼輩有疾病者常使祇域迎醫及合湯藥僉日願汝後世與我共獲是福祇域迎醫所治悉愈乃誓日願我後身為大醫王常治一切人身四大之病所向皆愈王聞佛言乃自悔過却期後日佛期日便與諸比丘到柰女園具為說本願功德三女聞經皆悉開解及五百弟子皆得阿羅漢道 出柰女經

經律異相卷第三十一

經律異相卷第三十一

校勘記

一 底本，金藏廣勝寺本。

一 一一二頁中一行「行菩薩道長上諸國太子部上」，資、磧、普、南作「行菩薩道諸國王子部上」；徑、清作「行菩薩道諸國王子部第二十二之一」。

一 一一二頁中二行「梁沙門僧旻寶唱等集」，徑、清作「梁沙門僧旻寶唱等奉勅撰」。卷第三十三及三十五至三十九同。

一 一一二頁中三行至一〇行目録，徑無。

一 一一二頁中七行第八字「以」，清無。

一 一一二頁中八行「須闡提」，清作「須闍提」。

一 一一二頁中一一行末字「一」，徑、清作「第一」。

一 一一二頁中一二行「栖遁」，資、磧、

普、南、徑、清作「棲遁」。

一　一一二頁下四行第九字「満」，資、磧、普、南、徑、清作「得満」。

一　一一二頁下五行首字「耳」，資、磧、普、南、徑、清作「身」。

一　一一二頁下一六行「蜇螫」，資作「噬螫」；麗作「呿螫」。

一　一一二頁下一七行第一〇字「欲」，諸本（不含石，下同）作「五欲」。

一　一一二頁下一八行第一〇字「及」，資、磧、普、南、徑、清作「反」。

一　一一二頁下末行「針炙」，資、磧、普、南、徑、清作「針炙」；麗作「針炙」。

一　一一三頁上四行第三字「自」，資、磧、普、南、徑、清作「目」。

一　一一三頁上一七行「支頰涕泣」，資、磧、普、南、徑、清作「拄頰涕淚」。又末字「推」，磧作「唯」。

一　一一三頁中二行第七字「飰」，麗作「飦」。一五行夾註左第二字同。

一　一一三頁中七行「淹忽」，諸本作「奄忽」。

一　一一三頁中一三行「輸頭檀」，資、磧、普、南、徑、清作「閲頭檀」。

一　一一三頁中一四行「闍耶」，麗作「闍維」。

一　一一三頁中一六行末字「二」，徑、清作「第二」。

一　一一三頁中一九行「接足」，資、磧、普、南、徑、清作「投足」。

一　一一三頁下二行「莫令」，資、磧、普、南、徑、清作「無令」。

一　一一三頁下六行「具説」，資、磧、普、南、徑、清作「其説」。

一　一一三頁下九行「刀剥解害」，資、磧、普、南、徑、清作「刀鋸解割」；麗作「刀剥解割」。

一　一一三頁下二〇行「難之」，資、磧、普、南、徑、清作「歎之」。

一　一一四頁上六行末字「三」，徑、清作「第三」。

一　一一四頁上八行「山神」，資、磧、普、南、徑、清作「仙神」。

一　一一四頁上一二行「六臣」，徑、清作「大臣」。

一　一一四頁上一三行首字「猾」，資作「素」；磧、普、南、徑、清作「弊」；麗作「僞」。

一　一一四頁上一五行第一一字「前」，諸本作「何」。

一　一一四頁上末行「雨目」，諸本作「兩目」。

一　一一四頁中二行「今藥者」，諸本作「今此藥者」。

一　一一四頁中四行第七字「去」，資、磧、普作「云」。

一　一一四頁中六行「末躰」，資、磧、普、南、徑、清作「抹體」。

一　一一四頁中八行「身骨」，資、磧、普、南、徑、清作「遺骨」。又夾註左「第三卷」，資、磧、普、南、徑、清作「第五卷」。

一　一一四頁中九行末字「四」，徑、清作「第四」。

一　一一四頁中二一行第五字「齊」，

資、普作「齎」；磧、南、清、麗作「齋」。

一　一一四頁下五行末字「五」，徑、清作「第五」。

一　一一四頁下八行第三字「自」，資作「曰」。

一　一一四頁下一九行「須闡提」，徑、清作「須闍提」，下同。又末字「六」，徑、清作「第六」。

一　一一四頁下末行「羅睺羅」，資、磧、普、南、徑、清作「羅睺羅睺」。

一　一一五頁上三行「第四」，諸本作「第三」。又「任性」，資、磧、普、南、徑、清作「仁性」。

一　一一五頁上四行「舍笑」，諸本作「含笑」。

一　一一五頁上七行第五字「名」，資、磧、普、南、徑、清作「字」。

一　一一五頁上一〇行末字至次行首字「已殺」，諸本作「欲殺」。

一　一一五頁上二一行第一三字「有」，資、磧、普、南、徑、清無。

一　一一五頁中二行「悟入」，諸本作「悮入」。

一　一一五頁中四行「舉聲」，徑作「舉身」。

一　一一五頁中九行「異相」，資、磧、普、南作「異想」。又「啓言」，資、磧、普、南、徑、清作「聲言」。又「欲作」，資作「大作」。

一　一一五頁中一〇行「汝母」，資、磧、普作「如母」。

一　一一五頁中一八行首字「逆」，資、磧、普、南、徑、清作「是」。

一　一一五頁下三行「併命聚屍」，資作「併聚屍」；磧、普、南、徑、清作「併取死」。

一　一一五頁下一一行「面有」，資、磧、普、南、徑、清作「而有」。

一　一一五頁下一二行第四字「遍」，諸本作「遍體」。

一　一一五頁下一七行「天地」，南作「大地」。

一　一一五頁下一八行「涌沒」，資、磧、普、南、徑、清作「涌没」。

一　一一五頁下二〇行「摑背」，麗作「摑髭」。又「咆地」，資、磧、普、南、徑、清作「跑地」。

一　一一六頁上二行第三字「汝」，資、磧、普、南、徑、清無。

一　一一六頁上五行首字「信」，資、磧、普、南、徑、清作「相信」；麗作「信汝」。

一　一一六頁上一二行末字「憐」，諸本作「隣王」。

一　一一六頁上一四行「隨路」，資、磧、普、南、徑、清作「大臣即隨路」。

一　一一六頁上二〇行「輸頭檀」，資、磧、普、南作「悦頭檀」；徑、清作「閱頭檀」。

一　一一六頁上二二行第六字「如」，資、磧、普、南、徑、清無。又夾註左「第一卷」，資、磧、普、南、徑、清作「第一卷後」。

一　一一六頁上末行末字「七」，徑、清作「第七」。

一　一一六頁中二行末字「拯」，資、磧、

普、南、徑、清作「賬」；麗作「拯」。

一一六頁中六行「光聲」，資、磧、普、南、徑、清作「光馨」。

一一六頁中七行「惡國」，資、磧、普、南、徑、清作「惡象怨國」。

一一六頁中一一行「恣心」，資、磧、普、南、徑、清作「恣意」。

一一六頁中一二行第三字「被」，磧、普、南、徑、清作「鞁」。

一一六頁中一三行「金甕」，麗作「金瓶」。

一一六頁中一七行第三字「夂」。資無。

一一六頁中一八行「慈聲」，諸本作「慈育」。

一一六頁中二二行「語之」，資、磧、普、南、徑、清作「詰之」。

一一六頁下一三行第二字「逮」，諸本作「建」。

一一六頁下一五行「魍魅」，資、磧、普、南、徑、清作「魍魎」。

一一六頁下一六行「過疾」，諸本作「過度」。

一一六頁下一九行「惟帳」，諸本作「帷帳」。

一一六頁下末行第七字「幟」，麗作「識」。本行第一二字同。

一一七頁上一行第四字「識」，資、磧、普、南、徑、清作「幟」。

一一七頁上三行「不現」，資、磧、普、南、徑、清作「不覩」。

一一七頁中四行「衣裳」，資、磧、普、南、徑、清作「衣裘」。

一一七頁中一四行第四字「焉」，麗作「與」。

一一七頁中一五行「毋入」，諸本作「出入」。

一一七頁中二一行「介將」，資、普、作「爾時」。

一一七頁中二二行「鶣[瓜鳥]」，資、磧、普、南、徑、清作「區匽」；麗作「[鳥同][禾鳥]」。

一一七頁中末行「脣侈」，資、磧、普、南、徑、清作「脣哆」。又「蹇瘂」，資、磧、普、南、徑、清作「蹇吃」。

一一七頁下二行第八字「去」。資、磧、普、南、徑、清作「云」。

一一七頁下一二行「逮見」，資、磧、普、南、徑、清作「遙見」。

一一七頁下一三行「俱白」，資、磧、普、南、徑、清作「俱曰」。又「向施」，諸本作「尚施」。

一一七頁下一五行「屋蔭埳」，資、磧、普、南、徑、清作「握蔭舀」；麗作「掘廕埳」。

一一七頁下一八行「惱痛」，資、磧、普、南、徑、清作「疼痛」。

一一七頁下二二行末字「汞」，諸本作「求」。

一一八頁上一行「自埳」，資、磧、普、徑、清作「在舀」；南作「自舀」；麗作「在埳」。又「戰慓」，諸本作「戰慄」。

一一八頁上八行「子已」，麗作「大子」。

一一八頁上一四行「憧憧」，資、磧、

普、南、徑、清作「忪忪」。

一一八頁上末行第八字「志」，諸本無。

一一八頁中一行「獨出」，資、磧、普、南、徑、清作「獨坐」。

一一八頁中二行「跳梁」，麗作「跳踉」。

一一八頁中九行「躍躃」，資作「躍躃于」；磧、普、南、徑、清作「懼躃于」。

一一八頁中一二行首字「出」，諸本作「山」。

一一八頁中一六行第七字「盡」，資作「蓋」；磧、普、南、徑、清作「逆」。又第一三字「化」，資、磧、普、南、徑、清作「化爲」。

一一八頁下二行「其息」，資、磧、普、南、徑、清作「其志」。

一一八頁下八行「氈毦」，資、磧、普、南、徑、清作「氈毯」。

一一八頁下一二行首字「懌」，資、磧、普、南、徑、清作「澤」。又第六字「乎」，資、磧、普、南、徑、清作「可」。

一一八頁下一七行第七字「緣」，諸本作「何緣」。

一一八頁下一八行第二字「曰」，南、徑、清作「何」。

一一八頁下一九行第八字「勤」，資、磧、普、南、徑、清作「謀」。

一一八頁下二二行末二字至末行第六字「潤齊仁義衆所依附」，資、磧、普作「潤齊二儀天下喜附」；南、徑、清作「德齊二儀天下喜附」；麗作「衆所依附」。

一一九頁上一三行「助善」，資、磧、普、南、徑、清作「助喜」。

一一九頁上一六行「收淚」，資、磧、普、南、徑、清作「抆淚」。

一一九頁上一八行「悵慢」，諸本作「帳幔」。

一一九頁上二一行第一一字「似」，資、磧、普、南、徑、清作「如」。

一一九頁上二二行第六字「表」，麗作「來」。

一一九頁中六行「珠陁」，資、磧、普、南、徑、清作「阿珠陀」。

一一九頁中七行末字「恵」，諸本作「慈恵」。

一一九頁中九行末字「八」，徑、清作「第八」。

一一九頁中一四行第八字「諸」，諸本作「請」。又第一一字「捺」，資、磧、普、南、徑、清無；麗作「設」。

一一九頁下一行末字「榴」，麗作「瘤」。

一一九頁下二行第五字「捲」，資、磧、普、南、徑、清作「拳」。

一一九頁下四行末字「杪」，麗作「抄」。

一一九頁下二〇行「其有」，徑作「有其」。

一二〇頁上六行「越倫」，資、磧、普、南、徑、清作「絶倫」。

一二〇頁上一三行第一二字「徑」，資作「住」。又末字「官」，諸本作

「宮」。

一 一二〇頁上二一行第六字「媎」，麗作「適」。

一 一二〇頁上二二行「醫術」。資、磧、普、南、徑、清作「諸醫術」。

一 一二〇頁上末行「術盡」，資、磧、普、南、徑、清作「盡術」。

一 一二〇頁中一〇行「便説」，資、磧、普、南、徑、清作「便解」。

一 一二〇頁中一八行「聚之」，資、磧、普、南、徑、清作「取之」。

一 一二〇頁下一行「日日」，資、磧、普、南、徑、清作「日月」。

一 一二〇頁下六行第二、三字「一種」，資、磧、普、南、徑、清作「一種者」。

一 一二〇頁下一一行「針藥」，磧、普、南、徑、清作「針藥囊」。

一 一二〇頁下一三行「天醫王」，磧、南、徑、清作「大醫王」。

一 一二〇頁下一五行第一一字「哭」，資、磧、普、南、徑、清無。

一 一二〇頁下二〇行「驚怖」，磧、南、徑、清作「驚恇」。

一 一二一頁上八行「踼上」，資、磧、普、南、徑、清作「膈上」。

一 一二一頁上一〇行第二字「復」，資、磧、普、南、徑、清作「腹」。

一 一二一頁上一七行第三字「域」，資、磧、普、南、徑、清作「祇域」。

一 一二一頁中八行「病乃曰增其毒氣」，資、磧、普、南、徑、清作「病曰增其毒氣」。又「煩滿」，資、磧、普、南、徑、清作「煩懣」。

一 一二一頁中一一行「恐怖」，資、磧、普、南、徑、清作「以恐怖」。

一 一二一頁中一八行首字「趣」，資、磧、普、南、徑、清作「趨」。次頁下二二行第一三字同。

一 一二一頁下三行末字「聽」，諸本作「聽之」。

一 一二一頁下四行末字「白」，資、磧、普、南、徑、清作「曰」。

一 一二一頁下八行「悉見」，諸本作「悉是」。

一 一二一頁下一二行「有來摩我」，資、磧、普、南、徑、清作「有物來魘我」。

一 一二一頁下一三行「三尺」，麗作「三丈」。

一 一二一頁下一五行「叁恥」，諸本作「羞恥」。又「未常」，資、磧、普、南、徑、清作「未嘗」。

一 一二一頁下二二行第一三字「毒」，資、磧、普、南、徑、清作「毒毒」。

一 一二二頁上六行第一二字「等」，資、磧、普、南、徑、清無。

一 一二二頁上一三行「兒子」，資、磧、普、南、徑、清作「鼠子」。同行第一三字「從」，磧、普、南、徑、清作「促」。

一 一二二頁上一七行「諸藥」，諸本作「諸醫師皆嫌疑之無所委信（「信」，麗作「慎」）又誅殺之不服其藥」。

一 一二二頁上二二行第三字「言」，資、磧、普、南、徑、清作「王」。

一 一二二頁中二行第四字「我」，資、磧、普、南、徑、清作「令我」。又第一二字「恩」，諸本作「思」。

一二二頁中三行「無猒」，資、磧、普、南、徑、清作「無二」。又「母與婦」，資、磧、普、南、徑、清作「母與婦耳」。

一二二頁中四行「太后」，資、磧、普、南、徑、清作「太后王后」。

一二二頁中五行「火齊」，資作「大劑」；磧、普、南、徑、清作「火劑」。

一二二頁中六行「齊數」，資、磧、普、南、徑、清作「劑數」。

一二二頁中七行「南山」，磧、普、南、徑、清作「南累山」。

一二二頁中一三行第九字「白」，資、磧、普、南、徑、清作「白王」。又第一三字「被」，磧、普、南、徑、清作「鞁」。

一二二頁中一六行第三字「道」，資、磧、普、南、徑、清無。

一二二頁中一八行「怒曰小兒子」，資、磧、普、南、徑、清作「大怒曰小鼠子」。

一二二頁中一九行「小兒」，資、磧、普、南、徑、清作「小鼠」。二一行同。

一二二頁中二一行第八字「目」，徑作「自」。

一二二頁下六行第三字「絶」，資、磧、普、南、徑、清作「飽」。

一二二頁下一〇行「一坏水」，資、磧、普、南、徑、清作「一杯水」。

一二三頁上一〇行第五字「旦」，麗作「且」。又第一三字「還」，資、磧、普、南、徑、清作「既還」。

一二三頁上一八行第一一字「今」，資、磧、普、南、徑、清作「本」。

一二三頁中七行「問之」，資、磧、普、南、徑、清作「聞之」。

一二三頁中一一行第二字「但」，資、磧、普、南、徑、清作「但宿」。

一二三頁中一三行「飯食」，資、磧、普、南、徑、清作「飲食」。

一二三頁中二〇行末字「非」，諸本作「作」。

一二三頁下一行「生在」，資、磧、普、南、徑、清作「有生」。

一二三頁下二行「笮高」，諸本作「笮膏」。又「留節」，諸本作「瘤節」。

一二三頁下三行「手捲」，資、磧、普、南、清作「手拳」。

一二三頁下四行第五字「是」，資、磧、普、南、徑、清無。

一二三頁下九行「五升瓶」，資、普、南、徑、清作「五斗瓶」；磧作「五斗執」。

一二三頁下一三行首字「出」，徑作「生」。

一二三頁下一六行「愽達」，磧作「傳達」。

一二三頁下一七行第二字「時」，資、磧、普、南、徑、清作「爾時」。

一二三頁下一八行「園中」，諸本作「我園中」。

一二四頁上二行「常與」，資、磧、普、南、徑、清作「嘗與」。

一二四頁上四行「饒富」，資、磧、普、南、徑、清作「富饒」。

一　一二四頁上七行「自然」，資、磧、普、南、徑、清作「得自然」。

一　一二四頁上九行「豪宮」，諸本作「豪富」。

一　一二四頁上一〇行「抱悒」，資、磧、作「抱色」。

一　一二四頁上一四行「柰女見」，資、磧、普、南、徑、清作「見柰女」。

一　一二四頁上一七行「加其勤」，資、磧、普、南、徑、清作「嘉其勤」。

一　一二四頁上末行「期日」，資、磧、普、南、徑、清無；麗作「明日」。

經律異相卷第三十二　梁沙門僧旻寶唱等集


能施王子入海採寶緣一
善友好施求珠喪眼還明二
長生欲報父怨後還得國三
遮羅國儲形醜失妃運智還得四
慕魄不言被埋後言得修道五
薩埵王子捨身六
人藥王子救疾七
有一王子聞宿命事悕求以還佛八
無畏王孫耆婆學術力


能施王子入海採寶緣一

釋迦文尼佛本身作大醫王療一切病不求名利為憐愍衆生故病者甚多力不周救憂念一切而不從心懊惱而死即生忉利天上自思惟言我今生天但食福報無所長益即自方便自取滅身捨此天壽生娑伽陁龍王宮中為龍太子其身長大父母愛重欲自取死就金翅鳥王鳥即取此龍子於舍摩利樹上吞之父母嗥哰啼哭懊惱龍子既死生閻浮提中為



大國王太子名曰能施生而能言問諸左右今此國中有何等物盡皆持來以用布施衆人怯畏皆捨之走其母憐愛獨自守之語其母言我非羅剎衆人何以故走我本宿命常好布施我為一切人之檀越母聞其言以語衆人衆人即還母好養育及年月大自身所有盡以施盡至其父王所索物布施父與其分復以施盡見閻浮提人貧窮辛苦思欲給施而財物不足便自啼泣問諸人言作何方便當令一切滿足於時諸宿人言我等曾聞有如意寶珠若得此珠則能隨心所索無不必得白其父母欲入大海求龍王頭上如意寶珠父母報言我唯有汝一兒耳若入大海衆嶮難度一旦失汝我用活為我今藏中猶亦有物當以給汝兒言藏中有限我意無極欲充滿一切令無短乏願見聽許得遂本心使閻浮提人一切充足父母知其志大不敢制之遂放令去是時五百賈客皆樂隨從知其行日集海道口太子問衆人言誰能知道至彼龍

宫有盲人名曰陁舍已曾七反入大海中具知海道菩薩即命共行荅曰我年既老兩目失明雖曽數入今不能去菩薩言我今此行不為自身普為一切求如意寶珠欲給足衆生令身無乏次以道法因緣而教化之汝是智人何得辝耶我願得成豈非汝力陁舍聞懐荅言我今入海命必不全安我屍骸著金沙洲上船去如馳到衆寶渚衆賈競載寶物已足問太子言何以不取報言我所求者如意寶珠此有盡物我不須也汝等各當知足知量無令船重不自免也是時衆賈白菩薩言大德為呪願令得安隠於是辭去陁舍是時語菩薩言别留艇舟當隨别道待風七日博海南岸至一險處當有絶崖棗林枝皆覆水大風吹船船當摧破汝當仰攀棗枝可以自濟我身無目於此當死過此隘岸當有金沙洲可以我身置此沙中金沙清淨是我願也即如其言風至而去既到絶岸如陁舍語菩薩仰攀棗枝得以自免置陁舍屍安厝



金地於是獨去如其先教深水中浮七日齊咽水中行七日齊腰水中行七日泥中行七日見好蓮花鮮潔柔軟自思惟言此華軟脆當入虚空三昧自輕其身行蓮花上七日見諸毒虵念言含毒之虫甚可畏也即入慈心三昧行毒虵頭上七日虵皆擧頭授與菩薩令蹹上而過過此難已見有七重寶城有七重壍壍中皆滿毒虵有二大龍守門龍見菩薩形容端正相好嚴儀能度衆難得來至此念言此非凡夫必是菩薩大功德人即聽令前逕得入宫龍王夫婦喪兒未久猶故哀泣見菩薩来龍有神通知是其子兩乳流出命之令坐而問之言汝是我子捨我命終生在何處菩薩亦自識宿命知是父母而荅母言我生閻浮提上為大國王太子憐愍貧人飢寒勤苦不得自在故来至此欲求如意寶珠母言汝父頭上有此寶珠以為首餝難可得也必當將汝入諸寶藏隨汝所欲必欲與汝汝當報言其餘雜寶我不須也唯欲得大



王頭上寶珠若見憐愍願以與我如此可得即往見父父大悲喜歡慶無量愍念其子遠涉艱難乃来至此指示妙寶隨意與汝須者取之菩薩言我從遠来願見大王求王頭上如意寶珠若見憐愍當以與我若不見與不須餘物龍王報言我唯有一珠常為首餝閻浮提人薄福下賤不應見也菩薩白言我以此故遠涉艱難冒死遠来為閻浮提人薄福貧賤欲以如意寶珠濟其所願然後以佛道因緣而教化之龍王與珠而要之言今以此珠與汝汝既去世當以還我荅曰敬如王言菩薩得珠飛騰虚空如屈申臂頃到閻浮提人王父母見兒吉還歡悦踊躍抱而問言汝得何物荅言得如意寶珠問言今在何許白言在此衣角裏中父母言何其太小白言在其神德不在大也白父母言當勑城中内外掃灑燒香懸繒幡蓋持齋受戒明日清旦以長木為表以珠著上菩薩是時自立誓願若我當成佛道度脱一切者珠當如我意願

出一切寶物隨人所須盡皆備有是時陰雲普遍雨種種寶物衣服飲食卧具湯藥人言所須一切具足至其命盡常尒不絕如是等名為菩薩布施生精進波羅蜜(出大智論第十二卷)

善友好施求珠喪眼還明二

過去閻浮提一時有二王利師跋國王名月波羅捺國王名月蓋同意周旋無有嫌㥏當共立約若生兒子兩通婣好月蓋王男女俱無為欲求兒祠於水神乃至種種鬼神修羅吒河邊有二五通神仙河神白王若二仙願生王家者王當有兒王至仙人所說言生我家者五欲自恣快樂無乏仙人荅曰可尒却後七日其一仙人命終(賢愚經云金色仙人)即入第一夫人胎復經七日其一仙人又復命終處第二夫人胎第一夫人足滿九月乃生一男顏色端政當生之日五百估客從海而歸五百伏藏無端發出五百死囚從獄解脫第二夫人生多有恠異野干鳴阿修羅捉日五百應死者自就而死(出四分律三分第九卷)王甚歡喜即請召



相師占其吉凶令立名字相師問言此兒生時有何瑞相荅言第一太子其母弊姤憍慢自大從懷子来其性調善和顏悅語慈愍衆生相師荅言兒福徳然名曰善友(四分律云善行賢愚經云迦良那伽)(梁言善事)第二夫人生者問瑞相各言其母由来調善言適衆心懷任已来其性卒暴發言麁惡相師荅言是兒之行使母如是名曰惡友(四分律云惡行賢愚經云波婆伽梨)(梁言惡事)至年十五善友太子聦明慈仁好喜布施父母偏念視如眼目惡友暴惡父母所憎而不喜見姤嫉於兄常欲毀害觸事不從違逆反戾太子導從前後作倡伎樂大衆圍繞出城觀看見有耕者墾土出虫烏隨啄食慜而傷之問左右言此作何物共相殘害荅言國依於民民依飲食食依耕種太子言苦哉苦哉前行復見男女紡織又問此作何物荅言紡織作諸衣服以遮慙愧蔭覆五形太子言此亦勞苦非一也轉復前行見一屠牛剥羊又問此復是何荅言屠煞賣肉以供衣食太子言恠哉苦哉強弱相



害結殃累刼轉復前行見網烏餌魚又問又荅張烏捕魚太子悲淚滿目世間衆生造諸惡本衆苦不息憂愁不悅即迴車還宮王問何故憂愁太子具以上荅王言未甞不有何足愁也太子言令欲從王求索一願願得國藏財寶用施一切王言隨意太子即使傍臣開王庫藏以五百大象負載珎寶出四城門宣令國土隨有所欲恣意自取善友太子聲聞八方一切運集未久之間三分用一藏臣白王王冝思量王言不欲違之後復經少時諸臣共議國依庫藏庫藏空竭國亦虗矣復往白王所有財寶三分用二王冝深思王言不欲違之卿等可小稽遲莫令掤其心也太子欲開庫藏時守藏臣緣行不在鄭重退逐差手不遂太子言小人何敢違逆我意當是父王教耳夫孝子者不應傾竭父母庫藏我今應當自求財寶給足衆生我若不能給足一切衆生衣被飲食稱意與者云何名為大王太子即集諸臣百官共議言夫求財

利何兼取勝或言田種或言畜養有一大臣言世間求利莫先入海採取妙寶若得摩尼寶珠者便能稱意給足一切衆生太子言然即以白王王聞咽不得語後語太子國是汝有庫藏珎寶隨意取用何為入海汝為吾子生長深宮卧則幃帳食則恣口今遠涉遠路飢渴寒暑誰得知者大海之中衆難非一或有惡鬼毒龍猛風波浪水色之山摩竭大魚往者千万達者一兩汝今云何欲入大海太子即便五體投地四布手足而作是言父母若不聽者我便捨命終不復起王及夫人即前勸諫終不飲食到於六日父母憂恐畏其不濟七日捉手善言誘喻太子言父母若不許者必沒於此第一夫人白王言如子心意難可傾動不可違废何忍見子捨命於此願王垂愍聽入大海故万有一冀今不聽者必喪於此王便聽許太子歡喜頭面禮王大王宜令誰欲入海衆人聞之歡喜聚集與五百人皆言大王我等今者隨從太子有一海師



前後數反入於大海善知道路通塞之相而年八十兩目眼盲王白導師吾唯一子未更出門勞屈大師隨入大海願見隨從導師即告曰大海留難辛苦非一往者千万達者一二大王云何能令太子遠涉嶮道王報導師為憐愍故隨從聽許導師言不敢違逆太子莊嚴五百人行具載至海邊惡友念言善友為父母偏心愛念今入大海採取妙寶若得還者父母當遺棄我白父母言欲隨善友入海採寶父母荅言隨意道路急難之時兄弟相隨必相救護及至大海以七鐵鎖鎖其船舫停自七日日初出時太子擊鼓唱令汝等諸人誰欲入海入者默然若戀親愛可還去矣大海之中留難非一大衆默然即斷一鎖舉者船上日日唱令至第七日即斷七鎖望風舉帆太子慈心福德力故無諸留難得至海洲至珎寶山太子擊鼓宣令道路懸遠速載珎寶極停七日復作是言此寶甚重閻浮提中亦無所直莫大重載船舫沉沒不達所



在莫過少取道路懸遠不足補勞裝束已訖與諸人別而作是言汝等於是善安隱歸吾方欲前進採摩尼寶太子與盲導師更次前進路行一七日水齊到膝復更前行一七日水齊到頸又復前進一七日浮而得渡即到寶處導師問言此何物地太子荅言其地純是白銀沙導師言四望應當有白山汝見之未太子言東南方有一白銀山至此山下導師言次應到金沙導師疲乏悶絕躃地語太子言我命不久必死於此太子於是東行一七當有金山從山復更前進一七純是青蓮華復前行一七其地純是紅赤蓮華復過一七有大寶城純以七寶裝挍龍王所止龍王耳中有一摩尼如意寶珠汝往從乞若得珠者能滿閻浮提雨衆七寶衣被飲食醫藥聲伎隨意能出名如意珠導師語已氣絕命終太子抱持舉聲悲哭一何薄命生失於汝即埋著地中金沙覆上右繞七匝頂禮而去前過金山見青蓮華下有青虵此虵有三種毒

經律異相卷第三十一　第十二張　食字号

所謂嚙毒觸毒氣毒嘘毒此諸毒虵以身繞蓮華張目喘息而視太子太子即入慈心三昧起進前路踰蓮華葉時諸毒虵不毀不傷至龍王住處七重城塹滿中毒龍共相蟠結舉頭交頸守護城門太子到城門外見諸毒龍即慈心念閻浮提一切衆生今我身若為此毒龍所害者汝等衆生皆失大利即舉右手告毒龍曰汝等當知我為一切衆生欲見龍王毒龍開路令太子入見二玉女紡頗梨縷太子問曰汝是何人荅言我是龍王守外門婢入到中門下見四玉女紡白銀縷太子復問汝是龍王婦耶荅言非也是龍王守中門婢耳太子入至內門見八玉女紡黃金縷太子語言汝是何人荅言我是龍王守門婢耳太子言汝為我通大海龍王云閻浮提波羅㮈國王太子善友欲來相見今在門下時守門者即以白王王大疑怪若非福德純善之人無由遠涉險路即請入宮王出奉迎紺琉璃為地七寶有種種光明耀動人目太子

經律異相卷第三十一　第十三張　食字号

說法示教利喜讚說施論戒論人天之論龍王心喜遠屈塗涉欲須何物太子言大王閻浮提一切衆生為衣服飲食受無窮之苦今欲從王乞左耳中摩尼寶珠龍王言受我微供一七日當以奉給太子受龍王請過七日持珠還閻浮提（賢愚經言到七寶城門堅閉見金剛杵在其門邊如師戒語取杵撞門門有五百天女為持寶珠來奉太子前一女珠琉璃色受綵我前耳）龍王使諸龍神飛空送之得到此岸見弟惡友問言汝徒黨伴侶今何所在荅言船舫沉沒一切死盡唯弟一身牽持死屍而得全濟一切財物今皆巳盡善友言天下大寶莫先巳身弟言不尒人願富死不願貧生何以知然弟曾至冢閒聞諸死鬼作如是論善友真直以寶語弟汝雖失寶亦是閑耳吾今巳得龍王如意寶珠弟言今在何處善友言今在髻中弟聞生嫉妬白善友言快哉甚善得此寶珠宜加守護善友解珠與弟而誡之言汝若疲卧我當守護我若眠時汝應守護時惡友次應守珠其兄眠熟起取二乾竹刺刺兄兩目（四分律云以佉羅陁樹刺之）奪

經律異相卷第三十一　第十四張　食字号

珠而去善友喚惡友此有賊刺我兩目持寶珠去惡友不應兄便懊惱恐為賊煞如是高唱聲動神祇經久不應樹神發聲言汝弟惡友是汝惡賊刺汝兩目持寶珠去太子悵然憂恚苦惱惡友賫珠還國白父母言我身福德而得全濟善友與伴没水死盡父母大哭悶絕躄地語惡友言汝云何乃能提是面來惡友聞是語巳心生懊惱即以寶珠埋著土中善友被刺無人為拔俳佪婉轉靡知所趣當時苦惱大患飢渴求生不得求死不得漸漸前行到利師跋國其王有女先許與波羅㮈王子善友有一牧人為王放五百牛隨逐水草太子坐在道中牛群並過牛王騎太子上令諸牛過然後移足右旋婉轉反顧迴頸吐舌舐太子兩目拔出竹刺牧人見之問言汝是何人善友不陳本末荅言我是盲乞兒耳牧人遍案有異人相語言我家在近當供養汝即將還家與種種飲食誡勑家人汝等侍之如我不異經月餘日其家猒患善友

悵然明旦白主人言我今欲去主人
曰有何不適善友曰客主之儀勢不
得久善友言若念我者乞我一鳴箏
送我著多人聚落時主人即隨意供
給送到利師跋城多人衆處善友彈
箏其音和雅悅可衆心一切大衆共
給飲食王有一果園其園茂盛常患
鳥雀時守園監語善友言為我防護
鳥雀我相供給我以繩結諸樹頭安
施銅鈴汝坐樹下聞鳥雀聲牽挽繩
頭善友言如是我能安處樹下兼復
彈箏以自娛樂時利師跋王女侍從
入園見此盲人即往其所問言汝是
何人荅言盲乞人耳王女心生愛念
不能捨離王復遣使往喚女歸女言
不去為我送食供此盲人飲食訖竟
白大王言王今持我與此盲人甚適
我願王言鬼魅著女顛狂心乱云何
欲與盲人共居父母先以汝許與波
羅㮈王太子善友善友入海未還汝
今云何為乞人婦女言雖尒乃至捨
命終不捨離王聞是語不能非逆即
遣迎盲人来閇著静室王女語盲人



云我今共汝以作夫婦善友報言汝
是誰家女欲為我婦荅言我是利師
跋王女善友報言汝是王女我是乞
人云何能相恭敬婦言我當盡心供
奉後婦出行不白其夫良久乃還善
友責數汝私出外而不白我何處行
還婦言我不私行誓言私與不私誰
當知汝婦自呪誓我若私行令汝兩
目始終不差若不尒者使汝一目平復
如故作是願已平滿如故精光清徹
婦言汝信我不善友含笑婦言汝不
識恩養我是大國王女汝是小人而
我盡心供事於汝而不體信誓言汝
識我不荅我識汝是乞人誓言非也
我是波羅㮈王善友太子婦言汝大
愚癡人云何乃發是言波羅㮈王太
子入海未還汝今妄言吾不信也善
友言我從生来未曾妄語婦言虛之
與實誰當信之誓言我若欺誑汝者
使我一目永不得愈若實語者使我
一目平復如故令汝得見即如所誓
睛光耀動如本不異善友太子兩目
平復面首端正妙色超絶婦見歡喜

如蒙賢聖遍體瞻視目不暫捨即入
宮中白父王言今我夫者即是善友
太子王言癡人善友未還云何名乞
人為太子也女言不也若不信者可
一視之王即往看識是善友即懷恐
怖而作是言波羅㮈王若聞此事嫌
我不少即前懺謝善友太子我實不
知太子言无苦為我餉致給與此牧
牛人王即以金銀珎寶衣被飲食并
與所放五百頭牛共人歡喜稱善无
量而我未有纖恩報我如是高聲唱
言夫陰施陽報弘廣無量大衆聞者
皆發施心善友未入海時養一白鴈
衣被飲食行住坐卧而常共俱夫人
報此鴈言太子在時常共汝俱今生
死未分汝不感念太子鴈即悲鳴婉
轉啼淚報言欲覓太子夫人手自作
書以結鴈頸身昇虛空飛翔而去飛
至大海求覓不見次第往到利師跋
國遥見善友在宮殿前其鴈往趣悲
鳴歡喜太子即取母書頭頂礼敬發
封披讀即知父母晝夜悲哭追念太
子兩目失明太子手書以具上事書

結鳫頸還波羅㮈父母得書歡喜踊躍稱善无量具知太子為惡友所苦奪取寶珠父母相㭼惡友閇著牢獄遣使往告利師跋王汝今云何擁遮太子令我憂苦利師跋王心生恐怖即嚴服太子送著界上遣使往白以女妻之遣送還國父母乘大名鳥作唱妓樂掃灑燒香懸繒幡蓋遠迎太子國土人民男女夫婦聞太子還皆出奉迎太子前礼父母父母目冥不見太子以手捫摸汝是善友非我等念汝憂苦如是太子問訊父母起居說竟太子白父王言惡友何在王言今在牢獄太子言願放惡友得與相見如是至三王不忍拒便勑出之即前抱持善言誘喻軟語問訊汝擬勞苦持我寶珠今在何處如是至三而方報言在彼土中太子還得寶珠往父母前跪燒衆妙香即呪誓言此珠是如意寶者令父母兩目明淨如故尋時平復見子歡喜太子於月十五日朝淨自澡浴著鮮潔衣燒妙寶香於高樓上手捉香爐頭面頂礼摩尼



寶珠立誓願言我為閻浮提一切衆生忍此苦求是寶珠時東方有大風起吹去雲霧皦然明淨并閻浮提所有糞穢大小便利灰土草莽清風吹盡悉令清淨以珠威德於閻浮提遍雨成熟自然粳米香甘軟細色味具足滿渠盈滿積至于膝次雨衣服珠環釵釧次雨七寶衆妙伎樂衆生所須皆悉充足後月蓋王崩即嗣立焉惡友啓曰我乞食自活王言汝守護我頭我與汝食王復睡眠拔刀欲斬王首而其首自墮王覺問之荅曰天造其業時父者今悅頭檀是時母者今摩耶夫人是惡友者提婆達多是月王女者瞿夷是善友者我是也出報恩經第四又出賢愚經第二生經大同小異

長生欲報父怨後還得國三

昔有菩薩為大國王名曰長壽王有太子名曰長生王治以正刀杖之苦不加吏民風雨以時五穀豊饒有隣國王立行暴害不修正治國民貧困謂傍臣曰聞長壽王多饒豊樂無兵革之備我欲奪取臣曰大善興兵文



伐長壽王告群臣曰彼貪我財若與交戰必傷我人民夫爭國煞民吾不忍也群臣不從發兵出界迎而拒之王與太子踰城幽隱貪王入國募求長壽賞金千斤錢千万後王出道邊樹下遇婆羅門問何處來荅曰我貧道士聞長壽王好施遠來告乞王默念值我失國悲淚曰我即是王也遇我如此无可相副兩人涕泣王曰我聞新王求我甚重卿持我頭詣之必獲厚賞婆羅門曰我之薄福不敢承命王曰卿故遠來遇我困之人生會有死願以相惠何為辭讓荅曰何忍相煞必欲惠施者願相隨還國於是同反臨至城門王令其縛白貪王貪王即賞金錢遣令還去於四街道欲燒煞長壽郭邑草野莫不呼天太子聞之出當父前心中悲痛父恐子報怨讎乃仰天歎息曰此死我之所樂也欲為至孝使汝父死不恨勿報怨也長生不忍見父死還入山中王既死後長生念言我父仁義深篤至死不轉貪王无狀不別善惡枉煞我父

我不能忍若不殺之終不肯生乃出
傭賃大臣借其種菜菜好大臣問園
監監荅借得一人甚懃能也大臣呼
長生問言卿能作飲食不荅曰能
後乃請王飲食甘美王問誰作荅曰
作人王即呼還言使作飲食王後問
曰汝能習兵法不對曰最便王使侍
左右告之曰我有惡家恒恐相值今
相恃怙相助備之對曰唯當為王展
力効命後日王問寧好獵不對曰臣
少好獵王便勑外嚴駕因與長生共
出遊獵適入山林便見走獸王與長
生馳而逐之轉入深山失道三日遂
至飢困王因下馬解劍以授長生曰
我甚疲極汝坐我欲枕汝膝卧長生
拔劍欲殺貪王思其父勑內劍而止
如是三過王便驚寤問長生曰我夢
見長壽王子欲來見害長生曰是中
強鬼來相恐耳寂後云原殺長生曰
我是即長壽王太子故來欲殺大王
我父臨死苦囑莫報王怨我思父教
投劍於地以從父勑雖尒猶恐後日
迷惑失計願大王便殺我身王乃自



悔曰我為凶逆不別善惡賢者子父
行仁淳固至死不轉而我貪酷初不
覺知今日命屬子手子故懷仁惟憶
父言寧不相害誠感厚恩今欲還國
當從何道長生言我知道徑前故迷
王欲報父怨耳遂俱出林便見部曲
王還本國以此國還太子共結兄弟
誓不侵奪更相貢遺共濟急難長壽
王者我身是太子者阿難是貪王者
調達是 出長壽王經

遮羅國儲形醜失妃運智還得四

昔遮羅國王適后無嗣王甚悼焉命
曰尒歸汝宗以求有嗣之術后泣辭
退誓命自捐投隕山阻遂之林藪帝
釋感曰斯王后者故世吾姊也今以
無嗣捐軀山險愴然愍之忽尒降焉
以器盛果授之曰姊尒吞斯果必有
聖嗣將為世雄若王有疑以器示之
斯天王神器明證之上者后仰天吞
果忽然不覩即覺身重還覩王具以
誠聞月滿生男厥狀醜陋世間希有
年在齠齔聰明博暢智策無籌力能
躃象走獲飛鷹舒聲震響若師子



吼名流遐迩八方咸嗟王為納隣國
之女厥名月光端正姸雅世好備足
次有七弟又亦姝好后懼月光惡太
子狀訛曰吾國舊儀室家無白日相
見視之重者也妃无失儀矣對曰敬
諾不敢替尊教自斯之後太子出入
未常別色深惟本國與七國為敵力
爭無寧兆民呼嗟吾將權而安之心
自惟曰吾體至陋妃覩必邁啓母欲
一覩妃儀容后曰尒狀醜妃容華艶
太子重辭后愍之將妃覲焉太子陽
為牧人妃覩之曰牧人醜乎后曰斯
先王牧夫矣後將覲象妃又覩焉疑
之曰吾之所由輙覩斯人將是太子
乎妃曰願見太子之光容后即權之
令其弟出遊以太子官僚翼從妃觀之
厥心微喜後又入苑太子登樹以果
擲背妃曰斯是太子定矣夜伺其眠
嘿以火照覩其姿狀懼而奔歸台妃
忿曰焉使妃還乎對曰妃邁天下太
平之基民終寧其親矣拜辭尋之至
妃國陽為陶家賃作瓦器又入城賃
淤又為大臣賃養馬肥又為太官監

典諸餚饍以美入內王有八女並於（經律異相卷第三十二　第二十四張　舍）其事月光不盻帝釋歎曰菩薩憂濟衆生乃至于茲吾將攉而助之挑七敵國化為月光父王手書以月光妻之七國興礼造國親迎倶云聘娶王女名曰月光訟之紛紜各出手書厥惡齊聲云當滅尒嗣其為不貳使還書僉然詰曰以尒一女為七國怨齊兵威發念尒曾國在于今矣王聞懼曰斯禍將至乃宿行所拈謂月光曰尒為人妃若賢明愚吉凶好醜厥由宿命孰能攘之而不貞一盡孝尊奉薄智還國禍至于茲吾今當七分尒屍以謝七王耳月光泣曰願假吾命漏刻之斯募求智士必有能却七國之患者也王即募曰孰能攘斯禍者妻以月光育以元福太子曰疾作高觀吾能攘之觀成太子攉病躇步頓地須月光荷負尒乃却敵矣月光惶怖懼見屠戮扶揢登觀太子高聲曰七國王厥音遠震若師子之吼喻以佛教為大赦民當以仁道而今興怒威即禍著禍著即身亡國亡其由名

色乎七國師雄靡不尸蹌者斯須而（經律異相卷第三十二　第二十五張　含）蘇欲旋本土太子啓王婚姻之道莫若諸王矣何不以七女適彼七王子聟為蕃屏王元康矣臣民休矣親獲養矣王曰善哉斯樂大矣遂命七王以女妻之八聟札敬君臣欣欣王逮臣民始知太子月光之舊聟也即還良輔武士翼從各各還國九國和寧地民抃儛僉然歎曰天降聖權非凡所照徳聚功成晏然無譏還國有年大王崩殂太子登位大赦衆罪以五戒六度八齋十善教化地民灾孽都息國豐衆安大化流行皆奉三尊徳盛福歸衆病消滅所以然者菩薩宿命在家倶耕令妻取食望覩妻還與一辟支佛倶行隱山崖久久不至疑心生焉興忿執鋤欲往揰之至見其妻以所食分供養沙門退叉手立沙門食竟挑鉢虛空光明偉曄飛行而退聟心悔愧念妻有徳乃致斯尊吾有重愚將受其殃即謂妻曰尒供養福吾當共之餘飯倶食尒無就也至其命終各生王家妻有淳慈之恵生

而端正聟先恚而後慈故初醜而後（經律異相卷第三十二　第二十六張　含）好也太子者我身是妻者倶夷是父王者白淨王是母者吾母舍妙是天帝釋者弥勒是開士世世憂念衆生拯濟塗炭（出遮羅國王經）

慕魄不言被埋後言得脩道五

時波羅奈國王太子名曰慕魄端正絶雙自識宿命无數刧事所更善惡壽夭好醜皆悉知見年十三歲閉口不語王唯一子舉國愛重當襲王位不說飢寒恬惔質朴意若枯木雖有耳目不存視聽智慮雖遠如无心志猶若盲聾不說東西狀如矇懟不與人同其父憂慮甚用患苦深耻隣國恐見淩蚩因呼國中婆羅門問之此子何故不能言語諸婆羅門言此子雖面目端正內懷不祥欲害父母危國滅宗將至不久不復生子者皆是此惡子所妨宜生埋之王身可全保國安宗然後更得生貴子耳不著甚危王信枉愚謂為審然即用愁憂坐起不寧伎樂不御服美不甘即與耆長大臣共議之言遠棄深山或言投

沉深水有一臣言但作深坑旁入如室給與資粮侍以五僕生置其中從命所如王即隨之太子悲感傷其愚惑其母憐愛之用傷絕曰我子薄命乃值此殃涕泣懊悔事不得已俛仰放捨悉取太子所有衣服瓔珞珠寶皆用送之僕使於外因共作坑作坑未竟慕魄獨於車上深自思惟心與口語王及人民皆共謂我審為癡瘂所以不語欲捨世緣安身避惱濟神離苦耳今反為狂詐所危既沒身命陷墮彼人便默自取其瓔珞珠寶持去作坑人輩不覺慕魄取物去時慕魄即到水邊淨自澡浴以香塗身悉取衣被瓔珞著之到掘坑所問曰作坑何施其僕對曰王有太子名曰慕魄瘖瘂聾癡年十三歲不能言語我等作坑欲生埋之太子荅曰我即慕魄也作人驚怖走視車上不見所在還至坑所諦熟觀察聽聞言語絕有異聲光景如月世所希聞動其左右行者駐步坐者為起飛鳥走獸皆來會聚伏太子前聽太子語又曰觀我



手足察我形容云何群迷信此狂詐生見埋棄發言成章左右驚惶皆作礼叩頭求哀原赦太子曰今已見棄不宜復還僕即奔馳以白王王聞悲喜即與夫人駱駕往迎王未到須慕魄自念當行學道帝釋化作園樹快樂無比王遥見太子在樹下坐慕魄見王即起迎逆王為作礼慕魄則白大王就坐王聞太子語言音聲威神無量震動天地絕无雙比則大歡喜便繞慕魄共還入國居位理政吾請避席慕魄曰不可我以媿獸地獄懃苦愁毒多端吾昔曾作王名曰須念以政法治國奉行衆善二十五年鞭杖不加刀兵不設獄無繫者惠施仁愛恩德流普救濟窮滯無所貪惜雖有此行猶犯微罪終墮地獄六万餘歲煎煑剥裂痛酷難忍求死不得生無聊賴當尒之時父母有財富而且貴快樂無極寧能知我在彼地獄考治劇乎豈復能来分取我苦所以墮罪者往昔作王小國領屬性甚慈仁戒德方峻法令不嚴諸小國王皆見



輕易咸共謀議令此大王既善且弱威筭不攝德不堪任揔御大國當應誅罸廢退之耳即舉兵衆來征大國時王須念送以珎琦財寶皆賜遺之復以重官厚禄撫䘏慰喻而安之即還本國如是未久復來攻罸數數非一大國群臣上白大王諸小臣國愚瞎無義不慮罪疊數為慢突謀殺悖逆單犯尊上令民驚擾防備不息當應誅斬以除寇害王曰為民父母當務仁化恕己育物危命濟衆彼猶嬰孩愍其無識以漸誘導不忍加害王普愛物命永無誅罸大國群臣不忍數為屬城小國所易忿不顧難舉兵討伐殘殺人民大王雨淚即為諸國死亡人民服喪猶子矜愍無極諸小國王見大王慈心矜念人民即皆降伏遂來歸附大王普設珎膳應須烹殺牛羊六畜以具衆味輙先啓王王心雖慈事不獲已頤頭即可緣是得罪懃苦如是每一念之心甚戰慄體虛冷汗追憶過世所更吉凶安危成敗恐復與會眞以靜默免脫瑕穢出度

塵勞永辭於俗不與厄會適復念欲閉口不言被王生埋恐王後時復得是殃因入地獄無有出期我意不欲令王得罪故復語耳守意無為不樂為王人民世間恍惚若夢宜家歡娛須臾間耳計命無幾憂畏延長樂少苦多衆惱萬端是故智者以國財寶恩愛為累衆欲為塵使吾為王當復憍逸貪求快意令民憂煩天下之大患也今欲除棄反流盡源拯濟未度生世若寄無一可恃不貪富貴不重珎寶棄捐世榮思想大道高明遠逝自拔於世父王曰汝為智人不可便尒慕魄曰何聞父子生而相棄骨肉已離為行甚逺皆相迎接徒益勞煩父覩志堅冈然失措無辭可荅乃曰汝如前世作國王時奉行衆善財有小失非所憶知而尚受罪懃苦如是今我治國不奉政法既無微善反是愆非純行危殆罪當何甞便放太子聽行學道

太子於是棄國捐王不務人物一心專精念道修德功勳累積遂至如今



慕魄者我身是父王者閱頭檀是母者摩耶是相師調達是時侍僕者阿若拘隣等五人是出太子慕魄經

薩埵王子捨身六

過去有王名摩訶羅陁修行善行國无怨敵王有三子長名摩訶波郝羅次名摩訶提婆小名摩訶薩埵共出遊觀至一竹林憩駕止息轉復前行見有一虎新生七日七子圍繞飢餓窮悴身體羸損命將欲絕第一王子言佐哉此虎不得求食為飢所迫必還噉子第三王子言此虎經常所食何物第一王子曰食熱血肉第三王子曰誰能與此虎食第二王子曰其餘命无幾設餘求者必不濟及誰能不惜身命第一王子曰難捨之至莫過己身第三王子曰智慧薄少貪惜深重不能捨身聞即驚怖惟有大士心懷慈悲為饒益他捨此身命不足為難皆懷憂念熟視而去第三王子心念我捨身時至自從昔来空弃此身都無所為常護屋宅衣服飲食種種將養令無所乏不識恩愛反生怨



害終歸无常既無利益可惡如賊又如行廁我今此身於生死海作大橋梂无量癰疽癩疾百千怖畏大小便利筋血皮髓共相連持我今當捨以求寂滅無上涅槃無量禪定智慧功德具足成就微妙法身與諸衆生作諸法樂慮其二兄為作留難即便白兄可與眷屬前還所止薩埵還至虎所脫諸衣裳懸置竹上我為善提智永離三有即自放身卧餓虎前虎不能食以乾竹刺頸從高投下大地震動日無精光天雨雜華種種妙香空中讚言得未曾有虎即舐血漸能噉肉轉得食力唯餘骨在出金光明經第四卷

人藥王子救疾七

過去世時閻浮提人疾病刧至普皆疾惱尒時閻浮提王名摩醯斯郝領八万四千大城威勢自在㝡大夫人懷姙以来手觸病者皆得除差月滿産男生而即說言我能治病又亦生時閻浮提内諸天鬼神皆共唱言今王所生便是人藥以是音聲普流聞故字曰人藥時將病人示此王子諸

病人至王子手觸若以身觸即皆得差安隱快樂人藥王子於千歲中如是治病後則命終諸病人來聞其已死憂愁啼泣誰復度我病痛苦惱諸病人言人藥王子何處燒身問知所在趣其燒處出骨擣末以塗其身即皆得差骨盡之後至燃身處病皆得差人藥王子我身是也（出菩薩藏經下卷）

有王子聞宿命事怖求以還佛八

有一王子欲知宿命乃以問佛佛言不用知之令人憂愁王子故欲得知如是至三佛便授戒令知宿命於是王子自視其事十五應死憂愁不可言至年十五便死王家埜埋種栢長大下根入地正當其心識神故在體視栢根生正貫我心為生貫其心於是從根出栢菜之間復見羊來自念此羊敢栢當復害我會羊來食在羊腹中從羊屎出依附羊屎園家録載取以糞韮依韮菜間會王后思韮勑外令送園師持刀欲割取韮恐刀見害事事愁憂弥不可言園師割韮束送王家在韮束中王家得韮后便食之隨韮



入腹作子月滿便生遂年長大復識宿命便詣佛所白言我不復用知宿命令我愁憂令以知宿命還佛佛語太子我尒時不欲與汝汝為欲得之乃悔可聽（出雜譬喻經第八卷）

無畏王子耆婆學術九

王舍城有童女字婆羅跋提王勑為立婬舍有共宿者晝夜二百兩金四方人集觀望極好時瓶沙王子字無畏與此婬女共宿遂便有身時婬女勑守門人言若有求見我者荅言我病後日月滿生一男兒顏貌端正時彼婬女即以白衣裹兒勑婢棄巷中无畏王見問傍人言此是何等荅言此是小兒問言死活荅言故活使人抱還舍與乳母養之即為作字名耆婆童子後漸長大王子愛之喚而語言汝欲久在王家無有才伎不得空食王禄可學伎術荅言尒即從得叉尸羅國醫姓阿提梨字賓迦羅學經歷七年乃白師言我習學何當有已時師與一籠器及掘草之具汝可於得叉尸羅國面一由旬求覔諸草有非



是藥者持來時耆婆童子即如師語周竟不得非是藥者所見草木及一切物善能分別知所用處無非藥者還以白師師荅汝今可去醫道已成我於閻浮提中最為第一我若死後汝復有汝歸婆伽陁城城中大長者婦十二年中常患頭痛衆醫治療而不能差耆婆聞之即往其家語守門人言白汝長者有醫在門外守門人以白長者長者婦問言醫形貌何似荅言是年少彼自念言老宿諸醫治之不差況復年少若無所損喚入時耆婆詣長者婦取好藥以蘇煎之灌長者婦鼻及口中蘇唾俱出使人以器承之蘇還收取唾別棄之時耆婆言此少蘇不淨猶尚慳惜況能報我長者婦荅言為家不易棄之何益可用然火是故收取汝但治病何憂如是後病得差時長者婦與四十萬兩金并奴婢牛馬耆婆還王舍城到無畏王子門王喚入以前因緣具白王子以所得物盡用奉上王子言此是耆婆童子最初治病（出四分律三分第二卷即被過說事聊異故兩存之）

經律異相卷第三十二

癸卯歲高麗國大藏都監奉
勑彫造

# 經律異相卷第三十二

## 校勘記

一　底本，金藏廣勝寺本。一三九頁上至卷末原版殘缺，以麗藏本補。

一　一三二頁中二行「梁沙門僧旻寶唱等集」，資、磧、普、南作「梁沙門僧旻寶唱撰」；徑、清作「梁沙門僧旻寶唱等奉勅撰」。

一　一三二頁中二行與三行之間，資、磧、普、南有「行菩薩道下諸國太子部中」；徑、清有「行菩薩道諸國王子部第二十二之二」各一行。

一　一三二頁中三行至一一行目錄，徑無。

一　一三二頁中三行「能施王子八海採寶緣一」，資、磧、普、南、清作「能施求珠雨寶施閻浮人一」；麗作「能施王子入海採寶緣一」。

一　一三二頁中一一行「王孫」，清作「王子」。又末字「力」，資、磧、普、南、清、麗作「九」。

一　一三二頁中一二行「能施王子入海採寶緣一」，資、磧、普、南作「能施求珠雨寶施閻浮人一」；徑、清作「能施求珠雨寶施閻浮人第一」。

一　一三二頁中一三行「釋迦文尼佛本身作大醫王」，資、磧、普、南、徑、清作「有大醫王」。

一　一三二頁中一四行「衆生」，資、磧、普、南、徑、清無。

一　一三二頁中一五行「周救」，資、磧、普、南、徑、清作「周贍」。

一　一三二頁中二一行「嘩咷」，徑、清作「號咷」。

一　一三二頁中末行第一三字「中」，資、磧、普、南、徑、清無。

一　一三二頁下七行「年月」，諸本（不含石，下同）作「年長」。

一　一三二頁下八行「以施盡」，麗無。

一　一三二頁下一四行首字「不」，磧作「末」。

一　一三二頁下一六行「一且」，諸本作「一旦」。

一　一三三頁上一行「有盲人」，資、磧、普、南、徑、清作「有一盲人」。

一　一三三頁上八行「周懷」，資、磧、普、南、徑、清作「同懷」。

一　一三三頁上一四行「衆貫」，資、磧、普、南、徑、清作「衆寶貫」。

一　一三三頁上一八行「仰援」，資、磧、普、南、徑、清作「仰攀」。末行同。

一　一三三頁上二〇行「臨岸」，資、磧、普、南、徑、清作「險岸」。

一　一三三頁中八行第六字「踰」，資、磧、普、南、徑、清作「蹈」。

一　一三三頁中一七行「父母」，磧作「父子」。

一　一三三頁下九行末字「冐」，資、磧、普、南、徑、清作「致」。

一　一三三頁下一六行首字「告」，諸本作「吉」。

一　一三四頁上三行「人言所湏」，資、磧、普、南、徑、清作「人之所湏」。

一　一三四頁上五行夾註左首字「弟」、資、磧、普、南無。

一三四頁上六行末字「二」，徑、清作「第二」。

一三四頁上八行「月蓋」，資、磧、普、南、徑、清作「月益」。一〇行同。

一三四頁上九行「嫌悋當共」，資、磧、普、南、徑、清作「嫌隙當共」；麗作「嫌郄當共」。

一三四頁上一六行夾註左「金色」，資、磧、普、南、徑、清作「黑色」。

一三四頁上二二行「野干鳴」，資、磧、普、南、徑、清作「野干哀鳴」。

一三四頁上末行首字「就」，資、磧、普、南、徑、清作「然」。

一三四頁中三行「弊妬」，徑、清作「憋妬」。

一三四頁中五行「福德然」，諸本作「福德使然」。

一三四頁中六行正文「各言」，磧、普、南、徑、清、麗作「答言」。

一三四頁中七行「懷任」，諸本作「懷妊」。

一三四頁中九行夾註左「彼婆伽梨」，資、磧、普、南、徑、清作「波婆梨伽」。

一三四頁中二一行「見一」，諸本作「見人」。

一三四頁下一一行「運集」，磧、普、南、徑、清作「雲集」。

一三四頁下一六行第八字「稱」，資、磧、普、南、徑、清作「不稱」。

一三五頁上七行末字「今」，資、磧、普、南、徑、清作「今者」。

一三五頁上一八行「達度」，資、磧、普、南、徑、清作「達庚」。

一三五頁上一九行「垂愍」，資、磧、普、南、徑、清作「垂慈」。

一三五頁上二二行第九字「具」，麗作「其」。

一三五頁中二行「朦盲」，資、磧、普、南、徑、清作「矇盲」。

一三五頁中三行「未更」，資、磧、普、南、徑、清作「未曾」。

一三五頁中四行「告曰」，資、磧、普、南、徑、清作「哭曰」。

一三五頁中五行「一二」，資、磧、普、南、徑、清作「一兩」。

一三五頁中一四行第六字「舫」，麗無。又「停自七日」，諸本作「停住七日」。

一三五頁下二行末字「於」，資作「誰」。

一三五頁下七行「物地」，資、磧、普、南、徑、清作「物地耶」。

一三六頁上一行「嚙毒」，資作「齒毒」。

一三六頁上七行「慈心」，資、磧、普、南、徑、清作「入慈心」。

一三六頁上一〇行第三字「爲」，資、磧、普、南、徑、清作「今爲」。

一三六頁上一一行「玉女」，磧作「王女」。

一三六頁上一九行「欲來」，資、磧、普、南、徑、清作「故來」。

一三六頁中五行第一三字「一」，資、磧、普、南、徑、清無。

一三六頁中七行夾註右「城門」，

- 資、磧、普、南、徑、清作「城城門」。
- 一三六頁中八行小字右「門門」，資、磧、普、南、徑、清作「門門開」。又「爲持」，資、磧、普、南、徑、清作「各持」。又，左「受結衣角耳」，資、磧、普、南、徑、清作「受繫衣角」。
- 一三六頁中一六行「寶語」，諸本作「實語」。
- 一三六頁中一九行第二字「姤」，資、磧、普、南、徑、清無。
- 一三六頁中二〇行「誡之」，資、磧、普、南、徑、清作「誡勅」。
- 一三六頁中末行夾註左末字「之」，資、磧、普、南、徑、清無。
- 一三六頁下八行「大哭」，資作「嘷哭」；磧、普、南、徑、清作「號哭」。
- 一三六頁下九行第四字「提」，資、磧、普、南、徑、清作「持」。
- 一三七頁上末行首字「遣」，諸本作「遣使」。又第六字「閅」，磧、普、南作「閑」。
- 一三七頁中一〇行「精光」，資、磧、普、南、徑、清作「睛光」。
- 一三七頁中一四行第四字「答」，資、磧、普、南、徑、清作「答言」。
- 一三七頁中一七行「妄言」，資、磧、普、南、徑、清作「妄言耳」。
- 一三七頁下末行末字「書」，資、磧、普、南、徑、清無。
- 一三八頁上一三行「説竟」，諸本作「訖竟」。
- 一三八頁中二行「此苦」，諸本作「此大苦」。
- 一三八頁中九行「盖王」，諸本作「益王」。
- 一三八頁中一一行「我頸」，資、磧、普、南、徑、清作「我頭」。
- 一三八頁中一四行「失人」，諸本作「夫人」。
- 一三八頁中一五行至一六行夾註「出報恩經第四又出賢愚經第二生經大同小異」，資、磧、普、南、徑、清作「出佛報恩經第三卷又出賢愚經大同小異也」。
- 一三八頁中一七行末字「三」，徑、清作「第三」。
- 一三八頁下九行第七字「副」，麗作「嗣」。又「渧泣」，諸本作「啼泣」。
- 一三八頁下一五行末字至次行首字「貪王」，資、磧、普、南、徑、清無。
- 一三八頁下一六行第一三字「道」，資、磧、普、南、徑、清作「道路」。
- 一三九頁上三行第八字「甚」，資、磧、普、南、徑、清作「甚之」。
- 一三九頁上九行「爲王」，資、磧、普、南、徑、清作「爲大王」。
- 一三九頁上一九行「云原殺」，資作「云原赦」；磧、普、南、徑、清作「去原赦」。
- 一三九頁上二〇行「是即」，資、磧、普、南、徑、清作「即是」。
- 一三九頁中四行第三字「寧」，資、磧、普、南、徑、清作「能」。
- 一三九頁中一一行末字「四」，徑、清作「第四」。
- 一三九頁中一四行第九字「阻」，

資、磧、普、南、徑、清作「殂」。

一一三九頁中二行「無籌」，資、磧、普、南、徑、清作「無儔」。

一一三九頁下一行「咸嗟」，資、磧、普、南、徑、清作「咨嗟」。

一一三九頁下八行「呼嗟」，磧、普、南、徑、清作「吁嗟」。

一一三九頁下一一行「覩焉」，資、磧、普、南、徑、清作「覩馬」。

一一三九頁下一六行第一三字「妃」，資、磧、普、南、徑、清作「后妃」。

一一三九頁下一九行末字「妃」，資、磧、普、南、徑、清無。

一一四〇頁上三行第一三字「挑」，磧、南作「逃」。

一一四〇頁上七行「不貳」，資、磧、普、南、徑、清作「不貸」。

一一四〇頁上八行「詰曰」，資、磧、普、南、徑、清作「誥曰」。

一一四〇頁上一三行第二字「智」，資、磧、普、南、徑、清作「壻」。

一一四〇頁上一五行第四字「斯」，普、南、徑、清作「期」。

一一四〇頁上一七行「元福」，資、磧、普、南、徑、清作「無福」。

一一四〇頁上二〇行首字「⿰忄勺」，資、磧、普、南、徑、清作「灼」。

一一四〇頁上二二行「収民」，資、磧、普、南、徑、清作「牧民」。

一一四〇頁上末行第五、六字「禍著」，資、磧、普、南、徑、清無。

一一四〇頁中四行「元康」，資、普作「亢康」；磧作「尤康」。

一一四〇頁中六行「君臣」，資、磧、普、南、徑、清作「居民」。

一一四〇頁中八行「各各」，資、磧、普、南、徑、清作「各令」。

一一四〇頁中一五行「在家」，資、磧、普、南、徑、清作「室家」。

一一四〇頁中一九行「挑鉢」，資、磧、普、南、徑、清作「擲鉢」。又「偉曄」，資、磧、普、南、徑、清作「暐曄」。

一一四〇頁下五行「拯濟」，資、磧、普、南、徑、清作「賑濟」。

一一四〇頁下六行末字「五」，徑、清作「第五」。

一一四〇頁下一三行「矇⿱頼心」，資、磧、普、南、徑、清作「矇⿱贛心」。

一一四一頁上四行第九字「絶」，資、磧、普、南作「紹」。

一一四一頁上五行「⿰忄鄉⿰忄伊」，資、磧、普、南、徑、清作「⿰口鄉咿」。

一一四一頁中一行末字「詐」，資、磧、普、南、徑、清作「誑」。

一一四一頁中五行首字「喜」，資、磧、普、南、徑、清作「且喜」。

一一四一頁中八行末字「白」，資、磧、普、南、徑、清作「曰」。

一一四一頁中一二行「媿猒」，資、磧、普、南、徑、清作「畏厭」。

一一四一頁中一三行「頃念」，資、磧、普、南、徑、清作「須念」。本頁下四行同。

一一四一頁中二二行「領屬」，資、磧、普、南、徑、清作「統屬」。

一一四一頁下二行「揔御」，資、磧、

普、南、徑、清作「統御」。

一 一四一頁下三行第二字「爵」，磧、普、南、徑、清作「伐」。下同。

一 一四一頁下四行第五字「送」，資、磧、普、南、徑、清作「逆」。

一 一四一頁下五行「而安」，資、磧、普、南、徑、清作「誘而安」。

一 一四一頁下八行「不慼」，資、磧、普、南、徑、清作「無慼」。

一 一四一頁下一四行「屬城」，資、磧、普、南、徑、清作「臣屬」。

一 一四一頁下二〇行「顄頭」，資、磧、普、南、徑、清作「鎮頭」。

一 一四一頁下二二行「冷汙」，資、磧、普、南、徑、清作「冷汗」。

一 一四二頁上一六行「冈然」，磧、普、南、徑、清作「惘然」。

一 一四二頁上一七行「汝如」，資、磧、普、南、徑、清作「如汝」。

一 一四二頁上末行「累精」，資、磧、普、南、徑、清作「累積」。

一 一四二頁中四行末字「六」，徑、清作「第六」。

一 一四二頁中一四行末字「其」，資、磧、普、南、徑、清作「其虎」。

一 一四二頁中一七行「第三」，資、磧、普、南、徑、清作「第二」。

一 一四二頁下一五行末字「七」，徑、清作「第七」。

一 一四二頁下一六行「疾病」，資、磧、普、南、徑、清作「疫病」。

一 一四三頁上九行末字「八」，徑、清作「第八」。

一 一四三頁上一八行「羊腹」，資、磧、普、南、徑、清作「羊腸」。

一 一四三頁上一九行第一一字「載」，資、磧、普、南、徑、清作「糞」。

一 一四三頁中四行末字「乃」，資、磧、普、南、徑、清作「今乃」。

一 一四三頁中六行末字「九」，徑、清作「第九」。

一 一四三頁中八行「晝夜」，資、磧、普、南、徑、清作「盡夜」。

一 一四三頁中一四行「問傍人」，資、磧、普、南、徑、清作「即問旁人」。

一 一四三頁中二一行第七字「我」，資、磧、普、南、徑、清作「我今」。

一 一四三頁下二三行夾註右末字「即」，資、磧、普、南、徑、清作「故是」。

經律異相卷第三十三 學聲聞道諸國太子部下

梁沙門僧旻寶唱等集　合

均隣儞悟世非常得羅漢道一
帝須出家得羅漢道二
祇陁捨五戒行十善請佛聞法得初道果三
鳩郝羅太子失寏眼得慧眼四
諸太子問佛已等有出家者佛出所更皆悉悟道五
冣勝王子植徳堅固終不可移六

均隣儞悟世无常得羅漢道一

有國王号曰梵摩難供養佛僧每至齋日王輙導從往到佛所佛每説法王輙歡喜恭敬聽經太子名均隣儞至心精進覺世非常無生不死不貪時榮而白王言佛世難值經法難聞乞作沙門王即聽之均隣儞便辭王到佛所乞為比丘佛便以手摩其頭頭髮自墮袈裟著身奉持重戒精進勤修晝夜不倦經三月日便得羅漢王時不知其已得道見其懃苦飯食麁蔬每往供養異於衆僧其心不同



輙謂之言我國中珎奇七寶飯食甘蕭無所不有汝何故樂為沙門乎均隣儞即自輕舉上住空中飛行變化分身散體出入無閒王見其尒悲心喜交集五體投地為均隣儞作礼佛令均隣儞為王説苦空非常四諦之法王即意解得須陁洹道 出梵摩難國王經

帝須出家得羅漢道二

阿育王始登位立弟帝須 阿育王經云毗多輸柯七夢經云善容 為太子而語之言汝可於佛法生善容信弟後遊獵入於林中見一仙人五熱炙身即起深信頭面礼足問曰住此幾時何所衣食若為安卧而起貪欲荅曰經十二年常食樹木果根結茅為服鋪草而卧見鹿行婬起我欲想帝須疑此苦行尚起欲心佛諸弟子安語樂行見欲能不起心既起欲心何得厭離即説偈言

仙人唐自苦　服氣除纖食　空食根葉菓
愛欲不能盡　釋迦牟尼子　衣食足温甘
不捨人所資　頻頭山浮提

帝須復言釋迦弟子誑王令作功德王聞告大臣云我弟於外道生信當



以方便令得正解我欲澡洗應入浴室卿可以天冠服餝莊嚴我弟令登我座及王浴時大臣勸帝須帝須從之王見語言我今未滅汝已御王乃命煞之多人執仗而圍遶之大臣白王此是王弟願王忍辱莫起瞋心荅曰我當忍辱於七日中暫與其國令其作王種種伎樂及諸婇女以供給之一切臣民皆往問訊行煞之人執刀門立日日啓王至第七日以王莊嚴阿育王大臣諸人將毗多輸柯共往問訊阿育大臣時王問言汝七日為王種種伎樂好聞見不以偈荅曰

我於七日中　不見不聞聲　不嗅嘗美味
亦不覺諸觸　我身莊嚴具　及諸婇女等
思惟懼死故　不假及此事　伎女歌儛聲
宮殿及卧具　大地諸珎寶　初無歡喜心
以見行煞者　執刀在門立　又聞摇鈴聲
令我懷死畏　死撅釘我心　不知妙五欲
既著畏死病　不得安隱眠　思惟死將至
不覺夜已過

王復語弟汝於一生中思惟死苦雖得上妙五欲而不生愛出家比丘於

經律異相卷第三十二　第四張　舍

十二入思惟無量生死及三惡道苦又思惟人中天上四維馳求終歸壞敗辟如空村無有居民以無常火燒諸世間佛諸弟子常作此觀云何而得起煩惱耶王以方便佛法教化毗多輸柯言我於今者歸佛法僧王以兩手抱其弟頸而語之言我不捨汝為欲令汝信於佛法是故現此方便時毗多輸柯以種種花香及諸伎樂供養佛塔以種種飲食供養衆僧（出阿育王經）以他日更出遊獵至阿練若處見一比丘座名曇無德有一鵄折取木枝遥拂比丘帝須心喜又作願言我何時得如彼比丘曇無德（阿育王經云耶舍言亦小異）比丘自逆知帝須心願即以神力飛騰虛空令帝須見往阿育僧伽藍坐立池水脫衣置虛空中入池洗浴帝須見云我當出家還宮白王言願必矜念聽我出家王言伎樂百味何以出家王種種方便令其心止志意堅固永不肯從而荅王言歡樂暫有會當別離大王歎言善哉（出善見毗婆沙第二卷）當先習乞食然後出家時王

經律異相卷第三十三　第五張　舍

後園有一大樹以草布地使住其下與一瓦鉢令入宮乞食毗多輸柯即便持鉢行入宮內種種上食而便與之王語宮人云何乃與乞者上食從今當以麤食施之乃至麥飯時毗多輸柯得而食之不以為惡王語之言勿食此食聽汝出家出家之後恒来見我即辦衣鉢千乘万騎送至鷄寺思此人動不得修道便往毗提國曇無德比丘所出家國中豪貴諸長者子一千人亦隨出家一切民疑共相謂言尚捨王位我等何為无數人衆皆悉出家王外甥阿嗜婆羅門一男出家（佛法第四）諸侯百官奴婢僕使悉持五戒月持六齋滿八支法由是多有剎利出家佛法興隆外道衰弥都失供養周遍乞食不得詐入佛法而作沙門猶執本法教化人民諸善比丘不與同事時目連子帝須捨弟子付摩哂陁隱靜阿依何山諸外道比丘欲以其典雜乱佛法遂成垢濁或事火者或五熱炙身或大寒入水或破壞佛法如是展轉乃至七年不得說

經律異相卷第三十三　第六張　舍

戒阿育遣一大臣入王僧伽藍白上座言王令衆僧和合說戒上座荅言諸善比丘不與外道比丘同共布薩大臣從次斬煞及帝須大臣問曰汝是誰耶荅曰是王同生弟也於是乃止臣即啓王王聞驚愕心生懊惱即到寺中問諸比丘誰得罪耶一比丘言兩俱得罪一比丘言無煞心王自无罪王心生疑問諸比丘有能斷我疑者若斷疑心當更竪立佛法諸比丘言帝須能斷遣信迎帝須使傳王意曰今佛法已沒仰屈大德来共竪立帝須荅曰我出家正為佛法今時至矣王夜夢有一白鳥以鼻摩王頭捉王右手明旦問相師相師荅曰捉王手者是沙門像也便問信云帝須令至王出迎接帝須捉王手左右拔劒而欲害之王見水中劒影日昔勑汝往寺令衆僧和合說戒僻取我意煞諸比丘今復欲煞我耶王將帝須入園手為洗脚以油摩之請言欲見大德神力帝須周迴四方各一由旬彈繩作界東方安車南方安馬西方安

人北方安銅槃水使各騎界上界外　經律異相卷第三十三　第七張　舍
震動外脚皆揺内脚不動王喜曰先
疑跋也於佛法中悪法得滅帝須為
說本生經云佛告諸比丘先籌量心
然後作業一切業皆由心也（出毗婆沙第二卷）
後得阿羅漢道受解脫樂憶昔王約
出家之後恒来見王我於今者應滿
本約乃至次第行波吒利弗多國早
起著衣持鉢入國乞食次第行至王
城語門人汝入白王云毗多輸柯今
在門外欲見大王時守門人即白王
王言將入即起作礼如大樹倒起而
合掌視之無猒悲泣而言
一切諸衆生　當樂在和合　汝今除和合
而味寂靜心　我今知汝心　以慧无猒足
大臣善護見毗多輸柯者糞掃衣執
持瓦鉢次第乞食麁好倶受心無分
別乃白王言毗多輸柯少欲知足所
作已辦時王捧之置好座上種種飲
食自手与之食竟洗鉢置之一處為
王說法
王今得自在　當脩不放逸　三寶甚難值
王應懃供養

身昇虚空人民皆見王與大衆合掌　經律異相卷第三十三　第八張　舍
觀之目不暫捨問王言
無復親友愛　如鳥飛虚空　我以貪染纏
不能自在去　禪定有勝果　一切無罣㝵
欲愛之所盲　不能見此法　汝今以神力
輕我起欲愛　我本有慧慢　今汝為最勝
我等著世法　見聖始知畏　今我等啼泣
由汝今捨我
毗多輸柯往至邊地至已得病以病
重故頭皆發瘡時王聞之即遣給事
醫藥療治後得小差醫師給事悉遣
令還其體所資唯食牛乳為乞食故
往多牛處復有一國名分那婆陁那
（梁言增長）彼國皆信外道有佛弟子見以
白王使夜叉於一念頃即將外道弟
子并畫像来生大瞋心於分那婆陁
那國一切外道悉皆煞之於一日中
煞十万八千外道復有一外道弟子
愛外道法事裸形神畫作如来礼其
神足時王復聞是事即勅餘人令取
此人及其親屬置一屋中以火焚之
時王頒勅若有人能得一尼揵首者
我當與一金錢毗多輸柯入養牛處

病來多日頭鬚髮爪悉皆長利衣服　經律異相卷第三十三　第九張　舍
弊悪無有光色時養牛女竊生是念
今此尼揵來入我舍便語其夫汝當
殺此尼揵取頭與王必得金賞夫拔
刀往毗多輸柯即自思惟見其業報
無得脫處即便受死而將頭至王所
欲求覔金王疑即問其醫師及給事
人言苔此是毗多輸柯頭王悶絶良
久大臣白王無漏之人不滅此苦大
王當施衆生無畏王隨其言宣令一切
不得復殺尼揵諸比丘生疑問優婆
笈多毗多輸柯昔造何業今受此報
苔言過去世時有一獦師多殺群鹿
於大林中有一泉水時此獦師張施
羅網以其繩罥置於水邊多殺諸鹿
是時佛未出世有一緣覺於水邊食
食竟澡洗還樹下坐時彼群鹿聞
緣覺香不往水邊時獦師坐不見鹿
來即尋其跡往辟支佛所念言坐是
人故令鹿不來即便以刀殺辟支佛
昔獦師者即是毗多輸柯以殺諸鹿
今多病苦復以殺辟支佛於無數年
常在地獄受諸苦惱於五百世在人

道中生生之處常為他殺今是寂後果報雖得羅漢猶為他害於迦葉佛法出家樂行布施常勸化人供養衆僧有一佛髮爪塔以香花幡蓋種種伎樂而供養之以是業報生於大姓十萬年中常修梵行復發心願以是業緣得阿羅漢（出阿育王經第三卷）

祇陁太子捨五戒行十善請佛聞法得初道果三

祇陁太子白佛言昔受五戒酒戒難持畏脫得罪今欲捨五戒受十善法佛言汝飲酒時有何惡耶荅曰國中豪強時時相率賷持酒食共相娛樂以致歡樂自無餘惡得酒念戒不行惡也佛言若人能如汝者終身飲酒有何惡哉如是行者乃應生福無有罪也夫人行善凡有二種一者有漏二者無漏有漏善者受人天樂無漏善者度生死苦涅槃果報若人飲酒不起惡業善心因緣受善果報汝持五戒有何失乎舍衛城中有諸豪族剎利公王因小爭竟遂至大惡各各結謀興兵相伐兩家並是國中豪傑皆復親族非可執録紛紜鬬戰不從



理諫深為憂之復自念言昔先王大臣名提韋羅恃其門宗富貴豪強而見輕慢形調戲弄當時忿恚實欲誅滅以事啓父父又不聽懷毒抱恨非可如何懊惱愁悴不能飲食太后見我憂苦種種諫曉心猶不息因覓好酒勸我令飲時啓毋言先祖相承事鞞羅延天今若飲酒恐天必怒諸婆羅門當見讁罰毋於夜靜時竊開宮門不令人知逼迫再三俛仰從之既飲酒已忘去愁恨召集宮女作倡伎樂三七日中從是得息思惟是已即勅忠臣令辦好酒及諸甘饍召諸群臣集王殿上忠臣辦琉璃椀椀受三升王先傾一椀人辦一椀甘露妙藥後論國事兼作衆伎諸人得酒並聞音聲心中歡樂忘失仇恨沛然无憂王復持椀白諸君曰士夫脩德歷世相承遵奉聖教不應差違諸君何為因於小事忿諍如之若不忍者恐王國祠是故重諫幸自冝息諸臣白王敬奉重命不敢違也因是和平酒之功也（出未曾有經下卷）



鳩鞞羅失肉眼得慧眼四

阿育王夫人名鉢摩婆底（梁言芙蓉花）生一男兒形色端正眼為第一人見無不愛樂內人白王夫人生兒王大歡喜故名此兒為達磨（梁言法）婆陁鞞（梁言增長）即抱此兒示阿育王時王見已歡喜說偈

我兒目端嚴　為功德所造　光明甚輝耀
如優波羅花　以此功德眼　莊嚴於一面
其面目端正　譬如秋滿月

鳩鞞羅長大為其納妃妃名于遮鞞（梁言金）摩羅（梁言鬘花）時阿育王將鳩鞞羅往至鷄寺寺有上座六通羅漢名耶舍是時耶舍見鳩鞞羅未經幾時應當失眼即白王言故不令鳩鞞羅作其自業時阿育王語鳩鞞羅大德念汝所作汝當隨之時鳩鞞羅礼耶舍足說言大德教我所作耶舍荅言眼非是常汝當思惟即說偈言

汝鳩鞞羅　常思惟眼　無常病苦
衆苦所集　凡夫顛倒　由之起過

時鳩鞞羅於宮中靜處獨坐思惟眼等諸入為苦无常時阿育王第一夫

人名微沙落起多往鳩郝羅處見其
獨坐觀其眼故而起欲心以手抱之
而說偈言
以大力愛火　今来焼我心　譬如火燒薪
汝當遂我意
鳩郝羅掩耳說偈
今為我母　此非法愛　應當捨離
開惡道門
母心瞋忿復說偈言
愛心往汝處　而汝無愛心　汝心既有惡
不久須臾滅
鳩郝羅言
我今寧當死　不起不淨心　若生惡心者
失人天善法　善法既不全　依何而得生
微沙落起多恒伺其過而欲煞之於
北有國名德叉尸羅違逆於王阿育
王命鳩郝羅汝往彼國荅王言尒
王心念故倍加症嚴嚴治道路老病
死等悉令不見時王與鳩郝羅同載
一車送之近路將欲分別手抱兒頭
見鳩郝羅眼啼泣而言
若有人見　鳩郝羅眼　心歡喜故
有病皆除



相師見王唯觀兒眼不緣餘事即說
偈言
王子眼清淨　王視心歡喜　國土諸人民
見者如天樂
若失此眼時　一切當苦惱
乃至鳩郝羅次第行至德叉尸羅國
彼國人聞出半由旬嚴治諸道處處
置水以待来衆時諸人民即便說偈
德叉尸羅人　執寶嬰盛水　及諸供養具
迎鳩郝羅王
時王至已人民合掌而作是言我等
迎王不為鬪諍亦不與彼大王相嫌
但王所遣大臣在我國者為治無道
願欲廢之是時人民以諸供具供養鳩
郝羅王迎至國中時阿育王身遇重
病糞從口出諸不淨汁從毛孔出一
切良醫所不能愈王即語諸臣召鳩
郝羅還我當灌頂授以王位我於今
者不貪身命時微沙落起多白王我
能令王病得除愈王受其語斷諸醫
師微沙落起多語諸醫師外聞男女
病如王者可將其入時阿毗羅國有
一人病如王不異時病人婦為覓醫



師醫師荅言將来我欲見之當為處
藥婦送與醫醫送與王夫人時王夫
人將此病者置無人處令破其腹出
生熟二藏有一大虫虫若上行糞從
口出虫若下行便從下出若左右行
從毛孔出時王夫人以摩梨遮以置
虫邊而虫不死復以畢鉢以置虫邊
虫亦不死復以乾薑以置虫邊虫亦
不死乃至以大蒜置於虫邊虫即便
死時王夫人以此事具以白王王於
今者應當食蒜病即除愈王荅言我
是刹利不得食蒜夫人復言為身命
故作藥意食之王遂便食虫死病除
便利如本王淨洗浴語夫人言汝於
今者當何所求隨意與之夫人白王
願王七日聽我為王王語夫人若汝
為王必當煞我夫人又言過七日已
我當還王時王許之夫人假作王書
與德叉尸羅人令取鳩郝羅眼作書
已竟須齒印印之王眠夫人欲印書
便近王邊王即驚覺夫人白王何故
驚王曰我夢鷲鳥欲取鳩郝羅眼夫
人荅言鳩郝羅子今甚安隱第二更

夢王復驚起我今更夢夫人問言夢
復云何王荅言我見鳩那羅頭鬚髮
爪悉皆長利而不能言夫人荅言其
令安隱願勿憂之王復眠夫人以大
王齒竊印之遣使送與德叉尸羅人
王又夢自齒悉皆墮落至明清旦澡
洗已畢召相師以夢告之相師荅言
若人有此夢者兒當失眼不異失兒
時王聞即便起立合掌向西方神而
呪願言

今一心歸佛　清淨法及僧　世間諸仙人
於世為最勝　一切諸聖衆　皆護鳩那羅

使者執書至德叉尸羅國時彼人民
見此書至念鳩那羅故共隱此書而
不與之彼諸人民復更思惟阿育大
王甚自可畏心不敬信於其自兒尚
欲取眼況於我等而不起惡以書與
鳩那羅鳩那羅得書已語諸人言若
能取我眼者今隨汝意時人即喚旃
陁羅汝當挑取鳩那羅眼梅陁羅合
掌說言我今不能

若人於滿月　能除其光明　是人當能除
汝面明月眼



是時鳩那羅即脫寶冠語旃陁羅言
汝挑我眼我當與汝復有一人形貌
可憎十八種醜語鳩那羅言我能挑
眼時鳩那羅尋憶大德耶舍所說便
說偈言

念善知識　是真實說　思惟此義
知眼無常　我善知識　能饒益者
是人已說　眼苦因緣　我常思念
一切無常　是師之教　深自憶持
我不畏苦　見法不住　常依王教
汝取我眼

語醜人言汝當取我一眼置我手中
我欲觀之時此醜人欲取其眼無數
諸人相與瞋罵而說偈言

眼清淨無垢　如月在空中　汝今挑此眼
如拔池蓮華

是無數人悲號啼哭是時醜人即出
其眼置鳩那羅手中時鳩那羅以手
受之向眼說偈

汝於本時　能見諸色　而於今者
何故不見　本今見者　生於愛心
今觀不實　但為虛誑　譬如水沫
空無有實　汝無有力　無有自在



若人見此　則不受苦

思惟諸法悉皆無常得須陁洹果又
語醜人所餘一眼隨汝取之時彼醜
人復更挑之置鳩那羅手中既失肉
眼而得慧眼復說偈言

我於今者　捨此肉眼　慧眼難得
我今已得　王今捨我　我非王子
我今得法　為法王子　從今自在
離苦宮殿　復登自在　法王宮殿

鳩那羅知其取眼是微沙落起多而
說偈言

願王夫人　長壽富樂　壽終常存
無有盡滅　由其方便　我得所作

鳩那羅婦聞夫失眼見便悶絕水灑
乃醒啼泣說偈

眼光明可愛　昔見生歡喜　今見其離身
心生大煩惱

鳩那羅語其婦言汝勿啼泣我自起
業自受此報復說偈言

一切世間　以業受身　衆苦為身
汝應當知　一切和合　無不別離
當知此事　不應啼泣

鳩那羅共其婦從德叉尸羅國還阿

盲王所二人生来未曾履地其身軟
經律異相卷第三十三　第十九張　合
弱不堪作業鳩那羅善於皷琴復能
歌吹隨其本路乞食濟命漸漸遊行
至於本國欲入宮門時守門人不聽
其前既不得前而復還出住車馬廐
於後夜中皷琴而歌歌曰我眼已失
四諦已見復說偈言
若人有智慧　得見十二入　以此智慧燈
得解生死苦　若欲求勝樂　應當思念此
王聞歌聲心大歡喜即說偈言
今此說偈　及聞皷琴　似是我子
鳩那羅聲　若是其至　何不見我
王命一人聽聞似鳩那羅聲清妙哀
好令我心乱如為失子迴遑不安汝
可往看是可將来使人見无二眼皮
膚曝露不復可識還白大王是孙獨
盲人共其婦俱住車馬廐時王聞之
煩惱思惟而說偈言
如昔所夢見　鳩那羅失眼　今此盲人者
鳩那羅不疑　如何更至彼　但將此人来
以思惟子故　其心不安隱
使人受教更至其所語鳩那羅言汝
是誰兒何所名姓鳩那羅復以偈言

父名阿輸柯　增長姓孔雀　一切諸大地
經律異相卷第三十三　第二十張　合
悉為其所領　我是彼王子　名為鳩那羅
姓曰法王佛　令為法王子
使人將鳩那羅及其婦至宮中時王
見鳩那羅風日曝露以草弊帛雜為
衣裳形容改異不復可識時王心疑
而語之言汝是鳩那羅不荅言是王
悶絶躄地傍人見王而說偈言
王見鳩那羅　有面而無眼　苦惱自燒心
從床躄於地
傍人灑王乃得醒寤還至坐處抱鳩
那羅置其膝上復抱其頭啼哭落淚
手拂頭面憶其昔容而說偈言
汝端嚴眼　今何所在　失眼因緣
汝今當說　汝今無眼　如空無月
形容改異　誰之所作　汝昔容貌
猶如仙人　誰無慈悲　壞汝眼目
汝於世間　誰為怨讎　我苦惱根
由之而起　汝身妙色　誰之所壞
懊惱心火　今燒我身　辟如礔礰
摧折樹木　懊惱之雷　以破我心
如此因緣　汝今速說
時鳩那羅以偈荅言

王不聞佛言　果報不可說　乃至辟支佛
經律異相卷第三十三　第二十一張　合
亦所不能免　一切諸凡夫　悉由業所造
善惡之業緣　時至必應受　一切諸衆生
自作自受報　我知此緣故　不說壞眼人
此苦我自作　无有他作者　如此眼因緣
不由於人作　一切衆生苦　皆亦復如是
悉由業所生　王當知此事
王復說偈
汝但說其人　我不生瞋心　汝若不說者
我心乱不安
時王知是微沙落起多所作喚微沙
落起多而說偈言
汝今為大惡　云何不陷地　令汝不為法
於我為大過　汝今既為惡　從今捨於汝
由如行善人　捨不如法利
王瞋火燒心見微沙落起多復說偈言
我於今者　欲出其眼　欲以鐵鋸
以解其身　以斧破身　以刀割舌
以刀截頸　以火燒身　令飲毒藥
以除其命
王說如此事欲治微沙落起多事鳩
那羅聞深生慈心復說偈言
微沙落起多　所為諸惡業　大王於今者

不應便煞之 經律異相卷第二十三　第二十二張　一切諸大力　無過於忍辱
世尊之所說　其寂為第一
時王不受兒語以微沙落起多置落
可屋以火焚之又復令煞德义尸羅
人是時比丘生疑問大德優波笈多
去鳩鄒羅先造何業今受此報荅言
昔波羅柰國有一獦師至雪山中多
煞羣鹿又往雪山遇雷電礔礰有五
百鹿以怖畏故入石窟中獦師捕之
一切皆得若皆煞者肉當臭爛无如
之何即挑其兩眼使其不死而不知
去後漸煞之先獦師者鳩鄒羅是於
無數年常在地獄從地獄出生於人
中五百世內常被挑眼今是寂後餘
殘果報比丘又問以何因緣生得大
姓眼目端嚴荅言過去久遠人壽四
万歲時佛名迦羅鳩村大出現於世
入無餘涅槃時有一王名曰輸頗梁言
嚴為佛起四寶塔故時王命過弟不
信佛皆掘取塔下物唯土木在一切
人民見塔毀壞懊惱發聲時諸長者
子問彼諸人何事懊惱諸人荅言世
尊之塔本有四寶不謂於今悉皆毀
壞時長者子即以四寶如本莊嚴復 經律異相卷第二十三　第二十三張
令高廣有勝於初又起金像以置塔
中所作已訖復發願言迦羅鳩村大
佛本為世間師願我後師亦如今日
比丘當知昔長者子即鳩鄒羅是以
其脩治迦羅鳩村大如來塔故得生
於大姓以其造作如來像故今所得
身端嚴第一以其發願值善師故今
遇釋迦及見四諦 出阿育王經第四卷
諸太子問佛已等有出家者佛出所更
皆悉悟道五
昔佛在波羅柰國鹿野塲上為衆說
法時大國王太子將從小國王世子
五百餘人往到佛所為佛作礼却坐
一面而聽說法諸太子等即白佛言
佛道清妙玄遠難及自古以來頗有
國王太子大臣長者子捨國吏民恩
愛榮樂行作沙門者不佛言世間國
土榮樂恩愛如幻化夢響卒來卒去
不可常保又曰國王太子以三事故
不能得道何謂三事一者憍恣不念
學問佛經妙義以濟神本二者取貪
不念布施下貧困危群臣將士所有
財寶不與民共以修財本三者不能 經律異相卷第二十三　第二十四張
遠離婬欲愛樂之事捨棄牢獄憂煩
之惱行作沙門滅衆苦難以修身本
是以菩薩所生為王除此三事自致
得佛又有三事一者少壯學問領理
國土率化民庶使行十善二者中以
財施貧窮孤索群臣壯士與民同歡
三者每計無常命不久留宜當出家
行作沙門斷苦因緣勿更生死三事
不施凡死所得世尊曰昔我前世作
轉輪聖王名曰南王皇帝七寶導從
自念人命短促无常難保但當作福
以求道真念常布施世間人民所有
財物與民共之已種福德唯當出家
行作沙門斷絶貪欲乃得滅苦梳頭
鬚白拔著案上王涕泣曰第一使者
忽然復至宜當出家行作沙門求白
然道鑿鬚掌中自說偈言
今我身首上　白鬚生為被　已有天使呂
時正宜出家
行作沙門入山修道畢人之壽即生
第二天上為天帝釋太子於後領理
天下亦如大王復見白鬚行作沙門

經為父子上為天帝下為聖王中為太子各三十六反數千万歲終而復始行此三事自致得佛尒時父者今我身是也太子者舍利弗是也孫王者阿難是也更相從生展轉為王以化天下時國王太子并諸人民皆大歡喜受佛五戒為優婆塞得須陁洹道（出法句譬喻經第五卷）

最勝王子植德堅固終不可移六

昔畢先匿王有二夫人第一夫人子名流離第二夫人子名祇（梁言勝）祇初生之日四方奉寶一時俱至王曰吾諸子生未曾如此可名為祇長大學問靡經不通王為別立舍宅七寶所成金銀男女在門左右持寶鉢滿中七珎晝夜持去轉滿如故太子嫉妬遣兵往奪時有天兵五百餘騎衛護祇舍流離軍見怖退走還太子怒祇来問曰我夜遣兵慰勞汝汝伏兵於内欲反耶祇曰不敢不養文武内無寸仗流離遣撿内外皆無流離意解具以啓佛佛言祇之殖德遇堅固因是故不可奪也維衛佛時有人詣寺



飯僧訖以一奴一婢給掃寺廟自尒之後天上人中受福无量即最勝是（出十卷譬喻經第一卷）

經律異相卷第三十三

癸卯歲高麗國大藏都監奉
勅彫造

經律異相卷第三十三

校勘記

一 底本，麗藏本。

一 一四九頁上一行「學聲聞道諸國太子部下」，徑、清作「學聲聞道諸國王子部第二十三」。

一 一四九頁上三行至一〇行目録，徑無。

一 一四九頁上三行「非常」，資、磧、普、南、清作「無常」。

一 一四九頁上五行「祇陁」，清作「祇陀太子」。

一 一四九頁上八行第六字「已」，資、磧、普、南、清作「幾」。

一 一四九頁上一一行末字「一」，徑、清作「第一」。

一 一四九頁中一行「飯食」，諸本（不含石，下同）作「飲食」。

一 一四九頁中六行末字「法」，諸本作「要」。

一 一四九頁中八行末字「二」，徑、清

作「第二」。

一 一四九頁中一〇行夾註「善谷」，諸本作「善容」。

一 一四九頁中一一行「善容信」，諸本作「信善容」。

一 一四九頁中一二行「即起」，南作「内起」。

一 一四九頁中一五行「果根結茅」，諸本作「菓根結蔓」。

一 一四九頁中一九行「空食」，資、磧、普、南作「空飡」；徑、清作「空餐」。

一 一四九頁中二一行末字「提」，諸本作「起」。

一 一四九頁下四行「御王」，諸本作「誑王」。

一 一四九頁下一六行「不假」，諸本作「不暇」。

一 一五〇頁上二行「四維」，諸本作「四方」。

一 一五〇頁上八行第六字「於」，諸本無。

一 一五〇頁上一二行「一偽」，諸本作「一象」。

一 一五〇頁上一七行「池水」，諸本作「池水上」。

一 一五〇頁上末行正文第三字「習」，諸本作「習」。

一 一五〇頁中一一行「一千人」，諸本作「凡一千人」。

一 一五〇頁中一五行「八支」，資作「一支」。

一 一五〇頁中一七行「周遍」，諸本無。又「詐入」，諸本作「託入」。

一 一五〇頁下四行第七字「及」，諸本作「及至」。

一 一五〇頁下一六行「問信」，諸本作「聞信」。

一 一五〇頁下一九行第二字「往」，諸本作「住」。

一 一五一頁上五行夾註左「第二卷」，南作「第一卷」。

一 一五一頁上一二行末字「而」，徑、清無。

一 一五一頁中二行「問王」，磧、普、南、徑、清作「王問」。

一 一五一頁中七行「啼泣」，諸本作「啼哭」。

一 一五一頁中一五行第二字「王」，諸本作「王王」。

一 一五一頁中二二行「頒勑」，諸本作「復勑」。

一 一五一頁下一行「頭鬢」，諸本作「頭鬚」。

一 一五一頁下八行「言答」，諸本作「答言」。

一 一五一頁下一一行第三字「復」，諸本無。

一 一五一頁下一五行第六字「胷」，諸本無。

一 一五一頁下一八行第一一字「坐」，磧、普、南、徑、清作「至」。

一 一五二頁上八行末字「三」，徑、清作「第三」。

一 一五二頁上一二行「豪强」，諸本作「豪族雖」。

一 一五二頁中一三行第一二字「召」，

諸本作「召集」。

一　一五二頁中二一行「國祠」，諸本作「國嗣」。

一　一五二頁下一行「鳩那羅」，[徑]、[清]作「鳩那羅太子」。又末字「四」，[徑]、[清]作「第四」。

一　一五二頁下一〇行「壁如」，諸本作「譬如」。

一　一五二頁下一一行「于遮那」，諸本作「干遮那」。

一　一五二頁下一五行第七字「故」，諸本作「何故」。

一　一五二頁下一六行「念汝」，諸本作「令汝」。

一　一五二頁下二一行「衆苦」，諸本作「衆患」。

一　一五三頁上一行「微沙」，諸本作「微妙」。下同。

一　一五三頁上八行首字「閞」，諸本作「闢」。

一　一五三頁中九行「寶嬰」，諸本作「寶覺」。

一　一五三頁下六行第九字「以」，諸本作「磨」。

一　一五三頁下一〇行「此事」，諸本作「如此事」。

一　一五三頁下一四行末字「於」，諸本無。

一　一五四頁中一〇行「常依」，諸本作「當依」。

一　一五四頁中一五行「汝今」，[徑]、[清]作「今汝」。

一　一五四頁中一九行末字「偈」，諸本作「偈言」。

一　一五四頁下一〇行「其取」，諸本作「取其」。

一　一五四頁下一二行「壽終」，[資]、[磧]、[普]、[徑]作「壽命」。

一　一五四頁下一七行「煩惱」，諸本作「懊惱」。

一　一五五頁上二〇行第六字「如」，諸本作「汝」。

一　一五五頁中三行首字「姓」，諸本作「往」。

一　一五五頁下一行「不可說」，諸本作「不可脫」。

一　一五六頁上一八行第一一字「曰」，諸本無。

一　一五六頁上二〇行「土木」，[磧]作「上木」。

一　一五六頁上二一行第一二字「諸」，[資]、[磧]、[普]、[徑]無。

一　一五六頁中二行「起金像」，諸本作「造金像」。

一　一五六頁中七行首字「於」，諸本無。

一　一五六頁中一〇行第六字「已」，諸本作「幾」。

一　一五六頁中一一行末字「五」，[徑]、[清]作「第五」。

一　一五六頁中二二行「取貪」，諸本作「貪取」。

一　一五六頁中末行「下貧困危」，[資]、[磧]、[普]作「下分困厄」；[南]、[徑]、[清]作「下貧困厄」。

一　一五六頁下一五行「梳頭」，[資]作

「䟽頭」。

一五六頁下二二行「第二」，磧、南、徑、清作「第一」。

一五七頁上一行「聖王」，諸本作「聖主」。

一五七頁上四行「孫王」，諸本作「王孫」。

一五七頁上九行末字「六」，徑、清作「第六」。

一五七頁上一四行第三字「經」，諸本作「所」。

一五七頁上一六行「持去轉滿」，資、磧、普作「抒去轉滿」；南、徑、清作「持去輙滿」。

一五七頁上一八行「太子怒祇」，諸本作「太子大怒請祇」。

一五七頁上二二行末字「因」，諸本作「田」。

# 經律異相卷第三十四　諸國王女部　舍矣

梁沙門僧旻寶唱等集

波羅柰王女金色女求佛為夫一
波斯匿王女金剛形醜以念佛力立改姝顏二
波斯匿王女善光以宿業更於樹下復得後夫三
安息王女先從猗中來四
波羅柰王七女與帝釋共語五
王女金剛為火所燒六
王女見水上泡起無常想七
王女摩闍足為婆羅門所嫉八
王女狗頭感捕魚師述婆伽九

波羅柰王女金色女求佛為夫一

波羅柰國王夫人生一女，身黃金色，頭髮紺青。時年十六，父母見女長大，欲為求聟。女言：我不用聟。若欲為我求聟者，當令身黃金色，頭髮紺青，如是者乃可尒耳。父母便為求索，了不能得。佛時在舍衛國。舍衛國有人價作到波羅柰國，國王即請價人與相見，問訊，以女亦之言：我為是女求聟天下，寧有好人？價人荅言：我國中有人復勝是女者。王聞歡喜，令價人迎取



佛。價人便作書與佛，書上說是女端正甚好，无比，欲為佛取之。佛在祇洹中，為諸比丘數千人說經。持書人直前至佛所。佛豫知書上所說，得便裂壞之，作書報與金色女言：人苦皆從恩愛生，生當復老，老當復病，從病致死，從死致憂哭，天下苦者皆從恩愛生。女得書，自思惟，即得五通：一達者眼能徹視，二者耳能徹聽，三者知他人心念，四者知所從生，五者能飛行。便與父母辤訣，飛到佛前。佛即徵笑，五色光明從口中出。阿難前問佛言：阿難，汝見此女健乃如是。欲知之者，迦葉佛時是金色女為貧家作婦。其聟手足拘攣，不能行步。時國王字基，立有一女，端正，身著金銀瓔珞，經到迦葉佛所受經戒。時是貧人婦身但被一㲲布，亦復隨往到佛所。外人不聽前。貧人婦自念言：我何故獨不得前？王女獨前。佛即知之，令人呼前。婦即作礼，白言：是王女何故獨豪貴如此，我獨貧窮？佛語婦人：是王女前世好喜讀經，以衣施與沙門，故今世

得豪貴尊嚴端正汝前世不樂經法慳貪不肯布施見沙門不相承事令汝今世貧窮如是貧婦言願佛哀我愚癡教我經法迦葉佛便教之於樹下讀經坐自思惟便取樹葉縫連作衣以覆其身欲持身上所著麤布衣上佛天王釋見有至心便持天衣金錢飲食與之婦得衣便以布施設供壽終生天上壽盡来生世間為國王女喜讀經布施故身黃金色頭髮紺青出金色女經

波斯匿王女金剛形醜以念佛力蒙殊顏二

佛在舍衛國尒時波斯匿王冣大夫人名曰末利時生一女字曰波闍羅梁言金剛女面醜惡肌體麁澁猶如駞皮髮如馬毛王觀此女無一喜心便勅宮內懃意守護勿令外人得見之也女年轉大任當嫁處王告吏臣卿可推尋豪姓貧者便可將来臣即如教得一貧窮豪姓之士將至王所向彼人說我有一女而狀醜惡未有酬類當相供給想卿不逆當納受之時長者子長跪白言當奉王勅王即以女



妻彼貧人起宮宅門閤七重王勅女夫自捉户排若欲出時而自閉之勿令人覩見女面狀王給女聟使無乏短又拜為大臣其人有財與諸豪族共為設會月月更為會同之時夫婦俱詣諸人来會悉皆將婦唯彼大臣恒常獨往衆人疑怪彼人婦者儻能端正或能極醜是以彼人故不將来密共相語勸酒令醉解取門排開其門户時女心惱自責罪咎我種何罪為夫所憎恒見幽閇不覩衆人復自念言佛現在世潤益衆生苦厄皆度即便至心遥礼世尊唯願垂愍到於我前暫見教訓其女誠篤佛知其意即到其家於其女前地中踊出其女見佛心生歡喜惡相即滅身體端嚴猶如天女奇姿蓋世佛愍女故為說妙法即盡諸惡得須陁洹道時彼五人開户入內見婦端正怪不將来還閇門户持鑰繫本帶其人醒悟會罷至家見婦姿容人中難有欣然問曰是何人女荅夫言我是汝婦夫言汝前極醜今者端正其婦具以上事



白其夫即往白王今者蒙佛神恩已得端正天女無異王勅將来迎女入宮王見歡喜王及夫人及女并女夫共至佛所礼佛言不審此女宿植何福乃生豪富受醜陋形佛告王曰過去世時國名波羅柰有大長者財富無量舉家恒共供養一辟支佛身體麁惡形狀醜陋時彼長者有一小女見彼辟支惡心輕慢呵罵毀言面貌醜陋身皮麁惡何其可憎此辟支佛受其供養欲入涅槃為其檀越作十八變即從空下還至其家長者倍喜女即悔過唯願尊者當見原恕時辟支佛聽其懺悔佛告大王尒時女者今王女是毀此賢聖受醜陋形後見神變自改悔故還得端正由供養佛故世世富貴緣得解脫出賢愚經第二卷

波斯匿王女惡聟更於樹下復得後夫三

佛詣迦羅越家食入不閇門後隨来者一切皆與食令飽滿弟發惡意我不聽入若得自在比丘来時我折其脚兄弟二人便各別去皆樹下卧弟發惡意有牛驚奔轢折其脚兄發善

意日西樹蔭故處其上波斯匿女聟云王甚怜愛為其女呼婆羅門相覔福人以為女聟婆羅門出棄行見一人卧在於樹下日西樹蔭故覆婆羅門言此是福人即以白王王言鄣知具其上事呼來澡洗更著好衣便嫁女與之出十卷譬喻經第四卷

安息國王女先從狗來四

昔外國有城名頭迦羅中有白衣日日請沙門還家中食沙門是羅漢沙門坐飯內中有狗沙門食時常揣飯分狗狗得飯噉便生好心向沙門沙門日往狗便習得沙門食時狗思見沙門沙門來便復持一揣飯與狗狗有好心向沙門積年命終乃為安息國王女生便識宿命知本是狗云我棄狗身得王女身國中都無佛寺沙門時月支王遣使詣王見使賢明意欲女與作婦使將女去女見沙門心大歡喜憶先作狗沙門與飯好向沙門令得人身今當大供養沙門月支國中大有沙門婦常日日飯食三五百人手自斟酌不使人客飯食適訖



手自掃地舍中婦女奴婢皆生好心言此婦乃是王女来在是間常掃除供養沙門我輩亦當用心奴婢輩便藏去掃箒欲自掃地大家索箒了不知處便取簏中初来所著衣卷以掃地夫見婦以新衣掃地便言卿雖敬佛法何事乃當以新衣掃地當索掃箒婦言我但以好心向一沙門二歲得是衣耳正以此衣掃當何苦哉我前世時初無可用布施但有好心信有佛法故得此福亦不治生得此衣也夫語婦言卿雖信佛法供養沙門未曾見沙門與卿一錢兩錢衣皆是我筋力所致婦便為夫自說宿命言我前世時生在狗中大家數請沙門沙門揣飯與我我有好心向沙門故去此狗身生為王家女也夫聞歡喜謂婦言卿但以好心向一沙門得祐乃尒夫先慳貪聞婦所說即大布施無所遺惜齋戒精進興立佛寺夫心念言但以好心得此功德婦便報言心能令人得佛得生天上得作辟支佛得阿羅漢皆是心力也若心念



悪令人墮地獄出明狗命終作國王女自識宿命經又出福報經

波羅奈國王七女與帝釋共語五

波羅奈國道場從地底上皆黃金色魚鱗鱉甲轉次相加往古諸佛皆坐其上王名脂旬层作優婆塞明於經道為佛立精舍極大嚴事王有七女皆並端正悉持五戒執節不嫁第一女名淋調二名異妙三名除貪四名清守五名息心六名靜友七名僧婢常以月八日十四日十五日二十三日二十九日三十日精受八戒持正法齋修厥所信奉戒布施名聞智慧之行七女齋畢求到城外冢間遊觀王告七女冢間可悪但有死人骸骨狼藉狐狸鵄鵲食噉其肉諸哭泣者滿在其間有何可觀我宮裏有園菀浴池其中有五色蓮華鳩鵠鴛鴦衆鳥翔集其地列重光目之草琦樹陰凉甘果恣口可往遊戲七女荅言大王甘果衆美何益於我我見世人生壽无幾命日趣死形為幻化莫得久存我以免夫幼孩不為甘美惑也徒欲觀非常之法願却貪意耳願王哀

許王即聽之七女俱出城外往到冢
間大臭之處聞哭泣之聲肅然毛竪
因共直前觀諸死人見有斷頭斷腳
手腳異處或有僵屍草覆席裹或
有桎格在地生草束縛中有罪未死
者家室啼哭令其解脫又有擔負死
人從城中出者七女左右遠望見死
者甚多諸飛鳥走狩爭食其肉或就
土中抴掣屍出膖脹生虫其臭難近
於是七女繞之一匝自相謂言我曹
身等不久亦介各說一頌

第一女言

世人重其身　好衣加寶香　綺視雅容步
姿則欲人觀　死皆棄於冢　何用是餝嚴

第二女言

譬如一身居　人去舍毀傾　神逝而身棄
莫能制其形

第三女言

癡貪謂可保　安知後當亡
觀神載形時　猶馬駕車行　車敗而馬去
可知此非常

第四女言

本見城皃好　中人樂安居　所求未央足
何便忽空虛



第五女言

若乘船度水　至當捨船去　形非神常宅
焉得久長居

第六女言

人死依塼卧　形具尚鮮好　挺然不動搖
厭神安所在

第七女言

如雀在瓶中　羅縠覆其口　縠穿雀飛去
神自隨行走

時天帝釋聞之下讚善哉善哉汝欲
何願吾今與汝七女問曰是梵天耶
將地神耶得无帝釋耶荅言然吾是
忉利天帝釋也第一女言願得無根
无枝無葉之樹於其中生如是為快
第二女言願所生之地清淨無欲無
有陰陽寂無所緣第三女言願如山
中呼聲之響無往無反自然無形第
四女言願如虛空不始不終無所出
生與道通洞釋言止止諸女所願甚
妙汝欲作日月中王為可得矣若夫
虛无無想非吾所制七女言天帝神
德高大何以不能致此佛說食福者
福盡不免於畏譬如老牛不能為人



用何益於我哉天帝釋言諸女修齋
戒吾亦奉於佛當為法兄弟快乎妙
願言竟不現出七女經佛說

波斯匿王女金剛為火所焚六

波斯匿王有一宗女名曰金剛莊嚴
未歸父王哀愍別為立宮給五百妓
女以娛樂之有一長老青衣名曰度
勝恒行市脂粉香華忽見男女無數
大衆各賚香華出城即問欲何所至
衆人荅言欲問訊佛出於世間三界
之尊度脫衆生皆得泥洹度勝聞之
心悅意喜即自念言會老見佛宿世
之福便分香直持買好華隨衆人輩
往到佛所礼訖却立散花燒香一心
聽法過市取一香物因聽法功德宿
行所得之香氣薰倍前嫌其遲而共
詰之度勝言世有聖師三界之尊說
无上法隨人聽受是以稽遲金剛聞
歡喜而自歎曰吾等何罪獨隔不聞
即報度勝試為我說之度勝受命即
先遣出具受儀式度勝未還金剛侍
女側息中庭如子待母佛告度勝汝
還說法之儀先敷高座度勝受勅具

經律異相卷第三十四　第十二張　含字号

宣聖言皆大歡喜各脫衣一領積為
高座度勝洗浴承佛威神如應說法
金剛之等五百餘人疑解破惡得須
陁洹道說法甚美不覺失火一時燒
死即生天上王捨棺斂葬送畢往過
佛所佛問王所從来王曰金剛不幸
不覺失火大小燒盡適棺斂還不審
何罪遇此火害唯願世尊彰告未聞
佛告大王過去世時有城名波羅奈
有長者婦將綵女五百人至城外大
祠祀其法難犯他姓之人不得到邊
不問親踈来者擲著火中時世有一
辟支佛名曰迦羅處在山中晨来分
衛暮輙還山中迦羅分衛来趣郊祀
長者婦見忽然嗔恚共捉迦羅擲著
火中舉身燋爛便現神足飛昇虛空
衆女驚怖泣淚悔過長跪舉頭而自
陳曰女人癡惷不識至真群惡愚荒
毀辱神靈自惟過罪山積願降尊德
以消重殃尋聲即下而般涅槃諸女
起塔供養舍利佛為大王而說偈言
愚惷作惡　不能自解　殃追自焚
罪成熾然　愚所望處　不謂適苦

經律異相卷第三十四　第十三張　含字号

臨墮厄地　乃知不善
佛告大王尒時長者婦今王女金剛
是五百侍女今度勝等五百侍女是

國王女見水上泡起无常想七　出愚闇法句經第二卷

昔有國王女為王所愛未曾離目時
天降雨水上有泡女見水泡意甚愛
敬女白王言我欲得水上泡以為頭
華鬘王告女曰今水上泡不可執持
云何得取以為華鬘女言設不得者
我當自煞王聞女語告巧師曰汝等
奇巧靡事不通速取水泡與我女作
鬘若不尒者當斬汝等荅曰我等不
堪取泡作鬘有一老匠言我能取泡
王甚歡喜即告女曰今有一人堪任
作鬘汝可自往躬自臨視女隨王語
在外瞻視時彼老匠白王女言我素
不別水泡好醜伏願王女躬自取泡
我當作鬘女尋取泡隨手破壞不能
得之如是終日竟不得泡女自疲猒
而捨之去女白王言水泡虛偽不可
久停願王與我作紫磨金鬘終日竟
夜无有枯萎水上泡者誑惑人目雖

經律異相卷第三十四　第十四張　含字号

有形質生生便滅慼炎野馬亦復如
是渴愛疲勞而喪其命人身虛僞樂
少苦多磨滅之法不得久停遷轉變
易在世无幾　出水上泡經

摩闍尼為婆羅門所嫉八

過去有王名曰禁秼生一女兒者自
然金花鬘号曰摩梨尼王出國內同
日生女五百人以充給使摩梨尼年
大供養五百婆羅門日日不替時迦
葉佛住一園中常出遊行至佛住園
御者不入女問我無園不入何故避
此荅曰此園但有禿頭沙門名曰迦
葉不宜見之是故不入女曰可入見佛
金色心大歡喜頭面作礼佛說妙法
得受三歸五戒致敬而去女自追念
婆羅門非良福田不應受施迴以供
佛時婆羅門聞摩梨尼作迦葉弟子
更以上饌而供養之心生嫉妬禁秼
已夜得十一種夢且集群臣自覺所
夢臣令問相婆羅門婆羅門曰此
夢不祥或當失國或能亶命王曰可
免乎相師荅曰須種種牛羊為馬并
王女摩梨尼及五百眷屬却後七日

於四衢道中煞以祠天此灾可滅王聞勑令即辦呼摩梨足以事語之六日之內隨意所欲荅曰甚不惜死願第一日與城中男女共至迦葉佛所皆受三歸五戒王即聽之願第二日與王衆臣共往佛所願第三日與諸王子共往佛所願第四日與諸王女共詣佛所願第五日與王夫人婇女共至佛所願第六日與王共至佛所王悉聽許及與衆人往至佛所佛為說法得果皆受三歸五戒王向迦葉佛說十一夢佛言此夢所為未來非現在也夢小樹生花者當來有佛名釋迦文時世之人年始二十頭生白髮已生兒子夢犢子耕者十歲兒領家事父母不得自在夢三釜竝煑飯邊釜各跳相入不墮中央者富者更相惠施貧者不得夢見駱駝兩頭食草者群臣既食王祿復取民物夢見馬母飲駒乳夢見金部者時母嫁女及從求食於虛空中行者雨澤不時夢見野狐尿金鉢中者人民從富婿不顧姓族夢獼猴坐床上者時國用



非法暴虐无道夢見頭者旃檀幘與腐草同價者釋種貪利為人說法夢見水中央濁四邊清者佛法中國先滅邊國反盛於王之身无有不祥王即於座上勑諸臣曰祠天之牲今悉无畏吾從今寧自失命不故煞生況煞人乎 出弥沙律第四十卷

國王女狗頭感捕魚師述婆伽九

國王有女名曰狗頭有捕魚師名述婆伽隨道而行遥見王女在高樓上窓中見面想像染著心不暫捨弥曆日月不能飲食母問其故以情荅母我見王女心不能忘母抑喻言汝是小人王女尊貴不可得也兒言我心願樂不能暫忘若不如意不能活也母為子故入王宮中常送肥魚肥肉以遺王女而不取價王女怪問汝欲求何母白王女願却左右當以情告我唯有一子敬慕王女情結成病命不去遠願垂愍念賜其生命王女言曰汝月十五日於某甲天祠中住天像後母還語子汝願已得告之如上沐浴新衣在天像後住王女至時白



其父王我有不吉須至天祠以求吉福王言大善即嚴車五百乘出至天祠既到勑諸從者齊門而止獨入天祠天神思惟此不應尒王為施主不可令此小人毀辱王女即厭此人令睡不覺王女既入見其睡重推之不寤即以瓔珞直十万兩金遺之而去去後此人得覺見有瓔珞又問衆人知王女來情願不遂憂恨懊惱婬火內發自燒而死以是證故知女人之心不擇貴賤唯欲是從復次昔有國王女逐旃陁羅共為不淨又有仙人女隨逐師子 出大智論第十四卷

經律異相卷第三十四

經律異相卷第三十四

校勘記

一 底本，金藏廣勝寺本。一六一頁中一行至次頁上三行原版缺，以麗藏本補。

一 一六一頁中一行「諸國王女部」，徑、清作「諸國王女部第二十四」。

一 一六一頁中二行「梁沙門僧旻寶唱等集」，資、磧、普、南作「梁沙門僧旻寶唱撰」；徑、清作「梁沙門僧旻寶唱等奉勅撰」。

一 一六一頁中三行至一一行目録，徑無。

一 一六一頁中三行第五字「女」，資、磧、普、南、清無。

一 一六一頁中六行「安息」，清作「安息國」。

一 一六一頁中七行「波羅奈王」，清作「波羅奈國王」。

一 一六一頁中八行「王女」，清作「波斯匿王女」。又「所燒」，資、磧、普、南、清作「所焚」。

一 一六一頁中九行「王女」，清作「國王女」。一一行同。

一 一六一頁中一〇行「摩闍尼」，清作「摩梨尼」。

一 一六一頁中一二行第五字「女」，資、磧、普、南、徑、清無。又末字「一」，徑、清作「第一」。

一 一六一頁中一八行第一三字「價」，磧、普、南、徑、清作「賈」。

一 一六一頁中一九行「價人」，磧、普、南、徑、清作「賈人」。

一 一六一頁中二一行「價人」，資、磧、普、南、徑、清作「賈人」。下同。

一 一六一頁下五行第一一字「之」，資、磧、普、南、徑、清無。

一 一六二頁上一行「豪貴尊嚴」，資、磧、普、南、徑、清作「豪尊」。

一 一六二頁上八行首字「錢」，資、磧、普、南、徑、清作「銀」。

一 一六二頁上九行「天上」，資、磧、普、南、徑、清作「天天上」。

一 一六二頁上一二行末字「二」，徑、清作「第二」。

一 一六二頁上二一行「而狀」，諸本（不含石，下同）作「面狀」。

一 一六二頁中一行「門閣」，資、磧、普、南、徑、清作「門閤」。

一 一六二頁中三行第三字「覩」，資、磧、普、南、徑、清作「觀」。

一 一六二頁中五行「設會」，資、磧、普、南、徑、清作「讌會」。

一 一六二頁中一〇行「心惱」，資作「心悔」。

一 一六二頁中二二行「是何人」，資、磧、普、南、徑、清作「汝是何人」。

一 一六二頁中末行「具以上事」，資、磧、普、南、徑、清作「具說上事」。

一 一六二頁下一行首字「白」，資、磧、普、南、徑、清無。

一 一六二頁下一五行「毀此」，資、磧、普、南、徑、清作「毀呰」。

一 一六二頁下一八行第四字「王」，資、磧、普、南無。又末字「三」，徑、清作「第三」。

一　一六二頁下二〇行第七字「令」，資、磧、普、南、徑、清作「得令」。

一　一六三頁上四行第四字「於」，資、磧、普、南、徑、清無。

一　一六三頁上六行第一三字「便」，磧作「更」。

一　一六三頁上八行末字「四」，徑、清作「第四」。

一　一六三頁上一三行第二字「曰」，資、磧、普、南、徑、清作「日曰」。又第七字「得」，麗作「待」。

一　一六三頁上一八行第九字「王」，資、磧、普、南、徑、清作「王王」。

一　一六三頁上二二行「飯食」，資、磧、普、南、徑、清作「飲食」。

一　一六三頁中七行第八字「新」，資、磧、普、南、徑、清無。

一　一六三頁中一六行第四字「飯」，資、磧、普、南、徑、清作「食」。

一　一六三頁中二〇行「遺惜」，麗作「匱惜」。

一　一六三頁下一行夾註左第二字「宿」，資無。

一　一六三頁下二行末字「五」，徑、清作「第五」。

一　一六三頁下二一行「幻化」，諸本作「幻化」。

一　一六四頁上二行「畜然」，資、磧、普、南、徑、清作「歙然」。

一　一六四頁上四行「偃屍」，資、磧、普、南、徑、清作「殭屍」。

一　一六四頁上五行「幸格」，磧、普、南、徑、清作「幸擽」。

一　一六四頁上九行「扡掣」，資、磧、普、南、徑、清作「拖掣」。

一　一六四頁上一一行第二字「等」，資、磧、普、南、徑、清作「體」。

一　一六四頁上一三行「好衣」，資、磧、普、南、徑、清作「妙衣」。

一　一六四頁中五行第四字「塼」，資、磧、普、南、徑、清作「塚」。又「挺然」，資、普、南、徑、清作「侹然」；磧作「健然」。

一　一六四頁中一七行首字「中」，資、磧、普、南、徑、清作「谷」。

一　一六四頁中二〇行第二字「汝」，資、磧、普、南、徑、清無。

一　一六四頁下四行末字「六」，徑、清作「第六」。

一　一六四頁下一〇行「佛出於」，資、磧、普、南、徑、清作「佛佛出」。

一　一六四頁下一三行「好華」，諸本作「好香華」。

一　一六四頁下一四行「礼訖」，資、磧、普、南、徑、清作「作禮訖」。

一　一六四頁下一六行「其遲」，資、普、南、徑、清作「其遲晚」；磧作「其遲時」。

一　一六四頁下二〇行第九字「之」，資、磧、普、南、徑、清無。

一　一六五頁上三行「之等」，諸本作「女等」。

一　一六五頁上五行「捨棺斂塟」，資、磧、普作「拾棺殮塟」；南、徑、清作「捨棺殮塟」；麗作「給棺斂塟」。

一 一六五頁上七行「棺斂」，資、磧、普、南、徑、清作「棺殮」。

一 一六五頁上一五行第四字「見」，資、磧、普、南、徑、清作「見之」。

一 一六五頁上一九行「罪山」，資、磧、普、南、徑、清作「疊罪如山」。

一 一六五頁上二二行第九字「央」，諸本作「殃」。

一 一六五頁中五行末字「七」，徑、清作「第七」。

一 一六五頁下五行「摩闍尼」，資、磧、普、南作「摩梨尼」；徑、清作「王女摩梨尼」。又末字「八」，徑、清作「第八」。

一 一六五頁下七行「金花鬘」，磧作「金葉鬘」。

一 一六五頁下一四行「佛説妙法」，資、磧、普、南、徑、清作「佛爲説法」。

一 一六五頁下一五行首字「得」，資、磧、普、南、徑、清作「得果」。

一 一六五頁下一九行「自覺」，資、磧、普、南、徑、清作「自學」。

一 一六五頁下二一行「失國」，資、磧作「大國」。

一 一六六頁上一行「衢道」，資、磧、普、南、徑、清作「街道」。又末字「王」，資、磧、普、南作「或」。

一 一六六頁上一九行第八字「禄」，資、磧、普、南作「有」。

一 一六六頁上二〇行「夢見金部」，諸本無。

一 一六六頁上二二行首字「及」，諸本作「反」。又「於虛空中」，諸本作「夢見金鉢於虛空中」。

一 一六六頁上末行第一三字「國」，諸本作「國王」。

一 一六六頁中一行「非法」，資、磧、普、南、徑、清作「非法治」。又「頭著旃檀憤」，資、磧、普、南、徑、清作「牛頭旃檀賣」；麗作「牛頭著旃檀憤」。

一 一六六頁中七行夾註左「第四十卷」，資、磧、普、南、徑、清作「第三十卷」。

一 一六六頁中八行末字「九」，徑、清作「第九」。

一 一六六頁中二〇行「不去」，諸本作「不云」。

一 一六六頁下一三行「師子」，資、磧、普、南、徑、清作「師子等」。

# 經律異相卷第三十五 得道長者部上

梁沙門僧旻寶唱等集

寶稱出家見佛得道一
守籠那足下生毛苦行得道二
最勝難降柒化成道三
福增百歲出家見其本骸心曉見道四
須達多崎嶇見佛時獲悟道五
須達七貧後得食併奉佛僧倉庫自滿六
最勝魔嬈不移七
申日為佛作毒飯火坑自皆變滅八
辯意請佛僧有二乞兒一死一為王九
曇摩留支先身為大魚十
慳長者入海婦施佛納衆商皆死唯已獨存十一
毗羅陁請佛僧食而庫藏自滿十二
婆世躓滌從危身為目連所救十三
長者新生二子即識本緣求母請佛甘味自下十四
阿鄰邠邸七子為財受戒聞法離垢十五

## 寶稱長者出家見佛得道一

波羅奈城有長者名阿具利子字曰蚰陁(梁言寶稱出曜經云衣輪)年二十四有琉璃屐生而著足父母貴異字曰蚰陁別作屋宅寒暑易處伎女娛樂不去左右寶稱中夜覺見諸伎女皆如死狀膿血流溢肢節斷壞屋宅衆具皆似冢墓户輒自開天地大冥唯覩小光趣東城門門復自開明照鹿園尋光見佛瞻覩相好怖止迷解舉聲歎曰久在愛獄著名色械今趣神尊寧得脫不佛言童子善來覺矣斯處无憂衆行畢竟前礼佛足佛為說法逮无垢法眼即起白佛願為弟子佛言善來比丘便成沙門明旦衆女周慞遍求大家驚怖不知所在長者遣馬四出推索父乘子車東行尋求道遇一水水名波羅奈度水見子寶屐脫置岸邊即尋足跡徑趣鹿園佛以方便令其父子兩不相見長者問佛言我子寶稱足跡趣此瞿曇見不佛告長者若子在斯何憂不見佛為說法入須陁洹寶稱心解便得羅漢父子相見恩愛微薄長者白佛今日心悅情有二喜一遇佛解喜二離愛快喜

於時寶稱親友四人一名富稱二名維摩羅三名橋炎鉢四名須陁闍寶稱已作沙門驚喜毛竪曰吾共詣佛

并省寶稱即便俱行見佛影則乘本願行作礼白佛飢渴道化虛心日久不以鄙陋願為弟子佛言善來比丘皆成沙門為說心本淨聞義心了便得羅漢如有聞者發足尋覓皆得道果出中本起經上又出曜經第十九卷

守籠那足下生毛苦行得道二

瞻婆城有大長者子字守籠那其父母唯有此子心甚念之生來習樂未曾蹋地足下生毛時摩竭國王聞瞻婆城中大長者子遅欲見之即勑城主使諸長者各將兒來時瞻婆城主奉勑詣摩竭王在一面住王聽以衣敷地詣王所王見足毛心甚歡喜即語言可往見佛礼拜問訊當與汝後世利益時瞻婆城主及諸長者共詣耆闍崛山時有長老娑竭陁為佛給使在磐石上坐時瞻婆城主詣長老娑竭陁所言我等欲見如來時娑竭陁即没石上涌出佛前白言瞻婆長者欲見世尊佛言汝往屋蔭中敷座我當坐時娑竭陁即敷座已還到佛所白世尊言敷座已竟世尊坐已告娑竭陁言語長者來時娑竭陁没於佛前勇出石山時諸長者歎未曾有世尊弟子神足猶尒況復如來娑竭陁言長者宜知是時瞻婆城主來詣佛所世尊尒時即為諸長者子及瞻婆城主說法勸化即於坐上得法眼淨白世尊言大德從今已去歸依三寶為優婆塞時守籠那後遂出家往溫水河邊尸陁林中懃行精進經行之處血流汙地猶如血塗時守籠那在靜處思惟佛弟子中懃行精進无勝我者我今何故不得無漏我當捨戒還家自恣五欲布施作福佛知其心到守籠那所我今問汝隨意荅我汝在家時彈琴琴絃若緩若急音聲好不若不緩不急乃得好聲佛言比丘亦如是不緩不急心乃會道依教修行逮成羅漢焉出四分律三分第二卷

㝡勝難降迯化成道三

昔舍衛城內有一長者名曰㝡勝更有長者名曰難降二人慳貪國中第一饒財多寶不可稱計二人門戶各有七重勑守門者無令乞兒得入我



家庭室中鐵籠遍覆庭內以斷飛鳥四面鐵墻防鼠穿鑿嚙壞器物是時五大聲聞各以次第詣彼教化從地踊出教以法施長者二人聞之各不受化後佛自往坐卧虛空放大光明佛與長者說微妙法長者雖聞心猶不達內自思惟佛來至不可虛尒使還精舍宜入藏裏取一白氎布施如來即起入藏選一惡者反更得好捨而更取倍得好者心意共諍不能自決當於其日阿須倫與忉利天共鬪或天得勝阿須倫不如或阿須倫得勝諸天不如尒時世尊以天眼觀見長者心或時慳心得勝施心不如或時施心得勝慳心不如尒時世尊便說斯偈

施與戰同處　此德智不譽　施時亦戰時
此事二俱等

長者還聞內懷慚愧如來所說正謂我身即出好氎持用為施難降長者出五百兩金持用惠施心開意解各見道跡出出曜經第十七卷

福增百歲出家見其本骸證見道四

若放男女若放奴婢若聽人民若自

已身出家入道功德無量布施之報六天人中往反十世出家之福無邊無量勝起七寶塔上至三十三天以貧人能壞出家之德无有可毀乃高須弥深於大海廣於虛空若為出家作留難者其罪甚重入深地獄黑闇無目有一長者名尸利苾提（梁言福增）其年百歳求欲出家家人大小無從用者尸利苾提往趣迦蘭陁竹林從舍利弗求欲出家老不得出家遍問五百羅漢皆同舍利弗出竹園門舉聲大哭優波離是剃髮賤人泥提下穢除糞之人殃掘魔羅煞无量人及陁塞羇大賊惡人如是等人尚得出家我有何罪而獨不得佛即踊現問福增言汝何故哭聞佛梵音心喜作礼白佛言諸罪惡人皆得出家我何罪不聽我出家大小不復用我於佛法中復不得出家設我還家必不見前我當何趣今日定當於此捨命佛慰喻言汝莫憂惱聽汝出家告大目連聽與出家即得出家受具足戒晝夜精勤修集讀誦廣通經藏以年老故不



能隨時恭敬迎逆礼問上座諸少比丘皆為上座常苦言激切又作是念我今寧死往大河岸邊脫去袈裟置樹枝上泣而擔言我不捨佛法衆僧唯欲捨命我此身上布施持戒精進誦經設有報者願我捨身生富樂家眷屬調從於我善法不作留難常遇三寶遭值善師示悟涅槃畢投迴澓中未至水頃目連接置岸上令捉衣角上衝虛空猶如猛鷹銜一小鳥屈申臂頃至大海島海邊有新死人女相具足見有一虫從口出還從鼻入復從眼出更從耳入苾提問此何女人荅曰時到當說前行復見一女自負銅鑊燃火吹之既沸脫衣自入鑊中髮爪先脫肉熟離骨沸吹骨出在外風吹尋還成人自取其肉而噉食之次復前行見一大樹多虫圍唼其身乃至枝葉无有空處如針頭許大叫震動如地獄聲復次見一男子周匝獸頭諸惡鬼神手執弓弩三放毒箭鏃皆火燃競共射之身皆燋燃又見一大山下安刀劍見有一人從上投



下刀截劍鋸壞則其身即自拔還竪本處往還不息前見骨山高七百由旬目連於山為說舍衛城中大薩薄婦夫甚愛念欲入大海戀婦不捨即將入海婦挙鏡照面自覩端正便起憍慢深心愛著時遇大龜蹹舩沒海一切皆死五百賈客一切皆死海不受屍夜叉羅刹出置岸上隨所愛念死還生為虫捨此虫身墮大地獄

舍衛國優婆夷姘優婆夷請一比丘夏九十日奉給供養使姘送食姘至屏處選好自食餘與比丘大家覺問姘荅我若先食使我世世自食身肉今先受花報後墮地獄

大樹諸虫唼食發大惡聲是瀨利吒營事比丘用僧祇物華果飯食送與白衣受此花報後墮地獄唼樹諸虫即是得物之人

舉聲大哭衆箭射身者此人前身為大獦師多害禽獸以是罪故受斯苦毒於此命終墮大地獄

大山上自投刀劍者是王舍城大健闘將以猛勇故身處前鋒或以刀劍矛

楯傷剋物命故受此報

有一國王名曇摩苾提布施持戒慈悲不傷物命政法治國滿二十年共人慱戲時有一人煞人諸臣白王荅言隨國法治即案律煞王戲已畢問罪人何在臣曰已煞王聞泣曰七珎皆住我獨入地獄即捨王位入山自守命終作摩竭魚身長七百由旬王臣恃勢枉剋百姓命終亦作摩竭大魚身垂瘙癢揩頗梨山碎煞垂血流百里皆赤應墮大地獄時魚一眠百歳乃覺覺大飢渴即便張口海水流入如注大河有五百估客入海採寶值之船趣魚口賈人稱南無佛魚聞閉口賈客得活魚飢命終生王舍城夜叉出身置此海邊時王者汝身是煞人為魚苾提口解无常猒世盡結得羅漢果(出賢愚經第七卷)

須達多崎岴見佛時獲悟道五

舍衛國有大長者名須達多(賢愚經始云大目四部律並呼居士)常給施孤獨乞兒人以為号先有田業在王舍城年年履行(大涅槃賢愚二經云為兒娉婦詣王舍城)寄止長者護弥家(中本起經云迦蘭陀大涅槃經云珊檀那)



夜起掃治宅舍辦餚饍須達問之荅曰迦毗羅城有釋種子名悉達多姓瞿曇氏其生未久相師占之定當作轉輪王心不願樂捨之出家无師自覺得阿耨多羅三藐三菩提於諸衆生其心平等故号為佛明受我請又問今在何處荅曰在迦蘭陀竹林精舍(十誦律云寒林)須達多一心念佛所有功德忽然大明尋光而出至尸呵城門佛神力故自然而開(四分律云神即開門)出門路有天祠須達致敬尋還黑闇心生惶怖復欲還反城門有大天神告須達言仁者見佛當獲善利盡閻浮提所得功德不如發心一步詣如来所須達問曰汝是誰耶荅曰我是信相婆羅門子(四分律云我是私訶神)是汝往昔善知識我因往昔見舍利弗大目揵連礼拜歡喜捨身得作北方天王毗沙門子専知守護此城(十誦律大同)況見如来礼拜供養須達礼佛如應說法得須陁洹道(出大涅槃第二十七卷又出雜阿含第二十卷中本起四部律皆大同小異)

須達七貧後得食并奉佛僧倉庫自滿六

長者須達七貧後貧窮劇於眞壤中



得一木斗其實栴檀出市賣之得米四斗語婦曰並炊一斗吾當索菜時佛念曰當度須達令福更生炊米方熟舍利弗往婦見歡喜斗米飯悉授著鉢中更炊一斗目連復往亦歡喜與之復炊一斗迦葉復往亦復與之適有一斗尋復炊熟如来自往婦自念言閒日之粮莫有隣者今有是米如来躬顧得無罪畢福生者哉一斗米飯盡施如来佛口呪願罪滅福生從今日始須達尋歸婦恐其恚便問曰如今佛来及舍利弗目連迦葉盡来求食當與不耶荅曰當與福田難遭若来求者是為值遇婦言向四斗米吾盡用施矣夫大歡喜餘有飯汁公姥共飲之須臾仿佯諸室珎寶倉庫穀帛自然實滿如往時富也須達踊躍知佛愍念更請佛及僧供養盡空佛為說法皆得道迹(出雜譬喻經下卷)

寂勝魔嬈不移七

寂勝長者聞說妙法即於坐上諸塵垢盡得法眼淨受三自歸為優婆塞盡形壽不煞佛去不久魔波旬化

作佛像及相好来至長者家長者念曰如来向出還其何速僞佛告曰吾謂長者高才愽智分別識趣諦念長者愚惑无智吾向所說四諦者實非真諦斯是顛倒外道所習長者即自覺知即報之曰止止勿語吾得慧眼住牢固地正使汝化作億千万身吾不退轉何以螢火之光與日競明田家灰埠欲比須弥鵄鷲烏鵲金翅並飛波旬慙愧復身而去出家勝長者受呪願經

申日為佛作毒飯火坑自皆變滅八

是時王舍國有一四姓長者字為申日財產甚富金銀珎寶无有央數申日事餘道人唯不事佛諸異道人皆共嫉妬申日共議言佛今為王及傍臣長者吏民所敬而我等獨不為所重佛常自說言知去来現在之事知他所念今寧可試為審尒不申日言當何試之異道人言請佛持毒藥置飯中掘門裏深五丈以火置中薄覆其上令佛從上来若知當不受請受請則不知申日言諾即行請佛佛言大善異道人言已無所知但當穿地



申日有子字旃羅法年十六通達宿命善學佛道能知去来現在之事啓其父言佛已知之莫用惡人言自投湯火申日不信掘坑燃火飯置毒藥告諸比丘隨我後行佛適向道便放光影令申日舍中悉作金色時旃羅法即語父言今佛已起向道十方皆明如日佛到城門足蹈門限舉大城中即為大動病者即愈箜篌樂器不皷自鳴佛到申日門五丈火坑化作浴池中生蓮華一華千葉諸弟子所蹈蓮華華生百葉皆蹈華而行申日見火以作水池中生蓮華便大懼怖頭面著地以誠自說今為佛作飯皆以毒藥置中願乞更炊佛言不須更炊持毒藥飯来食之勑諸比丘且勿食須我教乃食佛即呪曰天下凡有三毒一者貪婬二者瞋恚三者愚癡佛无是三毒為不行至誠有經法者毒亦不行飯食中毒皆自消去佛言皆飯申日頭面礼佛足言我大無狀用惡人之言願從世尊求哀悔過佛為說經得須陁洹道出申日兒本經



辯意請佛僧有一乞兒一死一為王九

舍衛國有一長者子名曰辯意聞佛說五十事要逮得法忍五百長者子得法眼淨辯意言唯願世尊及大衆明日中自屈於我舍食佛與大衆往其家食未呪願有一乞兒歷座行乞无敢與者遍無所得瞋恚而出便生惡念此諸沙門放恣愚惑有何道哉貧者從乞無心見與吾得為王以鐵輞車轢斷其頭言已便去佛呪願竟復一乞兒来從衆乞食各各與之大得飯食歡喜而去即生念言此諸沙門有慈悲心我得為王供養佛僧乃至七日不報今者飢渴之恩言已便去二乞兒展轉求匃到他國中卧於道邊深草之中時彼國主忽然崩亡無有繼嗣相師判言書記當有賤人為主諸臣百官千乘万騎按行國界望見草上有雲霞蓋相師曰中有神人即得乞兒諸臣拜謁乞兒驚愕自云下賤非是王種皆言應相沐浴香湯著王之服光相莊嚴導從入國惡念乞兒在深草内卧寐不覺車轢斷

其頭（出譬喻經）

曇摩留支先身為大魚十

昔有長者字曇摩留支問訊佛言曇摩留支別來大久乃得相見有人問佛荅曰昔阿僧祇劫時世有佛名曰定光我時為梵志字曰超述時定光佛方欲入城我即中路相逢解髮布泥上令佛蹈過佛即說曰汝勇猛乃尒却後阿僧祇劫起恚心曰此人與畜生无異乃蹈他頭髮上過去從是以来阿僧祇劫常墮畜生中復在大海中為摩竭魚身長七千由延時有五百賈客乘船入海採寶值此大魚翕船垂欲入口時五百人各稱所事時賈客主語衆人言今世有佛名釋迦文濟人危厄無復是過我等稱名莫蒙得脫即便齊聲稱喚魚聞佛名本識由存即自惟曰釋迦文佛已出世間我身云何故在魚中即還沒水五百賈客安隱而歸時魚即撲身出沙壇上不飲不食逕二七日命終生長者家作子字曇摩留支今来與吾相見所以稱久遠耳留支聞此本末即



向海邊求其故屍見大魚骨皮肉已盡行脇骨上思惟言此是我故屍即以華散故屍上尋惟既往忽然道成（出分別功德經第四卷）

慳長者入海婦施佛絹衆商皆死唯已獨存十一

昔人大富而慳其婦好法欲施不放聟臨入海先以鐵蒺藜三重繞舍婦礙之不能得出一心念佛諸鐵閑閑變成鵠毛取絹一疋寄人施佛佛受呪願夫與五百伴共在海中為鬼所噉唯留其夫諸鬼相語是人婦事佛不可近也伴侶死盡獨得寶還問婦何事婦具告之二人歡喜即請佛僧設會得道（出雜譬喻經第一卷）

毗羅陁請佛僧食而庫藏自滿十二

昔佛在世有大長者名脩羅陁財富無數信向道德自誓常以臈月八日請佛及僧終身子孫奉行不輟長者亡時囑兒勿廢兒名毗羅陁後日漸貧至時无以供辦愁慼不樂遣目連往問云汝父供月欲至當設何計荅言唯願世尊勿見忽棄八日臨盻將妻至外家貸百兩金還辦供具佛與



千二百五十衆僧往舍而坐行水下食清淨竟而還其日夜半諸故藏中寶物自滿夫婦見之且喜且懼恐官顧問即往白佛佛言安意快用勿有疑難汝之履信不違父教聞施慧道七財滿足（出法句經第二卷）

婆世躓染欲危身為目連所救十三

佛在羅閱祇國有豪長者名尸利躓大富盈溢婦生一男形容嚴妙請師占候數子福德問言從懷此兒有何瑞應長者曰其母訥口鈍辭既懷此子談語巧妙字婆世躓及年長大遊行觀看見郁羅伎家有一女子心便染著欲得娉娶還啓父母願為求索父母告言高卑非疋如何為婿子重啓言莫問門户但論其身幸為我求若不如志便自殞命父母從之共作婚姻兒惑其色不耻鄙事即詣彼家學習戲藝皆已成就是時國王集諸郁羅衆多戲事時長者子次應現伎上索而走王睨不見復勑更上氣力漸羸中道欲墮心中慳懅无所歸依目連陵虛告之曰如卿今日寧全身

命出家學道為寧墮地娶彼女耶答言願自存濟不用女也目連即時化作平地得全身首喜不自勝隨逐目連往詣世尊礼拜供養佛於是時廣說妙論心意開解便得初果因求出家世尊聽之鬚髮自落法衣在身專精禪思成阿羅漢佛言過世波羅奈國有大長者初生一子端正無比有人從海中来賣一鳥卵用奉長者長者納受經少時間其卵便剖出一鳥鵠毛羽光潤長者受與子使拤子騎鳥脊飛遊觀看聞他國王作郍羅戲乘鳥至彼鳥住樹上偶見王女情便染愛遣信騰情女便與交為王所知推捕縛来而當斬戮長者子言諸君何為勞力煞我聽我上樹自投而死諸人聽許便相上樹乘騎其鳥翔虛而去得延壽命時長者子今婆世躓是王女者今伎家女是尒時鳥者則目連是過去世惑色致困由鳥得濟今垂當死由於目連故得安隱出賢愚經第十三卷

長者新生一子即識本緣求母請佛甘味自下十四

舍衛國中有大長者生一男兒面目端正生而能言問其父母世尊及舍利弗阿難等皆在世不父母答在見其能言乃謂非人即往問佛佛言此兒有相父母歡喜兒又啓曰唯垂請佛及僧答卒无供養兒又啓曰但掃灑堂舍莊嚴床席施三高座百味飯食自然滿堂又先身之母今猶存在居波羅奈國願為仰報父母遣使馳為迎接以三高座一擬如来一為父一為前世所生母佛與衆僧既入其舍甘味飯食自然而下種種豊饒佛為說法合家大小盡得初果出賢愚經第一卷

阿那邠邸七子為財受戒聞法離垢十五

舍衛城中阿那邠邸有七子心无篤信於佛法衆不持五戒阿那邠邸長者言我當賜汝千兩金汝等可歸命三寶受於五戒七子聞之便欲歸三寶受持五戒父各賜千兩金俱至世尊所具以白佛云何世尊彼七子頗有福善諸功德不佛言善哉長者饒益衆生安隱天人彼七子者緣是諸善功德具足所獲果報我今當說北方有國城名石室國土豊熟人民熾盛彼有伊羅波多羅藏無數百千金銀珎寶於彼健陁頼國人七藏之中隨其所欲皆悉費用無所減少又此伊羅鉢多羅大寶藏彼七千兩金百倍千倍無數倍皆悉不及汝七子所獲功德世尊與阿那邠邸說微妙法即從坐起白世尊言願受我請及比丘僧欲設甘露飲食為七子故世尊默然受世尊知時與比丘僧前後圍繞入舍衛城詣阿那邠邸家皆即就座長者及子礼敬世尊世尊說法便逮等見告言如是長者七子甘饌飲食飯佛比丘食竟除鉢佛與七子說法各於坐上諸塵垢盡無有瑕穢得法眼生彼已見法無有狐疑亦無猶豫出阿那邠邸化七子經

經律異相卷第三十五

經律異相卷第三十五

校勘記

一 底本，金藏廣勝寺本。

一 一七〇頁中一行「得道長者部上」，徑、清作「得道長者部第三十五」。

一 一七〇頁中三行至一七行目録，徑無。

一 一七〇頁中三行「寶稱」，清作「寶稱長者」。

一 一七〇頁中四行「得道」，資、磧、普、南、清作「得果」。

一 一七〇頁中一二行「曇摩留友」，資、磧、普、南、麗作「曇摩留支」；清作「曇摩留支長者」。

一 一七〇頁中一三行「衆商」，資、磧、普、南、清作「衆商」。

一 一七〇頁中一七行「邠邪」，資、磧、普、南、清作「邠祁」。

一 一七〇頁中一八行末字「一」，徑、清作「第一」。

一 一七〇頁中二〇行「年二十四」，資、磧、普、南、徑、清作「時年二十四」。

一 一七〇頁下二行末字「冢」，資作「家」。

一 一七〇頁下一二行「道遇」，資、磧、普、南、徑、清作「道過」。

一 一七〇頁下二一行「覩友」，麗作「覩支」。

一 一七一頁上六行夾註左「出曜經」，諸本(不含石，下同)作「出出曜經」。又第四字「第」，資、磧、普、南、徑、清無。

一 一七一頁上七行「得道二」，資、磧、普、南作「得果二」；徑、清作「得果第二」。

一 一七一頁上八行「其父」，資、磧、普、南、徑、清作「其之父」。

一 一七一頁上一一行末字至次行首字「城主」，磧作「城王」。一八行同。

一 一七一頁上一三行「摩竭王」，磧、南作「摩竭主」。

一 一七一頁上一七行「婆竭陁」，資、磧、普、南、徑、清作「娑竭陀」。下同。

一 一七一頁上二二行「當坐」，諸本作「當往坐」。

一 一七一頁中二行「勇出石山」，資、磧、普、南、徑、清作「涌出石上」；麗作「踊出石上」。

一 一七一頁中一九行末字「三」，徑、清作「第三」。

一 一七一頁下四行首字「踊」，資、磧、普、南、徑、清作「涌」。下同。

一 一七一頁下二一行夾註右「出曜經」，資、磧、普、南作「出羅經」。

一 一七一頁下二二行末字「四」，徑、清作「第四」。

一 一七二頁上一四行「大賊」，資、磧、普作「大賤」。

一 一七二頁上二〇行「慰喻」，磧作「恩喻」。

一 一七二頁中一行「迎逆」，麗作「迎送」。

一七二頁中八行「示悟」，資、磧、普作「求悟」。又第一一字「畢」，資、磧、普、南、徑、清作「誓畢」。

一七二頁中一〇行第九字「鷹」，資、磧作「鴈」。

一七二頁中一一行第二字「須」，諸本作「頃」。又「海島」，資、磧、普、南、徑、清作「海邊」。

一七二頁中一五行「吹之」，資、磧、普、南、徑、清作「炊之」。

一七二頁下一行「刀截劒銷」，諸本作「刀戟劍矟」。

一七二頁下六行第五字「心」，資、磧、普、南、徑、清作「生」。

一七二頁下七行第二至第五字「一切皆死」，資、磧、普、南、徑、清作「薩薄及婦」。

一七二頁下九行末字「獄」下，磧、普、南、徑、清有「苾提白和尚自食肉者是何人目連告曰」十六字。

一七二頁下一六行「飯食」，資、磧、普、南、徑、清作「飲食」。

一七二頁下一七行末字「虫」，資、磧作「蟲」。

一七三頁上二行首字「楯」，資、磧、普、南、徑、清作「矟」。又末字「報」，資、磧、普、南、徑、清作「報已又墮地獄其骨山者汝故身也」。

一七三頁上一七行「口解」，資、磧、普、南、徑、清作「解法」。

一七三頁上一九行末字「五」，徑、清作「第五」。

一七三頁上二一行夾註右「部律」，資、磧、普、南、徑、清作「分部律」。

一七三頁上末行正文第二字「止」，南作「上」。

一七三頁中一行正文「銷鑴」，資、磧、普、南、徑、清作「諸銷鑴」。

一七三頁中二〇行「礼佛」，資、磧、普、南、徑、清作「見佛佛」；麗作「禮佛佛」。

一七三頁中二二行末字「六」，徑、清作「第六」。

一七三頁下一行「木斗」，資、磧、普、南、徑、清作「材斗」。

一七三頁下二行「並炊」，資作「且吹」；磧、普、南、徑、清作「且炊」。

一七三頁下三行第一二字「炊」，資作「吹」。下至七行第七字同。

一七三頁下四行「斗米飯」，諸本作「一斗米飯」。

一七三頁下八行第五字「之」，南、徑、清作「乏」。

一七三頁下一九行夾註左末字「卷」，資、磧、普、南、徑、清無。

一七三頁下二〇行末字「七」，徑、清作「第七」。

一七四頁上九行「灰埠」，資、磧、普、南、徑、清作「灰堆」。

一七四頁上一一行末字「八」，徑、清作「第八」。

一七四頁上二一行「若知」，資、磧、普、南、徑、清作「佛若知」。

一七四頁中一二行「百葉」，資、磧、普、南、徑、清作「百華」。

一七四頁中一六行第九字「之」，

資、磧、普、南、徑、清無。

一　一七四頁中末行夾註左首字「兆」，南、徑、清作「兒」。

一　一七四頁下一行末字「九」，徑、清作「第九」。

一　一七四頁下三行「逮得」，資、磧、普、南、徑、清作「還得」。

一　一七四頁下一八行「爲主」，諸本作「爲王」。

一　一七五頁上二行「曇摩留支」，資、磧、普、南、徑、清作「曇摩留支長者」。又末字「十」，徑、清作「第十」。

一　一七五頁上八行「說曰」，諸本作「記曰」。

一　一七五頁上九行「阿僧祇劫」，諸本作「阿僧祇劫當得作佛汝于時」。

一　一七五頁上一〇行末字「是」，麗作「起」。

一　一七五頁上一四行「所事」，麗作「所行事」。

一　一七五頁上一八行「自惟曰」，資、磧、普、南、徑、清作「自思曰」。

一　一七五頁上一九行「即還沒水」，資、磧、普、南、徑、清作「即而歸依時魚還沒水」。

一　一七五頁上二〇行「而歸」，資、磧、普、南、徑、清作「即歸」。又「揲身」，磧、普、南、徑、清作「疊身」。

一　一七五頁上二一行「沙壇」，資、磧、普、南、徑、清作「沙潬」。又「逕二」，諸本作「經二」。

一　一七五頁中三行「既往」，麗作「即往」。又「道成」，徑、清作「成道」。

一　一七五頁中五行「十一」，徑、清作「第十一」。

一　一七五頁中六行「昔人」，資、磧、普、南、徑、清作「昔者有人」。又「不放」，諸本作「不敢」。

一　一七五頁中一四行夾註「雜譬喻經」，資、磧、普、南、徑、清作「譬喻經」。

一　一七五頁中一五行「十二」，徑、清作「第十二」。

一　一七五頁中二〇行「遣目連」，諸本作「佛遣目連」。

一　一七五頁中二二行「臨盱」，資、普、徑、清作「臨盻」。

一　一七五頁下六行夾註左「第二卷」，諸本作「第三卷」。

一　一七五頁下七行「十三」，徑、清作「第十三」。

一　一七五頁下二〇行第三字「衆」，資、磧、普、南、徑、清無。

一　一七六頁上七行「過世」，資、磧、普、南、徑、清作「過去世」。

一　一七六頁上一一行「受與」，資、磧、普、南、徑、清作「授之與」。

一　一七六頁上一四行「騰情」，資、磧、普、南、徑、清作「勝情」。

一　一七六頁上一七行第六字「相」，資、磧、普、南、徑、清作「即」。

一　一七六頁上二〇行「過去世」，資、磧、普、南、徑、清作「過去世時」。

一　一七六頁上二二行第一二字「母」，資、磧、普、南無。又「十四」，徑、清作「第十四」。

一七六頁中五行第四字「答」，諸本作「答曰」。

一七六頁中六行末字「飯」，資、磧、普、南、徑、清作「飲」。

一七六頁中九行末字「父」，資、磧、普、南、徑、清作「今身母」。

一七六頁中一一行「飯食」，徑、清作「飲食」。

一七六頁中一三行「阿那邠邸」，資、磧、普、南、徑、清作「阿那邠祁」，下同。又「十五」，徑、清作「第十五」。

一七六頁中一八行第六字「父」，資、磧、普、南、徑、清作「父母」。

一七六頁下五行「千倍」，資、磧、普、南、徑、清作「千倍百千倍」。

一七六頁下一一行末字至次行首字「便逮」，資、磧、普、南、徑、清作「使還」。

一七六頁下一六行夾註左「化七子經」，資、普、南、徑、清作「化七子經卷」。

趙城縣廣勝寺

經律異相卷第三十六　雜行長者部下　舍

梁沙門僧旻　寶唱　等集


流水救十千魚一
樹提伽身生人中受天果報二
迦羅越手能雨寶三
迦羅越以飽食施鳥令出腹中珠四
忽起經暫貧客作設會即獲花報五
無耳目舌先世因緣六
音悅今身受先世四種報七
鳩留飢遇樹神因得信解八
日難財富巨億慳惜不施後世貧盲九
長者發菩薩心將諸貧人取得珎寶十
長者後貧舉財供施耕遇千鼎用之不盡十一
香身長者婦為國王所奪十二
長者婦懷姙口氣香十三
慳財生豨哭地獄十四
以擣衣石施人起塔生天十五
須達三子事窮方信十六
須檀子貪財煞弟十七
犁耆弥第七兒婦生三十二卵卵出一男十八
癡子賣香遲燒之為炭以求速集十九


流水救十千魚一

流水長者子於天自在光王國内治一切衆生無量苦患令身平復以病除故多設福業作如是言善哉長者能益衆生無量壽命必是菩薩解諸方藥時長者共二子水空水藏將其二子次第遊行城邑聚落最後到一大空澤中見諸虎狼狗犬鳥獸悉皆一向馳奔而去長者遂而觀之見有一池其水枯涸於其池中多有諸魚見是魚已生大悲心時有樹神示現半身作如是言大善男子此魚可愍汝可與水是故号汝名為流水汝今應當隨名定實時長者子問樹神言此魚頭數為有幾所樹神荅言足滿十千增大悲心時此空池為日所曝唯少水在是十千魚將入死門四向婉轉見是長者心生恃賴隨是長者所至方面隨逐瞻視目未曾捨是時長者馳趣四方推求索水了不能得見有大樹尋取枝葉還到池上與作蔭凉復更推求是池中水本從何来即出四向周遍求覔莫知水處復更疾走見一大河名曰水生有諸惡人

為捕此魚故於上流懸嶮之處決棄其水不令下過長者向王說其因緣唯願大王借二十大象令得負水濟彼魚命如我與諸病人壽命王勑大臣速疾供給汝今自可至象廐中隨意選取利益衆生是時流水及其二子將二十象借索皮囊疾至河上盛水象負水遂弥滿還復如本時長者子於池四邊彷徉而行魚亦隨逐循岸而行時長者子復作是念是魚必為飢火所惱復欲從我求索飲食我今當與時長者子告其子言汝取一象最大力者速至家中所有可食之物乃是父母飲噉之分及以妻子奴婢之分一切聚集悉載象上急速來還尒時二子往至家中白其祖父說如上事收取家中可食之物載象背上疾還父所至空澤池時長者子見其子還心生歡喜踊躍無量從子邊取飲食之物散著池中與魚食已即自思惟我今已能與此魚食令其飽滿未來之世當施法食曾聞過去空閑之處有一比丘讀誦大乘方等經典

其經中說若有衆生臨命終時得聞寶勝如來名号即生天上我今當為是十千魚解說甚深十二因緣亦當稱說寶勝佛名即便入水作如是言南无過去寶勝如來本往昔時行菩薩道作是誓願若有衆生於十方界臨命終時聞我名者當令是輩尋得上生三十三天復為是魚解說如是甚深妙法所謂十二因緣說是法已即共還家是長者子復於後時賔客聚會醉酒而卧尒時其地卒大震動時十千魚同日命終生忉利天既生天已作是思惟我等以何善業得生天中復相謂言我等先於閻浮提內墮畜生中受於魚身流水長者與我等水及以飲食為我等說十二因緣并稱寶勝如来名号以是因緣令我等輩得生此天我等今當報恩供養時長者子在樓屋上露卧眠睡是十千天子以十千真珠天妙瓔珞置其頭邊復以十千置其足邊復以十千置右脇邊復以十千置左脇邊雨曼陁羅花摩訶曼陁羅華積至于膝種種天

樂出妙音聲閻浮提中有睡眠者皆悉覺悟流水長者子亦從睡悟是十千天子於上空中飛騰遊行天自在光王國內處處皆雨天妙蓮華是諸天子復至本處空澤池所復雨天華便從此沒還忉利宮隨意自在受天五欲過是夜已天自在光王問諸大臣昨夜何緣示現如是淨妙瑞相大臣荅言大王當知忉利諸天於流水長者子家雨四十千真珠瓔珞及不可計曼陁羅華王即告臣卿可往至彼長者家喚令使来即至其家宣王教令是時長者尋至王所王問長者何緣示現如是瑞相長者子言我必定知是十千魚其命已終時大王言今可遣人審實是事尒時流水尋遣其子至彼池所看是諸魚死活定實尒時其子向於彼池見其池中多有摩訶曼陁羅華積聚成積其中諸魚悉皆命終還白父言彼諸魚等悉已命終尒時流水復往王所是十千魚悉皆命終王聞歡喜尒時世尊告善女天時流水長者子今我身是長子

水空羅睺羅是次子水蔵今阿難是時十千魚者今十千天子是是故我今為其受記尒時樹神現半身者今汝身是（出金光明經第四卷）

樹提伽身生人中受天果報二

昔有一長者名樹提伽倉庫盈溢金銀具足奴婢成行無所乏少有一白氎手巾掛著池邊遇天風起吹来國王殿前群臣衆論卜問所以諸臣皆言國將欲興天賜白氎臣樹提伽默然无言王問卿何以無言提伽荅曰不敢欺王是臣家拭體之巾掛著池邊遇天風起吹来殿前却後數日九色之華大如車輪又遇天風吹来王殿前王復與群臣衆論卜問提伽荅言是臣家園中萎落之華風吹来耳王問提伽卿家乃尒吾欲將領二十万衆到卿家看提伽荅言願王即相隨去王即將領二十万衆到樹提伽家南門直有三千閤童子顏容端正王問樹提伽是卿家兒孫耶荅言是臣家守門奴進到中閤有二千童女顏容端正王問是卿家婦女耶提伽荅言是



臣家守閤之婢進到其户白銀為壁水精為地王見水流疑不得進樹提伽即導王前户中以黄金為床白玉為机樹提伽婦有百二十重金銀幃帳端正无雙為王作礼眼中淚出王問卿婦見我有何不俺眼中淚出荅言王衣烟氣是故淚出王言庶民燃脂諸侯然蠟天子燃漆亦無烟也何得淚出樹提伽荅言臣家有一明月神珠掛著堂上晝夜無異不須火光王是烟中之王是故聞氣耳

樹提伽家堂前有十二重高樓將王上頭視東望西視南望北掩掩寂寂王謂須臾小復可忍到後園中流泉浴池食諸果蓏自適甘美甚復可愛以至一月大臣白王可須還國樹提伽即布施金銀珎寶綾羅繒綵二十万衆人馬車乘一時還國王即會群臣恠其所以樹提伽是我之臣婦女宅舍過甚於我我欲伐之可取與不諸臣皆言宜可取之王即與四十万衆椎鍾鳴鼓圍提伽舍毀百重墻提伽門中有一力士手捉金杖以擬四



十万衆一時俱倒眠地不起提伽乘飛雲輪車在虚空中問諸人等来時何意眠地不起諸人荅如上事樹提伽問欲得起不皆言欲得樹提伽放大神目一視四十万衆一時俱起還其本國王即遣使喚樹提伽共至佛所問言世尊樹提伽是我之臣前身有何功德婦女舍宅過甚於我佛荅言樹提伽布施功德見天上愛樂五百商主將諸商人賫持重寶奔空山中逢一病道人給其草屋厚敷床縟給水槳鍁鍞米粮給其燈燭于時乞願天堂之供今得果報如是佛言是布施者今樹提伽夫婦是也于時病道人者今我身是也五百商人皆得阿羅漢道（出樹提伽經）

迦羅越手能雨寶三

昔阿育王國有迦羅越供養二万比丘長請一年名聞國王王召見之聞卿大富盡有何物耶對日實無所有王不信之留迦羅越遣人看其家見其門有七重舍宅堂宇皆以七寶有勝王宮婦女亦勝但无穀帛錢物便

還白王王意漸解迦羅越即時便笑王問何所笑耶荅言王不見信耳迦羅越以手指東便滿中七寶指南亦然王便遣還而衆僧精舍去宮不遠王便詣精舍見比丘僧作礼恭肅問上座彼迦羅越宿有何福自然珎寶念之便至上座比丘入三昧見四百由旬之物心念見是長者乃惟衛佛時有四人共立塔寺中有一人用意慇懃塔寺成後以金銀七寶及衆好華共合和之上三重塔上以散四面願後食福恒不斷絶令得自然實者是此一人王聞大修功德出譬喻經第一卷

迦羅越以飽食施鳥令出腹中珠四

昔有迦羅越長者聡明慱達財富巨億居近海邊多植樹木榮茂參天時海渚上大有珎寶價直千億如人不得近唯鳥往來唯噉明月之珠朝入暮出栖宿長者藂林長者多智方便畐之即作百味之食以用與鳥鳥食之飽滿便吐珠覆地長者得之遂成大富出譬喻經第七卷

忽起經暫貧客作設會即獲華報五



舍衛國有一居士亡失田宅家人得罪死亡都盡唯餘一子無復所依子聞人說飯佛及僧者生忉利天乃願飯佛僧惟當客作以果此願有一居士弥沙塞律云大臣多有田宅此兒雖小多諸藝能求欲傭賃居士問汝何所能荅曰能書筭文義別金銀珠貝錢財系羽監田坐肆无所不解問歲索幾物荅曰年一千金錢居士曰今世飢饉乃雇五百年滿井還小兒言我才不施堪此須用既急令為君與即使坐肆始滿一月挍計所得已盈三倍日止一食留一食分更使監田比及冬藏復獲三倍歲滿索金及食居士慮其便去屢託不在後謂之言急索作底小兒言我欲飯佛及僧居士聞之即生信心又問欲何處作荅曰欲往祇洹居士曰但住我間器蔬相助小兒白佛願明日受我食佛僧默然弥沙律云即將財物往至佛所供辦珎味極世甘美緣其意至鬼神助焉倏忽之頃自能都辦正遇節日諸白衣多送猪肉乾餅種種飲食衆僧受取共相謂言今日貧兒竭力作會人人皆當為之稍食及



到居士舍手自行食皆云少與食遂無減貧兒問僧為食麁澁為愍我貧荅曰今日是節日早起人送食初乃少與家數既多遂成飽滿貧兒愁憂恐所期不果涕泣問佛佛為說法必得生天汝疾還去貧兒歡喜更行僧食隨僧意取我肆力時期盡供養今諸大德雖不能噉隨意將去時五百商客從優禪國來晡至道路遼遠絶粮三日入城買食時世飢儉且天感熱都无所得商主歎曰海中不乏大城無食宜更遍求隨須何物貧兒啼向佛時多人見之語估客去其舍有食即往居士家白小兒言我等須食小兒問言有幾人荅曰有五百可盡喚来何須論直至即設食皆得飽滿有一大銅杅一估客主解衣角珠直十万金錢置於杅中其餘估客皆解珠投於杅内小兒言我不賣食何忽與珠留客小住待我問佛佛言但取不妨得生天此是花報果報在後還受寶物估客又問居士此城先有某甲今何所在荅曰巳往又問有子孫

不荅曰向之施主即其子也估客語
小兒言君父是我等師又與百千兩
金以敎舊好時居士無兒唯有一女
端正姝妙求妻小兒送金百千兩居
士死後波斯匿王問有兒不誰相料
理荅曰唯有一女聟當事判財物并
屬女聟拜為大臣即勑舍衛城内大
長者職居士位十誦律云時國人民号為忽
起長者出十誦二誦第六卷又出弥沙塞律第十卷

無耳目舌先世因緣六

時舍衛國有大長者財富無量無有
男兒唯有五女端正聡達其婦懷妊
長者命終國法無男財物入王王遣
大臣攝録其財其女心念我母懷妊
未知男女若續是女財應屬王若其
是男應為財主往白國王時波斯匿
王法平政即可所白其母不久月滿
生兒其身渾毛無復耳目有口無舌
又無手足唯有男根即為作字名錫
慈毗梨尒時是女具以是事往問於
王王告諸女財屬女弟吾不取也尒
時大女往適他家奉給夫主謙卑恭
敬謹如婢事大家長者覩其如斯佐



而問言女子對曰我父終沒家財無
量雖有五女猶當入王會母有身生
我一弟人相都缺但有男根得為財
主雖有諸女不如一男長者聞已即
與其女往至佛所白言世尊彼長者
子以何因緣佛言乃往過去有大長
者兄弟二人兄名檀若世貨弟名尸
羅世貨其兄少小忠信成實常好布
施舉國稱美王任此人為國平事國
法舉貸取與無券悉詣平事時估客
從弟尸羅世貨多舉錢財時弟長者
唯有一子其年幼小將其子并所出
錢到平事所白言大兄是估客子從
我舉錢入海來還應得尒許我若終
亡證令得之平事言然其弟長者不
久命終估客入海遭風失貨估客得
全時長者子聞其空歸便自念言此
雖貧我何由可得須有當償時此估
客復餘舉假續復入海獲大珎寶安
隐来還心自念言彼長者子前雖不
從我債我舉錢時此人幼稚或時不
憶或見我前窮故不責耶今當試之
即嚴好馬衆寶服餝長者子見即遣



人語汝負我錢今可見償荅曰可
尒估客自念所舉頓大重生累息无
由可畢當作一策乃可了耳持一寶
珠到平事婦所白言夫人我本從尸
羅世貨舉錢財其子来責今上一珠
價直十万若從我責可囑平事其婦
荅言長者誠信必不肯尒為當試語
即受其珠平事暮歸婦即具白長者
荅言何有是事以我忠信不妄語故
王立我為國平事若一妄語此事不
可明估客来具告情狀即還其珠時
估客子更上一珠直二十万願使囑
及此既小事但作一言得三十万尒
時女人貪愛寶珠即為愛之暮更白
夫昨日白事願畢在意長者荅言絕
無此理尒時長者有一男兒其婦泣
曰若不見隨我先煞兒然後自煞長
者聞此辟如人噎自念我唯一子若
其當死財无所付若從是語人不信
用將来受苦逼㥽不已即便可之婦
語估客長者已許估客欣悅還嚴大
爲衆寶在校者大寶衣乘爲入市長
者子見即往語曰先所負錢今宜見

償估客驚言我都不憶何時負君爭共相將至平事所長者子言此人往日親從我父舉若干錢伯為明人事為尒不荅言不知其姪驚曰伯父尒時審不見聞又荅不尒姪子恚曰以伯忠良王令平事國人信用我親弟子非法猶尒況於外人枉者豈少此之虛實後世自知佛告長者欲知尒時平事長者今錫慈毗梨是由於尒時一妄語故墮大地獄多受苦毒從地獄出五百世中常受此身植好布施常生豪富得為財主出賢愚經第七卷

音悅今身受先世四種報七

有長者名曰音悅財富無數年老无子以為愁慼雖然宿福所追其報有四一者夫人產男二者五百白馬同時生駒三者國王遣使者拜授金印四者五百寶船同時俱至佛告阿難長者音悅先世之時遣五百人乘船入海既獲衆寶安隱還家是故如來說此四福同時普集長者念言天降福祚集我之庭當作甘饌室族相慶時四天王釋梵諸天龍神鬼王阿須



倫等各與眷屬側塞虛空如來神達知此長者歡喜踊躍因其歡悅而往稱歎若其開解可殖福哉應時歌誦吉祥八音長者歡喜啓瞿曇言實為神妙知我室族吉祥無量枉屈尊神來相讚歎以好白氎直千万兩金奉上如來佛即受之佛告長者財有五厄汝今能為必獲影報所生之處福自歸身長者白佛何等五厄佛言一者火燒二者水漂三者縣官四者惡子用度无限五者盜賊五事一至不可抑制長者聞說益增踊躍於是如來忽然還到耆闍崛山尒時國內有尼揵異道名曰不蘭迦葉聽聞如來詣長者家歌頌一偈獲得長者千万兩金沙門尚能得金況我往乞當不得乎又自念言我當往求瞿曇沙門所可說偈然後往乞必得珎寶咲歎之宜當勝瞿曇不蘭迦葉懷此愚癡妬嫉之意而往問佛傳聞瞿曇詣長者家歌頌一偈大得珎寶寧可哀矜賜所說偈令吾諷誦兾望得寶如來三達知此長者却後一時財寶當散



不蘭迦葉不知時宜遭厄之家而說吉祥必得長者無量杖痛如來告言不惜此偈汝不知時卿說此偈必得楚痛是故違卿若更欲得應時之說絕妙之句吾當與汝既使長者得聞真言又免捶毒之痛不蘭迦葉心自念言瞿曇沙門不欲令我往乞珎寶是故悋惜不肯與我即便重啓其於與我馬知餘事如來慈愍諫之滿三終不信解佛亦豫知不蘭迦葉前世因緣應受此痛如來又云罪不可諫佛即為說吉祥之偈尼揵諷誦一歲乃諳然後長者失火燒舍珎奇了盡五百馬駒同時燒死所生妙子一旦終亡王遣使者録奪金印後復乘船入海採寶安隱來還泊岸五百寶船一旦漂沒室族大小無不愁毒不蘭迦葉往到其門歌頌如來吉祥之偈如上所說長者聞之舉門忿恚天下凶殃無過於我云何此人裸形無耻在此嫉蠱說我吉祥益我憂煩即出捶打從頭至足匍匐還家六師宗等逆問其意荅言此變正由瞿曇內不

經律異相卷第三十六 第十八張 含字号

自剋反怨世尊佛告衆會不蘭迦葉前從如来求索一偈欲詣長者歌頌求寶如来諫之其於不信令已在彼遭痛毒患阿難白佛不蘭迦葉與此長者有何因緣而被此患佛告阿難乃昔久遠阿僧祇劫時有國王亦名音悅復有一鳥名曰鸚䳇在王宮上鳴聲和好王時晝寢聞鳥鳴聲驚覺問其左右此為何鳥鳴聲妙好侍者白言有一奇鳥五色焜煌適在宮上鳴已便去王遣步騎逐而求之推尋殊久捕得與王王即以七寶瓔珞其身常著左右晝夜看視不去須臾復有一鳥名曰鵄梟来在宮上看見鸚䳇獨得優寵即問鸚䳇何緣致此鸚䳇荅言我来宮上悲鳴殊好國王愛敬於我取我常著左右鵄梟聞之必懷妬嫉心即念言我亦當鳴令殊於卿國王亦當愛寵我身王時卧睡鵄梟即鳴王即驚覺毒然毛竪如畏怖狀王問左右此為何聲驚動怖我侍者白言有惡聲鳥名曰鵄梟王遣大衆分布推索即得與王王令左右拔毛羽舉身大痛步行而去衆鳥問言何緣致此鵄梟瞋恚荅衆鳥言正坐鸚䳇故得此患佛言善聲招福惡聲致禍罪報由已反怨鸚䳇昔國王者音悅是鸚䳇者我身是鵄梟者不蘭迦葉是（出長者音悅經）

經律異相卷第三十六 第十九張 含字号

鳩留飢遇樹神因得信解八

昔有長者名鳩留不信今世後世善惡報應與五百人共行治生未到他國絶食三日前行遥見叢林想是居家到見樹神即為作礼其人飢乏神即舉手五指端自然出飲食甘水與之鳩留飽滿復大歡喜神問何故荅曰吾伴五百人皆大飢渴神令呼来復與飲食人馬皆足鳩留問神本有何福自致如是神曰我本迦葉佛時作貧窮人恒於城門磨鏡有沙門出入常喜指示分衛之處及佛圖精舍如是非一壽終生此自然受福無所乏短長者心悟大脩布施日飯八千人濤米汁流出城門足以乘舟後生第二天上作散花天人（出十卷譬喻經第二卷）

日難財富巨億慳惜不施後生貧盲九

經律異相卷第三十六 第二十張 含字号

昔波羅奈國長者名日日難大富珎琦為人慳嫉日未湌時常勑門監乞者勿通日難子旃檀亦復慳貪難後壽盡還生國中為一婦作子其夫語婦汝身重病令復懷軀我無衣食汝便自去婦出門去得大聚糞便止其中九月生子兩目復盲乞食養之至年七歲其母悲言今有乞我少飯愈飢如兩渴者兒聞母説便行乞食到其子家時守門者適小出外入到中庭栴檀聞語呼守門問門監懼罪即擘盲兒撲於門外傷頭折臂母聞走到何人無道時門上神便謂之言汝得是痛尚為小小其大在後汝坐前世有財不施故得勤苦死更苦痛觀者聞聲佛問阿難是何等聲阿難具説願佛哀矜到此兒所分越飯已往視盲兒以手摩頭目便開明折傷即愈因識宿命佛問汝是前世長者字日難非對曰是也佛告阿難人居世間甚苦愚癡一世父子不相識知時佛説經解散其意

有求子索財於此二事中 甚受勤苦痛

他人所得果　有身不能保　何況子與財　譬如夏月暑　息止樹下凉　須臾當復去　世間無有常（出日難經）

長者發菩薩心將諸貧人取得珍寶十

昔有長者發菩薩心聚諸貧人凡得五百資給衣粮入海採寶宿一大山衆人昏鈍唯長者獨坐並有所瞻夜見山腹出於一人光炎非恒面目端正口似賭口以伎樂自娛周旋山側長者問曰卿為何人聞聲愕曰吾是受福之人解住在此長者問曰身形端正口何獨介荅曰坐犯口過常喜泄語天人曰卿是何人荅曰吾是國中長者憂念貧匱欲令安隱故將衆人入海採寶並欲運寶饒益閻浮天人曰卿得無是菩薩耶長者曰吾發菩薩心救濟一切婬怒癡病諸未度者吾是度之天人曰善哉遂送寶所重而還（出十卷譬喻經第五卷）

長者後貧舉金供施耕遇千鼎用之不盡十一

昔罽賓國有一長者本大富父母亡後常供養數道人數年之中家欲貧困無復有得為父母作福念之愁毒



婦語聟言寧一世懃苦後長解脫遠使父母得福無量長者言然持我二人權舉百兩金約用金盡就作畢直得金便施盡乃往作遣夫耕田婦厨下欵耕得大石似磨蓋發視見金千鼎便還覆之不復還食長者遣婦餉夫夫便擔金自歸其家明日稱金還耳主人夫婦反舍為七世父母布施用之終身不盡（出十卷譬喻經第一卷）

香身長者婦為國王所奪十二

昔有國王貪於婬色所作無道聞好婦女尋往掠奪舉國患之有一長者財富無數高才愽達婦容端正臣下啓王王聞心動遣使强奪其夫愁惱便棄家居行作沙門口中出香薰四十里身體周遍有旃檀氣王見其人既無子姓皆取家財王立其婦以為正后國中生好蓮華青黃紅白甚大香潔王敬夫人先持與之夫人得華益甚悲慼王問卿令一國之母相敬不相失意有何不可乃介不樂耶夫人曰不敢不樂但念我前夫身口之香勝此衆華竊思舊意不覺自悲王



不信言乃遣請之前聟已得羅漢神通飛行身出衆香充遍一國王使澡洗重加揩拭身香益甚王試問佛佛言過去有一貧子窮困無業賣薪自活採薪還未及城門城門已閉門外有寺僧夜誦經其人寄宿便坐聽經燒香讚歎至於天曉緣是五百世不墮惡道常生天上身口香絜（出十卷譬喻經第四卷）

長者婦懷妊口氣香十三

昔有長者夫人懷妊口出好香氣滿一國阿闍世王遣使尋求見長者家以問長者長者具荅使者白王王大歡喜召語長者卿若生男者當持與我所生之女後乃生女有金縷衣自然著身母性解去隨生一重還著其身便往問佛佛言昔有貧家婦出行遇雨見一老沙門是辟支佛泥倒躃地傷膝流血出即扶沙門起洗去其血自裂已衣用裹傷膝婦人雖未奉法要常好稱譽佛道死生第二天上壽終下生故有自然之衣口出好香（出十卷譬喻經第一卷）

慳財生號哭地獄十四

舍衛城中有富長者命終無兒所有錢財皆悉沒官長者生時食噉麁惡衣著弊單以樹葉為蓋佛日雖得豪位不自養身亦不養子不供父母不通朋友不施沙門今日命終入啼哭地獄佛言過去以食施辟支佛施已心悔云我不以與奴婢乃與剃頭沙門由是善報七反生天七反生人常得豪貴由悔心故是業果報不食好食不衣好衣亦不貪五欲波斯匿王當勤行精進除去懈怠出長者命終無子經

以擣衣石施人起塔生天十五

有一長者欲起塔寺林木悉辦唯少一石無著柱下有一長者雖不奉佛猶知有福便以家中一擣衣石施之便得成寺其施石人命終即生第二天上七寶宮殿玉女侍衛衣食自然如是久後其國磨滅無人修治寺都壞盡唯有一石沒在地中人民耕地石妨其犁舉意欲掘石主天人心悵動以天眼觀見人掘石心中自念我因此石福來生天今人取去福將無盡乎便下化作凡人住掘石人前問曰君欲取此石去耶其人荅曰吾欲耕地值石妨犁故欲去耳天人問曰設耕此地種得數十斛耳天曰卿勿取此石吾以五百兩金與卿其人問曰君得無是神乎荅曰吾是天人也即復天身語其人曰吾本是此士人耳前身以此石與道人立寺我因此福得生天上封受自然向者天宮振動怯其所以觀見君是故來耳此石是吾福之根本也卿勿取之其人聞之日本所不知此是神明塔寺天人福田不敢犯也天還天上其人思惟此天但施此石得福如此吾當更立塔寺便即興功修塔如故出福報經又出十卷譬喻經第一卷

須達三子事窮方信十六

昔給孤獨氏有三子皆背正向邪酒荒女色馳騁田獵樗蒲博弈去明即瞑日成狂愚父愍悼之慈惻誨諭指示禍福無日不介子獨不移放蕩日甚父乃以苗草衣之以豆麥食之窮而悔焉父言介為不善現世獲殃甚困如此豈況地獄燒煮之痛誰當濟介子叩頭曰邪友所導狂惑習之由豬處溷不知其臭自今束身奉戴三尊父曰大善汝若洗心奉佛五戒終身不犯歲與汝五千万金三自歸三千万子對曰唯既奉尊教即令洗浴將至佛所稽首受戒退歸脩德清潔其志周窮濟乏惠逮衆生國儒稱德名齊古賢出教子經

須檀子貪財煞第十七

昔羅閱祇城有長者名曰須檀大富多財子名須摩提其父命終弟名脩耶舍摩提設計不與弟分念當煞之允語弟言共詣耆闍崛山上有所論說即執弟手上至絕崖便推置底以石埳之便即命絕須檀者則真淨父王是也時須摩提者則我身是脩耶舍者則今陁婆達兜是出興起行經下卷

梨耆弥第七兒婦生三十卵卵出一男十八

波斯匿王有一大臣名梨耆弥為第七子納妻乃娶波斯匿王弟曇摩訶美女此女聰黠利根多諸德藝懷妊十月產三十卵卵出一男形體挺持勇健無雙一人之力有過十夫父母

愛念合國敬畏 出賢愚經第十卷

癡子賣香遲燒之為炭以求速集十九

有富長者生子愚癡乘船興生唯載沉香香精且貴買者希久滯不集同侶反鄉獨不堪得去恐失宗伴遍觀市中貨炭家駃即燒香作炭希得集速衆人見之咸共責笑大蕻狂人賣香雖遲獲直不少今燒成炭復何所得 出百句譬喻經第一卷

經律異相卷第三十六

經律異相卷第三十六

校勘記

一　底本，金藏廣勝寺本。

一　一八一頁中一行「雜行長者部下」，徑、清作「雜行長者部第二十六」。

一　一八一頁中三行至二一行目録，徑無。

一　一八一頁中一一行「日難」，清作「日難長者」。

一　一八一頁中一三行「舉財供施」，資、磧、普、南作「舉財施」；清作「舉金供施」。

一　一八一頁中一九行「煞第」，資、磧、普、南、清作「殺弟」；麗作「煞弟」。

一　一八一頁中末行末字「一」，徑、清作「第一」。

一　一八一頁下五行「共二子水空水藏」，資、磧、普、南、徑、清作「子妻名水空龍藏而生二子一名水空二名水藏時長者」。

一　一八一頁下七行「狗犬」，資、磧、普、南、徑、清作「狝犬」。

一　一八一頁下一五行「十千」，資、磧、普、南、徑、清作「十千爾時流水聞是數已」。

一　一八一頁下二二行「求覔」，麗作「未覔」。

一　一八二頁上七行「二十象」，資、磧、普、南、徑、清作「二十大象」。

一　一八二頁上八行第四字「水」，資、磧、普、南、徑、清作「池」。

一　一八二頁上一一行「飢火」，磧作「食火」。

一　一八二頁中一五行「長者」，資、磧、普、南、徑、清作「長者子」。

一　一八二頁中一八行第一〇字「恩」，磧作「思」。

一　一八二頁下二行第一三字「是」，資、磧、普、南、徑、清作「見是」。

一　一八二頁下二一行「復徃王所」，資、磧、普、南、徑、清作「復往王所作如是言」。

一　一八三頁上三行「受記」，磧、普、

南、徑、清作「授記」。

一　一八三頁上五行末字「二」，徑、清作「第二」。

一　一八三頁上八行第四字「掛」，資、磧、普、南、徑、清無。

一　一八三頁上一五行「叅論」，資、磧、普、南、徑、清作「参議」。

一　一八三頁上二〇行第八字「閣」，諸本（不含石，下同）無。

一　一八三頁上二二行「二十」，資、磧、普、南、徑、清作「三十」。

一　一八三頁中六行「不俺」，資、磧、普、南、徑、清作「不愜」。

一　一八三頁中九行「樹提伽」，資、磧、普、南、徑、清作「提伽」。

一　一八三頁中一三行第五字及第九字「望」，麗作「忘」。又「掩掩」，磧、普、南、徑、清作「俺俺」。

一　一八三頁中一五行「果苽」，資、磧、普、南、徑、清作「果蓏」。

一　一八三頁中二二行第一〇字「毀」，資、磧、普、南、徑、清作「數」。

一　一八三頁中末行第一二字「以」，資、磧、普、南、徑、清作「一」。

一　一八三頁下九行「愛樂」，資、磧、普、南、徑、清作「受樂」。

一　一八三頁下一〇行「商人」，資、磧、普、南、徑、清作「商人」。

一　一八三頁下一二行「給水漿鍁鋗」，資、磧、普、南、徑、清作「給小水漿鴿鋗」；麗作「給水漿鴿鋗」。

一　一八三頁下一三行末字「是」，諸本作「是時」。

一　一八三頁下一六行「阿羅漢道」，清作「阿羅漢果」。

一　一八三頁下一七行末字「三」，徑、清作「第三」。

一　一八四頁上八行第三字「之」，資、磧、普、南、徑、清作「人」。

一　一八四頁上一〇行第六字「後」，資、磧、普、南、徑、清無。

一　一八四頁上一四行末字「四」，徑、清作「第四」。

一　一八四頁上一七行第一二字「如」，資、磧、普、南、徑、清無。

一　一八四頁上一八行「唯噉」，資、磧、普、南、徑、清作「湌噉」。

一　一八四頁上末行末字「五」，徑、清作「第五」。

一　一八四頁中四行「此願」，清作「比願」。

一　一八四頁中一一行首字「施」，資、磧、普、南、徑、清作「啻」。

一　一八四頁中一二行「挍計」，資、磧、普、南、徑、清作「檢計」。

一　一八四頁中一七行第一二字「曰」，資、磧、普、南、徑、清無。

一　一八四頁中一八行「我聞」，麗作「我門」。

一　一八四頁中二〇行夾註右第三字「即」，資、磧、普、南、徑、清無。又「極世甘美」，資作「種世之美」；磧、普、南、徑、清作「極世之美」。

一　一八四頁下三行第四字「日」，資、磧、普、南、徑、清無。

一　一八四頁下九行「遠遠」，資、磧、

普、南、徑、清作「逡迴」。

一八五頁上六行「一女聓」，資、磧、普、南、徑、清作「一女女壻」。

一八五頁上八行末字「忽」，諸本作「怱」。

一八五頁上九行夾註右「十誦」，資、磧、普、南、徑、清作「十誦律」。

一八五頁上一〇行末字「六」，徑、清作「第六」。

一八五頁上一七行「王法平政」，資、磧、普、南、徑、清作「任法平正」。

一八五頁上一八行「渾屯」，資、麗作「渾沌」；磧、普、南、徑、清作「混沌」。

一八五頁上二〇行第一三字「問」，資、磧、普、南、徑、清作「聞」。

一八五頁中四行「諸女」，資、磧、普、南、徑、清作「諸情」。

一八五頁中八行「成實」，資、磧、普、南、徑、清作「誠實」。

一八五頁中一六行「失貸」，諸本作「失貨」。

一八五頁中二一行第三字「債」，資、磧、普、南、徑、清作「責」。又第七字「時」，資、磧、普、南、徑、清作「財」。

一八五頁下一〇行「妄語」，資、磧、普、南、徑、清作「妄言」。

一八五頁下一五行第七字「畢」，資、磧、普、南、徑、清作「必」。

一八五頁下二〇行「迫憱」，資、磧、普、南、徑、清作「迫蹴」。

一八六頁上三行第四字「我」，資、磧、普、南、徑、清無。又「明人事」，資、磧、普、南、徑、清作「時平事事」；麗作「時平事」。

一八六頁上八行「虛實」，資、磧、普、南、徑、清作「虛妄」。

一八六頁上一二行夾註左「第七卷」，資、磧、普、南、徑、清作「第十卷」。

一八六頁上一三行末字「七」，徑、清作「第七」。

一八六頁上二一行第二字「此」，資、磧、普、南、徑、清作「世」。

一八六頁中二行「而徃」，資、磧、普、南、徑、清作「欲往」。

一八六頁中六行「白氎」，資、磧、普、南、徑、清作「白潔氎」。

一八六頁中八行首字「厄」，資、磧、普、南、徑、清作「危」，九行第一一字同。又第五字「爲」，資、磧、普、南、徑、清作「倆」。

一八六頁下八行「重啓其於」，資、磧、普、南、徑、清作「啓佛其但」。

一八七頁上八行「烏鳴聲」，資、磧、普、南、徑、清作「烏聲」。

一八七頁上一七行第一二字「必」，資、磧、普、南、徑、清作「心」；麗作「乃」。

一八七頁上一九行第一一字「睡」，資、磧、普、南、徑、清作「出」。

一八七頁上二〇行「畜然」，資、磧、普、南、徑、清作「歆然」。

一八七頁上二二行第七字「曰」，資、磧、普、南、徑、清無。

一一八七頁上末行「拔毛」，諸本作「生拔毛」。

一一八七頁中四行「音悅」，資、磧、普、南、徑、清作「長者音悅」。

一一八七頁中七行末字「八」，徑、清作「第八」。

一一八七頁中一一行「其人」，資、磧、普、南、徑、清作「具其」。

一一八七頁中二一行「濤米」，徑、清作「淘米」。又第三字「云」，諸本作「之」。

一一八七頁中末行「日難」，資、磧、普、南、徑、清作「日難長者」。又「巨億」，資、普作「匡億」。又第八字「惜」，資、磧、普、南無。又「後生貧盲九」，徑、清作「後世貧盲第九」。

一一八七頁下五行「今復」，磧作「今後」。

一一八七頁下六行第一一字「糞」，資、磧、普、南、徑、清作「牆」；麗作「廧」。

一一八七頁下一〇行第八字「這」，資、磧、普、南、徑、清作「適」。

一一八七頁下一二行首字「擊」，資、磧、普、南、徑、清作「掔」。

一一八七頁下一七行第一一字「越」，資作「赸」；磧、普、南、徑、清作「鈔」。

一一八七頁下二〇行「日難非」，資、磧、普、南、徑、清作「日難耶」。

一一八八頁上四行末字「十」，徑、清作「第十」。

一一八八頁上一三行「泄語」，資、磧、普、南、徑、清作「詍語」。

一一八八頁上一四行「貧匱」，資作「貧憒」。

一一八八頁上一九行首字「重」，諸本作「重載」。

一一八八頁上二〇行「十一」，徑、清作「第十一」。

一一八八頁中五行第二字「欸」，諸本作「炊」。又第七字「似」，資、磧、南、徑、清作「如似」。

一一八八頁中八行首字「耳」，資、磧、普、南、徑、清作「了」。又第八字「爲」，諸本作「復爲」。

一一八八頁中第一〇行「十二」，徑、清作「第十二」。

一一八八頁中一七行「子姓」，資、磧、普、南、徑、清作「子姪」。

一一八八頁中一八行「正后」，普作「王后」。

一一八八頁下三行「揩拭」，磧作「拭拭」。

一一八八頁下八行「惡道」，資、磧、普、南、徑、清作「三惡道」。

一一八八頁下一〇行「十三」，徑、清作「第十三」。

一一八八頁下一五行「所生之女」，資、磧、普、南、徑、清無。

一一八八頁下二一行「稱譽」，資作「稱舉」。

一一八八頁下末行夾註右末字「喻」，資、磧、普、南無。

一一八九頁上一行「十四」，徑、清作

「第十四」。

一八九頁上一二行夾註左首字「終」，資、普作「於」。

一八九頁上一三行「十五」，徑、清作「第十五」。

一八九頁上一四行「林木」，諸本作「材木」。

一八九頁上一五行「無著」，資、磧、普、南、徑、清作「擬著」。

一八九頁上一八行「玉女」，磧作「王女」。

一八九頁上二一行末二字至次行首字「心悩動」，資作「人心悩動」；磧、普、南、徑、清作「其心悩動」；麗作「入心悩動」。

一八九頁中二行末字「欲」，資、磧、普、南、徑、清作「欲來」。

一八九頁中四行「天曰」，資、磧、普、南、徑、清作「天人曰」。

一八九頁中一六行「十六」，徑、清作「第十六」。

一八九頁中一七行末字至次行首字「酒荒」，資、磧、普、南、徑、清作「荒酒」。

一八九頁中一九行首字「暝」，清作「瞑」。

一八九頁中二一行第八字「之」，資、磧、普、南、徑、清無。

一八九頁中二二行第一〇字「現」，資、磧、普、南、徑、清無。

一八九頁中末行首字「困」，磧作「囷」。

一八九頁下四行「万金」，資、磧、普、南、徑、清作「萬兩金」。

一八九頁下九行「煞第十七」，資、磧、普、南、麗作「殺第十七」；徑、清作「殺弟第十七」。

一八九頁下一五行「命絶」，資、磧、普、南、徑、清作「命終」。

一八九頁下一八行「十八」，徑、清作「第十八」。

一八九頁下二一行「美女」，資、磧、普、南、徑、清作「羡女」。

一八九頁下二二行「挺持」，諸本作「挺特」。

一八九頁下末行第一一字「十」，諸本作「千」。又第一二字「夫」，磧作「去」。

一九〇頁上二行「十九」，徑、清作「第十九」。

一九〇頁上四行「買者希」，資、磧、普、南、徑、清作「買者甚希」。

一九〇頁上五行第六字「堪」，資、磧、普、南、徑、清無。

一九〇頁上六行「寂駃」，諸本作「最駃」。

一九〇頁上七行首字「集」，諸本作「應」。

經律異相卷第三十七 優婆塞部　舍

梁沙門僧旻寶唱等集

沙門億耳入海見地獄一
優婆塞持戒鬼代取華二
優婆塞為王厨吏被逼煞害指現歸十三
優婆塞被魔試四
清信士嫁女與事鬼家五
清信士始精進末懈後生慙愧鬼不能害六
清信士臨亡夫妻相愛生為婦鼻中虫七
薄拘羅持戒得五不死報八
持戒誦經續明供養鬼不能害九
執持求還佛戒口中諸鬼出打其身十
不信罪福夢鬼取之令其受戒後壽百年十一
家有六人割口施僧同受富樂十二
有人路行遇見三變身行精進十三
有人命終十日還生述所經見十四

沙門億耳入海見地獄一

阿濕摩伽阿槃地國有聚落王名薩薄中有大富居士財寶豐盈唯無兒息從諸神祇求不能得有子時到婦覺有身此女利根有四不共智一知



男愛二知男不愛三知妊身時四知所從得以語居士居士歡喜月滿生男耳有金鐶是兒端正見者歡喜集婆羅門相之言是兒實有福德威力為作二字宿世出家即名曰沙門耳環非世所作可直一億字為沙門億耳五種養視一者治身母二者除垢母三者乳母四者吉母五者戲笑母是兒福力而疾長大便教書數筭印善知諸物價相貴賤是王聚落商客所集時四方人来詣聚落問言是中阿誰有好德可與寄言示我利害諸人示沙門億耳是諸商客即往詣之接為主人是諸商客見大威力如是思惟若作薩薄將多人入海必安隱歸諸人言沙門億耳汝何以不入大海荅言我入大海作何等是中多諸恐怖百千人去時一得還是諸商客激厲之言何等人仰他活命沙門億耳信受欲去到父母所辭欲入海時父母說諸怖事欲令變悔以制留之時不隨父母語父母語貴人佐我留億耳時諸大官長者居士皆助留之



終不隨從父母知其意正則聽令去於是乘爲振鈴遍告令聚落言沙門億耳欲入大海我作薩薄誰欲共去是人福德五百商客皆悉樂從莊船下水日斷一繩至第七日得伊勒風梁言隨好風斷第七繩船疾勝箭逕到寶渚語賈客言取寶滿船莫令大重得伊勒風是時船去疾勝箭還閻浮提向薩薄王聚落有二道沙門億耳語諸商人欲從何道諸人咸言陸道去好夜住空澤語諸商人我曾聞賊来刼諸賈客若前煞薩薄則諸賈客無所成辦若不煞薩薄則以錢物力若自身力若以他力必能得賊我當餘處宿去時當喚我諸人言尒億耳駈驢往別處宿是諸賈客夜半發去人人相覺竟不喚億耳後夜天大風雨億耳覺喚無應者即時馳逐道多沙土風雨流漫仰驢嗅跡而前億耳飢極前行見有一城念想得食立於城門隨念失聲唱言食食時無數百千餓鬼来出皆言何等食向誰與億耳言無食我行飢極念想得食因出此

言我無食也諸餓鬼言此是餓鬼城我百千万歲今日乃聞唱食聲我等不布施慳恡多故墮餓鬼中汝欲那去億耳言欲至薩薄王聚落鬼言從是道去於是前行復見一城隨念唱水其事如前前行不久復見一樹名波羅夜於下宿搖樹落菓細者自食麁者與驢如是日暮即有床出男女顏貌端正著天寶冠共相娛樂作是思惟我不應尒看他私事時夜過晝来即時床滅有狗来噉是男子肉盡骨在億耳念言是人先作何行今得此報夜善晝惡我待問之至夜更有好床男女娛樂即往問之男言汝識阿濕摩伽阿槃地中薩薄王聚落某甲居兒不有長老迦旃延常出入我家我常供給飲食衣藥彼常語我言莫作惡行後得大苦我時荅言先世已来以此為業今若不作那得自活旃延復言汝作此惡為晝多夜多我言晝多即語我言汝夜受五戒可獲微善我即從受今得此報前行不久復見二樹名波羅往下止宿食菓如



前男女晝来相娛暮則床女皆滅百足重出噉是男子肉盡骨在億耳問言汝作何行今獲此報男言阿濕摩伽阿槃地國中薩薄王聚落某甲男子婬犯他婦有長老迦旃延出入我家彼教我言莫作惡行後得苦報我荅言不能自抑當可如何復語我言汝於此事何時偏多我言夜時多迦栴延即語我言受晝五戒可獲微善我用其言故獲斯報復見樹林池水清淨億耳於中洗浴飲驢是池邊有堂衆寶莊嚴億耳仰視即作是念我飢渴欲死當何所在即便上堂說佛經偈

飢為第一病　行為第一苦　如是知法實
涅槃第一樂

見女人坐烏牙床床脚繫二餓鬼是女識億耳因問訊言沙門億耳道路不極不渴飢耶億耳荅言貴女乞我食女言相與但莫與是二餓鬼耳女即與水洗手與食是女欲令億耳知此因緣故小出堂外時二餓鬼伸手言乞我一口乞我半口我即腹中飢如火燒億耳好施各與一口變成膿



血多咽還吐出滿皃織女言我語汝莫與何以與之億耳言姊妹我不知故與時更有一女来語貴女與我食女言食汝常食作是語已即有三奇鑊火湯沸是女脫衣入鑊中皮肉爛盡唯有骨髓冷風来吹出鑊還活著衣噉其爛肉噉已而去更有女来言貴人與我食女言食汝常食作是語竟女變成羖羊噉草億耳語女是何等事女言汝識阿濕摩伽阿槃地國中薩薄王聚落不億耳言識是一鬼繫我頭邊床脚者是我夫某甲居士繫我脚邊床脚者是我兒有長老迦旃延出入我舍受我供養衣服湯藥是二人瞋我言我覓時辛苦而汝持與他空自疲勞以是慳貪不喜布施墮餓鬼中惡口業故與食變為膿血億耳言是女何以自噉其肉女言是我兒婦與物令舉或自噉或與人噉我問覓荅言我不噉亦不與他若我自噉及與他者當自噉我肉故自噉肉第二女是我婢我使舂磨或自噉或與他若問時言我不自噉不與他若自

敢與他者我後世當作羊敢草以是因緣今作殺羊敢草億耳言汝作何行女言我有少罪來生是中當不久往生四天王天汝能少為我往薩薄王聚落中為語我女云見汝父母兒婦及婢唯汝母獨受福餘者受罪汝母因我語汝莫作惡事後世多受苦報汝若不信是汝母言某處有藏大有錢財取為我作福供養衆僧及迦旃延殘餘可以自活問億耳言汝欲去耶荅言欲去女言汝眠閉眼須臾至薩薄王聚落是諸賈客先到諸人問不見沙門億耳不荅言海中失之舉邑皆哭如喪父母億耳聞之若今見我必復擾動不須復歸漸漸到女舍共相問訊以母言語女女言咄男子汝癡狂人我父母布施作福死必生天何以在餓鬼中億耳即語女言汝母言某處有藏大有錢物便汝取供養女聞開藏大得錢財得以生信如其母勅請迦旃延隨從說法即於坐上得諸法清淨無垢法眼得無所畏禮迦旃延言大德我歸依三寶作



優婆塞欲於善勝法中出家受具足迦旃延言父母聽汝出家不荅言未聽迦旃延言我法父母不聽不得出家受具足即便歸家禮拜父母先由愁苦故並失明聞億耳從大海中安隱還歸悲喜淚出眼便還明過五六日白父母言聽我出家父母言我本至心求願得汝汝入海得死消息愁憂故眼盲汝今來還我大歡喜眼得開視汝今便為更生汝受我語則為供養我我壽命能過幾時若能畢我等壽不出家者我死不恨億耳荅言諾（出十誦律四誦第四卷）

優婆塞持戒鬼代取花二

昔有優婆塞僑居舍衛國婦形端正一國同聞朋友欲觀終不肯示人以白王王思欲見不知何由一臣啓言夫婦並持五戒供養道士手自斟酌王可詐作道士持鉢詣門必得見之即隨臣言權變形服竊到其家婦見道士頭面作禮王覩察已還語臣等此婦實好入我心中不知何從得之衆臣白言此雖僑士應覲於王憍慢



不來可以為罪去舍衛城千有餘里大池水中生五色蓮華聞有三難毒虵鬼神惡狩罪應死者使往取華輒沒於彼王便呼問言卿何等人再拜荅曰大王民也王言何以不來荅曰愚癡不及耳自知有罪王言罸卿詣池取華七日當還若違期至當重治卿受教辭退還具告婦婦語夫言君今有罪由我美色君識佛明教三界無怙唯戒可恃上道之日心念三尊口誦十善莫忘須臾若君不還吾當出家以戒自樂不經二男給夫資粮辭決進路行至半道有噉人鬼問曰何人荅言是佛弟子鬼言諸犯罪者遣付吾等詐言取華賢者實犯罪為惡人所譖荅鬼言人命難得唯在大神耳鬼言卿是佛弟子又復無罪我不相害也餘有二難恐卿不免當如之何鬼復言曰相代取花以濟卿身使我長夜得福無量卿急住此間鬼於是去須臾便還五色好華以與賢者賢者重不能舉鬼便取華并扶賢者屈申辟頃已到宮門辭别而去賢

者詣門自通王佐還速具問本末如實自陳王大驚勅曰鬼無人義害於衆生今濟善人我乃無義不別善惡不如鬼魅即自責過稽首歸命願爲弟子奉受五戒廣行六度國致太平賢者夫婦并加精進得不退轉（出譬喻經第五卷）

優婆塞爲王廚吏被逼煞害而指現師子三

佛泥洹後百年國王奉事天神大祠祀用牛羊豬犬雞等各百頭皆使廚士煞之時廚士言我受佛戒不得煞生廚監大恚白王治之王言違教者死廚士對曰我是佛弟子受持五戒寧自煞身不違佛教而當煞生若當從王教犯煞者死入地獄罪竟乃出常當短命持戒死者即生天上天上福樂所願自然假令當死轉此人身當受天形我以是故死不煞耳王言與汝七日期當以爲蹈煞汝若不死者汝語有實七日以後王看是優婆塞身如佛身驗五百象往蹈煞之優婆塞如佛法則舉五指化爲五山一山間有一師子出象見師子惶怖伏地如佛在時王時信佛便廢祠祀



即從此士受佛五戒吏民內外皆亦受法遂爲國師（出譬喻經第六卷）

優婆塞被魔試四

有一優婆塞與衆估客遠出治生遇天寒雪夜行失伴住一石室時有山神變爲女像來試之曰白雪覆天地鳥獸皆隱藏我獨無所恃唯願見愍傷優婆塞兩手掩耳曰無羞弊惡人說此不淨語水漂火焚之不欲見聞汝有婦心不欲何況作邪婬欲樂情淺薄大苦可畏深山神聞之兩手擎捧送至伴中（出大智論第十七卷）

清信士嫁女與事鬼家五

優婆塞嫁女與世間人臨遣女時父母欲奪女戒女言云何奪戒父母言法嫁女與世俗人如黃金擲牛屎中復用戒爲女言如人遠行大空澤中無有人民應盜裝粮食世家事鬼恐鬼黨得我便應益持戒令志堅固黃金在牛屎中洗自可用豈便與牛屎同耶父母感其言以佛像與之女致嚴器中朝暮向器作礼聓問婦荅是佛能令頭不白顏色常好聓同供養



後同生天不更三塗（出十卷譬喻經第五卷）

清信士始精進末懈後生慚愧鬼不能害六

昔有清信士始受戒時精進少雙後年衰老遠遠賢衆獨處山岨志更陵遲荒于田園忘佛廢法更成凡夫其山中有梵志道士渴欲求飲田家事遑無與之者梵志有怨遂尒恨去梵志能起死人并使鬼神即召煞鬼勅之曰彼人辱我尒往煞之山中有羅漢知之往至田家田家見沙門欣然稽首爲設一食沙門曰汝今日夕早燃燈勤三自歸誦守口攝意偈慈念衆生可長安隱沙門去後主人如教通曉念佛誦戒不廢煞鬼至曉伺其微便欲以煞之覩彼慈心無緣煞焉鬼神之法人令已煞已使欲煞但彼有不可煞之德法當還煞使已煞者鬼乃恚欲害梵志羅漢以威神蔽之令鬼不見田家悟道梵志得活鬼遂不獲煞生之罪田家一時受三自歸念佛不懈全一門之命（出諸優婆塞經又出十卷譬喻經第五卷）

清信士臨亡夫妻相愛生爲婦鼻中虫七

有清信士持戒精進不懈有一沙門卒已棄重擔生死永盡逮得神通與共親友時清信士卒得困疾醫藥不治婦大悲苦謂其夫言共為夫婦卿獨受苦以何方便分病令輕設卿無常我何所依兒子孤單復何恃怙夫聞益懷愛戀大命將至應時即死魂神即還在婦鼻中化作一虫婦大啼哭不能自止時道人往與婦相見故欲諫喻令損愁憂婦見道人来益用悲慟奈何和上夫聟已死虫從鼻涕忽然墮地婦即慙愧欲以脚蹈道人告曰止止莫煞是卿夫聟化作此虫婦曰道人我夫奉經持戒精進難及何緣壽終轉形作此道人荅曰過起愛戀令生為虫道人為虫說經卿精進奉經持戒福應生天見諸佛但坐恩愛戀慕之想墮此虫中即可慙愧虫聞意解便自尅責餓而命終即得生天（出居士物故為婦鼻中虫經）

薄拘羅持一戒得五不死報八

昔有一人唯有一兒名薄拘羅年始七歲其婦命終更取後室憎前婦子



甑中蒸麩兒問母索母抱放甑中以瓮合頭欲令兒死兒於甑中食麩不死後復抱置熱鐵鏊上於鏊食麩不死以為災後詣河邊浣衣擲深水中為魚所吞經于七日父請衆僧為設大會買得一魚車載歸家欲破魚腹兒言徐徐莫傷兒頭此兒先受不煞一戒令得五種不死（出譬喻經）

持戒誦經續明供養鬼不能害九

昔有兄弟五人父教持戒大兒獨不肯持戒賣五枚錢至相師許求相師言年可百歲當大富貴又言定惡復言不好尅後十三日卿當死亡其人大怖言非是世間常師所能療治唯有佛豫知未然近在耆闍崛山中可往問之於是即往問佛佛言卿有宿命對怨家欲来取卿卿若欲得免者當持五戒乃可得脫卿歸益辦脂燭焚之過十三日即受歸戒燃燈續明終日竟夜諷誦經偈言南無佛歸命佛慎莫休息過十三日便自得脫其夜即有二鬼往共煞之一鬼住百步外使一鬼往煞見燈火光明但聞呼



南無佛歸命佛聲不敢前逆語一鬼言此人不可復得但呼南無佛歸命佛我惡聞是聲令我頭痛於是二鬼便相持走去不復近之從是以後長得安隱（出諸經中要事）

執持求還佛戒口中諸鬼出打其身十

昔迦羅奈國有婆羅門子名曰執持受佛禁戒無所違犯執持久後到他國中見人煞盜婬便貪愛之見人好惡便論道之見飲酒者便欲追之無一時定便自念言悔受戒誓當以還佛即詣佛所言前受五戒多所禁制不得從意佛法尊重非我凡類所能恭事罷可得不佛默然不應言已未絕口中便有自然鬼神持鐵椎拍執持頭復有鬼神脫其衣裳鉤其舌者有婬女鬼刀割其陰有鬼洋銅澆其口前後左右皆諸鬼神競来分裂取其血肉而噉食之又有自然之火焚燒其身求生不得求死不得諸鬼急持不令得動佛見問曰汝今云何執持口噤不能復言但手自搏佛以威神救度長者諸鬼神王見佛世尊各

經律異相卷第三十七　第十六張　含

立一面於是得穢便起叩頭前白佛
言我身有五賊擊我入三惡道坐欲
作罪違負所受願佛愍我從今改往
修来奉受戒法持月六齋歲三長齋
燒香散華懸雜幡蓋供事三寶不敢
復犯佛言汝今所言是爲大善汝若
眼見自作自得罪非天授與（出大灌頂經第三卷）

不信罪福夢鬼取之令其受戒後壽百年十一

昔人不信罪福年已五十夢見煞鬼
欲来取之眠覺惶怖求師占夢師作
卦兆云有煞鬼必欲相害不過十日
若欲攘此從今已去十日中間受佛
五戒燒香燃燈懸繒幡蓋信向三寶
可免此死即依此法專心信向煞鬼
到門見作功德不能得害鬼即走去
其人緣斯壽滿百歲死得生天（出雜譬喻經）

家有六人割口施僧同受富樂十二

昔有大富家食口六人奴婢金銀珎
寶不可稱數佛與阿難街里分衛佛
到其門父母兒子妻婦孫息踊躍歡
喜請佛入坐以氍毹布地食器皆以
金銀佛言此人前生值飢餓世家中
窮乏唯採諸菜用自繫命作羹適熟

經律異相卷第三十七　第十七張　含

外有道人分衛出見沙門父母便言
我分與之兒子孫息各自以分與之
讓母令食六人一時發意各一日不
食唯恨家貧無好供養緣此之福得
生天上人中常得安隱豐饒財物以
其發意同等之故世世共作因緣今
重相值父母兒子大小一時皆持五
戒命終生天受福無量今若值佛皆
得羅漢（出雜譬喻經第一卷）

有人路行遇見三變身行精進十三

有人在道上行見道邊有一死人鬼神
以杖鞭之行人言此人已死何故鞭
之鬼神言是我先身生在之日不孝
父母事君不忠不奉敬三寶不隨師
父之言令我隨罪而行苦痛難言
瞋故鞭之稍稍前行復見一死人天
人来下散花於死屍以手摩娑之行
人問言觀君似是天人何故摩娑是
死人耶荅云是我故身生在之日孝
從父母忠信事君奉事三尊承受師
父之教令我神得生天皆是故身之
恩是故以来報之耳小復前行又見
一天人衣服鮮好端正香潔道邊摘

經律異相卷第三十七　第十八張　含

酸棗噉之行人問曰覩君似是天人
何噉酸棗天人荅曰我在世時孝從
父母忠信事君奉事三尊種種作諸
功德唯不喜飲餇人客今作天人恒
食不充是以食酸棗耳行人一日見
此三變便還奉持五戒修行十善孝
從父母忠信事君示語後世罪福追
人（出諸經中要事）

有人命終十日還生述所經見十四

有優婆塞本事外道猒苦禱祠委捨
入法奉戒精進懃誦經好布施貴意
忍辱常有慈心暴疾命過臨當死時
囑父母言我病若不諱七日莫殯奄
忽如死停屍八日親屬皆言急當殯
斂父母言不聽晁欲留至十日當此
守至十日便自起坐善能語言問所
從来盡何所見荅言有吏兵来將到
一大城城中有獄獄正黑四面鐵城
城門悉燒鐵正赤獄中繫人身坐火
中上下洞燒青烟上出或有人以刀
割其肉而噉食之獄王問我言汝何
等人犯坐何等乃来到此此中治五

逆不孝父母不忠信事君荅言我少為惡人所惑奉事外道愚癡又飲酒煞生祀天地又於市里探取財利升斗尺寸欲以自饒後與善師相值牽我入佛道見沙門道人授我五戒奉行十善自尒以來至于今日不復犯惡仰由明王哀我不及我便叩頭王即起叉手謂我言止止清信之人不應當尒便與我坐呼吏問之此乃無上正真弟子汝輩皆當從是人得度以其人壽命自盡時乃當死耳魂神追行若生天上天神迎之若生人中人中迎之何得將此人來入是五逆之處吏荅王言世間多有是種人不畏王法不畏四時五行不拘天地鬼神橫行天下不可不問也有師名沙門既剃頭髮被服踈陋以是自大多將弟子東西南北復大劇是應當治之王言止止法服之人人所貴敬他所畏難諸釋梵日月中王下及帝王臣民尊奉是人得福無量輕慢是者自求罪苦急案名錄壽應盡未吏言未應死也尚有餘筭二十以其先



有所犯罪是以取之使其黨輩小小自下耳王言佛子有戒精進天神所貴佛以大慈救護一切蜎飛蠕動天神地祇諸鬼龍等皆敬貴之豈拘王相四時五行耶佛恩如四海不得限量吏言大王奉佛戒耶王曰坐我不奉佛故追罪作此獄王若人已入正法後悔還外道雖壽千歲當逢九橫若持戒比丘及諸弟子當懃行六度六表斷絕二十事（亦在經文）觀佛功德猶若巨海不可當也吏言誠如王言不別真偽速發遣之辭謝使去從高墮下爣然而穌與其父母共至祇桓自惟自剋奉受五戒修行十善（出弟子死復生經）

經律異相卷第三十七

癸卯歲高麗國分司大藏都監奉

勑彫造

經律異相卷第三十七

校勘記

一　底本，麗藏本。

一　一九五頁上一行「優婆塞部」，資、磧作「婆塞部」；徑作「優婆塞部第二十七」；清作「優婆塞部第三十七」。

一　一九五頁上三行至一七行目録，徑無。

一　一九五頁上八行「未懸」，清作「未懸」。

一　一九五頁上一〇行第五字「戒」，清作「一戒」。又第七字「五」，資、磧、普、南無。

一　一九五頁上一三行首字「人」，清無。又第一二字「受」，資、磧、普、清無。

一　一九五頁上一八行末字「一」，徑、清作「第一」。

一　一九五頁下六行正文「逕到」，資、磧、普、南作「經到」。

一九五頁下七行「貫客」，諸本(不含石，下同)作「諸貫客」。

一九五頁下八行第八字「疾」，諸本作「疾疾」。

一九五頁下一四行「若以」，磧、普、南、徑、清作「若有」。

一九五頁下一八行第五字「無」，諸本作「既無」。

一九五頁下一九行「嗅蹤」，諸本作「嗅跡」。

一九六頁上七行「下宿」，諸本作「下坐」。

一九六頁上一五行「伽阿」，諸本作「阿伽」。

一九六頁上一九行「以此」，諸本作「此以」。

一九六頁中四行「某甲」，徑作「其甲」。

一九六頁中一六行首字「見」，諸本作「上堂見」。

一九六頁中二〇行第一〇字「欲」，清作「飲」。

一九六頁下一行第七字「满」，諸本作「皆」。

一九六頁下四行「三奇」，磧、普、南、徑、清作「三錡」。

一九七頁上四行首字「住」，磧、普、南、徑、清作「往」。

一九七頁上五行末字「兄」，諸本作「兄兄」。

一九七頁上一三行第二字「不」，諸本作「言」。

一九七頁中四行「父母」，諸本作「父母父母」。

一九七頁中八行「入海」，諸本作「入大海」。

一九七頁中一四行末字「二」，徑、清作「第二」。

一九七頁下二行第一〇字「閒」，諸本作「間」。

一九七頁下一五行「犯罪」，諸本作「不犯罪」。

一九七頁下二〇行第一〇字「急」，磧、普、南、徑、清作「穩」。

一九七頁下二一行「好華」，資、磧、普、南、徑作「好華百重而至」；清作「好華百里而至」。

一九八頁上七行末字「三」，徑、清作「第三」。

一九八頁上一六行「假令」，諸本作「縱令」。

一九八頁中三行末字「四」，徑、清作「第四」。

一九八頁中六行「天地」，諸本作「山地」。

一九八頁中一三行末字「五」，徑、清作「第五」。

一九八頁中二〇行第二字「在」，磧、普、南作「往」。

一九八頁下一行第四字「天」，諸本作「天上」。

一九八頁下二行「未懈」，諸本作「末懈」。又第一三字「鬼」，資無。又末字「六」，徑、清作「第六」。

一九八頁下一二行第七字「誦」，諸本作「誦戒」。又第一二字「偈」，諸本無。

一九八頁下一四行「不廢」，諸本作「不休」。

一九八頁下一五行「便欲」，諸本作「尤欲」。

一九八頁下一六行第一〇字「使」，諸本作「便」。

一九八頁下一七行第一一字「便」，諸本作「使」。

一九八頁下末行末字「七」，徑、清作「第七」。

一九九頁上一〇行第四字「捐」，諸本作「損」。

一九九頁上一九行第四字「使」，磧、普、南、徑、清無。

一九九頁上二〇行夾註左第三字「中」，諸本無。

一九九頁上二一行末字「八」，徑、清作「第八」。

一九九頁上末行「後室」，諸本作「後妻」。

一九九頁中四行第三字「災」，諸本作「天」。

一九九頁中九行末字「九」，徑、清作「第九」。

一九九頁中一一行「許求」，諸本作「請求」。

一九九頁下六行末字「十」，徑、清作「第十」。

一九九頁下一八行第九字「神」，諸本無。

二〇〇頁上二行「掔我」，諸本作「拏我」。

二〇〇頁上七行第七字「罪」，諸本無。又夾註「大灌頂經」，磧、普、南作「大灌經中」；徑、清作「大灌頂經中」。

二〇〇頁上八行「十一」，徑、清作「第十一」。

二〇〇頁上一七行「十二」，徑、清作「第十二」。

二〇〇頁中九行夾註左「第一卷」，諸本作「下卷」。

二〇〇頁中一〇行「十三」，徑、清作「第十三」。

二〇〇頁中一五行第三字「言」，諸本作「教」。又第七字「隨」，諸本作「墮」。

二〇〇頁中一七行「死屍」，諸本作「死屍上」。又「摩娑」，磧、普、南、徑、清作「摩挲」，一八行同。

二〇〇頁下四行「飲飴」，諸本作「飯飼」。

二〇〇頁下九行「十四」，徑、清作「第十四」。

二〇〇頁下一一行「入法」，諸本作「入佛法」。又「責意」，諸本作「迮意」。

二〇〇頁下二一行「洞燒」，諸本作「烔燒」。

二〇一頁上一九行「人所」，諸本作「無所」。

二〇一頁中七行「獄王」，磧作「獄正」。

二〇一頁中八行第四字「還」，諸本作「還爲」。

一　二〇一頁中一一行第六字「當」，諸本作「量」。

# 經律異相卷第三十八 優婆夷部 舍

梁沙門 僧旻 寶唱 等集

優波斯那割肉救病比丘一
阿凡和利至心請佛庫中自然皆備二
獼猴女產十卵卵成一男并其往緣三
孤母喪子遇佛慈誘獻愛得道四
婦人喪失眷屬心發狂癡五
提韋婆羅門女無子自焚遇辯才沙門聞法悟解六
女人懷妊願欲出家生子之後前心不遂七
難陁燃燈聲聞神力共不能滅八
善信女少悟無常秉志清白為天帝所試九

優波斯那割肉救病比丘一

毗紐乹國多信邪見無佛法僧有一女人名優波斯那僧祇律云名畢嗏夫亦名嗏畢弥沙塞律云須畢時有事緣至舍衛國波斯匿王所緣事畢從諸篤信優婆塞邊聞佛功德欲得見佛即往祇洹值佛為諸大衆說五戒法優波斯那求從佛受即得五戒佛復以法句經與令諷誦是時中夜誦法句經有毗沙門天王從數千夜叉欲至南方毗婁勒叉所聞誦經聲尋皆住聽讚言善哉姊妹善說法要優波斯那即便問言汝為是誰但聞空聲不見有形荅言我是鬼王毗沙門天為聽法故住於空中又問汝天我人云何故稱我為姊妹耶荅曰佛是法王亦人天父同一法味故言姊妹時優波斯那心大歡喜常使人入林採薪後旦上樹遥見舍利弗目連及五百比丘在此林中精懃禪誦使人還白大家優波斯那歡喜無量脫二金環以賞使者使者復言世尊有好言寄與大家具說五施復解瓔珞重以賜之使者日時起洗手辦具飲食我向輙持大家言請二尊者及五百弟子今日来食即放使者及與珎寶告諸家屬及諸隣比設於供具尊者與諸比丘著衣持鉢就座而坐作礼訖手自行水下種種食香味具足謂舍利弗言此舍有神與我親厚我有施時語我此阿羅漢此聖此凡此持戒此破戒此智此愚舍利弗言我有四子及夫皆悪邪見我若供養三寶給施貧窮便生嫉恚而我終

喜布施終不退縮成須陁洹舍利弗言甚為希有世尊是暮當来眦乹持林令還所住僧去已後即辦所用往至佛所觀諸衆僧所止宿處見一病僧卧草窟中問其所患何所須欲荅曰四大不調極大困苦醫令服新肉汁（僧祇律云比丘是常供養服下藥須肉）斯郝言莫復他求我明當送明十五日國法不煞遍求不得便使却人静室自浴割股裏肉以氎纒裹合諸草藥煑以為羹送病比丘比丘食已病即除愈其夫尋還見婦色變即便問言汝何憔悴對曰我病即喚請醫不能識遍問家人婢具言之夫到街巷大叫呼言沙門釋子食噉人肉如駮足王佛因制諸比丘諸不淨肉甚不應食優婆夷言緣我斷肉即語夫言若能為我請佛及僧来此設供甚善若其不能我當捨命夫為妻故入林請佛明日舍食佛與衆僧就坐而坐問斯郝何在荅曰病佛言喚来夫言汝師喚汝荅曰病苦不任起佛告阿難汝往告令起阿難即往稱佛呼之并床轝之来到



佛所遇佛光明苦病即除平復如故（僧祇律云比丘入慈心三昧瘡即平復）即起礼佛佛為說法得阿郝舍道夫及眷屬捨離邪見法受五戒為佛弟子（出優波斯郝經又出賢愚經）

阿凡和利至心請佛庫中自然倫二

維耶離城有一女子名阿凡和利聞佛来遊歡喜無量與五百女俱詣佛所聞佛說法心生開悟請佛飲食時城中復有五百長者子亦請世尊世尊言已受阿凡和利明日請時諸長者子語和利言佛之至尊来化我國我應先飯汝且停供女言勿以豪强加於女弱若能見惠四願當相讓也一者令我心保善不移二者令我命保在不亡三者令我財物無減四者令佛長住此國長者曰善汝今乃能悟於無常諸所希願非我能辦聽先飯佛中有年少耻在其後固執不已便勅市司罷不貨易和利遣人求索諸物都無所得庫中衆膳自然滿足唯乏薪炭油灌白疊以充代之又内城門令不得出啓請於佛即遣鸚鵡往白食辦長者射之以佛神德箭化



為花得至佛所飛鳴白佛衆祐及僧足蹈城門天地震動五百長者阿凡和利及諸女人見聞此事逮得法眼受持五戒（出中本起經下卷）

蘋㬰女産十卵卵成一男并其往緣三

舍衛國須達長者末生小女字曰蘋㬰面首寂妙其父憐愛將至佛所其女見佛情倍欣踊願得好香塗佛住室斯女手中有賔婆落佛從女索便以與佛於上書香還以與之女共其父還城推買如佛所須持詣祇洹躬自擣磨日日如是於時特乂尸利國王遣其一兒使到舍衛廣行觀看復至精舍見蘋㬰女便取為婦後遂懷妊生十卵卵後開敷有十男兒形貌姝好勇健非凡然喜畋獵母教莫尒時子白母射獵寂樂母今相遮將為見憎母復告言吾因愛汝等是以相制若當憎汝時終無此言煞生之罪當入地獄無央數刧解脫何由諸子白母為自出心從他邊聞母復告言吾從佛聞兒復問母佛者何人幸願具宣母告諸子迦維羅越國淨飯

王子猒老病死出家學道得無上果巨身丈六三明六通遐鑒無外諸子啓母求往覲佛母即聽之往至祇洹奉覲如来佛為說法十人俱時得法眼淨便求出家佛聽為道鬚髮自墮法衣在身精懃大業盡得羅漢盡於苦際過去九十一劫有毗婆尸佛般涅槃後分布舍利起無量塔時有一塔朽故崩壞有一老母而脩治之有年少十人偶行覩見歡喜相助所作已竟擔為母子從是已来九十一劫天上人中恒與俱生受福快樂時老母者今蘱鼻女是尒時十年少者今十羅漢是　出賢愚經第十三卷

孤母喪子遇佛慈誘猒愛得道四

佛在舍衛國給孤獨園有一孤母而喪一子憂惱愁憒抱屍啼走辟如狂人出至祇洹聞佛大聖天人所宗宣說經道忘憂除患孤母見佛作礼長跪願釋憂結佛告孤母汝速入城遍行街巷有不死家者乞火持還孤母求不能得空手而反佛告孤母夫人處世有四因緣不可久保一者當必



無常二者富貴必貧賤三者合會必別離四者強健必當死汝今何為不自憂慮何不廣施持戒月治六齋任力堪能給施孤窮孤母白佛我今憂子入骨徹髓豈惜身命時佛欲化彼令其得悟即化作四大火坑圍繞孤母火氣逼身以兒自鄣佛語孤母汝向自陳愛子情重入骨徹髓寧自喪身不使子亡火氣逼已酸痛難堪但當自受以子鄣乎人間微火蓋不足言地獄火燃疾痛無量畜生懷癡苦餓鬼飢渴苦能自利者當修布施持戒忍辱不生地獄及餓鬼等受天人福漸近泥洹時彼孤母內心自責猒患恩愛即於佛前盡諸塵垢成須陁洹　出曜經所明

婦人喪失眷屬心發狂癡五

天竺有一人往詣舍衛國　婦生兩子大子七歲次子孩抱母復懷妊欲向在產天竺國俗婦人臨月歸父母家時此夫婦共乘一車載其二子詣舍衛城中路放牛時有毒虵纒繞牛脚牛遂離圈其夫取牛虵即捨牛然



夫婦見怖懅啼哭日已欲冥去家不遠隔一河水冥懼抄賊即棄其車携將二子到於水畔而留大兒水邊抱小而度涉水始半狼噉其子叫呼其母母聞其聲轉顧見之驚懼不覺抱兒墮河隨流而逝母益懊惱迷惑失志頓躓水中墮所懷胎遂便渡水問道行人我家父母為安隱不答曰昨日失火皆燒死盡又問行人聞我夫家姑妐安隱不答曰遇賊傷害姑妐皆死愁懅迷悶不識東西裸形狂走行人見者怯之謂得邪病馳走見佛佛大會說法時婦見佛意即得定不復愁憂自視裸形慙愧伏地佛呼阿難取衣與之婦著衣致敬佛即說經為現罪福即發無上道心立不退轉地愁憂除散如日無雲發無上心　出婦人遇辜經　賢愚經大同小異

提韋婆羅門女無子自焚遇辯才沙門聞法悟解六

裴扇闍國有一女人名曰提韋婆羅門種其家大富喪聟無兒守寡孤窮無所恃怙婆羅門法若不如意便生自燒諸婆羅門共往教化令其願生

郴羅延天請婆羅門足一百人施設大會食畢各襯牸牛并從犢者家中所有諸物施五百婆羅門於恒水邊積薪自燒婆羅門為女呪願令汝輕重諸罪一時滅盡後世生時六親眷屬壽命無量快樂無窮提韋從之即伐蕉薪欲擬自燒國内沙門名鉢底婆（梁言辯才）精進持戒多聞智恵常以慈心教化天下令改邪就正捨悪脩善往問提韋言何用薪火荅曰自欲燒身滅除殃罪辯才曰夫先身罪業隨逐精神不與身合徒自焚燒安能滅罪禍隨心生心念善法受報亦善心念悪法受報亦悪餘報亦然云何於苦惱中求欲滅罪望善報也韋尒不須於理不通如困病人為苦所逼復遭悪人呵罵撾搏時此病人寧有善心無忿惱不提韋曰但生忿惱辯才曰汝今如是先身罪故今若燒身猛炎起時身體燋爛氣息未絶心未壞故當尒之時身心被責識神未離故受苦毒煩悶心惱從是命終生地獄中苦惱尤劇千百万倍又如車牛駄



患於車欲使車壞前車若壞後車復抱罪業未盡假令燒壞百千万身罪業因緣相續不絶猶如阿鼻一日之中八万過死八万過生終過一劫其罪方畢況復如汝一過燒身欲求滅罪問曰願聞滅罪方法辯才荅曰前心作悪如雲覆月後心起善如炬消闇起罪之源由身三口四意地業行今當一心單誠懺悔改邪就正捨身受身至成佛道辯才授十善禁提韋歡喜設種種飲食及諸珎寶請留教化辯才曰汝受十善法即為法器復以化人則為報効汝已得度我不宜留復化餘處物無所受於是而去（出未曾有經下卷）

女人懐妊願得出家母子為道皆得成道七

有一女人娠身數月見佛及僧願我生子以後出家為沙門及生子後愛念既隆不遂宿心子年七歳意忽還悟作二人食及三法衣持瓶將子行詣佛所白佛言願哀我子使為沙門令後得道身形如佛佛即聽之母以水灌前洗其兒應時九龍從瓶中出



吐水灌兒澡訖殘水散兒頭上於頭上下變成花蓋寶帳交絡并師子座上有諸佛佛時微笑出五色光照十億刹還繞佛身從兒頂入母即前行以飯上佛并食其子子發無上平等道意十億佛刹六反震動衆刹諸佛皆自然現佛以母分飯飽尒所佛及諸比丘皆等飽足其飯如故母即歡喜及諸天人得阿惟越致時兒鬚墮成為沙門立不退轉我身是也（出過世佛分衛經）

難陁燃燈聲聞神力共不能滅八

佛遊在給孤獨精舍波斯匿王供養於佛及諸大衆眷屬祇洹縱廣百六十里波斯匿王周遍燃燈民人競看貧女難陁居無舍宅問行路者知波斯匿王以油千斛為佛燃燈難陁自責我以何故獨貧如此即入街里家家乞句得少雜飯心自念言我當賣之以為燈直賣得一錢賷詣油家油家問女持一錢油作何福德難陁荅言欲為佛燃燈油主聞之助其喜踊持一燈油即施與之貧女歡喜受到祇桓佛告阿難言有大長者與無上

福不能自到開門使前波斯匿王聞佛此教尋自思惟吾於舍衛一國之尊興起道供豈殊我者佛何以故不讀於我復稱長者須臾貧女来到佛所燃所賷燈當佛之前今發大願並為一切求佛知見令此光明徹於十方幽冥惡道悉皆休息如是便退至明晨朝賢者目連歷撿諸燈難陁所燈光獨如故目連即吹吹不能滅便以神力持五恒水激亦復不滅吹以隨藍大風漂不能滅盡其神力竟不能滅心懷恐懼佛告目連燃此燈者有懃重心以是之故燈為常明設羅漢舍利弗等及辟支佛神化功德共滅此燈不能滅也令金翅王博大海水若師子王振吼犇騰共滅此燈燈不可滅難陁女人以日出時自往索行昨所燃燈燈亦不滅光不歘滅即大歡喜稽首佛足佛知女心求無上道放五色光從口中出佛每說法三乘之輩授聲聞別光從頂入授辟支佛別光從兩眉閒入授菩薩別光從口入佛之哄光上至三十三天皆悉通



達已便迴還繞佛三匝從口入時阿難起問佛言阿難汝見昨夜燃燈女不此女壽終因是功德轉女人身當作男子却後二十刧不墮惡道即生諸天及金輪王二十刧後當得作佛号三曼陁優訶（出賢愚經又出比丘出貧女難陁經）

善信女少悟无常秉志清白為天帝所試九

佛在舍衛國時有長者女名曰善信年始十五為人慈孝智慧博達少小常有大願不樂世俗之事坐自思念万物無常當歸於死年壽万歲亦皆當死天地當壞敗何況人身念我當受如是各責苦痛難言死後魂神當入惡道酷毒懃苦獨當受之本從何出忽有瞋恚恐怖愁憂或時歡喜者此無常之事不見来時去至何所是輩往来無休無息念我父母諸家兄弟中外五種親屬不知罪福貪欲無猒我年三五以許他男諸家兄弟飯食酒肉受取疋帛念我身當往受患難拘質縛結不可得離當如之何為此生坐不如及我今日清淨當發上願求覓安隱長樂宮殿可以自娯不



宜踊濁沒於三塗不覩光明長與苦俱便正一心自擔持我身命自歸有神有靈知我心誠尒時天神現於虛空語善信言若當自歸西方安隱清淨法國且當先向十方礼拜慈心敬意念必達也巳便不現尒時善信踊躍歡喜便自澡洗燒香散華向十方礼叉手自思念一切人即有天神於空中言汝當正心向於西方說此一頌以是讚歎阿弥陁佛善信即向西方如神所勑天地大動諸有困厄皆得解脫疾病即除毒痛安隱愁憂歡喜盲聾得差瘖瘂能言不善皆善不信皆信人非人等各得所願善信燒香散花而說頌言正心閉目數息思惟身中之事帝釋化作端正男子年十八九手把黄金住善信前以頌調之善信正心以正頌荅訶男女過常釋踊躍叉手勞之欲何求索普世无雙功德洋洋不可稱量願相告語於是善信聞釋讚歎信心歡喜地為大動即為說偈願奉佛法釋大歡喜便尒化滅善信燒香自歸諸佛佛與大

眾俱即飛行到善信家父母兄弟見佛飛空莫不歡喜善信前禮繞佛百匝佛便微笑無數光出語以戒法繞身百匝還從頂入即授二十四戒佛言是為我優婆夷高行三八二十四戒善信歡喜而得七住便於佛前化身為男父母兄弟皆受五戒（出善信摩祝經卷上）

經律異相卷第三十八

經律異相卷第三十八

校勘記

一　底本，金藏廣勝寺本。

一　二〇五頁中一行「優婆夷部」，徑、清作「優婆夷部第二十八」。

一　二〇五頁中三行至一二行目錄，徑無。

一　二〇五頁中五行「一男」，清作「一兒」；麗作「十男」。

一　二〇五頁中一〇行首字至末字「女……七」，清作「女人懷妊願得出家母子爲道皆得成立七」。

一　二〇五頁中一三行末字「一」，徑、清作「第一」。

一　二〇五頁中一五行夾註右「畢陳夫」，資、磧、普、南、徑、清作「陳卑夫」。又左「陳畀」，資、磧、普、南、徑、清作「陳卑」。

一　二〇五頁下二一行「舍利弗」，麗作「告舍利弗」。

一　二〇五頁下二二行首字「言」，資、磧、普、南、徑、清無。

一　二〇六頁上二行末字「持」，資、磧、普、南、徑、清作「特」。

一　二〇六頁上六行第一三字「新」，資、磧、普、南、徑、清作「新熱」。

一　二〇六頁上九行「便使却人」，資、磧、普、南、徑、清作「便却使人」。又末字「棄衣」，諸本（不含石，下同）作「裹」。

一　二〇六頁上一三行第六字「請」，資、磧、普、南、徑、清作「諸醫」。

一　二〇六頁上一五行末字「諸」，資、磧、普、南、徑、清無。本頁中一〇行第一三字同。

一　二〇六頁上一六行第七字「甚」，資、磧、普、南、徑、清作「其」。

一　二〇六頁中二行夾註左「即平復」，資、磧、普、南、徑、清作「得平復」。

一　二〇六頁中五行「備二」，資、磧、普、南作「皆備二」，徑、清作「皆備第二」。

一　二〇六頁中六行「女子」，資、磧、

普、南、徑、清作「女人」。

一　二〇六頁中八行「飲食」，資、磧、普、南、徑、清作「飯食」。

一　二〇六頁下五行「一男」，資、磧、普、南、徑作「一兒」；麗作「十男」。又末字「三」，徑、清作「第三」。

一　二〇六頁下一六行「勇健」，磧、普、南作「勇揵」。

一　二〇六頁下一七行第二字「時」，諸本作「諸」。又第一一字「今」，麗作「令」。

一　二〇六頁下一八行第九字「因」，資、磧、普、南、徑、清無。

一　二〇七頁上二行「巨身」，資、磧、普、南、徑、清作「其身」。

一　二〇七頁上六行首字「衣」，資作「不」。

一　二〇七頁上一四行夾註左「第十三卷」，資、磧、普、南、徑、清作「第十二卷」。

一　二〇七頁上一五行末字「四」，徑、清作「第四」。

一　二〇七頁上末行第一三字「當」，諸本作「常」。

一　二〇七頁中三行第一一字「治」，諸本作「持」。

一　二〇七頁中一一行「疾痛」，磧、普、南、徑、清作「疼痛」。

一　二〇七頁中一七行末字「五」，徑、清作「第五」。

一　二〇七頁中末行第五字「圈」，資、磧、普、南、徑、清作「桊」。

一　二〇七頁下一行第一一字「寘」，資、磧、普、南、徑、清作「瞑」。二行第六字同。

一　二〇七頁下五行「驚懼」，資、磧、普、南、徑、清作「驚懅」。

一　二〇七頁下一一行「愁懅」，資、磧、普、南、徑、清作「愁懼」。

一　二〇七頁下一九行末字「六」，徑、清作「第六」。

一　二〇八頁中二行首字「抱」，資、磧、普、南、徑、清作「扼」；麗作「枙」。

一　二〇八頁中九行「單誠」，麗作「丹誠」。

一　二〇八頁中一二行「法器」，資、磧、普、南、徑、清作「法友」。

一　二〇八頁中一六行末字「七」，徑、清作「第七」。

一　二〇八頁下二行「寶悵」，諸本作「寶帳」。

一　二〇八頁下一一行末字「八」，徑、清作「第八」。

一　二〇八頁下一六行第三字「王」，資、磧、普、南、徑、清無。

一　二〇八頁下二一行第七字「油」，資、磧、普、南、徑、清無。

一　二〇九頁上五行第一〇字「今」，資、磧、普、南、徑、清作「而」。

一　二〇九頁上九行首字「燈」，資、磧、普、南、徑、清作「然」。

一　二〇九頁上一〇行第八字「激」，麗作「澆」。又第一三字「吹」，資、磧、普、南、徑、清作「次」。

一　二〇九頁上一五行第一二字「愽」，諸本作「搏」。

一　二〇九頁上一六行「振吼」，資、磧、普、南、徑、清作「震吼」。又末字「燈」，資、磧、普、南、徑、清作「終」。

一　二〇九頁上一七行末字「索」，諸本作「案」。

一　二〇九頁上二一行第七字「別」，磧、普、南、徑、清作「荊」。二二行第二字及第一二字同。

一　二〇九頁上末行第五字「哄」，資、磧、普、南、徑、清作「笑」；麗作「洪」。

一　二〇九頁中六行夾註「出賢愚經又云比丘」，資、磧、普、南、徑、清無。

一　二〇九頁中七行末字「九」，徑、清作「第九」。

一　二〇九頁下一行第二字「踊」，資、磧、普、南、徑、清作「蹈」。

一　二〇九頁下七行「澡洗」，資、磧、普、徑作「浴洗」。

一　二〇九頁下一三行「歡喜」，資、磧、普、南、徑、清作「歡樂」。

一　二〇九頁下一七行「手把」，資、磧、普、南、徑、清作「手抱」。

一　二一〇頁上五行「三八」，磧、普、南、徑作「三人」。

一　二一〇頁上七行夾註左「卷上」，資、磧、普、南、徑、清作「上卷」。

# 經律異相卷第三十九　外道仙人部

舍

梁沙門僧旻寶唱等集

外道立異見原由一
六師共搘伺欲降佛累遣覘觀皆從佛化二
六師與佛弟子捔道力三
以鐷鍱腹頭上戴火自顯雄異四
智幻國人事烏與孔雀五
富蘭迦葉與佛捔道不如自盡六
羼提仙人脩忍行慈為迦利王所割截七
鏍文仙人造書風雨不能飄侵八
四仙人得道緣九
仙人失通生惡道十
仙人見聞女人聲色失其神通十一
化足手著妻女生愛後與惡念隨落而畢十二
提波延那聞舍芝聲起愛十三
雪山仙人與屌行欲生十二子十四
撥刧仙人見王女發欲失通十五
獨角仙人情深世欲為婬女所騎十六

外道立異見原由一

佛告文殊汝欲聞世間建立外道不
過去時世有佛名拘孫陁跋陁羅出
興于世時彼世界無諸沙礫無外道



名唯一大乘佛涅槃後法欲滅時有
一阿蘭若比丘名曰佛慧有一善人
施無價衣比丘受之有諸獦師生刧
盜心夜將比丘至深山中壞身裸形
懸首繫樹時有採花婆羅門至阿蘭
若處見屌恐怖向山馳走見彼比丘
壞身裸形懸首繫樹驚歎嗚呼沙門
先著袈裟而今裸形必知袈裟非解
脫因自懸苦行是真學道彼人豈當
捨離善法正當分明知此是解脫道
因壞正法即捨衣拔鬚作裸形沙門
裸形外道從是而起也時比丘自得
解縛即取樹皮赤石塗染以自鄣蔽
結草拂蚊又有採花婆羅門見之念
言是比丘捨先好衣著如是衣捉如
是拂豈當捨離善法正當分明知此
是解脫道即學是法出家婆羅門從
是而起也時彼比丘暮入水浴因洗
頭瘡即取水衣以覆瘡上取牧牛人
所棄弊衣以自覆身時有蕉者見已
念言是比丘先著袈裟而今悉捨必
知袈裟非解脫因故被鬚弊衣日夜
三浴脩習苦行豈當捨離善法正當

分明知此是解脫道即學彼法苦行婆羅門復從是起也比丘浴已身體多瘡蠅蚤唼食即以白灰處處塗瘡以水衣覆身時有見者謂言是道即學彼法灰塗婆羅門從是而起也比丘燃火炙瘡瘡轉苦痛不能堪忍投巖自害時有見者言是比丘先著好衣今乃如是豈當捨離善法正知投巖是解脫道投巖事火從是而起也如是次第九十六種皆因是比丘種種形類起諸妄想各自生見辟如有國二相視而起麁想麁想既生各各相煞外道生異亦復如是（出央掘魔羅經第四卷）

六師共揞伺欲降佛累遣覘觀皆從佛化二

昔六師在世貪著利養自稱獨尊聞佛出世神德過人集共結揞我等宜可齊心同議語不相違乃得勝之即遣一人往觀如来為如人不視無猒足還白六師瞿曇顏貌世之希有威神光明踰於日月如我所見無可辟喻六人復念其人出於王種理應端正何足復怯今且更遣一人往觀為無為為躁疾還告六師 瞿曇在衆如



獸中王無所畏難六人復念愚人希更事貪彼光明此是常儀何足復怯出自王宮六万采女晝夜相娛未更師學更遣往聽頗有經理為如凡夫即遣明達一人觀佛所說還白六人彼所道說達古知今前知無極却覩無窮判義析理事不煩重六師復作是念世多有人辯辤捷疾悅可人心然理不在不可尋究復遣往觀衆人聞說為寂然聽受為憒乱耶還白六師瞿曇所顯味如甘露衆人渴仰聽無猒足六人復念人集從初久必退散更遣高勝一人往瞻為義理深邃為淺薄耶還白六師瞿曇所顯如海無涯我等所見如牛蹄水今我一人且欲就彼求為弟子前後使人各共相將詣如来所復有無數衆生相覺而到佛說偈曰

自得寂正覺 不染一切法 一切智無畏
自然無師保

六師弟子聞佛說偈心堅固者即求為道心猶豫者還以白師言三界獨尊典領十方實無等倫宜各馳散自求所安



我既無師保 亦獨無伴侶 積一得作佛
自然通聖道（出六師結揞經）

六師與佛弟子捔道力三

有王名多福太子字增福王奉六師子事佛道所遵不同時世無沙門唯一白衣以為師首其外道五百人嫉師名德即白王言國事兩法令人不專一願與佛道師各現奇德要不如者沒屬為奴王即可之外道與此師剋日要結王前各試功藝共相然可梵志皆善射馭即行入山五人各射一鹿皆貫左目来角伎術賢者亦入山積思念佛求威神佐助以彰大道即有五色鹿子忽從地出歡喜持歸外道知之伺賢者出行往詣其家詭語其婦曰卿夫欲捨家作道人但坐此鹿當破汝家婦聞恚怒以鹿乞之賢者来歸不見其鹿問婦婦具祥之物今已失之夫甚愁憂復還山中至誠懺悔即有明月神珠忽從地出便持此珠賣現梵志往詣至門行賣奇物梵志婦曰吾家亦有異物可共

經律異相卷第三十九　第六張　合字号

相方即出鹿子賢者便白王使吾掌此鹿子汝今盜之其罪不測婦懅還之至其試曰梵志各送死鹿皆傷左目既識且㒵王甚怨之賢者前牽神鹿賫明珠来上王殿二物飛騰嬉戲星流電曜舉宮奇之婆羅門五百人自知術藝不竟即沒為奴婢皆為婢（出十卷譬喻經第八卷）

以鍱鍱腹頭上戴火自顯雄異四

南天竺有論議師以銅鍱鍱腹頭上燃火来入舍衛國時人問言汝何因尒荅言我智多腹裂著火欲照闇時人語言癡婆羅門日照天下何以言闇荅言汝不知闇有二種一者無日月火燭二者愚癡無智慧明諸人又言汝未見訶多糬子比丘何敢作是語若見其語荅者闇夜則日出時城內人民即喚訶哆糬子比丘欲令共論時訶哆聞之心愁入城道中見二羝羊共鬪即日取相一羊是婆羅門一羊是我我者不如轉更愁憂前行又見二牛共鬪復作是念一牛是婆羅門一牛是我即復不如又至前門復見二人相撲又作是念亦復不如欲

經律異相卷第三十九　第七張　合

入論處見一人持滿瓶水水瓶即破復作是念我見諸不吉相不得已入舍見是婆羅門眼口相貎自知不如就坐須史諸人便言可共論議荅言我今小不安隱須待明日便還宿處（出十誦律二誦第三卷）

智幻國人事烏與孔雀五

過去世時有一大國在于北方邊地号曰智幻智幻人賫持烏来至波遊梨國而其國界無有此鳥亦無異類奇妙之鳥時人見烏歡喜踊躍供養奉事飲食果瓜而消息之遠方之烏皆来集會不可稱數一國普事尊敬無量於後異時有一賈人復從他國賫孔雀来衆見羽翼殊傑行步弘雅所未曾有聽其音聲心懷踊躍皆捨烏而愛孔雀前養烏之具皆供孔雀尊敬自歸諸烏皆沒不知處所時有天頌曰

未見日光時　燭火獨為明　本見事諸烏
水飯及果瓜　美音既具足　如日出樹間
諸烏失供養　見事見尊卑

阿難頌曰

經律異相卷第三十九　第八張　合字号

如佛不興出　梵志得供事　今佛具足音
異學失供養

孔雀者我身是也烏者諸外異學是天者阿難也（出孔雀經）

富蘭迦葉與佛捔道不如自盡六

昔舍衛國有婆羅門師名富蘭迦葉與五百弟子相隨國王人民莫不奉事佛初得道與諸弟子從羅閱祇至舍衛國身相顯赫道教清美國王中宮率土人民莫不奉敬迦葉嫉妬欲毀世尊謂波斯匿王曰吾等長老先學國之舊師沙門瞿曇後出求道實無神聖而王捨我今欲與佛捔試道德勝者王奉王言大善王以白佛佛言甚佳結期七日當捔變化王於城東平廣好地立二高座國王群臣大衆雲集欲觀二人角道迦葉與諸弟子先到座所登梯而上般師神王見其虛妄嫉妬即起大風吹坐具顛倒幢幡飛揚雨沙礫石眼不得視世尊高座儼然不動佛與大衆庠序而来方向高座忽然已上衆僧一切寂然次坐王及群臣加敬稽首白言願垂

神化壓伏邪見并令國人明信正真世尊於座爠然不現即昇虛空奄舊入光明東沒西現四方亦尒身出水火上下交易坐卧空中十二變化沒身不現還在座上天龍鬼神華香供養讚善之聲震動天地富蘭迦葉自知無道低頭慙怖不敢舉目金剛力士捉金剛杵杵頭火出以擬迦葉問何以不現變化迦葉惶怖投下而走五百弟子奔波逆散世尊威容都無欣慼還到祇園國王群臣歡喜辭退於是迦葉與諸弟子受辱而去去至道中逢一老優婆夷字摩尼逆罵之曰卿等大愚不自忖度而欲與佛比捅道術狂愚欺誑不知慚耻亦可不須持此面目行於世間也迦葉慚諸弟子往江水邊誑諸弟子我今投水必生梵天若我不還則有樂彼諸弟子待之不還自共議言師必上天我何宜住一一投水莫當隨師不知罪牽皆墮地獄後日國王聞其如此甚驚怪之往到佛所白佛言迦葉師徒何緣乃尒佛告王曰迦葉師徒重罪有



二一者三毒熾盛自稱得道二者謗毀如來欲望敬事以此二罪應墮地獄殃各催逼使其沒河身死神去受苦無量往昔有二獼猴王各主五百獼猴一王起嫉妬意欲煞一王規畐獨治便往共鬪鬪數不如慚懃退去到大海邊海曲之中有大聚沫風吹積聚高數百丈獼猴王愚癡謂是雪山語群輩言久聞海中有雪山其中快樂甘果恣口今日乃見吾當先往行視若審樂者不能復還若不樂者當還語汝於是上樹盡力跳騰投聚沫中溺死海底餘者怪之不出謂必大樂亦投中斷群溺死嫉妬獼猴王者富蘭迦葉是也群輩者今富蘭弟子五百人是也出法句喻經第四卷賢愚出事廣略同不取

羼提仙人修忍行慈為迦利王所割截七

羼提仙人在大林中修忍行慈時迦利王將諸婇女入林遊戲飯食既訖王小睡息諸婇女輩採華林間見此仙人加敬礼拜在一面立仙人尒時為諸婇女讚說慈忍其言美妙聽者無猒久而不去迦利王覺不見婇女拔



劒追蹤見在仙人前憍妬隆盛瞋目奮劒而問仙人汝作何物仙人答言我今在此修忍行慈王言我今試汝當以利劒截汝耳鼻斬汝手足若不瞋者知汝修忍仙人言任意王即拔劒截其耳鼻斷其手足而問之言汝心動不答言我修慈忍心不動也王言汝一身在此無有勢力雖口言不動誰當信者是時仙人即作誓言若我實修慈忍血當為乳即時血變為乳王大驚喜將諸女去是時林中龍神為此仙人雷電礔礰王被毒害沒不還宮出智論第四卷

螺文仙人造書風雨不能飄侵八

昔有仙人名四螺文精進純脩而處居家不有梵行者或作是說如彼螺文有清淨行然在居家不善清淨螺文造書風雨不能沮壞處俗修梵行如阿鄰舍在家眷屬圍繞此非清淨行耶神足境界不可思議出婆須蜜經第六卷

四仙人得道緣九

佛在羅閱祇宣說正法諸尼揵等心皆愁惱梨夷山有五百仙人尼揵遣

使云此間有佛自謂得道神變第一皆不及我等而自高大願大師等自屈見佐論道至要毀滅其道遂令諸師功名益顯荅言大善我等且遣四人往難瞿曇尼揵宣令國内却後七日當有四佛入國庻人及至其日四人現視神變從空中来各從城一面入衆人覩見謂為真佛尼揵遣使白佛可来講道佛言食時當往尼揵喜曰瞿曇恐不如詐不前来衆皆謂然佛令空中火起從西面来四人南飛火復南来四面熱氣四人惶懅頓卧在地佛現在涼處即時尋凉来至佛前佛為說法皆作沙門得應真道佛入城城中人言且有四佛在虚空中佛言即指左右此四羅漢是也（出十卷譬經第五卷）

仙人失通生惡道十

如欝陁羅伽仙人得五神通飛到國王宮中食王大夫人如其國法接足而礼夫人手摩即失神通從王求車乘駕而出還其本處入林樹間更求五通一心專至垂得而樹上有鳥急鳴以乱其意捨樹至水邊求定復聞



魚鬬動水之聲此人求禪不得即生瞋恚我當盡煞魚鳥此人久後思惟得定生非有想非無想處於彼壽盡下生作飛狸煞諸魚鳥作無量罪墮惡道（出大智論第十七卷）

諸仙人見聞女人色聲皆失神通十一

優陁延王將諸宮人婇女詣欝毒彼陁山林除却男子純與女人五樂自娯其音清妙燒衆名香時諸婇女或有裸形而起儛者時有五百仙人經過彼處時諸仙人見色聞聲嗅香便失神足猶無翼鳥墮彼林中王問汝等是誰諸仙人荅言我是仙人王復問汝得非想非非想處定耶荅言不得又問汝得初禪耶荅言曾得而今已失時王瞋言有欲之人見我宮人殊非所以便拔利劍斷五百仙人手足（出抄毗曇毗婆沙第三十三卷）

化足手者王女生愛後興惡念墮墜阿鼻十二

優陁羅摩子有王常施其　食若食時至以神足力飛騰虛空詣於王宮王即迎抱坐金床上以諸仙人所食之味而供養之時彼仙人飡食已竟



除器澡漱說偈呪願飛空而去是王後時以國事故應詣餘處無人給事仙人仙人性燥或起瞋恚而呪咀我或失王位或斷我命便問其女仙人若来如我常法汝能供養不女荅言能時王重約勑女盡心奉養然後乃行營理國事後日食時仙人飛来王女如王法躬身迎抱坐金床上王女身體細軟仙人觸女退失神足飲食訖除器澡漱說偈呪願欲飛不能時王宮中有後園林即入其中欲修神足聞爲馬車乘之聲而不得修時城中人恒作是念若令大仙在地行者我等當得親近礼足仙人聰明黠慧善知方便語王女言汝今宣告城中人民今日大仙當從王宮步行而出汝等人民所應作者皆悉作之時彼王女如其所勑即便宣告街陌清淨無瓦礫𧄼穢懸幡燒香散種種花嚴餝鮮潔仙人步出城不遠入林樹間欲修神足聞衆鳥聲修不能得便捨林樹復詣河邊以其本法欲修神足復聞水中魚鼈迴轉之聲而不得修

經律異相卷第三十九　第十五張　舍字号

便上山上作是思惟我今所以退失善法皆由衆生凡我所有善法淨行使我當作如是衆生能害世間所見地行飛行水性衆生無免我者發是悪誓願見離八地欲生非想非非想有頂處開甘露門寂靜園田八万劫中處閑靜樂業報盡已乃還此閻荅波樹林曇摩阿蘭若處作著翅狸身廣五十由旬兩翅各廣五十由旬其身量百五十由旬以此大身煞害空行水陸衆生無得免者身壞命終生阿鼻地獄 出抄毗曇毗婆沙第三十三卷

提波延那閒舍芝聲起愛十三

佛未出世時天帝釋常往詣提波延那仙人所聽法後一時乘寶餝車欲詣仙人而舍芝念言今者帝釋弃我欲詣餘婇女即隱其形上車上帝釋不知垂到仙人所顧視見之而問言汝等何故來仙人不欲眼見女人汝可還去舍芝不欲去帝釋以蓮華莖村之舍芝以女人軟美之音而謝帝釋仙人聞之而起欲愛螺髮即落耳識而退 出抄毗曇毗婆沙第三十三卷

經律異相卷第三十九　第十六張　舍字号

雪山仙人與鹿行欲生十二子十四

往昔雪山有一仙人名跋伽婆食果草根修習慈心而不能除諸煩惱結時住彼處有一雌鹿與共行欲遂便懷妊日月滿足來仙人所產十二子仙人憐愍即取洗浴而哺養之鹿母愛念隨時乳養仙人各為立名一名竭伽二名跋婆伽三名為鹿四名師子五名揩重六名婆羅墮閣七名步行八名婆羅奴九名健食十名悪性十一名師子揩十二名健行年始七歲能食根華果父母俱亡子心愁惱仰天號哭無所歸依樹神言且莫號哭汝等應當晝夜六時淨自洗浴向於虛空至心礼拜求哀梵天梵天聞之當至汝所壞汝癡暗施汝慧明當供養汝依教而行經十二歲時梵天帝釋三十三天與無數眷屬皆來供養告童子曰汝等何故十二年中精懃苦行供養於我欲何所求僉曰唯願大士施我智慧令我識知善惡等業苦受樂事 出大集經第二十四卷

撥劫仙人見王女發欲失通十五

昔過去久遠世時有一仙人名曰撥劫得五神通時為國王之所奉事神足飛行往返王宮時王供養一切施安王手捧仙人布髮與行手自斟酌百種飲食積有年歲時王緣務王有一女端正姝好於世希有王甚敬重女未出門王告女曰吾奉事仙人不敢失意今吾遠行汝供養之當如我在時彼仙人從空飛下至宮內王女見來以手攣之坐著座上觸女體柔軟即起欲意愛欲興盛尋失神足思惟經行欲復神足故不能獲步行出宮時無央數人皆來集看王行畢還聞墮恩愛不能飛行王夜至宮獨竊自行往見仙人稽首足下以偈頌曰

吾聞大梵志　本異昔食飲　為從何所教
何因習色欲

撥劫荅曰

吾實今大王　如聖之所聞

王曰

不審恵所在　乃善德所念　假使發欲心
不能伏本事

撥劫荅曰

愛欲失義利　婬心豁然熾　今日聞王語
便當捨愛欲
仙人着懃剋心自責宿夜精懃還復神通時仙人者今舍利弗是時國王者吾身是也（出仙人撥知經）

獨角仙人情染世欲為婬女所騎十六

時波羅奈國山中有仙人以仲秋之月於澡槃中小便見鹿合會婬心即發精流槃中鹿飲之即時有身滿月生子大類如人頭有一角其足似鹿鹿當產時往仙人舍前生子付仙人而去仙人出時見此鹿子自念本緣知是已兒取已養育及其年大懃教學習通十八種大經又學坐禪行四無量心得五神通一時上山值大雨泥滑其脚不便躃傷其足便大瞋恚呪令不雨仙人福德諸龍鬼神皆為不雨不雨故穀果不生人民窮乏无復生路波羅奈王憂愁懊惱命諸大官集議雨事明者議言我聞有一角仙人上山傷足瞋呪令十二年不雨王即募若有能令仙人失五通屬我為民者當與分國半治是波羅奈國



有婬女名曰扇陁端正巨富來應王募婬女言若是人者我能壞之作是語已取金槃盛好寶物語王言我當騎此仙人來婬女即時求五百乘車載五百美女五百鹿車載種種歡喜丸皆以衆藥草和之及持種種大力美酒色味如水服樹皮衣行林樹間以像仙人於仙人舍邊作草菴住一角仙人遊行見之諸女皆出好華妙香供養仙人仙人歡喜諸女以美言敬辭問訊仙人將入房中坐好床褥與好淨酒以為淨水與歡喜丸以為果木食飲飽已語諸女言我從生來初未得如此果水諸女言我一心行善故天與我願得此果水仙人問女汝那膚色肥盛荅曰我常食此好果飲此美水仙言汝何不在此住荅曰亦可住耳女呼共澡洗女手柔軟觸之心動遂成婬欲即失神通天為大雨七日七夜令得歡樂飲食七日酒食皆盡繼以水木菓山其味不美更索前者荅言已盡今當共取去此不遠有可得處仙人言隨意共出去城不



遠女便卧言我極不復能行仙人言汝不能行者騎我項上我當擔汝女先遣信報王王可暫出觀我智能王見問言何由得尒女曰以方便力無所復能令住城中好供養恭敬之足其所欲拜為大臣住城少日身轉羸瘦念禪定心猒此世欲王問仙人汝何不樂荅曰雖得五欲常念林閒王曰本除旱患何為强奪其志即便遣之既還山中精進不久還得五通一角仙人我身是也婬女者耶輸陁羅是也（出大智論第十七卷）

經律異相卷第三十九

經律異相卷第三十九

校勘記

一 底本，金藏廣勝寺本。

一 二一三頁中一行「外道仙人部」，徑、清作「外道仙人部第二十九」。

一 二一·三頁中三行至一八行目録，徑無。

一 二一三頁中一〇行「飄侵」，資、磧、普、南作「漂浸」；清作「飄浸」。

一 二一三頁中一三行「聲色失其」，清作「色聲皆失」。

一 二一三頁中一四行「墮墜」，資、磧、普、南、清作「墜墮」。

一 二一三頁中一九行末字「一」，徑、清作「第一」。

一 二一三頁中二〇行末字「不」，資、磧、普、南、徑、清無。

一 二一三頁下一五行第一三字「捉」，資、磧、普、南、徑、清作「持」。

一 二一三頁下二二行「祓髮」，資、磧、普、南、徑、清作「祓破」。

一 二一四頁上四行第二字「水」，資、磧、普、南、徑、清作「求」。

一 二一四頁上一二行「二相視」，諸本（不含石，下同）作「一一相視」。

一 二一四頁上一四行末字「二」，徑、清作「第二」。

一 二一四頁中九行「不在」，資、磧、普、南、徑、清作「不存」。

一 二一四頁下三行夾註左首字「結」，資、磧、普、南、徑、清無。

一 二一四頁下四行末字「三」，徑、清作「第三」。

一 二一四頁下八行首字「師」，資、磧、普、南、徑、清作「其」。

一 二一四頁下一〇行「此師」，資、磧、普、南、徑、清作「此師曰」。

一 二一四頁下一二行「五人」，諸本作「五百人」。

一 二一四頁下一三行首字「射」，麗作「射射」。

一 二一四頁下一四行第三字「積」，麗作「精」。

一 二一四頁下一九行第一二字「婦」，麗無。

一 二一四頁下二二行「行賣」，資、磧、普、南、徑、清作「衒賣」。

一 二一五頁上一行「便白」，資、磧、普、南、徑、清作「便曰」。

一 二一五頁上二行「婦懅」，資、磧、普、南、徑、清作「婦懼」。

一 二一五頁上三行「試曰」，資、磧、普、南、徑、清作「試日」。

一 二一五頁上四行「怨之」，資、磧、普、南、徑、清作「怒之」；麗作「惡之」。

一 二一五頁上五行「明珠」，資、磧、普、南、徑、清作「明月珠」。

一 二一五頁上八行末字「四」，徑、清作「第四」。

一 二一五頁上一一行第六字「多」，諸本作「多恐」。

一 二一五頁上一三行第四字「汝」，資、磧、普、南、徑、清作「汝等」。

一 二一五頁上一六行首字「語」，麗

作「語答」。同行第六字「答」，諸本無。又第一〇字「則」，麗作「見」。

一 二一五頁上一九行「即日」，資、磧、普、南、徑、清作「即因」。

一 二一五頁中七行末字「五」，徑、清作「第五」。

一 二一五頁中一五行「衆見」，資、磧、普、南、徑、清作「時衆又見」。

一 二一五頁中一七行「皆供」，資、磧、普、南、徑、清作「皆以供」。

一 二一五頁中二一行「水飯」，麗作「水飲」。

一 二一五頁下一行「具足音」，資、磧、普、南作「具足者」。

一 二一五頁下四行夾註「出孔雀經」，資、磧、普、南、徑、清作「出孔雀王經」。

一 二一五頁下五行末字「六」，徑、清作「第六」。

一 二一五頁下一三行「桷試」，資、麗作「捔試」；磧、普、南、徑、清作「角試」。

一 二一六頁上二行第一三字「奮」，資、磧、普、南、徑、清作「放」。

一 二一六頁上一四行「大愚」，麗作「群愚」。

一 二一六頁上一五行「道術」，資、磧、普、南、徑、清作「道德」。又「欺誑」，資、磧、普、南、徑、清作「欺詐」。又第九字「叁」，諸本作「羞」，下同。

一 二一六頁上一八行「則有樂彼」，資、磧、普、南、徑、清作「則知彼樂」。

一 二一六頁中一四行；三字「亦」，諸本作「一一」。

一 二一六頁中一五行首字「者」，資、磧、普、南、徑、清作「者今」。

一 二一六頁中一七行末字「七」，徑、清作「第七」。

一 二一六頁中一九行「飯食」，資、磧、普、南、徑、清作「飲食」。

一 二一六頁中二二行「讚説」，麗作「説諸」。

一 二一六頁下一行第八字「前」，資、磧、普、南、徑、清作「前立」。

一 二一六頁下六行第七字「斷」，資、磧、普、南、徑、清作「斬」。

一 二一六頁下一四行「侵八」，資、磧、普、南作「浸八」；徑、清作「浸第八」。

一 二一六頁下一五行第六字「四」，諸本作「曰」。

一 二一六頁下二一行末字「九」，徑、清作「第九」。

一 二一七頁上三行第一二字「遂」，資、磧、普、南、徑、清作「遠」。

一 二一七頁上七行第三字「視」，資、磧、普、南、徑、清無。

一 二一七頁上一一行第一〇字「來」，資作「夾」。

一 二一七頁上一三行「即時」，資、磧、普、南、徑、清作「即得」。

一 二一七頁上一六行夾註「譬經」，諸本作「譬喻經」。

一 二一七頁上一七行末字「十」，徑、清作「第十」。

一　二一七頁中五行「惡道」，資、磧、南、徑、清作「三惡道」。又夾註左「第十七卷」，資、磧、普、南、徑、清作「第七卷」。

一　二一七頁中六行「十一」，徑、清作「第十一」。

一　二一七頁中七行末字至次行首字「彼陁」，諸本作「波陀」。

一　二一七頁中一五行第八字「耶」，資作「聖」。

一　二一七頁中一九行「墮墜」，資、磧、普、南、徑、清作「墜墮」。又「十二」，徑、清作「第十二」。

一　二一七頁中二〇行「施其食」，資、磧、普、南、徑、清作「施其魚食」。

一　二一七頁中末行「飰食」，資、磧、普、南、徑、清作「飲食」。

一　二一七頁下九行「飲食」，資、磧、普、南、徑、清作「飯食」。

一　二一七頁下一六行「大仙」，南作「六仙」。

一　二一七頁下二〇行「城不遠」，諸本作「去城不遠」。

一　二一八頁上三行「所見」，資、磧、普、南、徑、清作「所有」。

一　二一八頁上五行第四字「見」，資、磧、普、南、徑、清作「已」。

一　二一八頁上一三行「十三」，徑、清作「第十三」。

一　二一八頁上一六行「弃我」，資、磧、普、南、徑、清作「捨我」。

一　二一八頁上二〇行「還去」，諸本作「還宮」。

一　二一八頁上二二行「螺髮」，資、磧、普、南、徑、清作「螺髻」。

一　二一八頁中一行「十四」，徑、清作「第十四」。

一　二一八頁中八行「竭伽」，資、磧、普、南、徑、清作「竭竭伽」。

一　二一八頁中九行「誓重」，諸本作「擔重」。

一　二一八頁中一〇行「婆羅奴」，資、磧、普、南、徑、清作「娑羅奴」。

一　二一八頁中二二行「苦受」，資、磧、普、南、徑、清作「受苦」。

一　二一八頁中末行「十五」，徑、清作「第十五」。

一　二一八頁下九行「宮内」，資、磧、普、南、徑、清作「王宮内」。

一　二一八頁下一九行末字「聞」下，資、磧、普、南、徑、清有五言偈二句「已隨於邪徑　以王遠吾故」。

一　二一八頁下二一行第三字「恵」，資、磧、普、南、徑、清作「慧」。

一　二一九頁上六行「十六」，徑、清作「第十六」。

一　二一九頁上九行第六字「鹿」，資、磧、普、南、徑、清作「麁鹿」。

一　二一九頁上一八行「窮乏」，徑作「貧乏」。

一　二一九頁上二二行「王即募」，諸本作「王即開募」。

一　二一九頁中一行「扇陁」，資、磧、普、南、徑、清作「扇虵」。

一　二一九頁中五行「鹿車」，資、磧、普、南、徑、清作「鹿車」。

一　二一九頁中九行末二字「華妙」，資、磧、普、南、徑、清作「妙華」。

一　二一九頁中一六行首字「汝」，資、磧、普、南、徑、清無。

一　二一九頁中二一行「水木果山」，資、磧、普、南、徑、清作「山水木果」；麗作「水木果」。

一　二一九頁下一行「女便卧」，諸本作「女便卧地」。又「不復能行」，資、磧、普、南、徑、清作「不能復行」。

一　二一九頁下九行「何爲」，資、磧、南、徑、清作「今何爲」。又「即便」，資、磧、普、南、徑、清作「即便」。

經律異相卷第四十　梵志部　舍

梁沙門僧旻寶唱等集

超術師又從定光佛請記一
寶海梵志述其所夢二
須項梵志蒙佛憂解三
摩因提梵志將女妻佛四
梵志𦊸見從闍羅乞活見不親從詣佛得道五
梵志詣施比丘立說一偈能消六
梵志奉佛鉢蜜飛食不減施水中衆生七
梵志遠學值五無反復八
梵志兄弟四人同日命終九
梵志棄端正婦於樹上愛著鄙婬後悔無益十
梵志夫婦採花失命佛為說其往事十一
梵志失利養煞女人謗佛十二

超術師又從定光佛請記一

過去定光衆祐出現鉢摩大國與四部之衆不可稱計皆来供養給其所須時有梵志名耶若達在雪山側看諸秘讖天文地理靡不貫綜書疏文字亦悉了知耶若達梵志有弟子名曰雷雲聰明博見靡事不通恒為耶若達所見愛敬不去須臾雷雲梵志念言我今應學者悉皆已備宜報師恩然復貧弊宜當往詣國界求所須者師念我之所愛設吾死者尚不能別何況今日欲捨吾去作五百言與之令誦未經幾日悉皆流利是時耶若達婆羅門告五百弟子曰此雷雲梵志伎術悉通即以立名名曰超術超術梵志復經數日又白師曰所學已知然書籍所載諸有學術過者當報師恩師曰汝知是知超術作礼而去尒時鉢摩大國去城不遠有衆梵志並集一家欲共大祠并欲論議有八万四千梵志共集弟一上座諷誦書疏莫不能知以五百兩金及金杖金澡罐各一牧牛千頭用奉上師與第一上座先試其術過者便與超術梵志自念我今何故家家乞求不如詣彼大衆共捔伎術超術往衆多梵志遥各嘆曰善哉祠主今獲大利乃使梵天躬自下降時八万四千諸梵志等各起共迎異口同音而作是語

善来大梵神天超術梵志曰吾非梵天止止諸賢汝等豈不聞雪山北有大梵志衆師名耶若達我其弟子名曰超術便向上座曰設知伎術者向吾說之介時彼衆第一上座即誦三藏伎術無有漏失時超術語上座曰一句五百言今可說之上座曰我不解也超術便誦三藏及一句五百言大人之相介時八万四千梵志歎未曾有甚奇甚特我初不聞大人之相今尊宜在上座超術移坐上座便在第一時彼衆上座瞽懷瞋恚發此極願令此人奪我坐處此人所生之處所欲作事我恒當壞敗其功時彼施主即依法施上座告主人曰我今還以金錢銀錢以相施吾但各取五百枚以金讙用供養女人及牛千頭還施主人吾不習欲亦不積財己便往詣鉢摩大國其王名曰光明於城東門見五百梵志耆年宿德時彼國王請定光如来日曝火炙即以五百金錢各與一文及比丘衆衣食供養掃灑令淨勿使作倡有土沙穢悪懸繒



幡蓋香汁塗地伎樂不可稱計見一女人名曰善味持七莖華以瓶取水即問此女吾欲買華女言持用上佛即以銀錢五百請五莖華女貪銀錢與五莖華行數十步女自念言此人形貌端正不惜銀錢追呼男子問用何為荅曰上佛女曰請二莖華并以上佛願我後生常為夫妻超術曰菩薩無所愛惜設為我妻必壞我心梵志女曰我終不相壞正使持我施與終必忍行定光佛曰菩薩所行無所愛惜梵志偈荅

父母諸佛尊　日月周行世　不可持施人
餘者決無難

又說偈曰

當忍億劫苦　施頭身耳目　妻子國財寶
車馬僕從人

摩納復以偈荅

大山熾如火　億劫堪頂戴　不能壞道意
唯願時授决

即解髮布地而說偈言

破愛憍慢心　能滅欲怒癡　第一光相足
惟佛照我心　昔我所求願　今日得見佛
今散五莖花　願得不退轉　餘二非我華
王女寄上佛　無上大導師　見愍蹈我髮



佛又偈荅

摩納發大心　曠濟無量數　弘誓不自為
殖衆功德本　却後無數劫　五鼎五濁世
成佛度衆生　号字釋迦文　光明三十二
奇特人中尊

佛以脚足蹈髮而過又以神力接五莖華及得我身在虛空中餘有二華住佛兩肩自從破梵志祠天帝火以後行正見用平等法不復墮三塗及在八難時超術我是賣花女瞿夷是也出修行本起經

寶海梵志述其所夢二

有寶海梵志白佛願如来及比丘僧滿七歲中受我四事供養如来許可梵志後時作如是念我今已令百千億那由他衆生發菩提心然我不知轉輪聖王所願何等為願人王天王聲聞緣覺為求無上菩提若我來世必成佛道我於夜臥當有諸天魔梵諸佛世尊為我現夢於睡眠中見有光明即見十方恒沙世界諸佛世尊

經律異相卷第四十　第六張　念字号

各各遥授蓮華與之其花微妙各於
華臺見日輪像於日輪上有七寶蓋
一一日輪各出六十億光皆悉來入
梵志口中自見其光滿千由旬淨如
明鏡見其腹内六十億鄰由他百千
菩薩在蓮華上結跏趺坐三昧正受
復見日驤圍遶其身於諸華中出諸
伎樂又見其王血出汗身四方馳走
面首似猪噉種種垂坐伊蘭樹下有
無量衆生来食其身唯餘骨璅數數
受身亦復如是復見諸王子或作猪
為或水牛師子狐狼虎豹獼猴等面
以血汙身皆噉衆生坐伊蘭樹下復
有無量衆生来食其身骨璅已離數
數受身亦復如是或見王子須曼鄰
花以作瓔珞載小弊車駕以水牛從
不正道南向馳走復見四天大王釋
提桓因大梵天王来至其所告梵志
言汝今四邊所有蓮華應先取一華
與轉輪王一一王子各與一華其餘
諸花與諸小王次與汝子并及餘人
即皆賦之忽然而寤憶念夢中所見
諸事得知聖王所願畢下　愛樂生死

經律異相卷第四十　第七張　念字号

復知諸王子發心求聲聞乘者故我
夢見須曼鄰花以作瓔珞載水牛車
於不正道南向馳走我何縁故夢見
於此諸佛世尊以我先教勸閻浮提
内無量衆生悉令安住三福處故發
菩提心請佛及僧滿足七歲奉諸所
安耳（出寶梵志請如來經）

須項梵志聞法憂解三

舍衛國有梵志於祇樹間大營田種
往看歡喜自謂得願即於其夜天雨
大雹禾稼皆死女復亡云愁憒憂煩
哭無能止時諸比丘入城分衛見其
二相還具白佛須項梵志躬到佛所
頭面礼畢佛知其念謂梵志曰世有
五事不可避脫一當耗減二當亡棄
三當病瘦四當老朽五當死去唯有
道諦得離布施持戒梵志意軟便見
四諦從今巳後歸依佛法僧為清信
士比丘白佛世尊解梵志意喜笑而
去佛言不但是反解憂過去閻浮利
地有五主其一主名曰罙貪治國不
正大臣人民出兵拔白皆到王前共
謂王曰寧自知不貪害万姓急出國

經律異相卷第四十　第八張　念字号

去不者相害王大戰慄以車騎出國
自織草蘚賣以自給大臣人民便拜
王弟作王治不枉民故王上書自陳
從王乞一聚可以自給王即與之既
得一聚便巳治正復乞兩聚乃至半
國王皆與之如是久遠罙貪生念興
半國兵攻弟即勝便得故國復興一
國兵攻弟二轉倍興兵攻弟五國往
往得勝時四海皆屬敀号大勝帝釋
試之寧知足不化作少童梵志姓駒
夷氏被疑金杖持金瓶住宮門通王
王便前坐相勞問畢却謂王言我從
海邊來見一大國人民熾盛多有珎
寶可往攻之不審巳足復欲得是王
言欲得天王謂言可益莊船興兵相
待却後七日當將王往言便化去王
到其日興兵莊船梵志不來愁憂不
樂時一國人民廻坐向王王啼亦啼
王憂亦憂王便生意曰

增念隨欲　巳有復願　日盛為喜
從得自在

有能解者賞金錢一千時有少年名
日欝多言能解假七日来對到第七

日白母言我欲解王憂母謂子子且止勿行帝王難事子言我力能淹到王所言今來對義即乃說偈大勝王便上金錢一千大勝者即種種梵志是時童子讚多者則我身是也出義足經上卷

摩因提梵志將女妻佛四

昔摩因提梵志生女端正國王太子大臣長者來求不得見佛金色三十二相便自念言如此人比我女便與還家謂婦言今得女聟踰於我女即莊餝女衆寶瓔珞將女出城母見佛跡文現分明謂父言曰寧知空出終不得聟婦說偈言

婬人曳踵行　恚者蝦指步　癡人足蹶地
是跡天人尊

父言癡人為女作患即將女到佛所左手持辟右手持瓶因白佛言今以此女相恵為妻女見佛形婬意繫著其心火燃佛即說偈言

我見邪三女　尚不欲邪婬　今寧抱屎尿
足觸尚不可出義足經上卷

梵志喪兒從閻羅乞活詣佛得道五

昔有婆羅門少出家學至六十不能



得道法應歸家取婦為居士生得一男端正可愛至年七歲卒得重病一宿命終梵志憐惜伏其屍上絶而復蘇親族諫喻强奪殯殮埋著城外梵志自念我今啼哭計無所益不如往至閻羅王所乞索兒命沐浴齋戒賷持花香發舍而去所在問人閻羅王所治為在何許前行數千里至深山中見諸梵志復問如前答曰卿問閻羅王所治處欲求何等答言我有一子近日卒亡欲至閻羅王所乞索兒命梵志愍其愚癡即告之曰閻羅王治處非生人所得到也當示卿方宜從此西行四百餘里有大川其中有城此是天神案行世間停息之城閻羅王常以月四日案行必過此城卿持齋戒往必見之歡喜而去到其川中見好城郭宮殿屋宇如忉利天梵志詣門燒香翹脚呪願求見閻羅王勅門見之梵志啓言晚生一男欲以備老養育七歲近日命終唯願大王垂恩布施還我兒命王言大善卿兒今在東園中戲自往將去即往見兒



與諸小兒共戲前抱啼泣曰我晝夜念汝食寐不甘汝寧念父母辛苦以不小兒嗔逆呵之曰癡騃老翁不達道理寄住須臾名人為子勿妄多言不如早去今我此間自有父母梵志悵然涕泣而去即自念言我聞瞿曇沙門知人魂神變化之道當往問之即還佛所稽首作礼具以本末向佛陳之實是我兒不肯復反謂我為癡騃老公寄住須臾名他為子永無父子之情何緣乃尒佛告梵志汝實愚癡人死神去便更受形父母妻子因緣會居譬如寄客起則離散梵志聞之爍然意解稽首委質願為沙門佛言善哉鬚髮自落法衣在身即成比丘即於座上得羅漢道出道行品法句經第四卷

梵志詣施比丘說一偈能消六

昔有梵志財富學問不信正道數與沙門論不如每聞沙門食人信施不能精進死後當作牛馬還償施家便密作計設食後世取之使令其治生素性慳貪欲至寺中寺中有五百道人使盡請之加敬設食豈好勝他必

當畜得五百牛馬上座一人已得四道羅漢以知其念便呼維那勅諸比丘皆當專心人說一偈即共善加敬上座語曰已償債畢不復得牛馬矣梵志驚曰道人神聖逆知我意上座於是具告諸比丘汝得食已慈心念道誦一法言迺可吞須弥山尚能消之况此小食梵志甚慙愧因為說法廣陳要義心開受道即悟道迹（出諸經中要事）

梵志奉佛鉢蜜衆食不減施水中衆生七

昔有梵志悪不覩佛竊入他舍大聖愍之到其目前欲避馳走不能自致来詣佛所彼時世尊為說經法喜心生焉歸命法僧奉受戒禁繞佛而去即取應器盛滿中蜜兩手擎之欲奉上佛佛告諸比丘取是鉢蜜布與衆僧時一鉢蜜佛及衆僧皆得滿足鉢滿如故即復授佛佛告梵志著大水無量之流梵志又問何故佛言具足水中黿鼉單魚鼈悉蒙其味梵志受教世尊欣笑出五色光上至梵天普照五道還繞身三匝授菩薩决光從頂入授緣覺决光從口入授聲聞决光從臍入說上天福光從膝入說授人身光從足入說地獄餓鬼畜生光從足入阿難從座起叉手白佛言佛不妄笑笑會有意佛告阿難汝見梵志以蜜奉佛對曰唯然今此梵志然後来世歷二十劫不墮悪趣過二十劫當得緣覺名曰蜜具諸比丘言於此梵志以一鉢蜜多所饒益而得緣覺佛告比丘於是梵志非但今世前世宿命亦復如是過去有婆羅門閑居寂寞見有神仙有人說言今此仙人佳吉難及當往詣受有人報言用為見此養身之種有一五通仙見心所念即於樹間踊在空中住其人前見之喜躍即盛滿鉢蜜而奉授之仙人受已飛在虛空緣是施德後作國王名曰蜜具正法治國壽終生天佛告比丘欲知尒時五通仙人則我身是尒時梵志今梵志是尒時施蜜授天人福緣是今世亦復施佛後致緣覺（出蜜具經）

梵志遠學值五無反復八

有梵志在羅悅祇聞舍衛國人多孝養奉經脩道供事三尊欲得學問即往詣受去國不遠見父子二人耕地下種時毒虵出齧煞其子父耕種不輟又不顧視梵志問之耕種者又問何来也梵志荅言我從羅悅祇来聞此國人多孝養奉事三寶故来學問向者是何人子曰是我之子曰是卿子者何故不憂而反耕種其人荅言人生有死物成有敗非愁憂啼哭所可如何設不飲食何益於死者耶卿入城者過語我家吾子已死無復持二人食具来梵志竊念入無反復兒死在地靜不愁憂而反索食入舍衛城詣耕家見死兒母語言卿子已死父言但持一人食具来兒母曰如客来寄止来不難去不留此兒如是生生是自来死亦獨去非我力所能進退隨其本行追命所生又語其姉姉亦說無常喻梵志語婦卿夫已死婦為梵志說辟喻又語奴子大家已死奴子亦說辟喻梵志聞之心感目冥不識東西聞此國孝養奉事三寶故来學問未有善意見五無反復唐勞身心又問行

人佛在何所荅言近在祇樹給孤獨園梵志即到佛所稽首佛足却坐一面愁憂不樂伍頭默無所說佛知其意謂梵志言何為不樂梵志荅言違我本願故愁憂耳佛又問云何具以事荅佛言不然不如卿語此之五人寂有反復知命無常非愁憂可如還以自定故無有愁憂世俗人不識無常懊惱啼哭不能自割辟如人身得熱病不自覺知慌忽妄語良醫與藥熱即除愈不復妄語俗人愁憂愚癡醉熱不能自解若自曉無常不復愁憂也如熱得愈此五人皆可道證梵志聞語即自尅責我為愚冥不知大義今聞佛語如盲得目冥中見明即受五戒稽首而退（出五無反復經）

梵志兄弟四人同日命終九

梵志兄弟四人各得五通却後七日皆當命盡自共議言五通之力反覆天地手捫日月移山住流靡所不能寧當不能避此死對一人言吾入大海上不出現下不至底正攈其中無常煞鬼安知我處一人言吾入須弥山中還合其表令無際現無常煞鬼安知吾處一人言吾當輕舉隱虛空中無常煞鬼安知吾處一人言吾當藏入大市之中無常煞鬼趣得一人何必求吾四人議訖相將辞王吾等壽筭餘有七日今欲逃命冀當得脫還乃親省唯願進德於是別去七日期滿各各命終猶果熟落市監白王有一梵志平死市中王乃寤曰四人避對一人已死其餘三人豈得獨免王即嚴駕往至佛所作礼却坐白言近有梵志兄弟四人各獲五通自知命盡皆共避之不審今者能得脫不佛告大王人有四事不可得離一者在中陰不得不受生二者生不得不受老三者老不得不受病四者病不得不受死（出法句經第三卷）

梵志棄端正婦於樹上愛著鄙媟後悔無益十

有清信士其婦端正威德無倫言語辯才眾人所敬夫聟不重亦不喜見反愛僕使婦見聟心謂夫言卿不喜我願聽出家聟便聽之即時出家為比丘尼晝夜精進行道未久證得羅漢然後清信士所敬女人死清信士呼比丘尼歸尼了不肯比丘尼白佛說其本末佛言是清信士前世已毀辱此有德之人此女有殊特志此人常為壞乱已入大路復欲毀之不能得也佛言過去世時有一梵志婦名蓮華端正絕世梵志不喜所愛者媟用其媟語捨婦山間上優鉢曇樹採取熟果棄生與婦婦問君獨噉熟果而棄生者與人夫曰汝可上樹婦即上樹夫取荆蕀四匝遮樹欲使死不得下時國王遊獵見女端正即問女言卿是何人婦自具本末王念梵志愚騃無知非是丈夫即除荆蕀草載還宮內立為王后多諸伎藝智辯无雙又能擕博遠近女人来共愽戲王后輙勝無能當者梵志善於愽弈還聞后勝念言是我前婦非是異人乃欲詣王現其伎術后聞一梵志形像知是前夫啓王現之遥試愽戲后偈荅曰梵志心懷愧恨即自刻責悔無所及時梵志者今清信士是時婦者即今婦是彼國王者吾身是也（出夫婦經）

梵志夫婦採花失命佛為說其往事十一



有一梵志財富無數正有一子年始二十新為取婦未滿七日以上春三月夫婦相將至後園戲有一柰樹高大好華婦欲得之無人與取夫知婦意即便上樹正取一華復欲得二上樹枝折墮地而死大小奔波往趣兒所呼天號哭斷絕復蘇宗族無數皆共悲痛聞之傷心見之哀痛父母怨天謂為不護棺斂事畢還家涕涙不能自止於是世尊愍傷其愚往問訊之大小見佛悲感具陳辛苦佛語長者止息聽法万物無常不可久保生則有死罪福相追此兒三處為其哭泣懊惱斷絕亦復難勝竟為誰兒何者為親於是世尊即說偈言

命如華果熟　常恐會零落　已生皆有苦
孰能致不死　從初樂愛欲　可婬入胞影
受形命如電　晝夜流難止　是身為死物
精神無形法　作令死復生　罪福不敗止
終始非一世　從癡愛久長　自作受苦樂
身死神不喪

長者聞偈意解忘憂長跪白佛此兒宿命作何罪豐戲美之壽而便中夭



唯願解說本所行罪佛言昔時有一小兒持弓箭入神樹中戲邊有三人看樹上雀小兒欲射三人勸言若能中者世稱健兒小兒意美引弓射之中雀即死三人共笑助之歡喜而各自去經歷生死無數劫中所在相遣共會受罪其三人者一人有福今在天上一人生海中為化生龍王一人今日長者身是此小兒者前生天上為天作子命終來下為長者作子墮樹命絕即生海中為化生龍子即生之日金翅鳥王取而食之今日三處懊惱涕哭寧可言也以其前世助之喜故此三人者報以涕哭（出法句譬喻經第五卷）

梵志失利養煞女人謗佛十二

舍衛國王大臣人民奉敬世尊四事供養棄捨梵志梵志共議當求好女煞埋樹間令瞿曇衆惡名遠聞時選我者即共遍教好首女人言汝從今已後朝暮詣佛令万姓見知小女承教便煞之埋著樹間梵志便聚到王宮門稱怨嘆言我當學中有一女人獨寂端正華色無雙生死不知處王



謂言曰常至何所對言往瞿曇聞王言當於彼求使到祇樹掘出女屍著於床上遍巷稱怨言沙門瞿曇常稱戒德弘普無上如何私與女人通情復煞藏之有何法戒時諸比丘入城乞食人民罵言是沙門所犯若此當得衣食比丘便持空器出城還以白佛佛告比丘我被是謗不過七日耳時惟閻女於城中聞比丘求食悲空器還到佛所頭面作礼叉手白佛言願佛及僧從我家飯七日佛默然受之佛告阿難汝與衆僧入城里巷說偈言曰

常欺倒邪真　說作身不犯　重冥行當具
必自受憂苦

惟閻是時即飯佛僧（出義足經上卷）

經律異相卷第四十

經律異相卷第四十

校勘記

一 底本，金藏廣勝寺本。

一 二二四頁中一行「梵志部」，徑、清作「梵志部第三十」。

一 二二四頁中二行「梁沙門僧旻寶唱等集」，資作「梁沙門僧旻寶唱等撰」；磧、普、南作「梁沙門僧旻寶唱等撰」；徑、清作「梁沙門僧旻寶唱等奉勅撰」。

一 二二四頁中三行至一六行目録，徑無。

一 二二四頁中三行「超術師」，資、磧、普、南、清作「超術師耶若達」。中一七行資、磧、普、南、徑、清同。

一 二二四頁中五行「須項梵志」，資、磧、普作「須頃梵志」。又「須項梵志蒙佛」，清作「種稻梵志聞法」。

一 二二四頁中七行「兒不親從」，清無。

一 二二四頁中九行第七字「立」，清無。

一 二二四頁中一七行末字「一」，徑、清作「第一」。

一 二二四頁下一二行「知超」，資、磧、普、南、徑、清作「時超」。

一 二二四頁下一四行「論議」，資、磧、普、南、徑、清作「講論」。

一 二二四頁下一七行第六字「牧」，資、磧、普、南、徑、清作「枚」。

一 二二四頁下二〇行「超術往」，資、磧、普、南、徑、清作「超術既往」。

一 二二五頁上一二行第八字「誓」，諸本(不含石，下同)作「極」。又末字「極」，諸本作「誓」。

一 二二五頁上二一行第九字「炙」，磧作「火」。

一 二二五頁上末行「作倡」，資、磧、普、南、徑、清無。

一 二二五頁中一行「伎樂」，資、磧、普、南、徑、清作「作倡伎樂」。

一 二二五頁下一〇行第一二字「帝」，資、磧、普、南、徑、清作「事」。

一 二二五頁下一一行第二字「行」，資、磧、普、南、徑、清作「行於」。

一 二二五頁下一三行夾註「出修行本起經」，資、磧、普、南、徑、清作「出增一阿含經第六卷又出一經委悉如前抄寫者漏名漫撿不復能得」。

一 二二五頁下一四行末字「二」，徑、清作「第二」。

一 二二六頁上五行「六十」，資、磧、普、南、徑、清作「有六十」。

一 二二六頁上七行第四字「驕」，資、磧、普、南、徑、清作「鬘」。

一 二二六頁上一〇行「骨璅」，資、磧、普、南、徑、清作「骨鎖」。一四行同。

一 二二六頁上二一行「汝子」，徑、清作「諸子」。

一 二二六頁上二二行「賦之」，資、磧、普、南、徑作「付之」。

一 二二六頁中八行「須項」，資、磧、普、南作「須頃」；徑、清作「種稻」。

又末字「三」，徑、清作「第三」。
一 二二六頁中一三行「須項」，資、磧、普、徑作「須頊」。
一 二二六頁中二二行第一〇字「皆」，資、磧、普、南、徑、清作「劍」。
一 二二六頁下一六行第一〇字「言」，資、磧、普、南、徑、清作「言已」。
一 二二六頁下一八行「迴坐」，資、磧、普、南、徑、清作「四坐」。
一 二二六頁下一九行末字「曰」，資、磧、普、南、徑、清作「言曰」。
一 二二七頁上四行「種種」，資、磧、普、南、徑、清作「種稻」。
一 二二七頁上六行末字「四」，徑、清作「第四」。
一 二二七頁上一四行「蹶地」，資、磧、普、南、徑、清作「踢地」。
一 二二七頁上一八行「爲妻」，資、磧、普、南、徑、清作「爲妾」。
一 二二七頁上一九行第八字「偈」，資、磧、普、南、徑、清無。
一 二二七頁上二〇行「三女」，南、徑、清作「玉女」。
一 二二七頁上二二行末字「五」，徑、清作「第五」。
一 二二七頁上末行「六十」，諸本作「年六十」。
一 二二七頁中二行「至年」，徑作「年至」。
一 二二七頁下九行「陳之」，資、磧、普、南、徑、清作「説之」。
一 二二七頁下一四行「爟然」，清作「爟然」。
一 二二七頁下一五行「鬢髮」，諸本作「鬚髮」。
一 二二七頁下一七行末字「六」，徑、清作「第六」。
一 二二七頁下末行第二字「使」，諸本作「便」。
一 二二八頁上一行末字至次行首字「四道」，資、磧、普、南、徑、清無。
一 二二八頁上一〇行末字「七」，徑、清作「第七」。
一 二二八頁上一一行第五字「惡」，麗作「要」。
一 二二八頁上一四行「法僧」，資、磧、普、南、徑、清作「佛法僧」。
一 二二八頁上一七行第六字「佛」，磧、南作「化」。
一 二二八頁上二〇行第六字「單」，諸本作「鼉」。
一 二二八頁中二行首字「授」，資、磧、普、南、徑、清作「受」。又第六字「足」，諸本作「膝」。
一 二二八頁中三行「白佛言」，資、磧、普、南、徑、清作「白言」。
一 二二八頁中一四行第八字「踊」，資、磧、普、南、徑、清作「涌」。
一 二二八頁中二二行末字「八」，徑、清作「第八」。
一 二二八頁下七行「是何人子曰是我之子」，資、磧、普、南、徑、清作「是我之子」；麗作「是何人子曰我之子」。
一 二二八頁下一六行第一〇字「生」，資、磧、普、南、徑、清無。

一　二二八頁下末行「善意」，資、磧、普、南、徑、清作「善應」。

一　二二九頁上一七行末字「九」，徑、清作「第九」。

一　二二九頁上二二行第一一字「擾」，資、磧、普、南、徑、清作「處」。

一　二二九頁中七行「親省」，資、磧、普、南、徑、清作「覲省」。

一　二二九頁中一八行末字「十」，徑、清作「第十」。

一　二二九頁下四行「有殊特志」，資、磧、普、南、徑、清作「人生有殊特之志」。

一　二二九頁下七行「愛者」，資、磧、普、南、徑、清作「愛著」。

一　二二九頁下八行「優鉢曇」，資、磧、普、南、徑、清作「優曇鉢」。

一　二二九頁下一二行第二字「下」，資、磧、普、南、徑、清作「下樹」。

一　二二九頁下一四行第一三字「車」，資、磧、普、南、徑、清無。

一　二二九頁下一九行「一梵志形象」，資、磧、普、南、徑、清作「梵志」。

一　二二九頁下二〇行「現之」，徑作「視之」。

一　二三〇頁上一行「十一」，徑、清作「第十一」。

一　二三〇頁上一八行第一四字「脆」，資、磧、普、南、徑、清作「胞」。

一　二三〇頁上二〇行末字「止」，資、磧、普、南、徑、清作「亡」。

一　二三〇頁中一五行夾註「法句譬喻經」，資、磧、普、南、徑、清作「法句譬經」。

一　二三〇頁中一六行「十二」，徑、清無。

一　二三〇頁中一九行「時遇」，資、磧、普、南、徑、清作「待遇」；麗作「遇待」。

一　二三〇頁中二〇行第五字「遍」，諸本作「逼」。

一　二三〇頁中二二行第二字「便」，資、磧、普、南、徑、清作「便取」。又「便聚」，資、磧、普、南、徑、清無。

一　二三〇頁中末行「我當」，資、磧、普、南、徑、清作「我曹」。

一　二三〇頁下三行第六字「使」，資、磧、普、南、徑、清作「便」。

一　二三〇頁下六行「法戒」，普、南、徑、清作「法式」。

一　二三〇頁下一〇行第九字「間」，諸本作「聞」。

經律異相卷第四十一　婆羅門部　　傍

梁沙門僧旻寶唱等集

樿膩羁身獲諸罪一
阿耆尼達多在胎令母能論議二
鷄頭以身質錢欲飯佛僧帝釋助乃及於王三
老乞婆羅門誦佛一偈兒子還相供養四
散若學得妻五
婆羅門以納施佛得聞記別六
婆羅門以餅奉佛聞法得道七
拔抆婆羅門聴失弟子生惡龍中為佛所降八
婆羅門入定三百餘年九
婆羅門見婦信向見其後報十
婆羅門從佛意解十一
婆羅門持一齋不全生為樹神能出飲食施諸餓者十二
婆羅門夫婦呑金錢為粮身壞人取為福即得道迹十三
婆羅門生美女佛言不好十四
大鵲與瓦師子為善知識共相勸信十五
婆羅門婦事佛為智所患投河水
竭智方醒悟十六

樿膩羁身獲諸罪一

舍衛國内有婆羅門賓頭盧埵闍其婦醜惡兩眼洞青七女无男已貧女窮婦弊好罵女来求須瞋目埗泣田有熟穀從他借牛將往踐之於澤亡失所切復失他牛推覔形疲偶到林中值見如来覩之生念瞿曇沙門今寂安樂無我諸惱佛知其心便語之曰如汝所念佛告之曰欲出家不即白佛言世尊聽者甚適鄙願佛曰善来比丘鬚髮自墮身所著衣變成袈裟佛為説法成阿羅漢佛告阿難過去有國王名阿波羅提目佉梁言端正以道化物時有婆羅門名樿膩羁家裏空貧有少熟穀借牛踐治駈還其主忘不囑付牛主雖見謂用未竟復不収攝二家詳棄牛主將樿膩羁詣王決了出值王家馬走㖅樿膩羁為我遮馬下手得石持用擲之值脚即折次

行到水不知渡處値一木工口銜斲斤褰衣乘越時檀膩䩭問彼人曰何處可渡應聲荅處其口已開斲斤墮水債主所攞加復飢渴從沽酒家乞少白酒上牀飲之不意被下有小兒卧押兒腹潰徃一牆邊思惟懼罪自擲跳牆下有織工墮上即死時織工兒復捉得之便與衆人共將詣王公煞我父時諸債主將至王前尒時牛主前白王言此人從我借牛不還見付失去不償王問何緣檀膩䩭言我實借牛用訖驅還主亦見之雖不口付牛在其門王語彼人俱為不是由檀膩䩭口不付汝當截其舌由卿見牛不自収攝當挑汝眼彼人白王請棄此牛不樂剜眼截他舌也即聽和解馬吏復言彼之無道折我馬脚王使問言此王家馬汝輙折脚跪白王言債主將我從道而来彼人喚我令遮王馬下手得石擲之誤折馬脚王言由汝喚他當截汝舌由彼打馬當截其手馬吏白王乞各和解木工前去檀膩䩭失我斲斤王語木工由喚



汝故當截其舌擔物之法禮當用手田卿口銜當折兩齒木工白王寧棄斲斤莫行此罸時沽酒母復牽白王枉煞我兒跪白王言我飢渴逼乞少酒飲不意被下有卧小兒王當見察王告母人汝舍沽酒衆客猥多何以卧兒置於坐處二俱有過汝兒已死以檀膩䩭與汝作聟令還有兒乃放使去母人叩頭曰聽各和解我不用夫時織工兒復前此人迋異躡煞我公王問言曰汝煞他父檀膩䩭曰衆逼責我惶怖跳牆偶墮其上實非所樂王語彼人二俱不是卿父已死以檀膩䩭與汝作父其人白王父今已死我終不用此婆羅門以為父也聽各共和王便聽之時檀膩䩭身事都了故在王前見二母人共諍一兒時王明黠以智權計令唯一兒二母名之聽汝二人各挽一手誰能得者其非母者於兒無慈盡力頓牽所生母者於兒慈深不忍掣挽王鑒真偽詰出非者強擬他兒即向王首兒還其母各尒放去時檀膩䩭便白王言我時於



彼道邊有一毒虵請我白王不知何故從穴出時妨礙苦痛王荅之言從穴出時无有衆惱心情和柔身亦如之在外鳥獸諸事單𡢃瞋恚隆盛身便麁大卿可語之持心不瞋則无此患次見女人請我白王我在夫家念父母舍在父母舍復念夫家王言卿可語之由汝邪心於母舍更畜傍智汝在夫家念彼傍人至彼小猒還念正聟是以尒耳持心捨邪則无此患次復樹上見有一雉請我白王我在餘樹鳴聲不好若在此樹鳴聲哀和不知其故王告彼人由彼樹下有大瓮金是以於上鳴聲哀好餘處无金音聲不好王告檀膩䩭卿之多過吾已釋汝窮困苦持樹下瓮金我用與卿奉受王教摇地取金貨易所須快樂无乏時大王我身是檀膩䩭者今婆羅門賓頭盧埵闍是（出賢愚經第十一卷）

阿耆尼達多在胎令母能論議二

巴連弗國有婆羅門名曰阿耆尼達多通達經論納妻之後少時懷妊身大欲論議夫問相師相師荅曰胎

中之子善能論議日月既滿遂產一
男達諸經論為婆羅門師兼授人醫
術出雜阿含經第二十五卷
雞頭以身貿錢欲飯佛僧帝釋所助
乃及於王三
尒時羅閱城人民隨其種族請佛及僧
時諸婆羅門四面雲集自作制限各
出一百錢為佛及僧尒時雞頭婆羅
門知義貧無錢財不能得物以供彼
衆衆人語言汝無有錢雞頭便還婦
所語言諸人驅我出衆我無錢故時
婦荅曰汝可入城賒貸一百錢遍求
不得還向婦說婦復語言至弗賒蜜
多羅長者舍從其假貸便往求告七
日當償若不還者我身及婦當為奴
婢長者便貸金錢一百枚得還語婦
婦報言曰持詣衆中言巳得錢聽我
在次衆語雞頭言巳辦不須卿錢雞
頭便還夫婦二人往詣世尊共相問
訊時雞頭婦礼世尊足具以白佛佛
告雞頭言汝便請世尊及比丘僧尒
時雞頭婦語夫言君隨佛教尒時雞
頭即從坐起偏露右肩叉手白佛言



願世尊當受我請及比丘僧世尊嘿
然釋提桓因語毗沙門天王曰拘辯
羅汝佐此婆羅門辦第三食荅曰受
教時毗沙門天王自隱其形化作人
身勑五百羅刹曰汝速至栴檀林中
取香薪來當竹園中飯佛僧化作鐵
厨五百羅刹各負牛頭栴檀香薪至
鐵厨内尒時雞頭於鐵厨中以用熟
食遍十二由延皆悉聞香時釋提桓
因語毗濕波伽摩天子汝可化作高
廣講堂使佛及僧得坐飯食對曰受
教辟如力人屈申辟頃從三十三天
沒至竹園中在鐵厨側化作講堂以
七寶成化作千二百五十座文繡所
成手執香鑪燒衆名香七寶相成微
風吹動鈴聲遠聞尒時摩竭國頻毗
婆羅王聞之問於羣臣羣臣荅言曰
是雞頭婆羅門於鐵厨中以牛頭栴
檀為佛及僧熟食有此之香王即至
佛所告羣臣曰古昔無此講堂今誰
所作臣白王曰我等不知世尊為王
廣說如上王便墮淚不能自勝念當
衆生福少壽短不識此寶之名况當



見耶今蒙佛恩見此講堂未曾出現
世尊告曰當來衆生不聞七寶况當
目見今蒙佛恩覩如是事世尊為王
說微妙法使心歡喜王言雞頭婆羅
門快得善利王曰我欲還宮佛曰今
正是時佛告雞頭曰汝可請王供一
日食荅曰如是即至王所舉右手白
王曰願天王明日受請集此講堂時
王嘿然時毗沙門天王明日清旦沐
浴雞頭與妙衣裳手執香鑪向世尊
所頭面著地便作是念今正是時飯
食巳辦願垂臨赴佛僧圍繞往詣講
堂即就其座僧次第坐時王嚴駕羣
臣圍繞詣雞頭所甘饌飲食味各百
種勸助雞頭飯佛及比丘僧出羅閱城人民請佛經
老乞婆羅門誦佛一偈兒子還相供
養四
尒時世尊入舍衛城時有異婆羅門
年老根熟執杖持鉢家家乞食世尊
告曰汝何以尒荅言瞿曇我有財物悉
巳付子為其取妻然後捨是持鉢乞
食佛復告曰汝能於我法受誦一偈
還為兒說荅佛能受尒時世尊即說

偈言

生子心歡喜　為子聚財物　復為娉娶妻
而自捨出家　邊鄙田宅兒　違負於其父
人形羅刹心　棄捨於尊老　老馬無復用
則奪其麩麦　子少而父老　家家行乞食
其杖為最勝　非子離恩愛　為我防惡牛
危險地得安　能却凶暴狗　扶我闇處行
避深坑空井　草木棘刺林　憑杖威力故
踦立不隋落

時婆羅門從佛受偈還家至門先白大衆聽我所說然後誦偈如上其子愧怖即抱其父還將入家摩身洗浴覆以衣被立為家主時婆羅門作是念我今得勝族姓是沙門恩我經所說若為師者如師供養我今持上妙衣至世尊所面前問訊白佛言願受此衣哀愍我故世尊即受更說種種法示教照喜（出佛為老婆羅門說偈經）

散若學射得妻五

過去世時有少婆羅門名散若往詣射師求學射術師曰可學散若於七年中常學此業後問師曰何時可罷答曰即索弓著箭我尋入村待還後放師即入村散若待師量久而由不反及射前大樹箭經傷鼻師還問曰汝未放箭耶答曰已放師曰汝若不放於閻浮提為第一大師既已放箭若我死後次當汝時師即莊嚴其女以五百竿箭并一馬車與之時散若受之當度曠野時有五百賊於曠野中食散若遣婦從賊乞食賊曰觀其所使非是常人冝其與食一賊曰我責猶活而聽此人將婦乗車而去耶散若射之應一箭而死隨起隨射莫不皆殞唯賊師在語於婦言汝脫衣置地即脫衣見復射之應箭而死五百賊者即五百比丘散若舍利弗也（出四分律三分第九卷）



婆羅門納施佛得聞記六

佛入舍衛城分衛身衣有少穿壞有一婆羅門見佛衣壞即其家中得少白氎持用施佛唯願如来當持此納以用補衣佛即受之佛與授記使於當来世兩阿僧祇百劫之中當得作佛歡喜而去國中豪賢長者居士曰云何世尊小施大報各為如来破損好氎作種種衣過去有佛名毗鉢尸時王名曰槃頭有一大臣請佛及僧三月供養佛即許可時槃頭王白佛言貪得佛僧三月供養佛告槃頭吾先已受彼大臣請王告臣曰佛處我國去卿已請今可讓我臣荅王言若使大王保我身命復保如来常住於此國國常安隱者我乃息意王更曉曰卿請一日我復一日臣便可之各滿所願王為如来辦具三衣復為九万比丘各作七條衣時大臣以衣食施佛及僧則我身是（出賢愚經第十三卷）



婆羅門以餅奉佛聞法得道七

有婆羅門問婦言家中有麨具不欲隨伴供養瞿曇沙門婦言有即作持往遇國王大臣剎利婆羅門十八大聚主在座婆羅門不敢前念言佛是一切智者應知我心佛遥喚来問器中何等荅曰是餅佛言可行與衆僧荅少不能遍佛言但與人行一番猶故不減乃至三遍尚不損耗佛知其心隨從說法得須陁洹道（出僧祇律第十九卷又出第六卷）

拔抧婆羅門瞋失弟子生惡龍中為佛所降八

昔有龍王名曰拔抧志性暴虐嫛為風雨霹靂雹煞人民鳥獸蠕動死无鞅數有尊羅漢万人共議若煞一人墮地獄一劫罪猶不畢今者此龍殘害衆生前後不訾轉恐難度幸當共往諫止之耳時佛知之讃言善哉時諸羅漢万人俱行龍放風雨雷電霹靂万人驚怖頓伏来還是時佛在耆闍崛山與万菩薩万羅漢俱到龍所龍便瞋恚暴雨疾雷雹霹靂其放一雹令辟方四十丈若至地者入地四尺欲以害佛及菩薩僧時諸羅漢見龍災變各懷恐怖前依近佛龍自見雹石化為華蓋復自念言我當以身堅自盤結令四十丈欲以撲佛及衆僧上即時自撲无所能中舉頭開目諦視見佛疑是尊妙无上神人於是小龍而皆自撲無所動摇龍王是時即便命盡上生為天諸餘小龍亦皆併命得作天子皆悉来下住於佛邊佛告阿難汝知是天所從生不對曰不及佛言屬者諸龍興惡意者自撲在地發一善心知佛為尊命盡為天此者是也天聞佛言及諸天子皆發无上平等度意佛言昔龍王拔抧與釋迦文佛共為婆羅門拔抧弟子時有万人捨其師事釋迦文拔抧懷恚為龍佛德既成多度一切弟子万人皆得羅漢龍懷毒惡故欲為害万人四道雖備猶受其辱若為菩薩龍不敢也出舊雜譬喻經下卷

婆羅門入定三百餘年九

昔有婆羅門不樂世務潛隱山間一心思道即入禪定三百餘年塵土没身草木生其體上山下有諸畜養妻子婆羅門數百家大小相共採薪上樹折取枯枝樹根連婆羅門領樹既動摇覺婆羅門禪從地中出見採薪者問之汝是何人荅曰是婆羅門餘人是誰荅曰是妻子婆羅門笑曰我入禪三百餘歲尚未敢稱婆羅門汝等何忍自稱婆羅門乎出十卷譬喻經第五卷

婆羅門見婦信向見其後報十

昔者舍衛城東有一婆羅門大冨其子娶妻得事佛家女奉五戒持六齋常好布施沙門道士勸夫脩施夫即開解白其父母父母大恚謂破吾門户婦持錢絹與夫夫持與守閤婢婢持與守門奴奴持往佛寺中布施沙門燒香然燈夫婦共誓言假令布施無福自已又假令有福者當使天下人皆共見之時國俗三月三日舉國人民皆至水上作樂歌戲時東南角有一天人騎一白馬乘空而過衆人仰問是何神靈荅曰問後来者須臾復有七寶殿舍有玉女獨坐其上四大天神接殿飛行衆人又問君何功德玉女亦云問後来者俄而後有四柱寶殿有一天人有一玉女共坐其中前後左右四部妓樂十二天神共接其殿衆人又問有何功德亦荅問後来者須臾復有二薜荔鬼身長三丈黑瘦醜陋飢渴苦痛身中燋然各捉大棒更相撾打衆人又問荅曰諸君聞舍衛城東大冨婆羅門不騎白馬者是守門奴小殿玉女者是守閤婢大殿二人是我兒我兒婦二鬼是婆

羅門夫婦前世愚癡不信正法今當厄禍可復奈何（出十卷譬喻經第一卷）

婆羅門從佛意解十一

佛遊婆羅門城諸婆羅門王知如来神德能感動羣心一食其化誰受我語因共立制若與佛食聽佛語者罰金錢五百時佛入城乞食人皆閉門空鉢而出有一使人以破瓦器盛臭潲淀出門棄之見佛空鉢信心清淨欲與供養無由如願去今此弊食須者可取佛知其意即受其施而說女人施食十五劫天上人間受福快樂不墮惡道後得男身出家學道成辟支佛邊有一婆羅門以偈說佛為食妄語如此臭食果報乃重佛即出舌覆面上至髮際語婆羅門汝見經書頗有此舌而作妄語者不婆羅門言如此舌者必不妄言未解小施而獲大報耳佛曰汝曾見尼拘陁樹蔭覆賈客五百乘車猶不盡不荅曰見又問此樹種子大小荅曰如芥子三分之一又問誰當信此荅曰眼所現見又問我亦如是此老女人得大果報



如来福田良美所致時婆羅門心開意解五體投地向佛悔過佛為說法得初道果即發大聲告衆人曰甘露門開如何不出諸婆羅門乞輸金錢迎佛供養婆羅門王亦共臣民歸命供法城中男女皆得淨信（出普曜經第五卷）

婆羅門持一齋不全生為樹神能出飲食施諸餓者十二

昔有長者名須達請佛及僧廣設大會道逢一人奉酪一瓶見一婆羅門請令提歸既到見佛及僧歡喜便住聽經持齋至暮乃還其家婦甚恠之亦不食至暮逼令食不終齋法後命盡其神乃在欝多羅國作大澤樹神時有五百學士欲至三祠神池澡浴望仙資糧乏盡又无水漿遂已困乏遥望彼樹想為泉水皆到樹下了無水泉將成大困便共舉聲求哀樹神救我等命樹神即現半身舉右手指頭自然出百味之食手奉蜜漿種種具足皆得盈飽時五百人自共議曰我等欲至神池澡浴望仙此之魏魏仙道豈能勝乎復問樹神作何功



德聖德如此樹神荅言吾昔見佛在舍衛精舍持八關齋為婦所敗不終齋法神應生天時五百人即共奉持齋法戒後得須陁洹道（出諸經中要事）

婆羅門夫婦吞金錢為粮身壞人取為福即得道迹十三

昔有婆羅門夫婦二人无有兒子財冨無數臨壽終時自相謂言各當吞錢以為資粮其國俗法死者不埋但著樹下各吞五十金錢死身爛錢出國中有一賢者行見之愍然流淚傷其慳貪取為設福請佛及僧盡心供辦擎飯佛前稱名呪願時慳人夫婦受餓鬼苦即生天上為設福廣請四輩時生天者即得天眼知為作福從天来下化作年少佐助檀越佛言此厨間年少是真檀越至便說法即得道迹賢者亦得道迹衆會歡喜皆得生天（出宿願果報經）

婆羅門生美女佛言不好十四

佛在世時有一婆羅門生兩女皆端正乃故懸金九十日内募索有能訶女醜者便當與金竟無應募者將至

佛所佛便訶言此女皆醜無有一好 經律異相卷第四十一 第十八張 條字號
阿難白佛言此女好而佛言惡有何
不好佛言人眼不視色是為好眼耳
鼻口亦尒身不著細滑是為好身手
不盜他財是為好手不犯此事是乃
為好眼視色耳聽音鼻嗅香身喜細
滑手喜盜他財如此者皆非好也出雜譬喻經

大騷與瓦師子為善知識共相勸信
十五

往昔多狩邑有婆羅門為王太史國
中第一有一子頭上有自然大騷因
以為名姿首端正有三十相有一瓦
師子名難提婆羅與大騷少小親交
心相敬念瓦師子精進勇猛慈仁孝
從其父母俱盲供養無乏雖為瓦師
手不掘地唯取破牆崩岸及以鼠
壤和用為器若有買者以欒麦麻豆
置地取器初不爭價亦復不取金銀
財帛唯取粟米供養而已迦葉如來
所住精舍去多狩邑不遠與大比丘
有二万人皆是羅漢護喜語大騷曰
共見迦葉如來大騷荅曰用見此道
人為直是鬅頭人耳有何道哉佛道

難得如是至三護喜復語大騷共至 經律異相卷第四十一 第十九張 條字號
水上澡浴乎大騷荅曰可尒便共詣
水澡浴護喜舉右手遥指示曰迦葉
精舍去是不遠可共暫見大騷荅曰
用見此為護喜便捉大騷衣牽大騷
脫衣捨走護喜便捉頭牵曰為一過
共見佛去来國俗諱捉人頭法皆斬
刑大騷代其驚怖心念曰瓦師子分
死捉我頭耶護喜曰我死死終不相
置要當使卿見佛大騷心念必當有
好事耳乃使此人分死相捉大騷曰
放我頭我隨子去便還結頭著衣相
隨詣迦葉佛護喜白佛言此大騷者
是我少小親友然其不識信三尊願
世尊開化大騷童子覩佛相好心念
曰書記所載相好盡有唯無二事時
迦葉如来便出廣長舌以覆面上及
肉髻并覆兩耳七過舐頭縮舌入口
光色出照大千世界蔽日月明乃至阿
迦膩吒天光還繞身七匝從頂上入
以神足力現陰馬藏令大騷獨見餘
人不覩大騷童子具足見佛三十二
相踊躍歡喜不能自勝迦葉如来為

大騷童子說菩薩斷功德何等為斷 經律異相卷第四十一 第二十張 條字號
菩薩功德法身不可嚮而行口不可
言而言意不可念而念是為菩薩三
惡行於是大騷前礼佛足言我今懺
悔願佛許受從今已往不復敢犯如
此至三迦葉如来嘿然受之大騷童
子護喜童子俱礼佛足辭退而還大
騷曰卿為失利不為得利我不喜見
卿面不喜聞卿名護喜荅曰何以故
尒大騷曰卿早從佛聞深法何能在
家護喜荅曰我父母年老又復俱盲
供養二親何由出家若我出家父母
便終以是故不得出家耳大騷語護
喜曰我從迦葉佛聞菩薩行三惡緣
對不復樂在家我欲從此還至佛所
求為比丘護喜報曰善哉大騷得思
惟力耶便可時還所以然者佛世難
值大騷童子即抱護喜便繞三匝叉
手謝曰我設有身口意過於卿者願
見原恕若卿指授正真大道於是大
騷說頌讚曰

仁為我善友 法友無所貪 道我以正道
是友佛所譽

經律異相卷第四十一　第十一張　傍字

說是偈已繞護喜三匝還詣精舍而白佛言寧可入道受具戒不即度大鬘受具足戒佛語舍利弗時大鬘童子則我身是大鬘父者今父王真淨是護喜者頻勸我出家則是作道善知識也我前向護喜惡語道迦葉佛禿頭沙門有何道故六年受日食一麻一米大豆小豆如是（出興起行經下卷）

婆羅門婦事佛為聟所患投河水竭聟方醒悟十六

昔有婆羅門奉事外道其婦事佛語其聟言聽我與佛作禮懸幡蓋燒香然燈聟不聽之便作一幡懸於屋內晨夕向禮聟煞牛羊呼師解事師到其門語言卿舍有佛幡蓋我不敢進即入問婦推覓得幡聟瞋打婦婦即投河心至感神河水為竭自然有七寶華蓋其上聟見斯瑞知佛可尊即捨外道奉事大法（出譬喻經）

經律異相卷第四十一

經律異相卷第四十一

校勘記

一　底本，金藏廣勝寺本。

一　二三四頁中一行「婆羅門部」，徑、清作「婆羅門部第三十一」。

一　二三四頁中二行「梁沙門僧旻寶唱等集」，資作「梁天監十五年勅沙門寶唱等撰」；徑、清作「梁沙門僧旻寶唱等奉勅撰」。卷第四十二至四十五同。

一　二三四頁中三行至本頁下三行目錄，徑無。

一　二三四頁中八行末字「四」，資、磧、普、南作「第四」。

一　二三四頁中九行第三字「學」，資、磧、普、南、清、麗作「學射」。

一　二三四頁中末行「大髻」，資、磧、普、南、清作「火鬘」。

一　二三四頁下二行「所患」，資、磧、普、南、清作「所苦」。

一　二三四頁下四行末字「一」，徑、清作「第一」。

一　二三五頁上二行第四字「乘」，資、磧、普、南、徑、麗作「垂」。

一　二三五頁上四行「債主所摧」，資、磧、普、南、徑、清作「摧責其償」。

一　二三五頁上七行「織工」，資、磧、普、南、徑、清作「織公」。

一　二三五頁上一二行「馳還」，資、磧、普、南、徑、清作「驅還」。

一　二三五頁上一八行首字「使」，諸本（不含石，下同）作「便」。

一　二三五頁上末行首字「云」，資、磧、普、南、徑、清作「言」。

一　二三五頁中一一行第一一字「禮」，資作「體」。

一　二三五頁中一〇行「煞我公」，諸本作「殺我父」。

一　二三五頁中一八行「名之」，諸本作「爭之」。

一　二三五頁中一九行「其非」，資、磧、普、南、徑、清作「非其」。

一　二三五頁中二一行末字「非」，資、

磧、普、南、徑、清作「力」。

一　二三五頁中二二行第三字「摸」，資、磧、普、南、徑、清作「謀」。

一　二三五頁下一行第八字「請」，資、磧、普、南、徑、清作「倩」。六行第六字、一一行第九字同。

一　二三五頁下二行「出時」，諸本作「出時柔輭便（「便」，麗作「變」）易還入穴時」。

一　二三五頁下八行「毋舍」，諸本作「父母舍」。

一　二三五頁下一六行第三字「汝」，資、磧、普、南、徑、清作「汝汝」。

一　二三五頁下一七行「貨易」，諸本作「貿易」。

一　二三五頁下一九行夾註左末字「卷」，磧、南無。

一　二三五頁下二〇行末字「二」，徑、清作「第二」。

一　二三五頁下末行第二字「大」，資、磧、普、南、徑、清作「身大」。

一　二三六頁上五行末字「三」，徑、清作「第三」。

一　二三六頁上八行「一百」，資、磧、普、南、徑、清作「百」。一二行及一六行同。

一　二三六頁中一三行第五字「中」，資、磧、普、南、徑、清作「中間」。

一　二三六頁中一五行「七寶相成」，諸本作「令多羅樹七寶相成」。

一　二三六頁下一七行末字「四」，徑、清作「第四」。

一　二三六頁下一九行「年老」，資、磧、普、南、徑、清作「年耆」。

一　二三七頁上三行「田宅兒」，資、磧、普、南、徑、清作「田舍兒」。

一　二三七頁上六行「其杖」，資、磧、普、南、徑、清作「曲杖」。

一　二三七頁上一八行「照喜」，資作「詔喜」；磧、普、南、徑、清作「利喜」。

一　二三七頁上一九行末字「五」，徑、清作「第五」。

一　二三七頁中一行「量久」，磧、普、南、徑、清、麗作「良久」。

一　二三七頁中二行第二字「及」，諸本無。又第八字「經」，資、磧、普、南、徑、清作「徑」。

一　二三七頁中九行第八字「其」，徑、清作「共」。

一　二三七頁中一六行「納施佛得聞記」，資、磧、普、南、徑、清作「以納施佛得聞記別」；麗作「以納施佛得聞記」。又末字「六」，徑、清作「第六」。

一　二三七頁中二〇行第一三字「使」，麗作「便」。

一　二三七頁下一三行末字「七」，徑、清作「第七」。

一　二三七頁下一六行首字「往」，資、磧、普、南、徑、清作「去」。

一　二三七頁下一七行首字「聚」，諸本作「聚落」。

一　二三七頁下二二行夾註右末字「律」，資、磧、普、南、徑、清無。

一　二三七頁下末行夾註左「第六卷」，資、磧、普、南、徑、清作「第十八卷」。

一　二三八頁上二行末字「八」，徑、清作「第八」。

一　二三八頁上一〇行「頓伏」，磧、南、徑、清作「頓仆」。

一　二三八頁上一二行「暴雨疾」，資、磧、普、南、徑、清作「暴雨速疾」；麗作「暴風疾雨」。

一　二三八頁上一三行第三字「辟」，麗作「壁」。

一　二三八頁上一六行首字「石」，資、磧、普、南、徑、清無。

一　二三八頁中八行「故欲」，資、磧、普、南、徑、清作「廣欲」。

一　二三八頁中一一行末字「九」，徑、清作「第九」。

一　二三八頁中二二行末字「十」，徑、清作「第十」。

一　二三八頁下一二行「有玉女」，資、磧、普、南、徑、清作「有一玉女」。

一　二三八頁下一四行「亦云」，資、磧、普、南、徑、清作「亦令」。又「後有」，資、磧、普、南、徑、清作「復有」。

一　二三九頁上二行夾註左「第一卷」，資、磧、普、南、清作「第五」；徑作「第五卷」。

一　二三九頁上三行「十一」，徑、清作「第十一」。

一　二三九頁上五行「一食」，資、磧、普、南、徑、清作「一飡」。

一　二三九頁上一四行第二字「佛」，資、磧、普、南、徑、清作「佛佛」。

一　二三九頁中六行「供法」，諸本作「佛法」。

一　二三九頁中八行「十二」，徑、清作「第十二」。

一　二三九頁中九行第五字「名」，資、磧、普、南、徑、清作「名曰」。

一　二三九頁中一一行「及僧」，資、磧、普、南、徑、清作「及衆僧」。

一　二三九頁中二〇行「手奉」，資、磧、普、南、徑、清作「甘蔗」。

一　二三九頁下六行「十三」，徑、清作「第十三」。

一　二三九頁下一〇行「五十」，普作「三十」。

一　二三九頁下一四行「爲設福」，資、磧、普、南、徑、清作「重爲設福」。

一　二三九頁下二〇行「十四」，徑、清作「第十四」。

一　二四〇頁上八行「大髻」，資、磧、普、南、徑、清作「火鬘」。

一　二四〇頁上九行「十五」，徑、清作「第十五」。

一　二四〇頁上一一行「大鬘」，資、磧、普、南、徑、清作「火鬘」。下同。

一　二四〇頁上一五行首字「從」，資、磧、普、南、徑、清作「悌」。

一　二四〇頁上一九行「供養」，資、磧、普、南、徑、清作「供食」。

一　二四〇頁上末行「佛道」，資、磧、普、南、徑、清作「護喜又曰佛道」。

一　二四〇頁中八行「凡師子」，資、磧、普、南、徑、清作「此瓦師子」。

一　二四〇頁中一三行「護喜」，資、磧、普、南、徑、清作「護喜歡喜」。

一　二四〇頁中一七行「覆面」，資、磧、

普、徑作「顛其面」。

一　二四〇頁下二二行第一一字「道」，諸本作「導」。

一　二四一頁上三行第二字「受」，資、磧、普、南、徑、清作「授」。

一　二四一頁上七行「有何道故」，資、磧、普、南、徑、清作「何有佛道故」。

一　二四一頁上九行「所患」，資、磧、普、南、徑、清作「所苦」。

一　二四一頁上一〇行「十六」，徑、清作「第十六」。

一　二四一頁上一二行「懸幡」，資、磧、普、南、徑、清作「懸繒播」。麗作「懸幡」。

趙城縣廣勝寺

# 經律異相卷第四十二 居士部　傍

梁沙門僧旻寶唱等集

璅荼財食自長聞法悟解一
郁伽見佛其醉自醒受戒以妻施人二
魚身得富緣三
闍梨兄弟以法獲財終不散失四
居士子大意以求明珠五

璅荼財食自長聞法悟解一

跋提城有大居士字曰璅荼（弥沙塞律作文荼）饒富珎寶有大威力隨意所欲周給人物倉中有孔大如車軸粲米自出婦以八斗作飯餘四部兵及四方来者食故不盡其兒以千兩金與四部兵及四方乞者隨意不盡兒婦以一褁香塗四部兵并四方来乞者隨意令足香故不盡奴以一犁日耕七壟出米滋多其婦以八斗粲與四部兵飤馬馬食不盡家中共爭各言我是福力璅荼詣佛頭面作礼（出四分律三分第四卷）曰誰力佛言汝等共有昔王舍城有一織師織師有婦又有一兒兒又有婦有一奴一婢一時共食有辟支佛来就乞食各欲當分捨與辟支佛言汝等善心皆各已捨可人減少許於汝不少在我得足即共從之辟支食已於虗空中現諸神變然後方去織師眷屬捨於壽命生四天王天至于他化展轉七反餘福生此璅荼聞之即請佛僧脩無限施若有所須隨時多少皆從我取諸比丘不敢受白佛佛言聽隨意受後諸比丘行從索粮遣使賫金銀隨逐行處多有所長賫還長者長者言我已捨竟不應將還（出弥沙塞律四分十誦皆有其文）

郁伽見佛其醉自醒受戒以妻施人二

郁伽醉婇女圍繞在毗舍離大林中遥見世尊在樹間坐端正殊妙根意息定光如金聚見已醉解至世尊所却坐一面佛為分別四諦得無畏法頭面礼足我歸三寶作優婆塞受持五戒還至本處告眷屬曰汝今當知我從世尊受戒若欲樂者行施作福若不樂者各還親里我當放汝時寂大夫人曰予從世尊盡命受戒有某人當以我與彼作婦彼時居士便呼

彼人以左手持夫人右手執金澡鑵語彼人曰我以此女大夫人與汝作婦彼人驚怖毛竪語郁伽曰居士不欲然我耶荅言不也我從佛盡命行梵行故以大婦用與汝終不變悔出中阿含第九卷

魚身得富緣三

昔有大姓常好惠施後生一男無有手足形體似魚名曰魚身父母終亡襲持家業寢臥室内又無見者時有力士御王廚食恒懷飢乏獨牽十六車樵賣以自給又常不供詣此四姓求所不足魚身請與相見亦其形體力士自惟我力乃介不如無手足人往到佛所問其所疑佛言昔迦葉佛與魚身與此王行飯佛汝時貧窮助其駈使魚身所具與王行之而謂王言今日有務不得俱行若行無異斷我手足時行者今王是也不行言者魚身是也時佐助者汝身是也力士意悟即作沙門得阿羅漢道出譬喻經上卷

闍利兄弟以法獲財終不散失四

昔石空城内有三居士一名闍利二



名晡陁滿三名婆波那此三人親兄弟也多財寶衆馬七珎有一婆羅門持伊羅鉢龍齋冀望富貴龍現身語婆羅門汝今何為勤苦斷穀除味在此持齋為何所求婆羅門曰冀望大富龍曰吾有二号一名伊羅鉢二名財無猒既名無猒復從吾求耶婆羅門曰設不惠者便即命終龍出紫磨好金以報之城門有豪富長者出自天竺汝以金與從求財物長者見之告語藏隱勿令人見告其五親飲食歡娛藏金庫内庫内雜物盡復入地還彼龍庫左右七家財物如是三居士聞之自相謂言我等三家以法所獲財致不枉濫五家所棄國人聞之謂為誇誕共集三家問居士曰卿以法獲財致不濫失何以為證時三居士各出十斤金分為六段將諸人民及七家失物主往至龍泉以金投水水皆涌沸猶如鑊湯龍王驚懼即遣龍女出金還之報謝使還從法得者以理成辦終不為五家所侵欺非法藏財者如彼七家出比方世利經



居士子大意求明月珠五

昔有國名歡樂無憂王号廣慈哀國有居士名摩訶檀妻名旃陁生一子姿容端正世間少雙墮地便語發誓願言我當布施天下救濟人民其有孤獨貧窮者我當給護令得安隱父母因此名為大意見其異姿不與人同恐是天龍鬼神欲行卜問大意知之便報言我自是人非天龍鬼神也但念天下人民窮厄者欲護視之耳說此竟便不復語至年十七乃報父母言我欲布施苦人令得安隱父母念言子初生時已有是願便告子言吾財無數恣意施與不相禁制大意報言父母財物雖多猶不足我用唯當入海採寶以給施天下人民耳數言如是父母乃聽大意入海道經他國國中有婆羅門財富無量見大意光顔端正甚悅樂之告言我相敬重今有小女欲以相上願留止此大意報言我辤家入海欲採七寶未敢相許且須來還於是遂進採寶即遣人持寶還其本國轉復到海際求索異物忽

見一大樹高廣八十由延大意便上樹遥見一銀城宫闕殿舍皆是白銀天女侍側伎樂自然有一毒虵繞城三匝見大意便舉頭大意自念言人為毒所害者皆由無善意耳便坐自思惟須臾虵即低頭睡卧大意欲入城守門者便入白王言外有賢者欲見於王王身自出迎之歡喜而言唯願仁者留住此一時三月得展供養荅言我行採寶不宜久留王報言我不覩國事唯願留住大意便止王即供設衣服飲食伎樂牀卧之具乃竟九十日大意辭王欲去王便取珎琦七寶欲以送之大意言我不多用是七寶聞王有一明月珠意欲求之王言我不惜是珠但恐道路艱嶮難以自隨大意言夫福之將人不畏艱嶮王言此珠有二十里寶自隨願我為弟子得給供養訖於今日也大意便受珠而去於是大意轉前行見一金城宫闕殿舍皆黄金七寶之樹自然音樂天女侍從轉倍於前亦有毒虵繞城六匝虵見大意舉頭視之復坐定意



虵復低卧大意欲入城守門者即入白王王即出與相見請前語言留一時三月展於供養大意便止王待遇如前経六十日辭去白王聞王有一明月珠願以見惠王荅如前四十里中珎寶追之便以貢上仁者後得道時願為弟子神足無比得展供養過於今日受珠而去大意轉復前行又見一水精城宫闕殿舍事事如前亦有一毒虵繞城九匝低頭睡卧王出迎之願留三月大意即住王復盡意供養施設飲食衣服伎樂乃歷四十日辭去白王聞王有一明月珠願以見惠王便報言此珠有六十里寶自然追之便以上仁者若後得道願為弟子智慧無比當復供養過於今日便受珠而去前行復見一琉璃城亦見一毒虵繞城十二匝低頭睡卧王迎請乞留三月大意即留王身自供養飲食衣服伎樂以娛之乃歷二十日辭去白王我聞王有一明月珠可以見惠王言此珠有八十里珎寶追之便以上於仁者後得道時願我為弟



子淨意供養過於今日令長得智慧大意受珠而去念言吾本来求寶今已如志當從是還便尋故道欲還本國経歷大海中諸神王因共議言我海中雖多衆珎名寶無有如此輩珠便勑使海神要奪其珠神便化作人與大意相見問言聞卿得奇異之物寧可借視之乎大意舒手示其四珠海神便摇其手使珠墮水大意自念王與我言道此珠難保我幸已得之今為此子所奪非趣也即謂海神言我自勤苦経涉嶮岨得此珠来汝反奪我今不相還我當抒盡海水耳海神知之問言卿志奇高海深三百三十六万由延其廣無涯奈何竭之如日終不墮地如大風不可攬束日尚可使墮地風尚可攬束大海水不可抒令竭也大意笑荅之言我自念前後受身生死壞敗積骨過於須弥山其血流五河四海未足以喻吾尚欲斷是生死之根本但此小海何足不抒我昔供養諸佛誓願言令我志行勇於道決所向無難當移須弥山竭大

海水終不退意便一心以器抒海水精誠之感四天王來助大意抒水三分已二於是海中諸神王皆大振怖共議言今不還其珠者非小故也水盡泥出壞我宮室海神便出衆寶以與大意大意不取告言不用是輩但欲得我珠耳從還我珠終不相置也海神知其意感便出珠還之大意得珠過娶婆羅門女還其本國恣意大布施自是以後境界無復飢寒窮乏者四方士民皆去其舊土繈負歸仁如是布施歷載恩逮蜎飛蚑行蠕動靡不受潤其後壽終上為帝釋或下為飛行皇帝積累功德自致成佛三界特尊皆由宿行非自然也佛告諸比丘大意者我身是時居士摩訶檀者今現悅頭檀是時母旃陀者今現夫人摩耶是時歡樂無憂國王者即摩訶迦葉是時婆羅門女者裘夷是時女父者彌勒是時銀城中王者阿難是時金城中王者目揵連是時水精城中王者舍利弗是時琉璃城中王者須陀是也時第四天王助大意



抒海水者即優陀是也時奪其珠者即調達是也時四城門守者即須颰蟹持蘇曷披拘留是時繞四城毒虵者即是共剎酸陀利四目是也阿難白佛以何功德致四明月珠衆寶隨之佛言乃昔維衛佛時大意嘗以四寶為佛起塔供養三尊持齋七日是時有五百人同時共起寺或懸繒然燈者或燒香散華者或供養比丘僧者或誦經講道者今皆來會（出大意經）

經律異相卷第四十二

經律異相卷第四十二

校勘記

一　底本，金藏廣勝寺本。

一　二四五頁中一行「居士部」，徑、清作「居士部第三十二」。

一　二四五頁中三行至七行目錄，徑無。

一　二四五頁中七行「以求明珠」，資、磧、普、南作「求明珠」；清作「求明月珠」。

一　二四五頁中八行末字「一」，徑、清作「第一」。

一　二四五頁中一二行第七字「飴」，資、磧、普、南、徑、清作「飼」。

一　二四五頁中一七行第六字「婦」，諸本（不含石，下同）作「婢」。

一　二四五頁中一八行「飦馬」，資作「馬食」。又「家中」，資、磧、普、南、徑、清作「家裏」。又「我是」，資、磧、普、南、徑、清作「是我」。

一　二四五頁中一九行夾註「三分第

四卷」，資、磧、普、南、徑、清作「三分第四分」；麗作「分第四卷」。

一　二四五頁下二行第一〇字「人」，磧作「又」。

一　二四五頁下三行第三字「少」，資、磧、普、南無；徑、清作「多」。

一　二四五頁下一三行末字「二」，徑、清作「第二」。

一　二四五頁下一四行「郁伽」，資、磧、普、南、徑、清作「郁伽居士」。

一　二四六頁上五行至六行夾註「中阿含」，南、徑、清作「中阿含經」。

一　二四六頁上七行末字「三」，徑、清作「第三」。

一　二四六頁上一一行第三字「御」，麗作「仰」。

一　二四六頁上一六行首字「與」，諸本作「時」。又第七字「行」，資、磧、普、南、徑、清作「共」。

一　二四六頁上二二行末字「四」，徑、清作「第四」。

一　二四六頁上末行「石空」，諸本作「石室」。

一　二四六頁中二行「多財寶」，諸本作「多財饒寶」。

一　二四六頁中一七行第二字「獻」，資、磧、普、南、徑、清無。

一　二四六頁中末行夾註右「比方」，資、磧、普、南、徑、清作「北方」。

一　二四六頁下一行末字「五」，徑、清作「第五」。

一　二四六頁下五行第一三字「其」，資、磧、普、南、徑、清無。

一　二四六頁下七行第三字「此」，諸本無。

一　二四六頁下九行第一二字「神」，資、磧、普、南、徑、清無。

一　二四六頁下一一行第二字「竟」，諸本作「意」。

一　二四七頁上五行「便坐」，資、磧、普、南、徑、清作「而便坐」。

一　二四七頁上一一行「畱住」，資、磧、普、南、徑、清作「暫留」。

一　二四七頁上一四行第八字「言」，資、磧、普、徑作「答言」。

一　二四七頁上一七行第五字「夫」，資作「天」。

一　二四七頁上二〇行「轉前」，資、磧、普、南、徑、清作「前轉」。

一　二四七頁上二〇行末字至次行第三字「宮闕殿舍」，資、磧、普、南、徑、清作「宮殿舍宅」。

一　二四七頁上二一行「音樂」，資作「伎樂」；磧、普、南、徑、清作「妓樂」。

一　二四七頁上末行「復坐」，資、磧、普、南、徑、清作「後坐」。

一　二四七頁中一行第一三字「即」，資、磧、普、南、徑、清無。

一　二四七頁中三行「待遇」，資、磧、普、南、徑、清作「待過」。

一　二四七頁中八行第九字「轉」，資、磧、普、南、徑、清無。

一　二四七頁中一八行末字「迎」，資、磧、普、南、徑、清作「出迎」。

一　二四七頁中二〇行「二十日」，資、

磧、普、南、徑、清作「三十日」。

一　二四七頁下四行「大海」，資、磧、普、南、徑、清作「大海大海」。又「因共議」，資、磧、普、南、徑、清作「自共議」。

一　二四七頁下八行第五字「之」，資、磧、普、南、徑、清無。

一　二四七頁下九行第三字「便」，資、磧、普、南、徑、清無。

一　二四七頁下一九行「積骨」，資、磧、普、南、徑、清作「積其骨」。

一　二四八頁上七行「從還」，資、磧、普、南、徑、清作「促還」。

一　二四八頁上一〇行第五字「以」，資、磧、普、南、徑、清無。

一　二四八頁上一一行「舊土」，麗作「舊上」。

一　二四八頁上一九行「裘夷」，資、磧、普、南、徑、清作「俱夷」。

一　二四八頁上二一行第二字「是」，資、磧、普、南、徑、清作「是也」。二二行第九字同。

一　二四八頁中三行首字「持」，諸本作「特」。

一　二四八頁中四行第二字「是」，資、磧、普、南、徑、清無。

一　二四八頁中六行「乃昔」，南作「乃皆」。

趙城縣廣勝寺

# 經律異相卷第四十三 估客部

梁沙門僧旻寶唱等集　傍


波利得海神瓔珞上王王及夫人共以獻佛一
善求惡求採寶經飢樹出所須二
師子有智免羅剎女三
彌蓮持齋得樂蹹母燒頭四
優波斯納兄妻後悔爲道兄射煞弟矢反自害五
薩薄然髀濟諸賈客六
薩薄欲買取五戒羅剎不能侵七
商人共鵠生子子皆得道八
衆賈飢渴天人指闇降八味水九
商人駈牛以贖龍女得金奉親十
賈客爲羅剎所縛十一
賈客採寶救將死人十二
二賈客採寶貪者沒命廉者安全十三
賈人害侶獨取珎寶大哀煞此凶人十四
五百賈人值摩竭魚稱佛獲免十五
賈人爲友逼飲酒犯戒父母擯出遠國尚爲鬼所畏十六


波利得海神瓔珞上王王及夫人共以獻佛一

昔有賈客名曰波利與五百人入海求寶時海神出掬水問波利言海水爲多掬水爲多波利荅言掬水爲多所以者何海水雖多無益時用不能救彼飢渴之人掬水雖少值彼得者持用與之以濟其命世世受福不可訾計海神歡喜讃言善哉即脫身上八種香瓔挍以七寶以與波利海神送之安善往還到舍衛國持此香瓔上波斯匿王具陳所由願蒙納受王得香瓔以爲琦異即呼諸夫人羅列前住若寂好者以香瓔與之六万夫人盡嚴來出王間末利夫人何以不出侍人荅言今十五日持佛法齋素服不嚴是以不出王便瞋恚遣人呼曰如今持齋不應王命如是三反末利夫人素服而出在衆人中明如日月倍好於常王意竦然如敬問曰有何道德炳然有異夫人白王自念少福稟斯女形情態垢穢日夜山積人命促短懼墜三塗是以月月奉佛法齋割愛從道世世蒙福王聞歡喜便以

香瓔與之末利夫人荅言我今持齋不應著此可與餘人王曰我本發意欲與勝者卿今寂勝又奉法齋道志殊高是以相與若卿不受吾將安置夫人荅言大王勿憂願王屈意共到佛所以此香瓔珞奉上世尊并採聖訓累刧之福矣王即許焉即勑嚴駕往至佛所稽首于地却就王位白佛言海神香瓔波利所上六万夫人莫不貪得末利夫人與而不取持佛法齋心無貪欲謹以上佛願垂受納世尊弟子執心難直信如此豈有福乎唯願世尊為受香瓔佛說偈言

多作寶花　結步揺綺　廣積德香
所生轉好　琦草芳華　不逆風熏
近道閒敎　德人逼香　雖曰是真
不如戒香 出法句譬喻經第二卷

善求惡求採寶遇飢樹出所須二

往昔閻浮有國名波羅奈時有薩薄名摩訶夜移其婦懷妊自然仁善意性柔和月滿生男形體端正父母愛念施設美膳延請親戚并諸相師共相娛樂抱兒示衆為其立字相師問



言此兒受胎有何瑞應父言受胎母自和善相師名為善求乳哺長大好積諸德慈愍衆生次後懷妊期滿生男形體醜陋相師問言此兒懷妊有何感應荅言懷兒母自弊惡相師名曰惡求乳哺長大好為惡事恒生貪心懷嫉妬意年各長大共行入海求索寶物各有五百侍從塗路懸遠中道乏粮經於七日去死不遠是時善求及諸賈人咸共誠心禱諸神祇欲濟飢險於空澤中遥見一樹枝條欝茂便即趣之有一泉水善求及衆悉共求哀樹神現身語之斫去一枝所須當出諸人歡喜便斫一枝美飲流出斫第二枝種種食出百味具足咸共承接各得飽滿斫第三枝出諸妙衣種種備具斫第四枝種種寶物悉皆具足裝𩡧悉滿所須盡辦惡求後到衆人如前盡得充足便自念言今此樹枝能出是種種好物況復其根今當伐之足得極妙佳好物令人伐之善求語惡求言我等飢乏蒙此樹恩得濟餘命云何而欲伐之惡求即



掘其根善求感佩不忍見之領衆歸家伐樹已竟有五百羅剎取此惡求及衆賈人悉皆敗之財物喪失佛告阿難善求者今我身是父者今淨飯王是母者今摩耶是惡求者提婆達多是我於往昔常與相值恒教善法而不用之返更以我為怨 出賢愚經第九卷

師子有智免羅剎女三

閻浮利地有衆多賈客共相率合入海採寶正值迴波惡風吹壞大船復有諸人乘弊壞舩隨風流迸墮羅剎界羅剎女輩顏貌端正前迎賈客云此間多寶明珠無價恣意取之我等無夫汝無妻妾可止此間共相娛樂後得善風良伴歸家諸君當知若見左面有道者慎莫隨從時商客中有一智者言諸女所說此不可從即進左道行數里中聞一城裏數千万人稱怨嘆呼云何捨閻浮提就此命終賈客前詣城下周匝觀察見城鑄鐵垣牆亦無門戶出入處所去城不遠有尸梨師樹即往攀樹見城裏數千万人遥問城裏人曰何為稱嘆父母兄弟

耶城裹人報曰我等入海採致寶物
為風所漂又為羅刹女所誑閉在牢
城前有五百人漸漸取噉今有二百
五十人在君莫呼此女謂為是人皆
是羅刹鬼耳其人下樹以語同伴勸
我還家善求方計卿等今日意欲去
何衆人荅曰卿昨夜何不重問彼人
頗有權宜方計衆人及我身得安隱
歸家不乎智人即報曰我今暮起往
更問之須女睡眠竊起上樹問城裹
人頗有方計卿等諸人復及我身得
還閻浮地不耶城裹人荅我等生念
欲還此鐵城便化數重不可敗壞死
者日次無由得免唯卿外人少有權
宜可得度脱還至本土生十五日清旦
有一馬王從欝單曰來至此界往高
山頂王自唉呼誰欲還歸閻浮利地
卿等若聞馬聲皆往礼敬求還本鄉
其人向伴具陳情狀衆人報曰今可
去不荅曰須十五日至馬王當來乃
得去耳未經數日馬王便至商客聞
已往馬王所白言我等咸欲求還本
鄉願見將接馬王告曰卿等慧意聽

我所説各欲歸家還本鄉者心意專
正便得歸家心不專正不得歸也此諸
婦女抱男女追逐卿後啼哭呼其
中諸人與戀者正使在我脊上猶不
得去若能捨恩愛正心一意無所戀
者至心挺我一毛便得歸家時諸婦
女各語夫曰誠可捨我賤身何為捐
棄兒女先教兒女往抱父頸啼哭
呼捨我等為欲何處去心意戀著者
便不得還唯有一智師子一人安隱
還歸時羅刹婦抱其男女往逐師子
告語村落師子身者是我夫主共生
男女捨我逃走不知所趣諸人聞已
問師子曰觀卿婦女體性容貌人中
英妙兒女可愍何為捨之師子報曰
此亦非人是羅刹鬼耳往海渚中煞
噉商賈不可稱數吾伴數百閉在鐵
城唯我一人幸得免濟今此鬼女復
逐我後規欲害我恐不免濟轉復前
行還至本國鬼猶逐後到其國土鬼
往白王我與師子共為夫婦生此男
女後望得力非啻今日求已見捨王
召師子問其情實師子具以上事白

王王告師子謂復不用可持與我師
子報曰此實非人是羅刹鬼倫有愆
咎後莫見怨復語左右諸臣斯鬼至
此必有傷害王今不信欲內深宮如
是不久王及內宮盡當灰滅王復瞋
恚語師子曰女中姿容如天玉女何
緣復稱為羅刹鬼耶汝出在外吾自
觀之王將鬼女入宮至於明日食時
宮門不開諸臣共議王新納妻意相
貪樂故不開耳師子説曰不如来議
王及夫人并諸婇女必為羅刹所食
噉盡故門不開耳即施高梯踰牆入
內見死人骸骨滿數間舍諸臣責師
子曰正坐汝身將羅刹鬼煞王喪國
宮殿滅亡卿欲去何師子荅曰吾先
有契後莫見怨卿等何為復見責數
諸臣人民前白師子王今已死更無
胤嗣唯願師子當登王位領理人民
師子告曰若欲舉我為王者當隨我
教異形同嚮咸皆稱善王告諸臣當
共集兵入海攻擊煞羅刹男女無有
遺在後破鐵城出其中人土俗常法
若一人不事佛者當送山西付鬼噉

之自介巳来佛法熾盛得道無數是故說諸有信佛者如此衆生安隱得還皆由馬王又彼國常儀國王生子若十若百若至無數盡出作道誦習佛經三藏備舉還復罷道登涉王位凡諸不通經籍不舉則不得涉王位也出承事勝已經

弥蓮持齋得樂蹈母燒頭四

昔五百賈人一字弥蓮是寂尊老也五百人共舩入海為摩竭魚齧破其舩五百皆死弥蓮騎板得活在鼻摩地為防魚故東西行走見一小徑入見銀城樹木衆天間有浴池其城方正地周匝渠水有四女人從城中出端正如玉女共迎弥蓮言甚獨勞苦多賀来到貪欲相見久矣當侍仁者今是銀城是仁者有也城中幸樂樹木衆天有渠水浴池戲觀廬舍城中有七寶殿名曰羅縎以金銀水精琉璃珊瑚虎魄車磲為殿我等四人當供給使晚卧早起心存教勅便可止此不須到他面弥蓮即與四女人入城上七寶殿上日日極意在此城中千有餘歲後弥蓮自念是四女人不欲令我去行到他面何等意耶弥蓮伺四女人寢卧竊起下殿出城前行遥見金城樹木浴池事事如前有八女人端正要說辞皆如前弥蓮與八女人相樂極意經數千歲後弥蓮思惟疑是八女人不欲令我更到他面何等意耶弥蓮伺八女晝卧竊起前行遥見水精城樹木浴池事事如前有十六女人從城出迎辞說如前弥蓮即與十六女共樂極意經數千歲弥蓮復去乃見琉璃城事亦如前三十二女從城出迎弥蓮與女共樂極意經數千歲後出城前行遥見鐵城中了無迎者弥蓮入城門有鬼問之弥蓮為行道城中目見一男子字俱引燒鐵輪走其頭上由入諸城坐不厭足故使燒鐵輪走我頭上弥蓮念羅縎殿眉末殿羅摩殿氾轡單殿涙出言我何事入是中耶弥蓮語灘鐵城鬼言入燒鐵輪走我頭上何時當脫耶鬼報言有人如卿来乃得脫耳佛言鐵輪走弥蓮頭上却後六十億万歲乃得脫耳弥蓮者我身是未求道時愚癡沐浴著新衣脚蹹母頭是故燒頭一日八關齋四月心猶歡喜故得四寶城金銀水精琉璃壽數千万歲是故世間人至死不猒五欲所思欲人不孝父毋師車輪踐之當如弥蓮矣出弥蓮經又出福報經

優波斯納兄妻後悔為道兄射殺弟矢反自害五

羅閱祇國有賈客兄弟二人共住一處兄求長者女欲以為婦其女年小未任出適兄與衆賈遠至他國經歷多年滞不時還女年向大而語其弟卿兄遠行没彼不還汝今宜可取我女其弟答言何有是事長者數說其弟意堅未曾迴轉長者詐作遠書託諸賈客說兄死亡復告之曰卿兄已死汝當云何弟娶其女經歷數時女已懷身兄從遠還弟心懷懼迸至舍衛如是展轉到於佛前求索出家佛即聽許便成沙門名優波斯奉持律行得阿羅漢兄知忿恨欲殺之至舍衛國即出重募賞金五百兩應募者相

將俱進見弟坐禪欻生慈念云何煞此比丘吾設不煞當奪我金欲射比丘乃中其兄其兄懷恚憤命忽而終受毒虵形生此道人戸樞之中戸數開閉撳身而死還願更作小形毒虫依道人屋從屋下墮比丘頂上惡毒猛熾即便命終告舍利弗乃往過去有辟支佛出現於世處在山林時有獵師恒捕禽獸施設方計望伺苟得辟支佛驚其禽獸伺捕不得便懷瞋恚以毒箭射辟支佛時辟支佛心愍此人欲令改悔為現神足於時獵師心懷敬仰恐怖自責歸誠謝過時辟支佛受其悔懺毒攻而死其人命終便墮地獄既出地獄五百世中常被毒死至于今日得羅漢道猶為毒虫所螫而死　出賢愚經第一卷

薩薄然髀濟諸賈客六

昔閻浮提五百賈客共行曠野經由嶮路大山孔中極為黒闇時諸商人迷悶愁憂恐失財物此處多賊而復怖畏咸共同心向于天地日月山海一切神祇啼哭求哀時薩薄愍諸商客告言莫怖吾當為汝作大明照是時薩薄即以白氎自纏兩髀蘇油灌之然用當炬將諸商人經於七日乃越此闇時諸賈客咸戴其恩慈敬無量各獲安隱喜不自勝時薩薄我身是諸賈客者今五百比丘是　出賢愚經第六卷

薩薄欲買取五戒羅剎不能得侵七

昔有薩薄聞於外國更有異寶欲往治生而二國中間有羅剎難不可得過薩薄遊行見市西門有一道人空牀上坐云賣五戒薩薄問云五戒云何荅曰無形直口受心持後得生天見世能却羅剎鬼難薩薄欲買問索幾錢荅金錢一千即就受與受五戒竟語言卿向外國到界畔上羅剎若來卿但語言我是釋迦五戒弟子薩薄少時到二國中間見羅剎身長一丈三尺頭黃如蓑眼如赤丁舉體鱗甲更牙開口如魚鼓鰓仰接飛鷰蹹地沒膝口熱血流羣數千直捉薩薄語言我是釋迦五戒弟子羅剎聞此永不肯放薩薄即以兩拳扠之拳入鱗甲拔不得出又以脚蹹頭衝拔復不出五體沒鱗甲中唯背得動羅剎謂言

汝身及手足　一時悉被羈　但當去就死
跳踉復何為

薩薄志意猶固語羅剎曰

我身及手足　一時雖被繫　攝心如金石
終不為汝莬

羅剎又語薩薄曰

吾是鬼中王　為人多力勢　從來食汝輩
不可得稱數　但當去就死　何為自寬語

薩薄冐欲罵怒自念此身輪迴三界未曾乞人我今當以乞此羅剎作一頓飽即曰

我此腥臊身　久欲相去離　羅剎得我便
悉持以布施　志求摩訶乘　果成一切智

羅剎聰明解薩薄語便生愧心放薩薄去長跪合掌向其謝曰

君是度人師　三界之希有　志求摩訶乘
成佛當不久　是故自歸命　頭面禮稽首

羅剎悔過竟送薩薄至外國大得珍寶又送還家大脩功德遂成道跡　出雜譬喻經與前多同意向小異故復兩存

商人共鬻生子子皆得道八

畜生及人一切四生問曰云何知人中有卵生荅曰如所説閻浮利地多有商人入海採寶得二鵠隨意所化失一一在與共遊戲寢卧一室共彼合會遂生二卵卵漸温熟便生二童後大出家學道得阿羅漢果一名尸披羅二名優鉢尸婆羅問曰云何知人中有濕生荅曰如經所説有頂生王尊者遮羅尊者優婆遮羅利女問曰云何知人中有化生荅曰刼初人是也已得聖法者不復卵生濕生問曰何故不復卵生濕生耶荅曰卵生濕生畜生趣所攝　出鞞婆沙經第十四卷

衆賈飢渴天人指間降八味水九

昔有導師與五百賈人共行作賈到大曠野絶無水漿飢渴極四方求索登高遠望見有樹木謂當有水俱共馳往至見樹下周匝生草其地清潔咸共穿鑿時有天人遥見導師如申辟須来到其所住于樹上申其右手從五指間流出八味甘美之水而无窮盡皆得飽滿　出十卷譬喻經第三卷

商人駈牛以贖龍女得金奉親十



佛住舍衛城南有大林邑商人駈八牛到北方俱哆國復有一商人共在澤中放牛時離車捕得一龍女穿鼻牽行商人見之即起慈心問離車言汝牽此欲作何等荅言我欲煞噉商人言勿煞我與汝一牛賢取放之捕者不肯及至八牛方言今為汝故我當放之即取八牛放去龍女時商人復念四是惡人恐復追逐更還捕取即自隨逐看其所向到一池邊龍變為人身語商人言天施我命今欲報恩可共我入宮當報天恩商人荅言汝等龍性卒暴瞋恚無常或能煞我荅言前人繫我我力能煞彼但以受布薩法故都無煞心何況天今施我壽命而當加害小住此中我先入摒當是龍問邊見二龍繫在一處問言汝為何事荅言此龍女半月中三日受齋法我兄弟守護此龍女不堅固為離車所得以是故被繫唯願天慈語令放我此龍女若問欲食何等食者當索閻浮提人間食龍女摒當已便即呼入坐寶牀蓐上龍女白言天今



欲食何等食荅言欲須閻浮提人間食即下種種食問龍女言此人何故被繫龍女言此有過我欲煞之商人言汝莫煞不尒要當煞之商人言汝放彼者我當食耳白言不得直尒放之當罸六月擯置人間商人問言汝有如是㽵嚴用受布薩為荅言我龍法有五事苦何等五生時龍眠時龍婬時龍瞋時龍一日之半三過皮肉落地熱沙慱身復問汝欲求何等荅言我欲求人道中生問我已得人身應求何等荅言出家難得又問當就誰出家荅言如来應供正遍知今在舍衛城未脫者脫汝可就出家便言我欲還歸龍女即與八餅金語言此是龍金足汝父母眷屬終身用不盡語言汝合眼即以神變持著本國行伴先至語其家言入龍宮去父母謂兒已死眷屬宗親聚在一處悲號啼哭時放牧者及取薪草人見已先還語其家言某甲来歸家人聞已即大歡喜出迎入家已為作生會作生會時以八餅金持與父母此是龍金截已

更生盡壽用之（出僧祇律第三十三卷）

賈客爲羅刹所縛十一

有一賈客主將諸賈人入嶮難處遇羅刹鬼以手遮之言汝住莫動不聽汝去賈客主即以右拳擊之拳即著鬼挽不可離復以左拳擊之亦不可離以右足蹴之亦復如是以頭衝之頭即復著鬼問言汝今如是欲作何等心休息未荅言雖復五事被繫心終不息當以精進力與汝相擊鬼時念此人膽力極大即曰汝精進力大必不休息今放汝去（出大智論第十六卷）

賈客採寶救將死人十二

有賈客主名爲吉利入海取大珎寶安隱而出凡有八十億摩尼珠一一皆直百億兩金以多寶物與一乞人不入其家復還至海採取珎寶入海之後倍得寶物經八十歲還到本國欲入城時見犯罪人煞者執縛打惡聲鼓街巷唱令將至煞處加以刑戮時應死者逢見吉利作是言賈客主救我死罪施我壽命是大檀越賢善好人吉利聞已語應死者出人我今施汝無畏救汝死罪即至煞者所人人皆與之摩尼珠價直一億兩金汝今小住待我今者至王邊還尒時吉利疾至王所白言大王我欲以好珎寶買此人命王荅吉利是人罪不可恕不可得買若必欲買汝所有物盡以與我并自代死乃可得脫吉利歡喜我得大利得滿所願能救此人得稱我意即以居家所有財物及於大海所得珎寶无量千億金銀寶物皆送與王白大王言可放此人我所有物盡現在此語煞者言將吉利煞即縛吉利將至煞處右手舉刀欲斫吉利手直不下驚怪恐怖即以告王自看王聞此語即自執刀欲煞吉利舉刀兩手落地得大衰惱發聲而死時吉利即我身是時王者調達是（出菩薩藏經下卷）

二賈客採寶貪者没命廉者安全十三

昔無數阿僧祇刧前有兩部賈客各五百人在波羅奈撰合資財嚴船湊海解繫張帆乘風徑往即至寶渚上妙婇女無物不有一部賈客主曰我等以資財故勤苦至此當住自娛第二



薩薄言此間雖饒衆寶不當久住時有天女慈愍此輩便於空中語衆人曰此間雖樂不足久住却後七日此地當没語訖化去復有魔女欲使賈客於此没盡空中告曰卿等不須嚴駕還去此地无水設當有水此之衆寶衆女五樂何由而有前天所說皆是虛妄說已化去第一薩薄勑其部衆卿等勿去莫信前天第二薩薄還告其衆卿等莫貪速裝治舡前天所說至誠不虛水不至者於此自娛然後徐歸若水當來治嚴已去佛語舍利弗却後七日如前天言水滿其地第二薩薄將其部衆即得上舡第一薩薄先不治嚴水之白便著鎧仗共相格戰第二薩薄於舡上以鍛斧鍛第一薩薄脚徹過即便命終佛語舍利弗汝知第一薩薄者不則提婆達兜是第二薩薄者則我身是時第一賈客衆五百人者則今提婆達兜五百弟子是時第二賈客五百衆者則今五百羅漢是時第一天女則舍利弗是時第二天女則今名滿月比

丘婆羅門弟子是（出興起行經上卷）

賈人害侶獨取珍寶大哀煞此凶人十四

定光佛時有五百賈人入海求寶有異心者念言我今悉害賈人獨取珍寶時閻浮提有大導師名曰大哀時寐夢中海神語之賈衆之中有一賊欲煞五百伴獨取寶物假令事建墮墜地獄中令仁導師當行權變令賈人不死賊不獲罪導師思惟七日无餘方便唯當煞此凶人耳語衆賈者必皆興怒當共煞之俱墮惡趣設我獨煞我當受罪吾寧自忍百千劫苦不令賈人普被危害復令一賊墮地獄中先為說法令心欣然踊躍卧寐佛言大哀導師獨衆賈人興于大哀以權方便害此一賊命終之後生第十二光音天上時大哀者則吾身也以斯方便起千劫生死同船五百賈客斯賢劫中五百佛興者是（出慧上菩薩經一卷）

五百賈人值摩竭魚稱佛獲免十五

昔有五百賈客乘船入海值摩竭魚出頭張口欲食衆生時日少風而船去如箭薩薄主語衆人言船去太疾可捨帆如言捨下船去轉便不可得上薩薄主問樓上人言汝見何等我見上有兩日出下有白山中有黑山薩薄主驚言此是大魚當奈何哉我與汝等今遭困厄入此魚腹無有活理汝等各隨所事一心求之於是衆人各隨所奉一心歸命求脫此厄所求逾篤船去逾疾須臾不止當入魚口於是薩薄主告諸人言我有大神号名為佛汝等各捨本所奉神一心稱之時五百人俱發大聲稱南無佛魚聞佛名自思惟言今日世間乃復有佛我當何忍傷害衆生即便閉口水皆倒流轉得遠魚五百賈人善心生皆得解脫（出雜譬喻經第六卷）

賈人為友逼飲酒犯戒父母擯出遠國尚為鬼所畏十六

有一縣人皆奉行五戒十善縣界無釀酒者中有大姓家子欲遠賈販臨途父母語曰汝勤持五戒奉行十善慎莫飲酒犯佛重戒行到他國見故同學歡喜歸家出蒲陶酒欲共飲之辭曰吾國奉佛戒無敢犯者且辭親近父母又戒相別久會同心雖喜悅不宜使吾犯戒違親教也主人言吾與卿同師恩則兄弟吾親則是子親父母相飲豈可違之若吾在卿家必從子親事不獲已乃從飲之事訖還家具白於親父母報言汝違吾教加復犯戒亂法之斯非孝子也無得說之便以所得物遂令出國子以犯戒為親所黜乃到他國住客舍家主人事三鬼神能作人形對人飲食與人語言事之積年居財空盡而家疾病死喪不絕私共論之鬼知人意鬼共議言此人財產空訖正為吾等未曾有益今相猒患宜求珍寶以與之便行盜他國王庫藏好寶積置園中報言汝事吾歷年勤苦甚久今欲福汝使得饒富主人言受大神恩鬼曰汝園中有金銀可往取之主人欣然入園見物負擔歸舍辭謝受恩明日欲設飯食願屈顧下施設皆辦鬼神詣門見舍衛國人在主人舍便奔走而去主人追呼既已顧下委去何為神曰卿

舍尊客吾焉得前重復驚走主人恖惟吾宅之中無有異人正有此人耳即出言語恭設已竟因問之曰卿有何功德吾所事神畏子而走客具說佛功德五戒十善實犯酒戒為親所逐尚餘四戒故為天神所護卿神不敢當之主人語言欲奉持五戒因從客受三自歸五戒一心精進不敢懈怠問佛在處可得見不客曰在舍衛國給孤獨園主人一心到彼經歷一亭中有一女正是敢人鬼婦行路過逺時日逼暮從女寄宿女即報言慎勿留此宜急前去男子問曰用何等故將有意乎女人報言吾已語卿用復問為男子自念前舍衛國人見佛四戒我神尚為畏之我已受三歸五戒心不懈怠何畏懼乎遂自留宿時敢人鬼見護戒威神去亭四十里一宿不歸明日進見鬼所敢人骨骸狼藉心怖而悔退自思惟我在本國衣食足用空為此人所化言佛在舍衛國未覩奇妙乃見骸骨縱横不如携此女人將歸本土共居如故即時迴還因從女人復求留宿女人謂男子何復還耶荅曰行討不成故迴還耳復寄一宿女言卿死矣吾夫是敢人鬼方來不久卿急去此男子不信遂止不去便迷惑墍意復生不復信佛三歸五戒天神即去鬼得來還女人恐鬼食此男子藏之甕中鬼聞人氣謂婦言尒得肉耶吾欲敢之婦言我不行何從得肉婦問鬼卿昨何以不歸鬼言坐汝所為而舍宿尊客令吾被逐甕中男子踰益恐怖不復識三自歸婦言何以不得肉乎鬼言正為汝舍佛弟子天神逐我出四十里外露宿震怖于今不安故不得肉婦因問夫佛戒云何鬼言我大飢極急以肉來不須問此此是無上正真之戒非吾所敢說也婦言為說之我當與卿肉鬼類貪殘食欲无止迫婦問之因便為說三歸五戒鬼初說一戒時婦輙受之至第五戒心執口誦男子於甕中識五戒隨受之天帝釋知此二人心自歸佛即遣善神五十人擁護兩人鬼遂走去到明日婦問男子怖乎荅曰大怖蒙仁者恩心悟識佛婦言男子昨何以迴還荅曰吾見新久死人骸骨縱横恐畏故還耳婦言骨是吾所棄者也吾本良家之女為鬼所略取吾作妻悲窮無計今蒙仁恩得聞佛戒離於此鬼又言賢者欲到何所男子報言吾欲到舍衛國見佛婦曰善哉吾隨賢者見佛便俱前行逢四百九十八人因相問訊諸賢者從何所來欲到何所荅曰吾等從佛所來問言卿等已得見佛何為復去報言佛口說經意中罔罔故尚不解令還本國兩賢者具說本末以鬼畏戒高行之人意乃開解俱還見佛佛遥見之則笑口中五色光出阿難長跪佛不妄笑將有所說佛語阿難汝見是四百九十八人還不此諸人等今得其本師来見佛者皆當得道時五百人来至佛所一心聽經心開意解皆作沙門得阿羅漢道然此二人是四百九十八人前世主師也人求道要當得其本師及其善友尒乃解耳出戒消災經

# 經律異相卷第四十三

經律異相卷第四十三

校勘記

一 底本，金藏廣勝寺本。二五二頁下原係手抄，以麗藏本换。

一 二五一頁中一行「估客部」，徑、清作「估客部第三十三」。

一 二五一頁中三行至末行目録，徑無。

一 二五一頁中八行「優波斯」，資、磧、普、南作「弟」。

一 二五一頁中九行「矢反」，清作「反矢」。

一 二五一頁中一一行第五字「取」，清無。又「不能侵」，清作「不能得便」。

一 二五一頁中一二行「商人」，資、磧、普、南、清作「商人」。一四行同。

一 二五一頁中一三行第八字「閙」，資、磧、普、南作「開」。

一 二五一頁中二〇行第三字「貫」，資、磧、普、南、清作「賈客」。

一 二五一頁下一行末字「一」，徑、清作「第一」。

一 二五一頁下六行「得者」，諸本（不含石，下同）作「渴者」。

一 二五一頁下一七行「不應」，資、磧、普、南、徑、清作「應達」。

一 二五一頁下一九行「如敬」，諸本作「加敬」。

一 二五一頁下二二行第四字「墜」，資、磧、普、南、徑、清作「墮」。

一 二五二頁上六行第七字「珞」，資、磧、普、南、徑、清無。

一 二五二頁上八行「白佛」，普、南、徑、清作「王白佛」。

一 二五二頁上一二行第六字「難」，資、磧、普、南、徑、清作「難壞」。

一 二五二頁上一八行末字「二」，徑、清作「第二」。

一 二五二頁中二行「名爲」，資、磧、普、南、徑、清作「爲名」。

一 二五二頁中五行末字「名」，資、磧、普、南、徑、清作「立名」。

一　二五二頁中二一行「佳好物」，資、磧、普、南、徑、清作「佳好之物」。

一　二五二頁下八行末字「三」，徑、清作「第三」。

一　二五二頁下一六行第一一字「啇」，資、磧、普、南、徑、清作「商」。下同

一　二五二頁下二〇行「鋳鐵」，資、磧、普、南、徑、清作「鐵鋳」。

一　二五三頁上二行「所誑」，資、磧、普、南、徑、清作「所枉」。

一　二五三頁上九行第一三字「起」，資、磧、普、南、徑、清作「當起」。

一　二五三頁上一二行第一〇字「荅」，資、磧、普、南、徑、清作「曰」。

一　二五三頁上一四行第三字「次」，資、磧、普、南、徑、清作「次死」。

一　二五三頁上一五行「本土生」，諸本作「本土」。

一　二五三頁上末行「慧意」，資、磧、普、南、徑、清作「專意」。

一　二五三頁中三行第三字「抱」，資、磧、普、南、徑、清作「各抱」。

一　二五三頁中四行「戀著」，諸本作「戀著心」。

一　二五三頁中一〇行「一智」，諸本作「大智」。

一　二五三頁下一行「謂復」，諸本作「設卿」。

一　二五三頁下七行第九字「汝」，諸本作「速」。

一　二五三頁下八行「至於」，諸本作「一宿」。

一　二五三頁下一〇行「來議」，資、磧、普、南、徑、清作「是議」。

一　二五三頁下一二行「不開」，資、磧、普、南、徑、清作「閉」。又「蹹牆」，諸本作「踰牆」。

一　二五三頁下二二行「後破」，資、磧、普、南、徑、清作「往破」。

一　二五三頁下末行第七字「者」，資、磧、普、南、徑、清無。

一　二五四頁上五行「登涉」，諸本作「登陟」。

一　二五四頁上六行「凡諸」，資、磧、普、南、徑、清作「梵語」。又「涉王位」，諸本作「陟王位」。

一　二五四頁上八行末字「四」，徑、清作「第四」。

一　二五四頁上九行首字「昔」，資、磧、普、南、徑、清作「昔有」。

一　二五四頁上一三行「間有」，資作「聞有」。

一　二五四頁上一四行第二字「地」，資、磧、普、南、徑、清無。

一　二五四頁上一五行「玉女」，磧、普作「王女」。又「勞苦」，資作「共勞」。

一　二五四頁上二一行「心存」，資、磧、普、南、徑、清作「在所」。

一　二五四頁上二二行第四字「到」，資、磧、普、南、徑、清作「復到」。

一　二五四頁中三行「寢卧」，資、磧、普、南、徑、清作「盡卧」。

一　二五四頁中四行「事事」，資作「事」。九行同。

一　二五四頁中八行「晝卧」，資、磧、普、南、徑、清作「盡卧」。

一二五四頁中一〇行「從城出迎」，資、磧、普、南、徑、清作「出城共迎」。

一二五四頁中一四行第三字「經」，資、磧、普、南、徑、清無。

一二五四頁中一六行第六字「道」，資、磧、普、南、徑、清作「邊」。又第九字「目」，資、磧、普、南、徑、清作「因」。

一二五四頁中二一行第五字「入」，資、磧、普、南、徑、清作「今」。

一二五四頁中末行「却後」，徑作「却從」。

一二五四頁下三行第一三字「猶」，磧作「獲」。

一二五四頁下六行「父母師」，資、磧、普、南、徑、清作「父母及師」。

一二五四頁下七行首字「如」，資作「知」。又夾註左「福報」，諸本作「福報經」。

一二五四頁下八行末字至次行首字「矢反」，資、磧、普、南、徑、清作「反矢」。

一二五四頁下九行末字「五」，徑、清作「第五」。

一二五四頁下一三行第九字「向」，資、磧、普、南、徑、清作「尚」。

一二五五頁上三行「憒命忽」，資、磧、普、南、徑、清作「憒惱」。

一二五五頁上五行「還願」，資、磧、普、南、徑、清作「遂願」。

一二五五頁上六行「道人屋」，資、磧、普、南、徑、清作「道人房」。

一二五五頁上一〇行「辟支佛」，資、磧、普、南、徑、清作「疑辟支佛」。

一二五五頁上一三行「自憒」，磧、普、南、徑、清作「自責」。又第一〇字「誠」，資作「誠詞」。

一二五五頁上一四行「悔懺」，資、磧、普、南、徑、清作「懺悔」。

一二五五頁上一七行夾註左「第一卷」，諸本作「第十卷」。

一二五五頁上一八行末字「六」，徑、清作「第六」。

一二五五頁上二〇行第一三字「商」，資、磧、普、南、徑、清作「商」。下同。

一二五五頁中七行第五字「取」，資、磧、普、南、徑、清無。又「得侵七」，磧、南作「得便七」；徑、清作「得便第七」。

一二五五頁中一二行第八字「受」，磧、普、南、徑、清作「嗳」。

一二五五頁中一三行「見世」，資、磧、普、南、徑、清作「現世」。

一二五五頁中一四行「受與」，磧、普、南、徑、清、麗作「授與」。

一二五五頁中一八行第七字「蘘」，資作「穰」；徑、清作「蓑」。

一二五五頁中二〇行「羣數千」，諸本作「群衆數千」。又「薩薄」，資、磧、普、南、徑、清作「薩薄薩薄」。

一二五五頁中二二行「聊以」，資、磧、普、南、徑、清作「即以」。

一二五五頁中末行「衝拔」，諸本作「撞拔」。

一二五五頁下一一行「昌欲罵怒」，

資、磧、普、南、徑、清作「胃欲怒罵」。

一 二五五頁下二二行夾註右「多同」，資、磧、普、南、徑、清作「大同」。又左「復兩存」，資、磧、普、南、徑、清作「兩存之」。

一 二五五頁下末行末字「八」，徑、清作「第八」。

一 二五六頁上三行第一三至次行第二字「所化失一」，磧、普、南、徑、清作「所作一失」。

一 二五六頁上一四行末字「九」，徑、清作「第九」。

一 二五六頁上一六行「飢渴極」，諸本作「飢渴困極」。

一 二五六頁上末行末字「十」，徑、清作「第十」。

一 二五六頁中二行第一〇字「一」，資、磧、普、南、徑、清無。

一 二五六頁中六行第一〇字「賢」，諸本作「貿」。

一 二五六頁中七行「及至」，諸本作「乃至」。

一 二五六頁中九行「四是」，諸本作「此是」。

一 二五六頁中一四行第七字「我」，資無。

一 二五六頁中一五行第三字「法」，資作「汝」。

一 二五六頁中一七行首字「當」，諸本作「擋」。又第四字「問」，諸本作「門」。

一 二五六頁下一〇行「愽身」，磧、普、南、徑、清作「搏身」；麗作「煿身」。

一 二五六頁下一一行首字「言」，資、磧、普、南、徑、清無。

一 二五七頁上一行第六字「之」，資、磧、普、南、徑、清作「之不可盡也」。又夾註左「三十三卷」，資、磧、普、南、徑、清作「三十二卷」。

一 二五七頁上二行末字「十一」，徑、清作「第十一」。

一 二五七頁上八行第六字「問」，資、磧、普、南、徑、清無。

一 二五七頁上一二行夾註左「第十六卷」，資、磧、普、南、徑、清作「卷第十六」。

一 二五七頁上一三行「十二」，徑、清作「第十二」。

一 二五七頁上末行第一〇字「出」，諸本作「咄」。

一 二五七頁中二行第三字「之」，資、磧、普、南、徑、清作「一」。

一 二五七頁中一七行夾註「出菩薩藏經下卷」，資、磧、普作「出菩薩經藏第十卷」；南、徑、清作「出菩薩藏經第十卷」。

一 二五七頁中一八行「十三」，徑、清、作「第十三」。

一 二五七頁下三行首字「人」，資、磧、普、南、徑、清作「買人」。

一 二五七頁下一〇行「卿等莫貪」，資、磧、普、南、徑、清作「卿莫貪樂」。

一 二五七頁下一三行末字至次行首字「其地」，資、磧、普、南、徑、清作

「地沒」。

一　二五七頁下一五行「水之日」，諸本作「水至之日」。

一　二五七頁下一六行「鋑牟」，資作「穳牟」；磧、普、南、徑、清作「穳矛」。

一　二五七頁下一七行末字「語」，資、磧、普、南、徑、清作「告」。

一　二五七頁下二二行第八字「時」，資、磧、普、南、徑、清無。

一　二五八頁上三行「十四」，徑、清作「第十四」。

一　二三八頁上七行「寐夢」，徑作「貫客」。又「貫衆」，徑作「夢寐」。

一　二五八頁上八行「建墮」，資、磧、普、南、徑、清作「遂」。

一　二五八頁上一一行「語衆貫者」，資、磧、普、南、徑、清作「衆者」。

一　二五八頁上一四行「墮地」，資、磧普、南、徑、清作「墜地」。

一　二五八頁上一六行第七字「獨」，諸本作「猶」。

一　二五八頁上二〇行首字「客」，資、磧、普、南、徑、清作「人」。又夾註左「一卷」，資、磧、普、南、徑、清作「下卷」。

一　二五八頁上二一行「貫人」，徑、清作「貫客」。又「十五」，徑、清作「第十五」。

一　二五八頁中二行至次行首字「轉便不可得上」，資、磧、普、南作「轉駃不可止」；徑、清作「轉駛不可止」；麗作「轉駃不可得止」。

一　二五八頁中九行第二字及第六字「逾」，資、磧、普、南、徑、清作「愈」。

一　二五八頁中一四行「閉口」，資、磧、普、南、徑、清作「合口」。

一　二五八頁中一六行首字「生」，資、磧、普、南、徑、清作「即生」。又夾註左「第六卷」，南作「第一卷」。

一　二五八頁中一七行第三字「爲」，資、磧、普無。

一　二五八頁中一八行「十六」，徑、清作「第十六」。

一　二五八頁中二〇行第四字「中」，資、磧、普、徑無。

一　二五八頁中末行「蒲陶酒」，資、磧、普、南、徑、清作「蒲萄酒」。

一　二五八頁下二行「戒相」，資、磧、普、南、徑、清作「誡」。

一　二五八頁下七行「具白」，資、磧、普、南、徑、清作「具首」。

一　二五八頁下八行第六字「斯」，諸本作「漸」。

一　二五八頁下一一行「三鬼神」，資、磧、普、南、徑、清作「二鬼神」。又「對人」，資、磧、普、南、徑作「對面」。

一　二五八頁下一二行「疾病」，資、磧、普、南、徑、清作「疾患」。

一　二五八頁下一五行「以與之」，資、磧、普、南、徑、清作「以施與之」。

一　二五八頁下二〇行第三字「撻」，資作「韃」。

一　二五九頁上二行「吾宅」，資、磧、普、南、徑、清作「吾舍」。

一　二五九頁上七行第八字「欲」，資、磧、普、徑作「吾欲」。
一　二五九頁上一五行第一三字「皃」，諸本作「完」。
一　二五九頁上一七行第一〇字「遂」，資、磧、普、南、徑、清作「即」。
一　二五九頁上一八行第七字「戚」，資、磧、普、南、徑、清無。
一　二五九頁上一九行「骨骸」，資、磧、普、南、徑、清作「骨體」。
一　二五九頁中五行「便迷惑望意復生」，資、磧、普、南、徑、清作「更迷惑婬意復生」；麗作「便迷惑婬意復生」。又「不復信」，資、磧、普、南、徑、清作「不信」。
一　二五九頁中一八行「迫婦」，麗作「婦迫」。
一　二五九頁下五行「無計」，磧、普、南、徑、清作「無訴」。
一　二五九頁下六行末字「言」，資、磧、普、南、徑、清作「言曰」。
一　二五九頁下一三行第五字「令」，資、磧、普、南、徑、清作「今」。
一　二五九頁下二一行「前世主師」，諸本作「前世之師」。
一　二五九頁下二二行第二字「人」，資、磧、普、徑無。

經律異相卷第四十四 男庶人部上　傍

梁沙門僧旻寶唱等集

颰陀以化城請佛及見佛欲滅化不能一
阿難邠坻井出珍寶二
賢直竊珠不欵獲賜三
慈羅放鼈後遇大水還濟其命四
千那備畫得金設會為婦所訟五
神識還摩娑故身之骨六
木巧師與畫師相誑七
醫治王病差獲報殊常八
破齋猶得生天九
耕夫施僧一訶梨勒果後生為兩國太子十
供養沙門心有善惡獲報不同十一
男甥共盜甥黠慧後得王女為妻十二
羅閱國男子與耆闍崛國女人宿世有緣十三
夫婦約不先語見偷取物夫能不言十四
婦人鼻醜夫割他好者以易之十五



賃人善解鳥語十六
溺人憑鳳獲全附鸚鵡殞命十七
有人買智慧得免大罪十八
有人張罠免害十九
有人為兩婦所惡以至於死二十
有人遠求仙水主人惡心使登樹得仙二十一
有人使鬼得富後害其兒二十二
有人富王責滌跡已用物王乃覺悟二十三
有人為罪王令割肉五斤二十四
有二人共誓以胎中兒共為婚姻二十五
大姓二兒太子失財被念小子得財獲罪二十六
三人共施僧一錢後身獲自然之金二十七
貧人供僧僧報致富二十八
貧人得伏藏為王所治二十九
貧人買斧不識是寶三十
貧老夫妻三時懈怠三十一
窮人違樹神誓還為樹枝所煞三十二



人遇鳥遂墮深谷際天降甘露遂得昇天三十三
五百幼童聚沙興塔命終生天三十四
童子施佛豆生天後作轉輪王三十五
牧牛小兒取花上佛牛觸而死即生天上三十六
小兒先身以三錢施今解鳥語遂得為王三十七
諸劫分物不識好者三十八

颰陀以化城請佛及見佛欲滅化不能一

王舍城中有一幻士名曰颰陀（梁言賢明）解經典曉了伎術所作巧黠多能喜悅名聞高遠摩竭人民皆所不及國內大小從其受學颰陀遇覩世尊身色嚴妙念欲相試便亦請佛設知我意當不受請若不知者必受無疑佛知其意意欲度之默然而受颰陀謂佛无通慧不見我意入王舍城於淨處化作講堂懸繒華蓋一一樹下為諸比丘鋪師子座於講堂中特為如來

經律異相卷第四十四　第四張　傍

設師子座高四丈九尺作百味之饌時四天王及天帝釋與三万二千天人謂仁賢曰真得善利乃請如來講堂供養吾助給所乏即化作館殿如忉利宮佛與菩薩及諸比丘往其講堂見佛坐已所造之座帝釋亦見如來坐其所造莊嚴之座仁賢聽佛所說蠲除自大投首佛足白佛言唯願如來原我罪過欲沒其所化佛令不變復為說一切諸法皆如幻化 出幻士仁賢經

阿難邠坻井出珎寶二

阿難邠坻在見連山下居大富珎寶四遠賈客舉貸乞丐者往无不得時有五百賈客行海船壞珎寶皆沒死者不少或依板得活咸詣阿難邠坻主人設食主人汲井得寶篋篋各有題疏其姓字賈客食訖皆悲主人問故荅言我等伴侶五百人共行海中船舶壞沒死者不少挾持小板劣得生活亡失珎寶悲念伴侶耳屬覩井中所得寶篋皆是我許不知那介主人言卿曹行治生賈取若至心者不失也但不至心故失耳我從无數劫

經律異相卷第四十四　第五張　傍

以來未嘗不至心初不欺侵諸失寶者皆趣我井卿曹各自案姓字取去 出譬喻經

賢直竊珠不款獲賜三

昔人名賢直曾三預八關聞讀經言天眼不瞬誦念不忘然此賢直善偷他物眼前不覺國王失珠召臣量議臣荅王言聞有賢直極能作偷王勑錄來考問望得其言不偷王既有道何由狂人又召諸臣共議有臣言曰當作方便令其首伏當重枷鏁載市唱令煞之與酒令醉然後脫鏁舉置堂上妓女作樂王勑伎女賢直醉問汝可荅言此是天堂我是天女應為侍側君前身時偷國王珠故得生此王便依之賢直聞已嘿念而去我聞經言天眼不瞬此女悉瞬且我偷珠應入地獄將非國王張我令首即便發言我得生天由不偷珠妓女報王道賢直言王便大笑小子定不偷我珠也即放令去重賜金寶此實偷珠誦念一偈免罪得賜 出雜譬喻經也

慈羅放鼈後遇大水還濟其命四

經律異相卷第四十四　第六張　傍

昔有一人名慈羅見人賣鼈心中憐之向鼈啼泣賣鼈者言汝何故向鼈啼乎慈羅荅言我不忍見之窮賣鼈者大笑汝癡狂耳荅言我念此鼈從君請買主言鼈直百万慈羅便將之歸家傾舉子息得八十万慈羅言我錢盡此假求无處賣鼈者言汝錢既盡可為作田以畢錢直慈羅言諾以車載鼈投著池中鼈便能言語方有大水君當上樹相呼後日洪水大起人民死盡慈羅上樹呼鼈鼈便來至慈羅坐鼈背上前去數里見一女人在流槎上沮息欲死便向慈羅乞丐求載慈羅啓鼈此人可憐乞得載之鼈言往便復載之前行十里見蛇鼈言子流被槎上從慈羅欲求載之鼈言我已重恐必疲極不能自度慎勿載之慈羅言可哀今是非當載之慈羅復載之前行數十里見鷇犾𤡬流被槎上慈羅復報鼈載之前至鄰竭國女子便以金謝慈羅賣鼈人言此鼈本是我賣之汝今得金當持還我慈羅不與賣鼈子便到鄰竭國王所云

慈羅偷人婦將之販令持金銀來在 經律異相卷第四十四 第七張 傍 念
此國中鄰竭國王即呂慈羅使吏斬
之吏上言其事欲下筆書鐵輙緣筆
不成字王聞之便問慈羅汝有何功
德乎慈羅具荅王誅賣髓者 出阿難現變經

千那償畫得金設會為婦所訟五

大月氏弗迦羅城有一畫師名曰千那
往來東方多剎施羅國客畫經十二
年得三十兩金持還本國遇見衆僧
信心清淨即問維那此衆幾物得作
一日食荅曰可用三十兩金畫師併
付維那乞營一食我明日當來空手
歸家婦問十二年作得何等物荅曰
得三十兩金已種福田付僧設會婦
縛夫以送付官具陳上事官問不給
婦兒而以乞他畫師荅曰我先世无
福貧窮常辛苦遭遇衆僧是良福田
若復不種善後世復貧貧苦相續无
得脫時是故併施衆僧其斷事人是
優婆塞即脫瓔珞及所乘馬并聚落
以施畫師謂之曰汝施衆僧衆僧未
食是為穀子未種而牙已生而大果
在後 出大智論第十一卷

神識還摩娑故身之骨六 經律異相卷第四十四 第八張 傍

昔有人死後魂神還摩娑其故骨邊
人問之汝已死何故為復用摩娑枯
骨為神言此是我故身不煞生不盜
竊不他婬不兩舌惡罵妄言綺語不
嫉妬不瞋恚不癡死後得生天上所
願自然快樂无極是故愛重之也 出舊雜譬喻經下卷

木巧師與畫師相誑七

昔北天竺有一巧師作一木女端正
无雙衣帶嚴飾世女无異亦來亦去
能行酒看客唯不能語耳時南天竺
有一畫師亦善能畫巧師聞之作好
飲食即請畫師便使木女行酒擎食
從旦至夜畫師不知謂是真女欲心
極盛念之不忘時日已暮木師入宿
留畫師住以此木女立侍其側便語
客言故留此女可共宿也主人已入
木女立在燈邊客即呼之而女不來
客便前牽之乃知是木便自慚愧主
人誑我我當報之於是畫師復作方
便即於壁上畫作已像所著被服與
身不異以繩繫頸狀似絞死畫作蠅
像著其口啄作已閉戶自入床下天 經律異相卷第四十四 第九張 傍
明主人出見戶未開即向中觀唯見
壁上絞死客像主人大怖便謂實死
即破戶入以刀斷繩於是畫師從牀
下出木師大羞畫師即言汝能誑我
我能誑汝客主情畢不相負也二人
信知狂惑各捨親愛出家修道 出雜譬喻經第四卷

醫治王病差獲王報殊常八

有一國王身得重病十二年不差一切
大醫无能治者時邊方小國攝屬大
王有一醫師善能治病王即招來令
治已疾未久之間即蒙除降王便念
欲報此師恩屬遣使者宣令彼國此
師見差宜應償賞爲馬車乘牛羊田
宅青衣直人嚴飾之具皆給與之彼
小國王奉宣上命師在王邊无有語
者師便思惟我治王病大有功夫未
知王當報我與不復經數日王轉平
復其師請辭欲還本國王便聽之給
一羸馬乘具亦弊師大笑恨我治王
病大有功夫而王不識恩分不相料
理令我空去隨道愁嘆以為永恨適
至本國見有羣馬問爲子曰此誰

家爲爲子荅曰此是某甲師爲復問爲子曰某甲師何從得此爲子荅曰某甲師治大王病差功報所得也小復前行見有羣馬牛羊問曰此誰家物羊子荅曰某甲師許小復前行見其本舍高堂重閣殊異本宅問門人曰此是誰舍門人荅曰此是某甲師舍便入其閤內見其婦形色豐悅身服寶衣怖而問曰此誰夫人直人荅言此是某甲師夫人從見爲馬及入舍內皆知是治王病功報所得便自追恨本治王病功夫少 出雜譬喻經第四卷

破齋猶得生天九

昔有迦羅越興設大壇請佛及僧時有一人賣酪主人留食勸令持齋聽經至暝乃歸婦語之言我朝来不食相待至今敗壞夫齋半齋之福猶生天上七世生人間常得自然一日持齋六十万歲自然之粮又有五福一者少病二者身意安隱三者少婬四者少睡卧五者命終之後神得生天常識宿命 出諸經中要事

耕夫施僧一訶梨勒果後生為兩國



太子十

昔有一人在田耕蒔日已垂中家餉未至道人失路至其田所從乞中食耕人曰諾小願須留家餉遲晚道人曰食既不至仍欲漱口耕人解其衣帶一訶梨勒果以與道人即受而食又有一錢以䞋道人道人曰若心可感無以相報欲授五戒君能受不荅曰弟子在俗五戒難全但受不煞耕人命盡生國王家皇后導從到流水邊歌儛作樂抱兒臨水失手墮水魚即吞之在腹七日不飢不渴隨流下遊遂千餘里入下國界人捕得魚於市貨易時下國主遣人市魚將還城內用刀治魚兒在腹中唱曰徐徐勿傷我也即破魚腸見一小兒端正无雙舉國歡喜上國主聞之曰此必我兒遣信索之下國主荅魚腹中得天所賜我不肯與之二國共諍遂徹大國大王判云若上國不生此兒墮水下國何由而得若下國不得此兒上國何處求覓此兩有緣汝二國中間可作宮殿共安此兒号曰兩國太子即



從此盲在於其中依太子儀法佛語弟子昔日耕人一果一錢布施道人便得兩國太子 出雜譬喻經

供養沙門心有善惡獲報不同十一

昔有跛脚道人持戒乞食遇至一家信大法久見其患脚心悲愍一年供養道人辭去主人言曰願數垂顧分離之際客主悲淚道人去後主人發牀唯見金寶因此至富隣比一家見其大富問何因緣其人實荅隣人惡念希覓珎寶便覓一跛人欲供養之遍求無有會一道人身體完具縛還折脚供養少時強駈令去去後發牀惡心所感毒虵鋒鍋来螫合家現世惡報後入地獄得珎寶者其心貞吉被螫毒者其心不仁 出雜譬喻經也

舅甥共盜甥黠慧後得王女為妻十二

過去時姊弟二人姊有一子與舅俱給官府織金縷錦及綾羅縠珎妙異衣藏中綺寶即共議言吾織作勤苦不解知諸藏物好醜多少亭可共取用解貧之乎夜鑿地為孔穿盜取物明監藏者覺物減少以事啓王王詔

經律異相第四十四　第十三張　傍

勿廣宣之令盜者謂王多事不能覺
察至于後日必復重來且嚴警守得
者収捉無令放逸藏監受語即加守
備其人久久果重來盜外甥教舅年
尊體羸力少若為守者所得不能自
脫更從地穴却行而入如令見得我力
強盛當濟免舅舅這入穴為守者所執
執者唤呼甥畏人識截取舅頭而去
晨曉藏監具以啓聞王又詔曰輿出
其尸置四交露其有對哭取死屍者
則知是賊如是積日有遠方賈客來
人馬塞路奔突猥逼其人載兩車薪
置其屍上具以啓王王詔若有燒者
収縛送來外甥將教童竪執炬儛戲
人衆総集以火投薪燃然而感守者
不覺具以啓王王又詔曰更增守者
嚴伺其骨甥又釀純酒特令濃厚詣
守備者微而沽之守者連昔飢渴見
酒共飲飲酒過多皆共醉寐因以酒
瓶受骨而去守者不覺明復啓王王
又詔曰前後警守竟不級獲斯賊狡
黠更當設謀王即出女莊嚴瓔珞珠
璣寶飾安立房室於大水傍衆人侍

經律異相卷第四十四　第十四張　傍

衛伺察非妄必有利色來趣女者素
教誡女得抱捉唤人収執他日異夜
甥尋竊來因水放株令從流下唱叫
牪隱守者驚趣謂有異人但見株杌
如是連昔數數不變守者睡眠甥即
乘株到女室女則執衣甥告女曰可
捉我臂甥豫持死人臂以授與女便
放衣捉臂大叫守者覺甥得脫走明
具啓王王又詔曰此人方便獨百无
雙久捕不得當奈之何女即懷妊十
月生男大端正使乳母抱行周遍國
中有人嗚𠻳者便縛送來抱兒終日
甥為餅師住餅爐下小兒飢啼乳母
抱兒趣餅爐下市餅餔兒甥見嗚兒
即以還白王曰兒行終日無來近者
飢過餅爐賣餅者授餅乃嗚王又詔
曰何不縛之乳母荅曰小兒飢啼餅
師授餅而嗚之不應是賊王使乳母
更抱兒出及諸伺候見近兒者便縛
將來甥沽美酒呼請乳母及伺者就
于酒家勸酒大醉眠卧便盜兒去醒
悟失兒具以啓王王又詔曰卿等頑騃
貪嗜狂水既不得賊復亡失兒甥時

經律異相卷第四十四　第十五張　傍

得兒抱至他國前見國王占謝荅對
引經説義王大歡喜輙賜祿位以為
大臣而謂之曰吾之一國智慧方便
無逮卿者欲以臣女若吾女當以相
配自恣所欲對曰不敢若王見哀欲
索某國王女王曰善哉從所志願王
以之為子遣使者往求彼王女王即
可之王續念言或是盜魁前後狡猾
即遣使者欲迎吾女遣其太子五百
騎乘皆使嚴整甥懷恐懼恐到彼國
王必執之便啓其王若王見遣當令人
馬五百騎具衣服鞍勒一无差異乃
可迎婦王然言即往迎婦王令女飲
食待客二百五十騎在前二百五十
騎在後甥在其中跨馬不下女父自
出入騎中執甥曰尒為是非前後方
便捕不可得為是尒非稽首荅曰是
也王曰卿之聰喆天下無雙隨卿所
願以女配之得為夫婦外甥吾是女
父王者舍利弗是舅者調達是國王
父輸頭檀是母摩耶是婦拘夷是子
羅云是　出生經第一卷
羅閱國男子與耆闍崛國女人宿世有

緣十三 經律異相卷第四十四 第十六張 倚

昔有耆闍崛國有一少女姿形美妙才智絕倫性情寬和初不瞋怒家門九族及諸踈近莫不愛敬諸國求索有百千人竟未成嫁時羅閱國一少男天姿英秀心意高邁國中百姓莫不畏敬雖有妓妾夫人初不幸近每念耆闍崛國有女本是我對未及至耳即日滿堂皆是勢利所得非我偶也一時遣遂肅然都盡乃乘白象從僕二人往造彼國經山涉草行千万里五年方至女處深宮無故心動因出逍遙試開外閤忽見此男且悲且喜不可抑忍此是吾夫前後見求非我宿匹便自親著夫情依依女之父母憂惱無計去養女長大不悟如此急加防錄不得通問女子懊惱不知何計男子悲惶同懷愁悃於是女子精苦齋戒晝夜行道棄散資財施佛及僧心勞形枯經涉五載音問不達彼此懷情竟無所感乃以四月八日親自束身往到佛塔燒香礼拜發此志願割刻肌肉供養世尊不敢自惜唯願此志一得申果佛令比丘尼 經律異相卷第四十四 第十七張 倚 為其作緣便得和偶佛告阿難所以者何皆從阿僧祇劫已來久結願約故得尒耳 出情離有罪經

夫婦約不先語見偷取物夫能不言十四

昔有夫婦共食三䴵人各一枚餘一欲破分婦言莫分與君共賭各自不語先語者失後語者得於是閉口至于中夜竇主偷入見其二人坐而不語謂是大怖不敢作聲取斂其物擔將出户婦大喚曰汝是丈夫耶置物去夫言我勝我勝今得大䴵衆人責笑謂大顛癡 出百句譬喻經第二卷

婦人鼻醜夫割他婦者以易之十五

昔有一人見他婦鼻端正心自念言我婦面皃第一唯恨鼻醜今取此鼻代我婦鼻即引女昇處割鼻將還又割其婦鼻安此女鼻彼此失鼻兩不相著衆人恠罵眞大癡狂 出百句譬喻經第一卷

賃人善解鳥語十六

昔有一極貧人善曉鳥語為賈客賃擔過水邊飲鳥鳴賈客怖作人反笑 經律異相卷第四十四 第十八張 倚 到家問言我在彼飲時聞鳥鳴我大怖而君反笑何耶荅曰鳥向語我賈人身上有好白珠汝可煞之取珠我欲食其肉是故我笑耳曰汝何不煞也荅曰我坐前世貪人財物故貧為賃擔若復煞人取物後世受苦何時當已我今至死不為此事 出譬喻經

溺人憑鳳獲全附鸖鷀殞命十七

大水卒漲有命之類依丘避之復垂欲沒忽有鳳凰到智者所依附其翅遂上高原免水厄餘未去者忽見鸖鷀便託其羽而此鸖鷀遂入深水一時溺喪 出雜譬喻經

有人買智慧得免大罪十八

昔有一人貧窮无用治生入海採寶還國遇善知識言我素貧窮今得此物足以自諧若毋不可我意當捨毋居去若婦不可我意我當更索知識荅曰近此聞大智慧人滿城中可往就買智慧不過千兩金自當語卿智慧之法其人如其言入事佛聚落具以問人荅曰夫所疑事前行七步却行七步如是至三智慧自生其人夜

歸家見母伴婦眠謂是他男拔刀欲煞意中不揜然大燈火遥照思惟朝買智慧如是前却三反毋便覺悟此人歎言真為智慧何但堪千兩金即復與三千兩金（出十卷譬喻經第四卷）

有人張鬼免害十九

昔有一人行於山中逢一敢人鬼揶欲食之其人求哀假令須臾請問一事却乃見敢為不恨也鬼信其人謂是誠事聽其所欲即問鬼言何故面白脚膝腹白其餘處盡黑鬼即荅言我之為物性惡日精背日得行不得向日以是故尒其人向日而走鬼但空恨不能得也（出十卷譬喻經第四卷）

有人為兩婦所惡以至於死二十

昔有一人於兩業有二婦適詣小婦小婦語言我年少聟年老我不樂住可往大婦處作居其聟拔去白鬚適至大婦處大婦語言我年老頭已白聟頭黑宜去於是拔黑作白如是不止頭遂禿盡二婦惡之便各捨去坐愁致死過去世時作寺狗水東一寺水西一寺聞揵槌鳴狗便往得食後



日二寺同時鳴磬狗浮水欲渡適欲至西復恐東寺食好向東復恐西寺食好如是猶豫溺死水中（出十卷譬喻經）

有人遠求仙水主人惡心使登樹得仙二十一

昔有一人聞外國有仙水入中得仙便向外國寄他宿止主人問客君欲何去荅曰學仙主人懷惡語客言曰我有仙樹君能與我一年苦作便與君仙何煩遠去客言甚善一年苦作恒無愠色一年既滿其主人公本心相欺既無仙樹將至山中指臨巖樹云是仙樹君上其頭我嘆若飛應聲飛擲客人心至即於此樹飛騰虛空遂得仙道主人公見我令其死何悟得仙深重此樹情言是聖復經少時父子相與共到樹下讓父先上兒便嘆言阿耶可飛父即欲飛墮巖石上身體粉碎（出雜譬喻經）

有人使鬼得富後害其兒二十二

昔有一人於市賣毗耶鬼欲買鬼者問索幾許鬼主言二百兩金曰此鬼有何奇異乃索尒所金耶曰此鬼其功



無物不為計一日作當百人唯有一病宜先防護之問為何等病曰此鬼欲使作時晝夜使之莫令停息若无作者便還害主主人穨金將歸令作田種作田種竟便使木作木作竟復使治地作屋舂磨炊爨初不寧息數客忘不處分而鬼復欲作無有次第年之中乃致大富主人有事當行作取主人兒內釜中然火煑之比主人還子已爛熟傷切懊惱知復何言（出譬喻經）

有人富王責條疏已用物王乃覺悟二十三

昔有富人王令條物其即疏某年用若干千万造佛用若干作齋會經書又以若干供恤貧老今現有八十九千万以疏呈王王大瞋怒問汝現物忽條已用富人荅曰已用者冣為寶藏資人神明是以奉呈未用之財五家共有非獨臣許是敢條疏王便覺悟功德可恃（出譬喻經）

有人為罪王令割肉五斤二十四

昔有一人犯罪於王王大瞋忿使人割其背脊五斤肉置之下星此人痛

經律異相卷第四十四　第二十二張　傍

苦叫喚徹王王問何意不分荅曰實
非我罪王思愧之勅以一百斤肉乞
其猶故呻喚王曰頓補百斤去何大
喚諸臣荅言不見此法與千斤何益
其痛若人一兒已死他人以百與之此
人能不念其兒不（出百句譬喻經第三卷）
有二人共誓以胎中兒共為婚姻二
十五
有二人共為知識婦各懷妊便相誓約
若生有男女共為婚姻別後一家生
男一家生女男父早死長大未娶行
賣雜物偶至女家女家公問子從何
来居止所在父母姓字男具以荅公
聞大驚乃語男曰卿父在時與我胎
婚我常相求不相知處女未敢嫁男
言我都不知女公曰卿問親近男還
問乳母信然男到女家道見溝水流
入一髑髏中無有滿時兒恐前行復
見樹果熟欲取噉之果便言取我取
我兒大怖懅疾走蹕地前到女家狗
逆長跪咕其兩足狗腹中子嗥呼来
前欲傷嚙之便復頓地久乃蘇息女
公来出兒具陳說公甚恠之入語其

經律異相卷第四十四　第二十三張　傍

女女荅公曰道見溝水流入髑髏无
有滿時者後世當有斂取天下財物
珎寶供給一人无有滿足見樹果熟
欲取噉之而果言取我取我者後世
之人自求大女而小女言何不索我
何不索我狗逆長跪咕其兩足狗腹
中子嗥呼来前欲嚙之者後世之人
相與言語口如脂膏心如錐刀口相
飽滿內相謀害皆為後世不為今也
即嫁女與男遂其本志（出十卷譬喻經第八卷）
大姓二兒大子失財被念小子得財獲
罪二十六
昔大姓有兩兒各以二百万與行賈
大子盡用樗蒲衣被敗壞還以啓父
父言得汝而已用財何為為作衣被
飲食善安慰之小子来歸啓父得二
百万利父曰取疏来與共挍計不合
數千便縛捶之如是三行㕛利六百
万還輙得捶大子三行失六百万止
他國不歸與无賴人相隨語彼人言
我父有金銀白珠各一筩在大牀頭
汝歸白父道我不愚失財物未敢還
汝得便煞我父取物將来可得共用

經律異相卷第四十四　第二十四張　傍

此人至其家與父相見述其兒言父
聞啼泣曰用物財為我子何不来食
息悲咽荅言君子不孝用錢作惡一
時都盡令我来煞君取君金銀我見
君念子待遇我厚令我心感父言小
子尚癡便使迎之謂子汝去錢早歸
何因作癡語更作衣被與之師曰小
子償債大子索債（出十卷譬喻經第六卷）
三人共施僧一錢後身獲自然之金
二十七
昔有三人共賈行各分得五百万餘
有一錢欲與一人則為不平欲破分
之事為不然時沙門分衛三人共言
布施沙門各言大佳手共持與沙門
呪願令汝今世後世並得其福共生
羅閱國中各得豪富一人主山中採
金一人主耕田取金一人主水中汲取
金為受前世布施之福國王聞之念
我國人物皆我許便將人兵詣山採
之金化作石復至一家地耕取金金化
為土復至一家井中汲取金金化作
瓦都不能得王問佛言此三人金許
為我許往取皆化不得是金此人前

經律異相卷第四十四　第二十五張　傍

世有何功德今致此福佛具言之非是王物王不應取出雜譬喻經第三卷

貧人供僧報致富二十八

昔有貧家供養道人一年便去用一銅瓶乞主人言此瓶是神打此瓶口所索皆得莫請國王別後打瓶家遂巨富忘道人囑遂請國王王問富因實而荅王王即奪瓶家轉窮弊方憶道人四出覓見依實白言道人曰故須此瓶乞君一𠁊威以林石賁詣王門求索瓶也直到王門高聲索瓶王聞大怒遣數十人欲來捉之開出林石風吹橫空王使人身為此木石打破頭頷頭出千人風勢所破死屍塞門王大怖悸求還其瓶其人得瓶家復大富廣作功德死得生天出雜譬喻經

貧人得伏藏為王所治二十九

佛與阿難入王舍城時天大雨水流伏藏出諸寶物佛言毒虵阿難去惡毒虵山下有刈麦人聞之念言我未曾見沙門毒虵即往見物以車與衣嚢取著家內現富貴相新作大舍有嫉妬人白王先有貧窮賤人卒見富

經律異相卷第四十四　第二十六張　傍

相是人必當得大寶藏王即喚問荅言不得即勑考治是人憶佛與阿難名之為惡毒虵也詎得寶藏不語一心念佛王者作如是言佛言毒虵阿難言惡毒虵王即喚問是人荅言大王若施无畏者我當說實王許其具陳上事今於我身能作何等必賜我命王賞金錢五百能於急中說於佛語及阿難語出十誦律三誦第三卷

貧人買斧不識是寶三十

昔有貧寠孤獨老公家无自業遇市一斧是衆寶之英而不識之持斫抹賣之以供微命用斧欲盡會見外國治生大賈客名曰薩薄見斧識之便問老公賣此斧不老公言我仰此斧活不賣薩薄復言與公絹百疋何以不賣公不應和薩薄復言與公二百疋公便悵然不樂薩薄復言嫌少當益公何以不樂與五百疋公便大哭薩薄復云絹少當益何以啼哭公言我不恨絹少恨我愚癡此斧本長尺半破地以盡餘有五寸猶得五百疋絹以為恨耳薩薄復言勿有遺恨今

經律異相卷第四十四　第二十七張　傍

與公千疋絹即便破券持去薪火燒之盡成貴寶出諸經中要事

貧老夫妻三時懈怠三十一

世尊晨朝入舍衛城尊者阿難從有二老夫婦年耆根熟僂背如鉤詣里巷頭燒糞掃處俱蹲向火猶如老鵠欲心相視佛告阿難見彼夫婦不阿難曰如是佛曰此二老夫婦若於年少盛壯之時勤求財物者得為舍衛城中第一富者若出家學道精勤修習者得阿羅漢於第二分盛壯之時若勤求財物得為舍衛城中第二富者若出家學道者得阿那含果中年之時若勤求財物得為舍衛城中第三富者若出家學道得斯陁含果乃於今日年耆根熟无有錢財无有方便不復堪能苦覓錢財亦不能得勝過人法復為說偈言

不修梵行故　不得年少財　思惟古昔事
眠地如曲弓　不修於梵行　不得年少財
猶如老鵠鳥　守死於空池出雜阿含第五卷第四十二卷又出三時過經

窮人遶樹神誓還為樹枝所煞三十二

經律異相卷第四十四 第十八張 傍

維耶梨國有迦羅越奉佛供養呪願畢請聞法義佛笑口光繞身三匝還從頂入阿難問故佛言彼國有五百人入海採寶置船步還經歷深山日暮止宿豫嚴早發四百九十九人皆去一人卧熟失輩仍遇天雨雪失去徑路窮厄山中啼哭呼天有旃檀樹神謂窮人言可止留此自相給衣食到春可去窮人便留至于三月啓樹神言受恩得全身命未有微報願有二親今在本土實思得見願垂發遣樹神言善以金餅施之去此不遠當得國邑可得還還至汝鄉里窮人臨去問樹神言此樹香潔世所希有今當委遠願知其名神言不須問也窮人復言依蔭此樹積歷三月今當遠離情懷悵恨若到本國當宣揚樹恩神便言樹名栴檀根莖枝葉治人百病其香遠聞人所貪求不須道也窮人至國中外親戚喜相慶慰後國王病頭痛禱祀天地山水諸神不能消差名醫省視唯得栴檀香病可得愈王即募求民間無有便宣令國中得旃

經律異相卷第四十四 第二十九張 傍

檀香者拜封為侯妻以小女時窮人聞償祿重便言我知栴檀香處王便令近臣將窮人而往伐取徑到樹所使者見樹洪直枝條茂盛華果煌煌人所希見心不忍伐不伐者則違王命病不消愈伐之者中心隱隱踟蹰徘徊不知云何樹神於空中言便伐之但置其根耳伐竟以人血塗之肝腸覆其上樹自當生還復如故使者聞神言如此便令人伐之窮人住在樹邊樹彈地枝攔煞之使者共議屠割窮人取其肝血如神所勑樹即更生車載所伐樹以還國中醫即進藥王病得愈舉國歡喜王命國中人民其有病者皆詣宮門王出香藥給之病皆得愈王身康豫黎民無病舉國欣慶遂致太平（出栴檀樹經也）

人遇鳥逐墮深谷際天降甘露遂得昇天三十三

昔有人行空澤中見一黑鳥人念此鳥必來害我我當煞之鳥亦念言人必煞我我當危之人便捨去鳥從後逐前走數里墮一深谷谷絕無底即

經律異相卷第四十四 第三十張 傍

於岸邊捉持樹根其形如指尋根而下懸在岸邊為於谷上以鼻撈之欲及不及下向見底但是鉾鐵復有兩鼠共嚙樹根又三黑虵出頭欲嚙復有蚊蜹來螫其眼其人念曰今日死矣仰天求救聲哀情至天降甘露渧其口始得一渧二鼠去得二渧毒虵捨之得三渧黑鳥自還得四渧蚊蝱除得五渧深谷自平出在平地天為化導將還天上（出辟喻經第七卷）

五百幼童聚沙興塔命終生天三十四

五百幼童相結為伴日日遊戲俱至江水聚沙興塔各言塔好雖有善心宿命福薄時天卒雨江水暴漲漂流溺死佛告衆人五百童子生兜術天皆同發心為菩薩行佛放光明令其父母見子所在佛遥呼五百幼子来尋時皆至住於虚空中散華於佛下稽首礼言蒙世尊恩雖身喪亡得見弥勒佛言善哉卿等決計知道至真與立塔寺因是生天見於弥勒諮受法誨佛為說經咸然歡喜立不退轉各白父母勿復愁苦努力精進以法

自修父母皆發道意稽首足下遶佛
三匝忽然不現還兜術天（出生經第四卷）
童子施佛豆生天後作轉輪王三十五
昔有童子數人共戲道中遇佛一人
作礼手中有五粒豆上佛四粒入鉢
一粒墮地佛言令汝世世得福童子
命終即生天上後八十世為轉輪王
（出十卷譬喻經第一卷）
牧牛小兒取華上佛牛觸而死即生
天三十六
佛泥洹後百年山中田澤草木茂盛
山外不遠有居人村牛馬入池生五
色蓮華牧牛小兒入池採取滿器蓮
華持出山際欲以上佛未至於寺道
逢羣牛觝煞小兒其神即生忉利天
上自然宮殿五色蓮華始生天中而
自念言吾宮獨有異色蓮華但諸天
法先觀宿命因緣後乃食福即見前
天相謂此天新來共相娛樂云何惶
怖不安便往問之荅曰吾本是牧牛
小兒採蓮華欲散佛塔中道无常緣
是之福來生此耳是以今擿華復欲
詣先塔散佛礼拜卒我本願時五百



天人執持蓮華相隨散佛塔緣是之
福弥勒下時當共得道（出譬喻經第五卷）
小兒先身以三錢施今解鳥語遂得
為王三十七
昔有一人用三錢布施乞求三願一者
將來得作國王二者解衆生語三者
多諸智慧其人命終生庶人家形色
端正王募為左右此兒投募得侍王
側見鵲在巢仰首看而笑王問何笑
荅曰鵲言我得龍女幾長十丈喚伴
看之王曰審尒者好无此者煞遣看
即得王欲取女為婦語小兒言汝解
鳥語必應多榮給汝食粮覔此女
人得者重報若不得煞汝及家口小
兒冒死向東海邊見二人共諍隱形
帽屐水靴煞活杖小兒曰何須云云
我放一箭君二人逐先前得者與三
種物荅曰善引弓放箭二人爭走小
兒取帽著靴捉杖直入海中至龍所
脫隱形帽令龍女見女人多欲遂與
小兒持一翅金還至外國其王遣迎勑
女獨入女便前進小兒戴隱形帽隨
女而入女見王醜以金擲王額破命



終小兒脫帽共女上殿高聲唱言我
應為王女為皇后霸王天下（出譬喻經）
諸劫分物不識好者三十八
昔者衆商人經由險道值劫大失衣
物中有一衣是麞胎毛細軟滑澤織
持作衣其價百倍而色紫黑不悅人
眼劫不賞別用持作帊以盛麁衣他
處共分各取雜物謂是奇好餘此一
帊未展分張劫羣中有困弱人獨不
與分苦論共以帊乞即自賣之時大
貴人知是好物依限雇直比於餘劫
所得等分諸劫聞之大生恥惱（出百句譬喻經第一卷）

經律異相卷第四十四

癸卯歲高麗國大藏都監奉
勑彫造

經律異相卷第四十四

校勘記

一　底本，麗藏本。

一　二六六頁上一行「男庶人部上」，徑、清作「男庶人部第三十四」。

一　二六六頁上三行至本頁下一一行目録，徑無。

一　二六六頁上三行第八字「及」，資、磧、普、南、清無。

一　二六六頁上六行「不歎」，資、磧、普、南、清作「不伏」。

一　二六六頁上一一行「差獲」，資、磧、普、南、清作「獲差」。

一　二六六頁上一六行「甥黠慧」，資、磧、普、南、清作「甥有黠慧」。

一　二六六頁上末行第七字「他」，清無。又第一〇字「以」，清作「而」。

一　二六六頁中一行「烏語」，資、磧、普、南、清作「鳥語」。

一　二六六頁中五行「所惡」，資、磧、普、南作「所惡心」。

一　二六六頁中六行「遠求仙水」，資、磧、普、南作「遠求仙心」；清作「求仙」。

一　二六六頁中九行第二字「人」，清作「人家」。又第八字「已」，清作「其已」。又「王乃」，資、磧、普、南、清作「王便」。

一　二六六頁中一三行首字「有」，資、磧、普、南、清無。又「胎中」，清作「腹中」。

一　二六六頁中一六行第一〇字「獲」，清作「得」。

一　二六六頁中一八行「貧人供僧僧報致富」，資、磧、普、南作「貧人供僧報致富」；清作「貧人供僧報銅缾打之出物遂至巨富」。

一　二六六頁中二〇行「是寶」，清作「是寶後知悔恨」。

一　二六六頁中二一行「懈怠」，資、磧、普、南、清作「懈怠端然守困」。

一　二六六頁中二二行第七字「還」，資、磧、普、南無。

一　二六六頁下一行第九字至次行第三字「天降甘露遂得昇天」，資、磧、普、南作「甘露降得昇天」；清作「天甘露降遂得昇天」。

一　二六六頁下三行「生天」，清作「生兜率天」。

一　二六六頁下七行第三字「小」，資、磧、南無。又「牛觸」，清作「中路牛觸」。

一　二六六頁下一二行第八字「及」，諸本（不含石，下同）無。

一　二六六頁下一三行末字「一」，徑、清作「第一」。

一　二六六頁下一五行「巧黠」，徑、清作「幻黠」。

一　二六六頁下二〇行「意意」，諸本作「意」。

一　二六六頁下二一行「淨處」，諸本作「不淨處」。

一　二六七頁上九行「欲沒其所化」，諸本作「即欲沒其所作」。

一　二六七頁上一一行末字「二」，徑、

清作「第二」。

一 二六七頁中四行第六字「欸」，諸本作「伏」。又末字「三」，徑、清作「第三」。

一 二六七頁中五行第一〇字「閞」，諸本無。

一 二六七頁中八行「臣答王言」，諸本作「臣答曰」。

一 二六七頁中一二行第九字「醉」，資作「醢」。又末字「舉」，諸本作「輿」。

一 二六七頁中一三行末字「醉」，磧、普、南、徑、清作「醒」。

一 二六七頁中二二行夾註左末字「也」，諸本無。

一 二六七頁中末行末字「四」，徑、清作「第四」。

一 二六七頁下二行第一二字「故」，諸本無。

一 二六七頁下八行第五字「曰」，諸本作「佃」。

一 二六七頁下九行「池中」，諸本作「河中」。

一 二六七頁下一五行「往便」，諸本作「任便」。

一 二六七頁下一六行第三字「被」，諸本無。

一 二六七頁下一九行末字「被」，諸本作「彼」。

一 二六八頁上六行末字「五」，徑、清作「第五」。

一 二六八頁中一行「摩娑」，磧、普、南、徑、清作「摩挲」，下同。又末字「六」，徑、清作「第六」。

一 二六八頁中九行第四字「與」，資、磧、普、南作「及」。又末字「七」，徑、清作「第七」。

一 二六八頁中一七行第四字「住」，資作「在」。

一 二六八頁下八行「差獲」，諸本作「獲差」。又末字「八」，徑、清作「第八」。

一 二六八頁下九行「國王」，諸本作「大國王」。

一 二六八頁下一二行「已疾」，諸本作「已病」。

一 二六八頁下一三行「屬遣」，諸本作「屢遣」。

一 二六八頁下一四行「償賫」，諸本作「賞賫」。

一 二六八頁下二〇行第一〇字「笑」，諸本作「嘆」。

一 二六八頁下二二行「隨道」，諸本作「循道」。

一 二六九頁上一行第六字「曰」，諸本無。

一 二六九頁上一二行「功夫少」，諸本作「功夫少也」。

一 二六九頁上一三行「生天」，資、磧、普作「生天事」；徑、清作「生天第」。

一 二六九頁上一五行首字「有」，諸本無。

一 二六九頁上末行第四字「僧」，諸本作「沙門」。

一 二六九頁中一行末字「十」，徑、清作「第十」。

一　二六九頁中三行「道人」，諸本作「有一道人」。

一　二六九頁中四行「須留」，諸本作「頃留待家餉時」。

一　二六九頁中七行「若心」，諸本作「君心」。

一　二六九頁中一六行「魚腸」，諸本作「魚腹」。

一　二六九頁中一七行第五字「上」，普無。

一　二六九頁下四行「十一」，徑、清作「第十一」。

一　二六九頁下六行第九字「心」，諸本作「心生」。

一　二六九頁下九行「至冨」，諸本作「巨富」。

一　二六九頁下一三行「去去」，諸本作「去」。

一　二六九頁下一六行夾註左末字「也」，諸本無。

一　二六九頁下一七行「甥黠慧」，諸本作「甥有黠慧」。又「十二」，徑、清作「第十二」。

一　二六九頁下二〇行「綺寶」，諸本作「琦寶」。

一　二七〇頁上七行第八字「這」，諸本作「適」。

一　二七〇頁上八行「執者」，諸本作「舅即」。

一　二七〇頁上九行第一三字「輿」，磧、普、南、徑、清作「舁」。

一　二七〇頁上二〇行「受骨」，諸本作「盛骨」。

一　二七〇頁中一行「非妄」，諸本作「非忘」。

一　二七〇頁中九行「獨百」，諸本作「獨自」。

一　二七〇頁中一八行「而鳴之」，諸本作「因而鳴之」。

一　二七〇頁下八行「盗魅」，諸本作「盗兒」。

一　二七〇頁下一一行第一三字「當」，諸本無。

一　二七一頁上一行「十三」，徑、清作「第十三」。

一　二七一頁上五行第一三字「一」，諸本作「有一」。

一　二七一頁上九行「即日」，磧、普、南、徑、清作「即曰」。

一　二七一頁上一〇行「蕭然」，諸本作「蕭然」。

一　二七一頁中六行「十四」，徑、清作「第十四」。

一　二七一頁中九行「先語」，諸本作「先言」。

一　二七一頁中一〇行「寳土」，諸本作「土攻」。

一　二七一頁中一三行「大餅」，諸本作「一餅」。

一　二七一頁中一五行第七字「他」，諸本無。又「以易之十五」，資、磧、普、南作「而易之十五」；徑、清作「而易之第十五」。

一　二七一頁中二一行「鳥語」，諸本作「烏語」，二二行同。又「十六」，徑、清作「第十六」。

一二七一頁中末行第五字「飲」，諸本作「飯」。本頁下一行第八字同。

一二七一頁下七行「至死」，資、磧、普作「死死」；南、徑、清作「寧死」。

一二七一頁下八行「十七」，徑、清作「第十七」。

一二七一頁下一一行「免水厄」，資、磧、普、徑作「得免水厄」。

一二七一頁下一四行「十八」，徑、清作「第十八」。

一二七一頁下一九行「大智慧」，諸本作「有大智慧」。

一二七二頁上二行「不掩」，諸本作「不惓」。

一二七二頁上五行夾註左「第四卷」，資、磧、普、南作「卷第四」。

一二七二頁上六行「十九」，徑、清作「第十九」。

一二七二頁上七行末字「撤」，諸本作「輙」。

一二七二頁上八行「假令」，諸本作「假命」。

一二七二頁上一五行「二十」，徑、清作「第二十」。

一二七二頁上一六行「於兩業」，諸本作「作兩業」。

一二七二頁上二二行「寺狗」，諸本作「寺中狗」。

一二七二頁中三行夾註左「譬喻經」，諸本作「譬喻經第三卷」。

一二七二頁中四行「遠求仙水」，資、磧、普、南作「遠求仙」；徑、清作「求仙」。

一二七二頁中五行「二十一」，徑、清作「第二十一」。

一二七二頁中六行第一〇字「水」，諸本無。

一二七二頁中一三行首字「是」，諸本作「此是」。又第一〇字「若」，諸本作「君」。

一二七二頁中一八行「阿耶」，諸本作「阿爺」。

一二七二頁中二〇行「二十二」，徑、清作「第二十二」。

一二七二頁中末行「其功」，諸本作「甚巧」。

一二七二頁下一一行第二字「人」，諸本作「人家」。又第八字「己」，諸本作「其己」。又第一二字「乃」，徑、清作「便」。

一二七二頁下一二行「二十三」，徑、清作「第二十三」。

一二七二頁下一七行第三字「條」，諸本作「牒」。

一二七二頁下二〇行「可恃」，資作「可持」。

一二七二頁下二一行「二十四」，徑、清作「第二十四」。

一二七二頁下二二行末字「人」，諸本無。

一二七三頁上五行第一二字「百」，諸本作「百兒」。

一二七三頁上七行首字「有」，諸本無。又「胎中」，諸本作「腹中」。

一二七三頁上七行末字至次行首二字「二十五」，徑、清作「第二十五」。

一 二七三頁上九行「誓約」，諸本作「約誓」。

一 二七三頁上一一行「早死」，諸本作「死早」。

一 二七三頁上一三行第一二字「子」，諸本無。

一 二七三頁上一四行第六字「男」，諸本作「兒」。又第一〇字「在」，諸本作「存」。

一 二七三頁上二〇行「怖懅」，諸本作「怖懼」。

一 二七三頁中二行「斂取」，諸本作「斂聚」。

一 二七三頁中一二行「二十六」，徑、清作「第二十六」。

一 二七三頁中一六行「飮食」，諸本作「飯食」。

一 二七三頁中二二行「不愚失財物」，諸本作「不遇失去財物」。

一 二七三頁下二行「物財」，諸本作「財物」。

一 二七三頁下八行「索債」，諸本作「來責」。

一 二七三頁下九行第一〇字「獲」，諸本作「得」。

一 二七三頁下一〇行「二十七」，徑、清作「第二十七」。

一 二七三頁下一四行第九字「手」，資作「乎」。

一 二七三頁下一七行「水中」，諸本作「井中」。

一 二七三頁下一九行第三字「人」，資無。

一 二七三頁下二〇行首字「之」，諸本作「金」。

一 二七四頁上三行「致富」，諸本作「銅瓶打之出物遂至巨富」。又「二十八」，徑、清作「第二十八」。

一 二七四頁上一〇行「一堰」，諸本作「一樝」。又「林石」，諸本作「材石」，一三行同。

一 二七四頁上一四行「頃出」，諸本作「復出」。

一 二七四頁上一七行「二十九」，徑、清作「第二十九」。

一 二七四頁上二一行「車與」，諸本作「車輿」。

一 二七四頁中九行夾註左「第三卷」，諸本作「第二卷」。

一 二七四頁中一〇行「是寶三十」，資、磧、普、南作「是名寶後知悔恨三十」；徑、清作「是寶後知悔恨第三十」。

一 二七四頁中一二行第一二字「持」，諸本作「持行」。

一 二七四頁中一七行「不應和」，資作「不樂和」。

一 二七四頁中一九行「大哭」，諸本作「大啼哭」。

一 二七四頁中二〇行「復云」，諸本作「復問公」。

一 二七四頁中二二行「破地」，諸本作「斫地」。

一 二七四頁中末行「以爲」，諸本作「是以爲」。

一 二七四頁下三行「三十一」，資、磧、

普、南作「端然守困三十一」；徑、清作「端然守困第三十一」。

一　二七四頁下七行第九字「見」，諸本作「汝見」。

一　二七四頁下二一行夾註「第五卷」，諸本作「第五袟」。

一　二七四頁下末行「三十二」，徑、清作「第三十二」。

一　二七五頁上六行第五字「熟」，徑作「熱」。又「先輩」，磧、普、南、徑、清作「先伴」。

一　二七五頁上八行「可止」，資作「止上」。

一　二七五頁上一七行「恨恨」，資、普、南、徑、清作「悢悢」；磧作「恨悢」。又「樹恩」，諸本作「恩樹」。

一　二七五頁中二行「償禄」，諸本作「賞禄」。

一　二七五頁中一一行第四字「彈」，諸本作「撣」。

一　二七五頁中一六行「康豫」，諸本作「康寧」。

一　二七五頁中一七行「欣慶」，諸本作「欣欣」。又夾註左末字「也」，諸本無。

一　二七五頁中一八行「天降甘露」，諸本作「天甘露降」。

一　二七五頁中一九行「三十三」，徑、清作「第三十三」。

一　二七五頁下五行「其眼」，資無。

一　二七五頁下七行第二字「口」，諸本作「口中」。

一　二七五頁下九行第五字「深」，資無。

一　二七五頁下一一行「生天」，諸本作「生兜率天」。又「三十四」，徑、清作「第三十四」。

一　二七五頁下一四行末二字至次行首二字「漂流溺死」，諸本作「流溺而死」。

一　二七五頁下一七行「幼子」，諸本作「幼童」。

一　二七五頁下一八行「散華」，諸本作「華散」。

一　二七五頁下二〇行第三字「佛」，諸本作「佛佛」。又「決計」，諸本作「快計」。

一　二七六頁上三行「三十五」，徑、清作「第三十五」。

一　二七六頁上八行夾註右「十卷」，諸本無。

一　二七六頁上九行「牛觸」，諸本作「中路牛觸」。

一　二七六頁上一〇行首字「天」，諸本作「天上」。又「三十六」，徑、清作「第三十六」。

一　二七六頁上一九行首字「天」，磧作「人」。

一　二七六頁上二〇行首字「怖」，諸本作「惶」。又第四字「便」，磧作「復」。

一　二七六頁中二行夾註左「第五卷」，諸本作「第一卷」。

一　二七六頁中四行「三十七」，徑、清作「第三十七」。

一　二七六頁中九行第七字「首」，諸

本無。

一　二七六頁中二二行第三字「入」，諸本作「入曰」。又第一〇字「戴」，諸本作「著」。

一　二七六頁下三行「三十八」，徑、清作「第三十八」。

一　二七六頁下四行「昔者衆商人」，諸本作「昔有衆商人」。又第一二字「大」，資、磧、普、南作「火」。

經律異相卷第四十五 女庶人部下 傢

梁沙門僧旻寶唱等集

長髮女人捨髮供養佛一

獨母見沙門神足願後生百兒二

母人懷妊遇佛願以兒為道三

老母慳病時見地獄婢行善覩有天堂四

母人為比丘起屋壽終生天手出衆物五

母二兒溺死哭知淨者六

婦人化智户上懸鈴使聞聲稱佛後免地獄七

瞻婆女人身死闍維於火中生子八

摩耶祇女懷妊謗佛地即震裂身陷地獄九

婬盪婦人苦一沙門沙門心至火變為水十

童女火氣入身懷妊生端正子十一

女人懷妊口常誦經生兒多智為衆人所宗十二

女人懷妊生四種異物十三

女人心緣丈夫誤繫兒入井十四



挨貸自取多還少命終為犢十五

青衣割食施辟支佛立啟醜類得為夫人十六

醜婦臨水見他影謂其端正十七

長髮女人捨髮供養佛一

昔有一女端正紺髮髮與身等國王夫人請頭髮與千兩金而不肯與見佛歡喜願設供養請其父母乞為呼之父母言家貧無以飯之女言取髮直以用供養父母白佛願佛明日蹔顧微飯女割髮與王夫人夫人知其懸急但與五百兩金女取金買食歡喜無量悔昔慳貪令世貧窮願令我後莫值此苦女見世尊金光五色照其門内頭面著地繞佛三匝頭髮還復如故佛言此女上世貧無可施常持頭面著地作礼後八十一劫常生人中此福已盡今生貧家猶識功德見我歡喜福祐無量命終當生第二忉利天上盡天福壽當發菩薩道心女父母兄弟莫不歡喜命盡生天出十卷譬喻經第三卷

獨母見沙門神足願後生百兒二

昔有獨母賃守田園主人有事餉過

食時食至欲食沙門從乞以所食分盡著鉢中一莖蓮華又以貢奉道人却現神足母喜歎曰真聖人乎願我後生百子若茲毋終為梵志嗣其神靈集梵志小便之處鹿舐小便即感有身時滿生女梵志育焉年至十餘守居護火女與鹿戲不覺火滅父令索火女至人隙步一蓮華火主曰尒繞吾居三匝以火與尒女即從命華生陸土園屋三重國王聞之呂問相師師曰必有聖嗣傳化無窮王命賢臣娉迎還宮懷妊月滿乃生百卵后妃逮妾靡不嫉焉以囊盛卵密覆其口投江流中天帝釋下以印封口諸天翼衛從流亭上由柱植地下流之國其王於臺遥覩水中有囊流下煇晃光煇似有軋靈取而覩焉覩帝釋印發百卵懷育溫煖時滿體成産為百男生有聖智不啓自明相好希有力勢兼百王具白象百頭以供聖嗣征伐隣國莫不降伏又伐所生父王之國王曰孰有能却斯敵者乎母曰大王無懼為王降之即登觀揚



聲謂曰夫逆之大其有三矣一不遠羣邪招二世苦二生不識親而逆孝行三恃勢煞親毒向三尊懷此三逆者其惡無盡尒等張口信現乎今母旋其乳天命湩射遍百子口精誠之感飲湩情哀僉然俱曰斯吾母矣叩頭悔過親嗣如會靡不哀慟二國和睦靡不稱善諸子覩世無常辭親學道遠世獵垢九十九子皆得緣覺一子理國父崩為天大赦衆罪開藏布施民人無乏化以十善正善治國與立塔寺供奉沙門誦經論道口無四悪天帝養護由親育子留為王者即吾身是父者今白淨王是母者舍妙是（出度无極集第二卷）

母人懷身過佛願以兒為道三

有一母人懷身數月見佛及僧心自討言我生子如此使作沙門為佛弟子月滿生男姝好異衆及年七歲家貧但作二人食及三法衣手持澡瓶將兒詣佛曰願哀我子使作沙門佛即聽之令以瓶洗兒手應時九龍從瓶口出吐水灌兒殘水散兒頭上化



成華蓋中有師子座座上有佛佛與兒頂入母以飯具上佛并食其子發无上道心十億佛刹六反震動諸佛自現以母飯施尒所諸佛及比丘僧皆得飽足初不損減兒鬚自墮成為沙門即得立於不退轉地（出十卷譬喻經第三卷）

老母慳病時見地獄婢行善覩有天堂四

昔王舍城東有一老母慳貪不信其婢精進常行慈心念用二事利益衆生一者不持熱湯汲地二者洗器殘粒常施人老母得病有氣息魂神將之入地獄中見火車鑪炭鑊湯涌沸刀山劒樹苦楚万端老母見問訊是何物獄卒荅曰此是地獄王舍城東有慳貪老母應入其中老母自知悚然愁悴小復前行七寶宮舍妓女百千種種珎異問此何物荅言天宮王舍城東慳貪老母有婢精進命盡生中老母忽活憶了向事而語婢言汝應生天汝是我婢豈得獨受汝當共我婢荅之言脫有此理轉當奉命但

恐善惡隨形不得共受耳毋即不慳貪大作功德（出雜譬喻經）

毋人為比丘起屋壽終生天手出衆物五

昔維衛佛從諸比丘六万二千初從山出還父王國國王於城外割地立精舍諸比丘各得地分有比丘語左右家欲請作屋男子不許其家老母手自為之屋得成十指皆穿比丘坐中禪定一定入火光三昧舍現大火母還望見念我作屋尋便已燒何薄福乎入屋故在但於火光中見比丘甚大歡喜壽終生天釋迦成佛天命未盡來下白佛明日飯佛及聖衆佛默然受之波斯匿王又遣請佛佛曰已受天請王曰未曾見天人下施何緣有此明日遣人候之不見施辦乃至禺中亦復寂然王勑備餚饌若無人為吾當供之日中天至了不賫食但將諸天王女鼓諸音樂礼佛而住白日時到即舉手巾衆事皆辦行水既訖復更舉手出厨百味甘露在地手自斟酌衆會皆足王見驚欣澡畢



白佛不審此天宿有何福手出百味福德乃尒佛為王說前世手為比丘作屋從是生天九十一刧手出衆物福尚未終（出雜譬喻經第一卷）

毋二兒溺死哭知浮者六

毋生二子一不知浮墮水而終毋都不哭一知浮亦墮水亡毋悲哭之人言前子不哭後子而哭何耶毋言前不知浮故其宜也後者工浮其為枉也（出十卷譬喻經第八卷）

婦人化聟户上懸鈴使聞聲稱佛後免地獄七

昔有人不信婦甚事佛婦白聟曰人命無常可脩福德聟無心懶墯婦恐將來入地獄中即復白聟欲懸一鈴安著户上君出入時振鈴作聲稱南無佛聟曰甚善如是經久其聟命終獄卒扠之擲鑊湯中扠振鑊作音聲謂是鈴聲稱南無佛獄官聞之此人奉佛放令出去得生人中（出雜譬喻經也）

瞻婆女人身死闍維於火中生子八

瞻婆國人事六師初未曾聞佛法僧名作極惡業佛於尒時為衆生故往



瞻婆城時彼城中有大長者無有繼嗣共事六師以求子息於後不久其婦懷傉長者知已往六師所歡喜問言為男為女六師荅言生必是女長者愁惱復有知識來謂長者先不聞優樓頻螺迦葉兄弟為誰弟子六師若是一切智者迦葉何故捨之從佛又舍利弗目揵連等及諸國王頻婆娑羅等諸王夫人末利夫人諸國長者須達等如是諸人皆佛弟子如來世尊於一切法知見無礙故名為佛如來今者近在此住若欲實知當詣佛所尒時長者即詣我所以事問佛佛言長者汝婦懷傉是男無疑福德無比長者歡喜六師心嫉以菴羅果和合毒藥持與長者快哉瞿曇善說其相汝婦臨月可服此藥兒則端正產者無患長者受之與婦令服服已尋死六師歡喜周遍城市唱言沙門瞿曇記彼長者婦當生男今兒未生毋已喪命尒時長者復於我所生不信心即便殯殮棺蓋焚之我見此事已顧命阿難取我衣來吾欲往彼摧

滅邪見尒時六師還見佛往各相謂言瞿曇沙門至此塚間欲噉肉耶未得法眼諸優婆塞各懷愧懼而白佛言彼婦已死願不須往尒時阿難語諸人言且待須臾如來不久當廣開闡諸佛境界佛到長者難言所言无二兒毋已終云何生子我言長者御於尒時都不見問毋命脩短但問所懷為是男女諸佛如來發言無二是故當知定必得子是時死屍火燒腹裂子從中出端坐火中如蓮華臺六師見已謂為幻術長者見已心復歡喜呵責六師若言幻者汝何不作我於尒時尋告耆婆汝往火中抱是兒來耆婆前入火聚猶入清涼大河抱持是兒還詣我所授兒與我我受兒已告長者言一切衆生壽命不定如水上泡衆生若有重業果報火及毒螫並不能害非我所作時長者言善哉世尊是兒若得盡天命唯願如來為立名字佛言長者是兒生於猛火中火名樹提因名樹提出大涅槃經第二十八卷

摩鄉衹女懷杅謗佛地即震裂身陷



地獄九

佛在舍衛國無數大衆為說法要時有外道弟子摩鄉衹女宿罪深重身帶木杅以衣覆之出舍衛城至祇洹寺選見世尊與無數衆而為說法歡喜踊躍不能自勝今日要當在此衆中毀辱瞿曇令我師得致供養乃至衆中而說偈言此說法人使我此身懷身有兒時大衆中多諸外道倮形梵志信佛者少習邪者衆聞此女語皆共信用其信佛者內自思惟昔佛在宮捨王重位捐棄婇女出家學道成最正覺豈有心與此穢陋之女與從事乎時釋提桓因在如來後執扇而扇內自思惟此弊梵女云何乃與此意誹佛化為白鼠嚙木杅系斷聲震大衆無不見者其中不篤信者皆等然此為何聲乃震四遠其中信佛之人聞此音聲歡喜踊躍僉然同悅尋有一人從坐而起手執木杅語彼女曰此是汝兒耶時地自開令身即入阿鼻地獄時女宗族退慕啼泣不能捨離不信佛者即起懺悔其中信



者共相告曰誹謗之報其罪如是現驗如茲豈云後世出摩鄉衹全身入地獄經

媱蕩婦人苦一沙門沙門心至火變為水十

有大迦羅越財富無數其子端正黠慧大好經道出家從師奉行經法師先令分衛七日國中有媱蕩家婦呼令其入入便閉門前牽沙門沙門不從婦大恚呼婢來鑿作火坑深一丈使四婢急捉身不得動臨火坑上沙門言且止我當計挍沙門自念我入火中為一死耳此持戒死可得生天若犯戒死當入泥犁無有出時便入坑中火化作水至沙門署安徐而出出十卷譬喻經第五卷

童女火氣入身懷身生端正子十一

昔有長者名曰善施家有未出門女在家向火暖氣入身遂便有軀父母驚怪詰其由狀其女實對不知所以父母重問加諸杖楚其辭不改遂上聞王王復詰責辭亦不異許之以死女即攞怨曰天下乃當耳無道之君枉煞無辜我若不良自可保試見枉

如是王即捻保如女所言無他增減語其父母我欲取之母對曰隨意取之用此死女為王即内之宮裏隨時贍養日月遂滿産得一男端正姝妙年遂長大出家學道聰明博達精進不久得羅漢道還度父母（出分別功德經第五卷）

女人懷身口常誦經生兒多智為衆人所宗十二

昔有比丘精進守法少持禁戒初不毀犯所可諷誦是般若波羅蜜其有聞此比丘音聲莫不歡喜有一小兒厥年七歲城外牧牛遥聞比丘諷誦經聲即詣精舍礼拜比丘聽其經言時說色空來聞即解兒大歡喜便問比丘比丘應荅不可兒意是時小兒反為比丘解說其義昔所希聞比丘歡喜怪此小兒智慧非凡時兒即去還至牛所所牧牛犢散走入山兒尋其迹追逐求索時值一虎害此小兒小兒命終生長者家夫人懷身口便能說般若波羅蜜從朝至暮初不懈息其長者家怪此夫人口為妄語謂呼鬼病卜問譴祟無能知者是時比丘



入城分衛詣長者門遥聞其聲心甚喜悅即問長者内中誰有說此深經長者報言我婦鬼病晝夜妄語口初不息比丘報言此非鬼病但說尊經佛之大道願得入内與共相見長者言善即至婦所比丘難問反覆披解即留比丘與作飲食展轉相謂夫人懷身口誦尊經其音妙好後日長者復請比丘悉令詣舍辦飯食具時夫人出礼衆比丘復為說法諸有疑難不能及者盡為解說衆僧歡喜日月滿足産得男兒適生叉手長跪說波羅蜜夫人産已還復如本長者問言此為何等比丘荅曰真佛弟子好養護之此兒後大當為一切衆人作師吾等悉當從其啓受時兒七歲道法悉備舉衆超絶智度無極經中誤脫有所短少皆為刪定足其所乏兒毋所至輙開化人長者室家内外大小五百人衆皆從兒學所開發者八万四千人皆發無上正真道五百比丘聞兒所說盡漏意解志求大乘得法眼淨是時兒者則吾身是比丘者



迦葉佛是（出度无極集第六卷）

女人懷身生四種異物十三

有夫妻二人無子祠祀天神以求係胤神即許之遂便懷身生四種物一者旃檀斗感米二者甘露瓶三者寶囊四者七節神杖其人歎曰吾求兒子更生餘物便到神所重求所願神即語言汝欲得子何物稱益荅曰子當使令給養吾等神云今此米斗用之無盡甘露蜜瓶食之無減而消百疾珎寶之囊見無損減七節神杖以備凶暴兒子豈能辦此其人大喜還家試驗如言不虛遂成大富不可訾計國王聞之即遣衆兵欲往攻奪其人擎杖飛遊擊敵摧破強衆皆悉退散其人歡喜無復憂患（出譬喻經第十卷）

女人心緣丈夫誤繫兒入井十四

明婿荒之士寧喪其親族無息心於婿事舍衛城邊有一婦人抱兒持瓶詣井汲水有一男子顏貌端正坐井右邊彈琴自娛婦女人多欲耽著男子男子亦樂女人女人迷荒索繫兒頸懸於井中尋還挽出兒時已死愁

憂傷結呼天墮淚而自說頌佛集大衆告諸比丘婬火熾威能燒善本婬荒之士不識善惡不別清白不知縛解斯輩之人遂無慙愧寧喪親族分受刑辱或因姧婬煞害父母兄弟六親王者所戮死受惡報生生無極昔有一人篤好姦婬父母所生唯此一子夜非人時天陰雷電帶刀持箭欲往婬女村時母覺知即捉曉喻夜既陰闇為人所害吾宿斯德唯有一子會遇惡者吾無所恃子報母曰去不得復住母知意正便向兒處至即拔刀刾煞其母即打婬女門女人應曰汝是何人以誦荅曰

婬恚諸根亂　為想所謀誤　不慮衆事業
為愚闇覆蓋　今我取母害　折伏猶奴婢
翹立在門外　如客待使役

女人以頌報曰

咄弊背恩養　害母種罪殃　何忍見汝顏
宜速遠吾家　父母抱育養　為子歷衆苦
害母行地上　地不陷汝煞

男子復報女曰為汝害母造無邊罪小見竟怒為開門暫得言談便復還家女人報曰



寧入投炭爐從　山投幽谷　生把七步虵
不與愚從事

男子還家道逢惡殺為殺所害入阿鼻獄受罪（出出曜經）

換貸自取多還少命終為犢十五

昔有長者居富無限唯有一妹嫁得貧婿兄數數餉遺轉欲厭妹來從兄貸麵兄言自往取之妹便棻難而取持瀝如還兄亦不覺數數非一妹命終為兄家作犢子兄甚愛之養食令肥當煞祠神時五百賈客欲從主人舉錢類息在外展轉自相問言鄉取幾錢各各說其多少最後一人言但益取之後同不還多少何在時犢子在邊便作人語諸人何以乃生此意我是主人妹坐貸麵欺兄今作牛身來償兄債時五百賈人聞其言莫不戰慄皆不復舉錢而去（出譬經中要事）

青衣割食施辟支佛立改醜顏得為夫人十六

辟支佛至長者舍乞食夫人見其形相端正語辟支佛若隨我情當設供



養辟支佛言不得如夫人所請既不從心即懷慙忿發遣令去長者青衣嫌夫人言何故告人不當之事取已食分與辟支佛食竟還房寢息乃覺垢黑之皮自然脫落顏容端正殊絕人中如天玉女長者驚怪問其本末即拜為第一夫人（出雜譬喻經第一卷）

醜婢臨水見他影謂其端正十七

舍衛國內有富長者名晨居家有一婢字弗豆持大頭禿髮眼目正青口鼻了戾略不類人常給外役取刈蕪草去家數里有一泉源既香且甘婢持瓶取水時左右舍有一婦自經樹上影臨泉中婢見面像謂是已形即大瞋罵我端正乃尒駈役田園困苦如是即撲瓶破歸家昇堂坐於夫人七寶座上流蘇帳中家大驚怪謂婢狂疾問之何為荅曰我於水中自見端正大家不別獨見賤遇即與鏡照之乃見醜形猶生不信送臨水上見死人影婢意方解慙愧自分（出十卷譬喻經第七卷）

經律異相卷第四十五

經律異相卷第四十五

校勘記

一 底本，金藏廣勝寺本。

一 二八四頁中一行「女庻人部下」，徑、清作「女庻人部第三十五」。

一 二八四頁中三行至本頁下四行目録，徑無。

一 二八四頁中三行第四字「人」，資、磧、普、南無。

一 二八四頁中一六行首字至一七行末字「婬……十」，清作「婬盪婦人苦一沙門沙門心至火變爲水十三」，並置於二一與二二行之間。

一 二八四頁中一八行至二一行序次「十一」、「十二」、「十三」，清依次作「十」、「十一」、「十二」。

一 二八四頁中一九行「懷任身」，資、磧、普、南作「懷子」。

一 二八四頁下一行第四字「取」，磧、普、南、清作「取取」。

一 二八四頁下四行「醜婦」，清作「醜婢」。

一 二八四頁下五行末字「一」，徑、清作「第一」。

一 二八四頁下七行「頭髮」，資、磧、普、南、徑、清作「顧髮」。

一 二八四頁下一〇行「願佛明日」，資、磧、普、南、徑、清作「願明日」。

一 二八四頁下一一行末字「懸」，磧、普、南、徑、清作「緣」。

一 二八四頁下一三行第七字「令」，諸本(不含石，下同)作「今」。

一 二八四頁下一六行「上世」，資、磧、普、南、徑、清作「先世」。又「常持」，資、磧、普、南作「當持」。

一 二八四頁下一八行「已盡」，資、磧、普、南、徑、清作「已盡命終」。

一 二八四頁下二二行末字「二」，徑、清作「第二」。

一 二八五頁上三行「却現」，諸本作「即現」。

一 二八五頁上八行「人隊」，資、磧、普、南、徑、清作「人聚」。

一 二八五頁上一〇行「陸土」，資、磧、普、南、徑、清作「陸地」。

一 二八五頁上一三行末字「密」，資、普作「蜜」。

一 二八五頁上一五行「亭上」，資、磧、普、南、徑、清作「亭止」；麗作「停止」。

一 二八五頁上一七行「輝晃光輝」，資、磧、普、南、徑、清作「煒晃光輝」；麗作「輝晃光耀」。

一 二八五頁上一八行「百夘」，資、磧、普、南、徑、清作「得百卵」。

一 二八五頁上末行「登觀」，諸本作「登樓觀」。

一 二八五頁中五行「旋其」，資、磧、普、南、徑、清作「捉其」。

一 二八五頁中一〇行第七字「天」，諸本作「王」。

一 二八五頁中一五行夾註左「第二卷」，南作「第一卷」。

一 二八五頁中一六行末字「三」，徑、清作「第三」。

一 二八五頁下二行「千億」，資、磧、普、南、徑、清作「十億」。

一 二八五頁下八行第五字「時」，資、磧、普、南無。

一 二八五頁下九行第二字「四」，徑、清作「第四」。

一 二八五頁下一二行「涹地」，資、磧、普、南、徑、清作「澆地」。

一 二八五頁下一三行「施人」，資、磧、普、南、徑、清作「施與人」。又「有氣息」，資、磧、普、南、徑、清作「雖有氣息」。

一 二八五頁下一五行第一三字「訙」，資、磧、普、南、徑、清作「許」。

一 二八五頁下二一行「憶了」，資、磧、普、南、徑、清作「憶乎」。

一 二八五頁下末行「轉當」，資、磧、普、南、徑、清作「輒當」。

一 二八六頁上四行末字「五」，徑、清作「第五」。

一 二八六頁上八行「欲請」，資、磧、普、南、徑、清作「欲倩」。

一 二八六頁上一〇行「一定」，資、磧、普、南、徑、清作「一夜」。

一 二八六頁上一二行「入屋」，資、磧、普、南、徑、清作「母入屋」。

一 二八六頁中五行末字「六」，徑、清作「第六」。

一 二八六頁中一二行第四字「七」，徑、清作「第七」。

一 二八六頁中二〇行夾註左末字「也」，資、磧、普、南、徑、清無。

一 二八六頁中二一行末字「八」，徑、清作「第八」。

一 二八六頁下二二行「殯鍛」，資、磧、普、南、徑、清作「殯殮」。

一 二八七頁上二〇行「盡天命」，資、磧、普、南、徑、清作「盡其天命」。

一 二八七頁上二一行第九字「是」，資、磧、普、南、徑、清無。

一 二八七頁上二二行首字「中」，資、磧、普、南、徑、清作「之中」。又夾註右末字「經」，資、磧、普、南無。又左末字「卷」，資、磧、普、南、徑、清作「分」。

一 二八七頁中一行第三字「九」，徑、清作「第九」。

一 二八七頁中二行「法要」，資、磧、普、南、徑、清作「要法」。

一 二八七頁中七行「我師」，資、磧、普、南、徑、清作「我等師」。

一 二八七頁中一三行末字「與」，資、磧、普、南、徑、清作「與共」。

一 二八七頁中一五行「而扇」，資、磧、普、南、徑、清無。

一 二八七頁中一八行「咢然」，資、磧、普、南、徑、清作「愕然」。

一 二八七頁中二一行「令身」，諸本作「全身」。

一 二八七頁下三行首字至一五行夾註左末字「婬……卷」，資、磧、普、南、徑、清置於頁下一六行與一七行之間。

一 二八七頁下四行末字「十」，資、磧、普、南作「十三」；徑、清作「第十三」。

一　二八七頁下一六行「十一」，資、磧、普、南作「十」；徑、清作「第十」。

一　二八七頁下二二行第一〇字「耳」，諸本作「有」。又末字「君」，資、磧、普、南、徑、清作「王」。

一　二八八頁上六行夾註左末字「卷」，資、磧、普、南、徑、清作「分」。

一　二八八頁上八行「十二」，資、磧、普、南作「十一」；徑、清作「第十一」。

一　二八八頁上一二行「諷誦」，資、磧、普、南、徑、清作「誦說」。

一　二八八頁上末行第六字「祡」，諸本作「祟」。

一　二八八頁中八行「後曰」，諸本作「後日」。

一　二八八頁中九行「飯食」，資、磧、普、南、徑、清作「飲食」。

一　二八八頁中一七行「舉衆」，磧、普、南、徑、清作「與衆」。

一　二八八頁中一八行末字「母」，資、磧、普、南、徑、清作「每」。

一　二八八頁中二一行「正真道」，資、磧、普、南、徑、清作「正真道意」。

一　二八八頁下二行「十三」，資、磧、普、南作「十二」；徑、清作「第十二」。

一　二八八頁下一一行首字「疾」，資、磧、普、南、徑、清作「病」。又「見無損減」，資、磧、普、南、徑、清作「用之無損」。

一　二八八頁下一六行夾註左「第十卷」，資、磧、普、南、徑、清作「第七分」。

一　二八八頁下一七行「十四」，徑、清作「第十四」。

一　二八八頁下二一行第四字「瑟」，資、磧、普、南、徑、清作「琴」。又第七字「婦」，資、磧、普、南、徑、清無。

一　二八八頁下二二行第八、九字「女人」，資無。

一　二八九頁上六行「生生」，資、磧、普、南、徑、清作「生之」。

一　二八九頁上九行「夜既」，資、磧、普、南、徑、清作「今夜」。

一　二八九頁上一〇行「斯德」，諸本作「尠德」。

一　二八九頁上一二行「向兒處至」，資、磧、普、南、徑、清作「向兒拜至兒」。

一　二八九頁上一四行第六字「誦」，資、磧、普、南、徑、清作「頌」。

一　二八九頁上一七行第八字「待」，資、磧、普、南、徑、清作「附」。

一　二八九頁上二二行第二字「子」，資、磧、普、南、徑、清無。

一　二八九頁上末行第五字「爲」，資、磧、普、南、徑、清作「見爲」。

一　二八九頁中二行第一二字「把」，麗作「犯」。

一　二八九頁中五行「受罪」，資、磧、普、南、徑、清作「受罪無數劫」。又夾註「曜經」，資、磧、普、南、徑、清作「出出曜經第三卷」。

一　二八九頁中六行「十五」，徑、清作「第十五」。

一　二八九頁中九行第一二字「難」，磧、普、南、徑、清作「攤」；麗作「捺」。

一　二八九頁中二一行「十六」，徑、清作「第十六」。

一　二八九頁下四行「乃覺」，資、磧、普、南、徑、清作「及覺」。

一　二八九頁下八行「十七」，徑、清作「第十七」。

一　二八九頁下一三行第五字「時」，資、磧、普、南、徑、清無。又第一三字「經」，麗作「絞」。

一　二八九頁下二一行夾註「出十卷譬喻經第七卷」，資、磧、普、南、徑、清作「出十八譬喻經第七分」。

經律異相卷第四十六　鬼神部

梁沙門僧旻寶唱等

阿修羅一
乾闥婆二
緊那羅三
雜鬼四

阿修羅第一

羅呵王瞋忉利諸天行其頭上興兵大戰一
毗摩質多有女以妻帝釋為女嫉興兵二
往昔阿修羅與天戰見帝釋迴車而散三
羅睺羅有女帝釋強求起兵攻戰四
阿修羅先身獻為水漂願得長大形五

羅呵王瞋忉利諸天行其頭上興兵大戰一

大阿修羅王（長阿鋡經云阿須輪）名曰羅呵住須弥山北大海之底水懸在宮上為四風所持（樓炭經云隨風所持）城郭縱廣八万由旬內外七重高三千由旬金城銀門園池清涼衆鳥和鳴去須弥山一万由旬身長二万八千里（餘須輪實形長一由旬衣長二由旬廣一由旬重六銖）亦食揣食洗浴衣服為細滑食月十五日入海中央化其形體下水著齋上闚須弥指覆日月日月天子見其醜形皆大恐懼無復光明遊矚之時有自然風吹門開閉吹地令淨吹花分散有五大臣一名捉持二名雄力三名武夷四名頭首五名摧伏侍衛左右忽自念言我有威德神力如是而置忉利王及日月諸天行我頭上誓取日月以為耳璫漸大瞋忿加欲攝之即念舍摩梨毗摩質多二阿須輪王及諸大臣各辦兵仗往與天戰時難陁跋難陁二大龍王身遶須弥周圍七匝山動雲布以尾打水大海浪波須弥忉利天曰須輪欲戰矣海中諸龍迦樓羅鬼持花常樂二鬼神等各持兵衆從次交鬪若不如皆奔四天王宮嚴駕攻伐先白帝釋帝釋告上諸天時炎摩以上遠至他化無數天衆及諸龍鬼前後圍遶帝釋命曰我軍若勝以五繫縛縛

毗摩質多將還善法堂我欲觀之須輪亦曰我衆若勝以五繫縛縛帝釋還七葉堂我欲觀之一時大戰兵刃交接兩不相傷但觸身體生於痛惱帝釋現身及有千眼執金剛杵頭出烟焰須輪見之衆乃退敗即擒毗摩質多係縛將還遥見帝釋便肆惡口帝釋荅曰我欲共汝講說道義耳壽天千歲少出多減惡心好鬬而不破戒大修布施故受此身（出長阿含第二十卷樓炭華嚴大智論略同）

毗摩質多有女以妻帝釋為女嫉與兵二

毗摩質多者昔在劫初諸天入水身生觸樂精流其中自然成卵卵生一女其形青黑入大海中拍水自樂水精入體即覺有身乃生一男九頭頭有千眼口中出火有九百九十九手八脚蹋于海中食噉淤藍及藕根取香山乹闥婆神女為妻容姿美妙色踰白玉後生一女端正挺特無地天比脩尸迦遣使求索阿脩羅言若能使我乘七寶宮當以相與帝釋即脫



寶冠擬十善報使阿脩羅得坐勝殿乘六種寶臺而往迎之置於善法堂上更為立名悅意諸天輔臣莫不歡喜後帝釋遊觀喜園共諸婇女入池遊戲悅意嫉妬遣五夜叉還啓其父父即大瞋興四種兵往攻帝釋立大海中蹋須弥頂九百九十九手同時俱作撼喜見城摇動須弥四大海水一時波浪釋提桓因驚怖惶恐靡知所趣時宮有神白天王言過去佛說般若波羅蜜呪王當誦持鬼兵自碎時天帝釋於善法殿集衆名香發大誓願般若波羅蜜是大明呪是無上呪是無等等呪審實不虛我持此法當成佛道令阿脩羅自然退散作是語時虛空中有四大刀輪自然而下當阿脩羅耳鼻手足一時墮落令大海水赤如絳珠時阿脩羅即大驚怖遁走無處入藕孔中（出觀佛三昧經第一卷）

往昔阿脩羅與天戰見帝釋迴車而散三

昔者阿脩羅興兵與天帝共戰釋提桓因不如乘千輻寶車怖懼而退中



路見勝娑羅樹鳥巢有兩子即勅御者此樹有二鳥汝可迴車避之寧使来害我勿傷此也即便迴車須輪遥見即相謂言帝釋迴車必欲還戰不可當也即便退散天乃得勝（雜阿含經太叢林有金翅鳥巢謂是來戰大怖而走）須輪三事過閻浮提一者宮殿高廣二者宮殿莊嚴三者宮殿清淨（出長阿含經第二十一卷）

羅睺羅有女帝釋強求起兵攻戰四

過去世時有阿脩羅王名羅睺羅生於一女殊特端正女德六十四種无不具足口吐言氣如優鉢羅花身出牛頭栴檀之香面色紅白見者愛樂時釋提桓因作是念言此宮諸女多有端正比須輪女而皆不及今我集兵往伐取之給我駈使即召諸天具言此事諸天啓曰行可遣執樂神等手執九十一絃琉璃之琴（胎經太九十九絃）歌我天人受福快樂即勅執樂天子般遮翼等嚴駕樂器到婆和呵前彈琴現意言曰欲得婆私呵與我給使若不與者當以兵取須輪大瞋我亦有力足相擬迸般遮翼等即報帝釋

時須輪集兵到須弥山側壞曲脚天宮次壞風天宮馬宮莊嚴等諸天宮乃至四門帝釋憶本所誦而呪之須輪兵衆漸漸却退引四種軍入拘郗羅池藕莖孔中有一士夫見之自念我狂失性謬覩異事佛告比丘此真實也時釋提桓因集諸天衆從四門出但見刀鎧弓箭在地不見須輪衆轉前進直入阿須輪宮殿見婆私呵女數千万衆不見阿須輪將諸女衆歸詣忉利宮時諸阿須輪等求哀歸命向釋提桓因言我等愚惑不識佛弟子神力巍巍我等先祖信奉如來聞佛有戒不取他物令天王釋將我眷屬盡填天宮非佛弟子之所應行帝釋聞之悵然不樂我寧當奉禁不犯偷盜即還諸女時阿須輪王以寂可愛女奉上帝釋帝釋即以甘露為報須輪與天和好共持如來三歸八戒（出胎經及出譬喻經下卷）

阿修羅先身獻為水漂願得長大形五

阿修羅前世時曾為貧人居近河邊常渡河擔薪時河水深流復駃疾此



人數為水所漂既亡所持身又沒溺羅派殆死得出時有辟支佛作沙門形詣舍乞食貧人歡喜即施飯食食訖擲鉢空中飛軒而去貧人見之因以發願願我後生身形長大一切深水無過膝者以是因緣得極大身四大海水不能過膝立大海中身過須弥手據山頂下觀忉利天（出譬喻經第四卷）

乾闥婆第二

乾闥婆王住雪山右城名毗舍離世界初成有風輪起名曰莊嚴造此宮城城北有七黑山山北復有香山在十寶山間常有伎樂之聲（大智論云是天樂神）山有二窟一名晝二名善晝七寶所成柔軟香潔猶如天衣乾闥婆王從五百乾闥婆止住其中佛在毗陀山（出在摩竭國北）釋提桓因告執樂神般遮翼持瑠璃琴於佛前歌佛曰汝能以琴歌稱讚如来悲和哀婉感動人心於此聲中去欲縛淨行沙門涅槃衆義備有帝釋顧語之曰當以汝補汝父位於其類中為軍上以女妻之（出長阿含經大智論）

緊那羅三



緊那羅（亦云甄那羅也）住須弥山北過小鐵圍有大黑山亦在十寶山間無有佛法日月星辰由昔布施之力今居七寶宮殿壽命甚長此王本在人中有大長者興造佛塔此緊那羅施一剎柱成辦寺廟復以淨食施於工匠畫晝作智臆神在兩山間先在人中為大長者居財無量有一沙門乞食婦擎飯施之乃大瞋怒去此何乞人瞻視我婦當令此人手脚断壞壽終以後受此醜形八十四劫常無手足諸天宴會皆悉與乾闥婆分番上下天欲奏樂而其腋下汗流便自上天也有一緊那羅名頭婁磨琴歌諸法實相以讚世尊時須弥山及諸林樹皆悉振動迦葉在座不能自安五百仙人心生狂醉失其神足一時墮地（出菩薩胎經及大智論）

雜鬼神四

鬼神皆依所止為名一

餓鬼果報二

鬼沽酒語主人令湖中取死人金銀二

金牀女裸形著衣火然四
二鬼負屍拔出手足頭脅從人易
之形啟心存遇佛得道五
金色神指流為甘露并資生物
以給行人六
毗沙惡鬼食噉人民遇佛悟解七
鬼子母先食人民佛藏其子然後
受化八
屈摩夜叉請佛設房及燈明九
魔王嬈目連為說先身為魔事十
鬼得他心害怨女人十一
波旬嬈固文殊十二
餓鬼請問目連所因得苦十三
惡鬼見帝釋形稍醜滅十四
鬼還鞭其故屍十五

鬼神皆依所止為名一

有四大天神一者地二者水三者風四者火地神自念云地無水火風佛日地中有水火風但地大多故得名耳水火風神皆各同然佛為說法皆受五戒為優婆夷一切人民所居舍宅皆有鬼神無有空者街巷道陌屠膾市肆及諸山冢皆有鬼神無有空處凡諸鬼神皆隨所依即以為名 經云樹高七尺圍一尺有鬼神 若人初生皆有鬼神隨逐擁護若人欲死鬼取精氣行十惡人若百若千共一神護猶如國王以百千人侍衛一臣 出長阿含經第二十卷

餓鬼果報二

若有眾生生餓鬼中常飢渴故目陷髮長東西亂走或食嘔吐脂肉膿血屎尿涕唾盪滌餘汁壽命無量百千万歲初不曾聞漿水之名設復眼見急往趣之變成猛火膿血或時不變多人執杖不令得前或夏降雨至身成火名惡果報恒河水邊有諸餓鬼其數五百於無量歲初不見水雖至河邊純見流火飢渴所逼發聲號哭餓鬼白佛我等飢渴命將不久佛言恒河流水鬼言如來見水我常見火佛言除汝顛倒令得見水廣說慳貪過鬼言我今渴久雖聞法言都不入心先可入河恣意飲之以佛力故即得飲水佛為說法悉發菩提心捨諸鬼形或有餓鬼常被火燒如劫盡時諸山出火或有羸瘦狂走毛髮蓬亂以覆其身或立廁溷邊伺求不淨或有常求產婦餘血飲之形如燒樹咽孔如針若與水飲千歲不飽或有自破其頭取腦而舐或有形如黑山鐵鏁鏁頸叩頭求哀歸命獄卒或有先世惡口好以麤言加他眾人憎惡見之如讎以此罪故墮餓鬼中如是罪報受苦無量 出涅槃大智論

鬼沽酒語主人令湖中取死人金銀三

有人以沽酒為業鬼現來飲酒未雇錢而告主人言明日當有一人持花上下白衣帶青幐幐中有金銀千斤當於湖中浴卒死不出汝往取金銀保後無憂明日主人伺候見人來入水洗浴上岸著衣洗足却踞地而死酒師往取得金銀如數後日鬼來主人作食出酒白神言我見人著衣欲去乃死何不於水中煞之使得上岸乎鬼言我不能煞人病人我知人壽命衰耗時耳師日天上天下鬼神知人壽命罪福當至未至不能活人不能煞人不能使人富貴貧賤但欲使人作惡犯煞因人衰耗而往亂之

語其禍福令人向之設祠祀耳（出十卷譬喻經第六卷）

金牀女裸形著衣火然四

迦夷國王名梵摩達時出遊獵於曠野見有一屋（禍報經云山邊樹下）即往趣之中有一女從求飲食無索不得王請相見女都裸形王解衣與之著體便然如是至三王以問女女荅昔為王妻王飯沙門又施衣時諫但施飯足不復須衣（福報經云割施沙門）故受此罪王欲令我得著衣者為我作衣先施沙門及明經者王求沙門又不能得可施五戒賢者賢者呪願去願令金牀女得福無量得著王衣王問女言女是何神荅曰我勝於人小不及天故在鬼神道中捨此命後當生第一天上（出譬喻經　出福報經）

二鬼負屍拔出手足頭脅從人易之形敗心存遇佛得道五

昔人遠行獨宿空舍夜中有鬼擔一死人來著其前復有一鬼逐來瞋罵死人我物汝忽擔來先鬼言是我物我自持來後鬼言是死人實我擔來



二鬼各捉一手爭之前鬼言此有人可問後鬼即問是死人誰擔來是人思惟此二鬼力大若實若妄俱不免死語言前鬼擔來後鬼大瞋捉其人手拔出著地前鬼取死人一辟拊之即著如是兩辟兩脚頭脅舉身皆易於是二鬼共食所易人身拭口而去其人思惟我父母生身眼見二鬼食盡今我此身悉是他肉我今定有身耶為無身耶行到佛塔問諸比丘廣說上事諸比丘言從本已來恒自無我但以四大和合故計為我身如汝本身與今無異諸比丘度之為道得阿羅漢（出大智論第十二卷）

金色神指流為甘露并資生物以給行人六

有一鬼神身體極大有金色手五指常流甘露若有行人所須飲食資生之具盡從指出恣而與之目連問言汝是何天福報功德奇特乃尒我非天王梵天王我是鬼神及依某國大城住為遊行觀看故來至此目連問言汝作何善得如此報荅言彼國大



城名曰羅樓我昔在中作貧女人又織毛縷囊賣以自活居計轉貧屋舍壞盡遂至陌頭近一大富好施長者家織縷自活日欲中時若有沙門婆羅門持鉢乞食問我言其長者家為在何處我心直實無有虗妄歡喜舉手指示其家言往彼處去日時欲過勿復餘求

毗沙惡鬼食噉人民遇佛悟解七

跋祇國界有鬼名為毗沙（承事勝己經云阿羅婆）極為凶暴煞民無量日恒數十人皆共作而作是說可避此國遠至他界鬼知人心便語彼人曰汝等莫離此處至他邦土終不免吾手卿日日持一人祠吾便不擾汝時跋祇人日日取一人祠彼惡鬼是鬼噉人骨滿溪谷時有長者子名曰善覺在彼住止饒財多寶兒名鄰優羅唯有一子育此限制兒鄰優羅應祠是鬼父母沐浴此小兒竟與著好衣至彼鬼所啼哭噭呼不可稱計並作是說諸鬼地神皆共證明我此一子願擁此兒使得免濟釋提桓因及梵天王諸如來弟

子漏盡阿羅漢及辟支佛乃至如来
寂尊寂上良祐福田無有出如来上
者當鑒察之顀如来當照此至心以
兒付鬼便退而去尒時世尊以天眼
耳徹聽聞見以神足力至雪山比入
鬼住處結跏趺坐是時小兒至鬼住
處遥見如来光色炳然三十二相八
十種好荘嚴其身發歡喜心向於如
来謂是悪鬼隨意食之是時世尊
告曰鄉優羅如汝所言我今是如来
至真等正覺故来救汝及降此鬼鄉
優羅歡喜頭面礼足時世尊與說妙
義即於座上諸塵垢盡得法眼淨彼
已見法歸佛法聖衆而受五戒悪鬼
還本處遥見世尊端坐不動便興恚
怒雨雷電霹靂或雨刀劒未墮地頃如
来化作優鉢蓮華復雨種種神力如
来隨而降之沙門衣毛不動我今當
往問其深義設不能報我者當持汝
兩脚擲著海南佛言若人非人無能
持我兩脚擲海南者欲問使問時鬼
問曰何等是故行新行及行滅世尊
告曰當知眼是故行曩時所造緣病



成行耳鼻口身意此是故行今身所
造身三口四意三此是新行當知故
行滅盡更不興起復不造行能取此
行永已不生永盡無餘是謂行滅鬼
白佛言我今極飢歸我小兒世尊告
曰昔我為菩薩時有鴿投我我尚不
惜身命投彼鴿厄況今已成如来能
捨此兒令汝食噉汝迦葉佛時曾作
沙門修持梵行後復犯戒生此悪鬼
尒時悪鬼承佛威神便憶曩昔所造
諸行即至世尊所頭面礼足我今愚
惑不別真偽乃生此心向於如来唯
顀世尊受我懺悔如是三四世尊告
曰聽汝悔過為說妙法時彼悪鬼手
擎轂千兩金奉上世尊我今以此山
谷施招提僧唯顀世尊與我受之世
尊即受便說此偈

園果施清淨　及作水橋梁　設能造大船
及諸養生具　晝夜無懈怠　獲福不可量
法義戒成就　終後生天上

鬼曰更有何教世尊告曰捨汝本形
著三法衣而作沙門入跋祇城處處
教令如来出世不度者度令得解脫



寂尊寂上良祐福田今度鄉優羅小
兒及降毗沙悪鬼汝等可往至彼受
化時毗沙鬼於跋祇國唱如是言是
時長者善覺聞此語已喜踊不勝將
八万四千人民之衆至世尊所（出增一阿含第八卷）

鬼子母先食人民佛藏其子然後受
化八

昔有一母人甚多子息性悪無慈
喜盗人子煞而噉之亡子家不知誰
取街巷涕哭如是非一阿難出行輙
見涕哭還已共議傷亡子家佛知故
問衆何等議阿難白佛言向行分衛
見人涕哭問之皆云生亡我子不知
屍處佛便為阿難說是國中盗人
子者非凡人是鬼子母今生作人喜
盗人子是母有千子五百子在天上
五百子在人間千子皆為王一王者
從轂万鬼如是五百鬼王在天上嬈
諸天五百鬼王在世間嬈帝主人民
如是五百鬼王天亦無奈何阿難言
鬼子母在是國中寧可勑令不盗人
子耶佛言大善阿難言用何方便佛
語阿難到是母所伺其出已斂取其

子著精舍中即往伺殺得十數子逝
精舍中母来不見便捨他子不敢復
煞行索其子遍不知處行道啼哭如
是十日母便自搣自撲仰天大呼不
復飲食佛遣沙門往問即報沙門言
亡多子故哭耳沙門又言汝欲得子
不報言[illegible]得沙門言汝審欲得者可
往問佛可得汝子母聞是語歡喜意
解便到佛所為佛作礼佛即問母何
為啼哭母報言亡我子故佛問汝捨
汝子至何所而亡汝子母即默然如
是至三母知盗人子為悪即起作礼
我愚癡故佛復問言汝有子愛之不
母言我有子坐起常欲著我傍佛復
問曰汝有子知愛之何以日行盗他
人子他人有子亦如汝愛之亡子之
家亦行道啼哭如汝汝反盗人子煞
噉之死後當入太山地獄汝寧欲得
汝子不母即頭面著地願佛哀我佛
言汝子若在汝寧能自悔不若能
自悔當還汝子母言我能自悔佛言
汝能自悔當作何等自悔母言聽佛
教戒當隨佛語佛還我子佛言審

如汝語授以五戒汝有千子皆為説
經律異相卷第四十六 第十八張 傍字號
名五百子在天上五百子在世間嬈
諸天人汝子作鬼王將數万鬼如是
不可勝數或稱樹木神地神水神及
舩車舍宅闇冥夢寤恐怖怔異種
人不知坐思貧窮鬼子母聞佛説一
種之神如是矯稱令人祠祀稟煞飲
食不能護治人命但增益罪是愚癡
心自悔即得須陁洹道長跪白佛言
願佛哀我欲止佛精舍傍我欲呼千
子我欲使與佛結要我欲報彼天上
天下人恩佛言善哉如汝有是意大
善佛言便止佛精舍邊其國中人民
无子者来求子當與之子自在所願
我當勅子往使隨護人不得復妄嬈
之欲從鬼子母求願者名浮陁摩尼鉢
姊名炙匿天上天下鬼屬是摩尼鉢
主四海内舩車治生有財產皆屬摩
尼鉢摩尼鉢與佛結要受戒主護人
財物炙匿主人若有產生當往救之出鬼子母經

屈摩夜叉請佛設房及燈明九

時屈摩夜叉鬼来詣佛所稽首佛足
退住一面時屈摩鬼白佛言世尊今

請世尊與諸大衆於此夜宿世尊默
經律異相卷第四十六 第二十張 傍字號
然是時屈摩化作五百重閣房舍臥
具坐牀踞牀俱執褥枕各五百具又
化作五百燈明無諸烟焰出雜阿含經四十九卷

魔王嬈目連為説先身為魔事十

尒時目連夜冥經行弊魔自化微影
入目連腹目連入三昧觀察其原即
語弊魔且出且出莫嬈佛弟子長夜
獲苦魔心念言今此沙門未會見我
横造妄語正使其師尚不知吾况其
弟子目連報曰吾復知卿即心所念
魔即恐懼已覺我矣即化微身出住
其前目連告魔過去之世拘樓秦佛
時我曾為魔号曰瞑恨吾有一姊名
曰黙黒汝為作子以是知之是吾姊子
時佛出世有二弟子一曰洪音二曰知
想何故名曰洪音住於梵天聲喚出
聲聞于三千知想者獨處閑居坐山
樹下三昧正受牧牛羊人擔薪負草
各相謂言此已命過共闍維之知想
從三昧起入城分衛出弊魔試目連經又出中阿含經第二十七卷

鬼得他心害怨女人十一

曾有一女人為餓鬼所持即以呪術

而問鬼言何以惱他女人鬼答之言此女人者是我怨家五百世中而常煞我我亦五百世中断其命根若彼能捨舊怨之心我亦能捨尒時女人作如是言我今已捨怨心鬼觀女人雖口言捨而心不放即断其命（出抄毗婆沙經第八卷）

波旬嬈固文殊十二

魔設供饍化作四万比丘著垢弊敗衣執持破鉢胷背悉露面皀醜惡跛蹇瘂僂心懷逞懅受種種食文殊令諸化人鉢食常滿揣食在口鎚不得納身體不安自然躃地問於魔言比丘何故不食魔曰是欲死矣文殊曰無毒之人豈復行垢毒耶有婬怒癡人是則為毒因為說法我無是毒五百諸天從魔来者發菩提心（出文殊現寶藏經下卷）

餓鬼請問目連所因得苦十三

目連至恒河邊見五百餓鬼羣来趣水有守水鬼鐵杖驅逐令不得近於是諸鬼逕詣目連礼目連足各問其罪一鬼曰我受此身常患熱渴先聞恒河水清且涼歡喜趣之沸熱壞身試飲一口五藏燋爛臭不可當何因



緣故受如此罪目連曰汝先世時作相師相人吉凶少實多虛或毀或譽自稱審諦以動人心詐惑欺誑以求財利迷惑衆生失如意事

復有一鬼言我常為大狗利牙赤白来噉我肉遺有骨在風来吹起肉續復生狗復来噉此苦何因目連答言汝前世時作天祠主常教衆生煞羊以血祠天汝自食肉是故今日以肉償之

復有一鬼言我常身上有糞周遍塗湯亦復噉之是罪何因目連答曰汝前世時作婆羅門悪邪不信道人乞食取鉢感滿糞以飯著上持與道人道人持還以手食飯糞汙其手是故今日受如此罪

復有一鬼言我腹極大如甕咽喉手脚甚細如鉗不得飲食何因此苦目連答言汝前世時作聚落主自恃豪貴飲食縱横輕欺餘人奪其飲食飢困衆生

復有一鬼言我常趣溷欲噉食糞有大羣鬼捉杖駈我不得近廁中爛臭



飢困無賴何因如此目連答言汝前世時作佛圖主有諸白衣供養衆僧供辦食具汝以麁供設客僧細者自食

復有一鬼言我身上遍滿生舌斧来斫舌断續復生如此不已何因故尒目連答言汝前世時作道人衆僧差作蜜漿石蜜塊大難消以斧斫之盜心噉一口以是因縁故還斫舌也

復有一鬼言我常有七枚熱鐵丸直入我口入腹五藏燋爛出還復入何因故受此罪目連答言汝前世時作沙弥行果㮈子到其師所敬其師故偏心多與實長七枚

復有一鬼言常有二熱鐵輪在我兩腋下轉身體燋爛何因故尒目連答曰汝前世時與衆僧作餅盜心取兩幡挾兩掖底

復有一餓鬼言我丸極大如甕行時擔著肩上住則坐上進止患苦何因故尒目連答曰汝前世時作市令常以輕秤小斗與重秤大斗取常自欲得大利於已侵尅餘人

復有一鬼言我常兩肩有眼胷有口鼻常無有頭何因故尒目連荅言汝前世時恒作魁膾弟子若煞罪人時汝常有歡喜心以繩著結挽之

復有一鬼言我常有熱鐵針入出我身受苦無賴何因故尒目連荅言汝前世時作調馬師或作調象馬難御汝以鐵針刺脚又時牛遅亦以針刺

復有一鬼言我身常有火出燋懊惱何因故尒目連荅言汝前世時作國王夫人更一夫人王甚幸愛常生妬心伺欲危害值王卧起去時所愛夫人眠猶未起著衣即生惡心正值作餅有熱麻油即以灌其腹腹爛即死

復有一鬼言常有旋風迴轉我身不得自在隨意東西心常惱悶何因故尒目連荅言汝前世時常作卜師或時實語或時妄語迷惑人心不得隨意

復有一鬼言我身常如塊肉無有脚眼耳鼻等恒為虫鳥所食罪苦難堪何因緣故荅言汝前世時常與他藥墮他兒胎



復有一鬼言常有熱鐵籠籠落我身燋熱懊惱何因受此目連荅言汝前世時常以羅網掩捕魚鳥

復有一鬼言我以物自蒙籠頭亦常畏人来煞我心常怖懼不可堪忍何因故尒荅言汝前世時婬犯外色常畏人見或畏其夫捉縛打煞或畏官法戮之都市恐怖相續

復有一鬼問曰我受此身肩上常有銅瓶滿中洋銅手捉一杓取灌頭舉體燋爛如是受苦無數無量有何罪咎荅言汝前世時出家為道僧典飲食以一蘇瓶私著餘處有客道人来者不與之去已出蘇行與舊僧此蘇是招提僧物一切有分此人藏隱雖與不等由是緣故受此罪也（出雜藏經）

惡鬼見帝釋形稍醜滅十四

釋提桓因在普集講堂與玉女共相娛樂是時有天子白帝釋言瞿曇當知今有惡鬼在尊座上令三十三天極懷恚怒鬼轉端正顏貌勝常釋提桓因便作是念此鬼必是神妙之鬼往至鬼所相去不遠自稱姓名吾是



釋提桓因諸天之主惡鬼轉醜可惡稍稍滅（出增一阿含經第二十七卷）

鬼還鞭其故屍十五

昔外國有人死塊還自鞭其屍傍人問曰是人已死何以復鞭報曰此是我故身為我作惡見經戒不讀偷盗欺詐犯人婦女不孝父母兄弟惜財不肯布施令死令我墮惡道中勤苦毒痛不可復言是故来鞭之耳（出譬喻經）

經律異相卷第四十六

經律異相卷第四十六

校勘記

一　底本，金藏廣勝寺本。

一　二九四頁中一行「鬼神部」，徑、清作「鬼神部第三十六」。

一　二九四頁中二行「梁沙門僧旻寶唱等」，資作「梁天監十五年勅沙門僧旻寶唱等撰」；磧、普作「梁沙門僧旻寶唱等集」；南、麗作「梁沙門僧旻寶昌等集」；徑、清作「梁沙門僧旻寶唱等奉勅撰」。

一　二九四頁中三至六行「阿修羅一　乹闥婆二　緊那羅三　雜鬼四」，徑無；清作「一阿修羅　二乾闥婆　三緊那羅　四雜鬼」。

一　二九四頁中七行「阿修羅第一」，資、磧、普、南作「阿修羅一」；徑作「阿修羅第一」並下有夾註「有五種」；清作「一阿修羅」。

一　二九四頁中八行至一六行目録，徑無。

一　二九四頁中一五行首字「阿」，資、磧、普、南無。

一　二九四頁中一七行「羅呵王」，徑作「一羅呵王」。

一　二九四頁中一八行末字「一」，徑無；清作「第一」。

一　二九四頁中一九行「大阿修羅王」，資、磧、普、南、徑、清作「有大阿修羅王」。

一　二九四頁中二一行夾註左「隨颪」，資、磧、普、南、徑、清作「隨嵐」。

一　二九四頁下一七行「浪波」，資、磧、普、南、徑、清作「涌浪上貫」；麗作「涌波上冠」。

一　二九五頁上五行「及有」，諸本（不含石，下同）作「乃有」。

一　二九五頁上一〇行夾註右「長阿含」，徑、清作「長阿含經」。

一　二九五頁上一二行「毗摩質多有女」，徑作「二毗摩質多女」。

一　二九五頁上一三行末字「二」，徑無；清作「第二」。

一　二九五頁上一九行「淤藍及」，資、磧、普、南、徑、清作「淤泥及藍」。

一　二九五頁上二一行第一二字至次行首字「無地天比」，諸本作「天地無比」。

一　二九五頁中三行第五字「名」，資、磧、普、南、徑、清作「名名曰」；麗作「名曰」。

一　二九五頁中一二行「集衆」，資、磧、普、南、徑、清作「燒衆」；麗作「集衆燒」。

一　二九五頁中一四行第二字「是」，資無。

一　二九五頁中二〇行「徃昔」，徑作「三往昔」。

一　二九五頁中二一行第二字「三」，徑無；清作「第三」。

一　二九五頁下一行「勝娑羅樹」，資、磧、普、南、徑、清作「睒婆羅樹」；麗作「睒娑羅樹」。

一　二九五頁下九行「羅睺羅」，徑作「四羅睺羅」。又末字「四」，徑無；

清作「第四」。

一 二九五頁下二〇行「婆和呵」，諸本作「婆私呵」。

一 二九六頁上二一行「阿修羅」，徑作「五阿修羅」。又末字「五」，徑無；清作「第五」。

一 二九六頁上末行「駚疾」，諸本作「駛疾」。

一 二九六頁中五行第四字「願」，資、磧、普、南、徑、清無。

一 二九六頁中九行「乾闥婆第二」，清作「二乾闥婆」。

一 二九六頁中一七行夾註右首字「出」，資、磧、普、南、徑、清作「山」。

一 二九六頁中二〇行第六字「縛」，資、磧、普、南、徑、清作「練」。

一 二九六頁中二二行「軍上」，諸本作「最上」。又夾註左首字「經」，資、磧、普、南、徑、清無。

一 二九六頁中末行「緊那羅三」，資、磧、普、南、徑作「緊那羅第三」；清作「三緊那羅」。

一 二九六頁下一行夾註左第三字「也」，資、磧、普、南、徑、清無。

一 二九六頁下一三行「汗流」，資、磧、普、南、徑、清作「汙流」。

一 二九六頁下一九行「雜鬼神四」，資、磧、普、南作「雜鬼第四」；徑作「雜鬼第四」並下有夾註「有十五種」；清作「四雜鬼」。

一 二九六頁下二〇行至次頁上一五行目録，徑無。

一 二九六頁下二〇行第三字「皆」，資無。

一 二九七頁上一行「著衣」，清作「衣著」。

一 二九七頁上四行第六字「爲」，清無。

一 二九七頁上一四行第九字「滅」，資、磧、普、南、清作「減」。

一 二九七頁上一六行「鬼神」，徑作「一鬼神」。又末字「一」，徑無；清作「第一」。

一 二九七頁上一九行第三字「中」，資、磧、普、南、徑、清無。

一 二九七頁上末行首字「膾」，麗作「會」。

一 二九七頁中四行「猶如」，資、磧、普、南、徑、清作「如猶」。

一 二九七頁中五行夾註左末字「卷」，資、磧、普、南無。

一 二九七頁中六行「餓鬼」，徑作「二餓鬼」。又末字「二」，徑無；清作「第二」。

一 二九七頁下九行「鬼沽酒」，徑作「三鬼沽酒」。又末字「三」，徑無；清作「第三」。

一 二九七頁下一〇行末字「雇」，磧、普、南、徑、清作「售」。

一 二九七頁下一二行「騰騰」，資、普、南、徑、清、麗作「滕滕」；磧作「滕勝」。

一 二九七頁下二〇行「師曰」，南、徑、清作「故曰」。

一 二九八頁上三行「金牀」，徑作「四金牀」。又「著衣」，資、磧、普、南、徑、清作「衣著」。又末字「四」，徑無；清作「第四」。

一二九八頁上五行夾証右「禍報經」，諸本作「福報經」。

一二九八頁上九行「俚施」，資、磧、普、南、徑、清作「但設」；麗作「但施」。

一二九八頁上一二行「明經者」，資、磧、普、南、徑、清作「明經賢者」。又「又不能」，資、磧、普、南、徑、清作「久不能」。

一二九八頁上一七行夾註左首字「出」，資、磧、普、南、徑、清作「又出」。

一二九八頁上一八行「二鬼」，徑作「五二鬼」。

一二九八頁上一九行末字「五」，徑無；清作「第五」。

一二九八頁上二一行「復有」，資、磧、普、南、徑、清作「後有」。

一二九八頁中六行「柎之」，資、磧、普、南、徑、清作「附之」。

一二九八頁中七行「拭口」，諸本作「拭口」。

一二九八頁中一五行「金色神」，徑作「六金色神」。又第六字「爲」，徑、清無。

一二九八頁中一六行末字「六」，徑無；清作「第六」。

一二九八頁中二一行第一〇字「及」，諸本作「乃」。

一二九八頁下六行「直實」，諸本作「真實」。

一二九八頁下八行末字「求」下，諸本有夾註「出雜藏經」。

一二九八頁下九行「毗沙」，徑作「七毗沙」。又末字「七」，徑無；清作「第七」。

一二九八頁下一二行「共作」，諸本作「共集」。

一二九八頁下一七行第五字「子」，資、磧、普、南、徑、清無。

一二九八頁下二一行「地神」，資、磧、普、南、徑、清作「他神」。

一二九八頁下二二行「願擁」，資、磧、普、南、徑、清作「唯願擁護」。

一二九九頁上五行第一三字「比」，諸本作「北」。

一二九九頁上七行「遥見」，資、磧、普、南、徑、清作「逢見」。

一二九九頁上一六行第一二字「墮」，徑作「隨」。

一二九九頁上一八行第二字「隨」，徑作「墮」。

一二九九頁上末行末字「病」，資、磧、普、南、徑、清作「痛」。

一二九九頁中一八行「清淨」，資、磧、普、南、徑、清作「清涼」。又第八字「水」，麗作「木」。

一二九九頁中一九行「懈怠」，資、磧、普、南、徑、清作「懈息」。

一二九九頁下一行第九字「今」，資、磧、普、南、徑、清作「令」。

一二九九頁下六行「鬼子」，徑作「八鬼子」。

一二九九頁下七行第二字「八」，徑

無；清作「第八」。

一 二九九頁下九行「亡子家」，資、磧、普、南、徑、清作「亡子之家」。

一 二九九頁下一〇行「街巷」，麗作「行巷」。

一 二九九頁下一三行「涕哭」，資、磧、普、南、徑、清作「啼哭」。

一 二九九頁下一五行「凡人」，資、磧、普、南、徑、清作「凡夫人」。

一 二九九頁下一七行「爲王」，諸本作「爲鬼王」。

一 二九九頁下一九行「帝主」，諸本作「帝王」。

一 三〇〇頁上一行「十數」，徑、清作「數十」。

一 三〇〇頁上四行「自擗」，資、磧、普、南、徑、清作「自躃」。

一 三〇〇頁上一五行「何以」，資、磧、普、南、徑、清作「何故」。

一 三〇〇頁中四行「勝數」，資、磧、普、南、徑、清作「稱數」。

一 三〇〇頁中七行「護治」，諸本作「護活」。

一 三〇〇頁中二一行「屈摩」，徑作「九屈摩」。又末字「九」，徑無；清作「第九」。

一 三〇〇頁下三行「褥杖」，資、磧、普、南、徑、清作「褥枕」。

一 三〇〇頁下四行夾註右「雜阿含」，資、磧、普、南、徑、清作「雜阿含經」。

一 三〇〇頁下五行「魔王」，徑作「十魔王」。又末字「十」，徑無；清作「第十」。

一 三〇〇頁下八行首字「語」，資、磧、普、南、徑、清作「謂」。

一 三〇〇頁下九行「會見」，資、磧、普、徑作「曾見」。

一 三〇〇頁下一七行「磬咳」，資、磧、普、南、徑、清作「謦咳」。

一 三〇〇頁下一九行「牧牛羊」，資、磧、普、南、徑、清作「牧牛牧羊」。

一 三〇〇頁下二二行「鬼得」，徑作「十一鬼得」。又「十一」，徑無；清作「第十一」。

一 三〇〇頁下末行首字「曾」，資、磧、普、南、徑、清作「曾聞」。

一 三〇一頁上六行夾註「毗婆沙經」，資、磧、普、南、徑、清作「毗曇婆沙經」。

一 三〇一頁上七行「波旬」，徑作「十二波旬」。又「十二」，徑無；清作「第十二」。

一 三〇一頁上九行「皀醜」，諸本作「貌醜」。

一 三〇一頁上一七行「餓鬼」，徑作「十三餓鬼」。又「十三」，徑無；清作「第十三」。

一 三〇一頁中六行「遺有」，資、磧、普、南、徑、清作「唯有」。

一 三〇一頁中一二行首字「漫」，資、磧、普、南、徑、清作「墁」。

一 三〇一頁中二〇行「飲食」，資、磧、普、南、徑、清作「飲酒」。

一 三〇一頁中末行第一二字「中」，資、磧、普、南、徑、清作「口中」。

一 三〇一頁下六行第三字「斷」，資、磧、普、南、徑、清作「斷斷」。

一 三〇一頁下一四行「多與」，資、磧、普、南、徑、清作「與多」。

一 三〇一頁下一七行末字至次行第五字「兩幡俠兩掖底」，資、磧、普、南、徑、清作「二番挾兩腋底」；麗作「兩幡俠兩腋底」。

一 三〇二頁上七行第一一字「象」，資、磧、普、南、徑、清作「象象」。

一 三〇二頁上九行第一一字「出」，資、磧、普、南、徑、清作「燋」。

一 三〇二頁上二〇行末字「脚」，資、磧、普、南、徑、清作「手脚」。

一 三〇二頁上二一行第八字「鳥」，資、磧作「烏」。

一 三〇二頁中一行「籠落」，諸本作「籠絡」。

一 三〇二頁中四行「我以物」，資、磧、普、南、徑、清作「我常以物」。

一 三〇二頁中一〇行「洋銅」，資、磧、普、南、徑、清作「烊銅」。又「取灌頭」，資、磧、普、南、徑、清作「取自灌頭」。

一 三〇二頁中一二行「前世」，資、磧、普、南、徑、清作「前身」。

一 三〇二頁中一七行「惡鬼」，徑作「十四惡鬼」。又「十四」，徑無；清作「第十四」。

一 三〇二頁下二行「稍稍滅」，資、磧、普、南、徑、清作「稍稍消滅」。

一 三〇二頁下三行「鬼還鞭」，徑作「十五鬼還鞭」。又「十五」，徑無；清作「第十五」。

# 經律異相卷第四十七 雜獸畜生部上 傍

梁沙門僧旻寶唱等集

師子一 七事
象二 四事
馬三 一事
牛四 四事
驢五 二事
狗六 四事
鹿七 二事
駱駝八 一事
狐九 一事
狼十 一事
獼猴十一 六事
兔十二 一事
猫狸十三 二事
鼠十四 一事

師子第一

師子王為獼猴欲捨命一
師子王有十一勝事二
師子食象哽死木雀為拔得蘇後遂忘恩三
師子有二子為獵者所煞同生長者家得道四
師子王墮井為野干所救五
師子虎為善友野干兩舌分身喪命六
師子等十二獸更次教化七

師子王為獼猴欲捨命一

過去世有一師子王在深山窟常作是念我是一切獸中之王力能視護一切諸獸山中有二獼猴共生二子時二獼猴問師子王王若能護一切獸者我今二子以相委付我欲餘行求覓飲食時師子王即便許之獼猴留寄二子即捨而行是時山中有一鷲鳥王厭名利見師子王睡即便搏取獼猴二子處嶮而住師子王即寤即白鷲言

我今固請　見為放之　莫令失信
生我慚愧

鷲王荅曰

我能飛行空　無畏過汝界　若欲護二子
為我應捨身

師子又曰

我今護二子　捨身如枯草　護身而妄語

云何得梵行
說是偈已即至高處欲捨其身鷲王
復曰
為他能捨身 則受無上樂 施汝獼猴子
願王莫自害 出大集經第三卷

師子王有十一勝事二
師子王生住深山大谷方頰巨骨身肉肥滿頭大眼長眉高而廣口鼻淵方齒齊而利吐赤白舌雙耳高上脩脊細腰其腹不現六牙長尾髭鬃光潤自知氣力牙爪鋒芒四足據地安住巖穴振尾出聲若有能具如是相者當知真師子王晨朝出穴頻申欠呿四向顧視發聲震吼為十一事一壞實非師子詐作師子二自試身力三令住處淨四使子知處五羣輩無怖心六睡者得覺七諸獸不敢放逸八諸獸得來依附九調大香象十告諸子息十一莊嚴眷屬凡聞師子吼水性深潛陸行藏穴高飛墮落廐中香象振鏁斷絕失糞怖走猶如野干雖學師子至百千年終不能作師子之吼若師子子生始三歲則能哮吼


香山徑有師子飛鳥走獸絕跡不闚一切畜生師子為最 出涅槃經第二十五卷又大智論

師子食為哽死木雀為拔得蘇後忘恩三
佛告目連勇智菩薩昔光明佛時作師子王吾為梵志修於淨行時師子王晨朝時立八處不動奮迅身體便大雷吼走獸伏住飛者墮落然後乃起曠野山澤巡行屬界求覓羣獸遂一為王煞而食之髀骨哽咽死而復蘇時告木雀與吾挽骨後若得食當相報恩木雀聞之入口盡力拔骨乃得出之時師子王後日求食大煞羣獸木雀在側少多求恩師子不報佛告目連時師子王以此偈報木雀曰
吾為師子王 以煞為家業 敢肉飲其血
以此為常膳 汝既不自量 脫吾牙出難
還得出吾口 此恩何可忘
尒時木雀復以此偈報師子曰
我雖是小鳥 識恩不惜死 但王不念恩
自負言誓重 若能小寬恕 少多見患者
沒命終不恨 不敢有譏論
時師子王竟不報恩捨之而去木雀


自念吾恩極重反見輕賤今當追逐要伺子便不報恩者終不行世在在處處終不相離時師子王復煞羣獸恣意食之飽便睡眠無所畏懼時彼木雀飛趣師子當立額上盡其力勢啄一眼壞師子驚起左右顧視不見餘獸唯見木雀獨在樹上時師子王語木雀曰汝今何為乃壞吾目時彼木雀以偈報之
重恩不知報 乃復生害心 今留汝一目
此恩何可忘 汝雖獸中王 所行无反復
從是各自休 莫復作緣對
師子王者今勇智菩薩是時木雀者今目揵連是 出菩薩瓔珞經第九卷

師子有二子為獵者所煞同生長者家得道四
昔者山中有兩比丘閑居行道逮得神通去之不遠有一師子產生二子養之稍大欲行所索持子寄二道人窟邊求食或五日一還見與道人相近附遂復捨行日月轉久後日道人各行不在獵師遇之意欲射之狩逝入林獵師意念此獸與道人相依附

吾作道人被服尒乃得之巖窟中有留毠娑法衣獵師者往師子所師子謂是道人喜共赴之獵師打煞剥取其皮作求寳之道人行還不見師子求之不得定意觀之知為獵客所煞便以神足追而奪之以為坐褥恒摩娑呪願欲令解脫未久復坐禪觀知趣何道ゝ而為中国大長者家作雙生子始入胞胎其母未覺道人問長者何所渴乏曰吾家大富唯乏兒子道人語之吾能使有兒長者大喜尒為蒙恩道人語曰若必得子何以報恩曰長大便當給道人為弟子道人呪願而去從是遂覺有身後生二男相似如一年轉八歲復来到其家兒有宿緣自然愛敬道人語長者識昔約不長者以本誓不得已便以二兒各施道人道人將作沙弥精進未久亦皆得道亦恒自坐皮上試共坐禪觀此皮神所生便知是巳身故皮長轉相煕便共至師前礼足謝曰實蒙大恩 出辟喻經第五卷

師子王墮井為野干所救五

過去世近雪山下有師子獸王作五百師子主是師子王後時老病瘦眼闇在諸師子前行墮空井中五百師子皆捨離去尒時有一野干見師子王作是念言我所以得此林住安樂飽滿肉者由師子王今墮急處云何當報時此井邊有渠水流野干即曰以脚通水ゝ入滿井師子浮出時此林神而說偈言

身雖自雄健　應以弱為友　小野干能救
師子王井難

佛言師子王者我身是五百師子者諸比丘是野干者阿難是 出十誦律雜誦卷第一

師子虎為善友野干兩舌分身喪命六

過去世雪山下有二獸一名好毛師子二名好牙虎共為善知識閉目相舐是二獸恒得濡好肉敢去是不遠有兩舌野干作是念我至二獸邊言我與汝作第三伴汝聽我入師子虎言隨意兩舌野干敢二獸殘肉身體肥大作是念是好毛師子好牙虎共為善知識更相親愛閉目相舐恒敢好肉或時不得必當敢我我先方便令心別離語師子言虎有惡心於汝師子食敢皆是我力師子言云何得知兩舌野干荅言虎明日見汝時閉目舐汝毛者當知惡相往語虎言師子於汝有惡心言有所食敢皆是我力虎言云何得知荅言明日見汝時閉目舐汝毛者當知惡相是二知識中虎生畏想是故先往師子所言汝於我生惡心耶師子言誰作是語荅言兩舌野干好毛復問言汝於我亦生惡心耶虎言不也虎語師子言汝若有是惡語者不得共作善知識好毛言是兩舌野干有如此言云何不喜共我住耶即說偈言

若信是惡人　則速別離去　當懷其愁憂
瞋恨不離心　凡為善知識　不以他語難
不信欲除者　若信他別離　則為其所食
不信兩舌者　還共作和合　所懷相向說
心淨言柔濡　應作善知識　和合如水乳
令此弊小舌　生來性自惡　一頭而兩舌

虎與師子驗事實巳共捉野干破作二分 出十誦律二誦第三分又出四分第九分文同又出弥沙塞律第六卷又出野干兩舌經略同

師子等十二獸更次教化七

閻浮提外東方海中有琉璃山名之為潮高二十由旬具種種寶其山有窟名種種色是昔菩薩所住之處縱廣一由旬高六由旬有一毒虵在中而住修聲聞慈復有一窟名曰無死高廣亦介是昔菩薩所住之處中有一馬修聲聞慈復有一窟名曰善住高廣亦介昔菩薩處中有一羊修聲聞慈其山樹神名曰无勝有羅刹女名曰善行各有五百眷屬圍遶是二女人常共供養如是三獸

閻浮提外南方海中有頗梨山高二十由旬有窟名曰上色縱廣高下亦復如是亦是菩薩昔所住處有一猕猴修聲聞慈復有窟名曰誓願高廣亦介昔菩薩處中有一雞修聲聞慈復有一窟名曰法林高廣亦介昔菩薩處中有一犬修聲聞慈中有火神有羅刹女名曰眼見各有五百眷屬圍遶是二女人常共供養是三鳥獸

閻浮提外西方海中有一銀山名菩提月高二十由旬中有一窟名曰金剛



高廣亦介昔菩薩處中有一猪修聲聞慈復有一窟名香功德高廣亦介昔菩薩處中有一鼠修聲聞慈復有一窟名高功德高廣亦介昔菩薩處中有一牛修聲聞慈山有風神名曰動風有羅刹女名曰无護各有五百眷屬圍遶是二女人常共供養如是三獸

閻浮提外北方海中有一金山名功德相高二十由旬中有一窟名為明星廣一由旬高六由旬昔菩薩處中有一師子修聲聞慈復有一窟名曰淨道高廣亦介昔菩薩處中有一兎修聲聞慈復有一窟名曰喜樂高廣山有水神名曰水天有羅刹女名修慚愧各有五百眷屬是二女人常共供養如是三獸是十二獸晝夜常行閻浮提內人天恭敬功德成就已於諸佛發深重願一日一夜常令一獸遊行教化餘十一獸安住修慈周而復始七月一日鼠初遊行以聲聞乘教化一切鼠身衆生令離惡業勸修



善事如是次第至十三日鼠復還行乃至盡十二月至十二歲亦復如是故此土多有功德乃至畜獸亦能教化是故他方菩薩常應恭敬此佛世界若有比丘比丘尼優婆塞優婆夷欲得覩見是十二獸欲得大智大定大神通力欲受一切所有典籍欲增善法是人當以白土作山縱廣七尺高十二尺種種香塗金薄薄之四邊周匝二十尺所散瞻婆華當以銅器盛諸種種非時之漿置之四面清淨持戒日三洗浴敬信三寶離山三丈正東而立誦如是呪住十五日當於山上見初月像介時則知見十二獸見已所願隨意即得若能修行苦行即得眼見是十二獸諸菩薩等或作天像或作鬼像鳥獸之像遊閻浮提教化如是種種衆生若為人天調伏衆生是不為難若為畜生調伏衆生乃是為難出大集經第二十四卷

烏第二

烏王供養佛一

善住烏王為轉輪王寶二

象子生而失母為仙人所養三
象獼猴鷄相敬四

象王供養佛一

佛獨遊行欲求靜寂到憍薩羅國波利羅耶娑羅林寶樹下住時五百羣象象行王恒在後常得濁水殘草獸其羣衆獨來樹下遥見佛以鼻拔草蹈地令平以鼻盛水灑塵草鋪為座屈膝請佛令坐三月供養佛知象意即受其請而說頌曰

獨善無憂　如空野象　樂戒學行　奚用伴為

時象王取好藕根淨洗授與世尊如是三月（出僧祇律第十一卷）

善住象王為轉輪王寶二

有一象王名曰善住身體純白七處平住力能飛行赤首身毛雜色六牙纖傭與八千象王以為眷屬住香山娑羅樹下娑羅樹王有八千浴池縱廣五十由旬其水清涼以七寶為塹五色雜花集間池內象王念欲入池八千象應念而至有持蓋扇者有唱讚前導者或有象王洗尾背髀足者有拔花根與王食者有採花散王上者八千象亦復洗浴共相娛樂大小便利諸夜叉鬼移山林外（十誦律云阿耨達池有善住象王宮殿增一阿含六香積山側有八万四千白象）釋提桓因所乘最下象轉輪聖王乘之名曰象寶金壁山中有八万巖窟八万象止憩其中身色純白頭有雜色口有六牙齒間金填（出長阿含經第十八卷又出增一阿含撰集經）

經律異相卷第四十七　第十三張　傍

象子生而失母為仙人所養三

往古世時有閑居一象生一子墮地未久其母終亡去彼不遠仙人所處有威神功德具足志懷大哀遥見象子其母命終裁能舉足東西遊洋不能自活即時扶還所止飲食之以水果彼時象子仁和賢善功德殊妙樂于義理既行安隱无有憂患於時仙人卧起同處身形轉長衣毛鮮澤則以水漿供養仙人其好果瓜然後自食仙人愍哀親其德行愛念如子視之無猒時天帝釋即時發念今此仙人忠在象子倚念無猒今我寧可別令愁感時帝釋亦現試之化使象子忽然死地而血流離仙人見象子死愁憂涕泣餘仙人聞来諫曉之不能除憂時天帝釋住在虛空為仙人說偈時天帝釋令象子活仙人大喜仙人者和尚身是象子死者弟子是也天帝釋者則我身也（出佛說弟子過命經）

經律異相卷第四十七　第十四張　傍

象獼猴鷄共為親友四

過去世時有三親友象獼猴鷄鳥（僧祇律第二十七卷六卷多鳥）依一尼拘律樹上共相謂言既同依此木宜相恭敬獼猴鷄鳥共問象言汝憶事近遠象言我憶小時行此樹齊畫我腹象與鷄問獼猴獼猴荅言我憶小時此樹舉手及頭（僧祇律六卷此樹上）象語獼猴汝生年多我象與獼猴共問鷄鷄言我憶雪山右面有大尼拘律樹我食果子來此便轉即生此樹共相謂言鷄生年多象以獼猴置其頭上獼猴以鷄置其肩上共遊人間從村至村從邑至邑常說偈言

若人能懷法　必敬諸長老　現世有名譽　將來生善道

時鷄說如是法人皆隨從法訓流布汝等於我法中出家應更相恭敬如是佛法流布自今已去聽隨長幼恭

敬礼拜迎逆問訊時諸比丘鬪佛教
諸比丘長幼相次恭敬礼拜 出四分律四分第三分又出十誦律七法第六卷

馬第三

婆羅醯馬王為轉輪王寶一

馬王名婆羅醯宮殿住在大海洲内
明月山有八千馬以為眷屬若轉輪
聖王出世取冣小者以為馬寶給王
乗御 出增一阿含經

牛第四

大牛被賣走趣如來佛說往緣死
得生天一
水牛王忍獼猴辱二
二牛捔力牽載三
迦羅越牛自說前身負一千錢三
反作牛不了四

大牛被賣走趣如來佛說往緣死得生
天一

有遠方民將一大牛肥盛有力賣與
舍衛城人城人買欲以煞之在城門
中與佛相遇牛還覩佛心中悲喜絶
鏁馳走人不能制直趣如來屈前兩
脚悲鳴淚出口自說言大聖難遭億



世時有唯垂弘慈一見濟拔佛言甚
可久遠世時有轉輪王王四天下千
子七寶治以正法人民安寧又有四
德視民如子民奉猶父沙門梵志長
者人民身未曽病四城宣德徹于十
方王出遊四方還欲向宮逄見親舊
為債主所拘云負五十兩金繫縛著
樹王七寶侍從停住不進悵之所以
報云解之令去當倍卿百兩即解還
家其人數數詣王宮門求金不得債
主巳避不知處所遂在生死周旋往
來无數之劫不償所負至于今生墮
此牛中債主所賣數千兩金時轉輪
王則我身是其債主者此牛是也佛
為聖王保之為償竟不與之故來求
救佛告牛主佛為卿分衛倍償牛
直牛主不肯還欲得牛佛復重告吾
稱牛身斤兩軽重與若干金故不肯
與矣時釋梵天悉俱來下白佛万千
億兩金等致之將牛到祇洹中七日
命盡忽生天上尋自憶識念佛功德
來還人間散華供養報佛恩德佛為
說經即得立不退地無生法忍乃還



天上 出生經第四卷

水牛王忍獼猴辱二

過去世有異曠野水牛王頓止其中
遊行食草而飲泉水時水牛王與衆
眷屬有所至湊獨在其前頻額姝好
威神巍巍名德超異忍辱和雅行止
安詳有一獼猴住在道邊見水牛王
與眷屬俱心懷忿怒興于嫉妒便即
揚塵瓦石而坋擲之軽慢毀辱水牛
默然受之不報行過未久更有一部
水牛王尋從後來獼猴見之亦復罵
詈揚塵打擲後一部衆見前牛王默
然不挍效之忍辱不以為恨是等眷
屬過去未久有一水牛犢尋從後來
隨逐羣牛於是獼猴逐之罵詈毀辱
軽易水犢懷恨不喜見前等類忍辱
不恨亦復學效去道不遠大聚樹間
時有樹神遊居其中問水牛王卿等
何故覩此獼猴佷見罵詈而反忍辱
默聲不應水牛報曰

彼軽辱毀我　又當加施人　彼人當加報
尒乃得狂患

諸水牛過去未久有諸梵志大衆羣

輩仙人之等從道而來時彼獮猴亦復毀辱諸梵志等即時捕捉脚蹹煞之於是樹神即復頌曰

罪惡不腐朽　殃熟乃遭患　罪惡今已滿
諸殃不爛壞

佛言水牛王即我是為菩薩時墮罪為水牛中王常行忍辱修四等心慈悲喜護自致得佛 出生經第四分

二牛捔力牽載三

過去有人有一黑牛復一牛主為財物故唱言誰牛力勝我牛者若勝我輸物若不如者輸我物時黑牛主荅言可尒時載重物繫牛東左共相輕嗤謂黑曲角以杖擊之牽是車去牛聞之即失色力不能挽重上坂時黑牛主大輸財物是得物人後復更唱令黑牛聞聲即語其主可荅言尒主言不能所以然者汝弊黑牛大輸我物今復作者輸我物盡牛語主言先在衆前形相輕我聞惡名故即失色力是故不能挽重上坂今授主語莫出惡言在他前時便語我言汝是好黑大牛生來良吉角廣且圓主受牛語



即便洗刷塗角著好華鬘繫車右邊柔濡愛語大吉黑牛廣角大力牽是車去是牛聞是柔濡愛語故即得色力牽重上坂時黑牛主先所失物更再三倍得之是牛主得大利已心甚歡喜即說偈曰

載重入深轍　隨我語能去　是故應濡語
不應生惡言　濡語有色力　是牛能牽重
我獲大財物　身心得喜樂

佛語諸比丘畜生聞形相語尚失色力何况於人 出十誦律二誦第三卷出四分律初分第七卷略同

迦羅越牛自說前身負一千錢三反作牛不了四

昔大迦羅越出錢為業有二人舉錢一万至時還之後日二人復相謂言我曹更各舉十万後不還之有牛繫在籬裏語二人言我先世時坐負主人一千錢不還債三反作牛猶故不了况君欲取十万罪无畢時二人驚怖會天已曉主人出二人說牛之語主人即便放著羣中不復取用呪願此牛自今已後莫復更此畜生身若有餘錢一以布施牛後命過得生人中 出譬喻經



驢第五

有驢挽車日行五百里一

昔人有驢以用挽車日行數百里語其弟言莫放驢使與驢相見弟怪之自思念云夫智者相得共則歡喜諛諂相得其亦歡喜物類相得无不歡喜弟故放驢令得相見亦不鳴咽相晁不食兄後駕之便卧不行兄便大瞋截其毛耳驢得苦痛復行如前驢語大家君弟放我見惡知識我問何肥荅曰給陶家公邊負土得惡道便卧不行公便步擔土去放我道邊食得食好草歸得芻穀是以得肥問何瘦取謂放得肥反見髡剃不敢復卧乞得生活主愍之放令解脫 出十卷譬喻經第八卷

驢効羣牛為牛所煞二

羣牛志性調良所至到處擇軟美草食還清涼水飲時有一驢便作是念我亦効其飲食即入羣牛前脚把地觸嬈彼牛效其鳴吼而不能改其聲自稱我亦是牛牛角觝煞捨之而去 出增一阿含第二十卷

狗第六

狗乞食不得詣官訟主人一
狗子被煞時見沙門命終生豪貴家二
白狗生前世兒家被好供給把出先身所藏之物三
槃狗因一比丘得生善心四

狗乞食不得詣官訟主人一

佛在舍衛國過去世有狗捨自家至他家乞食入他家時身在門內尾在門外時主人居士打不與食狗詣衆官言是居士我至其家乞食不與我食反打我我不破狗法衆官問言狗有何法荅言我在自家隨意坐卧至他家時身入門內尾著門外衆官言喚居士来問言汝實打狗不與食耶荅言實尒衆官問狗言此人應云何治狗言與此舍衛城大居士職何以故荅我昔在此舍衛城中作大居士以身口作惡故受是狗身是人惡甚於我若令是人得力勢者當大作惡令入地獄極受苦惱（出十誦律第三誦第一卷）

狗子被煞時見沙門命終生豪貴家二

昔有一國糴米踊貴人民飢餓時有沙門入城分衛無所一獲次至長者大豪貴門得麁惡飯遣欲出城逢一屠兒抱一狗子持歸欲煞見沙門歡喜前為作礼沙門呪願老壽長生知有狗子而欲煞之故問其人何所貴持荅曰空行又問吾以見之願持亦我食貸狗子令命得濟其人荅曰不能相與如是至三慇懃請其人拉突不肯隨言又言可以亦我其人即出以亦沙門舉飯飴狗子摩將呪願狗子滾出卿罪所致不得自在使尒世世罪滅福生離狗子身得生為人值遇三寶狗子得食善心生焉命過即生豪貴大長者家這生墮地便有慈心時彼沙門次到長者門裹分衛時長者子年以七歲見彼沙門憶識本緣便前稽首礼沙門足請前供養還曰父母令我欲逐此大和尚奉受經戒為作弟子父母愛重不肯聽之小兒啼泣不肯飲食不欲聽去我便就死父母便聽隨師學道除去鬚髮被三法衣便得三昧立不退轉開化一切發大道意（出迦葉詰阿難經）

白狗生前世兒家被好供給把出先身所藏之物三

佛詣舍衛城遊行分衛時到鸚鵡摩牢兜羅子家遇其不在家有白狗名具坐好蓐上以金鉢食粳米肉白狗還見世尊從遠而来見已便吠世尊言止白狗不須作是聲汝本吟哦（梵志音食音）於是作白狗白狗極大瞋恚下牀蓐巳至門閫下伏寂然而住後摩牢兜羅見問邊人曰誰觸我狗而令憂慼今日有沙門瞿曇来詣家乞食狗吠之瞿曇言止白狗汝不應作是聲汝本吟哦狗恚不樂鸚鵡摩牢兜羅子遥罵世尊誹謗瞋恚詣孤獨園遥見鸚鵡摩牢兜羅子来告諸比丘此人瞋恚身壞生泥犁中彼時鸚鵡摩牢兜羅子白世尊曰沙門瞿曇今至我家乞食白狗於汝有何咎而令不樂佛言白狗見我而吠我言白狗汝不應作是聲汝本吟哦而白狗瞋恚瞿曇此白狗本是我何等親屬佛止摩牢不須問汝或能憂慼不樂如是再三世尊曰此摩牢白狗前所生是汝

父名兜羅倍增瞋恚我父兜羅常行
施與常事於火身壞死巳生梵天上
何故當生狗中此摩牢以汝增上憍
我父兜羅後亦復尒生弊惡狗中而說
偈曰
梵志增上憍　此終生六趣　鷄猪狗野狐
驢夘地獄中
佛言若不信我說者便可還家語白
狗言汝本生時是我父兜羅者還上
牀蓐當於金鉾中食粳米肉當尒我
父遺財汝本藏舉我不知處於是鸚
鵡摩牢兜羅子聞世尊所說善思惟
念還至家巳具語曰狗彼時白狗便
還上牀蓐坐於金鉾中食粳米肉至
本卧處牀四脚下以口足把地於是
鸚鵡摩牢兜羅子大得錢財歡喜
心生以右膝著地向祇樹園自稱姓
字真實沙門語實不妄三自稱巳出
舍衛城往詣祇樹世尊還見告諸比
丘汝見彼鸚鵡摩牢兜羅子来不唯
然世尊若以此時兜羅子命終者生
於善處於我有善心故衆生因善心
故身壞死時生善處天上彼時鸚鵡



摩牢兜羅子往世尊所面相慰勞竟
云何佛言无有異出中阿鋡經第三十九卷鸚鵡章中
弊狗因一比丘得生善心四
有一長者財富無數有一弊狗常喜
齧人凡人不得妄入其門有一比丘
聰明善慧聖達難當逮入其門乞值
狗出卧不覺入時長者設食狗覺方
見念出卧不覺沙門得入令既巳
坐當奈之何若獨食者出必齧煞戢
其腹中所食美膳若分我食乃原之
耳沙門知其心念自食一揣與狗一揣
喜生慈向於沙門前舐其足後出門
卧曾被其齧人劒斫其頭其狗即生
長者夫人腹中生後短命尋復終亡
復生彼國餘長者家年十餘歲見一
沙門前迎為礼啓其父母請為我師
施設供養尋受經戒毎化家中一切
大小誦經念道因報二親求為沙門
不受具足供養和尚日夜不懈和尚
滅後乃受戒德出十卷譬喻經第六卷
鹿第七
鹿母落撥乞與子別還来就死一
昔者有鹿數百為羣隨逐美草侵近



人邑國王出獵遂各分迸有一母鹿
懷妊獨遊被逐飢疲失侣時生二子
捨行求食煢悴失厝墮獵撥中悲鳴
欲出不能得脫獵師聞聲便往視之
見鹿心喜即前欲煞鹿乃叩頭求哀
自陳向生二子尚小无知始視矇矇
未曉東西乞假須臾蹔還視子將示
水草使得生活旋来就死不違信誓
獵者驚怪即荅鹿曰一切世人尚無
至誠况汝鹿身從死得脫豈有還期鹿
復報言聽則子存留則子亡說偈曰
我身為畜狩　遊處於林藪　賤生貪軀命
不能故送死　今来入君撥　分當就刀机
不惜腥臊身　但憐二子耳
獵者甚奇甚異意猶有貪又荅鹿曰
夫巧偽无實姦詐難信虛華万端狡
猾非一愛身重死堪能效命人之无
良由難為期而况禽狩將去豈復還
固不放汝鹿復垂淚以偈報言
雖身為賤畜　不識仁義方　奈何愛慈恩
一去不復還　寧就分裂痛　无為虛偽存
哀傷二子窮　乞假須臾間　世若有惡人
鬪亂比丘僧　破塔壞佛寺　及煞阿羅漢

返逆害父母　妻子及奴婢　設我不来還
罪大過於是
獵者重聞鹿言心益悚然乃却歎曰
惟我處世得生為人愚惑癡冥背恩
薄義殘害衆生煞獵為業詐偽苟得
貪求无厭不知非常識別三尊鹿之
所言有殊於人信誓叩至情見盡忠
便前解撥放之令去於是鹿還至其
子所伍頭鳴吟舐子身體一悲一喜
並説偈言
一切恩愛會　皆由因緣合　合會有別離
無常難得久　今我為尒母　恒恐不自保
生世多畏懼　命危於晨露
於是鹿母將其二子　亦好水草垂淚
交流説偈別言
吾朝行不遇　誤墮獵者手　即時當屠割
碎身化糜朽　念汝求哀来　今當還就死
憐尒小早孤　努力自活已
鹿母説已便捨而去二子鳴呼悲淚
戀慕從後追尋頓赴復起母顧命曰
尒還勿来无得母子併命俱死吾沒
心甘傷汝未識世間無常皆有離別
我自薄命尒生无祐何為悲懐徒益


憂患但當建志畢命於是母復為子
説此偈言
吾前失貪愛　今来愛持身　世生皆有死
不脱不終患　制意一離貪　然後乃大安
寧就説信死　終不欺殆生
子猶悲戀鳴啼相尋至于撥所東西
求索乃見獵者卧於樹下鹿母住立
説偈覺言
前所可放鹿　今来還就死　恩流惠賤畜
得見辭二子　將行亦水草　為説非常苦
万沒无遺恨　念恩不敢負
獵者於是忽覺驚起鹿復跪向重説
偈言
君前見放去　德重過天地　賤狩被慈覆
赴信来就死　感仁恩難忘　不敢違命首
雖還千反報　猶不畢恩紀
獵者見鹿篤信死義志節丹誠慈行
發忠放應徵驗捨生赴誓母子悲戀
相尋而至慈感愍傷稽首謝曰
為天是神祇　信義妙乃尒　恐懼情悚然
豈敢加逆害　寧自煞鄙身　害及其妻子
何忍向靈神　起想如毛髮
獵者即放鹿使去母子悲喜鳴聲呦


呦偈謝獵者
賤畜生處世　當應充厨宰　即時分烹爼
寬惠辭二子　天仁重愛物　復蒙放赦原
德祐積无量　非口所能陳
獵者具以聞王國人咸知普感慈信
狩之仁行有踰於義莫不肅嘆為止
煞獵鹿還鳴群嘯侶遊集各寧其所
佛言時鹿者我身是二子者羅云朱
利母是也時國王者舍利弗是射獵
者阿難是（出鹿子經）
鹿王遭捕煞身以濟羣衆二
昔國王遊獵作於埸塹以捕羣鹿時
有鹿王將鹿數億次食美草入其埸
內守者閉門往白於王王大歡喜鹿
王即知自念羣鹿所以来者由我一
身耳當作方計以濟衆命即以身横
伏塹上使羣鹿蹈背而出足傷其背
皮肉了盡唯有骨在忍痛濟之皆已
得出勢自上岸四向顧視唯有一鹿
不知求出鹿王命呼乃来得出於是
鹿王命絶墮塹（出十卷譬喻經第八卷）
銘陁第八
銘陁獸剥皮濟獵師命一

佛在羅閱耆闍崛山身有風患耆域醫王為合蘇藥用三十二種日日服三十二兩時提婆達常懷嫉妬心自高大望與佛齊効佛亦服注諸脉理身力微弱苦惱呻喚世尊怜愍手摩其頭藥消病除看識佛手曰悉達餘術世不承用復學醫道佛言提婆達懷不善心不但今日昔閻浮提城名波羅㮈王名梵摩達凶暴无慈夢見一獸身毛金色毛端金光即召獵師我夢見以告之汝等求捕若得其皮當重賞汝若不得者誅滅汝族時諸獵師憂愁憒憒聚會議計共募一人令行求之若汝不吉還亦當以物與汝妻子其人自念分棄身命即可當行涉嶮而去徑久身弊天時暑熱欝蒸欲死悲悴而言誰有慈悲拯我身命有一野獸名曰銘陁身毛金色聞甚怜愍身入冷泉来就褁抱小還有力將至水所為其洗浴拾果食之體既平復而自念言今覩此獸王正求之然我垂死賴其濟命感恩未訓何心當害若復不獲彼諸獵師必被誅



戮念是而悲銘陁問言以何不樂荅心所懷銘陁語言此事莫憂我皮易得捨身无數未曾為福今以身皮濟彼衆命如有所獲但剥取皮莫便絶命我以施汝終無悔恨獵師剥皮銘陁即自立願令我以皮用施此人救彼愛命持此功德施彼衆生用成佛道普度一切作此願已三千國土六反震動剥皮去後身肉亦裸血出流離復有八万蠅蟻之屬集其身上同時唼食時欲趣亡復恐傷害忍痛自持身不動搖死於彼中時諸蠅蟻食者命終生天獵師擔皮上王王見奇之常敷用卧心安隱快樂獸銘陁者今我身是梵摩達王今提婆達是八万諸垂我初成佛始轉法輪上八万諸天得道者是 出賢愚經第三卷

野狐第九

野狐從師子乞食得肥後為師子所食一

有野狐往從師子乞食每得殘餘往遂不息正值師子飢未得食便呼野狐鼻嗅便取呑之未死咽中呼言大



家活我師子心念養汝肥毛當持備之耳汝復何去 出十卷譬喻經

狼第十 第八分

狼得他心害惡女嬰兒

有女置其嬰兒在於一處狼擔兒而走時人捕蹋而語之言汝今何故擔他兒去狼荅之言此小兒母是我怨家五百世中常食我兒我亦五百世常煞其子若彼能捨舊惡之心我亦能捨時人語其兒母可捨惡心兒母荅言我今已捨狼觀兒母雖口言捨而心不放害之而去 出抄毗曇第二十八卷

獼猴第十一

獼猴等四獸與梵志結緣一

獼猴奉佛鉢蜜二

獼猴為五百仙人師三

五百獼猴效羅漢起佛齒四

獼猴學禪墮樹死得生天上五

獼猴與婢共戲六

獼猴等四獸與梵志結緣一

昔有梵志年百二十少不娶妻无有婬泆靜處深山以茅為廬蓬蒿為席以水果蓏為衣食不積財寶王娉不

往端然无為數千餘歲與禽獸相娱有四種獸一名狐二者獼猴三者獺四者兎此四獸於道人所聽經說戒如是積久食諸果蓏皆悉訖盡後道人意欲去此四大獸愁憂不樂共議言我曹各求供養獼猴取甘果來以上道人狐亦求食得一囊飯麨來以上道人獺入水取大魚來以上道人兎自思念我當用何等供養道人耶自念當持身供養耳便行取樵以然火作炭往白道人言今我小薄請作炭入火中以身上道人火為不然道人感其仁義哀之遂止時梵志者提和竭佛是兎者我身是獼猴者舍利弗是狐者阿難是獺者目揵連是（出舊雜譬喻經下卷）

獼猴奉佛鉢蜜二

佛與諸比丘受師質婆羅門請還於耆闍河邊洗器安羅樹林有獼猴行見一樹无蜂而有熟蜜來就阿難求鉢阿難不與佛言但與獼猴得鉢（弥沙塞律）（五分律云求佛鉢）盛滿蜜以奉世尊世尊不受令其水淨獼猴不解謂呼有虫將至水



邊洗鉢水漾蜜中擎還上佛（賢愚經云）（渴却赤虫弥沙塞律見虫擇去更取）佛分布衆僧皆悉周遍獼猴歡喜騰躍却僻墮坑而死為師質婦胎後生男子形貟端正（弥沙塞律云生三十三天後生人間得阿羅漢道）佛言過去迦葉佛時有一年少沙門見阿羅漢跳渡涇水謂凡比丘去汝颺疾如獼猴後五百世中常為獼猴（出賢愚經第十二卷又出弥沙塞律第十卷又出僧祇律第二十九卷）

獼猴為五百仙人師三

如来於摩偷羅國涅槃百年後優婁満陁山一邊有五百緣覺一邊有五百仙人一邊有五百獼猴獼猴主往緣覺間見諸緣覺生歡喜心取樹花果供養緣覺作礼坐於僧末日日如是後諸緣覺皆入涅槃獼猴供養如本見諸緣覺不受便牽衣挽足亦復不動獼猴思惟皆已死矣啼泣懊惱復至五百仙人所皆到棘刺中獼猴亦到仙復到灰土上獼猴亦到灰土上仙人五熱炙身獼猴亦復如是仙手攀樹自懸獼猴撥其手令墮地常教化諸仙以四威儀既教化已於諸仙



所端坐修定語仙人言汝等一切當如是坐時五百仙隨其坐禪諸仙无師說法於三十七品助菩提法思惟取證得緣覺道皆作是念我得聖道由此獼猴即以香花飲食供養獼猴獼猴命終以香木燒其身佛語阿難是獼猴者即優波笈多於惡道中為多衆生作饒益我涅槃後百餘年當有上中（出阿育王經第六卷）

五百獼猴効羅漢起佛啚四

昔佛在羅閲祇國遣一羅漢名須満持佛髮爪至罽賓國南山作佛啚寺五百羅漢常止其中旦夕燒香繞塔礼拜時彼山中有五百獼猴見道人供養塔寺即便相將至深澗邊負輦沮石効作佛啚竪木立刹弊幡繫頭旦夕礼拜亦如道人時山水瀑漲五百獼猴一時漂沒魂神即生第二忉利天上七寶殿舍衣食自然各自念言從何所来得生天上即以天眼自見本形獼猴之身効諸道人戲作塔寺雖身漂沒神得生天今當下報故尸之恩各將侍從華香伎樂臨故尸

上散華燒香繞之七匝時山中有五百婆羅門外學邪見不信罪福見諸天人散華作樂繞獼猴尸恠而問曰諸天光影巍巍乃介何故屈意供養此尸諸天人言此尸是吾等故身具述本事等以此微福得生天上今故散華以報故身之恩戲為塔寺獲福如此若當至心奉佛其德難喻卿等邪見不信正真百劫勤苦无所一得不如共至耆闍崛山礼事供養得福無限即皆欣然共至佛所五體作礼散華供養諸天人白佛我等近世獼猴之身蒙世尊之恩得生天上恨不見佛今故自歸重白佛言我等前世有何罪行受獼猴身雖作塔寺身被漂沒佛告天人不從空生往昔世時有五百年少婆羅門共行入山欲求仙道時山上有一沙門欲於山上泥治精舍下谷取水身輕若飛五百婆羅門興嫉妬意同聲笑之今此沙門上下飃疾甚如獼猴何足為奇如是取水不止山水一來溺死不久佛告諸天人時上下沙門我身是也五百年



少婆羅門者五百獼猴身是戲笑作罪身受其報佛說偈言

戲笑為惡　號泣受報

五百天人聞佛語已即得道跡五百婆羅門聞罪福之報而自歎曰吾等學仙積有年數未蒙果報不如獼猴戲笑為福得生天上佛德實妙稽首佛足願為弟子佛言善來比丘即成沙門精進得道　出法句經第一卷

獼猴學禪墮樹死得生天上五

昔有道人樹下坐禪誦經有一獼猴在樹上効之不覺墮樹而死得生天上　出雜譬喻經

獼猴與婬共戲六

昔有國王有一獼猴與婬共戲數數不止有一梵志謂王當別此婬與獼猴王曰何所能諸而令別離乎後婬持飯器并大杖從外來獼猴走來牽婬婬瞋以足排杖撾獼猴墮火燒其毛衣奔走入積薪中燃及屋舍宮殿寶藏悉成灰燼王方悟梵志之言也　出獼猴與婬共戲致變經

兎第十二



兎王依附道人投身火聚生兜率天一

昔有兎王遊在山中與羣輩俱食果飲水行四等心慈悲喜護教諸眷屬悉令仁和勿為衆惡畢脫此身得為人形可受道教時諸眷屬歡喜從教不敢違命有一仙人處在林樹食果飲水獨修道行未曾遊放逮四梵行慈悲喜護誦經念道音聲通利其音和雅聞莫不欣於時兎王往附近之聽其誦經意中欣踊不以為猒與諸眷屬共賷果蓏供養道人如是積日經歷年月時冬寒至仙人欲還到於人間兎王見之愁憂不樂心懷戀恨不欲令捨問何所趣在此日日相見以為娛樂飢渴忘食如依父母願留莫去仙人報曰吾有四大當慎將護今冬寒至果蓏已盡山水冰凍又無巖窟可以居止故欲捨去依處人間分衛求食頓止精舍過此冬寒當復相就勿以悒悒兎王答曰吾等眷屬當行求果遠近募索當相給足願一屈意愍傷見濟假使捨去憂感之戀或不自全設使今日無有供具便以我身

經律異相卷第四十七　第五十九張　傷字号

供上道人道人見之感惟哀念恕之至心當奈之何仙人事火前有生炭兎王心念道人為我是以默然便自擧身投於火中火大熾盛道人欲救尋巳命過生兜術天於菩薩身功德特尊威神巍巍仙人見之為道德故不惜身命愍傷憐之亦自剋責絶穀不食尋時遷神處兜率天佛言時兎王者則我是仙人者定光佛是（出生經第三第四卷又出兎王經）

猫狸第十三

猫狸呑鼠食其藏一

過去世時有一猫狸飢渴羸瘦於孔穴中伺求鼠子時鼠子出疾取呑之鼠子身小生入腹中食其內藏猫狸迷悶東西狂走遂至於死愚癡乞士不善護身心見諸女人而取色相（出雜阿含經第四十七卷）

鼠第十四

鼠滓毗舍離命一

佛言迦蘭陁者是山鼠名時毗舍離王將諸伎女入山遊戲王時疲惓眠一樹下伎女左右四散走戲時樹下窟中

經律異相卷第四七　第六十張　傷字号

有大毒虵聞王酒氣出欲螫王樹上有鼠從上来下鳴喚覺王虵即還縮王覺已復眠虵又更出鼠復鳴喚下来覺王王起見大毒虵即生驚怖求諸伎女又復不見王自念言我今得活由鼠之恩思惟欲報時山邊有村即命村中自今以後我之禄限恙迴供鼠因此鼠故即号此村迦蘭陁也是時村中有一長者有金錢四十億王即賜長者位因此村名故号迦蘭陁長者（出善見律毗婆沙第六卷）

鼠偷蘇身長器中二

昔有長者家持蘇瓶高樓上覆蓋不固鼠入蘇瓶晝夜食噉身體遂長蘇既賜鼠滿瓶裏狀似蘇色有人買蘇是時長者取蘇著於火上鼠在瓶裏便於瓶中命終復化為蘇賣與買人量取升斗骨沉在下髏脚骨各自離解（出甘露道經）

經律異相卷第四十七

經律異相卷第四十七　校勘記

一　底本，金藏廣勝寺本。三〇八頁中、下原版缺，以麗藏本補。

一　三〇八頁中一行「雜獸畜生部上」，徑、清作「雜獸畜生部第三十七」。

一　三〇八頁中二行撰者，資作「梁天監十五年勑沙門寶唱等撰」；徑、清作「梁沙門僧旻寶唱等奉勑撰」。

一　三〇八頁中三行至一六行目録，徑無。

一　三〇八頁中三行「師子一」並夾註「七事」，清作「一師子」。下至一六行例同。

一　三〇八頁中一三行「六事」，資、磧、普、南作「五事」。

一　三〇八頁中一五行「二事」，資、磧、普、南作「一事」。

一　三〇八頁中一六行「一事」，資、磧、普、南作「二事」。

一　三〇八頁中一七行「師子第一」，

徑作「師子第一」並夾註「有七種」；清作「一師子」。

一　三〇八頁中一八行至本頁下五行目錄，徑無。

一　三〇八頁下六行「師子王」，徑作「一師子王」。又末字「一」，徑無；清作「第一」。

一　三〇八頁下一五行「師子王即寤」，資、磧、普、南、徑、清作「師子既寤」。

一　三〇九頁上五行夾註左「第三卷」，資、磧、普、南、徑、清作「第十卷」。

一　三〇九頁上六行「師子」，徑作「二師子」。又末字「二」，徑無；清作「第二」。

一　三〇九頁上八行末字「㴱」，資、磧、普、南、徑、清作「罗」。

一　三〇九頁上一〇行「髦髮」，資、磧、普、南、徑、清作「髮髦」。

一　三〇九頁上一一行「鋒芒」，資、磧、普、南、徑作「鋒鋩」。又「摅地」，資作「踞地」。

一　三〇九頁上一六行第一三字「輋」，資、磧、普、南、徑、清作「輋中」。

一　三〇九頁上二〇行「水性」，麗作「水住」。

一　三〇九頁中二行夾註「出涅槃經第二十五卷又大智論」，資、磧、普、南、徑、清作「出湟槃第二十五卷又出大智論」。

一　三〇九頁中三行「師子」，徑作「三師子」。又末字「忘」，資、磧、普、南、徑、清作「遂忘」。

一　三〇九頁中四行末字「三」，徑無；清作「第三」。

一　三〇九頁中七行「八處」，資、磧、普、南、徑、清作「六處」。又末字「使」，磧、南、徑、清作「使」。

一　三〇九頁中一一行第三字「告」，資、磧、普、南、徑、清作「有」。又「挽骨」，磧、南、徑、清作「拔骨」。

一　三〇九頁下一五行「師子」，徑作「四師子」。

一　三〇九頁下一六行末字「四」，徑無；清作「第四」。

一　三一〇頁上五行「求之」，麗作「子求之」。

一　三一〇頁上九行「道人問」，資、磧、普、南、徑、清作「道人即問」。

一　三一〇頁上二一行「實蒙」，資、磧、普、南、徑、清作「蒙師」。

一　三一〇頁上末行「師子」，徑作「五師子」。又末字「五」，徑無；清作「第五」。

一　三一〇頁中七行「水流」，資、磧、普、南、徑、清作「流水」。

一　三一〇頁中七行末字至次行首字「曰以」，資、磧、普、南、徑、清作「以曰」。

一　三一〇頁中一三行「阿難是」，資、磧、普、南、徑、清作「阿難是也」。

一　三一〇頁中一四行「師子」，徑作「六師子」，又末字「六」，徑無；清作「第六」。

一　三一〇頁中二一行「肥大」，資作「肌大」。

一 三一〇頁下一五行「惡人」，資、磧、普、南、徑、清作「惡言」。又「當懷」，資、磧、普、南、徑、清作「當壞」。

一 三一〇頁下一六行末字「難」，資、磧、普、南、徑、清作「離」。

一 三一〇頁下二〇行第五字「舌」，諸本(不含石，下同)作「蟲」。又末字「舌」下，資、磧、普、南、徑、清有「殺之則和合」五字。

一 三一〇頁下二二行夾註右「第三分又出四第九分」，資、磧、普、南、徑、清作「第三卷又出四分初分第九卷」。

一 三一一頁上一行「師子」，徑作「七師子」。又末字「七」，徑無；清作「第七」。

一 三一一頁中一四行末字「廣」，諸本作「廣亦爾昔菩薩處中有一龍修聲聞慈」。

一 三一一頁下三行首字「故」，資、磧、普、南、徑、清作「是故」。

一 三一一頁下六行第二字「得」，磧、南、徑、清作「身」。

一 三一一頁下一八行「種種」，資、磧、普、南、徑、清作「種類」。

一 三一一頁下二〇行「乃是」，資、磧、普、南、徑、清作「是乃」。

一 三一一頁下二一行「爲第二」，徑作「象第二」並夾註「有四種」；清作「二象」。

一 三一一頁下二二行至次頁上二行目録，徑無。

一 三一一頁下末行「象王」，資、磧、普、南無。

一 三一二頁上三行「象王」，徑作「一象王」。又末字「一」，徑無；清作「第一」。

一 三一二頁上七行「羣衆」，磧、南、徑、清作「群象」。

一 三一二頁上一四行夾註左「第十一卷」，資、磧、普、南、徑、清作「第十七卷」。

一 三一二頁上一五行「善住」，徑作「二善住」。又末字「二」，徑無；清作「第二」。

一 三一二頁上二〇行「五十」，資、磧、普作「五千」。

一 三一二頁上末行第七字「象」，資、磧、普、南、徑、清作「爲」。

一 三一二頁中三行「山林外」，資、磧、普、南、徑、清作「出林外」。

一 三一二頁中五行第六字「象」，資、磧、普、南、徑、清作「小象」。

一 三一二頁中六行第四字「壁」，資、磧、普、徑作「璧」。又「八万象」，資、磧、普、南、徑、清作「八萬象王」。

一 三一二頁中八行「大牙」，資、磧、普、南、徑、清作「六牙」。又「金填」，磧、普、南、徑、清作「金鈿」。

一 三一二頁中九行「象子」，徑作「三象子」。又末字「三」，徑無；清作「第三」。

一 三一二頁中一〇行第九字「象」，資、磧、普、南、徑、清作「象象」。

一 三一二頁中一二行「威神」，資、磧、普、南、徑、清作「大威神」。

一　三一二頁中一三行「遊洋」，資、磧、普、南、徑、清作「遊瀁」。

一　三一二頁中一四行第六字「扶」，諸本作「扶」。

一　三一二頁中一六行「安隱」，資、磧、普、南、徑、清作「安樂」。

一　三一二頁中一八行第八字「其」，資、磧、普、南、徑、清作「并」。

一　三一二頁中一九行第六字「親」，諸本作「覩」。

一　三一二頁中二二行「帝釋」，資、磧、普、南、徑、清作「天帝釋」。

一　三一二頁下四行「死者」，資、磧、普、南、徑、清作「者死」。

一　三一二頁下六行首字「象」，徑作「四象」。又末字「四」，徑無；清作「第四」。

一　三一二頁下八行夾註左首字「今」，資、磧、普、南、徑、清作「卷」。

一　三一二頁下一一行第五字「晝」，資、磧、普、南、徑、清作「畫」。

一　三一三頁上二行夾註左首字至次行夾註右首字「四分第三分」，資、磧、普、南、徑、清作「第四分第一卷」；麗作「四分第三卷」。

一　三一三頁上三行夾註左「第六卷」，資、磧、普、南、徑、清作「第六卷畧同」。

一　三一三頁上四行「馬第三」，徑作「馬第三」並夾註「有一種」；清作「三馬」。

一　三一三頁上五行首字「婆」，徑作「一婆」。又末字「一」，資、磧、普、南、徑無；清作「第一」。

一　三一三頁上九行首字「菜」，諸本作「乘」。

一　三一三頁上一〇行「牛第四」，徑作「牛第四」並夾註「有四種」；清作「四牛」。

一　三一三頁上一一行至一六行目録，徑無。

一　三一三頁上一二行「得生天」，資、磧、普、南、清作「即生天」。

一　三一三頁上一七行「大牛」，徑作「一大牛」。

一　三一三頁上一八行「天一」，徑無；清作「天第一」。

一　三一三頁中五行「四城」，諸本作「四域」。

一　三一三頁中一二行「所負」，資、磧、普、南、徑、清作「所值」。

一　三一三頁中二〇行第三字「金」，諸本作「吾」。

一　三一三頁下二行「水牛」，徑作「二水牛」。又末字「二」，徑無；清作「第二」。

一　三一三頁下二〇行「默聲」，磧、南、徑、清作「默然」。

一　三一三頁下二二行「枉患」，資、普、南、徑、清作「牴患」；磧作「抵患」。

一　三一四頁上五行「不爛壞」，資、磧、普、南、徑、清作「不壞爛」。

一　三一四頁上八行夾註左「第四分」，資、磧、普、南、徑、清作「第四卷」。

一　三一四頁上九行「二牛」，徑作「三二牛」。又末字「三」，徑無；清作

「第三」。

一　三一四頁上一〇行「復一牛主」，資、磧、普、南、徑、清作「復有一人亦有一牛」。

一　三一四頁上一三行「牛東」，諸本作「牛車」。

一　三一四頁上一四行首字「唤」，麗作「笑」。

一　三一四頁上末行「且圓」，麗作「且直」。

一　三一四頁中四行「上坂」，資、磧、普、南、徑、清作「得上坂」。

一　三一四頁中八行「惡言」，徑作「惡語」。又「牽重」，磧、南、徑、清作「牽車」。

一　三一四頁中一一行夾註右末字「出」，資、磧、普、南、徑、清作「又出」。

一　三一四頁中一二行「迦羅越」，徑作「四迦羅越」。

一　三一四頁中一三行末字「四」，徑無；清作「第四」。

一　三一四頁中一八行「還債」，資、磧、普、南、徑、清作「還償」。

一　三一四頁中二二行「復更」，資、磧、普、南、徑、清作「復更受」；麗作「復受」。

一　三一四頁下一行「驢第五」，徑作「驢第五」並夾註「有二種」；清作「五驢」。

一　三一四頁下一行與二行之間，資、磧、普、南、清有「有驢挽車日行五百里一」、「驢劾群牛爲牛所殺二」兩行。

一　三一四頁下二行首字「有」，徑作「一有」。又末字「一」，徑無；清作「第一」。

一　三一四頁下七行「鳴咽」，資、磧、普、南、徑、清作「嗚咽」。

一　三一四頁下八行首字「皃」，資、磧、普、南、徑、清作「䫉」；麗作「嚊」。

一　三一四頁下一一行第八字「邊」，資、磧、普、南、徑、清無。

一　三一四頁下一三行第一二字「問」，資、磧、普、南、徑、清作「問我」。又「何瘦」，諸本作「何瘦答曰挽車日行五百里飲食轗軻是以瘦耳」。

一　三一四頁下一四行首字「取」，資、磧、普、南、徑、清無；麗作「我瘦取」。

一　三一四頁下一六行首字「驢」，徑作「二驢」。又末字「二」，徑無；清作「第二」。

一　三一四頁下一九行「羣牛」，資、磧、普、南、徑、清作「牛羣」。又「把地」，資、磧、普、南、徑、清作「跑地」。

一　三一四頁下二一行「觝煞」，徑作「觸煞」。

一　三一四頁下末行「狗第六」，徑作「狗第六」並夾註「有四種」；清作「六狗」。

一　三一五頁上一行至六行目録，徑無。

一　三一五頁上四行「把出」，資、磧、普、南、清作「跑出」；麗作「捊出」。

一　三一五頁上七行首字「狗」，徑作

「一狗」。又末字「一」，徑無；清作「第一」。

一　三一五頁上二二行「狗子」，徑作「二狗子」。又末字「二」，徑無；清作「第二」。

一　三一五頁上末行第七字「踊」，資、磧、普、南、清作「涌」；徑作「勇」。

一　三一五頁中一行「無所一獲」，資、磧、普、南、徑、清作「一無所獲」。

一　三一五頁中二行第九字「這」，資、磧、普、南、徑、清作「適」。下同。

一　三一五頁中七行第二字「貨」，諸本作「貿」。

一　三一五頁中一〇行第七字「飴」，資、磧、普、南、徑、清作「飼」；麗作「飴」。又第一一字「將」，徑、清、麗作「捋」。

一　三一五頁中一八行首字「曰」，諸本作「白」。

一　三一五頁中末行夾註右末字「請」，諸本作「詰」。

一　三一五頁下一行「白狗」，徑作「三白狗」。又「把出」，資、磧、普、南、徑、清作「跑出」；麗作「捊出」。

一　三一五頁下二行末字「三」，徑無；清作「第三」。

一　三一五頁下七行夾註左末字「音」，資、磧、普、南、徑、清作「意」。

一　三一五頁下八行「作白狗」，資、磧、普、南、徑、清無。

一　三一五頁下一〇行首字「羅」，資、磧、普、南、徑、清作「羅子還」。又「誰觸我狗而令憂感」，資、磧、普、南作「誰觸嬈狗而令憂感邊人答曰」；徑、清作「誰觸嬈狗而令憂感邊人答曰」。

一　三一五頁下一四行「迮見」，資、磧、普、南、徑、清作「世尊遥見」。

一　三一六頁上六行「此終生」，徑、清作「此中生」。

一　三一六頁上一三行「具語曰狗」，資、磧、普、南、徑、清作「見語白狗」；麗作「具語白狗」。

一　三一六頁上一五行「把地」，資、磧、普、南、徑、清作「跑地」；麗作「捊地」。

一　三一六頁中二行第二字「何」，諸本無。

一　三一六頁中二行夾註左末字「中」，資、磧、普、南、徑、清無。

一　三一六頁中三行「弊狗」，徑作「四弊狗」。又末字「四」，徑無；清作「第四」。

一　三一六頁中六行「善慧」，資、磧、普、南、徑、清作「智慧」。又第八字「當」，資、磧、普、南、徑、清無。

一　三一六頁中一二行「喜生慈」，資、磧、普、南、徑、清作「狗喜生慈」。麗作「善生慈」。

一　三一六頁中一三行「其狗」，資、磧、普、南、徑、清無。

一　三一六頁中二一行「鹿第七」，徑作「鹿第七」並夾註「有二種」；清作「七鹿」。

一　三一六頁中二一行與二二行之間，資、磧、普、南、清有「鹿母落琼乞與子別還來就死一」、「鹿王遭捕殺身以濟群衆二」兩行。

一　三一六頁中二二行「鹿母」，徑作「一鹿母」。又末字「一」，徑無；清作「第一」。

一　三一六頁下一〇行第三字「況」，磧、普、南、徑、清作「況汝」。

一　三一六頁下一二行「林藪」，資、磧、普、南、徑、清作「山藪」。

一　三一六頁下一三行「送死」，麗作「迸死」。

一　三一六頁下一七行「堪能」，麗作「尠能」。

一　三一六頁下一八行第一〇字「將」，資、磧、普、南、徑、清無。

一　三一六頁下二〇行「愛慈恩」，諸本作「受慈恩」。

一　三一六頁下二一行「虐僞」，資、磧、普、南、徑、清作「虛誑」。

一　三一七頁上一三行「命急」，資、磧、普、南、徑、清作「命危」。

一　三一七頁上二〇行「頓赴」，諸本作「頓仆」。

一　三一七頁上末行「无祐」，資、磧、普、南、徑、清作「無怙」。

一　三一七頁中三行第三字「生」，資、磧、普、南、徑、清作「坐」。又「愛持身」，資、磧、普、南、徑、清作「受獸身」。

一　三一七頁中四行首字「不」，資、磧、普、南、徑、清作「無」。

一　三一七頁中五行第九字「殆」，徑、清作「詒」。

一　三一七頁中六行「鳴啼」，資、磧、普、南、徑、清作「鳴呼啼哭」。

一　三一七頁中一六行第三字「干」，資、磧、普、南、徑、清作「千」；麗作「于」。

一　三一七頁中一八行「放應」，資、磧、普、南、徑、清作「効應」。

一　三一七頁中二〇行第八字「妙」，資、磧、普、南、徑、清作「仁」。

一　三一七頁中末行第三字「即」，資、磧、普、南、徑、清作「即便」。

一　三一七頁下二行「當應」，資、磧、普、南、徑、清作「應當」。又「烹殂」，資、磧、普、南、徑、清作「烹爼」。

一　三一七頁下三行「天仁」，資、磧、普、南、徑、清作「天人」。

一　三一七頁下八行末字「朱」，資、磧、普、南、徑、清作「末」。

一　三一七頁下一一行「鹿王」，徑作「二鹿王」。又末字「二」，徑無；清作「第二」。

一　三一七頁下二二行「銘陀第八」，清作「八銘陀」。

一　三一七頁下末行首字「銘」，徑作「一銘」。又末字「一」，資、磧、普、南、徑無；清作「第一」。

一　三一八頁上五行「呻喚」，資、磧、普、南、徑、清作「啼喚」。

一　三一八頁上八行「懷不善心」，資、磧、普、南、徑、清作「懷惡」。

一　三一八頁上九行「夢見」，資、磧、普、南、徑、清作「忽夢」。

一　三一八頁上一四行「不吉還」，資、

普、南、徑、清作「不吉還之」；磧作「不言還之」。

一　三一八頁上一六行「徑久」，諸本作「經久」。

一　三一八頁上一七行第一二字「拯」，資、磧、普、南、徑、清作「救」。

一　三一八頁中七行第四字「持」，資、普作「特」。又「施彼」，資、磧、普、南、徑、清作「施及」。

一　三一八頁中九行「亦裸」，諸本作「赤裸」。

一　三一八頁中一〇行「復有」，磧、南、徑、清作「後有」。

一　三一八頁中一一行「趣亡」，諸本作「趣穴」。

一　三一八頁中一三行首字「者」，資、磧、普、南、徑、清作「者身」。

一　三一八頁中一四行第六字「心」，麗作「身心」。

一　三一八頁中一五行「提婆達」，資、磧、普、南、徑、清作「提婆達多」。

一　三一八頁中一八行「野狐第九」，徑作「狐第九」；清作「九狐」。

一　三一八頁中一九行「野狐」，徑作「一野狐」。

一　三一八頁中二〇行末字「一」，資、磧、普、南、徑無；清作「第一」。

一　三一八頁下一行「肥毳」，資、磧、普、南、徑、清作「肥脆」。

一　三一八頁下二行夾註左「譬喻經」，資、磧、普、南、徑、清作「譬喻經第八卷」。

一　三一八頁下三行「狼第十」，清作「十狼」。又夾註「第八分」，資、磧、普、南、徑、清無。

一　三一八頁下四行首字「狼」，徑作「一狼」。又「嬰兒」，清作「嬰兒第一」。

一　三一八頁下八行末字「世」，資、磧、普、南、徑、清作「世中」。

一　三一八頁下一三行「獼猴第十一」，徑作「獼猴第十一」並夾註「有六種」；清作「十一獼猴」。

一　三一八頁下一四行至一九行目録，徑無。

一　三一八頁下一八行「得生天上」，資、磧、普、南、清作「生天」。

一　三一八頁下二〇行「獼猴」，徑作「一獼猴」。又末字「一」，徑無；清作「第一」。

一　三一八頁下末行「爲衣食」，資、磧、普、南、徑、清作「爲食」；麗作「充爲食」。

一　三一九頁上一六行夾註「舊譬喻經」，資、磧、普、南、徑、清作「舊雜譬喻經」。

一　三一九頁上一七行「獼猴」，徑作「二獼猴」。又末字「二」，徑無；清作「第二」。

一　三一九頁上二〇行「熟蜜」，徑作「熱蜜」。

一　三一九頁中二行夾註右首字「渴」，資、磧、普、南、徑、清作「渹」；麗作「洗」。

一　三一九頁中五行正文「過去」，資、磧、普、南、徑、清作「於過去」。

一　三一九頁中九行左「第二十九卷」，資、普、徑、清作「第二十九卷大同」；磧作「第一十九卷二同」；南作「第一十九卷大同」。

一　三一九頁中一〇行「獼猴」，徑作「三獼猴」。又末字「三」，徑無；清作「第三」。

一　三一九頁中一八行「啼泣」，徑、清作「啼哭」。

一　三一九頁中一九行「皆到棘刺中」，資、磧、普、南、清作「皆卧棘刺中」；徑作「皆卧荊刺中」。

一　三一九頁中二〇行第二字「到」，資、磧、普、南、徑、清作「卧」，第五字、第一二字同。又第三字「仙」，資、磧、普、南、徑、清作「仙人」，二一行第一四字同。

一　三一九頁下九行「上中」，諸本作「上事」。

一　三一九頁下一〇行「五百獼猴」，徑作「四五百獼猴」。又末字「四」，徑無；清作「第四」。

一　三一九頁下一五行「負輦」，磧、普、南、徑、清作「負揵」。

一　三一九頁下一七行「瀑漲」，資、磧、普、南、徑、清作「暴長」；麗作「暴漲」。

一　三二〇頁中一〇行「獼猴」，徑作「五獼猴」。又末字「五」，徑無；清作「第五」。

一　三二〇頁中一四行「獼猴」，徑作「六獼猴」。又末字「六」，徑無；清作「第六」。

一　三二〇頁中一五行第二字「有」，資、磧、普、南、徑、清作「者」。

一　三二〇頁中末行「兎第十二」，清作「十二兎」。

一　三二〇頁下一行首字「兎」，徑作「一兎」。又末字「一」，資、磧、普、南、徑無；清作「第一」。

一　三二〇頁下二行「遊在」，資、磧、普、南、徑、清作「遊於」。

一　三二〇頁下七行第一一字「建」，資、磧、普、南、徑、清作「逮」。

一　三二〇頁下一〇行「欣踊」，資、磧、普、南、徑、清作「欣樂」。

一　三二〇頁下二一行「募牽」，資、磧、普、南、清、麗作「募索」；徑作「莫索」。

一　三二一頁上一行「感惟」，資、磧、普、南、徑、清作「感懷」。又「恕之」，麗作「愍之」。

一　三二一頁上九行第四字「我」，資、磧、普、南、徑、清作「我身」。

一　三二一頁上一一行「猫狸第十三」，清作「十三猫狸」。

一　三二一頁上一二行「猫狸」，徑作「一猫狸」。又第四字「鼠」，資、磧、普、南、徑、清作「鼠鼠」。又末字「一」，徑無；清作「第一」。

一　三二一頁上一七行「女人而取色相」，資作「取色女人而相」。

一　三二一頁上一九行「鼠第十四」，徑作「鼠第十四」並夾註「有二種」；清作「十四鼠」。

一　三二一頁上二〇行首字「鼠」，徑

作「一鼠」。又第六字「命」，資、磧、普、南、徑、清作「王命」。又末字「一」，徑無；清作「第一」。

一　三二一頁中八行「此村」，資、磧、普、南、徑、清作「此村名」。

一　三二一頁中一二行首字「鼠」，徑作「二鼠」。又末字「二」，徑無；清作「第二」。

一　三二一頁中一五行「既賜」，資、磧、普、南、徑、清作「既噉盡」；麗作「既賜盡」。

一　三二一頁中一七行「便於」，磧作「復於」。

一　三二一頁中一八行第九字「髏」，資、磧、普、南、徑、清作「髑髏」。

趙城縣廣勝寺

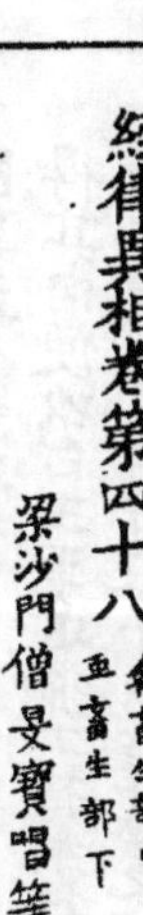

# 經律異相卷第四十八 禽畜生部中 五畜生部下 傍

梁沙門僧旻寶唱等集

金翅一 二事
千秋二 一事
鴈三 二事
鶴四 一事
鴿五 二事
雉六 一事
烏七 四事

## 金翅第一

生住所資一
正音王死相二

### 生住所資一

金翅鳥有四種一者卵生二者胎生三者濕生四者化生皆先大布施心高淩蓋苦惱衆生心多瞋慢生此鳥中有如意寶珠以為瓔珞變化万端無事不辦身高四十里衣廣八十里長四十里重二兩半食龍魚鼈以為揣食涅槃經云能食能消一切龍魚金銀等寶唯除金剛耳洗浴衣服為細滑食亦有婚姻兩身相觸以成陰陽壽一劫或有減者大海



北岸一樹名究羅瞋摩高百由旬蔭五十由旬樓炭經略同樹東有卵生龍宮卵生金翅鳥宮樹南有胎生龍宮胎生金翅鳥宮樹西有濕生龍宮濕生金翅鳥宮樹北有化生龍宮化生金翅鳥宮各各縱廣六千由旬莊飾如上若卵生金翅鳥飛下海中以翅搏水水即兩披深二百由旬衆卵生龍隨意而食之華嚴經云此鳥食龍所有之風若入眼人眼失明故不來人間胎濕化亦復如是涅槃經云唯不能食受三歸者有化生龍子三齋日受齋八禁時金翅鳥欲取食之銜上須弥山北大鐵樹上高十六万里求覓其尾了不可得鳥聞亦受五戒出長阿含經第十九卷又出增一阿含第十五卷大智論華嚴經亦見也

### 正音王死相二

金翅鳥王名曰正音於衆羽族快樂自在於閻浮提日食一龍王及五百小龍於四天下更食一日數亦如上周而復始經八千歲死相既現諸龍吐毒不能得食飢逼慞遑永不得安至金剛山從金剛山直下從大水際至風輪際為風所吹還金剛山如是

七反然後命終以其毒故令十寶山同時火起難陀龍王懼燒此山即降大雨渧如車輪鳥肉消盡唯餘心存心又直下七反如前住金剛山難陀龍王取為明珠轉輪聖王得為如意珠若人念佛心亦如是（出觀佛三昧經第一卷）

千秋第二

千秋生必害母

千秋人面鳥身生子還害其母復學得羅漢果畜生無有是智反有尊卑想不受五逆罪（出婆須蜜經第八卷）

鴈第三

金羽鴈猶愛前生妻子日與一毛一

毗舍離獼猴江側有蒜園偷羅難陀比丘尼去園不遠園主問言阿姨欲須蒜耶比丘尼即與沙弥尼式叉摩那尼㲉㲉往索蒜遂都盡其主委園而去佛說本生昔有一婆羅門年百二十形體羸瘦其婦端正无比多生男女此婆羅門繫心其婦及諸男女初不捨離以此愛著情篤遂至命終便生鴈中其身毛羽盡為金色以前福因緣故自識宿命我以何方便養



活此男女使不貧苦日日來還日落一羽而去兒見如是不知因緣即共議言我等寧可伺其來時方便捉之盡取金羽如其所計盡拔金羽羽盡更生白羽佛告諸比丘欲知尒時婆羅門死為鴈者豈異人乎即園主是其端正婦者即比丘尼是男女者即式叉摩那沙弥尼等是（出四分律二分第三卷）

五百鴈為獵所殺以聞佛法生天得道二

佛在波羅奈國於林澤中為諸天人四輩之類顯說妙法時虛空中有五百鴈為群聞佛音聲深心愛樂迴翔欲下獵師張羅鴈墮其中為獵師所殺生忉利天處父母膝上若八歲兒端嚴無比光若金山便自念言我何因生此即識宿命愛法果報即共持華下閻浮提至世尊所礼足白言我蒙法音生在妙天願重開示佛說四諦得須陀洹即還天上（出賢愚經第十二卷）

鴈遇王羅不食得出三

國王夫人昇在樓上見鴈飛空中欲得其肉便以白王王遣獵工持網行羅分布求索即得數十以籠養之中有



不食者諸鴈謂言今已得活不食何益不食者曰憂不能食七日瘠瘦於籠孔中得出飛去遥語肥者曰卿等貪食害痛在後（出十卷譬喻經第六卷）

鶴第四

常吐根力八道之音一

弥陀佛國常有種種奇妙雜色之鳥白鵠孔雀鸚鵡舍利迦陵頻伽共命之鳥晝夜六時出和雅音其音所說五根五力七菩提分八聖道分如是等法其土衆生聞是音聲皆悉念三寶（出弥陀經）

鴿第五

鴿捨命施飢窮人一

鴿被鷹逐遇佛影則安弟子影猶戰二

鴿鳥捨命施飢窮人一

昔雪山上有一鴿鳥時大雨雪有人失道窮厄辛苦飢寒并至命在須臾鴿飛求火為其聚薪然之既然身投火中施此飢人（出大智論第十一卷）

鴿被鷹逐遇佛影則安弟子影猶戰二

佛在祇洹林晡時經行舍利弗從時有鷹逐鴿鴿飛來佛邊佛行影覆之

鴿身安隱怖畏即除不復作聲後舍利弗影到鴿便作聲戰怖如初舍利弗白佛言佛及我身俱無三毒佛影覆鴿鴿不恐怖我影覆鴿戰慄如初佛言汝有三毒習故汝觀此鴿宿世因緣幾世作鴿舍利弗即時入宿命智三昧觀見此鴿已八万大劫常作鴿身過是已往我不能見佛言汝若不能盡知過去試觀此鴿何時當脫舍利弗即出願智三昧觀見此鴿八万大劫未脫鴿身過是不知於恒河沙等大劫中常作鴿身 出大智論第十一卷

雉第六

雉救林火一

昔野火燒林林有一雉勤身自力飛来入林以水灑林往反疲乏不以為苦時天帝釋来問之言汝作何等答曰我救此林愍衆生故此林蔭育處廣清涼快樂我諸種類及諸宗親皆悉依仰我有身力去何懈怠而不救之天帝問言汝乃精勤當至幾時雉言以死為期天帝言誰為汝證即自立誓我心至誠信不虛者火即自滅



是時淨居天知雉弘誓即為滅火始終常茂不為火燒 出大智論第十六卷

烏第七

烏王甘蔗所領四烏使至沙竭國一

赤嘴烏與獼猴為親友二

烏與鷄合共生一子三

烏與蠢狐迭相讚歎四

烏王甘蔗所領四烏使至沙竭國一

波斯匿王有四大臣拜為四將合四部兵欲伐小國四臣見佛稽首足下世尊問之仁等何去具以事荅我等之身為此國王多所興立常畏危命今當攻伐世尊讚曰善哉諸賢是為報恩而有反復不但今世為此國王過去世時沙竭之國有諸烏衆而來集會止類其國烏王名曰甘蔗主八万烏烏王有婦名舊梨戹懷軀惡食至誠白王我身小發欲得善柔鹿王肉食乃活不尒者死於是烏王聞其音聲合會烏衆汝等當往沙竭國沙竭國王有大鹿王名曰須貝欲得其肉四烏應募吾等堪任不惜身命當辦此事於時四烏數至會所時



國王子見烏恐懼馳還白王我見四烏色像若斯數来鹿苑王即勑人令捕烏師造立方便張羅捕烏輒以獲之生上國王王問四烏而呵罵之汝等何故數来至此犯吾境界烏言曰唯然天王非我所樂有王名曰安住其婦受胎欲得須貝善柔鹿肉彼王遣来受其君教時國王愕然怪之自受王教作此方計投棄軀命誠非所及欲求俗人有此反復受君父教尚不可得況鳥獸乎王告烏言今赦汝罪 出盧長經又名俱薩因烏王也

赤嘴烏與獼猴為親友二

昔有烏名曰拘耆 漢言赤嘴烏也 遊在藂樹產乳諸子在於樹上時拘耆與一獼猴共為親厚時藂樹間有一毒虵伺行不在噉拘耆子無復遺餘拘耆失子悲鳴啼呼不知所在孰自思惟知虵所噉獼猴歸見問之何為荅曰虵噉我子了盡無餘獼猴曰我當報之時毒虵行獼猴前遶之虵怒纒獼猴獼猴捉得頭曳至石上磨破而死棄而還拘耆踊躍 出赤嘴烏喻經

烏與鷄合共生一子三

過去世時有一羣鷄依榛林住有狸侵食唯餘一鳩烏來覆之共生一子子作聲時烏說偈言

此兒非我有　野父聚落母　共合生兒子
非烏復非鷄　若欲學公聲　復是鷄所生
若欲學母鳴　其父復是烏　學烏似鷄鳴
學鷄作烏聲　烏鷄若兼學　是二俱不成

出僧祇律第二十四卷

蟲狐烏送相讚嘆四

久遠世時有黃門命過棄摽樹間蟲狐及烏共來食肉更相讚嘆烏曰

君體如師子　其頭如仙人　胎由處中王　善哉如好花

狐曰

誰尊在樹上　其慧最第一　其明照十方　如積紫磨金

時大仙人處於閑居淨修為道聞之說偈問曰

所作吾久見　何事為兩舌　自藏於樹間
食死黃門肉　汝輩下賤物　自稱如上人

烏曰

師子及孔雀　其食於禽肉　何謝髡減頭
次第而求乞　出蟲狐烏經

畜生部下

龍一五事
蚰二三事
龜三一事
魚四二事
蛤五一事
穀賊六事
渚中虫七一事
虱八一事

龍第一

生住資待一
娑竭龍王為五百鬼神所護二
眷屬先少後多三
龍持戒為人所剝生忉利天四
四大王愚金翅請佛五

生住資待一

龍有四種一者卵生二者胎生三者濕生四者化生皆先多瞋恚心曲不端大行布施今受此形以寶為宮宮之所在乃現金翅鳥部身高四十里衣長四十里廣八十里重二兩半神力自在百味飲食最後一口變為蝦蟇若自化眷屬發於道心施乞皂衣能使諸龍各興供養者沙不雨身及離衆患又云變身為蚰蚘第不遺餘蓋又金翅鳥能食魚鱉及提遮提歷大魚也食黿鼉魚鱉以為揣食樓炭經云洗浴衣服為滑食亦有婚姻身相觸以成陰陽壽命一劫或有減者免金翅鳥食唯有十六王一娑竭二難陁三跋難陁四伊那婆羅五提頭賴吒六善見七阿盧八伽句羅九伽毗羅十阿波羅十一伽免十二瞿伽免十三阿耨達十四善住十五優睒伽波頭十六得叉迦出樓炭經大十出長阿含樓炭大智論

娑竭龍王為五百鬼神所

娑竭龍王住須弥山北大海底宮宅縱廣八万由旬七寶所成牆壁七重欄楯羅網嚴飾其上園林浴池衆鳥和鳴金壁銀門門高二千四百里廣二千二百里綵畫姝好常有五百鬼神之所守護能隨心降雨羣龍所不能及所住之渕涌沠入海青琉璃色出樓炭華嚴經

眷屬先少後多三

龍王白佛言我從劫初止住大海從拘樓秦佛時大海之中妻子甚少今者海龍眷屬多佛告龍正其於佛法

出家違戒犯行不捨破戒者多生龍中直見不墮地獄如斯之類壽終已後皆生龍中佛告龍王拘樓秦佛時九十八億居家出家違其禁戒皆生龍中拘那含牟尼佛時八十億居家出家毀戒恣心壽終之後皆生龍中迦葉佛時六十四億居家出家犯戒皆生龍中於我世中九百九十億居家鬪諍誹謗經戒死生龍中今已有生者以是之故在大海中諸龍妻子眷屬不可稱計我泥洹後多有惡優婆塞違失禁戒當生龍中或墮地獄出海龍王經第二卷

龍持戒至死不破四

強者亦死時龍受一日戒出家入林樹間思惟坐久疲懈而睡龍法眠時形如虵狀七寶雜色獵者見之驚喜言曰以希有難得之皮獻上國王以為服飾不亦宜乎便以杖案其頭刀剥其皮龍自念言我力能傾國此一小物豈能困我我今以持戒故不計此身當從佛語自忍閉目不視閉氣



不息憐愍此人為持戒故一心受剥不生悔意既以失皮赤肉在地時日大熱宛轉土中欲趣大水見諸小虫來食其身為持戒故不復敢動自思惟言今我此身以施諸虫為佛道故今以肉施以充其身後以法施以益其心身乾命絕即生忉利天上出大智論第十四卷

四大王恚金翅請佛五

有龍王一名嚙氣二名大嚙氣三名能羅四名無量色白世尊曰於此海中無數種龍有四種金翅鳥常食海中諸龍願佛擁護令得安隱不懷怖恐世尊脫身皂衣告海龍王曰汝當取是如來皂衣分與諸龍皆令周遍在大海中有值一縷者金翅鳥王不能觸犯佛所建立不可思議巍巍之德其如斯矣時海龍王即取佛衣而分與諸龍王隨其所乏廣狹大小自然給與其衣如故終不可盡於時海龍王告諸龍王當敬此衣如敬世尊泥洹後供養舍利一切衆具而以奉事世尊四金翅鳥王聞佛所建惶懅速疾往詣佛所前稽首足何故世尊



奪吾等食佛言都有四食坐趣三處何等四一曰網獵禽獸殘害群畜煞生狂命以為飲食二曰執帶兵仗刀矛斫刺逼迫挌射劫奪他財以用飲食三曰慳貪諭諂亂犯禁邪見欺巧而以得食四曰非師稱師非世尊稱世尊隨邪稱正非冡志稱冡志非清淨稱清淨非梵行稱梵行自稱詐求而以得食是為四食坐趣地獄餓鬼畜生三惡之處吾所說法除此四食不當以養身害於衆生欲自護身當護他人所不當作慎勿為也尒時四金翅鳥王各與千眷屬俱而白佛言今日吾等自歸命佛及法衆僧自首悔過前所犯殃奉持禁戒從今日始以無畏施一切龍王擁護正法至佛法住將從道法至于滅盡不違佛教出海龍王經第四卷

虵第二

毒虵捨金設會生忉利天一
一虵首尾兩諍從尾則亡二
虵龜蝦蟇遭飢相語三

毒虵捨金設會生忉利天一

昔閻浮提有國名波羅奈中有一人特愛黃金苦身營覔得七瓶金埋內土中終不衣食遇疾而亡貪愛既重轉身作一毒虵纒遶金瓶死已更生經數万歲後自思惟忽能醒悟正當為金受此惡報當捨施福田求覔善處時出路邊見婆羅門便言我有一瓶金託君飯諸衆僧若不為我我當煞君婆羅門言我能相為虵出金與之即持詣於伽藍具以白僧稱虵欲設供意僧許持金付維那維那經營設食日近婆羅門以小阿翰提往至虵所虵見歡喜即盤阿翰提上婆羅門以氈覆之擔向寺所路人見之多與財物送其家中別尅一日請諸賢聖僧設飯食會竟前至僧伽藍著衆僧前住街而立令婆羅門次第行看自以信心觀受食者熟視不移事訖虵益懷敬心無猒足僧食畢重為說法虵并捨七瓶金將維那取以為供養即離惡形生忉利天 出賢愚經第四卷

一虵首尾兩諍從尾則亡二

昔有一虵頭尾自諍頭語尾曰我應



為大尾語頭曰我應為大頭曰我有耳能聽有目能視有口能食行時在前故可為大汝無此術尾曰我令汝去故得去耳若我以身遶木三匝三日不已不得求食飢餓垂死頭語尾曰汝可放之聽汝為大尾聞其言即時放之復語尾曰汝既為大聽汝前行尾在前行未經數步墜火坑而死

虵龜蝦蟇遭飢相語三

昔有一虵與一蝦蟇一龜在一池中共作親友其後池水竭盡飢窮困乏無所控告時虵遣龜以呼蝦蟇言

若遭貧窮失本心　不惟本義食為先

蝦蟇曰

汝持我聲以語虵　蝦蟇終不到汝邊

出大智論第十二卷

龜第三

盲龜值浮木孔一

告諸比丘如大海中有一盲龜壽無量劫百年一遇出頭復有浮木正有一孔漂流海浪隨風東西盲龜百年一出得遇此孔至海東浮木或至海西違遶亦介雖復差違或復相得凡



夫漂流五趣之海還復人身甚難於此 出雜阿含經第十六卷

魚第四

百頭魚為捕者所得聞其往緣漁人悟道一

三魚隨濤流入小涇二強得反一羸被縶二

百頭魚為捕者所得聞其往緣漁人悟道一

佛與諸比丘向毗舍離到梨越河河邊有五百牧牛人五百捕魚人佛去河不遠而坐止息時捕魚人網得一魚五百人挽不能使出復喚牧牛之衆千人併力得一大魚身有百頭若干種類驢馬駱駝虎狼猪狗獼猴狐狸如斯之屬衆人甚怪竟集看之世尊尋時往至魚所而問魚言汝是迦毗梨不如是三問皆荅言是復問教化汝黨今在何處荅言墮阿鼻地獄中阿難曰今者何故喚百頭魚為迦毗梨佛言迦葉佛時有婆羅門生一男兒字迦毗梨 梁言黃頭 聰明博達於種類中多聞第一唯不如諸沙門輩其父臨終慇懃約勑汝慎莫與迦葉沙門諍論道理所以者何沙門智深汝必不如父沒之後其母問曰汝本高明今

頗更有勝汝者不荅言沙門殊勝於我毋復問言云何為勝荅有疑往問佛能開解彼若問我我不能荅毋復告言何以不學習其法荅言敬學其法當作沙門我是白衣何緣得學毋復告曰僞作沙門學習已達還来在家奉其毋教而作比丘經少時間讀誦三藏綜達義理毋問之曰今得勝未荅言學問中勝不如坐禪何以知之我問彼人悉能分別彼人問我我不能知因是事故未與他等毋復告曰自今已往若共談論儻不如時便可罵辱迦毗梨言出家沙門無復過罪云何罵之荅曰但罵卿當得勝時迦毗梨不忍違毋後日更論理若短屈即便罵言汝等愚騃無所識別劇於畜生諸百獸頭皆用比之如是非一以是果報今受魚身而有百頭阿難問佛何時當脱此魚身佛告阿難此賢劫中千佛過去猶故不脱尒時阿難及於衆人聞佛所説咸共同聲而作是言身口意行不可不慎時捕魚人及牧牛人等一時俱共合掌向佛求



索出家淨修梵行佛言善来鬚髮自落法衣在體為説妙法成阿羅漢出賢愚經第十卷

三魚隨濤流入小洼二強得反一羸被繫三

南海卒涌驚濤浸灌有三大魚流入小洲洼自相謂言我等厄此及舁水未減宜可逆上還歸大海復昇水洲不得越過第一魚者盡力跳洲得度次魚復憑草獲過其第三魚氣力消竭為獵者得之佛見而説頌曰

是日已過　命則隨減　如少水魚　斯有何樂出出曜經第十八卷

蛤第五

蛤聞甘露死生天上見佛得道一

迦羅池中有一蛤聞佛説法即從池出入草根下是時有一牧牛人見大衆圍遶聽佛説法往到佛所欲聞法故以杖刺地誤著蛤頭蛤即命終生忉利天見諸妓女娛樂音聲尋即思惟我先為畜生何因緣故生此天宮即以天眼觀先於池邊聽佛説法以此功德得此果報時蛤天人即乘宮殿往至佛所頭頂礼足佛為説法得



須陁洹果出善見毗婆沙第四卷

穀賊第六

穀賊天金藏以報穀主一

昔有大家収穀千斛埋著地中前至春温開之取種了不見穀而有一虫大如牛告無有手足亦無頭目如頑鈍肉主人大小莫不怪之出著平地即問汝是何等終無所道便以鐵錐刺一處語曰欲知我者持我著大道旁自當有名我者於是舉著道邊三日之中無能名者次有數百乘黄馬車衣服侍從皆黄駐車而呼穀賊汝何為在是聞荅曰吾食人穀故持我著此語極久便辭別去主人問穀賊向者是誰也荅言是金寶之精居在此西三百餘步大樹下有百石甕滿中金主人即將數大人往掘即得甕金家室歡喜輦載將歸叩頭向穀賊今日得金是大神恩寧可留神共歸更設供養穀賊曰前食君穀不語姓字者欲令君得是金報今當轉行福於天下不得復住言竟忽然不見出譬喻經第二卷

虫第七

洴中大虫先世業緣一

王舍城東南嵎有一洴水城內灕瀆汙穢屎尿盡趣其中臭不可近有一大虫生洴水內身長數丈無有手足而宛轉低仰戲洴水中觀者數千阿難分衛見而往視虫即跳踉波浪動涌具以啓佛佛與諸比丘共詣池所衆人見佛各各念言今日如來當為衆會說虫本末以釋衆疑不當快乎佛言維衛佛涅洹後時有塔寺有五百比丘經過寺中寺主見大歡喜請留供養三月衆皆受請寺主盡心供饌無有所遺後五百商人入海採寶還過塔寺見五百比丘精勤行道並各發心欣然共議福田難遇當設薄供便白寺主寺主報言我請三月更五日滿乃得廣設賈人言吾等當去不得待竟五百商人各捨一珠得五百摩尼珠以寄寺主囑寺主言日足以吾等珠供於僧衆比丘言諾即皆受之後生不善心畜欲獨取卒為供衆僧問主前賈客施珠應當設供而發遣耶寺主言是施我耳若欲棄吾



糞可施汝若不時去劓汝手足投於糞坑衆恐其癡嘿然各去（出十卷譬喻經第四卷）

虱第八

虱依坐禪人約飲血有時節一

過去久遠應現如來滅度以後像法之中有一坐禪比丘獨在林中常患蟣虱即便共約我若坐禪汝宜嘿然身隱冢住虱甚如法於後一時有一土蚤來至虱邊問言汝今云何身體肥臧虱言所依主人常修禪定教我飲食時節我如法行所依鮮肥蚤言我亦欲修習其法虱言隨意蚤聞血肉香即便食噉比丘苦惱即便脫衣以火燒之坐禪比丘迦葉佛是土蚤者提婆達多是虱者我是（出報恩經第四卷）

經律異相卷第四十八

經律異相卷第四十八

校勘記

一　底本，金藏廣勝寺本。

一　三三一頁中一行「禽畜生部中虫畜生部下」，徑、清作「禽畜生部第三十八」。

一　三三一頁中二行「梁沙門僧旻寶唱等集」，資、磧、普、南作「梁天監十五年勑沙門寶唱等撰」；徑、清作「梁沙門僧旻寶唱等奉勑撰」。

一　三三一頁中三行至九行目録，徑卷第四十九、卷第五十同。

一　三三一頁中三行「金翅一」並小字無。

一　三三一頁中三行「金翅一」並小字「二事」，清作「一金翅」。下至九行例同。

一　三三一頁中五行小字「二事」，資、磧、普、南、麗作「三事」。

一　三三一頁中一〇行「金翅第一」，徑作「金翅第一」並夾註「有二種」；清作「一金翅」。

一　三三一頁中一一行至一二行目録，經無。

一　三三一頁中一三行「生住所資一」，經作「一生住所資」，清作「生住所資第一」。

一　三三一頁中一五行第一一字「大」，資、磧、普、南、經、清作「本」。

一　三三一頁中一七行「以爲」，資、磧、南作「爲以」。

一　三三一頁中二〇行「揣食」，資、磧、普、南、經、清作「唼食」。又夾註左第五字「寶」，資、普作「實」。

一　三三一頁下二行「五十」，資、磧、普、南、經、清作「五千」。

一　三三一頁下八行「衆卵」，諸本(不含石，下同)作「取卵」。

一　三三一頁下九行夾註左「入眼」，資、磧、普、南、經、清作「入人眼」。又「失明」，資作「夫明」。

一　三三一頁下一一行「三齋」，資、磧、普、南、經、清作「於三齋」。

一　三三一頁下一四行「烏聞」，資作「烏間」。

一　三三一頁下一五行夾註左末字「也」，資、磧、普、南、經、清無。

一　三三一頁下一六行「正音王死相二」，經作「二正音王死相」。又末字「二」，清作「第二」。

一　三三一頁下二二行「從金對山」，資、磧、普、南、經、清無。

一　三三二頁上七行「千秋第二」，清作「二千秋」。

一　三三二頁上八行「千秋生必害母」，經作「一千秋生必害母」；清作「千秋生必害母第一」。

一　三三二頁上一〇行第一一字「反」，諸本作「及」。

一　三三二頁上一二行「鴈第三」，經作「鴈第三」並夾註「有三種」；清作「三鴈」。

一　三三二頁上一二行與一三行之間，資、磧、普、南、清有「金羽雁猶愛前生妻子日與一毛一」、「五百雁爲獵師所殺以聞佛法生天得道二」、「雁遇王羅不食得出三」三行。

一　三三二頁上一三行「金羽鴈」，經作「一金羽雁」。又末字「一」，經無；清作「第一」。

一　三三二頁上一六行第三字「耶」，資、磧、普、南、經、清作「取」。

一　三三二頁上二二行首字「便」，資、磧、普、南、經、清無。

一　三三二頁中九行「五百鴈」，經作「二五百雁」。又第五字「獵」，資、磧、普、南、經、清作「獵師」。又末字「二」，經無；清作「第二」。

一　三三二頁中一八行第九字「重」，資、磧、普、南、經、清作「垂」。

一　三三二頁中一九行夾註左「第十二卷」，資、磧、普、南、經、清作「卷第十三」；麗作「第十三卷」。

一　三三二頁中二〇行首字「鴈」，經作「三雁」。又末字「三」，經無；清作「第三」。

一　三三二頁下一行「諸鴈」，資、磧、普、南、經、清作「食者」。

一　三三二頁下二行第五字「日」，資、磧、普、南、徑、清作「曰」。

一　三三二頁下三行第一二字「曰」，資、磧、普、南、徑、清無。

一　三三二頁下五行「鶴第四」，清作「四鶴」。

一　三三二頁下六行「常吐」，資、磧、普、南、清作「白鶴等常吐」；徑作「一白鶴等常吐」。又末字「一」，資、磧、普、南、徑無；清作「第一」。

一　三三二頁下八行「白鵠」，資、磧、普、徑作「白鶴」。

一　三三二頁下一一行第一三字「悉」，資、磧、普、南、徑、清無。

一　三三二頁下一三行「鴿第五」，徑作「鴿第五」並下有夾註「有二種」；清作「五鴿」。

一　三三二頁下一四行至一五行目録，徑無。

一　三三二頁下一五行「猶戰」，資、磧、普、南、清作「猶顫」。

一　三三二頁下一六行「鴿鳥」，徑作「一鴿鳥」。又末字「一」，徑無；清作「第一」。

一　三三二頁下一七行第一〇字「大」，資、磧、普、南、徑、清作「天寒」。

一　三三二頁下二一行「鴿被鷹逐」，徑作「二鴿被鷹逐」。又「猶戰二」，資、磧、普、南作「猶顫二」；徑作「猶顫」；清作「猶顫第二」。

一　三三三頁上四行「戰慄」，資、磧、普、南、徑、清作「顫慄」。

一　三三三頁上八行第七字「我」，資、磧、普、南、徑、清無。

一　三三三頁上一〇行「即出」，諸本作「即入」。

一　三三三頁上一三行「雉第六」，清作「六雉」。

一　三三三頁上一四行「雉救林火一」，徑作「一雉救林火」。末字「一」，資、磧、普、南、徑無；清作「第一」。

一　三三三頁上一五行第六字「林」，資、磧、普、南、徑、清無。

一　三三三頁上一六行「入林」，資、磧、普、南、徑、清作「入水」。

一　三三三頁中三行「烏第七」，徑作「烏第七」並夾註「有四種」；清作「七烏」。

一　三三三頁中四行至七行目録，徑無。

一　三三三頁中七行「蟲狐迭」，資、磧、普、南、清作「蠱狐遞」。

一　三三三頁中九行第一一字「四」，麗無。

一　三三三頁中一七行「舊梨尼」，磧、普、南作「奮梨尼」；徑、清作「奪梨尼」。

一　三三三頁中一九行「於是」，資、磧、普、南、徑、清作「於時」。

一　三三三頁中二一行「沙竭國」，資、磧、普、南、徑、清無。又「須貝」，諸本作「須具」，本頁下七行同。

一　三三三頁下八行第八字「國」，資、磧、普、南、徑、清無。

一　三三三頁下一一行「烏言」，諸本作「諸烏」。

一　三三三頁下一二行夾註「出蜜長經又名俱薩因烏王也」，諸本作「出蜜具經又名俱薩國烏王經」。

一　三三三頁下一三行「赤嘴烏」，徑作「二赤嘴烏」。又末字「二」；徑無；清作「第二」。

一　三三三頁下一四行夾註左末字「也」，資、磧、普、南、徑、清無。

一　三三三頁下二〇行第四字「了」，徑、清作「子」。

一　三三三頁下二二行第六字「曳」，資、磧、普、南、徑、清作「伸」。又末字「棄」，諸本作「棄擲」。

一　三三四頁上一行「烏與鵄」，徑作「三烏與鵄」。又末字「三」，徑無；清作「第三」。

一　三三四頁上三行第八字「來」，磧、南作「求」。

一　三三四頁上一〇行「蟲狐烏迭相讚嘆四」，資作「烏與野狐遞相讚嘆四」；磧、普、南作「烏與蟲狐遞相讚嘆四」；徑作「四烏與蟲狐遞相讚嘆」；清作「烏與蟲狐遞相讚嘆第四」；麗無。

一　三三四頁上一一行「蟲狐」，資作「野狐」；磧、普、南、徑、清、麗作「蟲狐」。

一　三三四頁上一二行小字右「鹿中王」，普、南、徑、清作「鹿中生」。又左「善哉」，麗作「美哉」。

一　三三四頁上一六行「閑居」，資、磧、普、南、徑、清作「閑處」。

一　三三四頁上一八行「久見」，資、磧、普、南、徑、清作「閑見」。又「何事」，麗作「其事」。

一　三三四頁上二一行「其食」，資、磧、普、南、徑、清作「共食」。又「髠滅」，資、磧、普、南、徑、清作「髡滅」。

一　三三四頁上二二行夾註「出蟲狐烏經」，資、磧、普、南、徑、清作「出野狐烏經」。

一　三三四頁上末行「出畜生部下」，徑、清作「蟲畜生部第三十九」。

一　三三四頁中一行至八行目録，徑無。

一　三三四頁中一行「龍一」並夾註「五事」，清作「一龍」。下至八行例同。

一　三三四頁中七行「汪中虫」，資、磧、普、南、清作「汪中蟲」。

一　三三四頁中九行「龍第一」，徑作「龍第一」並夾註「有五種」；清作「一龍」。

一　三三四頁中一〇行至一四行目録，徑無。

一　三三四頁中一一行「龍王」，資、磧、普、南無。

一　三三四頁中一三行「持戒」，資、磧、普、南、清、麗作「持一日戒」。

一　三三四頁中一四行「四大王」，麗作「四大龍王」。

一　三三四頁中一五行「生住資待一」，徑作「一生住資待」；清作「生住資待第一」。

一　三三四頁中一八行第一一字「寶」，諸本作「七寶」。

一　三三四頁中二〇行「自在」，資、磧、

普、南、徑、清作「自化」。

一 三三四頁下二行夾註「提達提歷大魚也」，資、磧、普、南、徑、清作「提建提歷大魚」。又正文「滑食」，諸本作「細滑食」。

一 三三四頁下七行「句羅」，資、磧、普、南、徑、清作「旬羅」。

一 三三四頁下九行至一〇行夾註「樓炭經六十出長阿含」，資、磧、普、南、徑、清作「樓炭經云十二長阿含」；麗作「樓炭經六十三出長阿含」。

一 三三四頁下一一行「娑竭」，徑作「二娑竭」。又末字「所」，資、磧、普、南、麗作「所護二」；徑作「所護」；清作「所護第二」。

一 三三四頁下一四行「浴池」，資、磧、普、南、徑、清作「池沼」。

一 三三四頁下二〇行「眷屬」，徑作「三眷屬」。又末字「三」，徑無；清作「第三」。

一 三三四頁下二一行第二字「王」，資、磧、普、南、徑、清無。

一 三三四頁下末行第六字「多」，諸本作「繁多」。又第一〇字「正」，諸本作「王」。

一 三三五頁上一一行「諸龍」，資、磧、普、南、徑、清無。

一 三三五頁上一五行「龍持戒至死不破四」，資、磧、普、南、徑、清作「龍持一日戒爲人所剥生忉利天四」。

一 三三五頁上一六行「强者亦死」，諸本作「有(「有」，麗無)大力毒龍以眼視人弱者即死以氣噓人强者亦死」。

一 三三五頁上一八行「形如虵狀」，資、磧、普、南、徑、清作「形狀如蛇」。

一 三三五頁上一九行第三字「以」，資、磧、普、南、徑作「以此」。

一 三三五頁上二〇行「舩飾」，資、磧、普、南、徑、清作「服飾」。

一 三三五頁中七行「命絶」，資、磧、普、南、徑、清作「命終」。

一 三三五頁中八行「四大王」，徑作「五四大王」；麗作「四大龍王」。又末字「五」，徑無；清作「第五」。

一 三三五頁中一〇行「能羅」，資、磧、普、南、徑、清作「能羆」。

一 三三五頁中二二行「惶懅」，資、磧、普、南、徑、清作「惶懼」。

一 三三五頁下五行「諭諂」，諸本作「諛諂」。又第八字「亂」，資、磧、普、南、徑、清作「憒亂」。

一 三三五頁下一六行首字「以」，資、磧、普、南、徑、清作「當以」。

一 三三五頁下一九行「虵第二」，徑作「蛇第二」並夾註「有三種」；清作「二蛇」。

一 三三五頁下二〇行至二二行細目録，徑無。

一 三三五頁下末行「毒虵」，徑作「一毒蛇」。又末字「一」，徑無；清作「第一」。

一 三三六頁上三行「遇疾」，資、磧、

普、南、徑、清作「遇病」。

一　三三六頁上五行「忽能」，資、磧、普、南、徑、清作「忽然」。

一　三三六頁上一一行「維那維那」，資、磧、普、南、徑、清作「維那」。

一　三三六頁上一六行「飯食」，資、磧、普、南、徑、清作「飲食」。

一　三三六頁上一七行首字「僧」，南作「位」。

一　三三六頁上一八行第八字「者」，資、磧、普、南、徑、清無。

一　三三六頁上二二行「一蚰首尾」，徑作「二一蛇首尾」。又末字「二」，徑無；清作「第二」。

一　三三六頁中四行「若我」，資、磧、普、南、徑、清作「今我」。

一　三三六頁中八行第六字「經」，資、磧、普作「緣」。又末字「死」下，資、磧、普、南、徑、清有夾註「出諸雜譬喻第六卷」。

一　三三六頁中九行「蚰龜」，徑作「三蛇龜」。又末字「三」，徑無；清作「第三」。

一　三三六頁中一六行夾註左「第十二卷」，資、磧、普、南、徑、清無。

一　三三六頁中一七行「龜第三」，清作「三龜」。

一　三三六頁中一八行「盲龜」，徑作「一盲龜」。又末字「一」，資、磧、普、南、徑無；清作「第一」。

一　三三六頁中末行「達遶」，資、磧、普、南、徑、清作「圍繞」。

一　三三六頁下三行「魚第四」，徑作「魚第四」並夾註「有二種」；清作「四魚」。

一　三三六頁下四行至五行細目録，徑無。

一　三三六頁下五行第一六字「縶」，資、磧、普、南、清作「執」。

一　三三六頁下六行「百頭」，徑作「一百頭」。又末字「一」，徑無；清作「第一」。

一　三三六頁下一一行「若千」，諸本作「若干」。

一　三三六頁下一二行「獶猴狐狸」，資作「猴狗猴獶」；南、徑、清作「猿猴狸狐」。

一　三三六頁下一三行首字「如」，資作「狐」。

一　三三六頁下一六行第二字「黨」，資、磧、普、南、徑、清作「者」。

一　三三七頁上六行末字「在」，磧作「往」。

一　三三七頁上一二行「如時」，磧作「如持」。

一　三三七頁上一七行第八字「用」，徑、清作「周」。

一　三三七頁上一九行「當脱」，資、磧、普、南、徑、清作「當得脱」。

一　三三七頁上末行第六字「等」，資、磧、普、南、徑、清無。

一　三三七頁中四行「三魚」，徑作「二三魚」。又「被縶二」，資、磧、普、南作「被執二」；徑作「被執」；清作「被執第二」。

一　三三七頁中六行「小洲洷自」，資、

磧、普、南、徑、清作「淺泾因」。又「曼水」，資、磧、普、南、徑、清作「漫水」。

一　三三七頁中七行「水洲」，磧、普、南、徑、清作「小舟」。

一　三三七頁中八行「跳洲」，磧、普、南、徑、清作「跳舟」。

一　三三七頁中九行第三字「復」，資、磧、普、南、徑、清作「復得」。

一　三三七頁中一〇行「見而」，資、磧、普、南、徑、清無。

一　三三七頁中一二行夾註「出出曜經第十八卷」，資、磧、普、南、徑、清作「出曜經十八卷」。

一　三三七頁中一三行「蛤第五」，清作「五蛤」。

一　三三七頁中一四行首字「蛤」，徑作「一蛤」。又末字「一」，資、磧、普、南、徑無；清作「第一」，本頁下三行末字、次頁上一行末字、次頁中四行末字同。

一　三三七頁中二一行第七字「於」，資、磧、普、南、徑、清無。

一　三三七頁下一行夾註「毗婆沙」，磧、普、南、徑、清作「毗婆沙論」。

一　三三七頁下二行「穀賊第六」，清作「六穀賊」。

一　三三七頁下四行第一〇字「著」，資、磧、普、南、徑、清無。

一　三三七頁下六行「牛筥」，資、磧、普、南、徑、清作「牛莒」。

一　三三七頁下七行「乎地」，諸本作「平地」。

一　三三七頁下九行「我者」，麗作「我名者」。

一　三三七頁下一七行「數大人」，諸本作「數十人」。

一　三三七頁下一八行「向穀賊」，資、磧、普、南、徑、清作「白穀賊」。

一　三三七頁下末行「虫第七」，資、磧、普、南、徑作「汪中蟲第七」；清作「七汪中蟲」。

一　三三八頁上一行「洋中」，資、磧、普、南、清作「汪中」；徑作「一汪中」。

一　三三八頁上二行「洋水」，資、磧、普、南、徑、清作「汪水」。下同。

一　三三八頁上九行末字「孚」，諸本作「乎」。

一　三三八頁上一〇行第九字「時」，資、磧、普、南、徑、清無。

一　三三八頁上一三行「商人」，資、磧、普、南、徑、清作「商人」。下同。

一　三三八頁上二一行「卒爲供」，諸本作「卒不爲供」。

一　三三八頁上二二行「問主」，資、磧、普、南、徑、清作「問言」；麗作「問言主」。

一　三三八頁上末行末字「吾」，資、磧、普、南、徑、清作「珠」。

一　三三八頁中三行「虱第八」，清作「八虱」。

一　三三八頁中四行首字「虱」，徑作

「一虱」。

一　三三八頁中一一行「所依」，諸本作

作「所以」。

經律異相卷第四十九 地獄部上

梁沙門僧旻寶唱等集　傍

閻羅王等為獄司往緣一

閻羅王三時受苦二

閻羅王問罪人三

十八地獄及獄主名字四

三十地獄及獄主名字五

五官禁人作罪六

始受地獄生七

應生天墮地獄臨終有迎見善惡處八

王使者於六齋日簡閱善惡九

寒熱邊地地獄十

金剛山間八大地獄各有十六小獄十一

金剛山間別有十地獄十二

閻羅王等為獄司往緣一

閻羅王者昔為毗沙國王緣與維陁始王共戰兵力不敵因立誓願願為地獄主臣佐十八人領百万之衆頭有角耳皆悉忿懟同立誓曰後當奉助治此罪人毗沙王者今閻羅是十八人者諸小王是百万之衆諸阿傍是獄卒方毗沙門天王出問地獄經淨度三昧經大捴有一百三十四地獄

閻羅王三時受苦二

閻浮提南有大金剛山內有閻羅王宮縱廣六千由旬問地獄經云住地獄間城縱廣三万里金銀所成晝夜三時有大銅鑊自然在前若鑊入宮內王見怖畏捨出宮外若鑊出宮外王入宮內有大獄卒卧王熱鑊上鐵鉤擘口洋銅灌之從咽徹下無不燋爛事竟還與婇人共相娛樂彼諸大臣同受福者亦復如是出長阿含經十九卷

閻羅王問罪人三

有三使一老二病三死若有衆生三業行惡身壞命終應墮地獄王問言汝是天使所召耶王曰汝見第一使者不汝在人中見頭白齒落目視矇矇皮緩肌皺僂脊拄杖呻吟而行見此人不罪人言見王曰汝何不自念我亦當尒罪人言我時放逸不自覺知王曰今當令汝知放逸苦非父母兄弟天帝先祖知識僮僕沙門等過汝自作惡今當自受又問汝見第二使不汝本為人頗見疾病困篤屎尿臭處身卧其上飲食須人百節酸疼流

溉呻吟不能語言不荅曰見王問曰何不自念佳反如第一使又問覺第三使不頗見人死身壞命終諸根永滅身體挺直猶如枯木捐棄塜間鳥獸所食不荅曰見佳反如前語已付獄卒有衆生三世治惡經太遺五使五問謂生老病死先身惡業詣大地獄出長阿含經第十九卷起世經大同小異

十八地獄及獄主名字四

十八小王者一迦延典泥犁二屈尊典刀山三沸進壽典沸沙四沸典典沸屎五迦世典黑耳六嗑傞典火車七湯謂典鑊湯八鐵迦然典鐵牀九惡生典嗑山十寒氷經闕王名十一毗迦典剝皮十二遥頭典畜十三提薄典刀兵十四夷大典鐵磨十五悅頭典水地獄十六鐵籥經闕王名十七身典蛆蟲十八觀身典鉼銅出問地獄經

三十地獄及獄主名字五

一日平潮王典主阿鼻大泥犁二日晉平王典治黑繩重獄三日荼都王典治鐵臼獄四日輔天王典治合會獄五日聖都王典治大山獄六日玄都王典治治城獄七日廣武王主治劒樹獄八日武陽王典主嗺吼獄九



日平陽王主治八路獄十日都陽王典治剌樹獄十一消陽王主治沸灰獄十二挺慰王典治大噭獄十噭獄十三廣進王主大阿鼻獄十四高都王主治鐵車獄十五公陽王主治鐵火獄十六平解王主治沸屎獄十七柱陽王主治燒地獄十八平丘王典治弥離獄十九礁石王主治山石獄二十琅耶王主治多洹獄二十一都官王主治泥犁獄二十二玄錫王主治飛虫獄二十三太一王主治陽阿獄二十四合石王主治大磨獄二十五原無王主治寒雪獄二十六無原王主治鐵杵獄二十七政治王主治鐵柱獄二十八高遠王主治膿血獄二十九都進王主治燒石獄三十原都王主治鐵輪獄是為三十大苦劇泥犁神明聽察疏記罪福不問尊卑一月六奏一歲四覆四覆之日皆用八王八王日者天王案行以比諸天民錄之屬有福增壽有罪減筭制命長短毛分不差人民盲冥了自不知不預作善叙付地獄出淨度三昧經

五官禁人作罪六

五官者一鮮官禁殺二水官禁盜三鐵官禁婬四土官禁兩舌五天官禁酒出淨度三昧經

始受地獄生七

閻羅王城之東西南面列諸地獄有日月光而不明淨唯黑耳獄光所不照人命終時神生中陰中陰者已捨死陰未及生陰其罪人者乘中陰身入泥犁城泥犁城者梁言寄係城又云閉城也是諸罪人未受罪之間共聚是處乃風所吹隨業輕重受大小身臭風所吹成就罪人麁醜之形香風所吹成就福人微細之體出問地獄經

應生天墮地獄臨終有迎見善惡處八

生天墮地獄各有迎人人病欲死時眼自見來迎應生天上者天人持天衣伎樂來迎應生他方眼見尊人為說妙言應墮地獄者眼見兵士持刀楯矛戟索圍遶之所見不同口不能言各隨所作得其果報天無枉濫平直無二隨其所作天網治之出淨度三昧經華嚴經云人欲終時見中陰相行惡業者見三惡受苦或見閻羅持諸兵仗囚執將去或聞苦聲若行善

者見諸天宮殿伎女莊嚴遊戲快樂如是等勝事
八王使者於六齋日簡閲善惡九
八王曰謂天帝釋鎮臣三十二人四
鎮大王司命司録五羅大王八王使
者盡出四布覆行復值四王十五
日三十日所奏案校人民立行善惡
地獄王亦遣輔臣小王同時俱出有
罪即記前齋八王日始過福強有救
安隱無他用福原赦到後齋日重犯
罪數多者減壽條名剋死歲月時關
下地獄地獄承文書即遣獄鬼持名
録名獄鬼無慈死日未到強推作惡
令命促盡福多者增壽益筭天遣善
神營護其身移下地獄拔除罪名除
死定生後生天上出淨度三昧經
寒熱邊地地獄十
云何地獄名謂寒熱邊地也有無量
種今當略說寒地獄者了叫嘆不了
叫嘆不叫嘆有是三相極惡嘆呼了
叫嘆者有三阿浮陁二泥羅浮陁三
阿波跛阿浮陁地獄者由寒身中
生似癰泡羅浮陁地獄者風吹脹滿
阿波跛者極寒風吹剥其身皮肉盡



落皆急戰嘆聲此三可了
不了叫嘆者一阿吒嚩吒嚩吒嚩二優鉢
羅阿吒嚩吒嚩者亦是極寒風所吹
皮肉剥落嘆阿吒嚩吒嚩優鉢羅者
極大風寒吹剥身皮肉體中自鐵菜
還自纏身如優鉢羅華以謗賢聖墮
此獄中不叫嘆者一拘牟陁二須揵
提三伽分陁梨四伽波曇摩極寒風
吹身脹滿如四種相受苦呻吟以謗
賢聖故墮彼四種地獄於一切時受
無量苦是一切大寒地獄處在四洲
間著鐵圍山底仰向居止在闇冥中
寒風壞身大火所燒如燒竹林聲咳
相觸亦有餘衆生於中受苦皆謗毀
賢聖受如是苦如世尊說偈
泥羅浮有百千　阿浮陁三十五
毀聖惡趣獄　口及意惡願
是謂寒地獄問云何熱地獄答一有
主治二少主治三無主治此三相治
者是考掠也有主一者治治二行三
黑繩治地獄者獄卒以利刀斧解剥
斲斬罪衆生如斬斲草頭皮肉解散
罪緣未盡以冷風吹還生如故復因



罪惡手生鐵爪鋒利猶刀各生怨結
更相摑截如刈竹葦彼此相聞結恨
心死故生此中黑繩地獄者挓罪人
著地以黑繩拼敕斫截以斫衆生
故生彼地獄
復次以熱赤銅鎌纏身骨破碎髓血
流以鞭杖加衆生及出家不精進受
著信施衣故生彼中極大闇冥苦於
烟熏倒懸其身使歙烟熏烟熏穴居
衆生故也行地獄者行列罪衆生如
屠肆者截手足耳鼻及頭本爲屠覓
故受此苦復次熱鐵地駕鐵火車獄
卒乘之張眼喊嘆叱叱使走以乘爲
馬驅使疲勞故墮此中婬犯他妻驅
上劍樹自然火燒受如此苦謂有主
治地獄獄卒者以行緣故不被火燒
少主治地獄者一衆合二大哭三鐵
鑑衆合地獄者罪衆生畏地獄卒無
量百千走入山間前後自然生火兩
山自合如磨血流如河骨肉爛盡以
喜磨衆生故也復次火燒大鐵臼以
杵擣之經歷百年彼以罪緣而命不
盡以臼擣煞蚤虱蝎煞故也

大炎地獄者大鐵山周遍火然四絕無行處惡獄卒無慈瞋恚言欲何所趣以火燒鐵杵擊破其頭以困苦万民故生此中也炙地獄者大鐵山火焰相悖以鐵鏁鏁之周匝猗炙一面適熟鏁自然轉反覆顛倒以貫刺煞人故生此中也無缺地獄者鐵地周匝火然廣縱百由旬四門如城以銅薄覆上焰焰相續諸罪衆生積聚如薪焰無罣礙燋爛其身受苦無缺以煞父母真人惡意向佛使血流出鬪乱僧衆及作增上十不善業故生此中也邊地獄者所在家水間山間及曠野獨受惡業報是謂邊地獄 出炎品第三卷

金剛山間八大地獄各有十六小獄十一四天下外有八万天下而圍遶之八万天下外復有大海海外復有大金剛山山外復有山亦名金剛 樓炭經云大鐵圍山 二山中間日月神天威光不照有八大地獄一曰想二曰黑繩三曰椎砰四曰叫喚五曰大叫喚六曰燒炙七曰大燒炙八曰無間 樓炭經云有不同文多不載也 其一地獄各有十六小地獄 問地獄經云地獄者地上有也



想地獄十六者一曰黑沙二曰沸屎三曰五百釘四曰飢五曰渴六曰一銅釜七曰多銅釜八曰石磨九曰膿血十曰量火十一曰灰河十二曰鐵丸十三曰釿斧十四曰豺狼十五曰劍樹十六曰寒氷

其中衆生手生鐵抓迭相瞋忿以爪相𩑶應手肉墮想以為死復次其中衆生懷毒害想手執刀劍迭相斫刺剝𥶡割身碎在地相謂為死冷風來吹尋復活起彼自相言我今已活久受罪已出想地獄慞惶求救不覺忽到黑沙地獄熱風暴起吹熱黑沙來著其身燒皮徹骨身中焰起迴旋還身燒炙燋爛其罪未畢故使不死久受苦已出黑沙獄到沸屎獄有沸屎鐵丸自然滿前驅迫罪人使抱鐵丸燒其身手復使振著口中從咽至腹通徹下過無不燋爛有鐵嘴虫唼肉達髓苦毒無量受罪未畢復不肯死久受苦已出沸屎獄附到鐵釘獄卒撲之偃熱鐵上舒展其身以釘釘手足周遍身體盡五百釘苦毒辦吟



猶復不死久受苦已出鐵釘獄到飢餓獄即撲熱鐵上鉗銅灌口從咽至腹通徹下過無不燋爛餘罪未盡猶復不死久受苦已出飢地獄到渴地獄即撲熱鐵上以熱鐵丸著其口中燒其脣舌通徹下過無不燋爛苦毒啼哭久受苦已出渴地獄到一銅鍑地獄獄卒怒目捉罪人足倒投鍑中隨湯涌沸上下廻旋身壞爛熱万毒並至令故不死久受苦已出一銅鍑至多銅鍑地獄捉罪人足倒投鍑中隨湯涌沸上下廻旋舉身壞爛以鐵鉤取置餘鍑中悲叫苦毒故使不死久受苦已多出銅鍑至石磨地獄捉彼罪人撲熱石上舒展手足以大熱石砰其身上迴轉揩磨骨肉糜碎苦毒切痛故使不死久受苦已出石磨獄至膿血地獄膿血沸涌罪人於中東西馳走湯其身體頭面爛壞又取膿血食之通徹下過苦毒難忍故命不死久受苦已乃出膿血至量火地獄有大火聚其火炎熾駈迫罪人手執鐵升以量火聚遍燒身體

苦毒熱痛吟呻號哭故令不死久受苦已出量火獄到灰河地獄縱廣深淺各五百由旬灰湯涌沸惡氣蓬渤廻波相搏聲響可畏從底至上鐵刺縱横其河岸上有劍樹林枝葉花實皆是刀劍罪人入河隨波上下廻覆沉沒鐵刺刺身內外通徹膿血流出苦痛万端故令不死乃出灰河至彼岸上利劍割刺身體傷破復有豺狼來齧罪人生食其肉走上劍樹劍刃下向下劍樹時劍刃上向手攀手絶足蹹足斷皮肉墮落唯有白骨筋脉相連時劍樹上有鐵嘴烏啄頭食腦苦毒號叫故令不死還入灰河隨波沉沒鐵刺刺身苦毒万端皮肉爛壞膿血流出唯有白骨浮漂於外冷風來吹尋便起立宿對所牽不覺忽至鐵丸地獄有熱鐵丸獄鬼驅役之手足爛壞舉身火然万毒並至故令不死久受苦已乃出鐵丸至斫斧地獄捉此罪人撲熱鐵上以熱鐵斫斧斫其手足耳鼻身體苦毒號叫猶復不死久受罪已出斫斧獄至豺狼地獄有



群豺狼競來齩齧肉墮骨傷膿血流出苦痛万端故令不死久受苦已乃出豺狼至劍樹獄入彼劍林有暴風起吹劍樹葉墮其身上頭面身體无不傷壞有鐵嘴烏啄其兩目苦痛悲號故使不死久受苦已乃出劍樹至寒冰獄大寒風吹其身上舉體凍傷皮肉墮落苦毒叫哭然後命終身為不善口意亦然斯墮想地獄怖懼毛竪

黑繩大地獄有十六小獄周匝圍遶各縱廣五百由旬何故名黑繩其諸獄卒捉彼罪人撲熱鐵上舒展其身以熱鐵繩絣之使直以熱鐵斧逐繩道斫罪人作百千段復次以鐵繩絣鋸之復次懸熱鐵繩交横無數驅迫罪人使行繩閒惡風暴起吹諸鐵繩歷絡其身燒皮徹肉燋骨沸髓苦毒万端餘罪未畢故使不死故名黑繩久受苦已乃出黑繩至黑沙地獄乃至寒冰地獄然後命終惡意向父母佛及聲聞則墮黑繩獄苦痛不可稱

推砰大地獄有十六小獄圍遶各縱



廣五百由旬何故名推砰有大石山兩山相對人入此中山自然合推砰其身骨肉糜碎山還故處苦毒万端故使不死復有大鐵象舉身火然哮呼而來蹴蹹罪人婉轉其上身體糜碎膿血流出號咷悲叫故使不死復捉罪人卧大石上以大石砰復取罪人卧地鐵杵擣之從足至頭皮肉糜碎膿血流出万毒並至餘罪未畢故令不死故名推砰久受苦已乃出推砰到黑沙地獄乃至寒冰然後命終但造三惡業不修三善行墮推砰地獄苦痛不可稱

叫喚大地獄有十六小地獄各縱廣五百由旬何故名叫喚獄獄卒捉罪人擲大鑊中又置大鐵中熱湯涌沸煮彼罪人號咷叫喚苦痛辛酸又取彼罪人擲大鏊上反覆煎熬號咷叫喚餘罪未畢故使不死故名叫喚久受苦已乃出叫喚至黑沙地獄乃至寒冰尒乃命終瞋恚懷毒造諸惡行墮叫喚地獄

大叫喚大地獄有十六小獄何名大叫

喚取彼罪人著大鐵釜中又置鐵鑊中熱湯涌沸煑彼罪人又擲大鏊上反覆煎熬號咷大叫苦痛辛酸餘罪未畢故使不死名大叫喚久受苦已出大叫喚至寒氷獄尒乃命終習衆邪見為愛網所牽造罪陋行墮大叫喚獄

燒炙地獄有十六小地獄何故名燒炙將諸罪人置鐵城中其城火然內外俱赤燒炙罪人又著鐵樓上其樓火然內外俱赤又擲著大鐵陶中其陶火然內外俱赤燒炙罪人皮肉燋爛万毒並至餘罪未畢故使不死故名為燒炙久受苦已出燒炙獄至黒沙獄乃至寒氷然後命終為燒炙行墮燒炙地獄長夜受燒炙苦

大燒炙地獄有十六小地獄縱廣五百由旬將諸罪人置鐵城中其城火然內外俱赤燒炙罪人皮內燋爛万毒並至有大火坑火焰熾盛其坑兩岸有大火山捉彼罪人貫鐵叉上竪著火中重大燒炙皮肉燋爛餘罪未畢故使不死久受苦已出大燒炙至黒沙地獄乃至寒氷尒乃命終捨善果業為衆惡行墮大燒炙獄

無間大地獄有十六小獄各縱廣五百由旬捉彼罪人剝取其皮從足至項即以其皮纒罪人身著火車輪蹍熱鐵地周行反覆身體碎爛皮肉墮落万毒並至故使不死又有鐵城四面火起東焰至西西焰至東南北上下亦復如是焰熾迴遑間無空處東西馳走燒炙其身皮肉燋爛苦痛辛酸万毒並至罪人在中久乃門開其諸罪人奔走往趣身諸枝節皆火焰出走欲至門門自然閉餘罪未畢故使不死又其中罪人舉目所見但見惡色耳聞惡聲鼻聞臭氣身觸苦痛意念惡法彈指之頃無不苦時故名無間地獄久受苦已命終為重罪行生惡趣乃至寒氷地獄尒乃命終為重罪行生惡趣業墮无間獄罪不可稱名八大地獄各有十六小地獄

金剛山間別有十地獄十二

二大金剛山間有大風起名為僧佉若使風来至四天下及八万天下大地諸山去地十里或至百里飛颺空中皆悉糜碎如壯士手把輕糠散於空中由二大山遮止此風若使風至四天下者其中衆生溪河江海皆當燋枯又山間風臭處不淨腥𦤺酷烈若使来至四天下者燋諸衆生皆當失目又此二山多所饒益亦是衆生行報所致

又二山間有十地獄一名厚雲二名無雲三名呵呵四名奈何五名羊鳴六名須乾提七名優鉢羅八名拘物頭九名分陁利十名鉢頭摩云何名厚雲地獄罪人自然生身辟如厚雲故名厚雲云何名無雲衆生生身猶如段肉故名無雲云何名呵呵苦痛切身皆稱呵呵故名呵呵云何名奈何受罪衆生苦痛酸切無所歸依皆稱奈何云何名羊鳴受罪衆生苦痛切身欲舉聲語舌不能轉直如羊鳴云何名須乾提華獄皆黒如須乾提華色云何名拘物頭華獄皆紅如拘物頭色云何名分陁利華獄皆白如分陁利華云何名鉢頭摩華獄皆赤如鉢頭摩華色喻如有篳受六十四斛

滿中胡麻有人百歲持一麻去如是至盡厚雲地獄受罪未竟如二十厚雲地獄壽與一無雲地獄壽等如二十無雲地獄壽與一呵呵地獄壽等如二十呵呵地獄壽與一奈何地獄壽等如二十奈何地獄壽與一羊鳴地獄壽等如二十羊鳴地獄壽與一須乾提地獄壽等如二十須乾提地獄壽與一優鉢羅地獄壽等如二十優鉢羅地獄壽與一拘物頭地獄壽等如二十拘物頭地獄壽與一分陁利地獄壽等如二十分陁利地獄壽與一鉢頭摩地獄壽等如二十鉢頭摩壽名一中刧如二十中刧名一大刧鉢頭摩地獄中火焰熾盛罪人去火一百由旬火已燒炙去六十由旬兩耳已聾无所聞知去五十由旬兩目已盲無所復見瞿波利比丘已懷惡心謗舍利弗目揵連身壞命終墮此鉢頭摩地獄中（出長阿含經樓炭大同小異也）

經律異相卷第四十九

經律異相卷第四十九

校勘記

一 底本，金藏廣勝寺本。

一 三四六頁中一行「地獄部上」，徑、清作「地獄部第四十之一」。

一 三四六頁中三行至一四行目録，徑無。

一 三四六頁中一三行第九字「各」，清無。

一 三四六頁中一五行末字「一」，徑、清作「第一」。

一 三四六頁中一六行第四字「者」，資、磧、普、南、徑、清無。又第一一字「緣」，資、磧、普、南、徑、清作「經」。

一 三四六頁中二一行「十八人」，資、磧、普、南、徑、清作「十八大臣」。

一 三四六頁下二行「閻羅王三時受苦二」，資、磧、普作「閻羅三時受苦二」；徑、清作「閻羅王三時受苦第二」。

一 三四六頁下七行「熱鑊」，資、磧、普、南作「熱鐵」；徑、清作「熱鐵牀」。

一 三四六頁下八行「洋銅」，普、徑、清作「烊銅」。

一 三四六頁下九行「婇人」，資、磧、普、南、徑、清作「采女」。

一 三四六頁下一〇行夾註左「十九卷」，資、磧、普、南、徑、清作「第十九卷」。

一 三四六頁下一一行末字「三」，徑、清作「第三」。

一 三四六頁下一二行「三使一老二病」，資作「三使者一者一病」；磧、普、南、徑、清作「三使者一老二病」。

一 三四六頁下一六行「肌腸」，諸本（不含石，下同）作「肌皺」。

一 三四六頁下二一行「作惡」，資、磧、普、南、徑、清作「造惡」。

一 三四七頁上五行正文「獄卒」下夾註右「有衆生三世」，徑、清作「有是生三世」。

一　三四七頁上七行末字「四」，徑、清作「第四」。

一　三四七頁上八行「尼尊」，諸本作「屈遵」。

一　三四七頁上九行「沸迻壽」，資作「遾壽」；磧、普、南、徑、清作「遾壽」。又「典典」，資、磧、普、南、徑、清作「曲典」。

一　三四七頁上一二行「十寒氷」，資作「十寒水」；徑、清作「十呻吟典寒冰」。又夾註「經闕王名」，資、磧、普、南作「經失王名」；徑、清無。

一　三四七頁上一三行「逕頭典畜」，資、磧、普作「遥頭典畜」；南、徑、清作「遥頭典畜生」。

一　三四七頁上一五行「水地獄十六」，磧、普、南、麗作「冰地獄十六」；徑、清作「灰河十六穿骨典」。又夾註「經闕王名」，徑、清無。又「十七」，徑、清作「十七名」。

一　三四七頁上一六行「鮮銅」，資、磧、普、南作「洋銅」；徑、清作「烊銅」。

一　三四七頁上一七行末字「五」，徑、清作「第五」。

一　三四七頁上一八行「平潮王」，資、磧、普、南、徑、清作「平湖王」。

一　三四七頁上一九行「荼都王」，磧作「葉都王」。

一　三四七頁上二二行「治治」，諸本作「治火」。

一　三四七頁中三行「十噭獄」，資、磧、普、南、徑、清無；麗作「小噭獄」。

一　三四七頁中一四行「政治王」，資、磧、普、南、徑、清作「政始王」。

一　三四七頁中二〇行首二字「八王」，資、磧、普、南、徑、清作「八王日」。

一　三四七頁中二一行第二字「𨽻」，資、磧、普、南、徑、清作「隷」。又「滅笇」，諸本作「滅算」。

一　三四七頁下一行末字「六」，徑、清作「第六」。

一　三四七頁下五行末字「七」，徑、清作「第七」。

一　三四七頁下一〇行夾註左「閇城也」，資、普作「閉城」；南、徑、清作「關城」。

一　三四七頁下一五行末字「八」，徑、清作「第八」。

一　三四七頁下一八行「他方」，諸本作「他方者」。

一　三四七頁下二〇行首字「楯」，資、磧、普、南、徑、清作「盾」。

一　三四八頁上一行夾註左「勝事」，資、磧、普、南、徑、清作「勝事也」。

一　三四八頁上二行末字「九」，徑、清作「第九」。

一　三四八頁上三行「謂天帝釋」，資、磧、普、南、徑、清作「諸天帝釋」。

一　三四八頁上八行「始過」，諸本作「犯過」。

一　三四八頁上一〇行「月時」，諸本作「月日時」。

一　三四八頁上一一行第四、五字「地獄」，資、磧、普、南、徑、清無。

一　三四八頁上一二行第二字「召」，資、磧、普、徑作「名」。

一 三四八頁上一六行末字「十」，徑、清作「第十」。

一 三四八頁中五行「風寒」，資、磧、普、徑作「寒風」。

一 三四八頁中一三行「所燒」，資、磧、普、南、徑、清作「所然」。

一 三四八頁下二行第二字「相」，徑、清作「生」。

一 三四八頁下四行「拼敗敗」，資、磧、普、南、徑、清作「絣段段」。又第一一字「以」，資、磧、普、南、徑、清作「以刀」。

一 三四八頁下六行第六字「銅」，資、磧、普、南、徑、清作「銅鐵」。又第一〇字「骨」，資、磧、普、南、徑、清作「骨肉」。

一 三四八頁下七行首字「流」，資、磧、普、南、徑、清作「交流」。

一 三四八頁下八行第五字「故」，資、磧、普、南、徑、清作「故故」。

一 三四八頁下一八行首字「鑑」，資、磧、普、南、徑、清作「檻」。

一 三四八頁下一九行第一三字「火」，資、磧、普、南、徑、清作「大」。

一 三四八頁下二二行「以罪緣」，資、磧、普、南、徑、清作「以罪緣故」。

一 三四八頁下末行「涵及煞」，資、磧、普、南、徑、清作「及掐殺」；麗作「及涵殺」。

一 三四九頁上五行「博以鐵鏟鏟」，資、磧、普、南、徑、清作「搏以鐵串串」。

一 三四九頁上六行第三字「鏟」，資、磧、普、南、徑、清作「串」。

一 三四九頁上八行「廣縱」，諸本作「縱廣」。

一 三四九頁上一一行「真人」，南、徑、清作「其人」。

一 三四九頁上一二行「僧衆」，資、磧、普、南、徑、清作「衆僧」。

一 三四九頁上一四行「地獄」，資、磧、普、南、徑、清作「地獄也」。又夾註右「出衣品」，資、磧、普、南、徑、清作「出依品」。

一 三四九頁上一五行第九字「各」，資、磧、普、南、徑、清無。又「十一」，徑、清作「第十一」。

一 三四九頁上一八行「有山」，資、磧、普、南、徑、清作「更有山」。

一 三四九頁上二〇行「椎碑」，資、磧、普、南、徑、清作「堆碑」。

一 三四九頁上二二行夾註「云有不同文多不載也」，資、磧、普、南、徑、清作「名有不同文多不載」。

一 三四九頁中七行「鐵抓」，資、磧、普、南、徑、清作「鐵爪」。

一 三四九頁中八行第二字「[illegible]」，磧、南、徑、清作「摑」。

一 三四九頁中一〇行首字「剥」，資、磧、普、南、徑、清作「剗剥」。又第八字「相」，資、磧、普、南、徑、清作「想」，一一行第八字同。

一 三四九頁中二一行第九字「附」，資、磧、普、南、徑、清無。又第一三字「獄」，資、磧、普、南、徑、清作「獄獄」。

一三四九頁下七行「出渴」，資、磧、普、南、徑、清作「得出」。

一三四九頁下八行第三字「鍑」，徑作「鑊」；麗作「鍑」。下同。

一三四九頁下一〇行「令故」，諸本作「故令」。

一三四九頁下一四行「多出」，諸本作「出多」。

一三四九頁下一六行第五字「砰」，磧、普、南、徑、清作「壓」。次頁下七行第一一字同。

一三四九頁下二一行「故命」，諸本作「故令」。

一三五〇頁上二一行「吟呻」，資、磧、普、南、徑、清作「呻吟」。又「故令」，資、磧、普、南、徑、清作「故使」。一四行同。

一三五〇頁上三行「漨渤」，資作「蓬焞」；磧、普、南、徑、清作「熢焞」。

一三五〇頁上九行「傷破」，資、磧、普、南、徑、清作「傷壞」。

一三五〇頁上一八行「伇之」，資、磧、普、南、徑、清作「捉之」；麗作「投之」。

一三五〇頁上二二行「猶稄」，諸本作「猶復」。

一三五〇頁中一行第七字「嚙」，麗作「蹜」。

一三五〇頁中七行「大寒風」，諸本作「有大寒風」。

一三五〇頁中一五行末字「鋸」，資、磧、普、南、徑、清作「鋸鋸」。

一三五〇頁中末行「推砰」，資、磧、普、南、徑、清作「堆砰」。下同。

一三五〇頁下二行首字「山」，資、磧、普、南、徑、清作「兩」。

一三五〇頁下五行首字「呼」，資、磧、普、南、徑、清作「吼」。

一三五〇頁下一五行「獄獄」，資、磧、普、南、徑、清作「獄」。

一三五〇頁下一六行「大鐵中」，資、磧、普、麗作「大鐵鍑中」；南、徑、清作「大鐵鑊中」。

一三五〇頁下一七行第九字至一九行首字「苦痛辛酸又取彼罪人擲大鍬上反覆煎熬號吪叫喚」，資、磧、普、南、徑、清無。

一三五〇頁下末行「何名」，資、磧、普、南、徑、清作「何故名」。

一三五一頁上一八行「皮内」，諸本作「皮肉」。

一三五一頁上二一行第四字「大」，諸本作「火」。

一三五一頁中五行「反覆」，資、磧、普、南、徑、清作「往反」。

一三五一頁中一六行第一〇字至次行第四字「命終爲重罪行生惡趣」，資、磧、普、南、徑、清作「從無間出至黑沙地獄」。

一三五一頁中二〇行「十二」，徑、清作「第十二」。

一三五一頁下一行第五字「如」，資、磧、普、南、徑、清作「譬如」。

一三五一頁下二〇行「云何名」，諸本作「云何優鉢羅華獄皆青如優鉢羅華色（「色」，麗無）云何名」。

一　三五一頁下二一行首字「頭」，資、磧、普、南、徑、清作「頭華」。

一　三五一頁下末行第九字「簞」，資、磧、普、南、徑、清作「篅」。

一　三五二頁上一五行「火焰」，資、磧、普、南、徑、清作「火焰熱」。

一　三五二頁上二〇行夾註「樓炭大同小異也」，資、磧、普、南、徑、清作「樓炭經大同小異」。

經律異相卷第五十 地獄部下 傍

梁沙門僧旻寶唱等集

阿鼻地獄受諸苦相一
十八小地獄各有十八獄圍繞阿鼻二
六十四地獄舉因亦苦相三
五大地獄亦受苦相四

阿鼻地獄受諸苦相一

阿鼻地獄者梁言無遮又言無間又言猛火入心縱廣正等八千由旬七重鐵城七層鐵網下有十八隔周匝七重皆是刀林復有七重劒林四角有四大銅狗廣長四十由旬眼如掣電牙如劒樹齒如刀山舌如鐵刺一切身毛皆然猛火其烟臭惡有十八獄卒口如夜叉六十四眼散迸鐵丸狗牙上出高四由旬牙端火流燒煎鐵車輪輞出火鋒刃劒戟燒阿鼻城赤如融銅獄卒八頭六十角角抄火然火化成銅復成刀輪相次在火焰間滿阿鼻城城內有七鐵幢火涌如沸鐵流融迸涌出四門上有十八釜沸銅涌湯滿於城中二隔間有八万四千鐵蟒大蛇吐



毒火中身滿城內其蛇哮吼如天震雷雨大鐵丸五百又五百億虫八万四千嘴頭火流如雨而下滿阿鼻城此虫若下猛火大熾照八万四千由旬獄上衝大海沃焦山下貫大海底渧如車軸若有煞父害母罵辱六親命終之時銅狗化十八車狀如寶蓋一切火焰化為玉女罪人遥見心喜欲往風刀解時寒急失聲寧得好火安在車上然火自爆即便命終坐金車瞻玉女皆捉鐵斧斬截其身屈伸辟頃直落阿鼻從上隔如旋火輪至於下隔身遍隔內銅狗大吼齧骨唼髓獄卒羅剎捉大斧截以叉叉頭令起遍體火焰滿阿鼻獄閻羅王大聲告勅癡人獄種汝在世時不孝父母邪慢無道汝今生處名阿鼻獄獄卒復從下隔更上上隔經歷八万四千隔挂身而過至鐵網際一日一夜即閻浮提六十小劫盡一大劫作五逆罪臨命終時十八風刀如鐵火車解截其身以熱逼故便作是言得好色華清涼大樹於下遊戲不亦樂乎作此念



時八万四千諸惡劒林化作寶樹華果茂盛行列在前大熱火焰化為蓮華罪人疾於暴雨坐蓮華上鐵嘴諸虫從火花起穿骨入體躁動一切劒枝削於肉骨無量刀林當上而下火車鑪炭十八苦事一時來迎此相現時陷墜地下從下隔上身如華敷遍滿下隔下火熾然至於上隔身滿其中熱惱急故張眼吐舌万億融銅百千刀輪從空中下頭入足出一切苦事過於上說百千万倍具五逆者受罪五劫復有衆生犯四重禁虛食信施誹謗邪見不識因果斷學般若毀十方佛偷僧祇物婬泆無道逼淨戒尼姉妹親感造衆惡事此人罪報臨命終時風刀解身偃卧不定如被楚撻其心荒越發狂癡想見已室宅男女大小一切皆是不淨之物屎尿臭處盈流于外獄卒羅剎以大鐵叉擎阿鼻獄及諸刀林化作寶樹及清涼池火焰化作金葉蓮華諸鐵嘴虫化為梟鴈苦痛之聲猶如歌詠罪人聞此吾當遊中坐火蓮華衆物覺分狗食

其心俄尒之間身如鐵華滿十八隔此等罪人經八万四千大劫復入東方十八隔中如前受苦南西北方亦復如是謗方等經具五逆罪破壞僧祇汙比丘尼斷諸善根具衆罪者身滿阿鼻獄四支復滿十八隔中此阿鼻獄但燒如此獄種衆生劫欲盡時東門即開見東門外清泉流水華果林樹一切俱現是諸罪人從下隔見明火暫歇從下隔起婉轉腹行㨖身上走到上隔中手攀刀輪時虗空中雨熱鐵丸走於東門既至門閫獄卒羅剎手捉鐵叉逆刺其眼鐵狗嚙心悶絶而死南西北門亦復如是經歷半劫

十八小地獄各有十八獄圍繞阿鼻二

阿鼻地獄有十八小地獄小地獄各有十八寒地獄十八黑闇地獄十八小熱地獄十八刀輪地獄十八劒輪地獄十八火車地獄十八沸屎地獄十八鑊湯地獄十八灰河地獄五百億劒林地獄五百億刺林地獄五百億銅柱地獄五百億鐵機地獄五百億



鐵網地獄十八鐵窟地獄十八鐵丸地獄十八尖石地獄十八飲銅地獄如是等衆多地獄阿鼻地獄死生寒冰中寒冰獄死生黑闇處八千万歲目無所見受大虫身婉轉腹行諸情闇塞為狐狼食之後生畜生五千万身受鳥獸形還生人中六根不具貧窮下賤經五百身後生餓鬼後遇善知識發菩提心

十八寒地獄者八方冰山山十八隔復有十八諸小冰山寒冰山間如瓦蓮華高十八由旬上有冰輪縱廣正等十二由旬如天雨雹從空而下劫奪抄盜剥脫凍煞衆生此人罪報欲命終時一切刀風化為熱火罪人作念我今云何不卧冰上作是念時獄卒羅剎手執冰輪躡虗而至罪人見已心便愛念氣絶命終生冰山上既生之後十八冰山如以扇扇一切寒冰從毛孔入十八隔中遍滿一隔剖裂擗拆如赤蓮華冰輪上下遍覆其身八方冰山一時俱合更無餘辭但言阿羅尒時罪人即彼作是念我於



何時當免寒冰生熱火中尒時空中有鐵嘴鳥吐火破冰啄腦罪人即死獄卒復以鐵叉打地喚言活活應聲即蘇身火猛熾願得前冰以滅此火獄卒復以冰輪迎接置與獄中如是十八隔中無不經歷此寒地獄壽命歲數如四天王天日月八千万歲罪畢下生賤貧鄙陋五十世中為人奴婢衣不蔽形食不充口此罪畢已遇善知識發菩提心

黑闇地獄者十八重黑山十八重黑網十八重鐵牀十八重鐵緆一山高八万四千由旬一一緆亦厚八万四千由旬一一緆間十八重鐵圍山羅剎如林此山陰闇偷佛僧燈明偷盜父母師長謗說法者亦毀世俗論義師等不忌尊卑不知慙愧以此罪故命欲終時眼有電光眩迸不停即作是念我有何罪常見是火即閉兩目不願欲見命欲終時獄卒羅剎擎大鐵牀張大鐵輪如大隊雲乘空而至無形有聲罪人欲往命終坐鐵牀上落黑闇處刀輪上下斬斷其身有大

鐵鳥嘴距長利從山飛下來攫罪人痛急疾走求明不得足下蒺梨穿骨徹髓如是慞惶經五百万億歲日月如前彼人頭打諸黑闇山腦流眼出獄卒羅剎以鐵叉叉安眼眶罪畢乃出為貧窮人眼目角睞盲冥無見或被癩病人所驅逐如是罪報經五百身過是以後遇善知識發菩提心

十八小熱地獄者如阿鼻獄亦七重城七重鐵輞無量諸惡以為莊嚴以不從師教興惡逆心不知恩養盜師宮師汙師淨食坐師牀坐捉師鉢盂藏去不淨作種種惡毒藥飲師若沙門婆羅門作諸非法無有慙愧剝像破塔劫法寶物煞伯叔父母兄弟姉妹命欲終時十八獄卒各以鐵叉擎置一隔獄如大寶蓋雨微細雨雨渧如華熱惱入心見雨清涼即作念言願我得坐蔭蓋之下涼雨灑我不亦樂耶氣絶命終如一瞬頃即坐劍林上百億劍刃刃皆出火燒剌其身空中寶蓋化為火輪從上而下直劈其頂身體碎裂為數千段上雨銅丸從毛孔



入獄卒羅剎以大鐵叉刺罪人眼或以鐵箭貫射其心悶絶而死須臾還活坐劍牀上旋嵐猛風吹墮地獄時閻羅王告言獄種汝作衆惡煞師謗師汝今生處名拔舌阿鼻汝在此獄當經三劫作是語已即滅不現

刀輪地獄者四面刀山於衆山間積刀如輪有八百万億極大刀輪隨次而下猶如雨渧以樂苦惱他煞害衆生命終之時患逆氣病心堅如石即作是願得一利刀削此諸患不亦快乎是時獄卒頂戴刀輪翳令不現至罪人所畀言避辭我有利刀能割重病罪人歡喜即自念言唯此為快氣絶命終生刀輪上如醉烏走墮刀山間是時四山一時俱合四種刀山割切其身不自勝持悶絶而死獄卒羅剎驅蹙罪人令登刀山來至山頂刀傷足下乃至于心畏獄卒故匍匐而上既至山頂獄卒手執一切樹㯽未死之間鐵狗齧心楚毒百端鐵垂唼食肉皆都盡尋復唱活脚著鐵輪從空而下一日一夜六十億生六十億死如



是衆多如四天王壽八千万歲罪畢乃出墮在畜生五百世中有供衆口復五百世受卑賤形後遇善知識發菩提心

劍輪地獄者縱廣正等五十由旬滿中劍樹其樹多少如稻麻竹葦一一劍樹高四十由旬八万四千劍輪為葉八万四千劍輪為華八万四千劍輪為果八万四千沸銅為枝以樂煞無厭如此罪人臨命終時遇大熱病即作念言我今身體時熱時寒舉身堅強猶如鐵碪即作願言得金剛劍割却此患樂不可言是時獄卒即自化身如已父母親友之形在其人前而告之言我有秘法如鄉所念當用相遺罪人去急急欲得氣絶命終如馬奔走生劍華中無量劍刀削骨破肉碎落如空復有鐵烏從樹上下挑眼啄耳有大羅剎手捉鐵斧破頭出腦鐵狗來舐死已唱活驅令上樹未至樹端身碎如塵一日一夜煞身如塵不可稱數煞人罪故受如此殃經八万億歲生畜生中身常負重死復

經律異相卷第五十　第十一張　傍

剥皮經五百世還生人中貧窮短命多病消瘦過是已後遇善知識發菩提心

火車地獄者一一銅鑊縱廣正等四十由旬滿中火下有十二輪上有九千四火輪自有衆生為佛弟子及事梵天九十六種及在家者誑惑邪命諂曲作悪如此罪人欲命終時風大先動身冷如冰即作是念何時當得大猛火聚入中坐者永除冷病作是念已獄卒羅刹化作火車如金蓮華獄卒在上如童男像手執白拂鼓儛而至罪人愛著若坐此上快不可言氣絶命終載火車上支節火然身體爆散獄卒唱活應聲還活火車轢身凡十八反碎身如塵天雨沸銅遍灑身體即便還活如是往反上至湯際下墮鑊中火車所轢一日一夜九十億死九十億生此人罪畢生貧賤家為人所使繫屬於他不得自在償利養畢久乃得脫由前出家善心切德遇善知識為其說法心開意解成阿羅漢

經律異相卷第五十　第十二張　傍

沸屎地獄者八十由旬十八鐵城一一鐵城有十八隔一一隔中四壁皆有百億万劒樹地如刀刃刃厚三尺於其刃上百千蒺梨不可稱計一一蒺梨及劒樹間生諸鐵虫其數无量一一鐵虫有百千頭一一頭有百千嘴嘴頭皆有百千蚖虫此諸蚖虫口吐熱屎沸如融銅滿鐵郭內上有鐵網鐵烏以破八戒齋汙沙弥尼式叉摩尼汙比丘戒比丘尼戒汙優婆塞戒優婆夷戒如是七衆及餘一切汙僧淨飯汙父母食偷竊先敢不淨手捉及僧知事以自恃故汙僧淨食四部弟子以不淨身坐僧祇牀犯偷蘭遮又不懺悔虛食僧食坐僧衆中與僧布薩如是衆多無量不淨悪業罪人臨命終時舉身皆香如麝香子不可堪處即作是念當於何處不聞此香獄卒化身猶如畫瓶中盛糞穢至罪人所以手摩觸令彼罪人心生愛著氣絶命終墮沸屎中身體糜爛衆虫唼食削骨徹髓以渇逼故飲熱沸屎蚖虫蛆虫唼其舌根一日一夜九十億

經律異相卷第五十　第十三張　傍

生九十億死罪畢乃出生貧賤家不得自在設生世時恒值悪王屬邪見主種種悪事逼切其身癭瘇悪創以為衣服宿世聞法善因緣故遇善知識出家學道成阿羅漢

十八鑊湯地獄者有十八鑊縱廣正等各四十由旬七重鐵網滿中沸鐵五百羅刹鼓大石炭燒其銅鑊焰焰相次經六十日火不可滅閻浮提日滿十二万歲鑊湯上涌化成火輪還入鑊中以毀佛禁戒煞生祠祀為敢肉故焚燒山野傷害衆生敢衆生以火焚燒如此罪人命欲終時身心煩悶失大小便不自禁制或熱如湯或冷如冰即作是念得大溫水入中沐浴不亦樂乎獄卒羅刹化作僮僕手擎湯瓮至罪人所心生愛樂氣絶命終生鑊湯中速疾消爛唯餘骨在鐵叉掠出鐵狗嚼之嘔吐在地尋復還活獄卒駈威還令入鑊鐵鑊熱故攀劒樹上骨肉断壞落鑊湯中一日一夜恒沙死生罪畢生為豬羊鷄狗短命之處無不經歷如是受身八千万歲命終

之後還生人中受二種報一者多病二者短命過竿轂刼遇善知識受持五戒行六波羅蜜

灰河地獄者長二百由旬廣十二由旬下有利刀岸上劍樹滿中猛火廣十二丈復有融灰以覆火上厚四十丈以偷盜父母師長善友兄弟姊妹如是癡人無有慚愧不識恩養不從師教此人罪報命欲終時氣滿心腹喘息不續即作是念我心如汨氣滿胸中得一微火爆我身者不亦快乎獄卒應念化作妻子手擎火鑪微灰覆上至罪人所罪人歡喜氣絶命終生灰河中諸劍樹間有一羅刹手執利劍欲來傷害是人恐怖走入灰河舉足下足刀傷其脚劍樹雨刀從毛孔入羅刹以叉叉出其心躃地悶死尋復還活一日一夜五百億生五百億死飢渴逼故張口欲食劍樹雨刀從舌頭入擗腹裂胃悶絶而死由前世間法僧名故罪畢之後得生人中貧窮下賤覺世非常出家學道時世無佛成辟支佛世若有佛成阿羅漢



劍林地獄者八千由旬滿中劍樹有熱鐵丸以為其果樹高二十四由旬以不孝父母不敬師長作惡口業無慈愛心刀杖加人臨欲終時心如糊膠處處生著即作此念我心縛著觸事不捨躭酒著色雖遇苦患心猶不息得一利刀以割截此愛獄卒應聲化為侍者執鏡語言汝心多著可觀此鏡見利劍像以即作是念我体羸弱以不堪欲事得此利劍割斷我心不亦快乎作此念時氣絶命終受餓鬼身諸劍樹間化生鐵丸從頂入口出腸胃燋爛獄卒打撲驅令上樹鐵嘴乃虫啄以怖上樹如是展轉悉經劍林一日一夜八万生死罪畢之後生飢饉世及疾病刧為人卑賤口氣恒臭人所惡見後遇善知識發菩提心

剌林地獄者八千由旬滿中鐵剌一剌端有十二鉤樹上復有大熱鐵鈎以惡口兩舌綺語不義語調戲無節誑說是非說經典過毀論議師如此罪報命欲終時咽燥舌乾即作此念得一利剌剌頭出血令衆脈間流注



衆水不亦快乎獄卒羅刹化作父母手執明珠珠頭生剌持用擬口如水欲滴罪人歡喜氣絶命終如雷電頃生剌林間獄卒羅刹手執鐵鈎拔舌令出八千鐵牛有大鐵犁耕破其舌一日一夜六百生死過是已後得生人中肩狹面皺語言謇吃如此罪人體生諸瘡膿血盈流經五百世人所惡見過是已後雖有言說人不信受遇善知識發菩提心

銅柱地獄者有一銅柱林如火山高六百由旬下有猛火火上鐵牀上有刀輪間有鐵嘴虫鐵口烏以貪惑滋多染愛不淨非處非時行不淨業設有比丘尼婆羅門等諸梵行者若非時於非處犯不淨法乃至一切犯邪行者如此罪人臨命終時舉身反強振掉不定即作是念得一堅大銅鐵柱者縛此身體令不動摇獄卒應時化作僮僕手執鐵杖至罪人所白言長者汝今身強餘物皆弱可捉此杖心即歡喜氣絶命終如拄杖頃生銅柱頭猛火焰熾焚燒其身驚怖下視

見鐵牀上有端正女若是女人見端
正男心生愛著從銅柱上下投于地
銅柱貫身鐵網絡頸鐵嘴諸虫唼食
其軀落鐵牀上男女俱時六根火起
有鐵嘴虫從眼而入從男女根出若
汙戒者別有九億諸小虫輩如鑠鉭
虫有十二嘴嘴頭出火唼食其體一
日一夜九百億生九百億死出生鳩
鴿身經五百世復生龍中經五百身
後生人中無根二根及不定根黄門
之身經五百世設得為人妻不貞良
子不慈孝奴婢不從過是已後遇善
知識發菩提心
鐵機地獄者有一鐵牀縱廣正等四
百由旬上安諸揺揺間皆有万億
鐵弩鐵弩鏃頭百億鋒刃以為貪欲
故不孝父母不敬師長不從善教煞
害衆生此人命終身體戰動六竅汁
流見自巳牀如兜羅綿得堅冷處卧
不亦快耶獄卒羅剎以叉擎牀銷火
髡鑿至罪人所歡喜欲卧氣絶命終
生鐵機上万億鐵揺關從下動鐵揺
昂無量鐵弩同時皆張二鐵箭射罪



人心一日一夜六百億生死後生畜
生中經五百世還生人間貧窮下賤
為人所使多墮刑獄恒受鞭撻後遇
善知識發菩提心
鐵網地獄者八十九重諸鐵羅網一
一網間百億鐵針一一鐵針施五開
揺以邪心諂曲嫉媚惑人心懷讒賊
晝夜惡念臨命終時身體搔痒即作
此念得一束針攙剌不亦快乎作是
念時獄卒化為良醫手執利針唱言
治病罪人心喜氣絶命終生鐵網間
揵身下過衆揺皆動無量諸針射入
毛孔如是婉轉諸鐵網間如剎那頃
死生罪畢乃出生於邊地無佛法處
亦不聞說世間善語何況正法雖生
人中三惡道攝後遇善知識雖得聞
法心不解了
鐵窟地獄者餓鬼道中最上苦法有一
鐵山縱廣正等二十五由旬山上復有
五百万億大熱鐵丸一一鐵丸團圓
正等十三由旬山間復有百千刀劒
是時彼山東開小孔如摩伽陁升但
出黑烟以慳貪縛著心如金剛但樂



求索無有猒足父母妻子悉不給與
師長教授視如糞穢奴婢親友不施
衣食如是慳人不慮無常護惜財物
猶如眼目命欲終時諸情閉塞口噤
不語心中嘿念我死之後是諸惡人
食我財物如啖鐵丸處我窟宅如處
闇室作是念巳獄卒化為慳人多収
財物以火焚之罪人心喜氣絶命終
生火山上猶如融銅鑄鐵窟中劒虫
刀虫唼食其軀烟熏其眼不見火焰
東西馳走頭打鐵山鐵丸從頂徹足
一念頃死生罪畢乃出生餓鬼中其身
長大數十由旬咽如針筒腹如大山
東西求食融銅灌咽經八千歲生食
膿唾血鬼中復生廁神賭狗等中罪
畢乃生貧窮卑賤無衣食處遇善
知識發菩提心
鐵丸地獄者八十由旬滿中鐵城八
十八隔一一隔中有五刀山持用覆
上下有十八大惡鐵虵皆吐鐵劒劒
頭火然以毀辱布施言施無報勸人
藏積向國王大臣沙門婆羅門及一
切衆說施無因亦無果報此人臨終

頸強脉縮廻轉不語不憙見人佉視而臥心中但念我積財寶得與我俱快不可言獄卒化作其妻捉熱鐵丸化作寶器在其人前語言我隨汝死婉轉相著終不相離氣絶命終生鐵城中東西馳走鐵虵出毒纒繞其身節頭火然即作是念願天雨我降注甘雨應念即雨大熱鐵丸項入足出罪畢乃為貧窮孤獨喑瘂之人歳數如鐵窟説遇善知識發菩提心

尖石地獄者有二十五石山一一石山有八水池一一水池有五毒龍比丘比丘尼沙弥沙弥尼式叉摩尼優婆塞優婆夷九十五種梵志等法或犯輕戒久不懺悔心無慙愧命欲終時心下氣滿腹脹如鼓飲食噎吐水漿不下即作是念得一尖石塞我咽喉不亦快乎是時獄卒化作良醫掬捉尖石作大藥丸著其口中告言開口心生歡喜氣絶命終生石山間無量尖石從背入胷出獄卒復以鐵叉叉口以石内中一日一夜六十億生此是生報從此命終墮黒繩地獄黒繩地獄



者八百鐵鏁八百鐵山豎大鐵幢兩頭繫鏁獄卒馳踧令負鐵繩上走不勝下落墮鑊湯中馳起渴急飲鐵吞石而走一日一夜經歷是苦凡十万遍罪畢生世為人僮僕遇善知識為説實法得阿羅漢

飲銅地獄者千二百種雜色銅車一一銅車上六千銅丸以慳貪嫉妬邪見惡説不施父母妻子眷屬及與一切心生慳嫉見他得利如箭入心如是罪人欲命終時多病消瘦昏言囈語是時獄卒化以銅車載果至罪人所得已歡喜即作念言得此美果甚適我願氣絶命終生銅車上不久即往生銅山間銅車轉頚獄卒以鉗挓口歓以烊銅迷悶躃地唱言飢飢尋時獄卒擗口令開以銅鐵丸置其口中吞十八丸節節火然東西馳走經於七日尒乃命終獄卒唱言汝前身時諛諂邪見慳貪嫉妬以是因緣受鐵丸報或曾出家毀犯輕戒久不悔過虗食信施以此因緣食諸鐵丸此人罪報億千万歳不識水漿受罪既畢



還生人中五百世中言語謇吃不自辯了以宿習故食後噉土塊過是以後遇善知識發菩提心 出觀佛三昧經第五卷

六十四地獄舉因示苦相三

一日脚踰先蹹煞人今為獄鬼所敺經二百歳

二日刀山先煞衆生今受罪二百歳

三日審諦聴心罵人以為鳥獸五百歳中鐵杵橦口罪畢受生人頭鳥身口常言罪

四日抱刀劒自犯婬戒又犯持戒人

五日沸沙先以熱灰覆衆生上

六日沸井井水常沸以惡心用不淨物致井中罪畢百歳為井中蝦蟇

七日竈牕獄卒以人倒内竈牕中此女生時以顧影衣裹他男子

八日瘂鬼獄常燒鐵鋸烙其舌生時父母及師嗔之不應經二百歳後生為瘂人

九日熱灰七百里滿中熱灰此人生時起婬欲心就貞女宿終不果遂受罪二百歳後生患瘡及恐怖

十日沸屎三万里滿中屎尿駈人入

中昔賜人好食瞋言如食不淨受罪
五百歲為猪
十一日膖臭縱廣二千五百里滿中
膿血此人生時以不善心入聖人室
失氣泄穢受罪二百四十歲後生貧
賤人中身體常臭
十二日不淨縱廣千里滿中涕唾慢
心不淨手捻香供養大聖後生人中
常慢
十三日不淨六百里膿生時食正中
有鼠屎狗食不淨投淨食中受罪二
百歲出生作狗
十四日黑耳常闇生時以不善心鄣
佛光明受罪七百歲
十五日縱廣四万里恒被斫射打剔
推砰此人生時作五逆業受罪動經
數刧若展轉諸獄故亦有刧數也一
万歲
十六日相煞婦煞夫夫煞婦母煞兒
兒煞母其人昔時煞他人父毋并煞
衆生父母及兒及生人中父母子孫
皆悉早死
十七日斫身恒為獄鬼所斫先斫衆


生故後生甚遭縣官
十八日火車此人猶燒殺衆生後生
被燒
十九日不識法滿中癡人聞揵搥聲
慢心而卧後生邊地
二十日鐵熬熬蝦蟹故後生短壽
二十一日餓鬼身長四十里腹如萬斛
罋頸長十里恒苦飢渴口氣恒臭見
食化成炭飲成膿血猶食齋食不持
齋後生八百世常作羅刹
二十二日剛炭盜心取他物手捧剛
炭後生貧賤為人所使
二十三日鑊湯生時惡心以熱湯澆
地虫
二十四日鐵牀婬他婦女逼犯持戒
女人男抱銅柱女卧鐵牀
二十五日鐵丸猶炮煑雞鴨子後生
常苦迷荒
二十六日貢高坐地獄生時貢高食
他信施自恃有德起心貢高
二十七日黑耳獄鬼以刀節節支解
猺比丘後生下賤女人之中五百歲
作黃門


二十八日寒冰獄生時擲衆生致寒
凍處後生貧賤常無衣服
二十九日石窟滿中煙火惡心熏殺
衆生
三十日摧收鬼獄收之以瞋心滅屑
殺蟣虱
三十一日搥山以搥殺蟣虱後生短壽
三十二日熱湯澆身披著好衣謗他
婦女罪畢為鳥獸
三十三日餓鬼身長三十里咽下有
瘻決膿食之或見好食衆鬼競奪不
得食之得他好食不先上上座食後
生貧窮
三十四日餓鬼身長十里或五里身
毛剛利慳不施食實有言無後生貧
賤多無飲食
三十五日惡狗多諸惡狗牙利如劒
獄鬼嗅狗競共嚙之生時嗅狗嚙殺
衆生後得為人喜被狗嚙
三十六日鐵杖驅人養之生時含毒
看父母師長後生毒虵中
三十七日剥皮鬼恒利刀剥其皮生
惡心剥人衣被及剥衆生皮後生人

中常為人所剥奪

三十八日倒懸獄卒恙取人倒懸生時倒懸衆生

三十九日畜生獄鬼洋銅灌其口負債抵而不還後五百歲中為人牛馬奴婢喜得鞭打

四十日耕身獄鬼以鐵犁耕身生時耕地傷衆生惡心稱憎

四十一日鏃眼獄鬼常以鐵鏃鏃其眼生時惡心惡眼看其父母後生人中眼常通睛

四十二日刀兵獄鬼斫射此人生時瞋心相煞後生人中喜得斫射

四十三日割剥獄鬼生割其肉此人生時惡心割人肉罪畢為人喜得割剥

四十四日鐵磨獄鬼以鐵磨磨人此人生時以惡心磨煞磨中虫

四十五日㩲挬滿中鐵磨獄鬼駈人入磨磨之

四十六日㩲挬此人生時見衆生入㩲挬中生惡心我揞不救後生人中身體黃熟

四十七日石臼卒駈入臼中擣之此人



生時惡心擣煞衆生罪畢為螺蚌

四十八日憍慯人頭䠒身此人生時卧地誦經

四十九日水地獄水停住不流此人生時抑人水中沒溺而死

五十日傷儒獄鬼石砰人頭此人生時慯心使父母師長倚令其兒生言不恭敬

五十一日鐵棒獄鬼常使其身捧鐵此人生時以惡心煞蟣虱

五十二日恐怖常為牛頭阿旁所恐此人生時常恐人故

五十三日鐵杙水底布鐵杙獄鬼駈人入水中刺身流血生時嫉妬布杙傷人

五十四日飲洋銅生時慯心學父母師長語後常蹇吃

五十五日鐵鏃獄鬼以鐵鏃鏃其眼此人生時惡心生刺衆生瞳子罪畢為盲人

五十六日鐵扠獄鬼以鐵扠扠人此人生時惡心扠魚及餘衆生

五十七日蛆虫唼食人身此人生時



蛆妬傷人及六畜財物罪畢為人身患惡瘡

五十八日刀解手獄鬼以利刀解其兩手此人生時以慯心用不淨手捉經

五十九日啼哭獄鬼護来恐怖令其啼哭此人生時常憂錢財以營嬉欲後生為人恒苦少財

六十日鐵拘獄鬼常以鐵拘拘其身體此人生時拘煞衆生

六十一日洋銅獄鬼洋銅灌其口此人生時惡心妄語兩舌惡罵綺語罪畢為人口氣常臭

六十二日洋銅灌手此人生時心不敬道以不淨手捉沙門衣

六十三日射身獄鬼以箭射之此人生時惡心射煞衆生

六十四日無擇梁言生終凡有五王者一曰隨王二曰刼王三曰丑王四曰自然王五曰衆生王皆發信心大乘誓願度地獄衆生諸地獄罪畢者来入此中斷其昔行作罪多少捨地獄身受中陰形如三歲小兒更隨行業從父母受生出問地獄經

五大地獄亦受苦相四

活大地獄惡心瞋爭以稍相剌鐵抓相𠷔血相塗滂痛毒逼切悶無所覺冷風來吹獄卒喚活罪人還活是故名為活獄此中衆生前世好煞物命牛羊禽獸為田宅國土錢財等利而相煞害受此罪報

合會大地獄羅剎獄卒作種種形諸惡獸頭而來吞齩齧罪人兩山相合熱鐵輪轢熱鐵臼擣亦如押油聚肉成積血流成池鵰鷲虎狼各來爭掣此人前世多殺衆生還受此形獄又以力勢相凌抂押羸弱受兩山相合罪慳貪瞋恚愚癡怖畏斷事輕重不以正理或破正道受熱鐵輪轢鐵臼擣

第四第五名叫喚大叫喚此大地獄其中罪人羅剎獄卒頭黄眼赤火從中出著朱色衣身肉堅勁走射罪人罪人狂怖叩頭求哀呼大將軍小見憐愍將入熱鐵地獄縱廣百由旬駈打駈走足皆燋然脂髓流出如笮蘇油鐵棒頭頷其腦流出如破酪瓶復將入鐵閣屋閻黑烟來燻干相堆押意



欲求出其門已閉大喚嘷呼聲常不絕此人前世斗秤欺誑非法斷事受寄不還侵凌下劣惱諸貧窮令其號哭破他城邑壞人聚落傷害劫奪舉城叫呼詐誘令出而復害之令受叫喚地獄燻殺穴居之類幽閉囹圄或閻煙窟中而燻殺之或投井中劫奪他財皆受大叫喚地獄罪報

第六第七熱大熱地獄中有二大銅鑊鹹沸水滿中羅剎獄卒以罪人投中脚上頭下骨節解零以釵釵出冷風吹活復投炭坑中或著沸灰中從灰中出放熱沙中又以膿血而自煎熬從炭坑出投之焰牀強駈令坐眼耳鼻口及諸毛孔一切火出此人宿世惱亂父母師長沙門婆羅門諸善好人惱令心熱令受熱地獄報或有前世煑殺生靈或生爛猪羊或以木貫人腹而生炙之或焚山野及諸聚落俤畜精舍及天祠或推衆生著火坑中故生此地獄

阿毗地獄縱廣四千里其處最深獄卒羅剎從頭剝皮乃至其足以五百



釘釘其身體如抂牛皮熱鐵火車轢其身駈入火坑令抱炭出利刀劍稍飛入身中迷悶萎熟或顛匐墮落此人宿行多造大惡五逆重罪斷善根法言非法非法言法破因破果憎嫉善人入此地獄受罪最劇（出大智論略其小同取其尤異）

經律異相卷第五十

丙午歲分司大藏都監開板

經律異相卷第五十

校勘記

一　底本，麗藏本。

一　三五七頁上一行「地獄部下」，徑、清作「地獄部第四十之二」。

一　三五七頁上三行至六行目錄，徑無。

一　三五七頁上四行「十八小地獄」，資、磧、普、南作「大地獄」。

一　三五七頁上七行第六字「諸」，資、磧、普、南無。又末字「二」，徑、清作「第二」。

一　三五七頁上一二行「牙如劍樹」，諸本（不含石，下同）作「牙利如劍樹」。

一　三五七頁上一六行第七字「煎」，諸本作「前」。又第一一字「輞」，諸本作「網」。

一　三五七頁上一七行第一〇字「融」，諸本作「鎔」。下同。

一　三五七頁上一八行第六字「抄」，諸本作「杪」，下同。又第一二字「銅」，諸本作「網網」。

一　三五七頁上一九行第二字「輪」，諸本作「輪輪輪」。

一　三五七頁上末行「二隔間」，諸本作「二一隔間」。

一　三五七頁中四行「大熾照」，諸本作「熾然」。

一　三五七頁中五行末字「渧」，諸本無。

一　三五七頁中一四行「斧截以叉」，諸本作「鐵叉」。

一　三五七頁中一八行末字「挂」，諸本作「⿰扌聿」。

一　三五七頁下四行「入體躁動」，資作「入髓躁腦」；磧、普、南、徑、清作「入髓喉腦」。

一　三五七頁下七行末字「遍」，資、磧、普作「逼」。

一　三五七頁下一〇行第七字「頸」，諸本作「頭」。

一　三五七頁下一二行第一〇字「禁」，諸本無。

一　三五七頁下一五行「親慼」，諸本作「親戚」。

一　三五八頁上一〇行「明火」，諸本作「眼火」。

一　三五八頁上一二行第六字「於」，諸本作「向」。

一　三五八頁上一六行第三字「小」，資無。又末字「二」，徑、清作「第二」。

一　三五八頁上末行「鐵璣」，諸本作「鐵機」。

一　三五八頁中一一行第二字「輞」，徑、清作「網」。

一　三五八頁中三行第一〇字「地」，諸本無。

一　三五八頁中六行第三字「爲」，諸本無。

一　三五八頁中一五行「刀風」，諸本作「風刀」。

一　三五八頁中二二行「八方」，諸本作「八萬」。

一　三五八頁中末行第九字「彼」，諸本無。

一　三五八頁下二行「有鐵嘴鳥」，諸本作「有諸鐵嘴鳥」。

一　三五八頁下三行「哦言」，諸本作「訶言」。

一　三五八頁下四行「身火」，磧、普、南、徑、清作「念身火」。

一　三五八頁下五行第一〇字「與」，諸本作「餘」。
一　三五八頁下八行「下生」，諸本作「出生」。
一　三五八頁下一二行「鐵牀」，諸本作「鐵林」。
一　三五八頁下一五行首字「剎」，諸本作「列」。
一　三五八頁下二一行「鐵輪」，諸本作「鐵傘」。
一　三五八頁下末行第一〇字「斷」，資無。
一　三五九頁上一行第一二字「揲」，諸本作「擭」。
一　三五九頁上一〇行「鐵輞」，諸本作「鐵網」。
一　三五九頁上一二行「捉師」，徑、清作「提師」。
一　三五九頁上一六行第一四字「置」，資、磧、普、徑無。
一　三五九頁上一八行「作念」，諸本作「作是念」。

一　三五九頁上二〇行「一瞬」，諸本作「一擲」。又「劍林」，諸本作「劍床」。
一　三五九頁上末行「銅丸」，諸本作「鐵丸」。
一　三五九頁中一〇行「如石」，諸本作「如鐵」。
一　三五九頁中一一行第五字「一」，資無。
一　三五九頁中一二行第一〇字「翳」，徑、清作「翁」。
一　三五九頁中二〇行「樹揲」，諸本作「樹葉」。
一　三五九頁下三行首字「復」，資無。
一　三五九頁下一七行「劍刀」，諸本作「劒刃」。
一　三六〇頁上二行「消瘦」，磧、普、徑作「痟瘦」。
一　三六〇頁上五行「滿中」，諸本作「滿中盛」。
一　三六〇頁上六行第二字「四」，諸本作「四百」。

一　三六〇頁上七行「邪命」，諸本作「邪念」。
一　三六〇頁上一三行第九字「此」，資無。
一　三六〇頁上二一行「久乃」，諸本作「爾乃」。
一　三六〇頁中二行首字「鐵」，諸本無。
一　三六〇頁中三行第六字「地」，諸本無。又第八字「刀」，南、清作「刃」。
一　三六〇頁中七行第七、八字「蚖虫」，諸本作「蚖蟲」。下同。
一　三六〇頁中一一行末字「淨」，資無。
一　三六〇頁中一七行首字「命」，資、磧、普、徑無。
一　三六〇頁下三行「瘦瘇惡創」，諸本作「瘦腫惡瘡」。
一　三六〇頁下一〇行「鑊湯」，諸本作「鑊沸」。
一　三六〇頁下一三行「命欲」，諸本作「欲命」。

一　三六〇頁下二〇行第八字「鑯」，諸本作「畏」。

一　三六一頁上二〇行「擗腹」，諸本作「劈腹」。

一　三六一頁上二一行「聞法」，諸本作「聞佛法」。

一　三六一頁中七行第六字「以」，諸本無。九行第七字、第一六字同。

一　三六一頁中一六行「疾病」，諸本作「疾疫」。

一　三六一頁中一九行「十二釼」，諸本作「十二鉤」。

一　三六一頁中末行「利剋」，資、磧、普、南作「利刀」。

一　三六一頁下七行「肩狹」，諸本作「脣哆」。又「嚆吒」，諸本作「謇吃」。

一　三六一頁下九行「言說」，諸本作「所說」。

一　三六一頁下一一行「林如」，諸本作「狀如」。

一　三六一頁下一五行末字至次行第二字「非時於」，諸本作「於非時」。

一　三六一頁下二二行第一〇字「拤」，諸本作「捉」。

一　三六二頁上三行「絡頸」，徑、清作「絡頭」。

一　三六二頁上六行「螵蛆」，資作「螵疽」；磧、普、南、徑、清作「螵蛸」。

一　三六二頁上九行「復生」，諸本作「後生」。

一　三六二頁上一五行第七字「挹」，諸本作「梞」。下同。

一　三六二頁上一六行「鑊頭」，諸本作「鈇頭」。

一　三六二頁上二〇行「銷火」，諸本作「鋪火」。

一　三六二頁上末行首字「昂」，諸本作「低昂」。又第一〇字「二」，諸本作「一二」。

一　三六二頁中六行末字「閞」，諸本作「關」。

一　三六二頁中二二行第一三字「升」，諸本作「斗」。

一　三六二頁下一五行「血鬼」，諸本作「食血鬼」。

一　三六三頁上八行第一一字「項」，諸本作「頂」。

一　三六三頁上一八行第一一字「拗」，資作「抝」；磧、普、南、徑、清作「幻」。

一　三六三頁中二行第六字「馳」，磧、普、南、徑、清作「駈」。又第九字「貪」，資、磧、普、徑作「負」。

一　三六三頁中三行第九字「起」，磧、普、南、徑、清作「趣」。

一　三六三頁中一五行第七字「轉」，諸本作「轢」。

一　三六三頁下一行「嚆吒」，諸本作「蹇吃」。

一　三六三頁下二行「後瞰」，諸本作「後瞰炭瞰」。

一　三六三頁下三行第四字「知」，資無。又夾註「三昧法經」，諸本作「三昧海經」。

一　三六三頁下四行末字「三」，徑、清作「第三」。

一 三六三頁下五行末字「嗷」，諸本作「蹋」。
一 三六三頁下九行「撞口」，諸本作「舂口」。
一 三六三頁下一四行第二字「致」，諸本作「置」。
一 三六三頁下一五行第三、四字「竈牕」，諸本作「竈聰」，下同。又第九字「倒」，資、磧、普作「到」。
一 三六三頁下一六行第八字「裔」，諸本作「曳」。又第九字「他」，資作「地」。
一 三六三頁下一七行第九字「紙」，諸本作「匙」。又「生時」，諸本作「所生」。
一 三六四頁上一〇行第一二字「食」，諸本作「食心」。
一 三六四頁上一六行「推砰」，諸本作「堆砰」。
一 三六四頁上一七行「數劫」，資、磧、普、徑作「劫數」。
一 三六四頁上二〇行第一〇字「人」，諸本無。
一 三六四頁中八行「簞頸」，諸本作「篙頸」。又「恒臭」，諸本作「常臭」。
一 三六四頁中九行第四字「炭」，諸本作「火炭」。
一 三六四頁中一〇行第三字「生」，諸本無。
一 三六四頁中一七行第一一字「鴨」，諸本無。
一 三六四頁中一九行第一二、一三字「貢高」，諸本無。
一 三六四頁中二二行首字「淫」，諸本作「淫犯」。
一 三六四頁中末行「黃門」，諸本作「黃門身」。
一 三六四頁下一行第七字「獄」，諸本無。又第一三字「致」，諸本作「置」。
一 三六四頁下二行「貧賤」，諸本作「貧窮」。
一 三六四頁下五行「權收鬼獄收之以瞋心滅屑」，諸本作「拳扠鬼獄扠之以瞋心攙揃」。
一 三六四頁下七行第五字「搕」，諸本作「磕」。第八字同。
一 三六四頁下一二行「上上」，諸本作「上」。
一 三六四頁下一四行末字「身」，諸本作「以身」。
一 三六四頁下一八行「嗖狗」，磧、普、南、徑、清作「嗾狗」。
一 三六四頁下二二行「皮生」，諸本作「身皮生時」。
一 三六五頁上四行「洋銅」，諸本作「鎔銅」。下同。
一 三六五頁上八行「稱懀」，諸本作「稱快」。
一 三六五頁上一六行第四字「曰」，資、磧、普無。又第九字「以」，諸本無。
一 三六五頁上末行第七字「卒」，諸本作「獄卒」。
一 三六五頁中六行「石砰」，磧、普、南、徑、清作「石壓」。

一　三六五頁中一一行「阿旁所恐」，諸本作「阿傍所怖」。

一　三六五頁中一三行第七字「水」，諸本作「水水」。

一　三六五頁中一四行「流血」，諸本作「血流」。

一　三六五頁中一九行第七字「生」，諸本無。

一　三六五頁中二一行「獄獄」，諸本作「獄」。

一　三六五頁下五行第九字「護」，諸本作「擭」。

一　三六五頁下八行第四、五字「鐵拘」，諸本作「鐵鉤」。又「拘拘」，資作「鉤」；磧、普、南、徑、清作「鉤鉤」。

一　三六五頁下九行「拘煞」，諸本作「鉤殺」。

一　三六五頁下一八行「刧王」，諸本作「刼王」。又「丑王」，南作「田王」。

一　三六五頁下二二行「行業」，諸本作「業行」。

一　三六六頁上一行末字「四」，徑、清作「第四」。

一　三六六頁上二行「鐵抓」，諸本作「鐵爪」。

一　三六六頁上三行「相䣛」，諸本作「相摑」。又「塗漫」，磧、普、南、徑、清作「塗墁」。

一　三六六頁上五行「活獄」，諸本作「活地獄」。

一　三六六頁上七行「受此」，諸本作「受罪此劇」。

一　三六六頁上一二行首字「掣」，諸本作「挚」。又末字「獄」，資、磧、普、徑作「獄卒」。

一　三六六頁上一三行「拄押」，諸本作「枉壓」。

一　三六六頁上一五行末字「鐵」，諸本作「熱」。

一　三六六頁上一八行「頸黄」，諸本作「頭黄」。

一　三六六頁上一九行「中出」，諸本作「口出」。

一　三六六頁上二二行「駈走」，諸本作「馳走」。又「脂髓」，資作「脂體」。

一　三六六頁上末行第三字「闊」，諸本作「闊」。

一　三六六頁中一行「大喚嘷呼」，資作「大嗥喚呼」；磧、普、南、徑、清作「大號喚呼」。

一　三六六頁中七行「煙窟」，諸本作「煙雲」。

一　三六六頁中八行第七字「喚」，諸本無。

一　三六六頁中一一行「叙叙」，諸本作「乂乂」。

一　三六六頁中一八行第九字「爛」，諸本作「燖」。

一　三六六頁中二〇行第九字「或」，資無。

一　三六六頁下一行末字「蹀」，諸本作「蹀」。

一　三六六頁下三行「顛匐」，磧、普、南、清作「蹎仆」；徑作「蹎什」。

一　三六六頁下末行第六字「第」，徑無。

陁羅尼雜集卷第一　啓

未詳撰者今附梁録

七佛所説大陁羅尼神呪并八菩薩所説神呪合十五首

第一惟越佛説有一萬八千病以一呪悉已治之此陁羅尼名蘇盧都呵晉言梵音決定

支波晝支波晝　呼奴波晝呼奴波晝　阿若波晝　阿若波晝　郁呼那波晝　奢摩奴波晝　胡脩帝那波晝　蜜耆呼那波晝　伊呼帝那波晝　弥梨耆帝帝那波晝　娑若帝帝那波晝　蜜若奴帝那波晝　薜遮兜帝那波晝　莎呵

誦呪三遍黄色縷結作十四結一句一結繫項

此陁羅尼力悉能摧伏移山斷流乾竭大海摧碎諸山猶如微塵若日月失度能使正行悉能攘灾風雨失時能使時節穀米不登能使豐熟鄰國侵境悉能攘却大臣謀反悪心即滅疫病刧起悉能攘之疫鬼入國能駈遣之刀兵刧起能摧滅之此陁羅尼力攘灾消怢無量無邊若廣説者窮刧不盡



第二式佛所説陁羅尼名胡蘓多晉言除一切潜蒸熱惱此陁羅尼句七十二億諸佛所説神呪

陁魔帝那・遮波兜帝那　奢副奢副帝那　烏蘓多烏蘓多帝那　浮浮奢浮浮奢帝那　阿輸帝阿輸帝那　尼梨遮尼梨遮帝那　支波晝支波晝帝那　蘓呵兜蘓呵兜帝那　耶無奢耶無奢帝那　奢破不帝那　漚耆不帝那　蘓奢不帝那　莎呵

誦呪三遍黄色縷結作三結繫項

此陁羅尼神力能使三千大千世界六種震動山河石壁破碎踊没其中衆生悉發無上菩提之心能除七十七億刧生死重罪衆生一切病苦悉皆消滅無有遺餘其中衆生書寫讀誦此陁羅尼一句名者百千万億恒河沙世重悪罪業摧滅無餘

第三隨葉佛所説神呪名蜜耆兜晉言金鼓衆生所有業障報障垢重煩

惱悉能摧滅無餘
浮律帝那　若無兜醯那　安耆兜
醯那　若無兜醯那　遮浮浮醯那
若無兜醯那　烏耆呼呼醯那　若
無兜醯那　睽婆咻咻醯那　究梨
吒咻咻醯那　遮波都醯那　若晝
那醯那　烏耆咻醯那　遮兜梨那
醯那　莎呵
誦呪七遍黃色縷結作四結繫項
此陀羅尼句恒河沙等諸佛所說其
有書寫讀誦此陀羅尼者此人恒河
沙等劫所有重惡愆重報障業障及
以五逆一闡提罪悉滅無餘衆生所
有重病障道罪垢及以業垢聞其所
說悉滅無餘其有書寫讀誦之者所
至到處國邑聚落山林丘冢其中衆
生得聞說此陀羅尼名一經耳者命
終已後悉得往生阿閦佛國乃至成
佛不墮三塗行此呪法於四月十六
日在東向塔內一日遶塔八十匝於
塔西蹲下東向立誦呪二十四遍乃
至七日七夜不得睡眠須胡麻油燈
若麻油燈七枚安置塔四角頭淨潔



洗浴著新淨衣不食酒肉五辛遺中
一食我於尒時當現其人前放大光
明以金色手摩其頂上即與授決此
人所有業障罪垢悉滅無餘第四拘
留秦佛欲說大陀羅尼名金剛幢并
能療治三界五滓衆生諸惡煩惱瘡
疣重病一切業障及以報障諸垢煩
惱悉能消除禪那兜醯吒晉言拔衆
生苦令出欲淤泥聞者脫三垢貪欲
瞋恚惕
阿若那晝婆若醯晝　伊那波梨帝
那醯晝　耆菩阿若帝那醯晝　奢
富磨醯晝　若無不醯晝　烏耆欽
磨醯晝　耆浮磨醯晝　遮兜梨那
醯晝　浮梨帝那醯晝　阿呼呼若
醯晝　浮梨帝醯晝　禪那牟梨帝
(晉言大豐飽滿)　耆浮牟牟咻　拖吒牟牟咻
牟梨嵬浮浮咻　婆若兜浮浮咻　支
不破浮浮咻　鴦耆奴浮浮浮咻　不
梨帝那浮浮咻　莎呵
誦呪一遍縷黃色結作十三結繫項
上来所說陀羅尼句及我所說悉是
過去九十九億諸佛所說其有讀誦



書寫之者現身當得金剛幢三昧所
有結使摧滅無餘濟拔衆生苦如上
所說神力自在不可限量
第五拘那含牟尼佛欲說大陀羅尼
名畢多耆呵嵬晉言聲震十方莫不
歸伏覺悟衆生猶如雷震無眼衆生
令得慧眼此陀羅尼句乃是過去七
十二億諸佛所說我今說之
禪那波羅帝囊　阿那囊者呵囊
烏耆耆呵囊　阿無耆呵囊　不梨
帝耆呵囊　又耶囊耆呵囊　欽波
羅帝囊者呵囊　蜜者帝囊耆呵囊
阿蘭耆帝囊眦呵囊　呼婆帝囊耆
蘭囊　蜜耆兜帝囊若無呵帝囊
烏烏烏烏呵帝囊　支不破帝囊
莎呵
誦呪三遍黃色縷結作三結痛處繫
此陀羅尼力能令三千大千世界六
反震動其中所有一切衆生得聞說
此陀羅尼句一經耳者百千万億㠭
億姟劫所有重罪誹謗五逆悉滅無
餘其有衆生修行讀誦七日七夜減
省睡眠其人現身得師子王定三昧

百千諸佛現前授記又其國土鄰國强敵欲来侵嬈國王尒時與諸群臣淨潔洗浴著新淨衣於高樓上隨其方面先礼十方佛然後礼我拘那含牟尼佛三稱我名燒香散花尒時即說陁羅尼句以此陁羅尼威神力故大梵天王帝釋四天大王於虛空中悉雨刀劒四面大黑風起令其兵衆皆悉不得見日月之光諸夜叉衆吸其精氣應死者死自然退散大陁羅尼威神之力乃至如是

第六迦葉佛欲說大陁羅尼名初磨梨帝晉言拯濟群生出生死苦

阿若提婆梨帝　遮留魔提婆梨帝　烏奢那提婆梨帝　婆丘波羅帝提婆梨帝　呼婆都波羅帝提婆梨帝　那呼波羅帝提婆梨帝　那支留波羅帝提婆梨帝　那呼多羅帝提婆梨帝　婆若不羅帝提婆梨帝　那波都羅帝提婆梨帝　奢若蜜都羅帝提婆梨帝　莎呵

誦呪七遍黃色縷結作六結痛處繫

此陁羅尼句乃是過去七十七億諸



佛所說此陁羅尼力能令百佛世界六種震動所有山河石壁皆悉摧碎猶如微塵通為一佛世界其中所有一切万物皆作金色浩涅滉瀁悉不復現唯見金色更無餘色此陁羅尼力故能令百佛世界衆生宿業重罪及三塗苦悉皆消滅無有遺餘其中衆生修行讀誦此陁羅尼者未發無上菩提之心者皆使發心至不退轉先巳發心者修行此陁羅尼者超過七住乃至十住此陁羅尼金剛三昧大空解脫門菩薩從初發心修行此三昧直至道場菩提樹下入金剛定莫不由是

第七釋迦牟尼佛欲說大陁羅尼名烏蘇耆晝膩多晉言金光照曜除三界衆生幽冥隱滯拔其厄難此陁羅尼句乃是過去九十九億諸佛所說我今說之

耆路不帝那置　畢耆帝那置　烏蘇多帝那置　耆牟多帝那置　若不都帝那置　阿若婆耆兜帝那置　若波都帝那置　耆牟波若帝那置



烏奢副帝那置　蜜耆蘇帝那置　耶蜜耆帝那置　破知弥帝那置　畢梨帝吒帝那置　莎呵

誦呪十四遍黃色縷結作十四結痛處繫

此陁羅尼力能令三千大千世界六種震動其中衆生宿命罪垢纒裹縛束處在幽隱聞此陁羅尼一音經耳悉得往生忉利天上有諸行人受持讀誦書寫此陁羅尼者未發心者咸使發心到堅固地先發心者入法流水中八住齊階疾至佛地以此陁羅尼力故一踊超過菩提樹下乃至佛地坐於道場此三昧名金光明王定覺悟群生踊出三界拔衆厄難超衆群聖疾成佛道若有衆生欲修行此陁羅尼者欲得現身四沙門果欲除過去億百千劫障道五逆犯四重禁現世除滅令無遺餘應當修行此陁羅尼三七二十一日護持禁戒猶如明珠一日一夜六時行道懺悔十方淨潔洗浴著新淨衣用七色華三種名香供養奉敬釋迦牟尼佛於舍利

塔前五體投地悔過自責尒時當誦
此陁羅尼句八十遍日日常尒乃至
七日一七日不得復至七日乃至三
七日億百姟刧所有重罪悉滅無餘
十方諸佛放大光明來巢其身是人
尒時心意憔恰猶如比丘得第三禪
尒時當有大梵天王釋提桓因四天
大王即時授與四沙門果
文殊師利菩薩所說陁羅尼名闍摩
兜晉言解衆生縛現在病苦悉得消
除能却障道拔三毒箭九十八使漸
漸消滅度三有流現身得道
支不　多捺帝　闍淨支捺帝
蘇車不支捺帝　柷者不支捺帝烏
蘇多支捺帝婆遮不支捺帝　闍摩
賴長支捺帝　阿恕波賴長支捺帝
恕波帝捺帝　莎呵
誦呪三遍結五色縷作二結繫項
此陁羅尼四十二億諸佛所說若諸
行人有能書寫讀誦此陁羅尼者現
世當為千佛所護此人命終不墮惡
道當生兜率天上面覲弥勒又有衆
生能修行此陁羅尼者斷食七日純



服牛乳中時一食更無雜食一日一
夜六時懺悔十方佛前悔先所作億
千姟刧所有重罪一時都盡分部破
戒亦悉都盡五逆殃惡及一闡提般
重悔過悉得滅除於六時中一時十
遍空閑淨室若在塔中此人心若淳
厚我於尒時當往其所此人以見我
故心轉淳厚心淳厚故得見千佛手
摩其頭即與授記宿世殃惡永滅無餘
我虛空藏菩薩欲說大陁羅尼名阿
那耆晝寧晉言拔衆生苦三界挻特
無比若有衆生迴波六趣無能救者
我以救之令得脫難
阿那耆晝蘇　不梨帝者晝蘇　若
波晝耆晝蘇　畢梨帝那耆晝蘇
如波㝹耆晝蘇　烏奢帝那耆晝蘇
若波晝耆晝蘇　阿若呼婆耆晝蘇
莎呵
誦呪五遍縷五色結作十四結繫兩手
此陁羅尼乃是過去七十二億諸佛
所說我今已說欲護正法故度衆生
故成諸行人德從万行故諸聲聞人
不證果者令得果故令緣覺人度十



二因緣大河拯濟群萌故令諸菩薩
從初發心乃至十地願果成故說此
陁羅尼　又此陁羅尼力能令三千大
千世界其中衆生處在幽隱及三塗
普聞此陁羅尼一經耳處得宿命智
乃至十四生悉得解脫若有善男子
善女人欲修行此陁羅尼者應當三
七二十一日淨自洗浴著新淨衣若
於制剎中若清淨地於夜後分明星
出時語此大　明星為我語虛空藏
菩薩如是三說除我根本罪如是三
說除我障道罪如是三說與我四沙
門果如是三說我於尒時即往其所
住其人前要與四沙門果我攙當與
如是三說燒沉水香若夢得阿摩勒
果若得訶梨勒果若得頻婆果若毗
醯勒果若杏等尒時當懃精進若雞
子等若捲等尒時即得明星出時誦
呪七遍若心好時誦七十遍虛空藏
菩薩常遊諸國為諸行人得從万行
是為得從万行
我觀世音菩薩欲說大陁羅尼名阿
那耆不知究梨知那晉言大拯濟普

及十方無邊衆
烏奢帝那　耆那知帝那　不迦兜
帝那　那殊不梨帝那　阿摩殊不
梨帝那　烏奢呼呼咜帝那　耆浮
浮帝那　耆都晝帝那　若浮慕那
賴帝那　漚究那賴帝那　支波副
那賴帝那　闍浮浮賴帝那　莎呵
誦呪五遍五色縷結作二十四結繫項
此陁羅尼句乃是過去九十九億諸
佛所說九十九億諸佛為諸行人修
行六度者未發心者若諸聲聞人未
證果者若三千大千世界內諸神仙
人未發無上菩提心者皆使發心有
諸凡夫未得信心我以種子令生法
牙以此陁羅尼威神力故及我方便
威神力故令其所修悉得成辦及三
千大千世界內幽隱黑闇滯㝵及三
塗衆生又聞我此陁羅尼者皆得拔苦
諸菩薩未初住者令得初住次第令得
乃至十住巳得皆初十住地者巳得
此陁羅尼勢力故於一念頃直至佛
地三十二相八十種好自然成就若
聲聞人聞此陁羅尼一經耳讀誦書



寫修行此陁羅尼以貿　心知法而
住四沙門果不求而得以此陁羅尼
力故三千大千世界山河石壁四大
海水能令涌沸須弥山及鐵圍山令
如微塵其中衆生有諸菩薩聲聞修
行之者障道滯㝵患苦嬰身我悉救
之令得脫難令其所修悉得成辦若
有衆生現世求所願者修行陁羅尼
者於三七二十一日淨持戒地一日
一夜六時行道燒衆名香散五色華
懺悔十方自責罪咎從生死際至生
死際自責慚愧尒時三稱我觀世音
菩薩燒香散華叩頭求哀悔過自責
億百千劫所有重罪於一念頃悉得
消滅淨身口意尒時當誦此陁羅尼
三七二十一遍日日六時從初一日
乃至七日乃至三七二十一日其鈍
根者未得初果者我於尒時授與初
果第二第三乃至第四果隨其利鈍
階差所應若諸菩薩欲趣證地滯㝵
不進如法行者即得證地如前法網
我今說此陁羅尼句三千大千世界
內其中諸佛諸大菩薩釋梵四天王



諸神仙人及諸龍王皆悉證知大誓
成就願果不虛真實如是
我救脫菩薩欲說大陁羅尼名阿那
耆知羅晉言救諸病苦消衆毒藥拔
濟衆生出於生死未度者度未安者
安未得涅槃者令得涅槃此陁羅尼
句乃是過去七十七億諸佛所說我
欲說之
陁摩賴帝　阿那婆賴帝　究支那帝
耆摩那帝　究吒婆賴多帝　阿耆摩
梨難帝　婆若不梨那烏奢欽帝
婆吒羅奢帝　烏蘇那婆賴帝　陁
摩賴帝　莎呵
誦呪三遍縷五色結作六結繫兩肩
我今說此陁羅尼句時三千大千世
界其中所有一切衆生所有罪垢殃
惡重病以我法音聲震三千散入一
切衆生毛孔六情諸根現在病苦欝
蒸毒氣及過去業諸結惱熱一切消
盡令無遺餘又諸行人猒離三界欲
求出要而不能得我當為設無量方
便令其所求各得成辦如其國土有
諸隣敵欲來侵陵我當救之令得脫

難介時國王應當慚愧悔過自責歸謝万民淨潔洗浴著新淨衣者高樓上若宫殿中燒香散華礼十方佛介時當三稱我名救脱菩薩我今歸依如是三説介時即當誦此陁羅尼三七二十一遍隨其方面有賊来處介時當有八部鬼神雨沙礫石放大黒風雷震礔礰猶如天崩震動天地介時怨賊自然退散我救脱菩薩拔濟衆生神力如是

我拔陁和菩薩欲説大陁羅尼此陁羅尼句乃是過去七十七億諸佛所説我今欲説有陁羅尼名阿那耆置盧晋言度脱衆生老病死苦及三塗苦衆生現在病苦悉皆拯濟

阿那支波晝　求守羅波晝　支冨盧波晝　阿那蘇呵兜波晝　烏耆欽波羅加波晝　耆復那波晝　呵若呼帝奴波晝　耆摩浮梨帝那波晝　烏蘇帝樓波晝　耆波瞻波晝　阿婆婆羅帝那波晝　呼娑都波晝　耆摩梨帝波晝　莎呵

誦呪五遍縷六色結作五結痛處繫



此呪能令地作水相水作地相風作火相火作風相三千世界作微塵相色作空相空作色相下至金剛際上至淨居天變為非色相若三千世界内有諸行人四大不調行道滞导床不調適我以金手摩其頂上授與湯藥令其所患消滅無餘行道進德四大輕便有諸衆生為宿業垢纒裹縛束在三界獄無復出要我時當以智慧火及禪定水燒燃洗濯令出三界以薩婆若膏漬浸令濕令生法牙拔其毒足咸各使發無上菩提道心若諸衆生於今現身欲求所願者欲求尊貴欲求聡明欲求捴持欲求智慧欲求見十方諸佛面對共語得受記莂欲見我跋陁和菩薩授與四沙門果欲得命終生兜率天上面見弥勒欲生他方淨佛國土現在佛前當書寫讀誦脩行此陁羅尼當少欲知足淨持戒地常當慚愧脩質直行於一日一夜六時之中精進不闕五辛酒肉不得過口如是精進一百一十四日内外明徹面對十方諸佛面對授



記善男子汝過如是若干刧數當得作佛國土如是弟子衆數壽命如是若聲聞人欲求四果者亦當如是脩行此陁羅尼功用正等無異隨根利鈍所證差别我跋陁和菩薩所説陁羅尼句神力如是誠諦不虚

我大勢至菩薩欲説大陁羅尼名阿那耆置盧晋言救諸病苦斷疑網拔四毒箭令出三界

耆冨吒那帝　阿輸波羅帝　耆晝盧波羅帝　阿輸多波羅帝　烏那呼波羅帝　若牟耶波羅帝　西故晝波羅帝　若牟耶波羅帝　莎呵

誦呪三遍縷三色結作三結繫項

此陁羅尼呪七十七億諸佛所説我今説竟此陁羅尼力能令三千大千世界地皆振裂其中衆生自然踊出我時即以大智力一時接取安置一處即以禪定清涼法水洗濯塵垢摩抆拂拭安慰其心辟如比丘入第三禪然後我當隨根利鈍應得阿耨多羅三藐三菩提者隨其階次悉皆給與若聲聞人應得四沙門果者次第

給與令滿其願有諸行人書寫讀誦此陀羅尼句現在身中四百四病破戒五逆及障道罪宿世微殃悉皆消滅無有遺餘我大勢至菩薩威神力故令此行人所修轉勝悉得成辦有諸行人在所生處得宿命智百生千生百千万億生通達無导如視掌中阿摩勒果欲得聞持旋持捴持欲得四辯說法無导欲得佛十力四無所畏欲得修佛三十二相八十種好速得成辦欲得金剛三昧超過十地入佛正位應當書寫讀誦修行此陀羅尼晝夜六時曾不廢忌淨持戒地五辛酒肉悉不食之少欲知足修質直行此陀羅尼故無有非人能觸惱者我時當與釋梵四天王往詣是人所住之處安慰其心令其所修日日增廣

我得大勢菩薩欲說大陀羅尼名烏蘇波置樓晉言救諸病苦拔濟群生出於三界令諸行人得從万行

阿那耆置樓　波羅帝那耆置摟　若摩陀羅置耆置樓　阿輸陀羅尼耆置樓　烏蘇波置那耆置樓　胡盧波



置那波置樓　遮波副波置樓　若無梨置波置樓　耆浮呼梨那波置樓　若無阿遮不梨帝那　莎呵

誦呪五遍縷三色結作三結繫項

此陀羅尼句乃是過去四十億恒河沙等諸佛所說我今已說此陀羅尼力能令十佛世界六種震動其中所有一切衆生以此陀羅尼法音光明入其毛孔塵勞垢集一切消除以我得大勢威神力故及此陀羅尼威神力故此諸衆生命終已後悉得往生兜率天上面覲弥勒若諸行人欲求解脫而為業障之所滯导懈怠懶墮三業不懃我時即以智慧大禪定水燒燃洗澤業垢障道令其惺悟皆使令發菩提之心有諸行人四大不調病苦殃身有能讀誦此陀羅尼者我時當與八部鬼神四大天王往是人所即時授與阿伽陀藥如意寶珠令無所乏是善男子善女人以我神力及陀羅尼力轉倍精進已精進故即得大果

我堅勇菩薩欲說大陀羅尼名阿那



耆置樓晉言拔濟衆生出生死苦拯濟三界貧窮衆生如寶掌菩薩亦如國王解髻中明珠施與貧人猶如慈父視子寶藏此陀羅尼力亦復如是

若無呼婆置樓　烏蘇多置　若無耆置樓　烏蘇呼那置樓　若物殊置樓　毗梨帝那置樓　烏奢欽置樓　遮不呼蘇多置樓　若無蜜多置樓　阿夷不置樓　毗梨帝那置樓　莎呵

誦呪三遍縷三色結作七結痛處繫

此陀羅尼句乃是過去七十七億諸佛所說我今說之有諸國王其國土境水旱不調穀米不登尒時應當誦此陀羅尼七十七遍三稱我名堅勇菩薩我時當勅阿耨大龍婆伽羅龍使諸小龍給足其水令國豊實若其國內疫病流行有諸衆生病苦殃身我時當往詣是人所隨其偏發療治救濟有諸衆生乏於財物我當給施令無所乏若諸國王欲求所願應當修行此陀羅尼若在塔中若空閑地淨潔洗浴著新淨衣七日七夜受持八戒六時行道於一一時中七遍誦

陀羅尼雜集卷第一　第二十張　[illegible]

此陀羅尼若其國王心淨厚者三日三夜即得如願極到七日無不尅果燒黑沉水香白梅檀香散五色花燃胡麻油燈於月八日十四日十五日是時三稱我名堅勇菩薩我時當與天龍八部往是人所與其所願是人若於夢中若惺悟心或得珎寶或見白烏或得果實尒時當知即得所願

陀羅尼雜集卷第一

## 陀羅尼雜集卷第一　校勘記

一　底本，金藏廣勝寺本。三七二頁中至次頁中原版缺，以麗藏本補。

一　三七二頁中三行第七字「羅」，徑無。

一　三七二頁中四行第四字「越」，磧、普、南、徑、清作「衛」。

一　三七二頁下二行與三行之間，磧、普、南、徑、清有「第二所説陀羅尼能使第一願者得作佛在兜率天上無所不畏者令一切衆生如此」三十三字。

一　三七二頁下四行「蒸熟」，資作「烝」。

一　三七二頁下五行「神呪」，資、磧、普、南、徑、清無。

一　三七二頁下一六行「破硪踊没」，資作「叵硪涌没」；磧、普、南、徑、清作「距踐涌没」。

一　三七二頁下一八行第三字「刧」，資、磧、普、南、徑、清無。

一　三七三頁中一行第一三字「遣」，資、磧、普、南、徑、清作「連」。

一　三七三頁中五行「金剛憧」，資、磧、普、南、徑、清作「金剛幢」。本頁下一行同。

一　三七三頁中八行「消除」，資、磧、普、南、徑、清作「消滅」。

一　三七三頁中九行第二字「苦」，徑作「若」。

一　三七三頁中二一行「十三」，南、徑作「十二」。

一　三七三頁下四行「拘那含」，徑作「拘那舍」。

一　三七三頁下六行「無眼」，諸本（不含石，下同）作「無明」。

一　三七四頁中四行「浩浮滉瀁」，資、磧、普、南、徑、清作「浩瀚滉瀁」；麗作「浩浮滉瀼」。

一　三七四頁下七行「緾裹」，徑作「纏裹」。

一　三七四頁下八行第一二字「音」，徑作「首」。又「經耳」，麗作「逕耳」，次頁下五行同。

一　三七五頁上二行「八十」，資、磧、普、南、徑、清作「八十一」。

一　三七五頁中二一行第一一字「故」，資、磧、普、南、徑、清作「欲」。

一　三七五頁中二二行第六字「德」，資、磧、普、南、徑、清作「得」。

一　三七五頁中末行首字「不」，諸本作「未」。

一　三七五頁下五行首字「普」，南、徑、清作「苦」。

一　三七五頁下八行「淨自」，清作「淨潔」。

一　三七五頁下一〇行第五字「大」，麗作「大時」。

一　三七五頁下一四行「受與」，資、磧、普、南、徑、清作「授與」。

一　三七五頁下一五行「三說」，徑作「三脫」。

一　三七五頁下一八行第四字「捲」，資、磧、普、南、徑、清作「拳」。

一　三七五頁下末行「拯濟」，麗作「證濟」。

一　三七六頁上一行末字「衆」，諸本作「衆生」。

一　三七六頁上八行「二十四」，徑作「二十一」。

一　三七六頁上一八行「皆得拔苦」，資、磧、普、南、徑、清無。

一　三七六頁上一九行「苦薩」，諸本作「菩薩」。又第五字「皆」，資、磧、普、南、徑、清作「階」，二〇行第七字同。

一　三七六頁上末行「經耳」，磧、普、南、徑、清作「經耳者」；麗作「逕耳者」。

一　三七六頁中一行「心知法」，諸本作「直心如法」。

一　三七六頁中一一行「自責」，麗作「自嘖」。

一　三七六頁中二一行末字「絅」，諸本作「同」。

一　三七七頁中一〇行「洗濯」，諸本作「洗澤」。本頁下一九行同。

一　三七七頁中一一行「漬浸」，諸本作「漬潤」。

一　三七七頁中一六行首字「荊」，資作「別」。

一　三七七頁下八行「疑絅」，資、磧、普、南、徑、清作「諸疑網」。

一　三七七頁下一七行「振裂」，資、磧、普、南、徑、清作「震裂」。

一　三七八頁上八行「旋持」，資作「捉持」。

一　三七八頁上一五行「觸腦」，諸本作「觸惱」。

一　三七八頁中二一行第七字「倍」，徑作「便」。

一　三七八頁下四行「視子」，資、磧、普、南、徑、清作「示子」。

一　三七八頁下一八行第一一字「偏」，徑作「徧」。

一　三七九頁上七行「惺悟」，徑作「省悟」。

陁羅尼雜集卷第二　　啓

未詳撰者今附梁録

釋摩男呪一首
阿難比丘呪一首
普賢菩薩呪一首
文殊師利菩薩呪一首
定自在王菩薩呪一首
妙眼菩薩呪一首
功德相嚴菩薩呪一首
善名稱菩薩呪一首
寶月光明菩薩呪一首
北辰菩薩妙見呪一首
太白仙人呪一首
熒惑仙人呪一首
大梵天王呪一首
大自在天王呪一首
化樂天王呪一首
兜率陁天王呪一首
炎摩天王呪一首
忉利天王呪一首

釋摩男呪

釋摩男今欲說神呪擁護諸衆生國



土虛弱事刀兵及殺賊疫病悉皆消滅所說大神呪功用力如是

曇無呼蘇兜流　曇蜜耆兜流
曇蜜甲梨兜耆副都兜流　涉呵

誦呪一遍八色縷結作四結繫兩脚此呪力能令百閻浮提千閻浮提万閻浮提六反振動一佛境界悉能為之其中諸王統理民物不以節度故使隣國兵刀竟起天龍恚怒水旱不調國王尒時憤已修德慈慧天下寬縱民物徵善捨惡寬饒衆生懺悔慚愧與民更始從今日夜万惡都息衆善普集天龍歡喜兩澤以時五穀熟成疫氣消滅王於尒時日日三時應當讀誦此陁羅尼所願成熟真實不虛我釋摩男菩薩勸厲諸王

阿難比丘所說神呪

名支富數梵語晉言生死長眠令得惺悟烏啄支富數梵語晉言衆生五欲淤泪中卧提拔令出三界
甲梨帝囊支富數梵語晉言衆生為無明貪欲瞋恚所中我今拔出此呪能令衆生心得解脫畢竟一乘不墮



小乘畢竟清淨圓滿具足有諸衆生迷於大乘以呪力故還得決定猶如濁水置諸神珠以珠力故水則湛然此陁羅尼世分所及衆生蒙祐悉得解脫此陁羅尼呪三千世界須弥山王皆悉動搖不安其所帝釋天王驚怖出宮是誰神變乃至如是諸龍王宮皆悉震動慞慞不安如動花樹諸龍驚走逃竄孔穴諸神仙人心悉惱轉山山相搏不安其所四大海水為之踊沸魚鱉黿鼉藏竄孔穴此大神呪神力如是其有讀誦書寫竹帛此人現身得佛光三昧能除七百七千億刧生死重罪悉滅無餘阿難比丘說此陁羅尼竟

普賢菩薩所說大神呪經

名支波啄　晉言決定　毗尼波啄
晉言斷結
烏蘇波啄　晉言生盡

此呪能令衆生心得解脫滅三病刧障道罪他方怨賊悉皆摧滅境內所有怨家盜賊悉能攘之若行曠野惡狩毒虫聞此陁羅尼句口噤不開令

此神呪乃是過去四十億諸佛所說我今說之其有行此陀羅尼者願果不虛今故略說

我文殊師利今欲說神呪拔濟衆生除其婬欲本有呪名烏蘇吒晉言除婬欲却我慢

句利句梨帝那 一　憂拙憂拙帝那 二
度吁度吁帝那 三　究吒究吒帝那 四
若蜜都若蜜都帝那 五
究吒吁究吒帝那 六　憂守憂守帝那 七
耶蜜若耶蜜若帝那 八　度吁吒究吒多 九
莎呵

誦呪三遍結縷作七結繫脚

是呪能令諸失心者還得正念滅婬欲火心得清涼除其我慢滅結使火三毒垢障悉得消除若諸女人及善男子精神處在無明重㭬下久處於生死不能得出要迴波生死流沒溺婬欲海莫能覺之者莫知求出要嗚呼甚可傷若善男子善女人心得惺悟還猒婬欲應當與此陀羅尼令其讀誦婬欲之火漸漸消滅婬欲滅已慢心自滅慢心滅已其心則定其心



定已結使都滅結使滅已心得解脫心解脫已即得道果是則名為大神呪力誠諦不虛神力如是斷酒五辛七七四十九日諸不淨肉悉不得食若善男子行者九九八十一日若女人行者七七四十九日復晝夜六時懃心讀誦燒沉水白栴檀香散花供養十方諸佛六時讀誦曾不廢忘日數足已結使即滅其心泰然無復婬欲

我文殊師利菩薩今欲說大神呪消諸精魅鬼并及蠱邪蠱道有呪名溫帝兜槀晉言消衆生病淨其五藏六府三焦以禪定水洗濯令淨

胡塺若帝晝 一　胡蘇摩帝晝 二
烏殊卑梨帝晝 三　具殊蜜帝晝 四
烏含弥帝晝 五　耆毗若帝晝 六
烏睒殊帝晝 七　蜜耆都帝晝 八
具若烏蘇多帝晝 九　維染蜜耆都
烏蘇多帝晝 十　毗梨帝槀帝晝 十一
莎呵

誦呪三遍結縷作七結繫脚

此大神呪能令行人心得清淨離諸疾病心得解脫慧得解脫消衆毒藥



無衆惱患衆邪蠱魅悉皆消滅如為一人衆多亦然應當讀誦極令通利在在處處我為閻浮提諸衆生故結此神呪治諸蠱魅消衆毒藥當令流布遍閻浮提末法衆生薄福所致莫不為此衆邪所惱懃教讀誦普使令知

我定自在王菩薩今從妙樂世界来為此娑婆世界五滓衆生故為除禪定障拔其無明闇開其慧眼目賜其禪定水蕩滌心垢障種以菩提牙漸漸欝茂長開三乘門示其果實相有呪名求稚兜晉言名照明却黑闇罪除慧眼垢

若蜜帝都 一　烏殊那帝都 二
具若帝都 三　胡摩樓帝都 四
胡摩樓帝都 五　烏葉弥帝都 六
胡蘇留多帝都 七　烏耆弥帝都 八
胡耆那帝都 九　烏輸求提帝都
莎呵

誦呪三遍縷五色結作三結繫脚

此大神呪勢分所及遍閻浮提若諸行人欲修禪定或為天魔衆邪蠱魅之所惱者以魔惱故衆緣事起外惡

知識競来侵嬈以侵嬈故内悪復起
求名利養諂曲妬嫉憍慢貢高来集
其心行人尒時應當自責我為不善
為魔所縛慚愧自責低頭愧耻諸佛
及衆聖我於往刧墮大地獄畜生餓
鬼廻波六趣數受生死今得人身鈍
根少智欲修禪定而不能得為諸結
使之所覆蔽我今寧當破身如塵終
不為此結使所蔽作是摿已五體投
地歸命十方現在諸佛多陁阿伽度
阿羅呵三藐三佛陁捨我過咎滅除
我罪洗我慧眼令得明淨以慈悲水
蕩滌心垢照明我身内外清徹作是
悔已復更投地如是三返復起叩頭
悔已却坐淨身口已誦此神呪二十
一遍尒時當三稱我名定自在王菩
薩悔過偲各如是三說一心禪思於
一一時悔過自責隨其根利鈍億百
姟刧重悪之業障道黒闇衆邪蠱魅
天魔罪垢悉皆消滅無有遺餘我時
當與大菩薩衆往是人所隨根利鈍
示其證相我定自在王菩薩所說神
呪誠諦不虛神力如是


我妙眼菩薩今從日月燈明王佛國
来至此娑婆世界為大阿羅漢欲得
初禪三明六通今欲說神呪令其速
成辦除其習結垢并及微薄障淨其
天眼通宿命智習氣他心智明了未
来一切事國土之名号及以弟子衆
壽命刧多少及諸神通事耳根通徹
聽百佛世界事身能通飛行石山無
罣㝵以滅度受想行漏盡今說竟有
神呪名漚耆波置盧晉言衆累都盡
具足三明及六神通及八解脫
民若婆呵帝盧一　烏蘇吒帝盧二
耶蜜帝盧三　烏蘇帝盧四
波支呵帝盧五　波蘇呵帝盧六
烏若蜜帝盧七　究晝帝盧八
莎呵
誦呪三遍縷三色結作六結繫項
此大神呪能令行人斷除習氣及障道
垢洗澤三明六通令淨應當諷誦極
令通利我功德相嚴菩薩今從阿弥
陁佛國来今說勸助遂成菩薩教以
巧妙方便遂成福德令速得初住具
諸相好故以美方便教令行之何等


美妙一者其德弘廣普慈衆生二者
蔭覆一切如母愛子不見其過三者
積德行善不計其勞四者精勤修習
捨恵精進轉以化人五者行十善行
轉教衆生六者持戒淨潔
猶如明珠内外明徹無有瑕塵七者
身口意業所出言教以慈悲為本八
者所作事業拯濟為先九者當以微
妙方便為衆說法和顏悅色不違其
意十者當遊諸國為大國師荷負衆
生苞含一切心無疲惓是名菩薩欲
登初住始發心時十大妙行如是十
十是名百福成一相好我今略說今
欲說呪令速成辦有呪名陁摩盧具
伭晉言成就相好莊嚴功德斷除習
結滅障道垢
阿提陁摩盧一　具多陁摩盧二
支富陁摩盧三　波晝陁摩盧四
烏奢陁摩盧五　耆蜜陁摩盧六
烏吒陁摩盧七　若弥陁摩盧八
烏晝陁摩盧九　胡蘇弥佉陁摩盧十
波守波守陁摩盧十一
漚周漚周帝陁摩盧十二

波瘦波瘦帝陁摩盧十三

令涂比令涂比呵摩盧十四
耆眦兜耆眦兜陁摩盧十五　莎呵
誦呪五遍結青緑二色縷結作三結繫腰
是呪能令行人莊嚴功德具諸相好
必登初住懃令讀誦極令通利晝夜
諷誦心莫暫捨轉教他人
我善名稱菩薩今從北方善寂月音
王佛國来到此娑婆世界佛法欲滅
人多造惡貪著利養更相是非無有
君臣父子之義亦無師徒弟子之礼
五濁鼎沸三灾熾盛皆是前世不修
德行積習衆惡今得此身雖受人身
心似畜生羅剎鬼心人身畜心示同
人類哀我大苦千載欲末其中或有
若一若兩行跡衆生耳今欲說呪以
救接之令其本行還得如初有呪名
雲若蜜兜晉言找諸行人罪垢根本
摩洗拂拭令得鮮白
烏富波羅帝那一　殊求波羅帝那二
喻若蜜波羅帝三
烏瘦都四　支波都五
具若都六　耶蜜都七

究吒都八　舒波都九

莎呵
誦呪三遍縷黄白二色結作三結繫項
此大神呪猶如大蓋蔭覆一切亦如
天雨潤澤一切亦如橋船運度一切
三界群萌無不蒙頼道俗殊異稟味
是一蒼生萬品會歸一空菩薩所以
權方適化為於群品度脫之耳今說
此呪為行人故救濟拯拔令其速得
三乘聖果勑諸行人懃心讀誦誠諦
不虛寶月光明菩薩今欲說神呪除
諸禪定罪及去諸垢障五陰四大病
一切皆除却衆生無量劫不得修禪
定是故久流轉没在生死海迴波生
死流莫能覺之者我愍此等故今欲
說神呪除其三毒垢拔其愚癡足照
以智慧鏡賜其禪定水生長菩提牙
令到涅槃岸有呪名烏耆晉言除禪
定垢却障道罪諸魔邪鬼悉能滅之
耆摩帝晝一　烏帝晝二
具若帝晝三　奢帝晝四
耶蜜帝晝五　烏橐帝晝六
莎呵

誦呪三遍縷黄紫二色結作八結繫

痛處
是呪能令諸失心者還得正念億百
姟劫所有重罪悉能摧滅無有遺餘
若有衆生欲修禪定心乱黒闇不見
境界煩惱數起睡眠所覆是人尒時
應作是念我宿罪蔭蓋所覆應當慚
愧懺悔自責燃燈續明燒香散花供
養諸佛供養佛已別復供養我寶月
光明菩薩燃七支燈燒沉水香七日
七夜減省睡眠晝夜六時深自剋責
說悔先罪多陁阿伽度阿羅呵三藐
三佛陁知人見人明見弟子所犯罪
相及十方諸大菩薩釋梵四天王悉
皆證知明見我所犯罪相我今懺悔
亦悉證知願滅我罪令無遺餘於一
一時中懺悔已竟誦此神呪七遍乃
止誦七遍已默然而坐一心禪思如
是罪垢漸漸當除其心轉定境界明
了其利根者三日四日乃至七日即
得見我寶月光明菩薩除障滅罪授
果與之其鈍根者二七三七極鈍根者七
七四十九日乃得心定有得果者終

陀羅尼雜集卷第二　第十三張　伽

不虛過此大神呪其力如是我北辰菩薩名曰妙見今欲說神呪擁護諸國土所作甚奇特故名妙見處於閻浮提衆星中最勝神仙中之仙菩薩之大將光目諸菩薩廣濟諸群生有大神呪名胡捺波晉言擁護國土作諸國王消災却敵莫不由之

具佉帝屠蘇吒
阿若蜜吒二　烏都吒三
具耆吒四　波賴帝吒五
耶弥若吒六　烏都吒七
拘囉帝吒八　耆摩吒九
莎呵

誦呪五遍縷七色結痛處繫

此大神呪乃是過去四十恒河沙諸佛所說我於過去從諸佛所得聞說此大神呪力從是以来逕七百劫住閻浮提為大國師領四天下衆星中王得最自在四天下中一切國事我悉當之若諸人王不以正法任用目下心無慚愧暴虐濁乱縱諸群目酷虐百姓我能退之徵召賢能代其王位若能慚愧政惡修善若能任善退

陀羅尼雜集卷第二　第十四張　伽

諸惡人其心弘廣普慈一切容受拯濟猶如槁船苞含民物猶如父母國有賢能當徵召之敬賢尊聖如視父母王自躬身臨朝斷事不枉民物猶如明鏡若其國王能修是德改往修来悔先所作慚愧自責鄙悼愆咎自悔責已當修三德一者恭敬三尊二者憐愍貧窮國土孤老當撫恤之三者於怨親中心常平等稱理怨枉不枉民物若能修行上来諸德我時當率諸大天王諸天帝釋伺命都尉天曹都尉除死定生滅罪增福益筭延壽白諸天曹差諸善神一千七百遝衛國界守護國土除其灾患滅其姧惡風雨順時穀米豐熟疫氣消除無諸强敵人民安樂稱王之德是王若能兼行讀誦此陁羅尼辟如轉輪聖王得如意寶珠是珠神氣消伏灾禍狀令以此大神呪力上来諸德悉能辨之消灾滅惡亦復如是當知是大神呪力如王寶珠亦復如是

我太白仙人今欲說神呪我是五通仙本修菩薩行五星中最勝我於神

陀羅尼雜集卷第二　第十五張　伽

仙中神通光明勝統領四天下及諸人天事國土灾宮變壽命延縮短陰陽及運變啚書讖記莘姧僞質直事擁灾消姧惡其所盈縮者悉是我所知我愍諸衆生今欲說神呪并護其國土有呪名阿那呼吒盧晉言欲護國土及閻浮提十方衆生故

波吒呼娑盧一　閻摩呼娑盧二
火摩兜呼娑盧三　烏耆那呼娑盧四
火弥呼娑盧五　烏晝呼娑盧六
具耆呵浮娑盧七　胡若兜呼娑盧八
莎呵

誦呪三遍縷三色黃白結作二結繫項

此大神呪乃是過去三恒河沙諸佛所說我於過去從諸佛所得聞是呪從是以来已逕百劫所修功德於神仙中無能及者內秘菩薩大乘戒行外現神仙清妙法身菩薩六度諸波羅蜜具足修習外現方便處神仙中雖共和光不同其塵是名菩薩烏和拘舍羅方便處身若閻浮提諸國王等前身薄福處在末法微末善根得為人王身無福力心闇少智復值五

滓鈋濁衆生辟如癡人破車逞牛欲過嶮道甚難可過我見此已慈心憐愍為度没溺難苦衆生為欲攜持令得出難并濟其王逞牛之厄故我今日說此神呪若其國王聞此語已心生慚愧自知薄福改往修來發弘廣心慈悲臨覆愍苦衆生忍惡修善不枉民物建護正法任賢用智徵善退惡與民更始其王若能修是諸德復能讀誦此陁羅尼晝夜專念恒不廢忘心王尒時轉當聡辯志性和柔不念諸惡諸天善神漸來親附增其智慧益其神力以天護故轉當精進以精進故我等諸天日月五星二十八宿咸来擁護求願與願遣諸龍王給其雨澤穀米豐熟疫氣消除諸灾消滅善徵日生當知悉是大神呪力

我熒惑仙人今欲說神呪擁護諸國土拔濟群生除其我慢心消滅諸非姧穢鎮諸毒藥一切諸非法無不消伏者我是五通仙消伏諸姧鬼一切國土事世間之灾祥兵刀及疫氣飢饉豐儉等鄰國惡心生大目欲謀反如



是諸灾禍我皆悉知之天子襄忌事隠没及覆蓋減筭及增壽悉是我所知欲得消灾者我亦能辦之却敵及姧非我亦能攘之除却灾祥變一切皆由我我於五星中聡明利智勝擅疾機關辯神通猛利勝於四天下中神通捷疾勝於我四天下無能及我者是故我今日欲說大神呪名具吒呼盧兜晉言擁護國土濟拔諸王難消伏諸姧非療治衆生病穢禱及毒氣

呼都帝晝盧一　阿支不晝盧二
闍浮摩帝晝盧三　不梨帝橐帝晝
盧四　烏蘇兜帝晝盧五　具帝帝
晝盧六　耶摩蜜耆帝晝盧七
烏耆不梨帝晝盧八　究守波帝晝
盧九　莎呵

誦呪三遍縷一色緋結作七結癘處繫

此大神呪能令諸國王等及諸國土悉皆安隠消灾攘禍莫不由是一切行人及疾病者悉應讀誦皆令通利若欲修行陁羅尼者一者斷酒二者斷肉三者斷辛於三七日中香湯澡浴著新淨衣若於塔中若空靜處安置



佛像燒香散華離衆憒丙於六時中懃心讀誦懺悔十方慚愧自責淨身口已應當讀誦於一一時中三七二十一遍誦已默然專心念我熒惑仙人五住菩薩我今歸依如是三說如是說已默然而坐我於尒時當往其所令其所求皆得成辦亦當授與如意寶珠滅結使火國土灾祥豐儉疫氣皆悉攘之當知是此大神呪力

我大梵天王欲說大陁羅尼以護衆生有陁羅尼呼盧鉢都晉言治衆生病覆育三界濟諸貧窮

闍摩吁蘇都一　伊波都二
闍摩吁蘇都三　摩闍蜜呼蘇都四
優波帝耶呼蘇都五　莎呵

誦呪三遍縷二色績緑結作七結繫兩乳

此大神呪乃是過去諸佛所說我今愍念諸衆生故為令解脫拔濟三界勤苦本故為欲弘廣佛正法故慈念衆生猶如慈父此陁羅尼神力盡一日月所照之處四天下中無不蒙賴此陁羅尼力能使四海踊沸須弥山

砕如微塵及七寶山四大海水江河
淮濟入一毛孔四天下中悉能為之
若諸國土疫病刧起其王尒時應當
精進七日七夜受持八戒應當淨心
六時行道為萬民故調伏其心勑其
境内一切人民以慈悲勸令行十善
其王尒時於宮殿内然百千燈以救
民命請召十方諸大菩薩梵釋四天
三自歸依叩頭求哀十方諸佛大菩
薩衆釋梵四天王諸来大士救我民
命如是三說如是說已當誦此陁羅
尼三七二十一遍誦此陁羅尼已王
與群臣夫人婇女黙然而坐禪思一
心我大梵天王尒時當與梵衆釋衆
四天大王諸大龍王八部鬼神飲其
毒氣悉得消除王於尒時於禪思中
得見我身大梵天王釋提桓因四天
大王巳見我故倍復精進巳精進故
其國土境舊住鬼神惱人民者我又
當遣四天大王駈令出界以我大梵
天王慈悲力故其國土境悉得安隱
我大自在天王今欲說神呪有陁羅
尼名呵利樓晉言救衆生苦濟衆厄難



阿若娑梨樓一　毗梨帝那娑梨樓二
遮娑晝娑梨樓三　弥梨帝那娑梨樓四
殊訶兜五　支波晝六　莎呵
誦呪三遍一綖緑色結作四結繫項
是呪乃是過去十万億諸佛所說此
陁羅尼威神力故四天下中盡一日
月所照之處能為光明貧窮者能施
寳藏盲冥衆生施其慧眼病苦之者
與法藥療治若諸衆生欲求三乘聖
果者我能佐助令得成辦若在幽隱
受三塗苦以此陁羅尼力三塗命終
生忉利天若諸行人書寫讀誦此陁
羅尼者得宿命智慧憶十四生事来
今往古如現目前欲修禪定者陰盖
所覆者當誦此陁羅尼其心則定睡
眠還除欲修學問者其心散乱不能
專一觸事滞㝵不得義味當修行此
陁羅尼欲得聞持者當修行陁羅尼
欲得十方諸佛所說大菩薩所說大
天王所說一聞歷耳恒持不忘即得
義理百千義理自然現前持而不忘
應當讀誦此陁羅尼晝夜六時恒不
廢忘精勤修習助佛道法是人尒時



當於夢中即得見我大自在天王坐
白蓮華臺往是人所其人巳見我故
心大歡喜我時授與如意寳珠以珠
力故所願自在百千諸佛當隨護助
此大陁羅尼神力如是
我化樂天王欲說大陁羅尼名阿那
耆富盧晉言法忍柔順法忍堪任荷
負三界衆生辟如大海其量難知我
天王心亦復如是悉能救接漂流衆
生度三界海
那耆富盧一　憂多羅富盧二
龍若呼娑富盧三　憂耕入富盧四
逵摩耆富盧五　毗梨帝那富盧六
憂殊智富盧七　莎呵
誦呪三遍五色縷結作一結繫項
此大神呪乃是過去百千万億諸佛
所說愍念衆生故今欲說之此大神
呪勢分所及三天下中唯欝單越獨
不得聞力所至處其中衆生三種毒
箭自然拔出得音響忍法音悉明入
毛孔中所有欝蒸三垢重罪自然踊
出此諸衆生命絕巳後悉得往生忉
利天上若諸行人三垢覆蔽久處生

死纏綿難解為業垢河之所漂流我
時當乘大乘法船牢接救拔以智慧
火燒其結使以禪定水洗滌令淨以
烏和句舍羅拂拭摩搓教以六度布
以四禪令出三界若諸行人欲得令
身欲得音響忍欲得柔順忍欲得無
生忍當修行此陁羅尼淨持戒地減
省睡眠忍辱柔和少諸緣務心意質
直見修功德者讚嘆其得見貧窮者
及疾病者慈心憐愍如已無異如是
修行調其心已復欲增上果所願者
當於三七二十一日遣中一食白食
蘇酪得食若鮮潔處在塔中六時行
道於一一時中礼十方佛懺悔宿罪
燒衆名香散華供養栴檀薰陸諸雜
花香三稱我名化樂天王我是五住
菩薩尒時於一一時中誦此陁羅尼
二十一遍從初一日乃至七日極能
根者三七二十一日我於尒時住是
人所隨根利鈍授與法忍應得音響
忍者授與諸音響忍應得柔順忍者
授與柔順忍應得無生法忍者授與
無生法忍悉授與之真實不虛



我兜率陁天王欲說大陁羅尼名耆
蜜屠蘇兜晉言救諸病苦賑給貧窮
令諸行人速得二乘聖果如天降雨
令諸農夫多收菓實
支畢度蘇兜一　民若度蘇兜二
畢梨帝那蘇兜三　阿支都郖那度蘇兜
那度蘇兜五　究吒呼度蘇兜六
若冨那度蘇兜七
烏兜莎呵兜度蘇兜八　蜜若無度
蘇兜九　莎呵
誦呪六遍縷五色結作三結繫兩手
此大神呪力能令此閻浮提所有地
種碎如微塵弗婆提瞿耶尼悉能為
之海水枯涸須弥山崩令如微塵復
能還復如本無異令諸行人諸結重
病塵勞垢習為渴愛河之所漂流没
溺生死無能覺者我令神呪力牢接
救拔令出三界以大乘河滅結使火
禪定膏油潤漬令濕種殖無上菩提
根牙令諸衆生收諸菓實此陁羅尼
力亦復如是若諸衆生現身欲修此
陁羅尼得宿命智濟四百生未來世
事亦四百生悉能知之現在世事知



他人心所緣識境界天文地理畵書
識記知諸衆生死此生彼至四百生
悉能知之應當受持讀誦此陁羅尼
應當精進淨持戒地少欲知足修質
直心晝夜六時少其睡眠精進修之
節食少語乃至六年畢得剋果先得
宿命智次得無生智後得他心智心来
今往古未然之事靡不通達得此智
已陁羅尼力故得智慧如五住菩薩
無有異也
我炎摩天王今欲說大神呪名求伍
胋蘇多晉言美妙音聲
波置呼盧多一　烏吒句呼盧多二
耶無呼盧多三　不梨帝那乎盧多四
烏奢副呼盧多五　莎呵
誦呪三遍縷五色結作五結繫項
是名異法性海美妙音聲此大神呪
乃是過去十恒河沙等諸佛所說是
呪能令小千世界悉皆振動其中衆
生以大神呪威神力故三毒病惱纏
勞垢習自然踊出法音光明從毛孔
入欝蒸之熱自然清凉小千世界其
中衆生聞此陁羅尼美妙音聲和雅

陀羅尼雜集卷第二　第二十五張　啓

柔軟有得音響忍者有得柔順忍者
有得大無生法忍者有能堪任久住
度衆生者有得畢法性海四辯無㝵
者有得大惣持神通自在常遊諸國
以美好音聲而為衆生演說法要悉
是大神呪威神力故能辦此事
我忉利天王愍念衆生故欲說大神
呪名胡蘇兜那晉言去除垢穢慈悲
拯濟拔衆生苦
支不帝梨那一　阿支不帝梨那二
弥耆帝梨那三　烏蘇帝梨那四
若副多帝梨那五　駈蘇帝梨那六
莎呵
誦呪三遍白色縷結作六結繫項
此大神呪乃是過去十恒河沙諸佛
所說我忉利天王以大神呪力於四
天下中得大神力觸事無㝵晝日月
所照之處悉能為之衆生等壽命帝
王暴虐兵刃殘賊飢餓疾疫大臣宰
相佞諂不忠國家衰亂。星宿失度雨
澤不時晚雨早霜比丘懈怠三業不
懃故使世界三災並起若其國王放
逸著樂縱諸群臣貪濁自恣多取民

陀羅尼雜集卷第二　第二十六張　啓　尹洎

物枉煞無辜民怨天怒故使國界兵
刀競起有諍奪之心行此惡行欲求
長生終不可得若其國王心生慚愧
悔過自責虐負万民空頑不及謙下
自卑恵下利民退惡任善尊聖敬德
拯濟貧窮如其國王改往修來遵修
此德可得長生延年益壽復能讀誦
此陀羅尼修行信順上來所說諸惡
灾怪悉得消滅無有遺餘

陀羅尼雜集卷第二

癸卯歲高麗國大藏都監奉
勅彫造

## 陀羅尼雜集卷第二　校勘記

一　底本，麗藏本。

一　三八一頁中一〇行「憤已」，諸本（不含石，下同）作「責己」。又「慈慧」，諸本作「慈惠」。

一　三八一頁中一八行第一三字「今」，諸本作「令」。

一　三八一頁下三行「湛然」，諸本作「湛清」。

一　三八一頁下四行第五字「世」，磧、普、南、徑、清作「勢」。

一　三八一頁下九行「悉腦」，諸本作「息惱」。

一　三八一頁下一〇行「相搏」，諸本作「相博」。

一　三八一頁下一一行「踊沸」，諸本作「涌沸」。下同。

一　三八一頁下一二行第二字「神」，諸本無。

一　三八一頁下一三行「七千」，諸本

作「七十」。

一三八一頁下一六行末字「經」，徑、清無。

一三八一頁下二〇行「三病」，磧、普、南、徑、清作「三毒病」。

一三八二頁上二〇行「心得」，資、磧、普作「正得」。

一三八二頁中一一行第一〇字「道」，諸本無。

一三八二頁中一二行「兜橐」，諸本作「兜囊」。

一三八二頁下五行「所致」，諸本作「所置」。

一三八二頁下一一行第五字「開」，磧、普、南、徑、清作「開闢」。

一三八三頁中一八行第一三字「及」，諸本無。

一三八三頁下四行「拾惠」，諸本作「捨慧」。

一三八三頁下五行「持戒淨潔」，諸本無。

一三八四頁上四行第一〇字「縷」，諸本無。

一三八四頁中五行「天雨」，諸本作「大雨」。

一三八四頁中一一行「寶月」，徑、清作「我寶月」。

一三八四頁中一四行「廻波」，徑、清作「洄澓」。

一三八四頁下一五行第四字「明」，資作「相」。

一三八四頁下二二行「二七三七」，諸本作「二三七日」。

一三八五頁上三行第九字「名」，諸本作「名曰」。

一三八五頁上一七行第一〇字「遝」，諸本作「經」。本頁下一六行第六字同。

一三八五頁中一二行第六字「定」，資無。

一三八五頁中一四行第八字「其」，諸本作「諸」。

一三八五頁下末行「心闇」，諸本作「心悶」。

一三八六頁上一九行「群生」，諸本作「諸群生」。

一三八六頁上二二行「兵刀」，諸本作「兵刃」。

一三八六頁中七行「於我」，諸本作「我於」。

一三八六頁中一八行末字「悉」，諸本無。

一三八六頁下七行第二字「令」，南作「念」。

一三八六頁下一一行「呼盧鉢都」，諸本作「名呼盧鉢都」。

一三八六頁下一二行第七字「諸」，徑、清作「説」。

一三八六頁下一六行第八字「績」，諸本作「青」。

一三八七頁上一行「七寶山」，南作「十寶山」。

一三八七頁上六行「慈悲」，磧、普、南、徑、清作「慈悲心」。

一三八七頁中一六行第二字「運」，諸本作「速」。

一　三八八頁上二行「牢接」，諸本作「撈接」。本頁中一七行同。

一　三八八頁上五行末字「今」，諸本作「金」。

一　三八八頁上九行第一〇字「得」，諸本作「德」。

一　三八八頁上一二行「遺中一食」，資、磧、普作「連中一食」；南、徑、清作「過中不食」。

一　三八八頁上一九行第一三字「住」，南、徑、清作「往」。

一　三八八頁中三行「二乘」，諸本作「三乘」。

一　三八八頁中一八行末字「火」，磧作「人」。

一　三八八頁下七行第一四字「心」，諸本無。

一　三八八頁下二一行「踊出」，諸本作「涌出」。

一　三八九頁上五行「美好」，南、徑、清作「美妙」。

一　三八九頁中四行「空頏」，磧、普、南、徑、清作「空煩」。

# 陁羅尼雜集卷第三　　昭

未詳撰者今附梁録

摩醯首羅天王呪一首

八辟那羅延天呪一首

大功德天呪一首

八龍王呪八首 并諸菩薩天王龍王發願說偈

## 摩醯首羅天王呪

我摩醯首羅天王今欲說神呪慈念諸衆生為除苦本除其我慢心令脩忍辱行有呪名拘多吒呪晉言慈悲忍辱

殊呼多一　烏耆多二　句多吒三　烏蘇蜜多四　提梨帝吒五　若蜜殊吒六　句喻吒七　烏蘇蜜耆吒八　句那吒九　耶蜜耆吒十　烏蘇帝梨吒十一　莎呵十二

誦呪五遍縷色青結作十二結繫兩手此大神呪乃是過去七恒河沙諸佛所說又我過去從諸佛所得聞說此大神呪名從是巳來神通自在遍領三千大千世界一切鬼王皆悉屬我我有神力悉能摧伏我今說此陁羅尼呪如王解髻明珠與人辟如强力轉輪聖王威勢自在無有前敵未摧伏者力能摧伏巳調伏者增加守護所須之物令無所乏時轉輪王威伏百姓復能養育增加守護猶如慈父等無有異我今大摩醯首羅天王神力自在亦復如是典領三千大千世界鬼神諸王養育守護亦復如是摧伏外道及諸邪見悉令靡伏安住正法復以神通遊騰十方遊諸佛國住佛揚化守護正法亦復如是我今以此大神呪力六道化身度脫衆生現作鬼王降伏諸鬼摧滅邪見內修菩薩清淨戒行久以得處法流水中八住齊限功勲成就當知皆是大神呪力其諸行人欲得現世離衆患難欲護正法欲得安隱欲得國土無諸灾疫豊實安樂其王應當懃心讀誦研精修習此陁羅尼亦當勸屬后妃婇女諸王子等懃心修習晝夜讀誦極令通利於月八日十四日十五日離常住處在空靖地淨潔洗浴妙香塗身著新淨衣於夜後分明星出時燒

香散五色妙花三種名香供養十方
佛巳然後三稱我名摩醯首羅大天
王滿我所願如是三說令我所求皆
得吉祥作是願巳默然而坐我於尒
時當往其所王於尒時即當誦此陁
羅尼呪二十一遍默然而坐其王尒
時若於夢中若惺悟心得見我身在
虛空中處白蓮華臺放大光明照觸
王身王見光巳即得清淨解脫無垢
光三昧得是三昧巳心大歡喜心歡
喜故所願悉得我時當遣八部鬼神
守護國土國界清夷無諸災攢當知
是此大神呪力
八辟那羅延今欲說神呪名阿波盧
耆兜帝梨置晉言護助佛法消諸對
惡摧滅邪見建立法幢
度呵兜一　支波兜二　若匆兜三
波羅帝兜四度呵兜五　究吒兜六
阿若匆兜七　耶蜜兜八　究吒兜九
度呵兜十　莎呵
誦呪五遍縷青一色結作四結繫項
此大神呪乃是過去八恒河沙諸佛
所說我於過去從諸佛所聞是神呪



是故今日得此奇特威猛德力神通
無尋三界奇挺人無等雙移山住流
手轉日月能接須弥擲置他方還置
本處令此四天王帝釋諸天都不覺
知令此須弥入芥子中四天王宮忉
利諸天悉皆不知巳之所入令四天
下洲合為一洲各還本處如本無異
其中衆生不知往來神通自在遊騰
十方歷事諸佛守護正法當知皆是
大陁羅尼力若諸國土諸人王等欲
護巳身及國土者是王應當建立佛
法當修十德何等為十一者以慈悲
心養育民物二者慈親平等心無憎
愛三者治國正法不枉民物四者退
惡任善識賢別愚五者謙下自卑不
輕賢士六者有來求者不違其意隨
其所求悉皆給與七者於三寶所其
心純厚八者拯濟貧窮慜諸孤老九
者國有賢士當徵召之十者普慈人
民捨恨念舊猶如慈父愛念其子溫
潤清流若諸人王能行是德當知是
王諸佛所護我等諸天亦護是王不
令隣敵來侵是界有諸善人福德賢



士皆集其國雨澤順時不被災霜人
民安樂惡龍攝毒無病苦者是王若
能修十善德復能兼誦此陁羅尼專
念在心而不廢忘常於月八日十四
日十五日於正殿上若高樓上香湯
沐浴著新染衣正東而坐日未出時
燒香散花供養十方諸佛然後礼我
八辟那羅延天王神力自在令我所
求皆得如願尒時即誦此陁羅尼二
七遍巳默然而坐經一食頃我於尒
時當往其所住虛空中身出光明照
觸王身其王尒時見光明巳轉復精
進以精進故所求皆得隨其所願無
不剋獲當知此皆是大神呪力我大
功德天王今欲說神呪名兜樓呼帝
盧晉言護助正法慜苦衆生
耆摩羅呼帝盧　烏晝呼帝盧
句呼那呼帝盧　若蜜耆帝盧
莎呵
誦呪三遍縷六色結作六結繫項
是大神呪乃是過去七恒河沙諸佛
所說我於過去從諸佛所得此神呪
令得此身端政殊妙光明照曜諸天

中勝神智通達靡所不知得他心智
来今往古如在目前得宿命通具足
三明八解脫事亦悉備足功德備舉
如初住菩薩等無有異為度衆生現
作天女見諸衆生迴波六趣没溺苦
海無能覺者我今愍此諸衆生故以
此神呪欲擁護之若諸行人欲求所
願病者求差貧者求富賤者求貴若
諸國王惡賊侵境雨澤不時所種不
収疫病流行尒時應當勤心讀誦修
行此陀羅尼七日七夜六時不廢燒
香散花供養十方諸佛供養佛已為
我大功德天敷好妙坐以三種妙華
莊嚴此坐赤白紫色三種妙漿蒲桃
石蜜安石榴漿以待於我若在塔中
若於靜室於一一時中勤心讀誦此
大神呪七遍乃止默然而坐我時當
與天衆龍衆往是人所受其供養受
供養已與其所願是人尒時若於夢
中若惺悟心即得見我大功德天威
顏相貌光明挺特見已歡喜轉復精
進已精進故所求皆得當知是此大
神呪力



我難陀龍王欲說一頭陀羅尼名耆
那膩置晉言護諸衆生拔其四毒箭
若不帝梨那　伊帝帝梨那
伊無帝梨那　若晝令帝梨那
伊不帝梨那　耆呼吒帝那
莎呵
誦呪五遍黄色縷結作六結繫項
此大神呪乃是過去十恒河沙諸佛
所說我難陀龍王已得大神呪力故
常遊諸國十方佛前神通自在無有
罣㝵諸佛所說悉能揔持為衆生說
如聞而行拔其毒足補智慧膏以薩
婆若水洗除垢穢拂拭摩搓令心調
淨我難陀龍王常遊諸國觀察衆生
有病苦者隨其偏發療治救濟令得
脫難乃至於王後宮變為女身為諸
女人演說法要女人姿態多諸過惡
皆使令發菩提之心猒惡女身皆因
此大神呪力得階十地六道和光現
龍王身雖示龍身不同其塵當知悉
是大神呪力日誦七遍煩惱結使悉
得消除現在病苦悉得消滅欲得如
上所說大智慧方便自利利人勤修



讀誦此大神呪誠諦不虛
我婆難陀龍王欲說一頭陀羅尼名
陀摩羅提晉言守護國土滿衆生願
阿支不陀摩羅提　烏蘇兜那陀摩
羅提　破殊呵陀摩羅提　烏蘇兜
那陀摩羅提　若蜜耆陀摩羅提
烏蘇呵陀摩羅提　置耆呼奴陀摩
羅提　支兜梨那陀摩羅提　莎呵
誦呪五遍縷七色結作十四結繫項
此大神呪乃是過去九十九億諸佛
所說我於過去值遇諸佛從諸佛所
得此陀羅尼有大神力神通自在常
遊諸國度脫衆生在所國土若諸國
王欲以正法治國土者以天位治世
不枉人物欲得國家無諸灾禍欲得
鄰敵不生惡念國王尒時應當深心
敬重三寶恩慧貧窮謙敬仁義恩德
普覆尊聖敬德退惡任善謙敬理信
其如國王行此德者十方諸佛常隨
護念釋梵四天王等龍王當隨護助
為消灾害滿其所願求願與願不違
其意是王尒時欲滿願故應當讀誦
此陀羅尼於宮殿內若正殿上於月

八日十四日十五日日未出時正南
而坐香湯澡浴著淨潔衣於其國内
諸人民等及諸鄰敵起慈悲心憐愍
之心尒時應當誦此陁羅尼二十一
遍燒殊妙香栴檀沉水及薰陸香散
七色華先當供養十方諸佛釋迦如
来應正遍知諸大菩薩天龍八部然
後三稱我名娑難陁龍王燒香供養
滿我所願如是三說我時當與天龍
八部隨其所願即得當與之是王尒
時即滿所願云何當知得果其願若
於夢中若惺悟時見白龍烏及白蓮
花在虛空中當前而住當知尒時即
得所願

我娑伽羅龍王今欲說神呪名阿那
耆罝盧晉言普雨法雨於四天下中
無不蒙潤除諸衆生欝蒸熱惱諸渴
乏者令得豊足

烏耆都波梨那　耆摩都呼那
蘇耆窒都呼那　何支不奴都呼那
烏啄呵都呼那　卑梨帝那都呼那
温耆不都呼那　莎呵

誦呪三遍驅毛縷結作八結繫項



是大神呪乃是過去十恒河沙諸佛
所說我娑伽羅龍王於七百阿僧祇
劫已来常修行此陁羅尼以是之故
於諸龍王㝡上㝡勝端正殊妙神通
自在能以神力聲振三千極佛境界
無不蒙益一四天下小千世界四天
下中三千大千世界無不蒙潤慈悲
普覆等雨法雨能令衆生增長鞠育
菩提根牙若諸衆生處在三悪三垢
覆蔽為開慧眼令覩光明若諸國王
渴乏須雨我能給足令其豊實四天
下中普皆令等而其國王欲得豊實
無他怨賊欲来侵境於其國内熾然
正法恩惠普覆斷理怨枉賑諸貧窮
有孤老者生憐愍心若其國王能行
是德十方諸佛諸大菩薩釋梵四天
王天龍鬼神常隨護助求願與願無
不獲果王於尒時應當修行此陁羅
尼於淨潔處離大憒丙於七日中不
食酒肉五辛白淨素食蘇酪聽食香
湯洗浴著白淨衣七日七夜受持八
戒燒衆名香栴檀沉水及薰陸香散
五色華供養十方諸佛我釋迦如来



應正遍知尒時應當三稱我名娑伽
羅龍王即便誦呪二七遍於六時中
從初一日國王尒時心轉淳厚一日
二日乃至七日便見我身在其前住
若白龍烏像若轉輪聖王像隨其所
求能滿其願為除宿罪令得道果

我和修吉龍王今欲說神呪名支富
提梨那晉言慇苦衆生令出三界

憂波支兜那　如波帝支兜那
蜜若兜支兜那　提梨帝那支兜那
烏蘇欽帝支兜那　莎呵

誦呪三遍殺歷毛縷結作十四結繫項
此大神呪乃是過去八恒河沙諸佛
所說我於過去從諸佛所得此陁羅
尼句不與諸龍同其事業常遊諸國
修菩薩行面覩諸佛諮受教誨慇念
衆生佐佛化愚常以正法攝持守護
於生死海拔濟令出身為大船口為
法橋心為大海出慈悲水溉灌衆生
枯槁福田悉令生長菩提根牙我所
饒益其喻如是若諸國王欲求所願
欲令其國豊實安樂欲令無有他方
怨賊欲使國土無諸疫病怨家讎對
自然殄滅衆官承法不復惱人其王

尒時於其國内熾然正法率諸群目以正法教温良恭儉孝養父母慈悲憐愍孤窮衆生躬自迴駕供養三寶於三寶所不生疑悔生父母師長想朋友知識想於身命財生不堅想我及國土如幻如化愍傷衆生如視赤子若其國王能修是德復能讀誦此陁羅尼於月八日十四日十五日淨潔洗浴著新淨衣於正殿上若高樓上正東而坐日未出時散三色花三種名香栴檀沉水薰陸香等供養十方佛已應當為我和修吉龍王敷置法坐正南而坐以青氎覆我座上三種花三種漿蒲桃石蜜安石榴漿燒黒沉水以待於我其王尒時正東而坐叉手合掌誦此陁羅尼二十一遍誦呪已訖其王即出與諸群目默然而坐我和修吉龍王當與諸天龍神八部八万四千到是王所於虚空中默然而受其王供養王於尒時若於夢中惺悟心得見我身如轉輪聖王七寶侍從見已歡喜轉更精進以精進故我及天龍八部鬼神便當勤心



守其國土求願與願不違其意真誠如是

我德叉伽龍王我欲說神呪度脱諸衆生有呪名蘇冨羅泰言度脱衆生

阿侄帝者晝　支冨羅蘇羅若蜜者晝　烏晡都呵晝　毘梨那者毗若蜜烏都晝　莎呵

誦呪五遍縷紲白二色結作十二結繫項

是大神呪乃是過去十恒河沙諸佛所說是呪能令諸失心者還得正念度五逆津獲諸神通具足三明超出三界獨步無畏我於往古從諸佛所得聞讀誦此大神呪雖現龍身而無龍業遊諸佛國修菩薩行遊騰十方度脱衆生出生死海廻波六趣悉能救接扶持携將到涅槃岸又我過去於閻浮提作國王女王於尒時國土褊狹人民單索恒畏怨敵來侵其境又復薄福水旱不調穀米勇貴人民飢饉我於尒時在宮殿内父王尒時愁憂不樂語諸群目當設何計令國豊實人民還復群目尒時默無荅者



我時見父愁憂如是我念過去曾從諸佛受持讀誦此大神呪是神呪力辟如大盖能覆三千况此一國普雨法雨無不蒙益枯木石山皆能生花强者能伏弱者能佐作是念已即詣王所礼覲問訊問王所憂王時荅我非汝所知我時荅王有智慧者不問男女行之則是王時歡喜言說之我時荅王我念過去九十九億諸佛所說大神呪王設其功力如上所說王於尒時躬自讀誦精誠剋厲七日七夜受持八戒六時不廢於一一時中懺悔十方散七色花燒三種名香一一時二七遍誦王於尒時悔過自責薄福不肖謬得為王孤負天下慚愧自責以慚愧故十方諸佛大菩薩衆釋梵四天王八部鬼神諸大龍王風伯雨師皆悉來集至其國界雨大法雨枯木石山枯泉河井悉皆盈滿先逃人民還其本土他國人民聞國豊實亦來投歸尒時隣敵悉來歸伏拜為大王八方靡伏遂致太平我念往古大神呪力神通自在乃致如是若

諸人王欲求所願皆應如是修行此德
阿那婆達多龍王今欲說神呪名婆
差盧晉言美音讚嘆三寶長衆生信
擁護正法震大法雨雲生長衆生善
提根牙掬育我成就令得成辦悉皆
令得無上佛果
支波晝提梨那　阿若盧波晝提梨那
和婆盧波晝提梨那　阿那盧波晝提
梨那　阿支不提梨耶　若蜜耆耶
兜提梨那　胡蘇波吒兜提梨那
蘇副蜜耆阿支副烏耆支　莎呵
誦呪三遍縷青黄二色結作六結繫項
此大神呪乃是過去七十七億諸佛
所說是呪能令諸失心者還得正念
無智慧者令得智慧無辯才者令得
辯才無陁羅尼者令得陁羅尼狂者
得正瘂者呪其舌根乃至七日還得
能語盲瞎者呪其眼根三七二十一
日日初出時病者東向坐心念口言
令我眼根隨日而生呪師尒時日日
呪之一日三呪日初出時日正中時
日欲入時乃至三七二十一日眼根
還生遂還得眼若諸衆生手脚躄癖



呪已還復如本無異有諸比丘懈怠
不勤觸事滯导闇鈍瞢瞢為諸罪垢
之所覆蔽當知是人曾於過去或煞
父母或煞和上阿闍梨或煞發心於
菩薩真人阿羅漢或煞時君國政破
塔壞僧此人或曾於大衆中作大妄
語輕毀衆僧或時在俗輕秤小斗欺
劫百姓見孤窮者輕毀凌蔑為子不
孝為臣不忠見人行善輕毀憎嫉見
諸惡人防讙佐助造此衆惡自纏其
身其人命終入阿鼻獄動經劫數罪
畢乃出還得為人諸根闇鈍示同人
類如是罪人若得值遇善知識者得
聞說此陁羅尼一經耳者復能讀誦
修行通利慚愧自責悔先罪各讙敬
自卑敬諸比丘孝順父母恭敬師長
耆舊宿長生讙敬心愛語和順鄙悼
自卑慚愧低頭或時諸人施與飲食
當持此食色香美味施與諸佛和上
阿闍梨我之鄙惡不消此食餘殊滓
惡我能敢受施衣裳湯藥亦復如是
不自高身卑下他人恒自攺悔無數
刼罪勤心讀誦此陁羅尼於四十八



日在空閑處六時行道供養礼拜十
方諸佛於一一時中七遍誦此陁羅
尼精誠攺悔莫生疲猒散五色華三
種名香栴檀沉水及薰陸香滿四十
八日已罪垢滅盡無有遺餘隨其前
世根有利鈍其利根者即得道果第
二第三終不能得阿羅漢果其根鈍
者正得滅罪不墮地獄我今所說饒
益衆生分别罪福令其惺悟善惡報
應是名讙法美妙功德今已說竟摩
那斯龍王今欲說呪名陁摩叉帝晉
言為讙法故拯濟群萌拔生死苦令
得脱難
陁無梨陁尼帝　阿支晝尼梨帝
毗梨帝那尼梨帝　烏支晝尼梨帝
胡梨帝那　尼梨帝　莎呵
誦呪三遍白氎縷結作七結繫項
是大神呪乃是過去七恒河沙諸佛
所說我於往昔在閻浮提作大國王
十六小國皆悉屬我我有威猛大勢
謀力降伏諸國三十六國悉来屬我
我時得病命垂欲終薄福少男正有
三子㝡大太子闇鈍少智中者尫弱

其家小子聰明勇喆博學多聞策謀威勇見我欲終悉皆来集一万大臣亦悉来集一万夫人亦悉来集王時欲終語諸群臣言我三子中誰中為王諸群臣言任大王意王時荅言不應任我我去之後治國之法霸王之事汝等當知去何任我諸臣咸言善哉大王慈悲臨覆心無憎愛一万大臣同聲唱言第三王子堪任為王一万大臣言已辭退時王正殿身體疲懈語諸子言我今欲卧第三王子抱父王頭中者捉脚第一王子捉父王手時王仰卧即便命終群臣聞之號哭来集一万夫人亦悉號哭舉身投地第三王子見父背喪呼號懊惱自投於地良久乃蘇第一太子默然而坐第二王子坐帝脚頭諸群臣言諸王子等相貌有異有一大臣是王叔父大王在時恒以國事付此大臣宰相念言大王在時恒以國事付囑於我今此王子意志有異我宜集人問之即前問言今王皆望諸群臣等皆悉已集父子之情不應如是默然而坐而不啼泣王子荅言我與父王都無因緣當一



王子獨是王子我等二人猶如賓客暫来相過大臣荅言不應如是國是汝有非兄則弟第三王子嘷咷惋轉前抱兄足我小幼稚不應為王願兄臨顧紹父王位兄時荅言父王臨終告勑於汝我當先生不見告勑是父王過非汝愆咎我等二人且當入山精誠剋厲求神仙道言已即去精誠不久獲得五通移山住流手攬日月第三王子塟送父訖得紹王位統領諸國四十八年其後漸漸貪濁心起人民猒賤諸小國王及諸群臣咸皆思念山中神仙無貪之性乃得為仙我等往昔咸皆愚癡聰聖王子以為愚癡貪濁王子以為賢聖作是念已咸相謂言我等諸人當共入山勸請神仙以為大王兼有神化威伏諸國作是念已一万大臣皆共入山推覔求索會遇見之一万大臣拜覲問訊神仙尊者我等頑愚不識正真為此貪王之所惱乱人民迸逬國將空虛唯願尊仙垂顧留眄慈悲普覆令國還復仙人荅言我無是事諸臣荅言



實不得止仙人荅言我寧此死終不戀國還為人王一万大臣咸相謂言我若返國亦皆當死貪王所煞不如住此求道神仙飲水食菓清閑寂漠精誠不久皆獲五通飛騰清虛靡不周遍尒時貪王心生慙愧即捨王位出家學道開父王藏欲大布施見一金匱七處印印之以手開匱得陁羅尼是過去諸佛所說如前無異得陁羅尼已開父王藏著四衢道頭恣其人民擔負而去我於尒時得此陁羅尼已即入靜室七日七夜精勤修習漏盡意解即獲五通尒時國王福德少故隣國侵境風雨不時人民飢餓是時國王即請比丘以為國師共我治化比丘是時即受其請愍衆生故為作國師教其國王治化正法不貪為本慈悲為性賞善罰惡尊敬道德慈愍人民如視赤子尒時教王此陁羅尼句王於尒時精誠至故七日七夜精進不懈已精進故十方諸佛諸大菩薩釋梵四天王二十八部諸大鬼神諸大龍王擁護國土集其國界

陀羅尼雜集卷第三 第三十一張 宿字号

雨澤時節穀米豐熟人民安樂已安樂故諸小國土皆悉歸屬當知皆是大神呪力威神乃尒若諸國王於釋迦牟尼佛千載末頭欲求所願亦應如是古者國王等無有異

我漚波羅龍王今欲說神呪名伊提姤摩晉言稱衆生心不違其意辟如大海七珎具足取者皆得其不取者非龍王咎

烏都 胡盧都 支波都 宿佉都

耆摩都 烏吒都 若蜜耆都

畢梨帝那都 烏蘇都 莎呵

誦呪三遍縷紅白二色結作八結繫項

此大神呪乃是過去二十恒河沙諸佛所說我從諸佛得此陁羅尼從是已來百阿僧祇刧有大神力神通自在遊騰十方歷事諸佛常以愛語軟語利益同事調伏衆生於諸衆生猶如慈父心意寬弘猶如大海含受衆生無所不苞堪任荷負無量重擔愍苦衆生施其安隱若諸衆生來求索者隨其所願不逆其意求官職者令得職爵求大富者施其寶藏疾病者

陀羅尼雜集卷第三 第三十二張 宿字号

施其安隱若諸國王欲求所願我悉與之不違其意求長壽與長壽欲令國土無災害雨澤時節不旱不澇正得其中無諸災雹穀米豐熟人民安樂疫毒不行滿其所願終不違意是王尒時復能讀誦上來所說陁羅尼句兼以十善化諸人民如我上說所修功德其王亦應如是修行修行得已兼復讀誦此陁羅尼曩刧所作極重惡業皆悉消滅無有遺餘是王尒時罪垢滅已其心泰然無衆惱患慈憎平等無有親愛常以月八日十四日十五日沐浴受齋於清旦時日王未出若正殿上若高樓上正東而坐七遍誦此陁羅尼呪燒白栴檀及沉水香散七色華供養十方佛已尒時應當三稱我名漚波羅龍王滿我所願如是三說即尋誦此陁羅尼句七遍乃止是王尒時已精誠故十方諸佛諸大菩薩釋梵四天王八大龍王我漚波羅龍王以慈悲蓋覆其國土以甘露水灑其國界令其疾病疫毒惡氣悉得消滅是名大神呪力滿願

陀羅尼雜集卷第三 第三十三張 宿字号

不虛

文殊師利菩薩我欲說有四弘誓何等為四一者覆育一切衆生猶如橋船度人無惓二者苞含万物猶如太虛三者願使我身猶如藥樹其有聞者患苦悉除四者願我當來得成佛時所度衆生如恒邊沙是為菩薩曠濟之心

虛空藏菩薩我欲樂說菩薩摩訶薩修行淨土清淨妙行有四事何等為四一者損已利人拯濟群生二者利衰毀譽不生憂慼三者貞潔不犯戒行清淨如白蓮花四者我當來世得作佛時國土所有一切衆生妙行成就人天無別是為菩薩莊嚴淨土清淨妙行觀世音菩薩復欲樂說菩薩有四攝法何等為四一者菩薩修行六波羅蜜兼以化人拯濟一切二者生慈悲心育養群生三者自利利人彼我兼利四者病苦者其心憐愍如視赤子是為菩薩四攝法攝取衆生菩薩廣利衆生攝取淨土妙善功德救脫菩薩復欲樂說有四弘誓不與

聲聞辟支佛共何等為四一者願使
我心猶如大地一切草木叢林萌牙
因之增長地無憎愛二者願使我心
猶如橋船運度衆生無有疲猒三者
願使我心猶如大海容受一切百川
衆流投之不溢四者願使我身猶如
虛空苞含万物猶如法性是為菩薩
四大弘誓不與聲聞辟支佛共
跋陁和菩薩我欲樂說菩薩妙行有
八事何等為八一者菩薩處於五濁
世界拔濟衆生不生疲猒二者見諸
衆生興起福事營護佐助不生穢心
三者見人為惡教喻訶諫令得捨離
四者有犯難者拯濟憐愍如母愛子
五者有来求者不惜身命六者有犯
難處扶侍携接令得脫難七者見邪
見人憐愍教喻令得正見八者掬育
衆生猶如赤子所有功德悉持施與
共用迴向無上菩提是為菩薩八事
利益無量衆生
大勢至菩薩復欲樂說菩薩有四事
利益衆生心無疲惓何等為四一者
菩薩摩訶薩自捨已樂施與衆生是



他受苦如已無異慈心流恻痛徹骨
髓二者菩薩摩訶薩於没溺處設大
橋船運度衆生無有疲猒三者菩薩
摩訶薩於生死海中衆生迴覆自手
牢捉令達彼岸四者知諸衆生往古
来今猶如幻化雖達此理度人無猒
是為菩薩四事利益拯濟群生
得大勢菩薩復欲樂說誰能於釋迦
牟尼佛遺法中作佛事者我等八人
常當擁護略說有四事何等為四一
者億無量苦見衆生苦如我無異二
者我等所持戒功德悉捨施與衆生
共用迴向無上菩提三者能忍苦事
荷負一切衆生到於彼岸四者發舉
一切衆生心猶如慈父念子無異是
為菩薩自利利人清淨妙行
堅勇菩薩復欲樂說菩薩妙行有四
事何等為四一者願我常生無佛世
界喻如日月行閻浮提為其除冥二
者如以金錍决其眼瞙令覩光明三
者作大藥樹一切衆生得聞香者病
苦消除四者常演說法如澍法雨萌
牙生長成就果實悉發無上菩提之

心是為菩薩四大弘誓
我文殊師利　今欲說妙偈　令此經流布
衆生無疑心　七佛菩薩衆　所說深妙法
諸天龍王神　言辞甚奇特　純說妙行呪
護國及行人　書寫讀誦者　必共千佛會
虛空藏菩薩　今欲說半偈　美嘆書寫者
書寫讀誦者　上来賢聖教　稱楊轉教人
言辞婉約美　妙好無窮盡　猶如大海水
深廣叵窮盡　此人之功德　億倍過於彼
我文殊師利今欲說偈
一切衆生類　迴波婬鬼界　無能覺之者
唯我能救拔　永断生死本　普處寂滅樂
梵天王所說二偈
我常修行四無量　今来至此聞妙言
濟拔衆生生死苦　永以無復憂惱患
兜率天王今欲說三偈
我於往昔值諸佛　得昇兜率為天王
今以得聽一妙言　决了心瞙開慧眼
其有衆生一經耳　不墮三塗昇梵天
他化自在天王欲說一偈半
聞此閻浮提　諸大菩薩等　演說微妙義
我心大歡喜　永拔生死種　得昇泹洹堂
化樂天王所說二偈半

我聞閻浮提　菩薩大士等　各各說妙行
四攝及弘誓　我聞此句已　心眼矐然開
願使諸天眾　得此淨眼根　永斷生死流
普得昇泥洹

炎摩天王欲說兩偈如意珠

我等久處於天宮　猒離三界生死苦
何時如蚍脫故皮　永得寂滅涅槃樂

忉利天王欲說一偈半

久處於生死　猒離欲淤泥　興起大慈悲
濟拔生死苦　永脫生死苦　得入涅槃城

提頭賴吒天王欲說四偈

四大天王中　我最為第一　我雖作天王
不脫鬼神苦　我作鬼神王　已經五百歲
東西常馳騁　濟度諸群生　哀我過去世
曾作人中王　治化不以理　今作鬼神王
有願諸國王　正治於國事　莫作貪濁行
復受鬼神身

毗樓博叉天王欲說一偈半

我念過去世　生於閻浮提　豪富得自在
諂曲不端直　今雖作鬼王　猶受鬼神苦

毗樓勒叉天王欲說三偈

我今作鬼王　得離三塗苦　涉歷四天下
救諸病苦者　憶念過去世　曾作天中王



放逸著五欲　今受鬼王身　又願人中王
謹慎不放逸　度脫諸眾生　普得涅槃樂

毗沙門天王欲說三偈

我於往昔修菩提　為眾生故作鬼王
眾生久處無明闇　我以金錍開其眼
慧眼既開度生死　生死既脫昇泥洹

難陀龍王欲說二偈半

我現處龍宮　欲度諸龍眾　聞諸菩薩眾
各各說妙行　諸天龍神等　咸皆側耳聽
天眾及龍眾　歡喜不自勝　我及諸營從
得脫諸龍身

婆難陀龍王今欲說一偈半

我處於龍宮　猶如蟄處蟲　願得智慧力
壞此無明闇　濟拔眾厄難　超度生死海

娑伽羅龍王欲說二偈

我念過去世　曾作人中王　慳恡於寶藏
今受龍王身　又願諸國王　慈惠普拯濟
治化以正法　莫復受龍身

和脩吉龍王欲說二偈半

我雖受龍身　不受熱沙苦　又於過去世
曾作人中王　貪濁著世樂　今受龍王身
又願諸國王　猒離於世樂　如囚猒於獄
超出三界門



德叉伽龍王欲說二偈半

又我於過去　曾作人中王　妻子及奴婢
悉皆用布施　坐以一瞋故　今受龍王身
又願諸國王　謙敬以人義　莫復自豪貴
後受龍王身

阿那婆達多龍王欲說四偈

我念過去世　曾於閻浮提　曾作國王女
端政無等雙　父王甚愛重　名曰白蓮花
嫁與鄰國王　不得適其意　瞋恚自害死
經歷三塗苦　今受龍王身　又願諸女人
猒惡女姿態　莫復懷妬忌　後受毒龍苦
難得脫苦時

摩那斯龍王今欲說二偈半

久處於龍宮　猒患諸龍臭　腥臊如溷腊
處廁不覺苦　三界諸人天　皆亦復如是
樂在三界獄　如豬不猒廁　哀哉甚可傷
不知求解脫

漚波羅龍王今欲說五偈半

我於過去世　曾於閻浮提　婆羅門家生
聰明甚黠慧　時有鄰國王　安來娉我妻
此女不貞良　愚外共人通　我時伺捕得
斬之於都市　我時惡賤彼　送之歸本國
思惟欲穢惡　出家行正道　復遇惡知識

陁羅尼雜集第三卷　第三十張　陽字

不值好同學　引置諸婬人　時我惋嘆恨
持刀自刎死　經歷三塗苦　從是受龍身
甚苦不可言
胡蘇伭羅龍王今欲白一事
我於閻浮提　典主十六國　餘國皆易化
惟此國難教　群目皆諂僞　貪濁多姧詭
旱澇不均平　莫不由此事

陁羅尼雜集卷第三

癸卯歲高麗國大藏都監奉
勅彫造

陀羅尼雜集卷第三

校勘記

一　底本，金藏廣勝寺本。三九二頁中原版缺，頁下至次頁上、次頁下至三九五頁下及四〇二頁上原版殘，以麗藏本補。

一　三九二頁中三行第七字「呪」，南無。四行第七字同。

一　三九二頁中一七行首字至末字「誦……手」，資無。又第八字「青」，磧、普、南、徑、清作「線」。

一　三九二頁下一〇行末字「住」，資、磧、普、南、徑、清作「佐」。

一　三九二頁下一五行「齊限」，資、磧、普、南、徑、清作「齊階」。

一　三九三頁上一六行「法憧」，資、磧、普、南、徑、清作「法幢」。

一　三九三頁中二一行「清流」，資、磧、普、南、徑、清作「漬流」。

一　三九三頁下六行「染衣」，清作「淨衣」。

一　三九三頁下末行首字「令」，資、磧、普、南、徑、清作「今」。

一　三九四頁中一一行第一〇字「持」，磧作「得」。

一　三九四頁中一二行第九字「補」，磧、普、南作「傳」；徑、清作「傅」。

一　三九四頁中一五行第八字「發」，徑作「廢」。

一　三九四頁下一九行「其如」，資、磧、普、南、徑、清作「如其」。

一　三九五頁中二行「娑伽羅」，磧作「婆伽羅」。

一　三九五頁下二行「二七」，資、磧、普、南、徑、清作「三七」。三九六頁下一四行徑、清同。

一　三九五頁下七行第七字「今」，徑無。

一　三九五頁下一二行「毁歷」，資、磧、普、南、徑、清作「毁羊」。

一　三九五頁下二二行「其國」，資、磧、普、南、徑、清作「國土」。

一　三九六頁上二一行「惺悟」，磧、普、

南、徑、清作「若惺悟」。
一 三九七頁上四行「雨雲」，資、磧、普、南、徑、清作「之雷」；麗作「雷」。
一 三九七頁上五行「掬育」，磧、普、南、徑、清、麗作「鞠育」。
一 三九七頁上末行「躄躃」，磧、普、南、清作「攣躄」；徑作「躄躄」。
一 三九七頁中四行末字「於」，資、磧、普、南、徑、清無。
一 三九七頁中七行第一一字「秤」，諸本（不含石，下同）作「秤」。
一 三九七頁中一七行末字「悼」，麗作「掉」。
一 三九七頁中二〇行「殊滓」，資、磧、普、南、徑、清作「殘滓」。
一 三九七頁下一七行第七字「縷」，資、磧、普、南、徑、清無。
一 三九七頁下二二行「少男」，資、磧、普、南、徑、清作「少兒」。
一 三九八頁上一六行「而坐」，資、磧、普、南、徑、清作「不坐」。
一 三九八頁上二一行「集人」，諸本（不含石，下同）無。
一 三九八頁上二二行首字「皆」，諸本作「背」。又第一〇字「集」，資、磧、普、南、徑、清作「集人」。
一 三九八頁中三行「嗶咷惋轉」，資作「嗶咷宛轉」；磧、普、南、徑、清作「號咷宛轉」。
一 三九八頁中六行第六字「畐」，磧、普、南、徑、清、麗作「徒」。
一 三九八頁中九行「手拋」，資、磧、普、南、徑、清作「手挽」。
一 三九八頁中一三行「乃得」，資、磧、普、南、徑、清作「及得」。
一 三九八頁中一九行第四字「遇」，磧作「還」。
一 三九八頁下四行「寂漢」，資、磧、普、南、徑、清作「寂寞」。
一 三九八頁下一〇行第三字「已」，資、磧、普、南、徑、清作「又」。
一 三九九頁上四行「亦應」，資、磧、普、南、徑、清作「必應」。
一 三九九頁中四行「灾霜」，南、徑、清作「災害」。
一 三九九頁中一三行末字「王」，徑、清作「光」。
一 三九九頁中一五行「誦此」，磧作「通化」。又末字「沆」，諸本作「沉」。
一 三九九頁中一六行「七色」，資作「十色」。
一 三九九頁下七行「恒邊沙」，麗作「恒河沙」。
一 三九九頁下二〇行「病苦者」，資、磧、普、南、徑、清作「見病苦者」。
一 四〇〇頁上一四行第四字「犯」，資、磧、普、南、徑、清作「患」。一五行末字同。
一 四〇〇頁上一六行「扶侍」，南、徑、清作「扶持」。
一 四〇〇頁上一七行「掬育」，諸本作「鞠育」。
一 四〇〇頁上末行末字「是」，諸本作「見」。
一 四〇〇頁中五行「牢捉」，資作「牢接」；磧、普、南、徑、清作「牽接」。

一 四〇〇頁中一一行第二字「億」，資、磧、普、南、徑、清作「憶」。

一 四〇〇頁中二〇行「金鉀」，資作「金篦」，次頁中五行同。又第六字「決」，磧、普、南、徑作「抉」。

一 四〇〇頁下八行第三字「惋」，資、磧、普、南、徑、清作「婉」。

一 四〇〇頁下一一行第六字「迴」，諸本作「廻」。

一 四〇〇頁下一三行末字「偈」下，麗有偈言「今來至此聞妙言」。

一 四〇一頁上二行「矔然」，資、磧、普、南、徑、清作「霍然」。

一 四〇一頁上五行「兩偈」，磧、普、南、徑、清作「一偈」。

一 四〇一頁上末行「天中王」，南、徑、清作「人中王」。

一 四〇一頁中三行「三偈」，磧、普、南、徑、清作「一偈半」。

一 四〇一頁下一行「德叉迦」，資、磧、普、南、徑、清作「德叉迦羅」。

一 四〇一頁下四行「人義」，諸本作「仁義」。

一 四〇一頁下一九行末字「生」，麗作「子」。

一 四〇一頁下二一行第六字「愚」，諸本作「私」。

一 四〇一頁下二二行「賤彼」，資、磧、普、南、徑、清作「得此」；麗作「賊彼」。

一 四〇二頁上一行「媱人」，諸本作「婬女」。

一 四〇二頁上四行「一事」，資、磧、普作「一爭」。

# 陀羅尼雜集卷第四　咨

未詳撰者今附梁錄

阿弥陀鼓音聲王陀羅尼一首
發菩提心陀羅尼一首
日藏菩薩陀羅尼一首
護諸童子陀羅尼呪經（三藏菩提留支譯）
金剛秘密善門陀羅尼七首
最勝燈王如来所遣陀羅尼音
阿逸多王菩薩說饒益善利色
力名譽陀羅尼一首
文殊師利菩薩說饒益善利色
力名譽陀羅尼一首
釋迦牟尼佛說大饒益陀羅
尼一首
四天王說護持lexical呪者陀羅尼一首
救阿難伏魔陀羅尼一首（出大涅槃經）
正語梵天說應現滿願陀羅
尼一首
摩尼跋陀天王說稱願陀羅
尼一首
婆視羅仙人說救一切病種
種方法陀羅尼一首



## 阿弥陀鼓音聲王陀羅尼經

如是我聞一時佛在瞻波大城伽伽靈池與大比丘衆五百人俱尒時世尊告諸比丘今當為汝演說西方安樂世界今現有佛号阿弥陀若有四衆能正受持彼佛名号以此功德臨欲終時阿弥陀即與大衆往此人所令其得見見已尋生慶悅倍增功德以是因緣所生之處永離胞胎穢欲之形純處鮮妙寶蓮華中自然化生具大神通光明赫弈尒時十方恒沙諸佛皆共讚彼安樂世界所有佛法不可思議神通現化種種方便不可思議若有能信如是之事當知是人不可思議所得業報亦不可思議阿弥陀佛與聲聞俱如来應正遍知其國号曰清泰聖王所住其城縱廣十千由旬於中充滿刹利之種阿弥陀佛如来應正遍知父名月上轉輪聖王其母名曰殊勝妙顏子名月明奉事弟子名無垢稱智慧弟子名曰賢光神足精懃名曰大化尒時魔王名曰無勝有提婆達多名曰寂靜阿弥



陀佛與大比丘六万人俱若有受持彼佛名号堅固其心憶念不忘十日十夜除捨散乱精懃修集念佛三昧知彼如来常恒住於安樂世界憶念相續勿令斷絕受持讀誦此鼓音聲王大陀羅尼十日十夜六時專念五體投地礼敬彼佛堅固正念悉除散乱若能令心念念不絕十日之中必得見彼阿弥陀佛并見十方世界如来及所住處唯除重障鈍根之人於今少時所不能覩一切諸善皆悉迴向願得往生安樂世界垂終之日阿弥陀佛與諸大衆現其人前安慰稱善是人即時甚生慶悅以是因緣如其所願尋得往生佛告諸比丘何等名為鼓音聲王大陀羅尼吾今當說汝等善聽唯然受教於時世尊即說呪曰

多經咃 一 婆離 二 阿婆離 三 娑摩婆離 四 㞐地奢 五 毗闍多袮 六 毗茂邪 七 毗茂尒 八 闍羅婆羅車馱袮 九 宿佉波啼毗地奢 十 阿弥多由婆離 十一 阿弥多馳伽婆毗呵袮 十二 阿弥多馳

波羅娑陀祢十三涅浮提十四阿迦舍昭
浮陀十五阿迦舍昭提奢十六阿迦舍昭
闍帝十七阿迦舍夂舍離十八阿迦舍達
奢尼十九阿迦舍提哋祢二十留波昭提
奢二十一遮捶唎達摩波羅娑陀祢二十二遮
捶唎阿利虵二十三娑帝虵波羅娑陀祢二十四
遮捶唎末伽婆耶波羅娑陀祢二十五婆
羅毗梨耶波羅娑陀祢二十六達摩呻他
祢二十七夂舍離二十八夂舍羅眡提奢二十九
夂奢羅波羅啼哋祢三十佛陀夂奢離
三十一毗佛陀波羅波斯三十二達摩迦羅祢
三十三昭專啼三十四昭浮提三十五毗摩離三十六
毗羅闍三十七羅闍三十八羅斯三十九羅娑歧
四十羅娑伽羅娑離四十一羅娑伽羅陀地
哋祢四十二夂舍離四十三波羅啼夂舍離四十四
毗夂舍離四十五哋啼四十六修陀多至啼
四十七修波羅舍多人啼四十八修波羅啼癡
啼四十九修離五十修目企五十一達咩五十二
達達咩五十三離婆五十四遮婆離五十五阿兔
舍婆離五十六佛陀迦舍昭桼祢五十七佛
陀迦舍桼祢五十八沙婆呵五十九
此是阿弥陀鼓音聲王大陀羅尼若
有比丘比丘尼清信士女常應至誠



受持讀誦如說修行行此持法當處
閑寂洗浴其身著新淨衣飲食白素
不噉酒肉及以五辛常修梵行以好
香華供養阿弥陀如来及佛道搗大
菩薩衆常應如是專心繫念發願求
生安樂世界精懃不怠如其所願必
得往生於彼佛世界時阿弥陀佛與
諸大衆坐寶蓮華其土菓林華菓鮮
數聞錯嚴飾復有樹王香風馥扇出
和雅音紼說無上不思議法復有妙
香名曰光明若干塗香亦是寶香阿
弥陀佛於大寶華結跏趺坐有二菩
薩一名觀世音二名大勢至是二菩
薩侍立左右無數菩薩周匝圍遶於
此衆中若能深信無狐疑者必得往
生阿弥陀國其地真金七寶蓮華自
然踊出若有四衆受持讀誦彼佛名
号乃至無有水火毒藥刀杖之怖亦
復無有夜叉等怖除有過去重罪業
障極至七生必果所願佛說是阿弥陀
鼓音聲王陀羅尼時無量衆生皆悉
發願志求生彼極樂世界於時世尊
讃言善哉善哉如汝所願必得生彼



聞佛說已天龍八部歡喜踊躍作礼
奉行
發菩提心陀羅尼
呾那耶哆婆迦羅目呿一阿迦羅目
呿二阿尼摩目呿三阿婆羅闍目呿四
薩呾羅闍目呿五阿那遊呵目呿六婆
婆捶闍目呿七阿秋藪肥八奢戕奢
九慕哋戕奢十多戕阿那由呵𧴩尼
摩哦婆阿波羅惰　翅那末斗呵哦
泯羅囊迦福　摇之舍那修娑呿　摩
羅阿羅利哯埏梨嵬摇囉嚁　娑呿哦
阿流那遮羅波啞喲浮阿那叉耶　那
荼嘅闍　摩利之婆羅居頭啜叉戕菴
蒲利嘅闍　藪羅舍羅梨婆婆呿呾
流之肥呿呾遮羅睞啞　梨勤那波婆
牟尼提耶　多婆迦破鬪羅跈跋許月脾
闍摩尼那羅延那供波那羅延拏娑
婆因陀半拏　戕迦目呿婆啞婆羅
摩尼肥攘目呿　牟尼三尒呵　戕婆
迦摩沙羅尼啞摩訶摩訶　尼嗟
阿射　利摩利　遮呵戕喉喉摩尼
阿吠闍曇摩　呵噗蘫曇摩肥
利闍牟尼陀闍顯奢皃沙訶㑚嗟嗟

弥耶　闍波波摩哇肥闍耶貧貧哦
羅那恩陁引也貧貧呵哦肥羅闍肥
尼哇肥貧闍肥莎羅訶訶貧尼伏羅
界婆何耶餙那婆何利没闍婆何
莎呵
佛說此陁羅尼時三千大千世界六
種震動天於空中作天伎樂而雨種
種香華珍寶供養於佛菩薩大衆於
時九十那由他天人發菩提心若出
家在家善男子善女人欲發菩提心
者應當書寫讀誦此陁羅尼十方諸
佛即見此人聞其讀誦發願迴向遥
見此人生歡欣心即與授記必當作
佛若其四衆為佛道故應淨洗浴著
新淨衣敷種種淨坐於阿練若處離
閙無貪瞋恚煩惱歌又離憍慢嫉妬
之心一向繫念十方佛令如目前晝
夜三時懺悔諸罪讀誦此陁羅尼於
七日善心淳志當見十方佛若其不
見復二七日三七日中專心不住無
量諸佛當見其前而說法與其授記
當得作佛一切業障悉皆消滅若造
五逆重罪犯重根本毀謗正法不得



現見諸佛者若夢中見亦得滅除無
量諸罪復當更三七日懃加三七日
懃加精進必得見一切諸佛此陁羅
尼功德說不可盡略說一麻矣至心
一心如法修行如願必得
日藏菩薩陁羅尼
多擲哆　尼羅那脾馳馳　式叉脾馳
馳　弥力提脾馳馳　波羅呵那脾馳
馳　栗提脾馳馳　因地利脾馳馳　婆
羅脾馳馳　伽脾馳馳　三摩提脾馳
馳　陁羅尼脾馳馳　叉提脾馳馳
馳馳那脾馳馳　阿由波脾馳馳　阿
尼遮那脾馳馳　摩力伽脾馳馳　阿
脾若脾馳馳　波羅提三祁茥馳馳
摩訶訶窒多羅脾馳馳　摩訶迦留那
脾馳馳畢栗癡　比脾馳馳　薩埵脾
馳馳　曇摩脾馳馳　菩摩脾馳馳
阿路伽脾馳馳　波羅提波斯脾馳馳
波羅首六迦脾馳馳　伽伽那脾馳馳
摩留多脾馳馳　胊涅地脾馳馳　布
多脾馳馳　阿耨窒多脾馳馳　憍沙
脾馳馳　勒者那脾馳　阿比娑婆
阿耨那阿奴那　阿波呵耆遮　耆遮



羅　者比牟　者毗遮　閦者比羅比
牟脾馳比牟　叉馳比牟阿三慕陁
者羅比牟　車陁比牟　阿加舍比牟
比功波舍摩比牟　阿那婆婆比牟
阿呵呵比牟　阿羅波　羅比牟
優波摩波利比牟　莎呵
若有四衆書寫讀誦至心專志如法
修行者能滅恒河沙劫所作五逆十
惡一切重罪根本悉能除滅若善男
子善女人受持書寫至心讀誦七日
七夜或一月或一歲晝三時夜三時正衣
服偏袒右肩合掌向佛右膝著地如
是佛前誦此陁羅尼滅一切諸罪獲
一切福欲求何等所求何物所欲求
者如願必得至心一念受持讀誦此
陁羅尼者為恒河沙世界一切諸佛
之所歡欣護念為一切諸大菩薩歡
欣護念為一切諸天神王之所擁護
為一切天龍鬼神之所護念滅一切
惡業是人非人不能得便能至命終
一切諸佛菩薩競來迎接與其受記
令生往生所欲求者無不如願此陁
羅尼功德說不可盡略說一麻矣在人

一心専志願則從心

佛說護諸童子陁羅尼呪經　三藏菩提流支譯

尒時如来初成正覺有一大梵天王
来詣佛所敬礼佛足而作是言
南無佛陁耶　南無達摩耶　南無僧伽耶
我礼佛世尊　照世大法王　在於閻浮提
最初說神呪　甘露淨勝法　及礼無著僧
已礼牟尼足　即時說偈言　世尊諸如来
聲聞及辟支　諸仙護世王　大力龍天神
如是等諸果　皆於人中生　有夜叉羅刹
常喜噉人胎　非人王境界　強力所不制
能令人無子　傷害於胞胎　男女交會時
使其意迷乱　懐娠不成就　或歌羅安浮
無子以傷胎　及生時奪命　皆是諸惡鬼
為其作嬈害　我今說彼名　願佛聽我說
第一名弥酬迦　第二名弥伽王
第三名騫陁　第四阿波悉魔羅
第五名牟致迦　第六名摩致迦
第七名閻弥迦　第八名迦弥尼
第九名梨婆坻　第十名富多那
第十一名曼多難提　第十二名舍究尼
第十三名乹吒波尼　第十四名目佉曼荼
第十五名藍婆



此十五鬼神常遊行世間為嬰孩小兒而作於恐怖我今當說此諸鬼神恐怖形相以此形相令諸小兒皆生驚畏

弥酬迦者其形如牛
弥伽王者形如師子
騫陁者形如鳩摩羅天
阿波悉摩羅者形如野狐
牟致迦者形如獼猴
摩致迦者形如羅刹女
閻弥迦者其形如馬
迦弥尼者形如婦女
梨婆坻者其形如狗
富多那者其形如豬
曼多難提者形如猫兒
舍究尼者其形如烏
乹吒波尼者其形如雞
目佉曼荼者其形如薰狐
藍婆者其形如虵

此十五鬼神著諸小兒令其驚怖我今當復說諸小兒怖畏之相

弥酬迦鬼著者小兒眼精迴轉
弥伽王鬼著者小兒數數歐吐



騫陁鬼著者小兒其兩肩動
阿婆悉魔羅鬼著者小兒口中沫出
牟致迦鬼著者小兒把捧不展
摩致迦鬼著者小兒自齧其舌
閻弥迦鬼著者小兒喜啼喜笑
迦弥尼鬼著者小兒樂著女人
梨婆坻鬼著者小兒現種種雜相
富多那鬼著者小兒眠中驚怖啼哭
曼多難提鬼著者小兒喜啼喜笑
舍究尼鬼著者小兒不肯飲乳
乹吒波尼鬼著者小兒咽喉聲塞
目佉曼荼鬼著者小兒時氣熱病下利
藍婆鬼著者小兒數噫數噦

此十五鬼神以如是等形怖諸小兒及其小兒驚怖之相我皆已說復有大鬼神王名栴檀乹闥婆於諸鬼神最為上首當以五色縷誦此陁羅尼一遍一結作一百八結并書其鬼神名字使人賷此書縷語彼使言汝今疾去行速如風到於四方隨彼十五鬼神所住之處與栴檀乹闥婆大鬼神王令以五色線縛彼鬼神兼以種種美味飲食香華燈明及以乳粥供養

神王
尒時大梵天王復白佛言世尊若有女人不生男女或在胎中失壞墮落或生已奪命此諸女等欲求子息保命長壽者當常繫念修行善法於月八日十五日受持八戒清淨洗浴著新淨衣礼十方佛至於中夜以少芥子置已頂上誦我所說陀羅尼呪者令此女人即得如願所生童子安隱無患盡其形壽終不中夭若有鬼神不順我呪者我當令其頭破為七分如阿梨樹枝即說護諸童子陀羅尼呪

嚧姪他　阿伽羅伽泥　那伽伽泥　娑樓隸　祇隸　伽婆隸　鉾隸　不隸　羅叉祢　修羅俾　遮羅俾　婆陀尼　波囉阿昌利　沙尼　那易　弥那易　蘇婆呵

世尊我今說此陀羅尼呪護諸童子令得安隱獲其長壽故
尒時世尊一切種智即說呪曰
嚧姪他　菩陀菩陀菩陀　蒐摩帝　菩提　菩提　摩隸　式叉夜　娑舍利　娑達祢　娑囉地　頭隸頭隸　波



騰多頭隸　舍摩膩叉鞞　叉隸　波瞞帝　叉藍舍弥帝　膆陀　膆絺婆呵膩　祇摩膩　陀波膩　蘇婆呵膩婆囉膩　蘇婆呵

此十五鬼神常食血肉以此陀羅尼呪力故悉皆遠離不生惡心令諸童子離於恐怖安隱無患處胎初生無諸患難誦此呪者或於城邑聚落隨其住處亦能令彼嬰孩小兒長得安隱終保年壽南無佛陀成就此呪護諸童子不為諸惡鬼神之所嬈害一切諸難一切恐怖悉皆遠離蘇婆呵
時此梵天聞說此呪歡喜奉行

金剛秘密善門陀羅尼

如是我聞一時世尊安住菩提樹下與大弟子舍利弗目揵連等而為上首復有無量諸大菩薩摩訶薩其名曰金剛幢菩薩金剛藏菩薩弥勒菩薩賢劫大士亦為上首尒時金剛密迹菩薩承佛威神發如是言唯願世尊分別演說善門陀羅尼當為世間作大照明除滅怨害惡友毒心若天龍夜叉羅刹鳩槃荼人及非人諸



大鬼神噉人精氣方道蠱毒怨家詐諂伺人短者如是無有救護之處如来大慈當為除滅怖畏等事安止衆生於清淨地行住坐卧乃至夢中常當守護不令憂惱有是利故我今勸請大悲調御當為說之亦當救護大乘人心令其堅固功德智慧不退之行悉除怨害命不中夭尒時金剛密迹菩薩勸佛已瞻仰尊顏心有顧念
尒時世尊大悲導師發大雷音聲遍世界讚歎密迹菩薩善哉善哉善男子汝今真是菩薩之人能為衆生得安樂故發如是問我今亦為一切衆生當說此善門陀羅尼尒時密迹喜未曾有唯願矜愍善分別之於時世尊告大士諦聽諦聽善思念之吾當為汝演暢其義密迹言唯然受教即說呪曰

多絰他　漚究　牟究　摩比尼　摩陀尼　膆囉遮　冷那休　休休利　跋多　莎呵

尒時世尊說此灌頂陀羅尼已復更宣說陀羅尼句

多他跋闍跋闍　跋闍達梨跋闍　波
泜　跋闍毗泜　跋闍大地　遮迦羅跋
時　遮迦　羅達梨　達梨　達梨
跋梨　牟梨　遮𨽻　休休梨　波伽
頻毗梨　梨梨尼　留留志　遮梨
周梨　牟梨　𢑥荼梨
此持名善能除滅一切過惡亦除一
切四百諸疾復能令人命不中夭
多經他　摩荼尼　伽伽羅尼　牟荼
尼　僧波羅牟荼尼　那奢尼　那奢
尼　婆陁尼　蚩真兜　蚩真兜毗梨
摩梨呵多尼　跋梨婆梨　婆地毗
地毗梨　留婆梨　奢羅滓羅和滓
羅和那荼鉇　跋羅摩遮梨　那伊
他羅　婆泜　地地羅鉇尼　那無摩
醯　奢婆羅　梨師婆摩　呼尼
坡波闍　摩呼尼　迦羅婆地　呼地
婆地　蘇摩婆泜　蘇摩婆羅𩌏
莎呼　多經他　呵羅呵羅　唏羅
伊大摩婆遮　婆伽婆　莎呵
迦緻多　阿嵬那　阿梨闍婆尼　迦伽
大尼　阿多荼呵尼　朱伽毗　盧呵尼
休娑婆泜　呼婆婆泜　唏利唏利



鉇他時　鉇他利尼　鉇　他波囒遮
鉇他婆炎　鉇他婆嵐　鉇他　希利
躭　莎呵
尒時世尊說此金剛秘密善門陁羅
尼欲令人天獲大饒益永離苦難常
處安樂如是持者過去諸佛已說教
化未來今佛亦共宣說佛告金剛密
迹善薩善男子大悲愍念一切衆生
故我今說之尒時世尊說此持時於
其肉髻無見頂上出大人相光照明
赫弈遍照十方無量世界時諸佛土
亦復自然踊出光明艶色希有殊減
一切所有幽冥時十方人天異類咸
覩是相生希有心皆作此念有何因
緣而現是相光遍世界尒時諸佛告
衆會曰善男子諦聽有佛世界名曰
娑婆佛号釋迦牟尼如來大悲憐愍
一切衆生令安樂故說是善門陁羅
尼是時衆會聞其佛說釋迦威德力
皆同發聲讚歎釋迦希有善哉能於
娑婆生大悲心為安天人故說是持
此持希有乃是無相真實智慧之所
宣說我等願樂懃修行之得是持已



亦當如是出生大悲教化衆生諸佛
讚言善哉善哉善男子欲行此善門
陁羅尼者常於晨朝嚼木澡漱燒香
散華攝心讀誦不令馳騁於諸境界
所以者何此持乃是三世諸佛持說
教化汝等應當憶念如說修行五辛
酒肉所不經口梵行居心除捨緣務
於寂靜處然後讀誦能令行者得大
功德無邊智慧欲行善門陁羅尼者
當發誓願乃至成佛莫令廢忘恒於
晨朝讀之一遍若求現願七日七夜
懃而行之無不果遂唯除過去有重
罪者於今少時不能令盡其餘諸業
無不除滅修一切諸善乃至涅槃悉
皆能得具足二十功德之利何等二
十所謂長命盡壽名稱資生色力無
病勇猛精進諸佛護念其心調柔諸
天護助願行善行思其深義精懃不
怠光顔怡悅相好具足辯才無畏增
滿善根是故世尊說此金剛秘密深
奧善門陁羅尼汝應憶念至誠修行
所以者何如此持者於諸持中最為
吉祥

尒時金剛密迹菩薩白佛言世尊我
今慜念擁護一切衆生令得安樂除
諸衰惱不令諸惡得其便也
多經他 尼企尼企 志志志志 喽喽
喽喽 留留留留 時時時時 伽羅
伽羅 伽羅 伽羅 啼利啼利啼利
啼利 破破破破 摩摩摩摩 呵那
呵那呵那呵那 大呵大呵大呵大呵
婆蒐阿伽耶啼帝利 莎呵
尒時世尊讚金剛密迹言善哉善哉
大士乃能說此大威神呪擁護一切
皆得安隱益其精氣不令諸惡人非
人奪其精氣者得其便也
尒時大梵天王及諸眷屬即從坐起
偏袒右肩合掌白佛言世尊我今亦
欲隨喜佐助受持讀誦善門陁羅尼
者增長衆生壽命色力除其衰患
使無伺求得其便者唯願世尊加哀
護助得如所願
多經他啼利弥利 泯利 莎呵 跋嵐
呵 摩富梨 莎呵 跋 嵐摩卑
婆羅羯押 弗波僧多梨 莎呵
若有善男子善女人欲行此持者常



於晨朝清淨澡漱已至心讀誦
尒時釋提桓因即從坐起偏袒合掌
白佛言世尊我今亦欲擁護一切衆
生不令諸惡人非人奪精氣得其便
也即說陁羅尼句
多經他 毗尼婆羅 婆大羅 摩陵
持 抂致 置瞿梨乾陁梨 婆羅
摩囉泯 呵那摩躭多羅尼 大羅
摩利尼 遮迦羅婆翅 睒婆梨
睒婆梨 莎呵
行之法常於晨朝清淨已至心讀誦
尒時四天王即從坐起偏袒右肩合
掌向佛而作是言我等亦欲擁護一
切衆生不令諸惡人及非人伺其惡
者得其便也
多經他 弗羆脩弗羆 頭摩波梨
呵離阿利夜波羅 泯糰 泯躍目泯
朱伽梨 兜泯兜 莎呵
此呪常於晨朝清淨已至心讀誦
尒時釋迦牟尼佛即舉右手讚嘆梵
釋四天王言善哉善哉汝等善能宣
說諸佛所持陁羅尼句尒時世尊告
金剛密迹菩薩善男子若有得聞善



門陁羅尼心無疑惑能於晨朝清淨
三業已至心讀誦所得功德不可稱計
佛說最勝燈王如来所遣陁羅尼句
此有兩本前後翻譯不同
如是我聞一時佛在舍衛國祇陁林
中給孤獨精舍與大比丘衆千二百
五十人大菩薩衆四万人俱娑婆世
界主梵天王釋提桓因四大天王提
頭賴吒天王毗樓勒迦天王毗樓博
叉天王毗沙門天王將二十八部鬼
神大將如是等諸天八万四千呵利
多將其子及眷屬悉来在會尒時去
此佛世界過十万億佛土有世界名
衆華佛号㝡勝燈王如来應供等正
覺今現在說法遣二菩薩一名大光
二名無量光而告之言善男子汝持
此陁羅尼句至娑婆世界與釋迦牟
尼佛此呪多所饒益能令衆生長夜
安隱獲得善利色力名譽即說呪曰
多經他 闍婆吟 摩訶闍婆吟 闍
婆利 呾 阿企摩企 三末泯摩呵
三末泯 娑㝵泯 摩呵娑㝵泯
娑移沙羅咩 莎呵

時二菩薩從佛受持陁羅尼已猶如壯士屈申臂頃從衆華國沒到舍衛國祇陁林中給孤獨精舍時二菩薩前詣佛所頭面礼足却住一面白佛言世尊去此世界過十万億佛土有世界名衆華佛号最勝燈王如来應供等正覺今現在說法遣我等来問訊世尊無病少惱諸弟子衆不為天龍夜叉羅剎浮多鳩槃荼富單那毗舍遮餓鬼阿修羅迦樓羅斬人鬼揵陁鬼狂人鬼乱人心方道鬼起晃鬼若一日發病若二日三日四日如是等諸患所惱乱最勝燈王如来遣陁羅尼句来與世尊亦欲令此娑婆世界衆生長夜安隱獲大善利色力名譽說呪如上

佛告阿難汝當受持讀誦通利為他解說書寫供養此持所以者何佛出世難聞持此呪亦復甚難阿難若有受持讀誦通利為他解說書寫供養此陁羅尼者火不能燒水不能澍毒亦不入恐不能害王亦不煞梵釋諸天不嫌責之能自憶念七世生事阿



難此持過去七十七億諸佛所說若違犯此呪及持呪者奪其精氣為作衰惱則為侵毀違逆是諸佛也

介時阿逸多菩薩從坐起正衣服偏袒合掌前白佛世尊我今亦欲說陁羅尼句饒益衆生令得善利色力名譽即說呪曰

多姪他　阿致婆致　那致究那致　阿嵬婆泜　波羅帝婆泜　兜留咩
留留咩　阿那迦斯　坡那迦斯　迦斯
摩呵迦斯　阿嵬多　婆羅細多
佉歧摩呵佉歧　恚荼稗唏吟
多荼稗唏吟　帝吟尸吟呼地　摩訶呼地　呼呼祢　呼奢婆泜　莎呵

佛告阿難汝當受持讀誦通利為他解說書寫供養此持所以者何佛出世難聞持此呪亦復甚難若有受持讀誦為他解說書寫供養此陁羅尼者能自憶念十二生事阿難此呪過去八十二億諸佛所說若違犯此呪及持呪者奪其精氣為作衰惱則為違逆是諸佛也

介時文殊師利法王子從坐起正衣



服偏袒右肩合掌叉手白佛言世尊我今亦欲說陁羅尼句用饒益衆生令獲善利色力名譽即說呪曰

多經他　阿企摩企那企那　祁尼
那伽婆　離婆那涅吟　闍唏吟　闍唏囉婆泜　闍提吟　闍提囉婆泜
莎呵

佛復告阿難汝當受持讀誦通利為他解說書寫供養此持所以者何佛出世難聞持此呪亦復甚難若有受持讀誦為他解說此陁羅尼句者自憶念十三生事阿難此持過去劫九十九億諸佛所說若違犯此呪及持呪者奪其精氣為作衰惱則為侵毀是諸佛也

介時釋迦牟尼佛告諸比丘我今亦當說陁羅尼句用饒益衆生令獲善利色力名譽即說呪曰

多經他阿致　波致　那致　究那致
卓翅　卓荼翅　羅留咩　留留咩
莎呵　摩訶莎　離差咩　摩訶差咩
盧吟樓盧吟　唏吟弥吟泜吟尸利
祁利　阿荼婆綴究　那綴阿那波泜

陀羅尼雜集卷第四 第二十五張 隊

坡那波泜 阿迦斯 摩迦斯 迦娑
迦斯 破斯 破娑破斯 摩呵破娑破
斯 伊利弥利多埵 多多埵 莎呵
多絰他 阿致婆致 卓翅 卓荼翅
卓翅 卓留 摩泜兜留末泜 修羅
都離 修離婆啼利 弥利 帝利
莎呵 多絰他 阿婆移 婆虵比
伽泜婆 虵波梨輸 達尼 阿婆虵
大地 尼留 波迦羅咩 阿那比呤
阿比攞比 守題 阿比伽 羅奚
阿比婆地 阿拘蓰 阿呼泜 守婆
泜 耆帝闍婆泜 摩訶泜祇 憂
波舍咩 弥多羅婆泜 摩沙舍摩
尼薩多夜大梨耆 阿比留 緹娑啼
多梨䏲 阿羅虵娑啼泜 阿勿多
波羅鞞 莎離莎離婆泜 恚題
守題 守鞞 優婆娑婆泜 三摩波
羅揄岐 三摩貨泜 阿嵬多離
佛陁提癡泜 尸攞比守題 阿鞞地
阿叉移 阿闍泜波羅鞞 闍泜比守
陁移 阿那帝迦 羅摩尼移 阿三
呵梨移 尼伽利啼泜 薩婆末羅
跋嚂波羅視躭 薩婆泜梨他夜

---

陀羅尼雜集卷第四 第二十六張 隊

波羅時羅利多 達摩尉囉迦 僧
伽利 啼躭達摩大南 莎呵
佛告阿難汝當受持讀誦通利為他解說書寫供養此陁羅尼所以者何佛出世難聞持此呪亦復甚難若有受持讀誦通利為他解說書寫供養者能自憶念十四生事阿難此陁羅尼句過去九十九億諸佛所說若違犯此呪及持呪者奪其精氣為作衰惱則為侵毀是諸佛也佛告阿難若入賊中當念此呪若入水火欲入王宮亦當念此呪若有種種疾病怖畏之處亦當念此呪此呪神力皆得解脫阿難若有讀誦通利為他解說書寫供養此陁羅尼句者若王賊水火若天龍夜叉若浮多若究槃茶若冨單那若毗舍遮若餓鬼若斬人鬼若揵陁鬼若瘐鬼若使人狂鬼若乱人心鬼若一日二日三日至四日發病鬼若日月星宿若師子虎狼毒虵蝮蝎人若非人而来怖畏惱害者無有是處阿難若有善男子善女人受持讀誦通利書寫供養歡喜信樂廣令

---

陀羅尼雜集卷第四 第二十七張 隊

流布此陁羅尼者火不能燒不溺水死刀刃不傷毒不能害不中方道阿難若以此呪繫枯樹上求哀救護還生華葉何況人也唯除宿業已定果報若求現願七日七夜至心修行無不果遂

尒時四天大王從坐起正衣服偏袒右肩右膝著地合掌叉手白佛言世尊若有受持讀誦為他解說者我當守護是人即說呪曰

多 絰他 大但持 大但持 鞞大持
多荼虵婆渟吒致 吒吒致 吒吒吒吒
吒吒祢 究吒祢 究吒祢 究吒祢
摩呵究吒祢 達摩呤 蚩摩呤
莎呵

佛說救阿難伏魔陁羅尼句 出大涅槃經

尒時佛在娑羅林中告文殊師利法王子阿難比丘今去此會十二由旬為六万四千億魔之所惱乱汝可往彼發大聲言一切諸魔諦聽諦聽如来今說大陁羅尼句天龍夜叉乹闥婆阿修羅迦樓羅緊那羅摩睺羅伽人與非人山神樹神河神海神舍

宅等神一切善聽即說呪曰
多經他　何末呤　毗末呤　涅末呤
菩伽呤　奚蘭若羅　多那伽俾
跋提呤　修跋㖿呤　迦稗三易那
跋㖿呤　薩婆羅他　婆大尼
婆羅摩他　薩大尼　摩那斯摩訶
摩那斯　阿呼泯　阿窓泯　阿淨泯
阿多羅　遮淨泯　毗闍移　毗摩呤
婆嵐咩　摩訶婆嵐咩　波利不嘍
拏　摩奴羅㮊　比目泯　修比目泯
莎呵
尒時文殊師利法王子從佛受此陀
羅尼已至阿難所在魔衆中作如是
言諸魔眷屬諦聽我所說大陀羅尼
句魔王聞已悉發阿耨多羅三藐三
菩提心捨於魔業即放阿難聞是持
名無不恭敬受持之者此持過云十
恒河沙諸佛世尊所共宣說能轉女
身自識宿命當受持五事一者梵行
二者斷肉三者斷酒四者斷五辛五
者樂在寂靜至心信受書寫讀誦此
陀羅尼者當知是人則得超越七十
七億獘惡之身



正語梵天所說陀羅尼
正語梵天現女身白佛言世尊若四
部弟子淨自洗浴著新淨衣燒沉水
香三日斷食誦此呪者我若不至其
所滿其所願者我為欺誑十方諸佛
亦莫令我得阿耨多羅三藐三菩提
若有人惡心向此人者心即乾燋舉
眼視者眼開脫出若口道說者身生
艾白瘡若依水住者他方狂風吹至
他方世界
那無佛陀夜　那無達摩夜　那無僧
伽夜　多經他　盧遮那　盧遮那
波吒致　波吒致　休留休留　乇豆
乇豆　呿吒吒吒吒毗　莎呵
若有善男子善女人欲修行此持者
一如前法
摩尼跋陀天王陀羅尼句
伊呎摩夜　叹盧多咩　迦悉泯　三摩
夜　婆伽呎　金羅婆悉鈴　兜呵羅
泯悉摩　視多婆祢　阿那他比茶
達施羅咩　阿他佉　露摩妳跋度盧
摩呵夜叉　斯那波泯　移那婆伽呎
悉泯慇波　僧迦嚂多　憂波僧迦嚂



多　婆伽婆大波導　失羅娑滹
睬地埵婆　伊迦泯　祢師大提迦多
祢山拏　阿他佉樓　摩妳嫉度　度
呵夜叉斯那　波泯婆伽呎多咩咩多
大菩哳　移翅支跋但多脾閑婆　脾
闍尼婆　憂波娑居嘍　憂波肆迦嘍
阿呵囉呵摩摩侯利提炎　地嘍泯利
使詑　婆羅姤盧泯　利使詑　埵婆
蘇易那　婆阿利沙　夜泯多拖舍
薩泯那怒　呟途婆兜沙夜咩薩婆
羯摩　薩婆利貪遮拖　薩陀夷沙
夜咩波男菩闍男　跋悉軌奚嘯逾
修波利男達　男陀逾遮拖　大冩咩
薩婆薩埵遮拖　跋尸迦祢沙夜咩
薩婆真帝搭泶拖　迦梨沙　夜咩
悉他　波夷　埵婆　迦謨波三奚搭
婆跋淡　薩夜利癡唉　奚利摩妳跋
陀羅　奚利奚利摩　妳跋陀羅
翅利摩妳跋陀羅　翅利翅利摩妳跋
陀羅　咩利摩妳跋陀羅　咩利咩
利摩妳跋陀羅　至利摩妳跋陀羅
至利至利摩妳跋陀羅　注路摩妳跋
陀羅　注路注路摩妳跋陀羅　据路

摩㳶跋陁羅　椐路椐路摩㳶跋陁羅
薩婆犁他弥娑陁夜　不多祢脩羅
斯脩摩祢　奚利咩利　娑不多
陁䄻悉破哈　勿利唊　仳大達羅拖
真帝揩婆　阿迦羅摩㮈地　伊奚
居祢　使翅　莎呵
行此持法要用白月十五日淨住夜
於佛像前燃二蘇燈供養如来及天
王誠心誦此陁羅尼一百八遍所求
從心無願不果天王亦自来語人善惡
一法晨朝清淨已誦三遍暮夜時亦
誦三遍遮一切惡
婆視羅仙人大神呪
那蒙阿利夜婆盧翅泜　奢婆羅夜
薩婆拏咩奢婆羅夜　那蒙薩婆
喏夜　那蒙薩婆佛陁男不嘍沙沙
婆男　那蒙薩娑盧迦波羅婆斯奢
婆羅斯　摩呵夜叉斯那波泜　波羅
嘍羅　嘍羅陁　摩呵薩埵斯　阿那
地尼陁那斯摩呵大㕑尼夜斯　薩婆
菩地薩埵男　比帝剁嘍羅陁斯
嘍梨使咤斯　薩婆薩埵　那蒙悉
已利多不是多斯　薩呵夜叉



斯那鉢泜　婆視羅斯　那斯　鞞路
鞞路　步路步路　𢍰留𢍰路　注留
注路　呼留呼路　婆視羅斯那也
莎呵　摩呵斯那也　莎呵　修斯那
也　莎呵　薩婆羯摩大也　莎呵
薩婆修佉大也　莎呵　薩婆羅他
薩拏那也　莎呵　薩婆羯摩
嘍羅羯摩　婆羅大也　莎呵
那蒙婆視羅斯那也　莎呵　薩婆
羯摩大也　莎呵　薩婆修佉大也
莎呵　薩婆羅他薩拏那也　莎呵
薩步沙地　嘍那　悉波多易　莎呵
毗利叉　𢍰羅杈若伽羅提　婆多瞋
莎呵　羅闍迦沙拏　跋尸迦羅拏也
莎呵　波羅帝其剁　拏摩羅叉摩
薩婆羯磨大薩婆羯磨弥不羅也
莎呵　伊唊遮哧　迦利究留　莎呵
陁呵陁呵波遮波遮阿鼻奢尼兜奢
夜叉地鉢泜　那蒙修斗泜　莎呵
薩夜癡唊　至利至利　注路注路
椐路究摟　椐貯椐貯　兜貯兜貯
莎呵　那蒙摩呵地毗也　悉緾兜
㝵多羅波陁　莎呵　多絰他　奚



利　毛利　燒利　摩登祇　旃茶利
佉咤傍祇　悉緾兜㝵多羅波陁
莎呵
行此呪法要須清淨於食前呪白縷
二十一遍作二十一結自繫左臂除
滅一切毒害毒腫毒虫所螫皆悉消
滅若龍毒若水火盜賊惡鬼魍魎熱
病惡瘡持此呪者無不消滅若人消
瘦長病誦此呪三十遍平復如本若
入王宫以呪力故王見恭敬奉迎欲
行呪法當畫作金剛軍菩薩像諸鬼
神圍遶須華香供養其香安悉胡荽
子陁羅他大麦廻香香子百華昌蒲
根樹提華根舍多跋利合五物等分
搗末紕火上燒此和香清淨佛塔所
若無塔但令處淨任力設供養若呪
一切病時以柳打之早起誦呪三遍
燒香花亦燒之上至三十遍下三遍
一切所求悉得若求多聞若求眷屬
若求金銀七寶錢財穀帛一切如意
極少福者不過七日夢見色像於諸
衆中無㝵自在見者歡喜無不伏從
滅一切惡獲一切剎無願不果所求

陁羅尼雜集卷第四　第三十四張　啓

如意此金剛軍菩薩威力略說如是
若廣說者則不可盡

陁羅尼雜集卷第四

癸卯歲高麗國大藏都監奉
勅彫造

華聚陀羅尼

多姪他　度羅尼　遮羅尼　遮羅尼　末泜波羅婆薩尼　悉地栴地那牟志涅呵梨盧伽跋泜　佛陀婆泜帝梨　烏迦羅致佉伽羅致羅殊波伽泜帝闍婆泜　比舍羅佛題　遮摩婆婆斯呵　叉蛇迦牟迦囉婆泜阿勿多迦畢　休多舍呢　帝闍跋泜　膩多夜婆摩唏泜　帝殊伽羅婆泜　伊地蛇佛題　陟犖佛題　莎呵

若有善男子善女人欲行此持者於二月三月若八月從八日至十五日淨自洗浴著新淨衣於清淨處造佛形像懸繒幡蓋香花供養禮拜懺悔晝夜六時讀誦此持若坐若行莫令心亂滿七日已當得見佛若不見佛復更七日二七日三七日專心讀誦必得見佛坐蓮華而爲說法是時即得自識宿命念力堅固得陀羅尼無礙辯才若求多聞若求禪定若求智慧若求辯才若求醫方若求呪術若求工巧若求文藝如是種種隨心所願悉皆得之乃至成佛終不忘失除其四諦一切大衆聞佛所說歡喜奉行

陀羅尼雜集卷第四

校勘記

一　底本，麗藏本。
一　四〇五頁上七行與八行之間，諸本（不含石，下同）有「華聚陀羅尼一首」一行。
一　四〇五頁中一三行第八字「化」，磧作「他」。
一　四〇六頁中九行「馥扇」，資、磧、南、徑、清作「翻扇」。
一　四〇六頁中一七行「踊出」，諸本作「涌出」。
一　四〇六頁中二〇行「七生」，諸本作「七日」。
一　四〇七頁上一五行「阿練若」，諸本作「阿練兒」。
一　四〇七頁上一六行首字「鬧」，磧作「衛」。又第八字「歇」，資作「㤂」；磧、普、南、徑、清無。
一　四〇七頁上二一行「當見」，諸本作「當現」。又「而說法」，諸本作「而爲說法」。
一　四〇七頁下一一行「一月或一歲晝」，資、磧、普作「七月或歲晝」。又第一五字「正」，諸本作「整」。
一　四〇八頁上一七行「第四」，徑、清作「第四名」。
一　四〇八頁中一六行末字「烏」，資作「鳥」。
一　四〇八頁中一七行「軋吒波尼」，諸本作「乾吒波尼尼」。本頁下一一行同。
一　四〇八頁中一八行「薫狐」，磧、普、南、徑、清作「獯狐」。
一　四〇八頁中二二行「眼精」，資、磧、徑作「眼睛」。
一　四〇八頁下八行第九字「眠」，資、磧、普作「眼」。
一　四〇八頁下一二行「目佉曼荼」，徑作「目佉荼」。又「下利」，諸本作「下痢」。
一　四〇八頁下二二行「五色線」，諸本作「五縛」。

一四〇九頁上九行第一〇字「生」，資作「坐」。

一四〇九頁中九行第六字「令」，諸本作「收」。

一四〇九頁下末行末字「句」，徑、清作「曰」。

一四一〇頁中一〇行第一三字「照」，磧、普、南、徑、清無。

一四一一頁上一二行第一〇字「令」，徑作「今」。本頁中四行第三字、一四行第五字同。

一四一一頁下二行末字「計」下，諸本有大段經文，玆據宋磧砂藏本補錄於卷末。

一四一一頁下三行第一〇字「遣」，資作「造」。

一四一一頁下四行第八字「譯」，諸本無。

一四一一頁下八行第二字「主」，磧、普作「王」。

一四一一頁下一一行「呵利」，資作「阿利」。

一四一二頁上九行首字「龍」，資、磧、普作「鬼」。

一四一二頁上一〇行「斬人」，諸本作「軒人」。次頁中一七行同。

一四一二頁中一七行第九字「甚」，磧作「其」。

一四一二頁中二一行「則爲」，諸本作「別爲」。

一四一三頁下一二行第一三字「刼」，諸本無。

一四一三頁中二〇行末字至次行首字「蟢蝠」，諸本作「蝙蝠」。

一四一三頁下一行末三字至次行首字「不溺水死」，清作「水溺不死」。

一四一三頁下一六行「伏魔」，徑無。

一四一四頁中三行「淨自」，清作「淨潔」。

一四一五頁下六行「毒腫」，資作「腫」。

一四一五頁下一三行「香子」，諸本作「子」。

趙城縣廣勝寺

# 陁羅尼雜集卷第五　啓

未詳撰者今附梁錄

佛說除一切恐畏毒害伏惡魔陁羅尼一首
佛說止女人患血至困陁羅尼一首
佛說除產難陁羅尼一首
佛說除災患諸惱毒陁羅尼一首
佛說多聞陁羅尼一首
佛說治瘧病陁羅尼一首
觀世音說除熱病邪不忓陁羅尼一首
四天王說呪昌蒲舍之令他人歡喜陁羅尼一首
觀世音菩薩心陁羅尼一首
請觀世音自護護他陁羅尼一首
觀世音說求願陁羅尼一首
佛說七雨陁羅尼一首
那羅延天說治瘧病陁羅尼一首
佛說滅除十惡陁羅尼一首



觀世音說治五舌喉塞呪上塗之陁羅尼一首
佛說小兒中人惡眼陁羅尼一首
佛說滅罪得入初地陁羅尼一首
佛說若欲誦讀一切經典先誦此陁羅尼一首
結帶禁兵賊陁羅尼一首
呪牙齒痛陁羅尼一首
降雨幷繫龍陁羅尼二首出大雲經
觀世音說諸根不具呪草摩之陁羅尼一首
佛說呪土陁羅尼一首
尼乹天說令人易產陁羅尼一首
呪穀子種之令無災蝗陁羅尼一首
呪虵蝎毒陁羅尼一首
呪卒得重病悶絕者陁羅尼一首

除一切恐畏毒害伏惡魔陁羅尼

那磨薩　利婆睹也　伏陁哆帝利
那磨　拖咩　婆無多波祢　摩訶
婆易迦羅　奚　婆陁祢　嘶婆舍兜嘍

㖿遮　尼婆羅呾　多姪夜他　侶咩
侶咩　侶民陁吟　帝利盧　迦盧
迦侶　奚翅侶　薩利婆浮多偈
地婆嚂　薩利婆伏陁偈　摩囉多
偈遮　夜地婆嚂　薩犛利摩拖遮
坻柢那　薩利鞞闍婆咩波跋迦
莎婆呵
行此呪法以白縷為繩誦呪二十一
遍為二十一結自繫左髀皆吉稱願
佛說止女人患血至困陁羅尼
那摸薩利婆　伏陁男　鼻悉侈𠿒拏
哆地夜他　至利㖩　注路㖩　祢𠻤
跋祢𠻤　莎婆呵　帝使侘兜
嘚地嚂　婆帝鍮　稗帝鍮絁𠻤沙
咩鍮　婆祢波帝鍮　薩利婆伏陁偈
坻祇那　帝使吒兜　路地嚂
磨婆羅婆兜　朱伽羅兜　摩婆呵
兜　莎婆呵
行此呪法用緋綖為繩呪七遍作七
結繫腰血即止治宣下血
佛說婦人產難陁羅尼
目多脩利夜　赦尸伽羅　悉侈
囉倏失　栴陁羅　波羅目至也兜



目多薩婆婆婆　佛畜那梨　伽羅
婆　波羅目遮也兜　多絰他　阿吒
莎呵　婆吒吡　莎呵　阿吒婆　婆
吒吡　莎呵　慕遮因地利夜　伽多
姤吡舍厲夜　婆婆兜　伽鞞尼
莎呵　移遮陁　露摩夜　舍利夜
移遮舍　阿餘摩夜　伊咩遮　摩
怒沙　舍盧夜　薩鞞舍盧　波羅
目遮兜　莎呵
行此呪法者呪油七遍塗產所即易
佛說除灾患諸惱毒神呪
喠吼摩夜　輸盧多咩　迦悉民
三摩夜　婆伽吼　舍羅婆悉鍮
兜呵囉　坻悉摩　祇多婆祢　阿那
伽比茶　達拖囉咩　多多羅婆伽
吼　佽闍㖿　㝹多羅坻悉摩
汙其㗲奚拏多婆
摩難大伊㖿沙茶叉梨鍮佽淡陁羅夜
婆遮夜　伽羅呵夜　鉢梨夜不那
鉢梨於遮佽悉侈梨拏　三婆羅迦
舍耶　多地夜他　睒鞞𠻤唉鞞𠻤
吒吒支　吒吒支　莎婆呵
行此法用黑羊毛繩呪七遍繫左髀



若無羊毛用皂縷若熱病三四日呪
黑縷繫左髀若頭痛誦呪七遍摩之
眼痛呪白縷繫耳若患耳呪土七遍
塞之牙痛呪楊枝七遍嚼之腹痛呪
鹽湯七遍服之產難呪黑縷七遍繫
其咽則易若宿食不消以手呪摩即
便吐下亦能護身不畏水火刀兵毒
狩一切悉不能害
佛說多聞陁羅尼
浮多弗婁　摩難犛　頻帝叔盧
那摩似　扶達羅囉闍　嘍浮婁娑
伊楞　佽扶波羅　頭使迦　梨使
哆地夜他　悉地　那薩坻　頻三坻
迦致鼻迦致　不祚押　夜囉坻
阿伽坻　三摩奚坻　悉地三摩比坻
佛告阿難汝取婆囉弥支多翅白呵梨勒
畢鉢利三物合清晨呪一千遍以蘇
蜜和服即得一聞受持
佛說瘧病陁羅尼
那蒙佛陁斯　那蒙達摩斯　那蒙
僧伽斯　那蒙薩多南　三藐三菩陁
南　薩耆羅婆迦　波羅泜迦佛陁南
帝杉　那摩訖利迦埵　伊㝹吡經夜

波羅俞　闍咩　阿闍咩兜　陀三
咩達兜　寫經他曇　迦羅目企
妛陀迦離阿遮地　阿遮囉伽離
佉奢跋泜　佉奢跋泜呲囉尼鐵多
呲囉尼　鐵兜伞　囉尼　羅伽利
羅伽羅跋泜　夜那薩泜夜　薩泜婆
遮尼佛　阿瞿𧆛佛陀　阿瞿𧆛達
摩　阿伽羅僧伽泜那薩泜夜那
薩泜婆遮尼囊　阿呼伊睺那末斯
呲沙摩闍婆嵐　波羅泜莈　達夜
咩　伞遮兜伊　睺那末斯呲沙摩
闍婆羅　莎呵

觀世音菩薩說消除熱病諸邪所不能忓大神呪

那摩羅多那　多羅耶夜　那摩阿
利夜　婆盧吉泜　奢婆羅夜
菩地薩埵夜　摩呵薩埵夜摩呵迦
留　尼迦夜　伊喝薩利婆羅他
薩陀尼　仳經波羅揄闍　咩伊闔弥
仳扶三咩陀　兜多地夜他阿　囉𠹭
羅𠹭　阿那斯　郁那斯　婆嵐奚咩
婆嵐奚磨莎呤　不利尼　不利拏
摩奴羅梯　阿末呤　呲末呤　尼末



呤　奚嚾喏伽　利鞞　波羅摩他
薩陀祢夜迦失至地摩　摩利夜婆
盧吉泜　奢漢羅婆使航　仳淡陀
羅夷沙夜帝　多拖耶婯祇呪
闍婆嵐迦移　那迦羅咩沙夜泜
那浮多鼻迦嵐　那迦羅呵　鼻迦
嵐　那佉區利陀鼻迦嵐　薩婆婆夜
多羅斯婆　波羅無叉泜　泜
那摩阿利夜　婆盧支泜　奢婆羅
夜　菩地薩埵夜　摩呵薩埵夜
恚緾兜　曷多羅波陀　莎呵

四天王所說呪以昌蒲含之入門無不歡喜者

跋羅遮　兜沙陀　絁利使吒也
跋羅遮　薩利婆多羅薩陀尼
羅闍豆婆囉　波羅比使吒拖
尼盧陀曷多羅　波羅合摩尼
夜地婆嚂　夜地婆嚂　鼻嘍哆迦
拖　夜地婆嚂　摩姺跋陀羅拖夜地
婆嚂　不利拏跋陀羅拖　夜地婆嚂
咀伽羅婆羅拖　夜地婆嚂　旃荼
渠波羅拖　闍夜移　莎波呵　闍夜
闍夜移　莎波呵　闍夜迦嘍拏移



莎呵　尸婆移　莎婆呵　尼婆不多
羅移　莎婆呵　那呵伽　伽車車
莎破尉癡鞞多峙　肆陀曷多羅
多羅帝仳狄　哆婆嵐奚摩怒
摩尒易　莎婆呵

行此持法取昌蒲根呪七遍含之若持之甚吉良

觀世音菩薩心陀羅尼句

那無佛陀寫　那蒙達摩斯　那蒙
僧伽斯　那蒙阿利夜婯盧吉泜
奢婆羅斯　菩地薩埵　斯摩呵薩
埵斯　多拖那摩　恚巳利兜呪
阿利夜婆盧翅泜奢婆羅斯　菩地
薩埵斯　摩呵薩埵斯　摩呵迦姺
迦斯　伊喝阿利夜　婆盧吉泜
奢婆羅斯　菩地薩埵斯奚拏也
摩跋侈夷沙夜咩　多經他　何羅
何羅達羅達羅　遮羅遮羅　娑
羅娑羅　豆留豆嘍　周留周留
伞路無路煙曦奚婆伽呪　婆羅帝
利　何拏奚　伊曷不闍　夜他含多
伊鞞陀也　㕑波陀波　遮利遮
遮利遮　達摩達摩　婆羅婆羅

陀羅尼雜集卷第五　第九張　智字號

陁泜陁泜 遮泜遮泜 留路途修修
伽羅波羅菩 薩地薩菩三摩羅
三摩夜 婆伽婁 多波犂 衩羅
伞陁奚利侈兜吼 奚利犂炎
薩婆薩埵 耨鎎波夜 眠多那
摩波夜 波羅陁 舍羅咧 波羅
波大咩 舍帝迦嚂 布使致迦嚂膆
陁 那無遮迦嚂 薩婆視婆 摩直
侈迦 薩婆佛陁 婆羅娑耶質侈嘌
曦奚薩多夜嘍地 兜留兜路
磨仳嚂婆御行拖 羅叉究留
鉢梨多羅 鉢梨伽羅洽
舍帝薩婆悉多夜咧究嘍 莎呵
若有善男子善女人欲行此持者斷
酒肉五辛齋潔滿七日已淨自洗浴
著新淨衣起慈悲心於像前燒沉水
香若栴檀薰陸香誦一百八遍一心
専念觀世音菩薩三稱名滿我所願
利根者觀世音菩薩於其夢中以所
求如願必得

請觀世音菩薩陁羅尼句

南無佛陁耶 南無達摩耶 南無僧
伽耶 南無阿利耶 婆盧翅泜 奢婆

陀羅尼雜集卷第五　第十張　智字號

囉耶 菩提薩埵耶 摩訶薩埵耶
摩訶迦留 摩訶迦留 尼迦耶 多經
他 烏呵尼 無呵尼 闍婆尼 躭婆
尼 安荼利 般荼利 尸鞞泜 般荼
羅 婆私尼 佉衎削乹連剃 陁大弥
薩婆豆使剃闍婆耶咻 躬婆耶咩
烏呵耶咩無呵耶咩耶婆乹連剃
那闍 遮泜 南無阿利耶 婆盧翅泜
奢婆羅耶 多經他醘利弥吟泜吟
守⿱余糸 摩⿱余糸 呿波⿱余糸 呿吒傍祇
呵勒叉 呵勒叉波移 呵勒叉兜摩
薩婆舍利
此呪於晨朝清淨已誦三遍呪一切
病自護護他呪

觀世音菩薩行道求願陁羅尼句

南無羅多那 哆羅耶耶 南無阿利
耶 婆盧吉泜 奢婆羅耶 菩提薩
埵耶 摩訶菩提薩埵耶 摩訶薩
埵耶 摩訶迦留尼迦 多經他 烏蘇
咩沙陁耶 蘇弥婆 帝婆陁耶
守吉利婆陁耶 守鞞婆陁耶 伊斯
弥斯 悉緾呾 波羅耶哂 悉婆呵
行之法觀世音像前香泥塗地香華

陀羅尼雜集卷第五　第十一張　智字號

供養日夜六時誦一時中誦百二十
遍隨其所求觀世音以行人應見身
令其得見所求皆得如願

佛說七雨呪

那無乇豆脾 膩瞿沙夜 多他伽多
夜 那無弥伽泜那夜 那無弥伽究柱
多夜 那無弥伽三大利奢迦夜 那無
弥伽羅囉夜 那無弥伽比怖吒迦夜
那無弥伽伽 那夜那無伽薩陁利奢
婆多波利婆多夜 那無摩訶弥伽
婆悉泜盧呵迦夜 那無弥伽婆梨
移 那無弥伽鞞翅羅迦夜
那無弥伽奢婆羅夜 那無弥伽大
多夜 那無弥伽比摩大迦夜 那無
弥伽那羅夜 那無弥伽鉢視迦夜
那無弥伽尼那地尼 那無弥伽比迦
摩夜 那無薩婆跋多 比荼比騰
薩奈那 摩提夜奈 多他伽多男
那摩薩婆佛陁 菩提薩埵男薩泜
薩婆薩埵男悉泜薩婆浮多男
阿婆炎薩婆泜梨夜男 奢面都薩
婆突伽多夜 那無薩婆尼 婆羅尼
比鎵比㞐薩提薩埵夜 悉陁夜泜炎

多他伽多地 薩婆佛陀 婆盧題多
比地 多絰他 破吒 破吒破吒 破吒
破吒 破吒 破吒 破吒 破吒
行之法須青幡二十八枚置四蓿七
枚大幡一枚竪中央四蓿各七青坐
設七牒餅餌菓蒲桃石蜜安石榴
㯃蘇酪蜜供養淨洗浴著新淨青衣
靴帽燒沉水白栴檀薰陸香多伽留
香婆利迦香龍腦香散青華斷食三
日中央敷青褥座上東面讀誦一百
八遍乃至千八十遍必得雨專心請
求以得為限若备供具力所不及者
任意設供香得一二種亦可但専精
誦呪若力不及蓿立一幡牒亦一必
須青衣

那羅延天王除滅癧病神呪

那無訖師拏 留陁羅夜 那無陁
鞞多留陁羅夜 那無尸 摩奢那
留陁羅夜 那摩薩婆留陁羅夜
淤於 那摩訖利埵 闍婆羅比淡
波羅婆匍又弥 因陁那摩
寫利他夜呪病人名 多絰他伊迦侯鍮
闍婆嵐呵那咩 地婆地夜鍮闍婆
嵐 呵那咩 淤致夜鍮 闍婆嵐
呵那咩 左突他鍮 闍婆嵐 呵那
咩 婆淤鍮 闍婆嵐 阿那咩
閉淤鍮 闍婆嵐 呵那咩 闍婆
嵐 呵那咩 三尼婆地鍮 闍婆嵐
呵那咩 漚伽羅 但地那 呵那咩
漚伽羅呵淤那 呵那咩 多絰他
漚伽羅 漚伽羅 漚伽羅 漚伽羅 波淤
莎呵 跋視羅 跋視羅 跋視羅
跋視羅 波淤 莎呵 侯吟 侯吟
侯吟 侯吟 波淤 莎呵 弥吟 弥
吟 弥吟 弥吟 波淤 莎呵 淤吟
淤吟 淤吟 淤吟 波淤 莎呵
那無訖師拏 留陁羅夜 那無拖
鞞多留陁羅夜 那無尸摩 奢那留
陁羅夜 那無薩婆 留陁羅夜
恚緾兜 曷陁羅波陁 莎呵

佛說滅除十惡神呪

尉多梨 恚弥地奢婆祇 婆羅拏
波羅斯陁迦摩那摩羅又斯那
尼比舍男 波利又婆三淤多淤利
婆比那 揄睤大 婆羅迦伽 伽瞿
婆恚咋䆅地盧嘜羅多他啞淤三摩
其利娑已淤薩婆浮埵 摩訶利師
大舍迦摩 迦利比大 阿閣比大波
羅無揑多 薩利夜嘔 曇嚔祇呼
猜祇呼 嚔祇猜祇浮 淤吟呼 摩
淤吟呼淤羅摩 淤吟呼 莎呵
若頭痛呪麻油二七遍塗上眼痛呪
黒綖二七遍作十四結繫頭項耳痛
呪樺皮節塞齒痛呪水二七遍含心
腹痛呪塩水二七遍服婦人産運展
駁呪二七遍還結男子小便患白如
粉汁者呪其脚跡下土二七遍塗坌
身若共他諍訟事相言移呪呵梨勒
一枚二七遍持行若遭厄難繫閉牢
獄者呪白綖三七作二十一結塞耳

觀世音說治五舌塞喉陁羅尼

南無勒囊利䶊 南無阿利䶊 婆路
吉埵舍伏羅䶊 菩提薩埵䶊 摩
訶薩埵䶊 多𢹂哆 利蜜梨 梨蜜
梨 伽羅梨蜜梨乹陁梨弥 毗至梨
莎呵

此陁羅尼若人五舌咽喉閉塞舌啗
呪土三遍塗痛上即愈

佛說小兒中人悪眼者呪經

南無佛南無法南無比丘僧南無諸佛諸佛弟子南無諸七佛諸七佛弟子南無諸師諸師弟子令我所呪即從如願

羅那多羅　摩羅提離　斻波羅　提利吼　牟樓壽　冬　闍舉叉　冬闍舉叉 更歸依二如前

滅罪得入初地陁羅尼

多達馳　牟留羅　牟留羅　阿婆破　牟留羅毗祇叉夜　莎呵

於三七日捨諸緣務於佛像前晝夜六時五體投地誦此陁羅尼過二十一日巳無始以来重罪業障悉皆消滅無有遺餘得入初地佛說若欲讀誦一切經典先誦此陁羅尼

多嗟他　牟尼但弥　僧迦羅呵祖弥　阿毘迦邏呵但弥　毗目多但弥　薩陁阿毘伽羅呵但弥　肥尸邏慕囊但弥　二慕多阿毘波梨伐律多但弥　仇囊伽羅呵僧伽羅呵但弥　薩伐囉毘竭多但弥　薩婆伽邏波梨波羅奢囊但弥　思滅律喫阿那波慕沙但弥

若欲讀誦一切經典當先誦此陁羅尼然後讀誦憶念不忘

結帶禁兵賊陁羅尼

優呵　蕪呵　摩利　赤車　舟沙　和羅　伊摛　蕪摛　遮呵　和羅

須我結解乃令後兵及我若逢縣官所捕為賊所追傍呪二七結衣帶結巳傍呪傍將趣得安隱乃解衣帶此呪大驗常清淨一心讀之

呪齒痛陁羅尼

南無佛南無法南無比丘僧南無舍利弗兜摟摩訶目連比丘南無賢者覺意名聞遍十方北方揵陁摩訶衍山彼有虫王名耆休無得在其牙止彼當遣使者莫敢食其牙齒及牙根牙中牙邊虫不即下噐中頭當破作七分如如鳩羅勒繕梵天勸助是呪南無佛令我所呪即從如願

淨水唅呪一遍吐水噐中呪七遍止

降雨陁羅尼 出大雲經

尒時世尊神通力故起四黑雲甘雨俱遍興三種雲謂下中上發甘雨聲如天伎樂一切衆生之所樂聞尒時世尊即說呪曰

羯帝　波利羯帝　僧羯帝　波羅僧羯帝　波羅毘　羅延帝　三波羅毘羅延坵　娑羅娑羅　波娑羅　娑娑羅　摩閦闍摩閦闍遮羅坵　遮羅坵　波遮羅坵波遮羅坵　三波羅遮羅坵　比提憙梨憙梨　薩鉥醯　薩鉥醯　冨嚧囉嚧　莎呵

若有諸龍聞是呪巳不降甘雨者頭破作七分尒時十方億佛那由他阿僧祇刼等諸佛世界六種震動尒時衆生因是地動各各相見展轉相動乃至淨居淨居動巳龍雲俱動龍雲動時降注大雨時閻浮提所有九万八千大河七寶盈滿一切衆池俱上藥味雨雖七日無所復損衆生快樂如服甘露諸河盈滿八功徳水所謂美冷輕軟清淨香潔飲時調適飲巳無患一切水虫出微妙聲時王舍城耆闍崛山七寶遍地無空缺處虛空復雨七寶所成優鉢羅華波頭摩華拘勿頭花分陁利華水性之屬悉

陀羅尼雜集卷第五 第十八張 召字

發阿耨多羅三藐三菩提心畜生衆生含樂大乘渴仰大乘慈心相向猶如一子比丘同心供養於佛

次說繫龍王陀羅尼 出大雲經

多擲哆沙泜 部部吟陀羅 陀羅婆 婆呵波羅失沙呵謢 伽荼伽伽荼 帝吒婆羅頭茷羅伽羅摩伽羅摩陀羅 陀羅婆羅 婆羅比婆羅 斫迦羅尼吒 波吒波吒 具陀虵婆具陀虵帝置帝置留埵泥 畔陀泥 婆婆那 三脾荼 泥含持泥薩毘泥 梨迦羅 畔薩毗 墜頭郁羅伽莎呵

應疾疾繫用四枚長十二指呿陀羅尼栓以此持呪五色縷四枚一一縷呪二十一遍縷作二十一結以此四縷繫四栓已釘著四方即是繫一切龍竟

觀世音菩薩所說諸根具足陀羅尼

南無陀利虵 婆路踦泜舍波羅虵菩提薩埵虵 多擲哆 秀弥秀弥七利七利 富力渟三富力渟富羅尼藍 同恒鉗 希男多夢鉗 婆利富

陀羅尼雜集卷第五 第十九張 召字

囊羅 毗沙提遮陀 婆思尼 比利比利虵 婆藍 鉗菩提 菩提薩埵婆藍 婆利富力囊 摩奴羅癡三波利富囊摩 俞婆拔提 莎呵

此陀羅尼法須燒沉水香若有諸相不具以草呪一百八遍諸根即具若脚若手若耳眼若鼻有闕少處以草摩之此呪力故悉能護之令並能得滿足

佛說呪土經 是僞經集呪者不知妄集在此

佛言若有疾病土氣安宅立舍先三遍讀呪燒香供養便當掘土無有忌諱

佛言十方天地諸神鬼王日月五星二十八宿皆各明聽佛言令日為某甲監吟安宅立室及治門戶井竈碓磑磨倉庫東廂西廂南序北堂六畜作蘭圂令為某甲勅日遊月煞五土神府將軍四季諸神青龍白虎朱雀玄武歲煞月煞六甲禁忌十二諸神土府伏龍各安所在莫忌東西若有動靜燒香揩白佛有要言不得忌相千頭破作七分身不完全不得水漿去離本宮急呪如律令

陀羅尼雜集卷第五 第二十張 召字

起功之後令人堂舍永安宅舍以成富貴吉遷行来從軍士官宜官治生得利人無疾病門戶富熾日饒百子千孫二十五神營衛家門縣官盜賊非禍不前灾怯消滅怨憎不生父慈子孝祖賢孫順男忠女貞兄良弟崇義讓卑謙夫和妻柔恩義萬親得心所願所向輙成當使鑿身百病消滅行如菩薩得道如佛

尼乹天所說産生難陀羅尼呪

南無乹陀天使我呪句如意成吉即說此呪

耆梨耆梨 耆羅鉢陀 耆羅鉢陀悉波呵

呪曰書樺皮若紙上書呪文燒作灰使婦人水中服之即得分身

呪穀子種之令無灾蟥陀羅尼

多擲他 婆羅跋題 那虵婆提

此陀羅尼若欲種時取種子一斗呪二十一遍以投著大種子中種之終不虫食無有灾蟥若不好者以此陀羅尼呪土一斛二十一遍以灑散檕上并諸惡鬼不得吸此檕精食此檕

陁羅尼雜集卷第五　第二十張　抖字

者頭破作七分

南無佛陁鉇　南無達摩鉇　南無僧伽鉇

南無弥留竭胛昔提薩埵坦提吔　躭

婆佛者　比律吒佛者　且其梨　比律

吒佛者　弥樓閣婆竭晳波佛者

呼夢阿泥婆佛者　摩羅阿拔多佛

者　尼夢浮佛者　莎呵

此陁羅尼應二十一遍呪上以散檠

上能除一切灾蝗諸蚤

呪蝎中毒陁羅尼

南無勒那奄婆羅等拏　多擲吔

伏婁浮泥婁浮　呵梨呵梨呵梨　莎

呵　南無居力拏移奄勒那　多擲吔

因纏利頞纏利淨　莎呵

以此陁羅尼呪之三七呪一七遍與

水一口呪三七與水三口即愈欲知

人被毒不使溺銅器中看若罐有膩

者是也

呪卒得重病悶絶者陁羅尼

那慕勒囊　梨鉇鉇那慕阿利鉇

婆路鞞提舍婆羅鉇　昔提薩埵鉇

摩訶薩埵鉇　多擲吔　尼蜜尼

梨蜜梨薩婆其力呵　尼蜜梨　木叉

陁羅尼雜集卷第五　第二十二張　抖字

尼　慕耆尼耶舍尼毗耶舍尼　思提

伽梨　思伽梨　莎呵

此呪卒得重病悶絶不自覺以羅差

淙纏燒黑堅沉水香誦呪百八遍結

一縷結繫病人身還得惺寤

陁羅尼雜集卷第五

陀羅尼雜集卷第五

校勘記

一　底本，金藏廣勝寺本。

一　四一八頁下一行末字「上」，諸本（不含石，下同）作「上」。

一　四一八頁下五行「誦讀」，徑作「讀誦」。

一　四一八頁下六行「陁羅尼」，徑、清作「呪」。

一　四一八頁下一二行「佛説呪土陁羅尼一首」，資、磧、普、南、徑、清無。

一　四一八頁下一五行「灾蟥」，資、磧、普、南、徑、清作「災蝗」。下同。

一　四一九頁中一〇行末字「易」，南、徑、清作「易生下」。

一　四一九頁下一七行「畢鉢利」，資、磧、普、南、徑、清作「畢鉢和」。

一　四二〇頁上一四行第二字「忏」，資作「污」；磧、普、南、徑、清、麗作「忏」。

一　四二一頁上一五行「淨自」，清作「淨潔」。

一　四二二頁上四行第一三字「葙」，資、磧、普、南、徑、清作「廂」。下同。

一　四二二頁上一〇行「東面」，資、磧、普、南、徑、清作「東西」。

一　四二二頁下一四行「三七」，資、磧、普、南、徑、清作「三七遍」。

一　四二二頁下二一行「舌[口*宿]」，資、磧、南、徑、清作「舌縮」。

一　四二三頁中一四行「牙止」，資、磧、普、南、徑、清作「牙齒」。

一　四二三頁中一七行第四字「如」，資、磧、普、南、徑、清無。

一　四二三頁中二二行第六字「雲」，南、徑、清作「雷」。

一　四二四頁上二行「含樂」，資、磧、普、南、徑、清作「咸樂」。

一　四二四頁中五行「諸相」，磧、普、南、徑、清作「諸根」。

一　四二四頁中六行「一百八遍」，資、磧、普、南、徑、清作「百八遍」。

一　四二四頁中一〇行至本頁下九行「佛說呪土經……得道如佛」，資、磧、普、南、徑、清無。

一　四二四頁中一六行「南庌」，麗作「南雅」。

一　四二四頁中二一行第一三字「忌」，麗作「妄」。

一　四二四頁下一五行第二字「曰」，資、磧、普、南、徑、清無。

一　四二五頁上八行第一一字「上」，諸本作「土」。

一　四二五頁上一七行第一二字「鑵」，諸本作「灌」。

一　四二五頁上一九行第八字「者」，徑無。

陁羅尼雜集卷第六　　啓

未詳撰者今附梁録

除腫陁羅尼二首

治熱病陁羅尼一首

治百病諸毒陁羅尼一首

佛說呪作三衣并受持呪二首

佛說呪應器錫杖坐具三首

五戒神名二十五

三歸神名有九

護僧伽藍神有十八人

觀世音說燒華應現得願陁羅尼一首

觀世音說散華供養應沒陁羅尼一首

觀世音說滅罪得願陁羅尼一首

觀世音說除一切眼痛陁羅尼一首

觀世音說能令諸根不具足者具足陁羅尼一首

觀世音說治熱病陁羅尼一首

觀世音說除一切顛狂魍魎鬼神陁羅尼一首



觀世音說除種種怖畏陁羅尼一首

觀世音說除一切腫陁羅尼一首

觀世音說除身體諸痛陁羅尼一首

觀世音說除卒腹痛陁羅尼一首

觀世音說除中毒乃至已死陁羅尼一首

觀世音說除卒病悶絶不自覺者陁羅尼一首

觀世音說除五舌若喉塞若舌縮陁羅尼一首

觀世音說除種種癩病乃至傷破呪土陁羅尼一首

觀世音說呪潤痤土吹之令毒氣不行陁羅尼一首

觀世音說呪藥服得一聞持陁羅尼一首

觀世音說呪五種色昌蒲服得聞持不忘陁羅尼一首

觀世音說除病肌生陁羅尼首

觀世音說呪土治赤白下痢

陁羅尼一首

觀世音說呪草拭一切痛處

即除愈陁羅尼一首

觀世音說隨心所願陁羅尼一首

除腫患陁羅尼

那慕勒囊梨虵虵　那慕阿梨虵
婆路鞞　提舍婆羅虵　菩提薩埵虵
摩訶薩埵虵　多擲哆　蒖梨至梨
蒖梨至梨比至梨　眣蒖至梨　莎訶

此呪若人身體平腫用油呪之三遍用土塗腫上即除腫病

那慕勒囊梨虵虵　那慕阿梨虵
婆路鞞　提舍婆羅虵　菩提薩埵虵
摩訶薩埵虵　多擲哆　希利希利
休樓休樓　那舍尼　那舍尼　薩
婆眣虵提　比目叉尼阿地　婆比弥
眣摩　婆梨栴荼　栴荼婆梨
阿地婆　眣陁劒婆　阿地躭婆
婆醯羅虵　阿便多羅虵　摩憂羅
躭婆　婆多首尼躭　其力度婆樓婆
舍利羅劒蒲婆　婆希力度盧娑
耆路陁駒婆　婆多陁路婆　勒吒
陁路婆　車度路陁路婆　薩婆羅



伽摩夜弥　婆羅舍　摩虵弥
舍弥舍弥　張舍弥　舍弥涥
薩波比虵　婆虵尼　提摩尼
莎呵

此呪誦二十一遍呪脂麻油若胡麻油若身體諸有痛處呪油二十一遍以塗痛處即得除差

治熱病陁羅尼

三摩提　摩訶三摩提　何囊伽思
婆囊伽思　伽思伽思　摩訶伽思
伽車　座綠目句都思　莎呵

此呪若縷若水若草誦呪三遍若縷結之若草楊枝若水灑之以治熱病一念之頃即得除差

治百病諸毒陁羅尼

南無觀世音菩薩　怛提咃　阿羅尼
多羅尼　薩咜豆吒　咜羅尼　薩代
揵吒槃宕弥　耶咜陁梨　南没遮弥
悉但兜　毋他波陁　莎呵

行此陁羅尼法當用白縷誦一遍結一結誦七遍結七結有病者者繫著咽下百病諸毒悉得除愈

佛說呪僧伽梨文



佛言令尊者比丘僧某乙感傷衆生没溺三塗而無覆護故為十方一切群萌被僧那鎧今應大法造僧伽梨裁割已訖真人法服則為印封入律大神三十二正士應時即至守護法衣中外表裏令衣所至郡國縣邑聚落屋宅周遊十方一切蒙福

欲縫呪文

佛言令尊者比丘某乙已裁法衣僧伽梨齋戒清淨已具鍼縷今次當縫納令叙護律大神及四天王護助甲乙令魔鬼不得誤乱偶納得次縷治如法令其比丘世摶取薩芸若慧志强行堅戒無穿漏威相炳然三界蒙度

受法衣文

佛言檀越某甲哀愍群萌七世父母及與內外男女親屬没生死海而無救濟不能自拔没於三塗是故減割身口之分以作法衣敬心奉上尊者比丘以求無極最勝之福無上尊人威神擁護當令某甲成三十二相莊挍其身功德殊特得大名聞以清淨施廣度衆生願令十方天龍鬼神人

與非人普蒙覆盖歸命七世父母五
種親屬怨家債主皆令解脫已離憂
苦當令檀越得無盖慈入深法門成
最正覺行如菩薩得道如佛廣度一切

佛說呪應器文

佛言尊者比丘憐愍十方五道中人
施立福田真人法器覆則似天仰則
似海福度衆生用一切入律大神守
護當令鬼神不得犯近若投鉢無多
無少無好無醜無麁無細發意恚怒
以入鉢器中輙成大福即閉三塗之
徑開三脫之門施者得福受者安隱
其食此食戒具福全當令此食變成
法藥一切蒙度

佛說呪錫杖文

佛言今尊者比丘慈心衆生欲安一
切今作錫杖三飾抑意制止三毒立
三乘進入無極三脫法門入律十二
大神降屈守護是真人法杖安隱三
界開導一切皆得度脫

佛說呪獨座文

佛言今尊者比丘建立清淨今新作
坐尼師檀入畔上大神守護是座無
令鬼神長犯近座是座一服至鎮安
三界安隱三世以安衆生坐如本無
座無所著一切皆安廣度群生令得
正定無轉動心還是座者疾成無上
正真之道

五戒神名

煞戒五神　波吒羅　摩那斯　婆睺
那　呼奴吒　頗羅吒　盗戒五神
法善　佛奴　僧喜　廣頟　慈善
婬戒五神　貞潔　無欲　淨潔　無染
蕩滌　欺戒五神　美音　實語　質直
直荅　和合語　酒戒五神　清素　不醉
不乱　無失　護戒

三歸神名

歸佛三神　陁摩斯那　陁摩婆羅那
陁摩流支　歸法三神　法寶　呵嘖
辯意　歸僧三神　僧寶　護衆　安隱
護僧伽藍神斯有十八人各各有別名
摩妙　震音　天皷　巧妙　嘆美
摩妙　雷音　師子音　妙嘆　梵響
人音　佛奴　歎德　廣目　妙眼
徹視　遍觀　照甲
律兜是大鬼神王

觀世音菩薩說燒華應現得願陁羅尼
南無勤囊怛利虵虵　南無阿利虵　婆路
吉坘　舍伏羅虵　菩提薩埵虵
摩訶薩埵虵　伊瞜多岃　波羅婆
叉弥　佛婆襌摩　比至室毤　薩埵
摩禰翎波虵　伊弥慕陁羅　波羅
婆師多　南無陁利虵　婆路吉坘
舍犬羅虵　菩提薩埵虵　摩訶薩
埵虵　摩訶迦畱尼迦　南無薩婆畔
陁那　車陁那　伽羅虵　南無婆虵
婆羅舍摩伽羅虵　薩婆薩埵虵
弥多羅質多　耨翎比多虵　南無阿
利虵　婆路吉坘　舍伏羅虵　伊瞜
郍地虵　婆羅婆叉弥　薩婆薩埵
秀哹婆泠　多擲哆　耆羅耆羅尼
婆羅　婆羅　毗婆羅　佛陁虵
菩提虵　菩提虵　薩婆薩埵虵
悕多耨翎毗　菩提虵　菩提虵
菩提虵　蜜坘　阿利虵　婆路吉坘
舍伏羅虵　思沫羅　思沫羅
三摩滛　薩婆薩埵難　弥多羅
質多虵　薩婆薩埵那　木叉伽羅
莫利　莫利　莫利　莫利　莫利　莫利

蕒利　蕒利　蕒利　蕒利　兜流
兜流　兜流　兜流　菩提　菩提
菩提　虵蜜垭　休流　休流　秀流
秀流　試其林　阿其車　薩婆薩埵
怖多禱劒比　薩婆薩埵耶　迦留尼
迦　陁羅鐥虵流波吽　波陁虵　郊陁
虵　擲怖　擲怖　擲怖　弥婆藍
陁囊　陁囊　伽囊　伽囊　修留弥
修留弥　摩訶修流弥　莎呵　南無
阿利虵　婆路吉垭　舍伏羅虵
悉殿兜　慕多羅　波陁虵　莎呵
行此陁羅尼法應以白淨疊若細布用作觀世音像身著白衣坐蓮華上一手捉蓮華一手捉澡瓶使髮高竪行之於觀世音像前於白月八日至十五日著新淨衣以牛屎塗地又以香泥塗坌其上生恭敬心盛十二器生乳以四瓦器盛好香須極好香華十六貫須瓦燈十六枚燒黑堅沉水香須大瓦瓨四枚盛淨水取種種諸華牒著瓨中燈乳木新又須蓮華八百枚誦陁羅尼使音聲相續善心不絕誦一遍投華著火中時觀世音菩



薩從東來現大神光於火上燃時觀世音菩薩應於火中如所畫像身著白衣其髮高竪手捉瓶華於火中現當見之時心無衆怖當知是人即閉地獄餓鬼畜生道門隨其所欲求願悉得若求作貴若求飛空若欲施衆生隨意自在悉皆得之欲求多聞欲求論議欲求入深欲求伏藏欲求服仙膏欲求妙色欲求牛黃欲求天眼欲求天耳滅一切病痛若身體情根不具若有病癩一切病苦乃至身體諸根不具足者悉得除愈幷除過去一切重業若男欲求女身女欲求男身如願悉得隨所求訖還送觀世音菩薩

觀世音說散華供養應沒陁羅尼

南無勒囊利怛虵虵　南無阿利虵　婆路
吉垭　舍伏羅虵　菩提薩埵虵
摩訶薩埵虵　多擲哆　乞利　乞利
至梨　至梨　秀留　秀留　伽車
伽車　虵多宿獻　阿利虵　婆路吉垭
舍伏羅虵　莎呵

應取好華一掬三遍誦此陁羅尼散



觀世音菩薩足下又燒好香供養時觀世音菩薩忽然不現

觀世音說滅罪得願陁羅尼

南無勒囊怛利虵虵　南無阿利虵　婆
路吉垭　舍伏羅虵　菩提薩埵虵
摩訶薩埵虵　多擲哆　兜流　兜流
阿思　摩思　摩利尼　亙波摩利尼
豆豆脾　那慕那慕　莎呵

行此陁羅尼法於觀世音菩薩像前燒沉水香至心懺悔誦此陁羅尼三遍能滅無始以來一切罪業獲大功德欲求願如願必得

觀世音說除一切眼痛陁羅尼

南無勒囊利怛虵虵　南無阿利虵　婆
路吉垭　舍伏羅虵　菩提薩埵虵
摩訶薩埵虵　多擲哆　休休　比之
座利　涅摩利　輸陁淨伽遮提蜜羅
薩婆奧俞路　伽舍摩尼　比那舍尼
車陁尼　比車陁尼　婆多三慕咥航
畢多三羅慕咥航　尼利摩三慕咥
航　散尼波多三慕咥航　薩婆那
舍尼　比那舍尼　阿利虵　婆路吉垭
舍伏羅虵　那扇兜薩比　奧俞路伽

莎呵

誦此陁羅尼呪一百八遍自手用摩眼能除眼根一切病痛

觀世音說能令諸根不具足者具足陁羅尼

南無勒囊怛𨁝鉇 南無阿利鉇 婆路吉坘 舍伏羅鉇 菩提薩埵鉇 摩訶薩埵鉇 多攞哆 秀弥 秀弥 秀弥 乜梨 乜梨 乜梨 賁濘 散賁濘 冨羅尼𧼦 闍恒 希男多 瞜鉗 波利冨男 羅眣歡提 車陁 車陁 波思尼 比利鉇 比利鉇 波盪 菩提 菩提薩埵鉇 婆盪 波利冨囊 摩奴羅𦿔 三波利冨那 摩愈婆眣坘 莎呵

行法燒沉水香淨心一念呪草一百八遍若諸根不具足若手脚耳眼鼻等有闕少之處以呪草摩之以呪力故悉能讓之令差能令一切滿足

觀世音說治熱病陁羅尼

南無勒囊怛利鉇 南無阿利鉇 婆路吉坘 舍伏羅鉇 菩提薩埵鉇 摩訶薩埵鉇 多攞哆 痤梨 摩訶



痤梨 郁企 目企 三鉢濘 摩訶三鉢濘 三鉢坘 摩訶三鉢坘 阿囊伽思 波囊伽思 伽思 伽思 摩訶伽思 伽車座利 目句都思 莎呵

此陁羅尼呪法若縷若水若草誦呪三遍若縷結之若草楊枝若水灑之以治熱病一念之頃一切熱病即皆除愈

觀世音說除一切顛狂魍魎鬼神陁羅尼

南無勒囊利鉇鉇 南無阿利鉇 婆路吉坘 舍伏羅鉇 菩提薩埵鉇 摩訶薩埵鉇 多攞哆 至利 弥至利 勒叉 勒叉慕 阿利鉇 婆路吉坘 舍伏羅鉇 莎呵

此呪能除一切顛狂病若為一切魍魎鬼神所捉所病以五色縷結作三結呪之三遍結病人頸一切之病皆即除愈若無五色用赤縷亦得

觀世音說除種種怖畏陁羅尼

南無勒囊利鉇鉇 南無阿利鉇 婆路吉坘 舍伏羅鉇 菩提薩埵鉇 摩訶薩埵鉇 多攞哆 目俙 修目俙 車陁濘 比車陁濘 涅摩利 瞜伽利 修目企 眣目企 薩婆婆鉇 比叉尼 薩婆波陁牢 比叉尼羅闍婆媱 摩羅那婆媱 末羅婆媱 阿畢利媱 比沙婆媱 貪思多婆媱 興尼婆媱 郁豆伽婆媱 婆羅者伽婆媱 星那末地鉇 伽都婆末羅末地鉇 伽都婆 歡呵末地鉇 伽都婆 脾伽羅末地鉇 伽都婆 律叉末地鉇 伽都婆 脆畀末地鉇 伽都婆 栴茶末力 伽末地鉇 伽都婆 訖力使囊朱地鉇 伽都婆 尼乹茶 眣茶奴婆伽吒 畔茶奴婆 栴摩畔茶奴婆 阿闍羅末地鉇 伽都婆 鍻思伽末地鉇 伽都婆 三目陁羅末地鉇 伽都婆 迦賴摩末地鉇 伽都婆 薩婆比鉇散比 乎目折提 薩婆波陁羅比 乎目折提 薩婆婆鉇比 乎目折提 勒叉慕 阿利鉇 婆路吉坘 舍伏羅鉇 鍻坘 尼鍻坘 鍻利 比鍻利 薩婆嚉吒 波賴儇羅勑迦 目折提 木叉尼

陁羅尼雜集卷第六　第十五張　落字号

比利虵　尼　莎呵
此陁羅尼能除却能滅世間一切諸大種種怖畏若遭種種怖畏之時於坐卧行處若水若土若縷若自衣角誦呪三遍若以縷結作三結若水土四向灑之即除却解脱
觀世音說除一切腫陁羅尼
南無勒囊利虵虵　南無阿利虵　婆路吉坯　舍伏羅虵　菩提薩埵虵
摩訶薩埵虵　多擲他　蓂利至利
蓂利至利　比至利比　蓂利　莎訶
此陁羅尼呪若一切衆生若有腫患若腫若風腫用油呪三遍用塗腫上一切腫病即皆除差
觀世音說除身體諸痛陁羅尼
南無勒囊利虵虵　南無阿利虵　婆路吉坯　舍伏羅虵　菩提薩埵虵
摩訶薩埵虵　多擲哆　帝利　希利
休流　休流　那舍尼　那舍尼
薩婆毗虵虵　比目叉尼比吩　毗摩婆利　旃荼旃荼婆利　阿陁婆
毗陁劒婆　阿陁單婆　婆醯羅虵
阿便多羅虵　摩優羅單婆　婆婆

陁羅尼雜集卷第六　第十六張　落字号

首尼單婆其力度婆　樓婆舍利羅劒滿婆　希力豆盧具婆　闍路陁路婆　勒吒陁路婆　車度路陁路婆　薩婆伽摩虵弥　婆羅舍摩虵弥　舍弥舍弥　舍弥　舍弥渟　薩婆比虵地虵尼　莎呵
此呪誦二十一遍用呪莊麻油若胡麻油若人身體諸有病痛處呪油塗上即得除愈
觀世音說除卒腹痛陁羅尼
南無勒囊怛利虵虵　南無阿利虵　婆路吉坯　舍伏羅虵　菩提薩埵虵　摩訶薩埵虵　多擲哆　究之　究之羅之阿那三婆陁尼移　莎呵
此陁羅尼若人卒得腹痛病呪盐水三遍令腹痛者飲之腹痛即差
觀世音說除中毒乃至已死陁羅尼
南無勒囊怛利虵虵　南無阿利虵　婆路吉坯　舍伏羅虵　菩提薩埵虵
摩訶薩埵虵　多擲哆　莎梨　莎梨
毗莎梨毗莎梨　薩婆毗沙那舍尼
莎呵
此陁羅尼呪若人被毒中毒欲死若

陁羅尼雜集卷第六　第十七張

已死以此呪呪於耳中即差死還活
觀世音說除卒病悶絶不自覺者陁羅尼
南無勒囊利虵虵　南無阿利虵　婆路吉坯　舍伏羅虵　菩提薩埵虵
摩訶薩埵虵　多擲哆　尼蜜梨
尼蜜梨　薩婆其力呵　尼蜜梨
木叉尼　慕耆尼　那舍尼　毗那舍尼　思提伽梨　思伽梨　莎呵
此陁羅尼若人卒得重病悶絶不自覺知以羅叉涂縷燒黑堅沉水香誦呪百八遍結繫病人身即惺悟差愈
觀世音說除五舌若喉塞若舌縮陁羅尼
南無勒囊利虵虵　南無阿利虵　婆路吉坯　舍伏羅虵　菩提薩埵虵
摩訶薩埵虵　多擲哆　梨蜜梨
梨蜜梨伽羅　梨蜜梨乹陁梨弥梨
毗至梨　莎呵　此陁羅尼若人五舌咽喉閉塞舌縮呪土三遍用塗痛上即差愈
觀世音說除種種癩病乃至傷破呪土陁羅尼
南無勒囊利虵虵　南無阿利虵

婆路吉坘　舍伏羅䶵　菩提薩埵䶵
摩訶薩埵䶵　多擲哆　修目企
呲目企　休流　休流　修目流　比修
目流　輸那濘　呲輸那濘　摩思多
婆兜　摩首羅兜　摩富坘婆波坘
多婆音沙兜　莎呵
此陁羅尼若人癩病若白癩若赤癩
病若狂齲齒若身瘡病若被箭刀瘡
傷破以此呪呪土塗之即差愈
觀世音說呪淵底土吹之令毒氣不
行陁羅尼
南無勒囊利提䶵䶵　南無阿利䶵
婆路吉坘　舍伏羅䶵　菩提薩埵䶵
摩訶薩埵䶵　多擲哆　置知呲置知
壽弥梨　至弥梨　邲肥散濘　尼婆
蘭濘　呲沙舍尼　摩那私　摩訶摩
那私　比利絺利　摩那私　阿伽坘
呲沙散荎婆尼　莱陁伽坘　呲沙
那舍尼　莎呵
此陁羅尼呪以淵底土以藥摩羅時
合塗其上吹之隨其音聲所徹處毒
氣不行
觀世音說呪藥服得一聞持陁羅尼

陁羅尼雜集卷第六　第十九張　啓字号

南無勒囊怛利䶵䶵　南無阿利䶵　婆路
吉坘　舍伏羅䶵　菩提薩埵䶵　摩
訶薩埵䶵　多擲哆　呲梨　呲羅
朱坘　提闍提闍　婆坘　婆羅尼
首畱多　陁羅尼蜜力提　陁羅尼
莎呵
此陁羅尼於七日中服婆藍弥呲那
耆藥半兩經七日此藥置乳中後復
服此藥當大下服訖欲食食合乳餘
誦此呪二十一遍以呪藥後服能得
一聞持日誦千偈
觀世音說呪五種色昌蒲服得聞持
不忘陁羅尼
南無勒囊怛利䶵䶵　南無阿利䶵　婆路
吉坘　舍伏羅䶵　菩提薩埵䶵　摩
訶薩埵䶵　多擲哆　皮跠　富那離
波羅婆離　莎呵
此呪於觀世音像前燒沉水香呪白
昌蒲根百八遍服之得聞持不忘
南無勒囊怛利䶵䶵　南無阿利䶵　婆
路吉坘　舍伏羅䶵　菩提薩埵䶵
摩訶薩埵䶵　多擲哆　沫坘　沫坘
坘耆比利䶵　休流弥　休流弥

陁羅尼雜集卷第六　第二十張　啓字号

呵呵呵　休流弥　居賴囊　休流弥
莎呵
此呪於觀世音像前燒沉水香呪黑
昌蒲根百八遍服之得聞持不忘
南無勒囊怛利䶵䶵　南無阿利䶵　婆
路吉坘　舍伏羅䶵　菩提薩埵䶵
摩訶薩埵䶵　多擲哆　阿其尼
阿其尼目企　蕪弥蕪摩目企呲梨
䶵　呲梨䶵　婆梨　思摩坘　三鉢陁
尼坘離　坘離　呲坘離　莎呵
此呪於觀世音像前燒沉水香呪赤
昌蒲根七遍服之得聞持不忘
南無勒囊怛利䶵䶵　南無阿利䶵　婆
路吉坘　舍伏羅䶵　菩提薩埵䶵
摩訶薩埵䶵　多擲哆　牟尼　呲牟
尼　牟尼　呲牟尼　梨波坘　尸羅波
羅尼　波斯尼　目企　比目企　蜜
力坘　婆伹濘　蜜力坘　婆伹濘
首羅多　婆伹濘　首畱多　伽羅尼
莎呵
此呪於觀世音像前燒沉水香呪青
昌蒲根百八遍服之得聞持不忘
南無勒囊怛利䶵䶵　南無阿利䶵

婆路吉坘　舍伏羅虵　菩提薩埵虵
摩訶薩埵虵　多擲哆　羅呵濘　綦
呵濘　居利舍　郄摩散濘　羅弥濘　卑
毗羅濘　比羅婆信尼畢多目企　卑
多畔濘　置多羅斯　秀弥　秀弥
毗秀弥　具梨　具梨　之其梨　蜜
力提　婆但尼佛提　婆但婆尼　提
者婆但尼　賴尼摩婆但尼　烏者婆
但尼　耆那婆但尼　比利虵婆但尼
首留尼　沙伽跏婆婆坘　莎呵
此呪於觀世音像前燒沉水香呪黄
昌蒲根百八遍服之得聞持不忘
觀世音說除病肌生陁羅尼
南無勒囊利虵虵　南無阿利虵　婆
路吉坘　舍伏羅虵　菩提薩埵虵
摩訶薩埵虵　多擲哆　烏伽羅濘
波羅伽羅濘　蹟吒　首羅　多摩思
羅婆比利　比利比比利思思利　蹟思
吒　阿力奢　陁婆阿羅　阿力奢
婆希羅阿力奢　仇茶　阿力奢
婆羅婆　阿力奢首迦藍婆阿力奢
婆羅那　阿力奢　瞋那　阿力奢
蜜力坘　阿力奢　烏茶羅蜜力提



阿力奢　三枚藍那舍虵　蜜力提
阿力奢　畢坘伽　阿力奢　舍利尼
摩伽阿力奢　阿那弥坘　阿力奢
瞋茶弥力坘　阿力奢　帝利比帝梨
蹟吒摩思羅兜　摩毗茶虵兜　摩
首羅兜　薩婆蘭那兜　摩婆呵兜
蹟吒兜　阿利虵　婆路吉坘　舍伏羅
虵　坘耆那　莎呵
此呪法以白氎縷呪百八遍作百八
結隨有病處繫其痛處又呪土塗又
末比跋置水中服之除人得流肌生
無病
觀世音說呪土治赤白下痢陁羅尼
南無勒囊利虵虵　南無阿利虵　婆
路吉坘　舍伏羅虵　菩提薩埵虵
摩訶薩埵虵　多擲哆　阿羅濘
婆羅孫夢　修修弥坘　毗阿濘
躭婆羅濘　那舍濘　比那舍濘
蹟吒　蹟吒　阿蹟莎羅　摩思羅
婆兜　摩首羅虵兜　蹟吒　蹟吒兜
莎呵
此陁羅尼若人病赤白下痢呪土三
遍以塗大便上差愈

觀世音說呪草拭一切痛處即除愈
陁羅尼
南無勒囊怛利虵虵　南無阿利虵　婆
路吉坘　舍伏羅虵　菩提薩埵虵
摩訶薩埵虵　多擲哆　陁弥　陁弥
舍弥　舍弥　舍弥濘　莫利　莫利
毗　莫利　之利　毗之利　弥利毗
莫利　但摩毗莫利弥尼　毗莫利
蹟吒豆　夫力沙路伽　那多路伽
目佉路伽　蹟吒豆　失波莎　蹟吒豆
其力呵那毗沙摩　蹟吒豆　伽摩羅
蹟吒豆　半茶路伽　蹟吒兜讃陁
婆多　蹟吒兜　居利車　蹟吒兜
勿力多　居利車　蹟吒兜　阿尸
摩利　蹟吒兜　摩思伽軍茶藍
蹟吒兜　阿那呵坘　蹟吒兜　勒多
甲多　蹟吒兜　思帝利　那愈尼
比虵婆陁　蹟吒兜　勒多婆思羅婆
兜　阿利虵　婆路吉坘　舍伏羅虵
菩提薩埵虵　坘闍那　比利虵
那婆羅若那　蹟吒兜　摩毗陁虵兜
莎呵
此陁羅尼人得百病身體有痛呪草

三遍拂拭痛處一切病痛即差除愈
觀世音說隨心所願陁羅尼
南無勒囊怛利䞣䞣　南無阿利䞣　婆
路吉埵　舍伏羅䞣　菩提薩埵䞣
摩訶薩埵䞣　南無摩訶迦留尼迦
南無薩婆薩埵䞣　希多菟劒畢濘
南無薩婆薩埵囊　弥多羅質多䞣
南無薩婆脾䞣散那　木叉迦羅䞣
南無薩婆脎但侈陁那迦羅䞣
南無薩婆婆䞣　睒摩囊迦羅䞣
南無薩婆比䞣　地肥木叉迦羅䞣
南無薩婆薩埵涅脎　波羅肥舍迦
羅　南無摩訶菩提薩埵䞣
怛寫　那摩吉埵囊　伊㬳　阿利䞣
婆路吉埵　舍伏羅䞣　斋力提䞣
摩挍提霜　薩婆羯摩力陁莎陁尼
薩婆比䞣地　波羅慕羼尼　多擲哆
秀留　秀留　兜流兜流　斋利
希弥利　思利　思利　思提梨
闍梨闍梨　闍利濘　郁鞞利　目鞞
利　庭迦斯　貝利　乹陁梨　陁羅
郯吔　摩蹬祇　福迦羅斯　豆離
豆豆離　曇弥　曇弥　曇弥濘



鞱埵鞱多　摩那斯　目俙　比目俙
折移　肥折移　傾利佲　弥力弥
希利　富且濘　蘇慕坧　修頼斯
闍弥律埵　闍弥律多　婆但坧
難提　難提目企　搙陁利　搙陁羅
目企鉢陁哆　半陁莽目企　修陁迦
絺　修利䞣　波羅婆脾　修利䞣
頼世弥　婆迦律施　婆羅唅咯
婆羅摩莎攤　目陁羅　目陁邏
伽羅佲　婆移　阿頼祇　闍弥埵
摩訶波臈脾　乇豆脾莎離　摩豆
莎離　薩婆薩埵䞣　菟劒波䞣
涉陁䞣　婆陁䞣　佛馱摩菟沫羅
傾曇摩摩褥　沫羅斋　僧伽摩裾
沫羅斋　佛陁䞣　佛陁䞣　希螯
提䞣　摩菟沫羅䞣　菩提䞣
菩提䞣　菩提薩埵䞣　薩婆羯摩
弥　婆陁婆羅陁䞣　莎呵　阿婆羅
陁䞣　莎呵　迦留尼迦䞣　莎呵
羯磨咯　莎陁䞣　莎呵　南無阿利
䞣　婆路吉埵　舍伏羅䞣　恙緾兜
慕陁羅　鉢陁䞣　莎呵
行此呪法於白月八日至十五日以

牛屎塗地以瓦器新好者盛香汁一
瓦器盛乳須一燈須搔好香花貫鬘
三日斷食一日三時澡浴應布草於
地於七日中誦八百遍應於觀世音
像前應著新淨衣燒黑堅沉水香三
時誦此呪必吉祥隨心所願必得若
呪水若呪土若結縷若呪芥子燒之
若呪草隨心所使用治身病要於食
前呪之衆病除差此隨心所願呪應
七夜中行之亦使上来一切呪得行
吉此呪是隨心呪是觀世音菩薩所
說諸欲所求悉得如意能滅一切怖
畏能除一切病苦能解一切繫縛能
除一切怨害能除一切盡毒能除一
切熱病能降伏一切怨賊能除顛狂
鬼病若欲遠行誦呪自結衣角能除
一切衆惡若繫染色縷繫病人身無
不除差若以水噴灑若以黑縷結之
亦能自護并護他人能至墮地獄亦
蒙解脫此觀世音菩薩本所誓願
拔度一切衆生

陁羅尼雜集卷第六

陀羅尼雜集卷第六

校勘記

一　底本，金藏廣勝寺本。

一　四二八頁中一二行第一三字「若」，資、磧、普、南、徑、清無。

一　四二八頁中一三行「楊枝」，麗作「抈之」。

一　四二八頁下一行「某乙」，諸本（不含石，下同）作「甲乙」。九行同。

一　四二八頁下一〇行第一二字「次」，資、磧、普、南、徑、清作「汝」。

一　四二八頁下一二行第一〇字「納」，資、磧、普、南、徑、清無。

一　四二九頁上三行第八字「盖」，資、磧、普、南、徑、清作「盡」。

一　四二九頁上九行第一一字「投」，資、磧、普、南、徑、清作「持」。

一　四二九頁上一〇行第一三字「恚」，諸本作「喜」。

一　四二九頁上一七行第二字「今」，諸本作「令」。又第八字「抑」，諸本作「仰」。

一　四二九頁上二二行第一二字「今」，南、徑、清作「令」。

一　四二九頁上末行第六字「畔」，諸本作「律」。

一　四二九頁中四行第七字「還」，資、磧、普、南、徑、清作「逮」。

一　四二九頁中七行「波吒羅」，徑、清作「吒羅」。

一　四二九頁中九行「佛奴」，徑作「佛善」。

一　四二九頁中一九行「摩妙　震音」，諸本作「美音　梵音」。

一　四二九頁中二〇行「雷音」，麗作「震音」。

一　四三〇頁上一七行「塗坌」，資、磧、普作「塗芬」。

一　四三〇頁上一九行第一三字「況」，諸本作「沉」。

一　四三〇頁上二一行第六字「燈」，諸本作「然」。又第九字「新」，磧、普、南、徑、清、麗作「薪」。

一　四三〇頁上末行「投華」，諸本作「投一華」。

一　四三〇頁中一四行第六字「隨」，資、磧、普、南、徑、清作「隨願」。

一　四三一頁中七行「楊枝」，資、磧、普、南、徑、清作「楊之」，麗作「抈之」。

一　四三三頁上一〇行第八字「土」，磧作「上」。

一　四三三頁下二二行第九字「得」，普、徑無。

一　四三四頁中一一行首字「未」，諸本作「末」。

一　四三五頁上一行「哙愈」，諸本作「除愈」。

一　四三五頁下二行「極好」，徑作「極品」。

一　四三五頁下八行第七字「使」，諸本作「便」。

一　四三五頁下一四行「盅毒」，資作「蟲毒」。

陁羅尼雜集卷第七　啓

未詳撰者今附梁録

觀世音説滅一切罪得一切所
願陁羅尼一首
除障滅病至獲道果陁羅
尼一首
獲諸禪三昧一切佛法門陁
羅尼一首
見一切諸佛從心所願陁羅
尼一首
修念佛三昧陁羅尼一首
無盡意菩薩説幢蓋願陁
羅尼一首
勝敵安退并治毒齒及腫
陁羅尼一首
吉祥神呪一首
佛説旋塔陁羅尼一首
辟賊陁羅尼一首
鬪持陁羅尼一首
佛説大七寶陁羅尼一首
佛説大普賢陁羅尼一首
四天王所説大神呪合六十六首



觀世音説滅一切罪過得一切所願
陁羅尼
南無勒曩怛利耡耡　多𨞼哆颰夢
浮　颰颰夢浮　阿迦奢颰夢浮　婆
伽羅颰夢浮　闍婆颰夢浮　啤囉
颰夢浮　婆秖羅颰夢浮　阿路伽
颰夢浮　陁摩颰夢浮　薩多陁　颰
夢浮　薩頗涅呵羅颰夢浮　阿婆路
伽叉耡颰夢浮　優婆舍摩颰夢浮
那那亦颰夢浮　婆羅若三目提羅
曩　颰夢浮　毗尼試利耡　颰夢浮
舍思多婆　颰夢浮　婆耡吒摩希
利陁弥　舍弥　者尼羅斯　者居羅
摩思利　𠪁利地利其雞娑婆羅
婆多垣　希利多羅仳　婆羅　婆
陁坭　羅單坭者遮　者遮希利
弥利　伊伽𪚪翅　𪚪丘流　𪚪梨　𪚪
梨　弥梨　湯茶　單茶　究梨
弥梨　阿夂至多脾　目利　婆羅其
利　究吒　閂婆利　澄祇　澄求利
休流　休流　究留兜　弥利　弥利
𢳾畔茶　陁呵羅　希利　休流
休流留婆婆羅者　比輸陁尼　莎呵



摩訶浮多迦留沙　比輸陁尼　莎呵
迦留沙　烏闍比輸陁尼　莎呵
薩婆羅婆　比輸陁尼　莎呵
迦留来婆　比輸陁尼　莎呵
薩婆阿舍波利　畱来渟　莎呵
薩婆多他　阿提唖垣　莎呵
薩婆菩提薩埵　阿提唖垣　多那菓
提垣　莎呵
於一月中捨諸緣務㚒明星出時日
讀百二十遍常求三事一者自悔無
始以来罪業二者所修功德願與一
切衆生共之三者常願十方菩薩未
得正真者速得之若以得道欲入涅
槃願久住世於一切時作心供養一
切諸佛菩薩又別礼阿利𪚪廁提踻
浮菩薩隨在何方建心念之隨欲求
何願若重病不能得藥即隨意得之
若欲懺悔其罪即滅若有重罪即得
滅罪方便又一切心所欲念即得方
便若夢當有沙門形服隨所應現示
其方便有世間之事意欲作者若不
知方便隨其所願能得方便若能如
是修行於六度中隨意能得進力試

證道果此陀羅尼若能於一月身心清淨捨諸緣結無有空行行必有獲若人於一劫稱餘菩薩名字不如一時稱此菩薩名字供養滅除一切罪過得一切所願

除障滅病至獲道果陀羅尼

婆䤲羯䤲　波修坻　多羯䤲　波波散坻　波羯䤲　陀羅毗扳利坻　波羅遮　那牟企　波羅朱沙那坻　郯陀和　多毗地　因提利䟦　其羅芏　比輸地坻　三摩留波毗竭坻　竭三摩多毗沙尼　陀羅呵坻　修波利延　䟦尼那坻秪　修婆波羅秪　那遮梨坻䤲　阿鉢羅由　地那至坻　但摩䟦　攘波利富䤲　絺那毗奴那坻　莎呵

行法以月八日淨自洗浴著新淨衣淨其心內在佛像前舍利前七日七夜至心念佛誦呪千遍不念世間一切惡法用刦貝縷一百八結用繫結與衆共行惡人不見其形卧無惡夢一心念佛得無生法忍決定得成無上道果為一切人天之所恭敬四大



天王之所擁護除一切三障之業卧睡之中則見十方諸佛菩薩初所未聞法皆悉得聞無四百四病能療衆生一切患苦施於衆生一切快樂

獲諸禪三昧一切佛法門陀羅尼

優牟尼　破羅牟尼　究莎闍醯　拘細拔闍　阿波羅牟沙　娑坻毗陀羅私蜜坻　迦多迦婆梨　頻頭朱坻　娑羅其羅末羅末坻　優唖坻阿嵬私唖坻　薩婆攘芏路那私那坻　毗陀䟦末坻　毗頭末坻　修波羅帝唖坻　阿尼羅泄阿婆呤　菩羅尼弥蜜坻　呵莎慕莚　莎呵

行此陀羅尼法七日之中於佛像前舍利前誦千遍飲黒蜜蓮華華鬚蘂一日之中能誦千偈得他心智若有四衆於寂靜處至心如法行此陀羅尼不過七日獲於四禪壞欲界結得十方佛如意證三昧能除衆生三障之業能燋衆生一切煩惱顛倒等結親近住於賢聖之道能令無有退轉菩提得一切智不從他因而得一切佛三無导三無畏三昧法門能除衆



生一切諸惡

見一切諸佛從心所願陀羅尼

呾耶哆　婆迦羅目呿　阿迦羅目呿　阿尼摩目呿　阿婆羅闍目呿　薩坻羅闍目呿　阿那遮呵目呿　婆波嗗闍目呿　阿秪蔓肥奢哦奢慕　哦奢多哦　阿那遮呵　貧尼摩哦娑何婆羅惰扇那末升呵哦　安泯羅那迦富拙之　舍那修婆呿摩羅　阿單梨晛羅富娑　呿哦叉呿哦　阿留囊哆唖　婆羅波波　眹浮羅囊敦囊蛛蛭呿哦　阿流那遮　波坻嵴泙　阿那叉耶那荼哦闍　摩利之娑羅居題㗖叉哦　莪蒱利哦闍　藪羅舍羅坻　梨梨呿嗟　利勒那波娑牟尼提耶　多波迦破闓羅跰哦　脾奢摩尼那羅延　羅哄娑　那羅延舉　娑婆　因陀半拏哦呿目呿　娑嗟婆羅　摩尼肥攘目呿　牟尼系呵哦　娑迦摩娑羅尼嗟　摩摩嗟訶尼嗟　陀利射　摩利遮呵哦　喉喉摩尼　阿哦闍曇摩　阿槃蓰曇摩　肥利闍牟尼　陀奢題奢

毘沙訶　仔嗟弥陁闍　波波摩嗟
肥闍虵　貧貧貧哦羅那　因提利
也　貧貧呵哦　肥羅闍　肥尼嗟
肥貧闍　肥沙羅　訶訶貧尼
栿羅荼娑呵　耶餙那　莎呵
阿利波闍　莎　莎呵

佛説此陁羅尼時三千大千世界六種震動天於空中作天伎樂雨種種香花珎寶供養於佛菩薩大衆於時九十九億那由他天人發菩提心若出家在家善男子善女人發菩提心者應當書寫讀誦此陁羅尼十方諸佛即見此人聞其讀誦發願迴向遥見此人生歡喜心即與受記必當作佛若其四衆爲求佛道故應淨心洗浴著新淨衣敷種種淨座於阿練若處離憒閙人無貪瞋恚煩惱汙心又離憍慢嫉妬之心一向正念十方諸佛令如目前晝夜三時懺悔諸罪讀誦此陁羅尼於七日中善心淳志當見十方佛若不得見復更二七三七日中專心不住無量諸佛當現其前而爲説法與其受記當得作佛一切障



業悉皆消滅若造五逆犯重根本毁謗正法不得現見諸佛若夢中見亦得滅除無量諸罪復更三七懃加精進必使得見一切諸佛此陁羅尼隨四衆心精懃如法所願從心

修念佛三昧陁羅尼

多擲哆　度陁尼　陁羅　嗟羅尼
牟尼呟婆散淳　悉能扇地　涅牧支
涅　呵梨路伽鉢呸　沒陁鉢坘　呸離
伽羅知郁伽　知賴殊波伽坘　泯耆
波竭坘　比舍羅淳提伹摩娑那
阿叉移　羯甲　羯波娑呸　阿弥勒
陁羯甲　休多呶　泯殊鉢呸　膭多
三摩慎泯　泯殊其羅鉢呸　嗔拏淳
提因提利虵淳提　莎呵

行法於二月三月八月中以白月中初修念佛三昧從八日至十五日當見佛在蓮花上坐當晝夜各三時以好香華供養必見如來蓮花上坐而爲説法得陁羅尼得念慧覺意堅固得宿命智乃至般涅槃一切經一切工巧作業如是等一切盡能攝取能得淨心除四聖諦何以故此法能攝



取有漏受持讀誦此陁羅尼者所生之處常不墮惡趣常值諸佛生生之處常七寶具足不生下賤生生之處當值諸佛菩薩生生之處常不忘菩提之心遊十方世界常見諸佛世尊常得所願

無盡意菩薩説幢蓋願陁羅尼

遮摩搵脾　阿叵羅差何叉路甲
脾　伽羅陁勒叉　佛律婆宿甲
多擲哆　昵那散受翅　毗昵那比夢
阿折摩坘　弥梨失梨　多比莎利
鴦仇　闍伹尒　闍闍羅奴斯　阿那
摩首提目呿末勒差　究羅拔知
末力伽婆差　畀婆莎梨　阿佛律提
夢復梨　莎羅吐袱　蜜力摸無尼
莎呵

無盡意菩薩於佛前大菩薩衆中唱此幢蓋

願大陁羅尼若有衆生能至心書寫受持此陁羅尼於七日七夜中常修定如法誦此陁羅尼十方遍得大功德大光明大力得度彼岸具足多聞智慧辯才具足如來世尊一切諸戒

成就一切諸大功德乃至天王國王
下至婆羅門居士一切衆生見者歡
欣生信敬心乃至一切所須之具隨
願必得為諸佛所持往生之處與諸
佛共會能使一切衆生開智慧眼見
一切妙法
勝敵安退并治毒齒及腫陀羅尼
多㘑哆　伊梨　富持利　富倫提
呵　咮呼[illegible]摩勒渟　婆咮渟
至咮呼　比至咮呼　思埵呼　比思埵
呼　摩比提呼　烏思羅娑埵呼
莎呵
此陀羅尼若王者興軍動衆與敵相
攻必欲取勝欲入敵之時當呪土三
遍以塗身并塗幢麾幡蓋鼓角伎樂
鬭具所向必勝令彼軍衆安隱退還
復無傷損若為毒虫所齒若被毒若
身有腫呪之塗以清黛傅之皆得除愈
吉祥神呪
南無觀世音　能施無畏力　一切和雅音
勇猛師子音　大梵清淨音　大慈妙法音
天人大丈夫　能施衆生樂　滅除無明使
濟度生死海　今我等歸依　如是大神力



佛說旋塔陀羅尼
那慕佛陀䭾　那慕檀摩䭾　那慕阿利䭾
波路抧㕓　耆婆羅䭾　菩提薩埵䭾
摩訶薩埵䭾　呿羅婆帝　仇呵婆帝
伽婆帝　伽婆帝　莎呵
辟賊陀羅尼
多㘑他　唏梨　弥梨　摩登歧
真陀羅　莎呵
聞持陀羅尼
那菓婆伽槃　摩拏勿力陀略也
多㘑他　伊鵌　啾鵌　弥利　希利
伊利弥利　薩婆羯摩尼　莎呵
佛說大七寶陀羅尼
如是我聞一時佛在祇樹給孤窮精舍佛
告阿難汝受持此大七寶陀羅尼呪
尒時世尊即便說之
寫地也貸曇　坻闍(上音止)律提
波羅若　波羅　式叉仇拏　比茶
阿難若有受持讀誦修行此陀羅尼
呪盡其形命一切怨仇能令歡喜火
不能燒刀不能傷水不能溺無方道
鬼魅所持若天龍阿脩羅乾闥婆乃
至人非人等阿難此七寶呪若至水



火中若怨賊中若食毒若方道書應
念此呪若怖畏毛竪等悉得解脫以
毗婆尸佛威德尸棄神力比尸婆智
慧拘婁孫佛力迦那牟尼戒迦葉功
德釋迦牟尼精進令一切衆生悉除
怖畏令得安吉尒時阿難聞佛所說
歡喜奉行
佛說大普賢陀羅尼
如是我聞一時佛在舍衛國祇樹給
孤獨園時佛告阿難吾今說大普賢
呪汝當受持
多㘑哆　阿吒　[illegible]吒　茶弥茶
遮居梨　居梨茶也　居梨茶也拔坻
思提　思陀　婆夢坻(上音止)
阿難此大普賢呪遮滅一切兵刃除
一切怨仇諸怨除一切夜叉羅剎復
多等畏除一切熱病鬼神病方道蠱
毒呪術毗多茶富多那等悉不能達
犯此普賢呪能為一切吉善若善男
子善女人所至之處若行道中若水
道中若急難處應念此呪無有夜叉
復多毗舍遮拘槃茶迦吒富多那羅
剎毗多茶等畏又無水火刀杖兵凶

毒藥裹害呪術方道一切諸惡人非人等如是諸畏阿難若有恐怖急難應誦念此呪無能作衰惱者復次阿難若有受持讀誦此呪如上天龍鬼神二十八部人非人等不能越犯此呪鐵輪金剛輪當為作苦患令頭破作七分四方四維上下若有於此人起惡心者悉皆繫其毒心令不發起是善男子善女人應善讀誦執持奉行

四天王所說大神呪 合六十六首

赤下鬼名

羅單那一 迦羅富單那二 波都耆三
摩訶波都耆四 莎呵五

誦呪三色縷黄赤緑作二十一結先繫脚後繫臂却繫手

白下鬼名

流流一 摩訶浮流二 烏摩勒呵暮多三
毗摩呵暮多四 波吒羅呵暮多五
浮浮呵暮多六 莎呵七

呪二色縷白黒結作十四結繫項

失暗鬼名

項浮流一 睺睺摩二 波吒羅睺睺摩三



波吒羅睺睺摩四 毗摩勒睺睺摩五
漢奴睺睺摩六 莎呵七

呪縷黄赤緑結作三七結繫項

調語鬼名

畢多羅一 波波浮二 波波浮三 烏摩勒 波波浮四 莎呵五

呪水七遍洗面洗左耳嗽口㗛之各三過

蔽人目鬼名

支富羅一 支富破二 支富破三 呼奴支富破四 波吒羅支富破五 莎呵六

呪水七遍㗛目

瞋鬼名

頗波羅一 破波羅睺二 破波羅睺三 破波羅睺四 烏奴破羅睺五 烏吐睺六 莎呵七

七遍誦呪之

食吐鬼名

都睺兜睺一 烏奴破二 兜睺 烏奴破三 莎呵四

一七遍呪

羅鬼名

阿那波那兜一 阿那波那兜二 毗摩那兜三 莎呵四



一七遍呪

障善根鬼名

浮流浮流一 睺睺摩浮流二 阿那毗那睺浮流三 支兜那毗摩睺那浮流四 浮阿那毗摩睺睺浮流五 莎呵

七遍呪水㗛之亦七遍

燋渴鬼名

波波睺一 浮奴多波波睺二 阿那毗那浮奴 多波波睺三 浮律多波波睺四 莎呵五

呪二十一遍五色縷青黄赤白黒結作三七結

眼上白光鬼名

阿富那一 破多奴阿富那二 毗摩破多奴阿富那三 浮婆阿富那四 莎呵五

呪三七遍呪欝金青黛水常使病人向東方日月淨明德佛懺悔洗目至七日

不禁鬼名

修修羅一 波波磨睺修修羅二 阿那波那修修羅三 毗摩呵那修修羅四 莎呵五

用水三升雞子黄少許塩和三遍呪常使病人向北方得内豊嚴王佛三礼然後服之一升餘者印以修修羅字

坐鬼名



胡兜羅一呵呂那胡兜羅二阿波浮胡
兜羅三阿波置胡兜羅四阿波波呼那
胡兜羅五耶無多胡兜羅六莎呵
須七色縷結作二十一結先繫項次
繫兩手後繫晉繫腕

直下鬼名

舍波帝一阿波睺睺耆波帝二毗摩
睺睺耆波帝三浮律多睺睺耆波帝
阿摩奴睺睺舍波帝五莎呵六
須五色氎縷青黃赤白紫結作三七
二十一結繫脚次繫晉復繫手復繫項

惡瘡鬼名

破波羅一睺睺奴破波羅二烏吐浮律
多破波羅三阿耆兜破波羅四阿耆呼
兜破波羅五莎呵六
呪五升水三遍着半雞子黃少許搵揉
上壓釜底黑塵墨各一掌煑七迴三
遍呪煑竟亦三遍呪於日初出時七
遍洗瘡七遍呪

不得食下鬼名

胡摩兜　烏耆睺睺胡摩兜　阿兜
羯卑　胡摩兜　破波羅胡摩兜

莎呵五
呪水七遍與病人飲之



腰脚痛鬼名

呼盧兜一波吒羅呼盧兜二毗摩羅
呼盧兜三弥梨耆梨卑呼盧兜四
莎呵五
呪三色縷青黃綠結作七結繫脚腕
次繫髀後繫腰

頭痛鬼名

胡摩兜摩呵迦吒羅一毗摩迦吒羅二呼
呼羅迦吒羅三伊呼迦吒羅四伊末迦
知迦吒羅五莎呵六
七遍呪揚枝打二七下

闇鈍鬼名

呼吒吒一浮律置呼吒吒二阿支拏呼
吒吒三浮律置支呼吒吒四伊呼破羅
支呼吒吒五私蜜兜　伊呼支破羅六
莎呵七
三七遍呪七日日三過呪

耳痛鬼名

比膩波一阿制置毗膩波二呼膩置毗
膩波三伊呼支膩置毗膩波四耆摩膩
置毗膩波五莎呵六



於月生一日設使左耳痛南向坐右
耳痛北向坐東向門病人門內坐呪師
門外坐水亦門外呪二七遍三噀之

淋鬼名

破波羅一浮梨浮梨置破波羅二車慕
那破波羅三呼呼羅車波羅四迦波置
車波羅五莎呵六
五七遍呪水以葦筒柱陰上以水從
桶中七遍呪一唾之末後以掬水壁
面潠之

小便不通鬼名

烏都羅一呼若耆梨吒烏都羅二
都羅呵拏時律吒烏都羅三莎呵四
取釜下炊湯二升半雞子黃白蜜和
與病人服之正南而坐念日月燈明
佛作四拜礼七過吸半雞子已唾

卒得心腹痛鬼名

蜜耆羅一阿吒膩吒蜜耆羅二支波
副呂耆羅三呼呼那呂耆羅四阿不梨
知呂耆羅五支波置呂耆羅六莎呵七
呪水三七遍先唾之三過餘者三吸

瘧病鬼名

須蜜多一阿膩吒二迦知膩吒三烏呼那

須蜜多四支波呼睺須蜜多五伊知膩
吒吒須蜜多六莎呵七
須五色縷呪作七結痛從頭下先繫
項繫脚繫手設之大急呪水三遍𠯗之
匿病鬼名
究氷氷羅一阿知那知氷氷羅二烏呼
吒氷氷羅三阿知拏知氷氷羅四莎訶
須一斤芠一斗水煮取三升呪三遍
病人東向坐服之日服一升三服
黃病鬼名
呼都盧一阿知那知支波破二阿那耆
支波破三呼梨吒支那吒支波破四伊耆
那知支波破五莎呵六
三七枚瓜子二七枚杏人一斗水煎
得三升呪七遍日取一升目中著一
繩鼻中二繩餘者服之日三服之已用
黃白綖呪作七結先繫頭次繫兩耳繫
項繫兩肘後繫手七遍呪
食人腦髓及心肝鬼名
句羅帝一阿吒拏支知二阿若耆遮知三
阿奢默遮知四阿奴多遮知五若不那
帝遮知六阿多尼遮知七阿睺睺睺睺
遮知八阿副副副遮知九莎呵十



三斛熱湯一升白粉和之呪浴一栝
飲之呪三遍日用一斛五斗先從頭
淋之吉
平得旋風頭眩轉鬼名
美音呪一多阿睺耆那二不不不睺耆那三
阿若若不耆那四莎呵五
呪水二十一遍三𠯗之
嗜酒鬼名
阿羅兜一烏那呵　烏那呵二呼律多
呼律多三若不呵若不呵四舍摩呵舍摩
呵五莎呵
若十四日十五日取七井水三粒塩
呪三遍三淋頂上三唾耳三唾鼻餘
水飲之此人北向坐
不嗜食鬼名
安多睺一頗榛卑頗榛卑安多睺二
烏睺睺睺睺安多睺三波羅私兜若安
多睺四遮榛迦知安多睺五阿若羅知
安多睺六莎呵七
縷二色白黑呪作十四結七遍呪水
與使飲之
食少而吐多鬼名
耆多睺一阿若摩若多榛知二跋羅知那



知咖耆知那知四阿若奴摩知那知五
阿呵耆那知那知六阿若奴摩知那知
阿呵耆那知　莎呵
呪水七遍𠯗面三遍殘水飲之作麻
繩常於朝時以用摽項使病人東面
向坐一日不差乃至七日
齚鬼名
胡樓兜一睺睺睺睺胡樓兜二阿呵呵
那胡樓三阿若若若胡樓兜四阿吒吒
胡樓兜五莎呵六
須三分小豆一斗水煎得三升蜜安
半升蘇煎得二升接清取七十遍呪
於晨朝時慈萁豆安綿揭取七遍二
稱鬼名
健睡鬼名
浮浮流兜一阿吒膩知浮流兜二睺睺
睺睺若浮流兜三蘇摩帝浮流兜四
呼呼阿吒那浮流兜五莎呵六
三遍呪水唾病人面
支兜那是土公鬼名
副梨副梨支兜那一阿呵呵那二胡律
兜支兜那三呼呼呼阿若兜支那四
莎呵五

病人東向坐三遍呪一瓮水七枚楊
枝東西南北安置瓮上呪竟以此四方
灑之三嗽面三過飲
汪鬼凡二十五種
破梨吒一破破破破梨吒二烏呼呼吒破
梨吒三阿睺睺睺破梨吒四阿鴉鴉鴉
鴉破梨吒五迦梨吒支休那破梨吒六莎呵
呪水七遍唾之五色縱結作七結繫項
一切蚫毒鬼名
阿那耆一常帝囊阿那耆二梨帝囊
阿那耆三阿若帝那　阿那耆四莎呵五
呪水二七遍唾五情根及唾瘡并洗
三遍
鏈賴鬼名
摩卑一陁羅那帝摩卑二奢若陁摩卑三
阿不梨多阿㮈卑四莎呵五
呪水七遍唾五情根若以洗瘡
蝦蟇毒鬼名
波奢尼一烏睺流兜偧波舍尼二若波
晝波舍尼三阿若梨知波舍尼四莎呵五
呪水三遍唾五情根并洗瘡餘水飲
之吉
雹鬼名



破知那一流流兜破知那二車那兜破
知那三阿摩耆兜破知那四阿呼梨兜
破知那五莎呵六
三斗水一掌白粉和之七遍呪吸三
口餘者洗瘡至三日用
獸故鬼名
睺睺一奴吒嵬睺睺二旦多那睺睺三
阿若兜睺睺四阿吒嵬睺睺五毗律多
睺睺六奴吒嵬睺睺七莎呵八
三斗水銅瓫上以白練覆上以七枚
楊枝從横安上呪三七遍用竟棄之
廁中
鼠漏鬼名
遮吒尼一波賴帝　遮吒尼二阿若帝
遮吒尼三摩賴帝　遮吒尼四阿摩賴
帝遮吒尼五莎呵六
用三束白蕊五寸縷束之一斗㭊二
斗水煎得一斗呪三七遍接取一升
飲之餘者洗瘡
赤眼鬼名
烏奴多一阿若兜菟吒烏奴多二牟律
帝那烏奴多三若晝菟多烏奴多四
者摩帝烏奴多五莎呵六



取三升麴一斗水煎得三升接取二
升呪二七遍日取一緉用唾之亦洗
眼二七日
臃鼻鬼名
遮波晝一阿若兜遮波晝二浮律多尼
遮波晝三浮波律多旦遮波晝四阿若
多尼遮波晝五波律多尼遮波晝六莎呵
一斗苦酒三斗水煎得二升呪三七
遍日用二緉灌鼻三十一日用
腋臭鬼名
若多奴知一睺睺睺睺多奴知二浮流
流流多奴知三摩賴帝多奴知四
阿那那多奴知五莎呵
石灰三升苦酒三升盤上和呪三七
遍揣之男先安左腋女先安右腋下
毗樓勒叉天王所説呪水腫鬼名
胡樓兜寧一妃律帝胡樓兜寧二阿睺
睺睺胡樓兜寧三若呼胡樓兜寧四
波晝寧五胡樓兜寧六莎呵
用三斛水三斗鹽煎得一斛五斗呪
三十五遍封以鬼名日服一斗
頽鬼名
波置樓一阿尼兜樓吒波置樓二若無

波置樓三阿奴梨吒兔波置樓四阿若
梨吒奴波置樓五莎呵六
用八斗水小豆一斗塩呪二十一遍
煎得五斗接取清日服二緉餘下稠
者用作餅大如掌用上向班之
清旨鬼名
鳩睺茶阿若兜一副梨帝阿若兜二
耆蜜帝阿若兜三摩賴帝阿若兜四
阿路帝阿若兜五惕耆帝阿若兜六
莎呵七
用胡荽安石留子細辛人參薑末小
豆麻子各一銖末和蜜漿若蒲桃漿
日呪七遍乃至七日用作餅大如錢
許用搭眼以水從頭後啉之
痳垂鬼名
休由一波帝那休由二耆摩帝那休由三
手律帝那休由四莎呵五
用一斛水著五斗塩呪二七遍煑七
迴用洗浴
辟鐍鬼名
睺牟樓帝一毗摩多睺牟樓帝二
阿若兜尼睺牟樓帝三浮律多尼睺
牟樓帝四莎呵五



用三斛水三斗艾煑七迴呪三七遍
灑四壁及以屋間
鼠鬼名
不利兜一況況況不利兜二妃妃妃不利
兜三守守守不利兜四牛牛牛牛
不利兜五餓餓餓不利兜六莎呵七
呪灰七遍孔前呪水七遍寫孔中乃
至三日
狗神名
支兜帝一烏奢支鼻帝二具吒睺支
鼻帝三那蜜若支鼻帝四烏吒呼支
鼻帝五莎呵六
黃腫鬼名
耶牟烏都一婆副波烏都二具耆弥
烏都三耶牟沙烏都四阿非破帝
烏都五莎呵六
以三斗欝金水七遍呪飲之
赤腫鬼名
阿兜耶一蘇區都阿兜耶二闍摩早
阿兜耶三若富摩阿兜耶四究吒莬
阿兜耶五莎呵六
取方寸赤罽三七遍呪赤處搭之
白腫鬼名



耆蜜早一波羅帝耆蜜早二具殊呵
帝耆蜜早三烏啄若耆蜜早四呼娑
兜耆蜜早五莎呵六
取一斗水半雞子許白粉呪三七遍
乃至七日
丁腫鬼名
早伍一呵芳早柔早伍二呵蜜耆牟
早伍三揼瘦呼丘早伍四具耆呵蜜
早伍五莎呵六
誦此呪鬼箭出一呪二十一遍三日呪
匿齒鬼名
胡殊兜一烏啄那胡殊兜二耶蜜早
胡殊兜三莎呵四
取井花水呪七遍三唅啉地歲月久
者著石香唅水啉地竟已石香塗之
猫鬼方道猒蠱毒藥和東畢闍牟
丁蘇安日鬼单樓畢受虛牽斗卬
移代鬼
引猶徵苞精毒扶殊呵毗畢竟呪水
奢蜜不烏吒由耆慕帝　奢波吒
莎呵
三遍呪水啉之吉
頻波索盧鳩槃茶王字

陁羅尼雜集卷第七　第二十八張　啓

呼羅都羅帝一烏蘇多耆富殊二具
耆呵具吒那支富殊三莎呵四
是呪能令鳩槃茶王及其兵衆破如
微塵諸有卒得熱渴心痛及其頭痛
手脚煩熱疼痛得聞是呪尋得清涼
呪水三遍巳噀痛處
毗沙門父字婆難陁母字蘇富
提頭賴吒父字難陁母字蜜耆盧
博叉天王父字波伽羅母字漚季卑
毗樓羅叉父字和修吉母字漚惙帝
鬼子母夫字清叉伽鬼母大兒字唯
奢父中者字散脂大將小者字摩尼
拔陁耆首那拔陁女字功德瓔鬼名
扠波弥雞波羅帝那一扠波弥雞波羅
帝那二烏晝若扠波弥雞波羅帝那三
莎呵四
湏黑石蜜漿呪七遍二遍一吸一彈
舐膿鬼名
阿冨具梨帝一具梨帝二娑呵三
胡必鬼名
阿冨車一阿蜜阿冨車二阿蜜阿冨車三
阿蜜阿冨車四莎呵五
我鬼子母字那㝹卑今當說神呪擁

陁羅尼雜集卷第七　第二十九張　若

護衆生除其邪見令得正見弗損家
財設餚供餧此世間魍魎鬼不如祀
狗用偹守我今為汝說正真但用華
香蘇乳麋致意恭敬下天神令其
所求悉皆得
敷宿波敷宿波一阿淫波阿淫波二
究吒波究吒波三
鬼子母所說神呪能令衆生拔邪救
濟危厄盜賊王難無不得解所求男
女皆悉端政婚娶産生怨家債主悉
得解脫無不安隱
拂至兜一波羅帝囊拂至兜二烏晝
拂至兜三莎呵四
能令諸鼠散走諸方悉滅無餘三遍
唾刀吟灰作緋紫字
大毗樓勒叉天王所說神呪
賓頭樓守一賓頭樓守二摩訶賓頭
樓守三

陁羅尼雜集卷第七
癸卯歲高麗國大藏都監奉
勅彫造

陀羅尼雜集卷第七

校勘記

一　底本，麗藏本。
一　四三八頁上一行「一月」，徑作「一切」。
一　四三八頁上三行「一劫」，磧、普、南、徑、清作「一切」。
一　四三八頁中五行「佛法門」，徑作「快樂」。
一　四三八頁中一五行「華鬘」，諸本（不含石，下同）作「鬚」。
一　四三九頁上一〇行第六字「由」，磧作「曰」。
一　四三九頁上一五行第七字「求」，諸本無。
一　四三九頁中二〇行第一二字「意」，諸本作「音」。
一　四三九頁下四行首字「當」，諸本作「常」。
一　四四〇頁上一八行「清黛」，諸本作「青黛」。

一 四四〇頁中一四行「佛在」，諸本作「佛住」。又「孤窮」，南、徑、清作「孤獨」。

一 四四〇頁下一五行「兵刃」，資作「兵忍」。

一 四四〇頁下一六行末字「復」，諸本作「富」。

一 四四一頁中八行「三過」，諸本作「三遍」。次頁中一九行同。

一 四四一頁下二一行第八字「少」，諸本無。次頁上一七行第一二字同。

一 四四一頁下末行第九字「卬」，諸本作「卽」。

一 四四二頁上一八行「底黑」，諸本作「衣墨」。

一 四四二頁下二行第五字「坐」，諸本無。

一 四四二頁下九行首字「桶」，諸本作「筩」。又第五字「呪」，諸本作「呪之」。

一 四四二頁下一四行「炊湯」，資、磧、普、南、清作「吹湯」。

一 四四二頁下一七行第五字「痛」，徑作「病」。

一 四四二頁下二一行第七字「唾」，磧作「種」。

一 四四三頁上四行「大急」，資、磧、普作「大急」；南、徑、清作「太急」。

一 四四三頁上九行「三服」，諸本作「三日服」。

一 四四三頁上一四行「杏人」，徑作「杏仁」。

一 四四三頁上一六行首字「緉」，諸本作「蔺」，下同。又「日三服之」，諸本作「三日服之」。

一 四四三頁中二行第一一字「斗」，諸本作「升」。

一 四四三頁下四行「三遍」，諸本作「三過」。

一 四四三頁下一二行第八字「接」，諸本作「挍」，下同。又「七十」，磧、普、南、徑、清作「七七」。

一 四四三頁下一三行末字「二」，南作「一」；徑、清作「一一」。

一 四四三頁下二〇行第五字「土」，磧作「上」。

一 四四四頁上二行第四字「南」，資、磧、普、徑無。又「以此」，諸本作「以此水」。

一 四四四頁上三行「三過」，諸本作「三遍」。又末字「飲」，資、磧無。

一 四四四頁上一七行第九字「若」，徑作「并」。

一 四四四頁中四行第二字「斗」，磧、普、南、徑、清作「升」。

一 四四四頁中五行末字「用」，磧無。

一 四四四頁中六行「猒故鬼」，諸本作「厭蠱鬼」。

一 四四四頁中一〇行第二字「斗」，諸本作「升」。一七行第一二字同。

一 四四四頁中一一行「從擴」，諸本作「縱横」。

一 四四四頁下一五行「左腋」，諸本作「左腋下」。

一 四四四頁下二一行末字「斗」，諸本作「升」。下同。

一　四四五頁上三行第九字「監」，諸本作「鹽一升」。

一　四四五頁上四行首字「煎」，徑作「煎稠」。又「日服」，資、磧、普、南作「白服」。又末字「稠」，資、磧、普作「籌」。

一　四四五頁上五行「班之」，南、徑、清作「塗之」。

一　四四五頁上二〇行「辟蝨」，資作「壁虱」。

一　四四五頁下一五行第三、四字「石香」，諸本作「射香」，下同。又「竟已」，資、普作「堯已」；磧、南、徑、清作「澆已」。

一　四四五頁下一八行「移代鬼」，諸本作「移伐鬼」。

一　四四五頁下一九行第五字「精」，諸本作「糠」。又第一二字「竟」，徑、清作「帝」。

一　四四六頁上一一行「清叉」，諸本作「德叉」。

一　四四六頁上一二行「奢父」，諸本作「奢文」。

一　四四六頁上一三行「瘿鬼」，諸本作「腲鬼」。

一　四四六頁上一七行末字「彈」，諸本作「彈指」。

一　四四六頁中一行「弗損」，諸本作「費損」。

一　四四六頁中一〇行「婚娶」，資、磧、普作「婚趣」。

一　四四六頁中一五行第三字「吟」，資、磧、普、徑作「冷」。

陁羅尼雜集卷第八　啓

未詳撰者今附梁録

佛說六字大陁羅尼經一品
佛說檀特羅麻油述神呪經一品
阿夷鬸呪病經一首
佛說呪六字神王經一品
尼乹陁天所說生難呪一首
大自在天王所說呪名摩醯首羅天一首
大自在天及其眷屬所說呪一首
大神仙所說呪一首
阿修羅天神斷注不得還著病人呪一首
大神仙赤眼呪牙齒蟲經一首
梵天呪句文一首
一大梵天女尚衢梨所說呪一首
甘露天說一切毒呪一首
大梵天說甘露呪能使毒氣入地一首
甘露梵天女阿婆耆說一切毒呪一首
觀世音菩薩說陁羅尼呪一首



呪疫病文一首
呪癰腫文一首
佛說摩尼羅檀呪經一品
佛說神水呪經一首
梵天王釋提桓因神呪一首
四天王神呪一首

六字大陁羅尼呪經

如是我聞一時婆伽婆住王舍城耆闍崛山中與大比丘衆五百人俱尒時長老阿難為旃陁梨女呪術所収尒時長老阿難白佛言世尊我今強為他収去婆伽婆我今強為他収去修伽陁尒時婆伽婆告長老阿難言汝来阿難汝莫驚怖阿難汝當受持六字大陁羅尼呪為令四衆利益安隱安樂吉祥行故而說呪曰

斯（須阿反）地（除餘反）梯（吐稽反）曇（徒紺反）荼（徒嫁反）隸般荼（徒嫁反）隸葛囉馳（除寺反）稽由隸　薩帝　婆帝　耶賒婆帝　座闍婆帝　頻頭摩帝

阿難是呪能令宿食不消尋得消化能除吐下等病能除風病熱病冷病雜病能滅一切諸邪呪術能滅起屍



能滅一切形像厭蠱阿難若有人知此神呪姓名者彼人則不怖畏王難不怖畏怨敵難不怖畏賊難不怖畏火難不怖畏水難若於城邑聚落及在曠野悉無所畏亦不為他人伺求其過無過可說若食毒藥毒不能害轉為利益阿難此六字大陁羅尼呪乃是七三藐三佛陁所說亦是梵王娑婆主所說釋提桓因四大天王所說亦皆隨喜破諸呪術消伏起屍一切形像厭蠱皆悉破壞斷滅長老阿難聞佛所說歡喜奉行

佛說檀特羅麻油述神呪經

佛在摩竭國因妙舊山中時佛子羅云隨佛在山中羅云夜卧為鬼神所嬈驚起明日至佛所前為佛作礼却在一面樹下坐羅云以手扶頰侄頭不樂默然不語佛即問羅云何為侄頭扶頰如恐怖羅云言我昨夜卧為鬼神所嬈佛語羅云天下或有山神嬈人或有道滿邊鬼神嬈人或星死鬼神嬈人或善死鬼神嬈人来欲試人經道恐人欲知其心堅軟佛語羅云

汝取佛辟後鬼神呪經後當有鬼神
来娆汝者持是諸鬼神名字以慈念
說之
阿波竭　證證竭　無多薩　嘻遅
治波治　波迦羅　雖陵無　因輪無
因提羅　脂輪無　漢沙無　振輪無
宗迦羅　和林羅波耶　越羅
檀特羅
佛言是為檀特羅經佛故為諸弟子
結此呪經佛告諸弟子若有惡者當
讀誦之鬼神儻来娆人常持慈心淨
心哀心還自視五藏佛結是經日月
常恐墮地佛語終不有異今佛說是
檀特羅經結說已生人欲来娆人不
得山神亦不得娆人道滿中鬼神亦
不得娆人星死鬼神亦不得娆人善
死鬼神亦不得娆人聞是語已火為
不然飲食得毒毒為不行惡人欲来
煞害刀為不傷溺深水中水為不没
難郡有四千擁護人行空閑處若行
縣邑村中若行大國中若對若會若
大坐者老中伴侶行步中坐卧中其
有盡道家者向讀是經盡道為不復



行佛即為羅云說已使羅云為諸比
丘比丘尼優婆塞優婆夷及諸弟子
皆讀誦之便說此偈
摩那叉　阿婆叉　伽羅婆叉　摩摩
那叉　又婆叉　摩他叉　那荼叉　那
荼睺　毗婆那荼　佉偈那荼　阿荼
那荼　拘那荼　波利拘薩那吒那荼
那荼富利　憂多多羅那荼　迦毗那荼
軍闍那荼　阿目伽那荼　遮婆婆羅
那荼　佉伽婆羅那荼　不迦羅那荼
與婆羅律陀那荼　三三摩羅那荼
尸利羅那荼　熇呾吒呾羅摩盧多
佉婆題佛叉　婆坻賴殊　陛惕那賴
殊　婆訶那弗坻　珊坻邏羅闍　墮摩
摩耆婆阿涅那　阿婆呵
阿夷騷呪病經
聽我所說法師行名阿夷騷在一世
間皆受我說當歡喜波沙彼梨山名
為伊摩惟尼梨梨有女名為優梨伊
被羅梨有得道者未得道者聞我說
者可得解脫有一樹名波阿羅那沙
尼時有一道人在樹下坐會諸鬼神
使者主諸鬼神惟波阿梨疾去疾去



莫疾来還我朝未食莫得惱我日且
欲轉我食以後鬼神便死不隨我語
者我取御曹如苫蒲譚澤我今坐是
樹下當結鬼神名字慢陁波沙摩羅
多梨梨梨汝曹亡如軀日須臾欲轉
我持手牽日止住阿須輪叉手向我
諸江海神皆恐怖若羅剎若樹神若
風神若水神若火神皆言道人假我
須臾之間阿梨羅頭著道人足下道
人能反覆天地我曹聞道人欲作是
曹結說諾受教鬼神當使守地四天
王一名毗沙門二者名隨樓勒三者
名提頭賴吒四者名毗留博叉此鬼
神皆為道人所使若有病者若有鬼
神所娆者若有盡道鬼神往来者若
飲食中毒者火燒者溺水者逢縣官
者若怨家所得便者若瞋不悟者若
盡道婦人所迷惑者今故淨澡漱說
是經時鬼神皆會所犯者無有敢當
我者四天王在後護諸鬼神不隨我
語者頭破作七分南無佛梵告解脫
厄難從佛受是上語大弊急欲讀呪
時當齋戒一心讀之不能讀者但懐

著懷中持行一心若盡毒鬼神病者使除去婦女產乳難不產者説之不能説者但把經一心念經即自易生

佉佉大樓耶 煩大虵 倪謣務荷

是上三鬼者皆飛行制止得佛語展轉相誡諸鬼皆受佛誡前為佛作礼言告如佛語南無薩和十方諸佛梵釋天王及王護五道鬼神大天王燋頭摩羅毗沙門浮陁摩尼車匿及諸官屬與佛結要在佛左右當擁護佛四輩弟子比丘比丘尼優婆塞優婆夷勑諸鬼神王不得妄嬈風毒火毒豚篭諸毒不得妄忓若有比丘比丘尼優婆塞優婆夷出行郡國市利販賣當令得利財物安隱若行遠出當令盜賊無有及者若行山林空澤中當令虎狼豺毒及諸山神樹神火神風神不得妄嬈大天王燋頭摩羅當擁護之毗樓勒叉擁護瞎視牀上無有病者縣官口舌當消滅因持羅在第二忉利天上與佛結要當擁護天下人民不得妄死僧林羅第一天上擁護天下人命不得妄盡謣林羅在第



一天上擁護天下人受命者衆邪惡鬼不得妄嬈波耶越羅在第一天上擁護天下在母胞胎者不得傷墮檀特羅在世間擁護一切作善者此五王常從諸官屬案行天下無有休息時當與一切人心中所願求福與福求錢財與錢財求男與男求女與女浮陁摩尼車匿當擁護清信女某甲若有懷姙者小兒疾產產者安隱諸龍王一切鬼神與佛結要令佛雖度世在泥洹中雖不見佛見有佛舍利有形像有經法有佛弟子須陁洹斯陁含阿那含阿羅漢辟支佛皆説佛語如佛在時無有異第一唯衛佛第二式佛第三隨葉佛第四拘樓秦佛第五拘那含牟尼佛第六迦葉佛第七釋迦牟尼佛鬼子母官屬早得泥洹大道陁羅尼呪

一致蜜 致蓊 致毗 羼提般檀那 莎呵

佛説呪六字神王經

如是我聞一時佛在舍衛國祇樹給孤獨園阿難出行道逢旃陁羅女旃陁梨之所迷惑牽將詣舍尒時阿難



不自覺知忽然到旃陁梨舍一心念婆伽婆去何不見衰愍我尒時婆伽婆即到旃陁梨女舍告阿難言汝當受此六字神呪王經過去諸佛之所宣説令我為汝説之一切諸邪皆當消滅即説呪曰

安(音安) 茶梨一 那茶梨二 羅知三 翅油(由兜反)梨四 知闍跋帝(蚩支反)五 蹟頭跋帝六 檀頭梨七 陁(但賴反) 知梨八 陁鳩沫帝九 修沫帝十 安茶羅十一 那茶羅十二 檀茶羅十三 提兜羅十四 阿難延(羊見反)十五 茶愓陁羅畔提十六 阿那阿那耶十七 摩頭摩跋帝十八 迦羅賒翅油羅十九 浮鄧伽弥二十 知闍跋帝廿一 膹頭摩帝廿二 羅沙伽羅跋帝尼廿三 毗吒跋帝尼廿四 迦吒跋帝尼廿五 胎吒跋帝尼廿六 悉波呵廿七

若有人為厶甲造作嗬咀方道厭蠱伺候短者悉令消滅若天若龍若夜叉羅刹若餓鬼若鳩槃茶若富多那若毗舍闍若阿跋羅摩若温摩陁若吉遮若佉他若毗陁羅若貟陁羯磨若沙門婆羅門若刹利若居士若毗

舍若首陀若摩登伽女若旃陀羅旃
陀女若男若女若奴若婢若阿耆婆
若婆伽母若尼乹陀若尼乹陀女若
遮羅伽女之所為者今我以此六字
神呪王經若在上向作者上向消滅
之下向作者下向消滅之若在地中
地中消滅之若在屋上屋上消滅之
若在城門城門中消滅之若在城中
城中消滅之若在道中道中消滅之
若在山中山中消滅之若在河邊河
邊消滅之若在塚間塚間消滅之若
在樹林中樹林中消滅之若在碓磑
中碓磑中消滅之若在林敷衣服飲
食中所在之處悉當消滅若成就若
未成就悉當消滅還著本主此鬼罷
斷梵釋呪道能斷一切天下放戾日
月迷惑人者呪道能斷瞿梨乹陀梨
摩登伽旃陀羅呪道若為某甲造作
呪詛厭盡方道悉當消滅若佉駄陀
眦陀羅富多那皆當消滅從此呪斷
如垢離衣鮮白淨潔故能浣除一切
垢穢今我以此成實章句使某甲晝
夜安隱衆神衛護天地至尊莫過婆



伽婆至尊最聖天龍人鬼所不能越
故能消滅一切諸邪即說呪曰
迦致弥之迦誅迦毗知劒壽劒壽吒知
跋帝若為某甲造作衆惡啁咀厭蠱
方道悉當消滅
天龍夜叉一切諸鬼所不嬈近所以
然者婆伽婆離欲無垢至尊寂正故
能消滅一切邪道又說呪曰
迦致迦誅　迦毗知　劒壽劒壽吒
知跋知
婆伽婆衆第一福田九十五道所不
能及一切衆生正法之王故能消滅
一切邪道又說呪曰
迦知迦誅　迦毗知　劒壽劒壽吒知跋
知兜提　阿尼帝　阿周帝
若為厶甲造作啁咀方道厭蠱悉當
消滅即說呪曰
摩休附一溫摩帝二溫摩陀婆羅
提邏陀祢三佉駄提四佉駄陀五婆
羅提邏陀祢六臏頭七臏頭摩提八
質帝質多九婆羅提邏陀祢十阿
呷十一破枷叉祷陀呷十二阿阿質梨十三
呵呵那弥十四呵呵浮丘陀摩帝十五



呵呵浮丘陀祢濯沙十六呵呵祢呵陀
十七因沮泯沮十八蹹鉀十九破枷叉蹹羅鉀十二
此六字神呪王經諸佛所說若有人
持此章句假使枯樹呪令還生枝葉
可得生茂況於生人有神識者乎
尼乹陀天所說生難呪
南無乹陀天使我呪句如意成吉即
說呪曰
耆梨闍羅鉢陀一耆梨闍羅鉢陀二
悉波呵
呪已若樺皮若紙上書呪文燒作灰
使婦人水中服之即得分身
大自在天王所說呪名摩醯首羅天
南無大自在天王及諸眷屬南無四
天王南無二十八夜叉鬼將軍歸依
汝等今我欲說此呪章句使我所願
如意成吉一切諸鬼神各皆明聽上
方下方東方南方西方北方四維住
者我今召汝當来集會隨我使令即
說呪曰
伊尼一弥尼二弥弥尼三悉波呵
七遍誦之燒白膠香以華散酒上向
沛之呪曰南無婆伽婆素也

大自在天及其眷屬即說呪曰

呵梨迦摩梨比梨比致 遮梨羯致 阿比舍具梨 軋陁梨 朱梨 栴陁梨 摩登祇阿比舍𡰱 比舍波羅比舍 阿泯讙泯 波婆伽蟼(羅浓反) 呵阿駒荼夜嗜(呵之反) 憘 頻那夜嗜攢婆波夜嗜膩伽羅 夜嗜識伽羅迦吒鉢吒呵奈陁呵鉢 柘伽羅迦吒鉢吒呵奈陁 呵鉢柘伽羅婆伽羅沙伊蠅(以拯反) 伽羅呵栴陁羅 南無兜提却登多伽 謗𡰱伊摸(莫甘反) 伽羅呵 炎摩盧伽 波羅比舍夜嗜因陁沙 因陁沙阿伽 吒比迦吒 波羅伽吒傍浪摩耶浪 摩耶鍮婆耶熹治阿讓婆夜知 鍪休陁婆 鍪休陁婆波婆伽羅呵 靳(今晉反) 鍮跋賜靳陁羅跋賜 阿顒(若俠反)姞賜 婆伽婆熹陁那那知者比多羅 知比 呵(好甘反)波吒耶波吒耶 悉波呵 比沙門目佉悉波呵 吼持那耶悉波 呵塞呵沙又悉波呵 蠅具迦羅那 悉波羅呵 因陁羅 悉波呵 波羅



摩悉波呵 波闍波提 悉波呵 伊沙那悉波呵 浮丘提尸 波羅悉 波呵 波羅提婆耶 悉波呵 尸婆 耶悉波呵迦羅帝(多述反) 悉波呵 賓迦羅耶悉波呵 迦鼉羅闍帝悉 波呵 尸婆波羅者羅悉波呵 薩 婆浮丘陁 尸波伽羅那悉波呵 南無婆伽婆熹 陁羅悉治惕陁鉢 陁悉波呵 呪欲罷當稱南無軋陁梨

大神仙又說呪曰

羅娑羅娑羅娑羅娑一比羅娑羅 比娑比羅娑二 速去速去三 隨汝本 来處四 摩訶夜叉五

三七遍誦之七遍如上二句呪水灑 之即止阿修羅天神斷注不得還者

病人呪

波施 波羅波施 沙波施 𡰱波陁 𡰱伽蟼(略馬反) 𡰱伽蟼跋知阿㝹𡰱伽知 一切諸邪鬼於此便斷不得還顧若 有還者脚當即處折緋縺當為繩 七遍呪之縺鐵釘埋著交道中著門 閫下稱病者名字

大神仙赤眼呪牙齒蟲經



東北有山名曰香熏彼中大人名曰 赤眼甚可畏怖仙人患齒蟲即自結 此呪曰

呵陁梔比知呵陁既万涅呵陁既万 涅賓伽梨呵陁鬱提呵陁勒提呵咃 因頭那摩舍 薩婆檀陁炎那 悉波呵

梵天呪句文

呼呼流呼呼修呼呼流呼呼帝吒優 比致伽南無遮羅陁睒波羅等使我 呪如意成吉持三七遍誦之

一大梵天女尚衢梨說一切龍虵百 垂百草及人持毒呪及一切腫腫毒 藥南無大梵天南無大智天尚札一 切諸佛使我呪句如意成吉

哂翅哂翅哂翅哂翅哂翅哂翅一𡰱翅 欺翅欺翅欺翅欺翅欺翅欺翅二𡰱佉 欺佉欺佉欺三𡰱熹提梨比弥比伽 梨四域祇梨域祇梨域祇梨域祇梨 域祇梨域祇梨五域伽羅域伽羅六域 祇梨域祇梨域祇梨域祇梨域祇梨 域祇梨七伽伽羅伽伽羅八波羅伽 羅弥尸梨尸梨尸梨弥闍頤菴弥梨

帝阿郁大反波婆尸
此呪婆脩天梵天天帝釋衛梨神仙
乾陁利所結呪邪
甘露天說一切毒呪
阿思摩思迦摩思　欝帝羅思　沙
多比羅波羅伽思郁帝曾思帝
梨思帝思翅　阿翅　波翅　遮迦梨
婆摩尼　始尸始尸遮羅遮羅　婆
羅婆羅薩婆羅　衛縷流惡尸比
梨比脂比脂
大梵天說甘露呪甘露能使毒氣入
地即說呪曰
唎履伊梨喜履羅喜履喜履羅
摩提摩提摩彈拍専知専知唎摩
脩知　婆梨羅富脩提　吉薩帝婆
羅婆羅吡婆羅伽梨　頭流伽梨頭
流唎比陁羅尼耶悉波呵
甘露梵天女阿婆耆說一切毒呪
阿由呼　遮迦梨呼　比遮迦梨呼
伊三迦羅摩尼呼　郁波翅呼
翅欺呼　翅欺呼　翅欺呼　比婆比
梨呼　伽漏稠呼　惡祇尼比黎來
尸梨呼尸梨祢　樓呼比薩難尼

呼　婆羅祢呼　捲祢梨提呼
如上諸呪主龍虵百虫傷虵螫人及
毒藥癰腫持刀唾呪之吉
觀世音菩薩說陁羅尼呪
南無觀世音菩薩　南無一切諸菩薩
今我欲說大陁羅尼神呪使我呪句
如意成吉
阿摩知　波羅摩知　三波羅夜知
吉履尼盲履尼　阿盧唎尼　阿羅尼
馱鉢尼　阿離鉢尼　離波尼　那頗
那波那蘧那那　蘧陁彈祢
呪疫病文
阿三摩三梨佛陁佛吉利座檀摩郁
婁佉多阿親婆比婆阿摩梨醯摩梨
醯摩若竭提三摩那提惡叉夜檀帝
目帝　遮梨阿遮梨郁鳩梨
摩訶座梨
此呪先以赤土規病人周匝以五尺
刀横著瓮水上燃四枚燈於患人四
角頭如此呪勿令傍人坐焚
呪癰腫文三七遍呪之
天上七女授我良藥唾山山崩唾石
石裂唾水水絕唾火火滅唾金金關

陁羅尼雜集卷第八　第十八張　啓
唾木木折唾癰癰死唾腫腫滅海中
大魚化為鼈雷起西南不聞其音蝦
蟇在中食月其心大腫如山小腫如
捲唾一腫千腫死唾一癰千癰止癈
今我所呪即從如意
佛說摩尼羅亶呪經
聞如是一時佛在舍衛國祇樹給孤
獨園與摩訶比丘僧俱佛說摩尼羅
亶經佛問阿難言天下人民得不安
隱用何等故用天下万民多有病故
病痛用何等故用生母腹痛用死痛
用傷心痛用頭痛目眩不能飲食皆
魔所為令諸比丘大怖懼如是便前
白佛言痛從何所来去至何所入民
大憂愁佛會諸比丘摩訶迦葉阿那
律離越摩訶大目揵連舍利弗阿難
因提羅佛說摩尼羅亶經便舉七佛
名字
第一維衛佛　第二式佛　第三隨
葉佛　第四拘樓秦佛　第五拘那
含牟尼佛　第六迦葉佛　第七釋
迦牟尼佛
今說此經皆從諸佛口中出

第一式叉羅 第二揵陁羅 第三律
頭羅 第四弥佉羅 第五健殊羅
第六麻油羅 第七阿須輪 第八隨
沙門 第九修孫 第十惕提竭
都盧大小一切人民有得疾病者若
厄者今佛令諸比丘比丘尼優婆塞
優婆夷皆當諷誦之有國鬼有山鬼
有林鬼有草木鬼有墓鬼有塚間鬼
有地上鬼有天上鬼有北斗鬼有虛
空鬼有市井鬼有死人鬼有生人鬼
有飢餓鬼有道中鬼有道外鬼有堂
中鬼有堂外鬼有水中鬼有水邊鬼
有火中鬼有火邊鬼有身中鬼有身
外鬼有飲食鬼有卧時鬼今佛言若
有赤鬼有黑鬼有長鬼有短鬼有高
大鬼有卑小鬼有中適鬼有白色鬼
有黃色鬼有青色鬼有黑色鬼有夢
中鬼有產乳鬼佛言若有瞋恚刀杖
起時皆當念是摩尼羅亶經諸鬼神
則自破碎

佛告諸比丘若有受持是經者若有
病瘦者常當說是經若有頭痛目眩
寒熱傷心常當讀是摩尼羅亶經諸



鬼神則自破碎若有縣官盜賊水火
起時即當讀是摩尼羅亶經諸鬼神
不得復嬈害人今是經佛口中所生
若有國中鬼一名深沙二名浮丘是
二鬼健行求人長短若有頭痛目眩
傷心寒熱則當舉是二鬼神名字便
當說是摩尼羅亶經是諸鬼神則自
破碎若青色鬼黃色鬼白色鬼黑色
鬼高大鬼卑小鬼廣長鬼一切大小
鬼神喜嬈天下人民者其鬼名金鍚
鬼薜荔鬼飢餓鬼慳貪鬼勤苦鬼病
瘦鬼有痛痒鬼思想鬼身中鬼身外
鬼隆殘鬼跛蹇鬼顛狂鬼癡聾鬼瘖
瘂鬼呻吟鬼涕哭鬼癩病鬼虛耗鬼
嫉妬鬼魍魎鬼熒惑鬼遊光鬼鎮厭
鬼呪咀鬼伏屍注鬼非屍注鬼癲死
鬼注死鬼宮舍鬼軍營鬼停屍鬼獄
死鬼囚死鬼水死鬼溺死鬼火死鬼
燒死鬼客死鬼未葬鬼役死鬼市死
鬼道路死鬼渴死鬼盲死鬼凍死鬼
兵死鬼血死鬼星死鬼抜死鬼鬪死
鬼棒死鬼戳死鬼自連死鬼自刺死
鬼怨家鬼强死鬼腐皮鬼斷頭鬼短



人毛髮鬼飲人血飛行鬼騎乘鬼駕
車鬼步行鬼揵揬鬼山神鬼石神鬼
土神鬼海邊鬼海中鬼橋樑鬼滯渠
鬼道中鬼道外鬼胡夷鬼羌虜鬼樹
木精魅鬼百蟲精魅鬼鳥狩精魅鬼
畜生鬼谿谷鬼門中鬼門外鬼戶中
鬼戶外鬼井竈鬼汙池神鬼溷神鬼
方道鬼盡道鬼不自屬鬼詐稱鬼一
切大小諸鬼神皆不得嬈害某甲身
若有鬼神不隨我語者頭破作七分
若人得病瘦當舉上諸名字呪病瘦
者即得除愈

是經皆從釋迦文尼佛口中出聞是
經從今以後病悉破愈佛說已比丘
僧比丘尼優婆塞優婆夷諸天龍人
民諸鬼神皆受恩教前為作礼而去

阿却尼 尼佉尼 阿佉那 尼佉尼
阿皆羅 惕陁多羅 波陁梨 波提梨
若人得熱病結縷七遍呪書此上鬼
神名字若紙樺皮練綃上係 若縷頭
即愈

佛說神水呪經

南無佛 南無法 南無比丘僧

南無過去七佛　南無諸佛　南無
諸佛弟子　南無諸師　南無諸師
弟子
便舉七佛名字
第一維衛佛　第二式佛
第三隨葉佛　第四拘留秦佛
第五拘那含牟尼佛　第六迦葉佛
第七釋迦文佛
今是呪經皆從諸佛口出
佛告諸弟子十方天下神王山林鬼
神阿須輪龍王各各明聽
佛言今為某甲神水呪療治百病斷
絶衆邪佛言水在河中為河水水在
井中為井水水出河井入佛鉢為佛
水入腹中為真水自知非真莫當此
水以清治濁以正治邪衆邪斷絶知
水為真今我治般若波羅蜜威神及
首楞嚴威神勅某甲咽喉胷堂心腹
腸腷膀光五官六府三焦五藏寒僻
宿食下痢衆痛禍殃非兕鬼注妖魅
蠱殃慳結癰腫疥癩惡瘡隨水消除
不得留住某甲身中佛行無為攝錄
神光入行無為道氣自然貫骨徹髓



沐浴衆病邪不忤正虛不錯真疥消
病愈知水為真天者影地地者影響
響影相應道法當行道蓋天地光蓋
十方衆邪万物精氣妖祥各還所屬
佛道亘當言絶痛愈千百得當神通
助祐願礼十方
梵天王釋提桓因神呪
佛在羅閱祇城梵天神王及一切諸
天釋提桓因以人定時来詣佛所稽
首作礼各坐其位尒時梵王釋提桓
因立於佛前而結呪曰
多闍他跋捷遮瀨跋遮　那擅遮
瀨耶擅遮波曳　波羅波曳　阿耨
波羅波曳　跋伽波遮
跋伽鞞耨質多羅　須質多羅
阿耨質多羅質多羅定波帝　質多
羅悉耶　伊迦尸佉般遮尸佉　跋伽
尸佉　偷羅尸羅　迦毗羅尸佉
迦波羅尸佉世可婆尸佉弗安帝弗
大羅帝　弗羅叉　波跛伽羅　瀨婆
跛知　耶世須耶世遮呵耶世　阿難多
秀波羅　摩訶瀨波羅　迦大遮
偃波迦大遮　毗摩遮　須毗摩遮



是名摩訶旻檀羅呪一切國界營邑
村落若卒得風腫及時氣熱病治不
能差針藥不加速誦此呪自然除愈
四天王神呪
佛在舍衛國祇桓精舍尒時四天王
来詣佛所頭面礼足坐於一面最大
天王名毗沙門前白佛言今多有鬼
神及以衆氣恐動國人我為一切而
結呪曰
薩羅耶剃大　薩羅耶大　伊鵌弥鵌
訖鵌弥鵌　訖帝侔鵌　侯滿瀨帝
偃呼帝　周呼帝　豆呼帝　瀨呼
帝　伊利弥帝　寘偃頭伴頭寘
瀨頭頭寘侔帝　牟帝　侔帝
瀨呵　侔帝　侔帝　牟帝　豆只
熼只　迦毗羅頭只　阿那帝　安那帝
阿含伽細　薩羅耶剃大伊地羅素
摩拔漏那　波羅闍地帝　波羅豆
波上　意霜曩　栴檀曩　迦摩世
梨吒遮訖寗
說是呪已前白佛言是名阿那羅梨
呪善男子善女人能誦此呪一切鬼
神天神夜叉惡氣蠱毒無如之何令

不中夭若有悪鬼不信此言生誹謗（陁羅尼雜集卷第八　第二十五張　啓）
心頭破作七分我之誓言終不虛也
淨陁羅尼神呪
摩那叉　阿婆叉　伽羅婆叉　摩
摩那叉　叉婆叉　那荼睺　毗摩
那荼　佉竭那荼　阿荼那荼
拘那荼　婆梨　拘薩那荼
富梨優多那荼　迦毗那荼　軍闍
那荼　阿目伽那荼遮羅婆羅荼
却伽婆　羅那荼　不伽羅那荼
興婆羅那荼　三三羅那荼　尸梨羅
那荼愊怛吒恨羅摩嚧　却婆提弗叉
婆提賴殊　隨緱那賴殊波呵摩茀磁
珊垃羅
羅闍阿摩摩耆婆阿涅羅娑婆訶
陁羅尼雜集卷第八
癸卯歲高麗國大藏都監奉
勅彫造

陀羅尼雜集卷第八

校勘記

一　底本，麗藏本。金藏廣勝寺本原版多所殘缺，今採用其中可用者三版，即四五二頁上及四五四頁上、中。

一　四四九頁上四行「檀特羅」，諸本（不含[石]，下同）作「檀持羅」。下同。

一　四四九頁上八行第八字「呪」，諸本無。

一　四四九頁上九行「首羅天」，諸本作「首羅天呪」。

一　四四九頁上一八行至一九行「能使毒氣入地」，諸本作「甘露能使毒氣入地呪」。

一　四四九頁中六行與七行之間，[徑]、[清]有「淨陀羅尼神呪一首」一行。

一　四四九頁下一四行「因妙舊山」，諸本作「因沙舊山」。

一　四四九頁下末行第一二字「佛」，諸本無。

一　四五〇頁上六行「漢沙」，諸本作「波沙」。

一　四五〇頁上七行「宋迦羅」，諸本作「守迦羅」。

一　四五〇頁下三行「芭蒲譚澤」，諸本作「笮蔔蔔滓」。

一　四五〇頁下五行「梨梨梨」，諸本作「梨梨」。

一　四五〇頁下一二行「隨樓勒」，諸本作「毗樓勒」。

一　四五〇頁下一七行第一〇字「瞋」，諸本作「顛」。

一　四五一頁上二行「使除去」，[資]、[磧]、[普]、[南]、[清]作「便除去」；[徑]作「便持去」。

一　四五一頁上六行「佛誡」，諸本作「佛語」。

一　四五二頁上一二行第二字「敕」，[資]作「初」。

一　四五一頁上末行「人命」，諸本作「人民」。

一　四五一頁中六行「時當」，諸本作

「時常」。

一　四五一頁中一〇行第九字「結」，南作「法」。

一　四五一頁下一八行「么甲」，諸本作「某甲」，下同。又「啁咀」，諸本作「呪詛」，下同。

一　四五一頁下二一行「羅摩」，諸本作「摩羅」。

一　四五二頁上一五行「此鬼」，資、磧、普、南、徑、清作「此呪」。

一　四五二頁上二二行「成實」，資、磧、普、南、徑、清作「誠實」。

一　四五二頁下六行第七字「生」，諸本作「産」。

一　四五二頁下末行「婆祟」，資作「婆召佉」；磧、普、南、徑、清作「婆専陀召佉」。

一　四五三頁中一四行「二句」，諸本作「三句」。

一　四五三頁中末行「齒蝺」，資作「齒蹬」；磧、普、南、徑、清作「齒齲」。

一　四五三頁下一行「大人」，南、徑、清作「大仙」。

一　四五三頁下二行「齒蝺」，磧、普、南、徑、清作「齒齲」。

一　四五四頁下四行首字「捲」，諸本作「拳」。

一　四五五頁中三行末字「生」，磧、普、南、徑、清作「出」。

一　四五五頁中一三行「隆殘鬼」，磧、普、南、徑、清作「癃殘鬼」。

一　四五五頁中一六行第七、八字「注鬼」，諸本作「疰鬼」，下同。又「非屍」，諸本作「蜚屍」，下同。

一　四五五頁中一九行「役死鬼」，諸本作「疫死鬼」。

一　四五五頁中二一行「核死」，資、磧、普、南作「抆死」；徑、清作「抵死」。

一　四五五頁下一行「人血」，諸本作「人血鬼」。

一　四五五頁下二行「撻捩鬼」，資作「逢誤鬼」。

一　四五六頁上一九行「膀光」，諸本作「膀胱」。又「寒僻」，諸本作「寒癖」。

一　四五六頁中一行「不忓」，南、徑、清作「不干」。

一　四五六頁中四行「娭祥」，諸本作「妖殃」。

一　四五六頁下末行末字「令」，諸本作「命」。

# 陁羅尼雜集卷第九

未詳撰者今附梁録 啓

阿吒婆拘上佛陁羅尼一品有三首

佛說陁鄰尼鉢經一品有三首

佛說集法悅捨苦陁羅尼一首

觀世音說隨願陁羅尼一首

乞夢知吉凶陁羅尼一首

除一切顛狂病陁羅尼一首

除怖畏陁羅尼一首

結藥界陁羅尼一首

復有求夢陁羅尼一首

佛說呪時氣病陁羅尼一首

行住隨方面歸依稱十方佛名号一首

佛說偈令人誦得長壽一首

滅一切惡吉祥陁羅尼一首佛說大小乘觀別出觀佛三昧經一段

阿吒婆拘鬼神大將上佛陁羅尼

如是我聞一時佛在王舍城迦蘭陁竹林中尒時王舍城內有一比丘為賊所刼為蚍所螫為鬼所嬈受大苦惱尒時鬼神大將阿吒婆拘見是比丘受如是苦心生憐愍即往佛所至佛所已頭面礼足在一面立白佛言世尊以降伏一切極惡諸鬼神等我今憐愍一切衆生故為降伏一切諸惡鬼神及一切惡人惡毒等故上佛世尊極嚴惡呪以用降伏諸鬼神等若有讀誦是呪之者其人威德乃至力能降伏梵天何況餘惡尒時佛告阿吒婆拘鬼神大將我不須此極嚴惡呪儻能傷害諸衆生等尒時阿吒婆拘重白佛言世尊後惡世之中惡鬼增感惡人衆多惡毒虫狩侵害衆生或值諸難所謂王賊水火刀兵恐畏惡禮惡鬼等難若佛弟子出家在家若住寂靜乞食道人塜間樹下四部等衆若行曠野山林道中若在城邑村里巷陌當為救護不令遇惡世尊慈矜願垂納受善逝世尊願垂顧録尒時世尊聞是語已默然受之尒時阿吒婆拘見佛默然心懐憘悅即於佛前而說呪曰

豆留咩 豆留咩 陁咩陁咩 豆留咩

豆留咩　豆留咩　豆留咩　豆弥燊
尼利尼利　尼利　那羅那羅　那羅
尼利　尼利　尼利　尼利　那羅
光留　尼利　豆留茶渟　豆留茶渟
摩訶豆留茶渟　豆留茶渟　究吒渟
究吒渟　摩訶究吒渟　究吒渟
多吒渟　多吒渟　摩訶多吒渟
多吒渟　吒吒吒吒吒吒吒吒
摩訶吒吒吒吒　阿毗阿毗　摩訶阿
毗阿毗　阿毗利阿毗利　摩訶阿毗
阿毗利　阿婆阿毗阿婆阿毗　阿婆阿毗
阿婆毗　利師（音縮下同）利　摩訶利師利師
梨渟梨渟　摩訶梨渟梨渟　首婁
首婁　摩訶首婁首婁　仇婁仇婁
摩訶仇婁仇婁　留仇牟　留仇
牟留仇牟　留仇牟　仇摩仇摩
仇摩仇摩　唏梨唏梨　唏梨唏梨
伊持伊持伊持伊持　比持比持
比持比持　呵羅呵羅呵羅呵羅
唏沮唏沮　唏沮唏沮　休沮休沮
休沮　醯沮　醯沮　呵那呵那　呵那
呵那　牟尼　牟尼　牟尼牟尼
摩訶牟尼牟尼　婆羅婆羅　婆羅



婆羅　尸利㕧（又究那）　路迦遮利虵
時那時那　時那時那　無沙婆
那暮虵　修迦都多牟尼　迦羅摩迦
羅摩　迦羅摩　闍竭提　多虵
奢摩陁摩　奢摩陁摩　闍摩陁摩
闍摩陁摩　闍摩陁摩　奢摩目多弥提
那婆羅　闍奢那咩　富留沙多摩牟尼
那毗闍那弥　修伽都多牟尼
那毗闍那咩　莎呵
世尊此陁羅尼句為一切衆生作護
作救護持是人悉皆令得安隱寂静
令離衰惱滅諸惡毒離諸苦惱王難
賊難怨憎之難若天龍鬼神羅刹夜
叉鳩槃茶復多那阿跋薩漢羅呿屈陁
如是等所卑惱者所侵損者悉得除
滅又復世間一切諸毒苦草若木根
華菓衣裳飲食世間之物及垂鳥禽
狩諸能為毒惡傷人者悉令消壞不
能為惡又復虛空日月星辰旋嵐風
輪鬼神起風欲來害人或來傷人諸
鬼神等欲來求食吸人精氣食人肉
血者令人瘦病熱病若一日二日三
日四日乃至七日或令冷病風病濕



病寒冷等病若身内若身外一切衆
病若七日若十六日悉令消滅不能
為害是等諸鬼神若以手若以口若
以脚若以舌若以心欲惱人者及以
惡人欲為人作惱害者先當誦此呪
力能噤持令彼惡人惡鬼噤碎失念
不令為惡世尊我今當更説神呪以
守護之
阿車阿車（又騎弥）　牟尼牟尼　摩訶
牟尼牟尼篥（又鳥力）　尼休休　摩訶
那迦休休　闘伽那知阿呼　阿伽
那知　阿多那知　阿吒阿吒　那吒
那吒　豆留豆留　豆留　休休豆留
希沮唏沮　唏沮唏沮　郁仇摩
仇摩　仇摩仇摩　唏梨沮唏梨沮
尼利尼利　摩訶尼利　莎呵
此陁羅尼為受持讀誦者作護若有
鬼食人精氣若損人資産耗人財物
如是一切衆怖怨等悉為結界令為
某國某國合家無量作大擁護今當
重説防諸惡鬼即説呪曰
留牟留牟　留摩留摩　唏梨唏梨
唏梨唏梨　唏梨唏梨　仇那仇那

仇那仇那　仇那仇那仇㝹仇㝹　仇㝹
仇㝹　仇留仇留　仇留　仇留　仇留
休婁休婁　休婁休婁　休婁
唏梨　暮休暮休　暮休暮休
暮唏梨　暮唏梨　暮唏梨
暮唏梨　休伞休伞休伞　休摩
休哶提　摩哶思摩　阿提迦
羅哶　兜　莎呵

世尊此呪極有神力如上所說莫令持是呪者有王畏賊畏火畏水畏風毒畏刀兵等畏日月星辰鬼神等畏或有餘惡知識心生忿妬意生惡害欲相侵惱者當先誦此呪為其結界當令彼惡鬼惡人仇怨之人心生侵惡者令其愚癡迷悶噤碎自遇衆惡不起此界不能侵犯誦此呪者世尊若有善男子善女人誦此呪者一切天龍阿脩羅諸惡鬼神人非人等皆悉隨侍擁護不令遇惡世尊我是鬼神大將力能降伏一切諸鬼若有誦此呪者我當將諸鬼神晝夜不離擁護其人令不見惡不令惡鬼惡人得其便也若侵損惱害誦此呪者我當



以千輻輪轢碎其頭令諸鬼神為作衰害世尊此呪極有神力極有威德唯願流布施衆安樂世尊誦此呪者其人德力唯佛知之世尊此大神呪應付賢德有智善人若不能誦者應以好紙書寫盛以綵囊著種種香常持隨身若有憂怖恐難常當念此呪無不消滅世尊若有事難憂怖惡鬼神惡夢欲令消滅者先當結界使諸惡不起令彼惡人惡鬼惡賊自受其殃身體燋枯心意狂乱欲結界之時應淨洗浴著淨衣服好淨塗地安七器漿飲二器著少血飲二器著種種漿飲然八燈燒薰陸香運心供養我將諸鬼神至其邊施其所願其人應誦此呪結亦縷然後持行即能消除一切諸難尒時佛告阿難此呪極有大神力能消除諸惡擁護衆生多所利益汝好受持廣令流布若有城邑村落誦此呪者莫不蒙利若有國王大臣誦此呪者其人境土無有惡賊怖難災横疾疫水旱風霜若遇惡賊應誦此呪若繫著高幢頭賊見此幢



賊尋退散降伏阿難此呪極有神力極有大德應令四衆並誦持之尒時衆會聞佛所說歡喜奉行牛栗作孏外反雖堅

二刀十二隻㪺請哭拘法餘如前都誦三遍結縷十二結

佛說陁鄰尼鉢經

聞如是一時佛在舍衛國祇樹給孤獨園與大比丘衆千二百五十人菩薩万人俱尒時去是佛刹百千億拘利佛刹過尒所佛土其刹世界名阿難陁拘蛪晉言華積彼佛号伊迦波提羅耶晉言冣上天王如来至真等正覺今現在遣兩菩薩一名阿弥陁法晉言無量光明二名摩訶佉晉言大光明尒時二菩薩来到佛所前以頭面礼佛足長跪叉手白佛言世尊從是閒過百千億拘利佛刹世界名曰華積彼佛号冣上天王如来至真等正覺今現在遣我来問訊世尊說法安隱受者增進皆無他不得不為天龍閲叉鬼神若薜荔若鳩洹鬼神若羅刹鬼神若虎若狼若人非人所嬈害彼世尊如来至真等正覺令遣我持陁鄰鉢来今為一切故欲令

陁羅尼雜集卷第九　第九張　君字号

安隱得名聲遠聞色貌端正有氣力
有葡力强如是
闍離　摩訶闍離　闍蘭尼　郁倚
自企三　波提　摩訶三波提
是時佛告阿難陁言汝受是陁隣尼
鉢持諷誦讀有佛世尊甚難得值陁
鄰尼鉢亦難得聞若善男子善女人
受持讀誦識七世生宿命若善男子
善女人受持諷誦讀一切鬼神人非
人虵蚖蝠螫皆不能害毒不能中盡
道為不行不為刀兵所傷害帝王不
能得其便梵不恚之如是阿難陁是
陁鄰尼鉢七十七億諸佛所說若有
中害者是諸佛語為有異阿逸多菩
薩字弥勒語賢者阿難陁言我亦當
復說陁鄰尼鉢所以者何亦欲令一
切安隱有名聲德遠聞色貌端正饒
氣力其葡力强如是
頗瓶　拔瓶　滅吱　扠離勒吱
羅嵐弥　漏嵐弥　醯離　弥離　提離
介時佛告阿難陁言汝受是陁鄰尼
鉢持諷誦讀有佛世尊甚難得值是
陁鄰尼鉢亦難得聞若善男子善女

陁羅尼雜集卷第九　第十張　君字号

人受是陁鄰尼鉢奉持諷誦讀識十
四生宿命若善男子善女人奉持陁
鄰尼鉢諷誦讀說終不為一切鬼神
人非人所觸嬈虵蚖蝠螫諸含毒之
虫所不能害毒不能中盡道為不行
刀兵不能傷帝王不能得其便梵釋
四天王所共擁護阿難陁是陁鄰尼
鉢八万四千億佛所說佛告阿難陁
言我亦復欲說陁鄰尼鉢欲令一切
安隱有名聲德遠聞色貌端正饒氣
力其葡力强如是
頗瓶　拔瓶　涅瓶　鳩涅瓶　鐵離
抄羅波提　桊那波提　般那波提
迦偷呾　摩訶迦偷尼
是時佛告賢者阿難陁言受是陁鄰
尼鉢持諷誦讀為一切廣說若善男
子善女人受是陁鄰尼鉢持諷誦讀
識無殃數生宿命是陁鄰尼鉢阿難
陁不可稱計億佛所說如是阿難陁
是陁鄰尼鉢若行道若為賊若為虎
狼若水中若犯帝王縣官事當念是
陁鄰尼鉢諷誦讀持是陁鄰尼鉢阿
難陁繫著枯樹即便生葉花實何況

陁羅尼雜集卷第九　第十一張　君字号

為人說病不愈當為一切病人呪佛
說經已賢者阿難陁及諸會者皆歡
喜奉行
集法悅捨苦陁羅尼經
南無佛陁虵　南無達摩虵
南無僧伽虵　南無毗首陁遮虵
南無阿伽竭浮遮虵　南無摩訶薩婆伽
利虵多擲哆　林弥利　婆跆婆弥
留遮陁　檀摩陁　那闍那啼知
泜利　婆跆婆遮虵　那虵波羅薩婆
摩訶啼　知泜利　央求
知利黙求知利　比婆薩婆虵那
毗林婆闍呵　陁舍地輸　薩婆娑羅
三幕鉢泜　波波波利　摩訶
阿那　莎呵
介時佛告諸大衆言吾本無數刧中
處於凡夫時字遮他陁在伽倫羅國
作於商客販賣治葉虗妄無實造諸
惡行不可稱計婬曠無道不可具說
是時愚癡害父愛母經　由數年舉國
人民一皆知之稱聲唱言是遮他陁
害父受母今經數年吾時思念與六
畜無異更無人事時於伽倫羅國夜

跳城奔走趣於深澤時此國王名毗闍羅告令國中人民此逃他陁娌曠無道致為此事其有能得此人者當重賜寶物時此國人各各受募欲捕吾身是時驚怖即出國作沙門在於他國修行十善坐禪學道晝夜泣淚經三十七年以五逆罪障故心不得定憂悲叵處以三十七年中在於山窟常舉聲泣哭苦哉苦哉當以何心去此苦也悲嘆下窟乞食時道中地得一大鉢中有一函經更無餘經唯有集法悅捨苦陁羅尼說過去恒河沙諸佛臨涅洹時常在毗悅羅國說此陁羅尼付諸大菩薩後有人得聞此陁羅尼者此人過去世時修持五戒十善當令得聞有人雖聞而不在心不修習者是名無緣此陁羅尼能除去百億劫生死五逆大罪若有人受持讀誦者終不墮於三塗地獄餓鬼畜生何以故過去諸佛以欲涅洹時尊當說之尊重歎仰稱其功德不可訃量付諸菩薩後有衆生得聞此陁羅尼者修習者心福報難訃猶如



須弥寶海凡夫不能得量若有人作諸惡行竊聞此陁羅尼名不及修習一用在懷墮於地獄中一切地獄中蒙此人恩苦痛不行有人能行現身精勤修習得者覩見百千万佛刹土得福無量不可具說唯有諸佛與諸菩薩乃能究盡聲聞二乘人者不能得知何以故此陁羅尼非一佛二佛所說過去恒河沙諸佛所說是時吾得此經已即不乞食歡喜向窟到於窟中燒香礼拜悲淚讚仰於窟中修習讀誦經一年始得以罪業障故不能得入心懷是時吾即以秋月夜洗浴修行經一七日如童子初學憒憒者不少便更行於七日亦如是憒憒無異心中愁惱不知云何意中思惟此陁羅尼字書經於數反心中忽定時吾欣悅如人地得百千斤金人無知者内欣不止吾時亦然修行數年飛行無㝵覩見十方三世諸佛後有行者如法行之

觀世音說隨願陁羅尼

南無觀世音菩薩　但絰咃　呿羅



婆多　呿羅婆多　伽呵婆多

伽婆多　伽哦多　莎呵

行此陁羅尼法應靜處車精礼拜遶塔誦是陁羅尼万二千遍當見觀世音菩薩一切所願隨意皆得

七夢即知吉凶陁羅尼

南無三寶　南無摩尼跋陁大鬼神將

摩訶但茶　陁羅尼

尼律師那氷伽梨　呵梨氷伽梨栰

阿跋多虵　阿跋多虵　摩尼跋陁林

摩訶㲉豆　波㲉陁　提波

燒香散華佛前誦一百八遍卧去更不共人語若欲所作於夢中見得不得成不成

除一切顛狂病陁羅尼

那碁勒囊　梨虵虵　那碁阿梨虵

婆路鞞提一舍　婆羅虵菩提薩埵虵

摩訶薩埵虵　多擲哆　至梨弥

至梨　勒叉勒叉　摩訶梨虵

婆路鞞提一舍　婆羅虵　莎呵

此呪能除一切顛　狂病者應結縷繫其人頸若五種色縷若無五色應用赤縷以此呪呪之三遍結縷為三

結即能除一切顛狂病
除怖畏陀羅尼
南無佛陀耶　南無達摩虵
南無僧伽虵　南無阿利虵
南無路枳㳂　舍婆羅虵　菩提
薩埵虵　摩訶薩埵虵　多𢹂哆
呵梨迦比梨　伽羅汆伽羅呧
虵奢茷枳　薩呧豆　守鑰闍涅
薩呧豆　烏呵虵彌　慕呵虵彌
闍婆虵彌　貪婆　莎呵
若有善男子善女人讀誦此陀羅尼者除一切怖畏若水火盜賊諸惡鬼神虎狼毒獸種種怖畏悉能却之若道路遇賊者取一把土以此陀羅尼呪七遍向賊灑散能厭賊目令不相見順道而去
結藥界陀羅尼
多𢹂䶵　秀咩　秀摩婆帝
婆留支　婆羅婆　摩摩利　呵摩
利涅　摩帝　迦囉摩　莎呵
應以此持呪童女所作縷呪二十一遍作二十一結以繫手指呪陀羅捻已釘著地是名繫藥方法意然後搯



身當有種種形像
若得象像者食之繫咽而行師子虎狼等惡狩之類見之馳散不敢逺近若食之得見耶伽若與剎交會若百返十返勢力不竭
若得馬像者磨食之若合飲飲之即能律提空中七日行二千餘禪水不没
若得牛像者食之力敵十象壽二百歲不足疑也
若得女像者持之而行於一切剎悉得自在一日之中行百餘禪脚不疲之所往至處為人所愛言辭美妙猶如甘露隨有聞者歡喜信受人所樂見好嘗他事
若得男像者常捉持行於一切處皆得代尸若飲之壽二百歲身力無比無能勝者端正聰明威德光澤若其生子亦似其父老相悉滅還為年少一切世事皆悉了知聞十万偈并義能持肉眼清淨徹見尼提勇健多力
若得殺鼓像食之十三月不飢好胃色鬪戰無前心性和善身體肥大
若得孔雀像者即自食之食已一切毒皆無能為能見百餘禪事
若得虵像持之而行一切世人無能為也若用塗身得大勢力能與和脩吉龍鬪不被毒害若被螫及食惡毒并用塗身皆無所苦若以塗眼得見尼提
若得鹿像者持而行之一切世人無能為
若得鹿像共虵像相纒者又言龜像食之身鞕如石若用塗身身不可壞乃至金剛亦不壞阿脩羅打亦不能壞無大小便
若得蝦蟇者持之而行水上不没若入水下亦無所患常使快樂無能勝者
若得貝形似吉祥果持之而行世人見之威光如日若王聞来出百步迎其人心念欲作万事王悉受用隨其所作皆為作之一切所願皆悉與之
復有求夢陀羅尼
多鼻他呵梨呵梨　無呵尼三無呵尼　莎呵
此是求夢呪誦七遍卧時誦若無所見至一七日必有所見

佛說呪時氣病經

南無佛　南無法　南無比丘僧
南無過去七佛　南無現在諸佛
南無諸佛　南無諸佛弟子
礼是已便說是呪即從如願
阿佉尼　尼佉尼　阿佉那
尼佉尼　阿比羅　偈多梨
尼佉尼　波陀尼　波提梨
南無佛　南無法　南無比丘僧
南無過去七佛　南無現在諸佛
南無諸佛弟子　南無諸師
南無諸師弟子
今我所呪即從如願

若人得時氣疾病縷結七過呪文并書此上鬼神名字著紙上繫著縷頭讀呪時當齋戒清淨澡漱燒香正心乃說行住隨方面歸依稱十方佛名号

東方佛号等行如来至真等正覺人若東行歸命彼佛南西北方四維亦尒若欲卧時稱下方佛起稱上方佛

南方佛号初發意念離恐畏超首如来至真等正覺

西方佛号金剛步跡如来至真等正覺



北方佛号寶智首如来至真等正覺

東北方佛号壞魔場稱步如来至真等正覺

東南方佛号初發意不退轉成首如来至真等正覺

西南方佛号寶蓋照空如来至真等正覺

西北方佛号開化如来至真等正覺

下方佛号初發意　斷疑拔欲如来至真等正覺

上方佛号消冥等超上如来至真等正覺

佛說偈令人誦得長壽

我慈諸龍王　天上及世間　以我此慈心
得滅諸毒惠　我以智慧聚　用心煞此毒
味毒無味毒　破滅入地去

此偈佛說此恒晨朝時清淨已誦一七遍得無量功德滅一切惡能令人長壽

佛說一切大吉祥滅一切惡陀羅尼

南無佛陀　南無達摩　南無僧伽
南無𨁂尼浮彈　娑摩伽檀 [illegible]
浮夢 菩音 阿多婆勒叉　鴆梨槃陀



弥帝梨　娑呿嗟　不梨咕 [illegible]
虵婆遲囉　嘟嚧攴 [illegible] 晝那提
檀暮

佛說觀佛三昧觀四威儀品中出

復有化佛教諸聲聞數息安般流光白骨白骨流光心淨想心不淨想起結使想滅結使想斷結使支想煞使相想如是諸想九百億塵數如數息安般說是名聲聞法菩薩法者雖有四法一者晝夜六時說罪懺悔二者常修念佛不誑衆生三者修六和敬心不恚慢四者修行六念如救頭然佛告父王如是等名未来世觀佛三昧亦名分別佛身亦名知佛色相亦名念佛三昧亦名諸佛光明覆護衆生

陀羅尼雜集卷第九

陀羅尼雜集卷第九

校勘記

一 底本，金藏廣勝寺本。

一 四五九頁中一七行「滅一切惡吉祥陁羅尼一首」，資、麗無。

一 四六〇頁中一四行「薩沫羅」，諸本（不含石，下同）作「添羅」。

一 四六〇頁中一六行「苦草」，資、磧、普作「芳草」；南、徑、清、麗作「若草」。

一 四六〇頁中二二行「疲病」，諸本作「疫病」。

一 四六〇頁下六行第三字「喋」，資、磧、普、南、徑、清作「禁」。

一 四六〇頁下二〇行「某國某國」，諸本作「某國某甲」。

一 四六一頁上一六行「不超」，資作「不起」；磧、普、南、徑、清、麗作「不越」。

一 四六一頁上一八行末字至次行首字「皆悉」，資、磧、普、徑作「悉皆」。

一 四六一頁中八行第一二字「怖」，資、磧、普、南、徑、清作「怖怖」。

一 四六一頁中一三行第八字「血」，南、徑、清作「鹽」。

一 四六一頁下二行第九字「並」，資、磧、普、南、徑、清作「善」。

一 四六一頁下四行夾註右「二刀」，資作「一刀」；麗作「匕刀」。

一 四六一頁下一三行第二字「法」，磧、普、南、徑、清作「佉」。又第一三字「佉」，資、麗作「法」。

一 四六一頁下末行「陁鄰鉢」，南、徑、清作「陁鄰尼鉢」。又第八字「今」，南、徑、清無。

一 四六二頁上一〇行第四字「蝠」，資、磧、普、南、徑、清作「蝮」。本頁中四行第九字同。

一 四六二頁上一二行第五字「梵」，資、南、徑、清作「犯」。

一 四六二頁中八行末字「陁」，資、磧、普、南、徑、清無。

一 四六二頁中一八行「無殃數」，徑、清、麗作「無央數」。

一 四六二頁下二〇行第九字「經」，麗作「逕」。二二行第六字同。

一 四六三頁上一六行第五字「令」，資、磧、普、南、徑、清作「今」。

一 四六三頁上一八行第二字「去」，資、磧、普、南、徑、清作「過去」。

一 四六三頁上末行第七字「著」，資作「者」。

一 四六三頁下二一行「顛狂」，諸本作「顛欺狂」。

一 四六三頁下末行「三過」，諸本作「三遍」。

一 四六四頁上一七行「結藥界」，磧作「結樂界」。

一 四六四頁上二二行「手指」，資、磧、普、南、徑、清作「十指」。又末字「捡」，諸本作「橛」。

一 四六四頁上末行第一一字「意」，資、磧、普、南、徑、清作「竟」。

一 四六四頁中一〇行第一三字「唎」，南、麗作「利」；徑、清作「剎」。

一　四六四頁中一一行「一日」，南作「百日」。

一　四六四頁中一六行「代尸」，資、磧、普、南、徑、清作「伐尸」。

一　四六四頁下八行「能爲」，資、磧、普、南、徑、清作「能爲也」。

一　四六四頁下一一行「不壞」，資、磧、普、南、徑、清作「不能壞」。

一　四六五頁上二一行「超首」，資、麗作「起首」。

一　四六五頁中二行「稱步」，諸本作「步積」。

一　四六五頁中九行第七字「意」，諸本作「意念」。

一　四六五頁中一一行「超土」，諸本作「超王」。

陀羅尼雜集卷第十　　啓

未詳撰者今附梁錄

定志慧見陀羅尼一首

八兄弟陀羅尼一首

觀世音說應現與願陀羅尼一首

日藏經中除罪見佛陀羅尼一首

獲果利神增善陀羅尼一首

善護除病陀羅尼一首

進果獲證修業陀羅尼一首

結縷除睡蒙護陀羅尼一首

呪蘇除睡不飢益乳陀羅尼一首

見佛隨願陀羅尼一首

觀世音現身施種種願除一切病陀羅尼一首

散華觀世音足下陀羅尼一首

念觀世音求願陀羅尼一首

誦呪手麾、喉除一切痛陀羅尼一首

呪盐水飲腹痛者陀羅尼一首



除卒中毒病欲死者陀羅尼一首

除瞋恚陀羅尼一首　出日藏

觀世音除業障陀羅尼一首

佛說呪沍塗身塗幢塗藥塗毒塗腫陀羅尼一首

樂虛空藏菩薩陀羅尼一首

觀世音陀羅尼一首

懺悔擲花陀羅尼一首

呪腫陀羅尼一首

呪癰瘡中惡陀羅尼一首

日藏中護眼陀羅尼一首

四天王呪除一切不祥合五首

定志慧見陀羅尼

南無佛陀䶊　南無達摩䶊　南無僧伽䶊　檀摩檀　那闍那　闍梨闍那婆咩泜　呵羅呾呵羅呾㰕波多婆䶊　莎呵

此陀羅尼用秋月若十五日月竟日入造化首佛形像以黃華周匝遍敷其地縱廣一步於東方白時至心誦於一千遍亦可覩見十方一切諸佛滅除生死一切罪障行一七日佛像

後盡一菩薩名金剛住菩薩前亦誦
千遍一日像前一日菩薩前審誦若
行此陁羅尼入墮於三塗者無有是
處若入遇疾諸惡来覩誦此呪三七遍
八兄弟陁羅尼
如是我聞一時佛在舍衛國祇樹給
孤獨園尒時世尊告阿難言有八兄
弟陁羅尼洪應受持讀誦為人演說
阿比兎　拘毗兎　阿鉢梨　無仇目
兜波羅目兜阿滿兎　久磨兎
思休毗多　尉多邏尉多邏　提浮多
佛告阿難此八兄弟名字若有人知
此八兄弟名及聞此陁羅尼者受持
讀誦思念在心當知是人毒不能害
兵刃不傷火不能燒水不能漂一切
惡鬼方道鬼魅夜叉羅刹一切諸惡
鬼能為人傷害恐怖人者并及怨各
鬪諍言訟皆悉消滅此過去諸佛所說
觀世音說應現與願陁羅尼
南無觀世音菩薩　坦提咃　呿羅䟦多
呿羅䟦多　伽呵䟦多　伽䟦多
伽䟦多　莎訶
此陁羅尼法應靜處專精礼拜遶塔

誦是陁羅尼万二千遍當見觀世音
菩薩一切所願隨意皆得
日藏經中除罪見佛陁羅尼
釋迦牟尼佛請十方諸佛在娑婆世
界一時同音說是陁羅尼
多擲他　毗時臨婆毗時臨婆　慰波陁胛也
毗時臨婆　鄉婆頗羅　阿兎那多咃
多阿兎那多咃多　復多拘致
毗時臨婆　莎呵
佛言若四部弟子受持讀誦是陁羅
尼當於清淨處淨自洗浴著新淨衣
以好華香供養於佛當以月八日脩
行經三七日除宿殃罪即得面見十
方諸佛捨是身已不受生死所行功
德為無有上今略說耳行之人不食
酒肉
穫果利神增善陁羅尼
優牟尼　頻羅牟尼　究婆閒醯
究嘶䟦糇　阿婆羅恭沙婆濤
比荼囉私纁坵　迦多迦䟦梨利頻頭摩
濤婆囉其囉求坦羅求優辯埵輯
阿兎埵輯　薩婆蓑摩曽　那闍那濤
比提鈋摩輯　阿眉囉秡　阿婆咩

菩羅尼咩　縮提阿　三慕履　莎呵
若有善男子善女人受持如是陁羅
尼句讀誦書寫當於佛前像前塔前
舍利前千遍讀誦飲果石蜜蓮花鬚
蕊一日中能誦千遍得他心智善男
子善女人比丘比丘尼優婆塞優婆
夷在寂靜處誠心如法行是陁羅尼
是人不過七日獲得四禪壞欲界結
見十方佛如法意三昧能化衆生滅
一切障所謂業障煩惱障能淨衆生
所有諸根能燒衆生一切煩惱顛倒
等結親近住於賢聖之道亦能令其
不退轉菩提親近一切智不從他因
而生智慧得一切佛三世無㝵無畏
三昧法門
善護除病陁羅尼
多擲吻　婆梨羅　文禪婆梨羅
文若茂若　阿醬醬比羅者比尼摩
比尼摩訶訶　牟尼牟尼治力荼
莎呵　鉇比那　荷呵阿梨　文者鉇
波呵　莎呵
若有人讀誦此陁羅尼者百由旬内
惡人及非人不能得其便若自病若

他病誦之即得除愈
進果獲證修業陁羅尼
多擲哆　伞羅伞羅羅　阿婁㜺
伞羅羅呲祇叉夜　莎呵
若人受持讀誦兼修福業者此入初地
結縷除睡蒙護陁羅尼
多擲哆　波梨伽梨　莒修梨多迦梨
婆散濘波伽梨　陁羅叱伏泜　婆
羅卑者那　目企婆羅𦫵　那涇
婆羅濘　波羅濘　眦虵虵多眦
奢因地　梨虵其良那比輪他濘
三摩留　波比竭坻　三摩多比沙
陁呵濘　修波梨虵踋　尼難坻祇
阿三波羅耆　那摩梨那　阿波利虵
但那至坻　脩波利富梨思那哦
他比輪陁濘　莎呵
此陁羅尼者是除睡眠持行法用十
四日若真舍利像前若真塔前種種
香華白氎縷二尋誦一遍結一結八
百結若欲不睡繫著項上悉得感損
眠欲得睡時留下著淨處燒香供養
恭敬礼拜尊重讚嘆諸天善神擁護
是人

咒蘇除睡不飢益乳陁羅尼
多擲哆　尼弥　尼弥　尼利摩
希扇坻三慕坻　婆迦置比迦知富濘
婆利遮濘　三慕希都散提三慕多
尼　南無婆迦婆都佛陁寫也　思殿
兜慕陁羅婆陁　多羅兜　郊地虵
哆多婆、羅唅摩虵兜　莎呵
若人多睡以此持呪蘇千遍用塗眼
即無睡以塗足日行十由旬若食之
令人不飢若婦女若牛羊少乳呪水
千遍用飲之乳即多也
見佛隨願陁羅尼
多擲哆　度羅尼　陁羅尼　陁利
尼　伞濘波羅婆散濘　悉提　旃
地利　涅呵梨　路伽鉢提佛陁鉢提
地梨　郁伽羅提知　頼樹波伽提
提耆鉢提　比舍羅佛提　曇摩波
斯萸叉虵羯比羯波啾提　阿媚多
羯波　休多舍氏　呾多三摩希提提
者其力呵鉢提　睫拏佛提
因地利虵佛提　莎呵
若善男子善女人欲行此陁羅尼者
淨自澡浴著淨衣服以花香燈明供

陁羅尼雜集卷第十　第八張　容字号

養佛從月八日至十五日晝夜六時
誦陁羅尼一時誦一百八遍是時即
得見佛世尊坐蓮華座上而為說法
即與其人隨於所願若求多聞若求
宿命智若求珎寶若求淨佛國土若
求職位若求工巧若求辯才若求除
業障隨其此人所願悉與之行陁羅
尼者應三日不食行之若二月三月
若八月餘時不得
觀世音現身施種種願除一切病陁
羅尼
悉譚那慕佛陁虵　那慕達摩虵
那慕僧伽虵　那暮阿梨虵　婆路鞊
提　施婆羅虵　菩提薩埵虵　摩訶
薩埵虵　伊䏶多　岿波羅婆叉弥佛
婆樿摩比至室䏶　薩埵那摩
𤚲鈅波虵　律弥慕陁羅　波羅婆師
多　那慕阿利虵　婆路蹄提施婆羅
虵　菩提薩埵虵　摩訶薩埵虵
摩訶伽留尼　伽虵　那慕薩婆畔陁那
車陁那　伽羅虵那慕婆虵　婆羅舍
摩伽羅虵　薩婆薩埵那　弥多羅
質多𤚲鈅婆毗多虵　那慕阿利虵

婆路鞥提舍婆羅虵　律賜郍地虵
波羅婆叉弥　薩婆薩埵　秀呿婆
唅　多攞哆耆羅耆羅尼　婆羅
娑羅毗娑羅毗娑羅　佛地虵
佛地虵　菩提虵　菩提虵　薩婆
薩埵怖多釋鋦　毗菩提虵　菩提
虵　菩提虵　菩提虵　蜜提　阿利
虵　婆路蹄提　舍婆羅虵　沫羅
沫羅三摩注薩婆薩埵難弥多羅
質多多虵　薩毗薩埵那木叉　伽羅
莫梨　莫梨　莫梨　莫梨　莫梨
莫梨　莫梨　莫梨　莫梨　兜流
兜流　兜流　兜流　菩提　菩提
菩提虵　蜜提　休流　休流　秀
流　秀流　試其林　阿其車　阿其
車　薩婆薩埵怖多釋鋦比　薩婆
薩埵　伽留尼伽陁羅鐥虵　流牛
娑陁虵　娑陁虵　郍地虵　怖弥
婆藍　陁囊　陁囊伽囊伽囊　修
留弥修留弥摩訶　修留弥　莎呵
那慕阿利虵　婆路鞥提　舍婆羅
虵　悉殿兜　慕多羅波陁　莎呵
此陁羅尼云何修行應以白淨細氎

若細布畫作觀世音像身著白衣
坐蓮華座上一手捉蓮華一手捉澡
瓶使髮高竪欲行之者於觀世音像
前行此陁羅尼行時於白月十五日
著新淨衣服以淨牛屎塗地又以香
塗泥坌其上生恭敬心咸以十二器
生乳以四瓦器咸好香汁須極好香
華十六鑵須瓦燈十六枚燒堅黑沉
水香須大瓦瓨四枚咸淨水取種種
諸花條置中燃軟木薪又須蓮華八
百枚是時應誦此陁羅尼使音聲相
續善心不絕誦一遍投一華火中時
觀世音菩薩應從東方来現大神光
於火咸燃時觀世音菩薩於火中現
瓶花於火中現當見之時心無衆怖
如所畫像身者白衣其髮高竪手捉
當知是人即閇地獄餓鬼畜生道門
隨其所欲求願悉得若求富貴若求
飛空若欲施衆生隨意自在悉皆得
之欲求多聞欲求論議欲入海採求
伏藏欲服仙膏欲求妙色欲求生王
欲求天眼天耳滅一切病痛若身體
諸根不具若有罷病癩病一切病苦



乃至身體諸根不具足者悉得除愈
并除過去一切重業若男欲求女身
女欲求男身如願悉得隨意求願訖
應還遣觀世音菩薩也
散華觀世音足下陁羅尼
那慕勤囊怛　利虵虵　那慕阿梨虵
婆路鞥提舍婆羅虵　多攞哆　七梨
至梨　七梨　至梨　秀留　秀留
伽車　伽車虵哆宿嶔　阿梨虵
婆路鞥提舍婆羅虵　莎呵
應取好華一掬三遍誦此陁羅尼即
以掬華散觀世音足下又燒好香供養
念觀世音求願陁羅尼
那暮阿梨虵　婆路鞥提舍婆羅虵
菩提薩埵虵　摩訶薩埵虵　多攞
哆　兜流兜流　阿思摩思摩梨尼
豆律波摩梨尼　豆豆脾那慕那摩
莎訶
此呪須沉水香誦呪三遍至心念觀
世音菩薩此呪吉祥能除過去一切
罪業獲大功德欲求願如願必得
誦呪手摩眼除一切痛陁羅尼
那暮佛陁虵　那慕達摩虵　那慕

僧伽䭾　南無勒怛利䭾　那慕阿利
䭾　婆路鞞提舍婆羅䭾　菩提薩埵
䭾　摩訶薩埵䭾　多擲哆　休休毗
之痤梨　比之摩梨涅摩梨輸陁涥
伽遮提蜜羅薩婆薁廁　路伽舍摩尼
毗那舍尼　車陁尼　比車陁尼　婆
陁三慕咥躭畢多三桊嗞　揞尸鷹
摩　三慕嗞揞散尼　波多三桊嗞揞
婆薩婆那舍尼　比那舍尼　阿梨䭾
婆路鞞提舍婆羅䭾　菩提薩埵䭾
提舍那　那扇兜　薩比薁廁路伽
莎呵
誦此呪百八遍自手用摩眼能除一
切眼根痛病
除腹痛陁羅尼
那慕勒囊怛　利䭾䭾　那慕阿利䭾
婆羅鞞提舍婆羅䭾　菩提薩埵䭾
摩訶薩埵䭾　多擲哆　究多究之
究究羅之　阿那三婆陁尼利䟦莎呵
此呪以呪㼖水三遍以飲腹痛入差
除平中毒病欲死陁羅尼
那慕勒囊䭾利䭾䭾　那慕阿利䭾
婆路鞞提舍婆羅䭾　菩提薩埵䭾



摩訶薩埵䭾　多擲哆　莎梨莎梨
毗梨毗梨薩婆毗沙那舍尼　莎呵
若人被毒欲死若已死以此持呪病
人耳中呪之即差若死還活
除瞋陁羅尼　出日藏
多擲哆　藉伏呵　佛佛羅　伊羅
羅㗙伊羅婆呵呵縷呵嘍　伽伽那
又奄摩咩咦咩咦斫迦羅跋彐帝䋖
婆伽羅帝䋖　縷多唏咩唏䋖婆呵
唏　婆呵唏　那羅闍吒䭾　㗙那咩
踈　廁帝咩頭婆梨咩踈　試唸咩
踈唏闍羅　咩踈呿伽羅咩　踈婆菩
闍咩踈　薩婆迦羅摩咩踈　摩那跋
多咩踈　跋帝奄㗙羅咩踈　莎呵
此陁羅尼能除一切世人瞋恚若欲
令一切人不生瞋恚向巳者取瞻蔔
油以此持七遍呪之塗手巳眠一切
人非人魔龍鬼乃至畜生瞋恚心除
假使滿四天下人及非人天魔龍鬼
若於我所起重瞋恚者應於清旦取
一把水七遍呪之灑散四方若用洗
面一切瞋者瞋心即除假使四方大
海水悉皆擾動以此灑之常能令清



況復人也
佛說除業障陁羅尼
南無佛陁䭾　南無達摩䭾　南無僧伽
䭾　南無阿利䭾　婆路鞞底舍波羅
䭾　菩提薩埵䭾　摩訶薩埵䭾　多
擲哆　闍婆毗祇　毗頭畢弥　弥樓
掕　倚迦樓棠賔弥休　留若賔祇
散施賔弥　菩薩迦　留摩乂䭾
賔弥莎呵
此呪能除無始生死受身有識以來
業障之罪常以月十五日三十日誦
之千遍得福無量此陁羅尼神呪經
觀世音菩薩所說能清旦一遍誦之
即却一切惡
南無勒那多来䭾䭾　南無阿梨䭾
婆路鞞泯舍婆羅䭾　菩提薩埵䭾
摩訶薩埵䭾　多擲哆　丘梨　丘梨
多律蹋　豆律蹋　婆度斯　摩弥婆
羅呵律陁　莎呵
南無勒那多来䭾䭾　南無阿梨䭾
婆路鞞泯舍婆羅䭾　菩提薩埵䭾
摩訶薩埵䭾　多擲哆　志梨弥志梨
勒乂勒乂　摩訶梨䭾　婆路鞞泯

舍婆羅虵　菩提薩埵虵　摩訶薩
埵地
佛說呪涅陁羅尼
多擲哆　伊利冨利持梨冨倫提
阿咮呼　摩咮呼　婆咮呼　比至
咮呼　比思坻呼　摩叱提呼　烏思
羅　婆咮呼　莎呵
若有人欲入賊中呪涅三遍以塗身
若塗幢麾幡皷角伎樂必能得勝若
為毒虫所齧若被毒若身有腫處以
呪涅塗之以青黛傅之即得差
樂虛空藏菩薩陁羅尼呪
南無佛皃佛多摩訶目揵連莎
多擲哆　倚利吉利　弥利跆利　薩
婆伽　倚利弥利　薩婆伽　弥利
莎呵
此陁羅尼要月十四日十五日明星
出時誦之八百遍燒好沉水香香烟
不絕要用黃華八百枚令人得福若
善男子現身安隱求心中所願無不
獲得若是女人化成男子能至心一
日一夜六時行道誦持之者卻三劫
之罪永不入惡趣要用春秋涼時三


月四月八月九月
觀世音菩薩陁羅尼
南無觀世音菩薩　多擲哆　丘利
丘利　甄吒頭吒　婆豆斯　摩弥鉢
羅　呵羅哆　莎呵
此陁羅尼晨朝至心念佛三遍誦之
一切吉祥
懺悔擲華陁羅尼
南無佛䟦啁呧多摩訶目揵連寫
坦提虵伊利　坻利呧利帝利伊利呧
利　婆䟦啹呧利　莎呵
此觀世音菩薩上持陁羅尼常以月
十四日洗浴身體夜三時礼拜懺悔
後夜竟誦一遍擲一華合八百遍擲
八百華
除殃病滅毒陁羅尼
呪腫陁羅尼
多擲哆　摩摩慕沍　摩慕沍
摩比尸沙　莎呵
若有腫病者當以此陁羅尼呪之若
呪藥一百八遍塗之亦善
呪癰瘡中惡陁羅尼
多擲哆　啼置摩置　茂伽𤘽比沙


摩訶比沙浮　莎呵
先傅此瘡然後以此持日一百八遍
呪之經七日乃差
日藏中護眼陁羅尼
多擲哆　斫啾呿婆　沙羅挐呿
婆　鶉磨呿婆　阿那闍那　㗸羅呿
婆　波睛多搠摩　沍婆囉　挐都
虵　阿醯施陁羅　壽袛　頻護守眼
鶉磨守眼　頗䏶守眼　阿鉽薑鉽
多䏶　旦那䏶　婆斯虵婆抧　留羅
脾　摩呵留羅脾　羅勒那　婆羅
坻　莎呵
此陁羅尼用擁護眼晝三時夜三時
二十一遍誦此陁羅尼以手摩眼病
差於一切衆生生於慈心當於佛前
懺悔諸罪作佛形像書寫日藏今時
應作眼藥用海沫甘草根呵梨勒阿
摩勒比布舍等合擣以蜜和之復以
龜心上火燒熟令乾合上藥擣和合
藥巳以此陁羅尼呪之八千遍於七
日中塗眼皮上當修念佛以是因緣
於生死中乃至成佛終不失眼常得
淨目

四天王呪經

四天王常觀察四天下一者名毗沙門天王二者提頭賴吒天王三者毗樓勒叉天王四者毗樓博叉天王

優遮摩倚尼　波盧摩尼　波頭多醯　沙倪闍尼沙

皆能成諸事說是呪有山名卑飢羅修道人及諸天處中諸道人在彼行道得五通能變化道人名阿呵得五通能變化善見阿多喻多拉和牟伽毗皆念是自說此呪言我見諸佛所生處及諸佛弟子處人民死不時諸天種從是滅從其中致處衆念欲令疾解脫歸命於道人大天王王四天下者聽我言我說呪經用救人民故為鬼神作起衆然乃說呪梵天護汝頭放髮時舍舍弥護之監當護汝身月當護汝額日當護汝眼星當護汝肾揵陁羅當護汝髆阿比尼當護汝尻其梨闍拘梨當護汝小腹星宿當護汝命其有在四天下者若善若惡蘇摸當護汝脾天當和恩吒當護之那行者和修提是四大天王主四天



下者當護汝家舍伽頭當護汝膝食一切味者當護汝足摩訶伽羅當護汝手莫恐怖於是無懼使吉善

彼毗沙門大天王於一切鬼神羅刹中最尊勅令一切鬼神羅刹便說是呪得大呪大呪所行即疾耗乱睡眠得無一切皆不成如是

呵尼呵尼佉尼佉尼頭佉尼佉知佉知佉知飢飢

提頭賴吒大天王於一切揵陁羅中最尊皆勅令諸揵陁羅便說是呪得呪大呪所行即疾耗乱睡眠得無一切皆不成如是

呵妟呵妟呵妟波知波知波知　知哉犁　和夷和拉　文多尼　波知多尼

毗樓勒叉大天王於一切鳩槃茶中最尊勅令一切鳩槃茶便說是呪得呪大呪所行即疾耗乱睡眠得無事不成如是

阿那尼　阿閇陁羅　閇摩拉摩拉摩訶摩拉摩帝摩帝　摩多摩諦九知九知毗九知

毗樓博叉大天王於一切龍中最尊



勅令諸龍便說是呪大呪所行即疾耗乱睡眠得無事不成如是

摩倚　摩倚　摩倚　摩帝　拘知毗拘知

天王說是呪經時地皆為動娆人民者悉恐怖衣毛為竪共有知是呪王經者無復畏恐不苦頭痛目不眩耳不痛鼻脣口齒舌頬頣髆心亦不痛若腹腫脅腫手痛髆痛脾痛膝痛足痛一切諸所苦痛悉除去若人若非人無能得妄娆浮陁亦不得娆天亦不得娆若龍若揵陁羅若金翅鳥若仇桓若鬼神若羅刹若鳩槃茶若迦邊鬼神若餓鬼若舍舍若烏羅若阿陁摩羅若揵陁樓陁皆不得妄娆及日月星宿風寒氣皆使除愈擁護其身令其諸邪惡消滅百病除愈

南無一切吉善吉祥諸義善精進

南無諸如來無所著等正覺礼足已便說是呪令我所呪即從如願

陁羅尼雜集卷第十

陀羅尼雜集卷第十

## 校勘記

一　底本，金藏廣勝寺本。

一　四六八頁下三行夾註「出日藏」，徑、清作「出日藏經」。

一　四六八頁下四行「一首」，磧、普、南、徑、清作「二首」。

一　四六九頁上二行第一二字「番」，磧、普、南、徑、清作「旛」。

一　四六九頁上五行「陁羅尼」，徑作「陀羅呪」。

一　四六九頁下五行「千遍」，磧、普、南、徑、清作「千偈」。

一　四七〇頁上二〇行「項上」，磧、普、南、徑、清作「頂上」。又「咸損」，磧、普、南、徑、清作「減損」。

一　四七〇頁上二一行第六字「⿱罒山」，磧、普、南、徑、清作「解」。

一　四七〇頁中末行第二字「自」，磧、南、徑、清作「身」。

一　四七〇頁下四行第六字「於」，磧、普、南、徑、清作「心」。

一　四七一頁中八行「十六罐」，磧、普、南、徑、清作「十六貫」。

一　四七一頁中一〇行第五字「中」，磧、普、南、徑、清作「瓨中」。

一　四七一頁中二一行末字「王」，磧、普、南、徑、清作「王家」；麗作「天」。

一　四七一頁下四行首字「應」，徑無。

一　四七二頁中五行夾註「出日藏」，南、徑、清作「出日藏經」。

一　四七二頁中一七行第一二字「眠」，麗作「眼」。

一　四七二頁中二一行「一把」，磧、普、南、徑、清作「一盂」。

一　四七二頁中末行「常能」，磧、普、南、徑、清作「尚能」。

一　四七二頁下二行「佛説」，徑、清作「觀世音」。

一　四七三頁下一八行「比布含」，磧、普、南、徑、清作「比布舍」。

一　四七四頁中六行「得大呪」，磧、普、南、徑、清、麗作「得呪」。

# 諸經要集序 甲

西明寺沙門釋道集

原夫法身一相瞻仰異容正教無偏說聽殊旨故師有等雨之況弟子有異聞之說良以隨機授與逐器淺深至如十二分教之大綱八萬法門之廣派龍宮西蓄未盡樹林之知象駕東馳豈窮手葉之誨是以不遊大海未覩浴日之奇不仰太山靡覿干霄之狀得驪龍之珍乃驗魚目之非寶聽黃鍾之節方知擊缶之為細故知釋典幽宗聖凡所尚寔人天之秘寶越儒墨之希聲威振大千光超巨億益覃沙界功逾塵劫弘濟之術其大矣哉但時緣未會感通有殊暨晨林變采霄夢啓徵創開白馬之基漸被赤烏之歲聖迹遐感年逾六百道俗蒙益等同一子慨正像寖移淤流末代凡情闇短器識昏迷日有澆醨教沉道喪所以彝章訛替教迹淪滑文句浩汗卒難尋覽故於顯慶年中讀一切經隨情逐要人堪行者善惡業



報錄出一千述篇三十勒成兩帙冀道俗依行傳燈有據敬尋釋典深奧非淺識而所知出俗幽微豈滯惑而能辯良由海大舟輕山高塵眇操刀易割製錦難成不揆庸識妄談秘典輒樹題目更增媿恧矣

三寶部　敬塔部　攝念部　入道部
唄讚部　香燈部　受請部　受齋部
破齋部　富貴部　貧賤部　獎導部
報恩部　放生部　興福部　擇交部
思慎部　六度部　業因部　欲蓋部
四生部　受報部　十惡部　詐偽部
情僞部　酒肉部　占相部　地獄部
送終部　雜要部

經法要集卷第一

三寶部第一

敬佛篇第一（此別六緣）

普敬述意緣　念十方佛緣
念釋迦佛緣　念弥陁佛緣
念弥勒佛緣　念佛三昧緣

普敬述意緣第一

夫大聖有平等之相弟子有稱揚之德故十方諸佛同出於淤泥之濁三

身正覺俱坐於蓮臺之上隨念何相皆得利益所謂始從出家終成正覺於其中間道樹降魔鹿野説法相好圓滿光明炳著身色清淨事等鎔金面貌端嚴猶如滿月齒同珂雪髮似光螺目譬青蓮眉方翠柳八音響亮萬相雍容五眼洞明六通遥颺懸河瀉辯連注投機圓三點以成身具五分而為體帶權實以度物隨真應以化人或肩廣大之慈風灑滂沲之法雨能使身田被潤即吐無上之牙心樹既榮便茂不彫之菓不来相而来不見相而見為衆生故隨緣應現十方十億並願歷侍三千大千俱得親承長種福田廣興供養吐邪倒之根拔貪嗔之本修念佛之因感見佛之果矣

如寶性論云三寶有六義故須敬也一者希有義如世寶物貧窮之人所不能得三寶如是薄福衆生百千萬世不能值遇故名為寶二者離垢義如世珍寶體無瑕穢三寶如是隨離諸漏故名為寶三者勢力義如世珍寶除貧去毒有大勢力三寶如是具不思議六神通力故説為寶四者莊嚴義如世珍寶能嚴身首令身姝好三寶如是能嚴行人清淨身故故説為寶五者最勝義如世珍寶譬諸物中勝三寶如是一切世中最為殊勝故名為寶六者不改義如世真金燒打磨練不能變改三寶如是不為世間八法所改故名為寶又具六意故須敬也一佛能誨示法是良藥僧能傳通皆利益於我報恩故敬二末代惡時傳法不易請威加護故須致敬三為物生信稟承故敬四示僧尼敬事儀式故敬五令樂供養法得久住故敬六為表勝相故敬故成實論云三寶最吉祥故我經初置

念十方佛緣第二

如觀佛三昧經云昔過去久遠无量世時有佛出世号寶威德上王時有比丘與九弟子往詣佛塔礼拜佛像見一寶像嚴顯可觀礼已諦視説偈讃歎後時命終悉生東方寶威德上王佛國大蓮華中結跏趺坐忽然化生

從此已後恒得值佛於諸佛所淨脩梵行得念佛三昧海得三昧已佛為授記於十方面各得成佛東方善德佛者則彼師是其九弟子者作九方佛謂東南方无憂德佛南方旃檀德佛西南方寶施佛西方无量明佛西北方花德佛北方相德佛東北方三乘行佛上方廣衆德佛下方明德佛如是十佛由因過去礼塔觀像一偈讃歎今於十方各得成佛又觀佛三昧經云昔過去久遠有佛出世号曰空王入涅槃後有四比丘共為同學習佛正法煩惱覆心不能堅持佛法寶藏多不善業當墮惡道空中有聲語比丘言空王如来雖復涅槃汝之所犯謂無救者汝等今可入塔觀像與佛在世時等無有異聞空聲已入塔觀像眉間毫相即作念言如来在世光明色身與此何異佛大人相願除我罪作是語已如太山崩五體投地懺悔諸罪由入佛塔觀像毫相懺悔因緣後八十億阿僧祇劫不墮惡道

生生常見十方諸佛於諸佛所受持甚深念佛三昧得三昧已為十方佛現前授記今悉成佛東方有國名曰妙喜佛号阿閦即第一比丘是南方有國名曰歡喜佛号寶相即第二比丘是西方有國名曰極樂佛号无量壽即第三比丘是北方有國名蓮華莊嚴佛号微妙聲即第四比丘是以是因緣行者應當如是顒觀佛也

又迦葉經云昔過去久遠阿僧祇劫有佛出世号曰光明入涅槃後有一菩薩名大精進年始十六婆羅門種端正無比有一比丘於白疊上畫佛形像持與精進精進見像心大歡喜作如是言如來形像妙好乃尒況復佛身願我未來亦得成就如是妙身言已思念我若在家此身叵得即啓父母求哀出家父母荅言我今年老唯汝一子汝若出家我等當死子白父母若不聽我者我從今日不飲不食不升床坐亦不言說作是誓已一日不食乃至六日父母知識八萬四千諸婇女等同時悲泣礼大精進尋



聽出家既得出家持像入山取草為座在畫像前結跏趺坐一心諦觀此畫像不異如來如來像者非覺非知一切諸法亦復如是无相離相體性空寂作是觀已經於日夜成就五通具足無量得無礙辯得普光三昧具大光明以淨天眼見於東方阿僧祇佛以淨天耳聞佛所說悉能聽受滿足七月以智為食一切諸天散花供養從山而出來至村落為人說法二萬衆生發菩提心无量阿僧祇人住於聲聞緣覺功德父母親眷皆住不退無上菩提佛告迦葉昔大精進今我身是由此觀像今得成佛若有人能學如此觀未來必當成無上道

又觀佛三昧經云昔過去久遠有佛出世号釋迦牟尼滅度之後有一王子名曰金幢憍慢邪見不信佛法有一比丘名定自在語王子言世有佛像衆寶嚴飾然為可愛可暫入塔觀佛形像王子即隨共入塔中見像相好白比丘言佛像端嚴猶尚如此況佛真身比丘告言汝今見像不能禮



者應當合掌稱南无佛是時王子即便合掌稱南無佛還宮繫念塔中像故即於後夜夢見佛像夢已歡喜捨離邪見歸依三寶由一入塔稱佛善根命終得值九百萬億那由他佛於諸佛所逮得甚深念佛三昧得三昧故諸佛現前為其授記從是已來經於百萬阿僧祇劫不墮惡道乃至今日獲得甚深首楞嚴定昔王子者今財首菩薩是以是因緣智者應當如是學念佛也又法華經偈云

若人散亂心　入於塔廟中　一稱南無佛

皆共成佛道

又辟喻經云昔有國王煞父自立有阿羅漢知此國王不久命終計其餘命不過七日若命終後必墮阿鼻地獄一劫受苦此阿羅漢尋往化之勸教至心稱南无佛七日莫絕臨去重告慎莫忘此王便叉手一心稱說晝夜不廢至七日頭便即命終䰟神趣向阿鼻地獄乘前念佛至地獄門知是地獄即便大聲稱南無佛獄中罪人聞稱佛聲皆共一時稱南无佛

地獄猛火即時化滅一切罪人皆得解脫出生人中後阿羅漢重為說法得須陁洹以是因緣稱佛名号所獲功德无量無邊不可為喻

念釋迦佛緣第三

又觀佛三昧經云昔佛在世時佛為父王及諸大衆說觀佛三昧經佛有三十二相八十種好身真金色光明无量時座下有五百釋子以罪障故見佛色身猶如灰人羸婆羅門見已號哭自拔頭髮舉身投地鼻中血出佛安慰曰汝勿號哭吾為汝說過去有佛名毗婆尸入涅槃後於像法中有一長者名曰月德有五百弟子聦明多智無不貫練其父長者信敬三寶常為諸子說佛法義諸子邪見都無信心後時諸子同遇重病父到兒前泣淚合掌語諸子言汝等邪見不信佛法今無常刀切割汝身為何所怙有佛世尊名毗婆尸汝可稱名諸子聞已敬父言故稱南无佛復教稱法及稱僧名稱已命終由稱佛故生四天王天上壽盡以前邪見還墮地



獄獄卒羅剎以熱鐵叉刺壞其眼受是苦時憶父教稱念佛因緣從地獄出來生人中貧窮下賤後式棄佛出亦得值遇但聞佛名不覩佛形後隨葉佛拘樓秦佛拘那含牟尼佛迦葉佛亦皆聞名不見其形以聞如是六佛名故今得與我同生釋種我身端嚴如閻浮金汝見灰色羸婆羅門皆由前世邪見故尒汝今可稱過去佛名并稱汝父亦稱我名及弥勒佛稱已作礼及向大衆大德衆僧五體投地發露懺悔邪見之罪諸人受教懺悔訖已見佛金色如須弥山見已白佛我今見佛三十二相八十種好无量光明作是語已得須陁洹求佛出家得阿羅漢三明六通具八解脫佛告比丘我滅度後若稱我名南无諸佛所獲福德無量無邊

又大悲經云佛告阿難汝觀如來在路行時能令大地高處令下下處令高高下諸處悉得平正如來過後地輙還復一切樹林傾側向佛樹神現身低頭礼拜如來過後樹輙還復一



切丘陵坑坎屏廁臭穢叢林瓦礫皆悉掃除平正清淨馨香芬烈衆華布地如來足履蹈上而過無情諸物尚皆傾側何況有情而不加敬何以故我本修行菩薩行時於一切人所無不傾側謙下礼敬以是善業得成佛已有情無情如來行時無不傾側低頭礼拜我本曾以清淨微妙稱意資產至心自手施諸衆生以是業報如來行時大地平正掃灑清淨又無瓦礫我於無量諸賢聖所在路行時曾與掃治道路泥治房舍我以平等心無高下掃治令淨於一切時常求菩提利益衆生以是善根若佛如來在在處處行来路首自然清淨地平如掌乃至須弥山王高八萬四千由旬在大海中亦深尒許及鐵圍山高十六萬八千由旬亦是金剛堅固佛涅槃時無不傾側低頭礼敬若欲遠避不傾側者亦無是處

又普曜經云由如來過去心淨離著不害衆生故所行之處脚足不汙蝨蟻不損

又處處經云如来行時不著履有三因緣一使行者少欲二現足下輪相三令人見之歡喜佛行足去地四寸有三因緣一見地有虫蟻故二地有生草故三現神足故亦欲令人意正佛行地高下皆平有三因緣一本行四等心欲令一切安隱地在水上水中有神虫蟻一切值佛足下皆安隱同心立意是故卑者為高高者為卑二諸天鬼神行福為佛除地故高下為平三佛為菩薩時通利道徑橋梁度人故從是得福故高下平正欲令人意亦尒又智度論云世尊身好細薄皮相塵土不著身如蓮華葉不受塵水若菩薩在乾土山中經行土不著足隨嵐風来吹破土山令散為塵乃至一塵不著佛身若菩薩舉食著口中是時咽喉邊兩處流注甘露和合諸味是味清淨故名味中得上味又增一阿含經云無恭敬心於佛者當生龍虵中以過去從中来今猶無敬多睡癡也

又四分律說偈云

有敬長老者　是人能護法　現世得名譽
將来生善道

念弥陁佛緣第四

問曰何名淨土荅曰世界皎潔目之為淨即淨所居名之為土故攝論云所居之土無於五濁如頗梨柯等名清淨土法華論云无煩惱衆生住處名為淨土淨土不同有其四種一法性土以真如為體故梁攝論云以蓮華王為淨土所依辟法界真如為淨土所依體故二實報土依攝論云以二空為門三慧為出入路奢摩他毗鉢舍那為乘以根本無分別智為用此皆約報功德辯其出體三事淨土謂上妙七寶是五塵色性聲香味觸為其土相故攝論云佛周遍光明七寶處也又華嚴經云諸佛境界相中種種間錯莊嚴故淨土論云備諸珍寶性具足妙莊嚴又新翻大菩薩藏經云假使如上世界乃至大火洞然如来在中若依經行若住坐卧其處自然八功德水出現於地四化淨土謂佛所變七寶五塵為化土體故涅槃經云以佛神力地皆柔軟無有丘墟土沙礫石乃至猶如西方無量壽佛極樂世界等又大莊嚴論云由智自在隨彼所欲能現水精瑠璃等清淨世界又維摩經云佛以足指案地現淨等事又十地經云隨諸衆生心所樂見為示現故此諸經論所明並約化為淨土由佛神力現故有攝故即無故名化土

述曰上来雖土有四種然經要有二一報土二化土此二即攝理事二土初報土者謂佛如来出世諸善體是無流非二界所攝故淨土論云觀彼世界相勝過三界道又智度論云有妙淨土出過三界然佛所居无處為處過在十方世界或依法身而安淨土故論云釋迦牟尼佛更有清淨世界如阿弥陁國其弥陁佛亦有嚴淨不嚴淨世界如釋迦佛又涅槃經云我實不出閻浮提界又法華經偈云

常在靈鷲山　及餘諸住處　衆生見劫盡
大火所燒時　我此土安隱　天人常充滿
園林諸堂閣　種種寶莊嚴

又華嚴經云如來淨土或在如來寶冠或在耳璫或在瓔珞或在衣文或在毛孔如是毛孔既容世界故如十住論云佛舉一步則過恒河沙等三千世界其事如是化土處者但所居化土無別方處但依報土而起麁相或通十方或在當界引接三乘人天等衆如弥陁世尊引此忍界凡小衆生而安淨國或於穢現淨如案地現淨辟同天宮其事如是或於衆生共相器世界間種子所感於中顯現淨穢境界隨其六道各見不同此皆由外名言熏習因識種成就感得器世界影像相現此影像是本識相分由共相種子與影像相彼現相識為因緣即此共相由内報增上緣力感得如此苦樂不同

又華嚴經云尒時心王菩薩摩訶薩告諸菩薩言佛子此娑婆世界釋迦牟尼佛刹一劫於安樂世界阿弥陁佛刹為一日一夜安樂世界一劫於聖服幢世界金剛佛刹為一日一夜聖服幢世界一劫於不退轉音聲輪



世界善樂光明清淨開敷佛刹為一日一夜不退轉音聲輪世界一劫於離垢世界法幢佛刹為一日一夜離垢世界一劫於善燈世界師子佛刹為一日一夜善燈世界一劫於善光明世界盧舍那藏佛刹為一日一夜善光明世界一劫於超出界法光明清淨開敷蓮華佛刹為一日一夜超出界一劫於莊嚴慧世界一切光明佛刹為一日一夜莊嚴慧世界一劫於鏡光明世界覺月佛刹為一日一夜佛子如是次第乃至百萬阿僧祇世界冣後世界一劫於勝蓮華世界賢首佛刹為一日一夜普賢菩薩等諸大菩薩充滿其中又優波提舍論偈云

觀彼世界相　勝過三界道　究竟如虚空
廣大无邊際　正道大慈悲　出世善根生
淨光明滿足　如鏡日月輪

述曰如凡夫二乘於穢土中見阿弥陁佛諸菩薩等於淨土中見阿弥陁佛據此二說報土則一向純淨應土則有穢有淨故淨土論云土有五種



一純淨土唯在佛果二淨穢土謂淨多穢少即八地已上三淨穢亭等土謂從初地乃至七地四穢淨土謂穢多淨少即地前性地五雜穢土謂未入性地第五人見後一不見前四第四人見後二不見前三第三人見後三不見前二第二人見後四不見前一第一佛上下五土悉知悉見也

又阿弥陁鼓音聲王陁羅尼經云尒時世尊告諸比丘西方安樂世界今現有佛号阿弥陁若有四衆能正受持彼佛名号以此功德臨欲終時阿弥陁即與大衆往此人所令其得見見已尋生慶悅倍增功德以是因緣所生之處永離胞胎穢欲之形純處鮮妙寶蓮華中自然化生具六神通光明赫奕阿弥陁佛與聲聞俱如來應供正遍知其國号曰清泰聖王所住其城縱廣十千由旬於中充滿刹利之種阿弥陁佛父名月上轉輪聖王其母名曰殊勝妙顔子名月明奉事弟子名無垢稱智慧弟子名曰賢光神足精勤弟子名曰大化尒時魔

王名曰無勝有提婆達多名曰寂靜

又无量壽經云佛告弥勒假使三千大千世界猛火為念阿弥陀佛名故要當於中直過未足為難

又阿弥陀佛經云佛告諸比丘僧是阿闍世王太子及五百長者子却後無數劫皆當作佛如阿弥陀佛佛言是阿闍世王太子及五百長者子住菩薩道以来無央數劫皆各供養四百億佛巳今復来供養我阿闍世王太子及五百長者子等皆前世迦葉佛時為我作弟子今皆復會是共相值也

念弥勒佛緣第五

如弥勒菩薩所問本願經云阿難白佛言弥勒得法忍久遠乃介何以不速逮無上正真之道成寂正覺耶佛語阿難菩薩以四事法不取正覺何等為四一淨國土二護國土三淨一切四護一切是為四事弥勒本求佛時以是四事故不取佛佛語阿難我本求佛時亦有此四䏏弥勒發意先我之前三十二劫我於其後乃發道



意於此賢劫以大精進超越九劫得於無上正真之道致寂正覺佛告阿難我以十事致寂正覺何等為十一所有一切無可愛惜二妻妾三兒子四頭目五手足六國土七珎寶財物八髓腦九血肉十不惜身命我以十事疾得佛道

問曰凡夫道俗身居欲界行何善業得生同界兜率天報荅曰如未曾有經云下品十善謂一念須中品十善謂一食須上品十善謂從旦至午於此時中心念十善止於十惡亦得往生故野干心念十善七日不食生兜率天又上生經云我滅度後四衆八部欲生第四天當於一日至第七日繫念彼天持佛禁戒思念十善行十善道以此功德迴向願生弥勒佛前隨念往生（言七日者亦從近説尚感彼天何况一生而不超獲）

又上生經云若有礼敬弥勒佛者除却百億劫生死之罪乃至来世龍華樹下亦得見佛又云我滅度四衆八部聞名礼拜命終往生兜率天中若有男子犯諸禁戒造衆惡業聞是菩



薩大悲名字五體投地誠心懺悔一切惡業速得清淨若有歸依弥勒菩薩當知是人得不退轉弥勒成佛見佛光明即得受記又上生經云佛滅度後若有精勤修諸功德威儀不缺掃塔塗地華香供養行諸三昧讀誦經典如是人等雖不斷結如得六通應當繫念念佛形像稱弥勒名若一念頃受八戒齋修諸淨業命終之時即得往生兜率天上蓮華臺中應時見佛白毫相光超越九十億劫生死之罪隨其宿緣為說妙法令得不退又增一經云衆生三業造惡臨終憶念如来功德者必離惡道趣得生天上正使極惡之人以念佛故亦得生天又大集經云若修慈者當捨身命時見十方佛手摩其頂掌手觸故心安快樂尋得往生清淨佛土又普賢觀經云若有晝夜六時礼十方佛誦大乘經思第一義甚深空法於一彈指頃除百萬億那由他恒河沙劫生死之罪行此法者真是佛子從諸佛生十方諸佛及諸菩薩為其和上是名

具足菩薩戒有不須羯磨自然成就
應受一切人天供養又法華經云若
有人受持讀誦正憶念解其義趣是
人命終為千佛授手令不恐怖不墮
惡道即往兜率天上弥勒菩薩所弥
勒菩薩有三十二相大菩薩衆所共
圍遶有百千萬億天女眷属而於中
生有如是等功德利益是故智者應
當一心自書若使人書受持讀誦正
憶念如説修行又智度論云若善男
子能行是深般若波羅蜜者當知是
人人道中来或兜率天来所以者何
三惡道中罪苦多故不得行深般若
欲界諸天著淨妙五欲是心則狂惑
故不能行色界天等深著禪定味故
不能行無色界天無形故故不能行
以兜率天上常有一生補處菩薩彼
中諸天常聞説般若五欲雖多法力
勝故是故説二處勝若從他佛國来
生此閻斯則轉勝也
又處胎經佛告弥勒偈云
汝所三會人　是吾先所化　九十六億人
受吾五戒者　次是三歸人　九十二億者
一稱南无佛　皆得成佛道
又處處經云佛言弥勒不来下有四
因縁一有時福應彼閒二是此閒人
庚無能受經者三功德未滿四世閒
有能説經者致弥勒不下若當来下
餘有五十億七千六十萬歲弥勒時
人眼皆見四千里由本十種因縁德
一不掩人眼明二不損人眼三不覆
人眼四不藏人善五不視煞六不視
盜七不視婬八不視陰私及人短九
諸惡事不視十然燈於佛寺
又佛説弥勒来時經云佛言弥勒佛
未出時閻浮利内地山樹草木皆燋
盡於今閻浮利地周帀六十萬里弥
勒出時閻浮利地東西長四十萬里
南北廣三十二萬里地生五果四海
之内無山陵嵠谷地平如砥樹木長
大人少三毒民多聚落城名氾羅䣊
吏有一婆羅門名須凡當為弥勒作
父母名摩訶越題弥勒當為作子相
好具足身長十六丈生墮城地目徹
視萬里内頭中日光照四千里弥勒
得道為佛時於龍華樹下坐樹高三



十里廣亦四十里（大成佛經華枝如龍頭故名龍華樹亦有別傳云子從龍宮出故名龍華樹也）
用四月八日明星出時得道弥勒佛
劫後六十億殘六十萬歲始當来下（自外大同成佛經説）
王玄策西國行傳云　大唐顯慶二年
勑使王玄策等往西國送佛袈裟至
泥婆羅國西南頗羅度来村東坎下
有一水火池若將家火照之其水上
即有火焰於水中出欲滅以水沃之
其焰轉熾漢使等曾於中架一釜煑
飰熟使問彼國王國王荅使人云曾
經以杖剌著一金匱令人挽出一挽
一深相傳云此是弥勒佛當来成道
天冠金火龍防守之此池火乃是龍
火也
又智度論云弥勒菩薩為白衣時師
名婆跋梨有三種相一眉閒白毛相
二舌覆面相三陰藏相如是等非是
菩薩時亦皆有此相也又新婆沙論
云曾聞尊者大迦葉波入王舍城㝡
後乞食食已未久登雞足山山有三
峯如仰雞足尊者入中結跏趺坐作

誠言曰願我此身并納鉢杖久住不壞乃至經於五十七俱胝六十百千歲慈氏如來應正等覺出現世時施作佛事發此願已尋般涅槃時彼三峯便合成一掩蔽尊者儼然而住及慈氏佛出現世時將无量人天至此山上告諸衆曰汝等見是釋迦牟尼佛杜多功德弟子衆中第一大弟子迦葉波不舉衆咸曰我等欲見慈氏如来即以右手撫雞足山頂應時岩坼還為三分時迦葉波將納鉢杖從中而出上升虛空无量天人覩斯神變歎未曾有其心調柔慈氏世尊如應說法皆得見諦若無留化如此之事云何有耶有說有留化事問若尒世尊何故不留化身至涅槃後住持說法荅所應作者已究竟故謂佛所應度皆已度訖所未度者聖弟子度之有說無留化事問若尒迦葉波事云何得有荅諸信敬天神所住持故有說迦葉波尒時未般涅槃慈氏佛時方取滅度此不應理寧可說無不說彼黙多時處住如是說者有留化



事是故大迦葉波已入涅槃

惟凡夫力弱習惡来多以住娑婆其心怯弱初學是法恐畏退敗常發大願扶持此行乃至命終心無障惱隨種善根願共含識自在往生弥勒内衆得至佛前隨念修學證不退轉不願往生於外衆中恐著五欲不得解脫故智度論云有人修少福業聞有福處當願往生乃至命終各生其中又大莊嚴論云佛國事大獨行功德不能成就要須願力如牛雖力挽車要須御者能有所至淨佛國土由願引成以願力故福德增長不失不壞常見佛故又如十住論云若人發心求佛不休不息有人以指舉大千世界在空劫住不足為難若發願言我當作佛是人希有何以故世人心劣無大志故又發菩提心論有十大願常恙修行

一者願我先世及以今身所種善根施與一切衆生迴向佛道令我此願念念增長世世所生終不忘失常為陁羅尼之所守護



二者願我以此善根生處值佛常得供養不生無佛國中

三者願我親近諸佛隨侍左右如影隨形

四者願我既得親近為我說法成就五通

五者願我通達世諦假名流布解第一義得正法智

六者願我以無猒心為衆生說示教利喜皆令開解

七者願我以佛神力遍至十方一切世界供養諸佛聽受正法廣攝衆生

八者願我隨順清淨法輪一切衆生聽我法者聞我名者即得捨離一切煩惱

九者願我隨逐衆生將護與樂捨身命財荷負正法除無利益

十者願我雖行正法心無所行亦無不行為化衆生不捨正願

願我以此十大誓願遍衆生界攝受一切恒沙諸願若衆生界有盡我願乃盡然衆生界不可盡故我此大願亦不可盡廣度衆生无邊法界所修

善根皆悉迴向無上正覺生弥勒佛
前聞清淨法悟無生忍但行住坐卧
一生已来所修善根並共法界衆生
迴向弥勒佛前速成不退自外修念觀行見佛方法弥陀
弥勒等業具在釋門十卷廣誡此中直出經文今示往来
玄奘法師云西方道俗並作弥勒業
為同欲界其行易成大小乘師皆許
此法弥陀淨土恐凡鄙穢修行難成
如舊經論十地已上菩薩隨分見報
佛淨土依新論意三地菩薩始可得
見報佛淨土豈容下品凡夫即得往
生此是別時之意未可為定所以西
方大乘許小乘不許故法師一生已
来常作弥勒業臨命終時發願上生
見弥勒佛請大衆同時說偈云
南无弥勒如来　應正等覺　願與含識
速奉慈顔
南无弥勒如来　所居内衆　願捨命已
必生其中
念佛三昧緣第六
惟凡夫倒想隨情妄執六賊交侵五
道旋轉業繩相係苦報難出所以大
聖慈愍乘機引接故舉淨土之妙國勸



觀如来之勝相令翹注不懈欣心敬
慕俯仰合觀隨心廣略庶令悟之善
惡則隨心向背成之業種則見佛可
期臨終喜躍隨念受生若不預修此
福無常忽至周慞惶怖心路蒼茫淨
業既空莫知投寄眼光失落依業受
殃是故造罪造福雖復同營一種為
身不如修善修善見佛造惡獲殃也
故華嚴經偈云
寧受一切苦　得聞佛音聲　不受一切樂
而不聞佛名　所以無量劫　受此諸煩惱
流轉生死中　不聞佛名故
又无量壽經云佛告弥勒菩薩假使
大千世界滿中猛火為聞阿弥陁佛
名故要當於中直過来足為難
又觀佛三昧經云尒時弥勒菩薩白
佛言世尊唯願世尊大慈大悲憐愍
一切未来世中多有衆生造不善業
佛不現在何所依怙得除罪咎佛告
弥勒如来滅後多有衆生以不見佛
作諸惡業如是人等當令觀像若觀
像者與觀我身等無有異說是語時
空中十方諸佛讚言善哉今正是時



慎勿疑慮佛告弥勒如来今者為未
来世五苦衆生犯禁比丘不善惡人
五逆誹謗行十六種惡律儀者為如
是等說除罪法尒時阿難白佛　云何
如来說除罪法
佛告阿難如我在世歸依我　者名歸
依佛名歸依法名歸依僧觀佛像者
先入佛塔以好香泥及諸淨土塗地
令淨隨其力能燒香散華供養佛像
說已過惡礼佛懺悔如是伏心經一
七日復至衆中塗掃僧地除諸糞穢
向僧懺悔礼衆僧足復經七日如是
供養心不疲猒若出家人應誦毗尼
極令通利若在家人孝養父母恭敬
師長調心令軟心若不軟當強折伏
令心調順自住靜處燒衆名香礼釋
迦文佛而作是言南无大德我大和
上應正遍知大悲世尊願以慈聖覆
護弟子作是語已五體投地泣淚像
前從地而起齊整衣服結跏趺坐繫
念一處隨前衆生繫心鼻端繫心額
上繫心足指如是種種隨意繫念專
置一處勿令馳散使心動揺心若動

攝舉舌拄腭閉口閉目叉手端坐一日至七日令身安隱身安隱已然後想像

若樂逆觀者從像足指次第仰觀初觀足指擊心專緣佛足五指經一七日閉目開目令其了了見金像指次觀足兩趺上令了了見次觀膞已次第至髻從髻觀面若不明了復更懺悔倍自苦策以戒淨故見佛像面如真金鏡了了分明作是觀已觀眉間毫相如頗黎珠右旋婉轉此相見時見佛眉眼如天畫師之所畫作見是事已次觀頂光令分明了如是衆相名為逆觀

若樂順觀者從佛頂上諸妙蠡文猶如黑絲右旋婉轉次觀佛面觀佛面已具足觀身漸下至足如是往反凡十四遍諦觀一像極令了了觀一成已出定入定恒見立像在行者前見一了了復想二像已次想三像乃至想十皆令了了見十像已想一室内滿中佛像間无空缺滿一室已復更精進燒香散華掃塔塗地澡浴衆僧



供養師僧父母等已發大誓願我今觀佛以此功德不願人天聲聞緣覺正欲專求佛菩提道發是願已至求大乘當行懺悔勸請諸佛隨喜迴向正身端坐繫念在前觀佛境界令漸廣大一僧坊中滿中佛像方身丈六足下蓮華圓光一尋及通身光及衆化佛并佛侍者光明衆色皆令了了一僧坊已復廣一須百須遠滿百由旬見一切像相好炳然此像成已想十閻浮提滿中佛像餘三天下亦皆遍滿身心歡喜倍加精進頂戴恭敬十二部經般若波羅蜜前五體投地誠心懺悔念想成已閉目叉手端坐正受更作遠想滿十方界見一切像身純金色舉身毛孔皆放光明一一光明百億寶色一一色中无量雜色微妙境界悉自涌出此念想成名觀立像作是觀者除却六十億劫生死之罪亦名見佛於未來世值賢劫千佛為其和上於佛法中次第出家聞佛說法憶持不忘於星宿劫光明佛所現前授記麁心觀像尚得如是无量功



德況復繫念觀佛眉間白毫相光

尒時世尊復為衆生說坐像法想像令坐寶華衆像坐時大地自然出大白光如琉璃色白淨可愛衆白光間百億菩薩白如雪山想像毛孔出一一菩薩身毛孔中出金色光其光大盛照十方界皆作金色若有衆生觀像坐者除五百億劫生死之罪未來值遇賢劫千佛於星宿劫中值遇諸佛數滿十方一一佛所受持佛語身心安隱終不謬乱一一世尊現前授記過筭數劫得成為佛

尒時世尊告阿難言若有衆生觀佛坐已當觀像行觀像行者見十方界滿中像行虛空及地見一一像從坐而起一一像起時五百億寶華一一華中有无數光一一光中無數化佛隨心想現一一化佛放金色光照行者身是時行者入定之時自見已身三十六物惡露不淨不淨現時當疾除滅此不淨觀從貪愛生虛偽不實用此觀為使諸不淨變為白玉自見已身如白玉瓶內外俱空作是觀時

冝服蘊藥勿使身虛請諸行像以手摩頭放大光明照我已身是時行者自見已身如黃金色此想成已出定歡喜礼敬諸佛脩諸功德迴向菩提尒時諸佛異口同音各各皆為行者說法雖未得道見佛聞法摠持不失此名凡夫念佛三昧得此三昧於剎那頃恒見諸佛所說大乘一日一夜即得通利一一諸佛皆說决言汝念佛故過星宿刼得成為佛身相光明與我無異說是語已八千億佛一時放光光中无量化佛皆說是語佛告阿難此念佛三昧若成就者有五因緣何等為五一持戒不犯二不起邪見三不生憍慢四不恚不嫉五勇猛精進如救頭然行此五事正念諸佛令心不退當供養十方諸佛云何供養是人出定入塔見像誦持經時若礼一佛當作是念正遍知諸佛心智無礙我今礼一佛即礼一切佛若思惟一佛即見一切佛一一佛前有一行者接足為礼皆是已身若以一華供養佛時當作是念諸佛法身功德无量不住不壞湛然常安我今以華奉獻諸佛願佛受之作是念已復當起想我所執華從草木生持此供養可見擬想即當作念想身諸毛孔令一毛孔出无數華雲無數香煙香雲遍於十方界施作佛事還成金臺住行者前若凡夫人欲供養者手擎香鑪執華供養當發是願此華香滿十方界供養一切佛化佛并菩薩无數聲聞衆受此香華雲以為光明臺廣於无邊界無邊作佛事一一毛孔流出幢幡无量音樂名衣上服百種飲食諸雜供養並同前法佛告阿難未來衆生其有得是念佛三昧者當教是人密身口意莫起邪見莫生貢高若起邪命及貢高法當知此人是增上慢破滅佛法多使衆生起不善心乱和合僧顯異惑衆是惡魔伴如是惡人雖復念佛失甘露味此人生處以貢高故身恒卑小生下賤家貧窮諸衰无量惡業以為嚴飾如此種種衆多惡事當自防護令永不生

頌曰

法身無像　至教無言　隨機應現
緣念流傳　愍兹沉溺　弘斯妙門
器識相感　實濟重昏　八功德水
七寶行樹　祥鳥遊池　清音流布
法鼓和鳴　休風引路　躬奉微言
仰規玄度　赫哉兜率　邀矣慈尊
光流天廟　威振黎元　仙華飄颺
寶殿雲屯　薦之福祚　功洽梵魂
稟征彼寄　願言非負　既靜夢塵
還資情有　書之傳之　天長地久
文而或嚮　揞心何朽

諸經要集卷第一

## 諸經要集卷第一

### 校勘記

一　底本，金藏廣勝寺本。

一　四七六頁中二行「西朋寺」，磧、普作「大唐西明寺」；南、徑、清作「唐西明寺」。同行「釋道集」，資、磧、普、南作「道世玄惲撰」；徑、清作「道世撰」；麗作「釋道世集」。以下各卷同。

一　四七六頁中七行第二字「泒」，徑、清作「綱」。同行第九字「懋」，資、磧、普、南、徑、清作「怒」。

一　四七六頁中一六行「采霄」，資、磧、普、南、徑、清作「彩霄」。

一　四七六頁中一八行第一○字「滯」，資、磧、普、南、徑、清作「侵」；麗作「寖」。

一　四七六頁中二○行第一三字「涓」，資作「胥」；磧、普、南、徑、清作「滑」。

一　四七六頁下一行第二字「録」，南、徑、清作「條」。

一　四七六頁下二行第三字「依」，徑、清作「流」。

一　四七六頁下三行第四字「而」，麗作「之」。

一　四七六頁下六行與七行之間，徑、清有「諸經要集目録」一行。

一　四七六頁下一五行「經法」，諸本(不含石，以下各卷同)作「諸經」。

一　四七六頁下一六行「第一」，徑、清作「第一中」。

一　四七六頁下一七行夾註「此別」，徑、清作「此有」。

一　四七七頁上七行第七字「洞」，麗作「精」。

一　四七七頁上八行首字「瀉」，磧、南、清、麗作「寫」。

一　四七七頁上二二行「珍寶」，諸本作「真寶」。

一　四七七頁中一五行「故成實」，資、磧、普、南、徑、清作「成」。

一　四七七頁下三行第八字「海」，徑、清無。

一　四七七頁下一○行第三字「十」，資、磧、普、南、徑、清作「十方」。

一　四七八頁上一六行「如是」，徑作「如來」。

一　四七八頁上一九行末字「白」，資、磧、普、南、徑、清作「曰」。

一　四七八頁中二○行第六字「然」，資、磧、普、南、徑、清作「極」。

一　四七八頁下六行第四字「逮」，徑、清作「建」。

一　四七八頁下一三行第二字「共」，諸本作「已」。

一　四七九頁上一四行第一二字「弟」，資、磧、普、南、徑、清無。

一　四七九頁上末行第四字「天」，資、磧、普、南、徑、清作「天天」。

一　四七九頁中三行第一二字「棄」，資、磧、普、南、徑、清無。

一　四七九頁中五行「牟尼」，諸本無。

一　四七九頁中二二行「林傾側向」，徑作「木傾側白」。

一　四八〇頁上一行第一〇字「不」，磧、普、南、徑、清作「足不」。

一　四八〇頁上五行末字「正」，磧、普、南、徑、清作「止」。

一　四八〇頁上八行第五字「蟻」，資、磧、普、南、徑、清作「蛾」。同行第一二字「皆」，資、磧、普、南、徑、清作「皆得」。

一　四八〇頁上一〇行第七字「福」，磧作「平」。

一　四八〇頁中一九行第九字「新」，資作「雜」。

一　四八〇頁下一〇行第五字「雖」，資、磧、普、南、徑、清作「雖明」。

一　四八〇頁下一〇行「經要」，諸本作「綱要」。

一　四八〇頁下一三行「無流非二」，諸本作「無漏非三」。

一　四八一頁上二行第一三字「文」，資、磧、普、南、徑、清作「紋」。

一　四八一頁上三行「故如」，諸本作「故知」。

一　四八一頁上一〇行末字「共」，磧、普、南、徑、清作「由共」。

一　四八一頁上二二行第二字及末行第二字「服」，徑、清作「勝」。

一　四八一頁中七行第一一字及九行第二字「界」，諸本作「世界」。

一　四八一頁中一七行第四字「界」，徑、清作「間」。

一　四八一頁下二行第一二字「亭」，資、磧、普、南、徑、清作「平」。

一　四八一頁下一一行第八字「若」，徑作「苦」。

一　四八一頁下一三行「彌陁」，資、磧、普、南、徑、清作「彌陀佛」。

一　四八一頁下二二行末字「賢」，資、磧、普、南、徑、清作「攬」。

一　四八二頁上一二行第一二字「是」，資、磧、普、南、徑、清作「是等」。

一　四八二頁上二一行「佛佛」，資、磧、普、南、徑、清作「佛」。

一　四八二頁中二一行第一一字「度」，諸本作「度後」。

一　四八二頁中末行「男子」，諸本作「男女」。

一　四八三頁上一行第六字「有」，資、磧、普、南、徑、清作「者」。

一　四八三頁中七行末字「德」，資、磧、普、南、徑、清作「得」。

一　四八三頁中末行末字「三」，徑、清作「四」。

一　四八三頁下四行末字「下」，資、磧、普、南、徑、清作「下生」。

一　四八三頁下八行「西南」，資、磧、普、南、徑、清作「西南至」。

一　四八三頁下一五行第三字「金」，資、磧、普、南、徑、清作「令」。

一　四八三頁下一八行「白毛」，資、磧、普、南、徑、清作「白毫」。

一　四八四頁上一六行及二〇行「住持」，諸本作「任持」。

一　四八四頁上一八行第四字「巴」，諸本作「已」。

一　四八四頁中二行「凡天」，諸本作「凡夫」。

一　四八五頁上四行夾註左行「弥陁」，資、磧、普、南、徑、清無。

一　四八五頁上五行夾註右「釋門」，諸本作「禪門」。同行夾註左「往來」，諸本作「往生」。

一　四八五頁上一九行「其中」下，磧、普、南、徑、清有「南無彌勒如來願隨慈氏下閻浮提龍華會中同得受記」二十二字。

一　四八五頁上末行第四字「乘」，資、磧、普、南、徑、清作「垂」。同行末字「勸」，麗無。

一　四八五頁中一一行「煩惱」，麗作「苦惱」。

一　四八五頁中二一行第一〇字「令」，磧、普作「今」。

一　四八六頁中六行「方身」，磧、普、南、徑、清作「金身」。

一　四八六頁中一〇行第一四字「十」，諸本作「一」。

一　四八六頁中末行第二字及本頁下一一行末字「授」，資、磧、普、南、徑、清作「受」。

一　四八六頁下一〇行「十方」，資、南、徑作「萬」。

一　四八六頁下二二行第三字「觀」，資、磧、普、南、徑、清作「觀時」。

一　四八七頁上一一行「八千」，諸本作「八十」。

一　四八七頁上一九行末字「智」，磧、普、南、徑、清作「淨智」。

一　四八七頁中八行第九字「願」，諸本作「願願」。

一　四八七頁中一一行第七字「作」，麗作「無量作」。

一　四八七頁下一〇行第三字「彼」，南、清作「攸」；徑作「收」。

趙城縣廣勝寺

諸經要集卷第二　甲

西明寺沙門釋道世集

敬法篇第二此有八緣　敬僧篇第三此有三緣

述意緣　說法緣
聽法緣　漸頓緣
求法緣　感福緣
報恩緣　謗法緣

述意緣第一

蓋聞寂滅不動是則無象無言感而遂通所以有名有教是以一四之句難聞三千之火易入庶使凝寒靜夜朗月長霄獨處空閑吟誦經典吐納宮商文字分明言味流美詞韻相屬適衆人心利生物善足使幽靈欣躍精神悅豫久習純熟文義洞曉敬心殷誦至誠冥感信知受持一偈福利弘深書寫一言功超累劫是以迦葉頂受靡恡剝皮薩陁心樂无辭灑血此是甘露之初門入道之終德也

說法緣第二

夫法師升座先須礼敬三寶自淨其心觀時擇人具慈悲意救生利物然



後為說故報恩經云聽者坐說者立不應為說若聽者求說者過不應為說若聽者依人不依法依字不依義依不了義經不依了義經依識不依智並不應為說何以故是人不能恭敬諸佛菩薩清淨法故若說尊重於法聽法之人亦生宗敬至心聽受不生輕慢是名清淨說

又五分律云除其貪心不自輕心不輕大衆心慈心喜心利益心不動心立此等心乃至宣說一四句偈令前人如實解者長夜安樂利益无量

又涅槃經云若有受持讀誦書寫說非時非國不請而說輕心輕他自歎隨處而說反滅佛法乃至令無量人死墮地獄則是衆生惡知識也

又十誦律云有五種人問法皆不應為說一試問二無疑問三不為悔所犯故問四不受語故問五詰難故問並不得荅若前人實有好心不具前意為欲生善滅惡者法師隨機方便好心為說若自解未明或於法有疑者則不得為說恐令前人有錯傳之

失彼此得罪

又優婆塞戒經云佛言如法住者能自他利不如法住者則不得名自利利他如法住者有八智何等為八一法智二義智三時智四知足智五自他智六衆智七根智八上下智是人具足如是八智凡有所說具十六事一時說二至心說三次第說四和合說五隨義說六喜樂說七隨意說八不輕衆說九不訶衆說十如法說十一自他利說十二不散乱說十三合義說十四真正說十五說已不生憍慢十六說已不求來世報如是之人能從他聽

又正法念經云若有衆生正行善業為邪見人說一偈法令淨信佛命終生應聲天受種種樂從天還退隨業流轉若為財物故與人說法不以悲心利益衆生而取財物或用飲酒或與女人共飲共食如伎兒法自賣求財如是法施其果甚少生於天上作智慧鳥能說偈頌是則名曰下品法施也云何名為中品法施耶為名聞



故為勝他故為勝餘大法師故為人說法或以妬心為人說法如是法施得報亦少生於天中受中果報或生人中是則名曰中品法施也云何名為上品法施耶以清淨心為欲增長衆生智慧而為說法不為財利為令邪見衆生等住於正法如是法施自利利人無上最勝乃至涅槃其福不盡是則名曰上品法施也

又迦葉經云尒時世尊而說偈曰

三千大千界　珎寶滿其中　以此用布施
所得功德少　若說一偈法　功德為甚多
三界諸樂具　盡持施一人　不如一偈施
功德為最勝　此功德勝彼　能離諸苦惱
若恒沙世界　珎寶滿其中　以施諸如来
不如一法施　施寶福雖多　不及一法施
一偈福尚勝　况多難思議

又十住毗婆沙論云在家之人當行財施出家之人當行法施何以故在家法施不及出家人以聽受法者於在家人信心淺薄故又在家之人多有財物出家之人於諸經法讀誦通達為人解說在衆无畏非在家者之



所能及又使聽者起恭敬心不及出家又欲說法降伏人心不及出家如偈說曰

先自修行法　然後教餘人　乃可作是言
汝隨我所行　身自行不善　安能令彼善
自不得寂滅　何能令人寂

又出家之人若行財施則妨餘善遠離阿練若處必至聚落與白衣從事多有言說發起三毒於六度等心薄乃至貪著五欲捨戒還俗故名為死或能反戒易起重罪是名死等諸煩惱苦患以是因緣故於出家者稱歎法施於在家者稱歎財施

又金光明經云說法者有五種事一者法施彼我兼利財施不尒二者法施能令衆生出於三界財施者不出欲界三者法施利益法身財施之者長養色身四者法施增長無窮財施必有竭盡五者法施能斷無明財施唯伏貪心故知財施不及法也說法施中自有階漸若有所解不用他知恐他勝已秘而不說則自未来常不聞法

又智度論云若怯惜法則常生邊地無佛法處由怯法故障他慧明此則不如賣法他人反勝過此

又諸法勇王經云閻浮提中所有水陸空行衆生盡得人身若有一人教是諸人令其安住五戒十善所得功德不如有人教誨一人令得信行

又十住毗婆沙論云有四法能退失智慧菩薩所應遠離何等為四一不欿法及說法者二於要法秘匿怯惜三樂法者為作障礙壞其聽心四憍慢自高卑人復有四法得其智慧應常修習何等為四一恭欿法及說法者二如所聞法及所讀誦為他人說其心清淨不求利養三知從多聞得智慧故勤求不息如救頭然四如所聞法受持不忘貴如說行不貴言說

聽法緣第三

夫欲聽法要須真心欿法重人至誠出離不希人天有為之法故阿含經佛說偈云

聽者端心如渴飲　一心入於語義中



聞法踊躍心悲喜　如是之人可為說

又優婆塞戒經云從他聽時具十六事一時聽二樂聽三至心聽四恭敬聽五不求過聽六不為論議聽七不為勝聽八聽時不輕說者九聽時不輕於法十聽時終不自輕十一聽時遠離五蓋十二聽時為受持讀誦十三聽時為除五欲十四聽時為具信心十五聽時為諸衆生十六聽時為斷聞根善男子具八智者能說能聽如是之人能自他利不具足者則不得名自利利他

又阿育王經云昔阿恕伽王使道人說法時以步障遮諸婦女使其聽法尒時法師為諸婦女說法恒說施論戒論生天之論有一婦女分犯王法發募向法師前問法師言如来大覺於菩提樹下覺諸法時覺悟施戒耶更悟餘法耶法師荅言佛覺一切有漏法皆苦猶若融鐵此苦因從習而生猶如毒樹修八正道以滅苦習是女人得聞此語獲得須陁洹道以刀繫頸往到王所而白王言我今日犯



王重法願王以法治我王問言汝犯何事荅言我破王禁制至道人所辟如渴牛不避於死我實渴於佛法是以默突聽法王問言聽法時頗有所得不荅言得見四真諦解陰入界及以諸大皆知無我逮得法眼王聞是語踊躍歡喜即為作礼即宣令言自今已後不聽作障隔樂聽法者聽直至法師所對面聽法歎言奇哉我宮內乃出人寶以是因緣當知聽法有大利益

又雜寶藏經云尒時般遮羅國以五百白鴈獻波斯匿王王命送著祇桓精舍衆僧食時人以食乞鴈見僧聚來在前立佛以一音說法衆生各得類解當時群鴈亦解佛語聞法歡喜鳴聲相和還於池水後毛羽轉長飛至餘處獵師以網都覆煞之一鴈作聲諸鴈皆和謂聽法時聲乘是善心生忉利天生天之法法有三念一念本所從来二念定生何處三念先作何業得来生天便自思惟自見宿日更無餘善唯佛僧邊聽法作是念已

五百天子即時来下在如来邊佛為說法悉得須陁洹波斯匿王遇到佛所常見五百鴈羅列佛前是日不見便問佛言此中諸鴈向何處去佛言欲見諸鴈者先鴈飛去他處為獵所煞命終生天今此五百諸天子等著好天冠端正殊特者是今日聽法皆得須陁洹王問佛言此諸群鴈以何業緣墮於畜生命終生天今日得道佛言昔迦葉佛時五百女人盡共受戒用心不堅毀所受戒犯戒因緣墮畜生中作此鴈身以受戒故得值如来聞法獲道以鴈身中聽法因緣生於天上

又舊雜譬喻經云昔有沙門晝夜誦經有狗伏牀下一心聽經不復念食如是積年命盡得人形生舍衛國中作女人長大見沙門分衛便走自持飯與沙門歡喜後作比丘尼得應道

又付法藏經云佛言一切衆生欲出三界生死大海必假法舡方得度脫法為清涼除煩惱熱法是妙藥能愈結病法是衆生真善知識作大利益



濟諸苦惱所以然者一切衆生志性無定隨所染習近善則善近惡則惡若近惡友便造惡業流轉生死無有邊際若近善友起信敬心聽受妙法必能令離三塗苦惱由此功德受最勝樂華氏國王有一白象能滅怨敵若人犯罪令象蹹煞後時象廐為火所燒移象近寺象聞比丘誦法句經偈云為善生天為惡入淵象聞法已心便柔和起慈悲心後付罪人但以鼻齅舌舐而去都不肯煞王見斯已心大惶怖即召諸臣共謀此事智臣白王此象近寺必聞妙法是故尒耳今可移近屠肆處繫王用其言象見屠煞惡心猛熾殘害更增是以當知一切衆生志性無定畜生尚尒聞法生慈見煞增害豈況於人而不染習是故智者宜應覺知見惡須棄覩善宜近勤聽經法又於往昔有婆羅門持人髑髏其數甚多詣華氏城中遍行衒賣經歷多時都無買者時婆羅門極大瞋恚高聲罵言此城中人愚癡闇鈍若不就我買髑髏者我當與



作惡名聞也尒時城中諸優婆塞聞畏毀謗便將錢買即以銅箸貫穿其耳若徹過者便與多價其半徹者與價漸少都不通者全不與直婆羅門言我此髑髏皆悉無異何故與價差別不等優婆塞言前徹過者此人生時聽受妙法智慧高勝貴其如此相與多價其半徹者雖聽經法未善分別故與少直全不通者此人往昔都不聽法故不與價時優婆塞持此髑髏往至城外起塔供養命終之後悉得生天以是因緣當知妙法有大功德此優婆塞以聽法人髑髏起塔而供養之尚得生天況能至心聽受經法供養恭敬持經人者此之福報實難窮盡未來必當成無上道是故智者欲得無上安隱快樂應當至心勤聽經法

又賢愚經云昔佛在世時舍衛國中須達長者信敬佛法為僧檀越衆僧所須一切供給須達家內有二鸚鵡一名律提二名賖律提禀性黠慧解人言語見比丘來先告家內令出迎

逆阿難後時到長者家見鳥聡黠為說四諦苦集滅道門前有樹二鳥聞法飛向樹上歡喜誦持夜在樹宿野狸所食緣此善根生四天王盡彼天壽生忉利天忉利天壽盡生夜摩天夜摩壽盡生兜率天兜率壽盡生化樂天化樂壽盡生於第六他化自在天他化壽盡還生化樂天如是次第還復下至四天王天四天壽盡還復上至他化自在天如是上下經於七返生六欲天自恣受樂六天極壽而無中夭後時命終來生人中出家修道得辟支佛一名曇摩二名修曇摩

又賢愚經云昔佛在世時有一比丘林中誦經音聲雅好時有一鳥聞法欣愛在樹而聽時為獵師所射命終緣此善根生忉利天面貌端正光明昞然無有倫疋自識宿命知因比丘誦經聽法得生此中即持天華到比丘所礼敬問訊以天香華供養比丘比丘具問知其委曲即命令坐為其說法得須陁洹既得果已還歸天上禽鳥聽法尚獲福報無邊豈况於人信心聽法寧無善報

又善見律論云昔佛在世時到瞻婆羅國迦羅池邊為衆說法時彼池中有其一蛤聞佛池邊說法之聲即從池出入草根下聽佛說法時有一人持杖放牛見佛在坐為衆說法即往佛所欲聞法故以杖刺地誤著蛤頭即便命終生忉利天以福報故宮殿縱廣十二由旬與諸天女娛樂受樂即乘宮殿往至佛所頭頂礼足佛知故問汝是何人忽礼我足神通光明相好無比照徹此間蛤天即以偈而荅曰

往昔為蛤身　於水中覓食　聞佛說法聲
出至草根下　有一牧牛人　持杖來聽法
杖劖刺我頭　命終生天上

佛以蛤天人所說偈為四衆說法是時衆中八萬四千人皆得道跡蛤天得須陁洹果含笑而去

漸頓緣第四

如百喻經云昔有一聚落去王城五由旬村中有好美水王勑村人常使日日送其美水村人疲苦悉欲遷遠



此村去時彼村主語諸人言汝等莫去我當為汝白王改五由旬作三由旬使汝得近往來不疲即往白王王為改之作三由旬衆人聞已便大歡喜有人語言此故是本五由旬更無有異雖聞此言信王語故終不肯捨世間之人亦復如是修行正法度於五道向涅槃城心生疲倦便欲捨離頓駕生死不能復進如來法王有大方便於一乘法分別說三小乘之人聞之歡喜以為易行修善進德求度生死後聞人說無有三乘故是一乘以信佛語終不肯捨如彼村人亦復如是

又華嚴經云佛子譬如日出先照一切大山王次照一切大山照金剛寶山然後普照一切大地日光不作是念我應先照諸大山王次第乃至普照大地但彼山地有高下故照有先後如來應供等正覺亦復如是成就无量无邊法界智慧日輪常放無量無㝵智慧光明先照菩薩等諸大山王次照緣覺次照聲聞次照决定善

根衆生隨應受化然後悲照一切衆生乃至邪定為作未来饒益因緣如来智慧日光不作是念我當先照善薩乃至邪定但故大智日光普照一切佛子辟如日月出現世間乃至深山幽谷無不普照如来智慧日月亦復如是普照一切無不明了但衆生悕望善根不同故如来智光種種差別

又涅槃經云若離四法得涅槃者無有是處何等為四一親近善友二專心聽法三繫念思惟四如法修行以是義故聽法因緣則得近於大般涅槃何以故開法眼故世有三人一者無目(辟凡夫人)二者一目(辟聲聞人)三者二目(辟諸菩薩)言無目者常不聞法一目之人雖暫聞法其心不住二目之人專心聽受如聞而行以聽法故得知世間如是三人

求法緣第五

如雜寶藏經云佛法寬廣濟度無崖至心求道无不獲果乃至戲笑福不唐捐如往昔時有老比丘年已朽邁



神情昏塞見諸年少比丘種種說法聞說四果心生羨尚語少比丘言汝等聰慧願以四果以用與我諸少比丘蚩而語言我有四果須得好食然後相與時老比丘聞其此語歡喜即設種種餚饍請少比丘求乞四果諸少比丘食其食已更相麾弄老比丘語言大德汝在此舍一角頭坐當與尒果時老比丘聞已歡喜如語而坐諸少比丘即以皮毱打其頭上而語之言此是須陁洹果老比丘聞已繫念不散即獲初果諸少比丘復弄之言雖與尒須陁洹果然其故有七生七死更移一角次當與尒斯陁含果時老比丘獲初果故心轉增進即復移坐諸少比丘復以毱打頭而語之言與尒二果時老比丘益加專念即證二果諸少比丘復弄之言汝今已得斯陁含果猶有往来生死之難汝更移坐我當與尒阿那含果時老比丘如言移坐諸少比丘復以毱打而語之言我今與尒第三之果時老比丘聞已歡喜倍加至心即時復證阿那含果諸少比丘復弄之言汝今已得不還之果然故於色無色界受有漏身无常遷壞念念是苦汝更移坐次當與尒阿羅漢果時老比丘如語移坐諸少比丘復以皮毱撩打其頭而語之言我今與尒彼第四果時老比丘一心思惟即證阿羅漢果得四果已甚大歡喜設諸餚饍種種香華請少比丘報其恩德與少比丘共論道品無漏功德諸少比丘發言滯塞時老比丘方語之言我已證得阿羅漢果已諸少比丘聞其此音咸皆謝悔先戲弄罪是故行人宜應念善乃至戲弄猶獲實報況至心也

又雜寶藏經云昔有一女人聰明智慧深信三寶常於僧次請一比丘就舍供養後時便有一老比丘次到其舍年老根鈍素無知曉齋食訖已女人至心求請說法敷坐頭前閉目靜坐比丘自知不解說法趣其泯眼棄走還寺然此女人至心思惟有為之法无常苦空不得自在深心觀察即時獲得須陁洹果既得果已向寺求

負欲報其恩然此比丘自審無知棄他逃走倍生慚恥轉復藏避而此女人苦求不已方自出現女人見已具說蒙得道果因緣賫供報恩老比丘聞甚大慚愧深自剋責亦復獲得須陁洹果是故行者應當至心精誠求法若至心者所求必獲

又集一切福德三昧經云昔過去久遠阿僧祇劫有一仙人名曰寂勝住山林中具五神通常行慈心後作是念非但慈心能濟衆生唯集多聞能滅衆生煩惱邪見能生正見念已便詣城邑聚落處處推求說法之師時有天魔來語仙言我今有佛所說一偈汝今若能剝皮為紙刺血為墨析骨為筆書寫此偈當為汝說寂勝仙人聞已念言我於无量百千劫中常以无事為他割截受苦無量都无利益我今當捨不堅之身易得妙法歡喜踊躍即以利刀剝皮為紙刺血為墨析骨為筆合掌向天請說佛偈時魔見已愁憂燋悴即便隱去仙人見已作如是言我今為法不惜身命剝



皮為紙刺血為墨析骨為筆為衆生故至誠不虛餘方世界有大慈悲能說法者當現我前作是語時東方去此三十二剎有佛國土名普無垢其國有佛号淨名王忽住其前放大光明照寂勝身苦痛即除平復如故佛即廣為說集一切福德三昧寂勝聞法得无礙辯佛說法已還復不現寂勝仙人得辯才已為諸衆生廣說妙法令无量衆生住三乘道經千歲後介乃命終生淨名王普無垢國由勤法故今得成佛佛告淨威昔寂勝者今我身是是以當知若有人能恭敬求法佛於其人不入涅槃法亦不滅雖在異土常面覩佛得聞正法（如涅槃經雪山童子為半偈捨身大品經薩陁菩薩為求法故打骨出髓等如是因緣无量不可具說）

述曰時有道俗薄學淺識謂智過人設欲修學不專內典唯慕俗書外道典籍故涅槃經佛言我滅度後有聲聞弟子愚癡破戒喜生鬪諍捨十二部經讀誦種種外道典籍文頌手筆受畜一切不淨之物言是佛聽如是之人以好栴檀貿易凡木以金易鍮



石以銀易白鑞以絹易氎褐以甘露易於惡毒汁

又婆沙論云如人觀日眼不明淨外道書論思求之時使慧眼不淨如人觀月眼則明淨佛法經論思求之時令慧眼明淨若思求外俗如打獼猴唯出不淨若思求佛法如練真金多練多淨

又菩薩善戒經云菩薩不讀不誦如來正經讀誦世典文頌書疏者得罪不犯者若為論義破於邪見若二分佛經一分外書何以故為知外典是虛妄法佛法真實故為知世事故不為世人所輕慢故以此文證佛法學人若一向廢內尋外則便得罪縱解理行唯可暫習為伏外道還須猒離進修內業務令增勝若偏躭著則壞正法故地持論云若菩薩於佛所說棄捨不學反習外道邪論世俗經典是名為犯衆多犯是犯染汙起若上聰明人能速受學得不動智於日日中常以二分受學佛法一分外典是名不犯若於世典外道邪教愛樂不

捨不作棄想是名為犯衆多犯是犯染汙起

感福縁第六

如普曜經云若有賢人聞是經典又手自歸即捨八事懈怠之本成八功勳何謂為八一得端正好色二得力勢強盛三得眷屬滋茂四逮得辯才无量五學疾得出家六所行清淨七得三昧定八得智慧明無所不照若有法師布坐諷誦是經得八座福何謂為八一得長者座二得轉輪王座三得天帝座四得自在天座五得羅漢座六得菩薩座七得如來座八得轉法輪度脫一切衆生座若有法師斑宣是法有讚歎善哉者當得八清淨行何謂為八一言行相應無所違失二口言至誠而無虛妄三在於衆會眞諦無欺四所言人信不捨遠之五所言柔耎初無麁獷六其聲悲和猶如哀鸞七身心隨時音聲如梵會中人聞莫不諮受八音響如佛可衆生心若有書是經典得八大藏何謂為八一得意藏未曾妄捨二得心藏



無所不解分別經法三得往來藏普解一切諸佛經法四得揔持藏一切所聞皆能識念五得辯才藏為諸衆生斑宣經典皆歡喜受六甚深法藏將護正法七道意法藏未曾斷絶三寶法教八奉行法藏則輙逮得無所從生忍

又度無極集經云昔有比丘精進守法所可諷誦是般若波羅蜜其有聞者莫不歡喜有一小兒厥年七歲城外牧羊遥聞比丘誦經聲即詣精舍礼拜聽其經言時說色空聞即悟解便問比丘應荅不可小兒反為比丘解說其義昔所希聞怪此小兒智慧非凡時小兒即去逐牛至山值一虎害此小兒命終生長者家夫人懷妊口便能說般若波羅蜜從朝至夜初不懈息其長者家怪此夫人謂呼鬼病有比丘至舍聞聲甚喜比丘報言此非鬼病但說尊經夫人出礼比丘復為說法諸有疑難不能及者盡為解說衆僧歡喜日月滿足產得男兒適生叉手長跪說波羅蜜夫人產已



還復如本比丘言眞佛弟子好養護之此兒後大當為一切衆人作師吾等悉當從其啓受時兒七歲道法悉備舉衆超絶智度無極經中誤脫皆為刪定兒毎所至輙開化人長者室家大小五百人衆皆從兒學八萬四千人皆發無上正眞道意五百比丘聞兒所說盡漏意解志求大乘得法眼淨是時兒者則吾身是比丘者迦葉佛是

又舍利弗處胎經云母懷舍利弗母亦聰明高僧傳云母懷羅什令母聰明舊日誦千偈懷胎之時日得二千偈初成須陁洹果後得斯陁含果

如勝天王經云若有法師流通此經處此地即是如來所行於彼法師當生善知識心尊重之心猶如佛心是是法師恭敬歡喜尊重讚歎又云我若住世一劫若減一劫說是流通此經法師功德不能究盡若此法師所行之處善男子善女人宜應刺血灑地令塵不起如是供養未足為多也如來法難受持故

又涅槃經云若有善男子善女人聞是經名生四惡趣者無有是處若有衆生一經耳者悉能滅除一切諸惡無間罪業又云若有衆生一經耳者却後七劫不墮惡趣又云若有能知如来常住無有變異或聞常住二字音聲若一經耳即生天上後解脱時乃能證知如来常住無有變易

又華嚴經云若聞一句未曾聞法勝得三千大千世界珎寶是菩薩得聞一偈正法生上財想勝得轉輪聖王位

又法華經云若善男子善女人受持是法華經若讀若誦若解說若書寫是人當得八百眼功德千二百耳功德八百鼻功德千二百舌功德八百身功德千二百意功德

又涅槃經云我涅槃後若有得聞如是大乘微妙經典生信敬心當知是等於未来世百千億劫不墮惡道又云若有於一恒佛所發心然後乃能於惡世中不謗是法愛樂是典不能為人分別廣說若有於二恒佛所發心然後乃能於惡世中不謗是法正



解信樂受持讀誦亦不能為他人廣說若有於三恒佛所發心然後乃能於惡世中不謗是法乃至書寫經卷雖為他說未解深義若有於四恒佛所發心然後乃能於惡世中不謗是典乃至書寫經卷為他廣說十六分中一分之義若有於五恒佛所發心乃至於惡世中為人廣說十六分中八分之義若有於六恒佛所發心乃至於惡世中為他廣說十六分中十二分義若有於七恒佛所發心乃至於惡世中為他廣說十六分中十四分義若有於八恒佛所發心乃至於惡世中書寫經卷亦勸他人令得書寫自能聽受亦勸他人令解聽受如說修行具足能解盡其義味

報恩緣第七

如善恭敬經云佛告阿難若有從他聞一四句偈或抄或寫書之竹帛所有名字於若干劫取彼和上阿闍梨等荷擔肩上或時背負或以頂戴常負行者復將一切音樂之具供養是師作如是事尚自不能具報師恩若



當来世於師和上所起不敬心恒說於過我說愚癡極受多苦於當来世必墮惡道是故阿難我教汝等常行恭敬尊重之心當得如是勝上之法所謂愛重三寶甚深之法

又梵網經云若佛子見大乘法師同見同行来入僧坊舍宅城邑若百里千里来者即迎来送去礼拜供養日日三時供養日食三兩金百味飲食牀座供養法師一切所須盡給與之常請法師三時說法日日三時礼拜不生瞋心患惱之心為滅身請法若不介者犯輕垢罪

又優婆塞戒經云若優婆塞受持六重戒已四十里中有講法處不能往聽得失意罪

又大方等陁羅尼經云佛告阿難若有父母妻子不放此人至於道場者此人應向父母等前燒種種香長跪合掌應作是言我今欲至道場哀愍聽許亦應種種諫曉隨宜說法亦應三請若不聽者此人應於舍宅默自思惟誦持經典

又正法念經云若人供養說法法師當知是人即為供養現在世尊其人如是隨所供養所願成就乃至得阿耨菩提以能供養說法法師故何以故以聞法故心得調伏以調伏故能斷無知流轉之闇若離聞法無有一法能調伏心

又勝思惟經云不起罪業不起福業不起無動業者是名供養佛

又華手經云若以華香衣食湯藥等供養諸佛不名為真供養如來坐道場所得微妙之法隨能修學者是名真供養故說偈云

若以華塗香　衣食及湯藥　以此供諸佛
不名為真供　如來坐道場　所得微妙法
若人能修學　是真供養佛

又十住婆沙論云佛告阿難天雨香華不名供養恭敬如來若比丘比丘尼優婆塞優婆夷一心不放逸親近修集聖法是名真供養佛

又寶雲經云不以財施供養於佛何以故如來法身不待財施唯以法施供養於佛為具佛道以法供養為最第一



又善恭敬經云佛言若有比丘雖復有夏不能閑解如是法句彼亦應當從他依止所以者何自尚不解況欲與他作依止師假令耆舊百夏比丘而不能解沙門秘密之事不解法律等亦應說依止

若有比丘從他受法於彼師邊應起尊貴敬重之心欲受法時當在師前不得輕笑不得露齒不得交足不得視足不得動足不得蹴脚師不發問不得輙言凡有所使勿得違命勿視師面離師三肘令坐即坐勿得違教於彼師所應起慈心若有所疑先應諮白若見師許然後請決當知一日三時應參進止若三時間不參進止是師應當如法治之若參師不見應持土塊或木或草以為記驗若當見師在房室內是時學者應起至心遶房三帀向師頂礼令乃方還若不見師衆務皆止不得為也除大小便又復弟子於其師所不得麁言師所呵責不應反報師坐卧牀應先數拭令



無塵汙虫蟻之屬若師坐卧乃至師起應修誦業時彼學者至日東方便到師所善知時已數往師邊諮問所須我作何事又復弟子在於師前不得涕唾若行寺內恭敬師故勿以袈裟覆於肩膊不得籠頭天時若熱日別三時以扇扇師三度授水授令洗浴又復三時應獻冷飲師所營事應盡身力而營助之佛告阿難若將來世有諸比丘或於師所不起恭敬說於師僧長短之者彼人則非是須陁洹亦非凡夫彼愚癡人應如是治師實有過尚不得說況當無也若有比丘於其師邊不恭敬者我說別有一小地獄名為推撲當墮是中墮彼處已一身四頭身體俱然狀如火聚出大猛焰熾然不息然已復然於彼獄處復有諸虫名曰鉤觜彼諸毒虫常噉舌根時彼癡人從彼捨身生畜生中皆由往昔罵辱於師舌根過故恒食屎尿捨彼身已雖生人間常生邊地具足惡法雖得人身皮不似人不能具足人之形色常被輕賤誹謗陵

厚離佛世尊恒無智慧從彼死已還墮地獄更得无量无邊苦患之法

謗法緣第八

惟今末世法逐人訛道俗相濫傳謬皆真混雜同行不修內典事事俗書縱有抄寫心不至殷既不護淨又多舛錯共同止宿或處在門暮風雨虫齧都無驚懼致使經无靈驗之功誦無救苦之益寔由造作不殷亦由我人逾慢也故敬福經云善男子經生之法不得顛倒乙字重點五百世中墮迷惑道中不聞正法

又大集經云若有衆生於過去世作諸惡業或毀於法或謗聖人於說法者為作障礙或抄寫經法洗脫文字或損壞他法或闇藏他經由此業緣今得盲報

又大般若經（第四百四十卷云）佛言諸善男子善女人等書寫般若波羅蜜多甚深經時頻申大呿無端戲笑互相輕凌身心躁擾文句倒錯迷惑義理不得滋味擯事散起書寫不終當知是為菩薩魔事



又大乘蓮華藏經云受佛禁戒不護將來各言我是於大乘法亦如冥夜各自說言我得佛法受鐵鏘地獄苦事難述從地獄出瘖瘂聾盲不見正法

又阿難請戒律論云僧尼白衣等因讀經律論等行語手執翻卷者依忉利天歲數犯重突吉羅傍報二億歲墮摩䖢中恒被揩脊苦痛難忍無記戲言挩經律論亦招前報或安經像房堂簷前者依忉利天歲數八百歲犯重突吉羅罪傍報二億歲墮豬狗中生若得人身一億歲恒常作客栖屑不得自在

又大品經云是人毀呰三世諸一切智起破法業因緣集故无量百千萬億歲墮大地獄中是破法人輩從一大地獄至一大地獄若火劫起時至他方大地獄中生在彼間從一大地獄至一大地獄彼間若火劫起時復至他方大地獄中生在彼間從一大地獄至一大地獄如是遍十方獄彼間若火劫起故從彼死已破法業因



緣未盡故還来是間大地獄中生在此間亦從一大地獄至一大地獄受无量苦此間火劫起故復至十方他國土生畜生中受破法罪業苦如地獄中說重罪轉薄或得人身生盲人家生旃陀羅家生除廁擔死人種種下賤家生若無眼若一眼若瞎眼無舌無耳無手所生之處無佛無法無佛弟子處生何以故種破法業積集厚故

又涅槃經云若有不信是經典者現世當為无量病苦之所惱害多為衆生所見罵辱命終之後人所輕賤顏貌醜陋貧生艱難常不供足雖復少得麁澁弊惡常處貧窮下賤誹謗正法邪見之家若臨終時或值荒乱刀兵競起帝王暴虐怨家讎郄之所侵逼雖有善友而不遭遇資生所須求不能得雖少得利常為飢渴唯為凡下之所顧識國王大臣恚不齒錄設復聞其有所宣說正使是理終不信受如是之人如折翼鳥不能飛行是人亦尓於未来世不能得至人天善

處若復有人能信如是大乘經典本所愛形雖復麤陋以經功德即便端正威顏色力日更增多常為人天之所樂見恭敬愛戀情無捨離國王大臣及家親屬聞其所說悉皆敬信若我聲聞弟子之中欲行第一希有事者當為世間廣宣如是大乘經典善男子譬如霧露勢雖欲住不過日出日既出已消滅無餘善男子是諸衆生所有惡業亦復如是住世勢力不過得見大涅槃日是日既出悉能除滅一切惡業又法華經云若佛在世若滅度後其有誹謗如斯經典見有讀誦書持經者輕賤憎嫉而懷結恨此人罪報汝今復聽其人命終入阿鼻獄具足一劫劫盡更生如是展轉至無數劫從地獄出當墮畜生於無數劫如恒河沙生輒聾瘂諸根不具告舍利佛謗斯經者若說其罪窮劫不盡

頌曰

朝聞誠有悅　夕死固無憂　空見尋青簡
誹是滌玄流　灑血良難訪　捐軀豈易求
浮涼況層波　飛景燭重幽　群鴻啓將慶
一鳥革前脩　始怡披寶匧　終然乱法舟
八藏微難識　三秪未可休　自非懲心垢
何得會真如



## 敬僧篇第三 此有三緣

述意緣　順益緣　違損緣

### 述意緣第一

夫論僧寶者謂葉戒守真威儀出俗圖方外以發心弃世間而立法官榮無以動其意親屬莫能累其想弘道以報四恩育德以資三有高越人天重逾金玉稱為僧也是知僧寶利益不可稱紀故經曰縱有持戒破戒若長若幼皆須深敬不得輕慢若違斯旨交獲重罪如釋迦佛等是真佛寶金口所說理行教果是真法寶得果沙門是真僧寶致令一瞻一礼萬累氷消一讃一稱千災霧卷自惟薄福不逢正化賴蒙遺迹幸承餘蔭金檀銅素漆紵丹青圖像聖容名為佛寶紙綃竹帛書寫玄言名為法寶髡髮染衣執持應器名為僧寶此之三種體相雖假用表真容敬之來絕長流蔑之常招苦報如木非親母丸則響



逸千齡凡非聖僧敬則光逾萬代是知斯風巳翦退迹共遵真資含識神功罔測儻有所虧獲罪弥大既許出家理宜革俗且如禮云介者不拜為失豈同去俗之人身被忍鎧屈節白衣理所不可三寶既同義須齊敬不可偏遵佛法頓弃僧尼故法不自弘弘之在人人能弘道故須齊敬也

### 順益緣第二

如梵網經云出家人法不合礼拜國王父母六親亦不敬事鬼神

又涅槃經云出家人不礼敬在家人

又四分律云佛令諸比丘長幼相次礼拜不應礼拜一切白衣

又佛本行經云輸頭檀王與諸眷屬百官次第礼佛巳佛言王今可礼優波離比丘等諸比丘王聞佛教即從座起頂礼五百比丘新出家者次第而礼

又薩遮尼乾經云若謗聲聞辟支佛法及大乘法毀呰留難者犯根本罪今僧依大小乘經不拜君親是奉佛教令亦令礼交違佛教使時號俗人即不信佛語故犯根本罪

又順正理論云諸天神衆不敢希求
受五戒者礼如國君主亦不求比丘
礼拜以懼損功德及壽命故
又涅槃經云佛告迦葉若有建立護
持正法如是之人應從啓請當捨身
命而供養之如我於是大乘經說
有知法者　若老若少　故應供養
恭敬礼拜　猶如事火　婆羅門等
有知法者　若老若少　故應供養
恭敬礼拜　亦如諸天　奉事帝釋
迦葉白佛言若有長宿護持禁戒從
年少邊諮受未聞云何是人當礼敬
不若當礼敬是則不名為持戒也若
是年少護持禁戒從諸宿舊破戒人
邊諮受未聞復應礼不若出家人從
在家人諮受未聞復當礼不然出家
人不應礼敬在家人也然佛法中年
少幼小應當恭敬耆舊長宿以是長
宿先受具戒成就威儀是故應當供
養恭敬
又中阿含經云云何知人勝如謂比
丘知有二種人有信有不信若信者
勝不信者為不如也謂信人復有二
種有數往見比丘有不數往見比丘
若數往見比丘者勝不數往見比丘
者為不如也謂數往見比丘人復有
二種有礼敬比丘有不礼敬比丘若
礼敬比丘者勝不礼敬比丘者為不
如也謂礼敬比丘人復有二種有問
經有不問經若問經者勝不問經者
為不如也
又舊雜譬喻經云昔有國王出遊每
見沙門輒下車礼道人言大王止不
得下車王言我上不下所以言上不
下者今我為道人作礼壽終已後當
生天上是故言上不下也
又善見律云輸頭檀那王礼佛已白
佛言我今三度礼如來足一佛初生
時阿夷相曰若在家者應作轉輪聖
王若出家學道必得成佛是時地為
震動我見神力即為作礼第二我出
遊戲有耕田人菩薩在閻浮樹下日
時已晡樹影停住不移覆菩薩身我
見神力即為作礼第三今迎佛至國
佛昇虛空作十八變如伏外道神力
無畏即為作礼



又中阿含經云尒時世尊告諸比丘
過去世時釋提桓因每入園觀時勑
御者令嚴駕千馬之車嚴駕以竟唯
王知時時天帝釋即下常勝殿東向
合掌礼佛尒時御者見則心驚毛竪
馬鞭落地帝釋見已即說偈言
鬼女何憂怖　馬鞭落於地
御者說偈白帝釋言
見王天帝釋　為舍脂之夫　所以生恐怖
馬鞭落地者　常見天帝釋　一切諸大地
人天大小王　及四護世主　三十三天衆
悉皆恭敬礼　何處更有尊　尊於帝釋者
而今正東向　合掌修敬礼
尒時帝釋說偈荅言
我實於一切　世間大小王　及四護世主
三十三天衆　冣為其尊主　故悉来恭敬
而復有世間　隨順等正覺　名号稱大師
故我稽首礼
御者復白言
是必世間勝　故使天王釋　恭敬而合掌
東向稽首礼　我今亦當礼　天王所礼者
佛告諸比丘彼天帝釋為自在王尚
恭敬佛汝等比丘出家學道亦應如

是恭敬於佛彼天帝釋舍脂之夫敬
礼法僧亦復讃歎礼法僧者汝等已
能正信出家學道亦當如是敬礼法
僧當復讃歎礼法僧者
尒時帝釋從常勝殿来下周向諸方
合掌恭敬時御者見天帝釋從殿来
下住於中庭周向諸方合掌恭敬見
驚怖馬鞭復落地而說偈言
何故憍尸迦　故重於非家　為我說其義
飢渴願欲聞
時天帝釋說偈荅言
我正恭敬彼　能出非家者　自在遊諸方
不計其行止　城邑國土色　不能累其心
不畜資生具　一往無欲定　往則無所求
唯无為為樂　言則定善言　不言則寂定
諸天阿脩羅　各各共相違　人閒自共諍
相違亦如是　唯有出家者　於諸諍無諍
於一切衆生　放捨於刀杖　於財離財色
不醉亦不荒　遠離一切惡　是故敬礼彼
是時御者復說偈言
天王之所敬　是必世間勝　故我從今日
當礼出家人
又阿育王經云昔阿恕伽王見一七歲



沙弥將至屏處而為作礼語沙弥言
莫向人道我礼汝時沙弥前有一澡
餅沙弥即入其中從澡餅中復還来
出而語言王慎莫向人道沙弥入澡
餅中復還来出王即語沙弥言我當
現向人說不復得隱是以諸經皆云
沙弥雖小亦不可輕王子雖小亦不
可輕龍子雖小亦不可輕沙弥雖小
能度人王子雖小能煞人龍子雖小
能興雲由興雲故致雨雷電礔礰感
其所小而不可輕也
又付法藏經云昔佛涅槃一百年後
有阿育王信敬三寶常作般遮于瑟
大會王至會日香湯洗浴著新淨衣
上高樓上四方頂礼遥請衆僧聖衆
飛来凡二十萬王之信心深遠難量
見諸沙門若長若幼若凡若聖皆迎
問訊恭敬礼拜時有一臣名曰夜奢
邪見熾盛無信敬心見王礼拜而作
是言王甚無智自屈貴德礼拜童幼
王聞是已便勑諸臣各遣推覓自死
百獸人仰一頭唯使夜奢獨求人首
得巳各勑詣市賣之餘頭悉售夜奢



人頭見者惡賤都無買者數日欲臭
衆人見巳咸共罵辱而語之言汝今
非是旃陁羅人夜叉羅刹云何乃挻
死人頭賣夜奢尒時被罵辱巳来詣
王所白王言臣賣人頭反被罵辱尚
無欲見況有買者王復語言若無買
者但當虛與夜奢受教重賣入市唱
告衆人無錢買者今當虛與市人聞
巳重加罵辱無肯取者夜奢慚愧還
至王所合掌白王此頭難售虛與不
取又被罵辱況有買者王問夜奢何
物最貴夜奢荅王人最為貴王言若
貴何故不售夜奢荅王人生雖貴死
則卑賤王問夜奢吾頭若死同此賤
不夜奢惶懼怖不敢對王即語言施
汝無畏汝當實荅夜奢惶怖俛仰荅
王王頭若死亦同此賤王語夜奢吾
頭若死同此賤者汝何怪我礼敬衆
僧卿若是吾真善知識宜應勸我以
危脆頭易堅固頭如何今日止吾礼
拜夜奢尒時聞王此語方自悔責改
邪從正歸敬三寶以是因緣衆生聞
者若見三寶應當至心恭敬礼拜

違損緣第三

如像法決疑經云乃至一切俗人不問貴賤不得撾打三寶奴婢畜生及受三寶奴婢礼拜皆得殃咎故薩遮尼揵經云若破塔寺或取佛物若教作助喜若有沙門身著染衣或有持戒破戒若繫閉打縛或令還俗或斷其命若犯如是根本重罪決墮地獄受無間苦以王國內行此不善諸仙聖人出國而去大力諸神不護其國大臣諍競四方咸起水旱不調風雨失時人民飢餓劫賊縱横疫癘疾病死亡無數不知自作而怨諸天

又仁王經云國王大臣自恃高貴滅破吾法以作制法制我弟子不聽出家不聽造作佛像立統官制衆安籍記録僧比丘地立白衣高坐又國王太子横作法制不依佛教因緣破僧因緣統官攝僧典主僧籍皆相攝持佛法不久

又大集經云佛言所有衆生於現在世及未來世應當深信佛法衆僧彼諸衆生於人天中常得受於勝妙果



報不久當得入無畏城如是乃至供養一人為我出家及有依我剃除鬚髮著袈裟片不受戒者供養是人亦得功德乃至入無畏城以是緣故我如是說若復有人為我出家不持禁戒剃除鬚髮著袈裟片有非法惱害此者乃至破壞三世諸佛法身報身乃至盈滿三惡道故佛言若有衆生為我出家剃除鬚髮被服袈裟設不持戒彼等悉已為涅槃印之所印也若復出家不持戒者有以非法而作惱乱罵辱毀呰以手刀杖打縛斫截若奪衣鉢及奪種種資生具者是人則壞三世諸佛真實報身則挑一切天人眼目是人為欲隱沒諸佛所有正法三寶種故令諸天人不得利益墮地獄故為三惡道增長盈滿故尒時娑婆世界主大梵天王而白佛言若有為佛剃除鬚髮被服袈裟不受禁戒受已毀犯其剎利王與作惱乱罵辱打縛者得幾許罪佛言大梵我今為汝且略說之若有人於萬億佛所出其身血於意云何是人得罪寧



為多不大梵王言若人但出一佛身血得無間罪尚多無量不可筭數墮於阿鼻大地獄中何況具出萬億諸佛身血也終無有能廣說彼人罪業果報唯除如來佛言大梵若有惱乱罵辱打縛為我剃鬚著袈裟片不受禁戒受而犯者得罪多彼何以故是人猶能為諸天人示涅槃道是人便已於三寶中心得敬信勝於一切九十五道其人必速能入涅槃勝於一切在家俗人唯除在家得忍辱者是故天人應當供養何況具能受持禁戒三業相應其有一切國王及以群臣諸斷事者如其見有於我法中而出家者作大罪業大煞生大偷盜大汙梵行大妄語及餘不善但擯出國不聽在寺同僧事業亦不得鞭打亦不應口業罵辱加其身罪若故違法而謫罰者是人便於解脫退落要於下類遠離一切人天善道必定歸趣阿鼻地獄何况鞭打為佛出家具持戒者

又十輪經云佛言族姓子有四種僧

何等為四一第一義僧二清淨僧三瘂羊僧四無慚愧僧云何名第一義僧諸佛菩薩辟支及四沙門果是七種人名為第一義僧在家得聖果者亦名第一義僧云何名為清淨僧諸有持具足戒者是名清淨僧云何名為瘂羊僧不知犯不犯輕重微細罪可懺悔愚癡无智不近善知識不能諮問深義是善非善如是等相名為瘂羊僧云何名無慚愧僧若有為自活命來入佛法悉皆毀犯破和合僧不畏後世放縱六情貪著五欲如是人等名為無慚愧僧如是四僧並須恭敬

又大悲經云佛告阿難於我法中但使性是沙門汙沙門行自稱沙門形似沙門當有彼著袈裟衣者於此賢劫弥勒為首乃至㝡後盧遮如来彼諸沙門如是千佛於無餘涅槃界次第當得入般涅槃無有遺餘何以故如是一切諸沙門中乃至一稱佛名一生信者所作功德終不虛設阿難我以佛智測知法界非不測知阿難所有白業得白報黑業得黑報若有淨心諸衆生等作是稱言南無佛者彼人以是善根必定得近涅槃何況值佛親承供養



又十輪經云佛言若諸比丘依佛法出家一切天人阿修羅皆應供養若護持戒不應讁罸閉繫尢其手足乃至奪命悉無是法若有破戒比丘如敗膿壞非梵行而言梵行退失墮落聖道果證為諸煩惱結使所壞猶能開示一切天龍人非人等无量功德珎寶伏藏是以依我出家若持戒若破戒我悉不聽輪王大臣宰相不得讁罸繫閉加諸鞭杖截其手足乃至斷命況復餘輕犯小威儀破戒比丘雖是死人是戒餘力猶如牛黃是牛雖死人故取之亦如石香死後有用能大利益一切衆生惡行比丘雖犯禁戒其戒勢力猶能利益无量天人辟如燒香香體雖壞熏他令香破戒比丘亦復如是自墮惡道能令衆生增長善根以是因緣一切白衣不應侵毀輕蔑破戒比丘皆當守護尊重供養不聽讁罸繫閉其身乃至奪命



尒時世尊而說偈言

瞻蔔華雖萎　勝於諸餘華　破戒諸比丘
猶勝諸外道

又大集經世尊說偈云

剃頭著袈裟　持戒及毀戒　天人可供養
常令無有之　如是供養彼　則為供養我
若能為敬法　歸依而剃頭　身著袈裟服
說彼是我子　假使毀禁戒　猶住不退地
若有撾打彼　則為打我身　若有罵辱彼
則為罵辱我　是人心欲滅　正法大明燈
為財共鬪諍　刹利同生瞋

又十輪經云辟如過去有王名曰福德若人有犯罪過乃至繫縛王不欲奪命將付狂象尒時狂象捉其二足欲撲其地而見此人著染色衣故狂象即便安徐置地不敢損傷共對蹲坐以鼻舐足而生慈心族姓子象是畜生見染衣人尚不加惡生於害心乃至未来世有旃陀羅王見我法中有人出家堪任法器及不成法器故作逼惱或奪其命命終之後必墮阿鼻地獄

頌曰

縣驥資轡策　蘭蕙佇眞風　至理信難見
非人孰可通　輸心仰圓極　瑩矚入玄中
惣轡超三有　摶飛上四空　簪纓猶勿蔕
財利若塵蒙　高揖謝時俗　蕭灑出煩籠

諸經要集卷第二

諸經要集卷第二

校勘記

一　底本，金藏廣勝寺本。

一　四九一頁中一行「卷第二」，徑、清作「卷第二上」。

一　四九一頁中三行「敬法篇」，徑、清作「三寶部第一中敬法篇」。

一　四九一頁中三行正文第六字至夾註末字「敬……緣」，徑、清無。同行夾註「此有三緣」，資、磧、普、南無。

一　四九一頁中六行「求法緣」，資、磧、普、南移至七行「謗法緣」後。

一　四九一頁中九行第一〇字「象」，資、磧、普、南、徑、清作「像」。

一　四九一頁中一四行「生物」，資、磧、普、南、徑、清作「物生」。

一　四九一頁中一五行第七字「純」，資、磧、普、南、徑、清作「淳」。

一　四九一頁下一三行末字「說」，諸本作「宣說」。

一　四九二頁上一五行「正行」，徑、清作「行正」。

一　四九二頁中三行「異報」，資、磧、普、南、徑、清作「果報」。

一　四九二頁中一六行第三字至第五字「一法施」，徑、清作「施一法」。同行末二字「法施」，徑、清作「施法」。

一　四九三頁上一行第七字「怯」，資、麗作「法」；磧、普、南、徑、清作「恪」。

一　四九三頁上二一行第四字「希」，磧、普作「布」。同行第五字「人」，徑作「入」。

一　四九三頁中九行第七字「諸」，資、磧、普、南、徑、清作「調」。

一　四九三頁中末行第一一字「我」，資、磧、普、南、徑、清作「我於」。

一　四九三頁下四行第二字「默」，普、清作「冐」；南、徑作「冒」。

一　四九三頁下一六行第九字「佛」，資、磧、普、南、徑、清作「僧」。

一 四九四頁上五行第一三字「獵」，資、磧、普、南、徑、清作「獵師」。
一 四九四頁上一九行末字「道」，磧、普、南、徑、清作「真道」；麗作「道果」。
一 四九四頁中三行第六字「造」，徑作「作」。
一 四九四頁中一一行第四字「舐」，徑作「砥」。
一 四九四頁下八行第九字「聽」，資、磧、普、南、徑、清作「聞」。
一 四九五頁上四行第一一字「王」，諸本作「王夫」。
一 四九五頁上一一行「六天樫壽」，資、磧、普、南、徑、清作「極夭之壽」；麗作「六天之壽」。
一 四九五頁上一七行末字「明」，資、磧、普、南、徑、清作「相」。
一 四九五頁上二一行末字「其」，資無；磧、普、南作「共」。
一 四九五頁中二行第五字「論」，資、磧、普、南、徑、清無。

一 四九五頁中一八行末字「天」，資、磧、普、南、徑、清作「天人」。
一 四九五頁下一五行「先照」，資作「光照」。
一 四九六頁中一行第三字「昏」，磧、普作「皆」。
一 四九六頁中四行第二字「蚩」，資、磧、普、南、徑作「嗤」。
一 四九六頁中七行第九字「相」，資、磧、普、南、徑、清作「相指」。
一 四九六頁下二〇行「泯眼」，磧、普、南、徑、清作「睡眠」；麗作「睡眼」。
一 四九七頁上一行首字「兎」，徑作「見」。同行第一二字「無」，資、磧、普、南、徑、清作「實無」。
一 四九七頁中一二行第三字「今」，磧、南、徑、清作「令」。
一 四九七頁下一行首字「石」，磧、普、南、徑、清作「鉐」。同行第一一字「褐」，磧、普、南、徑、清作「毼」。
一 四九七頁下二行末字「汁」，資、磧、普、南、徑、清無。

一 四九七頁下九行第一〇字「不」，徑、清無。同行第一二字「不」，徑無。
一 四九八頁上一行末字「犯」，徑作「名」。
一 四九八頁上一五行及本頁中四行「斑宣」，資、磧、普、南、徑作「頒宣」。
一 四九八頁上末行第九字「妄」，徑、清、麗作「忘」。
一 四九八頁中一五行第九字「牛」，資、磧、普、南、徑、清作「羊」。
一 四九八頁中一八行第三字「息」，資、磧、普、南、徑、清作「怠」。
一 四九八頁下八行「晝漏」，資、磧、普、南、徑、清作「漏盡」。
一 四九八頁下二行末字「也」，南、徑、清無。
一 四九八頁下末行第三字「法」，南、徑、清作「妙法」。
一 四九九頁上五行第八字「趣」，資、磧、普、南、徑、清作「道」。
一 四九九頁上八行末字「易」，資、磧、普、南、徑、清作「異」。

一 四九九頁中一四行第一二字「令」，磧、普作「今」。次頁中五行第八字磧同。

一 四九九頁中一六行「盡其義味」，至此，徑、清卷第二上終，卷第二下始。卷首有「三寶部第一中敬法篇第二之餘」。

一 四九九頁下一二行第九字「爲」，諸本作「爲法」。

一 五〇〇頁上末行第六字「具」，資、磧、普、南、徑、清作「其」。同行「爲寂」，徑、清作「最爲」。

一 五〇〇頁中二〇行第一〇字「方」，資、磧、普、南、徑、清作「應」。

一 五〇〇頁下一五行第六字「推」，資作「堆」；磧、普、徑、清作「椎」。

一 五〇一頁上三行「謗法」，資、磧、普、南作「謗罪」；徑、清作「罪法」。

一 五〇一頁上四行第二字「今」，麗作「念」。

一 五〇一頁上二〇行「嚬呻大呿」，資、磧、普、南、徑、清作「頻伸欠呿」。

一 五〇一頁中八行第一〇字「傍」，資、磧、普、南、徑、清作「傍生」。

一 五〇一頁中一二行「罪傍」，資、磧、普、南、徑、清作「傍生」。

一 五〇一頁中一五行第一二字「諸」，諸本作「諸佛」。

一 五〇一頁下四行第一一字「業」，徑、清無。同行第一二字「苦」，磧作「若」。

一 五〇一頁下一三行首字「生」，資、磧、普、南、徑作「人」。

一 五〇一頁下一七行第一一字「郄」，資、磧、普、南、徑作「隙」。

一 五〇一頁下二〇行第一〇字「恚」，諸本作「悉」。

一 五〇一頁下二一行第九字「使」，諸本作「使」。

一 五〇二頁中五行「敬僧」，徑、清作「三寶部第一中敬僧」。

一 五〇二頁中一六行「行教」，資、磧、普、南、徑、清作「教行」。

一 五〇二頁下二行第四字「几」，諸本作「凡」。

一 五〇二頁下四行第二字「冈」，資、磧、普、南、徑、清作「叵」。

一 五〇二頁下一七行「今可」，徑作「令可」。

一 五〇二頁下末行夾註右「是奉」，麗作「是本」。

一 五〇三頁上二行第九字「主」，資、磧、普、南、徑、清作「至尊」。

一 五〇三頁上一八行第五字「當」，資、磧、普、南、徑、清無。

一 五〇三頁上一九行「是故」，資、磧、普、南、徑、清作「故是」。

一 五〇三頁中末行第二字「畏」，資、磧、普、南、徑、清作「異」。

一 五〇四頁上三行「礼法」，徑作「信法」。

一 五〇四頁上七行末字「見」，諸本作「見已」。

一 五〇四頁上一三行「土色」，資、磧、普、南、徑、清作「土邑」。

一 五〇四頁中一〇行「由興雲故」，

資、磧、普、南、徑、清無。

一 五〇四頁中一一行末字「也」，資、磧、普、南、徑、清無。

一 五〇四頁中二二行末字「首」，磧、普作「前」。

一 五〇四頁下四行「尒時」，徑、清作「是時」。

一 五〇四頁下一一行第二字「又」，諸本作「反」。

一 五〇五頁上一二行第一一字「度」，諸本作「疫」。

一 五〇五頁上一四行至一五行「減破」，資、磧、普、南、徑、清作「破滅」。

一 五〇五頁上一六行「安籍」，資、磧、普、南、徑、清作「按籍」；麗作「案籍」。

一 五〇五頁中四行末字「我」，磧、普、南作「佛」。

一 五〇五頁中一一行第九字「有」，資、磧、普、南、徑無。

一 五〇五頁中一六行第三字「三」，資、磧、普、南、徑、清作「斷三」。同行第七字「令」，徑作「今」。

一 五〇五頁中一八行「曰佛」，諸本作「白佛」。

一 五〇五頁中末行「是又」，諸本作「是人」。

一 五〇五頁下六行第九字「著」，徑作「者」。

一 五〇六頁上二行第七字「愢」，諸本作「愧」。

一 五〇六頁上六行首字「有」，資、磧、普、南、徑、清作「有能」。

一 五〇六頁中六行第一〇字「兀」，資、磧、普、南、徑、清作「刖」。

一 五〇六頁中一六行「石香」，麗作「麝香」。

一 五〇六頁下五行第八字「及」，徑作「亦」。

一 五〇六頁下六行第五字「之」，諸本作「乏」。

一 五〇七頁上一行第八字「佇」，資、磧、普、南作「停」。

一 五〇七頁上二行第一二字「矖」，資、磧、普、南、徑、清作「麗」。

一 五〇七頁上三行「勿夢」，資、磧、普、南、麗作「忽夢」，徑、清作「幻夢」。

一 五〇七頁上末行「卷第二」，徑、清作「卷第二下」。

趙城縣廣勝寺

諸經要集卷第三　甲
西明寺沙門釋道世集
敬塔部第二此有七緣　攝念部第三此有四緣
述意緣　引證緣
興福緣　感報緣
旋塔緣　入寺緣
脩故緣

述意緣第一

敬惟如来應現妙色顯於三千正覺韜光遺形傳於八万是以塔踊靈山影留石窟𧶽檀畫疊之儀鑄金鏤玉之狀全身碎身之迹聚塔散塔之奇而光曜重昏福資含識致使英聲遐美耶徒結信肇啓育王之始終傳大唐之初自歷代繁興神化非一故經曰正法住正法滅意在玆乎

引證緣第二

如觀佛三昧經云佛留影石室在𨚍乹呵羅國毒龍池側佛坐龍石室窟中為龍作十八變踊身入石猶如明鏡在石内映現於外遠望則見近望不現諸天百千供養佛影亦現說法迄今不滅傳至弥勒

又大集經云忉利天城東照明園中有佛髮塔城南麁澁園中有佛衣塔城西歡喜園中有佛鉢塔城北駕御園中有佛牙塔

又智度論云天帝釋取菩薩髮及衣於天上城東門外立佛髮塔衣塔

又育王傳云王得信心問道人曰我從来煞害不少以理今脩何善得免斯殃荅曰唯有起塔供養衆僧救諸徒囚賑濟貧乏故辭窗經云王宮内常以四事供養二万沙門盡心敬禮不可具述王曰何處可起塔道人即以神力左手掩日光作八万四千道散照閻浮提所照之處皆可起塔今諸塔處是也時王欲建舍利塔將四部兵衆至王舍城取阿闍世王佛塔中舍利還復脩治此塔與先無異如是更取七佛塔中舍利至衆摩村中時諸龍王將王入龍宮中王從龍索舍利供養龍即分與之時王作八万四千金銀琉璃頗梨篋盛佛舍利又作八万四千寶瓶以盛此篋又作无量百千幡幢傘蓋使諸鬼神各持舍利供養

之具勑諸鬼神言於閻浮提至於海際城邑聚落滿一億家者為世尊立塔時有國名善叉尸羅有三十六億家彼國人語鬼神言可三十六篋舍利與我等起立佛塔王作方便國中人少者令分與彼令滿家數而立為塔時巴連弗邑有上座名曰耶舍王詣彼所白上座曰我欲一日之中立八万四千佛塔遍滿此閻浮提意願如是時彼上座白言善哉大王剋後十五日日正食時令此閻浮提一時起諸佛塔如是依數乃至一日之中立八万四千塔世閒人民興慶无量共号曰阿育王塔

又大阿育王經云八國共分舍利阿闍世王分數得八万四千又別得佛口齒還國道中逢難頭和龍王從其求舍利分阿闍世王不與便語言我是龍王力能壞汝國土阿闍世怖畏即以佛齒與之龍還於須弥山下高八万四千里於下起水精塔阿闍世王得還國以紫金函盛舍利作千歲燈火於五恒河沙水中起塔葬埋之



後阿育得其國土王娶夫人身長八尺髮亦同等衆相具足王令相師觀之師言當為王生金色之子王即拜為第二夫人後遂有娠足滿十月王有緣事宜出外行太后妬嫉便作方便共欲除之募覓猪母即應產者語第二夫人言卿是年少甫尒始產不可露面視天以被覆面即生金子光照宮中盜持而去煞之即以猪子著其邊便罵言汝去當為王生金色之子何故生猪便取輪頭拍囙内後園中令服菜王還聞之不悅久久之後王出行園見之憶念迎取歸宮第二夫人漸得親近具說情狀王聞驚怪即煞八万四千夫人阿育王後於城外造立地獄治諸罪人耶舍知王煞諸夫人應墮地獄即遣消散比丘化王令發信悟聞比丘言煞八万四千夫人罪可得贖不道人言各為之起一塔塔下著一舍利當得脫罪耳王即尋覓阿闍世王舍利有國相父年百二十將五百人取本舍利王得大喜即分與鬼神各還所部令一日一作



同載八万四千剎諸鬼神言多隔山部不得相知王言汝曹但還治聽護剎安鈴我當使阿脩輪以手摸日四天下亦同時辰

又阿難經云塔成造千二百織成幡及雜華未得懸幡王恐身崩塔成巳六日王請僧王園供養時有優波崛多羅漢將一万八千阿羅漢受王請尊者崛多顏貌端正身體柔軟而王體醜陋肌膚麁澁尊者即說偈言

我行布施時　淨心好財物　不如王行施
以沙施於佛

王告大臣我以沙施佛獲報如是太何而不脩敬於世尊王後尋佛弟子迦葉阿難等所有佛在世時弟子塔廟躬到塔所具展哀情責心脩敬各興種種供養更立大塔各捨十万兩珎寶供養是塔次至薄拘羅塔應當供養王問彼有何功德崛多尊者荅曰彼無病第一乃不為人說一句法寂默无言王曰以一錢供養諸臣白王言功德既等何故於此供養一錢王告之曰聽吾所說偈

雖除无明癡 智慧能監察 雖有薄拘羅
於世何所益
時彼一錢還来至王所時大臣輩見
是希有事異口同音讚彼嗚呼尊者
少欲知足乃至不須一錢王及供養
菩提樹不絶夫人名曰低舍羅綈多
作念王極愛念於我念王今捨我珎
寶至菩提樹開我方便煞樹令死王
不得往可得與我相娯夫人即遣人
以熱乳澆之樹枯葉落王聞是語悶
迷躃地夫人見王憂愁不樂當悅王
心白王曰若無彼樹我命亦無如来
於彼樹得道彼樹既無何用活耶復
以冷乳灌之彼樹更生王聞歡喜詣
於樹下目不暫捨以千瓮香湯溉灌
菩提樹倍復嚴好增長茂盛後王潔
淨身心手執香鑪在於殿上四方作
礼心念口言如来賢聖弟子在諸方
者憐愍我故受我供養如是語時有
三十万比丘悉来集彼大衆中十万
是阿羅漢二十万是學人及凡夫宮
人太子群臣共王所作功德无量不
可述盡



又雜阿含經云阿育王問比丘言誰
於佛法中能行大施諸比丘言給孤
獨長者家行大施王問彼施幾許比
丘荅曰以捨億千金王聞已彼長者
尚捨億千金我今為王何緣復以億
千金施當以億百千金施乃至用私
蔵盡將此閻浮提夫人婇女太子大
臣揔施與聖僧後用四十億金還復
贖取如是計挍揔用九十六億千金
乃至王得重病自知命盡常願以億
百千金作功德今願不滿便就後世
唯減四億未滿王即辦諸珎寶送與
雞頭摩寺乃至以半阿摩勒果送與
僧礼拜僧足問訊大聖衆等我領此
閻浮提是我所有今者頃盡不得自
在唯此半果哀愍納受令我得福上
座耶舍令研磨著石榴羹中行之一
切皆得周遍王復問傍臣曰誰是閻
浮提王諸臣啓王言大王是也時王
從卧起而坐顧望四方合掌作礼念
諸佛功德心念口言我今復以此閻
浮提施與三寶時王書紙上而封緘
之以齒印印之作如是事畢即便無



常尒時太子及諸人民興種種供養
塟送如王之法而闍維之
又法益經云今是大地屬於三寶云
何而立太子為王諸臣聞已載出四
億金送與寺中將贖其地
又善見論云阿育王以金錢九十六
億起八万四千寶塔復大種種布施
興造緣第三
述曰上来所引經論興置所由其已
知乎然未識塔義是何復有幾種所
為之人復通凡不荅曰梵漢不同翻
譯前後致有多名文有訛正所云塔
者或云塔婆此云方墳或云支提翻
為滅惡生善處或云斗藪波此云護
讚如人讚歎擁護歎者西梵正音名
為窣堵波此云廟廟者貎也即是靈
廟也安塔有其三意一表人勝二令
他信三為報恩若是凡夫比丘有德
望者亦得起塔餘者不合若立支提
有其四種一生處二得道處三轉法
輪處四涅槃處諸佛生處及得道處
此二定有支提生必生阿輸柯樹下
此云無憂樹此是夫人生太子之處

即号此樹為生處支提如来得道在
於菩提樹下即呼此樹下為得道支
提如来轉法輪及涅槃處此二無定
初轉法輪為五比丘在於鹿苑緻廣
各二十五尋一尋八尺古人身大故
一尋八尺合二十丈今天竺人處處
多立轉法輪取一好處而依此量竪
三柱安三輪表佛昔日三轉法輪相
即名此處為轉法輪支提如来入涅
槃處安置舍利即名此處為涅槃支
提現今立寺名涅槃寺此則為定若
據舍利處處起塔則為不定此四立
名窣堵波
又毗婆沙論云若人起大塔如来生
處轉法輪處若人取小石為塔其福
等前大塔所為尊故若為如来大梵
起大塔或起小塔以所為同故其福
無異
又阿含經云有四種人應起塔一如
来二辟支佛三聲聞四輪王
又十二因緣經云有八人得起塔一
如来二菩薩三緣覺四羅漢五那含
六斯陁含七須陁洹八輪王若輪王



已下起塔安一露槃見之不得礼以
非聖塔故初果二露槃乃至如来安
八露槃八槃已上並是佛塔
又僧祇律云初起僧伽藍時先規度
地將作塔處不得在南不得在西應
在東應在北不侵佛地僧地應在西
作南作僧房佛塔高顯處作不得塔
院內浣染曬衣唾地得為佛塔四面
作龕作師子鳥獸種種綵畫內懸幡
蓋得為佛塔四面造種種園林花果
是中出花應供養塔若樹檀越自種
檀越言是中花供養佛果與僧食佛
言應從檀越語若花多者得與花鬘
家語言尒許花作鬘與我餘者與尒
許直若得直得用然燈買香以供養
佛兼得治塔若直多者得置佛无盡
物中若人言佛無貪恚癡但自莊嚴
因是花果而受樂者得罪報重
佛言亦得作支提有舍利者名塔無
舍利者名支提如佛生處得道處轉
法輪處佛泥洹處得作菩薩像辟支
佛像佛脚跡處此諸支提得安佛華
蓋供養若供養中上者供養佛塔下



者供養支提若卒風雨來應收供養
具隨近安之不得言我是上座我是
阿練若乞食大德等得越毗尼罪若
塔僧物賊来急時不得藏舉佛物應
莊嚴佛像僧座具應敷安置種種飲
食令賊見相若起慈心賊間比丘莫
畏出来年少應看若賊卒至不得藏
物者應言一切行无常作是語已捨
去是名難法
感報緣第四　雕經僧葛和尚年二十一
如小未曾有經云佛告阿難若有一
人盡四天下滿中草木皆悉為人得
四道果及辟支佛盡壽四事供養所
須具足至滅度後一一起塔香華幢
幡寶蓋供養復造帝釋大莊嚴殿用
八万四千寶柱八万四千寶窓八万
四千天井寶窓八万四千樓櫓館閣
四出圍繞衆寶莊飾若有善男子善
女人作如上百千億大莊嚴殿用施
四方僧其福雖多然不如有人於佛
般涅槃後以如芥子舍利起塔大如
菴摩勒果其刹如針上施槃蓋如酸
棗葉若佛形像如麲麥大勝前功德

滿足百倍不及一千倍万倍百千万倍所不能及不可稱量阿難當知如来無量功德戒分定分智慧分解脫分知見解脫分無量功德有大神通變化及六波羅蜜如是等无量功德又無上依經云阿難向佛合掌而作是言我於今日入王舍乞食見一大重閣莊嚴新成内外宛密若有清信人布施四方僧并見四事若如来滅後取佛舍利如芥子大安立塔中起塔如阿摩羅子大戴刹如針大露槃如棗葉大造佛如麥子大此二功德何者為勝佛告阿難如滿四天下四果聖人及辟支佛如甘蔗林竹荻麻田等若有一人盡壽供養四事具足及入涅槃後悉起大塔供養然燈燒香衣服幢幡等阿難於意云何是人功德多不阿難言甚多世尊阿難且置又如帝釋天宮住處有大飛閣名常勝殿種種寶莊各八万四千若有清信男子女人造作如是常勝寶殿百千拘胝施與四方衆僧若復有人如来般涅槃後取舍利如芥子造塔



如阿摩羅子大戴刹如鍼大露槃如棗葉造佛形像如麥子大此功德勝前所說百分不及一千万億分乃至阿僧祇數分所不及一及辟喻所不能及何以故如来无量功德故縱碎娑婆世界末為微塵以此次第悉是四沙門果及辟支佛若有清信男女盡形供養及以滅後起塔供養亦不如取舍利如芥子大乃至造像如麥子大此功德勝前所說百分千万億分不及一分乃至筭數辟喻所不能及如是阿難一切如来昔在因地知衆生界自性清淨客塵煩惱之所汙濁然不入衆生清淨界中能為一切衆生說深妙法除煩惱障應生下劣心以大量故於諸衆生生尊重心起大師敬起般若起闍那起大悲依此立法菩薩得入阿鞞跋致位(此云不退)依如實知證大方便得阿耨菩提

又涅槃經云若於佛法僧供養一香燈乃至獻一花則生不動國善守佛僧物塗掃佛僧地造像塔如拇指當生歡喜心亦生不動國此即淨土常



嚴不為三灾所動也

## 旋遶緣第五

如菩薩本行經云昔佛在世佛與阿難入舍衛城而行乞食時彼城中有一婆羅門從外而来見佛出城光相巍巍時婆羅門歡喜踊躍遶佛一帀作礼而去佛便微笑告阿難言此婆羅門見佛歡喜以清淨心遶佛一帀以此功德從是以後二十五劫不墮惡道天上人中快樂無極竟二十五劫得辟支佛名持鉢那祇梨以是因緣若人旋佛及旋佛塔所生之處得福無量也

又提謂經云長者提謂白佛言散花燒香然燈礼拜是為供養旋塔得何等福佛言旋塔有五福德一後世得端正好色二得聲音好三生天上四得生王侯家五得泥洹道何因緣得端正好色由見佛像歡喜故何緣得聲音好由旋塔說經故何緣得生天上由當旋塔時意不犯戒故何緣得生王侯家由頭面礼佛足故何緣得泥洹道由有餘福故佛言旋塔有三

法一足舉時當念足舉二足下時當念足下三不得左右顧視唾寺中地右遶者經律之中制令右遶若左遶行為神所呵乃至左遶麦積為俗所責其徒衆矣今時行事者順於天時而西北轉右肩袒膊向佛而恭也或遶百帀千帀七帀各有所表且論常行三帀者表供養三尊止三毒淨三業滅三惡道得值三寶故華嚴經偈云

始欲旋塔　當願衆生　施行福祐
究暢道意　遶塔三帀　當願衆生
得一向意　不絕四喜

又賢者五戒經云旋塔三帀者表敬三尊一佛二法三僧亦念滅三毒一貪二瞋三癡

又三千威儀云遶塔有五事一低頭視地二不得蹈虫三不得左右顧視四不得唾塔前地上五不得中住與人語

又大集經云佛告梵天王等我諸聲聞現在未來三業相應及與三種菩提相應有學無學具足持戒多聞善行度諸衆生於三有海及諸施主為



我聲聞而造塔寺亦復供給一切所須及彼眷屬付囑汝等勿令惡王非法惱亂尒時梵釋天王龍王夜叉等合掌向佛而作是言大德婆伽婆已有一切如來塔等及阿蘭處及未來世若在家出家人為於世尊聲聞弟子造塔寺處我等悉共守護令離一切諸難怖畏亦如有給施飲食衣服卧具湯藥一切所須如是施主我等亦當護持養育

故七佛經云護僧伽藍神斯有十八神一名美音二名梵音三名天鼓四名歎妙五名歎美六名摩妙七名雷音八名師子九名妙歎十名梵響十一名人音十二名佛奴十三名歎德十四名廣目十五名妙眼十六名徹聽十七名徹視十八名遍視寺既有神護居住之者亦宜自勵不得懈怠恐招現報也

入寺緣第六

述曰依如西域凡有士女既到伽藍至寺門外慶以所遇先整衣服總設作礼入寺門已復設一拜然後安庠



直進不得左右顧眄故涅槃經云往僧坊者有其七法一者生信二者礼拜三者聽法四者至心五者思義六者如說行七者迴大乘利安多人住是士善寂勝寂上不可辭諭

又郁迦長者經佛言長者居家菩薩入佛寺精舍當住門外五心作礼然後當入精舍自念言我何時當得如是居寺出塵垢之處

又十住毗婆沙論云在家菩薩若入佛寺初欲入時於寺門外五體投地應作是念此是善人住處行慈悲喜捨住處是故須礼若見諸比丘威儀具足見已恭肅敬心礼拜親近問訊

又自愛經云時有國王詣佛所選見精舍下車却蓋解劍脫履拱手直進

又僧祇律云若行平視迴時合身捴迴行時先下脚跟後下脚指又智度論云先入来去安庠一心舉足下足觀地而行為避乱心為護衆生故是名不退菩薩相又西國寺圖云行至佛所礼三拜竟圍遶三帀唄讃三契礼拜既已方至僧房房外一拜然後

入見上座次第至下各設三拜僧多
一拜若見非法之事不得譏訶若發
言嫌責自失善利非入寺之宜故涅
槃經云夫入寺者棄捨刀杖雜物然
後入寺捨刀杖者去瞋恚三寶心也
捨雜物者去從三寶乞求心也且除
兩過乃可入寺順佛而行不得逆行
設復緣礙左遶恒想佛在右入出之
時悉轉面向佛礼拜三寶者常念體
唯是一何者覺法滿足名佛所覺之
道名法覺佛道者名僧則知一切凡
聖體同無二也若入寺時低頭看地
不得高視見地有蟲恐悞傷煞當歌
唄讚歎不唾僧地若見草木不淨即
須除却又四分律云入僧寺已應先
礼佛塔次礼聲聞塔後礼第一上座
乃至第四上座又五分律云若入僧
多但別礼師餘人惣礼而去又四分
律云得礼出家五衆亡人塔及如來
塔又五百問事云弟子得礼師塚以
報恩故又增一阿含經云塔中不應
礼餘人又十誦律云佛塔聲聞塔前
自他不得礼又五百問事云佛塔前



礼餘人得罪又三千威儀經云不得
座上作礼今時數有諸寺及以俗家
見有道俗獨牀上礼佛此大憍慢辟
如欲拜大王豈得在牀拜耶人王尚
自不許何况法王得相比耶
毗尼母論云不得著革屣富羅入塔（此是靴楦揔名）五百問事云若是淨潔靴履鞋
鞾等得著礼拜僧祇律云若受人礼
拜不得如瘂羊不語當相問訊少病
少惱安樂不道路不疲苦不述曰若
有士人或難因緣須至寺宿不得卧
僧牀席必無私有借卧如法然不得
共僧同其牀卧故寶梁經云共僧同
牀半身枯死墮地獄受其大苦僧未
眠時不得調戲言笑說非法語失於
威儀驚動衆心若有便利涕唾為求
法宿不得出外者無犯眠時右脇著
牀以脚相壘心係明相念當早起表
出家因也是故經云仰卧者是脩羅
卧伏地卧者是餓鬼卧左脇卧者是
貪欲人卧右脇卧者是出家人卧衆
僧未起在前早起嚴儀容服至僧房
前故沙弥威儀經云若入師房應三



彈指又三千威儀經云若入師房當
具五法一於外彈指二當脫帽三作
礼四正住敎坐乃坐五不忘持經
又僧祇律云弟子應晨起先右脚入
師房已頭面礼足問安眠不故善見
論云弟子象師當避六處一不得當
前二不得當後三不得太遠四不得
太逼五不得處高六不得上風立當
不近不遠側相而立令師小語得聞
不費尊力也又是行時威儀進止皆
不得離師故善見論云弟子從師行
不得以足蹈師影述曰若女人入寺
法用同前但不得在男子上座形相
語笑脂粉塗面畫眉假飾非法調戲
共相排盪持手捩人必須攝心整容
隨人教令依次持香一心供養懺悔
自責生女人中常成障礙於此妙法
修奉無因不得自專由他而辦一何
苦哉深生悲悼若見沙弥礼如大僧
勿以小位而不加敬此於大僧為小
在俗為尊如此等法竭力而行法用
既多具在法苑珠林百卷之内士女
篇述

述曰若男女所修事訖須欲出寺佛塔前設礼三拜還須右遶三帀合掌唄讃然後却行出寺門外復設一礼若見僧時徒衆若少各礼三拜僧若多時揔辞三拜故善見論云礼佛時應遶三帀三拜四方作礼合十指掌又手於頂却行而出絶不見如來面復作礼迴前而去表慕戀三寶重疊報恩也凡是入寺之行為作出世之緣建立寺者開淨土之因供養僧者為出離之軌故惟織俗之鄙質入伽藍之淨刹所有施為恐乖法式也若也還家徽捨自贖表僧有法施俗有財恵舉動合宜内外俱益

脩故緣第七

依像法決疑經云造新不如脩故作福不如避禍斯言驗矣或有村坊塔寺墳故伽藍堂殿朽壞舍屋崩摧蘆翁蓬户靡隔煙塵瓮牖茅茨無掩霜露是以門牆彫毀糞穢盈階路絶人蹤僧徒漂寄不脩不飾日就衰羸造罪造愆無時暫捨夜暗燈燭本自無聞晝日幡花元來非見堂絶梵唄盧



停海岸遂使悪鬼劾靈善神捨衛伽藍無固直為僧徒慢惰佛法既棄亦由白衣無敬此而不憂更欲何求又寶梁契經云有一賢者面上有國王文相師見已嫁女與之後時賢者入僧寺中杖倚伽藍生憍慢故失國王文墮大地獄

又薩遮經云或嬈塔寺及諸形像妨礙送置餘處者如是悪人攝在悪逆衆生分中上品治之

又十輪經云若破寺煞害比丘其人壽終支節皆疼多日不語死墮阿鼻地獄具受諸苦又三千威儀經云掃塔上有五事一不得著履上二不得背佛掃塔三不得取上善土持下弃四不得取下佛像上故華五當日一過澡手自持淨巾拂拭佛像復有五事一當先灑地二當使調三當待燥四不得逆掃五不得逆風掃復有五事一不得去善土二當自手拾草三當取中土轉著下處四不得令四角掃處有迹五掃塔前六步便淨此處需務故限納六步若事閑務多掃弥善也又正法念經云若有衆生



淨心供養衆僧掃如來塔命終生意樂天身無骨宍亦無汗垢香氣能熏一百由旬其身淨潔猶如明鏡又正法念經云若有衆生識於福田見有佛塔風雨所壞若僧房舍以福德心塗飾治補復教他人令治故塔命終生白身天其身鮮白入珊瑚林與諸天女五欲自娛業盡還退若生人中其身鮮白

又雜寶藏經云若掃僧房一閻浮提地不如掃佛塔一手掌成論亦同

又撰集百緣經云掃地得五功德一自除心垢二除他垢三去憍慢四調伏心五增長功德得生善處

又無垢清淨女問經云掃地得五功德一自心清淨他人見生淨心二為他愛三天心歡喜四集端正業五命終生善道天中

又沙弥威儀經云掃地有五法一不得背人二不得逆掃三當令水灑四當令淨五當即分却

又增一經云掃佛塔有五法一水灑地二除去瓦石三平正其地四端意

掃地五除去穢惡地既淨已隨能持
一枝香花散布地去供養得福无量
故華嚴經偈云
散華莊嚴淨光明　莊嚴妙華以為帳
散衆雜華遍十方　供養一切諸如来
又小法滅盡經云後刧火起時曽作
伽藍所不為火焚乃至金剛界為土
臺也
又菩薩本行經云昔佛在世時告五
百阿羅漢汝等各說前世宿行所作
功德令得值我得道因緣時有阿羅
漢名婆竭多梨即從坐起白佛言世
尊我念過去無央數刧有佛出世号
曰定光入涅槃後分布舍利起塔供
養法欲末時有一貧人無方自濟賣
薪為業向澤採薪還見澤中有一塔
寺甚為巍巍即到塔邊瞻覩形像歡
喜作礼唯見狐狼飛鳥走獸止宿之
處草木荊棘不淨滿中絶迥無人復
无行跡無供養者貧人覩見心用愴
然而不曉知如来神德但以歡喜誅
伐草木掃除不淨掃訖歡喜遶之八
帀作礼而去緣此功德命終之後生



光音天衆寶宮殿光明晃燏於諸天
中巍巍冣勝不可計量盡其天壽而
復百返作轉輪王七寶自然王四天
下後復壽盡常生國王大姓長者家
財冨无量顔容端正殊妙無雙人見
歡喜無不愛敬行之時道路自淨
虛空之中雨散衆花婆竭多言昔貧
人者今我身是由昔掃塔生處自然
一阿僧祇九十刧中不墮惡道天上
人間冨貴尊榮封受自然使樂无極
今冣後身值釋迦佛捨豪出家得阿
羅漢三明六通具八解脫若有人能
於佛法僧少作微善如毛髮許所生
之處受報弘大無有窮盡
又譬喻經云說祇陁太子昔毗婆尸
佛時布施一奴一婢給掃寺廟緣此
功德世世常得七寶宮宅門户兩邊
常有自然金銀男女擎持寶鉢滿中
七寶取無窮盡夜中常有自然天兵
五百餘騎衛護其舍無敢近者輪王
七寶者一金輪寶二白象寶三紺馬
寶四神珠寶五玉女寶六主藏臣寶
七主兵神寶



又雜寶藏經云昔舍衛國中有一長
者造立塔寺後時命終生忉利天其
婦晝夜追憶夫故愁憂苦惱以憶夫
故常掃治夫所造塔寺夫下觀見即
来婦所問訊安慰而語之言汝憶我
故大憂愁耶婦即語言汝為是誰天
尋荅言我是汝夫以作塔寺功德因
緣得生天上見汝憶我修治塔寺故
来汝所婦言近我夫即荅言人身臭
穢不復可近汝復欲得為我妻者勤
供佛僧修掃塔寺願生我天若得生
天我必當還以汝為妻婦用夫言作
諸功德發願生天其後命終得生天
上還為夫婦夫婦相將来至佛所佛
為說法夫婦並得須陁洹果既得果
已還歸天上
又分別功德論云昔舍衛城中有夫
婦二人而無子息夫婦精進信敬三
寶時婦早亡由信敬故生忉利天以
為天女面首端正天中少比天女自
念我極端正今此間誰任我夫便以
天眼觀見本夫今以出家年老暗短
專信而已常勤掃除塔廟為業見其

掃塔必應生天天女尋下光明照曜住其夫前比丘見已問其因緣天女荅曰我是君婦今為天女我觀天上無任我夫見君精進常勤掃塔必應生天若得生天願同一處還為我夫是以故來陳其情狀白意已訖還歸天上時夫比丘見此事已從是以後增加精進修補塔廟積功轉勝應生第四兜率天上天女憶夫復來語言君福轉勝應生兜率天我今不復得君為夫語訖還去比丘聞已倍更精進遂獲得阿羅漢果三明六通具八解脫

又百緣經云昔佛在世時迦毗羅城中有一長者財寶無量其婦生一兒端正殊妙見者敬仰漸大見佛得阿羅漢果尒時世尊告諸比丘乃往過去九十一劫有毗婆尸佛入涅槃後有王名槃頭末帝収取舍利造四寶塔而供養之其後小毀有童子入塔見此破處和顔悅色集喚衆人共塗治塔發願而去緣是功德九十一劫不墮地獄畜生餓鬼天上人中受樂



常為天人所見敬仰乃至今值於我為諸人所見敬仰出家得道聞佛所說歡喜奉行　頌曰

遺身八万塔　寶飾高百丈　儀鳳異靈烏
金槃代佛掌　積拱承彫角　高簷挂樹網
寶地若池沙　風鈴如積響　刻削生千變
丹青畫万像　煙霞時出没　神仙乍来往
晨霧半層生　飛幡接雲上　遊鵾不敢息
翔鷃詎能仰　福地下金繩　天報豈虛枉
願假舟航末　彼岸誰云廣

攝念部第三此有四緣

述意緣　十念緣
六念緣　發願緣

述意緣第一

惟夫凡情難禁譬等山猨常隨外境類同狂象三業鼓動緣攀滋彰故佛立教令常制御故經云當為心師不師於心身口意業不與惡交身戒心慧不動如山又經制之一處无事不辦然心性惑倒我見為先煩惑難攝乱使常行於一切時高舉難蛩自非託處寂靜摧伏三毒身不遊行口默緘言少睡多覺常坐省食思量正法



知非有無直身正意繫念在前如斯等教是名攝念也

十念緣第二

如增一阿含經云尒時世尊告諸比丘當修行十法便成神通去衆乱想至致涅槃一謂念佛二謂念法三謂念衆四謂念戒五謂念施六謂念天七謂念休息八謂念安般九謂念身非常十謂念死當善修行

佛法聖衆心　戒施及天念　休息安般念
身死念在後

第一念佛者專精念佛如來形相功德具足身智無崖周旋往來皆具知之修行一法自致涅槃不離念佛便獲功德是名念佛

第二念法者專精念法除諸欲愛無有塵勞渴愛之心永不復興於欲無欲離諸結縛諸蓋之病猶如衆香之氣無有瑕疵乱想之念便成神通自致涅槃思惟不離便獲功德是名念法

第三念衆者謂專精念如來聖衆成就質直無有邪曲上下和睦如來聖

衆四雙八輩當敬承事除諸乱想自致涅槃不離僧念便獲功德是名念僧

第四念戒者所謂戒者息諸悪故戒能成道令人歡喜戒瓔珞身現衆好故猶如吉祥餅所願便剋除諸乱想自致涅槃不離戒念便獲功德是名念戒

第五念施者謂專精念施所施之上永無悔心無反報想快得善利若人罵毀相加刀杖當起慈心不興瞋恚我所施者施意不絕除諸乱想自致涅槃不離施念便獲功德是名念施

第六念天者謂專精念天身口意淨不造穢行行戒成身身放光明無所不照成彼天身善業果報成彼天身衆行具足除諸乱想自致涅槃不離天念便獲功德是名念天

第七念休息者謂心意想息志性詳諦亦無卒暴恒專一心意樂閑居常求方便入三昧定常念不貪勝光上達除諸乱想自致涅槃不離休息便獲功德是名念休息

第八念安般者謂專精念安般者若



息長時觀知我今息長若復息短亦當觀知我今息短若息極冷極熱亦當觀知我今息冷熱出入分別數息長短除諸乱想自致涅槃不離安般便獲功德是名念安般

第九念身者謂專精念身髮毛爪齒皮肉筋骨髓肝肺心脾腎大腸小腸曲直膀胱屎尿百葉滄蕩脾泡溺淚唾涕膿血脂涎髑髏腦等何者是身地種水種火種風種是也皆是父母所造從何處来為誰所造此之六根於此終巳當生何處除諸乱想自致涅槃不離身念便獲功德是名念身

第十念死者謂專精念死此没生彼往来諸趣命逝不停諸根散壞如腐敗木命根斷絕種族分離無形無響亦無相貌除諸乱想自至涅槃不離死念便獲功德是名念死而說偈曰

佛法及聖衆　乃至身死念　雖與上名同
其義各別異

六念緣第三

又分別功德論云第一念佛何事佛身金剛無有諸漏若行時足離地四



寸千輪相文跡現於地足下諸虫七日安隱若其命終皆得生天昔有一悪比丘本是外道假服誹謗逐如来行自煞飛虫著佛跡處言佛蹈煞然虫雖死遇佛跡處尋還得活若入城邑足蹈門閫天地大動百種音樂不鼓自鳴諸聾盲瘂百病自除覩佛相好隨行得度功德所濟不可稱計摠會万行運載為先所謂念佛其義如此

第二念法者法是無漏道無為無欲佛者是諸法之主法者是結使之主法出諸佛法生佛道若然者何不先念法後念佛耶答曰法雖微妙无能知者猶如伏藏無處不有要藉通人示處方得自濟貧窮之者法亦如是理雖玄妙非如来不暢是以念佛在先稱法為後

第三念僧者謂四雙八輩十二賢士捨世貪諍開導天人則是衆生良福田故昔有薄福比丘名梵摩達（律名羅旬踰比丘也）在千二百五十衆中令衆僧不得食莫知誰咎佛使分為二部一部得一部不得復分為二部半得半不得

如是展轉乃至二人一得食一不得食乃知無福雖得至鉢自然消化佛愍其厄自手授食在於鉢中福力所制不能化去佛欲令現身得福故令二滅盡比丘以食飽此即時得福時波斯匿王聞此薄福佛愍與食我今亦當為其設福即遣粇米時有一烏飛来銜一粒米去使人呵曰王為梵摩達設福汝何以持去耶烏即持還本處所以然者此比丘蒙僧福力烏獸不侵害也用是證知為良福田既自度度人至三乘道念衆之法其義如此

第四念戒者從五戒十戒二百五十至五百戒皆禁制身口殺諸邪非殺御六情斷諸欲念中表清淨乃應戒性昔有二比丘共至佛所路經曠澤頓乏水漿時有小池汪水衆虫滿中一比丘深思禁律以無犯為首若飲此水煞生甚多寧全戒殞命於是命終即生天上一比丘自念飲水全命可至佛所焉知死後當生何趣即飲虫水所害甚多雖得見佛去我甚遠



啼泣向佛自云同伴命終佛指上天曰汝識此天不此是汝伴以全戒功即生天上今来在此卿雖見我去我大遠彼雖喪命常在我所卿今見我正觀我肉形豈識真戒乎以是經云波羅提木叉是汝大師若能持戒展轉行之即是如來法身常住而不滅也夫戒有三種一是俗戒二是道戒三是定戒五八十具戒等為俗戒無漏四諦為道戒三昧禪思為定戒以慧御戒使成無漏乃合道戒聲聞家戒喻若脉華動則解散大士持戒喻若頭上插華行止不動小乘撿形動則越儀大士頥心不拘外法大小軌異故以形心為殊内外雖殊俱至涅槃故曰念戒也

又佛般泥洹經云又欲近道當有四喜宜善念行一曰念佛意喜不離二曰念法意喜不離三曰念衆意喜不離四曰念戒意喜不離念此四喜必令具足而自了見當望正度求解身要可以除斷地獄畜生餓鬼之道雖往來生天上人中不過七生自斷苦際

際 施天 同前

又三千威儀經云當念有五事一當念佛功德二當念佛經戒三當念佛智慧四當念佛恩大難報五當念佛精進乃至泥洹復有五事一當念比丘僧二當念師恩三當念父母恩四當念同學恩五當念一切人皆使解脫離一切苦

又處處經云譬如大海中沙不能計知如人所作善惡殃福前後所不可復計要在命盡作惡逢惡處作善逢善處殃福皆預有處亦預有父母兄弟妻子眷屬等得道便止若不得道便不斷絕佛語比丘當念自身无常有一比丘即報佛言我念非常如人在世間極可至五十歲佛言莫說是語復有一比丘言可三十歲佛言莫說是語復有一比丘言可十歲佛言莫說是語復有一比丘言可一歲佛言莫說是語復有一比丘言可一月佛言莫說是語復有一比丘言可一日佛言莫說是語復有一比丘言可一時佛言莫說是語復有一比丘言

可乎吸閒佛言是也佛言出息不還
則屬後世人命峻速在呼吸之閒
又毗尼母經云若説法比丘復應常
念觀身苦空無常無我不淨莫使有
絶何以故當得十二念成聖法故何
者十二念一念成就已身二念成就
他人三念願得人身四念生種姓家
五念於佛法中得生信心六念所生
處不加其功而得諸法七念所生處
諸根完具八念值佛世尊出現於世
九念所生處常得説正法十念願所
説法常得久住十一念願法之住得
隨順修行十二念常得憐愍諸衆生
心故得此十二念具足必得聖法

發願緣第四

夫佛果簨絶登之有階法雲峻極屆
之有漸是以創發大誠則玄德照於
来際初立弘誓則妙願遍於空界一
念興志即塵劫之瑞華半刻度躬乃
大千之甘露蓋是大乘之根基種智
之津衢也
又地持論云菩薩發願略説五種一
發心願二生願三境界願四平等願



五大願彼菩薩初發無上菩提心是
名發心願願未来世為衆生故隨善
趣生是名生願願正觀諸法無量等
諸善根思惟境界是名境界願願未
来世一切菩薩善攝事是名菩薩
平等願大願者即平等願
菩薩又説十種大願
一者願一切種供養无量諸佛
二者願護持一切諸佛正法
三者願通達諸佛正法
四者願生兜率天乃至般涅槃
五者願行菩薩一切種正行
六者願成熟一切衆生
七者願一切世界悉能現化
八者願一切菩薩一心方便以大乘度
九者願一切正行方便無礙
十者願成無上正覺
是菩薩住於初地方便淨信現在修
行於未来事生十大願
一者以清淨心常願供養一切諸佛
二者受持守護諸佛正法
三者勸請諸佛轉未曾有法
四者順行菩薩正行



五者一切器界具足成熟
六者一切世界悉能現化
七者自淨佛土
八者一切菩薩同一方便以大乘化
九者利益衆生一切不空
十者一切世界得阿耨菩提作一切
佛事頌曰
牧杖信為急 調絃貴不奢 騰猨安可制
逸馬本難置 驅馳習聲色 冠蓋競豪華
既入王孫第 還向季倫家 靜心澄業累
省念罰身瑕 庶茲禍七覺 持用免三邪

諸經要集卷第三

# 諸經要集卷第三

## 校勘記

一　底本，金藏廣勝寺本。

一　五一一頁中三行「攝念部第三」，徑、清無。同行夾註「此有四緣」，資、磧、普、南、徑、清無。

一　五一一頁中六行首字「旋」，徑、作「旋遶」。

一　五一一頁中一〇行末字「山」，[illegible]普作「止」。

一　五一一頁中一一行第五字「刻」磧、南、清、麗作「刻」。

一　五一二頁上四行第七字「神」，作「人」。

一　五一二頁上一七行第一〇字「和資、磧、普、南、徑、清作「和修」。

一　五一二頁上二〇行第一二字「山」，資、磧、普、南、徑、清作「山王」。

一　五一二頁中二行第四字「同」，麗作「周」。

一　五一二頁中五行「太后」，資、磧、普、南、徑、清作「皇后」。

一　五一二頁中末行末字「作」，諸本作「時」。

一　五一二頁下一行第二字「載」，資、磧、普、南、徑、清作「戴」。

一　五一二頁下二行首字「部」，資、磧、普、南、徑、清作「障」。

一　五一二頁下三行第一二字「摸」，資、磧、普、南、徑、清作「遮」。

一　五一二頁下一一行「財物」，資、磧、普、南、徑、清作「財施」。

一　五一二頁下一六行第七字「展」，徑作「轉」。

一　五一三頁上五行「王及」，資、磧、普、南、徑、清作「王乃」；麗作「王及大臣」。

一　五一三頁上九行第二字「得」，資、磧、普、南、徑、清作「行」。同行第九字「娛」，磧、普、南、徑、清作「娛樂」。

一　五一三頁上一〇行末字至一一行首字「悶迷」，磧、普、南、徑、清作「迷悶」。

一　五一三頁中五行首字「尚」，資、磧、普、南、徑、清作「尚能」。

一　五一三頁下四行「已載」，資、磧、普、南、徑、清作「已再」。

一　五一三頁下八行第二字「造」，資、磧、普、南、徑、清作「福」。

一　五一四頁上二行第一〇字「下」，資、磧、普、南、徑、清無。

一　五一四頁上一二行「爲不」，資、磧、普、南、徑、清作「不爲」。

一　五一四頁上一四行「起大塔」，磧、普、南、徑、清作「取大石爲塔」。

一　五一四頁中二行第一一字「至」，徑、清作「至多」。

一　五一四頁中一〇行第八字「造」，資、磧、普、南、徑、清作「作」。

一　五一四頁中一八行第六字「受」，資、磧、普、南、徑、清作「愛」。

一　五一四頁下一八行第七字「挍」，資、磧、普、南、徑、清作「莊」。

一　五一五頁上七行「王舍」，資、磧、

普、南、徑、清作「王舍城」。

一五一五頁中二行第三字「造」，麗作「大造」。

一五一五頁中四行第一〇字「及」，資、磧、普、南、徑、清無。

一五一五頁中八行首字「盡」，資、磧、普、南、徑、清作「晝」。

一五一五頁中一三行第四字「自」，資、磧、普、南、徑、清作「知自」。

一五一五頁下二行第二字「逵」，資、磧、普、南、徑、清作「逵塔」。

一五一五頁下三行第一一字「世」，資、磧、普、南、徑、清作「世時」。

一五一六頁上四行第一〇字「麥」，磧、普、南、徑、清作「穀麥」。

一五一六頁上七行首字「逵」，資、磧、普、南、徑、清作「旋」。

一五一六頁上一〇行首字「始」，麗作「如」。

一五一六頁中五行第七字「等」，諸本作「寺」。同行「阿蘭」，麗作「阿蘭若」。

一五一六頁中一九行第二字「扣」，諸本作「招」。

一五一六頁中末行首字「作」，諸本作「一」。同行「安庠」，資、磧、徑、清作「安詳」。頁下一九行同。

一五一六頁下一行第八字「盱」，徑作「盼」。

一五一六頁下四行第七字「迴」，諸本作「迴向」。

一五一六頁下五行第二字「士」，諸本作「七」。

一五一六頁下七行「五心」，諸本作「立心」。

一五一七頁上五行「三寶」，資作「三至」。

一五一七頁上一一行第四字「覺」，諸本作「學」。

一五一七頁中三行第五字「獨」，資、磧、普、南、徑、清作「在」；麗作「向」。

一五一七頁中七行「淨絜」，徑、清作「潔淨」。

一五一七頁中一一行第四字「或」，資、磧、普、南、徑、清作「或有」。

一五一七頁中一五行「眠時」下，諸本有「不得在先眠」五字。

一五一七頁中一六行第一一字「咈」，磧、南、徑、清作「涕」。

一五一七頁中二〇行第三字「地」，資、磧、普、南、徑、清無。

一五一七頁下三行末字「經」，資、磧、普、南、徑、清作「經入」。

一五一七頁下一七行第三字「坐」，諸本作「生」。

一五一八頁上一八行第二字「墳」，資、磧、普、南、徑、清作「損」。

一五一八頁上末行末字「盧」，資、磧、普、南、徑、清作「鑪」；麗作「爐」。

一五一八頁中一行「停海岸」，麗作「但灰塵」。

一五一八頁中一二行「多日」，資、磧、普、南、徑、清作「終日」。

一五一八頁中二二行「便淨」，資、磧、普、南、徑、清作「使淨」。同行夾註右「此處」，諸本作「此據」。

一 五一八頁中末行夾註「若事閑務」，資、磧、普、南、徑、清作「若事多閑」。

一 五一八頁下一五行「掃地」，徑作「掃塔」。

一 五一八頁下一六行「淨心」，資、磧、普、南、徑、清作「清淨心」。

一 五一九頁上二行第八字「去」，諸本作「上」。

一 五一九頁上七行第三字「所」，資、磧、普、南、徑、清作「所以」。

一 五一九頁上一二行及本頁中七行「婆竭多」，資、磧、普、南、徑、清作「娑竭多」。

一 五一九頁上一九行「絶迫」，資、磧、普、南、徑、清作「迫絶」。

一 五一九頁中五行「無雙」，資、磧、普、南、徑、清作「無比」。

一 五一九頁中一〇行末字「拯」，諸本作「極」。

一 五一九頁中末行第四字「神」，南、徑、清作「臣」。

一 五二〇頁上一八行「涅槃」，資、磧、普、南、徑、清作「般涅槃」。

一 五二〇頁中五行第一〇字「角」，資、磧、普、南、徑、清作「桷」。

一 五二〇頁中八行第二字「霧」，資、磧、普、南、徑、清作「露」。

一 五二〇頁中一九行「又經」，資、磧、普、南、徑、清作「又經云」。

一 五二〇頁下一六行「第二念法」，資、磧、南作「第二經云」。

一 五二一頁上二行「僧念」，資、磧、普、南、徑、清作「念僧」。

一 五二一頁中八行「曲直」，資、磧、普、南、徑、清作「白膜」。同行「膀胱」，麗作「旁光」。同行第九字「滄」，資、磧、普、南、徑、清作「瘡」。同行第一二字「泡」，磧、普、南、徑、清作「脬」。

一 五二一頁中九行第一〇字「等」，資、磧、普、南、徑、清作「膜」。

一 五二一頁中一七行第一〇字「至」，諸本作「致」。

一 五二一頁中一九行第一二字「與」，資作「興」。同行末字「閑」，南、徑、清作「同」。

一 五二一頁下一五行第九字「乏」，磧、徑、清作「之」。

一 五二一頁下一九行第四字「諍」，資作「濁」；磧、普、南、徑、清作「染」。同行末字「福」，資、磧、普、南、徑、清作「祐福」。

一 五二一頁下二一行「衆僧」，徑作「衆生」。

一 五二二頁上三行「福力」，資、磧、普、南、徑、清作「神力」。

一 五二二頁上五行「即時」，資、磧、普、南、徑、清作「此時」。

一 五二二頁上七行末字「烏」，資、磧、普、南、徑、清作「鳥」。九行第一一字及一〇行末字同。

一 五二二頁上一四行末字「十」，資、磧、普、南、徑、清作「十戒」。

一 五二二頁中一行「同伴」，磧、普作「何伴」。

一 五二三頁上二行第七字「峻」，諸

本作「迅」。

一　五二三頁上九行第八字「諸」，資、磧、普、南、徑、清作「語」。

一　五二三頁上一六行第四字「業」，資、磧、普、南、徑、清作「超」。

一　五二三頁下八行首字「牧」，資、磧、普、南、徑、清作「投」。

一　五二三頁下一〇行第一三字「澄」，磧、普作「登」。

諸經要集卷第四 甲

西明寺沙門釋道世 集

入道部第四 此有四緣 唄讚部第五 香燈部第六

述意緣 欣厭緣

出家緣 引證緣

## 述意緣第一

竊以因緣假有衆生之滯根法本不然至人之妙理是以三界六趣造業障而自迷八解十智尊歸宗而虛豁所以能仁大師隨緣布教愍火宅之既焚傷欲流之永霧託白淨之宮現黃金之色居茲三惑示臺莛之非真出彼四門厭浮雲之易滅自嗟人代漂忽若此於是天王捧白馬而逾城給使持寶冠而詣闕脫屣尋真其於斯矣雖復秦代篇史周時子晉許由洗耳於箕山莊周曳尾於濮水方茲去俗何其蔑哉致使慕其德者斷惡以立身欽其風者潔己而修善毀形以成其志故棄鬚髮美容變俗以會其道故去輪王華服雖形闕奉親而內懷其孝禮乖事主而心戢其恩澤被怨親以成大順福霑幽顯豈拘小違上智之人依佛語故為益下凡之類虧聖教故為損懲惡則盤者自新進善則通人感化所以仙林始抽簪之地禪河起苦行之迹沐金軀之淨水遊道場之吉樹食假獻糜座因施草於是十力智圓六通神足魔兵席卷大覺道成也

## 欣厭緣第二

如文殊問經云佛告文殊師利一切諸功德不與出家心等何以故住家者無量過患故出家者無量功德故住家者有障导出家者無障礙住家者是塵垢處出家者是無塵垢處住家者溺欲淤泥出家者出欲淤泥住家者隨愚人法出家者遠愚人法住家者不得正命出家者得其正命住家者是憂悲惱處出家者是歡喜處住家者是結縛處出家者是解脫處住家者是傷害處出家者非傷害處住家者有貪利苦出家者無貪利苦住家者是憒閙處出家者是寂靜處住家者是下賤處出家者是高勝處

住家者爲煩惱所燒出家者滅煩惱火住家者常爲他人出家者常爲自身住家者以苦爲樂出家者出離爲樂住家者增長棘刺出家者能滅棘刺住家者成就小法出家者成就大法住家者無法用出家者有法用住家者爲三乘毀呰出家者爲三乘稱歎住家者不知足出家者常知足住家者魔王愛念出家者令魔恐怖住家者多放逸出家者無放逸住家者爲人僕使出家者爲僕使主住家者是黑暗處出家者是光明處住家者增長憍慢處出家者滅憍慢處住家者少果報出家者多果報住家者多諂曲出家者心質直住家者常有憂呰出家者常懷喜樂住家者是欺誑法出家者是真寂法住家者多散亂出家者無散亂住家者是流轉處出家者非流轉處住家者如毒藥出家者如甘露住家者失内思惟出家者得内思惟住家者無歸依處出家者有歸依處住家者多有瞋恚出家者多行慈悲住家者有重擔出家者捨重



擔住家者有罪過出家者無罪過住家者流轉生死出家者有其齊限住家者以財物爲寶出家者以功德爲寶住家者隨流生死出家者逆流生死住家者是煩惱大海出家者是大舟航住家者爲經所縛出家者離於經縛住家者爲國王教誡出家者爲佛法教誡住家者伴侶易得出家者伴侶難得住家者傷害爲勝出家者攝受爲勝住家者增長煩惱出家者出離煩惱住家者如住刺林出家者出刺林文殊師利若我毀呰住家讚歎出家言滿虚空說猶無盡此謂住家過患出家功德也

又涅槃經云在家迫迮猶如牢獄一切煩惱因之而生出家寛廓猶如虚空一切善法因之增長在家之人内則憂念妻兒外則王役駈馳若富貴高勝則放逸縱情貧呰下賤則飢寒失志公私擾擾晝夜孜孜衆務牽纏何暇修道

又郁伽長者經云在家之人多諸煩惱父母妻子恩愛所繫常思財色貪



求無猒少得守護多諸憂慮流轉六趣遠離佛法當作怨家惡知識想應猒家活生出家心無有在家修集無上菩提之道皆因出家得無上道

又出家功德經云若放男女奴婢人民出家功德无量辟天下滿中羅漢百歲供養不如有人爲涅槃故一日一夜出家受戒功德無量又如起七寶塔高至三十三天不如出家功德又大緣經云以一日夜出家故二十劫不墮三惡道又僧祇律云以一日夜出家修梵行者離六百六千六十歲三塗苦又出家功德經云若爲出家者作留礙抑制此人即斷佛種諸惡集身猶如大海現得癩病死入黑闇地獄無有出期又迦葉經云尒時大王太子聞出家功德甚深並皆發心出家已四天下中無一衆生在家者皆悉發心願求出家彼諸衆生既出家已不須種殖其地自然生諸粇米諸樹自然生諸衣服一切諸天供侍給使又佛藏經云當一心行道隨順法行勿念衣食有所須者如來白

毫相中一分供諸末代一切出家弟子亦不能盡又賢愚經云如百盲人有一明醫能理其目一時明見又有百人罪應挑眼一人有力能救其罪令不失目此之二人福雖无量猶不如聽人出家及自出家其德弘大

出家緣第三

初欲出家依律先請二師一是和上二是阿闍梨（請法如律）薩婆多論云若先請和上受十戒時和上不現前不得十戒若闇知死受戒不得若不聞死受戒得成闍梨應同又清信士度人經云若欲剃髮先於落髮處香湯灑地周圓七尺內四角懸幡安一高座擬出家者坐復施二勝座擬二師坐欲出家者著本俗服辭拜父母尊親等訖口說偈言

流轉三界中　恩愛不能脫　棄恩入無為
真實報恩者

說此偈已脫去俗服善見論云應以香湯洗浴除白衣氣度人經云雖著出家衣止得著涅洹僧及僧祇支未得著袈裟入道場時應來至和上前



䠒跪和上應生兒想不得生惡賤心弟子於師應生父想尊重供養和上為種種說法誡勗其心已來向闍梨前坐善見論云以香湯灌頂上說偈讚云

善哉大丈夫　能了世無常　捨俗趣涅洹
希有難思議

說此偈已教礼十方佛竟復說偈讚云

歸依大世尊　能度三有苦　亦願諸眾生
普入無為樂

說此偈已然後闍梨乃為剃髮度人經云為剃髮時傍人為誦出家唄云

毀形守志節　割愛無所親　棄家弘聖道
願度一切人

與剃髮時當頂留五三髮來至和上前䠒跪和上問言今為汝除去頂髮許不荅言好然後和上為著袈裟當正著時依善見論復說偈讚云

大哉解脫服　無相福田衣　披奉如戒行
廣度諸眾生

依度人經云既著袈裟已礼佛行道道俗從後遶三帀已復自說偈生慶荷意云



遇哉值佛者　何人誰不喜　福願與時會
我今獲法利

行道匝已又礼大眾及二師竟然後在下行坐受六親拜荷出家離俗意心懷歡喜父母諸親皆為作礼悅其道意應中前剃髮宜好令及得齋依毗尼母論云剃髮著袈裟已然後和上為受三歸五戒等（自外法用不可具述臨時斟酌生善亦勝）

引證緣第四

如雜寶藏經云昔有一婦女端正殊妙於外道法中出家修道時人問言顏貌如是應當在俗何故出家女人荅言如我今日非不端正但以小來猒惡婬欲令故出家我在家時以端正故早蒙處分早生男兒兒遂長大端正無比轉覺羸損如似病者我即問兒病之由狀兒不肯道為問不止兒不獲已而語母言我止不道恐命不全正欲具道無顏之甚即語母言我欲得母以私情欲以不得故是以病耳母即語言自古已來何有此事復自念言我若不從兒或能死今寧違理以存兒命即便喚兒欲從其意

兒將上牀地即劈裂我子即時生身陷入地獄我即驚怖以手挽兒捉得兒髮而我兒髮今日猶故在我懷中感切是事是故出家

又智度論云佛法中出家人雖破戒墮罪罪畢得解脫如優鉢羅華比丘尼本生經中說佛在世時此比丘尼得六神通獲阿羅漢果入貴人舍常讚出家法語諸貴人婦女言姊妹可出家諸貴婦女言我等少壯容色盛美持戒為難或當破戒比丘尼言破戒便破但出家問言破戒當墮地獄云何可破荅言墮地獄便墮諸貴婦女笑之言地獄受罪云何可墮比丘尼言我自憶念本宿世時作戲女著種種衣服而說雜語或時著比丘尼衣以為戲笑以是因緣故迦葉佛時作比丘尼自恃貴姓端正心生憍慢而破禁戒故墮地獄受種種罪受罪畢竟值釋迦牟尼佛出家得阿羅漢道雖復破戒可得道果復次如佛在祇桓有一醉婆羅門來到佛所求作比丘佛勑阿難與剃頭著法衣醉酒



既醒驚怖已身忽為比丘即便走去諸比丘問佛何以聽此醉婆羅門作比丘佛言此婆羅門无量劫中都無出家心今因醉故暫發微心以此因緣故後當出家得道如是種種因緣出家之利功德無量以是故白衣雖有五戒不如出家功德大也

又雜寶藏經云昔盧留城有優陁羨王聰明解達有大智慧有一夫人名曰有相端正少雙兼有德行王甚愛敬時彼國法諸為王者不自彈琴介時夫人在於曲室共王歡戲自恃王寵遣王彈琴自起為儛初舉手時王素善相覩見夫人死相已現計其餘命不過七日王即捨琴悵然長歎夫人白王受王恩寵敢於曲室求王彈琴自起為儛用為歡樂有何不適捨琴長歎願王告語王不肯荅慇懃不已王以實荅夫人聞之甚懷憂懼即白王言我聞石室比丘尼說若能信心出家一日必得生天我欲出家願王聽許以不王愛情重語夫人言至六日頭當聽汝去不相免意遂至六日



至已語夫人汝有善心求是出家若得生天必来見我我乃聽去作是誓已夫人許可便得出家受八戒齋即於其日飲石蜜漿腹中絞結至七日旦即便命終乘是善緣得生天上憶本誓故来詣王所光明熾盛遍照王宮時王問言汝為是誰天即荅言我是王婦有相夫人王喜白言願来就坐天荅之言我今觀王臭穢叵近但以先誓故来見王王聞是已心開意解而自歎言今彼天者本是我婦出家一日便得生天神志高遠而見鄙賤我今何故而不出家我曾聞說天一爪甲直一閻浮提地我此一國何足可貪作是語已捨位與子出家修道得阿羅漢又智度論偈云

孔雀雖有色嚴身　不如鴻鶴能遠飛
白衣雖有富貴力　不如出家功德深

又雜辟喻經云昔者兄弟二人居勢富貴資財无量父母終亡無所依仰雖為兄弟志念各異兄好道議弟愛家業其弟見兄不親家業恒嫌恨之共為兄弟父母早終勤念生活反棄

家業退逐沙門聽受佛經沙門豈能
與汝衣食財寶耶家轉貧困財物日耗
人所蚩笑懸廢門户繼續父母乃為
孝耳兄報之曰五戒十善供養三寶
以道化親乃為孝耳道俗相反自然
之願道之所樂俗之所惡俗之所珎
道之所賤智愚不同謀猶明冥是故
慧人去冥就明以道致真卿今所樂
苦惱之為豈知苦辛其弟含恚俾頭
不信兄見如是便謂弟曰卿貪家事
以財為貴吾好經道以慧為珎今是
捨家歸命福田計命寄世忽若飛塵
无常卒至為罪所纒是故捨世避欲
就安弟見兄意志趣道義寂然無報
兄則去家作沙門夙夜精進坐禪思
惟行合經法成道果證弟聞此言瞋
恚更盛弟貪家業未曾為法其後壽
終墮於牛中肥盛甚大賈客買取載
塩販之往還數迴牛遂羸頓不能復
前上坂困頓躄卧不起賈人撾打搖
頭繞動時兄遊行飛在虛空遥見其
弟便謂之曰弟居田宅今為所在而
自投身墮牛畜中即以威神照示本



命即自識知淺出自責由行不善慳
貪嫉妬不信佛法輕慢聖衆不信兄
語觝突自用故墮牛中疲頓困劣悔
當何逮兄知心念愴然哀傷即為牛
主説其本末賈人聞之便以施與即
將牛去送至寺中使念三寶飯食隨
時其命終盡得生忉利天時衆賈客
各自念言我等治生不能施與不識
道義死亦恐然便共出舍捐其妻子
棄所珎翫行作沙門精進不懈皆亦
得道由是觀之世間財寶不益於人
奉敬三尊修身學道世世獲安
又付法藏經云昔尊者羅漢闍夜多
將諸弟子詣徳叉尸羅城到其城已
慘然不悦小復前行路見一烏欣然
微笑弟子白師願説因縁尊者荅曰
我初至城於城門下見一鬼子飢急
語我我母入城為我求食向與母别
來經五百歲飢虛困乏命將不遠尊
者入城若見我母道我辛苦願語早
來我始入城便見彼母具説子意鬼
母荅我吾入城來經五百歲未曾能
得一人涕唾我既新産氣力羸劣設



得少唾諸鬼奪我今值一人遇得少
唾欲得出城共子分食門下多有大
力鬼神畏不敢出唯願尊者送我出
城我即將出令共子食我即問鬼生
來幾時鬼荅我言吾見此城七反成
壊我聞鬼言悲歎生死受苦長遠是
以慘然時彼烏者乃往過去九十一
刧有佛出世号毗婆尸我於尒時為
長者子欲得出家是時出家必得羅
漢父母不聽強為娉妻既得妻已復
求出家父母語我若生一子乃當相
放我尋受教後生一男至年六歲我
復欲去父母教兒求抱我脚啼哭而
言父若捨我誰見養活先當煞兒然
後可去我時見已起愛染心即語子
言吾為汝故不復出家由彼兒故從
是以來九十一刧流轉五道未曾得
見今以道眼觀見彼烏乃是前子愍
其愚癡久處生死是以微笑以是因
縁若復有人障他出家此人罪報常
在惡道受極苦痛無得解脱惡道罪
畢若生人中生盲無目是故智者若
見有人欲出家者應勤方便勸佐令

成勿作留難
又出家功德經云昔佛在世時佛與
阿難入毗舍離城時到乞食有一王
子字鞞羅美那與諸婇女在高樓上
共相娛樂佛聞樂音語阿難言我知
此人却後七日必當命終若不出家
或墮地獄阿難聞已即往教化勸其
出家王子聞勸於六日中極意受樂
至第七日求佛出家一日一夜修持
淨戒即便命終生四天王為北天王
毗沙門子與諸婇女受五欲樂極天
之壽滿五百歲後生忉利為帝釋子
壽天千歲次生炎摩復為王子壽二
千歲後生兜率亦為王子壽四千歲
次生化樂為天王子壽八千歲化樂
壽盡復生第六他化自在為天王子
與諸婇女所受五欲於下最勝盡天
壽命萬六千歲如是受樂於六欲天
往来七返而無中夭一日出家滿二
十劫不墮惡道常生天上受福自然
最後人中生富樂家財寶具足壯年
已過臨老猒世出家修道成辟支佛
名毗流帝梨廣度天人不可限量以



是因緣出家功德无量無邊不可為
喻假使羅漢滿四天下若有一人一
百歲中盡心供養四事無乏乃至涅
槃各為起塔華香瓔珞種種供養所
得功德不如有人為求涅槃一日一
夜出家持戒之功德也以斯而言出
家之法真可尊貴不得以少財色貪
著俗事流浪生死自苦其身
頌曰
三山羽化竟無成　五熱殷憂徒自縈
並入樊籠處塵館　何如寂慮出危城
鏡智圓規光且淨　月行馳輪皎復睛
側逕崎嶇尒迴轍　通莊達老豈同征

唄讚部第五（此有三緣）
述意緣　引證緣
歎德緣

述意緣第一
夫褒述之志寄在詠歌之文詠歌之
文依乎聲響故詠歌巧則褒述之志
申聲響妙則詠歌之文暢言詞待聲
相資之理也尋西方之有唄猶東國
之有讚讚者從文以結章唄者短偈
以流頌比其事義名異實同是故經



言以微妙音聲歌讚於佛德斯之謂
也昔釋尊入定琴歌震於石室娑提
颰唄清響徹於淨居覺世至音固無
得而稱矣至于末代修習極有明驗
是以陳思精想感魚山之梵唱帛橋
誓願通大士之妙音藥練勤行受法
韻於幽祇文宣勵誠發夢響於齋室
並能寫氣天宮摹聲淨刹抑揚詞契
吐納節文斯亦神應之顯徵學者之
明範也原夫經音為懿妙出自然製
用可修而研響非習蓋所以炳發道
聲移易俗聽當使清而不弱雄而不
猛流而不越凝而不滯匪發折驚之
風韻結霄漢之氣遠聽則汪洋以峻
雅近屬則從容以和肅此其大致也
經稱深遠雷音其在茲乎若夫梵讚
聆齊衆集永久夜緩晚遲香銷燭掩
睡蓋覆其六情嬾結纏其四體於是
擇妙響以升座選勝聲以啓軸宮商
唄發動王振金反折四飛哀悅七衆
同迦陵之聲等神鸞之響能使寐魂
更開惰情還肅滿堂驚耳列席歡心
當尒之時乃知經聲之為貴矣

引證緣第二

如長阿含經云其有音聲五種清淨乃名梵聲何等為五一者其音正直二者其音和雅三者其音清徹四者其音深滿五者周遍遠聞具此五者乃名梵音

又梵摩喻經云如來說法聲有八種一最好聲二易了聲三柔耎聲四和調聲五尊慧聲六不誤聲七深妙聲八不女聲言不漏闕無得其短者

又十誦律云為諸天聞唄心喜故開唄聲也又毗尼母經云佛告諸比丘聽汝等唄唄者言說之辭雖聽言說未知說何等法佛言從修多羅乃至優婆提舍隨意所說十二部經復有疑心若欲次第說文衆大文多恐生疲厭若略撰集好辭直示現義不知如何以是因緣具白世尊佛即聽諸比丘引經中要言妙辭直顯其義尒時有一比丘去佛不遠立高聲作歌音誦經佛聞不聽用此音誦經有五過患同外道歌音說法一不名自持二不稱衆三諸天不悅四語不正難



解五語不巧故義亦難解是名五種過也

又賢愚經云昔佛在世時波斯匿王與兵衆至祇洹邊過聞一比丘唄聲雅好軍衆士聽無有猒足象馬竪耳住不肯行王與軍衆即入寺看見唄比丘形貌矬短醜陋極感王不忍看王即問佛今此比丘宿作何業得斯果報佛告王曰乃往過去有佛出世号曰迦葉入涅槃後機里毗王收取舍利欲用起塔有四龍王化作人形来到王所問起塔事為用寶作為用土耶王即荅言欲令塔大無多寶物令是土作令方五里高二十五里龍白王言我是龍王故来相問若用寶作我當佐助王聞歡喜龍復語王四城門外有四泉水東門泉水取用作甎變成瑠璃南門泉水取用作甎變成黃金西門泉水取用作甎變成白銀北門泉水取用作甎變成白玉王聞是語倍增歡喜即立四監各典一相其三監者作工欲成一監懈怠工獨不就王行看見以理呵責其人懷



怨而白王言此塔太大當何時成王勑作人晝夜勤作一時都訖塔極高峻衆寶莊嚴極有異觀其監見已歡喜踊躍懺悔前過持一金鈴著塔棠頭發其願言令我所生音聲極好一切衆生莫不樂聞將来有佛号釋迦牟尼使我得見度脫生死緣於往昔嫌塔大故生恒醜陋由持金鈴懸塔棠頭乃願見佛徒是以来五百世中極好音聲今復值佛出家修道得阿羅漢果以是因緣一切衆生見他作福不應毀呰後得惡報悔無所及也

歎德緣第三

如菩薩本行經云佛告阿難我念往昔有一如来出現於世号曰弗沙多陁阿伽度阿羅呵三藐三佛陁時彼佛在雜寶窟內我見彼佛心生歡喜合十指掌翹於一脚七日七夜而將此偈讚歎彼佛而說偈言

天上天下無如佛　十方世界亦無比
世間所有我盡見　一切無有如佛者

阿難我以此偈歎彼佛已發如是願乃至彼佛語侍者言是人過於九十

四劫當得作佛号釋迦牟尼我於彼時得受記已不捨精進增長功德無量世中作梵釋天轉輪聖王以是善業因縁力故我得四種辯才具足無有一人能與我論降伏我者我得成阿耨菩提乃至轉於無上法輪

又涅槃經云時迦葉菩薩即於佛前以偈讃佛

憐愍世間大醫王　身及智慧俱寂靜
無我法中有真我　是故敬礼無上尊
發心畢竟二不別　如是二心先心難
自未得度先度他　是故我礼初發心

又發菩提心論論主說偈讃佛云

敬礼無邊佛　去来現在佛　等空不動智
救世大悲尊

吾師天中天兩行偈（出普曜經）云何得長壽兩行偈（出涅槃經）如来妙色身兩行偈（出勝鬘經）處世界如虛空兩行偈（出超日明經）

大慈哀愍群生　為蔭盖盲冥者
開無目使視睞　化未聞以道明
處世界如虛空　猶蓮華不著水
心清淨超於彼　稽首礼無上尊

述曰漢地流行好為刪略所以處衆作唄多為半偈故毗尼母論云不得作半唄得突吉羅罪然此梵唄詞音未審依如西方出何典誥答但聖開作唄依經讃偈取用無妨然関内関外吴蜀唄詞各隨所好唄讃多種但漢梵既殊音韻不可互用至於宋朝有康僧會法師本居康國人博學辯才譯出經典又善梵音傳泥洹唄聲製哀雅擅美於世音聲之學咸取則焉又昔晉時有道安法師集製三科上經上講布薩等先賢立制不墜於地天下法則人皆習行又至魏時陳思王曹植字子建魏武帝第四子也幼含珪璋七歲屬文下筆便成初不改定世間術藝無不畢善邯鄲淳見而駭目稱為天人植每讀佛經輒流連嗟翫以為至道之宗極也遂製轉讀七聲升降曲折之響世之諷誦咸憲章焉嘗遊魚山忽聞空中梵天之響清雅哀婉其聲動心獨聽良久而侍御皆聞植深感神理弥悟妙法應乃摹其聲節寫為梵唄撰文製音傳為後式梵聲顯世始於此焉其所傳唄凡有六契

又百縁經云昔佛在世時舍衛城中有諸人民各自莊嚴作唱伎樂出城遊戲至城門中遇值佛僧入城乞食諸人見佛歡喜礼拜即作伎樂供養佛僧發願而去佛即微笑語阿難言此諸人等由作伎樂供養佛僧縁此功德於未来世一百劫中不墮惡道天上人中常受快樂過百劫後成辟支佛皆同一号名曰妙聲　以是因縁若人作樂供養三寶所得功德無量無邊不可思議故法華經偈云

若使人作樂　擊鼓吹角貝　簫笛琴箜篌
琵琶鐃銅鈸　如是衆妙音　盡持以供養
皆以成佛道

又菩薩處胎經云緊那羅住須弥山北過小鐵圍有大黑山亦在十寶山間無有佛法日月星辰由昔布施之力今居七寶宮殿壽命甚長此王本人中有大長者興造佛塔此緊那羅施一剎柱成辦寺廟復以淨食施於工匠壽盡作脊臆神在兩山間先在人中為大長者居財無量有一沙門

乞食婦擎飯施之乃大瞋怒云何乞人瞻視我婦當令此人手脚斷壞壽終以後受此醜形八十四劫常無手足諸天識會皆悉與乾闥婆分番上下天欲奏樂而其腋下汗流便自上天有一緊那羅名頭婁磨琴歌諸法實相以讚世尊時須弥山及諸林樹皆悉震動迦葉在座不能自安五百仙人心生狂醉失其神足

又大樹緊那羅王所問經云尒時大樹緊那羅王以已所彈瑠璃之琴閻浮檀金華葉莊嚴善淨業報之所造作在如来前善自調琴及餘八萬四千伎樂是大樹王當彈此琴鼓衆樂時其音普皆聞此三千大千世界是琴音聲及妙歌聲隱蔽欲界諸天音樂所有諸山藥草叢林悉皆遍動如人極醉前却顛倒須弥頗礙涌沒不定一切凡聖唯除菩薩不退轉者其餘一切聞是琴聲及諸樂音各不自安從坐起儛一切聲聞放捨威儀誕㺃逸樂如小兒儛戲不能自持尒時天冠菩薩語是聲聞大迦葉等汝諸大德已離煩惱得八解脫云何今者各捨威儀如彼小兒舉身動儛於時大德諸聲聞等荅言善男子我於是中不得自在如旋嵐大風吹諸樹木彼無有力能自安持非彼本心之所欲樂尒時天冠菩薩語大迦葉汝今觀是不退菩薩威德勢力誰見如是而當不發無上正真菩提道心琴聲威力皆說法音八千菩薩得無生忍

頌曰

玄亮吐清氣　神響徹幽聲　登臺發春詠
高興避希蹤　乘虛感靈覺　魚山振思童
摹寫天歌梵　冥布法音同　哀婉故不下
飄颻數仞中　比丘歌聲唄　人畜振心鍾
斯由暢玄句　即感鳫遊空　神朝發筌悟
豁尒自靈通

香燈部第六此有四緣

述意緣　華香緣
然燈緣　懸旛緣

述意緣第一

夫因事悟理必藉相以導真瞻仰聖容賴華香以薦奉是以寶華飄颻含綺采而像紅蓮名香欝馥若輕雲而似碧霧燈曰舒則夜卷月生則陰滅燈之破暗猶慧之銷障是以虔躬燈王尅成弥陁之尊致力續明遂受定光之号茅照輕緣近獲身色之暉燭施微因遠受天眼之報況乃振此大智開彼勝光者哉是以育王臨終之日揔造八萬四千之燈普照八萬四千之塔兼復神旛飄舉冀騰翥於大千珠紫相暎吐輝煥於百億慧風時動清升之業有徵徵吹時来輪王之報無盡也

華香緣第二

如佛說華聚陁羅尼經云佛言若復有人於如來滅度之後行於曠路見如来塔廟於一華一燈若一團泥用塗像前以用供養乃至能持一錢施於佛像為補治故若以一掬水用灑佛塔除去不淨以華香供養舉足一步詣於塔寺一稱南無佛欲使是人㬀三惡道百千萬劫終無是處

又正法念經云若有衆生持戒香塗佛塔命終生香樂天與諸天女常相娱樂從天命終得受人身生大富家

又採華授決經云時有羅閱國王使十餘人常採好華以給王家後宮貴人一日出城採華遇佛發心稽首為礼心自念言寧棄身命以華上佛并散聖衆縱使見害不墮苦痛便以華散佛及聖衆却自歸命一心重禮佛知其念甚慈愍之具為說法諸採華人皆發道意佛即授決後當得佛号曰妙花時採花夫還歸家中與二親別我今命盡為王見煞父母愕然問何罪咎具荅所由無華貢王必見危命故辝別耳二親聞之益以愁慼發匧視之滿中好華香徹四面父母告曰可以進王時王大瞋何晏不來將人反縛罪當棄市採人見王面色不變王怪問之汝等罪過命在當煞何故不懼即白王曰人生有死物成有敗毎以罪法不惜身命朝来採花值佛供上以知違令罪當合死寧以有德而死不以無德而存還視花匧續滿如故皆是如来恩仁所覆王甚怪之心不信然故詣佛所問佛是意佛言實然此人至心欲度十方不惜身命



故取衆華以散佛上意無想報以得受決將来成佛号曰妙華王大歡喜解縛悔過自責愚意不及菩薩唯願其罪佛言善哉能自改者與無過同

又百縁經云佛在舍衛國祇樹給孤獨園尒時世尊將諸比丘著衣持鉢將詣乞食至一巷中有一婦女抱一小兒在巷坐地時彼小兒逢見世尊心懐歡喜從母索花母即與買小兒得已持詣佛所散於佛上於虛空中變成華蓋隨佛行住小兒見已甚大歡喜發大擔願以此供養善根功德使我来世得成正覺過度衆生如佛無異尒時世尊見此小兒發是願已佛即微笑從其面門出五色光遶佛三匝還從頂入尒時阿難前白佛言如来尊重不妄有笑以何因縁今者微笑唯願世尊敷演解說佛告阿難汝今見此小兒以花散我於未来世不墮惡趣天上人中常受快樂過十三阿僧祇成辟支佛号曰花盛廣度衆生不可限量是故笑耳尒時諸比丘聞佛所說歡喜奉行

又百縁經云佛在舍衛國祇樹給孤獨園時彼城中豪富長者皆共聚集詣泉水上作唱伎樂而自娛樂為波羅奈國作花會時彼會中遣於一人詣林採波羅奈花作鬘時採花人送来會所路見世尊相好光明普曜如百千日心懐歡喜前礼佛足以所採花散佛而去還復上樹採花枝折墮死命終生忉利天端正殊妙以波羅奈花而作宮殿帝釋問曰汝於何處造脩福業而来生此以本因縁具報帝釋尒時帝釋以偈讚曰

身如人金色　照曜極鮮明　容顔貌端正
諸天中最勝

尒時天子即說偈荅帝釋曰

我蒙佛恩德　散以波羅花　由是善因縁
今得是果報

尒時天子即共帝釋来詣佛所佛為說法心開意解破二十億邪見業障得須陁洹果心懐欣慶即於佛前說偈讚佛

巍巍大世尊　最上無有比　父母及師長
功德無有及　乾竭四大海　超越白骨山

閉塞三惡道　能開三善門
又雜寶藏經云介時天女說偈曰
我昔以花鬘　奉迦葉佛塔　今生於天上
獲是勝功德　生在於天中　報得金色身
又薩婆多論云若四方僧地不得作
塔為佛法自為種殖若僧和合者得
不和合者不得作之若僧地有種種
華應淨人取次第與僧隨意供養不
得私取自供養三寶若華多僧取不
盡若僧和合聽隨意取之若僧坊內
不得起塔作像以近人臭穢不清淨
故若重閣舍若經像在下重不得在
上住若塔地華不得供養僧法正應
供養佛此華亦得賣取錢以供養塔
用若屬塔水以供養塔用設用有殘
若致功力是塔人者應賣此水以錢
屬塔不得餘用用則計錢犯罪若塔
內無人設水功力一由僧人殘水多
少善好籌量用之
又文殊問經云介時文殊師利白佛
言世尊諸供養餘華用治衆病其法
云何佛告文殊華各別呪一百八遍
誦佛華呪曰

南無佛闍寫冶莎呵
般若波羅蜜華呪曰
那末柯盧覆民首反
般若波羅蜜多囊莎呵
佛足華呪
那莫波陁俐點躭膻莎呵
菩提樹華呪曰
南無菩提過力龕嵐莎訶
轉法輪處華呪曰
南無達摩斫柯羅夜莎呵
塔華呪曰
那莫輪跋邪莎呵
菩薩華呪曰
南無菩提薩埵野莎呵
衆僧華呪曰
那莫僧伽野莎呵
佛像華呪曰
那莫波羅底邪莎呵
佛告文殊師利用此華者若四衆能
信修行應當早起清淨澡浴漱口念
佛功德恭敬此華不以足蹈及蹋華
上如法執取安置淨器若人患寒熱
頭痛皆以冷水摩華以用塗身若吐

痢出血或腹內煩疼以漿飲摩華當
服此華飲若口有瘡以暖水摩華含
此華汁若天雨不止於空閑處以火
燒華令雨即止若天亢旱在空閑處
以華置水中復呪冷水更灑華上天
即降雨若牛馬等本性不調以華飴
之即便調伏若諸果樹華實不茂以
冷水牛糞摩取華汁以灌其根不得
踐蹋華實即多若田中多水苗稼損
減損華為末以散田中即得滋長若
國中疾病以冷水摩華塗鼙鼓等吹
擊出聲聞者即愈若敵國怨賊欲來
侵損以水摩華在於彼處用灑散之
即得退散若於高山有盤石處衆多
比丘於石上摩華既竟相與礼拜久
後石上自生珎寶簡要略述餘廣依經
佛告文殊一一誦滿一百八遍此呪
章句汝於處處當說如佛華法餘華
亦介又華嚴經云昔人中有香名大
象藏因龍鬪生若燒一丸興大光明
細雲覆上味如甘露七日七夜降香
水雨若著身者身則金色若著衣服
宮殿樓閣亦悉金色若有衆生得聞

此七日七夜歡喜悅樂滅一切病無有横枉遠離恐怖危害之心專向大慈普念衆生我知彼已而為說法令無量衆生得不退轉又牛頭栴檀香從離垢山生若以塗身火不能燒

又百縁經云昔佛在世時迦毗羅衛城中有一長者其家巨富財寶无量不可稱計生一男兒容貌端正世所希有身諸毛孔出栴檀香從其口出優鉢華香父母見已歡喜无量因為立字名栴檀香年漸長大求佛出家得阿羅漢果比丘見已而白佛言此栴檀香宿殖何福生於豪族身口出香又值世尊出家得道佛告比丘乃往過去九十一劫毗婆尸佛入涅槃後時有王名槃頭末帝收其舍利造四寶塔高一由旬而供養之時有長者入佛塔中見地破落和泥塗治以栴檀香坌散其上發願而去緣是功德從是以來九十一劫不墮惡道天上人中身口常香受福快樂乃至今者遭值於我出家得道

又大莊嚴論云佛言我昔曾聞迦葉佛時有一法師為衆說法於大衆中讃迦葉佛以是縁故命終生天於人天中常受快樂於釋迦文佛般涅槃後百年阿輸迦王時為大法師得阿羅漢常有妙香從其口出時彼法師去王不遠為衆說法口中香氣達於王所王聞香氣心生疑惑作是思惟彼比丘者為和妙香含於口耶香氣乃尒作是念已語比丘言開口漱口猶有香氣比丘白王何故語我張口漱口時王荅言我聞香氣心生疑故使張口及以漱口香氣逾盛唯有此香口比丘餘無有香王語比丘願為我說比丘微笑即說偈言

天地自在者　今當為汝說　此非沈水香
復非華蓁莚　栴檀等諸香　和合能出是
我生希有心　而作如是言　由昔讃迦葉
便獲如是香　彼佛時已合　與新香無異
晝夜恒有香　未曾有斷絶

又日雲經云香煙不盡放地得越棄罪盡五百歲墮糞屎地獄何以故由放恣心故又夜問經云莊嚴供養具以口吹去灰者墮優鉢羅地獄傍報作風神王又要用寂經云鼻齅香者由滅香氣無其福德正報墮波頭摩地獄未來世鼻根無香味又曰供養經云供養時香不合聞者墮黑糞屎地獄盡其半劫受罪得无信慧報何以故由起下氣坌香故（右三經雖无目錄並感賢聖授之故）

又三千威儀云燒香者佛前有三事一易中故香二當自出香三當布與人具香鑪有三事一當先到去施灰拾取中香聚一面二當拭令淨乃著火還取故香著中三火著時熾然不得吹令炭滅

然燈緣第三（別操記之文尒）

如菩薩本行經云佛言我昔無數劫來放捨身命於閻浮提作大國王便持刀授與左右勅令剜身作千燈處出其身宍深如大錢以蘇油灌中而作千燈安炷已訖語婆羅門言先說經法然後炙燈而婆羅門為王說偈言

常者皆盡　高者亦墮　合會有離
生者有死

王聞偈已歡喜踊躍令為法故以身

為燈不求世榮亦不求二乘之燈持是功德願求無上正真之道發是願巳即時大千世界六種震動身炙千燈一切諸天帝釋梵王輪王等皆来慰問身炙千燈得無痛耶頗有悔耶王荅天帝不以為痛亦無悔恨若無悔恨何以為證王便誓言而我千燈用求無上之道審當成佛者諸瘡即愈作是語已身即平復無有瘡瘢帝釋諸天王臣眷屬无量庶民異口同音悲讃歎喜皆行十善

如阿闍世王受决經云時阿闍世王請佛食巳佛還祇洹王與耆婆議曰佛飯巳竟更復何宜耆婆言唯多然燈於是王即勑百斛麻油膏從宮門然至祇洹精舍時有貧窮老母見王作此功德乃更感激行乞得兩錢以至油家買油膏主曰母人大貧窮乞得兩錢何不買食以自連繼用此膏為母曰我聞佛生難值百劫一遇我幸逢佛而無供養今日見王作大功德雖實貧窮欲然一燈作後世本於是膏主喜其至意與兩錢膏應得二合特益三合凡得五合母則往當佛前然之計此不足半夕乃自誓言若我後世得道如佛膏當通夕光明不消作礼而去王所然燈或滅或盡毋所然燈光明特朗殊勝諸燈通夕不滅膏又不盡至明朝旦佛告目連天今巳曉可滅諸燈目連承教以次滅燈諸燈皆滅唯母一燈三滅不盡便舉袈裟以扇之燈光益明乃以威神引隨嵐風以吹燈燈更熾威上照梵天傍照三千世界悉見其光佛告目連止止此當来佛之光明功德非汝威神所滅此母宿命供養百八十億佛巳從前佛受决務以經法未暇脩檀故今貧窮無有財寶却後三十劫當得作佛号曰須弥燈光如来至真等正覺世界無有日月人民身中皆有大光光明相照如忉利天母聞歡喜作礼而去王聞耆婆我作功德巍巍如此佛不與我决此母一燈便與授决耆婆曰王所作雖多心不車一不如此母注心於佛也於是後時闍王以至誠心奉獻油華供養佛故佛便授王决曰却後八萬劫劫名喜觀王當為佛佛号淨其闍王太子名栴陁和利時年八歲見父受决甚大歡喜即脫身衆寶以散佛上曰願淨其佛所我作金輪王得供養佛佛般泥洹我當承續為佛佛言必如汝願佛号栴檀

又賢愚經云阿難白佛不審世尊過去世中作何善根到斯無極燈供果報佛告阿難過去二阿僧祇九十一劫此閻浮提有大國王名波塞奇國大夫人生一太子身紫金色相好具足後漸長大出家成佛教化人民度者甚多尒時父王請佛及僧三月供養有一比丘字阿梨蜜羅（晉言聖友）於三月中作燈檀越日日入城求索蘇油燈炷之具時王女名曰牟尼蹬於高樓見此比丘日行入城經營所須心生敬慇遣人往問何所營理比丘報言我今三月與佛及僧作燈檀越求乞蘇油燈炷之具使還報知王女歡喜自今巳往莫復行乞我當給汝燈炷之具比丘可之於是巳後常送蘇油燈

炷之具聖及比丘誠心欵著佛授其記汝於来世阿僧祇劫當得作佛名曰定光（餘經名然燈佛）王女牟尼聞聖及比丘授記作佛心自念言佛燈之物悉是我有比丘已記我獨不得作是念已往詣佛所自陳所懷佛復授記告牟尼曰汝於来世二阿僧祇九十一劫當得作佛名釋迦牟尼十号具足王女聞記歡喜發心化成男子重礼佛足求為沙門佛便聽之精脩不息由昔燈明布施從是已来無數劫中天上人閒受福自然身體殊異超絶餘人至今成佛受此燈明之報

又施燈功德經云佛告舍利弗或有人於佛塔廟諸形像前而設供養故奉施燈明乃至以少燈炷或蘇油塗然持以奉施其明唯照一道一階舍利弗如此福德非是一切聲聞緣覺所能可知唯佛如来乃能知也求世報者福德尚尒况以清淨深樂心相續無閒念佛功德照道一階福德尚尒何况全照一階道也或二三四階道或塔身一級二級乃至多級一面二

面乃至四面乃至佛形像舍利弗彼所然燈或時速滅或風吹滅或油盡滅或炷盡滅或俱盡滅如是少時於佛塔廟奉施燈明為信佛法僧故如是少燈奉施福田所得果報福德之聚唯佛能知少燈尚多不可筭數況我滅後於佛塔寺若自作若教他作或然一燈二燈乃至多燈香花瓔珞寶幢幡盖及餘種種勝妙供養復次若人於佛塔廟施燈明已臨命終時得三種明何等為三一者彼人臨命終時先所作福悉皆現前憶念善法而不忘失因此念已心生踊悅二者因此便能起念佛能行布施得欣喜心無有死苦三者因此便得念法之心又舍利弗彼人臨命終時更復得見四種光明何等為四一者臨終見於日輪圓滿踊出二者見淨月輪圓滿踊出三者見諸天衆一處而生四者見於如来應正遍知坐菩提樹垂得菩提自見已身尊重如来合十指掌恭敬而住又舍利弗於佛塔廟施燈明已於臨終時得見如是四種光

明死已便生三十三天生彼天已於五種事而得清淨一者得清淨力二者於諸天中得殊勝威德三者常得清淨念慧四者常得聞於攝意之聲五者而得眷屬常護彼意心得欣喜於彼天宫捨壽命已不墮惡趣生於人中冣上種姓信佛法家其時世閒若無佛者亦不在輕賤吉凶邪見家生由施燈已復得四種可樂之法何等為四一者色力二者資財三者大喜四者智慧若人住於大乘於佛塔廟施燈明已得於八種可樂勝法何等為八一者獲勝肉眼二者得於勝念無能測量三者得於勝達分天眼四者為於滿足修集道故得不缺戒五者得智滿足燈於涅槃六者先所作善得無難處七者所作善業得值諸佛能為一切衆生之眼八者以彼善根得轉輪王所得輪寶不為他障其身端正或為帝釋得大威力具足千眼或為梵王善知梵事得大禪定舍利弗以是迴向菩提善根得是八種所樂勝法又舍利弗若人於如来

前見他施燈信心清淨合十指掌起隨喜心以此善根得於八種增上之法何等八一者得增上色二者得增上眷屬三者得增上戒四者於人天中得增上生五者得增上信六者得增上辯七者得增上聖道八者得阿耨菩提又告舍利弗有五種法最為難得一者得人身難二者於佛正法得信樂難三者樂於佛法得出家難四者具清淨戒難五者得漏盡難一切眾生於是五法言為難得汝等已得（此經一卷略之要言）

又辟喻經云昔佛在世時諸弟子中德各不同如舍利弗智慧第一大目連神通第一如阿那律天眼第一能見三千大千世界乃至微細無幽不覩阿難見已而白佛言此阿那律宿有何業天眼乃尒佛告阿難乃往過去九十一劫毗婆尸佛入涅槃後此人尒時身作劫賊入佛塔中欲盗塔物時佛塔中佛前然燈其燈欲滅賊即以箭正燈使明見佛威光歘然毛竪即自念言他人尚能捨物求福我云何盗便捨而去緣正燈炷福德因緣從是以来九十一劫恒生善處漸捨諸惡福祐日增令得值我出家修道得阿羅漢於眾人中天眼徹視最為第一何況有人生心割捨然燈佛前所獲福德難可稱量又智度論云若人盗佛塔中珠及盗燈明死墮地獄若出為人世世生盲

又灌頂經云救脫菩薩白佛言若族姓男女其有困篤著牀痛惱无救護者我今當勸請諸眾僧七日七夜齋戒一心受持八禁六時行道四十九遍讀是經典勸然七層之燈懸五色續命神幡阿難問言續命幡燈法則云何神幡五色四十九尺燈亦復尒七層之燈一層七燈燈如車輪若遭厄難閉在牢獄枷鎖著身亦應造立幡燈放諸雜類眾生至四十九可得過度危厄之難不為諸横惡鬼所持

又起日明三昧經云日天王與無數天人来詣佛所稽首言以何等行得為日天照四天下復以何緣而為月天照除夜冥佛言有四事一常喜布施二修身慎行三奉戒不犯四然燈於佛寺若於父母沙門道人皆值光明又身口意行不煞等十善佛言又有四事得為月王一布施貧匱二奉持五戒三恭事三尊四冥設燈光於君父師等

又僧祇律云佛言從今日聽然燈時當置火一邊漸次然之當先然照舍利及佛形像先礼拜已當依次然餘處滅時不得卒滅當言諸大德欲滅燈不聽用口吹滅（義云為有食火虫恐人口氣損虫所以不聽口吹也）聽以手扇滅及衣扇滅當䍐折頭炷去入時不得卒入當唱言諸大德燈欲入始得入之若不如是越威儀法也

又三千威儀云然燈有五事一當持淨巾拭中外令淨二當作淨炷三當自作麻油四著膏不得令滿亦不得令少五當護令堅莫懸妨人道

又五百問事云續佛光明晝不得滅佛無明闇以本無言念齊限故滅有罪又大唐三藏波頗師云佛前燈無處取燈以物傍取不損光者得

懸幡緣第四

如迦葉詰阿難經云昔阿育王自於境内立千二百塔王後病困有一沙門省王病王言前為千二百塔各織作金縷幡欲手自懸幡散華始得成辦而得重病恐不遂願道人語王乞王好叉手一心道人即現神足應時千二百塔皆在王前王見歡喜便使取金幡金花懸諸刹上塔寺伍仰即皆就王手王得本願身復病愈即發大意延壽二十五年故名續命神幡

又普廣經云若四輩男女若臨終時若已過命於其亡日造作黃幡懸著刹上使獲福德離八難苦得生十方諸佛淨土幡蓋供養隨心所願至成菩提幡隨風轉破碎都盡至成微塵幡一轉時轉輪王位乃至吹塵小王之位其報无量然燈供養照諸幽冥苦痛衆生蒙此光明得來相見緣此福德拔彼衆生悉得休息

問曰何故經中為亡人造作黃幡掛於塚塔之上者荅曰雖未見經釋然可以義求此五大色中黃色居中用表忠誠盡心修福為引中陰不之惡



趣莫生邊國也又黃色像金鬼神冥道將為金用故俗中解祠之時剪白紙錢鬼得白錢用剪黃紙錢鬼得金錢用問曰何以得知荅曰冥報記冥祥記具述可知又辟諭經云有人窖粟數百石時有穀賊盜主人粟盡開窖不見一粒主人唯見一虫身軀極大捉得拷問汝何以盜我粟盡汝是何神虫報主人言汝將我至四衢路首有識知我者主人取語將至交首道逢有官騎黃馬著黃衣車乘衣服皆同黃色黃官問虫云穀賊汝何在此主人方知虫是穀賊主人又問向乘馬黃衣是誰穀賊言是黃金之精以報主人食粟之直主人因此得金用不可盡良由人鬼趣別感見不同故聖制黃幡為其亡人挂之塔塚令魂神尋見得寶救濟冥之也

又百緣經云昔佛在世時迦毗羅衛城中有一長者其家巨富財寶无量不可稱計生一男兒端正殊妙與衆超絶其兒初生於虛空中有一大幡遍覆城上父母見已歡喜无量因為



立字名波多迦年漸長大求佛出家得阿羅漢三明六通具八解脫比丘見已而便白佛言此波迦多宿殖何福生便端正與衆超絶於虛空中有大幡蓋遍覆城上又值世尊出家得道佛告比丘乃往過去九十一劫毗婆尸佛入涅槃後時有王名槃頭末帝收其舍利造四寶塔高一由旬而供養之時有一人於彼塔邊施設大會作一長幡懸著塔上發願而去緣是功德從是以來九十一劫不墮惡道天上人中常有大幡覆蔭其上受福快樂乃至今者遭值於我出家得道

又菩薩本行經云昔佛在世與諸比丘及與阿難從鞞羅延國遊行村落時天盛熱無有陰涼有放羊人見佛涉熱即起淨心編草作蓋用覆佛上遊隨佛行去羊大遠放蓋擲地還趣羊邊佛便微笑告阿難言此放羊人以恭敬心而以草蓋用覆佛上以此功德十三劫中不墮惡道天上人間生尊貴家快樂無極常有自然

七寶之蓋而在其上竟十三劫出家修道成辟支佛名阿耨菩提

頌曰

久厭無明樹　方欣柰苑鮮　始入香山路
終逢不壞身　定花發智果　神燈照梵天
霞幡同錦色　芬馥合鑪煙　宛轉騰空靡
倒下似紅蓮　夙夜風吹轉　重疊輪王因
攀仰無厭足　結侶感留瞻　何知色中緣
招福壽延年

諸經要集卷第四

諸經要集卷第四

校勘記

一　底本，金藏廣勝寺本。五二八頁中至五三五頁上共二十版，原版殘缺，以麗藏本換。

一　五二八頁中三行「唄讚……第六」，[徑]、[清]無。

一　五二八頁中八行「至人」，[資]作「至入」。

一　五二八頁中一一行第八字「霧」，[徑]、[清]作「鶩」。

一　五二八頁下六行第一二字「因」，[資]作「田」；[磧]、[普]、[南]、[徑]、[清]作「用」。

一　五二八頁下八行首字「大」，[磧]、[普]、[南]、[徑]、[清]作「正」。

一　五二八頁下一八行末字「處」，諸本作「住處」。

一　五二八頁下二一行末字「苦」，諸本作「樂」。

一　五二九頁上一二行末字「者」，諸本作「者是」。

一　五二九頁上一七行「真寂法」，諸本作「真實法」。

一　五二九頁中二行「齊限」，諸本作「剂限」。

一　五二九頁下一行「少得」，諸本作「得已」。

一　五三〇頁上三行「能理」，諸本作「能治」。

一　五三〇頁上一六行第八字「服」，諸本作「衣服」。

一　五三〇頁中一二行「唄云」，諸本作「頌云」。

一　五三〇頁中二二行「道俗」，諸本作「俗人」。

一　五三〇頁下四行「拜荷」，諸本作「拜賀」。

一　五三〇頁下八行夾註左「彌勝」，諸本作「爲勝」。

一　五三〇頁下一七行「病之由狀」，諸本作「病狀之由」。

一　五三二頁上二行第四字「食」，諸本無。

一　五三二頁中六行第四字「送」，諸本作「還」。

一　五三二頁中九行「出舍」，諸本作「出家」。

一　五三二頁中一二行「三尊」，諸本作「三寶」。

一　五三二頁中二一行第三字「始」，磧、普、南、徑、清作「如」。

一　五三二頁下一三行第八字「求」，諸本作「來」。

一　五三二頁下末行第四字「欲」，諸本作「求」。

一　五三三頁上一〇行「四天王」，諸本作「四天王天」。

一　五三三頁上一二行「忉利」，諸本作「忉利天」。

一　五三三頁上二一行「富樂」，諸本作「富貴」。

一　五三三頁中一一行第三字「繁」，磧、普、南、徑、清作「樊」。

一　五三三頁下一行第四字「妙」，諸本作「妙之」。同行第八字「讚」，諸本作「詠」。

一　五三三頁下一六行末字「讚」，諸本作「講」。

一　五三三頁下二〇行「王振」，諸本作「玉震」。

一　五三四頁中一六行第一三字「王」，諸本作「王言」。

一　五三四頁中一八行「塹變」，諸本作「墼變」。下同。

一　五三四頁中二二行首字「相」，諸本作「廂」。

一　五三四頁下四行末字及九行首字「棠」，諸本作「棖」。

一　五三五頁上一八行夾註「超月」，資、磧、普、南作「起日」；徑、清作「超日」。

一　五三五頁中六行「宋朝」，資、磧、普、南、徑、清作「吴朝」。

一　五三五頁中一四行第二字「舍」，諸本作「含」。

一　五三五頁中一六行第三字「目」，諸本作「服」。

一　五三五頁中一八行首字「讚」，諸本作「讀」。

一　五三五頁中二一行第一二字「妙」，諸本無。

一　五三六頁上一八行「頗硪」，資、磧、普、南、徑、清作「巔峨」；麗作「破硪」。

一　五三六頁上二二行「藐逸」，資、磧、普、南、徑、清作「貌迄」；麗作「貌逸」。

一　五三六頁中一四行首字「飆」，磧、南、清作「飄」。

一　五三六頁中一六行首字「豁」，諸本作「谿」。

一　五三六頁中一六行「自靈通」，至此，徑、清卷第四上終，卷第四下始。

一　五三六頁中二二行「薦奉」，資、磧、普、南、徑、清作「供奉」。

一　五三六頁中末行第二字「采」，資、磧、普、南作「彩」。

一　五三六頁下四行第三字「茅」，資、

磧、普、南、徑、清作「第」。

一　五三六頁下一九行「欲使」，資、磧、普、南、徑、清作「故使」。

一　五三七頁上九行第七字「夫」，麗作「人」。

一　五三七頁上一四行「何見不來」，資、磧、普、南、徑、清作「不見花來」。

一　五三七頁上一五行「採人見王」，資、磧、普、南、徑、清作「宮人見其」。

一　五三七頁上一九行第六字「令」，資、磧、普、南、徑、清作「命」。

一　五三七頁上二〇行「而存」，資、磧、普、南、徑、清作「而生」。

一　五三七頁中九行「與買」，資、磧、普、南、徑、清作「與花」。

一　五三七頁中一七行「如來」，資、磧、普、南、徑、清作「世尊如來」。

一　五三八頁中五行末字「呪」，資、磧、普、南、徑、清作「呪曰」。

一　五三八頁中末行第七字「摩」，資、磧、普、南、徑、清作「磨」。下至本頁下一五行第六字同。

一　五三八頁下四行第八字「无」，諸本作「天」。

一　五三八頁下六行末字「飴」，資作「服」。

一　五三八頁下一〇行第二字「損」，資、磧、普、南、徑、清作「擣」；麗作「持」。

一　五三八頁下二一行首字「細」，麗作「網」。

一　五三九頁上一行首字「此」，麗作「此香」。

一　五三九頁中四行「百年」，資、磧、普、南、徑、清作「百歲」。

一　五三九頁中二二行第六字「夜」，資、磧、普、南、徑、清作「文殊」。

一　五三九頁下一〇行「到去施灰」，諸本作「倒去故灰」。

一　五三九頁下二〇行第五字「灸」，資、磧、普、南、徑、清作「燒」。

一　五四〇頁上一行第一三字「燈」，諸本作「證」。次頁下一六行第七字同。

一　五四〇頁上三行及五行「身炙」，資、磧、普、南、徑、清作「身然」。

一　五四〇頁上九行「瘡槃」，資作「瘡癰」；磧、普、南、徑、清作「瘡瘢」。

一　五四〇頁上一一行第四字「歡」，資、磧、普、南、徑、清作「歎」。

一　五四〇頁中一三行第六字「母」，資、磧、普、南、徑、清作「母自」。

一　五四〇頁下九行第八字「到」，資、磧、普、南、徑、清作「致」。

一　五四〇頁下一一行第一四字「國」，諸本無。

一　五四一頁上一行「欵著」，資、南、徑、清作「凝著」；磧、普作「疑著」。同行末字「其」，磧、南作「具」。

一　五四一頁中一八行第六字「踊」，資、磧作「涌」。

一　五四一頁中一九行第一三字「生」，資、磧、普、南、徑、清作「坐」。

一　五四一頁下六行「惡趣」，資、磧、普、南、徑、清作「惡道」。

一　五四二頁上三行第四字「八」，諸

本作「爲八」。

一　五四二頁上一二行夾註「畧之要言」，徑、清作「畧要之言」。

一　五四二頁中一二行「四十九」，資、磧、普、南、徑、清作「至四十九」。

一　五四二頁中一五行「云何」，資、磧、普、南、徑、清作「云何救脱菩薩言」。

一　五四二頁下一二行第一一字「羂」，資、磧、普、南、徑、清作「歀」。

一　五四二頁下一八行末字「道」，資、磧、普、南、徑、清作「行道」。

一　五四三頁上一行第四字「誥」，資、磧、普、南、徑、清作「語」。

一　五四三頁上二行第三字「立」，資、磧、普、南、徑、清作「造」。

一　五四三頁上七行第四字「塔」，資、磧、普、南、徑、清作「寺」。

一　五四三頁上二一行第三字「之」，資、磧、普、南、徑、清無。

一　五四三頁中三行第五字「白」，資、磧、普、南、徑、清作「銀」。

一　五四三頁中一七行「塔塚」，資、磧、普、南、徑、清作「塚塔」。

一　五四三頁中一八行第六字「寶」，麗作「實」。同行「之也」，資、磧、普、南、徑、清作「之也」。

一　五四三頁下三行「波迦多」，資、磧、普、南、徑、清作「波多迦」。

一　五四三頁下一一行末字「隨」，磧、南、麗作「隨」。

一　五四四頁上六行首字「霞」，資、磧、普、南、徑、清作「霓」。

一　五四四頁上八行末字「綵」，資作「釆」；磧、普、南、徑、清作「彩」。

一　五四四頁上末行「卷第四」，徑、清作「卷第四下」。

諸經要集卷第五　甲

西明寺沙門釋道世集

受請部第七 此有八緣

述意緣　供養緣

蕑偽緣　聖僧緣

施食緣　食時緣

食法緣　食訖緣

述意緣第一

夫三寶平等曠若虛空無怨無親事絕貴賤無適無莫乃應權心故冥懷遣相與空際而為極任時隨緣共法界而等量因既不窮果亦無盡且俗儉財貧限約而施物既有限心亦局執或計人以選德或約行以蕑濁或取相以別形或觀容以駈陋如是約人約財局心難記有涯之福不信無邊之報頗露故昔有毗舍佉母別請五百羅漢如來譏呵不如僧次請一凡僧得福無量故知心無限極則福遍十方財無多少則心該法界也

供養緣第二

如地持論云菩薩供養如來略說十



種一身供養二支提供養三現前供養四不現前供養五自作供養六他作供養七財物供養八勝供養九不染汙供養十至處道供養若菩薩於佛色身而設供養是名身供養若菩薩為如來故若供養偷婆若窟若舍若故若新是名支提供養

若菩薩面見佛身及支提而設供養是名現前供養若菩薩於如來及支提悕望心俱歡喜心俱現前供養如一如來三世亦然及現前供養如來支提三世十方無量世界若新若故是名菩薩共現前供養

若菩薩於不現前如來及支提及涅槃後以佛舍利起偷婆若多至億百千萬隨力所能是名廣不現前供養以是因緣唱無量大果常攝梵福於無量大劫不墮惡趣無上菩提衆具滿足

若菩薩現前供養得大功德不現前供養得大大功德共現前不現前供養得最大大功德

若菩薩於如來及支提手自供養不

依態惰令他作是名菩薩自作供養若菩薩於如来及支提不獨供養普令親屬在家出家悉共供養是名自他共供養若菩薩有少許物以慈悲心施彼貧苦薄福衆生令供養如来及支提令得安樂而不自為是名他作供養自作供養者得大果報他作供養者得大大果報自作他作供養者得㝡大大果報若菩薩於如来及支提以衣食雜寶種種供養者是名財物供養

若菩薩久来以財物供養若多若少現不現前自作他作淳淨信心而作供養以是善根迴向無上菩提是名勝供養

若菩薩自手供養如来及支提不輕他人不放逸不懈怠至心恭敬不染汙心不於信心勝人所現諂曲求財亦不得以諸不淨物等供養是名無染供養

若菩薩殊勝不染財物供養如来及支提若自力得若從他求若如意得財若化作身若二若三乃至百千萬億身



悉礼如来彼二身化作百千手彼一一手以種種華香供養如来及支提彼一切身悉歎讃如来真實功徳饒益衆生如是等名為如意自在力供養不待如来出現于世何以故住不退轉地菩薩於一切佛刹未曾障礙故若菩薩不自力得財亦不從他求而為供養然於他衆生乃至十方無量世界上中下心所作供養菩薩於彼一切供養以淨信心勝妙解心周遍隨喜是菩薩以少方便興大供養攝大菩提乃至於一犛牛須於一切衆生修四無量心等是名至處道供養如来第一㝡上比前財物供養百倍千倍乃至筭數譬喻不得為比如是十事名菩薩一切種供養如来法僧亦尒當知於此三寶作十種供養菩薩於如来所起六種淨心謂福田無上心恩徳無上心於一切衆生無上心如優曇鉢華難遇心於三千大千世界獨一心於世間出世間法一切具足依義心以此六心少想供養如法僧獲無量功徳何況多



又瑜伽論云何菩薩於如来所供養如来當知供養略有十種一設利羅供養二別供養三現前供養四不現前供養五自作供養六教他供養七財敬供養八廣大供養九無染供養十正行供養（釋文大同）又優婆塞戒經云佛言善男子在家菩薩若欲受持優婆塞戒先當次第供養六方言

東方者即是父母若有人能供養父母衣服飲食卧具湯藥房舍財寶恭敬礼拜讃歎尊重是人則能供養東方父母是父母還以五事報之一至心憂念二終不欺誑三捨財與之四為娉上族五教以世事

南方者即是師長若有人能供養師長衣服飲食卧具湯藥尊重讃歎恭敬礼拜早起晚卧受行善教是人則能供養南方師長是師復以五事報之一速教不令失時二盡教不令不盡三勝已不生嫉妬四將付嚴師善友五臨終捨財與之

西方者即是妻子若有人能供給妻子衣服飲食卧具湯藥瓔珞服飾嚴

身之具是人則能供養西方妻子是妻子復以十四事報之一所作盡心營之二常作終不懈惰三所作必令終竟四疾作不令失時五常為瞻視賓客六淨其房舍卧具七愛敬當則柔耎八僮使耎言教招九善能守護財物十晨起夜寐十一能護淨舍十二能忍教誨十三能覆惡事十四能瞻病苦

北方者即是知識若有人能供施善友任力與之恭敬柔言礼拜讃歎是人則能供養北方善知識是善知識復以四事而還報之一教脩善法二令離惡法三有恐怖時能為救解四放逸之時能令除捨

下方者即是奴婢若有人能供給奴婢衣食病瘦醫藥不罵不打是人則能供給下方奴婢是奴婢復以十事報之一不作罪過二不待教作三作必令竟四疾作不令失時五主雖貧窮終不捨離六早起七守物八少恩多報九至心敬念十善覆惡事

上方者即是沙門婆羅門等若有供



養上方沙門婆羅門衣服飲食房舍卧具病瘦醫藥怖時能救飢饉世施食聞惡能遮礼拜恭敬尊重讃歎是人則能供養上方沙門等是出家人復以五事報之一能令生信二教脩智慧三教令行施四教令持戒五教令多聞若有供養是六方者是人則能增長財命能得受持優婆塞戒

又智度論云諸佛恭敬法故供養於法以法為師何以故三世諸佛皆以諸法實相為師問曰如佛不求福德何故供養荅曰佛從無量劫中脩諸功德常行諸善不但求報敬功德故而作供養如佛在世時阿那律長老得天眼前盲無所見而以手縫衣時針紝脫便言誰愛福德為我紝針是時佛到其所語比丘言我是愛福德人為汝紝來是比丘識佛聲疾起著衣礼佛足白佛言佛功德已滿云何言愛福德佛言我雖功德已滿我深知功德恩報力故令我於一切衆生中得冣第一由此功德又為欲教化弟子故語之言我為作功德汝云何



不作如伎家百歲老公而儛有人呵之言老公年已百歲何用是儛老公荅曰我不須儛但欲教子孫故耳佛亦如是功德滿為教弟子作功德故而作供養故佛乳母大愛道亡四天王轝牀送佛在前擎香鑪燒供養為報恩故雖不求果而行等供養唯佛應供養佛餘人不知佛德如說偈言

智人能敬智　智論則智喜　智人能知智
如虵知虵足

又頻毗娑羅王作佛供養經云尒時摩竭國頻毗(此云顏色)娑羅(此云端正)往詣佛所白世尊言我典此國界所有資財能有所辦欲盡形壽供養如來及比丘衆衣被飲食牀卧具病瘦醫藥亦當勸率臣民使得蒙度得離三塗承蒙安隱又雜寶藏經云佛告諸比丘言有八種人應决定施不須生疑一父二母三佛四弟子五遠來之人六遠去之人七病人八看病人

又智度論云諸菩薩无量無盡功德成就以一食供養十方諸佛及僧皆悉充足而亦不盡辟如涌泉出而不

竭如文殊師利以一鉢歡喜丸供養八萬四千僧皆悉充足而亦不盡復次菩薩於此一鉢食供養十方諸佛而十方佛前飲食之具具足而出辟如鬼神得人一口食而千萬倍出又文殊師利問經云菩薩為供養佛法僧及父母兄弟得畜財物為起寺舍造像為布施若有此因緣得受金銀財物無有罪過

簡偽緣第三

如賢愚經云若有檀越於十六種具足別請雖獲福報亦未為多何謂十六比丘比丘尼各有八輩不如漫請四人所得功德福多於彼十六分中未及其一將来末世法欲垂盡正使比丘畜妻俠子四人已上名字衆僧應當敬如舍利弗目揵連等尒時弥勒菩薩問衆僧言若有檀越請一持戒清淨沙門就舍供養所得盈利何如有人得十萬錢時憍陳如尋即說言假使有人得百車珎寶計其福利不如請一淨戒沙門就舍供養得利孔多舍利弗言設令有人得一閻浮



提滿中珎寶猶不如請一淨戒者就舍供養獲利弥多目揵連言正使有人得二天下乃至滿四天下珎寶其利猶不如請一清淨沙門詣舍供養得利殊勝　又像法決疑經云若檀越設食並請衆僧遣人防門遮障比丘及諸老病貧窮乞人不聽入會徒設飲食了無善分

又普廣經云四輩弟子若行齋戒心當存想請十方僧不擇善惡持戒毀戒高下之行到諸塔寺請僧之時僧次供養無別異想其福衆多无量無邊若值羅漢四道果人及大心者緣此功德受福無窮一聞說法可得至道無上涅槃　又十誦律云鹿子母別請五百羅漢佛言無智不善若於僧中依次請一人者得大功德果報利益勝別請五百羅漢一切遠近無不悉聞　又請僧福田經及仁王經種種呵責不許別請若別請者是外道法非七佛法　又梵網經云若有檀越来請衆僧客僧有利養分僧房主應次第差客僧受請而先住僧



獨受而不差客僧房主得無量罪畜生無異非沙門非釋種姓犯輕垢罪又智度論云如有富貴長者作樂供養衆僧白僧執事我次第請僧於舍食日日須請及至沙弥執事不聽沙弥受請諸沙弥言以何意故不聽沙弥荅言以檀越不喜請年少故便説偈言

鬢髮白如雪　齒落皮肉皺　僂步形體羸
樂請如是事

諸沙弥等皆是大阿羅漢如打師子頭欵然從坐而說偈言

檀越無智人　見形不取德　捨是耆年相
捨取老瘦黑

上尊耆年之相者如佛說偈云

所謂長老相　不必以年耆　形瘦鬢髮白
空老内無德　能捨罪福果　精進行梵行
已離一切法　是名為長老

是諸沙弥復作是念我等不應坐觀檀越量僧好惡即說偈言

讚歎呵罵中　我等心雖一　是人毀佛法
不應不教誨　當疾到其舍　以法教語之
我等不度者　是則為棄物

即時諸沙弥自變其身皆成老年

鬚髮白如雪　秀眉垂覆眼　皮皺如波浪
其脊曲如弓　兩手負杖行　次第而受請
舉身皆振掉　行止不自安　譬如白楊樹
隨風而動搖　擅越見此輩　歡喜延入坐
坐已須臾頃　還復年少形　擅越驚怖言
如是耆老相　還變成少身　如服還年藥
是事何由然

諸沙弥言汝莫生疑平量是事甚可傷愍故現是化汝當深識之聖衆不可量如說偈曰

譬如以蚉嘴　猶可測海底　一切天與人
無能量僧者　僧以功德貴　猶尚不分別
而汝以年歲　稱量諸大德　大小生於智
不在於老少　有智勤精進　雖少而是老
懈怠無智慧　雖老而是少　汝今平量僧
是則為大失

如欲以一指　測知大海底　為智者之所笑汝不聞佛說四事雖小而不可輕太子雖小當為國王是不可輕虵子雖小毒能煞人亦不可輕小火雖微能燒山野亦不可輕沙弥雖小得聖神通最不可輕擅越聞是事已見



是神通身驚毛竪合手向諸沙弥言諸聖人等我今懺悔我是凡夫心常懷罪今欲請問於佛僧寶中信心清淨何者福勝答言我等初不見佛僧寶中有增減何以故如佛一時入舍婆提城乞食有婆羅門姓婆羅埵逝佛數數到其家乞食心作是念是沙門何以来數數如負其債佛時說偈言

時雨數數墮　五穀數數成　數數修福業
數數受果報　數數受生法　故受數數死
聖法數數成　誰數數生死

婆羅門聞是偈已大聖具知我心慙愧取鉢入舍盛滿美食以奉上佛佛不受作是言我為說偈故得此食我不食也婆羅門言是食當與誰佛言我不見天及人能消是食者汝持安置少草地若無虫水中即如佛教持食著無虫水中水即大沸煙火俱出如投大熱鐵婆羅門見已驚怖言未曾有也乃至食中神力如是礼佛懺悔乞出家受戒漸漸断結得阿羅漢道後摩訶憍曇弥以金色上下寶衣



奉佛佛勸施僧能消能受故知佛寶僧寶福無多少故說偈言

若人愛敬佛　亦當愛敬僧　不當有分別
同皆為寶故

又法句喻經世尊說偈云

人當念有意　無食自知少　從是痛用薄
節消而保壽

又十誦律云時王舍城中有居士名尸利仇多大富多財是外道弟子此人每疑沙門瞿曇有一切智不行到佛所白言沙門瞿曇明日我舍食佛以彼應度故默然受請時居士到舍門外開作大火坑令火無煙焰以沙覆上即入舍敷不織坐牀又以毒和食心生口言瞿曇若是一切智人當知此事若非一切智人當墮此坑及中毒死遣使白佛言飲食已辦佛語阿難令諸比丘皆不得先佛前行時佛前行比丘後入尸利仇多舍火坑佛變作蓮華池滿中淨水既甘而冷佛與僧皆行花葉上入舍坐不織牀變令成織佛告尸利當除心中疑我實是一切智人居士見二神力信心

即生尊重於佛叉手白佛言此食毒藥不堪佛食佛言但施此食僧不得病佛告阿難僧中宣令未唱等供一不得食是佛呪願婬欲瞋恚愚癡是世界中毒佛有實法除一切毒以是實語故毒皆得除食即清淨衆僧飽滿竟居士於佛前坐聽即於坐處得法眼淨佛還已集僧告言從今不得在佛前行及和上師僧上座前行未唱等供不得食也又摩德勒伽論云衆僧行食時上座應語一切平等與使唱僧跋然後俱食（此云等供是）

聖僧緣第四

自大覺涅洹法歸衆聖開士應真導揚末教並飛化衆刹隨緣攝誘殊則同室天隔應合則異境對顏宋泰始之末正勝寺釋法願正喜寺釋法鏡等始圖畫聖僧例坐標擬迄至唐初亟降靈瑞或足跡顯露半現於柱聞或植杖遺跡印陷於平地所以梁帝聞而讚悅敬心翹仰家國休感必祈齋供到永明八年帝躬弗愈雖和鵲薦術而茵枕猶滯乃結心發誓歸命



聖僧勑於延昌殿內七日祈請供飯諸佛及衆聖賢齋室嚴峻輕塵不動七日將滿方感靈應乃有天香妙氣洞鼻徹心映蔽熏鑪無復芳勢又足影屣跡布滿堂中振錫清越響發牖外覩蹤聞香皆肅然魄聳時有徐光顯等十有餘人咸同見聞登共奏啓於是齋坐既畢而御膳康復所以遍朝歸依明驗神應其後徐光顯等道俗數人設齋奉請並有徵瑞聖人通感不可備載

如昔有樹提伽長者造栴檀鉢著絡囊中懸高象牙杙上作是言若沙門婆羅門不以梯杖能得者即與之諸內外道知欲現神通皆挑頭而去賓頭盧聞是事問目連言實尒不荅言實尒汝師子吼中第一便往取之其目連懼佛教不肯取賓頭盧即往其舍入禪定便於坐上伸手取鉢依四分律當時坐於方石縱廣極大逐身飛空得鉢已還去佛聞呵云比丘為外道鉢而於未受戒人前現神通力從今盡形擯汝不得住閻浮提於是



賓頭盧如佛教勑往西瞿耶尼教化四衆廣宣佛法閻浮提四部弟子思見賓頭盧白佛佛聽還座現神足故不聽涅槃勑令為末世四部衆作福田其亦自誓三天下有請悉赴又阿育王經海意比丘從鑊乘空為王說偈云

汝身同人身　汝力過人力　應令我知之
為汝作神力

王發心請四方僧說偈云

有諸阿羅漢　當來攝受我　我請阿羅漢
當悉來此處

故依請賓頭盧經云如天竺優婆塞國王長者若設一切會者常請賓頭盧頗羅惰誓阿羅漢賓頭盧者字也頗羅惰者姓也其人為樹提長者現神足故佛遇之不聽涅槃勑令末法四部衆生作福田請時於靜處燒香礼拜向天竺摩梨山至心稱名言大德賓頭盧頗羅惰誓受佛教勑為末法人作福田願受我請於此處食若新作屋舍亦應請之願受我請於此舍牀敷上宿若普請衆僧澡浴時亦

應請之言受我請於此洗浴及未明前具香湯灰水澡豆楊枝香油調和冷暖如人浴法開户請入然後閉户如人浴訖須衆僧乃入凡欲會食澡浴要一切諸僧至心求解脱不疑不昧信心清淨然後可屈近世有一長者聞説賓頭盧大阿羅漢受佛教勑為末法人作福田即如法施設大會至心請賓頭盧氍毹下遍敷好華欲以驗之大衆食訖發氍毹華皆萎黄懊惱自責不知過所徙來更復精竭審問經師重設大會如前布華亦復皆萎復更傾竭盡家財產復作大會猶亦如前懊惱自責更請百餘法師求請所失懺謝罪過如向上座一人年老四布悔其愆各上座告之汝三會請我我皆受請汝自使奴門中見遮以我年老衣服弊壞謂是被擯賴提沙門不肯見前我以汝請欲強入汝奴以杖打我頭破額右角瘡是汝自為之何所懊惱言已不現長者乃知是賓頭盧自尒已來諸人設福皆不敢復遮門若得賓頭盧來其坐處



華即不萎黄若新立房舍牀褥欲請賓頭盧時皆當香湯灑地然香油燈新牀新褥褥上舊綿敷之以白練覆上初夜如法請之還閉房户慎勿輕慢窺看皆各至心信其必來精誠感徹無不至也來則褥上現有卧處浴室亦現用湯水處受大會請時或在上座或在中坐或在下坐現作隨處僧形人求其異終不可得去後見坐處華不萎乃知之矣述曰今見齋家多不依法但逐人情安置凡人全不憂佛及聖僧座如前經所説施主先須預掃灑佛堂及安置聖僧坐處洗浴潔身燒上名香懸繒幡蓋散衆雜華手執香鑪盡誠敬仰奉請三寶及以聖僧十方法界一切聖凡亦皆普請受弟子請降屈聖儀來臨住宅合家大小並共虔誠預前七日已來發此重心若是貧家無好香華復無安置之處然須臨時斟酌未坐前先上好處安置佛座掃灑如法其次好處安置聖僧座敷設叓物新白淨者布綿在上若施主心重有感食訖候看



似人坐處即知報身來赴若無相現但化身來若全輕慢報化倶不至其座不得綵畫錦綺綾羅金銀雜飾及散華置上雖是羅漢然共凡僧同受二百五十別解脱戒所以不受雜綵金銀等物若是諸佛菩薩大乘之人非局出家相者所以得受種種供養安聖僧座及以獻食亦不得越過尺六高處安置尺六已下如法僧座則得亦不得作素形聖僧在座安置儻報身自來豈可推却素像而坐亦不得在寺將常住僧器盛食恐報身來不可觸僧淨器而食若用鉢盂及俗盤器獻者即通化報宜為如法若有聖僧錢還入聖僧用將買鉢盂匙箸銅椀手巾及將買上好鍮器皆上書題記之餘人不敢雜用日別隨家常食每旦及午盛食常獻佛及僧豈非好事更有餘錢買取一胡牀及一食單食訖澡豆淨洗置胡牀上以油帊覆之日別如是表供養三寶心常不絶大得功德若多得錢即如西國寺法及俗人舍空靜上處為聖僧造房

堂隨四時冬夏安物供養若在夏内堂内日別敷好淨席觀身單敷銅盆銅鉼澡豆淨巾若至午前并獻飯食夜中然燈燒香隨心量力如法供養若至冬寒安被厚氈炭火湯水燈明隨時供養縱有餘長聖僧錢財不得將入別僧乃至常住僧用亦不得入佛法用亦不得別作聖僧形數見有人索聖僧錢綵畫佛形及四壁畫聖僧迦葉阿難等形以賓頭盧羅漢聖人現在不入涅槃既不得聖僧屬授進止豈得釆用浪將別入若已用者並須倍還不還得罪故四分律云許此處不得異處得罪（如似已物他人不問己身餘人輒將作別用豈可得不）上來所述並依經律聖意錄之不得不行三寶物重不得釆用恐差之毫毛失之千里誠言不虛省已用之故梁武帝時漢國大德英儒共請西域三藏纂集聖僧法用翻出五卷如前所述略亦同之

施食緣第五

如增一阿含經云尒時世尊告諸比丘衆生之類有四種食長養衆生何



等為四所謂段食或大或小更樂食念食識食是謂四食彼云何段食謂今人中所食諸入口之物可食瞰者是謂段食云何更樂食謂衣裳繖蓋雜香華熏火及香油與婦人集聚諸餘身體所更樂者是謂更樂食云何念食謂意中所念所想所思惟者或以口說或以體觸及諸所持之法是謂念食云何識食謂意之所知梵天為首乃至有想無想天以識為食是謂識食以此四食流轉生死

又增一經云世尊告阿那律曰一切諸法由食而存眼以眠為食耳以聲為食鼻以香為食舌以味為食身以細滑為食意以法為食涅槃以無放逸為食　尒時佛告諸比丘如此妙法夫觀食有九事人間有四食一段食二更樂食三念食四識食復有五種是出世間食一禪食二願食三念食四八解脫食五喜食是出世間之食當共專念捨除四種之食求辦出世之食

又正法念經云若有衆生信心悲心



以種種食施人命終生質多羅天受種種樂命終得受人身大富饒財常行正法

又正法念經云若有衆生見諸病人施其湯藥令離病苦命終生欲境天受五欲樂從天命終若得人身大富多財若見病人臨終渴病以石蜜漿若氷水施此人命終生清涼天受天快樂從天命終得受人身常離飢渴

又涅槃經云因曠野鬼神為授不煞戒已以不食肉故氣力虛弱命欲將終佛告鬼言我勑聲聞弟子隨有佛法處悉施汝等食若有住處不能施者是魔眷屬非我弟子真聲聞也然出衆生食時須有分齊若食他施主食即須依五分律云若與乞兒鳥狗等並應量已分內減施與之不得取分外施（比見道俗至於齋上施主儉約不與妻兒先供衆僧將為福田僧等不費前食然有衆僧先自飽食已將他食施乞兒鳥犬等損他施主又自得罪若減己分內將施與人任意多少不論限劑也）又依十二頭陀經云若得食時應作是念見渴乏衆生以一分施之我為施主彼為受者施已作是願言令一切衆生興福救之莫墮慳貪持至空

靜處滅一段著淨石上施諸禽獸亦如上願正欲食時作是念言身中有八萬户虫虫得此食皆悉安隱我今以食施此諸虫後得道時當以法施汝是為不捨衆生又灌佛形像經云佛告大衆世人多有發意求所願者布施之日不計少多趣使充饒事業畢竟殘有餚饍敢食不盡皆當送與守寺中持法沙門衆僧自共分之以出物時當望生福不應各各覓分歸與妻子是為種於石上根株燋盡終無生時令以布施者餘福重以施僧是為施一得萬倍報

又四分律施僧粥得五種利益一除飢二除渴三消宿食四大小便調適五眼目精明僧祇律施粥得十種利益故偈云

持戒清淨人所奉　恭敬隨時以粥施
十利饒益於行者　色力壽樂辞清辯
宿食風除飢渴消　是名為藥佛所說
欲生人天長壽樂　今當以粥施衆僧

又食施獲五福報經云佛告諸比丘當知食以節度受而不損佛言人持



飯食施人有五功德令人得道智者消息意度弘廓則獲五福何等為五一曰施命二曰施色三曰施力四曰施安五曰施辯何謂施命人不得食時顏色顦顇不可顯示不過七日奄忽壽終是故智者則為施食其施食者則為施命其施命者世世長壽生天世間壽命延長不中夭傷自然福報財富无量是為施命何謂施色人不得食時顏色顦顇不可顯示是故智者則為施食其施食者則為施色其施色者世世端正生天世間顏色曄曄人見歡喜稽首作礼是為施色何謂施力人不得食時身羸意弱所作不能是為智者則為施食其施食者則為施力其施力者世世多力生天人間力無等雙出入進止力不秏減是為施力何謂施安人不得食時心愁身色坐起不定不能自安是故智者則為施食其施食者則為施安其施安者世世安隱生天人間不遇衆殃其所到處常遇賢良財富無量不中夭傷是為施安何謂施辯人不



得食時身羸意弱口不能言是故智者則為施食其施食者則為施辯口說流利無所躓礙慧辯通達生天世間聞者歡喜靡不稽首聽採法言是為五福食之報也

又增一阿含經云施有五事名為應時一遠来二遠去三病時四冷熱時五初得果菰若得新穀先與持戒精進人然後自食又施有三法一送食至寺名上就舍供養名中造食乞施發心供養名下

又付法藏經云昔過去九十一劫毗婆尸佛入涅槃後有一比丘甚患頭痛薄拘羅尒時作一貧人見病比丘即便持一呵梨勒果施病比丘比丘服訖病即除愈緣施果故九十一劫天上人中受福快樂未曾有病最後生一婆羅門家其母早亡父便娉妻拘羅年幼見母作餅從母索之後母嫉妬即捉拘羅擲置鏊上鏊雖燋熱不能燒害父從外来見薄拘羅在熱鏊上即便抱下母於後時釜中煑肉時薄拘羅從母索肉母益瞋恚尋擲

釜中亦不燒爛父覓不見即便喚之拘羅聞喚釜中而應父即抱出平復如故母後向河拘羅逐去後母瞋忿而作是言此何鬼魅妖祥之物雖復燒煮不能令死即便捉之擲置河中值一大魚即便吞食以福緣故猶復不死有捕魚師捕得此魚詣市賣之索價既多人無買者至暮欲臭薄拘羅父見即隨買持來歸家以刀破腹兒在魚腹高聲唱言願父安庠勿令傷兒父開魚腹抱兒而出年漸長大求出家得阿羅漢果從生至老年百六十未曾有病乃至無有身熱頭痛由施藥故得是長壽五處不死鏉鑠不燋釜煮不爛水溺不死魚吞不消刀割不傷以是因緣智者應當作如是事　又雜譬喻經云昔者舍衛國有一貧家庭中有蒲桃樹上有數穗念施道人時國王先前請食一月是貧家力勢不如王正懸一月乃得一道人得持施之語道人言念欲施來已經一月今乃得願道人語優婆夷已一月中施優婆夷言我但施一穗蒲桃那得一月施耶道人言但一月中念欲捨施則為一月

食時緣第六

問曰何名食時何名過食時答曰依四分律云謂明相出時始得食粥(明相未出即是非時)乃至日中案此午時為法即是食時(依僧祇律云過此午時影一髮一瞬草葉等即是非時)四天下准此皆同故毗羅三昧經世尊為慧法菩薩說云食有四種平旦天食時午法食時暮畜生食時夜鬼神食時佛斷六趣因令同三世佛故日午時是法食時也過此已後同於下趣非上食時故曰非時也十誦律云唯天得過中食無罪　又十誦律云有閻浮比丘至西拘耶尼用閻浮提時拘耶尼比丘往餘三方亦如是若此閒宿則用此閒時若在彼宿則用彼閒時餘三方亦尒故摩德勒伽論問頗有非時食不犯耶答曰有若住北鬱單越用彼食時不犯餘方亦尒若在閻浮日正午時北方是夜半東方是日沒西方是日出餘方乎轉可知

又薩婆多論云釋時有四一始從日出乃至日中其明轉熾名之為時從中巳後至後夜分其明減沒故名非時二從旦至中是作食時乞不生慳故名為時從中巳後至於夜分是俗人讌會遊戲之時入村乞食多有觸惱故名非時三從旦至中俗人作務婬亂未發乞不生惱故名為時從中巳後事務休息婬戲言笑入村乞食喜被誹謗故名非時四從旦至中是乞食時得食濟身寧心修道事順應法故名為時從中巳後宜依修道非乞食時故名非時

食法緣第七

如大遺教經云比丘欲食時當為擅越燒香三唄讚揚布施可食美食又從上座教言道士各自出澡手漱口巳還各就座而坐各說一偈以隨次起不得踰越

又增一經云若有供者手執香鑪而唱時至佛言香為佛使故須燒香遍請十方(既知燒香本擬請佛為凡夫闇目覩不知佛今燒香遍請十方一切凡聖表甚福事虛空普赴正行香作唄時一切道俗依華嚴經各說一偈云)

戒香定香解脫香　光明雲臺遍世界

供養十方无量佛　見聞普熏證寂滅
又三千威儀經云坐受香亦得為女
人行香恐觸手涤著故開坐受若恐譏慢
令懸放下亦得男子行香女人受香擲前即是
述曰若得衣食不簡精麁但得支濟
身命令得修道便合佛意如告車須
油何簡精妙但令運轉得達前所即
是佳事故雜寶藏經世尊說偈云
此身猶如車　好惡無所擇　香油及臭脂
等同於調利
又智度論云食為行道不為益身如
養馬養猪無異若初得食時先獻三
寶後施四生故華嚴經偈云
若得食時　當願衆生　志在佛道
為法供養
又優婆塞戒經云若自造作衣服鉢
器先奉上佛并令父母師長和上先
一受用然後自服若上佛者以花香
贖凡所食噉要先施於沙門梵志然
後自食正下食時復須作念初下一匙
時願斷一切惡盡下第二匙時願修
一切善滿下第三匙時所修善根迴
施衆生普共成佛若不能口口作念



臨欲食時揔作一念亦得故摩德勒
伽論云若得食時口口作念若得衣
時著著作念入房時入入作念若鉒
根者揔作一念故華嚴經第六卷菩
薩有一百四十願凡所施為皆誦偈
念如此食者非有煩惱非離煩惱理
事會通利生物善故增一阿含經云
施中上者不過法施業中上者不過
法業恩中上者不過法恩若過飽食
則氣急身滿百脉不通令心壅塞坐
念不安若限分少食則身羸心懸氣
慮無固故增一阿含經偈云
多食致患苦　少食氣力衰　處中而食者
如稱無高下
薩遮尼乾子經偈云
噉食太過人　身重多懈怠　現在未來世
於身失大利　睡眠自受苦　亦惱於他人
迷悶難寤寐　應時籌量食
又五分律云若月直監食人欲知生
熟鹹酢得貯掌中舌舐嘗之齋法經不許口嘗者為無
好心貪心嘗故犯罪
述曰所以出家之人欲食之時先以
淨手從他受者為出家高勝不同凡



下故須受已而食故薩婆多論比丘
受食凡有五意一為斷竊盜因緣故
臥取而食亦同盜想二為作證明故儻有失脫不干比丘三為
止誹謗故出家自取非是高勝四為成少欲知足
故若嘗不受非同儉素五為生他信敬心見受而食外道生信
如昔有一比丘與外道共行止一樹
下樹上有果食時將到外道語比丘
云上樹取果比丘言我戒法中樹過
人不應上又語比丘言何不搖樹取
果比丘言我戒法中不得自搖樹落
果外道聞已自上樹取果擲地與之
語比丘言取果食比丘言我戒法中
不得不受而食外道下樹取果授與
比丘外道既見如此於一果尚有如
此法用何況出世之法外道遂生信
敬心知佛法清淨不同外道於是即
隨比丘於佛法中出家修道壽得
漏盡
又舍利弗問經云佛言外道梵志尚
知受取況我弟子而不受食但一切
諸物不得不受唯除生寶及施女人
若作法者猶應授與體上之衣若財
金器受則制施

述曰一切僧食並須平等無問凡聖上下均普故僧祇律云若檀越須食多與上座者上座應問一切僧盡得尒許不若正上座得耳應言一切平等與若言盡得者應受僧上座法不得隨下便食待行遍唱等共已然後得食上座之法當徐徐食不得速食竟在前出去應待行水隨順呪願已然後乃出

又處處經云佛言中後不食有其五福一者少婬二者少卧三者得一心四者無有下風五者身得安隱亦不作病是故沙門知福不食

述曰若於食長貪增加煩惱即須觀猒作不淨之想故智度論云說猒想者應當觀是食從不淨生如肉從精血水道生是為膿虫住處如蘇乳酪血變所成與爛膿無異厨人汗垢種種不淨若著口中腦有爛涎二道流下與唾和合然後成味其狀如吐從腹門入地持水爛風動火煮如釜熟糜滓濁下沉清者在上譬如釀酒滓濁為屎清者為尿咽有三孔風吹膩



汁散入百脉與先血和合凝變為肉從新肉生脂骨髓從是中生身根從新舊肉合生五情根從此五根生五識五識次第生意識分別取相籌量好醜然後生我我所心等諸煩惱及諸罪業復次思惟此食功夫甚重計一鉢之飯作夫流汗集合量之食少汗多此食辛苦如是入口即成不淨宿昔之間變為屎尿本是美味惡不欲見行者自思如此弊食我若貪著當墮三塗如是觀食當猒五欲譬如有一婆羅門修淨潔法有事緣故到不淨國自思我當云何得免不淨唯當乾食可得清淨見一老母賣白髓餅而語之言我有因緣住此百日常作餅送來多與汝價老母日日作餅送之婆羅門貪著飽食歡喜老母作餅初時白淨後轉無色無味即問老母何緣尒耶母言癰瘡味故婆羅門問此何謂耶母言我大家夫人隱處生癰以麵蘇柎之癰熟膿出和合蘇餅日日如是以此作餅與汝是以餅好今夫人癰差我當何處更得婆羅



門聞之兩捲打頭椎胷乾嘔我當云何破此淨法我為了矣棄捨緣事馳還本國行者亦尒著是飲食歡喜樂瞰不觀不淨後受苦報悔將何及

食訖緣第八

如十誦律云有比丘受他請食默然入默然去諸居士呵責云我等不知食好不好諸比丘白佛佛言從今食時為施主唄讚呪願不知誰作佛言上座作若上座不能差次第能者應作故僧祇律云上座應知前人為何等施當為應時呪願

又波離論云出家僧尼白衣等齋訖不用澡豆末巨摩等用澡口者皆不成齋如過去有比丘字蓮提六十歲持齋戒不闕唯一日食用巨摩豆屑等成齋若不尒者皆不成齋此經無目依出要律儀云巨摩者牛糞是也若依此經豈用牛糞淨口耶舍法師傳記云西方俗人外道等宗事梵天牛等以此二事能生萬物養育人民故將牛糞以淨道場佛隨俗法亦以為爭然不用淨口耶若依四分律等

但護行住坐卧四種威儀食五正食四相不乖便成齋法不論澡豆淨口成齋時節若過威儀若失縱用澡屑亦不成齋又善見論云齋已吐食未出咽喉還咽無犯若出還咽犯罪又僧祇律云食已若渴佛令取一切穀豆麦煑不破者非時取汁得飲若蘇油蜜及石蜜諸生果汁等要以水淨得飲若器底殘水被雨㶕亦名為淨善見論云舍樓伽果漿澄汁使清非時得飲（謂藕根是）摩德勒伽論云沙糖漿亦得非時飲僧祇律云人有四百四病風大百一用油脂治之火大熱病百一用蘇治之水大冷病百一用蜜治之雜病百一隨用上三藥治之十誦律云石蜜非時不得輙噉有五種人得非時食謂遠行人病不得食人食人少人若施水處和水得飲五分律云聽飢渴二時得飲（故知無病非時服是石蜜蘇油等亦不得食之）僧祇律云胡椒蓽茇薑訶梨勒等此藥無時食和者聽非時服又四分律云一切苦辛醎甘等不任為食者聽非時形作藥服善見論云一切樹木



及果根莖枝葉等不任為食者並得作盡形藥服

述曰比見諸人非時分中食於時食何者是耶謂邊方道俗等開律開食果汁漿遂即食乾棗汁或生梨蒲桃石榴不擣汁飲并子捻食雖有擣汁非澄使清取濁濃汁并滓而食或有闇閉食舍樓伽果漿以患熱病遂取生藕根生食或有取清飯漿飲或身無飢渴非時食蘇油蜜石蜜等或用杏仁煎作稠湯如此濫者非一不可具述若准十誦非前遠行等五種之人不得輙食食便破齋見犯者多故別踈記　頌曰

今月建清齋　佳辰召無強　四部依時集
七衆會升堂　蕭條清梵舉　哀宛動宮商
香氣騰空上　乘風散遐方　歎德研沖邃
詞辯暢玄芳　折煩呈妙句　臨時折婉章
緇素相依託　財法發神光　福田今夕滿
恩慧導存亡

諸經要集卷第五

諸經要集卷第五

校勘記

一　底本，金藏廣勝寺本。
一　五四八頁中一五行「別形」，資、磧、普、南、徑、清作「分別」。
一　五四八頁下一七行第五字「唱」，麗作「得」。
一　五四九頁上一三行首字「現」，資、磧、普、南、徑、清作「現前」。
一　五四九頁中三行「歎讚」，諸本作「讚歎」。
一　五四九頁中二二行末字「如」，諸本作「如來」。
一　五四九頁中末行末字「多」，資、磧、普、南、徑、清作「多也」。
一　五四九頁下一行「云何」，磧、普、南、徑、清作「云云何」。
一　五四九頁下一三行第二字「憂」，資、磧、普、南、徑、清作「愛」。
一　五四九頁下二二行「供給」，徑作「供養」。

一　五五〇頁上五行第一一字「當」，磧、普、南、徑、清作「儀」。

一　五五〇頁上六行第四字「儻」，資、磧、普、南、徑、清作「僕」。同行「教招」，麗作「教詔」。

一　五五〇頁上九行「病苦」，資、磧、普、南、徑、清作「疾苦」。

一　五五〇頁中一五行首字「得」，資、磧、普、南、徑、清作「未得」。

一　五五〇頁中一六行第二字、第一二字及一八行第四字「絍」，資、磧、普、南、徑、清作「衽」。

一　五五〇頁中一九行第二字「礼」，資、磧、普、南、徑、清作「禮拜」。

一　五五〇頁下六行第二字「擧」，資、磧、普、南、徑、清作「舉」。同行第一一字「燒」，諸本作「燒香」。

一　五五〇頁下一五行第六字「牀」，資、磧、普、南、徑、清作「牀敷」，麗作「牀座」。

一　五五一頁中三行第三字「二」，徑、清作「一」。

一　五五一頁中六行至七行「比丘」，資、磧、普、南、徑、清作「比丘尼」。

一　五五一頁下四行「白僧」，資無。

一　五五一頁下一〇行末字「事」，麗作「衆」。

一　五五一頁下一三行「耆年」，南、徑、清作「少年」。

一　五五一頁下一四行首字「捨」，資、磧、普、南、徑、清作「拾」；麗作「擇」。

一　五五一頁下一六行第一三字及次頁上二行首字「蹟」，資、磧、普、南、徑、清作「鬚」。

一　五五二頁上七行「少身」，資、磧、普、南、徑、清作「少年」；麗作「小身」。

一　五五二頁下一三行第三字「間」，諸本作「開」。同行「煙焰」，資、磧、普、南、徑、清作「燄煙」。

一　五五三頁上六行第七字「除」，資、磧、普、南、徑、清作「消除」。

一　五五三頁上七行第九字「聽」，資、磧、普、南、徑、清作「聽法」。

一　五五三頁上一五行第一三字「殊」，資、磧、普、南、徑、清作「機殊」；麗作「見殊」。

一　五五三頁上一六行第一三字「秦」，諸本作「泰」。

一　五五三頁上一八行「例坐」，資、磧、普、南、徑、清作「列坐」；麗作「別坐」。

一　五五三頁上一九行第一三字「柱」，麗作「牀」。

一　五五三頁上二二行第一〇字「弗」，資、磧、普作「疾」。

一　五五三頁上末行第五字「枕」，資、磧、普、南、徑、清作「枕」。

一　五五三頁中一五行第一〇字「挑」，資、磧、普、南、徑、清作「掉」。

一　五五三頁中末行第五字「擯」，資作「殯」。

一　五五三頁下五行第六字「三」，徑、清作「二」。

一　五五三頁下一八行「四部」，資、磧、

普、南、徑、清作「爲四部」。

一五五三頁下二一行末字「若」，資、磧、普、南、徑、清作「爲若」。

一五五四頁中三行第四、五字及六行第八字「縟」，資、磧、普、南、徑、清作「褥」。

一五五四頁中五行至六行「感徹」，資、磧、普、南、徑、清作「感激」。

一五五四頁中一四行末字「雜」，資、磧、普、南、徑、清作「斮」。

一五五四頁中末行「候看」，資、磧、普、南、徑、清作「後看」。

一五五四頁下七行第二字「局」，資、磧、普、南、徑、清作「拘」。

一五五四頁下一〇行第六字及次行第九字「素」，資、磧、普、南、徑、清作「塑」。

一五五四頁下一六行第一三字「上」，資作「中」。

一五五四頁下二〇行首字「單」，資、磧、普、南、徑、清作「簞」。

一五五五頁上二行第一一字「單」，磧、普作「禪」。

一五五五頁上三行第八字「至」，資、磧、普、南、徑、清無。

一五五五頁上一七行第二字「毛」，資、磧、普、南、徑、清作「氂」。

一五五五頁中二行第六字「謂」，徑、清作「爲」。

一五五五頁中三行第三字「中」，資、磧、普、南、徑、清作「之中」。

一五五五頁中一七行第二字「覩」，資、磧、普、南、徑、清作「飲」。

一五五五頁下七行第一〇字「病」，資、磧、普、南、徑、清作「命」。

一五五五頁下八行第二字「氷」，資、磧、普、南、徑、清作「冷」。

一五五五頁下一八行夾註左「供衆僧」，資、磧、普、南、徑、清作「供養衆僧」。

一五五五頁下一九行夾註右「將他食」，諸本作「將他殘食」。

一五五五頁下末行第七字「之」，麗作「乏」。

一五五六頁上一一行「樵盡」，諸本作「焦盡」。

一五五六頁上一二行第四字「令」，資、磧、普、南、徑、清作「今」。

一五五六頁中五行首字「時」，資、磧、普、南、徑、清無。

一五五六頁中八行及末行「夭傷」，資、磧、普、南、徑、清作「夭殤」。

一五五六頁中一五行「是爲」，徑、清作「是故」。

一五五六頁中一九行第四字「色」，諸本作「危」。

一五五六頁下三行第一二字「生」，磧、普、南、徑、清作「生人」。

一五五七頁上九行第四字「即」，資、磧、普、南、徑、清作「便即」。

一五五七頁上一〇行「安庠」，麗作「安詳」。

一五五七頁上二〇行第六字「王」，徑作「正」。

一五五七頁上二一行第二字「得」，諸本作「便」。

一　五五七頁中二行「二月」，南、徑、清作「一月施也」。

一　五五七頁中七行夾註左「非時」，資、磧、普、南、徑、清作「非時也」。

一　五五七頁下三行末字「慳」，資、磧、普、南、徑、清作「惱」。

一　五五七頁下二一行夾註左末字「薰」，諸本作「呈」。

一　五五八頁上六行「告車」，磧、普、南、徑、清、麗作「冑車」。

一　五五八頁中五行「爲皆」，資、磧、普、南、徑、清作「皆爲」。

一　五五八頁中一二行首字「慮」，麗作「虛」。

一　五五八頁中一八行「寤寐」，資作「寐寤」；磧、普、南、徑、清作「覺寤」。

一　五五八頁下五行下夾註左「生信」，磧作「共信」。

一　五五八頁下八行首字「云」，資、磧、普、南、徑、清作「言」。

一　五五八頁下一四行「一果」，資、磧、普、南、徑、清作「一果上」。

一　五五八頁下一五行第三字「用」，資、磧、普、南、徑、清無。

一　五五九頁上四行第五字「正」，諸本作「止」。

一　五五九頁中六行「功夫」，資、磧、普、南、徑、清作「工夫」。

一　五五九頁中九行第六字「爲」，資、磧、普、南、徑、清作「成」。

一　五五九頁中一九行「母言」，資、磧、普、南、徑、清作「老母言」。同行「味故」，南、徑、清作「瘂故」；麗作「差故」。

一　五五九頁中二一行第六字「柎」，資、磧、普、南、徑、清作「付」。

一　五五九頁下四行末字「及」，資、磧、普、南、徑、清作「及乎」。

一　五六〇頁上一一行夾註左末字「是」，徑、清作「是也」。

一　五六〇頁上一七行「不得食」，麗無。

一　五六〇頁上一八行第二字「人」，諸本無。

一　五六〇頁上二〇行「胡树」，資、磧、普、南、徑、清作「胡椒」。

一　五六〇頁上末行第二字「時」，諸本作「時盡」。

一　五六〇頁中一二行「十誦」，資、磧、普、南、徑、清作「十誦律」。

一　五六〇頁中一五行首字「令」，資作「今」。

一　五六〇頁中一六行「哀宛」，資、磧、普、南、徑、清作「哀婉」。

一　五六〇頁中二〇行「恩慧導」，資、普、南、徑、清作「恩惠導」；磧作「恩惠是」。

# 諸經要集卷第六　甲

西明寺沙門釋道集

受齋部第八（此有二緣）　破齋部第九
富貴部第十　貧賤部第十一

述意緣
引證緣

述意緣第一

夫正法所以流布貴在尊經福田所以增長功由齋戒故捨一飡之供福紹餘糧施一錢之資果超天報所以福田可重財累可輕共樹無遮之會等招無限之福也

引證緣第二

又舊雜譬喻經云昔有四姓請佛飯時有一人賣牛湩大姓留止飯教持齋戒受聽經已乃歸婦言我朝相待未飯便強令夫飯壞其齋意雖尒七生天上七生世間師曰一日持齋有六十萬歲餘糧復有五福一曰少病二曰身安隱三曰少婬意四曰少睡卧五曰得生天上常識宿命所行事也

又波斯匿王欲賞末利夫人香瓔嘆出宮視夫人於齋日著素服而出在六萬夫人中明如日月倍好如常王意悚然加敬問曰有何道德炳然有異夫人白王自念少福稟斯女形情態垢穢日夜命促懼墜三塗是以日月奉佛法齋割愛從道世世蒙福願以香瓔奉施世尊

又中阿含經云尒時鹿子母毗舍佉平旦沐浴著白淨衣將子婦等眷屬往詣佛所稽首作礼白世尊曰我今欲持齋善世尊問曰居士婦今持何等齋耶齋有三種云何為三一者放牛兒齋二者尼揵齋三者聖八支齋云何名放牛兒齋者若放牛兒朝放澤中晡收還村彼還村時作如是念我今日在此處放牛明日當在彼處放牛我今日在此處飲牛明日當在彼處飲牛我牛今日在此處宿上明當在彼處宿止如是有人若持齋時作是思惟我今日食如此之食明日當食如彼食也我今日飲如此之飲明日當飲如彼飲也我今日舍消如此舍消明日當舍消如彼舍消其人

於此晝夜樂者欲過是名放牛兒齋若如是持齋不獲大利不得大果無大功德不得廣布去何名尼揵齋耶若出家尼揵者彼勸人曰汝於東方過百由延外有衆生者擁護彼故棄捨刀杖如是南西北方亦尒或脱衣裸形我無父母妻子勸進虚妄言將為真諦或執苦行自餓諸邪法等是名尼揵齋也若如是持齋者亦不獲大利不得大果無大功德不得廣布去何名為聖八支齋多聞聖弟子若持齋時作如是思惟阿羅訶真人盡形壽離煞斷煞棄捨刀杖有慚有愧有慈心饒益一切乃至蜫虫於煞淨心乃至盡形壽離非時食斷非時食一食不夜食樂於時食我以此支於阿羅訶等同無異是故說齋彼住此聖八支齋已於上當復憶念如來無所着等十号出世淨法捨離穢汙悪不善法是名聖八支齋也若族姓女持聖八支齋者身壞命終得生六欲天逺得四沙門果

又菩薩受齋經去某自歸佛自歸法自歸比丘僧其身所行悪口所言悪意所念悪今已除棄某若干日若干夜受菩薩齋自歸菩薩佛告須菩提菩薩齋日有十戒

第一菩薩齋日不得著脂粉華香

第二菩薩齋日不得歌儛捶鼓伎樂莊飾

第三菩薩齋日不得卧高牀上

第四菩薩齋日過中已後不得復食

第五菩薩齋日不得持刀金銀珎寶

第六菩薩齋日不得乗車牛馬

第七菩薩齋日不得捶兒子奴婢畜生

第八菩薩齋日皆持是齋從分檀布施得福菩薩齋日去卧時於佛前叉手言今日一切十方其有持齋戒者行六度者某皆助安無量勸助歡喜福施十方一切人非人等所在勤苦戹難之處皆令得福解脱憂苦出生為人安隱冨樂無極

第九菩薩齋日不得飲食盡器中

第十菩薩齋日不得與女人相形笑共坐席女人亦尒是為十戒不得犯不得教人犯亦不得勸勉人犯菩薩解齋法言　南無佛　南無法　南無比丘僧其若干日若干夜持菩薩齋從分檀布施當得六波羅蜜如諸菩薩六萬菩薩法齋日夜一分禪一分讀經一分卧是為菩薩齋日法從正月十四日受十七日解從四月八日受十五日解從七月一日受十六日解從九月十四日受十六日解

述曰既受齋已若欲解齋要待大明相出時始得食粥不尒破齋何名明相如薩婆多論去明相有三種色若日照閻浮提樹則有黒色若照樹葉則有青色若過樹葉則有白色於三色中白色為正始得解齋食其粥也

又僧祇律去住舍衛城南方有邑名大林時有商人驅八頭牛到北方俱多國有一商人共在澤中放牛時有離車捕龍食之捕得一龍女女受布薩法無有害心然離車穿鼻牽行商人見之即起慈心問離車言汝牽此龍欲作何等荅言我欲煞商人言勿煞我與汝一牛貿取捕者不肯乃至八牛方言此肉多美今為汝故我當

放之時商人恐放龍女去已商人念言此是惡人恐復追逐更遣捕取放別池中隨逐看之龍變為人語商人言天施我命令欲報恩可共入宮當報天恩商人荅言龍性卒暴瞋恚无常或能煞我荅言不尒前人繫我我力能煞彼人但已受布薩法都無煞心何況天今施我壽命而當加害若不去者小住此中我先屏當即便入去後入宮內見龍門邊二龍繫在一邊商人問言汝為何事被繫荅言此龍女半月中三日受齋法我兄弟守護此龍女為不堅固為離車所捕以是被繫唯願天慈語令放我龍女屏當已即呼入宮坐寶床上龍女白言龍中有食能盡壽消者有二十年消者有七年消者有閻浮提人食者未知天今欲食何食荅言欲須閻浮提食即持種種飲食與之商人問龍女言此龍何故被繫龍女言此有過我欲煞之商人言汝莫煞不尒要當煞之商人云汝放彼者我當食耳白言不得直尒放之當罰六月擯置人間商人見龍宮中種種寶物莊嚴宮殿商人便問言汝有如是莊嚴用受布薩何為荅言我龍法有五事苦何等為五為生時眠時婬時瞋時死時一日之中三過皮肉落地熱沙曝身復問汝欲求何等荅言樂人道中生為畜生中苦不知法故欲就如來出家龍女即與八餅金語言此金足汝父母眷屬終身用之不盡語言汝合眼即以神變持著本國已八餅金持與父母此是龍金截已更生盡壽用之不可盡時思念人慈不得不行暫擬龍女思報孫鍾況持大齋受福何盡頌曰

粢饡緣芳味　持身唯節儉　一坐肅容儀
五萬豐餘餕　戒香飛且馥　情關閉愈掩
勿言徒辛苦　終然越危嶮

破齋部第九此有二緣

述意緣　引證緣

述意緣第一

惟夫無常苦空之本念生老病死之源長夜哀倒懸之苦漂淪愍隨流之急思之困厄亦深可懼也良由福田輕薄信施難消齋戒無固事等坏餅易毀難持又同霜露我人轉盛善逾膠漆不懼累劫之殃但憂一身之命所以飽食長眠何異肫犬破齋夜食鬼道無殊是故施主失應供之福衆僧損良田之美也

引證緣第二

如舍利弗問經云舍利弗白佛言有諸檀越造僧伽藍厚置資給來世僧有似出家僧非時就典食僧索食而食與者食者得何等罪其本檀越得何等福佛言非時者是破戒人是犯盜人非時與者亦破戒人亦犯盜人盜檀越物是不與取非施主意施主無福以失物故猶有發心置立之善舍利弗言時受時食食不盡者非時復食或有時受至非時食復得福不佛言時食淨者是即福田即出家是即僧伽是即天人良友是即天人導師其不淨者猶為破戒是大劫盜是即餓鬼為罪窟宅非時索者以時非時輒與是典食者是名退道是名惡魔是名三惡道是名破器是癩病人壞善果故偷乞自活是故諸婆羅門不非時食外道梵志亦不邪命食況

我弟子知法行法而當介耶凡如此者非我弟子是盜我法利者無法人是名盜食非法之人盜與盜受一團一撮片塩片酢皆死墮燋腸地獄吞熱鐵丸從地獄出生猪狗中食諸不淨又生惡鳥人怯其聲後生餓鬼還伽藍中處其圊內噉食糞穢並百千萬歲更生人中貧窮下賤人所棄惡不可言說人不信用不如盜一人物其罪尚輕剖奪多人故良福田故斷絶出世道故　又揵陁國王經云佛在世時時有國王号名揵陁奉事婆羅門婆羅門居在山中多種果樹時有擔樵人毀其果樹婆羅門見之便將詣王所言是人無狀殘敗我果樹王當治煞王敬事婆羅門不敢違之即為煞之自後未久有牛食人稻其主逐棰折其一角血流備面痛不可忍牛徑到王所白言我實無狀食此人少稻令折我角稻主亦追到王所王曉鳥獸語王語牛言我當為汝煞之牛即報言今雖煞此人亦不能令我不痛但當約勑後莫取之如我王便感念言我事婆羅門但坐果樹令我煞人不如此牛今事此道復不免生死何用此道便到佛所五體投地為佛作礼願受五戒十善佛言布施持戒現世得福忍辱精進一心智慧其德無量後生天上王即歡喜得須陁洹阿難白佛言此王與牛本何因緣佛言乃昔拘那含牟尼佛時王與牛為兄弟作優婆塞共持齋戒一日一夜王守法精進不敢懈怠壽終昇天天上壽盡下為國王牛時犯齋夜食終受其罪罪必復作牛五百世尚有宿識故来開悟王意牛後七日壽終上生天上佛言四輩弟子受持齋戒不可犯也

又法句喻經云佛在舍衛國祇樹給孤獨園精舍中為天龍鬼說法東方有國名鬱多羅波提有婆羅門等五百人相率欲詣恒水岸邊有三祠神池沐浴垢穢裸形求仙如尼揵法由大澤迷不得過中道之糧遥望見一大樹如有神氣想有人居馳趣樹下可無所見婆羅門舉聲大哭飢渴委厄窮死斯澤樹神現身問諸梵志道士那来今欲何行同聲荅曰欲詣神池滌浴望仙今日飢渴幸哀矜濟樹神舉手百味飲食從手流溢給衆飲食皆得飽滿其餘飲食足供道糧臨當別去詣神請問本行何德致此巍巍神荅梵志吾本所居在舍衛國時國大臣名須達飯佛衆僧於市買酪無提酪者倩我提之往到精舍使我斟酌訖行澡水儼然聽法一切歡喜稱善無量時我奉齋暮還不飡婦怪問我不審何恨也見長者須達於園飯佛請我往齋齋名八關其婦瞋恚忿然言曰瞿曇亂俗奚足採納君毀遺則禍從此豐蹴迫不已便共俱食時我介夜年壽筭盡終於夜半神来生此為此愚婦破我齋法不卒其業飲食若終齋法應生天上封受自然即為梵志而作頌曰

祠祀種禍根　日夜長枝條　唐苦毀身本

法齋度世仙

又百緣經云佛在舍衛國祇樹給孤

獨園於其初夜有五百天子賫持香華光明赫弈照祇洹林来詣佛所礼已却坐佛為說法得須陁洹果遶佛三帀還詣天宮於其晨朝阿難請問諸天来緣佛告阿難乃往過去迦葉佛時有二婆羅門隨從國王来詣佛所礼拜問訊時彼從中有一優婆塞勸二婆羅門共受齋法一求生天二求人王受已俱還諸婆羅門聚會之處諸婆羅門言汝等飢渴可共飲食殷勤數勸不免其意求生天者即便飲食以破齋故不果所願其後命終生於龍中不食者得作國王以其先身共受齋故生彼國王園池水中時守園人日日常送種種果瓜奉上獻王於池水中得一美果色香甚好作是念言我雖出入常為門監所見前却我持此果當用與之作是念已尋即持與門監得已復作是念我唯出入復為黃門所見前却當用與之作是念已尋即持與黃門得已復作是念夫人為我常向國王歎譽我德我持此果當用與之作是念已即便持

與夫人得已復上大王王得果已即便食之覺甚香美即問夫人汝今何處得是果来夫人即時如實對曰我從黃門得是果来如是展轉推到園子王即召呼吾園之中有是美果何不見送乃與他人園子於是本末自陳王不聽言而告之曰自今已後常送此果若不送者煞汝園子還歸入其園中號啼涕泣不能自制此果無種何由可得時彼龍王聞是哭聲化作人形来問之言汝今何以啼哭乃尒園子具荅所由龍聞是語還入水中取好美果著金槃上持與園子因復告言汝持此果奉上獻王并說吾意云我及國王昔佛在世本是親友俱作梵志共受八齋各求所願汝戒完具得作國王吾戒不全生在龍中我今還欲奉修齋法求捨此身願為語汝王為我求八關齋文送来與我若其相違吾覆汝國用作大海園子於是納受果槃奉獻王已因復說龍所囑之語王聞是已甚用不樂所以然者當尒之時乃至無有佛法之

名況復得有八關齋文若其不獲恐見危害思念此理無由可辦時彼國王有一大臣最可敬重而告之言龍從我索八關齋文仰卿得之大臣荅曰今世無法云何可得王復告言汝若不獲吾必煞卿大臣聞已却退至家顏色異常甚用愁惱時臣有父年在耆舊每從外来見子顏色改易異常尋即問言即向父說委曲諸理父荅子言吾家堂柱我見有光汝為就伐試取破看之得經二卷一是十二因緣二是八關齋文大臣得已甚用歡喜著金槃上奉獻與王王得之喜不能自勝送與龍王龍王得已甚用歡喜賫持珎寶贈遺與王各還所止共五百龍子勤加奉脩八關齋法其後命終生忉利天来供養我是彼光耳佛告阿難欲知彼時五百龍子奉修齋法者今五百天子是佛說是緣時有得四沙門果者有發無上菩提心者聞佛所說歡喜奉行

頌曰

虧功九仞罷崇山　頓駕千里傒長路

改塗悔善因芳言　易情染惡良姟嫗
五福精修既不成　八關守戒誰能護
攸攸極夜尒何期　森森愛流安可度

富貴部第十（此有二縁）

述意縁　引證縁

述意縁第一

夫行善感樂如影隨形作惡招苦猶聲發響故富同珠玉貴若蕭曹錦繡為衣金銀作屋雲起龍吹之前風生鳳管之上趍蹡廣殿容與長廊伸珠履於丹墀珥金鐔於青鏁食則珍羞滿席海陸盈前鼎味星羅芬馨雲布坐則高堂雅室玉砌珠簾絲竹弦管凄清飄颻卧則蘭燈炳曜繡晃垂陰錦被既敷毾氈旦拂行則駟馬電飛輦轝雷動千乘萬騎隱隱闐闐略述福因善報如是由昔行檀受斯勝利也

引證縁第二

如賢愚經云昔佛在世時舍衛國有一長者豪貴巨富生一男兒面貌端正世所希有父母歡喜因為立字名檀弥離年漸長大其父命終波斯匿王即以父爵而以封之受王封已其家舍宅變成七寶諸庫藏中悉皆盈滿種種寶物時王太子字毗琉璃遇得熱病諸醫處藥啓王云須牛頭栴檀用塗其身當得除愈王即募覓若有得者一兩之直賞金千兩無持来者有人白王檀弥離家舍内大有時王聞已躬自往求到檀弥離長者門前見其外門純是白銀即遣門人入通消息時守門人入白長者波斯匿王今在門外長者聞已即出奉迎請王入門内見有一女面首端正世間無比坐白銀床紡白銀縷小女十人侍從左右時王問言是卿婦耶長者荅言是守門婢其小女者通白消息次入中門純紺琉璃門内有女坐琉璃床面首端正倍勝於前左右侍從倍復前數次入内門純以黄金門内一女面首端正復倍勝前坐黄金床紡黄金縷左右侍從復倍上數王復問言是卿婦耶長者荅言是守門婢入到舍内見琉璃地屋閒尅鏤種種百獸風吹動之形現地上王見謂水怖不敢前語長者言餘更無地殿前作海弥離白王是琉璃地非是水也即脱手上七寶環珂擲著于地凝壁乃住王知地已即共入内升七寶殿婦在殿上坐琉璃床更有寶床請王令坐時婦見王眼中淚出王問之言何故不喜眼中淚出婦荅大喜但於今者聞王身上煙氣是以淚出王即問言家不然火耶荅言不也王復問言用何作食婦荅王曰須食之時百味自至王復問言不須明耶婦荅王言用摩尼珠而以照之遍室大明時檀弥離跪白王曰大王何故勞屈尊神到此波斯匿王具以事荅長者聞已即將王入遍示諸藏七寶盈滿牛頭香積不可稱計王須任取王取二兩遣人先送王敬語之今有佛出卿聞不耶弥離荅言云何名佛王即為說弥離歡喜即往佛所佛為說法得須陁洹果尋即出家得阿羅漢三明六通具八解脱阿難見已而白佛言此檀弥離宿殖何業生於人中受天福報又值世尊出家得道佛告阿難乃往過去九十一劫有佛出世号毗

婆尸入涅槃後於像法中有五比丘共立要契在一林中精勤修道語一比丘此去城遠乞食勞苦汝當為福一夏乞食供養我等其一比丘即便入城勸諸檀越日為送食四人身安專精行道得阿羅漢即語此人緣汝之故我等安隱所作已辦汝願何等其人聞已歡喜發願使我來世天上人中富貴自然值佛獲道緣是功德從是以來九十一劫不墮惡道天上人中常處豪貴所須自然今值我故出家得道　又賢愚經云昔佛在世時舍衛國中有一長者其家巨富財寶無量不可稱計生一男兒身體金色端正少雙父母見已歡喜無量因為立字名曰金天其生之日家中自然出一井水縱廣八尺深亦八尺汲用能稱人意須衣出衣須食出食金銀珎寶一切所須作願取之如意即得兒年長大才藝博通其父念言我兒端正容貌絕倫要覓名女金容妙體類我兒者當往求之時閣婆國有大長者而生一女字金光明端正非凡



身體金色晃焴照人初生之日亦有自然八尺井水其井亦能出種種寶衣服飲食一切所須稱適人情其父母自念言我女端正人中英妙要得賢士金色光暉類我女者乃共為婚其女名稱遠徹金天遂娶為婦後時金天請佛及僧飯食供養飯食訖已佛為說法金天夫婦及其父母悉皆獲得須陁洹果金天夫婦俱白父母求索出家父母即聽既出家已夫婦並得阿羅漢果一切功德皆悉具足阿難見已而白佛言金天夫婦宿殖何福生豪族家身體金色復有自然八尺井水出種種物佛告阿難乃往過去九十一劫毗婆尸佛入涅槃後有諸比丘遊行教化到一村中村人見僧覺共供養時有夫婦二人貧窮家無升斗其夫見他供養衆僧向婦啼哭懊惱淚墮婦辟上婦即問夫何故啼哭夫荅婦言我父在積財滿藏冨溢難量至我身上貧窮困極本日雖有而不布施今日值僧貧無可施前身不施今致此貧今有不施未來



轉劇吾思惟此是以懊惱婦語夫言鉡有空意無錢可施知當如何婦又語夫試至故舍適推覓之儻或得之夫遂往覓得一金錢持至婦所其婦介時有一明鏡復得一鉼盛滿淨水安錢鉼中以鏡著上夫婦同心持布施僧發願而去緣是功德從是以來九十一劫不墮惡道天上人中恒為夫婦身體金色受福快樂今值我故出家得道

又出曜經云昔佛在世時迦毗羅衛國中有目連同產弟大富饒財七寶具足庫藏盈溢奴婢僕從不可稱計時目揵連數往弟家而告弟曰聞卿慳悋不好布施佛常說施獲報無數卿今施者得福無量弟聞兄教開藏布施更立新藏欲受其報未經旬日財寶竭盡故藏悉空新藏無報其弟懊惱向兄說曰前見兄勅施獲大報不敢違教諸來求乞竭藏施盡故藏悉空新藏無報將無為兄所疑誤耶兄曰止止莫陳此語勿使外道耶見之人聞此麁言若使福德當有形者

虛空境界所不能容吾今權示汝微
報即以神力手接其弟至第六天見
有宮殿七寶合成香風浴池庫藏盈
溢不可稱計玉女營從數千萬衆紲
女無男即問兄曰是何宮殿巍巍乃
介目連告弟汝自往問弟即自往問
天女曰是何宮殿七寶合成巍巍堂
堂懸處虛空誰有福德於中受報天
女報曰閻浮提內迦毗羅國中釋迦
文佛神足弟子名曰目連彼有賢弟
大富長者由好布施後生此處而與
我等作其夫主弟聞歡喜善心生焉
還至兄所具白其情目連告曰夫人
布施為有報耶為無報耶弟懷慚愧
向兄懺悔後至家中轉更修福命終
之後即生天上受斯福報又樹提伽
經云佛在世時有一大富長者名為
樹提伽倉庫盈溢金銀具足奴婢成
行無所可欲有一白疊手巾掛著池
邊為天風起吹王殿前王即大會群
臣共坐參論羅列卜問性其所以諸
臣皆言國將是興天賜白疊樹提默
然王語樹提諸臣皆慶卿何無言樹

提荅王不敢欺王是臣家拭體白疊
掛著池邊為天風起吹王殿前故默
不言却後數日有一九色金花大如
車輪墮王殿前王復會臣問荅如前
樹提荅王言臣不敢欺王是臣之家
後園之中萎落之華為天風起吹王
殿前故默無言王語樹提卿家能介
卿須還飯任作調度吾領二十萬衆
往到卿家看去樹提荅言願王相隨
不須預去是臣之家自然床席不須
人鋪自然飲食不須人作自然擎来
不須呼喚自然擎去不須返顧王即
將領二十萬衆到樹提伽南門而入
有一童子端正可愛王語樹提是卿
兒不荅言是臣守閤之奴小復前行
至閤門內有一童女顏色端正皮色
琨悅甚復可愛王語樹提卿女耶婦
耶荅言是臣守閤之婢小復前行至
其堂前白銀為壁水精為地王見為
水疑不得前樹提導前將王上堂坐
金床踞玉机樹提伽婦坐百二十重
金銀閘帳裏披帳而出為王設拜眼
中淚出王語樹提卿婦拜我何故淚

出臣不敢欺王聞王烟氣眼中淚出
王語庶民然脂諸侯然蜜天子然漆
漆亦無煙何得淚出樹提荅王臣家
有一明月神珠掛著堂殿晝夜無異
不須火光樹提堂前有一十二重高
樓將王上看四面觀視恍忽經月大
臣白王國計事大王可還歸王謂須
臾小復可忍復遊園池不覺經月問
荅同前樹提出七寶施兼綾羅繒綵
二十萬衆人馬俱重一時還國王語
群臣其樹提伽是我之民女婦宅舍
過殊於我我欲伐之可取以不諸臣
皆言可取王將四十萬衆椎鍾鳴鼓
圍樹提宅數百餘重樹提伽宅南門
中有一力士手捉金杖一擬四十萬
衆人馬俱倒手脚僚戾腰髖要婆狀
似醉客頭腦叵我不復得起於是樹
提乘雲母之車来問諸人来時何害
卧地不起大王遣来欲伐長者長者力士
手捉金杖一擬四十萬衆人馬俱倒
不復得起樹提問言欲得起不諸人
皆言欲得起樹提一放神力令四十
萬衆人馬俱起一時還國王即便喚

樹提伽同車而載往詣佛所白世尊樹提先身作何功德得是果報佛言善聽先有五百同緣在於山阻道逢一病道人賜其菴室米粮燈燭尒時廣乞多願天自供養從空来下變身十八放大光明蕩照天下又願作佛破散鐵圍鑊湯生華地獄出栴檀餓鬼作沙門羅剎坐誦經五百商人輩其重寶由供病僧僧廣乞天供令得斯報于時施者樹提伽是病僧者我身是也五百商人者皆得阿羅漢道

又百緣經云佛在世時舍衛城中有一長者財寶无量不可稱計其婦生一男兒端正殊妙世所希有當生之日天降大雨父母歡喜舉國聞知相師占善因為立字名耶奢蜜多不飲乳餔其牙齒間自然八功德水用自充足年漸長大見佛出家得羅漢果諸天世人所見敬仰時諸比丘見是事已請佛為說宿福因緣尒時世尊告諸比丘此賢劫中有佛出世号曰迦葉於彼法中有一長者年極耄耄出家入道不能精勤又復重病良醫占之教當服蘇病乃可差尋用醫教取蘇服之於其夜中藥發熱渴馳走求水水器皆空復趣泉河並皆枯竭如是處處求水不得深自悔責於彼河岸脫衣繫樹捨之還来至其明旦以狀白師師聞是語即荅之言汝遭此苦狀似餓鬼汝今可即取我缾中水至僧中行即受教取缾水水盡涸竭心懷憂怖謂其命終必墮餓鬼尋詣佛所具陳上事而白世尊幸為見示佛告比丘汝今當於衆僧之中行好淨水可得脫此餓鬼之身聞已歡喜即便僧中常行淨水經二萬歲即便命終在所生處其牙齒間常有清淨八功德水自然充足不飲乳哺乃至今者遭值於我出家得道比丘聞已歡喜奉行

又阿育王經云昔佛在世時與諸比丘及與阿難前後圍遶入王舍城而行乞食至於巷中見二小兒一名德勝二名無勝弄土而戲擁土作城舍宅倉儲以土為麨著於倉中此二小兒見佛相好金色光明遍照城内德勝歡喜掬倉中土名為麨者奉上世尊而發願言使我將来蓋於天地廣設供養緣是善根發願功德佛般涅槃一百年後作轉輪王王閻浮提住華氏城正法治世号阿恕伽王分佛舍利而作八萬四千寶塔其王信心常請衆僧宮中供養時王宮中有一婢使㝡貧下賤見王作福自剋責言王先身時布施如来一掬土故今得富貴今日重作將来轉勝我先身罪今日斷下又復貧窮無可修福將来轉賤何有出期思已啼哭衆僧食訖此婢掃地糞掃中得一銅錢以此一錢即施衆僧心生歡喜其後不久得病命終生阿育王夫人腹中滿足十月産生一女端正殊妙世之少雙其女右手恒常急捲年滿五歲夫人白王所生女子手常捲王即喚来抱著膝上王為摩手手即尋開當於掌中有一金錢隨取隨生而無窮盡須史之間金錢滿藏王怪所以即將往問夜奢羅漢上座此女先身作何福德於手掌中有此金錢取已無窮上座

荅言此女先身是王宮人於糞掃中得一銅錢布施衆僧以此善根得生王家以為王女緣昔一錢布施衆僧善根因緣恒常手中把一大金錢取無窮盡又雜寶藏經云昔耆闍崛山中多有僧住諸方人聞送供者衆有一貧窮乞索女人見諸長者送供詣山作是念言此必作會我當往乞便向山中見諸長者以種種食供養衆僧自思惟言彼諸人等先世修福今日富貴今復重作未来轉勝我先不修今世窮苦今若不作未来轉劇思已啼哭先於糞中拾得兩錢恒常保惜以後乞索不得之時當用買食之今持以布施衆僧分一二日不得食意伺僧食訖即便布施維那僧前欲為呪願上座不聽自為呪願復留食施諸人既見上座乞食諸人亦與女大歡喜云我得果報將食出外到一樹下食訖而卧施福所感黃雲覆之時值國王寂大夫人亡来七日王遣人訪誰有福德應為夫人使與相師至彼樹下見此女人相師占之此女



福德堪為夫人即以香湯沐浴清淨與彼夫人衣服令著大小相稱千乘萬騎將至王所王見歡喜心甚敬重後時自念我今所以得是福報緣以兩錢施僧故尒當知彼僧便為於我有大重恩即白王言我先斯賤王見洗拔得為人次願聽往彼僧所報恩王言隨意夫人即便車載飲食及以珎寶詣山布施上座即遣維那呪願不自呪願夫人念言前施兩錢見為呪願今載珎寶不為呪願年少比丘亦嫌此事上座尒時語夫人言心念嫌我兩錢施時為我呪願今載珎寶不為呪願我佛法中唯貴善心不貴珎寶夫人先施兩錢之時善心極勝今施珎寶吾我貢高是以我今不為呪願諸年少等亦莫嫌我年少比丘聞已慚愧恚皆獲得須陁洹果夫人聽法慚愧亦得須陁洹果

又雜寶藏經云昔拘留沙國有惡生王詣園堂上一見金猫從東北角入西南角王時見已即遣人掘得一銅盆受三斛滿中金錢漸漸深掘復得



一盆如是次第得三重盆各受三斛恚滿金錢轉復傍掘經於五里步步之中盡得銅盆皆滿金錢王雖得錢怖不敢用恠其所以即詣尊者迦旃延所說其因緣尊者荅王此王宿因所獲福報但用無苦王即請問往昔因緣尊者荅言乃往過去九十一劫毗婆尸佛入般涅槃後遺法之中有諸比丘四衢道頭施座置鉢在上教化而作是言誰有人能舉財著此堅牢藏中若入此藏王賊水火所不能奪時有貧人先因賣薪得錢三丈見僧教化歡喜布施即以此錢重著鉢中發願而去去家五里步步歡喜到門欲入復還向僧至心頂礼發願而入時貧人者今王身是緣昔三錢歡喜施僧世世尊貴常得如是三重銅盆滿中金錢緣五里中步步歡喜恒於五里有此金錢以是因緣若布施時應當至心歡喜施與勿生悔心

頌曰

韞石諒非真　飾掛信為假　寵服高門上
濫吹緇軒下　風杷結驚心　騐文終好野

真相豈或貽　浮榮未能捨　迹殊冠冕容
事襲駈馳者　已矣歎鄭聲　天然乱周雅
富貴空爭名　寵辱虛相罵　須臾風火燭
幻泡何足把

貧賤部第十一 此有五緣

述意緣　引證緣
須達緣　貧兒緣
貧女緣

述意緣第一

夫貧富貴賤並因往業得失有無皆由昔行故經言欲知過去因當觀現在果欲知未来果當觀現在因所以原憲之家黔婁之室繩樞瓮牖无掩風塵席户蓬扉不避霜露或舒稿蒿以為薦或裁荷葉以充衣斂時即兩袖皆穿納縷則雙襟同缺口腹乃資於安邑宿止則寄在於靈臺頭戴十年之冠身被百結之縷鄉里既無田宅洛陽又闕主人浪宕隨時巑岏度日雖慚靈輒而有翳桑之弊乃愧百夷便致負陽之嗤桑棠頓乏豈見陽春升斗並無何以卒歲所以如此者皆由曩日不行惠施常盜慳貪致令果報一朝頓盡是故行者宜當布施也



引證緣第二

如燈指經云當知貧窮比於地獄失所依猗栖寄無處憂心火熾愁額樵然華色既衰容轉障礙身體尫羸飢渴消削眼目䀠陷諸節骨立薄皮纏褁筋脉露現頭髮蓬乱手足銳細其色艾白皸體皴裂又無衣裳至糞穢中拾掇麁弊連綴相著纔遮人形赤露四體倚附糞埽復無席薦諸親舊等見而不識歷巷乞食猶如餓鳥至知友邊欲從乞食守門之人遮而不聽伺便輒入復為排辱舍主既出欲加鞭打俯僂曲躬再拜謝罪舍主輕蔑聊不迴顧設得入舍輕賤之故既不與語又不敷座與少飲食撩擲盂器不使充飽設值大會望乞殘食以輕賤故不喚令坐反被驅走貧窮之人辟如林樹无華衆蜂遠離被霜之草菓自焦卷枯涸之池鴻鴈不遊被燒之林麞鹿不趣田苗刈盡無人据拾令日貧困說往富樂但謂虛談誰肯信之由我貧窮所向無路辟如曠野為火所焚人不喜樂如枯樹無蔭無依投者如苗被霜捐棄不收如毒虵害人皆遠離如雜毒食無有嘗者如空塚間無人趣向如惡廁溷臭穢盈集如魁膾者人所惡賤雖說好語他以為非若造善業他以為鄙所為機捷復嫌輕躁若復舒緩又言重直設復讃歎人謂諂譽若不加譽復生誹謗言此貧人常無好語若復教授復言詐為若廣言說人謂多舌若默無言人謂藏情若正直說復云麁獷若求人意復言諂曲若數親附復言幻惑若不親附復言驕誕若順他所說復言詐取他意若不隨順復言自專若屈意承望罵言寒賤若不屈意言是貧人猶故恃我若小自寬放言其愚癡無有拘忌若自攝撿言其空廉詐自端確若復歡逸言其譸張狀似狂人若復憂悴言其含毒初無歡心若聞他語有所不盡為其判釋言其命趣以愚代智耐羞之甚若復默然復言頑嚚不識道理若小戲論言不信罪福若有所索言其匃得不知

廉聰若無所索言今雖不求後望大得若言引經書復云詐作聰明若言語撲素復嫵跡鈍若公論事實復言強說若私屏正語復言讒佞若著新衣復言假借嚴飾若著弊衣復言偉劣寒悴若多飽食復言飢餓饕餮若少飯食言腹中實餓詐作清廉若說經論言顯己所知彰我闇短若不說經論言愚癡無識可使放牛若自道昔日事業言誇誕自譽若杜默言門資淺薄諸貧窮者行来進止言說俯仰盡是愆過富貴之人作諸非法都無過患舉措施為斯皆得所貧窮之人如起死屍鬼一切怖畏如遇死病難可療治曠野險處絕無水草如墮大海沒溺洪流如人禁咽不得出氣如眼上瞖不知所至如厚垢穢難可洗去亦如怨家雖同衣食不捨惡心如夏暴井人入即斷氣如入深泥滯不可出如山暴水駛流吹漂樹木摧折貧亦如是多諸艱難夫富貴者有好威德姿貌從容意度寬廣禮義覺興能生智勇憎長家業眷屬和讓



善名遠聞以此觀之一切世人富貴榮華不足貪著於諸人天尊貴不應逸樂當知貧窮是大苦聚欲斷貧窮不應慳貪是以經中言貧窮者為大苦

須達緣第三

如雜寶藏經云昔佛在世時須達長者㝡後貧苦財物都盡客作傭力得米四升吹作飯食值阿那律来從气食婦即取鉢盛滿飯與後須菩提迦葉目連舍利弗等次第来气悉施滿鉢末後佛来亦與滿鉢須達在外行還到家從婦索食婦即語言其若尊者阿那律来汝當自食為施尊者不須達荅言寧自不食當施尊者婦又語言若復迦葉大目連及須菩提舍利弗等乃至佛来汝當云何亦荅婦言寧自不食盡當施與婦即語夫言朝来諸聖盡来索食所有飲食盡施與之夫聞歡喜而語婦言我等罪盡福德應生即開庫藏穀帛飲食悉皆充滿用盡復生果報云云不可說盡

又雜譬喻經云昔長者須達七貧後貧㝡劇乃無一錢後糞壤中得一木升其實是栴檀出市賣之得米四升語婦併炊一升吾當索菜茹還時共食佛念曰當度須達令福更生炊米方熟舍利目連迦葉佛来四升米次第炊盡將去後富更請佛僧供養盡空佛為說法得道

又菩薩本行經云初時須達長者家貧樵剪芻蒙佛說法身心清淨得阿那含道唯有五金錢一日持一錢施佛一錢施法一錢施僧一錢自食一錢作本日日如是常有一錢終無有盡即受五戒欲心已斷婦女各各隨其所樂有一婦人炒穀作麨失火廣燒人畜波斯匿王勑臣作限自今以去夜不得然火及於燈燭其有犯者罰金千兩尒時須達得道在家晝夜坐禪入定夜半鷄鳴然燈坐禪伺捕得之提燈白王當輸罰負須達白王今我貧窮無百錢產當用何輸王瞋勑使閉著獄中即將須達付獄執守四天王見初夜四天王来下語須達言我與汝錢用輸王罰可得来出為四

天王說經便去到中夜天帝復来見之須達為說法竟帝釋便去此到後夜梵天復下見為說法梵天復去時王夜於觀上見獄上火光時王明日即便遣人往語須達坐火被閉而無慙著續後然火須達荅言我不然火若然火者當有煙灰復語須達初夜有四火中夜有一火倍大前火後夜復有一火隨倍於前言不然火為是何等須達荅言此非是火初夜四天王来見我中夜天帝来見我後夜梵天来見我是天神上光明之焰非是火也使聞其語即往白王王聞如是心驚毛竪王言此人福德殊特乃尒我今云何而毀辱之即勑使言促放出去勿使稽遲便放令去須達得出住至佛所礼佛聽法波斯匿王即便嚴駕尋至佛所人民見王皆悉避起唯有須達心存法味見王不起王心微恨此是我民懷於輕慢見我不起遂懷慍心佛知其意止不說法王白佛言願說經法佛告王言今非是時云何非是人起瞋恚忿結不解貪婬



女色自大無敬其心垢濁聞於妙法而不能解以是之故今非是時為王說法王聞佛語意自念言坐此人故令我今日有二折減又起瞋恚不得聞法為佛作礼而去出到於外勑語左右此人若出直斫頭取作是語已應時四面虎狼師子毒害之狩悉来圍遶於王王見恐怖還至佛所佛問大王何以来還王白佛言見怖来還佛告王曰識此人不王曰不識佛言此人已得阿那含道坐起惡意向此人故是故使尒若不還者王必當危不得全濟王聞佛語即大恐怖即向須達懺悔作礼羊皮四布於須達前王言此是我人而向屈辱實為甚難須達復言而我貧窮行於布施亦復甚難尸羅師質為國平正為賊所捉臨命不犯忘語賊便放之實為甚難復有天名曰尸迦梨於高樓上卧有天王女来以持禁戒而不受之實為甚難於是四人即於佛前各說頌曰

貧窮布施難　豪貴忍辱難　危嶮持戒難
少壯捨欲難



佛說偈已王及臣民皆大歡喜作礼而去

貧兒緣第四　　四

如辯意長者子經云於是辯意長者子為佛作礼叉手白佛言唯願世尊過於貧聚及諸衆會明日屈於舍食尒時世尊黙然許可諸長者子礼佛而去到舍具饌明日世尊與諸大衆往到其處就坐儼然辯意白父母及諸眷屬前礼佛足各自供侍辯意起行澡水敬意奉食下食未訖有一乞兒前歷座乞佛未呪願無敢與者遍無所得瞋恚而去便生惡念此諸沙門放逸愚惑有何道哉貧者從乞無心見與長者迷惑用為餉此無慈愍意吾為王者以鐵輞車轢斷其頭言已便去佛達嚫既訖復有一乞兒而来入乞食坐中衆人各各與之大得飯食歡喜而去即生念言此諸沙門皆有慈心怜吾貧窮施食充飽得濟數日善哉善哉長者乃能供事此諸大士其福無量吾為王者當供養佛及衆弟子乃至七日猶不報今日飢

渴之恩言已便去佛食已訖說法助還精舍之中佛告阿難從今已後覩訖下食以此為常時二乞兒展轉乞匂到他國中臥於道邊深草之中時彼國王忽然崩亡无有繼後時國相師明知相法識書記曰當有賤人應為王者諸臣百官千乘萬騎案行國界誰應為王顧視道邊深草之中乞有雲蓋相師占相曰中有神人即自乞兒相應為王諸臣拜謁各稱為臣乞兒驚愕自云下賤非是王種皆言應相非是強力香湯沐浴著王者之服光相儼然稱善无量導從前後還車入國時惡念者在深草中臥寐不覺車轢斷其頭王到國中陰陽和調四氣隆赫人民安樂稱王之德

尒時國王自念昔者貧窮之人以何因緣得為國王昔行乞時得蒙佛恩大得飯食便生善念得為王者供養七日佛之恩德今已果之即召群臣遥向舍衛國燒香作礼即遣使者往請佛言蒙世尊遺恩得為人王願屈尊神來化此國愚冥之人得見教訓於是佛告諸弟子當受請佛與弟子無央數衆往到彼國時王出迎為佛作礼入宫食訖王請世尊得王因緣佛具為說如前因緣由起善念今王是也時惡念者非直轢頭而死已後入地獄為火車所轢億劫乃出王今請佛報搭過厚世世受福無有極已

尒時世尊以偈頌曰

人心是毒根　口為禍之門　心念而口言
身受其殃罪　不念人善惡　身作身受患
意欲害於彼　不覺車轢頭　以為甘露法
令人生天上　心念而口言　身受其福德
有念善惡人　自作安身本　意念一切善
如王得天位

是時國王聞經歡喜舉國臣民得須陁洹道

又賢愚經云佛在舍衛國與諸弟子千二百五十人俱國中有五百乞兒常依如來隨逐衆僧乞匂自活猒心內發來索出家共白佛言如來出世甚為難遇我等下賤蒙濟身命今貪出家不審許不告諸乞兒我法清淨無有貴賤辟如清水洗諸不淨若貴若賤水之所洗無不淨者又如大火所至之處其被燒者無不燋然又如虛空貧富貴賤有入中者隨意自恣乞兒聞說並皆歡喜信心倍隆歸誠出家佛告善來頭髮自墮法衣在身沙門形相於是具足佛為說法成阿羅漢於時國中諸豪長者聞度乞兒皆興慢心云何如來聽此下賤之人在衆僧次我等修福請佛衆食令此下賤坐我床席捉我食器尒時太子祇陁請佛及僧遣使白佛唯願世尊明受我請及比丘僧所度乞兒我不請之慎勿將來明日食時佛告乞兒吾受彼請汝不及例今可往至欝單越取自然成熟粳米還至其家隨意坐次自食粳米比丘如命即以神足往彼世界各各自取滿鉢還攝威儀乘空而來如鴈飛至祇陁家坐隨次各食於時太子覩衆比丘威儀進止神足福德敬心歡喜歎未曾有而白佛言不審此諸賢聖從何方來佛告祇陁若欲知者正是昨日所不請者具向太子說其因緣尒時祇陁聞說

是語極懷慙愧自我愚癡不別明闇不審此徒種何善行今值世尊特蒙殊潤復造何咎乞匃自活佛告祇陁過去久遠時有大國名波羅柰有一山名曰利師古昔諸佛多住其中若無佛時有二千辟支佛恒至其中有一長者名曰散陁寧時世旱儉其家巨富即問藏監今我藏中穀米多少欲請大士未知供不藏監對曰饒多足供即請二千辟支飯食供養差五百使人供設飯食時諸使人猒心便生我等諸人所以辛苦皆由此諸乞兒尒時長者恒令一人知白時到養一狗子日日逐往尒時使人卒值一日忘不往白狗子時到獨往常處向諸大士高聲而吠諸辟支佛聞其狗吠即知時到來詣便坐如法受食因白長者天今當雨宜可種殖長者如言耕種所種之物盡變為瓠長者見恠隨時溉灌後熟皆大即劈看之隨所種物成治淨好麥滿其中長者歡喜其家滿溢復分親族合國一切咸蒙恩澤是時五百作食之人念言斷之獲果實是大士之恩我等云何惡言向彼即往其所請求改悔復立誓言願使我等於將來世遭值賢聖蒙得解脫由此之故五百世中常作乞兒因其改悔復立誓故今遭我世蒙得過度太子當知尒時大富散陁寧者我身是也時藏臣者今須達是也曰白時到者今優填王是也五百作食人者今此五百阿羅漢是也尒時祇陁及衆會者覩其神變皆得四果

貧女緣第五

如賢愚經云昔佛在世時尊者迦栴延在阿槃提國時彼國中有一長者大富饒財家有一婢小有愆過長者鞭打晝夜走使衣不蓋形食不充口年老辛苦思死不得適持瓶詣河取水舉聲大哭尒時尊者聞其哭聲往到其所問知因緣即語之言汝若貧者何不賣之老母荅言誰買貧者迦旃延言貧實可賣老母向言貧可賣者賣之云何迦旃延言汝若賣者一隨我語告令先洗洗已教施母白尊者我今貧窮身上衣無手許完納唯有此瓶是大家許當以何施即持鉢與教取水施受為呪願次與授戒復教念佛竟問之言汝止何處婢即荅言無定止處隨舂炊磨即宿其處或在糞埽尊者語言汝好勤心恭謹走使伺其大家一切卧訖竊開戶入於其戶內敷草而坐思惟觀佛母受教已至夜坐處戶內命終生忉利天大家曉見瞋恚而言此婢常不聽入舍何忽此死即便遣人以草繫脚置寒林中此婢生天與五百天子以為眷屬即以天眼觀見故身生天因緣尋即將彼五百天子賫持香華到寒林中燒香散花供養死屍放天光明照於村林大家見恠普告遠近詣林觀看見已語言此婢已死何故供養天子報言此吾故身即為具說生天因緣後皆迴詣迦旃延所礼拜供養因緣說法五百天子悉皆獲得須陁洹果既得果已還歸天上以是因緣智者應當如是學之

又佛說摩訶迦葉度貧母經云佛在舍衛國是時摩訶迦葉獨行教化到

王舍城常行大哀福於衆生捨諸豪
富而從貧乞時欲分衛先入三昧何
所貧人吾當福之即入王舍大城之
中見一孤母窮甚貧困在於街巷大
糞聚中傍鑿糞聚以為巖窟羸劣疾
病常卧其中孤單零丁無有衣食便
於巖窟施小籬柵以障五形迦葉三
昧知此人宿不植福是以今貧知母
受命終日在近若吾不度永失福堂
母時飢困長者青衣而棄米汁臭
惡難言母從乞之即以破瓦感著左
右迦葉到所呪願從乞多少施我可
得大福尒時老母即說偈言
舉身得疾病　孤窮安可言　一國之窮貧
衣食不蓋形　世有不慈人　尚見矜愍憐
云何名慈哀　而不知此死　普世之寒苦
無過我之身　願見哀矜撫　實不為人惜
摩訶迦葉即荅偈言
佛為三界尊　吾備在其中　欲除汝飢貧
是故從貧乞　若能減身口　分銖巳為施
長夜得解脫　後生得豪富
尒時老母聞偈歡喜心念前曰有臭
米汁是以施之則不可飲遥啓迦葉



哀哉受不迦葉荅言大善母即在窟
內舀取之形體裸露不得持出側身
僂體籬上受與迦葉受之尊口呪願
使業福安迦葉心念若吾賫去著餘
處飲母則不信謂吾棄之即於母前
飲訖盪鉢還著囊中於是老母持復
真信迦葉自念當現神足令此母人
必獲大安即在空中廣現神變尒時
母人見此踊躍一心長跪遥視迦葉
迦葉告曰母今意中所願何等即啓
迦葉願以微福得生天上於是迦葉
忽然不現老母數日壽終即生忉利
天上威德巍巍震動天地光明挺特
辟如七日一時俱出照曜天宮帝釋
驚悸何人福德感動勝吾即以天眼
觀此天女福德使然即知天女本生
来處尒時天女即自念言此之福報
緣其前世供養迦葉所致假令當以
天上珎寶種種百千施上迦葉猶尚
未報須臾之恩即將侍女持天香花
忽然来下於虚空中散迦葉上然後
来下五體投地礼畢却住叉手歎曰
大千國土　佛為特尊　次有迦葉



能閉罪門　昔在閻浮　糞窟之前
為其貧母　開說真言　時母歡喜
責上米潘　施如芥子　投報如山
自致天女　封受自然　是故来下
歸命福田
天女說巳俱還天上帝釋心念女施
米汁乃致此福迦葉大哀但福劣家
不往大姓當作良策即與天后持百
味食感小餅中詣王舍城巷邊作小
陋屋變其形狀似于老公身體痟瘦
僂行而步父妻二人而共織席貧窮
之狀不儲飲食迦葉後行分衛見此
貧人而往乞食公言至貧無有如何
迦葉呪願良久不去公言我等夫妻
甚老織席不暇向乞唯有少飯適欲
食之聞仁慈德但從貧乞是以福之
今雖窮困意自割損以施賢者審如
所云令吾得福天食之香非世所閤
若預開餅苾芬之香迦葉覺之全不
肯取即言道人弊食不多將鉢来取
迦葉即以鉢取受呪願施家其香普
熏王舍大城及其國界迦葉即嫌其
香公母釋身疾飛空中彈指歡喜迦

業思惟即知帝釋化作老公而為福祚吾今已受不宜復還迦葉讚歎帝釋種福無猒忍此醜類來下殖福必獲影報帝釋及后倍復欣踊是時天上伎樂來迎帝釋到宮倍益歡喜

頌曰

浮雲南北竟無歸　子客東西何可依
原憲糟糠竊有望　田氏膏腴詎敢希
靄靄廉庭絕車馬　寂寂蓬門掩蓆扉
宿昔偷光怯餘照　今日窮途空自斯

諸經要集卷第六

諸經要集卷第六

校勘記

一　底本，金藏廣勝寺本。

一　五六四頁中一行「卷第六」，徑、清作「卷第六上」。

一　五六四頁中三行至四行末字「破齋部……一」十六字，徑、清無。

一　五六四頁中五、六行及五六六頁中一七行「述意緣　引證緣」，資、磧、普、南無。五六九頁上五行同。

一　五六四頁下三行第四字「加」，資、磧、普、南、徑、清作「而」。

一　五六四頁下六行首字「月」，磧、南、徑、清作「日」。

一　五六四頁下一八行末字「明」，麗作「明日」。

一　五六五頁上九行末字「獲」，資、磧、普、南、徑、清作「得」。

一　五六五頁上一四行「慈心」，諸本作「慈悲心」。

一　五六五頁下二行第一三字「分」，資、磧、普、南、徑、清無。

一　五六五頁下一五行第六字「住」，諸本作「佛住」。

一　五六五頁下一八行至一九行及次頁上七行「布薩」，資、磧、普、南、徑、清作「菩薩」。

一　五六六頁上九行及一四至一五行「屏當」，磧、徑作「摒擋」。

一　五六六頁上一一行首字「邊」，資、磧、普、南、徑、清作「柱」。

一　五六六頁上一九行首字「食」，資、磧、普、南、徑、清作「食者」。

一　五六六頁上二一行第一〇字「不」，資、磧、普、南、徑、清作「之」。

一　五六六頁中五行「曝身」，資、磧、普、南、徑、清作「博身」。

一　五六六頁中一二行夾註右「不得」，資、磧、普、南、徑、清作「不可」。同行夾註左第四字「鍾」，資、磧、普、南、徑、清作「重」。第九字「受」，徑作「愛」。

一　五六六頁中一四行第一四字「愈」，

一 五六六頁中一九行第六字「空」，資、磧、普、南、徑、清作「逾」。徑作「望」。

一 五六六頁中末行第一二字「盛」，資、磧、普、南、徑、清作「熾」。

一 五六六頁下一〇行第八字「者」，資、磧、普、南、徑、清作「食者」。

一 五六六頁下一六行第一一字「即」，資、磧、普、南、徑、清作「是即」。

一 五六七頁上六行第七字「怯」，諸本作「怪」。

一 五六七頁上一〇行第九字「故」，資、磧、普、南、徑、清作「其」。

一 五六七頁上一四行第二字「擔」，資、磧、普、南、徑、清作「採」。

一 五六七頁上一八行第二字「逐」，資、磧、普、南、徑、清作「遂」。同行第一〇字「備」，麗作「被」。

一 五六七頁中一二行第二字「終」，資、磧、普、南、徑、清作「壽終」。同行第七字「必」，諸本作「畢」。

一 五六七頁中一七行第七字「爲」，資、磧、普、南、徑、清作「爲諸」。

一 五六七頁中末行首字「可」，資、磧、普、南、徑、清作「了」。同行末字「委」，磧、普、南、徑、清作「餧」。

一 五六七頁下八行第一三字「買」，資、磧、普、南、徑、清作「市」。

一 五六七頁下一三行首字「飯」，資、磧、普、南、徑、清作「供」。

一 五六七頁下一五行首字「遺」，資、磧、普、南、徑、清作「道」。

一 五六七頁下一六行第三字「尒」，資、磧、普、南、徑、清作「今」。

一 五六七頁下一七行「不率」，麗作「不卒」。

一 五六八頁上一九行「我唯」，資、磧、普、南、徑、清作「我雖」。

一 五六八頁中一三行第一〇字「上」，資作「子」。

一 五六八頁下六行第一二字「却」，資、磧、普、南、徑、清作「即」。

一 五六八頁下一〇行第六字「堂」，資、普無；磧、南、徑、清作「前」。

一 五六九頁上三行「森森」，徑作「森森」。

一 五六九頁上八行「珠玉」，南、徑、清作「朱頓」。

一 五六九頁上一〇行「伸珠」，資、磧、普、南、徑、清作「曳珠」。

一 五六九頁上一一行「金鐸」，諸本作「金蟬」。

一 五六九頁上一四行第三字「飄」，磧、南、徑作「颻」。

一 五六九頁中四行第一二字「募」，徑、清作「慕」。

一 五六九頁中一七行「倍復」，資、磧、普、南、徑、清作「復倍」。

一 五六九頁下六行「大喜」，資、磧、普、南、徑、清作「大王」。

一 五七〇頁中一七行「貧窮」，資、磧、普、南、徑、清作「極貧窮」。

一 五七〇頁中二〇行第一〇字「在」，麗作「在日」。

一 五七〇頁中末行第六字「致」，徑作「至」。

一 五七一頁上二二行第六字「是」，磧、普、南、徑、清作「示」。

一 五七一頁中一七行第一一字「鄉」，諸本作「是鄉」。

一 五七一頁中二〇行「將王」，徑、清作「王將」。

一 五七一頁下九行「施兼」，資、磧、普、南作「施縑」；徑、清作「絁縑」。

一 五七一頁下一五行第三字「一」，資、磧、普、南、徑、清作「一人」。

一 五七一頁下一六行第八字「傣」，資、磧、普、南、徑、清作「繚」；麗作「撩」。

一 五七一頁下一七行第三字「客」，資、磧、普、南、徑、清作「容」。同行「叵我」，資作「叵頗」；磧、普、南、徑、清作「頗頗」。

一 五七一頁下一九行「長者長者」，麗作「長者」。

一 五七一頁下末行第一二字「即」，資、磧、普、南、徑、清作「即時」。

一 五七二頁上九行第八字「僧」，資、磧、普、南、徑、清無。

一 五七二頁上一八行「羅漢」，資、磧、普、南、徑、清作「阿羅漢」。

一 五七二頁下四行第四字「年」，資、磧、普、南、徑、清作「歲」。

一 五七二頁下一一行第三字「厮」，諸本作「斯」。

一 五七三頁上一一行「我先」，資、磧、普、南、徑、清作「先我」。

一 五七三頁上一四行末字「之」，諸本作「我」。

一 五七三頁中六行第一一字「斯」，南、徑、清作「厮」。

一 五七三頁中七行首字「洗」，南、徑、清作「濟」。

一 五七三頁中九行第四字「山」，資、磧、普、南、徑、清作「寺」。

一 五七三頁中二一行「一見」，諸本作「見一」。

一 五七三頁中二二行「王時」，資、磧、普、南、徑、清作「出時王」；麗作「出王時」。

一 五七三頁下末行第六字「風」，資、磧、普、南、徑、清作「鳳」。

一 五七四頁上一行第四字「或」，資、磧、普、南、徑、清作「式」。同行「冠冤」，資、磧、普、南、徑、清作「冠冕」。

一 五七四頁上四行「何足把」，至此，徑、清卷第六上終，卷第六下始。

一 五七四頁上一五行第三字「鴈」，資、磧、普、南、徑、清作「鷹」。同行第一二字「肘」，資作「時」。

一 五七四頁上一七行第八字「在」，徑、清無。

一 五七四頁上二〇行第五字「軱」，資作「轍」。同行第八字「翳」，資作「醫」。同行末字「百」，諸本作「伯」。

一 五七四頁上二一行第四字「負」，諸本作「首」。

一 五七四頁上末行末字「令」，資、磧、普、南、徑、清作「今」。

一 五七四頁中五行「容轉障礙」，麗作「威容轉礙」。

一 五七四頁中六行第六字「眶」，資、

麗作「掐」；磧、普、南、徑、清作「賊」。

一　五七四頁中一〇行第七字「坦」，磧作「堆」。

一　五七四頁中一一行第一三字「烏」，麗行「烏」。

一　五七四頁中一五行第一〇字「輕」，資、磧、普、南作「輒」。

一　五七四頁中一六行「飲食」，資、磧、普、南、徑、清作「飯食」。

一　五七四頁中二一行「田苗」，資、磧、徑作「由苗」。

一　五七四頁下一八行第一三字「張」，資、磧、普、南、徑、清作「縱」。

一　五七五頁上七行「少飯食言」，資、磧、普、南、徑、清作「小飲食復言」。

一　五七五頁上一六行「禁咽」，磧、普、南、徑、清作「捺咽」。

一　五七五頁上一七行第五字「瞖」，資、磧、普、南、徑、清作「瞦」。

一　五七五頁上二〇行「暴水」，資、磧、普、南、徑、清作「瀑水」。

一　五七五頁上末行「憎長」，諸本作「增長」。

一　五七五頁中四行末字「爲」，資、磧、普、南、徑、清作「甚爲」。

一　五七五頁下六行第七字「富」，南作「當」。

一　五七五頁下九行第三字「剪」，諸本作「煎」。

一　五七五頁下一五行末字「去」，徑作「公」。

一　五七五頁下一九行第二字「提」，資、磧、普、南、徑、清作「捉」。

一　五七六頁上二行第一二字「此」，資、磧、普、南、徑、清作「次」；麗作「比」。

一　五七六頁上六行第四字「後」，資、磧、普、南、徑、清作「復」。

一　五七六頁上一五行「我今」，資、磧、普、南、徑、清作「今我」。同行「促放」，資、磧、普、南、徑、清作「從放」。

一　五七六頁上一七行首字「住」，諸本作「往」。

一　五七六頁上末行第三字「非」，麗無。

一　五七六頁中六行「頭取」，資、磧、普、南、徑、清作「取頭」。

一　五七六頁中一一行第九字「坐」，資、磧、普、南、徑、清作「王」。

一　五七六頁中一五行第六字「人」，資、磧、普、南、徑、清作「民」。

一　五七六頁中一八行「忘語」，諸本作「妄語」。

一　五七六頁中二〇行第二字「王」，資、磧、普、南、徑、清作「玉」。

一　五七六頁下一五行第一〇字「飴」，磧、普、南、徑、清作「飼」。

一　五七六頁下一七行第六字「嚫」，資作「襯」。

一　五七七頁中一行第九字「受」，資、磧、普、南、徑、清作「受王」。

一　五七七頁中三行「得王」，資、磧、普、南、徑、清作「說往」；麗作「說得王」。

一　五七七頁中七行第六字「厚」，徑作「後」。

一　五七八頁上二一行第六字「浮」，諸本作「淨」。

一　五七八頁上末行末字「斷」，諸本作「斯」。

一　五七八頁中三行末字及五行第八字「⿰扌誓」，磧、徑、麗作「誓」。

一　五七八頁中八行首字「日」，資、磧、普、南、徑、清作「日日」。

一　五七八頁中一〇行第五字「會」，資、磧、普、南、徑、清作「僧」。

一　五七八頁中末行第九字「手」，南、徑、清作「毛」。

一　五七八頁下四行第六字「春」，磧、徑作「舂」。

一　五七八頁下五行第二字「⿰扌卩」，磧作「堆」。

一　五七八頁下六行「切開」，諸本作「竊開」。

一　五七九頁上二行末字「何」，資、磧、普、南、徑、清作「觀何」。

一　五七九頁上一七行第一〇字「庶」、資、磧、普、南、徑、清作「恕」。

一　五七九頁中一行第二字「哉」，諸本作「我」。

一　五七九頁中三行第五字「受」，資、磧、普、南、徑、清作「授」。

一　五七九頁中六行「持復」，諸本作「特復」。

一　五七九頁中一〇行第六字「今」，資作「人」。

一　五七九頁中二一行「中散迦」，資作「散迦中」。

一　五七九頁下三行「責上米潘」，資、磧、普、南、徑、清作「貢上米瀋」；麗作「貢上米潘」。同行第九字「投」，諸本作「獲」。

一　五七九頁下一一行第五字「父」，諸本作「公」。

一　五七九頁下一七行第八字「損」，資、磧、普、南、徑、清作「捨」。

一　五七九頁下一八行末字「間」，諸本作「聞」。

一　五八〇頁上一〇行末字「斯」，資、麗作「欺」；磧無；南、徑、清作「悲」。

一　五八〇頁上末行「卷第六」，徑、清作「卷第六下」。

趙城縣廣勝寺

諸經要集卷第七　　甲

西明寺沙門釋道世集

撰道部第十二（此有七緣）

述意緣　誡男緣
誡女緣　勸道緣
眷屬緣　誡著緣
教誡緣

述意緣第一

夫三界輪轉六道洴移神明不朽識慮昏茫乍死乍生時來時往弃捨身命草籌難辯惟大地丘山莫非我故歷滄海川流皆同吾淚血以此而觀誰非親友人鬼雖別生滅固同恩愛之情時復影響群邪愚闇不識親疎遂使喪彼身形養已軀命更手屠割共為怨對歷刧相讎苦報難盡靜思此事豈不痛心也

誡男緣第二

夫在家丈夫尊卑有二一貴二賤一冨二貧冨貴之者人多放逸慠慢貢高輕𠫊陵下或有乗威藉勢尊已陵人或有博識聡達恃才陵人或有辯口利詞暢詭欺人或有誇豪奢侈輕慢欺人或有美容恣態恃色欺人或有乗肥騁騎恃乗欺人或有資財奴婢恃冨欺人如是衆多不可具述衆生愚癡甚為可愍不知無常將至妄起高心來報湯炭煎煑相待獄卒執叉伺候日久不憂斯事公然喜樂何異猪羊不知死至何異飛蠅貪樂死屍惟古思今冨貴非一生滅交辭貴賤同塵冨貴者唯見荒墳貧賤者已同灰壤既知生滅交切即須卑已敬上是以飄踈無定貴賤不恒苦樂易位升沉更代也

復思貴賤既有靡恒辟水火更王寒暑遞来故見有財冨室温衣豐食足不勞營覓自然而至復見有貧苦飢弊役力馳求晨起夜寐形骸為之沮悴心情為之勞擾纔有所獲百方散失終日願於冨饒而冨饒未嘗暫有以此苦故以勸奬令其恵施力勵修福若復有人衣裘服玩鮮華香絜春秋氣序寒温冷暖四時變改隨須無闕而復見有尺布不完丈帛殘弊垢

諸經要集第七卷　第二張　甲字号

穢塵墨臭臟朽爛炎暑不識絺綌氷寒不知縉纊乃至形骸不蔽男女露裸非唯可耻實亦苛苦若見此苦豈可不達所以勸獎令其修福應施衣服及以室宇豈不見衆人皆有而我獨無是故應須勇猛修習若復有人食則甘味並薦珍羞備舉連机重案滿牀亘席芳脂芳馥馨香具列而復有脫粟之飯不充藜藿之羹常乏塩梅早自兩無魚菜久已雙闕乃至并日而餐糜粥相係雜以水果加以草菜萎黃困篤自濟無方若見此苦豈可不達所以勸獎令其修福應施飲食及以水漿豈可衆人皆是而我獨困是故應須勇猛修習若復有人榮位通顯乘肥衣輕適意自在行則天人瞻仰住則鬼神恭貴而復見有卑鄙猥賤人所不齒生不知其生死不知其死塗炭溝渠之側坐卧糞壤之中雖有叱咄之聲反致捶撲之苦非唯神鬼不敬乃亦狗犬加毒若見此苦豈可不遠所以勸獎令其修福應戒憍慢奉行謙敬豈可他人常貴而我恒賤是故應當勇猛修習若復有人形貌端正言詞音韻皆合宫商人樂見聞常存廣利仁慈博愛語不傷物而復有人面狀醜陋所言險暴唯知自利不計念彼彼忍辱故所以致勝多瞋恚故所以招惡若見此苦豈可不遠所以勸獎令其修福應滅瞋恚奉行忍辱豈可以令衆人恒處勝地而我永隔淨緣是故應須勇猛修習若復有人意力強幹少於病疾常堪行道無有障礙而復有人羸瘦多患氣力疲弊動輒增困眠坐不安見有此惡實宜捨遠所以勸獎令其修福應施醫藥隨時賑救豈可衆人常無疾頓而我永嬰況滯是故應須勇猛修習凡是如此之事實寂應勸若不相勸則學者不勤也

誡女緣第三

夫在家俗女恚毒多過佛說邪諂甚於男子或假塗面首雕飾姿粧或綺羅華服誑誘愚夫或驕弄脣口邪眄歌笑或姿娭吟詠瞻視轉變或出胷露手掩面藏頭或緩步徐行揺身弄影或開眼閉目乍悲乍喜幻惑愚夫令心妄著如是姦偽卒難述盡凡夫迷醉皆為所惑辟如姧賊種種多詐亦如畫缾儲糞誑人亦如高羅群鳥落之亦如密網衆魚投之亦如闇坑盲者陷之亦如飛蛾見火投之亦如蒼蠅貪樂臭屍近則失國破家觸則如把毒虵外言如蜜內心如鴆家貧困苦皆由女人出外喪身亦由女人室家不和亦由女人男女反逆亦由女人兄弟離散亦由女人宗親疎索亦由女人墜墮惡道亦由女人不生人天亦由女人障善業道亦由女人不入聖果亦由女人如是過患不可具論衆生如是甚為可怖常為欲火所燒而不能離致受殃苦尒来不絕也

又摩鄧女經云時阿難持鉢行乞食已隨水邊行見一女人在水邊擔水而阿難從女乞水女即與水女隨阿難視所止處女歸告母母名摩鄧女便於家妄卧而啼母問何為悲啼女言母欲嫁我者莫與他人我於水邊見一沙門從我乞水我問字誰荅字

阿難我得阿難乃可嫁我母不得者我不嫁也母出行問阿難知阿難承事佛人母已知還告女言阿難事佛道人不肯為汝作夫女啼不食母知蠱道請阿難飯女便大喜母語阿難我女欲為卿作妻阿難言我持戒不畜妻復言我女不得卿為夫者便欲自煞阿難言我師是佛不與女人交通母入語女具述此意女對母啼言但為我閉門無令得出暮自為夫母便閉門以蠱道法縛阿難至於晡時母為女布席卧處女便大喜遂自莊飾阿難不就母令中庭地出火牽阿難衣言汝不為我女作夫我爇汝火中阿難自歸為佛作沙門今反不能得出佛即持神呪心知阿難故救還佛所具白前事女見阿難去於家啼哭不止續念阿難女明日自求阿難復見阿難行乞食隨阿難背後視阿難足視阿難面阿難慚避女隨不止阿難白佛言摩鄧女今日復隨我後佛使追呼佛問女汝追逐阿難何等所索女言我聞阿難無婦我又無

夫欲為作婦也佛告女言阿難無髮汝今有髮汝能剃髮我使阿難為汝作夫女言能剃佛言歸報汝母剃頭竟來女歸具白母知母言我生汝護汝頭髮何為欲得沙門作夫國中大有豪富我自嫁汝女言我寧生死為阿難作婦母言汝辱我種母為下刀剃頭已女還到佛所言我已剃髮佛言汝愛阿難何等女言我愛阿難眼愛阿難鼻愛阿難口愛阿難耳愛阿難聲愛阿難行步佛言眼中但有淚鼻中但有洟口中但有唾耳中但有垢身中但有屎尿臭處不淨其有夫妻者便有惡露惡露中便生兒子已有兒子便有死亡已有死亡便有哭泣於是身中有何所益女即思念身中惡露便自正心即得羅漢佛知得道即告女言汝起至阿難所女即慙愧低頭長跪佛前佛白實愚癡故逐阿難耳今我心開如冥中有燈火如人乘船船壞依岸如盲人得扶如老人持杖今佛與我道今我心開如是諸比丘俱問佛摩

鄧女人何因得道佛告諸比丘是摩鄧女先世時五百世為阿難作婦常相愛敬故於我法中得道於今夫妻相見如兄如弟如是佛道何用不為佛說是經諸比丘聞已皆大歡喜

又出曜經云昔舍衛城中有一婦女抱兒持瓶詣井汲水有一男子顏貌端正坐井右邊彈琴自娛時彼女人欲意偏多躭著彼人彼人亦復欲意熾盛躭著女人女人欲意迷荒以索繫小兒頸懸於井中尋還挽出小兒即死愁憂傷結呼天墮淚（自外云云）又佛在拘睒弥國國王号曰優填拘留國有逝心名摩因提生女端正華色世間少雙父覩女容一國希有名曰無比鄰國諸王群僚豪姓靡不娉焉父荅曰若有君子容與吾女齊吾將應之佛時行在其國逝心覩佛三十二相八十種好身色紫金巍巍堂堂光儀無上心喜而曰吾女獲疋正是斯人歸語其妻曰吾為無比得壻從莊飾女當將往也夫妻共服飾之其女行步搖動華光珠琦瓔珞莊嚴光國

夫妻俱將至佛所妻道見佛跡相好之文光釆之色非世所有知為天尊謂其夫曰此人足跡之理乃尒非世可聞斯將非凡必自清淨無復婬欲將不取吾女無自辱也夫曰何以知其然耶妻自說偈言

婬人曳踵行　恚者斂指步　愚者足蹴地
斯跡天人尊

逝心曰非尒女人所知汝不樂者便自還歸吾自將女詣佛所稽首佛足白言大仁勤勞教授身無供養有是麼女願給箕箒佛言汝以女為好耶荅曰生得此女顏容實好世間无雙諸國王豪姓多有求者不以與之竊見大仁光色巍巍非世所見貪得供養故冒自歸耳佛言此女之好為著何許逝心曰從頭至足周旋觀之无不好也佛言惑哉肉眼吾今觀之從頭至足無一好也汝見頭上有髮髮但是毛象馬之尾亦皆尒也髮下有髑髏髑髏是骨屠家豬頭骨亦皆同頭中有腦腦者如泥滕臭逆鼻下之著地莫能蹈者目者是池决之純汁



鼻中有洟口但有唾腹藏肝肺皆尒腥臊腸胃膀胱但盛屎尿腐臭難論腹為韋囊裹諸不淨四支手足骨骨相拄筋攣皮縮但恃氣息以動作之譬如木人機関作之作之訖畢解剥其體節節相離首足狼藉人亦如是有何等好而去少雙昔者吾在貝多樹下第六魔天王莊嚴三女顏容華飾天中無比非徒此倫欲以壞吾道意我便為說身中穢惡即皆化成老母形壞不復慙愧而去今此屎囊欲作何變急將還去吾不取也逝心聞佛所說悉然慙恥無辞復白佛曰若仁不取者欲以妻優填王可乎佛不荅焉逝心即送女與優填王王獲女大喜悅拜父為太傅為女興宮伎樂千人以給侍之王正后師事於佛得須陁洹道此女譖之於王王惑其言以百箭射后后見矢不懼都無恚怒一意念佛慈心長跪向王矢皆繞后三帀還住王前百矢皆尒王乃自覺悵然而懼即駕金車白象馳詣佛所未到下車屛從叉手步進稽首佛足



長跪自陳曰吾有重咎愧在三尊所以彼婬妖嗇欲與邪於佛聖衆有毒惡念以矢百枚射佛弟子如事陳之覩之心懼惟佛至尊無量之慈白衣弟子慈力乃尒豈況無上正真佛乎我今首過歸命三尊唯佛弘慈原赦其咎佛歎曰善哉王覺悪悔過此明人之行也吾受王善意王稽首如是至三佛亦三受之王又頭腦著地退就座曰稟氣凶頑忿戾自恣無忍辱心三毒不除惡行快意女人妖冶不知其惡自惟死後必入地獄願佛加哀廣說女惡魑魅之態入其羅網尠能自拔我聞其禍必以自誡國人巨細得以改操佛言用此為問耶但說餘義王曰餘義異曰稟之不晚女乱惑意凶禍之大不聞其禍何由遠之願佛具為我釋地獄之變及女人之穢佛言且聽男子有狂愚之惡却觀女嫉王曰善哉願受明教佛曰士有四惡急所當知世有婬夫恒想覯女思聞嫉聲遠捨正法疑真信邪欲網所裹没在盲冥為欲所使如奴畏主

貪樂女色不計九孔惡露之臭穢渾沌欲中如猪處溷不覺其臭快以為安不計後當在無擇之獄受痛無極注心在婬咒其洟唾玩其膿血弥之如玉甘之如蜜故曰欲奴之士斯其一惡態也又親之養子懷妊生育比得長大勤苦難論到子成人漂家竭財勝行肘步因媒表情致彼為妻若在異城尋而追之不問遠近不避勤苦注意在婬捐忘親老既得為妻貴之如寶欲私相娛樂惡見父母信其嫉言或致鬪諍不惟身所從来孙親无量之恩斯其二惡態也又人處世勤身苦勞躬致財賄本有誠信敬道之意尊戴沙門梵志之心覺世非常布施為福娶妻之後情惑婬欲愚蔽自壅背真向邪專由女計恚有布施之意唯欲發言莊采女色絶清淨行所歸苟為婬使投身羅網必墮惡道東成小人不識佛經之重誡禍福之終而不改斯其三惡態也又善為人子不惟養恩治生致財不以養親但以東西廣求婬路懷持寶物拍人婦女或煞六畜婬祀鬼神飲酒歌儛合會男女快樂歡娛終日弥多外託祈福内以招姦既醉之後乎求方便更相招呼以遂姦情及其獲偶喜无以喻婬結縛著無所復識當尒之時唯此為樂不覺惡露之臭穢地獄之苦痛一則可笑二則可哀辟如狂荒不知其非斯其四惡態也男子有是四惡用墮三塗當審遠此乃免苦耳又復聽說女人之惡佛便說偈言略要

以為欲可使　放意不能安　習近於非法
將何以為賢　常在三惡道　宛轉如車輪
若世時有佛　而已不得聞　女人寂為惡
難與為因緣　恩愛一縛著　牽人入罪門
女人有何好　但是諸不淨　何不諦計是
為此發狂荒　其内甚臭穢　外為嚴飾容
加又含毒螫　劇如虵與龍　亦如魚食鈎
飛蛾入燈火　專心投色欲　不惟後受禍

佛說如是優填王歡喜即以頭面著地白佛言實從生年以来不聞女人惡態乃尒男子悖亂隨之墮惡但不知故不制心意從是以後終身自悔歸命三尊不敢復犯為佛作礼歡喜而退

書云仲尼稱難養小人與女子近之則不遜遠之則怨已是以經言嫉妬女人有八十四態大態有八慧人所惡一者嫉妬二者妄瞋三者罵詈四者呪咀五者鎮壓六者慳貪七者好飾八者含毒是為八大態是故女人多諸嫉媚願捨諂邪以求正法早得出家自利利人

又智度論云女人相者若得敬待則令夫心高若敬待情捨則令夫心怖女人如是恒以煩惱憂怖女人云何可近親好如說國王有女名日拘牟頭有捕魚師名術波伽隨道而行遥見王女在高樓上窻中見面想像染著心不暫捨弥歷日月不能飲食母問其故以情荅母我見王女心不能忘母喻兒言汝是小人王女尊貴不可得也兒言我心願樂不能暫忘若不如意不能活也母為子故入王宮中常送肥魚鳥肉以遺王女而不取價王女怪而問之欲求何願母白王女願却左右當以情告我唯有一子

敬慕王女情結成病命不云遠願垂愍念賜其生命王女言汝去至月十五日於某甲天祠中住天像後毋還語子汝願已得告之如上沐浴新衣在天像後住王女至時白其父王我有不吉須至天祠以求吉福王言大善即嚴車五百乘出至天祠既到勅諸從者齊門而止獨入天祠天神思惟此不應令王為施主不可令此小人毀辱王女即厭此人令睡不覺王女既入見其睡重推之不寤即以瓔珞直十萬兩金遺之而去去後此人得覺見有瓔珞又問衆人知王女来情願不遂憂恨懊惱婬火內發自燒而死以是證知女人之心不擇貴賤唯欲是從

又薩婆多論云寧以身分內毒虵口中不犯女人虵有三事害人有見而害人有觸而害人有齧而害人女人亦有三害若見女人心發欲想滅人善法若觸女人身犯中罪滅人善法若共交會身犯重罪滅人善法復有七害一者若為虵所害害此一身若為女人所害害無數身二者若為毒虵所害害報得無記身若為女人所害害善法身三者若為毒虵所害害五識身若為女人所害害六識身四者若為毒虵所害得入清衆若為女人所害不與僧同五者若為毒虵所害得生天上人中值遇賢聖若為女人所害入三惡道六者若為毒虵所害故得四沙門果若為女人所害於八正道無所成益七者若為毒虵所害人則慈念而救護之若為女人所害衆共棄捨無心喜樂以是因緣故寧以身分內毒虵口中終不以此而觸女人

又增一阿含經云女人有五力輕慢夫主云何為五一色力二親族之力三田業之力四兒力五自守力是謂女人有此五力便輕慢夫主夫有一力盡覆蔽彼女人所謂冨貴力也令弊魔波旬亦有五力所謂色聲香味觸愚癡之人著此五法不能得度若聖弟子成就一無放逸力不為所繫則能分別生老病死之法勝魔五力不墮魔境至无為處介時世尊便說此偈

戒為甘露道　放逸為死徑　不貪則不死
失道為自喪

介時世尊告諸比丘女人有五欲想云何為五一生豪貴之家二嫁適冨貴之家三使我夫主言從語用四多有兒五在家獨得由己是謂有此五事可欲之想

又大威德陁羅尼經云佛告阿難辟如有大沙聚將一滴水潤此沙聚可令徹過如一婦人以千數丈夫受欲果報不可令其知足也其婦人有三法不知猒足一自莊嚴二於丈夫邊所愛欲樂三哀美言辭阿難其婦女有五疽蟲戶而丈夫無此其五疽蟲在陰道中其一蟲戶有八十蟲兩頭有口悉如針鋒彼之疽蟲常惱彼女而食噉之令其動作動已復行以彼令動是故名惱婬婦女人此不共法以業果報發起欲行貪著丈夫不知猒足其婦女人若見又夫即作美言瞻視熟視視已復視瞻仰觀察意念

欲事面看邪視欲取他面齒銜下脣面作青紫以欲心故額上汗流若安坐時即不欲起若復立時復不欲坐木枝畫地摇弄兩手或行三步至第四步左右瞻看或在門頰嚬呻出息委陁屈曲左手舉衣右手拍髀又以指爪而刮齒手草枝摘齒手捻髑後宣露脚脛鳴他兒口平行而蹴急視諸方如是等相當知婦人欲事以發猒離棄捨勿令流轉生大暗中

又阿含口解十二因緣經云有阿羅漢以天眼徹視見女人墮地獄中者甚多便問佛何以故佛言用四因緣故一由貪珍寶物衣被欲心多故二由相嫉妬故三由多口舌故四由作姿態婬意多故以是因緣墮獄多耳

勸導緣第四

惟此惕心通於白黑智愚不免豪賤共有但去輕論重在俗為甚亦有空言我美評說賢良譏毀聖德一切白衣終日行之未曾一日慚愧發露情求勝道退省己躬故外書云力慕善道可用安身力慕孝悌可用榮親亦有君子高遵釋教策奉修行貞仁退讓廉謹信順皆是宿種稟性自然與道何殊亦有出家之人不依聖教違犯戒律不學無知與俗無殊然道俗形乖犯有希數心有明暗過有輕重故出家之人未犯已前念念入道善業已熏福基已厚雖有微惡輕愧而造不能傾動若小慙愧便復清白若論在俗身居無慙之地心有無愧之情畜養妻兒財色五欲盈堂滿室重辛酒宍隨求所得愛染情深无時暫捨惡緣同住豈得免之此則明暗路分黑白殊儔故知明能滅暗暗不滅明小燈之明已破大暗出家之人雖犯微過前明已成正可光不增暉而本明恒照如器存炷立由安業永也又出家造惡極難如陸地行船在家起過即易如海中汎舟又出家修道易為如海中汎舟在家修福甚難如陸地行船雖是同由處有異故遲疾不同修犯難易亦復如是生死易染善法難成早求自度勵慕出俗

又賢愚經云出家功德其福甚多若



放男女奴婢若聽人民若自己身出家入道功德无量非辟為比出家功德高於須弥深於巨海廣於虛空所以然者由出家故必成佛道佛在世時王舍城中有一長者名曰福增年過百歲家中大小莫不猒賤聞說出家功德无量即來佛所求欲出家值佛不在即便往至舍利弗所舍利弗見老不度如是五百大阿羅漢皆悉不度即出寺門住門閫上發聲大哭世尊後至種種慰喻即告目連令其出家目連即與出家授戒復常為諸年少比丘之所激切便欲投河沒水而死目連觀見以神通力接置岸上問知因緣目連念言此人不以生死怖之無由得道即令至心捉師衣角飛騰虛空到大海邊見一新死端正女人見有一虫從其口出還從鼻入復從眼出從耳而入目連觀已捨之而去弟子問言是何女人荅言此是舍衛城中大薩薄婦容貌端正世間少雙其婦常以三奇木頭擎鏡照面目觀端正便起憍惕深自愛著夫甚

敬愛將共入海海惡船破沒水而死漂出在岸此薩薄婦由自愛身死後還生在故身中作此虫也捨虫身已墮大地獄受苦無量小復前行見一女人自身負銅鑊技鑊著水以火然沸脫衣入鑊肉熟離骨沸吹骨出在外風吹尋還成人自取肉食福增問師是何女人其師荅言舍衛國中有優婆夷敬信三寶請一比丘一夏供養在於陌頭作房安置自辦種種香美飲食遣婢送之婢至屏處選好先食餘與比丘大家覺問汝不偷食不婢荅言不比丘食訖有殘與我我乃食之若我先食使我世世自食身肉以是因緣先受華報後墮地獄次小前行見一肉樹多有諸虫圍唼其身無有空處叫喚啼哭如地獄聲弟子問師是何樹耶目連荅言是獺利吒營事比丘以自在故費用僧物花果飲食送與白衣以是因緣受此花報後墮地獄唼樹諸虫即是尒時得物之人次復前行見一男子周帀多有獸頭人身諸惡鬼神手執弓弩三隻毒箭鏃皆火然競共射之洞身燋然福增問師此何人耶目連荅言此人前身作大獵師多害禽獸故受斯苦於後命終墮大地獄次復前行見一大山下安刀劍見有一人從上投下刺壞其身投巳復上如前不息福增問師此復何人師復荅言是王舍城王大鬪將以勇猛故身處前鋒傷煞物命先受此苦後墮地獄次復前行見一骨山其山高大七百由旬能障蔽日使海陰黑尒時目連於此骨山一大脇上往來經行弟子問師是何骨山師荅福增言汝欲知者此即是汝故身骨也福增聞巳心驚毛竪惶怖汗出白和上言聞我今者心未裂頃願為時說本末因緣目連告曰生死輪轉無有邊際造善惡業終无朽敗必受其報昔過去時此閻浮提有一國王名曰法增好喜布施持戒聞法慈悲衆生不傷物命正法治國滿二十年其閒閑暇共人博戲時有一人犯法煞人臣以白王值王蒱戲脱荅之言隨國法治即依律斷煞人應死尋即煞之王戲罷已問諸臣言罪人何所臣荅煞竟王聞是語悶絶躃地水灑乃蘇垂淚而言宮人侍女象馬七珍悉皆住此唯我一人獨入地獄我今煞人當知便是旃陁羅王不知世世當何所趣我今決定不須為王即捨王位入山自守其後命終生大海中作摩竭魚其身長大七百由旬諸王大臣自恃勢力枉尅百姓煞戮無邊命終多墮摩竭大魚多有諸虫唼食其身身癢揩山煞虫汙海血流百里魚一眠時經於百歲飢渴吸水水流入口如注大河尒時適有五百賈客入海採寶值魚張口船疾趣口賈人恐怖舉聲大哭垂入魚口一時同聲稱南无佛魚聞佛聲閉口水停賈人得活魚飢命終生王舍城作汝身也魚死之後夜叉羅剎出置海岸肉消骨在作此骨山法增王者汝身是也緣煞人故墮海作魚福增聞已深畏生死觀見故身解法無常得阿羅漢果

又涅槃經云居家如牢獄妻子如枷

鏁財物如重擔親戚如怨家而能一日一夜受持清禁六時行道兼年常三長月恒六齋菜蔬節味撿斂身口意不馳外事崇出俗高慕佛法俯仰無虧坐卧無失夜係明相晝思淨法深敬沙門悲心利俗若能如是雖居在家可得度苦故經云佛法欲盡白衣護法修善上生天上如空中雪墮比丘違於戒律墮陷惡道如雨從天落當知於苦修福其福最大於福作罪其罪不輕是以從苦入樂未足樂中之樂從樂入苦方知苦中之苦斯言可驗幸願省之又法句經偈云

熱無過婬　毒無過怒　苦無過身
樂無過滅

佛說偈已告諸比丘往昔久遠無數世時有五通比丘名精進力在山中樹下閑寂求道時有四禽獸依附左右常得安隱一者鴿二者烏三者毒蛇四者鹿是四禽獸者晝行求食暮則還宿四禽獸一夜自相問言世間之苦何者為重烏言飢渴最苦飢渴之時身羸目冥神識不寧投身羅網不顧鋒刃我等喪身莫不由之以此言之飢渴為苦鴿言婬欲最苦色欲熾盛無所顧念危身滅命莫不由之毒蛇言瞋恚最苦毒意一起不避親踈亦能煞人復亦自煞鹿言驚怖最苦我在林野心恒怵惕畏懼獵師及諸豺狼髣髴有聲奔投坑岸母子相捐肝膽掉悸以此言之驚怖為苦比丘聞之即荅之曰汝等所論是其末耳不究苦本天下之苦無過有身身為苦器憂畏无量吾以是故捨俗學道滅意斷想不貪四大欲斷苦源志存泥洹是故知身為大苦本故書云大患莫若於身也

眷屬緣第五

如須摩提長者經云佛在世時舍衛城有大長者子名須摩提是人命終父母宗親及諸知識一時號哭哀悼躃踊擗摽大喚悶絕于地或有喚父母兄弟者或有呼夫主大家者如是種種號叫啼哭又有把土而自坌者又有持刀斷其壽者譬如有人毒箭入心苦惱無量或有以衣自覆而悲泣者譬如大風鼓扇林樹枝柯相毃又如失水之魚宛轉在地又如斬截大樹崩倒狼藉以如是楚毒而加其身尒時世尊知而故問阿難彼諸大衆何故哀號悲泣如是阿難具以白佛唯願世尊為度一切可往至彼諸佛世尊不以無請而有所說我今為彼諸人勸請於佛世尊以大慈悲願往至彼

尒時如來受阿難請即往其家是時彼諸人等遙見世尊各各以手拭面前來迎佛既至佛所頭面礼足悲哀鯁塞不能發言正欲長歎以敬佛故不敢出息噎氣而住尒時佛告長者父母等汝等何故悲泣懊惱者此幻法是諸人等同時發言而白佛言世尊是城中唯有此人聰明智慧端正殊妙年既盛壯於諸人中為無有上又復多饒財寶庫藏盈溢車馬衣服奴婢使人如是悉備無所乏短一旦命終是故我等悲泣戀慕不能自勝善哉世尊願為我等方便說法得離諸惱從今已後更不復受如是諸苦

尒時世尊告長者父母宗親知識及諸大衆汝等曾見有生不老病死不諸人白佛言未曾見也佛復告諸大衆汝等欲離生老病死憂悲苦惱者曾復念是恩愛之縛摽心正見歸命三寶所以者何於諸世間無過佛者能導盲冥愚癡之衆佛所説法即是良藥

又法句喻經云昔有婆羅門少年出家學道至六十不能得道婆羅門法六十不得道然後歸家娶婦為居家生得一男端正可愛至年七歲書學聰了才辯出口有逾人之操卒得重病一宿命終梵志憐惜不能自勝伏其屍上氣絶復蘇親族諫喻奪尸殯斂埋著城外梵志自念我今啼哭計無所益不如往至閻羅王所乞索兒命於是梵志沐浴齋戒賫持花香發舍而去所在問人閻羅王所治處為在何許展轉前行行數千里至深山中見諸得道梵志復問如前諸梵志問曰卿問閻羅王所治處欲求何等荅曰我有一子辯慧過人近日卒亡悲窮懊惱不能自解欲至王所求乞兒命還將歸家養以備老諸梵志等愍其愚癡即告之曰閻羅王所治之處非是生人所可得到也當示卿方宜從此西行四百餘里有大川其中有城此是諸天神案行世間停宿之城閻羅王常以四月四日案行必過此城卿持齋戒往必見之梵志歡喜奉教而去到其川中見好城郭宮殿屋舍如忉利天梵志詣門燒香翹脚呪願求見閻羅王王勅守門人引見之梵志啓言晚生一男是以備老養育七歲近日命終唯願大王垂恩布施還我兒命閻羅王言所求大善卿兒今在東園中戲自往將去梵志即往見兒與諸小兒共戲即前抱之向之啼泣曰我晝夜念汝食寐不甘汝寧不念父母辛苦以不小兒驚喚逆呵之曰癡騃老公不達道理寄住須史名人為子勿妄多言不如早去今我此間自有父母邂逅之間唐自手抱梵志悵然涕泣而去即自念言我聞瞿曇沙門知人魂神變化之道當往問之於是梵志即還佛所時佛在舍衛祇洹為大衆説法梵志見佛稽首作礼具以本末向佛陳之實是我兒不肯見召反謂語我為癡騃老公寄住須史認我為子永無父子之情何緣乃尒佛告梵志汝實愚癡人死神去便更受形父母妻子因緣合居辟如寄客起則離散愚迷縛著計為已有憂悲苦惱不識本根沉溺生死未央休息唯有慧者不貪恩愛覺苦捨習勤修經戒滅除識想生死得盡梵志聞已豁然意解即於坐上得羅漢道

又大法炬經云佛言一切衆生皆恚隨其形類而置名字如鳥雀等而彼餓鬼衆生之中無有決定差別名字勿謂天定天也人定人也餓鬼定餓鬼也如一事上有種種名如一人上有種種名如一天上乃至餓鬼畜生有種種名亦復如是亦有多餓鬼全無名字於一彈指須轉變身體作種種形云何可得呼其名也彼中惡業因緣未盡故於一念中種種變身

又法句喩經云昔佛在舍衛國為天人說法時城中有婆羅門長者財富無數為人慳貪不好布施食常閉門不喜人客若其食時輙勑門士堅閉門戶勿令有人妄入門裹乞句求索尒時長者欸思美食便勑其僕令作飯食殺煞肥雞用椒和調煮之令熟飲食飣餖即時[illegible]勑外閉門夫妻二人坐一小兒著座中央便共飲食父母取雞肉著兒口中如是數數初不有發佛知此長者宿福應度化作沙門伺其坐食現出坐前便呪願之且言多少布施可得大福長者擧頭見化沙門即罵之言汝為道人而無羞恥室家坐食何為唐突沙門荅曰卿自愚癡不知羞恥今我乞士何故慙羞長者問曰吾及室家自共娛樂何故慙羞沙門荅曰卿煞父妻母供羞怨家忌如慙羞城謂乞士何不慙羞於是世尊即說偈言

所生枝不絕　但用食貪欲　養怨益丘塚
愚人冨汲汲　雖獄有鏁鎖　慧人不謂牢
愚見妻子飾　深着愛其牢　慧說愛為獄
深固難得出　是故當斷棄　不親欲能安

長者聞偈驚而問之道人何故說此荅曰案上雞者是卿先世時父以慳貪故常生雞中為卿所食此小兒者往作羅刹卿作估客大人乘船入海舟輙失流墮羅刹國中為羅刹所食如是五百世壽盡來生為卿作子以卿餘罪未畢故來欲相害耳今是妻者是卿先世時母以恩愛深固今還與卿作婦今卿愚癡不識宿命煞父為怨以母為妻五道生死輪轉无際周旋五道誰能知者唯有道人見此覩彼愚者不知豈不慙恥於是長者懍然毛竪如畏怖狀佛現威神令識宿命長者見佛即識宿命尋則懺悔謝過便受五戒佛為說法得須陁洹道

又佛說長者子懊惱三處經云尒時舍衛城有大冨長者財寶无數家無親子恐終後沒官夫婦禱祠歸命三寶精勤不懈便得懷軀婦人黠者有五事應知一知夫增意二知夫增念不念三知所因懷軀四別知男女五別知善惡是婦報長者言我已懷軀長者歡喜月滿生男加五乳母供養抱持長大索得好婦其兒夫婦行園林中有樹名曰無憂花色鮮白絮弱綵色婦語夫言欲得此花夫便上樹為取此花枝細劣即時摧折兒便墮死父母聞之奔趣抱頭摩抄占視永絕不蘇父母悲哀五內摧傷衆客見之亦代哀痛佛與阿難因入城見愍獨一子而墮樹死佛告長者人生有死物成有敗對至命盡不可避藏捐去憂念勿復愛感佛語長者此兒本從忉利天上壽盡來生卿家卿家壽盡便生龍中金翅鳥王即取耴之三處父母一時共啼哭為是誰子佛即說偈言

天上諸天子　為是卿子乎　為在諸龍中
龍神之子耶　時佛自解言　非是諸天子
亦非為卿子　復非諸龍子　生死諸因緣
無常譬如幻　一切不久立　譬若如過客

佛語長者死不可離去不可追長者白佛此兒宿命罪福云何佛言此兒前世好喜布施尊敬於人緣此福德

生豪富家喜獵傷害令身命短罪福隨人如影隨形長者踊躍逮得法忍

離著緣第六

如十住毗婆沙論云於此家中父母兄弟妻子眷屬車馬等物增長貪求無有猒足家是難滿如海吞流家是無足如火焚薪家是無息覺觀相續家是苦性如怨詐親家是障礙能妨聖道家是鬪乱共相違諍家是多瞋呵責好醜家是无常雖久失壞家是衆苦馳求守護家是疑處猶如怨賊家是顛倒貪著假名家是伎人種種妄飾家是變異貪必離散家是假借無有實事家如眠夢富貴則失家如朝露須㬰變滅家如蜜滴其味甚少家如棘叢欲刺傷人家如鐵虫覺觀常安如是等患不可具述是故在家菩薩當如是觀知其家過在家妻子眷屬奴婢財物等不能作救作歸非我善友是故宜當急離捨之又無始已來一切衆生於六道中互為父子親踈何定故偈云

無明蔽慧明　數數生死中　往來多所作



更互為父子　貪著世間樂　不知有勝事
怨數為知識　知識數為怨　是故我方便
莫生憎愛心　若起憎愛心　不能通達法

又大菩薩藏經云舍利子若有衆生味著男女妻妾諸女色欲當知即是味著礫石之雹即是味著利刀之刃即是味著大熱鐵丸即是味著坐熱鐵牀即是味著熱鐵几隥舍利子若有味著花鬘香塗即是味著熱鐵花鬘亦是味著屎尿塗身舍利子若有攝受居處舍宅當知攝受大熱鐵㲉若有攝受奴婢作使當知攝受地獄惡卒若有攝受象馬駝驢牛羊雞豕當知攝受地獄之中黑駮諸狗又是攝百踰繕那禁衛之卒取要言之若有攝受妻妾男女諸女色欲當知即是攝受一切衆苦憂愁悲惱之聚舍利子寧當依附千踰繕那量大熱鐵牀是牀極熱遍熱猛焰洞然於彼父母所給妻妾諸女色欲乃至不以染愛之心遠觀其相何況親附抱持之者何以故舍利子當知婦人是衆苦本是障导本是煞害本是繫縛本是



憂愁本是怨對本是生盲本當知婦人滅聖慧眼當知婦人如熱鐵花散布於地足蹈其上當知婦人於諸邪性流布增長舍利子何因緣故名為婦人所言婦者名加重擔何以故能使衆生受重擔故能使衆生持於重擔有所行故能使衆生荷於重擔遍周行故能令衆生於此重擔心疲苦故能令衆生為於重擔所煎迫故能令衆生為於重擔所傷害故舍利子復以何緣名之為婦所言婦者是諸衆生所輸委處是貪愛奴所流沒處是順婦者所輸稅處是婦媚者所迷惑處是婦勝者所歸投處是屈婦者所憑仗處婦自在者所放逸處為婦奴者所疲苦處隨婦轉者所傾仰處舍利子以如是等諸因緣故名是諸處以之為婦

又雜阿含經云介時世尊告諸比丘有三種子何等為三有隨生子有勝生子有下生子何等為隨生子謂子父母不煞不盜不婬不妄語不飲酒子亦隨學不煞等是名隨生子何等

為勝生子若父母不受不煞等子能
受不煞等是名勝生子云何下生子
若子父母不受不煞等子亦不能受
不煞等是名下生子

教誡緣第七

如中阿含經云時有調馬師名曰只
尸来詣佛所稽首佛足退坐一面白
佛言世尊我觀世間甚為輕淺猶如
群馬世間唯我堪能調馬狂逸惡馬
我作方便須臾令彼態病悉現隨其
態病方便調伏佛告調馬師聚落主
汝以幾種方便調伏於馬馬師白佛
言有三種法調伏惡馬何等為三一者
柔軟二者麁澁三者柔軟麁澁佛告
聚落主汝以三種方便調馬猶不調
者當如之何馬師白佛遂不調者便
當煞之所以者何莫令辱我調馬師
白佛言世尊是無上調御丈夫為以
幾種方便調御丈夫佛告聚落主我
亦以三種方便調御丈夫何等為三
一者一向柔軟二者一向麁澁三者
柔軟麁澁佛告聚落主所謂一向柔
軟者如汝所說此是身善行此是身



善行報此是口意善行此是口意善
行報是名天是名人是名善趣化生
是名涅槃是為柔軟第二一向麁澁
者如汝所說是身惡行是身惡行報
是口意惡行是口意惡行報是名地
獄是名畜生是名餓鬼是名惡趣是
名墮惡趣是名如来麁澁教也
第三彼柔軟麁澁俱者謂如来有時
說身善行有時說身善行報有時說
口意善行有時說口意善行報有時
說身惡行有時說身惡行報有時說
口意惡行有時說口意惡行報如是
名天如是名人如是名善趣如是名
涅槃如是名地獄如是名畜生餓鬼
如是名惡趣如是名墮惡趣是名如
来柔軟麁澁教調馬師白佛言世尊
若以三種方便調伏衆生有不調者
當如之何佛告聚落主亦當煞之所
以者何莫令辱我調馬師白佛言若
煞生者於世尊法為不清淨世尊法
中亦不煞生而今言煞其義云何佛
告聚落主如来法中亦不煞生然如
来法中以三種教授不調伏者不復



與語不教不誡豈非死耶調馬師白
佛實尒世尊不復與語永不教誡真
為死也以是之故我從今日離諸惡
不善業也聞佛所說歡喜而去
又法句喻經云佛問象師調象之法
有幾答曰有三何謂為三一者剛鉤
鉤口著其鞴靽二者減食常令飢瘦
三者捶杖加其楚痛由鐵鉤鉤口故
以制強口由不與食飲故以制身獷
由加捶杖故以伏其心佛告居士吾
亦有三用調一切亦以自調得至无
為一者以至誠故制御口患二者慈
貞故伏身剛強三者以智慧故滅意
癡蓋持是三事度脫一切離三惡道
又閻羅王五使經云佛告諸比丘人
生世間不孝父母不敬沙門不行仁
義不學經戒不畏後世者其人身死
當墮地獄主者持行白閻羅王言其
過惡此人不孝種種諸過无有福德
不忍畏死唯王受罰閻羅王常先安
徐然以正語為現五使者而問言
第一汝不見世人始為嬰兒强卧屎
尿不能自護口不知言不知好惡汝

見以不人答已見王言汝自謂不如是然人神從行終即有生雖尚未見常當為善自端三業奈何放心快志造過罪人答言愚暗不知王言汝自愚癡縱逸作惡非是父母師長君天沙門道人等過也罪自由汝豈得不樂今當受之是為閻王現第一天使也

第二閻王復問子為人時天使吹到汝能覺不人答不覺王曰汝不見世人年老髮白齒落羸瘦僂步伍行起居任杖不能以不人答有是王曰汝謂獨免可得不老凡人已生法皆老耄常當為善端身口心奉行經戒奈何自恣人答愚癡故尒王曰汝自以愚癡作惡非是父母君天沙門道人過也罪自由汝豈得不樂今當受之是為閻王現第二天使也

第三閻王復問子為人時豈不見世間男女身有疾病身體苦痛坐起不安命近憂促衆醫不療不人答言有王曰汝可得不病耶人生既老法皆當病閑身強健當勉為善奉行經戒



端身口意奈何自恣人答愚暗故尒王曰汝自以為愚作惡非關父母君天沙門道人過也罪自由汝豈得不樂今當受之是為閻王現第三天使也

第四閻王復問子為人時豈不見世間諸死亡者或藏其屍或棄捐之至於七日肌肉壞敗狐狸百鳥皆就食之凡人已死身惡腐爛汝豈不見人答言有王曰汝謂獨免可得不死耶凡人已生法皆當死聞在世間常為善事勑身口意奉行經戒奈何自恣人答愚暗故尒王曰汝自作惡非是父母君天沙門道人過也罪自由汝豈得不樂今當受之是為閻王現第四天使也

第五閻王復問子為人時豈不見世間弊人惡子為吏所捕取索官所刑法加之或斷手足或削耳鼻或燒其形懸頭日炙或屠割支解種種毒痛不人答言有王曰汝謂為惡獨可脫耶眼見世間罪福分明何不守善勑身口意奉行經戒云何自使人答愚暗故尒王曰汝自用心作不忠正非是父母君天沙門道人過也今是殃罪要當自受是為閻王現第五天使也佛說經已諸弟子等皆受教誡各前作礼歡喜奉行

又大法句經偈云

雖誦千言　不行何益　不如一聞
勤修得益　雖誦千言　句義不正
不如一要　聞可滅意　雖誦千言
不義何益　不如一義　聞行得度
雖誦千言　不敬何益　不如一行
欣樂奉修　雖誦千言　我心不滅
不如一句　捨憍放逸　雖誦千言
求名逾者　不如一說　棄執離者
雖誦千言　不欲除罪　不如一丈
去離生死　雖誦千言　色情逾固
不如一解　心境忘懷　雖誦千言
不求出世　不如一悟　絕離三界
雖誦千言　不存悲智　不如一聽
自他兩利　人壽百歲　慳貪逾盛
不如一日　割捨財色　人壽百歲
樂不持戒　不如一日　淨心守戒
人壽百歲　多忿不忍　不如一日

諸經要集卷第七　第十二張　明字号

貪喜不瞋　人壽百歲　怠惰不勤
不如一日　策勵身心　人壽百歲
情欣放逸　不如一日　歸心空寂
人壽百歲　昏暗識心　不如一日
洞悟無明　人壽百歲　拙御身心
不如一日　巧便運致　人壽百歲
常懷怯弱　不如一日　勇猛慧力
人壽百歲　不起善願　不如一日
發行四弘　人壽百歲　不生一智
不如二日　慧性聰利
雜阿含經諸天說偈云
士夫生世間　斧在口中生　還自斬其身
斯由其惡言　應毀便稱譽　應譽而更毀
其罪口中生　死則墮惡道
頌曰
違志識心愚　高慕欣明儁　相與立弘擔
捨俗慕閑丘　蕭散人物外　晃朗免網纏
寂寂求宙眞　亹亹勵心柔　警策脩三業
激切澄四流　興心願弘擔　拯溺運慈舟
嘉期歸妙覺　善會涅槃修　存心八正道
立志三祇休

諸經要集卷第七

## 諸經要集卷第七
### 校勘記

一　底本，金藏廣勝寺本。五八五頁中一版，原版殘缺，以麗藏本換。

一　五八五頁中三行第二字及五行第五字「道」，諸本作「導」。

一　五八五頁下一八行首字「悴」，諸本作「悴」。

一　五八五頁下二〇行第五字「以」，諸本作「所以」。

一　五八六頁上一行第一三字「綋」，磧、普、南、徑、清作「絡」。

一　五八六頁上二行第九字「骸」，麗作「體」。

一　五八六頁上三行首字「祼」，資、磧、普、南、徑、清作「雜」。同行第八字「奇」，資、南作「荷」。

一　五八六頁上四行及一三行「不達」，諸本作「不遠」。

一　五八六頁上七行第九字「備」，麗作「修」。

一　五八六頁上八行第七字「芳」，資、磧、普、南、徑、清作「芬」。

一　五八六頁中五行第一二字「所」，資、磧、普、南、徑、清無。

一　五八六頁中六行首字「勝」，資、磧、普、南、徑、清作「勝報」。

一　五八六頁中一二行「疲獘」，資、磧、普、南、徑、清作「弊苦」。

一　五八六頁中一五行第二字「疾」，資、磧、普、南、徑、清作「病」。

一　五八六頁中二一行第九字「驕」，磧、普、南、徑、清作「嬌」。

一　五八六頁中二二行第四字「姿」，南、徑、清、麗作「咨」。

一　五八六頁下八行第一二字「鳩」，資、磧、普、南、徑、清作「鴆」。

一　五八七頁中九行「剃髮」，資、磧、普、南、徑、清作「剃頭髮」。

一　五八七頁中一四行第七字「有」，資、磧、普、南、徑、清無。

一　五八七頁中一七行末字「正」，麗作「止」。

一　五八七頁中二〇行「佛言實」，資、磧、普、南、徑、清作「言我實愚癡」；麗作「言實」。同行第一一字「耳」，資、磧、普、南、徑、清無。同行「今我」，磧、普、南作「令我」。

一　五八七頁中末行第二字「今」，諸本作「令」。

一　五八七頁下一二行首字「即」，資、磧、普、南、徑、清作「已」。同行夾註「自外」，徑、清作「目外」。

一　五八七頁下一七行第七字「容」，資、磧、普、南、徑、清作「顏容」。

一　五八八頁上三行第九字「之」，磧、普、南、徑、清作「文」。

一　五八八頁上七行「踈地」，資、磧、普、南、徑、清作「蹴地」。

一　五八八頁上一二行「箕掃」，磧、普、南、徑、清作「箕帚」。

一　五八八頁中三行第三字「韋」，資、磧、普、南、徑、清作「革」。

一　五八八頁中一五行第八字「與」，徑作「於」。

一　五八八頁中一八行第五字「此」，資作「以」。

一　五八九頁上三行第四字「後」，麗作「後世」。

一　五八九頁上九行第三字「城」，資、磧、普、南、徑、清作「域」。

一　五八九頁上一二行第一三字「孤」，資、磧、普、南、徑、清作「辜」。

一　五八九頁上一六行第一一字「姪」，徑作「之」。

一　五八九頁上二一行「善爲」，資、磧、普、南、徑、清作「爲善」；麗作「若爲」。

一　五八九頁中二行第一一字「多」，資、磧、普、南、徑、清作「夕」。

一　五八九頁中一五行「女人」，資作「小人」。

一　五八九頁中二〇行第八字「年」，資、磧、普、南、徑、清無。

一　五八九頁下三行第八字「已」，諸本作「也」。

一　五八九頁下六行「呪咀」，磧、南、徑作「呪詛」。

一　五九〇頁中二〇行首字「弊」，南、徑、清作「天」。

一　五九〇頁下一五行末字「女」，資、磧、普、南、徑、清作「人」。

一　五九〇頁下二二行「又夫」，諸本作「丈夫」。

一　五九一頁上一一行第四字「口」，磧、普、南、徑、清作「中」。

一　五九一頁中九行第一三字「愧」，徑、清作「慚」。

一　五九一頁中一〇行末字「熏」，磧、普、南、徑、清作「葷」。

一　五九一頁下二二行第八字「奇」，磧、普、南、徑、清作「歧」。

一　五九一頁下末行首字「目」，諸本作「自」。

一　五九二頁上五行第八字「枝」，磧、普、南、徑、清作「搘」；麗作「拔」。

一　五九二頁中一五行至一六行「裂項」，南、徑、清作「能決」。

一　五九二頁中一六行第四字「時」，

經、清作「特」。

一　五九二頁中二二行第一二字「暮」，資、磧、普作「慕」；南、清作「慕」；經作「綦」。

一　五九二頁下三行「侍女」，資、磧、普、南、經、清作「妓女」。

一　五九三頁上三行第二字「長」，資、磧、普、南、經、清作「長齋」。

一　五九三頁上一一行「未足」，資、磧、普、南、經、清作「未知」。

一　五九三頁中一一行首字「爲」，資、磧、普、南、經、清作「是」。

一　五九三頁中二一行第四字「叫」，資、磧、普、南、經、清作「咷」。

一　五九三頁下一一行末字「歎」，資、磧、普、南、經、清作「振」。

一　五九三頁下一八行末字「上」，資、磧、普、南、經、清作「上者」。

一　五九四頁上一一行第一二字「爲」，資、磧、普、南、經、清無。

一　五九四頁中一〇行第一〇字「門」，資、磧、普、南、經、清作「問」。

一　五九四頁中一七行第三字「泣」，經、清作「哭」。

一　五九四頁下一〇行「未殃」，資、磧、普、南、經、清作「未曾」；麗作「未央」。

一　五九五頁上五行「乞句」，諸本作「乞匃」。

一　五九五頁上六行第一二字「僕」，諸本作「妻」。同行第一三字「令」，磧、普作「今」。次頁上一行第九字，磧、南、經、清同。

一　五九五頁上七行第七字「用」，諸本作「葺」。

一　五九五頁上八行第七字「七」，諸本作「已」。

一　五九五頁上一九行「羞怨家忌如慙羞城」，諸本作「養怨家不知慙恥反」。

一　五九五頁上二二行「鏁鍱」，磧、普、南、經、清作「鉤鑠」。

一　五九五頁中一四行首字「懎」，資、磧、普、南、經、清作「歃」。

一　五九五頁中二〇行第一一字「祠」，資、磧、普、南、經、清作「祀」。

一　五九五頁下四行首字「林」，資、磧、普、南、經、清作「園」。同行第六字「曰」，資、磧、普、南、經、清無。

一　五九五頁下六行第三字「此」，資、磧、普、南、經、清無。

一　五九五頁下七行「摩莏」，資、磧、普、南、經、清作「摩抄」；麗作「摩抄」。

一　五九五頁下一八行第八字「自」，經作「是」。

一　五九五頁下二〇行末字「客」，資、磧、普、南、經、清作「隙」。

一　五九六頁上一三行第七字「貪」，麗作「會」。

一　五九六頁上一五行「須吏」，諸本作「須臾」。

一　五九六頁上末行第五字「明」，資、磧、普、南、經、清作「眼」。

一　五九六頁中八行「几隥」，資作「几橙」；磧、普、南、經作「几凳」；清作

「几登」。

一　五九六頁中一一行第四字「處」，資、磧、普、南、徑、清作「家」。

一　五九六頁中一五行首字「攝」，資、磧、普、南、徑、清作「攝受」。

一　五九七頁上三行第二字「子」，資、磧、普、南、徑、清無。

一　五九七頁上二二行第一一字「調」，麗作「謂」。

一　五九七頁下九行第二字「制」，諸本作「制」。

一　五九七頁下一二行末字「慈」，資、磧、普、南、徑、清作「以慈」。

一　五九七頁下一九行第六字「孝」，資、磧、普、南、徑、清作「孝等」。

一　五九八頁上二行第六字「行」，諸本作「彼」。

一　五九八頁上七行第七字「爲」，徑、清作「謂」。

一　五九八頁上九行第一三字「吹」，諸本作「次」。

一　五九八頁上一一行第七字「落」，資、磧、普、南、徑、清作「墮」。

一　五九八頁上二〇行「男女」，徑作「男子」。

一　五九八頁中一九行第九字「削」，資、磧、普、南、徑、清作「刖」。

一　五九八頁下八行「句義」，徑、清作「義句」。

一　五九八頁下一五行末字「文」，資、磧、普、南、徑、清作「念」。

一　五九九頁上一行首字「貪」，諸本作「含」。

一　五九九頁上三行首字「惰」，諸本作「情」。

一　五九九頁上一〇行「二日」，諸本作「一日」。

一　五九九頁上一六行首字「達」，諸本作「建」。

一　五九九頁上二〇行首字「嘉」，資、磧、普、南、徑、清作「喜」。

# 諸經要集卷第八　帳

報恩部第十三（此有三緣）
放生部第十四　西明寺沙門釋道世集
興福部第十五

述意緣
報恩緣
背恩緣

## 述意緣第一

蓋聞三寶重恩四生慈父化育十方等同一子機无細而不臨智有来而必撫遂使優塡刻像鬱介浮光斯匿鑄形超然避席自兹厥後靈祥屢應嘉聲遠著靡草從風念則罪滅福生敬則善資遠代良由如来長我法身父母養我生身恩德既深昊天難報況復違背重恩豈不永沉苦海是故婦人鴆毒夫蒙國賞撫人害獸雙辟俱落故智度論云知恩者大悲之本開善業之初門人所受敬名譽遠聞死得生天終成佛道不知恩者甚於畜生也



## 報恩緣第二

如正法念經云有四種恩甚為難報何等為四一者母二者父三者如来四者說法法師若有供養此四種人得无量福現在為人之所讚歎於未来世能得菩提

又大般若經（第四百四十三云）若有問言誰是知恩能報恩者應正荅言佛是知恩報恩者何以故一切世間知恩報恩无過佛故

又增一阿含經云尒時世尊告諸比丘若有衆生知返復者此人可敬小恩尚不忘何況大恩設離此閒百千由旬猶近我不異我恒歎譽若有衆生不知返復者大恩尚不憶何況小恩彼非近我我不近彼正使披僧伽梨在吾左右此人猶遠是故比丘當念返復莫學无返復

又舍利弗問經云佛言夫受戒隨其力辦可以為施不限多少文殊師利白佛言云何如来說父母恩大不可不報又言師僧之恩不可稱量其誰為㝡佛言夫在家者孝事父母在於

膝下莫以報生長與之等以生育恩深故言大也若從師學開發知見次恩大也夫出家者捨於父母生死之家入法門中受微妙法師之力也生長法身出功德財養智慧命功莫大也追其所生乃次之耳

又中陰經佛問弥勒閻浮提兒生墮地乃至三歲母之懷抱為飲幾乳弥勒荅曰飲乳一百八十斛除母腹中所食四分東弗于逮兒生墮地乃至三歲飲乳一千八百斛西拘耶尼兒生墮地乃至三歲飲乳八百八十斛北欝單曰兒生墮地坐著陌頭行人授指嗽指七日成人彼土无乳中陰衆生飲吸於風（古人用其小升准今唐升一升當舊三升故乳似多）

又難報經云左肩持父右肩持母經歷千年便利背上猶不能報父母之恩

又增一阿含經云孝順供養父母功德果報與一生補處菩薩功德一等

又六度集經云昔者菩薩為大理家積財巨億常奉三尊慈向衆生觀市覩鱉心悼之焉問價貴賤鱉主知菩


薩有慈悲之德荅曰百萬菩薩荅曰大善持鱉歸家臨水放之覩其游去悲喜誓曰衆難安全如今令也廣起弘願諸佛讚善鱉於後夜來齧其門怪門有聲便出見鱉語菩薩曰吾受重潤身得獲全无以荅恩水居之物知水盈虛洪水將至必為巨害矣願速嚴舟臨時相迎荅曰大善明晨詣門如事啓王王以菩薩宿有善名信用其言遷下處高時至鱉來洪水至矣可速下載尋吾所之可獲无患舡尋其後有蛇趣舡菩薩曰取鱉云大善又覩漂狐曰取鱉云亦善又覩漂人博頰呼天哀濟吾命曰取鱉曰慎无取也凡人心偽尠有終信背恩追勢好為凶逆菩薩曰虫類尒濟人類吾賤豈是仁哉吾不忍為也於是取之鱉曰悔哉遂至豊土鱉辭曰恩畢請退荅曰吾獲如來无所著至真等正覺者必當相度鱉曰大善鱉退蛇狐各去狐以穴為居獲古人伏藏紫磨名金百斤喜曰當以報彼恩矣狐還白曰小虫受潤獲濟微命虫穴居


之物求穴以自安獲金百斤斯穴非塚非家非劫非盜吾精誠之致願以貢賢菩薩深惟不取徒捐无益於貧民可以布施衆生獲濟不亦善乎尋而取之漂人覩焉曰分吾半矣菩薩即以十斤惠之漂人曰尒掘塚劫金罪應死柰何不分半分與吾必告有司荅曰貧民困者吾欲等施尒欲專之不亦偏乎漂人遂告有司菩薩見拘无所告訴唯歸命三尊懺過自責慈願衆生早離八難莫有怨結如今吾也蛇狐會曰柰何斯事蛇曰吾將濟之遂銜良藥開關入獄見菩薩狀顏色有損愴而心悲謂菩薩言以藥自隨吾將齕太子指其毒尤甚莫能濟賢者以藥自聞傅即瘳矣菩薩默然蛇如所云太子命欲將殞王令曰有濟茲封之相國吾與參治菩薩上聞傅之即瘳王喜問其所由本末自陳王悵然自咎曰吾闇甚哉即誅漂人大赦其國封為相國執手入宮並坐談論佛法遂致太平佛告諸沙門理家者是吾身國王者弥勒是鱉者阿

難是抓者秋露子是𧗱者目連是漂人者調達是菩薩慈慧度无極行布施如是

又新婆沙論云昔揵馱羅國迦膩色迦王有一黄門恒監内事暫出城外見有群牛數盈五百來入城内問駈牛者此是何牛荅言此牛將去其種於是黄門即自思忖我宿悪業受不男身今應以財救此牛難遂償其價悉令得脱善業力故令此黄門即復男身深生慶悦尋還城内住立宮門附使啓王請入奉現王令喚入恠問所由於是黄門具奏上事王聞驚喜厚賜珎財轉授高官令知外事

背恩緣第三

如百喻經云昔有一婦荒婬无度欲情既盛疾悪其夫每思方策頻欲殘害種種設計不得其便會值其夫射使隣國婦密為計造毒藥丸欲用害夫詐語夫言尒今遠使慮有乏短今我造作五百歡喜丸用為資粮以送於尒尒若出國至他境界飢困之時乃可取食夫用其言至他界已未及



食之於夜暗中止宿林間畏懼悪獸上樹避之其歡喜丸忘置樹下即以其夜值五百偷賊盜彼國王五百疋馬并及寶物來止樹下由其逃突盡皆飢渴於其樹下見歡喜丸諸賊取已各食一丸藥毒氣盛五百群賊一時俱死時樹上人至天明已見此群賊死在樹下詐以刀箭斫射死屍收其鞍馬并及財寶駈向彼國時彼國王多將人衆尋跡來逐會於中路值於彼人彼王問言尒是何人何處得馬其人荅言我是某國人而於道路值群賊共相斫射五百群賊今皆一處死在樹下由是之故我得此馬及以珎寶來投王國若不見信往看賊之創痍煞害處所是王即遣親信往看果如其言王時欣然歎未曾有既還國已厚加爵賞封以聚落彼王舊臣咸生妬嫉而白王言彼是遠人未可信伏如何卒尒寵遇過厚至於爵賞踰越舊臣遠人聞已而作是言誰有勇健能共我試請於平原挍其伎能舊人愕然无敢敵者後時彼國大



曠野中有悪師子截道煞人斷絶王路時彼舊臣詳共議之彼遠人者自謂勇健无能敵者今復若能煞彼師子為國除害真為奇特作是議已便白於王王聞是已給賜刀杖尋即遣之尒時遠人既受勑已堅强其意向師子所師子見之奮𭹓鳴吼騰躍而前遠人驚怖即便上樹師子張口仰頭向樹其人怖急失所捉刀落師子口師子尋死尒時遠人歡喜勇躍來白於王王倍寵遇時彼國人率尒敬服咸皆讃歎

又諸經要集云有人入林伐木迷惑失路時值大雨日暮飢寒悪虫毒獸欲侵害之是人入石窟中有一大熊見之怖出熊語之言汝勿恐怖此舍温暖可於中宿時連雨七日常以甘果美水供給此人七日雨止熊將此人示其道徑熊語人言我是罪身多人怨家若有人問者莫言見我人荅言尒此人前行見諸獵者問汝從何來見有衆獸不荅言見一大熊於我有恩不得示汝獵者言汝是人黨以

人類相觀何以惜熊今一失道何時復来汝示我者我與汝多分此人心變即將獵者示熊處所獵者煞熊即以多分與之此人展手取肉二肘俱墮獵者言汝有何罪荅曰是熊看我如父視子我今背恩將是罪報獵者恐怖不敢食肉持施衆僧上座是羅漢語諸下座此是菩薩未来出世當得作佛莫食此肉即時起塔供養王聞此事勑下國内背恩之人无令住此（新婆沙論云時上座觀肉是菩薩肉共取香薪焚燒其肉収其餘骨起窣堵波礼拜供養如事佛塔）

又九色鹿經云昔者菩薩身為九色鹿其毛九種色角白如雪常在恒水邊飲食水草常與一烏為知識時水中有一溺人隨流来下或出或没仰頭呼天山神樹神諸天龍神何不愍我鹿聞下水救之語言汝可騎我背捉我角負出上岸溺人下地遶鹿三帀向鹿叩頭乞為大夫作奴給其使令採取水草鹿言不用且各自去欲報恩者莫道我在此人貪我皮角必来煞我時國王夫人夜夢見九色鹿



即詐病不起王問何以荅曰我昨夢見非常之鹿其毛九種色其角白如雪我思欲得其皮作座褥其角作拂柄王當為我得之王若不得我將死矣王募國中若有能得當分國而治賜其金鉢盛滿銀粟賜其銀鉢盛滿金粟溺人聞之欲取富貴念言鹿是畜生死活何在往至王所言知鹿處王大歡喜言汝若能得其皮角来者報之半國溺人面上即生癩瘡溺人言大王此鹿雖是畜生大有威神王宜多出人兵乃可得耳王即大出人衆伍到恒水邊烏在樹頭見人兵来即呼鹿言知識且起王兵来至鹿故熟眠卧不覺烏下啄耳鹿方驚覺四向顧望无復走地便往趣王車邊傍臣欲射王曰莫射此鹿非常將是天神鹿言大王且莫射我我前活王國中一人鹿復長跪問王言誰道我在此王便指示車邊癩面人是也鹿即仰頭視此人面眼中淚出不能自勝此人前溺在水中我不惜身命自投水中負此人出約不相道人无反復



不如出水中浮木也王有愧色汝受其恩柰何反欲煞之即下勑於國中若有駈逐此鹿者當誅五族衆鹿數千皆来依附飲食水草不侵禾稼風雨時節五穀豐熟人无疾病其世太平時九色鹿我身是也烏者阿難是也國王者今父王悅頭檀是也時王夫人者今孫陁利是也時溺人者調達是也我雖有善心向之故欲害我難有至意

又雀王經云昔者菩薩身為雀王慈心濟衆由護身瘡有虎食獸骨拄其齒困飢將終雀王入口啄骨日日若茲雀口生瘡身為瘦瘯骨出虎活雀飛登樹説佛經曰煞為兇虐其惡莫大虎聞雀誡勳聲勃然恚曰尒始離吾口而敢多言雀覩其不可化即速飛去佛言雀王者是吾身虎者是調達身

又雜寶藏經云時提婆達多心常懷恶欲害世尊乃雇五百善射婆羅門使持弓箭詣世尊所挽弓射佛所射之箭變成諸華 五百婆羅門見是神

變皆大怖畏即投弓箭礼佛懺悔佛為説法皆得須陁洹道復白佛言願聽我等出家學道佛言善来比丘鬚髮自落法服著體重為説法得阿羅漢道諸比丘白佛言世尊神力甚為希有提婆達多常欲害佛然佛恒生大慈佛言非但今日如是於過去時波羅柰國有一商主名不識恩共五百賈客入海採寶得寶還返到洄處過水羅刹而捉其舡不能得前衆商人等極大驚怖皆共唱言天神地神日月諸神誰能慈愍濟我也有一大龜背廣一里心生悲愍来向舡所負載衆人即得度海時龜小睡不識恩者欲以大石打龜頭煞諸賈人言我等蒙龜濟難活命煞之不祥不識恩也不識恩曰我停飢急誰能念恩輙便煞龜而食其肉即日夜中有大群象踰煞衆人尒時大龜我身是也尒時不識恩者提婆達多是也五百賈人者五百婆羅門出家得道是也我於往昔濟彼免難今復拔其生死之患也



又佛説栴檀樹經云佛告阿難諦聽執受時維耶離國有五百人入海採寶置舡步還經歷深山日暮止宿預嚴早發四百九十九人皆引去一人卧熟失輩仍遇天雨雪失去徑路窮尼山中啼哭呼天有大栴檀香樹樹神謂窮人言可止留此自相給衣食到春可去窮人便留至于三月辞樹神言受恩得全身命未有微報願有二親今在本土實思得還願乞發遣樹神言善便自從意以金一餅賜之去此不遠當得還邑窮人臨去問樹神言此樹香潔世所希有今當委還願知其名神言不須問也窮人復言依陰此樹積歷三月若到本國當宣樹恩神便報言樹名栴檀根並枝葉治人百病其香遠聞世之奇異人所貪求不須道也窮人還至國中親族歡喜後无幾聞國王病頭痛禱祀天地山水諸神痛不消差名醫省視唯得栴檀香以護病得愈王即募求民間无有便宜令國中得栴檀香者拜為封侯妻以王女時窮人聞賞禄重



便詣王所白言我知栴檀香處王便令匠臣將窮人往伐取香樹至到樹所使者見樹洪直枝條茂盛華果煌煌以希見故心不忍伐不伐者則違王命躊躇徘徊不知云何樹神空中言曰便伐但置其根伐已以人血塗之肝腸覆其上樹自當生還復如故使者聞神言如此便令人伐之窮人住在樹邊樹枝蹹地摽煞窮人使者便與左右議言向者樹神言當得人血肝腸以祠樹心不知當以誰賽此人今死便以當之則屠割之取其肝血如神所勑樹即更生如本无異車載伐樹以還國中醫即進藥王病得愈舉國歡喜王命國中人民其有病者皆出香給病皆得愈舉國欣欣遂致太平阿難退坐稽首白言是窮人何无返復違樹神靈揩佛報曰乃往昔維衛佛時有父子三人其父奉行齋戒未曾懈怠大兒常於中庭空中燒香供養十方諸佛小弟愚癡不知三尊輙以衣覆香上兄謂弟言此事大重何以犯之弟恣惡言揩言断兄

兩足兒復起念當拍煞弟父言汝二子諍使我頭痛六兒報言願破我身為藥令父平復口不妄言故世世受罪弟與惡意欲斷兄足後果將人往斷樹身兄欲拍煞弟令作樹神果因樹為體拍煞弟身時國王頭痛者其父也奉齋精進故得尊貴時言使我頭痛者後果頭痛各受其殃佛言罪福報應如影隨形頌曰

感哉能仁　悲殺為先　乘機赴感
鞠養慈憐　孤金蚍賞　閭人形全
知恩報德　幽冥應焉　逆婦鴆夫
天賜命延　賊獸不害　反報遐年
違恩背義　禍害危身　貪杏伐樹
肝血塗神

放生部第十四 此有四緣

述意緣
興害緣
放生緣
救厄緣

述意緣第一

蓋聞元元雜類莫不貪生蠢蠢迷徒咸知畏死所以失林窮虎乃委命於廬中鎩翮驚禽遂投身於案側至如揚生養雀寧有意於玉環孔氏放龜本无情於金印而冥期弗爽雅報斯臻故知因果業行皎然如日且大悲之化殺苦為端弘揩之心濟生為本但五都名族皆以迥鼎相誇三輔逸仁莫不鼓刀成務群生何罪枉見形殘含識无愆横逢俎醢致使怨魂不斷告報相酬令勸仁者同修慈行所有危怖並存放捨縱彼飛沉隨其飲啄當使紫鱗赬尾並相望於江湖錦臆翠毛等逍遥於雲漢或聽三歸而悟道何異替龍聞四諦而生天更同鸚鳥共立長壽之基同招常命之果也

興害緣第二

如涅槃經云有十六惡律儀何等十六一者為利餧養羔羊肥已轉賣二者為利買已屠煞三者為利餧養猪豚肥已轉賣四者為利買已屠煞五者為利餧養牛犢肥已轉賣六者為利買已屠煞七者為利養鷄令肥肥已轉賣八者為利買已屠煞九者釣魚十者獵師十一者劫奪十二者魁膾十三者網捕飛鳥十四者兩舌十五者獄卒十六者呪龍能為衆生永斷如是十六惡業是名修戒

又雜阿毗曇心論云有十二種住不律儀一屠羊二養鷄三養猪四捕鳥五捕魚六獵師七作賊八魁膾九守獄十呪龍十一屠犬十二伺獵屠羊者謂煞羊以煞心故若養若賣若煞悉名屠羊養鷄養猪亦如是捕鳥者若煞鳥自活捕魚獵師亦如是作賊者常行劫害魁膾者主煞人自活守獄者以守獄自活呪龍者習呪龍蛇戲樂自活屠犬者旃陁羅伺獵者王家獵主

又對法論云不律儀業者何等名為不律儀者所謂屠羊養鷄養猪捕鳥捕魚獵鹿罝兎劫盜魁膾害牛縛象立壇呪龍守獄讒搆好為損等屠羊者為欲活命屠養買賣如是養鷄猪等隨其所應縛象者恒處山林調執野象立壇呪龍者習呪龍蛇戲樂自活讒搆者以離間語毀壞他親持用活命或由生彼種姓中或由受持彼

事業者謂即生彼家若生餘家如其次第所期現行彼業決定者謂身語方便為先決定要期現行彼業是名不律儀業

放生緣第三

如梵網經云若佛子以慈心故行放生業一切男子是我父一切女人是我母我生生無不從之受生故六道衆生皆是我父母而煞食者即煞我父母亦煞我故身一切地水是我先身一切火風是我本體故常行放生生生受生若見世人煞畜生時應方便救護解其苦難常教化講說菩薩戒救度衆生若父母兄弟死亡之日請法師講菩薩戒經律追福資其亡者得見諸佛生人天上若不尒者犯輕垢罪

又僧祇律云一切道俗七衆等並須濾水飲用若濾得水已使能見掌中細文者審悉看之看時如大象載竹車迴頃知無應用使可信者教濾不可信者自濾得虫還送本取水來處安之若來處遠近有池井七日不消



者以虫著中若知水有虫不得持器繩借人若池江水有虫不得唱云此水有虫若問者答云長者自看若知友同師者語言此中有虫當濾水用

又十誦律有二比丘未曾見佛從北遠道共往舍衛奉見世尊道中渴乏值有虫水破戒者言可共飲之持戒者言水中有虫何可得飲破戒者言我若不飲必當渴死不得見佛便飲而去持戒者慎護戒故不飲遂渴乏死即生三十三天身得具足先到佛所頭面礼足佛為說法得法眼淨受三歸畢還歸天上時飲水者後到佛所佛為四衆說法即披衣示金色身汝癡人欲看我肉身何為不如持戒者先見我法身智慧之身佛言從今已去比丘若行二十里外無濾水囊犯罪若自無同意伴有者聽去

又有征行軍人有比丘尼教化行人人皆弓頭安濾囊持用濾水官人聞奏國王王聞瞋之皆欲煞却汝小虫尚畏不煞況見賊肯害之行人向王分疏云小虫若於國有害臣皆煞却既



無有怨何故不聽濾飲王聞放之由行人義慈善根力及賊皆來投化

又正法念經云經宿之水若不細觀恐生細虫若不濾洽不飲不用是名細持不煞戒

又智度論云過去世時人民多病黃白痿熱菩薩尒時身為赤魚自以其肉施諸病人以救其疾又有菩薩作一鳥身在林中住見有一人入於深水非人行處為水神所羂著不可解若能至香山取一藥草著其羂上繩即爛壞人得脫去菩薩宿世作如是等無量本生多有所濟名本生經

又十誦律云佛言過去世時近雪山下鹿王名曰威德作五百鹿王時有獵師安穀施羂鹿王前行右脚墮毛羂中鹿王心念若我現相則諸鹿不敢食穀須敢穀盡尒乃現脚相時諸鹿皆去唯一女鹿住便說偈言

大王當知　是獵師來　願勤方便
出是羂去　尒時鹿王　以偈荅言
我勤方便　力勢已盡　毛羂轉急
不能得出

女鹿見獵師到已向說偈言

汝以利刀　先煞我身　然後願放
鹿王令去

獵師聞之生憐愍心以偈荅言

我終不煞汝　亦不煞鹿王　放汝及鹿王
隨意之所去

獵師即時解放鹿王佛言昔鹿王者今我身是五百鹿者五百比丘是時有鴈王獵者得之有同伴鴈欲代捨命還說偈相報獵師見愍二鴈並放後求實報恩大意同前

又智度論云聞鹿言即從座起而說偈言

我實是畜獸　名曰人頭鹿　汝雖是鹿身
名為鹿頭人　以理而言之　非以形為人
若能有慈悲　雖獸實是人　我從今日始
不食一切肉　我以无畏施　且可安汝意

又善見律云目連為阿育王演本生經云大王往昔有一鶺鴒鳥為人籠繫在地愁怖便大鳴喚同類雲集為人所煞鶺鴒問道人云我有罪不道人荅云汝鳴聲時有煞心不鶺鴒鳥言我鳴命伴来无煞心也道人即荅



若无煞心汝无罪心也而說偈言

不同業而觸　不同心而起　善人攝心住
罪不横加汝

又僧祇律云佛告諸比丘過去世時香山中有仙人住處去山不遠有一池水時水中有鱉出池求食食已向日張口而眠時香山中有諸獮猴入池飲水已上岸見此鱉張口而眠時獮猴便作婬法即以身生内鱉口中鱉覺合口藏六甲裏如所說偈言

愚癡人執相　猶如鱉所齧　失守摩羅捉
非斧則不離

時鱉急捉獮猴却行欲入水獮猴急怖便作是念若我入水必死無疑然苦痛力弱任鱉迴轉流離牽曳遇值嶮處鱉時仰卧是時獮猴兩手抱鱉作是念言誰當為我脫此苦難獮猴曾知仙人住處彼當救我便抱此鱉向彼處去仙人遥見便作是念咄哉異事念是獮猴為作何等欲戲弄耶獮猴故言婆羅門是何等寶物滿鉢持来得何等信而来向我尒時獮猴即說偈言



我愚癡獮猴　无事觸惱他　救厄者賢士
命急在不久　今日婆羅門　若不救我者
須臾斷身生　困厄還山林

尒時仙人以偈荅言

我念汝得脫　還於山林中　恐汝獮猴法
故態還復生　尒時彼仙人　為說往昔事
鱉汝宿命時　曾号字迦葉　獮猴過去世
号字憍陳如　已作婬欲行　今可斷因緣
迦葉放憍陳　令還山林去　鱉聞是語便放獮去

救厄緣第四

如出曜經云南海平涌驚濤浸灌有三大魚流入淺水自相謂言我等厄此及湧水未減宜可逆上還歸大海復尋水舟不得越過第一魚者盡力跳舟得度次魚復碍草獲過其第三魚氣力消竭為獵者得之佛見而說偈曰

是日已過　命則隨減　如魚少水
斯有何樂

又彌勒所問本願經云佛言阿難我本求道時勤苦无數過去世時有王太子号曰寶花端正姝好從園觀出道見一人身患病癩見問病人以何

等藥療瘳病癩者答曰得王身髓血等以塗我身其病乃愈太子聞已即自破身骨髓血等以與病者至心施與意无悔恨其王太子者即我身是四大海水尚可升量我身骨髓血等不可稱數求正覺故

又大集經云尒時曠野菩薩現為兕身散脂菩薩現為鹿身慧炬菩薩現獼猴身離愛菩薩現羯羊身盡漏菩薩現鵝王身如是五百諸菩薩等各各現受種種諸身其身悉出大香光明一一菩薩手執燈明為供養十方諸佛從七佛已來與如是佛用為眷屬受持五戒發菩提心為欲調伏一切衆生令發菩提故受此身

又雜寶藏經云昔者有一羅漢道人畜一沙弥知此沙弥却後七日必當命終與假歸家至七日頭勅使還來沙弥辤師即便歸去於其道中見衆蟻子隨水漂流命將欲絕生慈悲心自脫袈裟盛土堰水而取蟻子置高燥處遂悉得活至七日頭還歸師所師甚怪之尋即入定以天眼觀知其更无餘福德尒以救蟻子因緣之故七日不死得延命長又治故塔亦得延命又治補伽藍盤燋房鈌孔亦得延命

又大悲經云佛告阿難過去之世有大商主為採寶故將諸商人入於大海彼所乘船衆寶悉滿至海中間其船卒壞時彼商人心懷怖畏極生憂惱其中或有得船板者或有浮者有命終者我於尒時作商主在彼大海中用以浮囊安隱而度時有五人呼商主言大士商主唯願惠施我等无畏說是語已尒時商主即告之言諸丈夫勿生怖畏我令汝等從此大海安隱得度阿難彼時商主身帶利劒而作是念大海之法不居死屍如其我今自捨身命此諸商人必能得度大海之難作是念已即喚商人置已身上令善捉持彼諸商人有騎背者有抱肩者有捉腔者尒時商主為欲施彼无怖畏故大悲修心起大勇猛即以利劒斷已命根迎取臨終于時大海漂其死屍置之岸上時五商人便得度海安隱受樂平吉无難還閻浮提阿難彼時商主豈異人乎我身是也五商人者今五比丘是也是五比丘昔於大海而得度脫今復於此生死大海而得度脫安置无畏涅槃彼岸

又大智度論云乃往過去无量阿僧祇劫有大林樹多諸禽獸野火來燒三邊俱起唯有一邊而隔一水衆獸窮逼逃命无地佛言我於尒時為大身多力鹿以前脚跨一岸以後脚踏一岸令衆獸蹈背上而度皮肉盡壞以慈悲力忍之至死最後一兎來氣力已竭自强努力忍令得過過已脊折墮水而死如是久有非但今也前得度者今諸弟子是最後一兎者今須跋陀是佛世世樂行精進今猶不息

又賢愚經云佛過去久遠世時時世飢儉如來因地慈救衆生作大魚身長五百由旬國人須其肉者无問人畜皆來取噉取已還生經於十二年施其肉血

又受生經云昔者菩薩曾為鱉王生

長大海化諸同類子民群衆皆脩仁德王自奉行慈悲救護愍於衆生如母愛子其海深長邊際難限而悉周至靡不更歷於時鼈王出於海外在邊卧息積有日月其背堅燥猶如陸地賈人遠来因止其上破薪然火炊煑飯食繫其牛馬車乘載石皆著其上鼈王欲起入水畏墮不仁適欲强忍痛不可勝便設權計入淺水處除滅火毒不危衆賈賈衆恐怖謂湖卒漲悲哀呼嗟歸命諸天唯相救濟鼈王心益愍之因報賈人曰慎莫恐怖吾被火焚故捨入水欲令痛息今當相安終不相危衆賈聞之知有活望俱時發聲言南无佛鼈興大慈還負衆賈移在岸邊衆人得脫靡不歡喜遥禮鼈王而歎其德尊為橋梁多所過度行為大舟超越三界設得佛道當復救脫生死之厄鼈王報曰善哉善哉當如汝言各自别去佛言時鼈王者我身是也五百賈人者今五百弟子舍利弗等是也

又正法念經云若有衆生見犯法者應受死苦以財贖命令其得脫不求恩報命終生常歡喜天從天退還得受人身不遭王難若有衆生持戒見大火起焚燒衆生以水滅火救諸衆生命終生行道天受種種樂



又如度狗子經說昔有一國穀米踊貴人民飢餓時有沙門入城分衛周遍門室无所以獲次至長者大豪貴門得麁悪飯適欲出城門中逢一射獵屠兒抱一狗子持歸欲煞見沙門歡喜前為作礼沙門呪願老壽長生沙門知有狗子疑欲煞之故問其人今何所齎答曰空行无所獲持沙門又問吾已見之何為藏匿煞生之罪甚為不善願持我食貿此狗子令命得濟卿福无量其人答曰不能相與我故行求家門共食卿此少飯何所足乎沙門慇懃曉喻語之其人觝突不肯隨言沙門又言設不肯者可以示我其人即出以示沙門沙門舉飯以飼狗子以手摩抆呪願溲出卿罪所致得是犬身不得自在見煞食噉使尒世世罪滅福生離狗子身得生為人所在遇法三寳自然狗子得食善心生焉踊躍歡喜知自歸依人將還家屠煞共食狗子命過即生豪貴大長者家適生墮地便有慈心時彼沙門分衛次到長者門裏分衛時長者子見彼沙門憶識本緣便前稽首礼沙門足請前供養百味飲食前白父母言今我欲遂此大和尚奉受經戒為作弟子父母愛重不肯聽之我今一門有汝一子當以續後家門之主何因便欲棄家而去小兒涕泣不肯飲食不欲聽我便自就死父母見然便聽令去隨師學道除去鬚髮被三法衣諷誦佛經深解其義便得三昧立不退轉開化一切發大道意佛世難值經道難聞能與相值无不蒙度畜生尚有得道豈況於人寧不獲果縱復歒犯還生慙愧白淨已来黑垢自滅



又雜阿含經云尒時世尊告諸比丘過去世時有一鳥名曰羅婆為鷹所捉飛騰虛空於空鳴喚言我不自覺忽遭此難我生捨離父母境界而遊

他處故遣汝難如何今日為他所囚不得自在鷹語羅婆汝當何處自有境界而得自在羅婆荅言我於田耕壠中自有境界足免諸難是為我家父母境界鷹於羅婆起憍慢言放汝令去還耕壠中能得脫不於是羅婆得脫鷹爪還到耕壠大塊之下安住止處然復於塊上欲與鷹鬪鷹則大怒彼是小鳥敢與我鬪瞋恚極盛峻飛直搏於是羅婆入於塊下鷹鳥飛勢臆衝堅塊碎身即死時羅婆鳥深伏塊下仰說偈言

鷹鳥用力來　羅婆依自塊　乘瞋猛盛力
致禍碎其身　我具足通達　依於自境界
伏怨心隨喜　自觀欣其力　縱汝有兇愚
百千龍象力　不如我智慧　十六分之一
觀我智勝殊　摧滅於蒼鷹

頌曰

含識皆長死　有命懼嶮危　如魚困池涸
難逢流水𣁽　親疎皆父母　何得不悲時
但愁投厄苦　福報自然隨

興福部第十五 此有六緣　深州鄜經僧崙超

述意緣
修福緣
應法緣
嚫施緣
洗僧緣
雜福緣

述意緣第一

昔優填初刻栴檀波斯始鑄金質皆現寫真容工圖妙相故能流光動瑞避席施虔爰至竪爪雨塔衣影二臺皆是如來在世已見成軌自収迹河邊闍維林外八王請分還國起塔及瓶炭二所於是十剎興焉其生處得道說法涅槃髮髻頂骨四牙雙跡鉢杖唾壺泥洹僧等皆樹塔勒銘摽碣神異尒後百有餘年阿育王遣使浮海壞撤諸塔分取舍利還值風潮頗有遺落故今海族之中時或遇者是後八萬四千因之而起育王諸女亦次發淨心並鐫石鎔金圖寫神狀至能浮江汎海影化東川雖復靈迹潛通而未彰視聽及蔡愔秦景自西域還至始傳畫疊釋迦於是凉臺壽陵並圖其相自茲厥後形像塔廟與時



競列洎于梁代遺光與盛但法身无像因感故形感見有参差故形應有殊別若乃心路蒼茫則真儀隔化情志慊切則木石開心故劉殷至孝誠感釜庭為之生銘丁蘭溫清竭誠木母以之變色曾陽迴戈而日轉杞婦下淚而城崩斯皆隱惻入其性情故由物感豈曰虛哉是以祭神如神在則神道交矣敬像如敬佛則法身應矣故入道必以智慧為本智慧必以福德為基譬猶鳥備二翼倏舉万尋車足兩輪一馳千里豈不勤哉豈不勗哉

修福緣第二

如佛說福田經云佛告天帝復有七法廣施名曰福田行者得福即生梵天何謂為七一者興立佛圖僧房堂閣二者園果浴池樹木清淨三者常施醫藥療救衆病四者作牢堅船濟度人民五者安設橋梁過度羸弱六者近道作井渴乏得飲七者造作圊廁施便利處是為七事得梵天福

尒時坐中有一比丘名曰聽聰聞法欣悅即白佛言我自惟念先世之時生波羅奈國為長者子於大道邊起立精舍牀卧漿粮供給衆僧行路頓乏亦得止息緣此功徳命終生天為天帝釋下生世間為轉輪王各三十六返典領天人九十一刧足下生毛蹈空而遊食福自然今值世尊頻臨衆生獨我愚濁安以靜慧生死栽拮号曰真人功報成諦其為然矣

復有一比丘名曰波拘盧即白佛言憶念我昔生拘鄁竭國為長者子時世无佛衆僧教化大會說法我往聽法聞法歡喜將一藥果名呵梨勒奉上衆僧緣此果報命終生天下生世間恒處尊貴與衆超絕九十一刧未曾疾病餘福值佛逮得應真

復有一比丘名曰須陁耶即白世尊曰我念宿命生維耶離國為小民家子時世无佛衆僧教化我時持酪入市欲賣值衆僧大會講法過而立聽聞法歡喜即舉飛酪布施衆僧僧得呪願益懷欣躍緣此福徳命終生天上下生世間恒處尊貴九十一刧未後餘愆下生世間母妊數月得病命終埋母塚中月滿乃生塚中七年飲死母乳用自濟活微福值佛逮得真諦

復有一比丘名曰阿難即白世尊曰憶念我昔生羅閱祇國為庶民子身生惡瘡治之不差有親友道人来語我言當浴衆僧取其浴汁以用洗瘡亦可得愈又可得福我即歡喜便到寺中加敬王心更作新井香油浴具洗浴衆僧取其浴汁以用洗瘡尋差除愈緣是功德所生端正金色晃昱不受塵垢九十一刧常得淨福僧徳廣遠今復值佛心垢消除逮得應真

尒時坐中有一比丘尼名曰柰女即白佛言我念宿命生波羅柰國為貧女人時世有佛名曰迦葉時與大衆園遊說法我時在坐聞經歡喜意欲布施顧无所有自惟貧賤心用悲感詣他園圃乞求果柰當以施佛乞得一柰大而香好擎一杅水并柰一枚奉迎葉佛及諸衆僧佛知至意呪願受之分布水柰一切周普緣此福祚命終生天得為天后下生世間不由胞胎九十一刧生柰花中端正鮮潔常識宿命今值世尊開示道眼

尒時天帝即從座起為佛作礼長跪叉手白佛言世尊我自惟念先世之時生拘留大國為長者子青衣抱行入城遊觀偶值衆僧街巷分衛時見人民施者甚多即自念言願得財寶布施衆僧不亦快乎即解珠瓔布施衆僧同心呪願歡喜而去從是因緣壽終生天得為天帝九十一刧永離八難

佛告天帝及諸大衆聽我自說宿命所行昔我前世於波羅柰國近大道邊安設圊廁國中人衆得輕安者莫不感義緣此功德世世清淨累刧行道穢染不汙金色晃昱塵垢不著食自消化无便利之患

佛告天帝九十六種道中佛道最尊九十六種法中佛法最真九十六種僧中佛僧最正所以者何由如来從阿僧祇刧發願誠諦殞命積德捨為

衆生六度四等衆善普脩得慧成滿三界天尊无能及者其有衆生發一敬心向如来者勝獲大千世界珎寶施矣三十七品十二部經分別罪福言皆至誠開三乘教皆得奉行聞者歡喜樂作沙門信佛行法志尚清高捨世貪諍導世間福天人路通衆僧之由矣是為敬尊无上之道

又增一阿含經云尒時世尊告諸比丘有四梵福云何為四若有信人未曾起偷婆處(塔是)於中能起偷婆者是初受梵天之福若有信人能補治故寺者是謂第二受梵天之福若有信人能和合聖衆者是謂第三受梵天之福若佛初轉法輪時諸天世人勸請轉法輪是謂第四受梵天之福尒時有異比丘白世尊言梵天之福竟為多少世尊告曰閻浮里地衆生所有功德如是展轉從四天上至他化自在天之福故不如一梵天王之福若求其福此是其量也

應法緣第三

若欲修造理須如法造作雖少得福



无量若不依法縱多无益故佛在金棺敬福經云經像主莫論道俗經像之匠莫云客作造佛布施二人獲福不可度量欲說其福窮劫不盡受吾約勑是佛真子如是精誠造少福多問工匠之法作經像得物合取直不佛言不得取價直如責父母取財者違過三千真是天魔急離吾佛法非我眷屬飲酒食肉五辛之徒不依聖教雖造經像數如塵沙其福甚少蓋不足言劫燒之時不入海龍王宮勞而少功不敬之罪死入地獄主匠无益諸天不祐不如不造直心礼拜得福无量如向所列造多福少若像師造像不具相者五百万世中諸根不具第一盡心為上妙果先升

又罪福決疑經云僧尼白衣等或自捨財及勸化得物擬佛受用經營人將此物造作鳥獸形像安佛膝上者計損滿五錢直犯逆罪究竟不還一劫墮阿鼻地獄贖香油燈供養者无犯佛不求利无人堪消初獻佛時上中下座必教白衣奉佛及僧獻佛竟



行與僧食不犯若不尒者食佛物故千億歲墮阿鼻地獄擅越不受前教亦招前報若生人間九百萬歲墮下賤生何以故佛物无人能評價故(述曰此謂施主決定入佛受用所以須贖若如今時齋上每出佛賖飲食情通彼此不為執者食訖還入施主不勞收贖如七月十五日獻佛及僧无佛僧可受用即須贖食以物食依餘獻佛及僧自恣佛僧福田道高資益寶道七世亡親拔存眷屬得離災難清升樂處所以從人田薄不能資導故不通俗也欵見白衣獻佛訖將為自食故別明記)

又觀佛三昧經云時優填王戀慕世尊鑄金為像聞佛當下寶階象載金像来迎世尊尒時金像從象上下猶如生佛足步虛空足下雨華亦放光明来迎世尊合掌叉手為佛作礼尒時世尊亦復長跪合掌向像空中百千化佛亦皆合掌長跪向像尒時世尊而語像言汝於来世大作佛事我滅度後我諸弟子以付囑汝空中化佛異口同音咸作是言若有衆生於佛滅後造立形像持用供養是人来世必得念佛清淨三昧

又外國記云佛上忉利天為母說法經九十日波斯匿王思欲見佛刻牛頭栴檀作如来像置佛座處佛後還

入精舍像出迎佛佛言還坐吾般涅槃後可為四部衆作諸法式像即還坐此像是衆像之始佛移住兩邊小精舍與像異處相去二十步祇桓精舍本有七層諸國競興供養不絶臺内長明燈幡衒燈炷燒諸幡蓋遂及精舍七重都盡諸國王人民皆大悲惱謂檀像已燒却後四五日開東邊小精舍户忽見本像移向彼房衆大歡喜共治精舍得作兩重移像本處

又優填王作佛像形經云昔佛在世時拔耆國王名曰優填来至佛所頭面頂礼合掌白佛言世尊若佛滅後其有衆生作佛形像當得何福佛告王曰若當有人作佛形像功德无量不可稱計世世所生不墮惡道天上人中受福快樂身體常作紫磨金色眼目清徹面貌端正身體手足奇絶妙好常為衆人之所愛敬若生人中常生帝王大臣長者賢善家子所生之處豪尊富貴財産珎寶不可稱數常為父母兄弟宗親之所愛重若作帝王王中特尊為諸國王之所歸仰



乃至得轉輪聖王王四天下七寶自然千子具足飛升天上无所不至若生天上天中最勝乃至得作六欲天王於六天中尊貴第一若生梵天作大梵王端正无比勝諸梵天常為諸梵之所尊敬後皆得生无量壽國作大菩薩最尊第一過无數劫當得成佛入泥洹道若當有人作佛形像獲福如是

又法華經偈云

若人為佛故　建立諸形像　乃至童子戲
若草木及筆　或以指爪甲　而畫作佛像
如是諸人等　皆已成佛道

又造立形像福報經云佛至拘羅惟國時國主名優填王年始十四聞佛當来即勑傍臣左右皆悉迎佛到以頭面礼佛長跪叉手白佛言天上人中无能及佛者光明巍巍乃能如是恐佛去已後恐不復見今欲作佛形像恭敬承事得何福報願佛哀愍為我說之介時世尊說偈荅曰

王諦聽吾說　福地灰上土　福德无過者
作佛形像報　恒生大富家　尊貴无極珎



眷屬常恭敬　作佛形像報　常得天眼報
无比紺青色　作佛形像報　父母見歡喜
端正威德重　愛樂終无猒
作佛形像報　金色身焰光　猶妙師子像
衆生見歡喜　作佛形像報　閻浮提大姓
刹利婆羅門　福人於中生　作佛形像報
不生邊地國　不盲不醜陋　六情常完具
作佛形像報　臨終識宿命　見佛在其前
不覺死苦時　作佛形像報　作大名聞王
金輪飛行帝　典主四天下　作佛形像報
作釋天名因　神足典第二　三十三天奉
作佛形像報　此過出欲界　作妙梵天王
迦夷衆梵恭　作佛形像報　受福正如是
若能刻畫作　天地尚可稱　此福不可量
是故供養佛　花香香汁塗　供養大士者
得漏盡无為

親施緣第四

如輪轉五道經云佛言凢作功德隨身之行燒香然燈得福甚多燒香作福及以轉經不得倩人而不親願如倩人食豈得自飽燒香潔淨然燈續明燒香齋會讀經遶親以為常法布施得福諸天接將萬惡皆却衆魔降

伏懈怠之人不能精進一朝疾病又
不吉利便欲燒香方始作福諸天未
降諸魔在前競来嬈觸作諸變怪以
是之故常當精進罪福隨人如影隨
形種殖福田如尼俱類樹本種一核
稍稍漸大収子無限佛言阿難施一
得萬倍言不虛也佛說偈言

賢者好布施　天神自扶將　施一得萬倍
安樂壽命長　今日施善人　其福不可量
皆當得佛道　度脫諸十方

洗僧縁第五

如辟喻經云佛以臘月八日神通降伏六師六師不如投水而死仍廣說法度諸外道外道伏化白佛言佛以法水洗我心垢我今請僧洗浴以除身穢仍除常縁也(今臘月八日洗僧准出此經文)

又摩訶刹頭經亦名灌佛形像經云佛告天下人民十方諸佛皆用四月八日夜半時生皆用四月八日夜半時去家學道皆用四月八日夜半時得佛道皆用四月八日夜半時般泥洹佛言所以用四月八日者為春夏之際殃罪悉畢萬物普生毒氣未行不寒不熱時氣和適今是佛生日故諸天下人民共念佛功德浴佛形像如佛在時以示天下人佛言我為菩薩時三十六反為天王帝釋三十六反作金輪王三十六反作飛行皇帝今日諸賢誰有好心念釋迦佛恩德者以香花浴佛形像求第一福者諸天鬼神所證明知四月八日浴佛法時當取三種香一都梁香二藿香三艾納香合三種草香挼而漬之此則青色水若香少者可以紺黛秦皮權代之又用欝金香手挼漬之於水中挼之以作赤水以水清淨用灌像訖以白練白綿拭之斷後自占更灌名曰清淨其福第一也

又温室經云佛告祇域長者澡浴之法當用七物除去七病得七福報何謂七物一者然火二者淨水三者澡豆四者酥膏五者淳灰六者楊枝七者内衣此是澡浴之法何謂除七病一者四大安隱二者除風三者除濕痺四者除寒氷五者除熱氣六者除垢穢七者身體輕便眼目清明是為除七病得七福者一者四大无病所生常安二者所生清淨面首端正三者身體常香衣服淨潔四者肌體濡澤威光徳大五者多饒人從拂拭塵垢六者口齒香好所說肅用七者所生之處自然衣服

又十誦律云洗浴得五利一除塵垢二治身皮膚令一色三破寒熱四下風氣調五少病痛舍利弗夏盛熱時有一客人園中汲水灌樹見舍利弗發小信心喚舍利弗脫衣樹下以水洗浴身得清涼作人後命終即生忉利天上有大威力為功雖少以還良田獲報甚多即下詣舍利弗所散花供養舍利弗因其信心為說法要得須陁洹果

又賢愚經云尒時首陁會天下閻浮提世尊所請佛及僧洗浴供養世尊黙然許可即設飲食并辦洗具温室暖水調適酥油浣草皆悉脩有於是世尊及諸比丘納受其供其洗浴已并厚飲食其食甘美世所希有食竟澡漱各還本座是時阿難白佛此天

諸經要集卷第八　第四十四張　帳字号

往昔作何功德形體殊妙威相奇特
光明顯赫如大寶山佛告阿難乃往
過去毗婆尸佛時此天彼世為貧家
子恒行傭作以供身口聞佛說洗僧
之德情中欣然便勤作務得少錢穀
用設洗具并設飲食請佛衆僧而以
盡奉由此福行壽終之後生首陁會
天有此光相七佛已来乃至千佛出
世亦皆如是洗佛及僧佛授記曰於
未来世兩阿僧祇百劫之中當得作
佛号曰淨身十号具足

又雜譬喻經云昔佛弟子難陁乃往昔
維衛佛時人一洗衆僧之福功德自
追生在釋種身珮五六之相神容晃
昱金色秉前之福與佛同世研精進
場便得六通古人施一猶有卯報況
令檀越能多行者普等之行必逮尊
号加增歡喜廣度一切

又福田經云有比丘名阿難白世尊
日我念宿命生羅閱祇國為庶民子
身生惡瘡治之不差有親友道人来
語我言當浴衆僧取其浴水以用洗
瘡便可得愈又可得福我即歡喜往
到寺中加敬至心更作新井香油浴
具洗浴衆僧以汁洗瘡尋蒙除愈從
此因緣所生端正金色晃昱不受塵
垢九十一劫常得淨福處祐廣遠今
復值佛心垢消滅逮得應真

又十誦律云外國浴室形圓猶如圓
倉開戶通煙下作伏瀆出水內施三
拳閣齊人所及處以瓨盛水滿三重
閣火氣上升上閣水熱中閣水暖下
閣水冷隨宜自取用无別作湯故云
淨水耳

又增一阿含經云尒時世尊告諸比
丘造作浴室有五功德云何為五一
除風二病得差三除去塵垢四身體
輕便五得肥白若有四部之衆欲求
此五功德者當求造浴室

又僧祇律云若欲浴時使園民等掃
灑令淨辦其薪炭温暖得所乃打揵
稚應知入浴各以腰帶繫衣作識安
衣架上入時不得掉兩臂而入一手
遮前而入若欲與師揩者當先白已
無罪不得一時舉兩手當先令揩一
髀一手覆前竟次揩一髀一手及餘
內外已閉戶而坐令身汗出籌量用
水不得多用若池水洗自恣无罪不
聽露地裸形而浴若水齊腰腋得用
无罪若坐水中至臍亦得出已取已
衣著正理而去

雜福緣第六

如薩婆多論云若作僧房及以塔像
曠路作井及作橋梁船此人功德一
切時生常資施主除三因緣一前事
毀壞二此人若死三若起惡邪无此
三因緣者福德常生

又增一阿含經云尒時世尊告諸比
丘有五施不得其福云何為五一以
刀施人二以毒施人三以野牛施人
四以婬女施人五以造作神祠是謂
有此五施不得其福復有五施人天
得福云何為五一造作園觀二造作
林樹三造作橋梁四造作大船五與
當来過去造作房舍住處是謂有此
五事令得其福尒時世尊便說此偈

園觀施清涼　及作好橋梁　河津度人民
井作好房舍　彼人日夜中　恒當受其福
戒定以成就　此人必生天

諸經要集卷第八　第十八張　任字号

又僧祇律有諸天子以偈問佛
何等人𧧘善　何等人生天　何等人晝夜
長養善功徳
尒時世尊以偈荅言
曠路作好井　種殖園果施　樹林施清涼
橋舩度人民　布施脩淨戒　智慧捨慳貪
功徳日夜增　常生天人中
又正法念經云若有衆生施人美水
或覆井泉恐諸毒蚰墮於井中行人
飲之而致苦惱命終生三埊徙天受
五欲樂從此命終若得人身王所愛
重若見病困咽喉出聲餘命未盡施
其漿飲或施其財以贖彼命命終生
深水天如帝釋快樂從天命終隨業
流轉不墮三塗得受人身從生至生
不遭病苦无有惱乱若有衆生持戒
見比丘僧以扇布施令得清涼讀誦
經法命終生風行天香氣来吹悦樂
无比若有衆生於河津濟造立橋舩
以善心渡持戒人燕渡餘人不作衆
惡命終生𪇰持天受五欲樂命盡人
中為王典蔵
又譬喻經云昔有母子三人常作三

諸經要集卷第八　第十九張　任字号

事一作大舩置於河中以渡百姓二
於都市造立好井以供萬民三於四
門各作圊廁給人便利脩是功徳命
終之後皆生天上受福自然下生人
中富貴長壽所生之處不經三塗設
此微福尚獲果報䰟䰟无量何況有
人廣脩功徳造立塔寺分檀布施作
諸福業百千万倍復勝於此不可計
量故成實論引經偈云
若種樹園林　造井橋梁等　是人所為福
晝夜常增長
又華手經云佛告舍利弗菩薩有四
法終不退轉无上菩提何等為四一
者若見塔廟毀壞當加修治若塊若
泥乃至一塼二者若於四衢道中多
人觀處起塔造像為作念佛善福之
緣塔中畫作若轉法輪及出家相乃
至雙樹入涅槃相三者若見有比丘
僧二部諍訟勤求方便令共和合四
者若見佛法欲壞能讀誦說乃至一
偈令法不絕為護法故敬養法師專
心護法不惜身命菩薩若成是四法
者世世當作轉輪聖王得大身力如

那羅延捨四天下而行出家能得隨
意脩四梵行命終生天作大梵王乃
至究竟成无上道是故智者欲求佛
道當作是學
又放牛經出增一阿含別品同譯佛
告諸比丘有十一法放牛兒不知放
牛便宜不曉養牛何等為十一者
放牛兒不知色二者不知相三者不
知摩刷四者不知護瘡五者不知作
煙六者不知擇道行七者不知愛生
八者不知何道渡水九者不知逐好
水草十者不知擕牛不遺殘十一者
不知分別養可用不可用如是十一
事放牛兒不曉養護其牛者牛終不
滋息日日有減此喻比丘亦有十一
種損益不可具述佛於是頌曰
放牛兒審諦　牛主有福德　六頭牛六年
成六十不減　放牛兒聰明　知分別諸相
如此放牛兒　先世佛所譽
頌曰
直影端形　虛嚴應響　福滋善運
果由因上　委質圓音　輸誠閦弊
惠之陰德　寘資功賞

# 諸經要集卷第八

諸經要集卷第八　第三十一張　惧字号

諸經要集卷第八

校勘記

一　底本，金藏廣勝寺本。六〇三頁中至六〇九頁中共十九版，原版殘缺，以麗藏本换。

一　六〇三頁中一行「卷第八」，徑、清作「卷第八上」。

一　六〇三頁中三行夾註「此有三緣」，資、磧、普、南無。

一　六〇三頁中四至五行「放生……十五」，徑、清無。

一　六〇三頁中五行與六行之間，資、磧、普、南有「報恩部第十三　此有三緣」一行。

一　六〇三頁中一八行第三字「鴪」，諸本作「鵂」。

一　六〇三頁下七行小字「第……云」，諸本作正文「第四百三十三云」。

一　六〇三頁下九行首字「報」，諸本作「能報」。

一　六〇三頁下一三行「不忘」，諸本作「不可忘」。

一　六〇四頁上一五行夾註右第九字「唐」，徑、清無。

一　六〇四頁中一四行第二字「慱」，諸本作「搏」。

一　六〇四頁中二二行末字「狐」，諸本作「馳」。

一　六〇四頁下一行至二行「非塚非家」，諸本作「非家非塚」。

一　六〇四頁下三行第九字「徒」，徑作「從」。

一　六〇四頁下六行首字「即」，徑作「臨」。

一　六〇四頁下七行第三字「死」，諸本無。同行及九行「有司」，資、磧、普、南作「右司」。

一　六〇四頁下一〇行「堰過」，諸本作「悔過」。

一　六〇四頁下一三行第一三字「狀」，諸本作「形狀」。

一　六〇四頁下一四行「心悲」，諸本作「悲心」。

一　六〇四頁下一八行第二字「兹」，資、普、南、徑、清作「玆者」；磧作「濕者」。同行末字「閒」，徑作「開」。

一　六〇五頁上二行「介介」，諸本作「汝汝」。同行第一三字「之」，資作「乏」。

一　六〇五頁中一行第一〇字「間」，資作「門」。

一　六〇五頁中一一行第八字「介」，諸本作「汝」。

一　六〇五頁中一六行第五字「劊」，諸本作「害」。

一　六〇五頁中末行第三字「人」，徑、清作「臣」。

一　六〇五頁下一〇行「勇躍」，諸本

作「踴躍」。

— 六〇五頁下一二行首字「服」，諸本作「伏」。

— 六〇六頁上一五行第三字「食」，資、磧、普無。同行第四字「水」，南、徑、清無。

— 六〇六頁中一行第一三字「昨」，諸本作「昨夜」。

— 六〇六頁下一八行第一〇字「身」，諸本作「身也」。

— 六〇六頁下二一行首字「惡」，諸本作「惡故」。

— 六〇六頁下二二行至末行「所射之」，資無。

— 六〇七頁上二二行第七字「免」，諸本作「危」。

— 六〇七頁中五行第四字「輩」，諸本作「伴」。

— 六〇七頁中一一行「一餅」，磧、南作「一餅」，普、徑、清作「一餅」。

— 六〇七頁中二一行第六字「護」，資、磧、普、徑作「獲」。

— 六〇七頁下二行第二字「匠」，諸本作「近」。

— 六〇七頁下一九行首字「昔」，諸本作「古昔」。

— 六〇七頁下末行「怨惡言」，諸本作「發惡意」。

— 六〇八頁上三行第六字「復」，諸本作「損」。

— 六〇八頁上一二行「鵃夫」，磧作「鵃夫」。

— 六〇八頁中二行第九字「玉」，資作「王」。

— 六〇八頁中四行第八字「晈」，諸本作「皎」。

— 六〇八頁中六行第八字「迾」，資作「烈」，磧、普、南、徑、清作「列」。

— 六〇八頁中七行末字「形」，諸本作「刑」。

— 六〇八頁中八行「俎醢」，諸本作「葅醢」。

— 六〇八頁中一五行末字「二」，徑作「三」。

— 六〇九頁上二行第四字「期」，徑作「朝」。

— 六〇九頁上九行第一〇字「食」，磧、普、南、徑、清作「而食」。

— 六〇九頁上一〇行「地水」，磧、南作「池水」。

— 六〇九頁下二行「人義」，徑、清作「仁義」。

— 六〇九頁下九行第二字「烏」，資、磧、普、南、徑、清無。

— 六〇九頁下一〇行至一一行「若能」，資、磧、普、南、徑、清作「菩薩」。

— 六〇九頁下二〇行第六字「獵」，資、磧、普作「羂」。

— 六一〇頁上九行「欲代」，徑作「欲伐」。

— 六一〇頁上一二行第六字「聞」，諸本作「王聞」。

— 六一〇頁中一行第八字「心」，徑、清無。

— 六一〇頁中六行第一〇字「求」，資、磧、普、南、徑、清作「水」。

一　六一〇頁中九行第一〇字「生」，資、磧、普、南、徑、清作「出」。

一　六一〇頁中一〇行第八字「裹」，諸本作「裏」。

一　六一〇頁中一四行第五字「念」，徑作「言」。

一　六一〇頁中二一行「獮猴故言婆羅門」，徑、清作「婆羅門故言獮猴」。同行第一一字「寶」，徑、清無。

一　六一〇頁下三行「身生」，資、磧、普、南、徑、清作「生身」。

一　六一〇頁下五行第二字「念」，資、磧、普、南、徑、清作「令」。

一　六一〇頁下九行夾註右「是語」，徑、清作「是語已」。同行夾註左「放猴」，資、磧、普、南、徑、清作「放獮猴」。

一　六一〇頁下九行夾註「便放猴去」，至此，徑、清卷第八上終，卷第八下始。撰者後有「放生部第十四之餘」一行。

一　六一〇頁下一七行「偈曰」，資、磧、普、南、徑、清作「偈言曰」。

一　六一一頁上五行第七字「升」，資、磧、普、南、徑、清作「斗」。

一　六一一頁上九行第九字「羯」，資、磧、普、南、徑、清作「羖」。

一　六一一頁上二一行第七字「偃」，諸本作「堰」。

一　六一一頁中一行第五字「德」，資、磧、普、南、徑、清作「得」。

一　六一一頁中二行夾註左「補……鋍」，資、磧、普、南、徑、清作「補伽藍牆壁鋍」；麗作「補伽監牆壁鋍」。

一　六一一頁中九行「商主在彼」，資、磧、普、南、徑、清作「彼商主在」。

一　六一一頁中一九行第七字「膣」，資、磧、普、南、徑、清作「脛」。

一　六一一頁中二一行「迎取臨終」，資、磧、普、南、徑、清作「即取命終」；麗作「迎取命終」。

一　六一一頁下八行第一〇字「蹦」，南、徑、清作「臨」。

一　六一一頁下一三行「過已」，資、磧、普、南、徑、清作「遂以」。

一　六一二頁上七行第一一字「石」，資、磧、普、南、徑、清作「碩」。

一　六一二頁上一〇行第一三字「湖」，資、磧、普、南、徑、清作「潮」。

一　六一二頁上一一行第一一字「相」，諸本作「見」。

一　六一二頁中一行「贖命」，資作「續命」。

一　六一二頁中六行末字「踊」，資、磧、普、南、徑、清作「涌」。

一　六一二頁中二一行「摩抆」，資、磧、普、南、徑、清作「摩捫」。

一　六一二頁下一六行第五字「道」，徑作「法」。

一　六一二頁下一七行第八字「壴」，諸本作「豈」。

一　六一二頁下末行第六字「生」，諸本作「坐」。

一　六一三頁上七行第八字「巃」，資、磧、普、南、徑、清作「巃中」。

一　六一三頁上九行末字「峻」，資、磧、

普、南、徑、清作「迅」。

一　六一三頁上一〇行第三字「愽」，資、磧、普、南、徑、清作「摶」。

一　六一三頁上一五行「自覩」，資、磧、普、南、徑、清作「自歡」。

一　六一三頁上二〇行第五字「希」，磧、普、南、徑、清作「猗」。

一　六一三頁中七行「優填」，資、磧、普、南、徑、清作「優填王」。同行「波斯」，資、磧、普、南、徑、清作「波斯匿」。

一　六一三頁中一四行第三字「嗟」，資、磧、普、南、徑、清作「壺」。

一　六一三頁下一行「奥盛」，資、磧、普、南、徑、清作「興盛」。

一　六一三頁下二行「感見」，徑、清作「現感」。

一　六一三頁下三行「蒼茫」，資、磧、普、南、徑、清作「倉忙」。

一　六一三頁下四行第七字「開」，資、磧、普、南、徑、清作「關」。

一　六一三頁下五行第三字「底」，資、磧、普、南、徑、清作「粟」。

一　六一三頁下一九行「清淨」，資、磧、普、南、徑、清作「清涼」。

一　六一三頁下二〇行「牢堅」，徑、清作「堅牢」。

一　六一四頁上二行第一一字「先」，磧、南、徑、清作「梵」。

一　六一四頁上一〇行「成諦」，磧、普、南、徑、清作「誠諦」。

一　六一四頁中一一行「加敬王心」，資、磧、普、南、徑、清作「如教至心」；麗作「加敬至心」。

一　六一四頁中一四行第一三字「僧」，資、磧、普、南、徑、清作「增」。

一　六一四頁下二二行首字「僧」，資、磧、普、南、徑、清作「衆」。

一　六一五頁上七行第五字「導」，資、磧、普、南、徑、清作「導利」。

一　六一五頁上一一行第三、四字及第一〇、一一字「偷婆」，資、磧、普、南、徑、清作「窣覩波」。同行夾註「塔是」，南、徑、清作「塔也」。

一　六一五頁上一九行「天上」，資、磧、普、南、徑、清作「天下」。

一　六一五頁上二一行末字「也」，資、磧、普無。

一　六一五頁中八行首字「迸」，資、磧、普、南、徑、清作「逆」。

一　六一五頁中九行第七字「肉」，資、磧、普、南、徑、清無。

一　六一五頁中一九行「形像」，資、磧、普、南、徑、清作「安形像前」。

一　六一五頁下五行夾註右「決定」，資、磧、普、南、徑、清無。同行夾註左「執者」，磧、普、南、徑、清作「執著」。

一　六一五頁下六行夾註左「以物」，資、磧、普、南、徑、清作「以此物」。

一　六一五頁下七行夾註左首字「存」，資、磧、普、南、徑、清作「在」。

一　六一六頁中一四行末字「惟」，資作「懼」；磧、普、南、徑、清作「瞿」。

一　六一六頁中一九行第三字「去」，磧、普、南、徑、清作「到」。

一六一六頁中二二行第八字「灰」，資、磧、普、南、徑、清作「無」。同行第一〇字「土」，徑、清作「士」。

一六一六頁下一行第一〇字「報」下，磧、普、南、徑、清有「世世身無患」五字。

一六一六頁下七行第一三字「常」，磧、南作「當」。

一六一六頁下一八行「輪轉」，資、磧、普、南、徑、清作「轉輪」。

一六一六頁下二二行第八字「噠」，資、磧、普、南、徑、清作「達」。

一六一七頁上五行「種殖」，徑作「種種」。

一六一七頁上一六行夾註左「唯出此經文」，資、磧、普、南作「准此經文」；徑、清作「准此經」。

一六一七頁中一〇行第八字「挼」，資、磧、普、南、徑、清作「按」。下至一二行末字同。

一六一七頁中二二行第六字「水」，諸本作「冰」。

一六一七頁下一行「得七福者」，資、磧、普、南、徑、清作「何謂得七福」。

一六一七頁下三行末字「濡」，資作「柔」。

一六一七頁下五行「肅用」，南、徑、清作「信用」。

一六一七頁下一〇行第四字「人」，諸本作「作人」。

一六一七頁下二二行第二字「厚」，資、磧、普、南、徑、清作「享」。

一六一八頁上一行末字「持」，諸本作「特」。

一六一八頁上一五行末字「進」，諸本作「道」。

一六一八頁中一八行至一九行「律稚」，諸本作「揵椎」。

一六一八頁下一行第四字「開」，麗作「閑」。

一六一八頁下五行「正理」，資、磧、普、南、徑、清作「整理」。

一六一九頁上一〇行第一〇字「三」，資、磧、普、南、徑、清作「三管」。

一六一九頁下一〇行末字「生」，諸本作「牛」。

一六一九頁下一五行首字「滋」，資、磧、普、南、徑、清作「孳」。同行第六字「滅」，諸本作「減」。

一六一九頁下末行首字「恵」，資、磧、普、南、徑、清作「慧」。

一六二〇頁上一行「卷第八」，徑、清作「卷第八下」。

諸經要集卷第九　帳

西明寺沙門釋道世集

擇交部第十六 此有五緣

述意緣

善友緣

惡友緣

債負緣

懲過緣

思慎部第十七

述意緣第一

夫理之所窮唯善與惡顧此二途倏然易辯幽則有罪福苦樂顯則有賢愚榮辱愛榮憎辱趣樂背苦含識所必同也今愛榮而不知慕賢求福而不知避禍辟猶播植秕稗而欲歲取精粮驅駕駑蹇而望騰超夐絕不亦惑哉如鳥獸垂卉之智猶知因風假露託迹附高以成其事矣況於人而无託友以就其善乎故所託善友則存名而成德所親闇蔽則身悴而名惡也故玄軌之宗出於高範切瑳之意事存我友又如搏牛之蝱飛極百步若附鸞尾則一翥萬里此豈非其翼工之所託迹也亦同凡夫弱喪極趣不越人天若憑大聖之威則高昇十地同生淨域也

第二張　帳字号

善友緣第二

如涅槃經云阿難比丘說半梵行名善知識佛言不尒具足梵行乃名善知識又云善知識者如法而說如說而行云何名為如法而說如法而行自不煞生教人不煞生乃至自行正見教人行正見若能如是則得名為真善知識自修善提亦能教人修行善提以是義故名善知識自能修行信戒布施多聞智慧亦能教人修行信戒布施多聞智慧復以是義名善知識善知識者有善法故何等善法所作之事不求自樂常為衆生而求於樂見他有過不說其短口常宣說純善之事以是義故名善知識善男子如空中月從初一日至十五日漸漸增長善知識者亦復如是令諸學人漸遠惡法增長善法善男子若有親近善知識者本未有定慧解脫解

肬知見即便有之未具足者則得增廣又云善友當觀是人貪欲瞋恚愚癡思覺何者偏多若知是人貪欲多者則應為說不淨觀法瞋恚多者為說慈悲思覺多者教令數息著我多者當為分拆十八界等聞已修行次第獲得四念處觀身受心法得是觀已次第復觀十二因緣如是觀已次得暖法從得暖法乃至漸得羅漢辟支佛果菩薩大乘佛果等依此而生更无疑滯自利利他不加水乳是名真善知識法師之位若不具此非善知識加水之法不可依承故佛性論引經偈云

无知无善識　惡友損正行　蜘蛛落乳中
是乳轉成毒

是故要須真實利益衆生先自調伏然後教人无惠聞失無退行失無散乱失無輕慢失无顛倒失無貪求失无瞋恚失无邪行失無著我失無小行失具此十法名善知識故莊嚴論偈云

多聞及見諦　巧說亦精懃　不退此丈夫



菩薩勝依止

又佛本行經云尒時世尊又共長老難陁至於一賣香庄見彼庄上有諸香褁見已即告長老難陁作如是言難陁汝來取此庄上諸香褁物難陁尒時即依佛教於彼邸上取諸香褁佛告難陁汝於漏剋一移之頃捉持香褁然後放地尒時長老難陁聞佛如此語已手執此香於一剋間還放地上尒時佛告長老難陁汝今當自齅於手看尒時難陁聞佛語已即齅自手佛語難陁汝齅此手作何等氣白佛言世尊其手香氣微妙无量佛告難陁如是如是若人親近諸善知識恒常共居隨順㳂習相親近故必定當得廣大名聞尒時世尊因此事故而說偈言

若有手執沉水香　及以藿香麝香等
須臾執持香自㳂　親附善知識復然

尒時世尊復說偈言

若人親近惡知識　現世不得好名聞
必以惡友相親近　當來亦墮阿鼻獄
若人親近善知識　隨順彼等所業行



雖不現證世間利　未來當得盡苦因

又四分律親友意者要具七法方成親友一難作能作二難與能與三難忍能忍四密事相告五不相覆藏六遭苦不捨七貧賤不輕如是七法人能行者是親善友應親附之又大莊嚴論佛說偈言

无病第一利　知足第一冨　善友第一親
涅槃第一樂

又迦羅越六向拜經云善知識者有四輩一外如怨家内有厚意二於人前直諫於外說人善三病瘦縣官為其征訟憂解之四見人貧賤心不棄捐當念欲冨之善知識者復有四輩一為吏所捕將歸藏匿於後解決之二有病瘦消損將歸養視之三知識死亡官煞視之四知識已死復念其家

惡友緣第三

如尸迦羅越六向拜經云惡知識者有四輩一内有怨心外强為知識二於人前好言語背後說人惡三有急時於人前愁苦背後歡喜四外如親厚内興怨謀惡知識復有四輩一小

侵之便大怒二有倩使之便不肯行
三見人有急時避人走四見人死亡
棄之不視
又涅槃經云菩薩摩訶薩觀於惡象
及惡知識等无有二何以故俱壞身
故菩薩摩訶薩於惡象等心无怖懼
於惡知識生怖畏心何以故是惡象
等唯能壞身不能壞心惡知識者二
俱壞故是惡象等唯壞一身惡知識
者壞无量善身无量善心是惡象等
唯能破壞不淨臭身惡知識者能壞
淨身及以淨心是惡象等能壞肉身
惡知識者壞於法身為惡象煞不至
三惡為惡友煞必至三惡是惡象等
但為身怨惡知識者為善法怨是故
菩薩常當遠離諸惡知識
又增一阿含經世尊說偈云
莫親惡知識　亦莫愚從事　當近善知識
人中冣勝者
人中无有惡　習近惡知識　後必種惡
根　永在暗中行
又中阿含經云尒時世尊告諸比丘
有七怨家法而作怨家第一不欲令



怨家有好色雖好沐浴名香塗身然
為色故瞋恚覆心而作怨家第二不
欲令怨家安隱睡眠雖卧牀枕覆以
錦綺然故憂苦不捨瞋恚覆心而作
怨家第三不欲令怨家而得大利雖
應得利而不得利應不得利而得其
利彼此二法更乎相違瞋恚覆心而
作怨家第四不欲令怨家有朋友若
有親朋捨離避去因瞋覆心而作怨
家第五不欲令怨家有稱譽彼惡名
醜聲周聞諸方因瞋覆心而作怨家
第六不欲令怨家極大財富彼土冨
人儻失財物因瞋覆心而作怨家第
七不欲令怨家身壞命終往至善處
彼身口意惡行已命終必至惡處生
地獄中而作怨家
又阿含經云遠惡近善有四法當急
去避之去百由旬一由旬四十里百
由旬四千里四法者一惡友二惡衆
三或多語戲笑四或瞋或闘
又善生經云受戒者五處不應行謂
屠兒婬女酒肆國王旃陁羅舍等有
五種業不應作謂賣毒藥釀皮𢶍蒲



圍碁陸博歌儛倡伎
又寶雲經云持戒之人不聽向破戒
家乞食
又金剛仙論云出家人不許向屠兒
酒肆婬女惡象惡狗等家乞食亦不
得數往親近之
又大方廣摠持經云佛言善男子佛
滅度若有法師善隨樂欲為人說法
能令菩薩學大乘者及諸大衆有發
一毛歡喜之心乃至暫下一滴淚者
當知皆是佛之神力若有愚人實非
菩薩假稱菩薩謗真菩薩及所行法
復作是言彼何所知彼何所解若彼
此和合則能住持流通我法若彼此
違諍則正法不行此謗法之人極大
罪業墮三惡道難可出離若有愚人
於佛所說而不信受雖復讀誦千部
大乘為人解說獲得四禪以謗他故
七十刧中受大苦惱况彼愚人實无
所知而自貢高乃至誹謗一四句偈
當知是業定墮地獄永不見佛以惡
眼視發菩提心人故得无眼報以惡
口謗發菩提心人故得无舌報

又賢愚經云昔佛在世時有微妙比丘尼得阿羅漢果與諸尼衆自說往昔所造善惡業行果報告尼衆曰乃往過去有一長者其家巨富唯无子息更取小婦夫甚愛念後生一男夫婦敬重觀之无猒大婦心妬私自念言此兒若大當攝家業我唐勤苦聚積何益不如煞之即取鐵針刺兒顖上後遂命終小婦疑是大婦煞即便語言汝煞我子大婦尒時謂无罪福及報之殃即與呪誓若煞汝子使我世世夫為虵螫所生兒子水漂狼噉目食子肉身現生埋父母居家失火而死作是誓已後時命終緣煞兒故墮於地獄受无量苦地獄罪畢得生人中為梵志女年漸長大適娶夫家產生一子後復懷妊月滿欲產夫婦相將向父母舍至於中路腹痛遂產夜宿樹下夫時別卧前所呪誓令悉受之時有毒虵螫煞其夫婦見夫死即便悶絶後乃得穌至曉天明便取大兒著於肩上小者抱之涕泣進路路有一河深而且廣即留大兒著於



此岸先抱小者度著彼岸還迎大兒兒見母来入水趣母水即漂亡母尋追之力不能救須臾之間併尒没死還趣小兒狼来噉訖但見流血狼藉在地母時迷絶良久乃穌遂前進路逢一梵志是父親友即向梵志具陳辛苦梵志憐愍相對啼哭尋問家中平安以不梵志荅言父母眷屬大小近日失火一時死盡聞之懊惱死而復穌梵志將歸供給如女後復適娶妊身欲產夫外飲酒日暮乃還婦暗閉門在內獨坐須史婦產夫在門外喚婦產未竟无人往開夫破門入捉婦熟打婦陳產意夫瞋怒故尋取兒煞以蘇煑之逼婦令食婦食子後心中酸結自惟薄福乃值斯人便棄逃走到波羅柰至一園中樹下坐息有長者子其婦新死日来塜上追戀啼哭見此女人樹下獨坐即便問之遂為夫婦經於數日夫忽壽終時彼國法若其生時夫婦相愛夫死之時合婦生埋時有群賊来開其塜賊師見婦面首端正即納為婦經於數旬夫

破他家為主所煞賊伴將屍来付其婦復共生埋經於三日狐狼開塜因而得出自剋責言宿有何罪旬日之間遭斯禍厄死而復穌今何所歸得全餘命聞釋迦佛在祇桓中即往佛所求哀出家由於過去施辟支佛食發願力故今得值佛出家修道得阿羅漢達知先世煞生之業所作呪誓墮於地獄現在辛酸受斯惡報无相代者微妙自說昔大婦者今我身是雖得羅漢恒熱鐵針從頂上入足下而出晝夜患此无復堪忍殃禍如是終无朽敗又入大乘論堅意菩薩說偈云

誹謗大乘法　決定趣惡道　焚燒甚苦痛
業報罪信尒　若從地獄出　後受餘惡報
諸根常缺陋　永不聞法音　設使得聞者
復生於謗法　以謗法因緣　還墮於地獄

債負緣第四

如法句喻經云昔佛在世時有賈客名弗迦沙王入羅閱城分衛於城門中有新產牸牛被所觝煞牛主怖懼賣牛轉與他人其牽牛欲飲水牛從

後復觝煞其主其主家人瞋恚取牛煞之於市賣肉有田舍人買取牛頭貫擔持歸去舍里餘坐樹下息以牛頭掛樹枝須臾繩斷牛頭落下正墮人上牛角刺人即時命終一日之中凡煞三人瓶沙王聞之恠其如此即與群臣往詣佛所具問其意佛告王曰往昔有賈客三人到他國内興生寄住孤獨老母舍應與雇舍直見老母孤獨欺不欲與伺老母不在嘿去不與母歸不見客即問比居皆云已去老母瞋恚尋後逐及疲頓索直三客逆駡我前已與云何復索同聲共觝不肯與直老母單弱不能奈何懊惱駡呪我今窮厄何忍欺觝願我後世所生之處若當相值要當煞汝正使得道終不相置佛語瓶沙王尒時老母者今此牸牛是也三賈客者弗迦沙等三人為牛所觝煞者是也於是世尊即說偈言

惡言駡詈　憍陵蔑人　興起是行
疾怨滋生　遜言順辭　尊敬於人
棄結忍惡　疾怨自滅　夫士之生



斧在口中　所以斬身　由其惡言

又出曜經云昔罽賓國中有兄弟二人其兄出家得阿羅漢弟在家中治修居業時兄數来教誨勸弟布施持戒修善作福現有名譽死生善處而弟報曰兄今出家不慮官私不念妻子田業財寶我有此務而兄數誨不用兄教後病命終生在牛中為人所駈馱塩入城兄從城中出遇見之即為說法時牛聞已悲哽不樂牛主見已語道人曰汝何道說而使我牛愁憂不樂道人報曰此牛前身本是我弟昔日負君一錢塩債故墮牛中以償君力牛主聞已語道人曰君弟昔日與我親友是時牛主即語牛曰吾今放汝不復促使牛聞感激至心念佛自投深澗即便命終得生天上受極快樂以是因縁若人負債不可不償

又成實論云若人負債不償墮牛羊麞鹿驢馬等中償其宿債

又毗婆沙論云曾聞有一女人為餓鬼所持即以呪術而問鬼言何以惱他女人鬼荅之言此女人者是我怨家五百世中而常煞我我亦五百世中斷其命根若彼能捨舊怨之心我亦能捨尒時女人作是言我今已捨怨心鬼觀女人雖口言捨而心不放即斷其命

又雜寶蔵經云目連至恒河邊見五百餓鬼群来趣水有守水鬼以鐵杖駈逐令不得近於是諸鬼俓詣目連礼目連足各問其罪一鬼曰我受此身常患熱渴先聞恒河水清且涼歡喜趣之沸熱壞身試飲一口五蔵燋爛臭不可當何因縁故受如此罪目連曰汝先世時曽作相師相人吉凶少實多虚或毀或譽自稱審諦以動人心詐惑欺誑以求財利迷惑衆生失如意事

復有一鬼言我常為大狗利牙赤白来敢我肉唯有骨在風来吹起肉續復生狗復来敢此苦何因目連荅言汝前世時作天祠主常教衆生煞羊以血祠天汝自食肉是故今日以肉賞之

復有一鬼言我常身上有糞周遍塗渾亦復噉之是罪何因目連荅曰汝前世時作婆羅門惡邪不信道人乞食取鉢盛滿糞以飯著上持與道人道人持還以手食飯糞汙其手是故今日受如此罪也

復有一鬼言我腹極大如甕咽喉手脚甚細如針不得飲食何因此苦目連荅言汝前世時作聚落主自恃豪貴飲酒縱横輕欺餘人奪其飲食飢困衆生故受此苦

復有一鬼言我常趣溷欲噉食糞有大群鬼捉杖驅我不得近廁口中爛臭飢困无頼何因如此目連荅言汝前世時作佛圖主有諸白衣供養衆僧供辦食具汝以慳供設客僧細者自食故受此苦

復有一鬼言我身上遍滿生舌斧来斫舌斷復續生如此不已何因故介目連荅言汝前世時作道人衆僧差作蜜漿石蜜塊大難消以斧斫之盜心噉一口以是因緣故還斫舌也

復有一鬼言我常有七枚熱鐵丸直



入我口入腹五藏燋爛出復還入何因故受此罪目連荅言汝前世時作沙弥行果蓏子到自師所敎其師故偏心多與寶長七枚故受此苦

復有一鬼言有二熱鐵輪在我兩腋下轉身燋爛何因故介目連荅言汝前世時與衆僧作餅盜心取一番挾兩腋底故受此苦

復有一鬼言我瘿丸極大如甕行時擔著肩上住則坐上進止患苦何因故介目連荅言汝前世時作市令常以輕秤小斗與他重秤大斗自取常自欲得大利於已侵尅餘人

復有一鬼言我常兩肩有眼胷有口鼻常无有頭何因故介目連荅言汝前世時恒作魁膾弟子若煞罪人時汝常歡喜心以繩著結挽之故受此苦

復有一鬼我常有熱鐵針入出我身受苦无頼何因故介目連荅言汝前世時作調馬師或作調象師象馬難制汝以鐵針刺脚又時牛遅亦以針刺故受此苦



復有一鬼言我身常有火出自然燠惱何因故介目連荅言汝前世時作國王夫人更一夫人王甚幸愛常生妬心伺欲危害值王卧起去時所愛夫人眠猶未起著衣即生惡心正值作餅有熱麻油即以灌其腹上腹爛即死故受此苦

復有一鬼言我常有旋風迴轉我身不得自在隨意東西心常惱悶何因故介目連荅言汝前世時常作卜師或時實語或時妄語迷惑人心不得隨意故受此苦

復有一鬼言我身常如塊肉无有脚手眼耳鼻等恒為虫鳥所食罪苦難堪何因緣故介目連荅言汝前世時常與他藥墮他兒胎故受此苦

復有一鬼言我常有熱鐵籠籠絡我身燋熱燠惱何因受此目連荅言汝前世時常以羅網掩捕魚鳥故受此苦

復有一鬼言我常以物自蒙籠頭亦常畏人来煞我心常怖懼不可堪忍何因故介目連荅言汝前世時婬犯

外色常畏人見或畏其夫捉縛打煞或畏官法戮之都市恐怖相續故受此苦

復有一鬼問言我受此身肩上常有銅瓶滿中洋銅手捉一杓取自灌頭舉體燋爛如是受苦无數无量有何罪咎目連荅言汝前世時出家為道僧典飲食以一酥瓶私著餘處有客道人来者不與之去已出酥行與舊僧此酥是招提僧物一切有分此人藏隱雖與不等由是緣故受此罪也

辟喻經云昔外國有人死魂自鞭其屍傍人問曰是人已死何以復鞭報曰此是我故身為我作惡見經戒不讀偷盜欺詐犯人婦女不孝父母兄弟惜身及財不肯布施令死令我墮惡道中勤苦毒痛不可復言是故来鞭之耳

又依无量壽經云憍梵波提過去世曾作比丘於他粟田邊摘一莖粟觀其生熟數粒墮地五百世作牛償之故智度論云以其習氣後得人身產出牛跡飼食佛愍之出家得阿羅漢果

懲過緣第五

如維摩經云故以若干苦切之語乃可入律書云聞諫如流斯言可録很侫不信惡馬難調撫應多愧常以自箴蕨有聞論致序心曲今欲緘其言而整其身者未若先挫其心而次折其意故經云制之一處无事不辦辟如金山窟狐兔所不敢停深淵澄海鼃黽所不肯宿故知潔其心而淨其意者則三塗報息四德常滿防意如城守口如瓶可謂金河遺寄屬在伊人王門化廣信於斯矣既榮斯三業則能除四患何等四患謂生老病死也故受胎經云衆生受胎之時備盡艱難冥冥漠漠狀若淨塵十月將滿母胎知苦業風催促頭向產門墮地鞕觸如在刀山風激冷觸如似寒氷當尒之時生為實苦

又涅槃經云辟如燈炷唯賴膏油膏油既盡勢不久停人亦如是唯賴壯膏壯膏既盡衰老之炷何得久住

又出曜經佛說老苦偈云

少時意盛壯　為老所見逼　形衰極枯槁
氣竭憑杖行

又佛說死苦偈云

氣絶神逝　形骸蕭索　人物一統
無生不終

又涅槃經云夫死者於嶮難處无有資粮去處懸遠而无伴侶晝夜常行不知邊際深邃幽暗无有燈明入無門戶而有處所雖无痛處不可療治往無遮止到不得脫

又無量壽經云獨生獨死獨来獨去苦樂之地身自當之無有代者幽幽冥冥別離長久道路不同會見無期甚難甚難復得相值夫生則喜親族歡聚盡慈愛之心死則朝亡暮殯便有恐畏分離之狀歌哭相送往者不知反室空堂寂滅無覩存亡有無變化俄頃故出曜經佛重說死苦偈云

命如果待熟　常恐會零落　已生皆有苦
孰能致不死

猶如死囚　將詣都市　動向死道
人命如是　如河駛流　往而不返
人命如是　逝者不還

又華嚴經有十種惕業應當避之一

於尊重福田和尚阿闍梨父母沙門婆羅門所而不尊重恭敬供養是為憍慢二有諸法師得勝妙法於大乘深法知出生死道得陁羅尼成就多聞具智惠蔵善能說法而不信受恭敬供養是為憍慢三聽受法時若聞深法應發離欲心歡喜无量而不讃法師令衆歡喜是為憍慢四起憍心自高陵彼不省己實不調自心是為憍慢五起計我心見有功德智慧者不讃其美見无德者反說其善若聞讃他於彼人所起嫉妬心是為憍慢六若有法師知是法是律是實是佛語以憎嫉故說言非法非律非實非佛語欲壞他信心故是為憍慢七自數高座我為法師不應執事不應恭敬供養餘人諸修梵行尊長有德者應恭敬供養於我是為憍慢八遠離頻慼惡眼視彼常以和顔等觀衆生言常柔軟无有廣獷離恚恨心而於彼法師求其過惡是為憍慢九以我憍心於多聞者不往恭敬起聽聞法留難亦不諮問何等為善何等不善何等應作何等不應作何等業長夜饒益一切衆生作何等行不益衆生作何等行從明入明作何等行從冥入冥如是人輩為我心漂沒不能得見出要正道是為憍慢十起憍心故不值諸佛難得之法消盡宿世所種善根不應說而說起呵責心更相讖論住如是法應入邪道但菩提心劣故而不永捨菩薩所行雖不捨菩薩道而於无量百千万劫尚不值佛何況聞法是為憍慢

又出曜經偈云

衆生為憍纏　染著於憍慢　為見所迷惑

不免生死際

故知凡夫為惡雖少後世深苦獲无邊報如毒在心人意不同白衣營生不知顧死然生不可保死必奄至尋此危命非朝則夕俄頃之間凶變無常徒修田宅愛戀妻兒

又法句喻經云佛在舍衛國時城中有婆羅門年向八十財富无數為人難化不識道德不計无常更作好舍前廳後堂凉臺溫室東西兩廂廡數十梁唯後堂前距陽未訖時婆羅門恒自經營指授衆事佛以道眼見此老公命不終日當就後世不能自知而方忪忪繕治精神无福甚可憐愍佛將阿難往到其門慰問老公得无勞倦今作此舍何所為安公言前廳待客後堂自處東西二廂當安兒息財物僕使夏上凉臺冬入溫室佛語老公久聞宿德思遅談講佛有要偈存亡有益欲以相贈不審可不願小廢事共坐論說不耶老公荅言今正大遽不容坐語後日更來當共善叙所云要偈便可說之於是世尊即說偈言

有子有財　愚唯汲汲　我且非我

何有子財　暑當止此　寒當止此

愚多預慮　莫知來變　愚曚愚蔽

自謂我智　愚而稱智　是謂極愚

婆羅門言善說此偈今實遑遽後來更論之於是世尊傷之而去老公於後自授屋椽椽墮打頭破即時命過室家啼哭驚動四隣佛去未遠便有此變里頭逢諸梵志數十人問佛從

諸經要集卷第九　第十四張　帳

何所來佛言屬到此死老公舍為公說法不信佛語不知无常今者忽然已就後世具為諸梵志更說前偈義聞之欣然即得道跡於是世尊為說偈言

愚暗近智　如瓢酌味　雖久狎習
猶不知法　開達近智　如舌嘗味
雖須臾習　即解道要　愚人造行
為身招禍　決心作惡　自致重殃
為行不善　退見悔吝　致涕流面
報由宿習

時諸梵志重聞此偈益懷篤信為佛作礼歡喜奉行

又正法念經云若有衆生見他親友乎相破壞以懷怨結能為和合命終生欲愛天隨心所念即得五欲自娛若有衆生見人破亡為他抄掠救令得脫或於險處教人正道或疑怖處令他安隱命終生正行天天女供養受五欲樂若生人中生於正見大長者家若有人能柔軟深心離一切垢涅槃解脫猶如在手軟心之人心如白鑞修行善業衆人所信麁鑛之人

諸經要集卷第九

心如金剛恒常不忘怨結之心行不調伏衆人所憎不愛不信尒時孔雀菩薩以佛經偈而說頌曰

善人心柔軟　猶如成練金　斯人內外善
速得脫衆苦　若人心器調　一切皆柔軟
斯人生善種　猶如良福田

又呵鵰阿郍含經云阿郍含有八事不欲令人知何等為八一不求不欲令人知二信不欲令人知三自著不欲令人知四自慙不欲令人知五精進不欲令人知六自觀不欲令人知七得禪不欲令人知八黠慧不欲令人知所以不欲令人知者不欲煩擾於人故頌曰

瞻蔔敗蓬心　伊蘭變芳樹　規輪時有缺
皓絲不常素　三益竊所忻　四隣行當護
勗哉深自勉　誠之誠可慕

思慎部第十七此有五緣

述意緣
慎過緣
慎禍緣
慎境緣
慎用緣

諸經要集卷第九

述意緣第一

夫思慎防過无患之理緘口息謗離惡之原誡始慎終是君子之盛梅敬初護末是養生之要趣庶監罪福之沉浮知吉凶之樂苦辟目暗於自見借鏡以觀形髮拙於自理必假梳以自通故面之所以形明鏡之力也髮之所以理玄梳之功也行之所以芳善言之益也果之所以勝善因之益也是故身之將敗必不納正諫之言命之將終必不可受之良藥也

慎過緣第二

如大集經濟龍品云尒時衆中有一盲龍名曰頗羅機梨奢舉聲大哭作如是言大聖世尊願救濟我願救濟我我今身中受大苦惱日夜常為種種諸虫之所唼食居熱水中无時暫樂佛言梨奢汝過去世於佛法中曾為比丘毀破禁戒內懷欺詐外現善相廣貪眷屬弟子衆多名聞四遠莫不聞知我和尚得阿羅漢果以是因緣多得供養獨受用之見持戒人反惡加說彼人懊惱如是念言世世生

中願我所在食汝身肉如是惡業死生龍中是汝前身衆生願故食噉汝身惡業因緣得此盲報又過去无量刧中在融赤銅地獄之中常為諸虫之所食噉龍聞此語憂愁啼哭作如是言我等今者皆悉至心咸共懺悔願令此苦速得解脫彼龍衆中二十六億諸餓龍等念過去身皆悉雨淚念過去身於佛法中雖得出家備造惡業經无量身在三惡道以餘報故猶在龍中受極大苦如青色龍我亦如是尒時世尊語諸龍言汝可持水洗如来足令汝殃罪漸得除滅時一切龍以手掬水水皆成火變作大石滿於手中生大猛焰棄已復生如是至七一切龍衆見如是已驚怖懊惱啼泣雨淚佛教立大誓願已焰火皆滅乃至八過以手捧水洗如来足至心懺悔佛記諸龍弥勒佛時當得人身值佛出家精進持戒得羅漢果時諸龍等得宿命心自念過業於佛法中或為俗人親屬因緣或復聽法来去雜緣所有信心捨施種種花果飲



食共諸比丘依次而食或有說云我常𡙁噉四方衆僧花果飲食或有說言我往寺舍布施衆僧或復礼拜如是𡙁噉或復說言我從毗婆尸如来法中曾作俗人乃至有說我釋迦牟尼佛法之中曾作俗人或以親舊問訊因緣或復来去聽法因緣往還寺舍有信心人供養僧故捨施華果種種飲食比丘得已迴施於我我得便食彼業因緣於地獄中經无量刧大猛火中或燒或煑或飲洋銅或吞鐵丸從地獄出墮畜生中捨畜生身生餓鬼中如是種種備受辛苦惡業未盡生此龍中常受苦惱佛告諸龍此之惡業與盜佛物等无差别此五逆業其罪如半汝等今當盡受三歸一心修善以此緣故於賢刧中值最後佛名曰樓至於彼佛世罪得除滅時諸龍等聞是語已皆悉至心盡其形壽各受三歸時彼衆中有盲龍女口中腫爛滿諸雜虫狀如屎尿乃至穢惡猶若婦人根中不淨臊臭難看種種噉食膿血流出一切身分常為蚉



虻諸惡毒蠅之所唼食身體臭處不可見聞尒時世尊以大悲心見彼龍婦眼盲困苦如是問言妹何緣故得此惡身於過去世曾為何業龍婦荅言世尊我今此身衆苦逼迫无暫時得停設復欲言而不能說我念過去三十六億於百千年生惡龍中受如是苦乃至日夜刹那不停為我往昔九十一刧於毗婆尸佛佛法之中作比丘尼思念欲事過於醉人雖復出家不能如法於伽藍内犯於法律恒受三惡道受諸燒煑說此語已願救濟我身尒時世尊說實語已即以少水瀉龍口中火及虫職悉皆滅盡龍口清凉作如是言大聖如来我憶過去迦葉佛時曾作俗人在田犁地有一比丘来從我乞求五十錢我時報言聽待穀熟當與汝食比丘復言若當五十不可得者願乞十文我於尒時瞋彼比丘而語之言乃至十文亦不相與時彼比丘心生懊惱又於餘時往寺舍中入樹林中輒便盜取現在僧物十菴羅果而私食之彼業因

緣地獄受苦惡業未盡生野澤中作餓龍身常為種種諸虫食敢膿血流溢飢渴苦惱又彼比丘以瞋忿心惡業緣故死便即作小毒龍身生我腋下唼於我血熱氣觸身不可堪忍是故我身熱膿血滿龍白佛言大悲世尊唯願慈愍救濟於我令我脫彼怨家毒龍尒時世尊以手抄水發誠實語作如是言我曾往昔於飢饉世尒時願作大身衆生長廣无量以神通力於虛空中唱如是言彼野澤中有大身虫名曰不瞋汝等可往取其身肉以為飲食可得不飢時彼世中人非人等聞此聲已一切悉往競取食之說是真實諦信語時彼龍腋下小龍即出時此二龍俱白佛言世尊我等久近離此龍身解脫殃罪佛告龍言此業大重次五無間何以故若有四方常住僧物或現前僧物篤信檀越重心施物或花果樹園飲食資生牀褥敷具疾病湯藥一切所須私自費用或持出外乞與知識親里白衣此罪重於阿鼻地獄所受果報是故



汝等可受三歸歸三寶已乃可得往於冷水中如是三稱三受身即安隱得入水中尒時世尊即為諸龍而說偈言

寧以利刀自割身　支節身分肌膚肉
所有信心捨施物　俗人食者實為難
寧吞大赤熱鐵丸　而使口中光焰出
所有衆僧飲食具　不應於外私自用
寧以大火若須弥　以手捉持而自食
其有在家諸俗人　不應輙食施僧食
寧以利刀自屠膾　身體皮膜而自敢
其有在家諸俗人　不應受取僧雜食
寧以自身投於彼　滿室大火猛焰中
其有在家俗人輩　不應坐卧僧牀席
寧以大熱炎鐵鋌　拳手握持便燋爛
其有在家俗人等　不應私用於僧物
寧以勝利好刀砧　而自齋切其身肉
勿於出家清淨人　發起一念瞋恚心
寧以自手挑兩眼　掮棄捉之擲於地
其有習行善法者　不應懷忿瞋心覩
寧以熱鐵鍱其身　東西起動行坐卧
不應瞋忿心妬嫉　而著衆僧淨施衣
寧飲灰汁鹹鹵水　熱沸爍口猶如火



不應懷貪恚惡心　服食衆僧淨施藥

尒時世尊說此偈已一萬四千諸龍衆皆悉受三歸所有過去現在業報諸苦惱中而得解脫深信三寶其心不退復有八十億諸龍衆等亦於三寶起歸敬心

又大集經云或作比丘所得種種資生之具皆是信心檀越所施而是衆生或自食敢或與他人或共衆人盜竊隱藏私處自用如是業故墮三惡道久受勤苦復有衆生貧窮下賤不得自在是故出家望得富饒解脫安樂既出家已懈怠嬾墮不讀誦經禪慧精勤捨而不習樂知僧事復有比丘晝夜精勤樂修善法讀誦經典坐禪習慧不捨須臾以是因緣感諸四輩種種供養時知事人得利養已或自私食或復盜與親舊俗人以是等緣久處惡道出已還入如是愚瞋不懼當來果報經重我今戒勑沙門弟子念法住持不得自稱我是沙門真法行人倚衆僧故受他信施物或餅或菓或果或花但是衆僧所食之物

不得輙與一切俗人亦不得云此是
我物別衆而食又亦不得以衆僧物
貯積興生種種販賣云有利益招世
譏嫌又亦不得出貴扠賤與世爭利
又亦不得為於飲食及僧因緣使諸
衆生墮三惡道應須勸引安善法中
令比丘衆真信三寶攝諸衆生乃至
父母令得安隱置三解脫
又十輪經云若有四方僧物資生雜
物等持戒破戒如是人等悉不與之
以是因緣命終已後皆墮阿鼻地獄

慎禍緣第三

如舊雜譬喻經云昔有一國五穀熟
成人民安寧无有疾病晝夜伎樂人
無憂惱王問群臣我聞天下有禍何
類荅曰臣亦不見王便使一臣至於
隣國求覓禍之神則化作一人於市
中賣之狀類如豬持鐵鏁繫縛賣之
臣問此名何等荅曰禍母臣曰賣不
荅曰賣問曰索幾錢荅曰千万問曰
此食何等荅曰食針一升既買得已
臣使家家發求覓針如是人民兩兩
三三相逢求針使諸郡縣處處擾亂



百姓所在之處患毒无聊臣白王曰
雖得禍母致使民乱男女失業欲煞
棄之未審許不王言大善便於城外
將煞刺便不入斫則不傷割而不死
積薪燒之身赤如火便走出去過里
燒里過市燒市入城燒城入國燒國
擾乱人民飢餓困苦坐由猒樂買禍
所致苦也此喻女色欲火所燒男子
貪毒至死不知苦也

慎境緣第四

如正法念經孔雀菩薩告諸天衆若
有比丘畏於惡名則離諸過所謂不
入女人戲笑之處不入酒肆不近沽
酒不與共語不近嗜酒人亦不與語
不近賊人不近先作大惡之人不近
好鬪之人不近陰惡懷毒人不近无
恒數捨道人不近慱戲人不近伎樂
人不近小兒不近繫縛女色人不近
輕躁人不近不護口人不近貪人不
近販賣欺誑人不近巧偽市道世所
惡賤人不近掘河池人不近黃門女
人同路一步不近調象人不近魁膾
人不近調馬人不近斷見人不近無



戒人如是惡人不應親近近如是人
必與同行是故比丘當畏惡名不應
與此不淨業人同路行於一足之地
而說頌曰

若人近不善　則為不善人　是故應離惡
莫行不善業　隨近何等人　數數相親近
近故同其行　或善或不善　一切人求善
當近於善人　如是能得樂　善則非苦因
近善增功德　近惡增尤甚　功德及惡相
今如是略說　若近於善人　則得善名稱
若近不善人　令人速輕賤　常應親善人
遠離於惡友　以近善人故　能捨諸惡業

又雜阿含經云尒時世尊告諸比丘
譬如木杵常用不止日夜消減如是
比丘從本已來不閉根門食不知量
初夜後夜不勤覺悟修習善法當知
是輩終日損減不增善法如彼木杵
又自愛經云佛言夫人處世心懷毒
念口施毒言身行毒業斯三出于心
身口唱成其惡以加衆生衆生被毒
即結怨恨搐心欲報或現世獲或身
終後魄靈昇天即下報之人中畜生
鬼神太山更相剋賊皆由宿命非空

生也佛說偈言
心為法心　心尊心中　使心非惡
即言即行　罪苦自追　車轢于轍
心為法本　心尊心使　中心念善
即言即行
又舊雜譬喻經云昔有鱉遭遇枯旱
湖澤乾竭不自致有食之池時有大
鶴集住其邊鱉從求哀乞相濟度鶴
吸銜之飛過都邑鱉不默聲問此何
等如是不止鸛便應之口開鱉墮人
得屠食夫人愚頑不謹口舌其辟如是
又法句喻經云佛告婆羅門世有四
事人不能行行者得福不致此貧何
謂為四一者年盛力壯慎莫憍慢二
者年老精進不合婬妷三者有財珎
寶常念布施四者就師學問聽受正
言如此老公不行四事謂之有常不
計成敗一旦離散辟如老鶴守此空
池永无所得於是世尊即說偈言
晝夜慢墮　老不止婬　有財不施
不受佛言　有此四弊　為自侵欺
幽冥老至　色變作耄　少時如意
老見蹈蹴　不修梵行　又不富貴
老如白鶴　守伺空池　既不守戒
又不積財　老羸氣竭　思故何逮
老如秋葉　汙穢襤褸　命疾脫至
不用後悔
又雜寶蔵經云佛言昔迦尸國王名
為惡受極作非法苦惱百姓殘賊无
道四遠賈客珎奇勝物皆稅奪取不
酬其直由是之故國中寶物遂至大
貴諸人稱傳惡名流布尒時有鸚鵡
王在於林中聞行路人說王之惡即
自思念我雖是鳥尚知其非今當詣
彼為說善道彼王若聞我語必作是
言彼鳥之王猶有善言柰何人王為
彼譏責儻能改修尋即高飛至王園
中迴翔下降在一樹上值王夫人入
園遊觀于時鸚鵡鼓翼嚶鳴而語之
言王今暴虐无道之甚殘害萬民毒
及鳥獸含識嗷嗷人畜憤結呼嗟之
音周聞天下夫人荷勊與王無異民
之父母豈應如是夫人聞已瞋恚熾
盛此何小鳥罵我溢口遣人伺捕尒
時鸚鵡不驚不畏入捕者手夫人得
之即用與王王語鸚鵡何以罵我鸚
鵡荅言說王非法乃欲相益不敢罵
王時王問言有何非法荅言王有七
事非法能危王身問言何等為七荅
言一者躭荒女色不敬真正二者嗜
酒醉乱不恤國事三者貪著碁博不
修礼敬四者遊獵煞生都无慈心五
者好出惡言初不善語六者賦役謫
罰倍加常則七者不以義理刼奪民
財有此七事能危王身又有三事傾
敗王國王復問言何謂三事荅言一
者親近邪佞諂惡之人二者不附賢
勝不受善言三者好伐他國不養人
民此三不除傾敗之期非旦則夕夫
為王者率土歸仰王當如橋濟度萬
民王當如秤親踈皆平王當如道不
違聖蹤王者如日普照世間王者如
月與物清凉王如父母恩育慈矜王
者如天覆盖一切王者如地載養万
物王者如火為諸万民燒除惡患王
者如水潤澤四方應如過去轉輪聖
王乃以十善道教化衆生王聞其言
深自慚愧鸚鵡之言至誠至款我為
人王所行无道誠尊其教奉以為師

受修正行。尒時國內風教既行，惡名消滅，夫人臣佐皆生忠敬，一切人民无不歡喜。尒時郟毗者我身是也，尒時迦尸國王惡受者今輔相是也，尒時夫人者今輔相夫人是也。

慎用緣第五

又僧祇律云：佛告諸比丘，過去世時有城名波羅柰，國名伽尸。時有一婆羅門，於曠野中造立義井，為放牧行者皆就井飲，并及洗浴。時日向暮，有群野干來趣井飲地殘水。有野干主不飲地水，便內頭灌中飲水，飲已戴灌高舉撲破瓦灌。灌口猶貫其項，諸野干輩語野干主：若濕樹葉可用者當護之，況復此灌利益行人，云何打破？野干主言：我作是樂，但當快心，耶知他事？時有行人語婆羅門：汝灌已破。復更著之，猶如前法，為野干所破，乃至十四。諸野干輩數數諫之，猶不受語。時婆羅門便自念言：是誰破灌？當往伺之。正是野干，便作是念：我福德井而作留難。便作木灌，堅固難破，令頭易入，難出之者，亦著井邊，然



捉杖屏處伺之。行人飲訖，野干主如前入飲，飲訖撲地，不能令破。時婆羅門捉杖打煞。空中有天說此偈言：

知識慈心語　佷俟不受諫　守頑招此禍
自喪其身命　是故癡野干　遭斯木灌苦

佛告諸比丘：尒時野干主者，今提婆達多是。時群野干者，今諸比丘。諫提婆達多者，是當知於過去時已曾不受知識軟語，自喪身命，今復不受諸比丘諫，當墮惡道，長受苦痛。頌曰：

思慎始終　務存正已　口無二言
心無妄起　少欲知足　妄懷彼此
戰戰兢兢　誡弱憂喜

諸經要集卷第九

諸經要集卷第九

校勘記

一　底本，金藏廣勝寺本。

一　六二五頁中一行「卷第九」，徑、清作「卷第九上」。

一　六二五頁中四行「思慎部第十七」，徑、清無。

一　六二五頁中一一行末字「倏」，資、磧、普、南、徑、清作「倐」。

一　六二五頁中一三行「憎辱」，資作「增辱」。同行「含識」，徑作「舍識」。

一　六二五頁中一七行「虫卉」，資、磧、普、南、徑、清作「虫虺」。

一　六二五頁中一八行首字「露」，資、磧、普、南、徑、清作「霞」。

一　六二五頁下二行「弱喪」，麗作「溺喪」。

一　六二五頁下三行「人天」，資、磧、普、南、徑、清作「人天之善」。

一　六二五頁下九行「如法而行」，資、磧、普、南、徑、清作「如說而行」。

一 六二五頁下一八行「不説」，資、磧、普、南、徑、清作「不訟」。

一 六二六頁上四行「多者」，資作「多有」。

一 六二六頁上八行第四字「復」，磧、普、南、徑、清作「得」。

一 六二六頁中九行「此香」，資、磧、普、南、徑、清作「此香裏」。

一 六二六頁下二行「四分律」，資、磧、普、南、徑、清作「四分律云」。

一 六二六頁下一三行第二字「征」，資、磧、普、南、徑、清作「諍」。

一 六二六頁下一七行「官熟」，南、徑、清作「當觀」；麗作「官斂」。

一 六二七頁中一二行「土富」，南、徑、清作「大富」。

一 六二七頁中一八行首字「去」，資、磧、普、南、徑、清作「走」。

一 六二七頁下一行末字「伎」，資、磧、普、南、徑、清作「伎等」。

一 六二七頁下八行「減度」，諸本作「滅度後」。

一 六二七頁下一七行首字「於」，資、磧、普、南、徑、清作「作」。

一 六二七頁下一九行「況彼」，徑作「況復」。

一 六二八頁上六行「觀之」，資、磧、普、南、徑、清作「視之」。

一 六二八頁上一七行第六字「復」，資、磧、普、南、徑、清無。

一 六二八頁上一八行末字「産」，資、磧、普、南、徑、清無。

一 六二八頁中九行第二字「日」，磧、普、南、徑、清作「己」。

一 六二八頁中二二行首字「婦」，徑作「夫」。同行「賊師」，資、磧、普、南、徑、清作「賊帥」。

一 六二八頁下一六行「後受」，資、磧、普、南、徑、清作「復受」。

一 六二八頁下一七行第五字「陋」，資、磧、普、南、徑、清作「漏」。

一 六二八頁下二〇行「賈客」，徑、清作「比丘」。

一 六二九頁上一一行「比居」，普、南、清作「此居」。

一 六二九頁上一五行「罵呪」，資、磧、普、南、徑、清作「啼哭」。

一 六二九頁上一六行「當相」，徑作「相當」。

一 六二九頁上二一行第二字「言」，資、磧、普、南、徑、清作「口」。

一 六二九頁中一〇行第七字「已」，資、磧、普、南、徑、清作「之」。

一 六二九頁中二〇行「不償」，資、磧、普、南作「償必」；徑、清作「必」。

一 六二九頁下二〇行第六字「噉」，資、磧、普、南、徑、清作「噉我」。

一 六二九頁下末行「賞之」，諸本作「償之」。

一 六三〇頁上一九行第三字「斷」，資、磧、普、南、徑、清作「斷斷」。

一 六三〇頁上二行第九字「故」，資、磧、普、南、徑、清無。

一 六三〇頁中五行「言有」，資、磧、普、南、徑、清作「言常有」。

一 六三〇頁中六行「轉身」，資、磧、

普、南、徑、清作「煿身」。

一 六三〇頁中七行「一番」，諸本作「二番」。

一 六三〇頁中一三行第三字「得」，資、磧、普、南、徑、清無。

一 六三〇頁中一九行「一鬼」，南、清作「一鬼言」。

一 六三〇頁中二二行第一〇字「牛」，資、磧、普、南、徑、清作「行」。

一 六三〇頁下四行第九字「卧」，資、磧、普、南、徑、清作「即卧」。

一 六三〇頁下一六行第八字「胎」，麗無。

一 六三一頁上一六行「身及」，資、磧、普、南、徑、清無。

一 六三一頁上末行「飼食」，南、麗作「呞食」。同行「愍之」，資、磧、普、南、徑、清作「愍度之」。

一 六三一頁中二行「之語」，資、磧、普、南、徑、清作「之言」。

一 六三一頁中四行第九字「應」，諸本作「膺」。

一 六三一頁中五行「致序」，資、磧、普、南、徑、清作「故序」。

一 六三一頁中八行第四字「窟」，資、磧、普、南、徑、清作「窟穴」。同行「深渕」，資作「淳淵」；磧、普、南、徑、清作「渟淵」。

一 六三一頁中一二行「玉門」，磧作「王門」。

一 六三一頁中末行第三字「意」，資、磧、普、南、徑、清作「氣」。

一 六三一頁下三行「氣絶」，磧、南作「氣力」。

一 六三一頁下一四行第七字「心」，資、磧、普、南、徑、清作「知」。

一 六三一頁下一九行首字「熟」，資、磧、普、南、清作「孰」。

一 六三二頁上九行第八字「實」，南、徑、清作「過」。

一 六三二頁中一五行「深苦」，南、徑、清作「染苦」。

一 六三二頁下八行第六字「止」，資、磧、普、南、徑、清作「上」。

一 六三二頁下一二行「更來」，磧作「便來」。

一 六三三頁上七行第六字「遠」，諸本作「達」。同行「如舌」，資、磧、普、南作「如言」。

一 六三三頁上末行「麁鑛」，資、磧、普、南、徑、清作「麁獷」。

一 六三三頁中一行首字「心」，資、磧、普、南、徑、清無。

一 六三三頁中四行「練金」，資、磧、普、南、徑、清作「鍊金」。

一 六三三頁中一七行「誠可慕」，至此，徑、清卷第九上終，卷第九下始。

一 六三三頁下一行「迷意緣」，諸本作「迷意緣」。

一 六三三頁下九行首字及第一一字「善」，資、磧、普、南、徑、清作「蓋」。同行末字「益」，諸本作「善」。

一 六三三頁下一一行「受之」，資、磧、普、南、徑、清作「授之」。

一 六三三頁下一五行「願殺濟我」，

資、磧、普、南、徑、清無。

一 六三三頁下末行末字「生」，資、磧、普、南、徑、清作「生生」。

一 六三四頁上末行第二字「雜」，資、磧、普、南、徑、清作「因」。

一 六三四頁中二〇行「龍女」，徑、清作「龍婦」。

一 六三四頁下一三行「說實」，清作「聞是」。

一 六三五頁中一九行「捉之」，麗作「投之」。

一 六三五頁中二〇行末字「親」，諸本作「視」。

一 六三五頁下一行「服食」，磧、普、南、徑、清作「服貪」。

一 六三五頁下二〇行首字「懼」，資、磧、普、南、徑、清作「見」。同行「經重」，資、磧、麗作「輕重」。

一 六三六頁上一七行「禍之神」，資、磧、普作「置之天神」；南、徑、清作「買之天神」。

一 六三六頁中一行「无聊」，資、磧、普、南、徑、清作「無憀」。

一 六三六頁中八行「男子」，資、磧、普、南、徑、清作「男女」。

一 六三六頁中一一行「天衆」，資、磧、普、南、徑、清作「大衆」。

一 六三六頁下一〇行「善人」，資、磧、普、南、徑、清作「善友」。

一 六三六頁下一七行「損滅」，資、磧、普、南、徑、清作「損減」。

一 六三六頁下二二行第三字「魄」，徑作「魂」。

一 六三七頁上二行「心中 使心」，資、磧、普、南、徑、清作「心使 中心」。

一 六三七頁上五行「即言即行」下，諸本有「福樂自追 如影隨形」八字。

一 六三七頁上七行第五字「不」，資、磧、普、南、徑、清作「不能」。

一 六三七頁上一五行「不合」，諸本作「不貪」。

一 六三七頁中三行「脫至」，資、磧、普、南、徑、清作「既至」。

一 六三七頁中一四行「王園」，資、磧、普、南、徑、清作「王國」。

一 六三七頁中一九行「荷剋」，磧、普、南、徑作「苛剋」。

一 六三七頁中二〇行「瞋恚」，資、磧、普、南、徑、清作「瞋毒」。

一 六三七頁下二行「答言」，磧、普作「法言」。

一 六三七頁下一二行「勝不受善言」，資、磧、普、南、徑、清作「聖不受善語」。

一 六三七頁下一五行「道不」，麗作「足不」。

一 六三七頁下一七行「慈矜」，資、磧、普、南、徑、清作「慈憐」。

一 六三七頁下二二行「至欸」，徑、清作「無疑」。

一 六三七頁下末行「誠尊」，資、磧、普、南、徑、清作「請導」；麗作「誠導」。

一 六三八頁上五行「夫人者今輔相

夫人」。資、磧、普、南、徑、清作「夫人今輔相夫人者」。

一　六三八頁上末行「亦著」，資、磧、普、南、徑、清作「立着」。

一　六三八頁中二行「飲飲」，資、磧、普、南、徑、清作「飲食」。

一　六三八頁中五行「是故」，資、磧、普、南、徑、清作「是時」。

一　六三八頁中八行第八字「於」，資、磧、普、南、徑、清無。

一　六三八頁中一一行「務存」，資、磧、普、南、徑、清作「務在」。

一　六三八頁中一二行「妄懷」，資、磧、普、南、徑、清作「忘懷」。

一　六三八頁中末行「卷第九」，徑、清作「卷第九下」。

趙城縣廣勝寺

# 諸經要集卷第十　帳芯世

西明寺沙門釋道世集

## 六度部第十八（六度部為六篇）

布施第一（施別七緣）


述意緣
慳偽緣
財施緣
法施緣
擇施緣
福田緣
相對緣


### 述意緣第一

夫布施之業乃是衆行之源既摽六度之初又題四攝之首所以給孤獨食散黃金而不恡須達拏王施白象而无惜尚能濟其厄難忘已形軀故薩埵投身以救飢羸之命尸毗割股以代鷹鸇之飡豈況國城妻子何足經懷寶貨倉儲寧容在意俗書尚云解衣推食摩頭至踵車馬衣裘朋友共弊莫不輕財重義愛賢好士且自財物无常何關人事苦心積聚竟復何施四怖交煎五家諍奪何有智人而當寶翫比見九愚悋惜家財雖有捨心而喪軀命但為貪生恒憂不活遂使妻兒角目兄弟鬩牆眷屬乖離親朋隔絶良由慳因慳緣慳法慳業乖菩薩之心妨慈悲之道不生救護之意唯起損惱之情如是之謇寔由慳貪為本也



### 慳偽緣第二

如菩薩處胎經佛說偈言

世多愚惑人　守慳不布施　積財千萬億
擩言是我有　臨欲壽終時　眼見惡鬼神
刀風解其體　無復出入息　貪識隨善惡
受報甚苦辛　將至受罪處　變悔乞何及

又薩遮尼揵子經偈云

貪人多積聚　得不生猒足　无明顛倒心
常念侵損他　現在多怨憎　捨身墮惡道
是故有智者　應當念知足　惜財不布施
藏舉恐人知　捨身空手去　餓鬼中受苦
飢渴寒熱等　憂悲常煎煑　智者不積聚
為破慳貪故

又分別業報經偈云

修行大布施　惡性多瞋怒　不依正憶念

後作大力龍
又菩薩本行經云若見乞者面目嚬
蹙當知是人開餓鬼門
又大集經云有四法障𢇁大乘何等
為四一不樂惠施二施已生悔三施
已觀過四不念苦施心復有四法一
為欲而施二為瞋而施三為癡而施
四為怖畏而施復有四法一不至心施
二不自手施三不現見施四輕慢施
又優婆塞戒經云佛言菩薩布施遠
離四惡一破戒二疑網三邪見四慳
恪復離五法一施時不選有德无德
二施時不說善惡三施時不擇種姓
四施時不輕求者五施時不惡口罵
復有三事施已不得勝妙果報一先
多發心後則少與二選擇惡物持以
施人三既行施已心生悔恨復有八
事施已不得成就上果一施已見受
者過二施時心不平等三施已求受
者作四施已喜自讚歎五說无後乃與
之六施已惡口罵詈七施已求還二
倍八施已生於疑心如是施主則不
能得親遇諸佛賢聖之人若以具足

色香味觸施於彼者是名淨施
若偏為良福田施不樂常施是人未
来得果報時不樂惠施
若人施已生悔若刼他物持以布施
是人未来雖得財物常耗不集
若惱眷屬得物以施是人未来雖得
大報身常病苦
若人先不能供養父母惱其妻子奴
婢困苦而布施者是名惡人是假名
施不名義施如是施者名无憐愍不
知恩報是人未来雖得財寶常失不
集不能出用身多病苦
又優婆塞戒經云无財之人自說無
財是義不然何以故一切水草人無
不有雖是國主不必能施雖是貧窮
非不能施何以故貧窮之人亦有食
分食已洗器弃蕩滌汁施應食者亦
得福德若以塵麨施於蟻子亦得無
量福德果報天下極貧誰當无此塵
許麨耶極貧之人誰當赤露无衣服
者若有衣服豈无一線一針施人繫
瘡一指許財作燈炷耶善男子天下
之人誰現貧窮无其身者如其有身

見他作福身應往助執役掃灑亦得
福報故成實論云掃一閻浮僧地不
如掃一手掌佛地
又四分律及弥沙塞律云昔佛在世
時跋提城内有大居士字曰瑅荼饒
財珎富有大威力隨意所欲周給人
物倉中有孔大如車軸穀米自出婦
以八升米作飯飼四部兵及四方來
者食故不盡其兒以千兩金與四部
兵及四方乞者隨意施猶不盡兒婦
以一裹香塗四部兵并四方来乞者
隨意令足香故不盡奴以一犁田耕
七壠出米滋多其奴以八升穀與四
部兵人馬食之不盡家内良賤共諍
各是我福力瑅荼詣佛請問是誰力
耶佛言汝等共有昔王舍城有一織
師織師有婦又有一兒兒又有婦有
一奴一婢一時共食有辟支佛来就
舍乞食各欲當分捨與辟支佛言各
減少許於汝不少在我得足即共從
之辟支食已於虛空中現諸神變方
去織師眷屬捨命生四天王天至于
他化展轉七反餘福此生果報齊等

又淨業障經云若菩薩觀慳及施不作二相持戒毀戒不作二相瞋恚忍辱懈怠精進乱心禅定愚癡智慧不作二相是則名為淨諸業障

財施緣第三

如大寶積經云財施有五種一至心施二信心施三隨時施四自手施五如法施

又菩薩地持論云一切施者略說有二種一內物二外物菩薩捨身是名內施若為食吐衆生食已吐施是名內外施除上所說是名外施菩薩內施有二種一隨所欲作他力自在捨身布施辟如有人為衣食故繫屬於人為他僕使如是菩薩不為利養但為无上菩提為安樂衆生為滿足檀波羅蜜隨所欲作他力自在捨身布施二隨他所須支節等一切施與菩薩外施復有二種一隨其所求受用樂具歡喜施與二奉事彼故一切捨心一切施與菩薩內外物非无差別等施一切或有所施或有不施若於衆生樂而不安不樂不安則不施與若於衆生安而不樂亦安亦樂是則盡施

又大集經云菩薩有四種施具足智慧何等為四一以紙筆墨與法師令書寫經二種種挍飾莊嚴妙座以施法師三以諸所須供養之具奉上法師四无諂曲心讚歎法師

又優婆塞戒經云若以衣施得上妙色若以食施得无上力若以燈施得淨妙眼若以乘施身受安樂若以舍施所須无乏

若以淨妙物施後得好色人所樂見善名流布所求如意生上種姓是不名為悪

若為自身造作衣服莊嚴之具種種器物作已歡喜自未服用持以施人是人未来得如意樹

若有人能日日立要先施他食然後自食若違此要揩輪佛物犯則生愧如其不違即是微妙智慧因緣如是施者諸施中冣上是人亦得名上施主

若給妻子奴婢衣食恒以憐愍歡喜心與未来則得无量福德若復觀田倉中多有鼠雀犯暴穀米恒生憐愍復作是念如是鼠雀因我得活念已歡喜无觸惱想當知是人得福无量

又大菩薩藏經云菩薩為得阿耨菩提故行施那波羅蜜多時所修布施又得十種稱讚利益何等為十一者菩薩摩訶薩以上妙五欲施故獲得清淨戒定慧衆及以解脫解脫知見聚無不具足二者菩薩以上妙戲樂器施故獲得清淨遊戲法樂无不具足三者菩薩以具足施故感得圓滿法義具足趣菩提座无不具足四者菩薩以手施故感得圓滿清淨法手拯濟衆生无不具足五者菩薩以耳鼻施故獲得諸根圓滿成就無不具足六者菩薩以支節施故獲得清淨无染感嚴佛身无不具足七者菩薩以目施故獲得觀視一切衆生清淨法眼无有障㝵无不具足八者菩薩以血肉施故獲得堅固身命攝持長養一切衆生貞實善擢无不具足九者菩薩以髓腦施故獲得圓滿不可

破壞等金剛身无不具足十者菩薩以頭施故證得圓滿超過三界无上最上一切智智之首无不具足舍利子菩薩摩訶薩為得菩提行如是施攝受如是相貌圓滿佛法稱讚利益上妙功德皆為滿足陁那波羅蜜多故尒時世尊而說頌曰

行施不求妙色財　亦不願感天人趣
我求无上勝菩提　施微便感无量福

法施緣第四

述曰此明財法相對挍量優劣故智度論云佛說施中法施第一何以故財施有量法施无量財施欲界報法施出三界報財施不能斷漏法施清升彼岸財施但感人天報法施通感三乘果財施愚智俱開法施唯局智人財施唯能施者得福法施通益能所財施愚畜能受法施唯局聰人財施但益色身法施能利心神財施能增貪病法施能除三毒故大集經云施寶雖多不如至心誦持一偈法施最妙勝過飲食



又未曾有經云天帝問野干曰施食施法有何功德唯願說之野干荅曰布施飲食濟一日之命施珎寶財物濟一世之乏增益繫縛說法教化名為法施能令衆生出世間道

又大丈夫論云財施者人道中有法施者大悲中有財施者除衆生身苦法施者除衆生心苦財施愛多者施與財寶愚癡多者施與其法財施者為其作无盡錢財法施者為得无盡智財施者為得身樂法施者為得心樂財施者為衆生所愛法施者為世間所敬財施者為愚人所愛法施者為智者所愛財施者能與現樂法施者能與天道涅槃之樂如偈曰

佛智處虛空　大悲為密雲　法施如甘雨
充滿陰界池　四攝為方便　安樂解脫因
修治八正道　能得涅槃果

又月燈三昧經云佛言若有菩薩行於法施有十種利益何等為十一棄捨惡事二能作善事三住善人法四淨佛國土五趣詣道場六捨所愛事七降伏煩惱八於諸衆生施福德分九於諸衆生修習慈心十見法得於



喜樂

又菩薩地持論云菩薩知彼邪見求法智者不授其法不與經卷若性貪財賣經卷者亦不施與法若得經卷隱蔽不現亦不施與法若非彼人所知義者亦不施與若是彼所知義於此經卷已自知義則便持經隨所樂與若未知義自須修學又知他人所有如是經示語其處若更書與菩薩當自觀心少有法慳者當持經與為法施故我寧以法施現世癡瘂為除煩惱猶尚應施况作將來智慧方便

又優婆塞戒經云若有比丘比丘尼優婆塞優婆夷能教化人具足戒施多聞智慧若以紙墨令人書寫若自書寫如來正典然後施人令得讀誦是名法施如是施者未來天上得好上色何以故衆生聞法斷除瞋心以是因緣未來世中得成上色衆生聞法慈心不煞以是因緣未來世中得壽命長衆生聞法不盜他財寶以是因緣未來世中多饒財寶衆生聞法開心樂施以是因緣未來世中身得

諸經要集卷第十　第十二張　恨

大力衆生聞法離諸放逸以是因縁未来世中身得安樂衆生聞法除瞋癡心以是因縁未来世中得无碍辯衆生聞法信心无碍以是因縁未来世中信心明了戒施聞慧亦復如是故知法施殊勝過於財施問既知法施勝過財施今時衆生但學法施不行財施未知得不答為不解財施迷心而施苟求色聲人天樂報恐墜三塗不成出世所以聖人懃懃歎法令其悟解三事體空而行財施速成菩提涅槃勝果自餘戒忍六度萬行皆藉智慧開導成勝

又智度論云前五度辟同盲人第六般若事同有目若不得般若開導前五便墮惡道不成出世若聞法施過於捨財愚人不解即便祕財唯樂讀經若行此法不如有人解心捨施一錢勝過迷心讀經百千萬卷是以如来設教意存解行若唯解无行解則便虚若唯行无解行則便孤要具解行方到彼岸若唯解無行如人有目無足不能遠涉若唯行无解如人有足无目不能見道又唯解無行辟同狂花不結子實若唯行无解辟同子實不依花發是故要須解行雙行方成佛果也

量施縁第五

諸經要集卷第十　第十三張　恨

述曰謂能施之人行有智愚若智人行施要觀前人有益便施无益不施故優婆塞戒經云若見貧窮者先語言汝能歸依三寶受齋戒不若言能者先授三歸及齋戒後則與施物若言不能復語言能隨我語念一切法无常无我涅槃寂滅不若言能者教已便施如其无財教餘有財令作是施若其愚人貪著財物不知无常人物屬他悉者慳惜菩薩見此无益之物即令急施癈修道業故大莊嚴論云若物能令起惱則不應畜縱令寶翫要必有離如蜂作蜜他得自不得財寶亦如是又所施之財有是有非非法之物縱將布施得福尠少如法之財得福弘多如大寶積經云所不應施復有五事一非理求財不以施人物不淨故二酒及毒藥不以施人

諸經要集卷第十　第十四張　恨

乱衆生故三罝羅機網不以施人惱衆生故四刀杖弓箭不以施人害衆生故五音樂女色不以施人壞淨心故

又地持論云菩薩亦不以不如法食施所謂施出家人餘殘飲食便利涕唾膿血汙食不語不知飯及麦飯不如法和應棄者謂不慈食雜汙不肉食不酒飲雜汙如是和合不如法者不以施人及畜

又智度論云若人鞭打拷掠閉繫法得財而作布施生象馬牛中雖受畜生形負重鞭策羈靽乘騎而得好屋好食為人所重以人供給又如惡人多懷瞋恚心曲不端而行布施當墮龍中得七寶宮殿妙食好色又如憍人多慢瞋心布施墮金翅鳥中常得自在有如意寶珠以為瓔珞種種所須皆得自恣无不如意變化万端无事不辦又如宰官之人枉濫人民不順治法而取財物以用布施墮鬼神中作鳩槃荼鬼能種種變化五塵自娛又如多瞋佷戾嗜好酒肉之人而

行布施墮地夜叉鬼中常得種種歡樂音樂飲食又如有人剛慢强梁而能布施車馬代步墮虛空夜叉中而有大力所至如風又如有人妬心好諍而能以好房舍卧具衣服飲食布施故生宮觀飛行夜叉中有種種娛樂便身之物若惱前人强求人物而營福者反招其罪不如靜心脩治內心得利轉勝

又地持論云若菩薩布施令他受苦若彼逼迫若彼侵欺及非法求自力他力不隨所欲為衆生故寧自棄捨身命不隨彼欲令致逼迫則不施與非是菩薩行淨施時菩薩外不施者若有衆生求女火刀酒媒行作戲等一切非法来求乞者菩薩不施若施與者而多起惡墮於惡道不到彼岸若他来索我之身分即須施與不須量他前人起退屈心

又優婆塞經云若惱眷屬得物以施是人未来雖得大報身當病苦若先不能供養父母惱其妻子奴婢困苦而布施者是名惡人是假名施不名



義施如是施者名无憐愍不知恩報是人未来雖得財寶常求不集不能出用身多病苦以此文證强役人物營修福者反招苦報何名出益今時末世道俗訛替覺興齋講强抑求財營修塔寺依經不合反招前罪不如靜坐內修實行出離中勝无過於此若有淨心為人說法前人敬誠求法捨施即須為說令成福智不得見有前判雷同捴撥妄生譏謗抑退前福

又無性攝論釋云謂菩薩見彼有情於其財位有重業障故不施與勿令惠施空无有果設復施彼亦不能受何用施為如有頌曰

如毋乳嬰兒　一經月無倦　嬰兒喉若閉
乳毋欲何為

寧使貧乏於財位　遠離惡趣諸惡行
勿被富貴乱諸根　令感當来諸苦器

又增壹阿含經云尒時世尊告諸比丘應時之施有五事益云何為五一者施遠来人二者施遠去人三者施病人四者儉時施五者若初得新果蓏若穀食等先與持戒精進人然後



自食是故欲行此五施當念隨時施若應時淨施者還得應時果報謂隨時所宜淨心而施若寒時施温室氈被薪火暖食等若熱時施涼室輕衣水扇給物等渴時與漿飢時給食風雨時供送天和請僧如是隨時應情令悅未来獲福還受順報

福田緣第六

如優婆塞戒經云若施畜生得百倍報施破戒者得千倍報施持戒者得十万倍報施外道離欲人得百万報施向道者得千億報施須陁洹得无量報向斯陁含亦無量報乃至成佛亦无量報我今為汝分別諸福田故作是說若能至心生大憐愍施於畜生專心恭敬施於諸佛其福正等无有差別言百倍者得如願壽命色力安辯施於彼者施主後得壽命色力安樂辯才各各百倍乃至無量亦復如是故我於契經中說我施舍利弗舍利弗亦施於我然我得多非舍利弗得福多也或有人說受者作惡罪及施主是義不然何以故施主施時

為破彼苦非為作罪是故施主應得善果受者作惡罪自鍾己不及施主問若施聖人得福多者云何經說智人行施不簡福田荅今釋此意義有多途明能施之人有愚智之別所施之境有悲敬之殊悲是貧苦敬是三寶悲是田劣而心勝敬是田勝而心劣若取心勝施佛則不如施貧故像法決疑經云有諸衆生見他聚集作諸福業但求名聞傾家財物以用布施及見貧窮孤獨呵罵駈出不濟一毫如此衆生名為顛倒作善癡狂修福名為不正作福如此人等甚可憐愍用財甚多獲福甚少善男子我於一時告諸大衆若人於阿僧祇身供養十方諸佛并諸菩薩及聲聞衆不如有人施畜生一口飲食其福勝彼百千萬倍无量无邊乃至施與餓狗蟻子等悲田最勝

又智度論云如舍利弗以一鉢飯上佛佛即迴施狗而問舍利弗誰得福多舍利弗言我解佛法義佛施狗得福多

若據敬法重人職位修道敬田即勝故優婆塞戒經云若施畜生得百倍報乃至須陁洹得无量報羅漢辟支尚不如佛況餘類也若據平等而行施者无問悲敬等心而施得福弘廣故維摩經云分作二分一分施佛難勝如來一分與城中最下乞人福田無二也

又賢愚經云佛姨母摩訶波闍波提佛已出家手自紡織預作一端金色之疊積心係想唯俟於佛既得見佛喜踴心髓即持此疊奉上如來佛告憍曇弥汝持此疊往奉衆僧波提重白佛言自佛出家心每思念故手自紡織規心俟佛唯願垂愍為我受之佛告之曰知母專心欲用施我然恩愛心福不弘廣若施衆僧獲報弥多我知此事是以相勸

又居士請僧福田經云別請五百羅漢不如僧次一凡夫僧吾法中无受別請法若有別請僧者非吾弟子是六師法七佛所不可故知施有三種故不可以一槩論也

相對緣第七

述曰此別有五種相對第一田財相對有四一田勝財劣如童子施土與佛等二財勝田劣如將寶施貧人等三田財俱勝如將寶施佛等四田財俱劣如將草施畜等

第二輕重相對有四一心重財輕如貧女將一疊施大衆得福弘多二財重心輕如王夫人心慢多將寶物施衆得福甚少（下二可知）

第三空有相對一空心不空境如雖學空觀然惜財不施還得貧報二空境不空心知財施得富恒多樂捨得福增多（下二可知）

第四多少相對如法句喻經云施有四事何等為四一者施多得福少者如愚癡之人祭祠飲酒歌儛損費錢寶无有福慧是為施多得福少二施少得福多者如能以慈心奉道德人衆僧食已精進學誦施此雖少其福弥大是為施少得福多三施少得福少者如慳貪惡意施邪見外道俱兩愚癡是故施少得福亦少四施多得

福亦多者若有賢者覺世无常好心出財起立塔寺精舍園果供養三尊衣被履屣牀褥廚饍斯福如五大河流入于大海福流如是世世不斷是為施多其報亦多

第五染淨相對如智度論云佛法中有四種布施一施者清淨受者不淨二施者不淨受者清淨三施受俱淨四施受俱不淨且偏解一句餘類可解何等二俱清淨者如佛自供養佛故是為二俱清淨如東方寶積佛功德力所生華寄十住法身普明菩薩送此華來上散釋迦牟尼佛知十方佛是第一福田是為二俱清淨餘句可解

又優婆塞戒經云佛言若人有財見有求者言无言懪當知是人已說来世貧窮薄德如是之人名為放逸自說无財是義不然何以故一切水草人无不有雖是國主不必能施雖是貧窮非不能施何以故貧窮之人亦有食分食已洗器棄蕩滌汁施應食者亦得福德若以塵麨施於蟻子亦得无量福德果報天下極貧誰當无此塵許麨耶誰有一日不食三摶麨命不全者是故諸人應以食半施於乞者善男子極貧乏人誰有赤體无衣服者若有衣服豈无一線施人繫瘡一掐許財作燈炷耶天下之人誰有貧窮當無身者如其有身見他作福身應往助歡喜無猒亦名施主亦得福德或時有分或有與等或有勝者以是因緣我受波斯匿王食時亦呪願王及貧窮人所得功德等無差別如人買香塗香末香散香燒香如是四香有人觸者買者量者等施無異而諸香不失毫釐修施之法亦復如是若多若少若麁若細若隨喜心身往佐助若遥見聞心生歡喜其心等故所得果報无有差別

若無財物見他施已心不喜信疑於福田是名貧窮若多財寶自在无㝵有良福田内无信心不能奉施亦名貧窮是故智者自觀餘一摶食自食則生施他則死猶應施與況復多耶智者復觀世間若有持戒多聞乃至獲得阿羅漢果猶不能遮斷飢渴等若房舍衣服飲食卧具病藥皆由先世不施因緣破戒之人若樂行施是人雖墮餓鬼畜生常得飽滿无所乏少雖富有天地受无量樂猶不知足是故我應為无上樂而行布施不為人天何以故无常故有邊故

若施主歡喜不悔親近善人財富自在生上族家得人天樂至无上果能離一切煩惱結縛

若施主能自手施已生上姓家遇善知識多饒財寶眷屬成就能用能施一切衆生喜樂見之見已恭敬尊重讃歎

又大丈夫論云若慳心多者雖復泥土重於金玉若悲心多者雖施金玉輕於草木若慳心多者喪失財寶心大憂惱若行施者令受者喜悅自亦喜悅設有美食若不施與而食噉者不以為美設有惡食得行布施然後食者心中歡悅以為極美若行施竟有餘自食善丈夫者心生喜樂如得涅槃无信心者誰信是語設有麁食有飢者在前尚不能施與況餘勝物

而能與人若人於大水邊尚不能以少水施與衆生況餘好財是人於世間糞土易得於水慳貪之人聞乞糞土猶懐恪惜況復財物

如有二人一則大富一則貧窮有乞者来如是二人倶懐苦惱有財物者懼其求索无財物者我當云何得少財物與之如是二人憂苦雖同果報各異貧悲念者生天人中受无量樂富慳貪者生餓鬼中受無量苦若菩薩但有悲愍心已為具足況與少物菩薩悲心念施无有財物見人乞時不忍言无悲苦墮淚設聞他苦尚不能堪忍況復眼見他苦惱而不救濟者无有是處有悲心者見貧苦衆生无財可與悲苦歎息無可為喻救衆生者見衆生受苦悲泣墮淚以墮淚故知其心受苦菩薩淚有三時一見修功德人以愛敬故為之墮淚二見苦惱衆生无功德者以悲愍故為之墮淚三修大施時悲喜踊躍墮淚計菩薩墮淚已来多四大海水世間衆生捨於親屬悲泣墮淚不及菩薩見貧苦衆生无財施時悲泣墮淚菩薩開乞者聲為之墮淚乞者見菩薩雨淚雖不言與當知必得菩薩見乞者来時極生悲苦乞者得財物時心生歡喜得滅悲苦菩薩聞乞言時悲泣墮淚不能自止乞者言足尓時菩薩修行施已衆生滿足便入山林修行禪定滅除三毒財物倍多無乞可施我今出家斷諸結使

## 持戒篇第二（此別二緣）

### 述意緣第一

竊聞戒是人師道俗咸奉心為業主凡聖倶制良由三寳所資四生同潤故經曰正法住正法滅意在茲乎是以持戒為德顯自大經性善可崇明乎大論或復方之日月譬若寳珠義等塗香事同惜水越度大海号曰牢船生長善牙又稱平地是以菩薩稟受微塵不缺羅漢護持纖芥无犯寧當抱渴而死不飲水虫乃可被繫而終无傷草葉書云立身行道揚名於後代言行忠信戰戰兢兢豈可放縱心馬不加轡勒馳騁情猴都无制鏁



浮囊既毀前路何期徳瓶已破勝緣長絶或復受聚惡人朋結兇黨更相扇動倫造罪殃无慚无愧不蓄不耻日更增甚轉復況淨似若苹藶艾蒿枝葉皆苦訶梨果樹遍體尤甘從明入闇无復出期劫數既遥痛傷難忍於是鑊湯奔沸猛氣衝天鑪炭赫曦爆聲裂地鎔銅灌口則腹爛肝銷銅柱逼身則骨肉倶盡宛轉嗚呼何可言念如斯等苦寔由毀戒也

### 勸持緣第二

如大莊嚴論云若能至心持戒乃至殁命得現果報我昔聞難提跋提城有優婆塞兄弟二人並持五戒其弟尓時卒患脅痛氣將欲絶時醫語之食新煞狗肉并使服酒所患必除病者向言其狗肉者為可於市買索食之飲酒之事願捨身命終不犯戒而服於酒其弟極困悉兄賣酒語弟捨戒服酒以療其疾弟白兄言我雖病急願捨我身命不犯戒而飲此酒即說偈言

快哉臨命終　破我戒瓔珞　以戒莊嚴身

不用殯瘞具　人身既難得　遭值戒復難

願捨百千命　不毀破禁戒　无量百千劫
時乃值遇戒　閻浮世間中　人身極難得
雖復得人身　值正法倍難　時復值法寶
愚者不知取　善能分別者　此事亦復難
戒寶入我手　云何復欲奪　乃是怨憎者
非我之所親
兄聞是已荅其弟言我以親故不為沮壞弟白兄言非為親愛乃是殁敗即說偈言
我欲向勝處　毀戒令墮墜　捨戒乃如是
云何名親愛　我勤習戒根　乃欲見劫奪
所持五戒中　酒戒最為重　今欲強毀我
不得名為親
兄問弟言云何以酒為戒根本耶弟即說偈以荅兄言
若於禁戒中　不盡心護持　便為違大悲
草頭有酒滴　尚不敢當觸　以是故我知
酒是惡道因　在家修多羅　說酒之惡報
唯佛能分別　誰有能測量　佛說身口意
三業之惡行　唯酒為根本　復墮惡行中
往者優婆塞　以酒因緣故　遂毀餘四戒
是名惡行數　酒為放逸報　不飲閉惡道

能獲信樂心　去慳能捨財　首羅聞佛說

能獲无量益　我都无異意　而欲毀犯者
略說而言之　寧捨百千命　不毀犯佛教
寧使身乾枯　終不飲此酒　假使毀犯戒
壽命百千年　不如護禁戒　即時身命滅
決定能使老　我猶故不飲　況今不定知
為老為不老　作是決定心　心生大歡喜
即獲見真諦　所患得消除
又大莊嚴論云我昔曾聞有諸比丘與諸估客入海採寶既至海中舩舫破壞尒時有一年少比丘捉得一板上座比丘不得板故將没水中于時上座恐怖惶懼恐為水漂語年少言汝寧不憶佛所制戒當敬上座汝所得板應以與我尒時年少即便思惟如來世尊實有斯語諸有利樂應先與上座復作是念我若以板用與上座必没水中洄澓波浪大海之難極為深廣我於今者命將不全又我年少初始出家未得道果以此為憂我今捨身用濟上座正是其時作是念已便說偈言
我為自全濟　為隨佛語勝　无量功德聚

名稱遍十方　軀命極鄙賤　云何違聖教

我今受佛戒　至死必堅持　為順佛語故
奉板遺身命　若不為難事　終不獲難果
若捨佛所教　失於天人利　及以大涅槃
无上第一樂
既說偈已即輸板與上座既捨板已于時海神感其精誠即接年少比丘置於岸上海神合掌白比丘言我今歸依堅持戒者汝今遭是危難之事能持佛戒海神說偈報曰
汝真是比丘　實是苦行者　号尒為沙門
汝實稱斯名　我今當云何　而不加擁護
見諦能持戒　斯事未為難　凡夫不毀禁
此乃名希有　比丘處安隱　清淨自謹慎
捨已所愛命　護持佛禁戒　難為而能為
此事為希有
又大莊嚴論云我昔曾聞有一比丘次第乞食至穿珠家立於門外時彼珠師為於國王穿摩尼珠比丘衣赤往映彼珠其色紅赤彼穿珠師即入其舍為比丘取食時有一鵝見珠赤色其狀似肉即便吞之珠師持食以施比丘尋即見珠不知所在此珠價

貴珠師貧急語比丘言得我珠耶比丘恐煞鵝取珠當設何計得免斯患即說偈言

我今護他命　身分受苦惱　更无餘方便
唯以命代彼　若言他持去　此言復不可
設自得无過　不應作妄語　我今捨身命
為此鵝命故　故緣我護戒　因用成解脫

尒時珠師雖聞斯偈語比丘言若不見還汝徒受苦終不相置比丘即向四望无可恃怙如鹿入圍莫知所趣比丘无報亦復如是尒時比丘即自斂身端正衣服彼人語比丘言汝今與我鬪耶比丘荅言不共汝鬪我自共諸使鬪又說偈言

我捨身命時　墮地如乾薪　當使人稱美
為鵝能捨身

時珠師即加打棒以兩手并頭並皆被縛四向顧望莫知所告而作是念生死受苦皆應如是又說偈言

捨此危脆身　以取解脫命　我者糞掃衣
乞食以為業　住止於樹下　以何因緣故
乃當作偷賊　汝宜善觀察

尒時珠師語比丘言何用多語遂加繫縛倍更撾打以繩急絞耳眼鼻口盡皆血出時彼鵝者即來食血珠師瞋忿打鵝即死比丘問言此鵝死活珠師荅言鵝今死活何足故問時彼比丘即向鵝所見鵝既死涕泣不樂即向鵝說偈言

我忍諸苦惱　望使此鵝活　今我命未絕
鵝在我前死　我望護汝命　受是極辛苦
何意汝先死　我果報不成

珠師問比丘言鵝今於汝竟是何親愁惱乃尒比丘荅言不滿我願所以不樂珠師問言欲作何願比丘以偈荅言

菩薩往昔時　捨身以貨鴿　我亦作是意
捨命欲代鵝　欲令此鵝命　久住常安樂
由汝煞鵝故　心願不滿足

尒時比丘更具說已珠師即開鵝腹而還得珠既見珠已便舉聲號哭語比丘言汝護鵝命不惜於身使我造此非法之事即說偈言

汝蔵功德事　如似灰覆火　我以愚癡故
燒然數百身　汝於佛摽相　極為甚相稱
我以愚癡故　不能善觀察　為癡火所燒



願當暫留住　少聽我懺悔　猶如脚跌者
按地還得起　南无清淨行　南无堅持戒
遭是極苦難　能持禁戒者　為鵝身受苦
不犯於禁戒　此事實難有

又大莊嚴論云有諸比丘曠野中行為賊刼掠剝脫衣裳時此群賊懼諸比丘往告聚落盡欲煞害賊中一人先曾出家語同伴言今者何為盡欲煞害比丘之法不得傷草今者以草繫諸比丘彼畏傷故終不能得四向馳告賊即以草而繫縛之捨之而去諸比丘等既被草縛恐犯禁戒不得挽絕身无衣服為日所炙蚊虻蠅蚤之所唼媸從旦被縛至於日夕轉到日沒晦冥大暗夜行禽獸交横馳走甚可怖畏有老比丘語諸年少說偈誡言

若有智慧者　能堅持禁戒　求人天涅槃
稱意而獲得　伊羅鉢龍王　以其毀禁戒
損傷樹葉故　命終墮龍中

是諸比丘為苦所逼不得屈伸及以轉動恐傷草命唯當護戒至死不犯即說偈言

我曾往昔來　造作衆惡業　或得生人道
竊盜婬他妻　王法受刑戮　計筭不能數
復受地獄苦　如是亦難計　假使此日光
曝我身命乾　我要持佛戒　終不中毀犯
假使遇惡獸　齚裂我身手　終不敢毀犯
釋師子禁戒　我寧持戒死　不願犯戒生

諸比丘等聞老比丘說是偈已各正其身不動不搖辟如大樹無風之時枝葉不動時彼國王遇出田獵漸漸遊行至諸比丘所繫之處王遥見之心生疑惑謂是露形尼揵子等遣人往看知是比丘王聞是已深生疑怪往比丘所即說偈言

青草用繫手　猶如鸚鵡翅　又如祠天羊
不動亦不搖　雖知處危難　默住不傷草
如林為火焚　犛牛為尾死

說是偈已往至其所以偈問曰

身體極丁壯　无病似有力　以何因緣故
草繫不動搖　汝等豈不知　身自有力耶
為呪所迷惑　為是苦行耶　為自猒患身
願速說其意

於是比丘即以偈答王曰

守諸禁戒故　不敢挽頓絶　佛說諸草木
悉是鬼神村　　我等不敢違　是以不能絶
如似呪場中　為虵畫境界　以神呪力故
毒虵不敢度　牟尼尊畫界　我等不敢越
得聖之橋津　諸利之首目　誰有智慧者
欲壞戒德瓶

尒時國王聞說偈已心甚歡喜即為比丘解草繫縛而說偈言

善哉能堅持　釋師子所說　寧捨已身命
護法不毀犯　我今亦歸命　如是顯大法
歸依離熱惱　牟尼解脫尊　堅持禁戒者
我今亦歸命

## 忍辱篇第三此別三緣

述意緣
勸忍緣
忍益緣

### 述意緣第一

蓋聞忍之為德冣是尊上持戒苦行所不能及是以羼提比丘被形殘而不恨忍辱仙主受割截而无瞋且慈悲之道拔拔為先菩薩之懷慜惻為用常應遍遊地獄代其受苦廣度衆生施以安樂豈容微有觸惱大生瞋恨乃至角眼相看惡聲厲色遂加杖木結恨成怨或父子兄弟自相損害朋友眷屬反更侵傷惡逆甚於鵄梟含毒逾於蜂蠆所以歷劫怨讎生生不絶也

### 勸忍緣第二

如成實論云惡口罵辱小人不堪如石雨鳥惡口罵詈大人堪受如華雨象行者常觀前人本末因緣或於過去為我父毋養育我身不避罪福未曾報恩何須起瞋或為兄弟妻子眷屬或是聖人昔為善友九情不識何須加毀

又攝論云由觀五義以除瞋恚一觀一切衆生无間於我者恩二觀一切衆生但念念滅何人能損何人被損三觀唯法无衆生有何能損及所損四觀一切衆生皆自受苦云何復欲加之以苦五觀一切衆生皆是我子云何於中欲生損害由此五觀故能滅瞋

又報恩經云假使熱鐵輪在我頂上旋終不為此苦而發於惡心

又成實論云行慈心者卧安覺安不

見惡夢天護人愛不毒不兵水火不喪又四分律偈云

忍辱第一道 佛說無為最 出家惱他人
不名為沙門

又遺教經云能行忍者乃可名為有力大人

又經云見人之過口不得言己身有惡則應發露

又書云聞人之過如聞父母之名耳可得聞口不得言

又經云讚人之善不言己美

又書云君子揚人之美不伐其善

又經云布施不望彼報若得人惠毫釐已上皆當呪願慙愧奉受

又書云予有德於人願公子忘之人有德於公子願公子勿忘

又云施人慎勿念受施慎勿忘

又經云恕己可為喻勿煞勿行杖

又書云己所不欲勿施於人當知內外之教其本均同雖形有黑白然立行无殊若乖斯旨便同鄙俗何依內外如經云佛為衆生說法斷除无明暗惑猶若良醫隨疾授藥是名內教



又書云天道无親唯仁是與是名外教

又若出家之人能觀苦空无常无我遠離生死志求出世是為依內若乖斯行翻為外俗在家之人若能猒捨俗情欣慕高志專崇三寶修持四德奉行孝悌仁義禮智貞和愛敬能行斯行翻同為內若違斯旨還同外道在俗之人能隨內教便悟真理心常會道漸進勝途至趣菩提既知如是欲行此行唯須自卑推德與他如拭塵巾攬垢向己持淨與人故經云退而得者佛道也

故書云君子讓而得之為義故常須進勝他人恒須尅責己躬也

忍益緣第三

如大寶積經云忍辱有十事一不觀於我及我所相二不念種姓三破除憍慢四惡來不報五觀无常想六修於慈悲七心不放逸八捨於飢渴苦樂等事九斷除瞋恚十修習智慧若人能成如是十事當知是人能修於忍

又月燈三昧經云佛言若有菩薩住於慈忍有十種利益何等為十一火



不能燒二刀不能割三毒不能中四水不能漂五為非人所護六得身相莊嚴七閉諸惡道八隨其所樂生於梵天九晝夜常安十其身不離喜樂

又私呵三昧經云佛言忍有六事得一切智何等為六一得身力二得口力三得意力四得神足力五得道力六得慧力

又六度集經云復有四種忍辱具足智慧何等為四一於求法時忍他惡罵二於求法時不避飢渴寒熱風雨三於求法時隨順和尚阿闍梨行四於求法時能忍空无相无願 又比丘避女人惡名經偈云

雖聞多惡名 苦行者忍之 不應苦自言
亦不應起惱 聞聲恐怖者 是則林中獸
是輕躁衆生 不成出家法 仁者當堪耐
下中上惡聲 執心堅住者 是則出家法
不由他人語 令汝成劫賊 亦不由他語
令汝得羅漢 如汝自知已 諸天亦復知

又五分律云佛告諸比丘過去世時阿練若池水邊有二鴈與一龜共結親友後時池水涸竭二鴈作是議言

今此池水涸竭親友必受大苦議已語龜言此池水涸竭汝无濟理可銜一木我等各銜一頭將汝著大水處銜木之時慎不可語即使銜之經過聚落諸小兒見皆言鴈銜龜去鴈銜龜去龜即瞋言何預汝事即便失木墮地而死尒時世尊因此說偈言

夫士之生　斧在口中　所以斫身
由其惡言　應毀反譽　應譽反毀
自受其殃　終无復樂

佛言龜者調達是也昔以瞋語致有死苦今復瞋罵如來墮大地獄

又法句喻經云昔者羅雲未得道時心性麁獷言少誠信佛勑羅雲汝到賢提精舍中住守口攝意勤修經戒羅雲奉教作礼而去住九十日慙愧自悔晝夜不息佛往見之羅雲歡喜趣前礼佛佛告羅雲曰澡槃取水為吾洗足羅雲受教為佛洗足訖已佛語羅雲此水可用食飲以不羅雲白言不可復用此水本淨今以洗足受於塵垢故不可用佛語羅雲汝亦如是雖為吾子國王之孫捨世榮禄得



為沙門不念精進攝身守口三毒垢穢充滿胷懷亦如此水不可復用縱棄槃水槃亦不堪盛食曾受不淨故汝亦如是口无誠信心性剛强不念精進曾受惡名亦如澡槃不中盛食佛以足指撥槃自跳數返汝惜之不羅雲白佛洗足之器雖惜不懇佛語羅雲汝亦如是雖為沙門不攝身口多所傷衆身死神去輪轉三塗賢聖不惜亦如汝言羅雲聞之慙愧怖悸感激自勵剋骨不忘精進柔軟懷忍如地即得阿羅漢道要略

又羅雲忍辱經云尒時羅雲向一不信婆羅門家乞食悋惜不與羅雲被打頭破血出復掇沙鉢中羅雲含忍心不知報即持鉢至河洗頭鉢已自說云

我自行分衛无事攖忏我我痛斯須間忝汝長苦何猶利劒割臭屍臭屍不知痛非劒之不利又如天甘露飼彼癡溷猪溷猪捨之走非是甘露之不美我以佛真言訓世兇愚兇愚不思豈不然乎還已白佛佛言是已之



衰命終當入无擇地獄獄鬼加痛毒无不至經八万四千歲其壽乃終更受蟒身毒還自害復受蝮形常食沙土万歲乃畢以瞋恚意向持戒人故受毒身以沙土投鉢中故世世食沙土而死罪畢為人母懷之時當有重病家中日耗兒生鈍頑都无手足其親驚恠皆曰何妖來為不祥即取捐之著四衢路来往愕然競以瓦石刀杖擊頭陷腦窮苦旬日乃死死已魂靈即復更生鈍頑如前經五百世重罪乃畢後生為人常患頭痛所生之處不值佛世常在三塗

又新婆沙論云曾聞過去此賢刧中有王名羯利時有仙人号為忍辱住一林中勤修苦行時王除去男子與内宮眷属遊戲林間經久疲眠内宮諸女為華果故遊諸林間遇見仙人於自所止端身靜思便馳趣之皆進其所到已頂礼圍遶而坐仙人即為說欲之過諸婇生猒王寤不見諸女便作是念將无有人誘棄去耶即拔劒處處求覓乃見諸女在仙人邊圍

遶而生生大瞋恚是何大鬼謗我諸女即前問言汝是誰耶荅言我是仙人復問在此作何事耶荅言修忍辱道王作是念此人見我瞋故便言修忍我今試之復問言汝得非想非非想處定耶荅言不得如是次第責問乃至汝得初靜慮耶荅言不得王倍瞋忿語言汝是未離欲人云何恣情觀我諸女復言我是修忍辱人王言可申一臂或能忍不尒時仙人便申一臂王以利劒斬之如斷藕根墮於地上王復責問汝是何人荅言我是修忍人時王復令申餘一臂即復斬之如前責問仙人亦如前荅如是次斬兩足復截兩耳又劓其鼻一一問荅皆如前說令仙人身七分墮地作七瘡已王心便止仙人告言王今何故自生疲猒假使斷我一切身分猶如芥子乃至微塵我亦不生一念瞋忿終无有二復發是願如汝今日我實无辜而斷我身令成七分作七瘡孔我未来世得阿耨菩提時以大悲心不待汝請冣初令汝修七種道斷



七隨眠當知尒時忍辱仙人者今釋迦牟尼佛是羯利王者即今具壽憍陳那是憍陳那見聖諦已佛以神力除彼闇障令其憶念過去世事憍陳那聞已極懷耻愧合掌恭敬

## 精進篇第四 此別三緣

述意緣

怠墮緣

策修緣

### 述意緣第一

夫忍行之情猶昧審的之旨未顯所以策墮令心不懈是故經曰汝等比丘當勤精進十力慧日既已潛没汝等當為无明所覆又言闡提之人長卧終日當言成道无有是處釋論云在家懈怠失於俗利出家懶墮喪於法寶是以斯郁勇猛諸佛稱揚迦葉精奇如来述謌書云夙興夜寐竭力致身乃曰忠臣方稱孝子故知放逸懈怠之所不尚精進劬勞无時不可豈得恣其愚懷縱情憍蕩致使善根種子不復開敷道樹枝條弥加枯萃況復命屬死王名繫幽府奄歸長夜



頻罷資粮冥曹拷問將何酬荅當於此時悔情何及是故今者勸諸行人聞身餘力預脩資粮常須撿挍三業勿令違於六時每於晝夜從旦至中從中至暮從暮至夜從夜至曉乃至一時一刻一念一剎那撿挍三業幾心行善幾心行惡幾心行孝幾心行逆幾心行猒離財色心幾心行貪著財色心幾心行人天善根業幾心行三塗不善業幾心猒離名聞著我心幾心貪求名聞著我心幾心欣修三乘出世心幾心輕慢三乘深樂世間心如是善惡日夜相違行者常須撿挍勿令放逸墮於邪網恒省三業遮相識罰心口相訓心語口言汝常說善莫說非法口還語心汝思正法莫思非法心復語身汝勤精進莫行懈怠如是我心自制我口自慎我身自禁如是自策足得高升何勞他捶攢起恣憎故經曰身行善口行善意行善定生善道身行惡口行惡意行惡定生惡趣又如快馬顧影馳走不同駑畜加諸杖捶若不自誡要假他呵反

憎觸惱益罪尤深也

懈墮緣第二

如菩薩本行經云佛告阿難夫懈怠者衆行之累居家懈怠則衣食不供產業不舉出家懈怠不能出離生死之苦一切衆事皆由精進而得興起是時帝釋便說偈言

欲求寂勝道　不惜其軀命　棄身如糞土
解了无吾我　雖用財賚施　此事不為難
勇猛如是者　精進得佛疾

又增一阿含經云若有人懈墮種不善行於事有損若能不懈墮此寂精妙所以然者弥勒菩薩經三十劫應當作佛我以精進力勇猛之心使弥勒在後成佛是故當念精進勿有懈怠

又辟喻經云迦葉佛時有兄弟二人俱為沙門兄持戒坐禪一心求道而不布施弟布施修福而喜破戒兄從釋迦出家得阿羅漢果衣常不充食常不飽弟生象中為象多力能却怨敵國王所愛金銀珎寶瓔珞其身封數百户邑供給此象隨其所須時兄比丘值世大儉遊行乞食七日不得末後得少麤食劣得存命先知此象是前世弟便往詣象手捉象耳而語之言我昔與汝俱有罪也象思比丘語即識宿命見前因緣愁憂不食象子怖懼便往白王王問象子先無人犯此象不象子荅曰無他異人唯一沙門來至象邊須臾便去王即遣人覓得沙門問言至象邊何所道耶沙門荅曰我語象云我與汝俱有罪耳沙門白王具說如上王意便悟即放沙門

又佛說馬有八態辟人經云佛告諸比丘馬有弊惡八態何等為八一態者解羈韁時便掣車欲走二態者車駕跳踉欲齧其人三態者便舉前兩脚掣車而走四態者便蹹車軨五態者便人立持軛摩身抄車却行六態者便傍行邪走七態者便掣車馳走得值濁泥止住不行八態者懸兜餧之熟視不食其主牽去欲駕之時遽含喻嗑欲食不得佛言人亦有弊惡八態何等為八一態者聞說佛經便走不欲樂聽如馬解羈韁掣車走時二態者聞說經意不解不知語所趣向便瞋跳踉不欲樂聞如馬駕車跳踉欲齧人時三態者聞說經便逆不受如馬舉前兩脚掣車走時四態者聞說經便罵如馬蹹車軨時五態者聞說經便起去如馬人立持軛摩身抄車却行時六態者聞說經不肯聽俾頭邪視耳語如馬傍行邪走時七態者聞說經便欲窮難問之不能相應荅便死拄妄語如馬得濁泥便止不復行八態者聞說經不肯聽反念婬泆多求不欲聽受死入惡道時乃遽欲學問行道亦不能復得行道如馬懸兜餧之熟視不肯食其主牽去欲駕之乃遽含喻嗑亦不得食佛言我說馬有八態惡人亦有八惡態如是比丘聞經歡喜作礼而去

策修緣第三

如辟喻經云羅閱祇國沙門坐自撍曰我不得道終不起欲睡眠作錐長八寸刺兩髀痛不得眠一年得道

又薄俱羅經云薄俱羅稱言我從出家以來八十年中未曾偃臥脇一著

牀背有所倚
又遺教經云汝等比丘若勤精進則事无難者是故汝等常勤精進辟如小水常流則能穿石若行者之心數數懈廢辟如鑽火未熱而息雖欲得火火難可得是名精進
又智度論云身精進為少心精進為大外精進為少內精進為大復次佛說意業力大故如仙人瞋時能令大國磨滅復次身口作五逆罪大果報一刼在阿鼻地獄受意業力得生非有想非无想處壽八万大劫亦在十方佛國壽命无量以是故身口精進為少意精進為大如是諸經廣歎精進一心正念速得道果未必要須多聞
又毗婆沙論云如二人俱至一方一乘疾馬一乘鈍馬雖乘鈍馬以前發故先有所至信解脫人勤行精進先至涅槃即是周利等也
又六度經云復有四種精進具足智慧何等為四一勤於多聞二勤於捴持三勤於樂說四勤於正行
又六度集經云佛告弟子當勤精進聽聞諷誦莫得懈怠陰蓋所覆吾念過去无數刼時有佛名一切度王是時衆中有兩比丘一名精進辯二名德樂止共聽法精進辯者聞經歡喜應時即得阿惟越致神通具足德樂止者睡眠不覺獨无所得時精進辯謂德樂止言當勤精進如何睡眠時德樂止聞其教招便即經行復住睡眠不能自定詣泉側坐欲思惟定復生睡眠時辯以善權往而度之化作蜂王飛趣其眼如欲揸之時止驚覺而坐畏此蜂王須臾復睡時蜂飛入腋下揸其胷腹止驚心悸不敢復睡時泉水中有雜色花種種鮮潔時蜜蜂王飛住華上食甘露味時止端坐視之畏來不敢復睡蜂王食味不出華中須臾之頃蜂王睡眠墮汙泥中身體沐浴已復還飛住其華上時止便向蜂說偈言

是食甘露者　其身得安隱　不當復持歸
遍及其妻子　如何墮泥中　自汙其身體
如是為黠慧　毀其甘露味　又如此華者
不宜久住中　日沒花還合　求出則不能
當須日光明　尒乃復得出　長夜之疲冥
如是甚勤苦

時蜂王向止說偈報言

佛者猶甘露　聽聞无猒足　不當有懈怠
無益於一切　五道生死海　辟如墮汙泥
愛欲所纏裹　无智為甚迷　日出衆花開
辟佛之色身　日入華還合　世尊般涅槃
值見如來世　當勤精進受　除去睡陰蓋
莫呼佛常在　深法之要慧　不以色因緣
其現有者者　當知為善權　善權之所度
有益不唐舉　而現此變化　亦以一切故

時德樂止聞其所說即得不起法忍逮得陁羅尼佛告阿難尒時精進辯者今我身是德樂止者弥勒是也我於尒時俱與弥勒共聽法故弥勒睡眠獨无所得我不行善權而授度者弥勒至今在生死中未得度脫
又法句喻經云昔者外國有清信士供養三寶初无猒極時有沙門與共親友逮得神通生死已盡時清信士得困疾痛醫藥加治不能得差時婦在邊悲哀辛苦共為夫婦獨受斯痛脫設无常我何所依見女孤單何所

恃怙夫聞悲戀應時即死䰟神還在婦鼻中化作一虫婦甚啼哭不能自止時道人往與婦相見知聟命過鼻中作虫故欲諫諭令捐愁憂婦見道人来增益悲哀柰何和尚夫聟已死時婦洟涕鼻虫便墮地婦即慙愧欲以脚蹈道人告曰止止莫然是卿夫聟化作此虫婦白道人我夫奉經持戒精進難及何緣壽終墮此虫中道人答曰因卿恩愛悲哀呼嗟起恩愛心因是壽終即墮虫中道人為虫說經應生天上在諸佛前但坐恩愛墮此虫中亦可慙愧虫聞其言心開意解更自剋責即時壽終便得上生是以省已為人不得懈怠自損来報

## 禪定篇第五(此別二緣)

### 述意緣第一

夫神通勝業非定不生無漏慧根非靜不發故經云深修禪定得五神通心在一緣是三昧相書亦有言當使形如枯木心若死灰不充屈於富貴不隕獲於貧賤栖神冥漠之内遺形塵埃之表故攝心一處便是功德聚林散意片時即名煩惱羅剎所以曇光釋子降猛虎於膝前螺髻仙人宿巢禽於頂上是知大士常修宴坐不斷煩惱而入涅槃不捨道法而現凡夫事又能觀察此身從頭至足三十六物八万户虫不淨无常苦空非我但衆生心性辟若猕猴戲跳攀緣歡娛奔逸不能冥目束體端心勤意經强難化𢤱㤽不調習近五塵流轉三界黏外道之網貫天魔之杖於是永淪苦海長墜嶮獄皆由放散情慮擾乱心神似風裏之燈辟波中之月搖漾輕動浮游沉濫影既不現照豈得明所以衆惡賴此而興福善由斯併廢良由不修斷惑常起貪瞋未服无知偏多樂受遂令障定之惑重沓諍来妨靜之緣交加覺集五蓋覆心禪門已閉六塵在念乱想常馳類狂象之無鉤似戲猨之得樹故須念念策心新新集起豈前念皆惡遂剋苦而靜塵後念起善便縱意而揚惡所以論美四時經歎一處然後方能正想革絕凡懷若違此理聖亦不可今万境森羅不能自觸要須因倚諸根内想感發何以知然令有心感於内事發於外或緣於外起染於内心故知内外相資表裏通用君臣心識不可偏捨故經云心王若正則六臣不邪識意昏沉則其主不明令悔六臣當各慙愧制馭六根不令馳散也

### 定相緣第二

如法句經心意品說云昔佛在世時有一道人在河邊樹下學道十二年中貪想不除走心散意但念六欲目色耳聲鼻香口味身受心法身靜意遊曾无寧息十二年中不能得道佛知可度化作沙門往至其所樹下共宿須臾月明有龜從河中出来至樹下復有水狗飢行求食與龜相逢便欲噉龜龜縮其頭尾及其四脚藏於甲中不能得噉水狗小遠復出頭足行步如故不能柰何遂便得脫於是道人問化沙門此龜有護命之鎧水狗不能得其便化沙門答言吾念世人不如此龜不知无常放恣六情外魔得便形壞神去生死无端輪轉五

道苦惱百千皆意所造宜自勉勵求
滅度安於是化沙門即說偈言
藏六如龜　防意如城　慧與魔戰
勝則无患



又大寶積經云菩薩修定復有十法不與二乘共何等為十一修定无有吾我具足如來諸禪定故二修定不味不著捨離深心不求巳樂三修定具諸通業為知衆生諸心行故四修定為知衆心度脫一切諸衆生故五修定行於大悲斷諸衆生煩惱結故六修定諸禪三昧善知入出過於三界故七修定常得自在具足一切諸善法故八修定其心寂滅勝於二乘諸禪三昧故九修定常入智慧過諸世間到彼岸故十修定能與正法紹隆三寶使不斷絶故如是定者不與聲聞辟支佛共

又佛言若有菩薩樂於頭陀乞食有十種利益何等為十一摧我慢幢二不求親愛三不為名聞四住在聖種五不諂不誑不現異相又不撒慢六不自高舉七不毀他人八斷除愛恚九若入人家不為飲食而行法施十有所說法為人信受



又智度論云三昧有二種一佛三昧二菩薩三昧是諸菩薩但於菩薩三昧中得自在非於佛三昧中得自在

又諸佛要集經中說云尒時文殊尸利欲見佛集不能得到諸佛各還本處文殊尸利到諸佛集處有一女近彼佛坐入於三昧文殊尸利入礼佛足已白佛言云何此女人得近佛坐而我不得佛告文殊尸利汝覺此女人令從三昧起汝自問之文殊尸利即彈指覺之而不可覺以大聲喚亦不可覺捉手牽亦不可覺又以神足動大千世界猶亦不覺文殊尸利白佛言世尊我不能令覺是時佛放大光明從下方世界是中有一菩薩名棄諸蓋即從下方出來到佛所頭面礼佛足一面而立佛告棄諸蓋菩薩汝覺此女人即時彈指此女人從三昧起文殊尸利白佛言以何因緣我動三千大千世界不能令此女起棄諸蓋菩薩一彈指便從三昧起佛告文殊尸利汝因此女人初發菩薩意是女因棄諸蓋菩薩初發菩提意以是故汝不能令覺汝於諸佛三昧中功德未滿是棄諸蓋菩薩於三昧中得自在佛三昧中始少多入而未得自在故耳

述曰且略引一二經文歎修定法自外具明坐禪大小乘觀法儀式備存十卷觀門內學者別尋非此明了

## 智慧篇第六（此別二緣）

### 述意緣第一

夫二種莊嚴慧名最勝三品次第智日无愚故經言五度無智似若愚盲所以波若勝出世間破除諸有釋論又言佛是衆生母波若能生佛是則智為一切衆生之祖母故外書云叡哲欽明乃稱放勛之德仁義禮智方曰宣尼之道當惟智慧之法不可不修出世之因无宜弗習能排巨暗辟滿月之照三途巧遣衆毒似摩祇之除万惡豈可任其恒沒守此長迷取相交纏我心縈結常多有愛恒冨无明未達因緣不修對治所以欝欝慢

山殆高嵩華洎洎愛水遂廣滄溟或
攝執斷常偏論即離神黃神白我見
我知一脚恒翹五邊長炙食草學牛
敢糞如犬或臧談下諦寧識中道之
宗或封執四違直悟大乘之旨或謂
冥初生覺其外不知世間定常唯此
為貴或復言非有想是證涅槃計自
在天能成世界愚戇昏瞢庸昧頑踈
看指求月守株求兎熏猷未辯窐分
薪麦雖知歡笑將鸞鸞而不殊徒識
語言與狌狌而不異良由不識空理
常處无明凡是倒心皆名邪見五住
煩惱未滅一毫百八使纏森然尚在
是故大士為求八字不惜軀命恐在
緣中逢苦即退故自剋心以牢其
志也

求法緣第二

如華嚴經云菩薩為求法故能施法
者作是言若能投身七刃火坑當與
汝法菩薩聞此歡喜無量作是思惟
我為法故尚不惜身命於阿鼻地獄
諸惡趣中受無量苦況入人間微小
火坑而得聞法

又集一切功德三昧經云釋迦過去
久遠作五通仙人名曰最勝又依智
度論云釋迦文佛本為菩薩時名曰
樂法時世无佛不聞善語四方求法
精進不懈了不能得尒時魔變作婆
羅門而語之言我有佛所說一偈汝
能以皮為紙以骨為筆以血為墨書
寫此偈當以與汝樂法即時自念我
世世喪身无數不得是利即自剝皮
暴之令乾欲書其偈魔便滅身是時
佛知其至心即從下方踊出為說深
法即得無生法忍

又涅槃經云菩薩為法因緣剜身為
燈疊纏皮肉酥油灌之燒以為炷菩
薩尒特受是大苦自訶其心而作是
言如是苦者於地獄苦百千万分猶
未及一汝於無量百千劫中受大苦
惱都无利益汝若不能受是輕苦云
何而能於地獄中救苦衆生菩薩摩
訶薩作是觀時身不覺苦其心不退
不動不轉菩薩尒時應自深知我定
當得阿耨菩提菩薩尒時具足煩惱
未有斷者為法因緣能以頭目髓腦
手足血肉施於衆生以釘釘身投巖
赴火菩薩尒時雖受如是无量衆苦
其心不退不動不轉菩薩當知我今
定有不退之心當得阿耨菩提

又大集經云菩薩為於一字一句之
義能以十方世界珎寶奉於法王一
偈因緣捨於身命雖於無量恒河沙
等劫修行布施不如一聞菩提之事
心生歡喜於正法所樂聞樂說常為
諸佛諸天所念以念力故世間所有
經典書論悉能通達

又大方便報恩經云菩薩常勤求善
知識為聞佛法乃至一句一偈一義
三界煩惱皆悉萎悴菩薩至心求佛
語時渴法情重不惜身命設踐熱鐵
猛火之地不以為患菩薩為一偈故
尚不惜身命況十二部經為一偈故
尚不惜命況餘財物聞法利益故身
得安樂深生信心直心正見見說法
者如見父母心無憍慢為衆生故至
心聽法不為利養為衆生故不為自
利為正法故不畏天難飢渴寒熱虎
狼惡獸盜賊等事先自調伏煩惱諸

揼然後聽法
又華嚴經云菩薩如是方便求法所
有珎寶無貴惜者於此物中不生難
想若得一句未曾聞法勝得三千世
界滿中珎寶得聞一偈勝得轉輪聖
王釋提桓因梵天王位處菩薩作是
念言我受一句法故設令三千大千
世界大火滿中上從梵天而自投下
何況小火我尚盡受一切諸地獄苦
猶應求法何況人中諸小苦惱為求
法故發如是心如所聞法心常喜樂
悉能正觀
又增一阿含經云若不成就六法則
不能遠塵離垢得法眼淨何等為六
一不樂聞二雖聞法不攝耳聽三不
為知解四未得法不方便勤求五所
得法不善守護六不成就順忍反此
六種則能遠塵離垢得法眼淨
又未曾有經云昔毗摩國從陁山有
一野干為師子所逐墮一丘野井已
經三日開心分死自說偈言
一切皆无常　恨不飴師子　柰何死厄身
貪命无功死　无功已可恨　復汙人中水
懺悔十方佛　願垂照我心　前代諸惡業
現償皆令盡　從是值明師　修行盡作佛
帝釋聞之與八萬諸天到其井側曰
不聞聖教久處幽冥向說非凡願更
宣法野干荅曰天帝无訓不識時宜
法師在下自處其上初不修敬而問
法要帝釋於是以天衣接取叩頭懺
悔憶念我昔曾見世人先敷高座後
請法師諸天即各脫寶衣積為高座
野干外座曰有二大因緣一者說法
開化天人福無量故二者為報施食
恩報無量故天帝白曰得免井厄功
德應大云何恩不及耶荅曰生死各
宜有人貪生有人樂死有愚癡人不
知死後更生違遠佛法不值明師貪
生畏死死墮地獄有智慧人奉事三
寶遭遇明師改惡修善如斯之人惡
生樂死死生天上天帝曰如尊所誨
全命无功志願聞施食施法荅曰布
施飲食濟一日之命施珎寶者濟一
世之厄增益生死說法教化者能令
衆生出世間道得三乘果免三惡道
受人天樂是故佛說以法布施功德
无量天帝曰師今此形為是業報為
是應化荅曰是罪非應天帝曰我謂
是聖方聞罪報未知其故願聞因緣
荅曰昔生波羅奈國波頭摩城為貧
家子剎利之種幼懷聰朗持好學習
至年十二逐師於山不失時節經五
十年九十六種經書靡所不達皆由
和尚之恩其功難報由先學慧自識
宿命由受王位奢婬著樂報盡命終
生地獄畜生（自下去六容而不述）時帝釋與八万
諸天從受十善今還天宮和尚何時
捨此罪報得生天上野干曰刻後七
日當捨此身生兜率天汝等便可欲
生彼天多有菩薩說法教化七日命
盡生兜率王宮後識宿命行十善道
又賢愚經云佛在波羅奈國於林澤
中為諸天人四輩之類顯說妙法時
虛空中有五百鴈群聞佛音聲深心
愛樂迴翔欲下獵師張羅鴈墮其中
為獵師所煞生忉利天處父母膝上
若八歲兒端嚴无比光若金山便自
念言我何因生此即識宿命愛法果
報即共持華下閻浮提至世尊所礼

足白言我蒙法音生在妙天願重開示佛說四諦得須陁洹果即還天此略

出業法功德者廣明如方軌具在上第二卷勸法中述

頌曰

川路舟航　彼岸津濟　欲超生死
先資福慧　鏡徹三輪　珠清六蔽
在取成勸　為金則礪　挽跡流水
齊鑣草繫　五忍必階　四勤無替
心波洞索　情塵卷翳　兼途既坦
道場斯詣

諸經要集卷第十

諸經要集卷第十

校勘記

一　底本，金藏廣勝寺本。六四三頁中至六四八頁下及六五七頁下共十八版，原版殘缺，以麗藏本換。

一　六四三頁中一行「卷第十」，徑、清作「卷第十上」。

一　六四三頁中三行「第十八」，徑、清作「第十八之一」。同行夾註「六度即爲六篇」，徑、清無。

一　六四三頁中四行「布施」，諸本作「布施篇」。同行夾註右「施別」，徑、清作「此有」。

一　六四三頁中九行「擇施緣」，徑、清作「量施緣」。

一　六四三頁中一五行首字「食」，諸本作「舍」。

一　六四三頁下七行「諐寔」，諸本作「慦寔」。

一　六四三頁下二〇行「憂悲」，諸本作「憂愁」。

一　六四四頁上一四行末字「罵」，諸本作「罵詈」。

一　六四四頁上二二行首字「倍」，資作「陪」。

一　六四四頁中七行「病苦」，諸本作「苦病」。

一　六四四頁中一五行「國主」，資、磧、普、南作「國王」。

一　六四四頁中二〇行「貧之」，諸本作「貧乏」。

一　六四四頁下六行第三字「富」，諸本作「寶」。

一　六四四頁下一三行「其奴」，諸本作「其婢」。

一　六四四頁下二一行「辟支」，諸本作「辟支佛」。

一　六四五頁上一四行第一一字「故」，資、磧、普作「敢」。

一　六四五頁下九行第七字「及」，諸本作「乃」。

一　六四五頁下二二行「貞實」，諸本作「真實」。

一 六四六頁上一七行第七字「者」，諸本無。
一 六四六頁中二行「珎寶」，徑作「珍施」。
一 六四六頁中四行第七字「生」，諸本作「生生」。
一 六四六頁下三行第二字「智」，諸本作「短」。
一 六四七頁上一一行「速成」，諸本作「遠成」。
一 六四七頁中四行末字「也」，諸本無。
一 六四七頁中八行「若見」，徑作「若人」。
一 六四七頁中一八行首字「覩」，徑作「現」。
一 六四七頁下五行「論云」，徑作「經云」。
一 六四七頁下九行「酒飲」，徑作「飲酒」。
一 六四七頁下一〇行末字「畜」，諸本作「佛」。
一 六四八頁上一行第五字「地」，諸本作「地行」。
一 六四八頁上二行「剛懮」，南、徑、清作「剛愎」。
一 六四八頁上一一行第五、六字「若彼」，諸本無。
一 六四八頁上一五行「女火」，諸本作「毒火」。
一 六四八頁下四行第八字「熱」，徑作「熟」。
一 六四八頁下五行第三字「給」，諸本作「什」。
一 六四八頁下二〇行「如是」，諸本作「如是是」。
一 六四八頁下二一行「我得」，諸本作「我得福」。
一 六四九頁上二二行第六字「我」，諸本作「如我」。
一 六四九頁上末行「福多」，徑作「多福」。
一 六四九頁中一行「職位」，資、磧、普、南、徑、清作「識位」。
一 六四九頁下一〇行「衆得福尠少」，諸資、磧、普、南、徑、清作「衆僧得福尠」。
一 六四九頁下一二行第四字「然」，資、磧、普、南作「照」。
一 六四九頁下一四行第二字「增」，資、磧、普、南、徑、清無。
一 六四九頁下二二行「俱兩」，麗作「兩俱」。
一 六五〇頁上三行「厨饍」，資、磧、普、南、徑、清作「厨饌」。
一 六五〇頁上一六行第七字「懅」，麗作「拒」。
一 六五〇頁上一七行「放逸」，徑、清作「放逸無財之人」。
一 六五〇頁上一九行「國主」，資、磧、普、南作「財主」。
一 六五〇頁中一行第一〇字「不」，徑、清無。
一 六五〇頁中三行「貧乏」，資、磧、普、南、徑、清作「貧之」。
一 六五〇頁中六行「其有」，磧作「具有」。

一　六五〇頁中一〇行「功德」，徑、清作「福德」。

一　六五〇頁中一二行「等施」，徑、清作「等聞」。

一　六五〇頁中一三行第二字「而」，徑、清作「而是」。同行「毫釐」，南作「毫氂」。

一　六五〇頁下一行首字「若」，南作「苦」；徑、清作「苦若難得」。

一　六五〇頁下一四行第二字「大」，資、磧、普、南、徑、清無。

一　六五〇頁下一五行第八字「心」，資、磧、普、南、徑、清無。

一　六五一頁上一一行第八字「爲」，資、磧、普、南、徑、清無。

一　六五一頁上一八行「心受」，資、磧、普、南、徑、清作「心憂」。

一　六五一頁中九行與一〇行之間，徑、清有「六度部第十八之二」一行。

一　六五一頁中一〇行夾註「此別」，徑、清作「此有」。下至六六一頁下一〇行夾註同。

一　六五一頁中一〇行夾註「此別二緣」下，資、磧、普、南、徑、清有「述意緣　觀持緣」六字。

一　六五一頁下三行第五字「諐」，資、磧、普、南、徑作「愆」；清作「衍」。

一　六五一頁下四行「似若」，資、磧、普、南、徑、清作「以若」。

一　六五一頁下五行「元甘」，資、磧、普、南、徑、清作「無甘」；麗作「尤甘」。

一　六五一頁下九行至次行「可言」，徑作「言可」。

一　六五一頁下一九行「弟極」，資、磧、普、南、徑、清作「兄見弟極爲」。

一　六五二頁上二行及本頁中三行「百千」，資、磧、普、南、徑、清作「百年」。

一　六五二頁上二二行「優婆塞」，資、磧、普、南、徑、清作「優婆夷」。

一　六五二頁下一八行「門外」，資、磧、普、南、徑、清作「門內」。

一　六五三頁上一行第四字「貧」，資、磧、普、南、徑、清作「覓」。

一　六五三頁中七行「我忍」，資、磧、普、南、徑、清作「我受」。

一　六五三頁中一四行第九字「貸」，諸本作「貿」。

一　六五三頁中一五行「欲令」，磧、普、南、徑、清作「欲全」。

一　六五三頁中二二行第二字「然」，資、磧、普、南、徑、清作「殺」。

一　六五四頁上末行「守諸」，資、磧、普、南、徑、清作「守護」。

一　六五四頁中一一行「亦歸命」，至此，徑、清卷第十上終，卷第十下始。撰者後有「六度部第十八之三」一行。

一　六五四頁中一八行「被形」，資、磧、普、南、徑、清作「被刑」。

一　六五四頁中二二行第三字「以」，麗作「心」。

一　六五四頁下九行至次行「未曾」，資、磧、普、南、徑、清作「曾未」。

一　六五四頁下一四行「問於我者」，資、磧、普、南、徑、清作「不於我有」。

一　六五四頁下一五行第三字「但」，資、磧、普、南、徑、清作「恒」。

一 六五五頁上一五行第四字「子」，資、磧、普、南、徑、清作「公子」。

一 六五五頁下一○行至次行「恶罵」，資、磧、普、南、徑、清作「罵詈」。

一 六五五頁下一五行「苦行」，資、磧、普、南、徑、清作「若行」。同行「自言」，資、磧、普、南、徑、清作「自害」。

一 六五六頁上四行「即使」，資、磧、普、南、徑、清作「即便」。

一 六五六頁上五行「鴈銜龜去」，資、磧、普、南、徑、清無。

一 六五六頁中一一行「柔軟」，資、磧、普、南、徑、清作「柔和」。

一 六五六頁中一六行第三字「知」，諸本作「加」。同行末字「自」，資、磧、普、南、徑、清作「而自」。

一 六五六頁中一九行第四字「長」，資、磧、普、南、徑、清作「長時」。

一 六五六頁中二一行第五、六字「淈猪」，資、磧、普、南、徑、清無。

一 六五六頁下五行第六字「土」，資、磧、普、南、徑、清無。

一 六五六頁下一九行「皆進」，資、磧、普、南、徑、清作「皆集」。

一 六五七頁上一○行第五字「或」，諸本作「試」。

一 六五七頁中五行與六行之間，徑、清有「六度部第十八之四」一行。

一 六五七頁中一一行第七字「昧」，徑作「未」。

一 六五七頁中一二行第三字「墮」，資、磧、普、南、徑、清作「勤」。

一 六五七頁中二○行第三字「之」，資、磧、普、南、徑、清作「人」。

一 六五七頁下三行首字「聞」，資、磧、普、南、徑、清作「及」。

一 六五七頁下二二行首字「生」，徑作「行」。同行「快馬」，資、磧、普、南、徑、清作「駃馬」。

一 六五八頁上一行首字「憎」，資、磧、普、南、徑、清作「增」。

一 六五八頁中一七行「便人」，資、磧、普、南、徑、清作「使人」。同行及本頁下七行「抄車」，資、磧、普、南、徑、清作「摎車」。

一 六五八頁中一八行「邪走」，資、磧、普、南、徑、清作「斜走」。

一 六五八頁中二一行「佛言」，資、磧、普作「佛告」。

一 六五八頁下八行首字「俾」，麗作「伭」。

一 六五九頁上三行第九字「常」，資、磧、普、南、徑、清作「當」。

一 六五九頁中八行「招便即經行」，資作「招便即」；磧、普、南、徑、清作「詔便即」。

一 六五九頁中一○行第四字「時」，資、磧、普、南、徑、清作「時精進」。

一 六五九頁中一一行「其眠」，諸本作「其眼」。同行「時止」，資、磧、普、南、徑、清作「時德樂止」。

一 六五九頁下九行「常在」，資、磧、普、南、徑、清作「常存」。

一 六五九頁下一八行第六字「云」，資、磧、普、南、徑、清作「說云」。

一 六五九頁下二一行「得困」，資、磧、

普、南、徑、清作「因得」。同行「加治」，資作「皆治」。

一　六六〇頁上四行「令捐」，南作「令損」。

一　六六〇頁上一〇行第四字「因」，資、磧、普、南、徑、清作「用」。

一　六六〇頁上一四行「更自」，資、磧、普、南、徑、清作「便自」。

一　六六〇頁上一五行與一六行之間，徑、清有「六度部第十八之五」一行。

一　六六〇頁上一六行夾註「此別二緣」下，資、磧、普、南、徑、清有「述意緣　定相緣」六字。

一　六六〇頁上二二行「冥漠」，資、磧、普、南、徑、清作「冥寞」。

一　六六〇頁中一行第三字「意」，資、磧、普、南、徑、清作「慮」。

一　六六〇頁中四行第五字「入」，資、磧、普、南、徑、清作「入般」。

一　六六〇頁中九行第五字「度」，資、磧、普、南、徑、清作「悷」。

一　六六〇頁中一六行「多樂受」，資、磧、普、南、清作「多受樂」，徑作「知受樂」。

一　六六〇頁下六行「令悔」，資、磧、普、南、徑、清作「令誨」。

一　六六〇頁下八行「定相」，資作「定想」。

一　六六〇頁下一一行「云欲」，諸本作「六欲」。

一　六六〇頁下一四行首字「知」，徑作「法」。

一　六六一頁上八行「深心」，諸本作「染心」。

一　六六一頁上一六行「能與」，資、磧、普、南、徑、清作「能興」。

一　六六一頁中一行「九若」，磧、普、南、徑、清作「九名」。

一　六六一頁中八行「一女」，資、磧、普、南、徑、清作「二女人」。

一　六六一頁下一行「菩薩」，諸本作「菩提」。

一　六六一頁下九行與一〇行之間，徑、清作「六度部第十八之六」一行。

一　六六一頁下一〇行夾註「此別二緣」下，資、磧、普、南、徑、清有「述意緣　求法緣」六字。

一　六六一頁下一三行「似若」，資、磧、普、南、徑、清作「以若」。

一　六六一頁下二〇行第七字「巧」，資、磧、普、南、徑、清作「功」。

一　六六一頁下二一行「任其」，資、磧、普、南、徑、清作「任無」。

一　六六二頁上六行「定常」，資、磧、普、南、徑、清作「之常」。

一　六六二頁上一〇行「讐讐」，資作「讐」。

一　六六二頁上一四行「軀命」，磧、南作「驅命」。

一　六六二頁上一九行第三字「是」，資、磧、普、南、徑、清作「如是」。

一　六六二頁下六行「奉於」，資作「施奉」；磧、普、南、徑、清、麗作「奉施」。

一　六六二頁下一九行「直心正見」，資作「直心正」；南、徑、清作「真心正見」。

一 六六二頁下二二行第八字「天」，諸本作「王」。

一 六六三頁上一五行第四字「聞」，諸本作「聞法」。

一 六六三頁上一七行「反此」，資作「及此」。

一 六六三頁上一八行「眼淨」，資、磧、普、南作「淨眼」。

一 六六三頁上二一行「自説」，資、磧、普、南、徑、清作「自爲」。

一 六六三頁上二二行第八字「飴」，麗作「貽」。同行第一三字「死」，資、磧、普、南、徑、清作「苦」。

一 六六三頁上末行「中水」，磧、普、南、徑、清作「井水」。

一 六六三頁中一一行「天人」，資、磧、普、南、徑、清作「人天」。

一 六六三頁中二〇行第一二字「者」，資、磧、普、南、徑、清無。

一 六六三頁下五行「持好」，諸本作「特好」。

一 六六三頁下一一行第七字「今」，南、徑、清作「令」。

一 六六三頁下一五行「盡生兜率王宮後」，資作「終生兜率王宮復」；磧、普、南、徑、清作「終生兜率天宮復」。

一 六六三頁下一九行「張羅」，資、磧、普、南、徑、清作「張羂」。

一 六六四頁上二行正文末字「天」，諸本作「天上」。

一 六六四頁上三行夾註右「明法」，諸本作「明求法」。同行夾註左「法中述」，資、磧、普、南、徑、清作「法中述之」；麗作「法中也」。

一 六六四頁上七行「則礪」，資作「則礦」。

一 六六四頁上九行「心波」，資作「心被」。

一 六六四頁上末行「卷第十」，徑、清作「卷第十下」。

諸經要集卷第十一　帳

西明寺沙門釋道世集

業因部第十九此有五緣

述意緣

發業緣

罪行緣

福行緣

雜業緣

述意緣第一

悲夫迷徒障重弃三車而弗御漂淪苦海任燋爛而不疲若蟾蠅之樂臭屍似飛蛾之投火衆良由迷因謬果不識善惡所以樂造苦因隨緣起業备歷艱辛具受塗炭迄今燒煑莫知休息如来大悲不忍永弃示其苦樂令其欣猒也

發業緣第二

問曰云何名業道義荅曰身口七業即自體相為名業道餘三者意相應心又即彼業能作道果名為業道

問曰若即業名道皆能趣地獄等者何故餘三非是業道荅曰如彼七業此三能作彼根本故以相應故不能如彼業故不名業道如對法論云復次有四種諸業差別謂黒黒異熟業白白異熟業黒白黒白異熟業非黒白无異熟業能盡諸業黒黒異熟業者謂不善業由染汙故不可愛異熟故白白異熟業者謂三界善業不染汙故可愛異熟故黒白黒白異熟業者謂欲界雜業善不善雜故非黒白无異熟業能盡諸業者謂於方便无間道中諸无漏業以方便道無間道是彼諸業對治故非黒者離煩惱垢故白者一向清淨故無異熟者生死相違故能盡諸業者由无漏業為永拔得黒等三有漏業與異熟習氣故

又優婆塞戒經云若善男子有人不解如是業緣无量世中流轉生死雖生非想非非想處壽八万劫福盡還墮三悪道故佛告善男子一切擬盡无勝於意意盡煩惱煩惱盡業業則盡身

又阿毗曇雜心業品偈云

業能莊飾世　趣趣各處處　是以當思業

求離世解脫　身口意集業　在於有有中
彼業為諸行　嚴飾種種身　身業當知二
謂作及无作　口業亦如是　意業當知思

又弥勒菩薩所問經論云此十不善業道一切惡法皆從貪瞋癡起如依三毒起煞生者若依貪心起者或為皮肉錢財故斷生命等是名依貪起若依瞋心起者或以瞋心煞害怨家等是名依瞋起若依癡心起者或有人言煞虵蠍等以生衆生苦惱故雖煞无罪或言波羅斯等言煞却老父母及重病者則无罪報是名依癡起如依三毒起偷盜者若依貪心起者或為自身或為他身或為飲食等是名依貪起若依瞋心起者或於瞋人邊及瞋人所愛偷盜彼物等是名依瞋起若依癡心起者如有婆羅門言一切大地諸所有物唯是我有何以故以彼國王先施我故以我无力故為餘姓棄我受用是故我取即是自物不名偷盜是名依癡心起

如依三毒起邪婬者若依貪心起者或於衆生起貪染心不如實修行等



是名依貪起若依瞋心起者或依他守護資生依瞋心故起或婬怨家妻妾或婬怨家所愛之人等是名依瞋起若依癡心起者或有人言辟如碓臼熟花熟果飲食河水及道路等女人行婬无罪或如波羅斯等邪婬母等是名依癡起如依三毒起妄語者(此三可解)如是兩舌惡口綺語(皆亦如是)依貪心起者依貪結生次第二心現前如是名為依貪起依瞋結生者名為依瞋起依癡結生者名為依癡結起如貪瞋與邪見皆亦如是應知

問曰於業道中何者是前眷屬何者是後眷屬荅曰若起煞生方便如屠兒牧羊或以物買將詣屠所始下一刀或二三刀羊命未斷所有惡業名前眷屬隨下何刀斷其命根即彼念時所有作業及无作業是等皆名根本業道次後所作身行作業是名煞生後眷屬業乃至綺語皆亦如是應知自餘貪瞋邪見業中无前眷屬以初起心即時成就根本業道

又身口意十不善業道一切皆有前



後眷屬此義云何如人起心欲斷此衆生命因復更斷餘衆生命如欲祭天煞害衆生即奪他物欲煞彼人復婬其妻生如是心還使彼妻自煞夫主復以種種鬪乱言說破彼親屬无時非實於彼物中生於貪心即於彼人復生瞋心為煞彼人故生如是邪見增長邪見以斷彼命復欲煞其妻男女等如是次第具足十種不善業道如是等業名前眷屬一切十不善業道皆亦如是應知

又離善道非方便修行善業道是方便以遠離根本故及遠離方便故言方便者如彼沙弥欲受大戒將詣戒場礼衆僧足即請和尚受持三衣始作一白作第二白時如是悉皆名前眷屬從第三白至羯磨竟所起作業及彼念起无作業是等皆名根本業道次說四依乃至不捨所受善行身口作業及无作業如是等悉皆名後眷屬

述曰上来雖引經論明業因多種至時斷罪未明輕重故别引優婆塞戒

經辯業不同別有四例一將物對意有四二輕重不同有八三上中下不同復八四依薩婆多論有心無心不同復八臨時判罪並皆攝盡故經第一云有物重意輕有物輕意重有物重意重有物輕意輕第一有物重意輕者如无惡心煞於父母者是第二物輕意重者如以惡心煞於畜生者是第三物重意重者如以極惡心煞所生父母者是第四物輕意輕者如以輕心煞於畜生者是



第二如是惡業復有八種輕重不同何等為八一有方便重根本成已輕二有根本重方便成已輕三有成已重方便根本輕四有方便根本重成已輕五有方便成已重根本輕六有根本成已重方便輕七有方便根本成已重八有方便根本成已輕物是一種以心力故得輕重果如十善業道有其三事一方便二根本三成已若復有人能勤礼拜供養父母師長和尚有德之人先意問訊言則柔軟是名方便若作已竟能修念心歡喜不悔是名成已作時専者是名根本十善既尒十惡亦然

第三是十業道復有三種謂上中下或方便上根本中成已下或方便中根本上成已下或方便下根本上成已中（綺互作八准前可知）

第四依薩婆多論方便根本成已有心无心作（綺互作八准前可知）自下依三界六道發業多少有異第一就地獄明起不善依毗曇論云有五業道一惡口二綺語三貪四瞋五邪見於中惡口綺語及瞋彼受苦時三種現行惡罵獄卒故惡口現行即此惡口語不應時違法非正即落綺語尒時忿怒即是瞋恚此三不善地獄現行若論貪業及與邪見成就在心而不現行以彼癡凡未斷煩惱故貪邪見成就在心彼處男女各恒受苦无有男女共行邪事是故无此貪心現行以常受苦心識暗鈍不能推求因果有无是故亦无邪見現行自餘煞盜妄語兩舌彼處不行一向是无問若地獄不有現行貪及邪見業道者云何說彼成就此二若煩惱心法未斷已來雖不現行性恒成就不同身口七支色業是處作法發動方成无造作處則不說成故雜心論云地獄之中无相煞故无煞業道无受財故无盜業道无執受女人故无邪婬業道異想說故名妄語彼无異想故无妄語常樂離故无兩舌為苦所逼故有惡口不時說故故有綺語貪及邪見成就不行

第二第三明鬼畜道中十惡具有而无身口七支惡律儀也問今畜生中不知言者雖有音聲成口業不答彼起瞋時發聲則別雖非言辯亦成口業故成實論云畜生音聲是口業不荅雖无言說之別從心起故亦名為業亦可言具十者多是龍王辯人意志故具十業道自餘癡鈍畜生但可具身三意三六種餘四不具以口不解語故若據劫初畜生解人語者此亦可具十惡

第四就人中起罪行者人中即有四天下南閻東弗西耶此三方人起惡多故皆具十惡然東西則輕南方寂

重以有受惡律儀故若就北單以論罪者彼方唯有四不善業一綺語二貪三瞋四邪見由有歌詠故有綺語貪瞋邪見成而不行問北方有行欲事云何言无邪婬業道荅彼方无夫妻共相配疋雖有行婬事無相陵奪故無邪婬問既有行婬即貪欲現行云何而言但成不行荅彼起婬貪非俗能裁雖數現行聖說无罪但此貪心所起之婬尚非罪業不牽苦報何況內心能起之貪如世夫妻貪愛非制問北方之人既有歌詠等此不應法即是妄語云何不說有妄語業荅彼人淳直不行姧偽无誑他心故非妄語彼定千歲故無煞命彼方衣食地有粇米樹有寶衣自然而出无有守掌故无偷盜彼人和柔故無兩舌惡口等業故雜心論云欝單有四不善業道壽命定故無煞生無愛財故无盜無雜愛女人故无邪婬无欺他故無妄語常和合故无兩舌以柔軟故無麁言有歌歎故有綺語若論意業道雖成就而不現行



第五就天起罪行者此欲界六天有煞盜等於中雖有十不善業而无身口七種惡律儀故雜心論云欲界六天有十業道雖不律儀雖不害天而害餘趣如害脩羅亦有截手足斷而復還生若斬首則死展轉相奪乃至十業道一切皆有亦有薄福諸天乏少資緣更相攬竊故有盜業或有諸天自薄所受婬他美天故有邪婬自餘七業文顯可知

依十善分別者如毗曇論說於彼地獄趣中唯有意地三善業道然但成就而不現行北方亦同自餘一切皆具十善文顯可知

若論色无色天依阿毗曇則无不善據理而言亦有輕微三業不善謂彼意地有邪慢等身口業過如初禪中婆伽梵王語諸梵衆汝得住此我能令汝盡老死邊汝等不須詣瞿曇所黑齒比丘往彼問言初禪三昧依何三昧生從何三昧滅梵王荅言我是諸梵中尊者黑齒比丘言我不問梵王尊卑但問初禪三昧依何三昧生



從何三昧滅彼不能荅即捉尊者牽出衆外語尊者言我不能知初禪三昧從何三昧生從何三昧滅汝何忍在梵中損辱我也此是諂誑不善煩惱言佛不能令汝解脫即是謗佛綺語惡口上界唯有此諂誑發動身口微不善業然不於他人起麁違損以生上者曾修得定盡離欲界麁貪瞋等故得彼報還能修定雖有煩惱唯是癡心以迷道故起愛慢等樂修善行法望得勝他此等煩惱為定所壞故不損物不相違害若依毗曇上界煩惱非是不善說為无記此細貪等能汚淨心雖是无記體是染汚不同報生色心苦樂及威儀等白淨无記故論說為穢汚无記是汚穢故潤業受生若此煩惱不潤業者業種則燋永不牽報上界衆生不應更生由能潤業故得更生問上界煩惱既能潤業潤生得報何故非記荅上界煩惱雖復潤業唯得惣報受生而已不由此惑正感樂果亦不招苦故是无記不同下界不善煩惱感得惣報及別

報苦

若依成實論上二界中所起邪見皆名不善如彼論說人在色无色界謂是涅槃臨命盡時見欲色中陰即生邪見謂无涅槃謗无上法當知彼中有不善業又論說彼上界邪見是苦因緣道理上界攝其位判衆生心細所起惑微多不成業故名无記若攝通論不妨於中有起麁邪成不善者毗曇所說義當前判成實所論義當後通又攝望理彼細煩惱皆違理起悉是不善准依成實不善惡業三界通起唯有多少增微為異

述曰向來就九明諸罪障依身口發業竟若論聖人如須陁洹等出觀失念容有起意輕微不善生惡願等具欲結者貪瞋雖强片似餘九唯可直起貪欲瞋慢不更惡審起邪見心亦不起煞盜等心如依毗曇得有眷屬加拳等事輕不善業若依成論有意不善設動身口不成業報如滴水熱鐵雖濕還乾

罪行緣第三



述曰此別並寄就後福行說有罪行者但此罪行妄見境染執定我人取著違順使令自他皆成惡業是以經云貪欲不生滅不能令心惱若人有我心及有得見者是人為貪欲將入於地獄是故心外雖无別境稱彼迷情强見起染如夢見境起諸貪瞋稱彼夢者謂實不虛理實无境唯情妄見故智度論說如夢中无善事而善無瞋事而瞋无怖事而怖三界衆生亦復如是無明眠故不應瞋而瞋等故知心外雖無別境稱彼迷情妄見起染心外雖無地獄等相惡業成時妄見受苦如正法念經云閻魔羅人非是衆生罪人見之謂是衆生手中執持鈇然鐵鉗彼地獄人惡業既盡命終之後不復見於閻羅獄卒何以故以彼非是衆生數故如油炷盡則無有燈業盡亦尒不復見於閻羅獄卒如閻浮提日光既現則无暗冥惡業盡時閻羅獄卒亦復如是惡眼惡口如衆生相可畏之色皆悉磨滅如破畫壁畫亦隨滅惡業畫壁亦復如是不復見於閻羅獄卒可畏之色以此文證衆生惡業應受苦者自然无中妄見地獄問曰見地獄者所見獄卒及虎狼等可使妄見彼地獄處閻羅在中判諸罪人則有此境云何言无荅曰彼見獄主亦是妄見直是罪人惡業熏心令心變異无中妄見實無地獄閻羅在中故唯識論云如地獄中无地獄主而地獄衆生依自然業見地獄主與種種苦而起心見此是地獄處此是夜時此是晝時我以惡業故見狗見烏或見山壓以此文證善惡熏心令心異見實无地獄是故心外雖无地獄惡業成時强自妄見問曰此苦業報既非善事寧不直尒說善令習何須稱情說苦業耶荅曰善惡因果法須相對若不說其貪等是過何由得顯施等是善若不宣說三塗是苦无由得顯人天等樂是故須說九夫罪行令人識知猒離歸善若鈍根者聞此苦業生猒離時即求世樂因此轉心修諸福業若利根者聞此苦業生猒離時即求解脫因

此轉心能修道觀便於惑中得起出世因故經說言一切煩惱皆是佛種故知苦業猒離之本起善之緣是故須說若不說此惡業罪行衆生不識常行不斷雖稱情見說諸過惡然實心外无別業苦唯識无境心體恒淨故經說言雖說貪欲之過而不見法有可貪者雖說瞋恚之過而不見法有可瞋者雖說愚癡之過而知諸法不癡无從雖示衆生墮三惡道怖畏之苦而不得地獄餓鬼畜生之相以此文證知罪行因果唯心无外凡愚不解稱情方便須說業苦向來兩門就其實教說罪體真无別可破以愚未解須定說罪此是別明愚人迷真妄解故須定說罪行意也

福行緣第四

述曰此明福行者對前罪行說此福行先明凡夫修欲界善者但使亂心修諸事福而生下界名欲界業五道之中皆悉得起先就地獄述者依毗曇說地獄之人亦有三善業即是意地三善根此唯成就非是現行以是



難處多不聞法思量趣道故无現行若論生得善根地獄亦有如仙譽國王煞五百婆羅門生地獄中發生信心生甘露國故知現行若依成論亦說地獄有善現行雖无力勵方便起善修獲聖道然有生得善根起善謂諸衆生无始已来曾修世間信進念等未起邪見謗无因果此善不滅生便得之名為生得善依此善根得起善心若有宿業感緣强者大聖現化令苦止息為說道法得修方便第二畜生龍等亦有修善如涅槃經佛說義時无量鳥獸發善提心生於天上若依毗曇鬼畜十善非律儀攝以其身口七善律儀普於一切衆生處起以鬼神不能受故故薩婆多論畜生以癡鈍故不發律儀若依成論鬼神畜等亦有得戒

若就人中北單越人唯成意地三善業道而不現行不斷善故至劫盡時人皆修禪彼獨不能離欲非分自餘三方皆有十善有不具者

若就欲界六天以論即无出家別解



脫戒但有十善及在家戒故成論云如天帝釋多受八戒龍等亦受不為在人若論色界諸天以論依毗曇生上失下上界不起下界善業以其界地因果斷故身生上界下地法斷此據有漏在下成上生上失下便不修起若依成論上得成下亦得寄起下界善業如諸梵天見佛礼拜發言讚歎即是散善此是寄起欲界善業若依毗曇毗婆沙論等梵天礼讚非欲界善是其初禪威儀心起據此所依无記非善據外身口是上色業此明欲界乱善福業依身起處竟

第二明色界四禪定業依身起處若鬼畜中值聖强緣能悟道者亦得修起以其无漏依禪起故縱无根本深定正體必有麁淺未来禪心此未来禪是色界業依此未来斷欲結時此業則招初禪梵果若就人天以論修色界業除北單越无修禪者自餘三方及欲界天皆得修起色界十善謂得禪者意地有三所謂无貪无瞋正見若論身口七善業者謂依定心發

得禪戒禪戒則是身口七善故得禪時有色十善若就无色諸天以論依毗曇无色界天不得修起色界定業生上捨下界地斷故若依成論凡生无色亦得起下色界中業此明色界禪定福業十善業道依身越處若論无色四空定業依身起處三界人天皆得修起上來明諸福行依身起處竟若論聖人起福非關凡夫希故不述

雜業緣第五

述此行名聖說不定所謂罪行諸經或說名黑黑業及不善業凡夫福行諸經或說名黑白業及以善業名雖種種行體无殊行體云何如智論說煞害等是不善業布施等是善業此則是說罪福二行言煞等者等取十惡齊名罪行言施等者等取事中戒定等業同是世善俱名福行此世善中八禪定者望欲界亂善名不動行若望出世理觀智慧此緣事住則名福行如說六度前五度中所有禪定通亦名福但諸罪福人行不同或專修福或唯造罪或復有人罪福俱行



專修福者所謂淨心為益他人行施戒等唯造罪者謂无慈潤動身口意皆為損他罪福俱者謂修福時內心不淨或兼損物此則是其欲界雜業非純淨故亦名不淨若論罪行麁顯可知若論雜業與淨福行有同有異稍隱難知謂諸修福據其外相事中信樂所作皆同若據內心為自為他所求各別精麁不等以諸修福外同內異故有純雜二業不同若能調心慈悲愍物隨所施為皆成大善若不守念視相修福內麁外細准成雜業稱彼愚情雖謂過世理實違道亦非淨福以修福時不觀生空我倒常行遍通三性所有作業與倒相應是假取性是故迷道以不著心多求世報又多求名故非淨福以此純雜世俗多迷今略偏論令人識行先論雜業後明淨福但諸雜業自有麁細麁者為惡兼損他人細者自為唯求世報先論麁雜若就施論或有非法取財施者如盜他物以用布施此感來報還常褒耗施已生悔得果亦然故優



婆塞經云若人施已生於悔心若劫他財持以布施是人未來雖得財物常耗不集或有為施兼損他者謂若施時不正念善或生瞋恚或起高慢當墮惡道雖得福報畜中別受不感人天故分別業報經偈云

修行大布施　惡性多瞋怒　不依正憶念
後作大龍身　能修大布施　高心陵蔑人
由斯業行生　大力金翅鳥

若為修福求世報者如捨財時自求來報或恐身財无常故捨或為名聞專求自益此非慈悲為濟貧苦猶如市易非純淨業是以經中名不淨施如百論說為報施者是名不淨施如市易故報有二種現報者名稱敬愛等後報者後世富貴等名不淨施辟賈客遠到他方雖持雜物多所饒益然非憐愍衆生以自求利故是業不淨布施求報亦復如是以此證知無實慈愍自求名稱或為來報縱雖廣施皆非淨業業非淨故得報不精故分別業報經云若為生天施或復求名聞酬恩及望報恐怖故行施獲果

不清淨所受多畏避施行既介戒華諸善不淨同此故百論云不淨持戒者自求樂報若持戒求天上與天女娛樂若人中富貴受五欲樂為婬欲故如覆相者内欲他色外作親善是名不淨此外細心不淨持戒如阿難語難陀說偈云

如羝羊相觸　將前而更却　汝為欲持戒
其事亦如是

開心專為益他得福則多又於施境有貧有病或有知法而乏所須若施令彼得益長善所施有宜獲福則多故賢愚經云佛讚五施得福无量所謂施遠來者遠去者病瘦者於飢餓時施於飲食施知法人如是五施現世獲福此施有宜現獲多福不同求名施非要處雖多割捨不得淨報又隨喜他施者若望諸極麁造不善者是其細罪亦得名善若望離欲及專為他此之雜業則是其罪故智度論云麁人有麁罪細人有細罪故此雜業罪福俱行望心非純是不淨業上来明其罪福俱行是其欲界不淨雜業竟若論淨業翻前可知故百論云淨施者若人愛敬利益得福亦多故



因果經偈云

若有貧窮人　无財可布施　見他修施時
而生隨喜心　隨喜之福報　與施等无異

又丈夫論偈云

悲心施一人　功德大如地　為已施一切
得報如芥子　救一厄難人　勝餘一切施
衆星雖有光　不如一月明

若諸凡夫造其罪福不解因果善惡无性是為迷事取性常繫三有故智度論云辟如蠅无處不著唯不著火燄衆生愛者亦復如是善不善法中皆著乃至非想亦著唯不著般若波羅蜜性空大火以此證知無善惡性常輪五道即當无佛性衆生也此略明凡夫罪福二行迷事取性所依經論竟

又雜寶藏經云昔佛在世時波斯匿王有其一女名曰善光聡明端正父母憐愍舉宮愛敬父語女言汝因我力舉宮愛敬女荅父言我自有業不因父王王聞瞋忿而語之言今當試汝有自業力即遣左右覓一最下貧窮乞人以女付之王語女言汝自有業不假我者從今可驗女猶荅言我有業力即共窮人相將出去婦問夫言有父母不夫荅婦言我父母先此舍衛城中第一長者父母居家都已死盡无所依怙是以窮乞婦復問言汝今頗知故宅處不荅言知處但宅毀壞遂有空地夫婦相將往至故舍周歷案行隨其行處伏藏自出即以珎寶雇人造宅未盈一月宮宅悉成宮人伎女奴婢僕使不可稱計王卒憶念我女善光云何生活有人荅王善光女郎宮室錢財不减於王王女即日遣其夫主往請於王王即受請見其家内宮宅莊嚴歎未曾有王往問佛此女先世作何福業得生王家身有光明佛荅王言乃往過去九十一劫毗婆尸佛入涅槃後有槃頭王以佛舍利起七寶塔王大夫人見即便以天冠拂飾著像頂上以天冠中如意寶珠著塔棖頭因發願言使我將来身有光明紫磨金色尊榮豪貴莫

墮三惡八難之處昔夫人者今善光是後於過去迦葉佛時復以餚饍供養佛僧而夫遮斷婦即勸請我今已請使得充足夫還聽婦介時婦者今善光是介時夫者今日夫是由前遮婦恒常貧賤以還聽故要因其婦得大富貴無其婦時後還貧賤以是因緣善惡之業逐身受報未曾違失

又雜寶藏經云佛在世時波斯匿王時於眠中聞二內官共諍道理一人說言我依王活一人荅言我自依業不依王也王聞可彼依王活者而欲賞之即遣直人語夫人言我今當使一人往者重與財物尋即遣彼依王活者持所飲酒送與夫人此人出戶鼻中血出不得前進尋即倩彼依業者送夫人見已重賜錢財衣服瓔珞來到王前王見深怪即便喚彼依王活者而問之言我使汝去云何不去彼即向王具白情事王聞歎言佛語真實自作其業還自受報不可奪也由是觀善惡報應自業所引非天非王之所能與要須自作自得起於正見言業果報近獲人天遠招佛果若違聖教具受前苦

頌曰

尋因途乃異　及捨趣猶并　苦極思歸樂
樂極苦還生　豈非罪福別　皆由封著情
若斷有漏業　常見法身寧

諸經要集卷第十一

諸經要集卷第十一

校勘記

一　底本，金藏廣勝寺本。

一　六七〇頁中一二行末字「果」，資、磧、普、南、徑、清作「重」。

一　六七〇頁中一四行「莫知」，資、磧、普、南、徑、清作「莫能」。

一　六七一頁中一一行第一〇字「結」，徑、清無。

一　六七一頁中一六行「所有」，徑作「有所」。

一　六七一頁中二二行第五字「時」，資、磧、普、南、徑、清無。

一　六七二頁中一行「専者」，諸本作「専著」。

一　六七二頁下五行「无愛」，諸本作「無受」。次頁上一九行，資、磧、普、南、徑、清同。

一　六七三頁上二二行「故有」，徑作「故無」。

一　六七三頁中八行第六字「攪」，資、

磧、普、南、徑、清作「濫」。

一 六七三頁中九行「所受」，資、磧、普、南、徑、清作「所愛」。

一 六七四頁上一四行第六字「九」，諸本作「凡」。

一 六七四頁上一八行「惡審」，諸本作「思審」。

一 六七四頁上二二行第四字「還」，徑作「難」。

一 六七四頁中九行「善事而善」，資、磧、普、南、徑、清作「喜事而喜」。

一 六七四頁下一一行「我以」，資、磧、普、南、徑、清作「或以」。

一 六七五頁上七行第六字「説」，資、磧、普、南、徑、清作「説言」。

一 六七五頁上一〇行第四字「從」，諸本作「礙」。

一 六七六頁上六行「越處」，諸本作「起處」。

一 六七六頁上九行「九夫」，諸本作「凡夫」。

一 六七六頁上一一行首字「述」，諸本作「述，曰」。

一 六七六頁下一行「經云」，資、磧、普、南、徑、清作「戒經云」。

一 六七七頁上二行「百論」，徑作「不論」。

一 六七七頁中七行「大如地」，資、磧、普、南、徑、清作「如大地」。

一 六七七頁中二二行「不因」，資、磧、普作「力不因」，南、徑、清作「力不用」。

一 六七七頁下一行「即遣」，資作「即道」。

一 六七七頁下一五行首字「日」，資、磧、普、南、徑、清作「便」。

一 六七八頁上八行「逐身」，資、磧、普、南、徑、清作「隨逐」。

一 六七八頁上一六行第一一字「倩」，資、磧作「債」。

諸經要集卷第十二

欲蓋部第二十（此有三緣）

四生部第二十一

述意緣

五欲緣

五蓋緣

西明寺沙門釋道世集　帳

述意緣第一

竊尋經論行者修道皆云五欲是障道本若不學斷無由證聖欲知根本略述三種一自內五根二外諸五塵三所生五識由此三故能生染欲故涅槃經云善男子辟如惡象心未調順有人乘之不隨意去遠離城邑至空曠處不能善攝此五根者亦復如是將人遠離涅槃城邑至於生死曠野之處善男子辟如佞臣教王作惡五根佞臣亦復如是常教眾生造元量惡辟如惡子不受師長父母教勅則元惡不造不調五根亦復如是不受師長善言教勅無惡不造善男子凡夫之人不攝五根常為地獄畜生



餓鬼之所賊害亦如怨盜害及善人又遺教經云五根賊禍殃及累世為害甚重不可不慎是故智者制而不隨持之如賊假令縱之皆亦不久見其磨滅也夫論蓋者是蔭覆義謂覆障行者令志性昏沉定慧不明隱沒善人是修道正障故名為蓋故對法論云此蓋能令善品不得顯了是蓋義覆蔽其心障諸善品令不得轉故名蓋義前之五欲從外五塵而生此之五蓋從內五根而發也

五欲緣第二（此有三緣）

第一欲繫苦者夫論五欲者既有其根便發五欲繫縛眾生不得解脫故涅槃經云凡夫之人五欲所縛令魔波旬自在將去如彼獵師擒捕獼猴擔負歸家善男子辟如國王安住已界身心安樂若至他界則得眾苦一切眾生亦復如是若能自住於已境界則得安樂若至他界則遇惡魔受諸苦惱自境界者謂四念處他境界者謂五欲也五欲者男女身上色聲香味觸等是也即此五欲亦須為義



貪著五塵名為欲也并意識觸緣之境名曰法塵此之六塵非直名為魔所行處復得惡賊之名故涅槃經云如六大賊能劫一切人民財寶六塵惡賊亦復如是能劫一切眾生善財如大六賊若入人舍則能劫奪現家所有不擇好惡令巨富者忽尒貧窮是六塵賊亦復如是若入人根則能劫奪一切善法善法既盡貧窮孤露作一闡提是故菩薩諦觀六塵如六大賊

第二欲障苦者夫論欲過者謂五欲弊魔六塵惡賊佛判邪惑迷障佛性故涅槃經云眾生五識雖非一念然是有漏復是邪倒增長諸漏為一切凡夫取著於色乃至著識以著色故則生貪心生貪心故為色繫縛乃至為識之所繫縛以繫縛故則不得免於生老病死憂悲大苦一切煩惱又云若有菩薩自言戒淨雖復不與女人和合言語嘲調聽其音聲然見男子隨逐女時或見女人隨逐男時便生貪著如是菩薩成就欲法毀破淨

戒汙厚梵行令戒雜穢不得名為淨
戒具足
又智度論云菩薩觀種種不淨於諸
衰中女衰最重刀火雷電霹靂怨家
毒虵之屬猶可暫近女人慳妬瞋諂
妖穢鬪諍貪嫉不可親近何以故女
子小人心淺智薄唯欲是覩不觀富
貴智德名聞專行欲惡破人善根桎
梏枷鏁閉繫囹圄雖曰難解猶尚易
開女鏁繫人染著根深无可得脫衆
病最重如佛偈言
寧以熱鐵　婉轉眼中　不以染心
邪視女色　含笑作姿　憍慢羞慙
迴面攝眼　美言妬瞋　行步妖穢
以惑於人　婬羅弥綱　人皆沒身
坐卧行立　迴眄巧媚　薄智愚人
為之所醉　執劍向敵　是猶可勝
女賊害人　是不可禁　蚖虵含毒
猶可手捉　女情惑人　是不可觸
有智之人　所不應視　若欲觀之
當如母姊　諦視觀之　不淨填積
婬火不除　為之燒滅
色過既尒自餘香味觸等例皆如然



一切衆生无始已来永沉生死不能
出離者寔由女色繫縛難脫盲无慧
眼見生死坑致之陷墜今惟道俗不
觀欲患向之馳走何日返之得免斯
過心恒被染不能暫捨戒尚不存焉
有定慧佛性觀哉故涅槃經偈云
作惡不即悔　如乳即成酪　猶灰覆火上
愚者輕蹈之
第三呵欲苦者如智度論云行者當
呵五欲云哀哉衆生常為五欲所惱
而求之不已將墜大坑得之轉劇如
火炙疥五欲無益如狗齩骨五欲增
諍如鳥競肉五欲燒人如逆風執炬
五欲害人如踐惡虵五欲無實如夢
所得五欲不久如假借須臾世人愚
惑貪著五欲至死不捨為之後世受
無量苦此之五欲得時須臾樂失時
為大苦如蜜塗刀舐者貪甜不知傷
舌其五欲者名為色聲香味觸此之
五事禪家正障若欲修定皆應棄之
上來三門總叙五欲
自下五門別呵五欲
第一呵色欲過如頻婆娑羅王以色
故身入敵國獨在婬女阿梵婆羅房



中優填王以色染故截五百仙人手
如是等種種因緣是名呵色欲過失
第二呵聲欲過者如聲相不停暫聞
即滅愚癡之人不解聲相无常變失
故於音聲中妄生好樂於已過之聲
念而生著如五百仙人在山中住甄
陁羅女於雪山池中浴聞其歌聲即
失禪定心醉狂逸不能自持失諸功
德後墮惡道有智之人觀聲生滅前
後不俱无相及者作如是知則不染
者若斯人者諸天音樂尚不能乱何
況人聲如是等種種因緣是名呵聲
欲過失故論云如五百仙人飛行時
聞緊陁羅女歌聲心著狂醉皆失神
足一時墮地如聲聞聞緊陁羅王乇
崘摩彈琴歌聲以諸法實相讚佛是
時須弥山及諸樹木皆動大迦葉等
諸大弟子皆於坐上作儛不能自安
天鬚菩薩問大迦葉汝最大耆年行
於頭陁第一今何故不能制自心大
迦葉荅曰我於人天諸欲心不傾動
是菩薩无量功德報聲復以智慧變
化作聲所不能忍譬如八方風起不

能令須弥山動若劫盡時毗嵐風至吹須弥山令如腐草如阿修琴常自出聲隨意而作无人彈者此亦無散心亦無攝心是福德報生故隨意出聲法身菩薩亦復如是無所分別亦無散心亦无說法相是無量福智因緣故

第三呵香欲過者人謂著香少罪染愛於香開結使門雖復百歲持戒能斷一時壞之如有阿羅漢常入龍宮食已以鉢授與沙弥令洗鉢中有殘飯數粒沙弥齅之大香食之甚美便作方便入師繩牀下兩手捉繩牀脚其師至時與繩牀俱入龍宮龍言此未得道何以將来師言不覺沙弥得飲食又見龍女身體端正香妙無比心大染著即作惡願我當作福奪此龍處居其宮殿龍言後莫將此沙弥来沙弥還已一心布施持戒專求所願願早作龍是時遶寺足下水出自知必得作龍逕至師本入處大池邊以袈裟覆頭而入即死變為大龍福德大故即煞彼龍舉池盡赤未介之

諸經要集卷第十二　第七丈　恨

前諸師及僧呵之沙弥言我心已定心相已出將諸衆僧就池觀之如是因緣由著香過復有一比丘在於林中蓮華池邊經行聞蓮華香鼻受心著池神語言汝何以捨彼林下禪靜坐處而偷我香以著香故諸結臥者皆起時更有一人来入池中多取其華掘挽根莖狼籍而去池神默無所言比丘言此人破汝池華汝都無言我但池岸邊行便見呵罵云我偷香池神言世間惡人常在罪垢糞中不淨没頭我不共語也如汝是禪行好人而著此香破汝好事是故呵汝辟如白疊鮮淨而有黑物點汙衆人皆見彼惡人者辟如黑衣以黑點黑人所不見誰問之者如是等種種因緣是名呵香欲過失

第四呵味欲過者當自覺悟我但以貪著美味故當受罪苦洋銅灌口敢燒鐵丸若不觀食嗜心堅著墮不淨虫中如一沙弥心常愛酪諸檀越餉僧酪時沙弥每得殘分心中愛著樂喜不離命終之後生此殘酪瓶中沙

諸經要集卷第十二　第八張　恨

弥師得羅漢僧分酪時語言徐徐莫傷此愛酪沙弥諸人言此是虫何以言愛酪沙弥答言此虫本是我沙弥但坐貪愛殘酪故生此瓶中師得酪分虫在中来師言愛酪人汝何以来即以酪與之復有一國王名曰月分王有太子愛著美味王守園者日送好果園中有一大樹樹上有鳥養子常飛至香山中取好香果以養其子衆子諍之一果墮地守園人晨朝見之奇其非常即送與王王珎此果香色殊異太子見之便索王愛其子即以與之太子食果得其氣味染心深著日日欲得王即召園人問其所由守園人言此果無種從地得之不知所由来也太子啼泣不食王催責園人仰汝得之園人至得果處見有鳥巢知鳥銜来翳身樹上伺欲取之鳥母来時即奪得果將送日日如是鳥母怒之於香山中取毒果其香味色令似前者園人奪得輸王王與太子食之未久身肉爛壞而死如是等種種因緣是呵味欲過失

諸經要集卷第十二　第九張　恨

第五呵觸欲過者此觸是結使之因是縛心之本何以故餘四情各當分此則遍身染著以其難捨常作重罪尒時世尊為諸比丘說本生因縁過去久遠世時波羅柰國山中有一仙人以仲秋之月於澡槃中小便見麑鹿合會婬心即動精流槃中麑鹿飲之即時有娠月滿生子形類如人唯頭有一角其足似鹿鹿當產時至仙人菴邊而產見子是人以付仙人而去仙人出時見此鹿子自念本縁知是已兒取已養育及其年大勤教學問通十八種大經又學坐禪行四無量心得五神通一時上山值大雨泥滑其足不便躃地破其軍持又傷其足便大瞋恚以軍持盛水呪令不雨仙人福德諸龍鬼神皆為不雨不雨故五穀五果盡皆不生人民窮乏無復生路波羅柰王憂愁懊惱命諸大官集議雨事明者議言傳聞仙人山中有一角仙人以足不便故上山躃地傷足瞋呪此雨令十二年不墮王思惟言若十二年不雨我國了矣无



復人民王即開募其有能令仙人失五通屬我為民者當分國半治是國有婬女名曰扇陁端正巨富來應王募女問諸人此是人非衆人言是仙人所生婬女言若是人者我能壞之作是語已即取金槃盛好寶物語王言我當騎此仙人項來婬女即時求五百乘車載五百美女五百鹿車載種種歡喜丸皆以衆藥草和之以綵畫令似雜果及持種種大力美酒色味如水服樹皮衣行林樹閒以像仙人於仙人菴邊作草菴而住一角仙人遊行見之諸女皆出迎逆好花妙香供養仙人仙人大喜諸女以美言敬辭問訊仙人將入房中坐好牀褥與好淨酒以為淨水與歡喜丸以為果蓏食飲飽已語諸女言我從生已來初未得如此好果好水諸女言我一心行善故天與我願得此好水好果仙人問諸女言汝以何故膚色肥盛荅言我曹食此好果飲此美水故肥如此女白仙人言汝何以不在此閒住荅曰我亦可住耳女言可共澡



洗即亦可之女手柔軟觸之心動便與諸女更互相洗欲心轉生遂成婬事即失神通天為大雨七日七夜令得歡樂飲食七日以後酒食皆盡繼以山水木果其味不美更索前者荅言已盡今當共行去此不遠有可得處仙人言隨意即便共出去城不遠女便在道中卧言我極不能復行仙人言汝不能行者騎我項上當擔汝女先遣信白王王可觀我智能王勑嚴駕出而觀之問言何由得尒女白王言我以方便力故今已如此無所復能令住城中好供養恭敬之足吾所欲拜為大臣住城少日身轉羸瘦念禪定心樂猒世欲王問仙人汝何不樂身轉羸瘦仙人荅王我雖得五欲常自憶念林閒閑靜諸仙遊處不能去心王自思惟若能強違其志為苦苦極則死本以求除旱患今已得之當復何縁強奪其志即發遣之既還山中精進不久還得五通佛告諸比丘其一角仙人者即我身是也其婬女者今耶輸陁羅是尒時以歡喜

諸經要集卷第十二　第十三張　恨

丸惑我我未斷結為之所惑令復欲以藥歡喜丸惑我不可得也以是事故知細軟觸法能動仙人何况愚夫如是等種種因緣是名呵觸欲過失如是能呵五欲便除五盖也

五盖緣第三

問曰云何名為五盖荅曰一貪欲盖二瞋恚盖三睡眠盖四掉悔盖五疑盖第一貪欲盖者謂端坐修禪心生欲覺妄念相續未之不已遂致生患如智度論術婆伽以思王女欲心內發尚能燒身延及天祠况生欲毒熾而不燒諸善法心若著欲無由近道故論偈云

入道慙愧人　持鉢福眾生　云何縱欲塵
沉没於五情　已捨五欲樂　棄之而不顧
如何還欲得　如愚自食吐　諸欲求時苦
得時多怖畏　失時多熱惱　一切无樂處
諸患如是已　云何能捨之　得福禪定樂
則不為所欺

第二瞋恚盖者瞋是失諸善法之根本墮諸惡道之因緣法樂之怨家善心之大賊惡口之府藏禍患之刀斧

諸經要集卷第十二　第十四張　恨

若修道時思惟此人惱我及惱我親讚歎我怨嗇度過去未來亦復如是是為九惱處故生瞋瞋念覆心故名為盖當急棄之无令增長如智度論釋提婆以偈問佛云

何物煞安隱　何物煞无憂　何物毒之根
吞滅一切善

佛說偈荅云

煞瞋即安隱　煞瞋即无憂　瞋為毒之根
瞋滅一切善

如是知已當修慈悲以忍除滅令心清淨觀聲空假不應起瞋故智度論云菩薩知諸法不生不滅其性皆空若人瞋恚罵詈若打若煞如夢如化觀聲本无唯是風聲從緣而有何須可瞋故論云如欲語時口中風名憂陁那還入至齊觸齊響出響出時觸七處起是名語如偈言

風名優陁那　觸齊而上出　是風七處觸
項及斷齒脣　舌咽及以胷　是中語言生
愚人不解此　惑著起瞋癡

又優婆塞經云有智之人若遇惡罵當作是念是罵詈字不一時生初字

諸經要集卷第十二　第十五張　恨

生時後字未生後字生已初字復滅若不一時云何是罵直是風聲我云何瞋故智度論云菩薩觀眾生雖復百千劫罵詈不生瞋心若百千劫稱讚亦不歡喜了知音聲生滅如夢如響

第三睡眠盖者謂內心昏憒名之為眠五情暗蔽放恣支節委卧垂熟名之為睡以此睡眠盖能破今世後世實樂如此惡法冣為不善何以故餘盖情覺可除眠如死人無所覺觸以不覺故難可除滅如智度論云菩薩教誡睡眠弟子說偈云

汝等勿抱死屍卧　種種不淨假名人
如得重病箭入身　諸苦痛集安可眠
如人被縛將去煞　灾害垂至安可眠
結賊不滅害未除　如共毒虵同室宿
亦如臨陣白刃間　尒時云何而可眠
眠為大暗无所見　日日欺誑奪人明
以眠覆心无所見　如是大失安可眠

第四掉悔盖者有三一口掉者謂好喜吟詠諍競是非無益戲論世俗言語等名為口掉二身掉者謂好喜騎

乘馳騁放逸捔力相撲扼腕指掌等名為身掉三心掉者心情放蕩縱意攀緣思惟文藝世閒才伎諸惡覺觀等名為心掉掉之為法破出家心故智度論偈云

汝已剃頭著染衣　執持瓦鉢行乞食
云何樂著戲掉法　放逸縱情失法利

既無法利又失世樂覺其過已當悉棄之所言悔者若掉无悔則不成蓋何以故掉時猶在緣中故後欲入定時方悔前所作憂惱覆心故名為蓋此有二種一者因掉後生悔如前所說也二者作大重罪人常懷怖畏毒箭入心堅不可拔如智度論偈云

不應作而作　應作而不作　悔惱火所燒
後世墮惡道　若人罪能悔　悔已莫復憂
如是心安樂　不應常念著　若有二種悔
若應作不作　不應作而作　是則愚人相
不以心悔故　不作而能作　諸惡事已作
不能令不作

第五疑蓋者謂以疑覆心故於諸法中不得定心定心無故於佛法中空无所獲如人入於寶山若无有手無



所能取復次通疑甚多未必障定今障定者有三種疑一疑自二疑師三疑法一疑自者而作是念我等諸根暗鈍罪垢深重其非人乎作此自疑定慧不發若欲學法勿當自輕以宿世善根難測故二疑師者彼人威儀相貌如是自尚無道何能教我作是疑惕即為障定欲除之法如臭皮囊中金以貪金故不可棄於皮囊行者亦尒師雖不清淨亦應生於佛想三疑法者如世人多執本心於所受法不能即信敬心受行若生猶豫即法不染心何以故如智度論偈云

如人在歧道　疑惑无所取　諸法實相中
疑亦復如是　疑故不勤求　諸法之實相
是疑從癡生　惡中之惡者　善不善法中
生死及涅槃　定實其有法　法中莫生疑
汝若懷疑惑　死王獄吏縛　如師子搏鹿
不能得解脫　在世雖有疑　當隨妙善法
辟如觀歧道　利好者應逐

問曰不善法无量无邊何故但捨五法答曰此五法中名雖似狹義該三毒亦通攝八万四千諸塵勞門第一



貪欲蓋即是貪毒第二瞋恚蓋即是瞋毒第三睡眠蓋疑蓋即是癡毒其掉悔一蓋即是等分攝合為四分煩惱一中即有二萬一千四中合有八萬四千諸塵勞門是故若能除此五蓋即能具捨一切不善之法辟如負債得脫重病得差如飢餓之人得至豐國如於惡賊之中得自免濟安隱无患行者亦尒除此五蓋其心清淨辟如日月以五事覆謂煙雲塵霧修羅手障則不明了心亦如是合喻可知

頌曰

五欲昏神識　五蓋蔽福力　六根成苦集
六賊乱心色　欲浪逐情飄　愛網隨心織
三毒障人空　四流漂不息　至金雖敗秋
斬籌方未極　觀鴿既無窮　猿攀此焉伏
自非絕欲蓋　何能遠昇陟　齊軾届寶城
共覩能仁德

四生部第二十一（此有六緣）

述意緣
會名緣
相攝緣
五生緣

中陰緣
受胎緣

述意緣第一

夫行善感樂近趣人天遠成佛果作惡招苦近獲三塗遠乖聖道愚人不信智者能知故有四生驅別六趣形分明暗異途昇沉殊路業緣之理皎然因果之報恒式也

會名緣第二

如般若經云一者卵生二者胎生三者濕生四者化生

又阿含口解十二因緣經云有四種生一腹生者謂人及畜生（胎生者是）二寒熱和合生者謂蟲蛾蚤虱（濕生者是）三化生者謂天及地獄四卵生者謂飛鳥魚鱉

又正法念經云畜生無量略說三處一者水行所謂魚等二者陸行所謂象等三者空行所謂鳥等或以天眼見諸畜生有四種生何等為四一者胎生所謂象馬牛羊之類二者卵生所謂虵蚖鵝鴨鷄雉衆鳥三者濕生所謂蚤虱蟣子之類四者化生如長面龍等故經曰生者新諸根起死者



諸受根滅

又善見論云一者色生二者無色生色生可壞無色生不可壞無色之生依於色生色心相依共成假者名之為生使前不滅後後不起前名之為死

又涅槃經云衆生佛性住五陰中若壞五陰名曰煞生若有煞生即墮惡道依此生死故有四生依㲉而生曰卵含藏而出曰胎假潤而興曰濕欻然而現曰化衆生所攝不過此四也

相攝緣第三

如婆沙論說云此欲界之中具攝六趣色无色界各攝六趣少分所以別者以欲界是亂地故衆生雜惡起業不純或善或惡以不同故隨業受報有多差別上之二界唯是定地衆生沉靜起業亦純是故无有多趣差別

問曰四生六趣相攝云何答曰如毗曇中說天及地獄一向化生鬼趣唯二謂胎及化人及畜生各具四生故此論問云為生攝於趣為趣攝於生即自答云

生攝一切趣　非趣攝於生　謂生中陰增



當知非趣攝

故知生寬趣狹以化生寬故全攝二趣及三趣少分地獄趣中一向化生

問曰六欲諸天既行欲同人何故無有胎生答曰欲受雖同行事不等故樓炭正法念經等云四天忉利此二地居行欲之時男女形交同人无異而無泄精與人不同自上四天一向空界炎摩天行欲意喜相抱或但執手而為究竟不至交合兜率天中意嬉語笑即為究竟不待相抱化樂天中共相瞻視即為究竟不待語笑他化天中但聞語聲或聞香氣即為究竟不待瞻視故異於人以天化生故從母膝化起鬼趣化生可知胎生者少隱如彼淨觀者說謂昔王舍城中有一女人為鬼精著身生五百鬼子又俱舍論云有鬼告目連云我晝生五子夜亦生五子隨生而食我竟无有飽時此為胎生鬼也阿修羅趣亦具胎化二生以有足配故有胎生修羅刼初從天而出即是化生又依觀佛三昧經說根本女修羅元從大海

泥卵濕潤中出通彼胎化亦具四生也人具四生者胎生現見可知卵如涅槃經說如毗舍佉母生一肉卵於中出其三十二卵如鞞婆沙論云問云何知人中有卵生荅曰如佛所說閻浮利地多有商人入海採寶得二鶴隨意所化失一在與共遊戲寢卧一室共彼合會遂生二卵卵漸濕熟便生二童後大出家學道得阿羅漢果一名尸婆羅二名優鉢尸婆問曰云何知人中有濕生荅曰如經所說有頂生王尊者遮羅尊者優婆遮羅梨女及柰女等即其事也問曰云何知人中有化生荅曰如刧初人是也得聖法者不復卵生濕生問曰何故不復卵生濕生耶荅曰卵生濕生是畜生趣所攝也畜具四生者胎卵濕生此三目覩可知其化生者依樓炭經云如四生金翅鳥還食四生龍化生食四胎生食三除化卵生食二除化及胎濕生還食濕生一除三可知

又起世經云大海之北為諸龍王及一切金翅鳥王故生一大樹名曰居吒



奢摩離隋言鹿聚其樹根本周七由旬入地二十由旬身高一百由旬枝葉遍覆五十由旬樹東面有卵生龍及卵生金翅鳥樹南面有胎生龍及胎生金翅鳥樹西面有濕生龍及濕生金翅鳥樹北面有化生龍及化生金翅鳥此四處各有宮殿縱廣六百由旬七重垣牆七寶莊嚴妙香遠熏諸鳥和鳴

又彼卵生金翅鳥王若欲搏取卵生龍時便即飛往居吒奢摩離大樹東枝之上觀大海水已乃更飛下以兩翅扇大海令水自開二百由旬即於其中銜卵生龍將出海外隨意而食卵生金翅鳥王唯能取得卵生龍等則不能取胎濕化生龍等若胎生鳥欲取卵生龍者還向樹東海中取之

又胎生鳥欲取胎生龍者即向樹南海中取之水開四百由旬此胎生鳥王唯能取卵胎二生龍不能取濕化二生龍也

又濕生金翅鳥王欲取卵生龍還向樹東海中取食又濕生鳥王欲取胎生龍即向樹南海中取食水開四百



由旬又濕生鳥王欲取濕生龍者即向樹西海中取之水開八百由旬濕生鳥王唯能取卵生胎生濕生龍等不能取化生龍也

又化生金翅鳥王欲取卵生龍即向樹東海中取之若欲取胎生龍者即向樹南海中取之若欲取濕生龍者即向樹西海中取之若欲取化生龍者即向樹北海中取之水開一千六百由旬彼諸龍等皆為此金翅鳥王之所食敢

又觀佛三昧經云佛言閻浮提中及四天下有金翅鳥名伽樓羅王於諸鳥中快得自在此鳥業報應食諸龍於閻浮提日食一龍王及五百小龍第二日於弗婆提第三日於瞿耶尼第四日於欝單越各食如前周而復始經八千歲此鳥介時死相已現諸龍吐毒无由得食彼鳥飢逼周慞求食了不能得遊巡諸山永不得安至金剛山然後暫住從金剛山直下至大水際從大水際至風輪際為風所吹還至金剛山如是七返然後命終

諸經要集卷第十二　第二十五張　帳

共命終已以其毒故令十寶山同時火起尒時難陁龍王懼燒此山即大降雨渧如車軸鳥肉散盡唯有心在其心直下如前七返然後還住金剛山頂難陁龍王取此鳥心以為明珠轉輪王得以為如意珠

又樓炭經云天下諸龍以三熱見燒阿耨達龍王不以三熱見燒一餘龍王熱沙雨身上燒炙其痛二餘龍王起婬相向熱風來吹其身上燋即失顏色得此虵身便恐不喜三餘龍王被金翅鳥食悉皆恐怖天下餘龍悉見毒熱唯阿耨達龍王獨不見熱

又善見律云佛言龍有五事不得離龍身何者為五一行婬時若與龍共行婬得復龍身若與人共行婬不得復龍身二受生不離龍身三脫皮時四眠時五死時是為五事不得離龍身

問四食相攝云何荅如毗曇中說摠而言之六趣之中皆具四食然有寬狹不同如地獄中得有段食者如有鐵丸及洋銅汁雖復增苦以懷飢渴

諸經要集卷第十二　第二十六張　帳

故名段食又如輕繫獄中得具冷煖二風更手觸身亦名段食唯上二界無有段食以彼身輕妙故論偈云

四食在欲界　四生趣亦然　三食上二界

段食彼則无

問曰未知六趣中何食增耶荅曰如毗曇中說於六趣中謂鬼全趣及於卵生并前三无色皆思偏增何以然者以彼餓鬼趣中意行多故卵生衆生在卵穀時以思念母故卵得不壞前三無色亦如意行思惟多故是故皆悉思食增也又此人趣及與六欲天中皆段食偏增何以然者以此二處要假食持身命故又彼地獄全趣及與非想皆識食偏增何以然者以地獄中識持名色故非想地中以識持名故又彼色界及與濕生皆悉觸食偏增何以然者以色界中受修禪禁觸持身故濕生之中以因濕觸持身活故

五生緣第四

如地持論云菩薩生有五種住一切行安樂一切衆生一息苦生二隨類

諸經要集卷第十二　第二十七張

生三勝生四增上生五冣後生菩薩以願力故於飢饉世受大魚等身以肉救濟一切衆生於疾病世為大醫王救治衆病於刀兵世為大力王救息戰諍以法化邪及諸惡行如是无量皆悉往生是名息苦生菩薩以願自在力故於種種衆生天龍鬼神等迷相惱乱及諸外道起諸邪見悉生其中為其導首引令入正廣為宣說是名隨類生菩薩以性受生勝於世間壽色等報是名勝生菩薩從淨心住乃至冣上菩薩住於閻浮提自在受生一切受生處於中奇特是名增上生

冣上菩薩住受生調伏菩提衆具增上滿足生剎利婆羅門家得阿耨菩提作一切佛事是名冣後生三世菩薩皆此五種受生餘無上因此疾得阿耨菩提

又瑜伽論云諸菩薩生略有五種攝一切生一切菩薩受无罪生利益安樂一切有情何等為五一者除灾生二者隨類生三者大勢生四者增上

生五者㝡後生菩薩於諸飢饉作大
魚等並給一切皆令飽滿或有疫病
作大良醫息除疫疾或有爭戰以大
威力善巧息除或有惡王非理治罰
以願力哀愍一切或起邪見能除邪
惡是名略說除災横生或有菩薩以
大願力生趣異類方便化導令彼行
善是名略說隨類受生或有菩薩稟
性生時所感壽量形色族姓自在富
等㝡為殊勝所作事業自他兼利是
名略說大勢生或有菩薩住於十地
作十王報㝡為殊勝已得成滿即由
此業增上所感是名略說增上生
或有菩薩於此生中菩提資粮已極
圓滿或生大貴國王家能現等覺廣
作佛事是名略說㝡後生若諸菩薩
於去来今清淨仁賢妙善生處皆此
五生所攝除此无有若過若增唯除
凡地菩薩受生何以故此中意取有
知菩薩生大菩提果之所依止令諸
菩薩疾證菩提

中陰緣第五

如新婆沙論云中有多名或名中有



或名健達縛或名求有或名意成問
何名中有答居死有後在生有前二
有中間有自體起問何故中有名健
達縛答以彼食香而存濟此名唯屬
欲界中有問何故中有名求有耶答
於六處門求生有故問何故中有復
名意成答從意生故謂諸有情或從
意生或從業生或從異熟生（舊名果報）或從
婬欲生從意生者謂刧初人及諸中
有色無色界并變化身從業生者謂
諸地獄如契經說地獄有情業所繫
縛不能免離由業而生不由意樂從
異熟生者謂諸飛鳥及鬼神等由彼
異熟勢輕健故能飛行空或壁障無
㝵從婬欲生者謂六欲天及諸人等
諸中有身從意生者故兼意行故名
為意成（舊名中陰）

次依婆沙論問中有諸根具不具者
答一切中有皆具諸根初受異熟必
圓妙故有說不具者如印印物像現
如是中有趣本有故如本有時有根
不具此中初說於理為善謂中有位
於六處門遍求生處根必无缺此說



眼等非男女根色界中有无彼根故
欲界中有彼亦不定當受卵胎二類
生者住中有位有男女根至卵胎中
方有不具若不尒者應无受卵胎生
義問諸趣中有行相云何答地獄中
有頭下足上而趣地獄故伽他言

顛墜於地獄　足上頭歸下　由毀謗諸仙
樂寂修苦行

此諸天中有足下頭上如人以箭仰
射虛空上昇而行往於六趣餘趣中
有皆悉傍行如鳥飛空行所至處又
如壁上畫作飛仙舉身傍行求當生
處問中有行相皆如是耶答不必皆尒
且依人中命終者說若地獄死還生
地獄不必頭下足上而行若天中死
還生天趣不必足下頭上而行若地
獄死生於人趣應首上昇若天中死
生於人趣應頭歸下鬼及傍生二趣
中有隨所往處如應當知

次依論問中有生時為有衣不論答
色界中有一切有衣以色界中慙愧
增故慙愧即是法身衣服如彼法身
具勝衣服生身亦尒故彼中有常與

衣俱欲界中有多分無衣以欲界中分無慚愧唯除菩薩及白淨苾芻尼所受中有恒有上妙衣服有餘師說菩薩中有亦无有衣唯白淨尼等所受中有常與衣俱問何緣菩薩中有無衣而白淨尼有衣荅白淨尼曾以衣服施四方僧故彼中有常有衣服問若尒菩薩於過去生以妙衣服施四方僧白淨尼等所施衣服碎為微塵猶未為比如何菩薩中有无衣而彼有衣服荅由彼願力異菩薩故謂白淨尼以衣奉施四方僧已便發願言願我生生常著衣服乃至中有亦不露形由彼願力所引發故所生之處常豊衣服彼最後身所受中有常有衣服入母胎位乃至出時衣不離體如如彼身漸次增長後出家受具戒已輙成五衣勤修正行不久便證阿羅漢果乃至後涅槃時即以此衣纒身火焚菩薩過去三无數劫所修種種殊勝善行皆為迴向無上菩提利益安樂諸有情故由斯行願雖見相好而无有衣願力有殊不應為難



次依論問在中有位資段食不荅色界中有不資段食欲界中有必資段食問欲界中有段食云何有作是說欲界中有至有食處便食彼食至有水處便飲彼水由彼飲食以自存濟此說非理所以者何中有極多難周濟故謂契經說如從佘等瀉秔米等置食鑊中數極稠密五趣有情所受中有散在處處數量過彼若彼受用諸飲食者一切世間所有飲食唯供狗犬一類中有尚不周濟況餘中有而可充足又中有身既極微輕妙受麁重食身應散壞應作是說中有食香非食麁質故無前過謂有福者歆饗清淨花果食等輕妙香氣以自存活若无福者歆饗糞穢臭爛食等輕細香氣以自存活又彼所食香氣極少中有雖多而得周濟

次依論引世尊經中作如是說三事和合得入母胎父母俱有染心和合母身調適無病是時及健達縛正現在前此健達縛尒時二心展轉現前入母胎藏此中三事和合者一者父



母交愛和合二者母身是時調適三者健達縛是時正現在前時父母俱有染心和合者謂父母俱起婬貪而共合會母身調適是時者謂母起貪身心悅豫名身調適持律者說由母起貪身心渾濁如春夏水渾濁而流不能自持名身渾濁母腹清淨无風熱痰互增逼切故名无病由此九月或十月中任持胎子令不損壞言是時者謂諸母邑有穢惡事日月恒有血水流出此若過多由潤濕故不得成胎此若太少由乾稠故亦不成胎若此血水不少不多不乾不濕方得成胎名為是時是中有者入胎時故謂母血水於最後時餘有二滴父精最後餘有一滴展轉和合方得成胎及健達縛正現在前者謂即中有此處現在前非於餘處非前非後此健達縛尒時二心展轉現前入母胎藏者謂健達縛將入胎時於父於母愛恚二心展轉現起方得入胎若男中有將入胎時於母起愛於父起恚

次依論問中有何處入於母胎有作

是說中有无㝵隨所樂處而便入胎
問若中有身无能障㝵如何依住此
母胎中荅業力所拘故依此住有情
業力不可思議無障㝵物令有障㝵
是故於此不應為難應作是說中有
入胎必從生門是所愛故由此理趣
諸雙生者後生為長所以者何先入
胎者必後出故問菩薩中有何處入
胎荅從右脇入正知入胎於母母想
无婬愛故復有說者從生門入諸夘
胎生法應尒故問輪王獨覺先中有
位何處入胎荅從右脇入正知入胎
於母母想无婬愛故復有說者從生
門入諸夘胎生法應尒故有餘師說
菩薩福智極增上故將入胎時无顛
倒想不起婬愛輪王獨覺雖有福慧
非極增上將入胎時雖無倒想亦起
婬愛故入胎位必從生門入也
次依論引施設論說若彼父母福業
增上子福業劣不得入胎若彼父母
福業劣薄子福業勝不得入胎要父
母子三福業等方得入胎
問若富貴丈夫與貧賤女合或富貴



女人與貧賤男合如何中有亦得入
胎荅富貴男子與貧賤女人合時必
於自身起下劣想於彼女人生尊勝
想富貴女人與貧賤男子合時必於
自身生下劣想於彼男子起尊勝想
貧賤男子與富貴女人合時必於自
身生尊勝想於彼女人起下劣想貧
賤女人與富貴男子合時必於自身
起尊勝想於彼男子生下劣想子於
父母將入胎位應知亦然故入胎時
皆有等義
次依論問中有微細一切墻壁山崖
樹木皆不能㝵此彼中有為相㝵耶
有作是說此彼中有亦不相㝵以極
微細相觸身時不覺知故復有說者
此彼中有亦互相㝵以相遇時此彼
展轉有語言故問若尒寧說中有无
㝵荅於餘无㝵非謂中有問此彼中
有皆相㝵耶荅自類相㝵非於餘類
謂地獄中有但㝵地獄中有乃至天
中有但㝵天中有有作是說劣㝵於
勝以麁重故勝不㝵劣以細輕故謂
地獄中有㝵五中有傍生中有㝵四



中有鬼界中有㝵三中有人中有㝵
二中有天中有唯㝵天中有
又正法念經云有十七種中陰有法
汝當係念行寂滅道若天若人念此
道者終不畏於閻羅使者之所加害
何等十七中陰有耶
第一若人中死生於天上則見樂相
中陰猶如白疊垂欲墮地細軟白淨
見園林華池聞諸歌儛戲笑次聞諸
香一切愛樂無量種物和合細觸即
生天上以善業故現得天樂含笑怡
悅顏色清淨親族兄弟悲啼號泣以
善相故不聞不見心亦不念於臨終
時初生樂處天身相似如印文成見
天勝處即生愛境故受天身是則名
曰初生中陰有也
第二中陰有者若閻浮提人命終生
欝單越則見細軟赤疊可愛之色即
生貪心以手捉持舉手攬之如攬虛
空親族謂之兩手摸空復有風吹若
此病人冬寒之時暖風來吹除其寒
苦若暑熱時涼風來吹除其欝蒸令
心喜樂以心緣故不聞哀泣悲啼之

聲若其業動其心亦動聞其悲聲吹生異處是故親族臨終悲哭甚為障㝵若不妨㝵生欝單越中間次第有善相出見青蓮花池鵝鴨鴛鴦充滿池中即走往趣入中遊戲欲入母胎從華池出行於陸地見於父母欲染和合因於不淨以顛倒見見其父身乃是雄鵝母為雌鵝若男子生自見其身作雄鵝身若女人生自見其身作雌鵝身若男子生於父生㝵於母生愛若女人生於父生愛於母生㝵是名生欝單越第二中陰有也

第三中陰有者若閻浮提中死生瞿耶尼則有相現若臨終時見有屋宅盡作黃色猶如金色遍覆如雲見虛空中有黃疊相舉手攬之親族見弟說言病人兩手攬空是人尒時善有特盡見身如牛見諸牛群如夢所見若男子受生見其父母和合而行不淨自見人身多有宅舍見其父相猶如特牛除去其父與母和合若女人生自見其身猶如乳牛作如是念何故特牛與彼和合不與我對如是念已受女人身是名生瞿耶尼第三中陰有也



第四中陰有者若閻浮提人命終生於弗婆提界則有相現見青疊相一切皆青遍覆虛空見其屋宅悉如虛空恐青疊隱以手遮之親族說言遮空命終見中陰身猶如馬形自見其父猶如駁馬母如騲馬父母交會愛染和合若男子生作如是念我當與此騲馬和合若女人生自見巳身如騲馬形作如是念如是駁馬何故不與我合作是念巳即受女身是名生弗婆提第四中陰有也

第五中陰有者若欝單越人臨命終時見上行相若大業心自在生天以手攬空如夢中所見好華上妙之香第一妙色香氣在手見華生貪令見此樹我當升之作是念巳即上大樹乃是升於須弥見天世界花果莊嚴我當遊行是名欝單越人下品受生第五中陰有也

第六中陰有者若欝單越人以中業故臨命終時欲生天上則有相現見蓮花池甚可愛樂衆蜂莊嚴一切皆香升此蓮花須臾乘空而飛猶如夢中生於天上作如是念我今當至勝蓮花池是名欝單越人中品受生第六中陰有也



第七中陰有者欝單越人以業勝故生三十三天善法堂等臨命終時見勝妙堂莊嚴殊妙其人尒時即升勝堂生此殿中以為天子是名欝單越人生於天上受上品生第七中陰有也

第八中陰有者若欝單越人臨命終時則有相現見於園林遊戲之處香潔可愛聞之悅樂不多苦惱其心不濁以清淨心即升空殿見諸天衆遊空而行猶如夢中三十三天勝妙可愛一切五欲皆悉具足從欝單越死生此天中是名欝單越人生此天處熏習遊戲及死時相第八中陰有也

第九中陰有者若瞿耶尼人命終生天有二種業何等為二一者餘業二者生業生於天上其人臨命終時則有相現以善業故喜捨命時氣不咽濁脉不斷壞諸根清淨見大池水其

水調適洋洋而流浮至彼岸既至彼岸見諸天女第一端正種種莊嚴戲笑歌儛其人見已欲心親近前抱女人即時生天受天快樂如夢中陰即滅是名第九中陰有也（毘耶尼人生有三品上中下業同一光明等一中陰一切相似不同欝單人三種受生差別相也）

第十中陰有者若弗婆提人臨命終時見於死相見於自業或見他業或見殿堂殊勝莊嚴心生歡喜欲近受生於殿堂外見衆婇女與諸丈夫歌頌娛樂於中陰有作如是念欲得同戲即入戲衆猶如睡覺即生天上是名第十中陰有也

第十一中陰有者諸餓鬼等惡業既盡受餘善業本於餘道所作善業猶如父母欲生天中則有相現若餓鬼中死欲生天上於餓鬼中飢渴燒身常貪欲食常念漿水欲命終時不復起念本念皆滅一切惡業皆悉不近雖見飲食唯以目視如人夢中見食不飲見天可愛即走往趣至於彼處即生天上是名第十一中陰有也

第十二中陰有者以愚癡故受畜生



身无量種類受百千億生死之身墮於地獄餓鬼畜生輪轉世間不可窮盡以餘善業畜生中死生二天處或生四天王天或生三十三天於畜生惡道苦報欲盡將得脫身則有相現臨命終時見光明現以餘善業癡心薄少或見樂處即走往趣如夢所見走往趣之即生天上是名第十二中陰有也

第十三中陰有者地獄衆生希有難得生於天上餘善因緣如業成熟是地獄人以業盡故將欲得脫從此地獄臨命終時則有相現命欲終時若諸獄卒擲置鑊中猶如水沫滅已不生若以棒打隨打即死不復更生若置鐵函置已即死不復更生若置灰河入已消融不復更生若鐵棒打隨打即死滅已不生若諸鐵烏食已不生若諸惡獸噉已不生是地獄人惡業既盡命終之後不復見於閻羅獄卒如油炷盡則无燈發地獄中陰有相不現忽於虛空中見有第一歌儛戲笑香風觸身受第一樂欲近生有



或生三十三天或生四天王天是名第十三中陰有也

第十四中陰有者若人中死還生人中則有相現於臨終時見如是相見大石山猶如影相在其身上尒時其人作如是念此山或當墮我身上是故動手欲遮此山親里見之謂為觸於虛空既見此已又見此山猶如白氎即外此氎乃見赤氎次第臨終復見光明見其父母愛欲和合而起顛倒若男子生自見其身與母交會謂父妨已若女人生自見其身與父交會謂母妨已當於尒時中陰即壞生陰次起如印所印印壞文成是名人中命終還生人中是名第十四中陰有也

第十五中陰有者天中命終還生天上則无苦惱如餘天子命終之時愛別離苦墮於地獄餓鬼畜生如此天子不失已身莊嚴之具亦无餘天坐其本處坐於勝天若四天處命終之後生三十三天可愛勝相是名第十五中陰有相續道也

第十六中陰有道相續者若從上天

還生下天見衆蓮華園林流池皆亦不如既見此已飢渴苦惱渴仰欲得即往彼生如是雖同生天二種中陰有二種相生是名第十六中陰有相續道也

第十七中陰有相續道者若弗婆提人生瞿陁尼有此等相瞿陁尼人生弗婆提復有何相如是二天下人彼此下生皆以一相臨命終時見黑闇窟於此窟中有赤電光下垂如幡或赤或白其人見之以手攬捉現陰即滅以手接幡次第緣幡入此窟中受中陰身近於生陰見受生法亦如前說或見二牛或見二馬愛染交會即生欲心既生欲心即受生陰是名第十七中陰有也

受胎緣第六

如善見論云女人將欲受胎月華水出時若此是血名欲懷胎時於兒胞處生一血聚七日自破從此而出若血出不斷者男精不住即共流出若盡出者以男精還復其處然後成胎故血盡已男精得住即便有胎又女人有七事受胎一相觸二取衣三下精四手摩五見色六聞聲七齅香問何謂相觸受胎答有女人月水生時喜樂男子若男子以身觸其身分即生貪著而便懷胎問何謂取衣受胎答如優陁夷共婦出家欲愛不止各相發問欲精汙衣尼取舐之復取內根即便懷胎問何謂下精受胎答如鹿母與道士精欲心而飲遂便懷胎生鹿子道士問何謂手摩受胎答如睒子菩薩父母俱盲帝釋遙知下來其所為夫婦既悉出家為道不合陰陽以手摩臍下即便懷胎而生睒子問何謂見色受胎答有一女人月華水成不得男子合欲情極盛唯視男子如宮女人亦復如是即便懷胎問何謂聞聲受胎答如白鷺鳥悉唯无雄到春節時陽氣始布雷鳴初發雌鷺一心聞聲便即懷胎雞亦有聞雄鷄聲亦得懷胎問何謂齅香受胎答如犛牛母但齅犢氣而亦懷子

又增一阿含經云尒時世尊告諸比丘有三因緣識來處受胎一母有欲有父母共集一處然外識未應來趣便不受胎若識來趣父母不集則不成胎二若復母人無欲父欲意盛母不大慇懃則非成胎三若父母共集一處母欲熾盛父不大慇懃則非成胎復有三種一若父母共集一處父有風病母有冷病則非成胎二若母有風病父有冷病則非成胎三若父身水氣偏多母無此患則非成胎復有三種一若父母共集一處父相有子母相無子則不成胎二若母相有子父相無子則不成胎三若父母俱相無子則非成胎復有三種一若復有時識神趣胎父行不在則非成胎二若有時父母應集一處然母遠行不在則不成胎三父母俱集不行此則受胎復有三種一若有時父母應來集一處然父身遇重患有時識神來趣則非受胎二若母身得重患則非成胎三若父母身俱得病則非成胎若父母无患識神來趣然父母俱相有兒則成有胎

又瑜伽論云復次此胎藏八位差別

何等為八謂羯羅藍位遏部曇位閉尸位鍵南位鉢羅賒佉位髮毛爪位根位形位若已結凝箭內稀名羯羅藍若表裏如酪未生肉位名遏部曇若已成肉仍極柔軟名閉尸若已堅厚稍堪摩觸名為鍵南即此肉摶增長支分相現名鉢羅賒佉從此以後髮毛爪現即名此位從此以後眼等根生名為根位從此以後彼所依處分明顯現名為形位

又於胎藏中或由先業力故或由母不避不平等力所生隨順風故令此胎藏或髮或色或皮及餘支分變異而生髮變異生者謂由先世所作能感此惡不善業及由其母多習灰塩等味若飲若食令此胎藏髮毛希尠色變異生者謂由先業因如前說及由其母習近煙熱現在緣故令彼胎藏黑黯色生又母習近極寒室等令彼胎藏極白色生又由其母多噉熱食令彼胎藏極赤色生皮變異生者謂由宿業因如前說及由其母多習婬欲現在緣故令彼胎藏或癬疥癩



等惡皮而生支分變異生者謂由先業因如前說及由其母多習馳走跳躑威儀及不避不平等現在緣故令彼胎藏諸根支分缺減而生又彼胎藏若當為女於母右脇倚脊向腹而住若當為男於母左脇倚腹向脊而住又此胎藏極成滿時其母不堪持此重胎內風便發生大苦惱又此胎藏業報所發生分風起令頭向下足便向上胎衣纏裹而趣產門其正出時胎衣遂裂分之兩腋出產門時名正生位生後漸次觸生分觸所謂眼觸乃至意觸

頌曰

業理信多緒　生途非一門　安危誠異轍
清濁豈同源　墜質空遺貌　尋香有去塊
幽衢下寮落　矚路上飛飜　凝陰淒復緊
聲威聒已喧　投身庛芽屋　懌慮入花園
侊儭情多乱　貪瞋坐自昏　遍知稱至覺
挑手獨為尊

諸經要集卷第十二

癸卯歲高麗國分司大藏都監奉
勅彫造

諸經要集卷第十二

校勘記

一　底本，麗藏本。

一　六八〇頁上一行「卷第十二」，徑、清作「卷第十二上」。

一　六八〇頁上三行夾註「此有三緣」，資、磧、普、南無。

一　六八〇頁上四行「四生部第二十一」，徑、清無。

一　六八〇頁上四行與五行之間，資、磧、普、南有「欲蓋部第二十」及夾註「此別三緣」十字。

一　六八〇頁中一二行夾註「此有三緣」，資、磧、普、南作「此別三緣」；徑、清無。

一　六八〇頁下一行「五塵」，資作「五魔」。

一　六八〇頁下六行「大六」，諸本作「六大」。

一　六八〇頁下二二行第四字「女」，諸本作「女人」。

一六八一頁上一行「不得」，資、磧、普、南作「猒離不得」；徑、清作「猒離不著」。

一六八一頁上七行首字「子」，諸本作「人」。

一六八一頁上一四行「攝眼」，諸本作「瞬眼」。

一六八一頁中六行第六字「觀」，諸本作「者」。

一六八一頁中二〇行「禪家」，資、磧、普、南、徑作「禪寂」；清作「禪禪」。

一六八一頁中二一行夾註右「來三門揔」，徑作「來一門惣」。同行夾註左首字「自」，諸本無。

一六八二頁上一〇行首字「斷」，諸本無。

一六八二頁上一三行第一二字「繩」，諸本無。

一六八二頁上二一行「逕至」，資、磧、普作「遥至」；南、徑、清作「還至」。

一六八二頁中二〇行首字「燒」，徑、清作「熱」。

一六八二頁下四行第二字「坐」，徑、清作「生」。

一六八二頁下五行至次行「愛酪……與之」十二字，諸本作「我是汝和尚汝當捨愛酪心求出世解脫蟲解師語重受三歸便即命終得生天上」三十二字。

一六八二頁下一一行第三字「其」，南、徑、清作「色」。

一六八二頁下一三行末字「深」，資作「染」。

一六八三頁上六行末字及次行第一二字「嚴」，磧、普、南、徑、清作「麁」。

一六八三頁上七行第六字「即」，諸本作「輒」。

一六八三頁上二〇行第八字「議」，諸本無。

一六八三頁中一六行「淨酒」，諸本作「美酒」。

一六八三頁中一九行末字「好」，諸本無。

一六八三頁下三行「天爲」，諸本作「天雨」。

一六八三頁下四行第三字「樂」，諸本作「喜」。

一六八三頁下七行「共出」，磧、普、南、徑、清作「共出山」。

一六八三頁下八行第八字「我」，諸本作「我疲」。

一六八三頁下九行末字「汝」，諸本作「汝去」。

一六八三頁下一〇行「王王」，諸本作「王」。

一六八三頁下一二行「今已如此」，磧、普、南、徑、清作「故使如此今」。

一六八三頁下一三行「足吾」，諸本作「惢其」。

一六八三頁下一五行「心樂」，諸本作「樂心」。

一六八四頁上一三行第五字「法」，諸本作「法耶」。

一六八四頁上一八行「怖畏」，徑作「怖畏」。

一六八四頁中五行「提婆」，諸本作

「提婆那」。

一 六八四頁中一六行第六字「如」，諸本作「如人」。

一 六八四頁中一八行末字「言」，諸本無。

一 六八四頁中一九行末字「觸」，諸本作「起」。

一 六八四頁中二〇行首字「項」，諸本作「頂」。

一 六八四頁中二一行第七字「著」，諸本作「者」。

一 六八四頁下一行「復滅」，諸本作「已滅」。

一 六八四頁下一四行「死屍」，諸本作「臭屍」。

一 六八四頁下一五行「入身」，諸本作「入體」。

一 六八四頁下一七行「如共」，徑作「如其」。

一 六八五頁上一行「指掌」，諸本作「拍掌」。

一 六八五頁上一七行「二種」，南作「三種」。

一 六八五頁中一二行第三字「即」，南、徑、清作「生」。

一 六八五頁中一七行「其有」，諸本作「眞有」。

一 六八五頁下二行第九字「蓋」，資作「慢」。

一 六八五頁下一四行「心色」，諸本作「心識」。

一 六八五頁下一五行「至金」，諸本作「至冬」。

一 六八五頁下一六行末字「伏」，諸本作「匿」。

一 六八五頁下一七行「軼屆」，資、普、南、徑、清作「軒屆」；磧作「軒屆」。

一 六八五頁下一九行「第二十一」，徑、清作「第二十一之一」。

一 六八六頁上六行「軀別」，資作「驅別」；磧、普、南、徑、清作「區別」。

一 六八六頁上一二行第四字「口」，磧、普、南、徑、清作「中」。

一 六八六頁上二二行「蛾子」，諸本作「蟻子」。

一 六八六頁中一七行首字「沉」，諸本作「純」。

一 六八六頁下五行「欲受」，諸本作「欲愛」。

一 六八六頁下一八行第五字「云」，諸本無。

一 六八七頁上二行第一三字「夘」，諸本作「卵生」。

一 六八七頁上一五行第二字「得」，諸本作「已得」。

一 六八七頁上一七行首字「是」，南、徑、清作「皆」。

一 六八七頁中一九行至次行「化二」，諸本作「生化」。

一 六八七頁下六行末字「即」，諸本無。

一 六八七頁下二一行「然後」，諸本作「然得」。

一 六八八頁上一行「寶山」，磧作「寶中」。

一 六八八頁上九行「其痛」，諸本作

「甚痛」。

一　六八八頁上一六行「得復」，諸本作「不得離」。

一　六八八頁上末行「以懷」，諸本作「以壞」。

一　六八八頁中六行第五字「六」，諸本作「二」。

一　六八八頁中一二行首字「皆」，資無。

一　六八八頁中二〇行「身活故」，至此，徑、清卷第十二上終，卷第十二下始。撰者後有「四生部第二十一之二」。

一　六八九頁上一行第五字「後」，諸本作「勝」。

一　六八九頁上三行「爭戰」，諸本作「戰爭」。

一　六八九頁中八行夾註左「果報」，南、清作「異報」。

一　六八九頁下三行第九字「女」，諸本無。

一　六八九頁下四行首字「方」，諸本無。同行第一一字「受」，諸本作「當受」。

一　六八九頁下一〇行「六趣」，磧、普、南、徑、清作「天趣」。

一　六九〇頁上四行「唯白」，徑作「唯曰」。

一　六九〇頁上一七行「如如」，諸本作「如知」。

一　六九〇頁中八行第二字「食」，資、磧、普作「鎗」；南、徑、清作「倉」。

一　六九〇頁下二行「時正現在」，諸本作「正現」。

一　六九〇頁下一〇行「諸母邑」，諸本作「母邑」。

一　六九〇頁下二〇行第一二字「於」，諸本無。

一　六九〇頁下二二行「起恚」下，磧、普、南、徑、清有「若女中有將入胎時於父起愛於母起恚」十六字。

一　六九一頁下一行第四字「界」，諸本無。

一　六九二頁中一五行第七字「大」，諸本作「天」。

一　六九三頁上六行夾註左「單人」，諸本作「單越人」。

一　六九三頁上一八行「欲食」，諸本作「飲食」。同行「欲命」，諸本作「臨命」。

一　六九三頁上一九行末字「近」，諸本作「迎」。

一　六九三頁中五行第九字「脱」，諸本作「解脱」。

一　六九三頁下一五行「是名」，諸本無。

一　六九三頁下二〇行第四字「坐」，諸本作「生」。同行「四天」，諸本作「四天王天」。

一　六九三頁下末行「道相續者」，徑、清作「相續道者」。

一　六九四頁上一行「流池」，諸本作「浴池」。

一　六九四頁上七行第四字「陁」，諸本作「耶」。同行第一一字，徑、清同。

一　六九四頁上二〇行「從此」，諸本作「彼此」。

一　六九四頁中九行第三字「喫」，諸本作「嗅」。

一　六九四頁中一一行第二字「子」，諸本無。

一　六九四頁中一二行首字「所」，諸本作「所以」。

一　六九四頁下二〇行「得病」，諸本作「得重病」。

一　六九五頁上三行第九字「箭」，諸本作「前」。

一　六九五頁上八行首字「髮」，諸本無。

一　六九五頁上一五行「多習」，諸本作「多集」。

一　六九五頁上一六行第三字「若」，資、磧、普作「食」。

一　六九五頁上二〇行第五字「白」，資作「曰」。

一　六九五頁上二一行末字「者」，諸本無。

一　六九五頁中一七行「寮落」，諸本作「寥落」。

一　六九五頁中一九行「至覺」，南、徑、清作「正覺」。

一　六九五頁中二〇行首字「挑」，諸本作「掉」。

一　六九五頁中末行「卷第十二」，徑、清作「卷第十二下」。

諸經要集卷第十三　帳

西明寺沙門釋道世集

受報部第二十二（此有九緣）

述意緣
報類緣
現報緣
生報緣
後報緣
定報緣
不定緣
善報緣
惡報緣

述意緣第一

夫善惡之業用定三報之徵祥猶形影之相須辟六趣之明驗其三報者以悅天后之耳目翻九色之深恩孤投禽王之全命交受五无之切酷斯為現報也群徒潛淪於幽壑神陟輪飈而不毀身歿歷代之殃豈不既王子之喪目斯生報也外道縱橘於非想迷法永惑於始終為者翅之暴徨飛沉受困而難計斯為後報也玄鑒三代溺喪之流深虵来變坏形之累使悟四諦三明之室令出三報五苦之闇也

報類緣第二

如優婆塞戒經云佛言善男子衆生造業有其四種一者現報（今身作極善惡業即身受之是名現報）二者生報（今身造業次後身受是名生報）三者後報（今身造業次後未受第二第三生已去受者是名後報）四者無報（謂无記業是也）此無報業復有四種一時定報不定（此於三時決定不改由業有可轉故報不定）二報定時不定（由業力定報不可改然時有可轉故時不定）三時報俱定（由業定故感時亦定）四時報俱不定（由業不決定故時報亦不定）衆生作業有具不具若无念後作名作具足若先不念直造作者名作不具足復有作不具足者謂作業已定果報不定復有作已亦具足者謂作業已定當得報復有作已不具足者果報雖定時節不定復有作已亦具足者時報俱定復有作已不具足者持戒正見復有作已亦具足者毀戒邪見復有作已不具足者三時生悔復有作已亦具足者三時不悔如惡既介善亦如是

現報緣第三

如佛說行七行現報經云尒時世尊告諸比丘有七種人可所事可敬是世間无上福田云何七種人一者行慈二者行悲三者行喜四者行捨五者行空六者行無相七者行無願其有衆生行此七法於現法中獲其果報阿難白佛言何故不說須陁洹斯陁含阿那含阿羅漢辟支佛乃說此七事乎世尊告曰行慈七人其行與須陁洹乃至佛等其事不同雖供養須陁洹等不現得報然供養此人者於現世得報是故阿難當勤勇猛成辦七法

又雜寶藏經云昔乾陁衛國有一屠兒將五百頭小牛盡欲刑揵時有内官以金錢贖牛作群放去以是因緣現身即得男報具足還到王家遣人通白某甲在外王言是我家人自恣而去未曾通白今何故尒王時即喚問其所以荅王言曰向見屠兒將五百頭小牛而欲刑治臣即贖放以是因緣身體得具故不敢入王聞喜愕深於佛法生信敬心夫以華報所感如此況其果報豈可量也

又新婆沙論云昔有屠販牛人駈牛涉路人多粮盡飢渇熱乏息而議曰此等群牛終非己物宜割取舌以濟飢虚即時以塩塗諸牛口牛貪醎味出舌舐之即用利刀一時截取以火煨炙而共食之食已相與臨水澡漱俱嚼楊枝揩齒既了擘以割舌悪業力故諸人舌根猶如爛果一時俱落（此皆現報以業重故）

生報緣第四

如涅槃經云善男子如人捨命受大苦時宗親圍繞號哭懊惱其人惶怖莫知依投雖有五情无所知覺技節戰動不能自轉身體虚冷暖氣欲盡見先所修善悪報相如日垂没山陵埠阜影現東移理無西逝衆生業果亦復如是此陰滅時彼陰續生如燈生闇滅闇滅燈生善男子如蠟印印泥印與泥合印滅文成而是蠟印不變在泥亦非泥出不餘處来以印因緣而生是文現在陰滅中陰陰生是現在陰終不變為中陰五陰中陰五



陰亦非自生不從餘来因現陰故生中陰陰如印印泥印壞文成名雖无差而時節各異是故我說中陰五陰非内眼天眼所見是中陰中有三種食一者思食二者觸食三者意食中陰二種一善業果二悪業果因善業故得善覺觀因悪業故得悪覺觀父母交會和合之時隨業因緣向受生處於母生愛於父生瞋父精出時謂是己有見已心悅而生歡喜以是三種煩惱因緣中陰陰壞生後五陰如印印泥印壞文成生時諸根有具不具具者見色則生於貪生於貪故則名為愛狂故生貪是名無明貪愛无明二因緣故所見境界皆悉顛倒

又修行道地經云人行不純或善或悪當至人道父母合會精不失時子来應生其母胎通无所拘身心懷歡喜而無邪念則為柔軟堪任受子其精不清不濁中適不强亦無腐敗亦不赤黑不為風寒衆毒雜錯與小便別應来生者精神便起設是男子不與女人共俱合者五欲與通男子敬

念欲向女人父時精下其神欣喜謂是吾許尒時即失中止五陰便入胞胎父母精合既在胞胎倍用歡躍是為色陰歡喜之時為痛樂陰念於精時是為想陰因本罪福緣得入胎是為行陰神處胎中則為識陰如是和合名曰五陰若在胎時即得二根意根身根也至七日住中而不增減又至二七日其胎稍轉譬如薄酪至三七日似如生酪至四七日精凝如熟酪至五七日胎精遂變猶如生酥至六七日變如息肉至七七日轉如段肉至八七日其堅如坏至九七日變為五胞兩肘兩髀及頭頸從中出也至十七日復有五胞二手腕二脚腕及生其頭至十一七日續生十四胞五手指五足指及眼耳鼻口此從中出至十二七日是諸胞相轉漸成就至十三七日則現腹相至十四七日則生肝肺心及其脾腎至十五七日則生大腸至十六七日則生小腸至十七七日則有胃處至十八七日生藏熟藏起此二處至十九七日則生



髀及蹲腸骨手掌足趺辟節筋連至二十七日生陰臍乳頤頸形相至二十一七日體骨各分隨其所應兩骨在頭三十二骨著口七骨著頸兩骨著髀兩骨著肘四骨著辟十二骨著胃十八骨著背兩骨著臗四骨著膝四十骨著足復有微骨挼有一百八與體肉合具十八骨著在兩骨二骨著肩如是身骨凡有三百而相連結其骨柔軟如初生瓠至二十二七日其骨稍堅如未熟瓠至二十三七日其骨轉堅譬如胡桃此三百骨各相連綴足骨著足膝骨著膝如是蹲骨髀骨臗骨脊骨胷骨肩骨項骨頤骨辟腕手足諸骨等各自轉相連著如是聚骨猶如幻化隨風所由牽引舉動至二十四七日生一百筋連著其身至二十五七日生七千脉尚未具成至二十六七日諸脉悉徹具足成就如蓮根孔至二十七七日有三百六十三筋皆成至二十八七日其肌始生至二十九七日肌肉稍厚至三十七日纔有皮像至三十



一七日皮轉厚堅至三十二七日皮革轉成至三十三七日耳鼻脣指諸膝節成至三十四七日生九十九万毛髮孔猶尚未成至三十五七日毛孔具成至三十六七日爪甲始成至三十七七日其母腹中若干風起開兒目耳鼻口或有風起染其髮毛或端正或醜陋又有風起成體顏色或白赤黑有好有醜皆由宿行在此七日中生風寒熱大小便道至三十八七日在母腹中隨其本行自然風起宿行善者便有香風可其身意柔軟无假正其骨節令其端正莫不愛敬本行惡者則起臭風令身不安不可心意吹其骨節令戾邪曲使不端正又不能男人所不喜是為三十八七日九月不滿四日其兒身體骨節則成為人其小兒體而有二分一分從父一分從母身諸髮毛頰眼舌喉心肝脾腎腸血軟者從母生也自餘爪齒骨節髓腦筋脉堅者從父生也其小兒在母腹中處生藏之下熟藏之上若是男兒背外而面向内在其左

脅也若是女子背母而面向外處在
右脅也居苦痛臭處汙露不淨一切
骨節縮不得伸搦在革囊腹網纏裹
藏血塗染所處逼迮依因屎尿處溺
瑕穢若斯其於九月此餘四日宿有
善行初日後日發心念言吾在園觀
亦在天上其行惡者謂在泥犁世間
之獄至三日即中愁不樂到四日時
母腹風起或上或下轉其兒身而令
倒懸頭向產門其有福者時心念言
我投浴池水中遊戲如墮高牀花香
之處也其无福者自發念言吾從山
墮投於樹岸溝坑溷中或如地獄羅
網棘上曠野石間劒戟之中愁憂不
樂善惡之報不同若此其小兒生既
墮地外風所吹人之手觸暖水洗之
逼迫毒痛猶如癩病也以是苦惱恐
畏死亡便有癡惑是故迷憒不識來
去生在地血惡露臭處鬼魅來嬈癲
邪所中死屍所觸蠱道顛鬼各伺犯
之如四交道墮肉段地烏鵄鵰狼各
來諍之諸邪嬈鬼欲得兒便周帀圍
繞亦復如是若宿行善德邪不得其

便兒已長大國哺養身適得穀氣其
體即虫八十種虫兩種在髮根一名
舌舐二名重舐三種在頭名曰堅固
傷損毀害一種在髑兩種在髑表一
名蟣蛛二名秏擾三名憒乱兩種在
額一名甲下二名朽腐兩種在眼一
名舌舐二名重舐兩種在耳一名識
味二名現味莫兩種在耳根一名赤
二名復赤兩種在鼻一名肥二名復
肥兩種在口一名摇二名動摇兩種
在齒中一名惡弊二名凶暴三種在
齒根名曰喘息休止捽滅一種在舌
名曰甘美一種在舌根名曰柔軟一
種在上齗名曰往來一種在咽名為
欶喉兩種在矐子一名生二名不熟
兩種在肩一名垂二名復垂一種在
髀名為往立一種在手名為周旋兩
種在胃一名額坑二名廣普一種在
心名為班駁一種在乳名曰鍾現一
種在臍名為圍繞兩種在脅一名為
月二名月面兩種在脊一名月行二
名月貌一種在背骨間名為安豊一
種在皮裹名為虎爪兩種在肉一名



消膚二名燒樹四種在骨一名為甚
毒二名習毒三名細骨四名雜毒五
種在髓一名煞害二名無煞三名破
壞四名雜戲五名白骨兩種在腸一
名蜣蜋二蟯蛔蛸兩種在細腸一名
兒子二名腸子一種在肝名為銀嘴
一種在生藏名曰枝牧一種在熟藏
名為太息一種在穀道名為重身三
種在糞中一名筋二名目結三名目
編髮兩種在尻一名流下二名重流
五種在胞一名内姓二名惡族三名
卧寤四名而寤五名護計一種在髀
名為撾枝一種在膝名為現傷一種
在蹲名為鐵觜一種在足指名為燒
然一種在足心名為食皮是為八十
種虫處在一身晝夜食體
其人身中因風起病有百一種寒熱
共合各有百一九合計之四百四病
在人身中如木生火還自燒然病亦
如是如木因體興反來危人如身中
虫擾動不安三十六物假名為人以
偽蓋之誑惑凡愚妄起愛念共相親
附智者視虛妄可近之辟如陶器終

有破壞此身虛偽會有夭壽貴賤同迷至死不知譬如大城四門失火位次燒之乃到東門皆令灰燼生老病死亦復如是

又瑜伽論云又於胎中經三十八七日此之胎藏一切支分皆悉具足從此已後復經四日方乃出生此說極滿足者或經九月或復過此若唯經八月此名圓滿若經七月六月不名圓滿或復缺減故法華經偈云

受胎之微形　世世常增長　薄德少福人
眾苦所逼迫

又三昧經云說身內火界漸增水界漸微是故伽羅邏稠漸堅乃至肉團眾生由此薄福從小至大皆受其苦

又禪秘要經云人身三分齊為中原頭為殿堂額為天門

又處胎經云人受胎時初七日有四大二七日展轉風吹向脇乃至三十八七日風名花令向產門

又譬喻經云風轂水水崇地地轂火強者為男弱者為女風水相轂為男地水相轂為女

又解脫道論云人身地界碎之為塵一斛二升

又增一經云人身中骨有三百二十毛孔有九万九千筋脈各有五百身虫有八十戶

又五道受生經云兒生三歲凡飲一百八十斛乳除其胎中食亦分之東弗于逮人飲一千八百斛乳西拘耶尼人飲一万八百斛乳比欝單越人七日成身初生之日置百路道行人授指與味所以不飲乳也（此之斛斗是古小斗二十當今一斗舊人身形殊大不同今小兒恐怖乳多故別疑記）

後報緣第五

如婆沙論云有一屠兒七生已來常屠不落三塗然生人天往來此由七生已前曾施辟支一食福力故令七生不墮惡道然此人七生已來所作屠罪之業過七生已次第受之无有得脫善惡俱尒（此是後報也）

又智度論云舍利弗雖復聰明然非一切智於佛智中譬如嬰兒如阿婆檀那經中佛在祇桓住晡時經行舍利弗從佛經行是時有鷹逐鴿鴿飛



來佛邊住佛經行過之影覆鴿上鴿身安隱怖畏即除不復作聲後舍利弗影到鴿便作聲戰怖如初舍利弗白佛言佛及我身俱无三毒以何因緣佛影覆鴿鴿便無聲不復恐怖我影覆上鴿便作聲戰慄如故佛言汝三毒習氣未盡以是故汝影覆時恐怖不除

佛語舍利弗汝觀此鴿宿世因緣幾世作鴿舍利弗即時入宿命智三昧觀見此鴿從鴿中來乃至八万大劫常作鴿身過是已往不能復見舍利弗從三昧起白佛言是鴿八万大劫中常作鴿身過是已前不能復知佛言汝若不能盡知過去世試觀未來世此鴿何時當脫舍利弗即入三昧觀見乃至八万大劫亦未免鴿身過是已往不復能知不審此鴿何時當脫佛告舍利弗此鴿除諸聲聞辟支佛所知齊限復於恒河沙等大劫中常作鴿身罪訖得出輪轉五道中後得為人經五百世中乃得利根是時有佛度无量阿僧祇眾生然後入无

餘涅槃遺法在世是人作五戒優婆塞從比丘聞讚佛功德於是初發心願願值佛後於三阿僧祇劫行六波羅蜜十地具得作佛時度无量衆生已而入涅槃是時舍利弗向佛懺悔白佛言我於一鳥尚不能知其本末何況諸緣我知佛智慧如是者為佛智慧故寧入阿鼻地獄受无量劫苦不以為難

定報緣第六

如佛說義足經云佛告梵志言世有五事不可得避亦无脫者何等為五一當耗減法二當亡棄法三當病瘦法四當老朽法五當死去法此之五法欲使不耗減是不可得

又佛說四不可得經云佛與比丘及諸菩薩明旦持鉢入舍衛城分衛四輩皆從諸天龍神各賷花香伎樂追從於上時佛道眼覩見兄弟同產四人遠家棄業山處閑居得五神通皆号仙人宿對來至自知壽盡悉欲避終各各思議吾等神足飛騰自恣在所至到无所罣㝵今反當為非常所



得便危失身命當造方便免斯患難不可就也於是一人則踊在空中而自藏形无常之對安知吾處一人則入市中人鬧之處廣大无量在中避命无常之對趣得一人何必求吾一人則退入于大海三百三十六万里下不至底上不至表處於其中閒无常之對何所求耶一人則計竊至大山无人之處擘山兩解入中還合无常之對安知吾處於時四人各各避命竟不得脫藏在空中者便自墮地猶果熟落其在山中者于彼喪已禽獸所噉在大海中者則時夭命魚鱉所食入市中者在于衆人而自終沒於是世尊覩之如斯謂此四人暗昧不達欲捨宿對三毒不除不至三達无極之慧古今以來誰脫此患佛則頌曰

雖欲藏在空　善處大海中　假使入諸山
而欲自翳形　欲求不死地　未曾可獲定
是故精進學　无身乃為寧

佛告諸比丘世有四事不可獲致何等為四一曰年幼顏色煒燁髮黑齒



白形貌光澤氣力堅強行步舉止出入自遊上車乘馬衆人瞻戴莫不愛敬一旦忽耄頭白齒落面皺皮緩體重拄杖短氣呻吟欲使常少不至老者終不可得

二謂身體強健骨髓實盛行步无雙飲食自恣莊飾頭首謂為无比張弓捻矢把執兵仗有所危害不省曲直罵詈衝口謂為豪強自計吾我无有衰耗疾病卒至伏之著牀不能動搖身痛如榜耳鼻口目不聞聲香美味細滑坐起須人汙露自出身卧其上衆患難喻假使欲免常安无病終不可得

三謂欲求長壽在世无極得于病死命既甚短懷万歲慮壽少憂多不察非常五欲自恣放心逸意煞盜婬亂兩舌惡口妄言綺語貪嫉邪見不孝父母不順師友輕身尊長反逆無道怖望豪富謂可永存誹謗聖道以邪無雙噓天獨步慕于世榮不識天地表裏所由不別四大因緣合成猶如幻師不了古今所興之世不受倡導

不知生所從來死之所歸心存天地謂是吾許非常對至如風吹雲奄忽長生命忽然終不得自在欲使不尒終不可得也

四謂父母兄弟室家親族朋友知識恩愛榮樂財物富貴官爵俸祿騎乘遊觀妻妾子息以自娛恣飲食快意兒郎僕使給行綺視顧影而步輕蔑衆人計已無雙奴客甫馬駝類畜生出入自在無有期度不察前後謂其眷屬從使之衆意可常得宿對卒至如湯消雪心乃懷懼請求瘉患安得如願呼噏命斷魂神獨逝父母兄弟妻子親族朋友知識恩愛眷屬皆自獨留官爵財物僕從各散馳走如星欲求不死終不可得也

佛告比丘古今已來天地成立無免此苦四難之患以斯四苦佛興于世

不定緣第七

如十住毗婆沙論云善知不定法者諸法未生未可分別如佛分別業經中說佛告阿難有人身行善業口行善業意行善業是人命終而墮地獄



有人身行惡業口行惡業意行惡業是人命終而生天上阿難白佛言何故如是佛言是人先世罪福因緣已熟今世罪福因緣未熟或臨命終正見邪見善惡心起垂終之心其力大故

又增一阿含經云尒時世尊告諸比丘今有四人出現於世云何為四或有人先苦而後樂或有人先樂而後苦或有人先苦而後苦或有人先樂而後樂云何有人先苦而後樂或有一人生卑賤家衣食不充然无邪見以知昔日施德之報感得富貴之家不作施德恒值貧賤無有衣食便向懺悔改往所作所有遺餘與人等分若生人中多財饒寶无所乏短是謂此人先苦後樂何等人先樂而後苦或有人生豪族家衣食充足然彼人恒懷邪見與邊見共相應後生地獄中若得作人在貧窮家无有衣食是謂此人先樂後苦何等人先苦而後苦或有人先生貧賤家衣食不充然懷邪見與邊見共相應後生地獄若生人中極為貧賤衣食不充是謂先



苦而後苦何等人先樂而後樂或有人先生富貴家多財饒寶敬重三尊恒行惠施後生人天恒受富貴多饒財寶是謂此人先樂而後樂尒時佛告比丘曰或有衆生先苦後樂或有先樂後苦或有先苦後亦苦或有先樂後亦樂若人壽百歲正可十十耳或百歲之中作諸功德或百歲之中造諸惡業彼於異時或冬受樂夏受苦或少時作福長時作罪後生之時少時受福長時受罪若復少時作罪長時作福後生之時少時受罪長時受樂或先長時作罪後復長作罪彼人後生之時先苦後亦苦若復少時作福長復作福彼於後生之時先樂後亦樂

尒時世尊告諸比丘有四人出現於世云何為四或有人身樂心不樂或有人心樂身不樂或有人身心俱樂或有人身心俱不樂何等人身樂心不樂是作福凡夫人於四事供養衣被飲食卧具醫藥无所乏短但不免三惡道苦是謂身樂心不樂何等人

心樂身不樂所謂阿羅漢不作功德於四事供養之中不能自辦但免三惡道苦是謂心樂身不樂何等人身心俱不樂所謂凡夫之人不作功德不得四事供養復不免三惡道苦是謂身心俱不樂何等人身心俱樂所謂作功德阿羅漢四事供養無所之短復免三惡道苦是謂身心俱樂

善報緣第八

如弥勒菩薩所問經論云問云何布施果荅曰略說布施有一種果所謂受用果受用果復有二種果所謂現在受用果未來受用果復有三種果即此二種復加般若復有四種果何謂四種一有果而无用二有用而無果三有果亦有用四無果亦無用初有果而无用者謂不至心施不自手施輕心布施彼如是施雖得无量種種果報而不能受用如舍衛天主雖得无量種種珎寶而不能受用二有用而無果者謂自不施見他行施起隨喜心以是義故雖得受用而自無果如天子物一切沙門婆羅門等雖



得衣食及以受用而自无果又如轉輪聖王四兵雖得衣食而不得果三有果亦有用者謂至心施不輕心施如樹提伽諸長者等是四无果亦無用者謂布施已因即滅盡或為出世聖道障故猶如遠離煩惱聖人復有五種果謂得命色力樂辯等因食得命是故施食即是施命以是因緣後得長命如是施色施力施樂施辯才等皆亦如是

復有五種勝果所謂施與父母病人法師菩薩得勝果報父母恩養生長身命是故施者得勝果報又病人者孤獨可愍以是義故起慈悲心施病人者得勝果報又說法者能生法身增長法身永達善惡平正非平正顛倒非顛倒是故施者得勝果報又諸菩薩志能攝取利益衆生起慈悲心以攝取三寶不斷絶因以是義故施菩薩者得勝果報（以菩薩發心為盡悲願力大不同餘物其心狹劣也）

又增一阿含經云世尊告諸比丘今當說四梵之福云何為四一若有信善男子善女人未曾起偷婆處於中



能起第二補治故寺第三和合聖衆第四若多薩阿竭初轉法輪時諸天世人勸請轉法輪是謂四種受梵之福比丘白世尊曰梵天之福竟為多少世尊告曰閻浮里地其中衆生所有功德正與一輪王功德等閻浮地人及一輪王之德與瞿耶尼一人功德等其閻浮里地及瞿耶尼二方之福故不如彼弗于逮一人之福其三方人福不如欝單曰一人之福其四天下人福不如四天王之福乃至四天下人福及六欲天福不如一梵天王之福若有善男子善女人求其福者此是其量也

又中阿含經云尒時世尊告諸比丘若能受持七種人者得生帝釋處即說偈言

供養於父母　及家之尊長　柔和恭遜辭
離麁言兩舌　調伏慳恡心　常修真實語
彼三十三天　見行此法者　咸各作是言
當來生此天

又雜寶藏經偈云

福業如果熟　不以神祀得　人乘持戒車

後得至天上　定知如燈滅　得至於无為

一切由行得　求天何所為

惡報緣第九

夫有形則影現有聲則響應未見形存而影亡聲續而響乖善惡相報理路然矣幸願深信不猜来肖輕重苦報具依下述如身行煞生或剥切齎截炮熬鉗鑷飛鷹走狗射獵衆生者則墮屠裂斫割地獄中煑炙燒炙衆生者則墮鑊湯鑪炭地獄中以此煞生故於地獄中窮年極劫具受劇苦受苦既畢復墮畜生作諸牛馬猪羊驢騾駱駞鷄狗魚鳥車螯蛤蜯為人所煞螺蜆之類不得壽終還以身實供充餚葅在山禽獸无量生死若無微善永無免期脫有片福劣復人身或於胞胎墮落出生喪亡或十二十未有所知從冥入冥人所矜念當知短命皆緣煞生生也

又地持論云煞生之罪能令衆生墮三惡道若生人中得二種果報一者短命二者多病如是十惡一一皆備五種果報一者煞生何故受地獄苦以其煞生苦衆生故所以身壊命終地獄衆苦皆来切己二者煞生何故出為畜生以煞生无有慈惻行乖人倫故地獄罪畢受畜生身三者煞生何故復為餓鬼以其煞生必緣慳心貪著滋味復為餓鬼四者煞生何故生人而得短壽以其煞生殘害物命故得短壽五者煞生何故兼得多病以煞生違適衆患競集故得多病當知煞生是大苦也


又雜寶藏經云時有一鬼白目連言我常兩肩有眼胷有口鼻常无有頭何因緣故目連荅言汝前世時恒作魁膾弟子若煞人時汝常有歡喜心以繩著髻挽之以是因緣故受如此罪此是惡行花報地獄苦果方在後也復有一鬼白目連言我身常如塊肉無有手脚眼耳鼻等恒為虫鳥所食罪苦難堪何因緣故尒荅言汝前世時常與他藥墮他兒胎是故受如此罪此是花報地獄苦果方在後身

又緣其煞生貪害滋多以滋多故便无義讓而行劫盜令身偷盜不與而取死即當墮鐵窟地獄於遐劫中受諸苦惱受苦既畢墮畜生中身常負重駈蹴捶打无有餘息所食之味唯以水草處此之中无量生死以本因緣若遇微善劣復人身恒為僕隸駈策走使不得自在償債未畢不得聞法緣此受苦輪迴無窮當知此苦皆緣偷盜令身隱蔽光明不以光明供養三寶及取三寶光明以用自照死即當墮黑耳黑繩黑暗地獄於遐劫中受諸苦惱受苦既畢墮蟣虱中不耐光明在此之中無量生死以本因緣若遇微善劣復人身形容黶黑垢膩不淨臭處穢惡人所猒遠雙眼盲瞎不覩天地當知隱蔽光明亦緣偷盜故

故地持經云劫盜之罪亦令衆生墮三惡道若生人中得二種果報一者貧窮二者共財不得自在劫盜何故墮於地獄以其劫盜剥奪偷竊人財苦衆生故身死即入寒氷地獄備受諸苦劫盜何故出為畜生以其不行人道故受畜生報身常負重以肉供

人償其宿債何故復墮餓鬼緣以慳貪便行劫盜是以畜生罪畢復為餓鬼何故為人貧窮緣共劫奪使物空乏所以貧窮何故共財不得自在緣共劫盜偷奪沒官若有財錢則為五家所共不得自在當知劫盜二大苦也

又雜寶藏經說時有一鬼白目連言大德我腹極大如甕咽喉手足甚細如針不得飲食何因緣故受如此苦目連荅言汝前世時作聚落主自恃豪貴飲酒縱橫輕欺餘人奪其飲食飢困衆生由是因緣受如此罪此是華報地獄苦果方在後也

復有一鬼白目連言常有二熱鐵輪在我兩腋下轉身體燋爛何因緣故介目連荅言汝前世時與衆僧作餅盜取二番挾兩腋底是故受如此罪此是花報後方受地獄苦果

又緣以盜故心不貞正恣情婬泆今身婬泆現世凶危常自驚恐或為夫主邊人所知臨時得䟐刀杖加形首足分離乃至失命死入地獄卧之鐵林或抱銅柱獄鬼然火以燒其身地獄罪畢當受畜生鷄鴨鳥雀犬豕飛蛾如是無量生死於遐劫中受諸苦惱受苦既畢以本因緣若遇微善劣復人身閨門婬乱妻妾不貞若有寵愛為人所奪常懷恐怖多危少安當知危苦皆緣邪婬生也

故地持論云邪婬之罪亦令衆生墮三惡道若生人中得二種果報一者婦不貞潔二者得不隨意眷屬邪婬何故墮於地獄以其邪婬干犯非分侵物為苦所以命終受地獄苦何故邪婬出為畜生以其邪婬不順人理所以出獄受畜生身何故邪婬復為餓鬼以其婬泆皆因慳愛慳愛罪故復為餓鬼何故邪婬婦不貞潔緣犯他妻故所得婦常不貞正何故邪婬不得隨意眷屬以其邪婬奪人所寵故其眷屬不得隨意所以復為人之所奪當知邪婬三大苦也

如雜寶藏經說昔有一鬼白目連言我以物自蒙籠頭亦常畏人来煞我心常怖懼不可堪忍何因緣故介荅言汝前世時婬犯外色常畏人見或畏其夫主捉縛打煞或畏官法戮之都市常懷恐怖恐怖相續故受如此罪此是惡行花報後方受地獄苦果



又緣其邪婬故發言皆妄令身若妄苦惱衆生死則當墮啼哭地獄於遐劫中受諸苦惱受苦既畢墮餓鬼中在此苦惱无量生死以本因緣若遇微善劣復人身多諸疾病尫羸虛弱頻乏楚痛自嬰苦毒人不愛念當知此苦皆緣妄語生也

故地持論云妄語之罪亦令衆生墮三惡道若生人中得二種果報一者多被誹謗二者為人所誑何故妄語墮於地獄緣其妄語不實使人虛介生苦是以身死受地獄苦何故妄語出為畜生以其欺妄乖人誠信所以出獄受畜生報何故妄語復為餓鬼緣其妄語皆因慳欺慳欺罪故復為餓鬼何故為人多被誹謗以其妄語不誠實故何故妄語為人所誑以其妄語欺誘人故當知妄語四大苦也

又緣其妄語便致兩舌令身言无慈愛讒謗毀辱惡口雜乱死即當墮拔

舌烊銅犁耕地獄於遐刼中受諸苦惱受苦即畢墮畜生中噉食糞穢如鵜鶘鳥无有舌根在此之中无量生死以本因緣若遇微善劣復人身舌根不具口氣臭惡瘖瘂謇澀齒不齊白滋歷踈少脫有善言人不信用當知讒乱皆緣兩舌生也

故地持論云兩舌之罪亦令衆生墮三惡道若生人中得二種果報一者得弊惡眷屬二者得不和眷屬何故兩舌墮於地獄緣其兩舌離人親愛愛離苦故受地獄苦何故兩舌出為畜生緣其兩舌鬪乱事同野干受畜生身何故兩舌復為餓鬼以其兩舌亦緣慳嫉慳嫉罪故復為餓鬼何故兩舌為人得弊惡眷屬緣以兩舌使人朋儔皆生惡故何故兩舌得不和眷屬緣以兩舌離人親好使不和合故當知兩舌五大苦也

又緣其兩舌言輙盡惡令身緣以惡口故鬪乱殘害更相侵伐煞諸衆生死即當墮刀兵地獄於遐刼中受諸苦惱受苦既畢墮畜生中拔脚賣膀輸胑喪脾於遐刼中受諸苦惱受苦既畢在此之中无量生死以本因緣若遇微善劣復人身四支不具閹刖剠劓形骸殘毀鬼神不衛人所輕棄當知殘害衆生皆緣惡口生也

故地持論云惡口之罪亦令衆生墮三惡道若生人中得二種果報一者常聞惡音二者所可言說恒有諍訟何故惡口墮於地獄以其惡口皆欲害人人聞為苦所以命終受地獄苦何故惡口出為畜生以其惡口罵人以為畜生所以出獄即為畜生何故惡口復為餓鬼緣其慳恡干觸惡罵所以畜生苦畢復為餓鬼何故惡口為人常聞惡音以其發言麁鄙所聞常惡何故惡口所可言說恒有諍訟以其惡口違逆衆德聽有所說言常致諍訟當知惡口六大苦也

又緣其惡口言輙浮綺都无義益无義益故令身則生惰慯死即當墮東縛地獄於遐刼中受諸苦惱受苦既畢墮畜生中唯念水草不識父母恩養在此之中无量生死以本因緣若遇微善劣復人身生在邊地不知忠孝仁義不見三寶若在中國矬陋跛腰人所陵懱當知惰慯皆緣无義調戲不節生也

故地持論云无義語罪亦令衆生墮三惡道若生人中得二種果報一者所有言語人不信受二者有所言說不能明了何故无義語墮於地獄語既非義事成損彼所以命終受地獄苦何故無義語出為畜生緣語无義人倫理乖所以出地獄受畜生身何故無義語復為餓鬼語無義故慳惑所障因慳惑故復為餓鬼何故無義語罪出生為人有所言語人不信受緣語無義非可承受何故无義語有所言說不能明了語既无義皆緣暗昧暗昧報故不能明了當知無義語七大苦也

又緣無義語故不能廉讓使貪欲无猒令身慳貪不布施死即當墮沸屎地獄於遐刼中受諸苦惱受苦既畢墮畜生餓鬼中无有衣食資仰於人所敢糞穢不與不得在此之中無量

諸經要集卷第十三 第二十三張 枚

生死以本因緣若遇微善劣復人身飢寒裸露困乏常無人既不與求亦不得縱有纖毫輒遇剝奪守苦無方亡身喪命當知不布施皆緣貪欲生也

故地持論云貪欲之罪亦令衆生墮三惡道若生人中得二種果報一者多欲二者无有厭足何故貪欲墮於地獄緣其貪欲作動身口而苦於物所以身死受地獄苦何故貪欲出為畜生緣此貪欲動乖人倫是故出獄即為畜生何故貪欲復為餓鬼緣此貪欲得必貪惜貪惜罪故復為餓鬼何故貪欲而復多欲緣此貪欲所欲弥多何故貪欲无有厭足緣此貪欲貪求无厭當知貪欲八大苦也

又緣貪欲不適意故則有憤怒而起嗔恚令身若多嗔恚者死即當墮泥犁地獄於歷劫中具受衆苦受苦既畢墮畜生中作毒虵蚖蝮虎豹豺狼在此之中無量生死以本因緣若遇微善劣復人身復多嗔恚面貌醜惡人所憎惡非唯不與親友實亦眼不

諸經要集卷第十三 第二十四張 微字號

憙見當知忿恚皆緣嗔惱生也

故地持論云嗔恚之罪亦令衆生墮三惡道若生人中得二種果報一者常為一切求其長短二者常為衆人之所惱害何故嗔惱墮於地獄緣此瞋惱恚害苦物故受地獄苦何故瞋惱出為畜生緣此瞋惱不能仁恕所以出獄受畜生身何故瞋惱復為餓鬼緣此瞋惱從慳心起慳心罪故復為餓鬼何故瞋惱常為一切求其長短緣此瞋惱不能含容故為一切求其長短何故瞋惱常為衆人之所惱害緣此瞋惱惱害於人人亦惱害當知瞋惱九大苦也

又緣其瞋惱而懷邪僻不信正道令身邪見遮人聽法誦經自不飡探死即當墮聾癡地獄於遐劫中受諸苦惱受苦既畢墮畜生中聞三寶四諦之聲不知是善然害鞭打之聲不知是惡在此之中無量生死以本因緣若遇微善劣復人身生在人中聾瞽不聞石壁不異美言善響絶不覺知當知阻耳聽法皆緣邪見生也

諸經要集卷第十三 第二十五張 微字號

故地持論云邪見之罪亦令衆生墮三惡道若生人中得二種果報一者生邪見家二者其心諂曲何故邪見墮於地獄緣以邪見唯向邪道及以神俗謗佛法僧不崇三寶既不崇信斷人正路致令遠苦所以命終入阿鼻獄何故邪見復為畜生緣以邪見不識正理所以出獄受畜生報何故邪見復為餓鬼緣此邪見慳心堅著乖僻不捨不捨慳著復為餓鬼何故邪見生邪見家緣此邪見僻習纏心所以為人生邪見家何故邪見其心諂曲緣此邪見不中正故所以為人心常諂曲當知邪見十大苦也

如是一微細衆惡罪業无量無邊皆入地獄備受諸苦非可筭數而知且略言耳若能反惡為善即是我師

又八師經云佛為梵志說八師之法佛言一謂見暴殘害物命或為怨家所見刑戮或為王法所見誅治滅及門族死入地獄燒煑拷掠万毒皆更求死不得罪竟乃出或為餓鬼當為畜生屠割剝裂死輒更刃魂神展轉

更相殘害吾見煞者其罪如此不敢復煞是吾一師佛於是說偈言

兇者心不仁 强弱相傷殘 煞生當過生
結積累刧怨 受罪短命死 驚怛遭暴患
吾用畏是故 慈心伏魔官

二謂盜竊强刧人財或為財主刀杖加刑應時瓦解或為王法収繫著獄拷掠搒笞五毒皆至戮之都市門族夷滅死入地獄以手捧火烊銅灌口求死不得罪竟乃出當為餓鬼意欲飲水水化為膿所飲食物化為炭身常負重衆惱自隨或為畜生死輙更刄以肉供人償其宿債吾見盜者其罪如此不敢復盜是吾二師佛於是說偈言

盜者不與取 刧竊人財寶 亡者无多少
怨恚愁毒惱 死受六畜形 償其宿債負
吾用畏是故 棄國施財寶

三謂邪婬犯人婦女或為夫主邊人所知臨時得殃刀杖加形首足分離禍及門族或為王法収捕著獄酷毒掠治身自當辜死入地獄卧之鐵牀或抱銅柱獄鬼然火以燒其身地獄



罪畢當受畜生若後為人閨門婬乱遠佛違法不親賢衆常懷恐怖多危少安吾見是故不敢復婬是吾三師佛於是說偈言

婬為不淨行 迷惑失正道 形消魂魄驚
傷命而早殀 受罪頑癡荒 死復墮惡道
故吾妻子施 建志樂山藪

四謂兩舌惡口妄言綺語譖人无罪謗毀三尊舌致插杖亦致滅門死入地獄獄中鬼神拔出其舌以牛犁之烊銅灌口求死不得罪畢乃出當為畜生常食草蕀若後為人言不見信口中恒臭多被誹謗罵詈之聲卧輙惡夢有口不得食佛經之至味吾見是故不敢惡口是吾四師佛於是說偈言

欺者有四過 讒佞傷賢良 受身癡聾盲
瘂吃口臭腥 顛狂不能信 死墮拔舌罔
吾脩四淨口 自致八音聲

五謂耆酒酒為毒氣主成諸惡王道毀仁澤滅臣慢上忠敬朽父礼亡毋失慈子兇虐孝道敗夫失信婦奢婬九族諍財産耗亡國危身无不由之



酒之乱道三十有五吾見是故絶酒不飲是吾五師佛於是說偈言

醉者為不孝 怨禍從内生 迷惑清高士
乱德敗淑貞 故吾不飲酒 慈心濟群民
淨慧度八難 自致覺道圓

六謂年老夫老之為苦頭白齒落目視冥冥耳聽不聰盛去衰至皮緩面皺百節疲痛行步苦極坐起呻吟憂悲心惱識神轉滅便旋即忘命日促盡言之流涕吾見無常灾變如此故行求道不欲更之是吾六師佛於是說偈言

吾念世无常 人生要當老 盛去日衰羸
形枯而白首 憂勞百病生 坐起愁痛惱
吾用畏是故 棄國行求道

七謂病瘦肉盡骨立百節皆痛猶被杖楚四大進退手足不任氣力虛竭坐起須人口燥脣焦筋斷鼻坼目不見色耳不聞音不淨流出身卧其上心懷苦惱言輙悲哀今觀世人年盛力壯華色煒曄福盡罪至無常百變吾觀此患故行求道不欲更之是吾七師佛於是說偈言

念人衰老時　百病同時生　水消而火起
刀風解其形　骨體筋脉離　大命要當傾
吾用畏是故　求道願不生
八謂人死四百四病同時俱作四大
欲散魂神不安風去息絶火滅身冷
風先火次魂靈去失身體徒直无所
復知旬日之閒肉壞血流膖脹爛臭
無一可取身中有虫還食其肉筋脉
爛盡骨節能散髑髏髀脛各自異處
飛鳥走獸競來食之天龍鬼神帝王
人民貧富貴賤無免此患吾見斯變
故求道不欲更之是吾八師佛於是
說偈言
惟念老病死　三界之大患　福盡而命終
棄之於黄泉　身爛還歸土　魂魄隨因緣
吾用畏是故　學道求泥洹
梵志於是心即開解遂得道跡長跪
受戒為清信士不煞不盜不婬不欺
奉孝不醉歡喜為佛作礼而去故書
云五色令人目盲五音令人耳聾五
味令人口爽大怒傷陰大喜敗陽厭
色伐性之斧美味腐身之毒能悟此
旨斯為大師也

頌曰
心境相乘　業結牽纏　七識起發
八識成因　三界受報　六趣遷延
隨處起業　觸處拘連　五陰勞倦
九惱遭迍　自非憩聖　何慧爽神
含情普洽　攬悟玄津　舒則利物
卷則拟恩

諸經要集卷第十三

諸經要集卷第十三　校勘記

一　底本，金藏廣勝寺本。
一　七〇〇頁中三行夾註「此有九緣」，資、磧、普、南作「此有九部」。
一　七〇〇頁中一六行「耳自」，諸本作「耳目」。
一　七〇〇頁中一七行「五无」，資、麗作「五兀」；磧、普、南、徑、清作「五机」。
一　七〇〇頁中一九行首字「颰」，諸本作「飄」。同行「不晓」，諸本作「不曉」。
一　七〇〇頁下一行第三字「溺」，資、磧、普、南、徑、清作「弱」。
一　七〇〇頁下五行「佛言」，資、磧、普、南、徑、清作「佛告」。
一　七〇〇頁下一一行夾註左「亦定」，徑、清作「亦生」。
一　七〇〇頁下一二行夾註右「不決定」，資、磧、普、南、徑作「不定」；

清作「不改」。

一　七〇〇頁下一三行首字「无」，諸本作「先」。

一　七〇一頁上二行「可敬」，資、磧、普、南、徑、清作「可奉敬」。

一　七〇一頁中八行「割舌」，資、磧、普、南、徑、清作「刮舌」。

一　七〇一頁中一四行「知覺」，資、磧、普、南、徑、清作「覺知」。

一　七〇一頁中一七行首字「埠」，資、磧、普、南、徑、清作「堆」。

一　七〇一頁下一四行首字「各」，諸本作「名」。

一　七〇二頁上一四行第三字「胞」，資、磧、普、南、徑、清作「皰」。下至一八行第九字同。

一　七〇二頁中一行第四字「膓」，資、磧、普、南、徑、清作「脋」。

一　七〇二頁下一五行「廔邪」，資、磧、普、南、徑、清作「瘻斜」；麗作「瘻邪」。

一　七〇三頁上一行「女子」，資、磧、普、南、徑、清作「女人」。

一　七〇三頁上二行第九字「汙」，磧、普、南、徑作「惡」。

一　七〇三頁上五行「其於」，徑作「其餘」。

一　七〇三頁上一二行第一〇字「念」，資無。

一　七〇三頁上一八行「迷憒」，資、磧、普作「迷憤」。

一　七〇三頁中二行第三字「虫」，諸本作「生」。

一　七〇三頁中三行第二字「蝭」，資、磧、普、南、徑、清作「舐」。下至七行第七字同。

一　七〇三頁中四行第三字「毀」，徑、清作「致」。

一　七〇三頁中八行第六字「莫」，南、徑、清作「其」。

一　七〇三頁中一七行第四字「往」，諸本作「住」。

一　七〇三頁中一九行「穜現」，資、磧、普、南、徑、清作「湩現」。

一　七〇三頁中末行「皮裹」，諸本作「皮裹」。

一　七〇三頁下四行至五行「一名螳蜋二蜣蜋」，資、磧、普、南、徑、清作「一名蜣蜋二名蜣」；麗作「一名蜣蜋二螳蜋」。

一　七〇三頁下六行第五字「膓」，資、磧、普、南、徑、清作「腹」。同行末字「曦」，諸本作「喋」。

一　七〇三頁下九行第一〇字及末字「目」，磧、普、南、徑、清作「曰」。

一　七〇三頁下末行第六字「安」，資作「女」。

一　七〇四頁上二一行第七字「數」，資作「受」；磧、普、南、徑、清作「振」。下至末行第四字同。

一　七〇四頁上二一行第一〇字「棠」，資作「受」；磧、普、南、徑、清作「振」；麗作「數」。

一　七〇四頁中一〇行第一〇字「百」，資、磧、普、南、徑、清作「陌」。

一　七〇四頁中一一行夾註左「二斗」，

資、磧、普、南、徑、清作「三升」；麗作「三斗」。

一　七〇四頁中一二行夾註右「一斗」，徑作「一升」。同行第七字「姝」，資、磧、普、南、徑、清作「殊」。同行夾註左末字「記」，資、磧、普、南、徑、清作「記之」。

一　七〇四頁中一六行「辟支」，資、磧、普、南、徑、清作「辟支佛」。

一　七〇四頁下一行第九字「之」，資、磧、普、南、徑、清作「身」。

一　七〇五頁上四行第五字「具」，資、磧、普、南、徑、清作「具足」。

一　七〇五頁上七行第四字「緣」，資、磧、普、南、徑、清作「結」。

一　七〇五頁中一九行第六字「善」，資、磧、普、南、徑、清作「若」。

一　七〇五頁中二〇行第三字「自」，磧、南作「目」。同行末字「定」，資、磧、普、南、徑、清作「之」。

一　七〇五頁中末行第一一字「燁」，磧、普、南、徑、清作「煒」。

一　七〇五頁下一二行第七字「汙」，磧、南、徑、清作「惡」。

一　七〇五頁下一九行第八字「身」，資、磧、普、南、徑、清作「陵」。

一　七〇五頁下二〇行末字「邪」，資、磧、普、南、徑、清作「已」。

一　七〇六頁下七行「十十」，資、磧、普、南、徑、清作「十年」。

一　七〇六頁下一三行第五字「長」，資、磧、普、南、徑、清作「少」。同行第一一字及一五行第三字「長」，資、磧、普、南、徑、清作「長時」。

一　七〇七頁上一四行第三字「二」，資、磧、普、南、徑、清作「一」。

一　七〇七頁中一六行「永達」，資、磧、普、南、徑、清作「示導」。

一　七〇七頁中二一行末字「今」，資、磧、普、南、徑、清作「我今」。

一　七〇七頁下七行第六字「之」，資、磧、普、南、徑、清作「功」。

一　七〇七頁下九行第八字「逮」，徑作「遠」。

一　七〇八頁上一九行「生生也」，資、磧、普、南、徑、清作「生罪也」；麗作「生也」。

一　七〇八頁中二〇行末字「如」，資、磧、普、南、徑、清無。

一　七〇八頁下九行「及取」，諸本作「反取」。

一　七〇九頁上二一行末字「首」，資、磧、普、南、徑、清作「手」。

一　七〇九頁中九行「得不」，資、磧、普、南、徑、清作「不得」。

一　七〇九頁下四行末字「妄」，資、磧、普、南、徑、清作「妄語」。

一　七〇九頁下二二行第六字「便」，資、磧、普、南、徑、清作「使」。

一　七一〇頁上二行第四字「即」，磧、普、南、徑、清作「既」。

一　七一〇頁上一二行首字「愛」，資、磧、普、南、徑、清作「別」。

一　七一〇頁中一行第二字「肶」，磧、南、徑、清作「膍」。

一　七一〇頁中四行第三字「形」，資

作「刑」。

一七一〇頁中一七行第九字「聽」，資、磧、普、南、徑、清無。

一七一〇頁中一九行第八字「浮」，麗作「淨」。

一七一〇頁下二行至次行「踒膢」，資、磧、普、南、徑、清作「傴僂」；麗作「踒僂」。

一七一〇頁下一九行「廉讓」，資、磧、普、南、徑、清作「廉謹」；麗作「謙讓」。

一七一〇頁下二二行首字「墮」，資、磧、普、南、徑、清作「復墮」。

一七一一頁上一六行「貪求無猒」，資、磧、普、南、徑、清作「求無厭足」。

一七一一頁中一三行第六字「惱」，資、磧、普、南、徑、清無。

一七一一頁中一八行第一〇字「聞」，資、磧、普、南、徑、清作「不聞」。

一七一二頁上三行首字「兇」，資、磧、普、南、徑、清作「殺」。同行末字「生」，磧、普、南、徑、清作「去」。

一七一二頁上一一行第八字「飲」，資、磧、普、南、徑、清作「欲」。

一七一二頁上二〇行「形首」，資、磧、普、南、徑、清作「刑手」。

一七一二頁中一行「闔門」，資、磧、普、南、徑、清作「閨門」。

一七一二頁中二行「達法」，徑作「遠法」。

一七一二頁中一一行首字「烊」，資、磧、普、南作「洋」。

一七一二頁下四行末字「民」，磧、普、南、徑、清作「泯」。

一七一二頁下八行第四字「疲」，資、磧、普、南、徑、清作「疼」。

一七一二頁下一三行末字「羸」，徑作「亂」。

一七一二頁下二一行第六字「曄」，磧、徑作「燁」。

一七一三頁上一行末字「起」，資、磧、普、南、徑、清作「滅」。

一七一三頁上六行「侹直」，資、徑、清作「挺直」。

一七一三頁上九行第五字「能」，資、磧、普、南、徑、清作「解」。

一七一三頁上一二行首字「故」，諸本作「故行」。

一七一三頁上一八行「清信」，資、磧、普、南、徑、清作「清淨」。

趙城縣廣勝寺

# 諸經要集卷第十四

西明寺沙門釋道世

## 十惡部第二十三　此有十緣

殺生緣　偷盜緣
邪婬緣　妄語緣
惡口緣　兩舌緣
綺語緣　慳貪緣
瞋恚緣　邪見緣

### 殺生緣第一

夫稟形六趣莫不戀戀而貪生受質二儀並皆區區而畏死雖復升沉萬品愚智千端至於避苦求安此情何異所以驚禽投案猶請命於魏君窮獸入廬乃祈生於區氏漢王去餌遂感明珠之酬楊寶施華便致白環之報乃至沙弥救蟻現壽長生流水濟魚天降珎寶如此之類寧可具陳豈容縱此無猒供斯有待斷也彼陰身遂令抱苦就終銜悲向盡大地雖廣無處逃藏昊天既高靡從啓訴是以經云一切畏刀杖無不愛壽命恕已可為喻勿殺勿行杖但凡俗顛倒邪見无明或為吉凶公私祭祀瞻待賓客營理庖厨烹宰雜類之身供擬衆人之膳或復年移歲晚事隙時閑天慘慘以降霜野炎炎而通燒於是駕追風之快馬捧奔電之良鷹翎則巨闕干將弓則烏號繁弱遂傾諸藪薄罄彼林叢顛覆巢居剖破窟宅罝羅亘野罦網弥山或前路徼遮左邀右截埃塵漲日煙火衝天遂使鳥失侶而驚飛獸離群而奔透鴈聞弦而競落猨抱樹而哀吟莫不臨崄谷而悲號對高林而絶叫於是箭非苟發弓不虛彈達腋洞胷解頭陷腦或復垂綸濁渚散餌清潭學釣鯉於河津同射鮒於井谷朱鱗已掛无復待信之能素質既懸長罷躍舟之瑞霏膾形軀有枯盤而雨散或復獫狁孔熾宜申薄伐邊境逆命事資神武雖復賢良帝主尚動干戈哲后明君猶須征伐所以升陑之役乃著高名梅野之師方稱盛德其中或有擁百萬而横行提五千而深進碎曹公於尺壁撲項帝於烏江懸莽首於高臺

擿卓屍於都市並皆英雄一旦威武當時如此之流弗可為記莫不積骨成山流血濶杵今者王師雷動掃殄妖逆揚兵擁節傒境覘邊既殞前駈叨居後勁雲旗之下寧敢自安霜刃之間信哉多嶮故刀下叩頭稍下乞命如斯之罪不可具陳凡是衆生有相侵害為怨為隙負命負身或作短壽之因便招多病之果願從今日永斷相續盡未來際為菩提眷屬不壞良緣法城等侶矣



又正法念經云何不殺若稻穀黍麦生微細虫不擣不磨知其有虫護此虫命不轉與人復不殺生若牛馬驢驢擔負背脊瘡中生虫若以漿水洗此瘡時不以草藥斷此虫命以鳥毛羽洗拭取虫置餘臭爛敗肉之中令其全命兼護此驢牛恐害其命復護虫命乃至蟻子若晝若夜不行放逸心不念殺若見衆生欲食其虫以其所食而貿易之令其得脫

又鼻柰耶律云昔佛在世時舍衛國中有一婆羅門常供養迦留陀夷羅漢比丘婆羅門唯一子長為取婦時婆羅門臨終勑子吾死之後汝看尊者迦留陀夷如我今日莫使有乏父母亡後子奉父母教還復供養迦留陀夷如父在日等無有異後於異時婆羅門子出行不在囑婦供養是日便有五百群賊中有一賊面首端正婦遥見之遣使喚来便共私通迦留陀夷數往其家婦恐沙門漏泄此事後共此賊方便殺之波斯匿王聞於尊者迦留陀夷為賊所殺王憶尊者瞋恚懊惱即時便誅婆羅門家并殺左右十八餘家捕五百賊斬截首足擲著壍中比丘見已而白佛言迦留陀夷本造何惡為婆羅門婦所殺耶佛告比丘迦留陀夷乃往過去作大天祀主有五百人牽其一羊截於四足將詣天祀而共乞願祀主得已即便殺之由殺羊故墮於地獄受無量苦昔天祀主今迦留陀夷是雖得羅漢餘殃不盡今得此報尒時羊者今婦是也昔五百人截羊足者今日為王截其手足五百賊是佛告比丘若人殺害所受果報終不朽敗



又賢愚經云昔佛在世時舍衛城中有一長者名梨耆弥有七頭兒皆以婚娶㝡小兒婦字毗舍離甚有賢智無事不知時梨耆弥以其家業悉皆付之由其賢智波斯匿王敬礼為妹有時懷妊月滿便生三十二卵其一卵中出一男兒顔貌端正勇健非凡一人之力敵於千夫長為納婦皆是國中豪賢之女時毗舍離請佛及僧於舍供養佛為說法合家悉得須陁洹果唯㝡小兒未得道迹乘象出遊逢輔相子乘車橋上便捉擲著橋下壍中傷破身體来告其父輔相語子彼人力壯又是國親難與諍勝當思密報即以七寶作馬鞭三十二枚純剛作刀著馬鞭中人贈一枚諸人愛之歡喜納受恒挺在手出入見王國法見王禮不帶刀輔相見受便白王讒毗舍離兒年盛力壯一人當千今懷異計謀欲煞王各作利刀置馬鞭中事審明矣王即索看果如所言王意謂實皆悉殺之殺竟便以三十二

頭戚著一函封閉印之送與其妹當日眈舍請佛及僧就舍供養見王送函謂王助供即欲開看佛止不聽待僧食竟飯食訖已佛為說法無常苦等時眈舍離得阿那含果佛去之後開函見兒三十二頭由斷欲愛不至懊惱但作是言痛哉悲矣人生有死不得長久駈馳五道何苦乃尒三十二兒婦家親族聞此事理懊惱唱言大王無道枉殺善人共集兵馬欲往報雠王時恐怖走向佛所諸人引軍圍遶祇桓阿難見王殺眈舍離三十二子婦家親族欲為報雠合掌問佛有何因緣三十二兒為王所殺佛告阿難乃往過去三十二人盗他一牛共牽將到一老母舍欲共殺之老母歡喜為辦殺具臨下刀時牛跪乞命諸人意感遂尒殺之牛死誓言汝今殺我我將來世終不放汝死已共食老母食飽歡喜之言由來安客未如今日佛告阿難尒時牛者今波斯匿王是盗牛人者今眈舍離三十二子是時老母者今眈舍離是由殺牛故



五百世中常為所殺老母歡喜五百世中常為作母兒被殺時極懷懊惱今值我故得阿那含果婦家親族聞佛所說恚心便息各作是言此人自種今受其報由殺一牛今尚如是何況多也波斯匿王是我之王云何懷然而欲殺害即投王前求哀懺悔王亦釋然不問其罪阿難白佛復修何福豪貴勇健值佛得道佛告阿難乃往過去迦葉佛時有一老母合集衆香以油和之欲往塗塔路中逢值三十二人因而勸之共往塗塔塗竟發願生生之處尊榮豪貴恒為母子值佛得道從是以來五百世中生恒尊貴常為母子今值佛故各得道迹

正報頌曰

戲笑殺他命　悲號入地獄　臭鐵與洋銅
灌注連相續　奔刀赴火燄　擘裂碎楚毒
億載苦万端　傷心不可録

習報頌曰

殺生入四趣　受苦三塗畢　得生人道中
短命多憂疾　瘦病嬰艱苦　壽短常沉没
若有智情人　殺心寧放逸



## 偷盗緣第二

夫稟形六趣莫不貪欲為原受質二儀並皆戀財為本雖復人畜兩殊然慳惜無二故臨財苟得非謂拓人見利忘義匪成君子且錢財王帛是外所依幡花僧物是内供養理應省已貧窘隨喜他富豈以自貪貪奪他財所以調達取花遂便退落憍梵損粟反受牛身迦葉乞餅被俗譏呵比丘嗅香池神雅責是知偷盗之僁寧非大罪所以朝飡無寄夜寢无衣烏栖鹿宿赤露攣捲傍路安眠偱壓求食遂使母逐鷹鴞而南去子隨胡馬而北歸夫類日影而西奔婦似川流而東逝莫不望故鄉而腸断念生處而號啼淚交馱而散血心欝快而聚眉如斯之苦皆由前身不施刼盗中来故經曰欲知過去因當看見在果欲知未来果但觀現在因是故勸諸行者常須誡勗勿起盗心乃至遺落不貪何況故偷他物也（此下有五種盗緣）

第一盗佛物者如涅槃經云造立佛寺用珠華鬘供養不問輒取若知不

知皆得方便盜罪又鼻柰耶論云若盜佛塔聲聞塔中幡花皆望施主結重罪為斷彼福故又十誦律云若盜佛畜物精舍中供養具若有守護主計主犯重罪如十誦偷佛舍利薩婆多論盜佛像並為淨心供養自念云彼亦弟子我亦弟子如是之人雖不語取供養皆不犯罪(此謂施主情通者不犯局者犯重也)若依摩德勒伽論云為轉賣活命故盜佛像舍利者犯大重罪(其法物者准佛可知故四分律下文云非有人盜他經卷佛言佛語無價唯紙墨計滿五錢犯重罪自外可知)

第二盜僧物者如五分律云貸僧物不還計直犯重又觀佛三昧經云盜僧鬘物者過殺八萬四千父母等罪又寶梁經云寧噉身肉終不得用三寶物又依方等經云花聚菩薩云五逆四重我亦能救盜僧物者我不能救又大集經濟龍品云時有諸龍得宿命心自念過業涕泣雨淚來至佛前各如是言我憶往昔於佛法中或為俗人親屬因緣或復聽法因緣所有信心捨施種種花果飲食共諸比丘依次而食或有說言我曾嗷噉四方衆僧花果飲食或有說言我往寺舍布施衆僧或復礼拜如是嗷噉乃至七佛已来曾作俗人有信心人為供養故施諸花果種種飲食比丘得已迴施於我我得便食由彼業緣於地獄中經無量刼大猛火中或燒或煑或飲洋銅或吞鐵丸從地獄出墮畜生中捨畜生身生餓鬼中如是種種備受辛苦佛告諸龍此之惡業與盜佛物等無差別比五逆業其罪如半然此罪報難可得脫於賢刼中值㝡後佛名曰樓至於彼佛世罪得除滅

述曰何故盜用僧物其罪偏重耶荅曰隨盜一物即望十方凡聖上至諸佛下及凡僧隨境無邊還結無邊等罪微塵尚可知數此人罪報不可測量所以者何為其施主本捨一毫一粒擬供十方出家凡聖令其食用日夜修道不欲供俗是以鳴鍾一響遐迩同飡凡聖受用俱成道業冥資施主得益無邊惟斯福利功齊法界招善既多獲罪寧少今見愚迷衆生不簡貴賤不信三寶苟貪福物將用資身或食噉僧食受用花果或騎僧雜畜將僧奴逐或借貸僧物經久不還見僧屢索反加趍毀或倚官形勢伺求僧過如是等損具列難盡靜思此各豈不痛心今惜不與者非是慳惜不惠為慈愍白衣慮受来苦若當與者非直損俗亦罪及知事未来生處同受其殃故佛本行經云一念之惡能開五不善門一惡能燒人善根二從惡更生惡三為聖人所呵四退失道果五死入惡道既知不易誡為大誡後時取受省已用之

第三盜互用物者如寶印經云佛法二物不得互用由無與佛法物作主復無可諮白不同僧物常住招提互有所諮若用僧物修治佛塔者依法取僧和合得用不和合者勸俗人修治若佛塔有物乃至一錢已上以施主重心故捨諸天及人於此物中應生佛想塔想乃至風吹爛壞不得貿貿供養以如来塔物无人作價也又十誦律云佛聽僧坊佛畜畜使人及象馬牛羊等各有所屬不得互用又

僧祇律云供養佛物花多聽轉賣買香燈猶故多者轉賣無盡財中又五百問事口决云佛幡多者欲作餘佛事用者得若施主不許者不得又四分律云供養佛塔食治塔人得食又善見論云佛前獻佛飯食侍佛比丘得食若無比丘白衣侍佛亦得食又罪福决疑經云初獻佛時上中下座必教白衣奉佛及僧獻佛竟行與僧食不犯若不尒者食佛物故千億歲墮阿鼻地獄擅越不受師教亦招前報若生人間九百万歲墮下賤處何以故佛物無人能評價故若沉尒齋家及在僧寺二時常食獻佛聖僧食不局入佛僧者不須收贖唱餘食後一切得食若情標施食定入佛僧不通白衣者應贖已取食也

或施主本擬作釋迦改作弥陁本作大品改充涅槃本作僧房改供僧食本施二衆改入一衆本擬十方迴入現前本擬大衆迴入別人本擬衆僧迴入白衣皆違反施主計錢多少滿五成重減五得輕故四分律云許此處乃與彼處皆犯罪也斷罪輕重者仍重前施意准此之文撿挍佛像有餘綵色不得作菩薩聖僧等形以師徒位別故不得互用乃可作餘莊嚴具還將供養佛不犯若施主情通一鋪佛像任意莊嚴種種道俗凡聖形像諸雜供養名花草木山池鳥獸不局佛像者通作无罪故五百問事云用佛綵色作鳥獸形得罪除在佛前為供養故不犯數聞邊方道俗不閑戒律雖有好心經營三寶任已凡情互用三寶物乃至齋上聖錢或將自入或入常住僧或作佛像或畫壁上迦葉阿難等形並不合用得罪具如上受請篇說問曰今時齋上有佛錢未審此錢入何等用答曰若施主本心定入造像還如前耳用文只得造佛不得別用若如今時齋家汎僧食後通出滞僧錢如施主不別標局者作斛買香沽油燈燭營造佛堂種種供佛受用並得但不得入經僧別人用上來略述並依經律文斷不是人情若不依法反結無知不學之罪自外不盡者具如僧尼十卷律鈔廣說故知撿挍三寶事重不輕自非明解戒律深信因果謹慎用心怖怕業道常勤作意不護人情如是之人始堪作綱維知事自外不合作也

又寶梁經云佛告迦葉我聽二種比丘得營衆事何等為二一能淨持戒二畏於後世喻如金剛復有二種何等為二一識知業報二有諸慚愧及以悔心復有二種何等為二一阿羅漢二能修八背捨者如是二種比丘我聽營事自無瘡疣能護他人意以此事難故語迦葉於佛法中種種出家種姓種種心種種解脫種種斷結或有阿蘭若或有乞食或有樂住山林或有樂近聚落清淨持戒或有能離四扼或有勤修多聞或有辯說諸法或有善持戒律或有善持毗尼儀式或有遊諸城邑聚落為人說法有如是等諸比丘僧營事比丘善取如是諸人心想故經云彼營事比丘應當分別常住僧物不得與招提僧招提僧物不得與常住僧此二種物不得互用常住僧物招提僧物不應與佛物共雜佛物亦不得與二物共雜若常住僧物多而招提僧有所須者營事比丘應集僧行籌索欲僧和合者應以常住僧物分與招提僧若如來塔或有所須若欲敗壞者若常住僧若招提僧物多者營事比丘應集行籌索欲作如是言是佛塔壞今有所須此常住僧物招提僧物多大德僧聽若僧時到僧忍聽若僧不惜所得施物若常住僧物招提僧物我今持用修治佛塔若僧不和合營事比丘應勸化在家人求索財物修治佛塔若佛物多者不得分與常

住招提僧何以故於此物中應生世尊想佛所有物乃至一線皆是施主信心施佛是故諸天世人於此物中生佛塔想而況寶物若於佛塔中寧令風吹雨爛破盡不應以此衣貨易寶物何以故如来塔物無人能與作價者又佛無所須故如是營事人者三寶之物不應令雜以自雜用得大苦報若受一劫若過一劫以侵三寶物故

又寶梁經云佛言營事比丘若生瞋心於持戒大德人所以自在故馳令役使故墮地獄若得為人作奴僕為主苦人所鞭打又營事比丘以自在故更作重制過僧常限謫罸比丘非時令作以此不善根故墮於多釘小地獄中生此中已以百千釘釘挓其身其身熾然如大火聚又營事比丘於持戒有大德所以重事怖之以瞋心語故生地獄中其所得舌長五百由旬以百千釘而釘其舌一一釘中出大火焰又營事比丘數得僧施慳惜藏舉或非時與僧或復難與或因



苦與或少與或不與或有與者或不與者以此不善根故有饑惡餓鬼常食糞丸此人命終當生其中於百千歲常不得食或時食變為糞屎或作膿血是故迦葉營事比丘寧自噉身肉終不雜用三寶之物作衣鉢飲食

第四盜凡物者如善見論云為他別人乃至三寶守護財物若謹慎掌護堅鏁藏戶而賊從孔中屋中竊取或逼迫取非守物人能禁限者但望本主結罪皆不合徵若主掌慵慢不勤守護為賊所偷者掌物人償之以望守護主結罪故十誦律云遠廟受他寄物在道損破若好心捉破者不應償惡心捉破者須償若借他物不問好心惡心若破一切須償又十誦律云賊偷物来或好心施或因他逐恐怖故施得取以成物主故但莫從賊乞自與者得取已染壞色著有主識認者應還又摩德勒伽論云若狂人自持物施不知父母親眷者得取若父母可知不自手與者不得取又十誦律云若取他虎殘肉者犯小罪由不斷望故若取師子殘者不犯由斷望故又薩婆多論云盜一切鳥獸殘者得小罪（今時儉世多有俗人敗他鼠窟取其貯栗胡桃雜果子等准此犯罪）四分律云若與想取已有想取糞掃想取暫用想取親友意想取等皆不犯其親友者依律要具七法始名親友一難作能作二難與能與三難忍能忍四密事相告五平相覆藏六遭苦不捨七貧賤不輕如是七法人能行者是親善友取而不犯也

又增一阿含經云佛告比丘若人作賊偷盜他物為主所執縛送付王治其盜罪王即遣人閉著牢獄或截手足或削耳鼻或剝其皮或抽其筋或取倒懸或時鋸解或以火炙或時湯煮或以生革轉絡其頭或復洋銅而灌其身或以長撅而刺其髖或使惡象而以蹈殺或開其腹抽腸佇草或時反縛打惡聲皷將詣市所摽下斬首或復節節支解其形或以刀破或時箭射如是種種苦切殺之以此偷盜惡業因緣命終之後生地獄中獄火燒身融銅灌口鑊湯鑪炭刀山劍

樹熫灰糞屎磨壓碓擣受如是等種種諸苦酸楚毒害痛不能稱計百千万歲脫出無期地獄罪畢生畜生中象馬牛羊駝驢犬等經百千歲以償他力畜生罪畢生餓鬼中飢渴苦惱不可具言初不聞有漿水之名經百千歲受如是苦惡道罪畢出生人中若生人中得二種報一者貧窮衣不蓋形食不充口二者常為王賊火水及以惡賊劫奪

又正法念經云何名盗若人思惟欲令種種穀麦我獨成就令世間人五穀不登常作如是不善思惟復於異時衆生薄福田苗不収如是惡人見世飢饉心生歡喜如我所念於市糶賣曲心巧偽量諸穀麦誑惑於人究竟成業若心思惟名為思業若作誑時名為誑業作誑業已名究竟業

第五盗遺物者如正法念經云若見道邊遺落之物若金若銀及餘財寳取已唱令此是誰物若有人言此是我物當問其相實者當還若無人認七日持行日唱之若無主認以此寳物付王大臣州郡令長若王大臣州郡令長見福德人不取此物後當護持佛法衆僧是名不盗又僧祇律云若見遺衣物者當唱令人認之無主認者懸著高顯處令人見若言是我物應問言汝物何處失荅相應者與若無識者應停至三月已若塔園中得者即作塔用僧園中得者四方僧用若貴價物者謂金銀瓔珞不得露現唱令得實人應審諦數看有何相貌然後舉之來認時相應者與對衆多人與問不得屏處還教受三歸語言佛不制戒者汝眼看不得若无人來認者停至三年如前處當界用之若治塔得寳藏者即作塔用僧地亦然故成實論云伏藏取用無罪佛在世時給孤長者是聖人亦取此物故知無罪又自然得物不名劫盗又僧祇律云入聚落中有遺落物不得取與比丘者即是施主聚落中風吹衣不得作糞掃想取若曠路無人處得取又五分律云若舉衣經十二年不還者集僧評價作四方僧用若彼後還以僧物償不受者善

正報頌曰

劫盗供他用　泥犁獨自沉　攫鳥金剛觜
啄腦劈其心　灌口以銅汁　碎身鐵搗砧
怕懼周慞走　還投刀劍林

習報頌曰

劫盗所獲果　地獄被銷融　罪畢生人道
飢貧心自終　共財被他制　何殊下賤中
寄言懷挩者　當須思困窮

邪婬緣第三

夫婬著敗德智者之所不行欲相迷神聖人之所皆離是以周幽喪國信褒姒之愆晋獻亡家實驪姬之罪獨角山上不悟騎頸之羞期在廟堂寧悟焚身之痛皆為欲界衆生不修觀解繫地煩惱不能斷伏且地水火風誰為宰主身受心法本性皆空薄皮厚皮周旋不淨生藏熟藏穢惡難論常欲牽人墮三惡道是以菩薩大士恒修觀行臭處流溢遍身皆滿六塵怨賊每相觸惱五陰旃陁難可親近凡夫顛倒繼此貪迷妄見妖姿封著華態暗齒丹脣長眉高髻弄影逶迤

增姸美艷所以洛川解珮能税駕於陳王漢曲弄珠遂留情於交甫至山臺上託雲雨以去來舒姑水側寄泉流而還往遂使然香之氣迴襲韓壽之衣彈琴之曲懸領相如之意或因腐朽而成親或藉攜而爲密豈知形如聚沫質似浮雲內外俱空須臾散滅舉身不淨遍體无常方棄溝渠以充螻蟻凡是衆生有此邪行乖梵天道障菩提業爲四趣因感三塗果是知三有之本寔由婬業六趣之報特因愛染以潤業偏重故聖制不爲也

此下有四種緣

第一呵欲多苦者如涅槃經偈云

若常愁苦　愁遂增長　如人憙眠
眠則滋多　貪婬嗜酒　亦復如是

又正法念經偈云

如火益乾薪　增長火熾然　如是愛樂者
愛火轉增長　薪火雖熾然　人皆能捨離
愛火燒世間　纏綿不可捨

又智度論偈云

世人愚惑　貪著五欲　至死不捨
爲之後世　受無量苦　譬如愚人
貪著好果　上樹食之　不肯時下
人伐其樹　樹傾乃墮　身手毀壞
痛苦而死　得時樂少　失時苦多
如蜜塗刀　䑛者貪甜　不知傷舌
後受大苦

又成實論偈云

貪欲實苦　凡夫顛倒　妄生樂想
智者見苦　見苦則斷　愛欲無猒
如飲醎水　轉增其渴　以增渴故
何得有樂　譬如狗齩　血塗枯骨
增涎唼合　想謂有美　貪欲亦尒
於無味中　邪倒力故　謂爲受味
故知色欲　苦實樂虛　要無貪求
方名眞樂

第二觀女不淨者但惟諸女外假容儀內懷臭穢迷人著相不覺虛誑唯大智者能知可惡也

又禪祕要經云長老目連得羅漢道本婦將從盛服莊嚴欲壞目連目連尒時爲說偈言

汝身骨乾立　皮肉相纏裹　不淨內充滿
無一是好物　韋囊盛屎尿　九孔常流出
如鬼無所宜　何足以自貴　汝身如行廁
薄皮以自覆　知者所棄遠　如人捨廁去
若人知汝身　如我所惡猒　一切皆遠離
如人避屎坑　汝身自莊嚴　花香以瓔珞
凡夫所貪愛　智者所不惑　汝是不淨聚
集諸穢惡物　如莊嚴廁舍　愚人以爲好
汝腸肚著脊　如櫞依梁棟　五藏在腹內
不淨如屎篋　汝身如糞舍　愚夫所貪寶
飾以珠瓔珞　外好如畫瓶　若人欲染空
始終不可著　汝欲來嬈我　如蛾自投火
一切諸欲毒　我今已滅盡　五欲已遠離
魔網已壞裂　我心如虛空　一切無所著
正使天欲來　不能染我心

又增一阿含經云寧以火燒鐵錐而鑠于眼不以視色興起亂想又正法念經云女人之性心多嫉妬以是因緣人女死後多生餓鬼趣中雖有美言心如毒害強知虛詐能惑世間

第三女人難親可猒者如優填王經偈云

女人最爲惡　難與爲因緣　恩愛一縛著
牽人入罪門

非直牽人入於惡道天中退落亦由女惑又正法念經偈云

天中大繫縛　無過於女色　女人縛諸天
將至三惡道
又智度論云菩薩觀欲種種不淨於諸衰中女衰最重火刀雷電礔礰怨家毒虵之屬猶可暫近女人慳妬瞋諂妖穢鬪諍貪嫉不可親近故佛說偈云
寧以赤鐵　宛轉眼中　不以散心
邪視女色　含笑作姿　憍慢羞慚
迴面攝眼　美言妬瞋　行步妖穢
以惑於人　婬羅弥網　人皆投身
坐卧行立　迴眄巧媚　薄智愚人
為之心醉　執劍向敵　是猶可勝
女賊害人　是不可禁　毒虵含毒
猶可手捉　女情惑人　是不可觸
又增一經偈云
莫與女交通　亦莫共言語　有能遠離者
則離於八難
又薩遮尼乾子經尼乾子說偈云
自妻不生足　好婬他婦女　是人無慚愧
受苦常无樂　現在未來世　受苦及打縛
捨身生地獄　受苦常无樂
又雜譬喻經云佛在世時有一婆羅門生兩頭女女皆端正乃故懸金九十日內募索有能訶我女醜者便當與金竟無募者將至佛所佛便訶者此女皆醜無有一好阿難白佛言此女實好而佛言惡有何不好佛言人眼不視色是為好眼耳鼻口亦尒身不著細滑是為好身手不盜他財是為好手今觀此女眼視色耳聽音鼻嗅香身喜細滑手喜盜財如此之者皆不好也
又佛般泥洹經云佛告柰女好邪婬者有五自妨一名聲不好二王法所疾三懷畏多疑四死入地獄五地獄罪竟受畜生形皆罪所致能自滅心不邪婬者有五增福一多人稱譽二不畏縣官三身得安隱四死上天生五從意清淨得泥洹道
第四女人姧偽者如舊雜譬喻經云昔有大姓家子端正以金作女像語父母言有女似此者兒乃當取時他國有女貌亦端正亦作金色金女白父母言有男似此乃當嫁之父母各聞便速娉合時國王舉鏡自照謂群臣曰天下人顏有如我不諸臣荅曰臣聞彼國有男端正無比則遣使請之使至告之王欲見賢者則嚴車進去已自念王以我明達故来相呼則還取書而見婦與奴為姧悵然懷慽為之結氣顏色衰醜臣見如此謂行道消瘦馬廐安之夜於廐中見王正大夫人與馬廐下人私通心乃自悟王大夫人尚當如此何況我婦意解心悅顏色如故則與王相見王曰何因止外三日荅曰臣来有忘還歸取之而見婦與奴為姧意忿顏色衰變故住廐中三日昨見正夫人来與養馬兒私通夫人乃尒何況餘人意解顏色復故王言我婦尚尒何況凡女兩人俱捨便入山中剔鬚作沙門思惟女人不可從事精進不懈俱得辟支佛道
又舊雜譬喻經云昔有婦人生一女端正無比年始三歲國王取視呼道人相復堪為夫人不道人報王此女有夫王後得之王言我當牢藏豈可後得便呼鶴来汝處在何鶴白王言

我上大山半腹有樹人畜不歷下有洄水船所不行王言我以此女寄汝將養便撮持去日日從王取飯與女如是久後上有一聊卒為水濁去有一樹奇逐水下流有一男子得抱持樹墮洄水中不得去迴有樠桃樹踊出住倚山傍男子尋之得上鶴樹與女私通女便藏之鶴覺女身重左右求得男子舉撮棄之如事白王王曰前道人善巧相人也師曰人有宿對非力所制逢對則可畜生亦尒

又舊雜譬喻經云昔有國王護持女急正夫人語太子曰我為汝母生汝不見國中欲一迴出汝可白王如是至三太子白王王則聽可太子自為御車群臣於路奉迎設拜夫人出手開帳令人得見太子見女人而如是便詐腹痛而還夫人言曰我無相甚矣太子自念我母尚當如此何況餘乎夜便委國捨去入山遊觀時道邊有樹下有泉水太子上樹逢見梵志獨行入水池浴出已飯食作術吐出一壺壺中有女與屏處室梵志將卧女人復吐一壺壺中有男復與共卧卧已吞壺須臾之頃梵志起已復內婦著壺中吞已杖持而去太子歸國白王請梵志及諸臣下作三人食持著一邊梵志既至言我獨自太子曰梵志汝當出婦共食梵志不得已出婦太子語婦汝當出夫共食如是至三不得已出男共食食已便去王問太子汝何因知之荅曰我母觀國我為御車母開帳出手令人見之我念女人能多樂欲便詐腹痛還入山中見梵志藏婦腹中如是女人姧不可絕願大王放赦宮中自在行来王勑後宮其欲行者任從志也師曰天下不可信者女人是也

又舊譬喻經云昔有四姓藏婦不使人見婦使青衣人作地突與琢銀兒私通夫後覺婦婦言我今生不邪行卿莫妄語夫言吾不信汝當將汝至神樹所立誓婦言甚佳夫持齋七日始入齋室婦密語琢銀兒汝詐作狂乱頭於市逢人抱持牽引弄之夫齋竟便將婦出婦言我不見市卿將我過市琢銀兒便来抱持詐狂卧地婦便嗥呼其夫何為使人抱持我耶夫言此是狂人何須記録夫婦俱到神所叩頭言我生来不作悪但為狂人所抱婦便得活夫默然而慚佛言當知一切女人姧詐如是不可信也

又十誦律云佛在舍衛國有一婆羅門生女面貌端正顔色清淨名曰妙光相師占曰是女後當與五百男共通諸人聞已女年十二無有求者時婆羅門有隣比估客常入海採寶是估客於樓上遥見是女即生欲心問餘人言是誰女耶荅是某甲婆羅門女有取者耶荅言無有求者耶荅言未也問何故无人求耶荅曰此女有一過罪相師占曰是女後當與五百男子共通所以無求者時估客念言除沙門釋子无入我舍者即往求取女到未久估客結伴欲入海中㗅守門者語言我欲入海莫聽男子强入我舍除沙門釋子此是無過荅言尒去後沙門於舍乞食是女見已語言共我行欲諸比丘不知白佛佛言此

舍必有非梵行汝不應往此女後得
病於夜命終其家人以莊嚴具合棄
死處時有五百群賊於此處行見死
女即生欲心便就行欲是女先語沙
門婆羅門共我行欲以此因緣故墮
惡道在彼國北方生作婬龍名毗摩
達多

正報頌曰

邪婬入地獄　登彼刀葉林　熱鐵釘其口
洋銅灌入心　毒龍碎骨髓　金剛鼠食陰
銅柱緣上下　鐵牀卧隠深

習報頌曰

昏婬乱情色　受苦無表裏　餘業得人身
自妻恒有己　彼此懐猜忌　孰肯順情言
稍有性靈人　寧得无慚恥

妄語緣第四

惟夫稟形人世逢斯𤄊濁之時受質偽身恒在虚詐之境所以妄想虚搆感倒交懐違心背理出語皆虚誑惑前人令他妄解致使万苦争纒百憂揔萃種虚妄之因感得輕賤之報地獄重苦更加湯炭迷法亂真寔由妄語也

如正法念經偈言

妄語言說者　惱一切衆生　彼常如黑暗
有命亦同死　語刀自割舌　云何舌不墮
若妄語言說　則失實功德　若人妄說語
口中有毒虵　刀在口中住　焰火口中然
口中毒是毒　虵上毒非毒　口毒割衆生
命終墮地獄　若人妄說語　自口中出膿
舌則是渥濁　舌亦如熾火　若人妄說語
彼人速輕賤　為善人捨離　天則不擁護
常憎嫉他人　與諸衆生惡　方便惱乱他
因是入地獄

又優婆塞戒經偈云

若復有人　樂於妄語　是人現得
惡口惡色　所言雖實　人不信受
衆皆憎惡　不喜見之　是名現世
惡業之報　捨此身已　入於地獄
受大苦楚　飢渴熱惱　是名後世
惡業之報　若得人身　口不具足
所說雖實　人不信受　見者不樂
雖說正法　人不樂聞　是一惡人
因緣力故　一切外物　資生減少

以此證知妄語之人三世受苦

又禪秘要經云若有四衆於佛法中為利養故貪求無猒為好名聞而假偽作惡實不坐禪身口放逸行放逸行貪利養故自言坐禪如是比丘犯偷蘭遮過時不説自不改悔經須臾間即犯十三僧殘若經一日至於二日當知此比丘是人中賊羅刹魁膾必墮惡道犯大重罪若比丘比丘尼實不見白骨自言見白骨乃至阿那般那是比丘比丘尼誑惑諸天龍鬼神等此惡人輩是魔波旬種為妄語故自說言我得不淨觀乃至頂法此妄語人命終之後疾於電雨必定當墮阿鼻地獄壽命一劫從地獄出墮餓鬼中八千歲時啖熱鐵丸從餓鬼出墮畜生中身恒負重死復剥皮經五百身還生人中聾盲瘖啞癃殘百病以為衣服如是經若不可具說又正法念經偈云

甘露及毒藥　皆在人舌中　甘露謂實語
妄語則為毒　若人須甘露　彼人住實語
若人須毒者　彼人妄語說　毒不決定死
妄語則決定　若人妄語說　彼得言死人
妄語不自利　亦不益也人　若自他不樂

云何妄語說 若人惡分別 喜樂妄說語

飛墮火刀上 得如是苦惱 毒害雖甚惡

唯能殺一身 妄語惡業者 百千身被壞

又佛說須賴經云佛言夫妄言者為自欺身亦欺他人妄言者令人身臭心口無信念其心惱妄言者令其口臭令其身色大神所棄妄言者亡失一切諸善本於己愚冥迷失善路妄言者一切惡本斷絕善行閉居之本又正法念經閻羅王責踈罪人說偈言

實語得安樂 實語得涅槃 妄語生苦果

今來在此受 若不捨妄語 則得一切苦

實語不須買 易得而不難 實非異國來

非從異人求 何故捨實語 喜樂妄語說

妄語言說者 是地獄因緣 因緣前已作

唱喚何所益 妄語第一火 尚能燒大海

況燒妄語人 猶如燒草木 若人捨實語

而作妄言說 如是癡惡人 棄寶而取石

若人不自愛 而愛於地獄 自身妄語火

此處自燒身 實語甚易得 莊嚴一切人

捨實語妄說 癡故到此處

又智度論說偈云

實語第一戒 實語昇天梯 實語小如大

妄語入地獄



又薩婆多論云不妄語者若說法議論傳語一切是非莫自稱為是常令推寄有本則無過也不介斧在口中又十誦律云若語高姓人云是下賤若語兩眼人云是一眼並得妄語又語一眼人汝是瞎眼人並得輕惱他罪

正報頌曰

妄語誑人巧 地獄受罪拙 餤鋸解其形

熱鐵耕其舌 灌之以洋銅 磨之以剛鐵

悲痛碎骨髓 呻吟常嗚咽

習報頌曰

妄語入三塗 三塗罪已定 餘業生人道

被謗常憂結 還為他所誑 恨心如火熱

智者勿尤人 驗果因須滅

惡口緣第五

凡夫毒熾恚火常然逢緣起障觸境生瞋所以發言一怒衝口燒心損害前人痛於刀割乖菩薩之善心違如來之慈訓故業報差別經偈云

麁言觸惱人 好發他陰私 剛強難調伏

生餓口餓鬼

又智度論云或有餓鬼先世惡口好以麁語加彼衆生衆生增惡見之如讎以此罪故墮餓鬼中又法句經云雖為沙門不攝身口麁言惡說多所中傷衆所不愛智者不惜身死神去輪轉三塗自生自死苦惱無量諸佛賢聖所不愛惜假令衆生身雖无過不慎口業亦墮惡道故論云時有一鬼頭似猪頭臭虫從口出身有金色光明是鬼宿世作比丘惡口罵詈客比丘身持淨戒故身有光明口有惡言故臭虫從口出



又增一阿含經云寧以利劍截割其舌不以惡言麁語墮三惡道又護口經云過去迦葉如來出現於世敷說法教教化已周於無餘泥洹界而般泥洹後時有三藏比丘名曰黃頭衆僧告勑一切雜使不令御涉但與諸後學者說諸妙法時三藏比丘內心輕蔑不免僧命便與後學敷演經義喚受義曰速前象頭次喚第二者曰馬頭復喚駱駝頭猪頭羊頭師子頭虎頭如是喚衆獸之類不可稱數雖授經義不免其罪身壞命終入地獄

中經歷數千万劫受苦無量餘罪未畢從地獄出生大海中受水性形一身百頭形體極大異類見之皆悉馳走

又出曜經云昔佛在世時尊者滿足詣餓鬼見一餓鬼形狀醜陋見者毛竪莫不畏懼身出熾焰如大火聚口出疽虫膿血流溢臭氣叵近或口出火長數十丈或眼耳鼻身體支節放諸火焰長數十丈脣口垂倒像如野猪身體縱廣一由旬也手自抓摑舉聲嘷哭馳走東西滿足見問汝作何罪今受此苦餓鬼報曰吾昔出家戀著房舍慳貪不捨自恃豪族出言臭惡若見持戒精進比丘輒復罵辱戾口戾眼或戾是非故受此苦寧以利刀自割其舌積劫受苦不以一日罵謗精進持戒比丘尊者若還閻浮提地時以我形狀誡諸比丘善護口過勿妄出言見持戒者念宣其德自我受此餓鬼形來數千万歲常受此苦却後命終當入地獄說此語已嘷哭投地如太山崩天翻地覆斯由口過故使然矣

又百縁經云有長者婦懷妊身體臭穢都不可近年滿生兒連骸骨立羸瘦憔悴不可目視又多糞屎塗身而生年漸長大不欲在家貪嗜糞穢不肯捨離父母諸親惡不欲見駈令遠舍使不得近即使在外常食糞穢諸人見已因為立字名嚪婆羅值佛出家得阿羅漢果由過去世時有佛出世名拘留孫出家為寺主有諸檀越洗浴衆僧訖復以香油塗身有一羅漢寺主見已瞋恚罵詈汝出家人香油塗身如似人糞塗汝身上羅漢愍之為現神通寺主見已懺悔辭謝願除罪各縁是惡罵五百世中身常臭穢不可附近由昔出家向彼悔故今得值我出家得道是故衆生應護口業莫相罵辱

又賢愚經云昔佛在世時與諸比丘向毗舍離到梨越河見人捕魚網得一魚身有百頭有五百人挽不出水是時河邊有五百人而共放牛即借挽之千人併力方得出水見而怪之衆人競看佛與比丘往到魚所而問魚言汝是迦毗梨不魚荅言是復問魚言教亘汝者今在何處魚荅佛言墮阿毗獄阿難見已問其因縁佛告阿難乃往過去迦葉佛時有婆羅門生一男兒字迦毗梨聰明博達多聞第一父死之後其母問兒汝今高明世間頗有更勝汝不兒荅母言沙門殊勝我有所疑往問沙門為我解說令我開解彼若問我我不能荅母即語言汝今何不學習其法兒荅母言若欲習者當作沙門我是白衣何縁得學母語兒言汝今且可僞作沙門學達還家兒受母教即作比丘經少時間學通三藏還來歸家母復問兒今得勝未兒荅母言由未勝也母語兒言自今已往若共談論儻不如時便可罵辱汝當得勝兒受母教後論不如即便罵言汝等沙門愚騃无識頭如獸頭百獸之頭無不比之縁是罵故今受魚身一身百頭驢騾牛馬猪羊犬等衆獸之頭无不備有阿難問佛何時當得脫此魚身佛告阿難

諸經要集卷十四　第二十九張　對字

此賢劫中千佛過去猶故不解此魚
身以是因縁身口意業不可不慎
又王玄策行傳云佛在世時毗耶梨
城觀一切衆生有苦惱者即欲救拔
乃觀見此國有鷄越吒二衆捴五百
人於婆(音去)羅俱末底河網得摩梨大
魚十有八首三十六眼其頭多獸(自外)
(同前)佛為說法魚聞法已便即命終得
生天上而為天子却觀本身身是大
魚蒙佛說法遂得生天乃持諸種香
花瓔珞寶珠從天而下至佛供養于
時二衆並發心悔過即於俱末底河
北一百餘步燒焚魚網銅瓶盛灰埋
之向說法處於上起塔尊像儼然至
今現在雕飾如法覩者生善又百縁
經云昔佛在世時波斯匿王婦末利
夫人產生一女字曰金剛面貌極醜
身體麁澁猶如蛇皮頭髮麁强猶如
馬尾王見不喜勅閉深宮不令出外
年漸長大任當嫁娶便遣一臣推覓
一人本是豪族今貧乏者卿可將来
臣受勅已覓得付王王將屏處密私
語言聞卿豪族今者貧窮我有一女

諸經要集卷第十四　第四十張　對字

面貌極醜卿幸納受當相供給時此
貧人跪白王曰正使大王以狗見賜
亦不敢違豈况王女末利所生王即
妻之為造宅舍門户七重王囑女夫
自捉户鑰出入牢閉勿使人見王出
財物供給女聟无所乏少拜為大臣
後與豪貴共為邑會聚會之契令婦
共赴自餘諸人各將婦来唯此大臣
獨不將赴衆人疑怪彼人婦者或能
端正或可極醜不能顯現是以不来
復於後會密共勸酒令使醉卧解取
門鑰遣其五人造家往看至家開門
婦疑非夫内自尅責懊惱而言我宿
何罪為夫幽閉不覩日月即便至心
遥礼世尊願佛慈悲来到我前暫救
苦厄佛知其意即於女前地中踊出
紺髮相現其女舉頭見佛髮相敬心
歡喜女髮自然如紺青色佛漸見面
女心倍喜面復端正更令麁皮自然
化滅佛悉現身令女盡見更增歡喜
身體端正猶如天女佛便為說種種
法要得須陁洹果時佛去後五人入
見端正少雙觀看已竟還閉門户繫

諸經要集卷第十四　第四十一張　對字

鑰本處其人還家見婦端正欣然問
言汝是何人婦荅夫言我是汝婦夫
即語言汝前極醜何縁端正乃尓婦
便白夫具說上事婦復向夫我欲見
王汝當為我通白消息夫往白王女
郎今者欲来相見王荅女夫莫道此
事急當牢閉慎勿令出女夫白王女
郎今者蒙佛威神便得端正天女無
異王聞是已即遣往迎見女端正歡
喜無量將詣佛所而白佛言不審此
女宿種何福乃生豪貴而復醜陋佛
告王言乃往過去波羅㮈國有一長
者恒常供養一辟支佛身體醜陋時
長者家有一小女見辟支佛惡心罵
言面貌醜陋身皮麁惡何期可憎時
辟支佛欲入涅槃便現神力作十八
變其女見已即時自責求哀懺悔縁
於過去罵辟支故生常醜陋由還懺
悔今得端正以供養故所生之處豪
尊富貴快樂無極
又興起行經云釋迦過去以惡語道
迦葉禿頭沙門何有佛道故今六年
受日食一麻一米大豆苦行如是

又脩行道地經偈云

口癡而心剛　不柔无惡言　常懷惡害
不念人善利　所言不了了　藏惡在於心
如灰覆炭火　設蹋燒人足　共語常柔和
順從言可人　言行而相副　心身不傷人
譬如好花樹　成實亦甘美　佛尊解脫是
心口之誹相

又百緣經云佛在世時王舍城中有一長者財寶無量不可稱計其婦足滿十月便欲產子然不肯出尋重有身足滿十月復產一子先懷者住在右脇如是次第懷妊九子各滿十月而產唯先一子故在胎中不肯出外其母極患設諸湯藥以自療治病无降損囑及家中我腹中子故活不死今若設死必開我腹取子養育其母於時不免所患即便命終時諸眷屬載其尸骸詣於塚間請大醫耆婆破腹看之得一小兒形狀故小頭鬚皓白俯僂而行四向顧視語諸親言汝等當知我由先身惡口罵辱衆僧故處此熟藏中經六十年受是苦惱難可巨當諸親聞已號啼悲哭不能吝



之介時世尊還知此兒善根已熟將諸大衆往到尸所告小兒言汝是長老比丘不荅言實是第二第三亦如是問故言道是時諸大衆見此小兒與佛荅對各懷疑惑前白佛言今此老兒宿造何業在腹跋白俯僂而行復與如來共相荅問介時世尊告諸大衆此賢劫中有佛出世号曰迦葉有諸比丘夏坐安居衆僧和合差一比丘年在老耄為僧維那共立制限於此夏坐要得道者聽共自恣若未得者不聽自恣今此維那獨不得道僧皆不聽布薩自恣心懷懊惱而作是言我獨為介營理僧事令汝等輩安隱行道今復還返更不聽自恣布薩捐棄即便瞋恚罵辱衆僧僧尋即牽捉閉著室中作是唱言使汝等輩常處暗冥不見光明如我今者處此暗室作是語已自剄命終墮地獄中受大苦惱今始得脫故在胎中受是苦惱衆僧聞已各護三業猒離生死得四沙門果者有發辟支佛心者有發無上菩提心者時諸親屬還將老兒



諸家養育年漸長大放令出家得阿羅漢果佛告比丘緣於往昔供養衆僧及作維那營理僧事故今得值我出家得道比丘聞已歡喜奉行

正報頌曰

惡口如毒箭　著物則破傷　地獄開門待
投之以鑊湯　割舌令自噉　楚毒難思量
若學身无益　慎口也何妨

習報頌曰

惡口多騙忤　地獄被燒然　人中有餘報
還聞刀劒言　設令有談論　諍訟被他怨
往報甘心受　改惡善自鮮

諸經要集卷第十四

諸經要集卷第十四

校勘記

一　底本，金藏廣勝寺本。

一　七一七頁中一行「卷第十四」，徑、清作「卷第十四上」。

一　七一七頁中六行「惡口緣」下，資、磧、普、南、徑、清有夾註「後五緣在下卷」。

一　七一七頁中一八行末字「也」，諸本作「他氣命絶」。

一　七一七頁中一九行第一〇字「銜」，徑、清作「衘」。

一　七一七頁下四行「慘慘」，資、磧、普、南、徑、清作「黲黲」。

一　七一七頁下五行第七字「快」，磧、普、南、徑、清作「駛」。

一　七一七頁下一六行首字「待」，南、徑、清作「傳」。

一　七一七頁下一七行第六字「枯」，資作「枯」。

一　七一七頁下二〇行第四字「伐」，資作「罰」。

一　七一七頁下二一行首字「[土*每]」，資、磧作「坶」；麗作「牧」。

一　七一七頁下末行「尺壁」，徑、清、麗作「赤壁」。

一　七一八頁上三行第六字「杵」，資、磧、普、南、徑、清作「海」。

一　七一八頁上一〇行第四字「盡」，資、磧、普、南、徑、清作「心盡」。

一　七一八頁上一二行「云何」，資、磧、普、南、徑、清作「云云何」。

一　七一八頁中一行第七字「唯」，資、磧、普、南、徑、清作「唯有」。

一　七一八頁下三行「頭兒」，磧、普、南、徑、清作「男兒」。

一　七一八頁下一〇行「請佛」，徑作「諸佛」。

一　七一八頁下一七行首字「剛」，徑作「鋼」。

一　七一九頁上二行「毗舍」，諸本作「毗舍離」。

一　七一九頁上三行第三字「王」，徑作「至」。

一　七一九頁上二一行第一一字「今」，資、磧、普、南、徑、清無。

一　七一九頁中一二行第一三字「竟」，徑作「克」。

一　七一九頁中一三行「生生」，資、磧、普、南、徑、清作「所生」。同行「豪貴」，資、磧、普、南、徑、清作「富貴」。

一　七一九頁中一七行「洋銅」，資、磧、普、南、徑、清作「烊銅」。下同。

一　七一九頁中末行第四字「情」，資、磧、普、南、徑、清作「黠」。

一　七一九頁下六行第五字「僧」，資、磧、普、南、徑、清作「繒」。

一　七一九頁下一〇行第一二字「[保/言]」，資、磧、普、南、徑、清作「懋」。

一　七一九頁下一二行第六字「捲」，資、磧、普、南、徑、清作「[疒*卷]」。

一　七一九頁下一六行第五字「駚」，磧、南、清作「駛」。

一　七一九頁下二一行夾註右首字「此」，徑無。

一　七二〇頁上五行第二字「主」，資、磧、普、南、徑、清無。

一　七二〇頁上一〇行夾註右「准佛」，資、磧、普、南、徑、清作「唯佛」。

一　七二〇頁上一三行第六字「重」，資、磧、普、南、徑、清作「重罪」。

一　七二〇頁上末行及本頁中二行「噉噉」，資、磧、普、南、徑、清作「喫噉」。

一　七二〇頁中一五行末字「等」，資、磧、普、南、徑、清無。

一　七二〇頁下二行第五字「逐」，資、磧、普、南、徑、清作「隨逐」。

一　七二〇頁下三行第七字「越」，諸本作「淩」。

一　七二〇頁下二〇行至二一行「貸貿」，資、磧、普作「貿寶」；南、徑、清作「貨賣」。

一　七二一頁上一行第九字「花」，徑作「藏」。

一　七二一頁上三行「口決」，資、磧、普、南、徑、清作「口訣」。

一　七二一頁上一一行第七字「輕」，資、磧、普、南、徑、清作「蘭」。

一　七二一頁上一二行夾註左第二字「重」，資、磧、普、南、徑、清作「量」。

一　七二一頁上末行及本頁中六行「綵色」，資、磧、普、南、徑、清作「彩色」。

一　七二一頁中八行小字左「聖錢」，資、磧、普、南、徑、清作「聖僧錢」。

一　七二一頁中九行小字右「畫壁上」，資、磧、普、南、徑、清作「壁上畫」。

一　七二一頁中一〇行小字左「耳用文」，資、磧、普、南、徑、清作「互用文斷」；麗作「互用文」。

一　七二一頁中一一行小字右「汎僧」，資、磧、普、南、徑、清作「凡僧」。同行小字左首字「如」，資、磧、普、南、徑、清作「知」。同行第九字「作」，諸本作「任」。同行「沾油」，諸本作「沽油」。

一　七二一頁下一行第四字「姓」，資、磧、普、南、徑、清作「性」。

一　七二一頁下一二行夾註左第四字「共」，資、磧、普、南、徑、清無。

一　七二一頁下一六行第九字「僧」，徑作「增」。

一　七二一頁下一七行第四字「集」，麗作「集僧」。

一　七二二頁上一二行「馳令」，資、磧、普、南、徑、清作「驅令」。

一　七二二頁上一四行第二字「苦」，資、磧、普、南、徑、清作「苦役」。

一　七二二頁上二二行「僧施」，諸本作「僧物」。

一　七二二頁上末行末字「因」，資、磧、普、南、徑、清作「困」。

一　七二二頁中二〇行首字「認」，資、磧、普、南、徑、清作「認取」。

一　七二二頁下三行夾註右第九字「毀」，資、磧、普、南、徑、清作「毀壞」。同行夾註左第六字「雜」，資、磧、普、南、徑、清無。同行「准此犯罪」，資、磧、普、南、徑、清作「此犯罪也」。

一　七二二頁下一五行「或時」，資、磧、

普、南、徑、清作「或則」。

一　七二二頁下一八行「腸佇」，資、磧、普、南、徑、清作「腸貯」；麗作「腹佇」。

一　七二二頁下二二行末字「獄」，諸本作「猛」。

一　七二二頁下末行「融銅」，資、磧、普、南、徑、清作「鎔銅」。

一　七二三頁上一行「磨摩」，麗作「磨磨」。

一　七二三頁中四行第一〇字「令」，資、磧、普、南、徑、清作「令令」。

一　七二三頁中八行第三字「者」，資、磧、普、南、徑、清無。

一　七二三頁中一一行第一三字「與」，資、磧、普、南、徑、清無。

一　七二三頁中一二行第五字「問」，磧、普、南、徑、清無。

一　七二三頁下七行第五字「果」，資、磧、普、南、徑、清作「報」。

一　七二三頁下八行第三字「心」，資、磧、普、南、徑、清作「以」。

一　七二三頁下九行「思困」，資、磧、普、南、徑、清作「自固」。

一　七二三頁下九行「思困窮」，至此，徑、清卷第十四上終，卷第十四下始。撰者後有「十惡部第二十三之餘」。

一　七二三頁下一七行「宰主」，南、徑、清作「主宰」。

一　七二三頁下一八行第一三字「難」，磧、普、南、徑、清作「誰」。

一　七二三頁下二一行「旃陁」，資、磧、普、南、徑、清作「旃陀羅」。

一　七二四頁上一五行「增長」，資、磧、普、南、徑、清作「增多」。

一　七二四頁上一八行第一三字「受」，磧、徑、麗作「愛」。本頁中八行第九字，資、磧、普、南、徑、清同。

一　七二四頁中一五行第四字「女」，資、磧、普、南、徑、清作「婬女」。

一　七二四頁中二一行第四字「乾」，磧、普、南、徑、清作「連」。

一　七二四頁下四行「汝是」，資、磧、普、南、徑、清作「汝身」。

一　七二四頁下六行「五藏」，徑作「五臟」。

一　七二四頁下九行第九字「嬈」，資、磧、普、南、徑、清作「燒」。

一　七二四頁下一四行首字「鑠」，資、磧、普、南、徑、清作「烙」。

一　七二四頁下一六行「人女」，諸本作「女人」。

一　七二四頁下二二行第六字「於」，資、磧、普、南、徑、清作「三」。

一　七二五頁上一〇行第三字「攝」，磧、普、南、徑、清作「躡」。

一　七二五頁上一三行「心碎」，資、磧、普、南、徑、清作「心醉」。

一　七二五頁中三行末字「者」，諸本作「言」。

一　七二五頁中六行第一一字「口」，資、磧、普、南、徑、清作「舌」。

一　七二五頁中一六行「上天生」，麗作「生天上」。

一　七二五頁中二一行「金女」，資、磧、

普、南、徑、清作「男」。

一　七二五頁下一行「人顏」，資、磧、普、南、徑、清作「顏貌」。

一　七二五頁下八行「馬廐下人」，資、磧、普、南、徑、清作「看馬兒」。

一　七二五頁下二一行第三字「復」，諸本作「後」。

一　七二五頁下末行首字「後」，資、磧、普、南、徑、清作「復」。同行第五字「鶴」，資、磧、普、南、徑、清作「鵨」。下至次頁上八行第八字同。

一　七二六頁上四行第八字「聚」，諸本作「聚」。

一　七二六頁上六行末字「踊」，資、磧、普、南、徑、清作「涌」。

一　七二六頁上七行第五字「傍」，資、磧、普、南、徑、清作「崎」。

一　七二六頁上一一行末字「尒」，資、磧、普、南、徑、清作「然」。

一　七二六頁上一三行末字「汝」，資、磧、普、南、徑、清作「來」。

一　七二六頁中一行第四字「吐」，資、磧、普、南、徑、清作「吐出」。

一　七二六頁中一八行第一〇字「今」，資、磧、普、南、徑、清無。

一　七二六頁下一四行至一五行「耶答言未也」，資、磧、普、南、徑、清無。

一　七二六頁下一九行第二字「到」，資、磧、普、南、徑、清作「到家」。

一　七二六頁下二〇行末字「入」，徑作「人」。

一　七二六頁下二一行「答言尒」，資、磧、普、南、徑、清作「人答言可爾貴客」。

一　七二七頁上二行第一三字「合」，南、徑、清作「蓋」。

一　七二七頁中六行第六字「虵」，資、磧、普、南、徑、清作「地」。

一　七二七頁中一五行及次頁下一行「增惡」，資、磧、普、南、徑、清作「憎惡」。

一　七二七頁下三行第二字「貪」，資、磧、普、南、徑、清作「實貪」。

一　七二七頁下末行「也人」，諸本作「他人」。

一　七二八頁上二行首字「飛」，資、磧、普、南、徑、清作「死」。同行「其惡」，諸本作「甚惡」。

一　七二八頁上六行第五字「念」，南、徑、麗作「令」。

一　七二八頁上七行第六字「大」，資、磧、普、南、徑、清作「天」。

一　七二八頁上八行第五字「本」，資、磧、普、南、徑、清作「根本」。

一　七二八頁上二一行第五字「說」，資、磧、普、南、徑、清作「語」。

一　七二八頁中六行第一一字「得」，徑作「是」。

一　七二八頁中一〇行第一一字「磨」，資、磧、普、南、徑、清作「壓」。

一　七二八頁下一一行第三字「臭」，資、磧、普、南、徑、清無。

一　七二八頁下一七行第九字「令」，資、磧、普、南、徑、清作「命」。

一　七二八頁下一八行「丙心」，諸本作「內心」。

一七二八頁下一九行第一二字「演」，資、磧、普、南、徑、清作「顯」。

一七二八頁下二〇行「受義」，資、磧、普、南作「授義者」；徑、清作「受義者」。

一七二九頁上六行第三字「鬼」，諸本作「鬼界」。

一七二九頁上八行第二字「疽」，資、磧、普、南、徑、清作「蛆」。

一七二九頁上一一行第九字「也」，資、磧、普、南、徑、清作「地」。

一七二九頁上一二行及二二行「嘷哭」，資、磧、普、南、徑、清作「號哭」。

一七二九頁中七行第七字「使」，諸本作「便」。

一七二九頁中一五行第七字「罵」，資、磧、普、南、徑、清作「罵詈」。

一七二九頁下三行「匠汝」，磧、普、南、徑、清作「汝匠」。

一七二九頁下七行末字「明」，資、磧、普、南、徑、清作「朗」。

一七三〇頁上一行第一二字「解」，諸本作「脫」。

一七三〇頁上三行「世時」，資、磧、普、南、徑、清作「世時遊」。

一七三〇頁上六行「摩梨」，資、磧、普、南、徑、清作「摩竭」。

一七三〇頁上九行「本身」，資、磧、普、南、徑、清作「其本」。

一七三〇頁中一四行「至心」，資、磧、普、南、徑、清作「志心」。

一七三〇頁中一六行首字「苦」，資、磧、普、南、徑、清作「我」。同行「踊出」，資、磧、普、南、徑、清作「涌出」。

一七三〇頁中一九行「更令」，資、磧、普、南、徑、清作「惡相」。

一七三〇頁下四行第一〇字「向」，南、徑、清作「白」。

一七三〇頁下一五行第一一字「期」，資、磧、普、南、徑、清作「斯」。

一七三〇頁下一八行「辟支」，資、磧、普、南、徑、清作「辟支佛」。

一七三〇頁下一九行至二〇行「豪尊」，資作「尊重」；磧、普、南、徑、清作「尊榮」。

一七三〇頁下末行「大豆」，資、磧、普、南、徑、清作「大豆小豆」。

一七三一頁上二行「惡言」，諸本作「善言」。

一七三一頁上六行「解脫」，資、磧、普、南、徑、清作「解說」。

一七三一頁上七行「謀相」，資、磧、普、南、徑、清作「相謀」。

一七三一頁上一一行「足滿」，資、磧、普、南、徑、清作「滿足」。

一七三一頁上一三行第九字「胎」，資、磧、普、南、徑、清作「脇」。

一七三一頁上二〇行及本頁中六行「俯膢」，資、磧、普、南、徑、清作「俯僂」。

一七三一頁中一五行「行道」，資、磧、普、南、徑、清作「修行」。

一七三一頁中一六行「僧僧」，資、磧、普、南、徑、清作「僧」。

一七三一頁下一行首字「諸」，諸本作「諧」。

一 七三一頁下六行第九字「破」，徑、清作「被」。

一 七三一頁下末行「卷第十四」，徑、清作「卷第十四下」。

諸經要集卷第十五　十惡部之二

西明寺沙門釋道集　對

兩舌緣第六

夫生老病死無自出之期菩提涅槃有脩入之路諸佛所以得道由行四攝故凡聖歸依菩薩所以成聖由行六度故黑白欽仰令見流俗之徒乃專構屏僻惡傳彼此令他眷屬分離朋友分散樂種不和之業感得生離之苦縱使善心教離惡人亦是破壞有益無罪故成實論云若善心教化雖為別離而不得罪若以惡心令他鬪乱則是兩舌得罪最深謂墮地獄畜生餓鬼若生人中被他誹謗唯得弊惡破壞眷屬當如上說妄語過中為乖彼此而妄語者據此義邊即是兩舌若說此罪三世招苦如上已說不須重述

如四分律云佛告諸比丘汝等當聽古昔有兩惡獸為伴一名善牙師子二名善搏虎晝夜伺捕衆鹿時有一野干逐彼二獸後食其殘肉以自全命時彼野干竊自生念我今不能久與相逐當以何方便鬪乱彼二獸令不復相隨時野干即往善牙師子所如是語善牙善搏虎有如是語言我生處勝種姓勝形色勝汝力勢勝汝何以故我日日得好美食善牙師子逐我後食我殘肉以自全命即說偈言

形色及所生　大力而復勝　善牙不能善

善搏如是說

善牙問野干言汝以何事得知荅言汝等二獸共集一處相見自知尒時野干竊語善牙已便往語善搏虎言汝知不善牙有如是語而我今日種姓生處悉皆勝汝力勢亦勝何以故我常食好肉善搏虎食我殘肉自活命尒時即說偈言

形色及所生　大力而復勝　善搏不能善

善牙如是說

善搏問言汝以何事得知荅言汝等二獸共集一處相見自知後二獸共集一處瞋眼相視善牙師子便作是念我不應不問便先下手打彼尒時善牙師子向善搏虎而說偈言

形色及所生　大力而復勝　善牙不如我
善搏說是耶
彼自念必是野干鬬乱我等善搏虎
說偈荅善牙師子言
善搏不說是　形色及所生　大力而復勝
善牙不能善　若受無利言　信他彼此語
親厚自破壞　便成於怨家　若以知真實
當滅除瞋惱　今可至誠說　令身得利益
今當善降伏　除滅惡知識　可殺此野干
鬬乱我等者
即打野干殺尒時佛告諸比丘此二
獸為彼所破共集一處相見不悅況
復於人為人所破心能不惱
又正法念經閻羅王責䟽罪人說偈云
太喜多言語　增貪令他畏　口過自誇誕
兩舌第一處
又華手經佛說偈言
惡口而兩舌　好出他人過　如是不善人
無惡而不造
又智度論云實語者不假布施持戒
學問多聞但脩實語得無量福
又報恩經佛說偈言
佛告阿難人生世間禍從口出當護
於口　甚於猛火　猛火熾然　燒世間財
惡口熾然　燒七聖財　一切衆生
禍從口出　鑿身之斧　滅身之禍
正報頌曰
兩舌鬬乱人　地獄被分裂　獄卒擘其口
錟刀割其舌　苦痛既如此　加之以飢渴
惡業不自由　還飲身中血
習報頌曰
讒毀害人深　同受三塗苦　設使得人身
餘報仍依怙　眷屬多乖惡　違逆恣瞋怒
但令惡不忘　地獄無令古
綺語緣第七
夫忠言所以顯理綺語所以乖真由
忠故有實有實故德生德生故所以
成聖由綺語故虛妄虛妄故罪生罪
生故受苦故知趣理求聖要須實說
說若虛假終為乖理謂言不正皆名
綺語但諸綺語不益自他唯增放逸
長諸不善此落三塗後生人時所說
正語人亦不信凡所言說言不辯了
亦名綺語故成實論云語雖是實非
時而說亦落綺語也如智度論說偈言
有墮餓鬼中　火焰從口出　四向發大聲
是為口過報　雖復多聞見　在大衆說法
以不成信業　人皆不信受　若欲廣名聞
為人所信受　是故當至誠　不應作綺語
又薩婆多論云口中四過互歷各作
四句一或有兩舌非妄語非惡口如
有一人得此人語向彼人說當實說
故非妄語耎語說故非惡口以分離
心故名兩舌第二或有兩舌是妄語
非惡口如有一人傳此人語向彼人
說以別離心故是兩舌以妄說故是
妄語以耎語說故非惡口第三或有
兩舌是惡口非妄語如有一人傳此
人語向彼人說以別離心故是兩舌
以麁語故是惡口當實說故非妄語
第四或有兩舌是妄語是惡口如有
一人傳向彼人說以別離心故是兩
舌以妄說故是妄語以惡聲言故是
惡口自外妄語惡口各作四句亦如
是綺語一種各不相離故不別說故
成實論云餘口三業或合或離綺語
一種必不相離
正報頌曰

綺語無義理　令人心惑亂　為喪他善根
烊銅擘口灌　餤鐵燒其舌　腹藏皆燋爛
此痛不可忍　悲號常叫喚

習報頌曰

浮言翳真理　為此沉惡趣　去彼暫歸人
出言無曉喻　生無信仰心　恒被他笑具
為人覺羞恥　何不出典句

慳貪緣第八

夫群生惑病者我為端凡品邪迷慳貪為本所以善輕毫髮罪重丘山福少春冰貧多秋雨六情之網未易能超三毒之津無由可度身重常沒辟等河裏之魚鼓翅欲飛難同天上之鳥致使貪貪相次競加侵逼苦苦連綿爭來損害似飛蛾拂焰自取燒燃如蠶作繭非他纏縛良由慳惜貪障受罪飢寒施是富因常招豐樂也

如分別業報經偈言

常樂修智慧　而不行布施　所生常聰哲
貧窶無財產　唯樂行布施　而不修智慧
所生得大財　愚暗無知見　施慧二俱修
所生具財智　二俱不修者　長夜處貧暗

又攝論云慳惜是多財障嫉妬是尊貴障又衆生起貪無過色財第一愛色多過如前已述不同意者今更略論如涅槃經說譬如有人以羅剎女而為婦妾是羅剎女隨所生子生已便噉子既盡已後噉其夫愛羅剎女亦復如是隨諸衆生生善根子隨生隨食善子既盡復噉衆生令墮地獄畜生餓鬼又如有人性愛好華不見華莖毒虵過患即便前捉捉已虵螫螫已命終一切凡夫亦復如是貪五欲華不見是愛毒虵過而便受取即為愛毒之所螫螫命終之後墮三惡道

又智度論云財物是種種煩惱罪業因緣若持戒禪定智慧種種善法是涅槃因緣以是故財物尚應自棄何況好福田中而不布施譬如有兄弟二人各擔十斤金行道中更無餘伴兄作是念我何以不殺弟取金此曠路中人無知者弟復生念欲殺兄取金兄弟各有惡心語言視瞻皆異兄弟即復自悟還生悔心我等非人與禽獸何異同產兄弟而為少金故而生惡心兄弟共至泉水邊兄以金投著水中弟言善哉善哉弟復棄金水中兄言善哉善哉兄弟更互相問何以故言善哉各相答言我以此金故生不善心欲相危害今得棄之故言善哉二辭各尒以是因緣常應自捨

又大莊嚴論云我曾聞舍衛國中佛與阿難曠野中行於一田畔見有伏藏佛告阿難是大毒虵阿難白佛是惡毒虵尒時田中有一耕人聞佛阿難說有毒虵作是念言我當視之沙門以何為惡毒虵即往其所見真金聚而作是言沙門所言是毒虵者乃是好金即取此金還置家中其人先貧衣食不供以得金故轉得富饒衣食自恣王家禁司恠其卒富而糺舉之繫在獄中先所得金既已用盡猶不得免將加刑戮其人唱言毒虵阿難惡毒虵世尊傍人聞之以狀白王王喚彼人而問之曰何故唱言毒虵阿難惡毒虵世尊其人白王我於往日在田耕種聞佛阿難說言毒虵惡毒虵我於今者方乃悟解王聞此說

遂放去之

諸經要集卷十五　第九張　劉字號

又增一阿含經云昔佛在世時舍衛城中有一長者名曰婆提居家巨富財產無量金銀不可稱計其家雖富慳惜守護不著不啖服飾飲食極爲麤鄙亦不施與妻子眷屬奴婢僕從朋友知識及諸沙門婆羅門等復起邪見斷於善根然無子息命終之後所有財寶盡沒入官波斯匿王自往收斂收攝已訖迴詣佛所而白佛言婆提長者今日命終之後爲生何處佛告王曰婆提長者故福已盡新業不造由起邪見斷於善根命終生在啼哭地獄波斯匿王聞佛所說涕泣流淚而白佛言婆提長者先作何業生在富家復作何惡然不得食此極富之樂佛告王曰過去久遠有迦葉佛入涅槃後時此長者生舍衛國作此田家子有辟支佛來詣其家而從乞食時此長者便持食施辟支得食飛空而去長者見已作是誓願持此善根使我世世所生之處不墮三塗常多財寶布施已後復生悔心我向者食應與奴僕不應與此禿頭沙門佛告王曰婆提長者由於過去施辟支佛食發願功德所生之處常多財寶無所乏少緣其施後生變悔心在所生處雖處富貴不得食此極富之樂慳惜守護不自衣食復不施與妻子眷屬亦不布施朋友知識及諸沙門婆羅門等是故智者聞此因緣若有財物應當布施勿生慳惜施時至心自手奉舉施已歡喜莫生悔心能如此施得大果報無量無邊

諸經要集卷十五　第十張　劉字號

又出曜經云昔佛在世時舍衛國中有一長者名曰難陁巨富多財金銀珍寶象馬車乘奴婢僕使服飾田業不可限量一國之富無有過者雖處豪富而無信心慳貪嫉妒門閤七重勑守門人有人來乞一不得入中庭空上安鐵疎籠恐有飛鳥食啖穀米四壁墻下以白蠟涎恐鼠穿穴傷損財物唯有一子名栴檀香臨終勑子吾患必死若吾死後所有財寶勿費損耗莫與沙門及婆羅門若有乞兒莫施一錢此諸財物足供七世勑已命終還生舍衛旃陁羅家盲母腹中後生出胎生盲無目盲母念言若生男者吾今目冥須見扶侍聞兒生盲倍增愁憂悲泣說偈曰

子盲吾亦盲　二俱無兩目　遇此衰耗物
益我愁憂苦

是時盲母養兒已大年入九歲堪能行來與杖一枚食器一具而告子曰汝自乞活不須住此吾亦無目復當乞求以濟餘命此盲小兒家家乞求遂後漸至栴檀香家在門外立唱盲兒乞時守門人瞋恚捉手擲著深坑傷折左臂復打頭破所乞得食盡棄在地有人臨見甚憐愍傷往語盲母盲母聞已匍匐拄杖到盲兒所抱著膝上而語兒言汝有何愆遭此苦厄子報母曰我向者至栴檀香家門外而乞便遇惡人打擲如是佛時知已告阿難言禍哉禍哉難陁長者命終與彼旃陁羅家盲婦作子生無兩目昔所居業豪富無量象馬七珍不可稱計而今復得親用不耶然由慳貪受此盲報從此命終入阿鼻獄佛於

過中與比丘衆國城人民圍遶往到栴檀香門盲小兒所時栴檀香聞佛在外出門礼拜在一面立佛知衆集復見栴檀廣為衆說慳貪嫉妬受罪無量加說恵施受福無窮欲使離有趣無為道尒時世尊欲與栴檀香拔地獄苦告小兒曰汝是難陁長者非耶小兒報曰實是難陁如是至三大衆聞此愕然而言難陁長者乃受此形時栴檀香聞見此事悲泣墮淚不能自止礼佛求救願拔罪根即請佛僧明日舍食佛明日食竟為說妙法時栴檀香得須陁洹果佛告阿難若人積財不自衣食復不布施愚中之愚是故智者應當行施求離生死莫生慳悋受無邊苦

又十誦律云佛在舍衛國時有長老迦留陁夷得阿羅漢道持鉢入城乞食到一婆羅門舍主人不在婦閇門作煎餅迦留陁夷比丘即入禪定起神通從外地涌出中庭乃以指彈婦即迴顧作是念言此沙門從何處入此必貪餅故来我終不與即語夷言縱使眼脫我亦不與而以神力即兩眼脫出復念縱出眼如椀我亦不與即變眼如椀復念縱若倒立我前我亦不與即於前倒立復念縱汝若死我亦不與即入滅受想定心想皆無所覺知時婆羅門婦牽挽不動即大驚怖念是沙門常遊波斯匿王宮是末利夫人之師若聞在我家死者我等大衰即語比丘言汝若活者我求與一餅迦留陁夷便出於定婦即看餅先煎餅好者意惜不與更刮盆邊得一小麺煎之轉勝以先者與適舉一餅餘皆相著迦留語言姊與我幾許舉四餅欲持與之迦留語言我不須是餅可與祇桓中僧是婦先世已種善根即自思惟是比丘實不貪餅但愍我故而来乞耳即持餅詣祇桓中施衆僧竟在迦留前坐迦留陁夷觀其因緣為說妙法即於坐上得法眼淨作優婆夷返舍報夫夫聞即詣迦留陁夷所迦留陁夷為說妙法得法眼淨作優婆塞當盡財力供養闍梨乃至身死猶命子供養令後不斷

又百緣經云佛在王舍城迦蘭陁竹林尒時目連在一樹下見一餓鬼身如燋柱腹如太山咽如細針髮如錐刀纏刺其身諸支節間皆悉火然渴乏欲死脣口乾燋欲趣河泉變為涸竭假令天降甘雨墮其身上皆變為火目連即問業緣餓鬼荅言我渴乏不能荅汝你自問佛目連即詣佛所具述前事向佛廣說宿造何業受是苦惱尒時世尊告目連言汝今諦聽吾當為汝分別解說此賢劫中波羅柰國有佛出世号曰迦葉有一沙門涉路而行極患熱渴時有女人名曰惡見井傍汲水僧從乞水女報之曰使汝渴死我終不與令我水減不可持去于時沙門既不得水服道而去時彼女人遂復慳貪有来乞者終不施與其後命終墮餓鬼中以是業緣受如是苦佛告目連欲知彼時女人不施水者今此餓鬼是佛說是惡見緣時諸比丘等捨慳貪業得四沙門果者或有發無上菩提心者聞佛所

說歡喜奉行
又付法藏經云時有僧伽耶舍羅漢
有大智慧言辭清辯昔雖出家未證
道迹遊行大海邊見一宮殿七寶莊
嚴光明殊勝僧伽耶舍食時以到即
往彼宮說偈乞食去
飢為第一病　行為第一苦　如是知法者
可得涅槃道
是時舍主即出奉迎敷置茵蓐請入
就坐耶舍見其家內有二餓鬼裸形
黑瘦飢虛羸乏鏁其身首各著一牀
復有一鉢滿中香飯以瓶盛水安置
其側尒時舍主即取此食奉施比丘
語言大德慎勿以食與此餓鬼尒時
比丘見其飢困即以少飯而施與之
鬼得食已即吐膿血遍流在地汙其
宮殿尒時比丘怪而問之此鬼何緣
受斯罪報舍主荅曰斯鬼前世一是
吾息一是兒婦我昔布施作諸功德
而彼夫妻恒懷恚惜我數數教誨都
不納受因立誓曰如此罪業必獲惡
報若受罪時我當看汝由是因緣得
斯苦惱小復前行至一住處堂閣嚴
飾種種奇妙滿中衆僧經行禪思日
時以到鳴椎集食食將欲訖尒時餚
饍變成膿血便以鉢器共相打擲頭
面破壞血汙流身而作是言何為惜
食令受此苦耶舍前問其意荅言長
老我等先世迦葉佛時同止一處客
比丘來咸共瞋恚藏惜飲食而不共
分以此緣故今受此苦
正報頌曰
貪欣詐道德　刻削為伎業　巧誑懷萬端
來利心千帀　受罪地獄中　習氣猶行劫
交刀割肉盡　白骨連相接
習報頌曰
為茲貪恣故　惡道轉沉淪　罪畢生人道
餘風尚襲身　恒抱豺狼志　誰人喜見憐
終身不悟此　可笑頑愚人
瞋恚緣第九
夫四虵躁動三毒奔馳六賊相侵百
憂總萃或宿熏相嫉伺求長短素懷
結忿專加相害了無仁義頓失慈悲
殺法殺緣教死讚死或復潛行毒藥
密遣祝邪遂使含毒俯藏鴆裂肝心
令其銜悲長夜抱痛幽泉宛轉何辜

煩怨誰訴故經曰長者宅中多生毒
樹羅剎海上覆乞浮囊亦如乾薪萬
束片火能焚暗室百年一燈便破故
知瞋心甚於猛火行者應自防護劫
功德賊無過瞋害若起一念恚火便
燒衆善功德是以惡性之人人畜皆
畏不簡善人語則成毒好壞他心令
他猒惡人無愛者衆所畏弃如避狼
虎現被輕賤死墮地獄是故智者見
此等過以忍滅之不畏衆苦也
如正法念經云若起瞋恚自燒其身
其心噤毒顏色變異他人所棄皆悉
驚避衆人不愛輕毀鄙賤身壞命終
墮於地獄以瞋恚故無惡不作是故
智者捨瞋如火知瞋過故能自利益
為欲自利利益他人應當行忍譬如
大火焚燒屋宅有勇健者以水滅之
智慧之水能滅恚火亦復如是能忍
之人第一善心能捨瞋恚衆人所愛
衆人樂見人所信受顏色清淨其心
寂靜心不躁動善淨深心離身口過
離心愁惱離惡道畏離於惡名憎惡
名稱離於憂惱離怨家畏離於惡人

惡口罵詈離於悔畏離惡聲畏離無利畏離於苦畏離於慢畏若人能離如是之畏一切功德皆悉具足名稱普聞得現在未來二世之樂觀之猶如父母是忍辱人衆人親近是故瞋怒猶如毒虵亦如刀火以忍滅之能令皆盡能忍瞋恚是名為忍若有善女人能修行善應作是念忍者如實應善護之但諸衆生善惡現別愚人陵罵過他為勝智人下黙以為第一愚人因起小諍遂成大怨若已得勝他怨轉深若自理屈反加憂苦若能慎言不説人短縱他罵我皆是往業非為横報

又六度集經云昔者菩薩身為象王其心弘遠照知有佛法僧常三自歸每以普慈拯濟衆生誓願得佛當度一切從五百象時有兩妻象王於水中得一蓮花厥色甚妙以惠適妻適妻得華欣懌曰氷寒尤甚何緣有斯華乎小妻貪嫉而擀曰會以重毒鴆殺汝矣結氣而殞䰟靈感化為四姓女顏華絶人智意流通博識古今仰



覩天文明時盛衰王聞若茲娉為夫人至即陳化治國之政義合忠貞王悅而敬之每言輙從夫人曰吾夢覩六牙之象心欲其牙以為珮几王不致之吾即死矣王曰無妖言人聞見笑尒時夫人心生憂結王請議臣四人自云已夢曰古今有斯象乎一臣對曰無有之也一臣曰王不夢也一臣曰當聞有之所在弥遠一臣曰若能致之帝釋令詳於慈矣四臣即名四方射師問之南方師曰吾亡父常云有之然遠難致臣上聞云斯人知之王即現之夫人曰汝直南行三千里入山行二日許即至象所道邊作坑除汝鬚髮著沙門服於坑中射之截取其牙將二寸來象師如命行之象覆先射象脚著法衣服持鉢於坑中上住象王見沙門即低頭言和南道士將以何事弑吾軀命荅曰欲得汝牙象曰吾痛難忍疾取牙去無乱吾心令惡念生也志命惡者死入太山餓鬼畜生道中夫懷忍行慈惡來善往菩薩之上行也人即截牙象曰



道士汝當却行無令群象尋足跡也象遣人去遠甚痛難忍躃地大呼奄然而死即生天上群象四来咸曰何人殺吾王者行索不得還守王屍悲痛哀號師以牙還王覩象牙心即慟怖夫人以牙著手中適欲視之雷電礔礰推之吐血死入地獄佛告諸沙門尒時象王者我身是也夫婦者裘夷是獵師者調達是夫人者好首是菩薩執志度無極行持戒如是

又智度論釋提問佛云

何物殺安隱　何物殺無憂　何物毒之根
吞滅一切善

佛荅曰

殺瞋則安隱　殺瞋則無憂　瞋為毒之根
瞋滅一切善

又雜寶藏經偈言

得勝增長怨　負則益憂苦　不諍勝負者
其樂最第一

若行忍者則五德一無恨二無訶三衆人所愛四有好名聞五生善道此之五德名平和事又長阿含經偈云

愚罵而智黙　則為住勝彼　彼愚無知見

謂我懷恐怖　我觀第一義　忍默為最上
惡中之惡者　於瞋復生瞋　能於瞋不瞋
為戰中最上　夫人有二緣　為己亦為他
衆人有諍訟　不報者為勝　夫人有二緣
為己亦為他　見無諍訟者　不謂為愚騃
若人有大力　能忍無力者　此力為第一
於忍中最上　愚自謂有力　此力非為力
如法忍力者　此力不可阻
又修行道地經偈云
其口言柔耎　而心懷毒害　覩人甚歡喜
相隨如可親　口言而柔順　其心內含毒
如樹華色鮮　其實苦若毒
又赤嘴烏喻經云　昔有烏名曰拘耆
（梁言赤嘴烏）遊在叢林樹產鷇諸子於樹上
時有拘耆與一獼猴共為親厚　時藂
樹間有一毒蛇伺行不在噉拘耆子
無復遺餘　拘耆失子悲鳴啼呼不知
所在　熟自思惟知蛇所噉　獼猴歸見
問之何為　荅曰蛇噉我子子盡無餘
獼猴曰我當報之　時毒蛇行獼猴前
嫉之蛇怒纏獼猴　獼猴捉得頭申至
石上磨破而死　棄擲而還　拘耆踊躍
畜生尚有相報　何況於人

又雜譬喻經云　昔有一蛇頭尾自諍
頭語尾曰　我應為大　尾語頭曰　我應
為大　頭曰　我有耳能聽　有目能視　有
口能食　行時在前　故可為大　汝無此
術　尾曰　我令汝去　故得去
耳　若我不去　以身繞木三帀　三日不
已　不得求食　飢餓垂死　頭語尾曰　汝
可放我　聽汝為大　尾聞其言　即時放
之　復語尾曰　汝既為大　聽汝前行　尾
在前行　未經數步　墮大深坑而死　喻
衆生無智　強為人我　終墮三塗
又僧祇律云　過去世時有一群雞依
榛林住　有狸侵食　唯餘一雌　烏來覆
之　共生一子　子作聲時　烏說偈言
此兒非我有　野父聚落母　共合生兒子
非烏復非雞　若欲學翁聲　復是雞所生
若欲學母鳴　其父復是烏　學烏似雞鳴
學雞作烏聲　烏雞若兼學　是二俱不成
此喻道人雖持禁戒　雜染不純　相中
似善　口出惡言　欲喚是善　口復出惡
欲喚非善　根復出家
又伐毒樹經云　昔舍衛國有官園生
一毒樹　人遊樹下　皆患頭痛欲裂　或

患腰脊疼　伐已還生　樹中之妙　衆人見
喜　不知諦者　皆來遭死　有智語之　當
盡其根　適欲掘根　復恐死定　進退思
惟　出家學道亦復如是　佛說偈曰
伐樹不盡根　雖伐猶復生　伐愛不盡本
數數復生苦
又孛經說偈云
心悟魁責　即得初果
惡從心生　反以自賊　如鐵生垢
消毀其形　樹繁花果　還折其枝
蚖蛇含毒　反害其軀
又善見論說偈云
若人起瞋心　譬如車奔逸　車工能制之
不足以為難　人能制瞋心　此事最為難
又修行道地經偈云
其有從瞋心　怨害向他人　後生墮蛇蚖
或作殘賊獸　譬如竹樹蘆　芭蕉騾懷妊
還害亦如是　故當發慈心
又百緣經云　佛在王舍城迦蘭陁竹
林　時彼城中有一長者　名曰賢面　財
寶無量不可稱計　多諸諂曲　慳貪嫉
妬　終無施心　乃至飛鳥驅不近舍　有
諸沙門及婆羅門　貧窮乞匄　從其乞

者悪口罵之其後命終受毒虵身還守本財有近之者瞋目猛盛怒眼視之能令使死頻婆娑羅王聞已心懷驚怖今此毒虵見人則害唯佛能調作是念已即將群臣往詣佛所頂礼佛足却坐一面具白前事唯願世尊降伏此虵莫使害人佛唱許可於其後日著衣持鉢往詣虵所虵見佛来瞋恚熾盛欲螫如来佛以慈力於五指端放五色光明照彼虵身即得清涼熱毒消除心懷喜悦舉頭四顧是何福人能放此光照我身體使得清涼快不可言尒時世尊見虵調伏而告本縁虵聞佛語深自尅責蓋障雲除自憶宿命作長者時所作悪業今得是報方於佛前深生信敬佛告之言汝於前身不順我語受此虵形今宜調順受我教勑虵荅佛言隨佛見授不敢違勑佛告虵言汝若調順入我鉢中佛語已竟尋入鉢中將詣林中王及群臣聞世尊調化毒虵盛鉢中来合國人民皆往共看虵見衆人深生慚愧猒此虵身即便命終生忉



利天即自念言我造何福得来生天即自觀察見在世間受毒虵身由見佛故生信敬心猒悪虵身得来生此受天快樂今當還報佛世尊恩賷持香華光明照曜来詣佛所前礼佛足供養訖已却坐一面聽佛說法心開意解得須陁洹果即於佛前說偈讃佛

巍巍大聖尊　功德悉滿足　能開諸盲冥
尋得於道果　除去煩惱垢　超越生死海
今蒙佛恩德　得閉三悪道

尒時天子讃歎佛已遶佛三帀還詣天宮時頻婆娑羅王聞佛說慳貪縁時會諸人有得四沙門果者有發無上菩提心者歡喜奉行

又百縁經云佛在驕薩羅國將諸比丘欲詣勤鄉樹下至一澤中有五百水牛甚大兇悪復有五百放牛之人遥見佛来將諸比丘從此道中行高聲叫唤唯願世尊莫此道行此牛群中有大悪牛抵突傷人難可得過尒時佛告放牛人言汝等今者莫大憂怖彼水牛者設来觝我吾自知時



語言之頃悪牛卒来翹尾低角刨地唤吼跳躑直前尒時如来於五指端化五師子在佛左右四面周帀有大火坑時彼悪牛甚大惶怖四向馳走無有去處唯佛足前有少許地宴然清涼馳奔趣向心意泰然無復怖畏長跪伏首舐世尊足復便仰頭視佛如来喜不自勝尒時世尊知彼悪牛心以調伏即便為牛而說偈言

感心與悪意　欲来傷害我　歸誠望得勝
返来舐我足

時彼水牛聞佛世尊說此偈已深生慚愧欻然悟解蓋障雲除知在先身在人道中所作悪業倍生慚愧不食水草即便命終生忉利天忽然長大如八歲兒便自念言我修何福生此天上尋觀察知在世間時受水牛身蒙佛化度得来生天我今當還報佛之恩作是念已賷持香華来詣佛所光明赫弈照佛世尊前礼佛足却坐一面佛即為其說四諦法心開意解得須陁洹果遶佛三帀還于天宮時諸五百放牛人於其晨朝来詣佛所

為說妙法心開意解各獲道迹求索 諸經要集卷第十五 第二十七張 參字號
出家佛即告言善来比丘鬚髮自落
法服著身便成沙門精勤修習得阿
羅漢果時諸比丘見是事已而白佛
言今此水牛及五百放牛人宿造何
業生水牛中復修何福值佛世尊佛
告諸比丘汝等欲知宿業所造諸惡
業緣今當為汝等說偈言
宿造善惡業　五劫而不朽　善業因緣故
今獲如是報
於賢劫中波羅柰國有佛出世号曰
迦葉於彼法中有一三藏比丘將五
百弟子遊行他國在大衆中而共論
議有難問者不能通達便生瞋恚反
更惡罵汝等今者無所曉知強難問
我狀似水牛觝突人来時諸弟子咸
皆然可各自散去以是惡口業因緣
故五百世中生水牛中及放牛人共
相隨逐乃至今者故未得脫佛告諸
比丘欲知彼三藏比丘者今此群中
惡水牛是彼時弟子者今五百放牛
人是佛說是水牛因緣時各各自護
身口意業猒惡生死得四沙門果有

發無上菩提心者聞佛所說歡喜奉行 諸經要集卷第十五 第二十八張 參字號
正報頌曰
愚人瞋恚重　地獄被燒然　豺狼諍圍繞
蚖毒競来前　齷齰怒目食　背脊繼攅穿
自作還自受　恚火競相煎
習報頌曰
怒心多毒害　沉沒苦惡道　出彼得人身
餘報他還惱　見者求其過　增嫌如毒草
此既无宜利　愚瞋何所寳
邪見緣第十
夫創入佛法要須信心為首譬如有
人至於寳山若無信手空無所獲故
經說愚癡之人不識因果妄起邪見
謗無三寳四諦無禍無福乃至无善
无惡亦無善惡業報亦无今代後代
衆生受生如是之人破善惡法名斷
善根决定當墮阿鼻地獄也
如大品經云若人不信謗大乘般若
經直墮阿鼻地獄無量百千萬億歲
中受極苦痛從一地獄至一地獄若
此劫盡生於他方大地獄中他方劫
盡復生此方大地獄中如是展轉遍
十方界他方劫盡還生此閒大地獄

中地獄罪畢生畜生中亦遍十方界 諸經要集卷第十五 第二十九張 參字號
畜生罪畢来生人中無佛法處貧窮
下賤諸根不具常癡狂騃無所別知
雖非愚畜繼是聡人妄生異執者亦
名邪見故成實論云癡有差別所以
者何非一切癡盡是不善若癡增上
轉成邪見則名不善業道是故從癡
增長邪見則成重罪必墮阿鼻地獄
直就邪見自有輕重輕者可轉重不
可轉故菩薩地經云邪見有二種一
者可轉二者不可轉誹謗因果言无
聖人名不可轉非因見因非果見果
是名可轉是故惡業名為邪見善業
者名為正見不謗四諦迷聖道者不
知理道從自心生唯常苦身以求解
脫如犬逐塊不知尋本故大莊嚴論
云譬如師子人打射時而彼師子尋
逐人来譬如癡犬有人打擲便逐瓦
石不知尋本言師子者喻智慧人解
求其本而滅煩惱言癡犬者即是外
道五熱炙身不識心本（四面安火上有日炙身處其中以求道）
但諸凡愚多迷真道不知觀身心無
我但學苦行以為道者即同外道妄

行邪法謬執乖真唯成惡法故智度論云邪見罪重故雖持戒等身口業好皆隨邪見惡心不善如佛自說譬揄如種苦種雖復四大所成皆作苦味邪見之人此亦如是雖持戒精進皆成惡法不如不執少行惠施無執易化有執難度非直自壞亦損他人故成實論云寧止不行勿行邪道身壞命終墮於惡趣

又正法念經閻羅王說偈責䟽罪人云

汝邪見愚癡　癡羂所縛人　今墮此地獄
在於大苦海　惡見燒福盡　人中最凡鄙
汝是地獄縛　此是汝舍宅　若屬邪見者
彼人非黠慧　一切地獄行　怨家心所誑
心是第一怨　此怨最為惡　此怨能縛人
送引閻羅處

尒時世尊而說偈云

癡心弥沍魚　住於愛舍宅　作業時喜笑
受苦時號哭

又修行道地經偈云

其口有愚癡　人心懷闇冥　都不能念惡
亦無念善心　蘊冒常昏昏　萬事不能為
如㮚中炊炎　無所能成熟　多有愚癡者
諸根不完具　生於牛羊中　然後墮地獄



月光童子經亦名佛說申日經云時有長者名曰申日取外道六師計欲請佛僧令長者中門外鑿作五丈六尺深坑以炭火過半細鐵為椽土薄覆上設衆飲食以毒著中火坑不禁毒飯足害以此畜之何憂不死如教作之外道皆喜於是申日便詣佛所慇懃請佛及諸聖衆是時世尊愍其狂愚欲濟脫之默然受請申日内喜果如其計須弥之毒火劫燒千剎土刀劍鋒刃中不能動佛一毛之力令以火坑毒飯欲毀於佛譬如蚊蛹欲墜太山蠅蠓之翅欲障日月徒自毀壞不如早悔尒時長者罪蓋所覆心不開解世尊心念令受長者申日之請不與常同廣現威神震動十方百千聖衆幷諸龍神空飛地行不可筭計一時到家為作利益佛以神德即變火坑成七寶池八味具足飲飯天甘食者充悅六師惶怖各以逃竄長者歸伏稽首于地嗚呼佛足長跪自陳令知覺悟從佛得度諸來會者皆樂法音得福獲度不可稱計



又觀佛三昧經云尒時世尊告父王言舍衛城中須達長者有一老母名毗伍羅謹勤家業長者勑使手執庫鑰出内取與一切委之須達請佛及僧供給所須時病比丘多所求索老母慳貪瞋嫌佛法及與衆僧而作是言我長者愚癡迷惑受沙門術是諸乞士多求無猒何道之有作是語已復發惡願何時當得不聞佛名不聞僧名如是惡聲展轉遍舍衛城末利夫人聞此語已而作是言須達長者如好蓮華人所樂見云何復有毒虵護之喚須達婦而語之言汝家老婢惡口誹謗何不擯出時須達婦跪白夫人央掘魔等弊惡之人佛尚能伏何況老婢末利聞之歡喜語言我明請佛汝遣婢来到明食時長者遣婢持滿瓶金助王供養末利見来而作是言此邪見人佛若化度我必獲利佛於尒時從正門入難陁侍左阿難侍右羅睺佛後老婢見佛心驚毛竪言此惡人隨我後至即時退走從狗

寶出狗寶即開四門皆塞唯正門開婢即覆面以扇自障佛在其前令扇如鏡無所障礙迴頭東視東方有佛南西北方亦皆如是舉頭仰看上方有佛俯頭伏地地化為佛以手覆面手十指頭皆化為佛老婢閉目心眼即開見虚空化佛滿十方界當時城中有二十五旃陁羅女復有五十婆羅門女及諸雜類并及末利夫人宮中合五百女不信佛者見佛如來足步虚空為於老婢現無數身皆破邪見頭頂礼佛稱南無佛稱已尋見化佛如林即發菩提老婢邪見仍未生信由見佛故除却八十萬億劫中生死之罪得見佛已疾走歸家白長者言我於今日遇大悪對見於瞿曇在王宮門作諸幻化身如金山目逾青蓮放勝光明作此語已入木籠中以百張皮覆木籠上白氎纒頭却卧黒處佛還祇桓末利白佛願化邪女莫還精舍佛告末利此婢罪重於佛無緣於羅睺羅有大因緣佛既還已遣羅睺羅詣須達家度彼老婢羅睺變


作轉輪聖王時千二百五十比丘化為千子到須達家以彼老婢為王女寶尒時聖王即便以如意珠照曜女面令女自見如玉女寶倍大歡喜而作是言諸沙門等高談大語自言有道無一効驗聖王出世弘利處多令我老獘如玉女寶作是語已五體投地礼於聖王時典藏臣宣王十善女聞十善心大歡喜聖王所説義无不善為王作礼悔過自責心既調伏時羅睺羅及諸比丘還復本形老婢見已即作是言佛法清淨不捨衆生如我獘悪猶尚化度即受五戒成須陁洹將詣佛所為佛作礼懺悔前罪求佛出家得阿羅漢於虚空中作十八變波斯匿王末利夫人具白佛言此婢前世有何罪咎生為婢使復有何福值佛得道佛告王過去久遠有佛出世名一寶蓋燈王入涅槃後於像法中有王名曰雜寶華光子名快見出家學道自恃王子常懷憍慢和上為説甚深般若波羅蜜經大空之義王子聞已謬解邪説師滅度後即作


是言我大和上空無智慧但讃空義願我後生不樂見之我阿闍梨智慧辯才願於生生為善知識作是語已教諸徒衆皆行邪見雖持禁戒由謗般若謬解邪説命終之後墮阿鼻獄八十億劫受苦無量罪畢出獄為貧賤人五百身中聾癡無目千二百身恒為人婢佛告大王時和上者今我身是阿闍梨者今羅睺羅是王子比丘者老婢是徒衆弟子者今邪見女等發菩提心者是

又薩遮尼乾子經云昔佛在世時欝闍延城有嚴熾王問薩遮尼乾子言若有悪人不信三寶焚燒塔寺經書形像悪言毀呰言造作者無有福徳其供養者虚損現在無益未来或嫌塔寺及諸形像妨是處所破壞除滅送置餘處或破沙門房舍窟宅或取佛物法物僧物園林田宅象馬車乘奴婢六畜衣服卧具一切珎寶或捉沙門策役駈使責其發調罷令還俗或時輕心種種戯弄或時毀呰罵詈誹謗或以杖木自手鞭打或以種種

傷害其身如是惡人攝在何等衆生分中荅言大王攝在惡逆衆生分中大王應當上品治罪所以然者以作根本極重罪故有五種罪名為根本何等為五一破壞塔寺焚燒經像取三寶物自作教人見作助喜是名第一根本重罪二謗三乘法毀呰留難隱弊覆藏是名第二根本重罪三若有沙門信心出家剃除鬚髮身被袈裟或有持戒或不持戒繫閉牢獄枷鎖打縛策役駈使責諸發調或脫袈裟逼令還俗或斷其命是名第三根本重罪四於五逆中若作一逆是名第四根本重罪五謗无一切善惡業報長夜常行十不善業不畏後世自作教人堅住不捨是名第五根本重罪若犯如是根本重罪而不自悔決定燒滅一切善根趣大地獄受無間苦永無出期若國內有如是惡人毀滅三寶一切羅漢諸佛聖人出國而去諸天悲泣善神不護各自相煞四方賊起龍王隱伏水旱不調風雨失時五穀不熟人民飢餓遞相食噉白



骨滿野多饒瘦病死亡無數人民不知自思是過反怨諸天及善神祇

又觀佛三昧經云有七種重罪一一罪能令衆生墮阿鼻地獄經八万四千大劫一不信因果二毀無十方佛三斷學般若四犯四重虛食信施五用僧祇物六逼掠淨行比丘尼七六親所行不淨行

又小五濁經云五逆罪人別有五逆罪第一慢二親而事鬼神第二嫉妬國君第三後生輕薄第四賊其身命而貴其財第五去福就禍

又中阿含經云佛告比丘若凡愚人作身惡行口惡行意惡行命終之後生於惡趣泥犁之中受極苦痛一向無樂如有人犯盜付王治其盜罪王即遣人於晨朝時以一百戟而以刺之彼命故存至於日中王復勅以二百戟刺彼命故存至於晡時王復勅以三百戟刺彼人身分皆悉破盡其命故存佛告比丘於意云何此人被戟為苦不耶比丘荅佛一戟刺時猶尚苦痛況三百戟佛即以手取小沙



石如豆等許告諸比丘我手中石比雪山石何者為多比丘荅佛雪山石多不可為喻佛告比丘三百戟苦比泥犁苦如小沙石泥犁之苦如雪山石百千万倍不可為喻泥犁中苦其事云何若有衆生墮泥犁中獄卒以斧燒令極然斫身八楞及以四方經百千歲極令苦痛而不命終要令惡盡復坐鐵牀以鐵鉗口呑熱鐵丸經百千歲復坐鐵牀洋銅灌口經百千歲復卧鐵地以熱鐵釘釘其身首經百千歲復出其舌使舐鐵地以釘釘之如張牛皮經百千歲復挽項筋縛著車上經百千歲復燒鐵地令在上行經百千歲復燒火山令下足著上血肉即消舉足還生經百千歲復鑊煑之經百千歲極令苦痛而不命終要令罪盡乃得出耳是為泥犁地獄中苦地獄罪畢生於種種畜生之中常處暗冥共相噉食受苦无量不可具說畜生罪畢或生人中若從畜生為人甚難猶如盲龜遇浮木孔設生人中貧窮下賤為他役使形貌醜陋

諸經要集卷第十五　第三十九張　敦字号

或根殘缺或復短命若作惡業身死還生在泥犁中輪轉無窮不可具說佛告比丘凡夫愚人作身口意三惡行者獲罪如是佛告比丘若智慧人作身善行口善行意善行命終生於善處天上一向受樂如轉輪王與七寶俱人閒四妙佛告比丘於意云何此為樂不比丘啓佛一寶一妙猶為極樂何況七寶四妙居也佛還以手取小沙石如豆等許告諸比丘我手中石比雪山石何者為多比丘啓佛雪山石多不可為喻佛告比丘轉輪王樂比天上樂如小沙石天上之樂如雪山石百千万倍不可為喻天上之樂其事云何若生天上所受六塵無不隨意受極快樂不可具說若從天上來生人閒生帝王家或生大姓大富大貴饒財多寶名稱遠聞端正殊妙衆人所愛佛告比丘若智慧人作身口意三善行者獲福如是佛告比丘此是世閒有漏之樂若修善根迴向菩提於生死中所受果報乃至涅槃終無有盡

諸經要集卷第十五　第四十張　敦字号

正報頌曰

六賊姧邪僞　七識乱乖真　謗毀玄正理
妄語復貪瞋　惡業縱横作　忠言不喜聞
一入無閒獄　萬苦競纏身

習報頌曰

邪見習癡業　阿鼻受楚毒　劫盡人中生
復與邪相續　邪正既相違　自然成諂曲
此心若不改　連環未絕獄

諸經要集卷第十五

諸經要集卷第十五

校勘記

一　底本，金藏廣勝寺本。

一　七三八頁中一行經名下夾註「十惡部之二」，資、磧、普、南作「十惡之二」；徑、清作「十惡之三」。

一　七三八頁下一五行第一三字「自」，諸本作「而自」。

一　七三九頁上三行第三字「念」，諸本作「念言」。

一　七三九頁上一四行第五字「經」，資、磧、普、南、徑、清作「經云」。

一　七三九頁中一一行第三字「仍」，資、磧、普、南、徑、清作「乃」。

一　七三九頁中二〇行第五字「此」，資、磧、普、南、徑、清作「死」。

一　七三九頁下三行第一四字「名」，資、磧、普、南、徑、清作「多」。

一　七三九頁下七行第四字「得」，諸本作「傳」。

一　七三九頁下一五行第一一字「故」，

一 資、磧、普、南、徑、清作「故故」。

一 七三九頁下一八行第一二字「言」，諸本作「説」。

一 七四〇頁上五行第一四字「埽」，諸本作「歸」。

一 七四〇頁上一〇行第一〇字「罪」，諸本作「惡」。

一 七四〇頁上一一行「六情」，徑、清作「六塵」。

一 七四〇頁上一四行「貧貧」，資、磧、普、南、徑、清作「貧窮」。同行「苦苦」，資、磧、普、南、徑、清作「苦惱」。

一 七四〇頁中三行首字「論」，資、磧、普、南、徑、清作「説」。

一 七四〇頁中七行第七字「復」，資、磧、普、南、徑、清作「又」。

一 七四〇頁中一一行第九字「過」，諸本作「過患」。

一 七四〇頁下六行第四字「辞」，資、磧、普、南、徑、清作「説」。

一 七四〇頁下一八行第六字「刑」，資作「形」。

一 七四一頁上一八行末字「此」，資、磧、普、南、徑、清無。

一 七四一頁上末行「復生」，資、磧、普、南、徑、清作「生其」。

一 七四一頁中四行第二字「乏」，資作「之」。

一 七四一頁中一〇行第三字「舉」，諸本作「與」。

一 七四一頁中一八行首字「空」，資、磧、普、南、徑、清作「屋」。

一 七四一頁下七行「入九」，諸本作「八九」。

一 七四一頁下八行「一牧」，徑作「一枝」。

一 七四一頁下一四行「往語」，資、磧、普、南、徑、清作「往詣」。

一 七四二頁中五行末字「皆」，資、磧、普、南、徑、清作「皆滅」。

一 七四二頁中一二行第四字「小」，資、磧、普、南、徑、清作「小圍」。

一 七四二頁下四行「腹如太山」，麗作「腹大如山」。

一 七四二頁下一七行第一一字「服」，資、磧、普、南、徑、清作「復」。

一 七四三頁上六行末字「去」，諸本作「云」。

一 七四三頁中四行「血汙流身」，資、磧、普、南、徑、清作「血流污身」。

一 七四三頁中一〇行第二字「欣」，磧、普、南、徑、清作「恣」。同行第九字「伎」，資作「修」。

一 七四三頁中一四行第四字「恣」，資作「慾」。

一 七四三頁中一九行第六字「熏」，磧、普、南、徑、清作「重」。

一 七四三頁中二二行「俯藏」，資作「腑藏」；磧、普、南、徑、清作「腑臟」。

一 七四三頁下九行第五字「殘」，麗作「賤」。

一 七四三頁下二二行「惡名憎惡」，諸本作「怨憎離惡」。

一 七四四頁上四行「觀之」，諸本作「衆人觀之」。

一 七四四頁上八行首字「女」，資、磧、

普、南、徑、清無。同行末字「實」，資、磧、普、南、徑、清作「寶」。

一　七四四頁上九行第一一字「現」，資、磧、普、南、徑、清作「相」。

一　七四四頁上一六行末字「婦」，資、磧、普、南、徑、清作「歸依」。

一　七四四頁上一九行「適妻適」，資、磧、普、南、徑、清作「嫡妻嫡」。

一　七四四頁上二〇行第七字「氷」，資、磧、普、南、徑、清作「水」。

一　七四四頁上二一行第六字「嫉」，資、磧、普、南、徑、清作「嫉恚」。

一　七四四頁中四行「珮凡」，諸本作「珮几」。

一　七四四頁中九行第三字「當」，資、磧、普、南、徑、清作「嘗」。

一　七四四頁中一〇行第九字「慈」，諸本作「茲」。

一　七四四頁中一一行末字「常」，資、磧、普、南、徑、清作「嘗」。

一　七四四頁中一六行第七字「寸」，南、徑、清作「牙」。

一　七四四頁中一九行第七字「鉽」，資、磧、普、南、徑、清作「殺」。

一　七四四頁中二一行第九字「命」，諸本作「念」。

一　七四四頁下二行第六字「甚」，資、磧、普、南、徑、清作「其」。

一　七四四頁下五行第四字「師」，資、磧、普、南、徑、清作「獵師」。

一　七四四頁下六行末字「雷」，諸本作「雹」。

一　七四四頁下八行第一一字「夫」，諸本作「大」。

一　七四四頁下一四行「佛答曰」，資、磧、普、南、徑、清作「佛偈答云」。

一　七四四頁下一八行第一〇字「苦」，磧、南作「者」。

一　七四四頁下二〇行第五字「則」，資、磧、普、南、徑、清作「則有」。

一　七四五頁上八行末字「阻」，資、磧、普、南、徑、清作「沮」。

一　七四五頁上一一行第五字「親」，麗作「覩」。

一　七四五頁上一四行正文第一一字「於」，麗無。

一　七四五頁上一九行「子子」，諸本作「子了」。

一　七四五頁上二一行「申至」，諸本作「曳至」。

一　七四五頁中六行「若我」，徑、清作「我若」。

一　七四五頁中九行第八字「爲」，徑無。

一　七四五頁中一六行第九字「翁」，資、磧、普、南作「公」；徑、清作「父」。

一　七四五頁中二一行第五字「根」，諸本作「相」。

一　七四五頁下二行第四字「諦」，資、磧、普、南、徑、清作「識」。

一　七四五頁下一六行第五字「心」，資、磧、普、南、徑、清作「恚」。

一　七四六頁上七行第一〇字「唱」，資、磧、普、南、徑、清作「默」。

一　七四六頁上二一行第六字「聞」，資、磧、普、南、徑、清作「聞佛」。

一　七四六頁中六行「訖巳」，資、磧、普、南、徑、清作「已訖」。

一　七四六頁中一七行第四字「勤」，資、磧、普、南、徑、清作「勒」。

一　七四六頁中二二行第六字「羊」，資、磧、普、南、徑、清無。

一　七四六頁下一行「刨地」，資、磧、普、南、徑、清作「跑地」。

一　七四六頁下一三行第一二字「在」，資、磧、普、南、徑、清作「是」。

一　七四六頁下一八行第八字「天」，資、磧、普、南、徑、清作「此」。

一　七四六頁下二二行第一一字「于」，資、磧、普、南、徑、清作「乎」。

一　七四六頁下末行第四字「放」，資、磧、普、南、徑、清作「牧」。

一　七四七頁中四行「蚖毒」，資、磧、普、南、徑、清作「毒蛇」。同行「⿰齒厓齚」，資、磧、普、南、徑、清作「啀喋」。

一　七四七頁中八行第一一字「增」，資、磧、普、南、徑、清作「憎」。

一　七四七頁下二一行夾註左「以求」，資、磧、普、南、徑、清作「以求苦」。

一　七四七頁下二二行第一一字「觀」，資、磧、普、南、徑、清作「觀察」。

一　七四八頁上一八行第四字「泥」，磧作「尼」。

一　七四八頁中三行第一三字「計」，資作「語」。

一　七四八頁中一一行「湏彌」，資、磧、普、南、徑、清作「豈知須彌」。

一　七四八頁中一四行首字「墜」，資、磧、普、南、徑、清作「隋尒」。同行第一二字「從」，諸本作「徒」。

一　七四八頁下一一行「展轉」，徑、清作「轉展」。

一　七四九頁上七行首字「即」，資無。

一　七四九頁上一二行「頭頂」，資、磧、普、南、徑、清作「低頭」。

一　七四九頁中一六行「具白」，資、磧、普、南、徑、清作「見白」。

一　七四九頁中一八行第八字「王」，諸本作「王曰」。

一　七四九頁中二二行「之義」，麗作「大義」。

一　七四九頁下二行第八字「之」，資、磧、普、南、徑、清作「也」。

一　七四九頁下二〇行第八字「具」，資作「食」。

一　七五〇頁上五行末字「取」，資、磧、普、南、徑、清作「又取」。

一　七五〇頁中一一行第五字「後」，資、磧、普、南、徑、清作「復」。

一　七五〇頁中一二行末字「禍」，資、磧、普、南、徑、清作「罪」。

一　七五〇頁中一六行第三字「如」，資、磧、普、南、徑、清作「譬如」。

一　七五〇頁下一〇行「洋銅」，資、磧、普、南、徑、清作「烊銅」。

一　七五〇頁下一五行第一二字「足」，資、磧、普、南、徑、清作「舉足」。

一　七五〇頁下一八行第三字「罪」，資、磧、普、南、徑、清作「惡」。

# 諸經要集卷第十六

西明寺沙門釋道世集

## 詐偽部第二十四

此有六緣

述意緣　詐親緣
詐毒緣　詐貫緣
詐怖緣　詐畜緣

## 惰慢部第二十五

### 述意緣第一

夫至道無隔貴在忠言故出其言善則千里應之出其言不善則咫尺如解但教流末代人法訛替或憑真以構偽或飾虛以詐真良由人懷邪正故法有真假名利既侵則我人逾盛現親尚無附之況先來踈薄故難交友故經曰直心是道場不虛假故也

### 詐親緣第二

如雜寶藏經云一切奸滑諂偽詐惑外狀似直內懷奸私是故智者應察真偽如往昔有婆羅門其年既老娉娶少婦婦嫌夫老傍婬不已勸夫設會請諸少壯婆羅門等夫疑有邪不肯延致前婦之子墮於火中尒時少



婦眼看不捉婆羅門言兒今墮火何故不捉婦即荅言我自少來唯近己夫不近餘男云何令我捉此男子老夫聞已謂如其言便設大會集婆羅門尒時少婦便共交通老夫見已心懷忿恨即取寶物棄婦而去於其路中見一婆羅門便共為伴至暮共宿明旦前行語老婆羅門言於昨宿處有一草菜著我衣裳我自少來無侵世物欲還草菜歸彼主人尒且停住待我往還老婆羅門深信其言倍生愛敬許當住待詐捉草菜入溝偃卧良久乃還云菜歸了老婆羅門因便利故即以寶物而用寄之此人尋後賷寶便走老婆羅門見偷已物悵彼不已小復前行憩一樹下見一鸛雀口中銜草語諸鳥言我等共相憐愍集會一處而共住止尒時諸鳥皆信其言而來聚集時此鸛雀趣鳥飛後就他巢啄卵而食諸鳥將至更復銜草諸鳥知諂悉捨而去於此樹下更經少時見一外道出家之人身被納衣安行徐步口云去去衆生老婆羅

門而問之言何以並行口唱去去外道荅言我出家人憐愍一切畏傷虫蟻是故尒耳時婆羅門見其此語深生篤信尋至其家於其暮宿但聞歌儛之聲便出看之乃見出家外道住室有一地孔內出婦女與共交歡琴儛戲老婆羅門見已天下萬物無一可信故說偈言

不捉他男子　以草還主人　鸖雀詐銜草
外道畏虫傷　口言唱去去　如是詐諂為
都無可信者　來苦實難當

故涅槃經云佛言如我昔日所說偈言

一切江河　必有迴曲　一切藂林
必名樹木　一切女人　必有諂曲
一切自在　必受安樂

詐毒緣第三

如雜寶藏經云時提婆達多作種種因緣欲得殺佛然不能得時南天竺國有婆羅門來善知呪術和合毒藥提婆即合毒藥以散佛上風吹此藥反墮已頭上即便悶絕躃地欲死醫不能治阿難白佛言世尊提婆達多被毒欲死佛憐愍故為說實語我従菩薩成佛已來於提婆達多常生慈悲無有惡心者毒當自滅作是語已毒即消滅諸比丘言希有世尊提婆達多恒起惡心於如來如來云何猶故活之佛言非但今日惡心向我過去亦尒即問佛言惡心於佛其事云何佛言過去之世迦尸國中有波羅柰城有二輔相一名斯那二名惡意斯那常順法行惡意恒作惡行好為讒搆而語王言斯那欲作惡逆王即収閇諸天善神於虛空中出聲而言如此賢人實無過罪云何拘縛第二惡意劫王庫藏及著斯那王亦不信王言捉此惡意付與斯那仰使斷之斯那即教惡意向王懺悔惡意自知有罪便走向毗提醯王所作一寶篋盛二惡虵見毒具足令毗提醯王遣使送與彼國王并及斯那二人共看莫示餘人王見寶篋極以嚴飾心大歡喜即喚斯那欲共發看斯那荅言遠來之物不得自看遠來果食不得即食何以故彼有惡人或能以惡來見中傷王言我必欲看懃懃三諫王不用語復白王言不用臣語王自看之臣不能看王即發看兩眼盲冥不見於物斯那憂苦愁悴欲死遣人四出遍歷諸國遠覓良藥既得好藥以治王眼平復如故尒時王者舍利弗是尒時斯那者我身是尒時惡意者提婆達多是也

詐貴緣第四

如僧祇律云佛告諸比丘過去世時有城名波羅柰國名伽尸時有弗盧醯大學婆羅門為國王師常教學五百弟子時婆羅門家生一奴名迦羅呵常使供給諸童子等是奴利根聞說法言盡能憶持此奴一時共諸童子小有嫌恨便走他國詐自稱言我是弗盧醯婆羅門子字耶若達多語此國師言我是波羅柰國王師弗盧醯子故來至此欲從大師學婆羅門法師荅言可尒是奴聰明本已曾聞今復重聞悉能持其師大喜即令教授五百門徒汝代我教我當往來王家是師無有男兒唯有一女即告之日耶若達當用我語汝莫還國我

今以女妻汝荅言從教共作生活家漸豊樂耶若達多為人難可婦為作食恒時生熟不能適口婦常忿言脫有行人從波羅柰國來者當從彼受飲食法用然後供養夫主彼弗盧醯婆羅門具聞是事便作是念我奴迦羅呵逃在他國當往捉來或可得直便詣彼國時奴與諸門徒詣國遊戲在於中路遥見本主即便驚怖密語門徒汝等還去各自誦習門徒去已便到主前頭面礼足白其主言我來此國稱尊大家是我之父便投此國師大學經典與女為婦願尊今日勿彰我事當與奴直奉上大家主婆羅門善解世事即荅言汝實我兒但早發遣奴即將至婦家告家中言我所親来其婦歡喜為辦種種飲食奉食訖已伺小空閑密礼婆羅門足而問之日我奉事夫飲食供養常不可意願尊指授本在家時何所食噉當如先法為作飲食客婆羅門便即瞋恚而作是念如是如是困苦他女汝但速發遣我臨去時教汝一偈使夫無



言女聞歡喜辞出而退即語夫言尊婆羅門故從遠来宜早發遣夫即念言如婦所說宜應早遣莫令久住恐言漏失損我不少便大與財物教婦作食自行供之夫為曹主求伴不在婦奉食訖礼足辞別請求先偈即教偈言

無親遊他方　欺誑天下人　麁食是常食
細食復何嫌

今與汝此偈若彼瞋恚嫌食惡時便在其邊背面微誦令其得聞作是教已便還本國是奴送主去已每至食時還復瞋恚婦於夫邊試誦其偈夫聞是偈心即不喜便作是念咄是老物發我臭穢從是已後常作愛語求婦不瞋恐婦向人說其陰私佛告諸比丘時本主弗盧醯婆羅門者即我身是時奴迦羅呵者今闡陁比丘是彼於尒時已曾恃我陵他今復如是恃我勢力陵易他人也

詐怖緣第五

如智度論云一切諸法皆是虛誑衆生愚癡不識親疎瞋罵加害乃至奪



命起此重罪故墮三塗受無量苦譬如山中有一佛啚彼中有一別房房中有鬼来恐惱道人是諸道人皆捨房去有一客僧来維那處分令住此空房而語之言此房中有鬼神喜惱人能住中者住客僧自以持戒力多聞故言小鬼何所能為我能伏之即入房住暮更有一僧来求此住處維那亦令在此房住亦語有鬼惱人其人亦言小鬼何所能為我當伏之先入者閉户端坐待鬼後来者夜闇打門求入先入者謂為是鬼不為開户後来者極力打門在内道人以力拒之外者得勝排門得入内者打之外者亦打至旦相見乃是故舊同學識已各相愧謝衆人雲集笑而怪之衆生亦如是五陰皆虛無我無人取相鬪諍横加毒害若披解在地但有骨肉無人無我是故菩薩語衆生言汝等莫於根本空中鬪諍人身尚不可得何況值佛

詐畜緣第六

如舊雜辟喻經云昔有婦人富有金

銀與男子交通盡取金銀衣物相逐俱去到一急水河邊男子語言汝持財物來我先度之當還迎汝男子度已便走不還婦人獨住水邊憂苦無人可救唯見一野狐捕得一鷹復見河魚捨鷹取魚魚既不得復失本鷹婦語狐曰汝何太癡貪捕其兩不得其一狐言我癡尚可汝癡劇我也

又僧祇律云佛告諸比丘過去世時非時連雨七日不止諸放牧者七日不出時有餓狼飢行求食遍歷七村都無所得便自剋責我何薄相經歷七村都無所得不如守齋住還山林自於窟穴呪願言使一切衆生皆得安隱然後攝身安坐閉目帝釋至齋日月乘伊羅白龍象觀察世間持戒破戒到彼山窟見狼閉目思惟便作是念咄哉狼獸甚為奇特人尚無此心況此狼獸而能如是便欲試之知其虛實釋即變身化為一羊在窟前住高聲命群狼時見羊便作是念奇哉齋福報應忽至我遊七村求食不獲今暫守齋餚饍自來厨供已致但當食已然後守齋即便出穴往趣羊所羊見狼來便驚騎走狼便尋逐羊去不住追之既遠羊化為狗方口躭耳反來逐狼急聲喚之狼見狗來驚怖還走狗急追之劣乃得免還至窟中便作是念我欲食彼返欲噉我尒時帝釋便於狼前作跛脚羊鳴喚而住狼作是念前者是狗我飢悶眼華謂為是羊今所見者此真是羊復更諦觀看耳角尾真實是羊便出往趣羊復驚走奔逐垂得復化作狗返還逐狼亦復如前我欲食彼返欲見噉時天帝釋即於狼前化為羔子鳴群喚母狼便瞋言汝作肉段我尚不出況為羔子而欲見欺還更守齋靜心思惟時天帝釋知狼心念還齋猶作羊羔於狼前住狼便說偈言

若真實為羊　猶故不能出　況復作虛妄
如前恐怖我　見我還齋已　汝復來見試
假使為肉段　猶尚不可信　況作羊羔子
而詐喚咩咩

於是世尊而說偈言

若有出家人　持戒心輕漂　不能捨利養
猶如狼守齋

又五分律云佛告諸比丘乃往古昔有一摩納在山窟中誦刹利書有一野狐住其左右專聽誦書心有所解作是念言我解此書語足堪作諸獸中王作是念已便起遊行逢羸瘦野狐便欲殺之彼言何故殺我答言我是獸王汝不伏我是以相殺彼言願莫殺我我當隨從於是二狐便共遊行復逢一狐又欲殺之問答如上亦言隨從如是展轉伏一切狐便以群狐伏一切象復以衆象伏一切虎復以衆虎伏一切師子遂權得為王既作王已復作是念我今為獸中王不應以獸為婦便乘白象率諸群獸不可稱數圍迦夷城數千帀王遣使問汝諸群獸何故如是野狐答言我是獸王應娶汝女與我者善若不與我當滅汝國還白如此王集群臣共議唯除一臣皆云應與所以者何國之所恃唯賴象馬我有象馬彼有師子象馬聞氣惶怖伏地戰必不如為獸所滅何惜一女而喪一國時一大臣

聡叡遠略而白王言曰觀古今未曾
聞見人王之女與下賤獸臣雖闇昧
要殺此狐使諸群獸各各散走王即
問言計將焉出大臣荅言王但剋期
戰日先當從彼求索一願願令師子
先戰後吼彼謂吾畏必令師子　先吼
後戰王至戰日當勑城内人畜皆令
塞耳王用其語還使剋期并求上願
至于戰日復遣信求然後出軍軍鋒
欲交野狐果令師子先吼野狐聞之
心破七分便於象上墜落于地於是
群獸一時散走佛以是事而說偈言
野狐憍慢盛　欲求其眷屬　行到迦夷城
自稱是獸王　人憍亦如是　䂓統於徒衆
在摩竭之國　法主以自号
尒時迦夷王者我身是聡叡大臣者
舍利弗是野狐王者調達是告諸比
丘調達往昔詐得眷屬今亦如是故
佛說偈云
善人共會易　惡人善會難　惡人共會易
善人共會難
又佛本行經云尒時佛告諸比丘言
我念往昔有一河名波利耶多 隋言啟節

時彼河岸有一人是結華鬘師其人
有園在彼河側而彼河内時有一龜
從水而出至華園中求食而行處處
經歷蹋壞其華時彼園主見龜壞華
園主即捉置於一筐中將欲殺食彼
龜作念云何得脫此難作何方便誑
此園主即向園主而說偈言
我從水出身有泥　汝且置華洗我體
我身既有泥不淨　恐畏汙汝筐及華
時彼園主作如是念善哉此龜善言
教我今不得不取其言我洗其身勿
令泥汙我之華筐作是念已即手執
龜將向水所欲洗龜身是時彼人即
提龜出置於石上抄水欲洗是時彼
龜出大筋力忽投沒水時華鬘師見
龜沒水作如是言奇哉是龜乃能如
是誑逗於我我今還可誘誑是龜使
令出水時華鬘師即向彼龜而說
偈言
賢龜諦聽我作意　汝今親舊甚衆多
我作華鬘繫汝咽　慈汝歸家作喜樂
尒時彼龜作如是念此華鬘師妄語
誑我彼毋患著牀其婦採華造鬘欲


賣以用活命今作是言定是誑我欲
食我故誘我出耳是時彼龜向華鬘
師而說偈言
汝家造酒欲會親　廣作種種諸味食
汝至家内作是說　龜肉煑巳胎糕頭
尒時佛告諸比丘言汝諸比丘欲知
彼時入水龜者我身是也華鬘師者
魔波旬是其於尒時欲誑惑於我而
不能着今復欲誑何由可得
又佛告諸比丘言我念往昔於大海
中有一大虬其虬有婦身正懷妊忽
然思欲獮猴心食以是因緣其身羸
瘦痿黄宛轉戰慄不安時彼特虬見
婦身體如是羸瘦無有顔色見巳問
言賢善仁者汝何所患欲思何食我
不聞汝從我索食何故如是時其牸
虬黙然不報其夫復問汝今何故不
向我道婦報夫言汝若能與我隨心
所願我當說之若不能者我何假說
夫復荅言汝但說看若可得理我當
方便會覓令得婦即語言我今意思
獮猴心食汝能得不夫即報言汝所
須者此事甚難所以者何我居大海

猴在山樹何由可得婦言奈何若不得是物此胎必墮我身不久恐取命終是時其夫復語婦言賢善仁者汝且容忍我今求去若成此事深不可言則我與汝並皆慶快尒時彼虬即從海出至於岸上去岸不遠有一大樹名優曇婆羅（隋言水顔）時彼樹上有一大獼猴在於樹頭取果子食是時彼虬旣見獼猴在樹上坐食於樹子見已漸到於樹下到已即便共相慰喻以美語言問訊獼猴善哉善哉婆私師吒在此樹上作於何事不甚辛勤受苦惱耶求食易得無疲倦不獼猴報言如是仁者我今不大受於苦惱虬復重更語獼猴言汝在此處何所食噉獼猴報言我在優曇婆羅樹上食噉其子是時虬復語獼猴言 我今見汝甚大歡喜適滿身體不能自勝我欲將汝作於善友共相愛敬 汝取我語何須住此又復此樹子少無多云何乃能此處願樂汝可下來隨逐於我我當將汝渡海彼岸別有大林種種諸樹華果豊饒獼猴問言我云何

得至彼處海水深廣甚難越渡去何堪渡是時彼虬報獼猴言我背負汝將渡彼岸汝今但當從樹下來騎我背上尒時獼猴心無定故狹劣愚癡心生歡喜從樹而下上虬背上欲隨虬去其虬內心生如是念善哉善哉我願已成即欲相將至自居處及獼猴俱沒於水猴問虬言善友何故忽沒於水虬即報言我婦懷妊彼如是思欲食汝心以是因緣我將汝來尒時獼猴作如是念嗚呼我今甚不吉利自取磨滅作何方便而得免此急速厄難不失身命復如是念我須誑虬作是念已而語虬言仁者善友我心留在優曇婆羅樹上寄著不持將行仁於當時去何不依實語我知尒須我心我於當時即將相隨善友還迴放我取心得已還來尒時彼虬聞獼猴語已二俱還出獼猴見虬欲出水岸是時獼猴努力奮迅捷疾跳躑出大筋力從虬背上跳下上彼優曇大樹之上其虬在下少時停待見猴淹遲不下而語之言親密善友汝速

下來共汝相隨至於我家獼猴默然不肯下樹虬見獼猴經久不下而說偈言

善友獼猴得心已　願從樹上速下來
我當送汝至彼林　多饒種種諸果處

尒時獼猴作是思惟此虬無智即說偈言

汝虬計挍雖能寬　而心智慮甚狹劣
汝但審諦自思忖　一切衆類誰無心
彼林雖復子豊饒　及諸菴羅等妙果
我今意實不在彼　寧自食此優曇婆

尒時佛告諸比丘言當知彼時六獼猴者我身是也彼虬者魔波旬是彼時猶尚誑惑於我而不能得今復欲將世間五欲之事而來誘我豈能動我此之坐處

又雜寶藏經云 昔有烏梟共相怨憎烏待晝日知梟無見踰殺群梟散食其肉梟便於夜知烏眼闇復啄群烏開啄其腹亦復散食畏晝畏夜無有竟已有一智烏語衆烏言已為怨憎不可求解終相誅滅勢不兩全宜作方便殄覆諸梟然後我等可得歡樂

若其不尒終為所敗衆烏荅言當作
何方得滅雠賊智烏荅言尒等衆烏
拔我毛羽啄破我頭我當設計要令
弥覆即如其言燋悴形容向梟穴外
而自悲鳴聞其聲已便言今尒何故
破傷来至我所烏語梟言衆烏雠我
不得生活故来相投以避怨惡時梟
憐愍遂便養給恒與殘肉日月轉久
毛羽平復烏作微計銜乾樹枝并諸
草木著梟穴中似如報恩梟語烏言
何用是為烏即荅言孔穴之中純是
冷石用此草木以御風寒梟以為尒
黙然不荅而烏於是即求守穴孔詐
給使令用報恩養時會暴雪寒風猛
盛衆梟率尒来集孔中烏得其便尋
生歡喜銜牧人火用燒梟孔衆梟一
時於孔焚滅尒時諸天說偈言曰
諸有宿嫌處　不應生體信　如烏詐託善
焚滅衆梟身
又六度集經云昔者菩薩為孔雀王
從妻五百棄其舊疋欲娶青雀為妻
其青雀唯食甘露好果孔雀為妻曰
行取之其國王夫人有疾夢覩孔雀



云其肉可為藥寤已啓聞王令獵士
疾行索之夫人曰有能得之者娉以
季女賜金千斤國諸獵士分布行索
覩孔雀王從一青雀在常食處即以
蜜麨每處塗樹孔雀輙取以供其妻
射師以蜜麨塗身踞坐而俻孔雀取
麨人應獲之焉孔雀曰子之勤身必
為利也吾示子金山可為無盡之寳
斤金妻以季女豈信汝言乎勉以送
獻汝矣孔雀曰大王懷仁潤無不周
願納微言乞得少水吾以慈呪服之
疾瘳矣若其無効受罪不晚王順其
意夫人服之衆疾皆瘳華色煒曄宮
人皆然舉國歎王弘慈活孔雀之命
獲延一國之壽孔雀曰願得投身于
彼大湖并呪其水率土黎民衆疾可
瘳若有疑望願以杖擿吾足王曰許
可孔雀如之國人飲水並皆得力聵
聽盲視瘂語癖申衆疾皆然夫人疾
除國人並得无病兼無害孔雀之心
孔雀具知向王陳曰受王生潤之恩
吾報濟一國之命報畢乞退王曰可



尒雀即翔飛昇樹重曰天下有三癡
王曰何謂三耶一者吾癡二者獵士
癡三者大王癡王曰願釋之也雀曰
諸佛重戒以色為火燒身危命貪色
之由也吾捨五百供養之妻而貪青
雀索食供之有如僕使為狂網所得
殆危身命斯吾癡也獵者之癡吾至
誠之言捨一山之金棄無窮之寳信
夫人邪為之欺望季女之妻覩世狂
愚皆斯類矣損佛真誠之戒信鬼魅
之欺酒藥婬乱或受破門之禍或死
入太山其苦無數思還為人猶無羽
之鳥欲飛昇天豈不難哉婬婦之妖
蠱喻彼魑魅靡不由之亡國危身而
愚夫尊之萬言無一誠也而射師信
之斯謂獵者愚矣王得天醫除一國
疾諸毒都滅顏如盛華巨細欣賴而
王放之斯謂王愚矣佛告舍利弗孔
雀王者自是之後周旋八方輙以神
藥慈心布施愈衆生病孔雀王者吾
身也國王者舍利弗是獵師者調達
是也夫人者調達婦是菩薩慈惠度
無極行布施如是

又雜寶藏經云佛言乃往過去時有蓮華池多有水鳥在中而住時有鸛雀在於池中徐步舉脚諸鳥皆言此鳥善行威儀徐序不惱水性時有白鵝而說偈言

舉脚而徐步　音聲極柔軟　欺誑於世間
誰不知諂詐

鸛雀語言何為作此語來共作親善白鵝荅言我知汝諂詐終不親善汝欲知尒時鵝王者即我身是也尒時鸛雀者今提婆達多是也

又雜寶藏經云佛言於過去世雪山之側有山鷄王多將鷄衆而隨從之鷄冠極赤身體甚白語諸鷄言汝等遠離城邑聚落莫與人民之所噉食我等多諸怨嫉好自慎護時聚落中有一猫子聞彼有鷄便往趣之在於樹下徐行匝視而語鷄言我為汝婦汝為我夫而汝身形端正可愛頭上冠赤身體俱白我相承事安隱快樂鷄即說偈言

猫子黄眼愚小物　觸事懷害欲噉食
不見有畜如此婦　而得壽命安隱者

尒時鷄者我身是也昔時猫者提婆達多是也昔於過去欲誘誑我今日亦復欲誘誑我索我徒衆

諸經要集卷第十六　第二十二張　孫

頌曰

姦情詐癡　令信匪疑　偽現依附
妄納相依　外親內損　夙夜侵移
久共同住　方覺漸衰

墮慢部第二十五 此有三緣

述意緣　引證緣
立志緣

述意緣第一

夫人所以不得道者由於心神昏墮心神所以昏墮由於外物擾之者多其事略三一則勢利榮名二則妖妍靡曼三則甘脂肥濃榮名雖日用於心要無晷刻之累妖妍靡曼方之已深甘脂肥濃為累甚切萬事云云皆三者之支葉耳聖人知不斷此三事故求道無從可得如水火擁之聚之則其用弥全决之散之則其勞弥薄故論云貧微則勢重貧重則勢微是以思之測之寔由勤切而悟道墮之慢之良因貪聲色而障聖所以釋氏震法鼓於鹿菀夫子揚德音於鄒魯尚耳目所不聞豈心識之能契也

諸經要集卷第十六　第二十三張　孫

引證緣第二

如薩婆多論云波羅提木叉之戒五道而言唯人道得戒餘四不得如天道以著樂深重不能得戒如昔一時大目連以弟子有病上忉利天以問耆婆正值諸天入歡喜園尒時目連在於路側立待一切諸天無顧看者唯耆婆後至顧見目連向舉一手乘車直過目連自念此本人間是我弟子今受天福以著天樂都失本心即以神力制車令住耆婆下車礼目連足目連種種因緣呵責耆婆荅目連曰以我人中為大德弟子是故舉手問訊頗見諸天有尒者不尒時目連勸誡釋提桓因佛世難值何不數數相近諮受正法帝釋欲解目連意故遣使勑一天子令来返覆三喚猶故不来後不應已而来帝白目連曰此天子唯有一天女一伎樂以自娛樂以染欲情深雖復命重不能自割故不肯来況作天王種種宮觀無數天

女須食自然百味百千伎樂以自娛樂視東忘西雖知佛世難遇正法難聞而以深樂纏縛不得自在 知復如何三塗苦難無緣得戒人中唯三天下得戒北欝單越無有佛法不得戒以福報障并愚癡故不受聖法

又善見律云時有六群比丘自身在下請法人在高而為說法以慢法故佛呵責之佛語比丘往昔波羅奈國有一居士名曰車波加其婦懷妊思菴羅果語其壻言我思菴羅果君為我覓其夫荅言此非果時我云何得婦語夫言君若不得我必當死夫聞婦語心自念言唯王園中有非時果我當往偷作是念已即夜入王園取果未得明相已出不得出園於是樹上藏住時王與婆羅門入園欲食菴婆羅果婆羅門在下王在高座婆羅門為王說法偷果人樹上自念言我偷果事應合死因王聽婆羅門說法故我今得脫我今無法王亦無法婆羅門亦無法何以故我為婦故而偷王果王由憍慢故師在下座自在高座而聽說法婆羅門為貪利養故自在下座為王說法我今三人相與无法我今得脫即便下樹往至王前而說偈言



二人不知法　二人不見法　敎者不依法
聽者不解法　為是飲食故　我言是無法
為以名利故　毀碎汝家法

王聞此偈恕偷果人罪我為凡時尚見非法況今成佛汝諸弟子為下人說法時偷果人者我是也

又智度論云如迦葉佛時有兄弟二人出家求道一人持戒誦經坐禪一人廣求檀越修諸福業至釋迦佛出世一人生長者家一人作大白象力能破賊長者子出家學道得六神通阿羅漢而以薄福乞食難得他日持鉢入城乞食遍不能得到白象廐見王供象種種豐足語此象言我之與汝俱有罪過象即感信三日不食守象人怖求覓道人見而問言汝作何術令王白象病不能食耶荅曰此象是我先身時弟共於迦葉佛時出家學道我但持戒誦經坐禪不行布施弟但廣求檀越作諸布施不持戒不學問以其不持戒誦經坐禪故今作此象大修布施故飲食倫具種種豐足我但行道不修布施故今雖得道果乞食不能得以是事故因緣不同雖值佛世猶故飢渴

又百喻經云昔外國節慶之日一切婦女盡持優鉢羅華以為鬘飾有一貧人其婦語言尒若能得優鉢羅華來與我為尒作妻若不能得我捨尒去其夫先來常善能作鴛鴦之鳴即入王池作鴛鴦鳴偷優鉢羅華時守池者而作是問池中者誰而此貧人失口荅言我是鴛鴦守者捉得將詣王所而於中道復更和聲作鴛鴦鳴守池者言尒先不作今作何益 世間愚人亦復如是終身殘害作衆惡業不習心行使令調善臨命終時方言今我欲得修善獄卒將去付閻羅王雖欲修善亦無所及如彼愚人欲到王所作鴛鴦鳴

又百喻經云昔有大富長者左右之人欲取其意皆盡恭敬長者唾時左

石侍人以脚蹹却有一愚者不及得蹹而作是言若唾地者諸人蹹却欲唾之時我當先蹹於是長者正欲欬唾時此愚人即便舉脚蹹長者口破脣折齒長者語言汝何以故蹹我脣口愚人具荅所由故唾欲出舉脚先蹹望得汝意凡物須時時未及到強設功力反得苦惱以是之故世人當知時與非時

立志緣第三

如雜譬喻經云昔有人名薩薄聞於外國更有異寶欲往治生而二國中間有羅剎難不可得過薩薄遊行見市西門有一道人空牀上坐云賣五戒薩薄問言五戒云何荅曰無形直口授心持後得生天現世能却羅剎鬼難薩薄欲買問索幾錢荅金錢一千即就受竟語言卿向外國到界畔上羅剎若來卿但語言我是釋迦五戒弟子薩薄少時到二國中間見有羅剎身長一丈三尺頭似黃蘘眼如赤丁舉體鱗甲更牙開口如魚鼓鰓仰捿飛鷂蹈地没膝口熱血流群衆數千直捉薩薄語言我是釋迦五戒弟子羅剎聞此永不肯放薩薄耶以兩捲扠之捲入鱗甲拔不得出又以脚蹹頭衝拔復不出五體没鱗甲中唯背得動羅剎以偈語言

汝身及手足　一切悉被羈　但當去就死
跳踉復何為

薩薄志意猶固以偈語羅剎曰

我身及手足　一時雖被繫　攝心如金石
終不為汝辭

羅剎又語薩薄曰

吾是鬼中王　為人多力狼　從來食汝輩
不可得稱數　但當去就死　何為自寬語

薩薄更欲罵怒自念此身輪迴三界未曾乞人我今當以乞此羅剎作一頓飽食即說偈曰

我此腥臊身　久欲相去離　羅剎得我便
悉持以布施　志求摩訶乘　果成一切智

羅剎聰明解薩薄語便生愧心放薩薄去長跪合掌向其謝曰

君是度人師　三界之希有　志求摩訶乘
成佛當不久　是故自歸命　頭面礼稽首

羅剎悔過竟送薩薄至外國大得珍寶又送還家大修功德遂成道迹故知戒力不可思議勸諸行者堅持禁戒還如此人立志勇猛

又智度論云有大力毒龍以眼視人弱者即死以氣噓人強者亦死時龍受一日戒出家入林樹間思惟坐久疲懈而睡龍法眠時形狀如虵七寶雜色獵者見之驚喜言曰以此希有難得之皮獻上國王以為舩飾不亦宜乎便以杖案其頭刀剝其皮龍自念言我力能傾國土此一小物豈能困我我今以持戒故不計此身當從佛語自忍閉目不視閉氣不喘憐愍此人為持戒故一心受剝不生悔意既以失皮赤肉在地時日大熱婉轉土中欲趣大水見諸小虫來食其身為持戒故不復敢動自思惟言今我此身以施諸虫為佛道故今以肉施以充其身後以法施以益其心身乾命終即生忉利天上畜生尚能堅持禁戒至死不犯況復於人寧容故犯

又五分律云佛言乃往過去有一黑蚍螫一擿子還入穴中有一呪師以

羖羊呪呪令出穴不能令出呪師便
於犢子前然火呪之化成火蜂入虵
穴中燒虵虵不堪痛然後出穴羖羊
以角抄著呪師前呪師語言汝還餂
毒不尒投此火中黑虵即說偈言
我餂吐此毒　終不還取之　若有死事至
畢命不復迴
於是遂不取毒自投火中佛言尒時
黑虵者今舍利弗是昔受如此死苦
猶不取毒況今更取所棄之藥
又雜寶藏經云佛言過去世時亦復
曾遂加　毗提醯國二國中間有
大曠野有惡鬼名沙吒盧斷絕道路
一切人民無得過者有一商主名曰
師子將五百商人欲過此路諸人恐
怖畏不可過商主語言慎莫怖畏但
從我後於是前行到于鬼所而語鬼
言汝不聞我名也荅言我聞汝名故
來欲戰問言汝何所能即捉弓箭而
射是鬼五百發箭皆沒鬼腹弓刀器
杖亦入鬼腹直前拳打拳復入去以
右手託右手亦著以右脚蹹右脚亦
著以左脚蹹左脚亦著又以頭打頭
亦復著鬼作偈言
汝以手脚及與頭　一切諸物悉以著
餘人何物而不著
商主以偈荅言
我今手足及與頭　一切財錢及刀杖
此諸雜物雖入沒　唯有精進不著汝
精進若當不休息　與汝鬪諍終不廢
我今精進不休息　終不於汝生怖畏
時鬼荅言今為汝等故五百賈客盡
皆放去
又雜婆沙論云魔王遂見菩薩坐菩
提樹端身不動揩取菩提速出自宮
往菩薩所謂菩薩曰剎帝利子可起
此座今濁惡時衆生剛強定不能證
無上菩提且應現受轉輪王位我以
七寶當相奉獻菩薩告曰汝今所言
如誘童子日月辰星可令墮落山林
大地可昇虛空欲令我今不取大覺
起此座者定無是處後魔將三十六
俱胝魔軍各現種種可畏形執持戰
具色類無邊遍三十六踰繕那量偎
時奔趣菩提樹下惱乱菩薩皆不能
得菩薩身心不動逾於蘇迷山也
又僧伽羅剎經云昔者菩薩現為鸚
鵡常處于樹風吹彼樹更相切磨便
有火出火漸熾盛遂焚一山鸚鵡思
惟猶如飛鳥般止大樹故當反復起
報恩心何況於我長夜處之而不滅
火即往詣海以其兩翅取大海水至
彼火上而灑於火或以口灑東西馳
奔時有善神感其勤苦尋為滅火
又智度論云昔野火燒林林中有一
雉勤身自力飛來入水以水灑林往
反疲乏不以為苦時天帝釋來問之
言汝作何等荅曰我救此林愍衆生
故此林蔭育處居日久清涼快樂我
諸種類及諸宗親皆悉依仰我有身
力云何不救天帝問言汝乃精勤當
至幾時雉言以死為期天帝言誰為
汝證即自立誓我心至誠信不虛者
願火即自滅是時淨居天知雉弘誓
即為滅火始終常茂不為火燒故經云人有善願天必從之斯言驗矣
頌曰
墮學迷三教　問者不知一　合萼未結核
敷華何得實　徒生高慢心　淩他非好畢

墜落幽闇道　開閉牢深密　一入百千年（諸經要集卷第十六　第二十張　付）
萬億苦逼切　對苦悔無知　方由憧慢媟
至人善取譬　立志須明律　英雄慢法時
焉知悔今日

諸經要集卷第十六

癸卯歲高麗國分司大藏
勅彫造

諸經要集卷第十六

校勘記

一　底本，金藏廣勝寺本。七六五頁下及七六六頁上共兩版，原版殘缺，以麗藏本換。

一　七五五頁中三行夾註「此有六緣」，資、磧、普無。

一　七五五頁中四行「憧慢部第二十五」，徑、清無。

一　七五五頁中四行與五行之間，資、磧、普有「詐偽部第二十四」及夾註「此有六緣」。

一　七五五頁中一七行第一〇字「滑」，磧、徑作「猾」。

一　七五五頁中二一行第一三字「邪」，資、磧、普、南、徑、清作「妄」。

一　七五五頁下二〇行第三字「巢」，資、磧、普、南、徑、清作「巢窠」。

一　七五六頁上一行「並行」，資、磧、普、南、徑、清作「安行」。

一　七五六頁上七行首字「琴」，諸本作「彈琴」。同行「見已」，資、磧、普、南、徑、清作「見已思惟」。

一　七五六頁上一五行「安樂」，資作「快樂」。

一　七五六頁上一七行第七字「時」，資、磧、普、南、徑、清無。

一　七五六頁下二〇行首字「今」，資、磧、普、南、徑、清作「今日」。

一　七五六頁下末行「耶若達」，資、磧、普、南、徑、清作「耶若達多」。同行第一三字「國」，資、磧、普、南、徑、清作「本國」。

一　七五七頁上三行第三字「時」，諸本作「瞋」。

一　七五七頁上八行第一二字「國」，諸本作「園」。

一　七五七頁中一行末字「尊」，資、磧、普、南、徑、清作「尊者」。

一　七五八頁上四行第八字「獨」，資、磧、普、南、徑、清作「猶」。

一　七五八頁上五行第一二字「鷹」，資、磧、普、南、徑、清作「鷹」。六行第四字及末字同。

一　七五八頁上六行第五字「取」，資、磧、普、南、徑、清作「捕」。

一　七五八頁上一六行第二字「月」，資、磧、普、南、徑、清作「即」。

一　七五八頁上二〇行第四字「釋」，諸本作「帝釋」。

一　七五八頁上末行第一三字「致」，資、磧、普、南、徑、清作「到」。

一　七五八頁中三行末字「躭」，磧、普、

南、徑、清作「夯」。
一 七五八頁中一六行「猶作」，資、磧、普、南、徑、清作「化作」。
一 七五八頁中末行「輕漂」，資、磧、普、南、徑、清作「輕慓」。
一 七五八頁下一八行「獸王」，資、磧、普、南、徑、清作「獸中王」。同行末字「我」，資、磧、普、南、徑、清作「我者」。
一 七五九頁中五行第八字「筐」，諸本作「筐篋」。
一 七五九頁中八行第九字「且」，資、磧、普、南、徑、清作「但」。
一 七五九頁中一五行第八字「沒」，資、磧、普、南、徑、清作「入」。
一 七五九頁中一七行第三字「逗」，南、徑、清作「惑」。
一 七五九頁中二〇行第一〇字「親」，資、磧、普、南、徑、清作「新」。
一 七五九頁中二二行末字「語」，資、磧、普、南、徑、清作「言」。
一 七五九頁下五行第七字「說」，資、磧、普、南、徑、清作「語」。
一 七五九頁下一三行「戰慓」，資、磧、普、南、徑、清作「戰慄」。
一 七五九頁下一九行「假說」，資、磧、普、南、徑、清作「暇說」。
一 七六〇頁上一行首字「猴」，資、磧、普、南、徑、清作「獼猴」。
一 七六〇頁上三行第五字「天」，諸本作「夫」。
一 七六〇頁上七行夾註左「水願」，資、磧、普、南、徑、清作「求願」。
一 七六〇頁上八行「果子」，資、磧、普、南、徑、清作「樹子」。
一 七六〇頁上一〇行首字「漸」，資、磧、普、南、徑、清作「漸漸」。
一 七六〇頁上一一行首字「美」，南、徑、清作「善」。
一 七六〇頁上一七行第二字「其」，資、磧、普、南、徑、清作「其樹」。
一 七六〇頁中一六行末字「尒」，資、磧、普、南、徑、清作「今」。
一 七六〇頁中一八行第一〇字「尒」，資、磧、普、南、徑、清無。
一 七六〇頁下六行「無智」，資、磧、普、南、徑、清作「無知」。
一 七六〇頁下九行「思忖」，資、磧、普、南、徑、清作「思惟」。
一 七六一頁上一三行「穴孔詐」，資、磧、普、南、徑、清作「孔穴作」。
一 七六一頁上一四行「暴雪寒風」，資、磧、普、南、徑、清作「雪寒嚴風」。
一 七六一頁上一八行「詐託」，資、磧、普、南、徑、清作「作詐」。
一 七六一頁上一九行第三字「兔」。資、磧、普、南、徑、清作「衆」。
一 七六一頁上二二行第三字「雀」，資、磧、普、南、徑、清作「雀妻」。同行「好果」，資、磧、普、南、徑、清作「美果」。
一 七六一頁中一三行第二字「療」，資、磧、普、南、徑、清作「即瘳」。
一 七六一頁中一四行第九字及一八行首字「療」，資、磧、普、南、徑、清作「瘳」。

一 七六一頁中一五行第一〇字「活」，資、磧、普、南、徑、清作「活於」。
一 七六一頁中二〇行「癖申」，資、磧、普、南、徑、清作「躄伸」。
一 七六一頁中二一行第三字「人」，資、磧、普、南、徑、清無。
一 七六二頁上四行「徐序」，磧、普、南、徑、清作「庠序」。
一 七六二頁上七行第五字及九行第九字「詐」，資、磧、普、南、徑、清作「讒」。
一 七六二頁上八行第一〇字「来」，資、磧、普、南、徑、清作「求」。
一 七六二頁中三行首字「亦」，資、磧、普、南、徑、清無。
一 七六二頁中一五行「策名」，資、磧、普、南、徑、清作「榮名」。
一 七六二頁中一九行「聚之」，資、磧、普、南、徑、清作「亟之」。
一 七六三頁上一八行首字「婆」，徑、清無。
一 七六三頁中七行「汝家」，磧、普、南、徑、清作「出家」。
一 七六三頁中一六行「阿羅漢」，資、磧、普、南、徑、清作「阿羅漢果」。
一 七六三頁中二一行第二字「令」，磧、普作「今」。
一 七六三頁下一九行「今我」，資、磧、普、南、徑、清作「我今」。
一 七六四頁上一二行「洽生」，諸本作「治生」。
一 七六四頁上二一行「似黄」，資、磧、普、南、徑、清作「黄衣」。
一 七六四頁中一行「薩薄」，資、磧、普、南、徑、清作「薩薄薩薄」。
一 七六四頁中三行「捲入」，資、磧、普、南、徑、清作「拳扠之入」。
一 七六四頁中一〇行末字「蹝」，資、磧、普、南、徑、清作「媿」。
一 七六四頁中一二行「力振」，資、磧、普、南、徑、清作「力膂」。
一 七六四頁下九行第一一字「舩」，磧、普、南、徑、清作「形」。
一 七六四頁下末行第二字「螢」，資、磧、普、南、徑、清作「蜇」。
一 七六五頁上四行末字「蚔」，資、磧、普、南、徑、清作「舐」。
一 七六五頁中一三行「刹帝利」，資、磧、普、南、徑、清作「刹利帝」。
一 七六五頁中一七行「山林」，資、磧、普、南、徑、清作「山河」。
一 七六五頁中二〇行第一一字「形」，資、磧、普、南、徑、清作「形勢」。
一 七六五頁下四行第八字「大」，諸本作「于」。
一 七六五頁下七行第八字「戓」，諸本無。同行第一一字「灑」，諸本作「灑水」。
一 七六六頁上一行第六字「開」，諸本作「閔」。同行第八字「牢」，資作「空」。
一 七六六頁上二行「憜慢媟」，資作「隋慢梢」；磧、普、南、徑、清作「梢慢梢」。

諸經要集卷第十七　西明寺沙門釋道世集　對

酒肉部第二十六　此有二緣
占相部第二十七

述意緣　飲酒緣
食肉緣

述意緣第一
夫酒為放逸之門大聖知其苦本所
以遠酣肆離酒緣弃醉朋近法友出
昏門入惺境肉是斷大慈之種大聖
知其殺因所以去腥臊淨身口噉蔬
菜懲心神招慈善感延年故俗禮記
云見其生不忍其死聞其聲不食其
肉斯亦不殺之義也若使噉食酒肉
之者即同畜生犲狼禽獸亦即具殺
一切眷屬食噉諸親及讎怨報歷劫
長夜無有窮已如婆沙論說有一女
人五百世害狼兒狼兒亦五百世害
其子又有女人五百世斷鬼命根鬼
亦五百世斷其命根故知經歷六道
備受怨報或經為師長或是父母或
兄弟或是姊妹或是兒孫或是朋



友今是凡身各無道眼不能分別還
相噉食不自覺知噉食之時此物有
靈即生瞋恨還成怨讎骨肉至親反
變成怨如是之事豈可不思暫爭舌
端一時少味永與怨親長為怨對可
為痛心難以言說是故涅槃經云一
切肉者悉斷及自死者猶斷何況不
自死者又楞伽經云為利殺衆生以
財網諸肉二業俱不善死墮叫呼獄
何謂以利網肉陸設罝罘水設網罟
此是以利網肉何謂以財網肉若於
屠殺人閒以錢買肉此是以財網肉
若令此人不以財網肉者習惡律儀
捕害衆生此人為當專自供口亦復
別有所擬若別有所擬向食肉者豈
無殺分何得云我不殺生此是灼然
違背經文斷大慈種障不見佛也
飲酒緣第二
述曰此之一教有權有實權則漸誘
之訓以輕脫重初開無犯據其障理
非無其過若約實教輕重俱禁始末
不犯是名持戒初據權說者故未曾
有經云尒時國王太子名曰祇陁聞



佛所說十善道法果報無窮長跪叉
手白佛言佛昔令我受持五戒今欲
還捨所以者何五戒法中酒戒難持
畏得罪故世尊告曰汝飲酒時為何
惡耶祇陁白佛國中豪強時時相率
賫持酒食共相娛樂以致歡樂自無
惡也何以故得酒念戒無放逸故是
故飲酒不行惡也佛言善哉善哉祇
陁汝今已得智慧方便若世閒人能
如汝者終身飲酒有何惡哉如是行
者乃應生福無有罪也若人飲酒不
起惡業歡喜心故不起煩惱善心因
緣受善果報如持五戒何有失乎飲
酒念戒益增其福先持五戒令受十
善功德倍勝十善報也
時波斯匿王白佛言世尊如佛所說
心歡喜時不起惡業名有漏善者是
事不然何以故人飲酒時心則歡喜
歡喜心故不起煩惱無煩惱故不行
惱害不害物故三業清淨清淨之道
即無漏業世尊憶念我昔遊行獵戲
忘將廚宰於深山中覺飢飲食左右
荅言王朝去時不被命勑令將廚宰

即時無食我聞是語走馬還宮教令索食王家廚監名修迦羅修迦羅言即無現食今方當作我時飢逼忿不思惟勑臣斬殺廚監臣被王教即共議言簡括國中唯此一人忠良直事令若殺者更無有能為王監廚稱王意者時末利夫人聞王教勑殺修迦羅情甚愛惜知王飢乏即令辦具好肉美酒沐浴名香莊嚴身體將諸妓女往至我所我見夫人裝束嚴麗將從妓女好酒肉來瞋心即歇何以故末利夫人持佛五戒斷酒不飲我心常恨今日忽然將酒肉來共相娛樂是釋情故即與夫人飲酒食肉作衆伎樂歡喜娛樂恚心即滅夫人知我忘失怒意即遣黃門輙傳我命令語外臣莫殺廚監即奉教旨我至明旦深自悔責愁憂不食顏色顦顇夫人問我何故憂愁為何患耶我言吾因昨日為飢火所逼瞋恚心故殺修迦羅自計國中更無有人堪監我廚如修迦羅者為是之故悔根愁耳夫人笑曰其人猶在願王莫愁我重問曰為實如是為戲言耶答言實在非戲言也我令左右喚廚監來使者往召須臾將來我大歡喜憂愁即除

王白佛言末利夫人持佛五戒月行六齋一日之中終身五戒已犯飲酒妄語二戒八齋戒中頓犯六戒此事云何所犯戒罪輕耶重耶世尊答曰如此犯戒得大功德無有罪也何以故為利益故如我前說夫人修善凡有二種一有漏善二無漏善末利夫人所犯戒者入有漏善不犯戒者名無漏善依語義者破戒修善名有漏善依義語者凡心所起善皆無漏業王白佛言如世尊說末利夫人飲酒破戒不起惡心而有功德無罪報者一切人民亦復皆然何以故我念近昔舍衛城中有諸豪族剎利王公因小諍競乃致大怨各各結謀興兵相伐兩家並是國親非可執錄紛紜鬬戰不從理諫深為憂之復自念言昔太子時共大臣提韋羅相忿情實不分意欲除滅因太后與酒飲已情和思惟是已即勑大臣令辦好酒及諸甘饍又使宣令國中豪族群臣士民悉皆令集欲有所論國中大事諸臣諍競兩徒眷屬各有五百應召來集於王殿上莊嚴大樂王勑忠臣辦琉璃椀椀受三升諸寶椀中盛滿好酒我於衆前先嚉一椀王曰今論國事想無異心今當人人辦此一椀甘露良藥然後論事咸言唯諾作唱大樂諸人得酒并聞音樂心中歡樂亡失饑恨因酒息諍而得太平此豈非是酒之功也竊見世間窮貧小人奴客婢使夷蠻之人或因節日或於酒店聚會飲酒歡樂心故不須人教各各起舞未得酒時都無是事是故當知人因飲酒則致歡樂心歡樂時不起惡念不起惡念則是善心善心因緣應受善報獼猴得酒尚能起舞況於世人如世尊說施善善報施惡惡報末利夫人皆由前身以好施人故令得好報世尊云何令持五戒月行六齋六齋之日不好莊嚴香華服飾作唱伎樂又復不聽附近夫智愛好之姿貌何所施徒去其功豈非苦也

佛告王曰：大王所難非不如是。末利夫人在年少時，若我不勑令受戒法，修智慧者，云何當有今日之德？以能得度，復度王身，如斯之功，復歸誰也。（此之巳上略明辯教）

述曰：此下第二約其實說，輕重不犯，真名持戒。故大聖知時量機，通塞通則開，禁隨時量前損益。如匿王欲殺厨監，太子欲害其父，此並因酒忘忿，得全身命，免其大罪，以輕脫重，不受累殃。然非無飲酒之各來報之罪，不得見有前開，遂即齊同，捴犯各須量其教意，復省巳身行德優劣，得預聖人，斯匿末利開禁，以不既不同，此即須依經緘毫勿犯，冀為殊勝。故四分律云：是我弟子者，乃至不以草頭滴酒入口，何況多飲。是故咽咽結提。

又成實論問云：飲酒是實罪耶？答曰：非也。所以者何？飲酒不為惱衆生故，而是罪因。若人飲酒，則開不善門，以能障定及諸善法，如殖衆果，必有牆障。故知酒過如果無園。

又優婆塞經云：若復有人樂飲酒者，是人現世喜失財物，身心多病，常樂鬪諍，惡名遠聞，喪失智慧，心無慚愧，得惡色力，常為一切之所呵責，人不樂見，不能修善，是名飲酒現世惡報。捨此身已，處在地獄，受飢渴等無量苦惱，是名後世惡業之果。若得人身，心常狂乱，不能繫念思惟善法，是一惡因緣力故，令一切外物資生悉皆具爛日損。

又長阿含經云：其飲酒者有六種失：一者失財，二者生病，三者鬪諍，四者惡名流布，五者恚怒暴生，六者智慧

又智度論云：飲酒有三十五過失。何等三十五？答曰：一現世財物虛竭，何以故？飲酒醉乱，心無節限，用費無度故。二衆病之門。三鬪諍之本。四裸露無恥。五醜名惡露，人所不敬。六無復智慧。七應所得物而不得，已所得物而散失。八伏匿之事盡向人說。九種種事業廢不成辦。十醉為愁本，何以故？醉中多失，惺則慚愧憂愁。十一身力轉少。十二身色壞。十三不知敬父。十四不知敬母。十五不敬沙門。十六不敬婆羅門。十七不敬叔伯及尊長，何以故？醉悶憒惱，無所別故。十八不尊敬佛。十九不敬法。二十不敬僧。二十一朋黨惡人。二十二踈遠賢善。二十三作破戒人。二十四無慚愧。二十五不守六情。二十六縱色放逸。二十七人所憎惡，不喜見之。二十八貴重親屬及諸知識所共擯棄。二十九行不善法。三十棄捨善法。三十一明人智士所不信用，何以故？酒放逸故。三十二遠離涅槃。三十三種狂癡因緣。三十四身壞命終，墮惡道泥梨中。三十五若得為人，所生之處常當狂癡。如是種種過失，是故不飲酒。

又沙弥尼戒經云：不得飲酒，不得嗜酒，不得嘗酒。酒有三十六失，失道破家，危身喪命，皆由之牽東引西。持南著北，不能諷經，不敬三尊，輕易師友，不孝父母，心閉意塞，世世愚癡。不值大道，其心無識。故不飲酒，欲離五陰、五欲、五蓋，得五神通，得度五道，故不飲酒。

又薩遮尼乾子經偈云：

飲酒多放逸　現世常愚癡　忘失一切事
常被智者訶　來世常闇鈍　多失諸功德
是故黠慧人　離諸飲酒失

又十住婆沙論問曰若有人捨施酒未知得罪以不答曰施者得福受者不得飲故論云是菩薩或時樂捨一切須食與食須飲與飲若以酒施應生是念今是行檀時隨所須與後當方便教使離酒得念智慧令不放逸何以故檀波羅蜜法悉滿人願在家菩薩以酒施者是則無罪

又梵網經云若自身手過酒器與人飲酒者五百世中無手何況自飲不得教一切人飲及一切衆生飲酒況自飲酒

又優婆塞五戒相經云佛在支提國跋陁羅婆提邑是處有惡龍名菴羅婆提陁凶暴害人無人得到其處象馬無能近者乃至諸鳥不得過上秋穀熟時並皆破滅時有長老莎伽陁羅漢比丘遊行支提國漸到跋陁羅婆提邑過是夜已晨朝著衣持鉢入村乞食時聞此邑有惡龍凶暴害人



鳥獸及破滅秋穀聞已乞食到菴婆提羅龍住處衆鳥樹下敷座具大坐龍聞衣氣即發瞋恚從身出煙長老莎伽陁即入三昧以神通力身亦出煙龍倍瞋恚身上出火莎伽陁復入火光三昧身亦出火龍復雨雹莎伽陁即變雹作糫僎餅髓餅等龍復放霹靂莎伽陁變作種種歡喜丸龍復雨弓箭刀矟莎伽陁即變作優鉢羅華波頭摩華等龍復雨毒蛇蜈蚣土虺蚰蜒莎伽陁即變作優鉢羅華瓔珞瞻蔔華瓔珞等如是等龍所有勢力盡現向莎伽陁皆不能勝即失威力光明莎伽陁知龍力盡不能復動即變作細身從龍兩耳入從兩眼出兩眼出已從鼻入從口中出在龍頭上往來經行不傷龍身尒時龍見如是事已心即大驚怖毛竪合掌向莎伽陁言我歸依汝莎伽陁荅言汝莫歸依我當歸依我師佛龍荅言我從今歸依三寶知我盡形作佛優婆塞是龍受三自歸作佛弟子已更不復作如先凶惡事諸人及鳥獸皆



得到所秋穀不傷名聲流布諸國皆知長老莎伽陁能降惡龍折伏令善因莎伽陁名聲流布諸人皆作食傳爭請之是中有一貧女人信敬請得莎伽陁是女為辦蘇乳糜食之女人念思惟是沙門噉是蘇乳糜或當冷發便取似水色酒持與莎伽陁莎伽陁不看便取飲已為說法便去過向寺中尒時酒勢便發近寺門邊不覺倒地僧伽梨衣漉水囊鉢杖等各在一處身在一處醉無所覺知佛與阿難行到是處見是比丘知而故問阿難此是何人荅言世尊此是長老莎伽陁佛即語阿難是處為我敷座辦水集僧阿難受教敷座辦水集僧已白佛言衆僧已集佛自知時佛即洗足問諸比丘汝等曾見聞有龍名菴婆羅提陁凶暴惡害先无有人到其住處乃至鳥獸無能到上秋穀熟時破滅諸穀莎伽陁能折伏令善鳥獸得到泉上下是中有見聞者言聞佛語諸比丘於汝意云何此善男子莎伽陁今能折伏蝦蟇不荅言不能佛

言聖人飲酒尚如是失何况凡夫如
諸經要集卷第十七　第十三張　對
是過罪皆由飲酒今從自後若言我
是佛弟子者不得飲酒乃至小草頭
一滴亦不得飲佛種種呵責飲酒過
失已依律因此比丘便制不飲酒戒
問曰未審天上有酒味不答曰無實
麴米所造之酒但有業化所作酒也
故正法念經云彼夜摩天男共天女
衆入池遊戲同飲天酒離於醉過現
樂功德味觸色香皆悉具足其中諸
天有以珠器而飲酒者受用蘇陁之
食色觸香味皆悉具足彼如是念此
水為酒令我得飲即於念時皆是天
酒離於醉過天既飲之增長勝樂善
業力故心生歡喜然彼諸天自業力
故如是受樂有鳥名為常樂見彼諸
天在歡喜河而飲酒故為說偈言
没入放逸海　貪著諸境界　此酒能迷心
何用復飲酒　為境界火燒　不知作不作
園林生貪心　何用復飲酒
彼常樂鳥見飲酒天在河飲酒為
調伏故如是說偈
又正法念經閻羅王責疏罪人說偈云

酒能乱人心　令人如羊等　不知作不作
諸經要集卷第十七　第十四張　對　晨
如是應捨酒　若酒醉之人　如死人無異
若欲常不死　彼人應捨酒　酒是諸過處
恒常不饒益　一切恶道階　黑闇所在處
飲酒到地獄　亦到餓鬼處　行於畜生業
是酒過所誑　酒為毒中毒　地獄中地獄
病中之大病　是智者所說　若人飲酒者
無因緣歡喜　無因緣而瞋　無因緣作恶
於佛所生癡　壞世出世事　燒解脫如火
所謂酒一法　若人能捨酒　正行於法戒
彼到第一處　無死無生處
問曰無病飲酒得罪有病開飲不答
曰依四分律實病餘藥治不差以酒
為藥者不犯
問曰開服幾許答曰依文殊師利問
經云若合藥醫師所說多藥相和少
酒多藥得用
又舍利弗問經云舍利弗白佛言云
何世尊說遮道法不得飲酒如莘薩
子是名破戒開放逸門云何迦蘭陁
竹園精舍有一比丘疾病經年危篤
將死時優波離問言汝須何藥我為
汝覓天上人間乃至十方是所應用

我皆為取答曰我所須藥是違毗尼
諸經要集卷第十七　第十五張　對
故我不覓以至於此寧盡身命無容
犯律優波離言汝藥是何答曰師言
須酒五升優波離白若為病開如來
所許為乞得酒服已消差差已懷慙
猶謂犯律往至佛所慇懃悔過佛為
說法聞已歡喜得羅漢道佛言酒有
多失開放逸門飲如莘薩子犯罪已
積若消病苦非先所斷
述曰不得見前文開寵通捴飲必須
實病重困臨終先用餘藥治皆不差
要須酒和得差者依前方開比見無
識之人身力強壯日別馳走不依衆
儀少有微患便長情貪不護道業妄
引經律云佛開種種湯藥名衣上服
施佛及僧因公傍私誑道俗是故
智人守戒　如命不敢犯之
是故薩遮尼乹子經偈云
酒為放逸根　不飲閉恶道　寧捨百千身
不毀犯法教　寧使身乾枯　終不飲此酒
假使毀犯戒　壽命滿百年　不如護禁戒
即時身磨滅　决定能使差　我猶故不飲
况令不定知　為差為不差　使是决定心

心生大歡喜（諸經要集卷第十七　第十六張　對）即獲見真諦　所患即消息
當知衆生所有病者皆由貪瞋我慢為因從因有果得此苦報非由不得藥酒病不得差故涅槃經云一切衆生有四毒箭則為病因何等為四一貪欲二瞋恚三愚癡四憍慢若有病因則有病生所謂愛熱肺病上氣吐逆膚體瘖瘂其心悶乱下痢噦噎小便淋瀝眼耳疼痛腹背脹滿顛狂乾消鬼魅所著如是種種身心諸病若識病本斷惡修善三世苦報永除不受若不觀理縱用天下藥酒所治其病轉增難可得差

又毗尼母經云尊者弥沙塞說曰莎提比丘小小因酒長養身命後出家已不得酒故四大不調諸比丘白佛佛言病者聽甕上嗅之若差不聽嗅不差者聽用酒洗身若復不差聽用酒和麵作餅食之若復不差聽酒中自漬

又新婆沙論云如契經說尊者舍利子於憍薩羅國住一林中時有活命出家外道亦住彼林隣近尊者去林不遠諸村邑中有時廣設四月節會（諸經要集卷第十七　第十七張　對）時彼外道巡諸村邑飽食猪肉恣情飲酒觸持殘者還至林中見舍利子坐一樹下酒所昏故起輕蔑心我今與彼雖俱出家我獨富樂而彼貧苦尋趣尊者作是頌曰

我已飽酒肉　復觸持餘來　地上草木山
皆視如金聚

時舍利子聞已念言此死外道都無慚愧乃能無賴說此伽陁我今亦應對彼說頌作是念已即說頌言

我常飽无相　恒住空定門　地上草木山
皆視如唾處

令此頌中尊者舍利子作師子吼說三解脫門謂於初句說無相解脫門於第二句說空解脫門於後二句說無願解脫門

食肉緣第三

述曰此之一教亦有權實言權教者據毗尼律中世尊初成道時為度麁惡凡夫未堪說細且於漸教之中說三種淨肉離見聞疑不為已殺鳥殘自死者開聽食之先麁後細漸令離過是別時之意不了之說若據實教（諸經要集卷第十七　第十八張　對）始從得道至涅槃夜大聖慇懃始終不開

又涅槃經云一切衆生聞其肉氣皆悉恐怖生畏死想水陸空行有命之類悉捨之走咸言此人是我等怨是故菩薩不習食肉為度衆生示現食肉雖現食之其實不食但諸衆生有執見者不解如來方便說意便即偏執毗尼局教言佛聽食三種淨肉亦謗我言如來自食彼愚癡人成大罪障長夜墮於無利益處亦不得見現在未來賢聖弟子况當得見諸佛如来大慧諸聲聞人等常所應食米麵油蜜等能生淨命非法貯畜非法受取我說不淨尚不聽食何况聽食肉血不淨耶非直食肉壞善障道乃至邪命諂曲以求自活亦是障道

又文殊師利問經云若為已殺不得噉若肉如林木已自腐爛欲食得食若欲噉肉者當說此呪

多姪他（此言如是）阿捺摩阿捺摩（此言無我無我）阿視婆多阿視婆多（此言無壽命無壽命）那舍那舍

隨呵隨呵（此言燒燒）婆帚婆帚（此言破破）僧柯（此言失失）栗多弭（此言有爲）莎呵（此言聚去）此呪三說乃得噉肉飯亦不食何以故若思惟飯不應食何況當噉肉佛告文殊師利以衆生無慈悲力懷殺害意爲此因緣故斷食肉若能不懷害心大慈悲心爲教化一切衆生故無有過罪

述曰此亦初教漸制已前故除爲已殺者不得噉食若自死腐爛如草木想且開食之等欲食者令誦呪生慙愧心然後開食若制斷已後一切雜肉無問自死鳥殘皆不得食如未曾有經開飲酒文殊問經開食肉等計此經等並是如来初成道時量衆生機不可頓斷頓制所以漸開漸制後知衆生根熟便則永斷永制纖毫不許若不抄出根元時有愚人偏讀此經即便縱犯不解開遮通塞有異所以摠錄漸頓之文知其本末之意庶令永斷開顯梵行也

問曰酒是和神之藥肉爲充肌之饍古今同味今獨何見鄙而不食若使佛教清禁居喪禮制即如對於嚴君勅賜俗食豈關僧過拒而不食耶答曰貪財喜色貞夫所鄙好饍嗜美廉士所惡割情從道前賢所歎抑欲崇德往哲同嗟況肉由殺命酒能乱神不食是理寧可爲非縱逢上抑終須嚴斷雖違君命還順佛心

問曰肉由害命斷之且然酒不損生何爲頓制若使無損計罪無過言非飲漿食飯亦應得罪而實不尒酒何偏斷答曰結戒隨事得罪據心肉體因害食之即罪酒性非損過由蔽神餘處生過過生由酒斷酒即除所以遮制不同非謂酒體是罪

問曰罪有遮性酒體生罪今有耐酒之人能飲不醉又不蔽神亦不生罪此人飲酒應不得罪斯則能飲无過不能招咎何開斷酒以成戒善可謂能飲耐酒常名持戒少飲即醉是大罪人答曰制戒防非本爲生善戒是止善身口無違緣中止息遮性兩斷乃名戒善今耐酒之人既不乱神未破餘戒實理非罪正以飲生罪因外違遮教緣中生犯仍名有罪以乖不飲猶非持戒

第一據實有損者依經食肉之人有十種過失第一明一切衆生無始已来皆是已親不合食肉故入楞伽經云我觀衆生輪迴五道同在生死共相生育遞爲父母兄弟姊妹若男若女中表內外六親眷屬或生餘道善道惡道常爲眷屬以是因緣我觀衆生更相噉肉無非親者由食肉味遞互相噉常生害心增長苦業流轉生死不得出離佛說是時諸惡羅刹聞佛所說悉捨惡心止不食肉遞相勸發菩薩之心護衆生命亦自護身離一切諸肉不食悲泣流淚白言世尊我聞佛說諦觀六道我所噉肉皆是我親乃知食肉衆生是我大怨斷大慈種長不善業是大苦本我從今日斷不食肉及我眷屬亦不聽食如来弟子有不食者我當晝夜親近擁護若食肉者我當與作大不饒益大慧羅刹惡鬼常食肉者聞我所說尚發慈心捨肉不食況我弟子行善法者

當聽食肉若食肉者當知即是衆生
大怨斷我聖種大慧若我弟子聞我
所說不諦觀察而食肉者當知即是
旃陀羅種非我弟子我非其師
第二明食肉衆生見者皆悉驚怖故
不應食如彼經說食肉之人衆生聞
氣悉皆驚怖逃走遠離是故菩薩修
如實行為化衆生不應食肉譬如旃
陀羅獵師屠兒捕魚鳥人一切行處
衆生遥見作如是念我今定死而此
來者是大惡人不識罪福斷衆生命
求現前利今來至此為覓我等今我
等身悉皆有肉是故今來我等定死
大慧由人食肉能令衆生見者皆生
如是驚怖大慧一切虛空地中衆生
見食肉者皆生恐怖而起疑念我於
今者為死為活如是惡人不修慈心
亦如豺狼遊行世間常覓肉食如牛
噉草蜣蜋逐糞不知飽足我身是肉
正是其食不應逢見即捨逃走離之
遠去如人畏懼羅剎無異
第三明食肉之人壞他信心是故不
應食肉也如彼經云若食肉者衆生

即失一切信心便言世間無可信者
斷於信根是故大慧菩薩為護衆生
信心一切諸肉悉不應食何以故世
間有人見食肉故謗毀三寶作如是
言於佛法中何處當有真實沙門婆
羅門修梵行者捨於聖人本所應食
食於衆生猶如羅剎斷我法輪絕滅
聖種一切皆由食肉者過是故大慧
我弟子者為護惡人毀謗三寶乃至
不應生念肉想何況食噉也
第四明慈心少欲行人不應食肉如
彼經說菩薩為求出離生死應當專
念慈悲之行少欲知足厭世間苦速
求解脫若捨憒閙就於空閑住屍陁
林阿蘭若處塚間樹下獨坐思惟觀
諸世間無一可樂妻子眷屬如枷鎖
想宮殿臺觀如牢獄想觀諸珎寶如
糞聚想見諸飲食如膿血想受諸飲
食如塗癰瘡想處得存命繫念聖道
不為貪味酒肉葱韮蒜薤臭味悉捨
不食若如是者是真修行堪受一切
人天供養若於世間不生厭離貪著
諸味酒肉熏辛皆便噉食不應受於

世間信施也
第五明食肉之人皆是過去曾作惡
羅剎由習氣故今故貪肉是故不應
食肉也如彼經說有諸衆生過去曾
修無量因緣有微善根得聞我法信
心出家在我法中過去曾作羅剎眷
屬虎狼師子猫狸中生雖在我法食
肉餘習見食肉者歡喜親近入諸城
邑聚落塔寺飲酒噉肉以為歡樂諸
天人觀如羅剎爭噉死屍等無有異
而不自知已失我衆成羅剎眷屬雖
服袈裟剃除鬚髮有命看見心生恐
怖如畏羅剎此明食肉皆是過去曾
作羅剎師子虎狼猫狸中來故應裁
斷也
第六明食肉之人學世呪術尚不得
成況出世法何由可證是故行者不
應食肉如彼經說世間邪見諸呪術
師若其食肉呪術不成為成邪術尚
不食肉況我弟子為求如來無上聖
道出世解脫修大慈悲精勤苦行猶
恐不得何處當有如是解脫為彼癡
人食肉而得其報是故大慧我諸弟

子為求出世解脫樂故不應食肉也

第七明衆生皆受身命與己無別是故行者不應食肉如彼經說食肉能起色力貪味人多貪著應當諦觀一切世間有身命者各自寶重畏於死苦護惜己身人畜無別寧當樂存疥野干身不能捨命受諸天樂何以故畏死苦故以是觀察死為大苦是可畏法自身畏死云何當殺而食他肉是故大慧欲食肉者先自念身次觀衆生不應食肉也

第八明食肉之人諸天賢聖皆悉遠離惡神恐怖是故行者不應食肉如彼經說夫食肉者諸天遠離何況聖人是故菩薩為見聖人當修慈悲不應食肉大慧食肉之人睡眠亦苦起時亦苦若於夢中見種種惡驚怖毛竪心常不安無慈心故乏諸善力若其獨在空閑之處多為非人而伺其便虎狼師子亦來伺求欲食其肉心常驚怖不得安隱也

第九明食肉之人淨者尚不應貪況不淨肉是故行者不應食肉如彼經說我說凡夫為求淨命噉於淨食尚應生心如子肉想何況聽食非聖人食聖人離者以肉能生無量諸過失故於出世一切功德云何言我聽諸弟子食諸肉血不淨等味言我聽者是則謗我故內律云食生肉血等得偷蘭遮罪

第十明食肉之人死則還生惡羅剎等中是故行者不應食肉如彼經說食肉衆生依於過去食肉熏故多生羅剎師子虎狼豺豹猫狸鵄梟鵰鷲鷹鷂等中有命之類各自護身不令得便受飢餓苦常生惡心念食他肉命終復墮惡道受生人身難得何況當有得涅槃道當知食肉有如是等無量諸過是故行者不食即是無量功德之聚也

又央掘摩經云文殊師利白佛言世尊因如來藏故諸佛不食肉耶佛言如是一切衆生无始生死生生輪轉無非父母兄弟姊妹猶如伎兒變易無常自肉他肉則是一肉是故諸佛悉不食肉復告文殊師利一切衆生界我界即是一界所食之肉即是一肉是故諸佛悉不食肉佛告文殊若自死牛牛主持皮用作革屣施持戒人為應受不不為受者是比丘法若受者非悲然不破戒以從展轉離殺因緣故也

又此經說衆生身內有八十萬戶虫若斷一衆生命即斷八十萬戶虫命若炙若煮若淹若暴皆有小虫飛蛾蠅蛆而附近之如是展轉傍殺無量生命雖不自手而殺然屠者不敢自食皆為食肉之人殺之故知食肉之人即兼有殺業之罪或有出家僧尼躬在伽藍共諸白衣公然聚會飲酒食肉熏辛雜穢汙染伽藍不愧尊顏如斯渾雜豈勝外道又尼羅浮陀地獄經云身如段肉無有識知此是何人皆由飲酒出家僧尼豈不深信經教心生重愧自棄正法同於外道若噉衆生父肉衆生亦噉父肉若噉衆生母肉衆生亦噉母肉如是姊兄弟妹男女六親並有相對怨怨相讎未可得脫

又沙弥尼戒經云不得殺生慈愍群生如父母念子如哀蠕動猶如赤子何謂不殺護身口意身不經人畜喘息之類手亦不為亦不教人見殺不食聞殺不食疑殺不食為我殺不食口不説言當殺當宮報怨亦不得言死快殺快其肉肥其肉瘦其肉多好其肉少恶意亦不念哀念衆生如已骨髓如父如母如子如是等无差別普等一心常志大乘

又賢愚經云佛告波斯匿王曰過去久遠阿僧祇劫此閻浮提有一大國名波羅奈於時國王名波羅摩達王將四種兵入山獵戲王到澤上馳逐禽獸單隻一乘獨到深林王時疲極下馬小休介時林中有牸師子懷欲心盛行求其偶困不能得值於林間見王獨坐婬意轉盛思欲從王近到其邊舉尾背住王知其意而自思惟此是猛獸力能殺我若不從意儻見危害王以怖畏故即從師子成欲事已師子還去諸兵群從已復來到王與人衆即還宮城介時師子從是懷

胎日月滿足便生一兒形盡似人唯足斑蘭師子憶識知是王有便銜擔來著於王前王亦思憶知是已兒収取養之以足斑駁字為斑足養之漸大雄才志猛父王崩亡斑足継治時斑足王有二夫人一是王種二是婆羅門種斑足出遊勸二夫人随我後往誰先到者當與一日極相娛樂其随後者吾不見之王去之後其二夫人極自莊飾嚴駕俱往到於道中見於天祠梵志種者下車作礼礼已後到王従本言而不前之於是夫人瞋怨天神由礼汝故使王見薄若有天力何不護我後壞天祠令平如地守天祠神悲惱至宮欲傷王宮天神遮不聽入有一仙人住止山中王恒供養日日食時飛来入宮不食餚饌粗食麁供偶值一日仙人不来天神知之化作其形坐於常處不肯就食欲得魚肉即如語辦食已還去明舊仙来為設肉食仙人瞋王王言大仙先日勅作今何不食仙人語言昨日有患一日不来是誰語汝但相輕試令

王是後十二年中恒食人肉作是語竟飛還山中是後厨監忘不辦肉臨時無計出外求肉見死小兒肥白在地念且權急即却頭足擔至厨中加諸美藥作食與王王得食之覺美倍常即問厨監由来食肉未有斯美此是何肉厨監惶怖腹拍王前若王原罪乃敢實説王荅之言但實説之不問汝罪厨監白王具述前報王言此肉甚美自今已後如是求辦厨監白王前者偶值死兒更求叵得王又語言汝但密取設令有覺斷處由我厨監受教夜恒密取得便殺之日日供王於時城中人民之類各各行哭云亡小兒展轉相問何由乃介諸臣聚議當試微伺即於街里處處安人見王厨監抄他小兒伺捕得之縛將詣王具以前事白王言是我所教諸臣懷恨各自外議王便是賊食我等子敢人之王云何共治當共除之去此禍害一切同心咸共齊謀一時同合即圍其王當取殺之王見兵集驚怖問言汝等何故而圍逼我諸臣荅言

夫為王者養民為事方駈子厨殺人為食不任苦酷故欲殺王王語諸臣自今已後更不復為唯見恕放當自改勵諸臣語曰終不相放不須多云時王聞已自知必死即語諸臣雖當殺我小緩須臾聽我一言即自立誓我身由来所脩善行為王正治供養仙人合集衆德迴令今日我得變成飛行羅刹其語已訖尋語而成即飛虚空告諸臣曰汝等合力欲強殺我賴我大幸復能自拔自今已後汝等好忍所愛妻兒我次第食語訖飛去止山林間飛行搏人擔以為食人民之類恐怖藏避如是之後殺噉多人諸羅刹輩附為羣從徒衆漸多所害轉廣後諸羅刹白班足王我等奉事為王願為一會王即許之當取諸王令滿五百與汝為會許之已訖一一往取閉著深山已得四百九十九王殘少一人後捕得須陁素弥大有高德從羅刹王乞得七日假假滿還来須陁素弥廣為說法分別殺罪及其惡報復說慈心不殺之福班足歡喜



敬戴為礼承用其教無復害心即放諸王各還本國須陁素弥即使兵衆還將班足安置本國前仙人立誓十二年滿自是已後更不噉人遂還覇王治民如舊尒時須陁素弥王者今我身是班足王者今央掘摩羅是時諸人十二年中為班足王所食噉者今此諸人央掘摩羅所殺者是此諸人等世世常為央掘所殺我亦世世降之以善央掘摩者指鬘比丘是時波斯匿王復白佛言指鬘比丘殺此人多食已得道當受報不佛告大王行必有報今此比丘在於房中地獄之火從毛孔出極患苦痛酸切叵言佛勑一比丘汝持户排往指鬘房刾户孔中比丘即往奉教為之排入户内尋自融消比丘驚愕還来白佛佛告比丘行報如是王及大會莫不信解

頌曰

財色與酒　名為三惑　目就喪家
君重亡國　内障大慈　辛遠淨德
懷道君子　斯織不欲

占相部第二十七　此有二緣



述意緣　觀相緣
歸信緣

述意緣第一

夫大教無私至德同感凡情業行造化殊方心境相乖苦樂報異如蠟印泥印成文現業相既分觀報可測故使在人畜以別響處胡漢以分形貴賤有尊卑之別聖凡有善惡之異也

觀相緣第二

如正見經云時佛會中有一比丘名曰正見雖入法服有疑念言佛說有後世生至於人死皆無相報何以知乎此問未發佛已預知佛告諸弟子辟如樹本以一核種四大包緼自致巨盛子葉莖節展轉變易遂成大樹樹復生果果復成樹歲月增益如是無數佛告諸弟子欲蹋集華實莖節更還作核可得以不諸弟子言不可得也彼已轉變日就朽敗核種復生如是無極轉生轉易終皆歸朽不可復還使成本核也佛告諸弟子生死亦如此本由癡出展轉合成十二因緣識神轉易隨行而使更有父母更

諸經要集卷第十七　第三十四張　對　悉

受形體不復識故不得還報譬如冶
家洋石作鐵鑄鐵為器成器可還使
作石乎正見荅言實不可成鐵為石
佛言識之轉徙住在中陰如石成鐵
轉受他體如鐵成器形消體易不得
復還故識稟受人身更有父母已有
父母便有六閇一住在中陰不得復
還二墮所受身胞內三初生迫痛忘
故識想四生墮地故所識念滅更起新
見想五已生便著食念故識念斷六
從生日長大習所新無復宿識佛言
諸弟子識神隨作善惡臨死隨行所
見非故身不可復還識故面相荅報
也未有道意无有淨眼身死識去隨
行變化轉受他體何得相報也譬如
月晦夜陰以五色物著冥暗中千万
億人不能視物若人把炬照之皆別
五色如愚癡人暗蔽惡道未得慧眼
往來相報如月晦夜欲視五色終不
得見若修經戒守攝其意如持炬火
別色譬如無手欲書無目欲視暗夜
貫針水中求火終不可得汝諸弟子
勤行經戒深思生死本從何來終歸

諸經要集卷第十七　第三十五張　對

何所得淨結除所疑自解正見聞已
歡喜奉行
阿育王太子法益壞目因緣經云六
道各有其相第一地獄相者
夫人根亢　流浪生死　漂滯馳騁
墮於五趣　彼終生此　皆有因緣
人根相貌　今為汝說　行步顛蹷
不自覺知　視瞻眩惑　恒喜多忘
舉動輕飄　浮遊曠野　此人乃從
活地獄來　支節煩痛　睡眠驚覺
夢悟凶惡　黑繩獄來　麁鬚庡眼
長齒喜瞋　聲濁暴疾　合會獄來
語聲高大　不知慚愧　喜闘喚聲
不別真偽　眠卧呻吟　夢數驚喚
當知此人　啼哭獄來　恒喜悲泣
登高望遠　好闘家人　無有親疎
言便致恚　經宿不食　此人本從
大啼哭來　身大脚細　筋力薄少
言語咽塞　聲如破甕　神識不定
心無孝順　當知此人　阿鼻獄來
身體麁醜　長苦寒戰　好熱喜渴
慳貪嫉妬　見人施惠　自生煩惱
此人乃從　熱地獄來　見火驚恐

諸經要集卷第十七　第三十六張　對

復喜煖熱　行步輕便　不避時宜
所作尋悔　復欲更施　此人復從
大熱獄來　小眼喜瞋　所受多忘
所造短狹　無廣大心　見大而懼
視小歡娛　此人乃從　優鉢獄來
赤眼醜形　常喜闘訟　誹謗賢聖
諸得道者　晝夜伺人　非法之行
當知此人　鉢頭獄來　眼規三角
不孝二親　生便短命　拘手獄來
好帶刀釰　强遮人闘　必為人殺
邪持獄來　身生瘡痍　口氣臭處
與人無親　曠地獄來　形體長大
行步劣弱　少髮薄皮　恒多病痛
見人則瞋　貪饕無猒　當知此人
從焰獄來　體白眼青　語便流沫
言無端緒　好弄塵土　見深游涅
身卧其上　此人乃從　灰地獄來
卷頭黃目　人所惡見　臨事惶怖
劒樹獄來　手恒執刀　鬪闘便喜
為刃所害　從刀獄來　體黑咽塞
喜止冥室　口出惡言　熱灰獄來
薄力少氣　不得自在　得失之宜
一不由已　設見屠殺　不離其側

諸經要集卷第十七　第三十七張　丗

當知此人　從剝獄來　瞋喜無常
尋知變悔　時能辞謝　不經日夜
懸責其心　如被刑罰　此人乃從
鉋地獄來　喜宿臭處　好食麁弊
所著醜陋　從屎獄來　顏色醜惡
口氣麁鑛　好譊鬪人　善香獄來
當觀此貌　所從來處　知之遠離
如避劫燒　地獄之相　略說如是

第二畜生相者

次說畜生　受形殊異　專心思察
無造彼緣　語言舒遲　不起瞋恚
譏効尊長　從象中來　身大臭穢
堪忍寒熱　健瞋難解　從駱駝來
遠行健食　不避險難　憶事識真
從馬中來　恩和寬仁　高聲無愧
所行無記　從牛中來　堪履寒熱
多所愛念　不別是非　從驢中來
長幼無畏　恒貪肉食　衆事不難
從師子來　身長眼圓　遊於曠野
憎嫉妻子　從虎中來　毛長眼小
少於瞋恚　不樂一處　從翁中來
性無反覆　喜殺害蠱　獨樂丘塚
從狐中來　少聲無健　無有婬欲

諸經要集卷第十七　第三十八張　丗

不愛妻子　從狼中來　不好妙服
伺捕姧非　少眠多怒　從狗中來
身短毛長　饒食睡眠　不喜淨處
從猪中來　毛黃卒暴　獨樂山陵
貪食花果　從獼猴來　多妻強顏
無所畏難　行知反復　從烏中來
情多色欲　少於分義　心無有記
從鴿中來　所行返戾　強辯耐辱
不孝父母　鸜鳩中來　亦不知法
復不知非　晝夜愚惑　從羊中來
好妾喜談　數親豪族　衆人所愛
鸚鵡中來　所行卒暴　樂人衆中
言語多煩　鸜鵒中來　行步舒緩
意有所規　多害生類　從鶴中來
體小好婬　意不專定　見色心惑
從雀中來　眼赤齒短　語便吐沫
臥則纏身　從蚖中來　語則瞋恚
不察來義　口出火毒　從鵄中來
獨處貪食　聲響喑呃　夜則少睡
從猫中來　穿墻竊盜　貪財健恐
亦無親踈　從鼠中來　深觀相貌
從畜生來

第三餓鬼相者

諸經要集卷第十七　第三十九張　丗

身長多懼　以鏁纏身　衣裳垢坋
從餓鬼來　淫泆慳貪　嫉彼所得
不好惠施　從餓鬼來　不孝父母
家室大小　動則諍訟　薄力少知
不信至誠　所行趣為　卒興瞋恚
從餓鬼來　聾壞響塞　恒乏財貨
食便好熱　從餓鬼來　從餓鬼來
空貧還陋　智者所嗤　永絕天路
門不事佛　不好聞法　兄弟姊妹
從餓鬼來　不教妻子　生則孤裸
人所憎嫉　從餓鬼來　不離宿緣
無人瞻視　終歸未受　所行醜陋
意志褊狹　不好榮飾　所作事煩
從餓鬼來　所為不獲　慼事喜敗
人所駈逐　從餓鬼來　從餓鬼來
不審根原　不受人諫　顏貌臭穢
不樂靜處　喜居廁溷　喜貪食肉
從風神來　身大喜好　健瞋合鬪
獨樂神祠　從閱叉來　從閱叉來
見物貪著　無有恵忘　如似所失
見者毛竪　直前熟視　顏色和悅
從羅剎來　體狹皮薄　意好輕飄
聞樂喜欣　乾沓和來

香熏自塗　多諸伎術　乾沓和來
恒喜歌舞　男女所傳　先語後笑
甄陁中來　情性柔耎　曉了時節
能斷漏結　真陁羅來　此餓鬼相
閱叉羅刹
第四修羅相者
圓眼面方　黃體金髮　盡備伎術
阿須倫來　直前視地　無有疑難
見怨輙擊　阿須倫來　此是須倫
略說其相
第五人相者
知趣所生　所執不忘　曉了事業
從人道來　解諸幻偽　已不為之
所作平等　從人道來　善惡之言
初不忘失　不信奸偽　從人道來
貪婬慳嫉　執心難捨　盡解方俗
從人道來　信意惠施　解法非法
心不偏彼　從人道來　不失時節
亦不懈怠　恭敬賢聖　從人道來
設見沙門　持戒多聞　至心承事
從人道來　供事諸佛　正法衆僧
隨時聞法　從人道來　聞法能知
聞惡不為　速還涅洹　從人道來

此是人相　粗說其貌
第六天相者
依須彌山　有五種天　本所造緣
其相不同　腰細腳麁　恒喜含笑
智者當察　從曲天來　意好微妙
少於資財　見鬪則懼　從尸天來
身長體白　顏色端正　不好火光
從婆天來　常懷悅豫　聞惡不慽
不從彼受　從樂天來　思惟忍苦
好分別義　慈孝父母　毗沙天來
宿不樂家　喜遊林藪　志念女色
從三天來　財寶雖多　生卑賤家
心樂清淨　從三天來　任己自行
所為不尅　望斷願達　從炎天來
意喜他婬　不守己妻　為鬼所使
他化天來　承事父母　恒法則義
已短彼受　兜率天來　非道求道
心無怯想　不樂在家　從梵天來
意願性質　恒貪睡眠　亦不解法
無想天來　六趣衆生　各有元本
性行不同　志操殊異

歸信緣第三

如那先比丘問佛經云時有彌蘭王問羅漢那先比丘言人在世間作惡至百歲臨欲死時念佛死後生天我不信是語復言殺一衆生死即入泥犁中我亦不信是也那先比丘問王如人持小石置在水上石浮耶沒耶王言其石沒也那先言如令持百枚大石置在船上其船沒不王言不沒那先言船中百枚大石因船故不得沒人雖有本惡一時念佛用是不入泥犁便生天上何不信耶其小石沒者如人作惡不知佛經死後便入泥犁何不信耶王言善哉善哉那先比丘言如兩人俱死一人生第七梵天一人生罽賓國此二人遠近雖異死則一時俱到如有一雙飛鳥一於高樹上止一於卑樹上止兩鳥一時俱飛其影俱到地耳那先比丘言如愚人作惡得殃大智人作惡得殃小辟如燒鐵在地一人知為燒鐵一人不知兩人俱取然不知者手爛大知者小壞作惡亦介愚者不能自悔故其殃得大智者作惡知不當為日自悔過故其殃少耳

又四品學經云凡俗之人或有不如畜生畜生或勝於人所以者何人作罪不止死入地獄罪畢始為餓鬼餓鬼罪畢轉為畜生畜生罪畢乃還為人以畜生中畢罪便得為人是故當勤作善奉三尊之教長離三惡道受天人福後長解脫

又四十二章經云佛言天下有五難貧窮布施難豪貴學道難制命不死難得覩佛經難生值佛世難

又雜譬喻經云有十八事於世甚難一值佛世難二正使值佛得為人難三正使成人在中國生難四正使在中國生種姓家難五正使在種姓家四支六情完具難六正使四支六情完具得財產難七正使得財產值善知識難八正使值善知識具智慧難九正使得智慧具善心難十正使得善心能布施難十一正使能布施欲得賢善有德人難十二正使得賢善值有德人往至其所難十三正使至其所得宜適難十四正使得宜適得受聽說難十五正使聽說得正解智



慧難十六正使得解能受深經難十七正使能受深經得如說修行難十八正使能受深經得如說修行得證聖果難是為十八事難

又罪業報應經偈云

水流不常滿　火盛不久然　日出須臾沒
月滿已復缺　尊榮豪貴者　無常復過是

故知人身難遇易失以易失故不須生著當知人身念念近死如牽豬羊詣於屠所故涅槃經云觀是壽命常為無量怨讎所遶念念損減無有增長猶如瀑水不得停住亦如朝露勢不久停如囚趣市步步近死又摩耶經偈云

譬如旃陀羅　駈牛就屠所　步步近死地
人命疾過是

又對迦經中說對迦婆羅門子白佛言在家白衣能修福德善根勝出家者是事云何佛言我於此中不定答出家或有不修善根則不如在家在家能修則勝出家（為判而言出家之人明解法多故勝在家者故說不如出家人也）

又三千威儀云出家人所作業務者



一者坐禪二者誦經法三者勸化衆事若具足作三業者是應出家人法若不行者徒生徒死唯有受罪之因

又百喻經云昔有一人事須火用及以冷水即便宿火以澡灌盛水置於火上後欲取火而火都滅欲取冷水而水復熱火及冷水二事俱失世間之人入佛法中出家求道既得出家還念妻子五欲之樂由是之故失其功德之火藂失持戒之水念欲之人亦復如是頌曰

善惡相異　聖凡道合　五陰雖同
六道爭法　占像觀色　各知先業
苦樂殊形　孰能止過

諸經要集卷第十七

癸卯歲高麗國

勑彫造

諸經要集卷第十七

校勘記

一　底本，麗藏本。

一　七六九頁上一行「卷第十七」，徑、清作「卷第十七上」。

一　七六九頁上三行夾註「此有三緣」，資、磧、普、南無。

一　七六九頁上四行「占相部第二十七」，徑、清無。

一　七六九頁上四行與五行之間，資、磧、普、南有「酒肉部第二十六」及夾註「此有三緣」。

一　七六九頁下一二行「善心」，諸本作「喜心」。

一　七六九頁下二一行「飲食」，諸本作「欲食」。

一　七七〇頁上一八行「悔責」，諸本作「責悔」。

一　七七〇頁中六行「六戒」，諸本作「二戒」。

一　七七〇頁中二二行第四字「除」，諸本作「誅」。

一　七七〇頁中末行第七字「大」，諸本作「忠」。

一　七七一頁上一一行第九字「各」，諸本作「咎」。

一　七七一頁中九行首字「具」，磧、普、南、徑、清作「敗」。

一　七七一頁中一四行第四字「論」，徑作「問」。

一　七七二頁上二行第九字及次頁中四行第一二字「闇」，資作「暗」。

一　七七二頁中八行末字「復」，諸本作「便」。

一　七七二頁中一六行第七字「入」，諸本作「入從鼻入已」。

一　七七二頁下二一行第九字「見」，諸本作「見者言見」。

一　七七三頁上二行「今從」，諸本作「從今」。

一　七七三頁上一一行第四字「珠」，諸本作「殊」。

一　七七三頁上二二行「如是說偈」，徑、清作「說如是偈」。

一　七七三頁下一行第一〇字「藥」，徑無。

一　七七三頁下末行第一一字「使」，磧、普、南、徑、清作「作」。

一　七七四頁上一行末字「息」，諸本作「除」。

一　七七四頁上二一行第一〇字「說」，諸本無。

一　七七四頁中一一行「頌作……說頌」八字，徑無。

一　七七四頁中一七行「解脫門」，至此，徑、清卷第十七上終，卷第十七下始。撰者後有「酒肉部第二十六之餘」。

一　七七四頁下一四行第九字「常」，清作「當」。

一　七七四頁下二〇行「如林木」，諸本作「林中」。

一　七七五頁中二一行第二字「善」，諸本作「惡」。

一　七七五頁下一〇行第一一字「食」，

諸本作「貪」。

一　七七六頁上一行「安生」，諸本作「衆生」。

一　七七六頁中一行「可信」，諸本作「所信」。

一　七七六頁中一九行第七字「處」，諸本作「趣」。

一　七七六頁中末行及次頁下一五行「熏辛」，諸本作「葷辛」。

一　七七六頁下一〇行第四字「如」，諸本作「猶如」。

一　七七六頁下一四行末字「栽」，磧、南、徑、清作「截」。

一　七七七頁上二二行第一三字「貪」，諸本作「食」。

一　七七七頁中四行首字「故」，諸本無。同行「出世」，徑作「世出」。

一　七七七頁中二〇行「生生」，諸本作「生死」。

一　七七七頁下五行第四字「悲」，諸本無。

一　七七七頁下九行第六字「淹」，資、磧、普、南、徑作「醃」；清作「掩」。

一　七七七頁下一一行首字「生」，諸本作「物」。

一　七七七頁下二二行末字「末」，資、磧、徑作「未」。

一　七七八頁上三行「不經」，諸本作「不輕」。

一　七七八頁上四行第七字「爲」，諸本作「殺」。

一　七七八頁上九行第一〇字「是」，諸本作「身」。

一　七七八頁上一七行第七字「困」，諸本作「因」。

一　七七八頁中二行「斑蘭」，磧、普、南、徑、清作「斒斕」。

一　七七八頁中三行至四行「收取養之」，諸本作「即收取養」。

一　七七八頁中七行第八字「勸」，諸本作「勑」。

一　七七八頁中九行首字「隨」，資、磧、普作「墮」。

一　七七八頁下一八行「白王言」，諸本作「白王王言」。

一　七七九頁上一行「子廚」，南、徑、清作「厨子」。

一　七七九頁中六行末字「時」，諸本作「爾時」。

一　七七九頁下五行第七字「乖」，諸本作「乘」。

一　七七九頁下一一行第四字「雖」，諸本作「新」。

一　七八〇頁上一行末字「治」，資、磧、南、徑、清作「治」。

一　七八〇頁上二行第二字「洋」，諸本作「鎔」。

一　七八〇頁上八行第三字及本頁中六行首字「墮」，諸本作「隨」。

一　七八〇頁中一七行第四字「恚」，諸本作「患」。

一　七八〇頁中末行第一〇字「火」，資、磧、普作「大」。

一　七八〇頁下一〇行第六字「遼」，諸本作「撩」。

一　七八〇頁下一八行首字「卷」，資

作「捲」。

一　七八〇頁下二〇行第五字「徙」，資、磧作「從」。

一　七八一頁上六行「麁鑛」，諸本作「麁獷」。

一　七八一頁中六行第一〇字「烏」，磧、普、徑作「鳥」。

一　七八一頁中一七行第六字「蚖」，諸本作「虵」。

一　七八一頁中一八行第一〇字「鳩」，諸本作「鴆」。

一　七八一頁下一行末字「坅」，資作「坌」。

一　七八一頁下一二行「未受」，諸本作「來處」。

一　七八一頁下一七行第三字「静」，諸本作「淨」。

一　七八二頁上九行「見恐輙擊」，諸本作「見恐輙繫」。

一　七八二頁上一八行第四字「彼」，南、徑、清作「頗」。

一　七八二頁上末行第六字「還」，諸本作「逮」。

一　七八二頁中一一行第九字「志」，南、徑、清作「忘」。

一　七八二頁中一二行第二字「三」，徑、清作「二」。

一　七八二頁中一四行第八字「達」，諸本作「違」。

一　七八二頁下一七行第七字「耳」，諸本作「耶」。

一　七八三頁上九行第一一字「制」，諸本作「判」。

一　七八三頁中一二行第四字「瀑」，諸本作「暴」。同行「朝霧」，諸本作「朝露」。

一　七八三頁中二一行夾註左「希故」，諸本作「稀故」。

一　七八三頁中二二行夾註右「故説」，諸本作「説」。同行夾註左「人也」，諸本作「之人也」。

一　七八三頁下末行「卷第十七」，徑、清作「卷第十七下」。

# 諸經要集卷第十八　對

西明寺沙門釋道世集

## 地獄部第二十八　此有八部

述意緣　會名緣
受報緣　時量緣
典主緣　王都緣
業因緣　誡勗緣

### 述意緣第一

夫擁其流者未若杜其源揚其湯者未若撲其火何者源出於水源未杜而水不窮火沸於湯火未撲而湯詎息故有杜源之客不擁流而自乾撲火之賓不揚湯而自止類斯而談可得詳矣如厭其果者未若拒其因怖其苦者豈若懲其惡因資於果因未絕而果不窮惡生於苦惡未懲而苦詎息故使絕因之士不厭果而自亡懲惡之賢不怖苦而自離凡百君子書其誡歟

### 會名緣第二

問曰云何名地獄耶答曰依立世阿毗曇論云梵名泥犁耶以無戲樂故



又無喜樂故又无行出故又無福德故又因不除離惡業故於中生復說此道於欲界中最為下劣名曰非道因是事故說地獄名泥犁耶如婆沙論中名不自在謂彼罪人為獄卒阿傍之所拘制不得自在故名地獄亦名不可愛樂故名地獄又地者底也謂下底萬物之中地最在下故名為底也獄其局也局謂拘局不得自在故名地獄又名泥犁者梵音此名无有謂彼獄中無有義利名无有也問曰地獄多種或在地下或處地上或居虛空何故並名地獄答曰舊翻地獄名狹處局不攝地空今依新翻經論梵本正音名那落迦或云捺落迦此揔攝人處苦集故名捺落迦又新婆沙論云問何故彼趣名捺落迦答彼諸有情無悅无愛無味无利無喜樂故名那落迦或有說者由彼先時造作增長增上暴惡身語意惡行往彼令彼相續故名捺落迦有說彼趣以顛墜故名捺落迦如有頌言

顛墜於地獄　足上頭歸下　由毀謗諸佛



樂脩苦行

有說捺落名人迦名為惡惡人生彼處故名捺落迦問何故最下大者名無間耶答彼處恒受苦受无喜樂間故名无間問餘地獄中豈有歌舞飲食受喜樂異熟故不名無間耶答餘地獄中雖无異熟喜樂而有等流喜樂如於施設論說等活地獄中有時涼風所吹血肉還生有時出聲唱等活彼諸有情欻然還活唯於如是血肉生時及還活時暫生喜樂間苦受故不名无間也

### 受報緣第三

如新婆沙論云問曰地獄在何處答曰多分在此贍部洲下云何安立有說從此洲下四萬踰繕那至無間地獄底无間地獄縱廣高下各二萬踰繕那次上一萬九千踰繕那中安立餘七地獄謂次上有極熱地獄次上有熱地獄次上有大嘷叫地獄次上有嘷叫地獄次上有衆合地獄次上有黑繩地獄次上有等活地獄此七地獄一一縱廣萬踰繕那次上餘有

一千踰繕那五百踰繕那是白墡五百踰繕那是泥有說從此泥下有無間地獄在於中央餘七地獄周迴圍遶如今聚落圍遶大城問曰若爾施設論說當云何通如說贍部洲同圍六千踰繕那三踰繕那半一一地獄其量廣大云何於此洲下得相容受答曰此贍部洲上尖下闊猶如穀聚故得容受由此經中說四大海漸入漸深又一一大地獄有十六增謂各有四門一一門外各有四增一煻煨增謂此增內煻煨沒膝二屍糞增謂此增內屍糞泥滿三鋒刃增謂此增內復有三種一刀刃路謂於此中仰布刀刃以為道路二劍葉林謂此林上純以銛利劍刃為葉三鐵刺林謂此林上有利鐵刺長十六指刀刃路等三種雖殊而鐵林同故此增攝四烈大河謂此增內有四大河熱鹹水并本地獄以為十七如是八大地獄并諸眷屬便有一百三十六所是故經說有一百三十六捺落迦故長阿含經云大地獄其數總八其八地獄

各有十六小地獄圍遶如四天下外有八万天下而圍遶八萬天下外復有大海海外復有大金剛山山外復有山亦名金剛（樓炭經云大鐵圍山）二山中間日月神天威光並不照八大地獄者一想二黑繩三堆壓四叫喚五大叫喚六燒炙七大燒炙八無間（樓炭及諸經名有不同者由翻有訛正大意並同）第一想地獄十六者其中衆生手生鐵爪遞相瞋忿以爪相爴爴手肉墮想以為死故名其想復次其中衆生懷毒害想手執刀劍遞相斫刺劇剝臠割身碎在地想謂為死冷風來吹復活起彼自想言我今已活之受罪已出想地獄惶惶求救不覺忽到黑沙地獄熱風暴起吹熱黑沙來著其身燒皮徹骨身中焰起迴旋周還身燒燋爛其罪未畢故使不死久受苦已出黑沙地獄到沸屎地獄有沸屎鐵丸自然滿前驅迫罪人使抱鐵丸燒其身手足復使撮著口中從咽至腹通徹下過無不燋爛有鐵嘴虫唼肉達髓苦毒無量受罪未畢復不肯死久受苦已出沸屎獄到

鐵釘地獄獄卒撲之偃熱鐵上舒展其身以釘釘手足周遍身體盡五百釘苦毒辛吟猶不復死久受苦已出鐵釘地獄到飢餓地獄即撲熱鐵上銷銅灌口從咽至腹通徹下過无不燋爛餘罪未盡猶復不死久受苦已出飢地獄到渴地獄即撲熱鐵上以鐵丸著其口中燒其脣口通徹下過無不燋爛苦毒啼哭久受苦已出渴地獄到一銅鍑地獄獄卒怒目捉罪人足倒捉鍑中隨湯涌沸上下迴旋身壞爛熟萬苦並至故令猶不死久受苦已出一銅鍑獄至多銅鍑地獄捉罪人足倒捉鍑中隨湯涌沸上下迴旋舉身爛壞以鐵鉤取置餘鍑中悲叫苦毒故使不死久受苦已出多銅鍑獄至石磨地獄捉彼罪人撲熱石上舒展手足以大熱石壓其身上迴轉揩磨骨肉糜碎苦毒切痛故使不死久受苦已出石磨獄至膿血地獄膿血沸涌罪人於中東西馳走湯其身體頭面爛壞又取膿血食之通徹下過苦毒難忍故令不死久受苦

巳乃出膿血獄至量火地獄有大火聚其火焰熾駈迫罪人手把熱鐵丹以量火聚遍燒身體苦毒熱痛吟呻號哭故令不死久受苦巳出量火獄到灰河地獄縱廣深淺各五百由旬灰湯涌沸惡氣蓬㶿迴波相博聲響可畏從底至上鐵刺縱横其河岸上有劒樹林枝葉華實皆是刀劒罪人入河隨波上下迴覆沉沒鐵刺刺身内外通徹膿血流出苦痛萬端故令不死乃出灰河至彼岸上到劒割刺身體傷壞復有豺狼來嚙罪人生食其肉走上劒樹劒刃下向下劒樹時劒刃上向手攀手絶足蹈足斷皮肉墮落唯有白骨筋脉相連時劒樹上有鐵嘴烏啄頭食腦苦毒號叫故使不死還入灰河隨波流沒鐵刺刺身苦毒萬端皮肉爛壞膿血流出唯有白骨浮漂於外冷風來吹尋便起立宿對所牽不覺忽至鐵丸地獄有熱鐵丸獄鬼駈捉走手足爛壞舉身火然萬毒並至故令不死久受苦巳乃出鐵丸獄至斤斧地獄捉此罪人撲



熱鐵上以熱鐵斤斧斫其手足耳鼻身體苦毒號叫猶復不死久受罪巳出斤斧獄至犲狼地獄有群犲狼競來齧𪘲肉墮骨傷膿血流出苦痛萬端故令不死久受苦巳乃出犲狼獄至劒樹地獄入彼劒林有暴風起吹劒樹葉墮其身上頭面身體無不傷壞有鐵嘴烏啄其兩目苦痛悲號故使不死久受苦巳乃出劒樹獄至寒冰獄有大寒風吹其身上舉體凍傷皮肉墮落苦毒叫喚然後命終身為不善口意亦然斯墮想地獄懷懼毛竪

第二黑繩大地獄有十六小地獄周帀圍遶各縱廣五百由旬何故名黑繩其諸獄卒捉彼罪人撲熱鐵上舒展其身以熱鐵繩拼之使直熱鐵斧逐繩道斫罪人作百千段復次以鐵繩拼鋸解之復次懸熱鐵繩交横無數駈迫罪人使行繩閒惡風暴起吹諸鐵繩歷絡其身燒皮徹肉燋骨沸髓苦毒万端餘罪未畢故使不死故名黑繩久受苦巳乃出黑繩至黑沙



地獄乃至寒氷地獄然後命終不可具述餘十六地獄受苦痛事准前同法然受苦加重由惡意向父母佛及聲聞即墮黑繩地獄苦痛不可稱計

第三堆壓大地獄亦有十六小地獄圍遶各縱廣五百由旬何故名堆壓有大石山兩兩相對人入其中山自然合堆壓其身骨肉糜碎山還故處苦毒萬端故使不死復有大鐵象舉身火然嘷呼而來蹴蹹罪人婉轉其上身體糜碎膿血流出號咷悲叫故使不死復捉罪人卧大石上以大石壓復取罪人卧地鐵杵擣之從足至頭皮肉糜碎膿血流出萬毒並至餘罪未畢故令不死故名堆壓久受苦巳乃出堆壓地獄到黑沙地獄乃至寒氷地獄然後命終但造三惡業不修三善行即墮堆壓地獄苦痛不可稱計

第四叫喚大地獄亦有十六小地獄圍遶各縱廣五百由旬何故名叫喚地獄獄卒捉罪人擲大鑊中又置大鐵鍑中熱湯涌沸煑彼罪人號咷叫

喚苦痛辛酸又取彼罪人擲大鑊上反覆煎熬久受苦已乃出叫喚至黑沙地獄乃至寒氷地獄尒乃命終由瞋恚懷毒造諸行惡故墮叫喚地獄

第五大叫喚地獄亦有十六小地獄圍遶（大小同前）何故名大叫喚地獄取彼罪人著大鐵釜中又置鐵鑊中熱湯涌沸煑彼罪人又擲大鐵鏊上反覆煎熬䶢咷大叫苦痛辛酸餘罪未畢故使不死名大叫喚久受苦已出大叫喚乃至寒氷地獄尒乃命終由習衆邪見為愛網所牽造畢陋行墮大叫喚地獄

第六燒炙地獄亦有十六小地獄圍遶（大小同前）何故名燒炙將諸罪人置鐵城中其城火然內外俱赤燒炙罪人又著鐵樓上其樓火然內外俱赤又擲著大鐵陶中其陶火然內外俱赤燒炙罪人皮肉燋爛萬毒並至餘罪未畢故使不死故名燒炙久受苦已出燒炙地獄乃至寒氷地獄然後命終為燒炙衆生故墮燒炙地獄長夜受此燒炙苦痛



第七大燒炙地獄亦有十六小地獄圍遶（大小同前）何故名大燒炙地獄謂將諸罪人置鐵城中其城火然內外俱赤燒炙罪人皮肉燋爛萬毒並至有大火坑火焰熾盛其坑兩岸有大火山捉彼罪人貫鐵叉上豎著火中熏炙燒炙皮肉燋爛餘罪未畢故使不死久受苦已出大燒炙乃至寒氷尒乃命終由捨善業為衆惡行故墮大燒炙地獄

第八無間地獄亦有十六小地獄圍遶（大小同前）云何名阿鼻地獄此云無間地獄何名無間獄卒捉彼罪人剝取其皮從足至頂即以其皮纏罪人身著火車輪碾熱鐵地周行往返身體碎爛皮肉墮落萬毒並至故使不死又有鐵城四面火起東焰至西西焰至東南北上下亦復如是焰熾迴遑間无空處東西馳走燒炙其身皮肉燋爛苦痛辛酸萬毒並至罪人在中久乃開門其諸罪人奔走往趣身諸支節皆火焰出走欲至門門自然閉餘罪未畢故使不死又其中罪人舉目



所見但見惡色耳聞惡聲鼻聞臭氣身觸苦痛意念惡法彈指之頃無不苦時故名無間地獄久受苦已從無間出乃至寒氷地獄尒乃命終為重罪行生惡趣業故墮無間地獄受罪不可稱計名八大地獄各歷十六受罪如前

又觀佛三昧海經云阿鼻地獄者縱廣正等八千由旬七重鐵城七層鐵網有十八隔周帀七重皆是刀林復有七重劒樹四角有四大銅狗廣長四十由旬眼如掣電牙如劒樹齒如刀山舌如鐵刺一切身毛皆然猛火其煙惡臭有十八獄卒口如夜叉六十四眼散迸鐵丸狗牙上出高四由旬牙端火流燒前鐵車輪輞出火鋒刀劒戟燒阿鼻城赤如融銅獄卒八頭六十角角頭火然火變成鋌復成刀輪輪輪相次在火焰間滿阿鼻城城內有七鐵幢火涌如沸鐵流融迸涌出四門上有十八釜沸銅涌湯滿於城中一一隔門有八万四千鐵蟒大虵吐毒火中身滿城內其虵哮吼

諸經要集卷第十八 第十三張 對

如天震雷雨大鐵丸五百夜叉五百億蟲八万四千嘴頭上火流如雨而下滿阿鼻城此蟲若下猛火大熾照八万四千由旬獄上衝大海水沃燋山下貫大海底形如車軸若有殺父害母罵辱六親命終之時銅狗化十八車狀如寶蓋一切火焰化為玉女罪人遥見心喜欲往風刀解時寒急作聲寧得好火安車上然火自暴即便命終坐金車上瞻玉女者皆捉鐵斧斬截其身屈申臂頃直落阿鼻從上隔下如旋火輪至於下隔身遍隔內銅狗大吼嚙骨唼髓獄卒羅剎捉大鐵叉叉頭令起遍體火焰滿阿鼻獄閻羅王大聲告勅曰癡人獄種汝在世時不孝父母邪慢无道汝今生處名阿鼻獄如是展轉經歷大苦說不可盡地獄一日一夜受罪如閻浮提六十小劫如是一大劫具五逆者受罪五劫復有衆生犯四重禁虛食信施誹謗邪見不識因果斷學般若毀十方佛偷僧祇物婬泆無道逼掠淨戒尼姊妹親戚造衆惡事此人罪

諸經要集卷第十八 第十四張 對

報臨命終時此等罪人經八万四千大劫復入東方十八隔中如前受苦南西北方亦復如是身滿阿鼻獄四支復滿十八隔中阿鼻地獄有十八小地獄小地獄中各有十八寒氷地獄十八黑暗地獄十八小熱地獄十八刀輪地獄十八劍輪地獄十八火車地獄十八沸屎地獄十八鑊湯地獄十八灰河地獄五百億劍林地獄五百億刺林地獄五百億銅柱地獄五百億鐵機地獄五百億鐵網地獄十八鐵窟地獄十八鐵丸地獄十八尖石地獄十八飲銅地獄如是阿鼻大地獄中有此十八地獄一一獄中別有十八隔小地獄始從寒氷乃至飲銅惣有一百四十二隔地獄各有造業不同然共歷此獄受苦皆遍又起世經云佛告諸比丘阿毗至大地獄中亦有十六諸小地獄而為眷屬以自圍遶各廣五百由旬所有衆生有生者出者住者惡業果故自然出生諸守獄卒各以兩手執彼衆生身撲置熾然熱鐵地上火焰直上一向

諸經要集卷第十八 第十五張 對

猛盛覆面於地便持利刀從脚踝上破出其筋手捉挽之乃至項筋皆相連引貫徹心髓痛苦難論如是挽已令駕鐵車馳奔而走其車甚熱光焰熾然所行之處純是洞然熱鐵險道去已復去隨獄卒意無暫時停歇向何方稱意即去隨所去處獄卒挽之未曾捨離隨所經歷銷爍罪人身諸肉血無復遺餘往昔人非人時所作業者一切悉受以不善報故從於東方有大火聚忽尒出生熾然赤色極大猛焰一向焰赫南西北方四維上下各各如是諸大火聚之所圍遶漸漸逼近受諸苦痛從於東壁出大火焰直射西壁到已而住從於西壁出大火光焰直射北壁從於北壁出大火光焰直射南壁從下射上自上射下縱橫相接上下交射熱光赫奕騰焰相衝尒時獄卒以諸罪人擲置六種大火聚內乃至受於極嚴切苦命亦未終彼不善業未畢未盡於其中間具足而受此阿毗至大地獄中諸衆生等以諸不善業果報故經無量時

長遠道中受諸苦已地獄四門還復更開於門開時諸衆生等聞聲見開向門而走作如是念我等今者必應得脱彼人如是大馳走時其身轉復熾然猛烈譬如壯夫執乾草炬逆風而走彼炬既然轉復熾盛彼諸衆生走已復走彼人身分轉更熾然欲舉足時肉血俱散欲下足時肉血還生乃到獄門其門還閉既不得出其心悶乱覆面倒地遍燒身皮次燒其肉復燒其骨乃至徹髓煙焰洞然其煙蓬教其焰炎赫煙焰相雜熱惱復倍彼人於中受極嚴苦惡業未滅一切悉受此阿毗至大地獄中於一切時無有須臾暫受安樂如彈指頃如是次第具受此苦



世尊告諸比丘作如是言汝應當知彼世中間別有十地獄何等為十一頞浮陀地獄二涅羅浮陀地獄三阿呼地獄四呼呼婆地獄五阿吒吒地獄六搔揵提迦地獄七優鉢羅地獄八波頭摩地獄九奔茶梨地獄十拘牟陁地獄

何因何緣名頞浮陀地獄耶此諸衆生所有身形猶如泡沫是故名為頞浮陀地獄



復何因緣名涅羅浮陀地獄此諸衆生所有身形譬如肉叚是故名涅羅浮陀地獄

復何因緣名阿呼地獄此諸衆生受嚴切苦逼迫之時叫喚而言阿呼阿呼甚大苦也是故名為阿呼地獄

復何因緣名呼呼婆地獄此諸衆生為彼地獄極苦逼時叫喚而言呼呼婆呼呼婆是故名為呼呼婆地獄

復何因緣名阿吒吒地獄此諸衆生以極苦惱逼切其身但得唱言阿吒吒阿吒吒然其舌聲不能出口是故名為阿吒吒地獄

復何因緣名搔揵提迦地獄此諸衆生地獄之中猛火焰色如搔揵提迦華是故名為搔揵提迦地獄

復何因緣名優鉢羅地獄此諸衆生地獄之中猛火焰色如優鉢羅華是故名為優鉢羅地獄

復何因緣名拘牟陁地獄此諸衆生地獄之中猛火焰色如拘牟陁華是故名為拘牟陁地獄



復何因緣名奔茶梨地獄此諸衆生地獄之中猛火焰色如奔茶梨迦華是故名為奔茶梨迦地獄

復何因緣名波頭摩地獄此諸衆生地獄之中猛火焰色如波頭摩華是故名波頭摩地獄

又立世阿毗曇論云世尊說有大地獄名曰黒闇各各世界外邊悉有皆無覆蓋此中衆生自舉手眼不能見雖復日月具大威神所有光明不照彼色諸佛出世大光遍照因此光明乃得相見住在兩兩世界鐵輪外邊名曰界外是寒氷地獄於兩山間有十名一名頞浮陀乃至第十名波頭摩彼中衆生傍行作向上想猶如守官鐵輪外邊恒作傍行是其身量如頻多大因冷風觸其身圻破辟如熟瓜如竹葦林致大火燒爆聲吒吒如是衆生被寒風觸骨破爆聲吒吒遠徹因是聲故乃得相知或往來相觸故乃得相知有諸衆生此中受生若有

衆生於此間死多往生此寒氷地獄
在鐵輪外若餘世界有衆生死應生
寒氷地獄多彼世界鐵輪外生兩界
中間其處狹處八万由旬在下无底
向上無覆其處廣處十六萬由旬

時量緣第四

如起世經云佛言如憍薩羅國斛量
胡麻滿二十斛高戚不緊有一丈夫
滿百年已取一胡麻如是次第滿百
年已復取一粒擲置餘處擲滿二十
斛胡麻盡已尒所時節我說其壽猶
未畢盡且以此數略而計之名一頞
浮陀壽如是二十頞浮陀壽為一泥
羅浮陀壽二十泥羅浮陀壽為一阿
呼壽二十阿呼壽為一呼呼婆壽二
十呼呼婆壽為一阿吒吒壽二十阿
吒吒壽為一搔揵提迦壽二十搔揵
提迦壽為一優鉢羅壽二十優鉢羅
壽為一拘牟陀壽二十拘牟陀壽為
一奔茶梨迦壽二十奔茶梨迦壽為
一波頭摩壽二十波頭摩壽為一中劫
又鄣先比丘問佛經云如世間火不
如泥犁中火熱如持小石者世間火



中至暮不消取大石著泥犁火中即
消亦如有人作惡死在泥犁中數千
萬歲其人不死亦如大蟒蛟龍等以
沙石為食即消如人懷胎腹中有子
不消此並由善惡業力致使消與不
消如人所作善惡隨人如影隨身人
死但去其身不去其行辟如然火夜
書火滅字在火至後成今世所作行
後世成之
又如鉢頭摩地獄中大焰熾盛罪人
去此火一百由旬火已燒炙若去六
十由旬罪人兩耳已聾無所聞知若
去火五十由旬其罪人兩目已盲無
所復見如瞿波利比丘已懷惡心謗
舍利弗目揵連身壞命終墮此鉢頭
摩地獄中
又如起世經云波頭摩地獄所住之
處若諸衆生離其處所一百由旬便
為彼獄火焰所及若離五十由旬所
住衆生為彼火熏皆盲無眼若離二
十五由旬所住衆生身之肉血燋然
破散謂於梵行出家人邊生垢濁心
故損惱心故毒惡心故不利益心故



無慈心故無淨心故自受斯殃是故
於一切梵行人所起慈身口意業常
受安樂

典主緣第五

如問地獄經及淨度三昧經云惣括
地獄有一百三十四界先述獄主名
字處所閻羅王者昔為毗沙國王經
與維陀始生王共戰兵力不敵因立
誓願願為地獄主臣佐十八人領百
万之衆頭有角耳皆悉忿對同立誓
曰後當奉助治此罪人毗沙王者今
閻羅王是十八大臣者今諸小王是
百萬之衆諸阿傍是問地獄經云十
八王者即主領十八地獄一迦典泥
犁二屈遵典刀山三沸進壽典沸沙
四沸典沸屎五迦世典黑耳六嗑傞
典火車七湯謂典鑊湯八鐵迦然典
鐵牀九惡生典嗑山十寒氷（經闕王名）十一
毗迦典剝皮十二遙頭典畜生十三
提薄典刀兵十四夷火典鐵磨十五
悅頭典氷地獄十六鐵笄（經闕王名）十七身
典蛆蟲十八觀身典洋銅
又淨度三昧經云復有三十地獄各

有主典不煩具錄但列五官名字知一者鮮官禁殺二者水官禁盜三者鐵官禁婬四者土官禁兩舌五者天官禁酒

王都緣第六

如起世經云當閻浮洲南二鐵圍山外有閻摩王宮殿住處縱廣正等六十由旬七重墻壁七重欄楯七重鈴網其外七重多羅行樹周帀圍繞雜色可觀七寶所成於其四方各有諸門一一諸門皆有却敵樓櫓臺殿園菀華池有種種樹美果弥滿香風遠熏衆鳥和鳴王以惡業不善果故於夜三時及晝三時自然有赤融銅汁在前出生其王宮殿即變為鐵五欲功德皆沒不現王見此已怖畏不安諸毛皆竪即便出外若在宮外即走入內時守獄者取閻摩王高舉撲之置熱鐵地上其地熾然極大猛盛光焰炎赫撲令卧已即以鐵鉗開張其口以融銅汁寫置口中時閻摩王被燒脣口次燒其舌後燒咽喉復燒大腸及小腸等次第燋然從下而出尒時彼王作如是念一切衆生以於往昔身作惡行口作惡行意作惡行并餘衆生同作業者皆受此苦願我從今捨此身已更得身時俱於人間相逢受生於如来法中當得信解鬄除鬚髮著袈裟衣得正信解從家出家既出家已自得通證生死已盡梵行已立所應作者皆已作訖更不復於後世受生發如是等熏習善念即於所住宮殿還成七寶猶如諸天五欲功德現前具足以三業善便得快樂如長阿含經王亦三時受苦大意亦同此經也

又新婆沙論問諸地獄卒為是有情數為是非有情數耶荅若以鉀鏁繫縛初生地獄有情往琰摩王所者是有情數若以種種苦具於地獄中害有情者是非有情數贍部洲下有大地獄贍部洲上亦有邊地獄及獨地獄或在谷中或在山上或在曠野或在空中於餘三洲唯有邊地獄獨地獄無大地獄所以者何唯贍部洲人造善猛利彼作惡亦復猛利非餘洲故有說北拘盧洲亦無邊地獄等是受純淨業果處故問若餘洲無大地獄者彼諸有情造無間業斷善根等當於何處受異熟耶荅即於此贍部洲下大地獄受問地獄有情其形云何荅其形如人問語言云何荅彼初生時皆作聖語後受苦時雖出種種受苦痛聲乃至無有一言可了唯有斫刺破烈之聲

業因緣第七

如罪業報應教化地獄經云尒時信相菩薩為諸衆生而作發起白佛言世尊今有受罪衆生為諸獄卒剉碓斬身從頭至足乃至其頂斬之已訖巧風吹活而復斬之何罪所致佛言以前世時坐不信三尊不孝父母屠兒魁膾斬截衆生故獲斯罪

第二復有衆生身體煩痺眉鬚墮落舉身烘爛鳥栖鹿宿人跡永絶沾汙親族人不喜見名之癩病何罪所致佛言以前世時坐不信三尊不孝父母破壞塔寺剝脫道人斫射賢聖傷害師長常無返復背恩忘義常巧苟且婬匿尊卑無所忌諱故獲斯罪

諸經要集卷第十八　第二十五張　對

第三復有衆生身體長大聾騃無足宛轉腹行唯食泥土以自活命為諸小虫之所唼食常受此苦不可堪處何罪所致佛言以前世時坐為人自用不信好言善語不孝父母反戾時君若為帝王大臣四鎮方伯州郡令長官挾智護恃其威勢侵奪民物無有道理使苦燋悴呼嗟而行故獲斯罪

第四復有衆生兩目盲瞎都無所見或觝樹木或墮溝坑於時死已更復受身亦復如是何罪所致佛言以前世時坐不信罪福障佛光明縫鷹眼合籠繫衆生皮囊盛頭不得所見故獲斯罪

第五復有衆生瘂吃瘖瘂口不能言若有所說閉目舉手口不言了何罪所致佛言以前世時坐誹謗三尊輕毀聖道論他好醜求人長短強誣良善憎嫉賢人故獲斯罪

第六復有衆生腹大項細不能下食若有所食變為膿血何罪所致佛言以前世時偷盜僧食或為大會福食屛處偷噉慳惜己物但貪他財常行惡心與人毒藥氣息不通故獲斯罪

諸經要集卷第十八　第二十六張　對

第七復有衆生常為獄卒熱燒鐵釘釘入百節骨頭釘之已訖自然火生焚燒身體悉皆燋爛何罪所致佛言以前世時坐為針灸醫師針人身體不能差病誑他取財徒憂苦痛令他苦惱故獲斯罪

第八復有衆生常在鑊湯中為牛頭阿傍以三股鐵叉叉人內著鑊湯中煑之令爛還復吹活而復煑之何罪所致佛言以前世時信邪倒見祠祀鬼神屠殺衆生湯灌滅毛鑊湯煑煎不可限量故獲斯罪

第九復有衆生常在火城中熗煨齊心四門俱開若欲趣門門即閉之東西馳走不能自免為火燒盡何罪所致佛言以前世時坐焚燒山澤火煨雞子燒煑衆生身爛皮剝故獲斯罪

第十復有衆生常在雪山中寒風所吹皮肉剝裂求死不得何罪所致佛言以前世時坐橫道作賊剝脫人衣使冬月之日令他凍死生剝牛羊痛不可堪故獲斯罪

諸經要集卷第十八　第二十七張　對

第十一復有衆生常在刀山劍樹之上若有所捉即便割傷枝節斷壞何罪所致佛言以前世時坐屠殺為業烹宰衆生屠割剝裂骨肉分離頭脚星散懸於高格稱量而賣或復生懸衆生苦痛難處故受斯罪

第十二復有衆生五根不具何罪所致佛言以前世時坐飛鷹走狗彈射禽獸或斷其頭或斷其足生拔鳥翼故獲斯罪

第十三復有衆生攣躄背僂腰髖不隨脚跛手拘不能行涉何罪所致佛言以前世時坐為人野田行道安擒或安射窠施張羂弶陷墜衆生頭破脚折傷損非一故獲斯罪

第十四復有衆生常為獄卒枉桔其身不得免脫何罪所致佛言以前世時坐網捕衆生籠繫人畜飢窮困苦怨酷昊天不得縱意故獲斯罪

第十五復有衆生或顛或狂或癡或騃不別好醜何罪所致佛言以前世

諸經要集卷第十八　第二十八張　數

時飲酒醉乱犯三十六失復得癡身如似醉人不識尊卑不別好醜故獲斯罪

第十六復有衆生其形甚小陰藏甚大挽之身皮皆復進引行立坐卧以之為妨何罪所致佛言以前世時坐持生販賣自譽已物毀呰他財彌舛弄斗蹋秤前後欺誑於人故獲斯罪

第十七復有衆生男根不具而為黃門身不妻娶何罪所致佛言以前世時坐揵象馬牛羊猪狗死而復蘇故獲斯罪

第十八復有衆生從生至老無有兒子孤立獨存何罪所致佛言以前世時坐為人暴惡不信罪福百鳥產乳之時賫持瓶器循大水渚求拾鴻鶴鸕鷀鵝鴈諸鳥卵歸擔歸煑噉諸鳥失子悲鳴叫裂眼中血出故獲斯罪

第十九復有衆生少小孤寒無有父母兄弟為他作使辛苦活命長大成人擴羅殃禍縣官所縛繫閉牢獄無人追餉飢窮困苦無所告及何罪所致佛言以前世時坐喜捕拾鶵鷇鷹

諸經要集卷第十八　第二十九張

鷂熊羆虎豹枷鏁而畜孤此衆生父母兄弟常恒憂悲悲鳴叫裂哀感人心不能供養常苦飢餓骨立支連求死不得故獲斯罪

第二十復有衆生其形甚醜身黑如漆兩目復青鞱頰俱埠皰面平鼻兩眼黃赤牙齒踈缺口氣腥臭矬短擁腫大腹凸髖脚復繚戾僂脊匡肋弗衣健食惡瘡膿血水腫乾痟疥癩癰疽種種諸惡集在其身雖親附人人不在意若他作罪横羅其殃永不見佛永不聞法永不識僧何罪所致佛言以前世時坐為子不孝父母為臣不忠其君為君不敬其下朋友不賞其信鄉黨不以其齒朝廷不以其爵妄為趣作心意顛倒無有其度不信三尊殺君害師伐國掠民攻城破塢偷竊過盜惡業非一美已惡人侵陵孤老誣謗賢聖輕慢尊長欺誑下賤一切罪業悉具犯之衆惡集報故獲斯罪

尒時一切諸受罪衆生聞佛作如是說悲號動地淚下如雨而白佛言唯

諸經要集卷第十八　第三十張

願世尊久住說法令我等輩而得解脫佛言若我久住薄德之人不種善根謂我常在不念無常善男子辟如孩兒母常在側不生難遭之想若母去者便生渴仰思戀之心母方還來乃至歡喜善男子我今亦復如是知諸衆生善惡業緣受報好醜故般涅槃尒時世尊即為此諸受罪衆生而說偈言

水流不常滿　火盛不久然　日出須臾沒
月滿已復缺　尊榮豪貴者　無常復過是
念當勤精進　頂礼無上尊

又舊雜譬喻經云昔有六人為伴造罪俱墮地獄同在一釜中皆欲說本罪一人言沙二人言那三人言特四人言涉五人言姑六人言陁羅佛見之笑目連問佛何以故笑佛言有六人為伴俱墮地獄共在一釜中各欲說本罪熱湯沸涌不能再語各一語便迴下一人言沙者世間六十億萬歲在泥犁中始為一日何時當竟第二人言那者無有出期亦不知何時當得脫第三人言時者咄咄我當用

作生不能自制意奪五家分供養三尊愚貪無足令悔何益第四人言涉者言我治生亦不至誠財産屬他爲得苦痛第五人言姑者誰當保我從地獄出便不犯道禁得生天樂者第六人言陁羅者是事上頭本不爲心計辟如御車失道入邪折軸車壞悔無所及

又十輪經云有五逆罪爲最極惡何者爲五謂故心殺父母阿羅漢破壞聲聞和合僧事乃至惡心出佛身血諸如是等名爲五逆若人於五逆中作一一逆者不得出家受具足戒若聽出家則犯重罪應殯令出若已有出家諸威儀者不應加其鞭杖及諸繫閉復有四種大罪同於四逆犯根本罪何者爲四殺辟支佛婬阿羅漢比丘尼若人捨財與佛法僧主掌此物而輙用之若人到見破壞比丘僧若人於此四根本罪中犯一一罪悉不聽佛法出家設使出家不得聽受具足戒若受具者應駈令出以有出家威儀法故不應鞭杖繫閉奪其生命如是皆犯根本罪非逆罪也有是根本罪亦是逆罪若人出家受具足戒得見諦道斷其命根是名亦逆亦根本罪如是衆生於我戒律中應駈令出有是根本罪非逆罪若人出家凡夫衆生故害其命是名犯根本非逆罪也若有四方僧物飲食敷具悉不應與同共利養也有是非根本非逆罪若有衆生於佛法僧而生疑心此中出家乃至見他讀誦而作留難乃至一偈此非根本罪亦非逆罪是名甚惡近於逆罪若不懺悔除其罪根終不聽使佛法出家設使出家受具足戒不悔過者亦駈令出何以故不信正法毀謗三乘壞正法眼欲滅法燈斷三寶種減損人天而無利益墮於惡道此二種人名謗正法毀呰賢聖地獄刼壽增長惡法是名根本大重罪也何者是不威儀根本法罪若比丘故婬故殺凡人不與而取犯故妄語於此四中若犯一一罪悉不聽取四方僧物飲食臥具皆悉不得共同受用然帝王大臣不應加其鞭杖繫閉刑罰乃至奪命何故名爲根本重罪若人作如是行身壞命終墮於惡趣是惡道根本是故名爲根本罪也辟如鐵丸雖擲空中終不暫住速疾投地如是五逆犯四重禁及二種衆生毀壞正法誹謗賢聖如是等十一種罪中若人犯一一罪者身壞命終皆墮阿鼻地獄

又如正法念經說阿鼻地獄中苦千倍過前七大地獄壽經一刼其身長大五百由旬造四逆人四百由旬造三逆人三百由旬造二逆人二百由旬造一逆人一百由旬彼五逆輩人臨欲死時唱喚失糞咽喉抒氣如是死滅中有色生不見其對其身猶如八歲小兒閻羅王然焰鐵羂繫縛其咽及束兩手頭面在下足在於上經二千年皆向下行多燒焰驅先燒其頭次燒其身彼六欲天聞彼阿鼻地獄中氣即皆消盡何以故以阿鼻獄人極大臭故

又觀佛三昧海經云佛告阿難若有衆生殺父害母罵辱六親作是罪者

諸經要集卷第十八　第二十四張　上

命終之時揮霍之間辟如壯士屈申辟頃直落阿鼻大地獄中化閻羅王大聲告勑癡人獄種汝在世時不孝父母邪慢無道汝今生處名阿鼻地獄作是語已即滅不現尒時獄卒復驅罪人從於下隔乃至上隔經歷八万四千隔中攢身而過至鐵網際一日一夜乃尒周遍阿鼻地獄一日一夜比此閻浮提日月歲數經六十小刧如是壽命盡一大刧具五逆者其人受罪足滿五刧復有衆生犯四重禁虛食信施誹謗邪見不識因果斷學般若毀十方佛偷僧祇物婬泆無道逼略淨戒諸比丘尼姊妹親戚不知慙愧毀辱所親造衆惡事此人罪報臨命終時刀風解身偃尒之間身如鐵花滿十八隔中一一花八万四千葉一一葉頭身手支節各在一隔間地獄不大此身不小遍滿如此大地獄中經歷八萬四千大刧此泥梨滅復入東方十八隔中如前受苦此阿鼻獄南西北方各經十八隔謗方等經具五逆罪破壞僧祇汙比丘比

諸經要集卷第十八　第二十五張　上

丘尼斷諸善根如此罪人具衆罪者身滿阿鼻獄四支復滿十八隔中此阿鼻獄但燒如此獄種衆生刧欲盡時東門即開見東門外清泉流水華果林樹一切俱現是諸罪人從下隔見眼火暫歇從下隔起婉轉腹行踊身上走到上隔中手攀刀輪時虛空中雨熱鐵丸走趣東門既至門閫獄卒羅刹手捉鐵叉逆刺其眼鐵狗嚙心悶絕而死死已復生見南門開如前不異如是西門北門亦復如此如此時間經歷半刧阿鼻獄死生寒氷中寒氷獄死生黑暗處八千萬歲目無所見受大虫身婉轉腹行諸情暗塞無所解知百千狐狼牽掣食之命終之後生畜生中五千萬身受鳥獸形還生人中聾盲瘖瘂疥癩癰疽貧窮下賤一切諸衰以為嚴飾受此賤形經五百身後復還生餓鬼道中餓鬼道中遇善知識諸大菩薩呵責其言汝於前身無量世時作無根罪誹謗不信如此罪人具衆罪者身滿阿鼻獄四支復滿十八隔中此墮阿鼻獄

諸經要集卷第十八　第二十六張　上

受諸苦惱不可具說汝今應當發慈悲心時諸餓鬼聞是語已稱南無佛稱佛恩力尋即命終生四天處生彼天已悔過自責發菩提心諸佛心光不捨是等攝受是輩如羅睺羅教避地獄如愛眼目故起世經世尊說偈言

若人身口意造業　作已入於惡道中
如是當生活地獄　寅為可畏毛竪處
經歷無數千億歲　死已須臾還復活
怨讎各各相報對　由此衆生更相殺
若於父母起惡心　或佛菩薩聲聞衆
此等皆墮黑繩獄　其處受苦極嚴熾
教他正行令邪曲　見人有善必破壞
此等亦墮黑繩獄　兩舌惡口多妄語
樂作三種重惡業　不修三種善根牙
此等癡人必當入　合大地獄久受苦
或殺羊馬及諸牛　種種雜獸鷄猪等
并殺諸餘虫蟻類　彼人當墮合地獄
世間怖畏相多種　以此逼迫惱衆生
當墮磑山地獄中　受於椎壓舂擣苦
貪慾毒癡結使故　迴轉正理令別異
判是作非乖法律　彼為刀劒輪所傷
倚恃強勢刧奪他　有力無力皆悉取

諸經要集卷第十八　第二十七張　對

若作如是諸逼惱　當為鐵象所蹴蹹
若樂殺害諸衆生　身手血塗心嚴惡
常行如是不淨業　彼等當生叫喚處
種種觸惱衆生故　於叫喚獄被燒煮
其中復有大叫喚　此由諂曲奸猾心
諸見稠林所覆蔽　愛網弥密所沉淪
常行如是最下業　彼則墮於大叫喚
若至如是大叫喚　熾然鐵城毛竪處
其中鐵堂及鐵屋　諸來入者悉燒然
若作世間諸事業　恒多惱乱諸衆生
彼等當生熱惱處　於無量時受熱惱
世間沙門婆羅門　父母尊長諸耆舊
若恒觸惱令不喜　彼等皆墮熱惱獄
生天淨業不樂修　所愛至親常遠離
喜作如是諸事者　彼入當入熱惱獄
惡向沙門婆羅門　并諸善人父母等
或復害於餘尊者　彼墮熱惱常熾然
恒多造作諸惡業　不曾發起一善心
是人直趣阿毗獄　當受無量衆苦惱
若說正法為非法　說諸非法為正法
既無增益於善事　彼人當入阿毗獄
活及黑繩此兩獄　合會叫喚等為五
熱惱大熱共成七　阿毗地獄為第八
此八名為大地獄　嚴熾苦切難忍受
惡業之人所作故　其中小獄有十六

諸經要集卷第十八　第二十八張　對

## 誡勗緣第八

如起世經云佛告諸比丘有三天使在於世間何等為三一老二病三死有人放逸三業惡行身壞命終生地獄中諸守獄者應時即來駈彼衆生至閻王前白言大王此等衆生昔在人間縱逸自在不善三業今來生此唯願大王善教示之王問罪人汝昔人間第一天使善教示汝善呵責汝豈得不見出現生耶荅言大天我實不見王重告言汝豈不見為人身時或作婦女或作丈夫衰老相現齒落髮白皮膚緩皺黑黶遍體狀若胡麻脾傴背曲行步跛蹇足不依身左右傾側頸細皮寬兩邊垂緩猶若牛胡脣口乾枯喉舌燥澁身體屈弱氣力綿微喘息出聲猶如挽鋸向前欲倒恃杖而行盛年衰損骨肉消竭羸瘦尫弱趣來世路舉動沉滯無復壯形乃至身心恒常戰掉一切支節疲懈難攝汝見之不荅言大天我實見之

諸經要集卷第十八　第二十九張　對

時王告言汝愚癡人無有智慧昔日既見如是相貌云何不作如是思惟我今具有如是老法未得遠離可作善業使我長夜利益安樂彼人復荅言大天我實不作如是思惟以心縱蕩行放逸故王又告言汝愚癡人不修善業當具足受放逸之罪此之苦報非他人作是汝自業今還聚集受此報也

尒時閻摩王第二訶之告言諸人豈不見第二天使世間出耶荅言大天我實不見王復告言汝豈不見昔在世間作人身時若婦女身若丈夫身四大和合忽尒乖違病苦所侵纒綿困篤或卧小大牀上糞尿汙穢宛轉其中不得自在眠卧起坐仰人扶侍洗拭抱持與飲與食一切須人汝見之不彼人荅言大天我實見之王復告言癡人汝見如是云何不思我今亦有如是之法未離患法可作善業令我當來長夜得大利益大安樂事彼人荅言不也我實不作如是思惟以懈怠心行放逸故王告癡人汝既

嬾墮不作善業受此惡報非他人造還自受報

介時閻摩王第三訶之語言汝愚癡人汝昔人時豈可不見第三天使世間出耶荅言大天我實不見王復告言汝人間時豈復不見婦女身若丈夫身隨時命終置於牀上以雜色衣而蒙覆之將出聚落外帳軒蓋種種莊嚴眷屬圍繞舉手散髮灰土坌頭極大悲惱號咷哭泣舉聲大叫椎胸哀慟酸哽楚切汝患見不荅言大天我實見之時王告言癡人汝昔既見如此何不思惟我亦有死未得免離今當作善為我長夜得大利益彼人荅言大天我實不作如是思惟何以故以放逸故時王告言汝既放逸不作善業自造此惡非他人造得此果報汝還自受以此三使教示訶責已勑令將去時守獄者即執罪人兩足兩脾以頭向下以足向上遥擲置於諸地獄中

頌曰

生來死還迭　日往復月旋　弱喪昏風動
流浪逐物遷　愚癡失正路　漂沒入重淵
一墜幽闇處　万劫備辛酸　六道旋窠苦
三業未曾全　墜流無人救　悽傷還自憐
歸誠觀像物　方知虛妄筌　苦海深河趣
思登般若船

諸經要集卷第十八

癸卯歲高麗國分司大藏都監奉
勑彫造

諸經要集卷第十八

校勘記

一　底本，麗藏本。

一　七八七頁上三行夾註「此有八部」，諸本作「此有八緣」。

一　七八七頁上一三行「自止」，諸本作「自息」。

一　七八七頁上一四行第一一字「挹」，南、徑、清作「絶」。

一　七八七頁中二行第六字「離」，諸本作「雜」。同行第九字「故」，諸本作「故故」。

一　七八七頁中末行末字「佛」，諸本作「仙」。

一　七八七頁下四行「無間」，諸本作「無間地獄」。

一　七八七頁下一〇行第六字「欻」，諸本作「忽」。

一　七八七頁下二〇行及次行「嗶叫」，諸本作「嘷叫」。

一　七八八頁上一二行及次行「屍糞」，

諸本作「屎糞」。

一 七八八頁上一六行第四字「鋸」，諸本無。

一 七八八頁中六行「埠壓」，諸本作「堆壓」。下至次頁下一八行同。

一 七八八頁中一四行「求赦」，諸本作「求放」。

一 七八八頁中末行第一三字「獄」，諸本作「地獄」。頁下一三行第八字、一七行第三字、次頁上一行第六字、四行末字、末行第四字、次頁中一〇行第二字同。

一 七八八頁下三行第六字「猶」，諸本作「仍」。

一 七八八頁下七行第一〇字「撲」，諸本作「撲罪人」。

一 七八八頁下一〇行第六字「鑊」，諸本作「鑊」。下至次頁下末行第二字同。

一 七八八頁下一〇行「怒目」，諸本作「努目」。

一 七八八頁下一一行及一四行「倒捉」，諸本作「倒投」。

一 七八九頁上二行末字「升」，資、普作「斗」。

一 七八九頁上六行「蓬激」，資作「蓬勃」；磧、普、南、徑、清作「熢㶿」。同行第一二字「愽」，徑作「搏」。

一 七八九頁上一一行「到劒」，南、徑、清作「刀劍」。

一 七八九頁上一四行「足蹈」，諸本作「足踏」。

一 七八九頁中二行「受罪」，諸本作「受苦」。

一 七八九頁中二一行「樵骨」，諸本作「燋骨」。

一 七九〇頁上四行「行惡」，諸本作「惡行」。

一 七九〇頁上八行末字「煎」，諸本作「並」。

一 七九〇頁中六行末字「大」，諸本作「火」。

一 七九〇頁下一七行「融銅」，諸本作「鎔銅」。

一 七九〇頁下一八行「六十角角頭」，諸本作「十六角頭上」。

一 七九一頁上九行至次行「即便」，諸本作「便即」。

一 七九一頁上二二行「婬妷」，磧、普、徑作「婬泆」。下同七九八頁上一三行。

一 七九二頁上二二行「蓬教」，資作「蓬勃」；磧、普、南、徑、清作「熢㶿」。同行「熱惱」，資、磧、普作「熱腦」。

一 七九二頁中一二行第二字至第四字「呼呼婆」，諸本無。

一 七九二頁中一五行「阿吒吒」，諸本無。

一 七九二頁下八行第五字「摩」，諸本作「摩華」。

一 七九二頁下一七行末字「官」，諸本作「宮」。

一 七九三頁下一四行「迦典」，諸本作「迦延典」。

一 七九三頁下一五行「屈遵」，諸本

作「屈尊」。

一 七九三頁下一六行「四沸典」，諸本作「四曰沸曲典」。同行末字「傞」，諸本作「蹉」。

一 七九三頁下一七行第一一字「鑊」，諸本作「鐵」。

一 七九三頁下一九行「遙頭」，諸本作「搖頭」。

一 七九三頁下二一行「鐵笄」，資作「鐵筒」；磧、普、南、徑、清作「鐵筩」。同行夾註「正名」，諸本作「王名」。同行末字「身」，諸本作「名身」。

一 七九三頁下二二行「洋銅」，諸本作「烊銅」。

一 七九四頁上二一行第六字「寫」，諸本作「瀉」。

一 七九四頁中六行首字「鬢」，諸本作「鬚」。

一 七九四頁下三行第一一字「於」，諸本無。

一 七九四頁下一八行第三字「烘」，資、磧作「洪」。同行第一三字「沾」，磧、普、南、徑、清作「點」。

一 七九五頁上一六行「蹇吃」，資、磧、徑作「謇吃」。

一 七九五頁上一七行第九字「口」，諸本作「乃」。

一 七九五頁上二〇行「憎嫉」，資、磧作「增嫉」。

一 七九五頁中四行「釘入」，諸本作「釘人」。

一 七九五頁中一〇行「阿搒」，諸本作「阿傍」。

一 七九五頁中一三行第九字及本頁下一〇行第一二字「滅」，諸本作「搣」。

一 七九五頁下七行第八字「受」，諸本作「獲」。

一 七九五頁下一五行第四字「窠」，諸本作「弋」。

一 七九六頁上五行第五字「皮」，磧、普、南、徑、清作「疲」。

一 七九六頁上八行「斗躡」，資作「斗捻」；磧、普、南、徑、清作「斗挈」。

一 七九六頁上一六行第七字「稍」，諸本作「傾」。

一 七九六頁上二一行第三字及本頁中一一行第九字「羅」，南、徑作「雁」。

一 七九六頁中六行「鞠頻俱埠」，普、南、徑、清作「頭頻俱堆」。

一 七九六頁中八行第四字「亞」，諸本作「凸」。

一 七九六頁中八行至次行「匡肋弗衣」，諸本作「𦛨肋費衣」。

一 七九六頁中一三行第八字「子」，諸本作「人子」。

一 七九六頁中一八行第二字「寒」，諸本作「寨」。

一 七九六頁下八行「受罪」，諸本作「受苦」。

一 七九六頁下一六行及次頁上四行「言姑」，諸本作「言辜」。

一 七九六頁下一九行第一一字「語」，諸本作「言」。

一 七九六頁下末行首字「當」，諸本

無。同行第八字「時」，諸本作「特」。
一　七九七頁上一四行第九字「殯」，諸本作「擯」。
一　七九八頁上七行第六字「攢」，諸本作「捷」。
一　七九八頁上一四行第三字「略」，諸本作「掠」。
一　七九八頁上一六行「刀風」，南作「風刀」。
一　七九八頁中六行第一三字「踊」，諸本作「涌」。
一　七九八頁中二一行「無根」，諸本作「無限」。
一　七九八頁中二二行至末行「如此罪人……中此」二十二字，諸本無。
一　七九八頁下一〇行第六字「報」，諸本作「執」。
一　七九八頁下一七行「雜獸」，諸本作「諸獸」。
一　七九八頁下二一行第三字「毒」，諸本作「恚」。
一　七九九頁中八行「閻王」，諸本作「閻羅王」。
一　七九九頁中一六行第二字「傴」，諸本作「僂」。
一　七九九頁中一七行第二字「側」，資作「倒」。同行「牛朗」，資、磧、普、徑、清作「牛頡」；南作「牛頭」。
一　七九九頁中二〇行「骨肉」，諸本作「血肉」。
一　七九九頁下一九行「我今」，諸本作「今我」。
一　八〇〇頁上六行「婦女」，諸本作「若婦女」。
一　八〇〇頁上八行第九字「升」，諸本作「斗」。
一　八〇〇頁中二行「履鋒辛」，磧、普、南、徑、清作「鋒刃前」。同行「旋褱」，諸本作「旋還」。
一　八〇〇頁中三行「墜流」，諸本作「隨流」。

# 諸經要集卷第十九

西明寺沙門釋道世集　對

## 送終部第二十九 此有九緣

述意緣　瞻病緣
醫療緣　安置緣
歛念緣　捨命緣
遣送緣　受生緣
祭祠緣

### 述意緣第一

夫三界遐曠六道繁興莫不皆依四大相資五根成體聚則為身散則歸空然風火性殊地水質異各稱其分皆欲求適求適之理既難所以調和之乖為易忽一大不調四大俱損如地大增則形體黧黑肌肉青瘀癥瘕結聚如鐵如石若地大虧則四支枉弱多失半體偏枯殘廢毀明失聽若水大增則膚肉虛滿體無華色舉身痿黃神顏憔悴長脚洪腫膀光脹急若水大損則瘦削骨立筋現脉沉脣舌乾燥耳鼻焦閉五藏內煎津液外竭六府消耗不能自立若火大增則



舉體煩鑊燋熱如燒癰癤疽腫瘡痍潰爛膿血流溢臭穢競充若火大損則四體羸瘠府藏氷冷焦膈凝寒口若含霜夏暑重裘未嘗溫慰食不消化恒常歐逆若風大增則氣滿胸塞府臟否膈手足緩弱四體疼痺若風大損則身形羸瘠氣裁如綫動轉疲乏引息如抽咳嗽噫噦咽舌難急腹歒背艘心內若氷頸葡喉脉奮作鼓脹如是種種皆是四大乍增乍損致有病疾既一大嬰羸則三大皆苦展轉皆病俱生前惱四大交反六府難調良由宿積惡因今遭苦報無愧無恥無恩無義常隨四時資給所須晝夜將養未曾荷息片失供承便招病苦既知無恩徒勞養育縱加美食華服終成臭穢但趣得支身以除飢渴終不為汝踵前蓄積以勞我心廢求修道寔由身為苦器陰是坏瓶易損難持劇同泡沫四大浮虛拯相乖反五陰緣假多生惱患所以稟形人世逢此穢濁之時受質為身居斯怖畏之境幽冥無量神鬼恒沙種族充

多草籌末辯或依房依廟附岳附丘凡有含靈並皆祇嚮致使神爽冥昧識慮昏迷至於寤寐多有恐怖庶得臨危攝念無俟三稱在險逢安寧勞千遍須增益神道加足威光以善利生無相惱害誠言可錄信驗有微矣

## 瞻病緣第二

惟居凡位誰之無病以有報身常加疾疹或有捨俗出家孤遊獨宿或有貧病老弱無人侍衛若不看命將安寄故四分律佛言自今以去應看病人應作瞻病人若欲供養我者應先供養病人乃至路值五衆出家人病佛制七衆皆令住看若捨而不看皆結有罪故諸佛心者以大慈悲為體隨順我語即是佛心也

如僧祇律云若道逢出家五衆病人即應覓車乘馱載令如法供養乃至死時亦應闍維殯埋不得捨棄病人有九法成就必當橫死一知非饒益食而貪食二不知籌量三內食未消而食四食未消而攝吐出五已消應出而強持六食不隨病七隨病食而不籌量八懈怠九無慧如藥師經亦有九橫大意可知



又增一阿含經云介時世尊告諸比丘若瞻病人成就五法不得時差恒在牀褥云何為五一瞻病之人不別良藥二懈怠無勇猛心三常喜瞋恚亦好睡眠四但貪衣食故瞻視病人五不以法供養故亦不與人語談往反是謂瞻病之人成就五法不得時差翻前五法疾得速差

又生經世尊以偈讚曰

人當瞻疾病　問訊諸危厄　善惡有報應
如種果獲實　世尊則為父　經法以為母
同學者兄弟　因是而得度

又法句喻經云昔有一國名曰賢提時有長老比丘長病委頓羸瘦垢穢在賢提精舍中臥無瞻視者佛將五百比丘往到其所使諸比丘傳共視之為作漿粥而諸比丘聞其臭處皆共賤之佛使帝釋取其湯水佛以金剛之手洗病比丘身體地尋震動豁然大明莫不驚肅國王臣民天龍鬼神無央數人往到佛所稽首作礼白佛言佛為世尊三界無比道德已備云何屈意洗病比丘佛告國王及衆會者言如來所以出現於世正為此窮厄無護者耳供養病瘦沙門道人及諸貧窮孤獨老人其福無量所願如意會當得道王白佛言今此比丘宿有何罪因病積年療治不差佛告王曰往昔有王名曰惡行治政嚴暴使一多力五百主令鞭人五百假王威怒私作寒暑若欲鞭者貪其價數得物者鞭輕不得鞭重舉國患之有一賢者為人所謗應當得鞭報五百言吾是佛弟子素無罪過為人所枉願小垂恕五百聞是佛弟子輕手過鞭無著身者五百壽終墮地獄中拷掠萬毒罪滅復出墮畜生中恒被過杖五百餘世罪畢為人常嬰病痛不離身介時國王者今調達是五百者今此病比丘是時賢者今吾身是吾以前世為其所恕鞭不著身是故世尊躬為洗之人作善惡殃福隨人雖更生死不可得免於是世尊即說偈言



過杖良善　妄讒無罪　其殃十倍
災迅無赦　生受酷痛　形體毀折

自然惱病　失意恍惚　人所輕笑
或縣官厄　財產耗盡　親戚離別
舍宅所有　灾火焚燒　死入地獄
如是為十

時病比丘聞佛此偈及宿命事赴心自責所患除愈得阿羅漢道賢提國王沒命奉行得須陁洹道

又善生經云瞻病人不應生猒若自無物出外求之若不得物貸三寶物看差已十倍還之

又五百問事云看病人將病人物為病人供給所須不問病者或問起嫌並不得用若已取者應償不還犯重罪

又四分律云看病得五功德一知病人可食不可食可食便與二不惡賤病人大小便利唾吐三有慈愍心不為衣食故看四能經理湯藥乃至差病若命終五能為病人說法歡喜已身善法增長

醫療緣第二

夫人有四支五藏一覺一寐呼吸吐納精氣往來流而為榮衛暢而為氣色發而為音聲此人之常數也陽用



其精陰用其形人人所同也及其失也烝則生熱否則生寒結而為瘤贅陷而為癰疽奔而為喘竭而為焦故良醫導之以針石救之以藥濟聖人和之以至德益之以人事故體有可愈之病天地有可消之灾也

如增一阿含經云尒時世尊告諸比丘有三大患云何為三一風為大患二痰為大患三冷為大患然有三良藥治若風患者蘇為良藥及蘇所作飯食若痰患者蜜為良藥及蜜所作飯食若冷患者油為良藥及油所作飲食是謂三大患有此三藥治如是比丘亦有三大患一貪欲二瞋恚三愚癡然有三良藥治一若貪欲起時以不淨法治及思惟不淨道二若瞋恚大患者以慈心法治及思惟慈心道三若愚癡大患者以智慧法治及因緣所起道是謂比丘有此三大患有此三藥治

又智度論云般若波羅蜜能除八万四千病根本此之八万四千皆從四病起一貪二瞋三癡四毒等分此之



四病各分二万以不淨觀除貪欲二万一千煩惱以慈悲觀除瞋恚二万一千煩惱以因緣觀除愚癡二万一千煩惱捴用上藥除等分病二万一千煩惱辟如寶珠能除黑闇般若波羅蜜亦能除三毒煩惱病

安置緣第四

蓋聞三界之宅寔四大之器六塵之境是五陰所居良由妄想虛構惑倒交興致使万苦爭纏百憂捴萃今既報熟命臨風燭然衆生貪著至死不覺恐在舊所戀愛資財染著眷屬佛教移處令生猒離知無常將至使與心正念也

如僧祇律云若是大德病者應在露現處上好房中撰道俗問訊生善瞻病人每須燒香然燈香汁塗地供待人客

依西域祇桓寺圖云寺西北角日光沒處為無常院若有病者安置在中堂号無常多生猒背去者極衆還唯一二其堂內安置一立像金色塗者面向東方當置病人在像前坐若無

力者令病人卧面向西方觀佛相好
像手中繫一五色綵幡令病人手執
幡脚作往生淨土之意坐處雖有便
利世尊不以為恶其此土本是雜
穢之處猶降靈俯接下類群生況令
将命投佛寧相棄捨隨病人所樂何
境或作弥陁弥勒阿閦觀音等形如
前安置燒香散花供養不絶生病者
善心

斂念緣第五

夫三界非有五陰皆無四倒十纒共
相和合一切如電揮万刧於俄項丘
井易淪栝百年於抵掌迷途遂遠弱
喪亡歸區區七尺莫知其假耳目之
外終自空談靡依靡救不信不受生
靈一謝再返無期所以撫心自測臨
危惟念也
如十誦律云看病人應隨病者先所
習學而讃歎之不得毀呰退本善心
又四分律云為病人說法令其歡喜
又毗尼母論云病人不用看病人語
看病人違病者意並得罪又花嚴經
臨終為病人説偈云



又放光明名見佛　彼光覺悟命終者
念佛三昧必見佛　命終之後生佛前
令彼臨終勸念善　又示尊像令瞻敬
又復勸令歸依佛　因是得成見佛光
又往生論云若善男子善女人修五
念成就者畢竟得生安樂國土見彼
阿弥陁佛何等為五一者礼拜二者
讃歎三者作願四者觀察五者廻向
又隨願往生經云佛告普廣菩薩若
四輩男子女人臨終之日願生十方
佛刹土者當先洗浴身體著鮮潔之
衣燒衆名香懸繒幡蓋歌讃三寶讀
誦尊經為病者説因緣譬喻善巧言
詞微妙經義苦空非實四大假合形
如芭蕉中無有實又如電光不得久
停故云色不久鮮當歸壞敗精誠行
道可得度苦隨心所願無不獲果
述曰如前教已復将經像至病人所
題其經名像名告語示之使開目觀
見令其惺悟兼請有德智人讀誦大
乘助揚讃唄幡花乱墜究轉目前香
氣氳氳常注鼻根恒與善語勿傳惡
言以臨終時多有恶業相現不能立

志排除是故瞻病之人特須方便善
巧誘訹使心心相續剎那不駐乘此
福力作往生淨土之意故智度論云
從生作善臨終惡念便生惡道從生
作惡臨終善念而生天上又維摩經
云憶所修福念於淨命
又正法念經云若有衆生持戒之人
於破戒病人不求恩惠心不疲猒供
養病人命終生普觀天五欲縱逸不
知猒足

捨命緣第六

惟四大毒器有識斯充六賊狂主是
境皆著無復逆流之期唯有循環之
勢至如析一毛以利天下則吝而弗
為撤一飡以續餘糧則惜而不與淪
滯生死封執有為諸佛為其皴眉菩
薩於茲泣血竊見俗徒貴勝父母喪
亡多造塋儀廣殺生命聚集親族供
待人客苟求現勝不避業因或畏外
譏不修內典所以父亡於斯重苦母
終偏增湯炭是以究轉三界綿歷六
道四趣易歸万刧難啓痛慈母之幽
靈愍迷子之酬毒但亢陽如久必思

甘雨之澤宊勵若多尅待良醫之藥
惟斯孝𡟠既是凡夫能無惡業罪囙
不滅業報難排若不憑諸勝福樂果
何容得證㢓使臨終發願令入晃陁
兼具資財並修功德冀濟飛走之飢
得免將来之債也
如十二品生死経云佛言人死有十
二品何等十二一日無餘死者謂羅
漢無所著也二日度於死者謂阿那
含不復還也三日有餘死者謂斯陁
含往而還也四日學度死者謂須陁
洹見道迹也五日無欺死者謂八等
人也六日歡喜死者謂行一心也七
日數數死者謂惡戒人也八日悔死
者謂凡夫也九日攅死者謂孤獨苦
也十日縛著死者謂畜生也十一日
燒灼死者謂地獄也十二日飢渴死
者謂餓鬼也比丘當曉知是勿為放
逸也
又淨土三昧経云若人造善惡生天
墮地獄臨命終時各有迎人病欲死
時眼自見來迎應生天上者天人持
衣伎樂来迎應生他方者眼見尊人

為説妙言若為惡墮地獄者眼見兵
士持刀楯矛戟索圍遶之所見不同
口不能言各隨所作得其果報天無
枉濫平直無二隨其所作天網治之
又華嚴経云人欲終時見中陰相若
行惡業者見三惡受苦或見閻羅持
諸兵杖囚執將去或聞苦聲若行善
者見諸天宮殿伎女莊嚴遊戲快樂
如是勝事
又法句喩経云昔佛在祇桓精舍為
天人說法有一長者居在路側財富
無數正有一子其年二十新為娶妻
未滿七日夫婦相敬欲至後園上春
三月看戲園中有一柰樹高大好花
婦欲得花無人取與夫為上樹乃至
細枝枝折墮地死居家大小奔走兒
所呼天嗥哭斷絶復蘇聞者莫不傷
心棺斂送還家啼不止世尊愍傷其
愚往問訊之長者室家大小見佛悲
感作礼具陳辛苦佛語長者止息聽
法万物無常不可久保生則有死罪
福相追此兒三處為其哭泣懊惱斷
絶亦復難勝竟為誰子何者為親於



是世尊即說偈言
命如華果熟　常恐會零落　已生皆有苦
孰能致不死　從初樂愛欲　可望入胞影
受形命如電　晝夜流難止　是身為死物
精神無形法　作命死復生　罪福不敗亡
終始非一世　從癡愛長久　自從受苦樂
身死神不喪
長者聞得意解忘憂長跪白佛此兒
宿命作何罪豐感美之壽而便中夭
唯願說本所行罪佛告長者乃往昔
時有一小兒持弓箭入神樹中戲邊
有三人亦在中看樹上有雀小兒欲
射三人勸言若能中雀世間健兒小
兒美言引弓射之中雀即死三人共
笑助之歡喜而各自去經歷生死數
劫之中所在相會受罪三人中一人
有福今在天上一人生海中為化生
龍王一人今日長者身是小兒者前
生天上為天作子而終墮樹命終即
生海中為龍王作子即以生日金翅
鳥王而取食之今日三處懊惱涕泣
寧可言也以其前世助其喜故此三
人受報如此於是世尊即說偈言

識神造三界　善不善三處　陰行而默至
所生如響應　色欲不色有　一切日宿行
如種隨本像　自然報如影
佛說偈已長者意解大小歡喜皆得
須陁洹道
又四分律云尒時世尊為利益衆生
命終說偈云
一切要歸盡　高者會當墮　生者無不死
有命皆無常　衆生墮有數　一切皆有為
一切諸世間　無有不老死　衆生是常法
生生皆歸死　隨其所造業　罪福有果報
惡業墮地獄　善業生天上　高行生善道
得無漏涅槃
遣送緣第七
述曰生死連環不離俗諦雖復出家
志求勝道分段難捨變易未除仍依
三界隨俗遷流至於存亡皆依內外
臨終之日安置得所葬送威儀具存
下說且論巨屍安置南北魂魄不同
今此略述礼記礼運曰體魄則降知
氣在上死者北首生者南向
郊特生曰魂氣歸於天形魄歸於地
故祭求諸陰陽之義祭義曰氣也者
神之盛魂也者鬼之盛
左傳昭二年子產對趙景子曰人生
死化曰魄既生魄陽曰魂用物精多
則魂魄強是以有精爽至於神明疋
夫疋婦強死其魂魄猶能憑依於人
以為淫厲況良霄乎
淮南子曰天氣為魂地氣為魄問
於魂曰道何以為體魂曰以無有形
乎魄曰有形也若也無有何而問也
魂曰吾直有所遇之耳視之無形聽
之無聲謂之幽冥幽冥者所以喻道
而非道也
問曰既知魂與魄別今時俗巨何故
以衣喚魂不云喚魄荅曰魂是靈魄
是屍故礼以初亡之時以己所著之
衣將向屍魄之上以魂外出故將衣
喚魂魂識己衣尋衣歸魄若魂歸於
魄則屍口纊動若魂不歸於魄則口
纊不動以理而言故云招魂不言喚魄
故蕭曾服要記曰昔哀公葬其父孔
子問曰寧設魂衣乎哀公曰魂衣起
伯扺伯杶荊山之下道逢寒死友人
羊角哀往迎其屍愍魂神之寒故改
作魂衣吾父生服錦繡死于衣被何
用衣為問曰何須幡上書其姓名荅
曰幡招魂置其乾地以魂識其名尋
名入於闇室亦投之於魄或入於重
（直龍反）室重者重（徒用反）也以重之內具安祭
食以存亡各別明闇不同故鬼神闇
食生人明食故重用籧篨裹其食具
以安重內置其坤地也
依如西域葬法有四一水漂二火焚
三土埋四施林五分律云若火燒時
安在石上不得草土上恐傷蟲故四
分律云如来輪王二人悉火葬餘人
通前五分律云屍應埋之（此謂王法不許燒身復恐夏燒煞蟲故今埋之自外無難木林亦得）依四分律及五百問事
云若見如来塔廟及見五衆出家人
冢塔大於已者皆須展轉依生時年
臈而設礼若一切白衣見出家人冢
塔不簡大小皆須敬礼
述曰既知此諸道俗等若見師僧父
母亡柩外人吊来小於亡者至其屍
所如常設礼已先至孝子所默慰吊
之後至大德所具展哀情吊而拜之
亦見愚癡白衣妄行法教展轉教他

不聽礼父母𠦑伯尊親亡靈口云我既受戒彼為鬼神故不合礼恐破戒故此不會聖意反招無知之罪伏惟師僧等長養我法身父母叔伯等長養我生身依斯乳哺長大成人思此恩德昊天難報歷劫酬恩豈一生能謝不存敬恩反起慢憧繼踵鄙夫何成孝子故世尊極聖尚自躬扶舁父屍送況下凡愚輙生怠慢故涅槃經云知恩者大悲之本不知恩者甚於畜生

又淨飯王泥洹經云白淨王在舍夷國病篤將終思見世尊及難陁等世尊在王舍城耆闍崛山中去此懸遠五十由旬世尊在靈鷲山天耳遥聞父思憶聲即共阿難等乘空而至以手摩王額上慰勞王已為王說摩訶波羅本生經王聞得阿那含果王捉佛手捧置心上佛又說法得阿羅漢果無常對至命盡氣絕忽就後世至闍維時佛共難陁等在頭前肅恭而立阿難羅云在足後阿難陁長跪白佛言唯願聽我擔伯父棺羅雲復



言唯願聽我擔祖王棺世尊慰言當来世人皆凶暴不報父母育養之恩為是不孝衆生設其化法故如来躬欲擔於父王之棺即時三千大千世界六種震動一切衆山頗俄涌没如水上船尒時一切諸天龍神皆来赴喪舉聲啼哭四天王将鬼神億百千衆皆共舉喪白佛言佛為當来諸不孝父母者故以大慈悲親欲自身擔父王棺四王俱白佛言我等是佛弟子從佛聞法得須陁洹以是之故我曹宜擔父王之棺佛聽四王擔父王棺即變為人一切人民莫不啼泣世尊躬自手執香鑪在前行詣於墓所令千羅漢往大海渚上取牛頭旃檀種種香木以火焚之佛言苦空無常猶如幻化水月鏡像燒身既竟尒時諸王各持五百瓶乳以用滅火滅火之後竟共収骨盛置金剛函即於其上便共起塔懸繒幡蓋供養塔廟佛告衆會父王淨飯是清淨人生淨居天

又佛母泥洹經云大愛道比丘尼即是佛姨母不忍見佛後當滅度欲先



滅度與除饉女五百人（即是比丘尼也案僧會注法鏡經云凡夫貪染六塵猶餓夫貪飯不知厭足今聖人斷貪染六情飢饉故号出家尼為除饉也）以手摩佛足遶佛三帀稽首而去現神足德於自座没從東方來在虛空中作十八變八方上下亦復如是放大光明以照諸冥上曜諸天五百除饉變化俱然同前泥洹佛勸理家作五百轝牀蘇油香華種種梓材事各五百真伎正音當以供養一切凡聖覩之莫不哀泣闍維畢捧舍利詣佛所於是四方各二百五十應真神足飛来稽首佛足至舍利所千比丘俱皆就坐佛告阿難取舍利盛之以鉢著吾手中阿難如命佛告諸比丘斯舍利本是穢身凶愚惡暴嫉妬陰謀敗道壞德今母能拔與丈夫行獲應真道遷靈卒無何其健哉勑令興廟供養

又增一阿含經云佛告阿難陁羅雲汝等舉大愛道身我當親自供養尒時釋提桓因四天王等前白佛言唯願勿自勞神我等自當供養佛言止止所以然者父母生子多有所益長養恩重乳餔懷抱要當報恩不得不

報過去未来諸佛母先取滅度諸佛皆自供養闍維舍利也時毗沙門天王使諸鬼神往栴檀林取栴檀薪至曠野之閒佛躬自舉牀一脚難陁舉一脚羅雲舉一脚阿難舉一脚飛在虛空往至塚閒尒時佛自取栴檀木著大愛道身上佛言有四人應起塔供養一者佛二者辟支佛三者漏盡阿羅漢四者轉輪聖王皆以十善化物尒時人民即取舍利各起塔供養依雜阿含經愛道姨母即是難陁親母也又增一阿含經云四部弟子中略取前後者且列八人比丘中最初得道者如拘隣比丘善能勸化不失威儀最後得道者如須跋陁羅臨得道日入般涅槃比丘尼中最初得道者如大愛道尼最後得道者如陁羅倶夷國尼優婆塞中最初得道者如商客男最後得道者如倶夷那摩羅優婆夷中初得道者難婆女最後得道者如藍優婆夷

受生緣第八

夫生則八識扶持死則四大離散迮



矣百齡終歸磨滅循環三界迴轉靡停故經曰有始必終既生則滅聖教不虛目覩交擗所以於此緣中略述六門

第一門中臨命終時撿身冷熱驗其善惡具知来報故瑜伽論云此有情者非色非心假為命者大小皆同死通漸頓諸師相傳造善之人從下冷觸至齊已上煖氣後盡即生人中若至頭面熱氣後盡即生天道若造惡者與此相違從上至腰熱後盡者生於鬼趣從腰至膝熱氣盡者生於畜生從膝已下乃至脚盡生地獄中無學之人入涅槃者或在心煖或在頂也然瑜伽論云羯羅藍義最初託處即名肉心如是識於此處最初託生即從此處最後捨命釋云依瑜伽論由造善生上故從下漸捨至肉心後方說上捨由造惡生下故先從上捨至肉心後從下捨也

依倶舍論云若人正死於何身分中意識斷滅若一時身死根共意識一時倶滅若人次第死此中偈曰



次第死脚齊　於心意識斷　下人天不生

論中釋曰若人必往惡道受生及人道如此人等次第於阿羅漢此人於心意識斷絕有餘部說於頭上何以故身根於此等處與意識倶滅故若人正死此身根如熱石水漸漸縮減於脚等處次第而滅釋云倶舍論述小乘義故云身死於此等處與意識倶滅若依大乘身根於此等處與本識倶滅也

第二受生方法者依倶舍論云為行至應生道處故起此中陰衆生由宿業勢力所生眼根雖住最遠處能見應生處於中見父母變異事若變成男於母即起男人欲心若變成女於父即起女人欲心倒此心起瞋此中有衆生由二起顛倒心故求欲戲往至生處是即樂得屬已是時不淨已至胎處即生歡喜仍託彼生從此剎那是衆生五陰和合堅實中有五陰即滅如此方說受生若胎是男依母左脇面向母背蹲坐若胎是女依母右脇面向母脇而住若胎非男非女

隨欲類託生住亦如此無有中有異於男女皆具根故是故或男或女託生而住後時在胎中增長或作黃門若託生胎卵二生道理如此若衆生欲受濕生愛樂香故至生處此香或淨或不淨隨宿業故若是化生愛樂處所故至生處如是若介地獄衆生云何生樂處所由心顛倒故此衆生見寒風冷雨觸惱身見地獄火猛熾盛可愛欲得煖觸故往入彼復見身為熱風光及火焰等所炙苦痛難忍見寒冷地獄清凉愛樂冷觸故往入彼胎卵二生於父母變異事生處濕化二生不由託亦自為身故無此變濕生但愛著香故至所生處隨業善惡所愛之香自有淨穢化生但愛所依之處地獄雖是苦處然罪人樂亦得愛處於中受生何以故非愛不受生故論云如往昔造作能感如此生樂見身是如此位見彼衆生亦介是故往彼先舊諸師作如此說若衆生年三十時行殺生業網捕衆生行此事時必有伴類此業能感地獄生後



於中陰中見自身如昔年三十行網捕時故言位又見昔伴與昔不老見地獄時如昔見江湖諸伴類等相牽共入其中緣此起變即於中受生後解昔所造業雖多必以一業牽地獄生或於年二十時作此業或三十時作此業後於中陰中見自身如昔作業少老見地獄衆生並如己年時年時既相似於此衆生起變即往就彼由此愛故受生依經部師作如此釋又瑜伽論云若居薄福者當生下賤家彼於死時及入胎時便聞種種紛乱之聲及自妄見入於叢林竹葦蘆荻等中若多福者當生尊貴家彼於介時便自聞有寂靜美妙可意音聲及自妄見昇宮殿等可意相見又俱舍論云若人臨終起邪見心是人以先不善為因邪見為緣故墮地獄有論師言一切不善皆是地獄因此不善之餘生畜生餓鬼中又往業感故墮畜生中如婬欲感故生於鴿雀鴛鴦之中瞋恚感故生於虬蝮虵蝎中愚癡感故生猪羊蜂蛤中憍慢



感故生於師子虎狼中掉戲感故生獼猴中慳嫉感故生餓狗中若有少分施善餘福雖生畜生於中微樂身口二業雖由心為主然其口業受報者多如罵人輕躁踰如獼猴即生猴中若言貪悋如鳥語如狗吠駭如猪羊聲如驢鳴行如駱駝自高如象惡如逸牛婬如烏雀怯如貓狸諂如野狐如是諸惡隨口受報然由三毒為本三毒之中貪愛為重如捉布一頭餘則盡隨故智度論云若不斷愛愛則同生是故四生皆由愛起如說多欲生鳥雀中多貪味故廁中受生又受欲故卵生胎生貪香味故受濕生隨其所愛故起邪重業則受化生若邪重心樂行罪業死時妄見地獄受其化生若邪重受福上界化生故成論云如樹根不拔其樹猶生貪根不拔苦樹常在

又瑜伽論云云何生我愛無間已生故無始樂著戲論因已熏習故淨不淨業因已熏習故彼所依體由二種因增上力故從種子即於是處中有

異熟無間得生死時如稱兩頭低昂
時等而此中必具諸根造惡業者所
得中有如黑羺光或陰暗夜作善業
者如白衣光或晴明夜俱舍論云此
中有具足五根金剛等所不能礙須
弥山下金剛中有蝦蟇於中受生中
有細色金剛不能礙之有天眼者能
見此事更舉所聞事證曾聞人說燒
鐵令熱破之見虫

第三壽量長短者俱舍論云若不定
生處於餘處此道中皆得受生辭如
牛於夏時欲事偏多狗於秋時熊於
冬時馬於春時野干等欲事無時是
時此衆生應生牛中若非夏時則生
野牛中若應生狗中非時則生野干
中又俱舍小乘師有四釋不同一說
促時死已即受陰生二說得住七七
日滿已處中有不限時節三說得住
四十九日生緣未見死已更受亦不
限時節四說隨受生緣乃至經劫住
不命終第五依瑜伽論云若未得生
緣極七日住死而復生乃至七七日
受死生自此已後決得生緣此與前

四皆不同也

第四通力遲速者俱舍論云此中陰
遊空而去如人捨命應至無量世界
外受生俄須即到二乘通力未出一
世界中陰已至無量世界外縱佛神
力亦不得能遮令不往生得住餘道
以業力定故論通勝者攝勝凡夫二
乘神通婆沙論云神足勝者攝佛神
通速也

第五互見不同者依俱舍論云若同
生道中陰定互相見若人有天眼寂
清淨是一道慧類此人亦得見彼生
若報得天眼則不能見以寂細故如
薩婆多部云若同於人道中受生同
是人道中陰互得相見此義為定不
能見餘道中陰若人修得天眼此天
眼則是道類能見中陰色若報得天
眼則不能見中陰色中陰色細餘色
故依正量部云天道中陰備能見五
道中陰色人道中陰能見四道除天
道中陰非其所能見如是次第除前
乃至地獄道中陰除前四道中陰非
其所見唯見地獄道中陰

第六身量大小者俱舍論云身量如
六七歲小兒而識解聰利菩薩在中
陰如圓滿少病人具大小相是故雖
在中陰正欲入胎而能遍照萬俱胝
剡浮洲

祭祠緣第九

竊聞金玉異珎在人共寶玄儒別義
遐迩同遵豈必死生自國便欲師之
佛處遠邦有心捐弃不勝事切輙陳
愚見是非之理不敢自專昔孔丘辞
逝廟千載之規摹釋迦言往寺万代
之靈塔欲使見形尅念面像歸心敬
師忠主其義一也至如丁蘭束帶孝
事木母之形無盡解瓔奉承多寶佛
塔眇尋曠古邈想清塵既踵成林於
理不越又案礼經云天子七廟諸侯
五廟大夫卿士各有階級故天曰神
祭天於圓丘地曰祇祭地於方澤人
曰鬼祭之於宗廟龍鬼降雨之勞牛
畜挽犁之効由或立形村市樹像城
門豈況天上天下三界大師此方他
方四生慈父威德為万億所遵風化
為百靈之範故善人迴向若群流之

帰溟䆊大光攝受如兩曜之伴衆星
自月支遺影鄘竭灰身舍利遍流衹
桓遂造乃聖乃賢憑兹景福或尊或
貴莫此獲安者矣
如長阿含經云一切人民所居舍宅
皆有鬼神無有空者街巷道陌屠膾
市肆及諸山冢皆有鬼神無有空處
凡諸鬼神皆隨所依即以為名若人
初生皆有鬼神隨逐擁護若人欲死
鬼収精氣行十惡人若百若千共一
神護行十善者猶如國王以百千人
而侍衛之又十方辟諭經云天上天
下鬼神知人壽命罪福當至未至不
能活人不能殺人不能使人富貴貧
賤但欲使人作惡犯殺曰人妻耗而
狂乱之語其禍福令人向欲得設祠
祀耳（故知空祭鬼神欲求現福難可得力也）
又普曜經於時迦葉以偈報佛
自念祠祀来　已歷八十年　奉風水火神
日月諸山川　夙夜不懈廢　心中無他念
至竟無所獲　值佛乃安寧
又雜寶藏經云昔日有一婆羅門事
廟室天晝夜奉事天即問言汝求何



等婆羅門言我今求作此天祀主天
言彼有羣牛汝問最前行者即如天
語往問彼牛汝今何似為苦為樂牛
即荅言極為大苦刺刺兩脇柴戾脊
破駕挽載重無休息時復問言汝以
何緣受是牛形牛荅之言我是天祀
主自恣極意用天祀物命終作牛受是
苦惱聞是語已即還天所天即問言
汝今欲得作天主不婆羅門言我觀
此事實不敢作天言人行善惡自得
其報婆羅門悔過即修諸善改往前惡
又雜寶藏經云昔有老公其家巨富
而此老公思得肉食詭作方便指田
頭樹語諸子言今我家業所以諧富
由此樹神恩福故尒今日汝等宜可
群中取羊以用祭祀時諸子等承父
教勑尋即殺羊禱賽此樹即於下立
天祀舍其父後時壽盡命終行業所
追還生己家羊群之中時值諸子欲
祀神樹便取一羊遇得其父將欲殺
之羊便嘔嘔笑而言曰而此樹者有
何神靈我於往時為思肉故妄使汝
祀皆共汝等同食此肉今償殃罪獨

先當之時有羅漢過到乞食見其已
父受於羊身即借主人道眼令自觀
察乃知其父心懷懊惱即壞樹神悔
過修福不復殺生
又優婆塞戒經云佛言或有說言子
修善法父作不善曰子修善令父不
墮三惡道者是義不然何以故身口
意業各別異故若父喪已墮餓鬼中
子為追福當知即得若生天中都不
思念人中之物何以故天上成就勝
妙寶故若入地獄受諸苦惱不暇思
念是故不得畜生人中亦復如是若
謂餓鬼何緣獨得以其本有愛貪慳
悋故墮餓鬼既為餓鬼常悔本過思
念欲得是故得之若所為者生餘道
中其餘眷屬墮餓鬼者皆悉得之是
故智者應為餓鬼勸作福德（正法念經大意亦同）
若有祠祀誰是受者隨其祠處而為
受者若近樹林則樹神受舍河泉井
山林𨸏阜亦復如是是人祀已亦得
福德何以故令彼受者生喜心故是
祀禍德能護身財若說殺生祠祀得
福是義不然何以故不見世人種伊

蘭子生擲擅樹斷衆生命而得福德若欲祠者當用香華乳酪蘇果為亡追福則有三時春時正月夏時五月秋時九月

若以房舍卧具湯藥園林池井牛羊象馬種種資生布施於他施已命終是人福德隨所施物住用久近福德常生是福追人如影隨形或有說言終已便失是義不然何以故物壞不用二時中失非命盡失

若出家人効在家人歲節之日棄飲食者隨世法故非真實也亦信世法出世法故若能隨家所有好惡常樂施者名一切施若以身分及以妻子所重之物施於人者是則名為不思議施

又婆沙論云為餓鬼作福鬼得飲食亦增益身臭者得香惡色得好色又經云如諸鬼等所食不同或膿或糞得是施已一切變成上妙色味若鬼異處受生親為施時彼鬼業力遥知生喜若還在家受苦報者親為施者鬼自親見生喜

又婆沙論云有人不如法求財及其得時以慳惜故於已眷屬尚無心與況復餘人以無施心故身壞命終墮餓鬼中若在本舍邊不淨糞穢廁溷中住諸親里等生苦惱心作如是念彼積聚財自不受用又不施人以苦惱故欲施其食請諸眷屬親友知識沙門婆羅門施其飲食尒時餓鬼親自見之於眷屬財物生已有想作如是念如此財物我所積聚今施與人心大歡喜於福田所生信敬心若生餘道多不得力縱令亡人不得此福故為修善自得大利如似起慈自常獲福

又智度論云如慈心念諸衆生令得快樂衆生雖無所得念者大得其福若不樂施縱生天得聖還乏衣食故優婆塞戒經云持戒雖得羅漢不遮飢苦若樂行施雖墮鬼畜常飽無乏

又未曾有經云有王白佛言我父先王奉事外道常行布施求梵天福如斯功德生何天耶佛告王曰前王果報今在地獄所以者何不值善時不



遇善友無善方便雖修功德不得免罪布施之功不無失也後罪畢時方當受福當知修福不與罪合先帝大王有五種惡業生地獄中一者傲慢姤弊事無簡細便起鞭罰不忍辱故二者貪愛寶貨斷事不平致令天下懷怨恨故三者遊獵嬉戲苦困人民傷害衆生所愛命故四者躭著女色得新猒舊撫接不平致怨恨故五者破戒以此文證故知事邪修福善惡恒別苦樂兩報不相雜乱何況利根多聞正信三寶而招苦報又惟無三昧經云佛告阿難善男子人求道安禪先當斷念人生世間所以不得道者但坐思想穢念多故一念来一念去一日一宿有八億四千万念念念不息一善念者亦得善果報一惡念者亦得惡果報如響應聲如影隨形是故善惡罪福各別

又中阿含經云若為死人布施祭祀者若生入餓鬼中者得食除餘趣不得由各有活命食故若親族不生中者但施自得其福乃至施主生六趣

中施物常隨以持戒故難得人身必須餘福助報

又往生經云臣後作福死者七分獲一餘者屬現造者

又灌頂經云阿難問佛言若人命終送著山野造立墳塔是人精魂在中以不佛言亦在亦不在若人生時不造善根不識三寶而不為悪無善受福無悪受殃無善知識為其修福是以精魂在塚塔中未有去處是故言在或其前生在世之時大修福善精勤行道或生天上三十三天在中受福或生人間豪性之家到處自然隨意所生又不在者或其前生在世之時然禱祀邪道不信真正邪命自活諂為欺人墮在餓鬼畜生之中備受衆苦經歷地獄故言不在塚塔中也或不在者或是五穀之穀骨未朽爛時故有微靈骨若糜爛此靈即滅無有氣勢亦不能為人作諸禍福靈未滅時或是鄉親命終之人在世無福又行邪諂應墮鬼神或為樹木雜物之精無天福可受地獄不攝縱捨世



間浮遊人村既其無食恐動於人作諸變恠扇動人心或有魍魅邪師以倚為福覓諸福祐欲得長生愚癡邪見殺生祠祀死入地獄餓鬼畜生無有出時可不慎之又若人命終之日當為燒香然燈續明於塔寺中表刹之上懸命過幡轉讀尊經竟三七日所以然者命終之人在中陰中身如小兒罪福未定應為修福願亡者生神使生十方無量刹土承此功德必得往生亡者在世若有罪愆應墮八難以幡燈功德必得解脫若有善願應生父母在於異方不得疾生以幡燈功德皆得疾生無復留難若得生已當為人作福德之子不為邪鬼之所得便種族豪強是故應修福善幡燈功德又若四輩男女若臨終時若已命過是其亡日造作黃幡懸著刹上使獲福德離八難苦得生十方諸佛淨土幡蓋供養隨心所願至成菩提幡隨風轉破碎都盡至成微塵風吹微塵其福無量幡一轉時轉輪王位乃至吹塵小王之位其報無量燈四



十九照諸幽冥苦痛衆生蒙此光明皆得相見緣此福德拔彼衆生皆得休息又淨度三昧經云八王日諸天帝釋鎮臣三十二人四鎮大王司命司録五羅大王八王使者盡出四布覆行復驗四王十五日三十日所奏案校人民立行善悪地獄王亦遣輔臣小王同時俱出有罪即記前齋八王日犯過福強有救安隱無化用福原赦到後齋日重犯罪數多者減壽條名剋死歲月日時開下地獄地獄承文書即遣獄鬼持名録名獄鬼無慈死日未到強催作悪令命促盡福多者增壽益筭天遣善神營護其身移下地獄拔除罪名除死定生後生天上

又觀佛三昧經云尒時曠野鬼神白佛言我恒敢人今者不殺當食何物佛勅鬼王汝但不殺我勅弟子常施汝食乃至法滅以我力故令汝飽滿鬼王聞喜受佛五戒故涅槃經云餉諸聲聞弟子出衆生食濟曠鬼神又智度論云鬼神得人少許飲食即能

變使多令得充足　諸經要集卷第十九　第二十張　當字号

又辟喻經云佛與阿難到河邊行見五百餓鬼歌吟而行復見數百好人啼哭而過阿難問佛鬼何以歌儛人何以啼哭佛荅阿難餓鬼家兒子親屬為其作福行得解脫是以歌儛好人家兒子親屬唯為殺害無有與作福之者後大火逼之是以啼哭也

又宿願果報經云昔有婆羅門夫婦二人無有兒子財富無數臨壽終時自相謂言各當吞錢以為資粮其國俗法死者不埋但著樹下各吞五十金錢身爛錢出國中有一賢者行見愍之泫然流淚傷其慳貪取為設福請佛及僧盡供辦羞飯佛前稱名呪願時慳夫婦受餓鬼苦即生天上為請四輩時生天上者即得天眼知為作福從天下來但作年少佐助檀越佛言此厨聞年少是真檀越佛為說法即得道迹賢者亦得道迹衆僧歡喜皆得生天

又百喻經云昔有賈客欲入大海要須導師即共求覓得一導師相將發引至曠野中有一天寺當須人祀然　諸經要集卷第十九　第廿一張　對字　後得過於是衆賈共思量言我等盡親如何可殺唯此導師中用祀天即殺導師以用祭祀祀天已竟迷失道路不知所趣窮困死盡一切世人亦復如是欲入法海取其珎寶當修善行以為導師毀破善行生死曠路永無出期經歷三塗受苦長遠如彼商賈將入大海殺其導者迷失津濟終致困死

頌曰

高堂信逆旅　懷業理常牽　玉匣方委觀
金臺不復延　挽聲隨徑遠　薤影帶松懸
詎能留十念　唯應逐四緣　幻工作同異
變弄巧多身　愚俗謂人我　誰復非謂真
課者疑久固　達者知幻賓　升沉苦樂異
徒勞哭含天

諸經要集卷第十九

諸經要集卷第十九

校勘記

一　底本，金藏廣勝寺本。八〇四頁中至八〇四頁下共兩版，原版殘缺，以麗藏本換。

一　八〇四頁中一五行「青淤」，資、磧作「青瘀」。

一　八〇四頁中一七行第一三字「聽」，諸本作「聰」。

一　八〇四頁中一九行第八字「脚」，諸本作「手脚」。同行「膀光」，諸本作「膀胱」。

一　八〇四頁下一行第四字「鑊」，諸本作「熿」。

一　八〇四頁下三行第一一字「隔」，諸本作「膈」。

一　八〇四頁下五行「歐逆」，諸本作「嘔逆」。同行末字「塞」，徑、清作「寒」。

一　八〇四頁下七行第九字「裁」，資作「栽」。

一八〇四頁下一一行第三字「病」，諸本作「痾」。

一八〇四頁下一二行「前惱」，諸本作「煎惱」。

一八〇四頁下一五行「片失」，諸本作「微失」。

一八〇五頁上一行第二字「草」，資、磧、普、南、徑、清作「筭」。

一八〇五頁中一〇行「又生」，資、磧、普、南、徑、清作「又善生」。同行「世尊以」，資、磧、普、南、徑、清作「佛」。

一八〇五頁中一三行「曰是」，資、磧、普、南、徑、清作「同是」。

一八〇五頁中二一行第五字「不」，資、磧、普、南、徑、清作「大」。

一八〇五頁下九行第一一字「賁」，資、磧、普、南、徑、清作「索」。

一八〇五頁下一六行第一二字「病」，資、磧、普、南、徑、清作「重病」。

一八〇五頁下末行「無赦」，資、磧、普、南、徑、清作「無救」。

一八〇六頁上一八行「歡喜」，資、磧、普、南、徑、清作「令歡喜」。

一八〇六頁上二〇行「第二」，諸本作「第三」。

一八〇六頁中四行「藥濟」，資、磧、普、南、徑、清作「藥餌」。

一八〇六頁中五行第四字「至」，麗作「王」。

一八〇六頁中六行第三字「病」，資、磧、普、南、徑、清作「疾」。

一八〇六頁中一二行末字「飲」，資、磧、普、南、徑、清作「飯」。

一八〇六頁中一九行「大患」，資、磧、普、南、徑、清作「大患者」。

一八〇六頁下一行「二万」，諸本作「二万一千」。

一八〇六頁下九行第五字「所」，資、磧、普、南、徑、清作「之所」。

一八〇七頁上二行首字「像」，諸本作「其像」。

一八〇七頁上一三行「抵掌」，資、磧、普、南、徑、清作「指掌」。

一八〇七頁上一五行「終自」，資、磧、普、南、徑、清作「終日」。

一八〇七頁上一六行「自測」，資、磧、普、南、徑、清作「自惻」。

一八〇七頁中三行首字「令」，資、磧、普、南、徑、清作「念」。

一八〇七頁下二行第三字「誅」，資作「諭」。

一八〇七頁下八行「恩慧」，資、磧、普、南、徑、清作「恩惠」。

一八〇七頁下一三行第六字及末行第三字「𨒫」，磧、南、清作「逆」。

一八〇七頁下一四行第一二字「厷」，磧、普、南、徑、清作「悋」。

一八〇八頁上三行第三字「業」，資、磧、普、南、徑、清作「苦」。

一八〇八頁上一二行「八等」，資、磧、普、南、徑、清作「八輩」。

一八〇八頁上二〇行「淨土」，資、磧、普、南、徑、清作「淨度」。

一八〇八頁上末行首字「衣」，資、磧、普、南、徑、清作「天衣」。

一八〇八頁中五行首字「又」，徑無。

一八〇八頁中一二行「正有」，徑、清作「止有」。

一八〇八頁中一六行「枝枝」，資、磧、普、南、徑、清作「枝」。

一八〇八頁中一八行第三字「斂」，資、磧、普、南、徑、清作「殮」。同行第七字「啼」，資、磧、普、南、徑、清作「啼哭」。

一八〇八頁中末行首字「絶」，資作「終」。

一八〇八頁下八行第四字「得」，南、徑、清作「偶」。

一八〇八頁下一三行第八字「中」，資、磧、普、南、徑、清作「得中」。

一八〇八頁下一五行「歡喜而各自」，磧、普、南、徑、清作「喜歡而自各」。

一八〇八頁下末行「世尊」，磧、南、徑、清作「佛」。次頁上六行、八一〇頁上一三行第八、九字、末字至次行首字及一五行同。

一八〇九頁上七行首字「命」，資、磧、普、南、徑、清作「王命」。

一八〇九頁上一八行末字「存」，資、磧、普、南、徑、清作「在」。

一八〇九頁上二二行第一一字「魄」，資、磧、普、南作「魂」。

一八〇九頁中二行第五字「年」，資、磧、普、南、徑、清作「曰」。

一八〇九頁中三行第一二字「物」，資、磧、普、南、徑、清作「此物」。

一八〇九頁中四行「魂魄」，資、磧、普、南、徑、清作「魄魂」。

一八〇九頁下八行第七字「坤」，麗作「神」。

一八〇九頁下一〇行第五字「施」，資、磧、普、南、徑、清作「屍」。

一八〇九頁下一三行夾註左行末字「燒」，資、磧、普、南、徑、清無。

一八〇九頁下一四行正文第四字「律」，資、磧、普、南、徑、清作「律云」。

一八〇九頁下一七行第四字「礼」，資、磧、普、南、徑、清作「禮之」。

一八〇九頁下一九行第五字「此」，資、磧、普、南、徑、清作「如此」。

一八一〇頁中五行「頗俄」，資作「嶇峨」；磧、普、南、徑、清作「岠峨」。

一八一〇頁中八行第四字「擧」，資、磧、普、南、徑、清作「舉」。

一八一〇頁下二行夾註右行「足令」，資、磧、普、南、徑、清作「定令」。同行夾註左行第一五字「饉」，資、磧、南、徑、清作「飢饉」。

一八一〇頁下五行第二字「變」，資、磧、普、南、徑、清作「變現」。

一八一〇頁下八行「種種」，資、磧、普、南、徑、清作「樟柟」。

一八一〇頁下一六行第六字「與」，資、磧、普、南、徑、清作「興」。

一八一一頁上四行「難陁」，資、磧、普、南、徑、清作「阿難」。

一八一一頁上五行「阿難」，資、磧、普、南、徑、清作「難陁」。

一八一一頁上一〇行首字「物」，資、磧、普、南、徑、清作「物故」。

一八一一頁上二〇行第五字「初」，資、磧、普、南、徑、清作「最初」。

一八一一頁中一一行第一〇字「熱」，資、磧、普、南、徑、清作「熱氣」。

一八一一頁中二〇行第五字「從」，資、磧、普、南、徑、清作「方從」。

一八一一頁下一五行「欲心」，資、磧、普、南、徑、清作「欲心倒」。

一八一一頁下一八行第二字「生」，資作「往」。

一八一一頁下末行第五字「母」，磧、南、徑、清作「父」。

一八一二頁上六行第一三字「愛」，資、清作「受」。下二〇行第一〇字資同。

一八一二頁中八行首字「業」，資、磧、普、南、徑、清作「業時」。

一八一二頁中一三行「妄見」，資、磧、普、南、徑、清作「望見」。一六行及本頁下一六行同。

一八一二頁下七行「自高」，南、徑、清作「背高」。

一八一二頁下一四行首字「受」，磧、麗作「愛」。

一八一三頁上二行第五字「中」，資、磧、普、南、徑、清作「中有」。

一八一三頁上一三行「野千」，磧、南、徑、清作「野牛」。

一八一三頁上一九行「未見」，諸本作「未具」。

一八一三頁下三行「少病」，南、徑、清作「少壯」。

一八一三頁下八行「死生」，南、徑、清作「尼生」。

一八一四頁上一六行「今人」，諸本作「令人」。

一八一四頁上一七行夾註右行「欲求」，資、磧、普、南、徑、清作「欲來」。

一八一四頁中六行及一八行「天祀」，資、磧、普、南、徑、清作「天祠」。

一八一四頁中九行第六字「天」，資、磧、普、南、徑、清作「天祠」。

一八一四頁中一四行第七字「令」，磧、普、南、徑、清作「今」。

一八一四頁中一七行第一三字「下」，資、磧、普、南、徑、清作「樹下」。

一八一四頁中二〇行「神樹便取」，資、磧、普、南、徑、清作「樹神遂取」。

一八一四頁中二一行第六字「笑」，南、徑、清作「哭」。

一八一四頁下一行第八字「遇」，資、磧、普、南、徑、清作「過」。

一八一四頁下一四行第五字「鬼」，資、磧、普、南、徑、清作「鬼中」。

一八一五頁上一〇行第二字「二」，南、徑、清作「三」。

一八一五頁下九行第六字「接」，磧、普、南、徑、清作「綏」。

一八一六頁上四行末字「者」，麗無。

一八一六頁上一三行「豪性」，諸本作「豪姓」。

一八一六頁上一八行第一〇字「穀」，磧、普、南、徑、清無。

一八一六頁中五行「可不」，資、磧、普、南、徑、清作「不可不」。同行「命終」，資、磧、普、南、徑、清作

「臨終」。

一　八一六頁中七行「命過」，資、磧、普、南、徑、清作「過命」。

一　八一六頁中二一行「破碎」，資、磧、普、南、徑、清作「破散」。

一　八一六頁下二行末二字「皆得」，資、磧、普、南、徑、清作「悉得」。

一　八一六頁下三行「淨度」，徑作「淨土」。

一　八一六頁下五行「五羅」，南、徑、清作「閻羅」。

一　八一六頁下九行第一二字「化」，諸本作「他」。

一　八一六頁下一一行首字「脩」，磧、普、南、徑、清作「錄」。

一　八一六頁下一九行「常施」，資、磧、普、南、徑、清作「當施」。

一　八一六頁下二二行「曠鬼」，麗作「野鬼」。

一　八一六頁下末行「飲食」，資、磧、普、南、徑、清作「飯食」。

一　八一七頁上一八行「下來但作」，資、磧、普、南、徑、清作「來下化作」；麗作「下來化作」。

一　八一七頁上一九行「年少」，資、磧、普、南、徑、清作「少年」。

一　八一七頁中九行第九字「者」，資、磧、普、南、徑、清作「師」。

一　八一七頁中一五行「多身」，資、磧、普、南、徑、清作「多般」。同行末字「真」，資、磧、普、南、徑、清作「賢」。

一　八一七頁中一六行第一〇字「賓」，資、磧、普、南、徑、清作「遷」。

# 諸經要集卷第二十　對

西明寺沙門釋道世集

## 雜要部第三十　此有十三緣

述意緣　怨苦緣
八苦緣　五蓋緣
五辛緣　嚏氣緣
便利緣　護淨緣
鳴鐘緣　入衆緣
衰相緣　眠夢緣
雜行緣

### 述意緣第一

夫神理無聲因言詞以寫意言詞无迹緣文字以圓音故字為言跡言為理筌音義合符不可偏失是以文字應用弥綸宇宙雖迹繁翰墨而理契乎神但以經論浩博具録難周記傳紛綸事有廣略所以導達群方開示後學設教緣迹煥然備悉訓俗事源贊尒咸在捜撿條章討振樞要緝綴翰墨具列前篇其餘雜務汲引濟俗現可行者跡之於後冀令咨昧漸除法燈遐照也

### 怨苦緣第二



如中阿含經云尒時世尊告諸比丘衆生无始生死長夜輪轉不知苦之本際諸比丘於意云何若此大地一切草木以四指量斬以為籌以數汝等長夜輪轉生死所依父母籌數已盡其諸父母數猶不盡諸比丘如是無始生死長夜輪轉不知苦之本際佛告諸比丘汝等輪轉生死飲其母乳多於恒河及四大海水所以者何汝等長夜或生象中飲其母乳无量无數或生駝馬牛驢諸禽獸類飲其母乳其數無量汝等長夜棄於塚間膿血流出亦復如是或墮地獄畜生餓鬼髓血流出亦復如是

佛告諸比丘汝等長夜輪轉生死所出身血甚多无數過於恒水及四大海汝於長夜曽生象中或截耳鼻頭尾四足其血無量或受馬駝驢牛禽獸類等斷截耳鼻頭足四體其血无量或身壞命終棄於塚間膿血流出其數無量或墮地獄畜生餓鬼身壞命終其流血出亦復如是或長夜輪轉生死喪失父母兄弟姉妹六親知識或喪失錢財為之流淚甚多無量過四大海水



佛告諸比丘汝等見諸衆生安隠諸樂當作是念我等長夜輪轉生死亦曽受斯樂其趣无量或見諸衆生受諸苦惱當作是念我昔長夜輪轉生死以来亦曽受如是之苦其數無量或見諸衆生而生恐怖衣毛為竪當作是念我等過去必曽殺生為傷害者為悪知識於無始生死長夜輪轉不知苦之本際或見諸衆生愛念歡喜者當作是念如是過去世時必為我等父母兄弟姉妹妻子親屬師友知識如是長夜生死輪轉無明所盖愛繫其頸故長夜輪轉不知苦之本際是故諸比丘當如是學精勤方便斷除諸本莫令增長尒時世尊即說偈言

一人一劫中　積聚其身骨　常積不腐壞
如毗富羅山　若諸聖弟子　正智見真諦
此苦及苦因　離苦得寂滅　修習八道跡
正向般涅槃　極至於七有　天人來往生

盡一切諸結究竟於苦邊
佛告諸比丘衆生無始生死長夜輪
轉不知苦之本際無有一處不生不
死者如是長夜無始生死不知苦之
本際亦无有一處無父母兄弟妻子
眷屬宗親師長者辟如大雨滴泡一
生一滅如是衆生無明所蓋愛繫其
頸長夜輪轉不知苦之本際辟如普
天大雨洪澍東西南北無斷絶處如
是四方无量國土刼成刼壞如天大
雨普雨天下無斷絶處長夜輪轉不
知苦之本際辟如擲杖空中或頭落
地或尾落地或中落地如是无始生
死長夜輪轉或墮地獄或墮畜生或
墮餓鬼
又正法念經云尒時夜摩天王為諸
天衆以要言之於天人中有十六苦
何等十六天人之中善通所攝一者
中陰苦二者住胎苦三者出胎苦四
者悕求食苦五者怨憎會苦六者愛
別離苦七者寒熱等苦八者病苦九
者他給使苦十者追求營作苦十一
者近惡知識苦十二者妻子親里衰
惱苦十三者飢渴苦十四者為他輕
毀苦十五者老苦十六者死苦如是
十六人中大苦於人世間乃至命終
及餘衆苦於生死中不可堪忍於有
為中無有少樂一切无常一切敗壞
尒時夜摩天王以偈頌曰
於人世界中　有陰皆是苦　有生必歸死
有死必有生　若住於中陰　自業受苦惱
長夜遠行苦　此苦不可說　没於屎尿中
熱氣之所燒　如是住胎苦　不可得具說
常貪於食味　其心常悕望　於味變大苦
此苦不可說　心小常悕望　於欲不知足
所受諸苦惱　此苦不可說　怨憎不愛會
猶如大火毒　所生諸苦惱　此苦不可說
於恩愛別離　衆生起大苦　大惡難堪忍
此苦不可說　寒熱大苦畏　生無量種苦
生無量種惡　此苦不可說　病苦害人命
病為死王使　衆生受斯苦　此苦不可說
為他所策使　常無有自在　衆生受斯苦
此苦不可說　愛毒燒衆生　追求受大苦
次第乃至死　此苦不可說　若近惡知識
衆苦常不斷　常受惡道苦　此苦不可說
妻子得衰惱　見則生大苦　出過於地獄
此苦不可說　飢渴自燒身　猶如猛炎火
能壞於身心　此苦不可說　常為輕賤他
親里及知識　生於憂悲苦　此苦不可說
人為老所壓　身羸心意劣　傴僂拄杖行
此苦不可說　人為死所執　從此至他世
是死為大苦　不可得宣說
八苦緣第三
如五王經云佛為五王說法云人生
在世常有无量衆苦切身今粗為汝
等略說八苦何謂八苦一生苦二老
苦三病苦四死苦五恩愛別苦六所
求不得苦七怨憎會苦八憂悲苦是
為八苦也何謂生苦人死之時不知
精神趣向何道未得生處普受中陰
之形至其三七日中父母和合便來
受胎一七日如薄酪二七日如稠酪
三七日如凝蘇四七日如肉團五七
日肉皰成就巧風入腹吹其身體六
情開張在母腹中生藏之下熟藏之
上母噉一杯熱食灌其身體如入鑊
湯母飲一杯冷水亦如寒氷切身母
飽之時迫迮身體痛不可言母飢之
時腹中了了亦如倒懸受苦无量至

其滿月欲生之時頭向產門劐如兩石峽山欲生之時母危父怖生墮草上身體細軟草觸其身如履刀劍忽然失聲大呼此是苦不諸人咸言此是大苦

何謂老苦謂父母養育至年長大自用強健擔輕負重不自裁量寒熱失度年老頭白齒落目視瞍眎耳聽不聰盛去衰至皮緩面皺百節疼痛行步苦極坐起呻吟憂悲心惱識神轉減便旋即忘命日促盡言之流涕坐起須人此是苦不答曰大苦

何謂病苦人有四大和合而成一大不調百一病生四大不調四百四病同時俱作地大不調舉身沉重水大不調舉身膖腫火大不調舉身蒸熱風大不調舉身掘強百節苦痛猶被杖楚四大進退手足不任氣力虛竭坐起須人口燥脣燋筋斷鼻坼目不見色耳不聞音不淨流出身卧其上心懷苦惱言趣悲哀六親在側晝夜看視初不休息餚饍美食入口皆苦此是苦不答曰實是大苦



何謂死苦人死之時四百四病同時俱作四大欲散魂神不安欲死之時刀風解形無處不痛白汗流出兩手摸空室家內外在其左右憂悲涕泣痛徹骨髓不能自勝死者去之風逝氣絕火滅身冷風光失次魂靈去矣身體挺直無所復知旬日之間肉壞血流膖脹爛臭甚不可近棄之曠野衆鳥噉食肉盡骨乾髑髏異處此是苦不答言實是大苦何謂恩愛別苦謂室家內外兄弟妻子共相戀慕一朝破亡為人抄劫各自分張父東子西母南女北非唯一處為人奴婢各自悲呼心肉斷絶窈窈冥冥無有相見之期此是苦不答言實是大苦

何謂所求不得苦家內錢財散用追求大官吏民望得富貴勤苦求之不止會遇得之而作邊境令長未經幾時貪取民物為人告言一朝有事檻車立待欲殺之時憂苦无量不知死活何日此是苦不答言實是大苦

何謂怨憎會苦世人薄俗共居愛欲之中爭不急之事更相殺害遂成大



怨各自相避隱藏無地各磨刀錯箭挾弓持杖恐畏相見會遇狹道相逢張弓澍箭兩刃相向不知勝負是誰當尒之時怖畏無量此是苦不答言實是大苦

何謂憂悲苦惱謂人生在世長命者乃至百歲短命者胞胎傷墮長命之者與其百歲夜消其半餘年五十在其酒醉疾病不知作人減少五歲小時愚癡至年十五未知礼義年過八十志鈍無智耳聾目冥无有法則復減二十年已九十年過餘有十歲之中多諸憂愁天下欲乱時亦愁天下旱時亦愁天下大水亦愁天下大霜亦愁天下不熟亦愁家室內外多諸疾病亦愁持家財物治生恐失亦愁官家百調未輸亦愁家人遭官繫閉牢獄未知出期亦愁兄弟遠行未歸亦愁居家窮寒無有衣食亦愁比舍村落有事亦愁社稷不辦亦愁室家死亡無有財物殯埋亦愁至春種作元有犁牛亦愁如是種種憂悲無有樂時至其節日共相集聚應當歡樂

方共悲啼相向此是苦不荅曰實是
大苦
又金色王經云有一天女向金色王
而說偈言
何法名為苦　所謂貧窮是　何苦最為重
所謂貧窮苦　死苦與貧窮　二苦等無異
寧當受死苦　不用貧窮生
虫寓緣第四
如禪秘要經云復次舍利弗若行者
入禪定時欲覺起貪婬風動四百四
脉從眼至身根一時動搖諸情閇塞
動於心風使心顛狂因是發狂鬼魅
所著晝夜思欲如救頭然當疾治之
治之法者教此行者觀子藏子藏者
在生藏下熟藏之上九十九重膜如
死猪胞四百四脉從於子藏猶如樹
根布散諸根如蔵戾囊一千九百節
似芭蕉葉八十户虫圍繞周帀一百
四脉及以子藏猶如馬腸直至產門
如辟劍形團圓大小上圓下尖狀如
貝齒九十九重一一重間有四百四
虫一一虫有十二頭十二口人飲水
時水精入脉布散諸虫入毗羅虫頂



直至產門半月半月出不淨水諸虫
各吐猶如敗膿入九十虫口中從十
二虫六竅中出如敗絳汁復有諸虫
細於秋毫遊戲其中諸男子等宿惡
罪故四百四脉從眼根布散四支流
注諸腸至生藏下熟藏之上肺脾腎
脉於其兩邊各有六十四虫各十二
頭亦十二口娩繞相著狀如指環蔵
青色膿如野猪精臭惡叵堪至藏陰
處分為三支二九在上如芭蕉葉有
十千二百脉一一脉中生於風虫細
若秋毫似毗蘭多鳥嘴諸虫中生筋
色虫（此虫形體似鍼遶於子藏能動諸脉及精出入男虫青白女虫紅赤）七万
八千共相纏裹狀如疊環似瞿師羅
鳥眼九十八脉上衝於心乃至頂髻
諸男子等眼觸於色風動心相四百
四脉為風所使動轉不停八十户虫
一時張口眼出諸膿流注諸脉乃至
虫頂諸虫崩動狂無所知觸前女根
男精青白是諸虫淚女精黃赤是諸
虫膿九十八使所熏修法八十户虫
地水火風之所動作佛告舍利弗若
有四衆著慙愧衣服慙愧藥欲求解



脫度世苦者當學此法如飲甘露學
此法者想前子藏乃至女根男子身
分大小諸虫張口竪牙瞋目吐膿以
手反之置左膝端數息令定一千九
百九十九過觀此想成已置右膝端
如前觀之復以手反之用覆頭上令
此諸虫衆不淨物先適兩眼耳鼻及
口无處不至見此事已於好女色及
好男色乃至天子天女若眼視之如
見癩人郁利瘡虫如地獄箭半多羅
鬼神狀如阿鼻地獄猛火熱焰應當
諦觀自身他身是欲界一切衆生身
分不淨皆悉如是舍利弗汝今知不
衆生身根根本種子悉不清淨不可
具說但當數息一心觀之若服此藥
是大丈夫天人之師調御人主免欲
淤泥不為欲水恩愛大河之所漂沒
溫洪不祥幻色妖鬼之所嬈害當知
是人未出生死其身香潔如優波羅
人中香象龍王力士摩醯首羅所不
能及大力丈夫天人所敬佛告舍利
弗汝好受持為四衆說慎勿忘失時
舍利弗及阿難等聞佛所說歡喜奉行

又正法念經云比丘修行者如實見
身從頭至足循身觀察彼以聞慧或
以天眼見髑髏內自有虫行名曰腦行
遊行骨內生於腦中或行或住當食
此腦復有諸虫住髑髏中若行若食
還食髑髏復有髮虫住於骨外食於
髮根以虫瞋故令髮墮落復有耳虫
住在耳中食耳中肉以虫瞋故令人
耳痛或令耳聾復有鼻虫住在鼻中
食鼻中肉以虫瞋故能令其人飲食
不美腦涎流下以虫食腦涎是故令
人飲食不美復有脂虫生在脂中住
於脂中常食人脂以虫瞋故令人頭
痛復有續虫生於節間有名身虫住
入人牙以虫瞋故令人脉痛猶如針
刺復有諸虫名曰食涎住舌根中以
虫瞋故令人口燥復有諸虫名曰牙
根虫住於牙根以虫瞋故令人牙疼
復有諸虫名歐吐虫以食違故多生
歐吐是名內修行者循身觀是十種
虫住於頭中或以聞慧或以天眼初
觀咽喉有虫名曰食涎䶑嚼食時猶
如歐吐涎唾和雜欲咽之時與腦涎

合喉中涎虫共食此食以自活命若
虫增長令人嗽病若多食膩或多食
垢或食熏食或食酢食或食冷食虫
則增長令人咽喉生於病疾
復以聞慧或以天眼見消唾虫住咽
喉中若人不食如上膩等虫則安隱
能消於唾於十脉中流出美味安隱
受樂若人多唾虫則得病以虫病故
則吐冷沫故胷中成病
復以聞慧或以天眼觀於吐虫住人
身中住於十脉流注之處若人食時
如是之虫從下脉中踊身上行至咽
喉中即令人吐生於五種歐吐一風
吐二癊吐三唾吐四雜吐五蠅吐若
虫安隱則於腸口順入腹中
復以聞慧或以天眼見蠅食不淨故
蠅入咽喉中令吐虫動則便大吐
復以聞慧或以天眼見醉味虫行於
舌端乃至令脉於其中間或行或住
微細無足若食美食虫則昏醉增長
若食不美虫則瘦弱若我不食醉虫
則病不得安隱
復以聞慧或以天眼見放逸虫住於

頂上若至腦門令人疾病若至頂上
令人生瘡若至咽喉猶如蟻子滿咽
喉中若住本處病則不生
復以聞慧或以天眼見六味虫所食
嗜味者我亦貪嗜隨此味虫所不嗜
者我亦不便若得熱病虫亦先得如
是熱病以是過故令於病人所食不
美無有食味
復以聞慧或以天眼見抒氣虫以瞋
恚故食腦作孔或咽喉痛或咽喉塞
生於死苦此抒氣虫共咽喉中一切
諸虫皆悉撩亂生諸痛惱此抒氣虫
常為唾覆其虫短小有面有足
復以聞慧或以天眼見憎味虫住於
頭下咽喉根中云何此虫為我病惱
或作安隱彼見此虫憎疾諸味唯嗜
一味或嗜甜味憎於餘味或嗜酢味
憎於餘味隨所憎味我亦憎之隨虫
所嗜我亦嗜之舌端有脉隨順於味
令舌乾燥以虫瞋故令舌瘖瘂而重
或令咽喉即得微病若不瞋恚咽喉
則無如上諸病
復以聞慧或以天眼見嗜睡虫其形

諸經要集卷第二十 第十六張 劉 矢

微細狀如臚壓住一切脉流行趣味
住骨髓内或住肉内或髑髏内或在
類内或齒骨内或咽骨中或在耳中
或在眼中或在鼻中或在鬚髮此嗜
睡虫風吹流轉若此虫病若虫疲極
住於心中心如蓮華晝則開張無日
光故夜則還合心亦如是虫住其中
多取境界諸根疲極虫則睡眠人亦
睡眠一切衆生悉有睡眠若此睡虫
晝日疲極人亦睡眠
復以聞慧或以天眼見有腫虫行於
身中其身微細隨虫飲血處則有腫
起瘤瘤而疼或在面上或在頂上或
在咽喉或在腦門或在餘處所在之
處能令生腫若住筋中則無病苦
復以聞慧或以天眼見十種虫至於
肝肺人則得病何等為十一名食毛
虫二名孔穴行虫三名禪都摩羅虫
四名赤虫五名食汁虫六名毛燈虫
七名瞋血虫八名食門虫九名瘤瘤虫
十名酢虫此諸虫等其形微細無足
无目行於血中痛癢為相
復以聞慧或以天眼見食毛虫若起

諸經要集卷第二十 第十七張 劉 伏

瞋恚能噉鬚眉皆令墮落令人癩病
若孔穴行虫而起瞋恚行於血中令
身麁澁頭痒元知若禪都摩羅虫流
行血中或在鼻中或在口中令人口
鼻皆悉臭悪若其赤虫而起瞋恚行
於血中能令其人咽喉生瘡若食汁
虫而起瞋恚行於血中令人身體作
青癬瘦或黑或黄癬瘦之病若毛燈
虫起於瞋恚血中流行則生病苦瘡
癬熱黄疥癩破裂若瞋血虫以瞋恚
故血中流行或作赤病女人赤下身
體搔癢疥瘡膿爛若食血虫瞋而生
病惱頭旋迴轉於咽喉中口中生瘡
下門生瘡若瘤瘤虫血中流行則生
病疾疲頓困極不欲飲食若酢虫瞋
恚亦令其人得如是病
復觀十種虫行於陰中何等為十一
名生瘡虫二名刺虫三名閉筋虫四
名動脉虫五名食皮虫六名動脂虫
七名和集虫八名臭虫九名濕生虫
十名熱虫
復以聞慧或以天眼見於瘡虫隨有
瘡處諸虫圍繞噉食此瘡或於咽喉

諸經要集卷第二十 第十八張 劉

而生瘡病或見刺虫若生瞋恚令人
下痢猶如火燒口中乾燥飲食不消
若人愁惱虫則歡喜醫人血脉以為
衰惱或下赤血或不消下痢或見閉
筋虫行於麁筋或行細筋若覺虫行
筋則疼痛若不覺行筋則不疼一切
骨肉皆亦消瘦筋中疼痛若虫瞋恚
人不能食若住筋中而飲人血令人
無力若食人肉令人羸瘦或見動脉
虫是虫遍行一切脉中其身微細行
無障礙若虫住入食脉之中則有病
過令身乾燥不喜飲食若虫住水脉
之中則有病生令口乾燥若在汗脉
令人一切毛孔無汗若在尿脉令人
淋病或令精壞或令痛苦若虫瞋恚
行下門中令人大便閉塞不通苦惱
垂死或見食皮虫以食過故虫則瞋
恚令人面色醜悪或生悪皰或癢或
赤或黄或破或復令其鬚爪墮落令
人悪病或皮斷壞或肉爛壞或見動
脂虫住在身中脂脉之内若食有過
若多睡眠此虫則瞋不消飲食或生
疥瘙或生悪腫毛根鏢病或得癧病

或脉脹或乾消或身臭病或食時流汗或見和集虫集二種身一者覺身二者不覺身皮肉血等是名覺身皴爪齒等是名不覺身以食過故虫則無力人亦無力不能速疾行来往返瞤眼瞖瞢或多燋渴皮肉骨血髓精損減或見臭虫住在肉中戻尿之中以食過故虫則瞋恚身肉戻尿唾涕皆臭鼻中爛膿或眼疾爛臭隨虫行處皆悉臭穢若衣若敷若食住在齒中以虫臭故食亦隨臭衣敷盡臭舌上多有血垢臭穢身垢亦臭或見濕行虫行背肉中知食消已入腰三孔取人糞穢汁則成尿滓則為糞令入下門

復次修行觀者内身循身觀觀十種虫行於身中一切人身皆從中出何等為十一名瘖瘖虫二名惙惙虫三名苗華虫四名火焰虫五名黒虫六名大食虫七名暖行虫八名作熱虫九名火虫十名大火虫此諸虫等住陰黄中

復以聞慧或以天眼見瘖瘖虫以食



過故虫則瞋恚食人眼睫令人眼癢多出眵淚此微細虫若行眼中眼則多病或令目壞若入睛中眼生白瞳其虫赤色若虫不瞋則無此病或見惙惙虫住在人身行於陰中陰黄覆身若入骨中令人蒸熱若行皮中晝夜常熱手足皆熱若入皮裏身則汗出或見苗華虫行住陰中利劈短足身如火蔵不欲食飲隨所行處則大熱爛身肉增長其身蒸熱若虫順行則无此疾或見火焰虫住在身中行黄陰中或安不安以食過故虫則瞋恚從頂至足行無障礙能令身中一切熱血生於熱瘡若血若陰從於口中耳中流出若虫不瞋則無此病或見黒虫住在身内行於黄中或安不安以食過故虫則瞋恚令人面皺或生多厭或黒或黄或赤或令身臭或令雀目或口中生瘡或大小便處生瘡若虫不瞋則無此病或見大食虫以食過故則生瞋恚住陰黄中隨食消化若虫不瞋則無此病或見暖行虫常愛暖食憎於冷食若我食冷虫



則瞋恚口多出水或痳或睡或心陰瞖瞢或身疾強或復多唾或咽喉病若虫不瞋則無此病或見熱虫住人身中以食過故病垢增長妨出入身令身麁大或咽喉塞令大小便悉皆白色不愛寒冷不受淡食或見食火虫住在身内行住陰中此虫寒時則便歡喜熱時瘦弱寒歡喜故人則憶食熱時火憎不欲飲食於冬寒時陰則清涼熱則陰發或見大火虫若人性不便而強食之以食過故虫則瞋恚噉身内虫令人腸痛或脚手疾隨食虫處則皆疾痛若虫不瞋則無如上

復次修行者内身循身觀彼以聞慧或以天眼觀於骨中有十種虫何等為十一名䶢骨虫二名嚙骨虫三名割節虫四名赤口臭虫五名爛虫六名赤口虫七名頭頭摩虫八名食皮虫九名風刀虫十名刀口虫如此十虫行於骨中違情損身不可具述

復次修行者内身循身觀彼以聞慧或以天眼見十種虫行於尿中何等為十一名生虫二名針口虫三名節

虫四名無足虫五名散汁虫六名三
燋虫七名破腸虫八名閇塞虫九名
善色虫十名穢門瘡虫其毛可惡住
糞穢中此十種虫若違性瞋故亦損
人身備在經文不可具述
復次修行者内身循身觀彼以聞慧
或以天眼見十種虫行於髓中有行
精虫何等為十一名毛虫二名黑口
虫三名无力虫四名大痛虫五名煩
悶虫六名大虫七名滑虫八名下流
虫九名起身根虫十名憶念歡喜虫
此之十虫若違性瞋故亦損人身具
如經說不可具述

五辛緣第五

如楞伽經云佛言大慧如是一切葱
韮蒜臭穢不淨能障聖道亦障世間
人天淨處何況諸佛淨土果報酒亦如是
又涅槃經云乃至食葱韮蒜薤亦皆
如是當生苦處穢汙不淨能障聖道
亦障世間人天淨處何况諸佛淨土
果報酒亦如是能障聖道能損善業
能生諸過
又雜阿含經云不應食五辛何等爲



五一者木葱二者革葱三者蒜四者
興渠五者蘭葱又梵網經云若佛子
不得食五辛大蒜革葱慈葱蘭葱興
渠是五種不得食
又五辛報應經云七衆等不得食肉
熏辛讀誦經論得罪有病開在伽藍
外白衣家服已滿四十九日香湯澡
浴竟然後許讀誦經論不犯
又僧祇十誦五分律等更無餘治開
病比丘服蒜聽七日在一邊小房内
不得卧僧牀褥衆大小便處講堂處
皆不得到又不得受請及僧中食不
得就佛礼拜得在下風處遥礼七日
滿已澡浴熏衣方得入衆若有患瘡
醫教須香治者佛令先供養佛已然
後許塗身還在屏處一同前法出家性潔尚令作法如是况俗凡夫輒開食耶

嚏氣緣第六

如僧祇律云若在禪坊中嚏者不得
放恣大嚏若嚏來時當忍以手掩鼻
若不可忍者應手遮鼻而嚏勿令涕
唾汙比座若上座嚏者應言和南下
座嚏默然



又四分律云時世尊嚏諸比丘呪願
言長壽時有居士嚏又礼拜比丘佛
令比丘呪願言長壽
又僧祇律云佛言若急下風來當制
若不可忍者當向下坐不得在前縱
氣若氣來不可忍者當下道在下風
放之
又毗尼母經云氣有二種一者上氣
二者下氣上氣欲出時莫當人張口
令出要迴面向無人處張口令出若
下氣欲出時不聽衆中出要作方便
出外至无人處令出然後来入衆莫
使衆譏嫌汙賤入塔時不應放下氣
安塔樹下大衆中皆不得令出氣師
前大德上座前亦不得放下風出聲
若腸中有病急者應出外去莫令人
生汙賤心

便利緣第七

如優鉢祇王經云伽藍法界地湧大
小行者五百身墮拔波地獄經二十
小劫常遣肘手掊此大小便處臭穢
之地乃至黃泉
又毗尼母經云諸比丘住處房前閒

處小便汙地臭氣皆不可行佛聞之告諸比丘從今已去不聽諸比丘僧伽藍處處小行當聚一屏猥處若瓦瓶若木筒埋地中小行已以物蓋頭莫令有臭氣若上廁去時應先取籌草至户前三彈指作聲若人非人令得覺知若無籌不得壁上拭不得廁板梁栿上拭不得用石不得青草土塊耎木皮耎葉奇木皆不得用所應用者木竹葦作籌度量法極長者一搩手短者四指已用者不得振令汙淨者不得著淨籌中是名上廁用籌法

上廁有二處一者起止處二者用水處用水處坐起褰衣一切如起止處無異廁户前著淨瓶水復應著一小瓶若自有瓶者當自用若无瓶者用廁邊小瓶不得直用僧大瓶水令汙是名上廁用水法

塔前衆僧前和上阿闍梨前不得張口大涕唾著地若欲涕唾者當屏猥處莫令人惡賤是涕唾法

又三千威儀云若不洗大小便比丘得突吉羅罪亦不得淨僧座具上坐



及礼三寶設礼無福德又至舍後上廁有二十五事一欲大小便當行時不得道上為上座作礼二亦莫受人礼三往時當直伍頭槻地四往當三彈指五已有人彈指不得逼六已上正住彈指乃踞身七正踞中坐八不得一足前一足却九不得令身倚十斂衣不得使垂圊中十一不得大咽使面赤十二當直視前不得顧聽十三不得汙壁十四不得伍頭視圊中十五不得視陰十六不得以手持陰十七不得草畫地十八不得持草畫壁作字十九用水不得大費二十不得汙湔二十一用水不得使前手著後手二十二用土當三過二十三當用澡豆二十四得三過用水二十五設見水草土盡語直日主者若自手取為善

又僧祇律云大小行已不用水洗而受用僧座具牀縟得罪

又十誦律云不洗大行處不得坐卧僧卧具上得罪

又摩德勒伽論云不洗大小行處不得礼拜除無水處若為非人所瞋水神所瞋或為服藥等開不犯



又雜譬喻經云有一比丘不彈指來大小便瀆汙中鬼面上魔鬼大恚欲殺沙門持戒魔鬼隨逐伺覓其短不能得便（既知此事上廁必須聲咳）

又賢愚經云昔佛在世時舍衛城中有一貧人名曰尼提極貧下賤常客除糞佛知應度即將阿難往到其所正值尼提擔糞出城而欲棄之瓶破汙身遥見世尊深生慚愧不忍見佛佛到其所廣為說法即生信心欲得出家佛使阿難將至河中與水洗訖將詣祇洹佛為說法得須陁洹尋即出家得阿羅漢果國人及王聞其出家皆生忿恨云何佛聽此人出家波斯匿王即往佛所欲破此事正值尼提在祇洹門大石上坐縫補故衣七百諸天香華供養王見歡喜請通白佛尼提比丘身没石中出入自在通白已竟王到佛所先問此事向者比丘姓字何等佛告王曰是王國中下賤之人除糞尼提王聞佛語謗心即

除到尼提所執足作礼懺悔辭謝王白佛言尼提比丘宿作何業受此賤身佛告王曰昔迦葉佛入涅槃後有一比丘出家自在秉捉僧事身暫有患懶起出入便利器中使一弟子擔往棄之然其弟子是須陁洹以是因緣流浪生死恒為下賤五百世中為人除糞由昔出家持戒功德今得值佛出家得道以是義故不得房內便利畏招前罪數見俗人縱急不能自遣置器在房便利令他日別將棄未來定墮地獄縱得出獄猶作狗蜣蜋廁中穢糞虫也

又佛說除灾患經云佛告阿難乃前世過去迦葉佛時人壽二萬歲佛事終竟復捨壽命尒時有王名曰善頭供養舍利起七寶塔高一由延一切衆生然燈燒香香華繒綵供養礼事時有衆女欲供養塔便共相率掃除塔地時有狗糞汚穢塔地時有一女人手撮除棄復有一人見其以手除地狗糞便唾笑之曰汝手已汚不可復近彼女逆罵汝弊婬物水洗我手便可復淨佛天人師欲意无已手除不淨已便澡手遶塔求願令掃塔地汙穢得除令我世世勞垢消滅清淨無穢時諸女之掃塔地者今此會中諸女人是尒時掃地願滅塵勞服甘露味尒時以手除狗糞女者今柰女是尒時發願不與汙穢會所生清淨以是福報不因胞胎臭穢之處每因華生以其尒時發一惡聲罵言婬女故今受是婬女之名值佛聞法得須陁洹



又雜寶藏經云南天竺法家有一童女必使早起清掃庭中門户左右有長者女早起掃地會值如来於門前過見生歡喜注意看佛壽命旋促即終生天夫生天者法有三念自思惟言本是何身自知人身今生何處定知是天昔作何業來生於此知由見佛歡喜善業得此果報感佛重恩來供養佛佛為說法得須陁洹

又新婆沙論云昔怛叉尸羅國有一女人至月光王捨千頭處礼無憂王所起靈廟見有狗糞在佛座前尋作是思此處清淨如何狗糞穢汙其中以手捧除香泥塗飾善業力故令此女人遍體生香如栴檀樹口中常出青蓮華香若諸衆生由不護淨故因內煩惱感諸外穢故論頌言



世間諸穢草　能穢汙良田　如是諸貪穢
穢汙諸含識　世間諸穢草　能穢汙良田
如是諸瞋穢　穢汙諸含識

又賢愚經云佛在世時羅閲城邊有一汪水汙泥不淨多諸糞穢国中人民以屎尿投中有一大虫其形像蛇加有四足於其汪水東西馳走或没或出經歷年載常處其中受苦無量尒時世尊將諸比丘至彼坑所問諸比丘汝識此虫宿緣行不諸比丘咸皆不知

佛告比丘毗婆尸佛時有衆賈客入海取寶大獲珍寶平安還到選寶上者用施衆僧頋俟僧食僧受其寶付授摩摩帝於後僧食向盡從其求索不與衆僧苦索摩摩帝瞋恚而語之言汝曹噉屎此寶屬我何緣乃索由其欺僧惡口罵故身壞命終墮阿鼻地獄身常宛轉沸屎之中九十一劫乃從獄出今墮此中自從七佛已来

皆作其主至賢劫千佛各各皆尒
又百緣經云佛在王舍城迦蘭陁竹林時尊者舍利弗大目揵連談欲食時先觀地獄畜生餓鬼然後方食目連見一餓鬼身如燋柱腹如太山咽如細針鬚如錐刀纏刺其身諸支節間皆悉火出呻吟大喚四向馳走求索屎尿以為飲食疲苦終日而不能得即問鬼言汝造何業受如是苦餓鬼答言有日之處不煩燈燭如來世尊今現在世汝可自問我今飢渴不能答汝尒時目連尋往佛所具問如來所造業行受如是苦具以上問尒時世尊告目連曰汝今善聽吾為汝說此賢劫中舍衛城中有一長者財寶無量不可稱計常令僕使壓甘蔗汁以輸大家有辟支佛甚患渴病良醫處藥教服甘蔗汁病乃可差時辟支佛往長者家乞甘蔗汁時彼長者見來歡喜尋勅其婦富那奇我有急緣定欲出去汝今在後取甘蔗汁施辟支佛時婦答言汝但出去我後自與時夫出已取辟支佛鉢於其屏處小便鉢中以甘蔗汁盖覆鉢上與辟支佛辟支受已尋知非是投棄於地空鉢還歸其後命終墮餓鬼中常為飢渴所見逼切以是業緣受如是苦佛告目連欲知尒時彼長者婦今富那奇餓鬼是佛說是時諸比丘等捨慳貪緣猒惡生死有得四沙門果者有發辟支佛心者有發無上菩提心者尒時諸比丘聞佛所說歡喜奉行

護淨緣第八

如十誦律云云何漱口佛言以水著口中三迴轉之是名淨口法
又僧祇律云尒時世尊大會說法有比丘口臭在下風而住佛知而故問是比丘何故獨坐答言世尊制戒不聽嚼木所以口臭恐熏汙人故在下風佛言聽用嚼木極長十六指極短四指以上嚼時當在屏處先淨洗手嚼已水洗棄之嚼時不得咽之若醫言為差病須咽者聽若無齒者當用灰屬土墼薑石草末洗口已食若食上欲行水當淨水先洗手器然後行水若手汙者當以葉承取若口飲時不得沒脣使器著額當拄脣而飲飲時不得盡飲當留少許洮蕩已從口處棄之行水當好護淨器若見沒脣著額者當放置一處以草作識令人知不淨若作非時漿飲亦如前法
又僧祇律云比丘晨起應淨洗手不得麁洗五指復不得齊至腕當齊手腕以前令淨不得麁曾洗不得揩令血出當以巨摩澡末若灰土（澡豆之類）洗手揩令作聲淨洗手已更相揩者便名不淨應更洗手比丘食前當護手若摩頭捉衣等更須洗（比丘尚令白衣亦然）讀經受食等准用行之手淨尚尒何況手殺生命飲血噉肉以汙身口欲傳法心亦不淨
又四分律云時諸比丘患屋內臭佛言應灑掃若故臭以香泥泥若復臭應屋四角懸香
又十誦律云時有比丘不嚼楊技口中氣臭白佛佛言聽嚼楊枝有五利益一口不苦二口不臭三除風四除熱病五除痰癊復有五事利益一除風二除熱三口味四能食五眼明

又四分律云不嚼楊枝有五過失一口氣臭二不善別味三熱癊病不消四不引食五眼不明

又五分律云嚼已應洗棄之以恐虫食死故

又三千威儀云用楊枝有五事一斷當如度二破當如法三嚼頭不得過三分四抓齒當中三齒五當汁澡自用

刮舌有五事一不得過三反二舌上血出當止三不得大振手汙僧伽梨若足四棄楊枝莫當人道五當著屏處

鳴鐘緣第九

如付法藏經云時有國王名曰罽昵吒貪虐無道數出征伐勞役人民不知猒足欲王四海戍備邊境親戚分離若斯之苦何時寧息宜可同心共屏除之然後我等乃當快樂因王病虐以被鎮之人坐其上須臾氣絶由聽馬鳴比丘說法緣故生大海中作千頭魚劍輪迴注斬截其首續復尋生次第更斬如是展轉乃至無量須臾之間頭滿大海時有羅漢為僧維那王即白言今此劍輪聞犍稚音即



便停止於其中間苦痛小息唯願大德垂哀矜愍若鳴犍稚延令長久羅漢慈念為長打之過七日已受苦便畢而此寺上因彼王故次第相傳長打犍稚至于今日猶故如本述曰既知經意鳴鐘濟苦兼以集衆即須維那將欲打鐘斂容合掌發願利生之意因鐘念善便共受苦畢

又增一阿含經云若打鐘時願一切惡道諸苦並皆停止若聞鐘聲兼說偈讚得除五百億刼生死重罪

降伏魔力怨　除結盡無餘　露地擊犍稚　比丘聞當集　諸欲聞法人　度流生死海　聞此妙響音　善當來集此

又雜經說偈云

聞鐘臥不起　護塔善神瞋　現在緣果薄　來報受虵身　所在聞鐘聲　臥者必須起　合掌發善心　賢聖皆歡喜

洪鐘震響覺群生　聲遍十方無量土　含識群生普聞知　拔除衆生長夜苦　六識常昏終夜苦　無明被覆久迷情　晝夜聞鐘開覺悟　怡神淨剎得神通

入衆緣第十



如四分律云凡欲入衆當具五法一應以慈心二應自卑下如拭塵巾三應知坐起法若見上座不應安坐若見下座不應起立四彼至僧中不為雜說談世俗事若自說若請他說五若見僧中不可事心不安忍應作默然住之故智度論云佛聖弟子住和合故有二種法一賢聖語二賢聖默

今見齋會之處後生前到已得上妙之處若見上座老師來都不起迎逆避讓坐處汙法之深寔由年少復見向他貴勝之家或經新衣重孝哉為身歟逢惡在會道俗加惜歎笑喧亂大衆豈免答識高僧之類失

又三千威儀經云凡欲上牀當具七法一庠踞牀二不得匍匐上三不使牀有聲四不得大拂牀有聲五不得大吒歎息思惟世事六不得狗群卧七應以時節早起又地持論云若見衆生當慰問歡顏先語平視和色正念在前若菩薩知他衆生有實功德以嫌恨心不向人說亦不讚歎有讚歎者不唱善哉是名為犯衆多犯是犯染汙起故梁攝論云菩薩若見衆生當歡笑先言然後共語故五分律云不忍辱人有五過失一凶惡不忍

諸經要集卷第二十　第三十七張　對

二後悔恨三多人不愛四惡聲流布五死墮惡道

衰相緣第十一

如分別緣起初法門經云世尊告曰老有五種衰損一者鬚髮衰損以彼鬚髮色變壞故二者身相衰損形色層力皆衰損故三者作業衰損發言氣上喘息遍急身戰掉故住便僂曲以其膂脊皆無力故坐即伍屈身羸弱故行必按杖身虛劣故凡所思惟智識愚鈍念惛亂故四者受用衰損於現資具受用劣故於戲樂具一切不能現受用故於諸色根所行境界不能速疾明利而行或不行故五者命根衰損壽量將盡隣近死故遇少死緣不堪忍故

又何含經云頭白有四因緣一者火多二者憂多三者病多四者種早白人病瘦有四因緣一少食二有憂三多愁四有病未調有四事先不語人一頭白二老三病四死是四事亦不可避亦不可却一切味不過八種一苦二澁三辛四鹹五淡六酣七酢八不了了味

諸經要集卷第二十　第三十八張　對

眠夢緣第十二

如善見律云夢有四種一四大不和夢二先見夢三天人夢四想夢云何四大不和夢若眠時夢見山崩或飛騰虛空或見虎狼師子賊逐此是四大不和夢虛而不實云何先見夢若或晝日見或白或黑或男或女夜刻夢見是名先見夢此亦不實云何天人夢若善知識天人為現善夢令人得善若惡知識者為現惡夢此即真實云何想夢者若此人前身或有福德或有罪障若福德者現善夢罪者現惡夢如善薩母初欲入母胎時夢見白象從忉利天下入其右脇此是想夢也若夢礼佛誦經持戒布施種種功德此亦想夢問夢為善不善無記耶答亦善不善無記若夢見礼佛聽法說法此是善功德若夢見殺盜婬此是不善夢若夢見青黃赤白色等此是無記夢也問曰若尒者應受果報答曰不受果報何以故以心業羸弱故不感報是故律云除夢中不犯

諸經要集卷第二十　第三十九張　對

又迦延論云云何一切睡眠相應耶答曰或睡不眠相應如未眠時身不爽心不爽身重心重身瞪瞢心瞪瞢身憒心憒身睡心睡為睡所纏是謂睡不眠相應云何眠不睡相應答曰不染汙心眠夢是謂眠不睡相應云何睡眠相應答曰染汙心眠夢是謂睡眠相應云何不睡不眠答曰除上尒所事問眠當言善不善无記耶答曰眠或善或不善或無記云何為善答曰善心眠夢云何不善答曰不善心眠夢云何無記答曰除上尒所事如夢中施與作福持戒守齋如善心眠時所作福當言餘福迴是名善云何眠時所作不福當言迴耶答曰如夢中殺盜等如不善心眠餘不福心迴是名不善云何眠時所作福不福不當言迴答曰如眠時非福心非不福心迴如無記心眠時所作福非福不當言迴是名無記問夢名何等法答曰是五蓋中無明蓋也

又十誦律云有比丘衆中睡佛言聽水洗頭猶睡不可信令比丘以五法

用水洗他一者慚愧二者不惱他三者睡眠四者頭倚墻壁五者舒脚坐猶睡不止聽以手揉若故睡不止佛聽以趣擲若故睡不止佛聽用禪杖若取禪杖時應生敬心以兩手捉杖放戴頂上若坐睡不止應起看餘睡者以禪杖築築已還坐若无睡者還以禪杖著本處已坐若故睡不止佛聽用禪鎮安孔作之以繩貫孔中繩頭施紐掛耳上去額前四指著禪鎮時禪鎮墮地佛言禪鎮墮者應起摩行如㲲行法

雜行緣第十三

如四分律云跋難陀比丘在道行持大圓蓋諸居士遥見謂是王若大目恐怖避道諦視乃知比丘白佛佛言比丘不應持蓋在道行亦不應懸為天雨時在寺内樹皮若葉若竹作蓋亦不許捉王大扇若行患熱聽以樹葉雜物作扇時諸比丘患虫草塵露墮身上佛言聽作拂若以草樹皮葉或以縷線裁碎繒帛作時有比丘得氂拂佛言聽畜時有年少比丘不解



時事數相涉聽用算子記數

又四分律云時諸比丘自作伎若吹貝供養佛言不應尒彼畏慎不敢令白衣作伎供養佛言聽

又佛言彼不知供養塔飲食誰當應食佛言比丘若沙弥若優婆塞若經營作者應食又薩婆多論云凡出家人市買之法不得下價索他物得突吉羅罪衆僧衣未三唱得益價三唱已不應益衆僧亦不應與衣已屬他故比丘三唱得衣不應悔設悔莫還衆僧亦莫還直

又新婆沙論問異生聖者誰有怖耶有作是說異生有怖(異生皆名凡夫)聖者无怖所以者何聖者已離五怖畏故五怖畏者一不活畏二惡名畏三怯衆畏四命終畏五惡趣畏

又雜寶藏經云佛言此如意珠是摩竭大魚腦中出魚身長二十八万里此珠名曰金剛堅也有第一力耐使一切被毒之人見悉消滅又見光觸身亦復消毒第二力者熱病之人見則除愈光觸其身亦復得差第三力



者人有无量百千怨家捉此珠者悉得親善諸天一爪甲價直一閻浮提人物

又四分律云時諸比丘患虵入屋未離欲比丘恐怖佛言聽驚若以筒盛棄之若以繩繫置地解放有鼠入屋作檻盛出棄之患蝎蜈蚣蚰蜒入屋若以弊物若泥團掃箒盛裹棄之在外解放若房舍夜患蝙蝠晝患鵂鳥入佛言聽織作籠疏障若作向摽子遮時有差病比丘拾虱棄地佛言不應尒聽以器盛若綿拾著中若虱走出應作筒盛若虱出筒應作蓋塞(隨其寒暑加以膩食將養之)

又四分律云時六群比丘誦外道安置舍宅吉凶符書呪杖鄣呪刹利呪知人生死吉凶呪解諸音聲呪佛言不應尒彼教他彼以活命佛言皆不應尒

尒時世尊在毗舍離國時諸離奢乘象馬車乘鞶轝捉持刀劍來欲見世尊彼留刀杖在寺外入内問訊世尊時諸白衣持刀劍來寄諸比丘藏畏

愼不敢受佛言爲擅越宰堅固藏舉者聽

又五百問事云不得口吹經上塵像塵准之雖非正經然須愼之亦不得燒故經得重罪如燒父母不知有罪者輕

又僧祇律云然火向有七事無利益一壞眼二壞色三身羸四衣垢壞五臥具壞六生犯戒緣七增世俗話

又月上女經云維摩詰妻名曰無垢其妻九月生女名爲月上

又佛說離垢施女經云波斯匿王有女名曰維摩羅達晉言離垢施厥年十二端正殊妙極有聰慧

又轉女身經云須達長者妻名曰淨日有女名無垢光

頌曰

雜務簡要　捨茲煩滌　萬行貞固

六塵方掩　烈烈霜心　昭昭玉撿

如彼瓊林　皎無瑕點

諸經要集卷第二十

癸卯歲高麗國分司大藏都監奉

勑彫造

諸經要集卷第二十

校勘記

一　底本，麗藏本。

一　八二二頁上一行「卷第二十」，[徑]、[清]作「卷第二十上」。

一　八二二頁上三行「第三十」，諸本作「第二十」。

一　八二二頁上六行「嘔氣」，[資]作「嗹氣」；[磧]、[普]、[南]、[徑]、[清]作「嚏氣」。

一　八二二頁上一三行第六字「圓」，諸本作「圖」。

一　八二二頁上一七行「導達」，[徑]、[清]作「道達」。

一　八二二頁上一九行第九字「計」，諸本作「討」。

一　八二二頁下一行「六親」，諸本作「宗親」。

一　八二二頁下一八行第四字「本」，諸本作「大」。

一　八二三頁上一八行「善通」，諸本作「善道」。

一　八二三頁上二〇行末字「愛」，諸本作「於恩愛」。

一　八二三頁上二一行第八字「等」，諸本無。

一　八二三頁中一三行「不愛」，[磧]、[普]、[南]、[徑]、[清]作「大聚」。

一　八二三頁中二二行「常受」，諸本作「當受」。

一　八二三頁下一八行第二字「肉」，諸本作「五」。

一　八二四頁上二行第二字「峽」，[磧]、[普]、[南]、[徑]、[清]作「夾」。

一　八二四頁上一一行首字「滅」，諸本作「減」。

一　八二四頁上一七行「掘強」，[磧]、[普]、[南]、[徑]、[清]作「倔強」。

一　八二四頁上一九行第一二字「圻」，諸本作「坼」。

一　八二四頁上二二行「看視」，[資]、[磧]、[普]、[南]作「共看」；[徑]、[清]作「共有」。

一　八二四頁中六行「光失」，諸本作「先火」。

一　八二四頁中一四行「窈窈」，諸本作「杳杳」。
一　八二四頁中一七行首字「求」，諸本作「趁」。
一　八二四頁下一一行第九字「寘」，[磧]、[普]、[南]、[徑]、[清]作「瞑」。
一　八二四頁下一七行第五字「未」，諸本作「未及」。
一　八二四頁下二二行「犁牛」，諸本作「耕牛」。
一　八二五頁上一七行首字「根」，諸本作「枝」。
一　八二五頁中六行第一〇字「之」，諸本無。
一　八二五頁中九行「堪至」，諸本作「甚至」。
一　八二五頁中一一行首字「十」，諸本作「一」。
一　八二五頁中一四行第九字「蚉」，[磧]、[普]、[南]、[徑]、[清]作「螺」。
一　八二六頁上三行第三字「眼」，諸本作「眼見」。

一　八二六頁上二〇行第三字「是」，諸本作「是故」。
一　八二六頁中一二行第九字「踊」，諸本作「涌」。
一　八二六頁下四行末字「食」，[南]、[徑]、[清]作「貪」。
一　八二六頁下一三行首字「常」，[清]作「當」。
一　八二六頁下二〇行第二字「舌」，諸本作「虫」。
一　八二七頁上二〇行第九字「宂」，諸本作「肉」。
一　八二七頁中八行第三字「瘦」，[徑]、[清]作「瘓」。
一　八二七頁中一二行第一〇字「血」，[磧]、[普]、[南]、[徑]、[清]作「肉」。
一　八二七頁下一九行第一〇字「鬚」，諸本作「髮」。
一　八二八頁中三行末字「瞎」，諸本作「瞖」。
一　八二八頁中七行末字「汙」，諸本作「汗」。

一　八二八頁中八行第二字「或」，[徑]作「若」。
一　八二八頁中一四行「從於」，諸本作「行於」。
一　八二八頁下四行末字「身」，諸本作「息」。
一　八二八頁下九行第五字「憎」，諸本作「增」。
一　八二八頁下一二行第四字「内」，[徑]、[清]作「肉」。
一　八二八頁下一六行第五字「蚔」，諸本作「舐」。
一　八二八頁下二一行第一一字及次頁上六行第一一字「彼」，諸本作「復」。
一　八二八頁下二二行「十種」，[資]作「十穢」。
一　八二九頁上三行第八字「瘡」，[磧]、[南]、[徑]、[清]作「糞」。
一　八二九頁上一〇行「大虫」，諸本作「火蟲」。
一　八二九頁上一三行「不可具述」，

至此，徑、清卷第二十上終，卷第二十下始。撰者後有「離要部第二十之餘」八字。

一 八二九頁上一六行首字及一八行第一〇字「菲」，諸本作「菲」。

一 八二九頁中一行第八字「草」，諸本作「莕」。

一 八二九頁中六行首字「熏」，諸本作「葷」。

一 八二九頁中一七行夾註「是況」，磧、普、南、徑、清作「是豈順」。

一 八二九頁中二一行第六字「應」，諸本作「以」。

一 八二九頁下一六行第二字「腸」，諸本作「腹」。

一 八二九頁下二一行第七字「掊」，諸本作「抱」。

一 八三〇頁上四行第四字「筒」，諸本作「筩」。

一 八三〇頁上二二行第六字「云」，諸本作「中云」。

一 八三〇頁中二行第六字「事」，諸本作「種事」。

一 八三〇頁中七行第七字「却」，南、徑、清作「後」。

一 八三〇頁下六行夾註左末字「咳」，諸本作「咳作聲」。

一 八三一頁上九行夾註左「前罪」，諸本作正文「前報」。

一 八三一頁上一〇行夾註右「在房便利」，諸本作正文「房中便利」。同行夾註左「定隨地欲」，諸本作「定墮地獄」。

一 八三一頁上一一行夾註右首字「糞」，諸本無。

一 八三一頁上末行第一一字「令」，諸本作「今」。

一 八三一頁中二行第六字「之」，諸本作「人」。

一 八三一頁中一一行第六字「清」，諸本作「淨」。

一 八三一頁中一三行第一二字「旋」，諸本作「全」。

一 八三一頁下一七行第六字「顧」，諸本作「規」。

一 八三一頁下一八行「從其求」，諸本作「乃從其」。

一 八三一頁下二二行首字「地」，諸本無。

一 八三二頁上一〇行「不煩」，磧、普、徑作「不須」。

一 八三二頁中一一行「云何」，諸本作「如何」。

一 八三二頁中一七行第一〇字「十」，諸本作「者」。

一 八三二頁中二一行第二字「虜」，諸本作「鹵」。同行第五字「薑」，磧、普、南、徑、清作「礓」。同行第八字「末」，諸本作「木」。

一 八三二頁下九行第五字「巨」，磧、普、南、徑、清作「苣」。

一 八三二頁下一七行「灑掃」，諸本作「掃灑」。

一 八三二頁下末行第六字「口」，南、徑、清作「別」。

一 八三三頁上四行首字「又」，諸本無。

一　八三三頁上一三行第一二字「曰」，諸本無。

一　八三三頁上末行「揵稚」，諸本作「揵椎」。下同。

一　八三三頁中一二行第四字「力」，諸本作「鬼」。

一　八三三頁中一五行「雜經」，諸本作「雜喻經」。

一　八三三頁中一九行「群生」，諸本作「群迷」。

一　八三三頁下七行第二字「住」，磧、普、南、徑、清作「任」。

一　八三三頁下九行夾註右「上妙」，諸本作「上好」。同行夾註左第四字「來」，諸本無。

一　八三三頁下一〇行夾註右末字「或」，諸本無。

一　八三三頁下一一行夾註左末字「矣」，諸本無。

一　八三三頁下一三行第三字「庠」，諸本作「詳」。

一　八三四頁上八行「逾急身戰」，諸本作「愈急身顫」。

一　八三四頁上九行第二字「其」，諸本無。

一　八三四頁上一一行首字「智」，諸本作「知」。

一　八三四頁上一六行首字「死」，諸本作「厄」。

一　八三四頁中五行第六字「若」，諸本作「答」。

一　八三四頁中八行末字「剋」，諸本作「則」。

一　八三四頁中末行第六字「報」，磧、普、南、徑、清作「起」。

一　八三四頁下一四行第一〇字「迴」，諸本作「迴向」。

一　八三四頁下末行第八字「信」，諸本作「佛」。

一　八三五頁上三行第八字「搸」，諸本作「振」。同行末字「佛」，諸本作「佛言」。

一　八三五頁上四行第三字「毱」，諸本作「掬」。

一　八三五頁中三行首字「貝」，諸本作「唄」。

一　八三五頁中一〇行第四字「益」，諸本作「益價」。

一　八三五頁中一四行第七字「有」，諸本作「是」。

一　八三五頁下六行第五字「繩」，南、徑、清作「網」。同行第七字「置」，資作「致」。

一　八三五頁下九行末字「鳥」，徑、清作「烏」。

一　八三五頁下一八行「活命」，諸本作「活命故」。

一　八三六頁上一行「牢堅」，諸本作「堅牢」。

一　八三六頁上一四行「殊妙」，諸本作「妹妙」。

一　八三六頁上一九行「玉撿」，諸本作「玉臉」。

一　八三六頁上末行「卷第二十」，徑、清作「卷第二十下」。

# 出三藏記集卷第一　　播

釋僧祐撰

## 出三藏記集序

夫真諦玄凝法性虛寂而開物導俗非言莫津是以不二默酬會於義空之門一音振辯應乎羣有之境自我師能仁之出世也鹿苑唱其初言金河究其後説契經以誘小學方典以勸大心妙輪區別十二惟部法聚揔要八万其門至善逝晦跡而應真結藏始則四鋡集經中則五部分戒大寶斯在含識資焉然道由人弘法待緣顯有道無人雖文存而莫悟有法無緣雖並世而弗聞聞法資乎時來悟道藉於機至機至然後理感時来然後化通矣昔周代覺興而靈津致隔漢世像教而妙典方流法待緣顯信有徵矣至漢末安高宣譯轉明魏初康會注述漸暢道由人弘於茲驗矣自晉氏中興三藏弥廣外域勝賓稠疊以揔至中原慧士煒曄而秀生提什舉其宏綱安遠振其奥領渭濱



務逍遥之集廬岳結般若之臺像法得人於斯為盛原夫經出西域運流東方提挈万里翻傳胡漢國音各殊故文有同異前後重来故題有新舊而後之學者鮮克研覈遂乃書寫繼踵而不知經出之歲誦説比肩而莫測傳法之人授之受道亦已闕矣夫一時聖集猶五事證經況千載交譯寧可昧其人世哉昔安法師以鴻才淵鑒爰撰經録訂正聞見炳然區分自茲以来妙典間出皆是大乘寶海時競講習而年代人名莫有銓貫歲月逾邁本源將沒後生疑惑奚所取明祐以庸淺豫憑法門翹仰玄風誓弘大化每至昏曉諷持秋夏講説未嘗不心馳菴園影躍靈鷲於是牽課羸志沿波討源綴其所聞名曰出三藏記集一撰緣記二銓名録三揔經序四述列傳緣記撰則原始之本克昭名録銓則年代之目不墜經序揔則勝集之時足徵列傳述則伊人之風可見並鑽析内經研鏡外籍参以前識驗以舊聞若人代有據則表為



司南聲傳未詳則文歸蓋闕秉牘凝有之翰志存信史三復九思事取實録有證者既標則無源者自顯庶行潦無雜於醇乳燕石不亂於楚玉但井識管窺多慙博練如有未備請寄明哲

集三藏緣記第一

十誦律五百羅漢出三藏記第二

菩薩處胎經出八藏記第三

胡漢譯經文字音義同異記第四

前後出經異記第五

### 集三藏緣記第一　出大智度論

佛於俱夷那竭國薩羅雙樹間般涅槃卧林北首天地震動師子等百獸恐大哮吼諸天人號咷山林樹木皆悉摧裂天女人女無量百千鄉狎交涕不能自勝諸三學人怠然不樂諸無學人但念諸法一切無常唯阿難親愛未除未離欲故心沒憂海不能自出尒時阿泥盧豆語阿難汝守佛法藏不應如凡人自沒憂海一切有為是無常相又佛委付汝法汝今愁悶失所受事汝當問佛佛涅槃後我曹云何行道誰當作師惡口車匿云

何共住佛経初首作何等語如是種種未来之事汝當應問阿難聞是事悶心小醒得念道力於佛卧牀邊以此事問佛佛告阿難若我現在若我滅後自依止法不餘依止云何比丘自依止法不餘依止内觀身常念一心智慧現前勤修精進除世間貪憂外身内外身亦如是觀觀内受心法念處亦復如是是名自依止法不依止餘從今解脫戒経即是大師如戒経所說身業口業應如是行車匿比丘如梵法治若心耎伏者應教鄰陁迦旃延経即可得道我三阿僧祇劫所集法寶藏是初應作是說如是我聞一時佛在某方某國土某處樹林何以故過去未来諸佛経初亦稱是語現在諸佛臨涅槃時亦教稱如是語我今涅槃後経初亦稱如是我聞之語佛既滅度諸大羅漢各各隨意於諸山林流泉谿谷處處捨身而般涅槃或有飛騰虛空鴈行而去現種種神變令衆人得信心清淨而般涅槃尒時六欲諸天乃至遍淨色界諸天



見是事已各心念言佛日既没禪定解脫弟子光明亦復滅度是諸衆生種種煩惱婬怒癡病是法藥師今疾滅度誰當治者無量智慧大海之中所生弟子諸妙蓮花今復乾枯法樹摧折法雲散滅大智象王既已逝矣象子亦隨法商人已去從誰求法寶各共集會来詣大迦葉作礼已說偈讃嘆嘆已白言大德仁者知不法船欲破法城欲頹法海欲竭法幢欲倒法燈欲滅行道漸少惡力轉盛當以大慈建立佛法尒時迦葉心大如海澄靜不動良久而荅汝等所說實如所言世間不久無智盲冥於是大迦葉嘿然受請諸天礼已忽然不現各自還去尒時迦葉思惟去何使是三阿僧祇劫難得佛法久住於世思惟已我知是法可得久住於世應當集脩妬路阿毗曇毗尼作三法藏如是佛法可得久住未来世人可得受行所以者何佛世世勤苦慈愍衆生學得是法為人演說我曹亦應承用佛教宣揚開化迦葉作是語已住須弥山



頂撾銅揵椎說此偈言

諸佛弟子　若念於佛　當報佛恩
莫入涅槃

是揵椎音傳大迦葉教遍至三千大千世界皆悉聞知諸有弟子得神力者皆来集會大迦葉所尒時迦葉告諸會者佛法欲滅佛從三阿僧祇劫種種苦行慈愍衆生學得是法佛涅槃已諸弟子中知法持法者及誦法者皆亦隨般涅槃法今欲滅未来衆生甚可憐愍失智慧眼愚癡盲冥佛大慈悲愍傷衆生我曹應當承順佛教須待結集三藏竟已隨意滅度諸来衆會皆受教住時大迦葉選取千人除其阿難皆阿羅漢得六神通具三明智諸禪三昧自在出入逆順超越誦讀三藏知內外経書諸外道家十八種大経亦善讀知皆能論議降伏異學昔頻浮娑羅王得道八万四千官屬亦各得道是時王教勑宮中常設食供養千人阿闍貫王不斷是法時大迦葉思惟言若我等常乞食者當有外道強来難問廢闕法事今

王舍城常設飯食供養千人是中可住結集法藏以是故選取千人不得多取是時大迦葉與千人俱到王舍城耆闍崛山中告阿闍貰三給我等食日日送來今我結集法藏不得他行是中夏安居初十五日說戒時大迦葉即入禪定以天眼觀視今是衆中誰有煩惱應逐出者唯有阿難一人不盡大迦葉從定起已即於衆中手牽阿難出言今清淨衆結集法藏汝結未盡不得住此時阿難慚耻悲泣而自念言我二十五年隨侍世尊供給左右初未曾得如是苦惱佛實大德慈悲含忍念已白言我能有力久可得道但諸佛法阿羅漢者不得供給左右使令以是義故留殘結不盡斷耳又言汝更有罪佛意不欲聽女人出家汝慇懃勸請佛聽為道以是故佛之正法五百歲而衰微是汝之罪阿難言我憐愍瞿曇弥又三世諸佛法皆有四衆我世尊去何獨無又言佛欲涅槃近俱夷城佛時脊痛四疊漚多羅僧敷卧語汝言我須水不供給是汝之罪阿難言是時五百乘車截流而渡令水渾濁是故不取又言政使水濁佛有大神力能令大海濁水清淨汝何以不與又言佛問汝若有人四神足好修可住世一劫若減一劫佛四神足好修第一欲住世一劫若減一劫汝嘿然不荅如是至三汝亦嘿然汝若荅佛神足好脩應住世一劫若減一劫正由汝故令世尊早入涅槃是汝之罪阿難言魔蔽我心是故無言非我惡心而不荅佛迦葉又言汝與佛疊僧伽梨以足蹈上是汝之罪阿難言尒時大風卒起無人助我風吹來墮我脚下非不恭敬故蹈佛衣又言佛陰藏相涅槃後以示女人是何可耻是汝之罪阿難言我尒時思若諸女人見佛陰藏相者便自羞耻女人之形願求男子之身修行仏相種福德業故我示之不為無耻故破戒也大迦葉言汝有六罪應僧中悔過阿難言諾謹隨大迦葉及僧教是時阿難長跪合掌偏袒右肩脫革屣六罪懺悔竟大迦葉復於僧中手牽阿難出語阿難言斷汝漏盡然後來入殘結未盡汝勿來也如是語竟便自閉門尒時諸阿羅漢議言誰能結集法藏者阿泥盧豆言舍利弗是為第二佛有好弟子名憍梵波提柔軟和雅常處閑居善知法藏今在天上尸利沙樹園中可遣使請來大迦葉語下座汝次應僧使到天上尸利沙樹園中憍梵波提住處到已語憍梵波提大迦葉諸漏盡阿羅漢皆會閻浮提僧有大法事汝可速來是比丘歡喜敬諾受僧勑命頭面礼僧右遶三帀如金翅鳥騰空而往到已礼足言大迦葉有語今僧有大法事可疾速來觀衆寶聚是時憍梵波提心疑語是比丘言僧將無諍事喚我耶無有破僧者不佛日不滅度耶是比丘言實如所言大師世尊已滅度憍梵波提言佛滅度太疾世間眼滅隨佛轉法輪大將我和尚舍利弗今在何所荅曰先入涅槃憍梵波提言大師法將各自別離當可奈何摩訶目揵連今在何所荅言亦

已滅度憍梵波提言佛法欲散大人
過去衆生可愍長老阿難今何所作
荅曰阿難比丘憂愁啼哭不能自諭
憍梵波提言阿難懊惱由有愛結別
離生苦羅睺羅復去何荅言得阿羅
漢故無憂無愁但念諸法無常之相
憍梵波提言難斷之愛已能斷故又
言我失大師世尊於是中住亦何所
為我和尚大師復已滅度我今不能
下閻浮提今即於此而般涅槃說此
語已即入禪定涌在虛空身放光明
種種神變自身出火而燒於身身中
出水四道流下至大迦葉所水中有
聲說此偈言

憍梵波提稽首礼　妙衆第一大德僧
聞佛滅度我隨去　如大象去象子隨

下座比丘持衣鉢還僧是時中間阿
難思惟求盡殘結其坐禪經行慇懃
求道是阿難智多定少不即得道定
智等者乃可速得後夜欲過疲極偃
息却卧就枕頭未至枕廓然得悟
如電光出闇者見道阿難如是入金
剛定破一切諸煩惱山得三明六通



具八解脫作大力阿羅漢即夜到僧
堂門撓門而喚大迦葉問言撓門者
誰荅言我是阿難又問汝何以來荅
言我於今夜得盡諸漏又言不與汝
開門汝從門鑰孔來阿難言尒即以
神力從非門而入礼拜僧足懺悔大
迦葉言莫復見責大迦葉手摩其頂
我故為汝使得道故汝無嫌恨我亦如
是以汝自證辟如手畫虛空無所染
著阿羅漢心亦復如是復汝本座是
時僧中復共議言憍梵波提已取滅
度更有誰能結集法藏阿泥盧豆言
是長老阿難於佛弟子常侍近佛聞
經能持佛常歎譽唯是阿難結集法
藏是時大迦葉摩阿難頭言佛囑累
汝令持法藏汝應報佛恩佛在何處
㝡初說法佛諸大弟子能守護法藏
者皆已滅度唯汝一人在今應隨佛
心憐愍衆生結集法藏是時阿難敬
礼僧已坐師子座時大迦葉說此
偈言

佛聖師子王　阿難是佛子　師子座處坐
觀衆無有佛　如是大德衆　無佛失威神



如空無月時　有宿而不嚴　汝大智人說
汝佛子當演　何處佛初說　今汝當布現

是時長老阿難一心合手向佛涅槃
方作如是說

佛初說法時　尒時我不見　如是展轉聞
佛在波羅㮈　佛為五比丘　初開甘露門
說四真諦法　苦集滅道諦　阿若憍陳如
㝡初得見道　八萬諸天衆　皆亦入道跡

是千阿羅漢聞是語已上昇虛空高
七多羅樹皆言無常力大如我等眼
見佛說法今乃言我聞便說偈言

我見佛身相　猶如紫金山　妙相衆德滅
唯有名獨存

長老阿泥盧豆說此偈言

咄世間無常　如水月芭蕉　功德滿三界
無常風所壞

尒時大迦葉復說偈言

無常力甚大　愚智貧富貴　得道及未得
一切無能免　非巧言妙寶　非欺誑力諍
如火燒萬物　無常相法尒

大迦葉語阿難從轉法輪經至大般
涅槃集作四阿含增一阿含中阿含
長阿含相應阿含是名脩妬路法藏

諸阿羅漢更問誰能明了集毗尼藏皆言長老優波離於五百阿羅漢中持律第一我等今請即請言起就師子座問佛在何處說初毗尼結戒優波離即受僧命坐師子座如是我聞一時佛在毗舍離尒時須隣那迦蘭陁長者子初作婬欲以是因緣故結初大罪二百五十戒義作三部七法八法比丘尼毗尼增一優波離問雜部善部如是等八十部作毗尼藏諸阿羅漢復共思惟請阿難結集阿毗曇藏即請言起就師子座佛在何處初說阿毗曇阿難受僧命說如是我聞一時佛在舍婆提城尒時佛告諸比丘諸有五怖五罪五怨不滅是因緣故此生中身心受無量苦復後世墮惡道中諸有無此五怖五罪五怨是因緣故於今生種種身心受樂後世生天上樂何等五怖應遠一者煞生二者盗三者邪婬四者妄語五者飲酒如是等名阿毗曇藏三法藏集竟諸天人鬼神諸龍王等種種供養天花香幡蓋衣服供養法故於是說偈



憐愍世界故　集結三法藏　十力一切智
說智光明燈　略說三藏竟

十誦律五百羅漢出三藏記第二

又十誦律序云迦葉言我先從波婆城向拘尸城道中聞佛涅槃有愚癡比丘言我今得自在所欲便作不欲便止又有比丘非法說法法說非法以此因緣應集法藏即羯磨五百羅漢唯阿難在學地共住王舍城安居先令優波離出律藏二事竟即問阿若憍陳如次問長老均陁及十力迦葉等五百羅漢乃至冣下阿難言如優波離所說不皆荅我亦如是聞是事是法尒時迦葉僧中唱言大德僧聽初事集竟是法是佛教無有比丘言非法非佛教僧忍嘿然故是事如是持乃至集律藏一切竟後方命阿難出修多羅藏及阿毗曇藏阿難方去如是我聞一時五百羅漢皆下地胡跪涕零而言我從佛所面聞見法而已言我聞迦葉語阿難從今三藏初皆稱如是我聞故復兩存

菩薩處胎經出八藏記第三



菩薩處胎經云迦葉告阿難言佛所說法一言一字汝勿使有缺漏菩薩藏者集著一處聲聞藏者亦集著一處戒律藏者亦著一處尒時阿難冣初出經胎化藏為第一中陰藏第二摩訶衍方等藏第三戒律藏第四十住菩薩藏第五雜藏第六金剛藏第七佛藏第八是為釋迦文佛經法具足矣

胡漢譯經音義同異記第四

夫神理無聲因言辭以寫意言辭無跡緣文字以圖音故字為言蹄言為理筌音義合符不可偏失是以文字應用弥綸宇宙雖跡繫翰墨而理契乎神昔造書之主凡有三人長名曰梵其書右行次曰佉樓其書左行少者蒼頡其書下行梵及佉樓居于天竺黃史蒼頡在於中夏梵佉取法於淨天蒼頡因華於鳥跡文畫誠異傳理則同矣仰尋先覺所說有六十四書鹿輪轉眼筆制區分龍鬼八部字體殊式唯梵及佉樓為世勝文故天竺諸國謂之天書西方寫經雖同祖梵文

然三十六國往往有異辭諸中土猶
篆籀之變體乎案蒼頡古文沿世代
變古移為籀籀遷至篆篆改成隸其
轉易多矣至於傍生八體則有仙龍
雲芝二十四書則有揩奠鍼殳名實
雖繁為用蓋尠然原本定義則體備
於六文適時為敏則莫要於隸法東
西之書源亦可得而略究也至於
胡音為語單複無恒或一字以攝衆
理或數言而成一義尋大涅槃經列
字五十惣釋衆義十有四音名為字
本觀其發語裁音宛轉相資或舌根
脣末以長短為異且胡字一音不得
成語必餘言足句然後義成譯人傳
意豈不艱哉又梵書製文有半字滿
字所以名半字者義未具足故字體
半偏猶漢文月字虧其傍也所以名
滿字者理既究竟故字體圓滿猶漢
文日字盈其形也故半字惡義以辭
煩惱滿字善義以辭常住又半字為
體如漢文言字滿字為體如漢文諸
字以者配言方成諸字諸字兩合即
滿之例也言字單立即半之類也半



字雖單為字根本緣有半字得成滿
字辭凡夫始於無明得成常住故因
字製義以辭涅槃梵文義奥皆此類
也是以宣領梵文寄在明譯譯者釋
也交釋兩國言謬則理乖矣自前漢
之末經法始通譯音胥訛未能明練
故浮屠桑門言謬漢史音字猶然況
於義乎案中夏彜典誦詩執礼師資
相授猶有訛乱詩云有菟斯首斯當
作鮮齊語音訛遂變詩文此桑門之
例也禮記云孔子蚤作蚤當作早而
字同蚤蝨此古字同文即浮屠之例
也中國舊經而有斯蚤之異華戎遠
譯何怪於屠桑哉若夫度字傳義則
置言由筆所以新舊衆經大同小異
天竺語稱維摩詰舊譯解云無垢稱
關中譯云淨名淨即無垢名即是稱
此言殊而義均也舊經稱衆祐新經
云世尊此立義之異旨也舊經云乾
沓和新經云乾闥婆此國音之不同
也略舉三條餘可類推矣是以義之
得失由乎譯人辭之質文繫於執筆或
善胡義而不了漢旨或明漢文而不



曉胡意雖有偏解終隔圓通若胡漢
兩明意義四暢然後宣述經奥於是
乎正前古譯人莫能曲練所以舊經文
意致有阻礙豈經礙哉譯之失耳昔
安息世高聰哲不羣所出衆經質文
允正安玄嚴調既亹亹以條理支越
美前代及護公專精兼習華戎譯文
傳經不僁于舊逮乎羅什法師俊神
金照秦僧融肇慧機水鏡故能表發
揮翰克明經奥大乘微言於斯炳煥
至曇讖之傳涅槃跋陁之出華嚴辯
理明暢明踰日月觀其為義繼軌什
公矣至於雜類細經多出四含或以漢
來或自晉出譯人無名莫能詳究然
文過則傷艶質甚則患野野艶之弊
同失經體故知明允之匠難可世遇矣
祐竊尋經言異論咒術言語文字皆
是佛說然則言本是一而胡漢分音
義本不二則質文殊體雖傳譯得失
運通隨緣而尊經妙理湛然常照矣
既仰集始緣故次述末譯始緣興於西
方末譯行於東國故原始要終寓之

記末云

前後出經異記第五

舊經衆祐　新經世尊

舊經扶薩（亦云開士）　新經菩薩

舊經各佛（亦獨覺）　新經辟支佛（亦緣覺）

舊經薩芸若　新經薩婆若

舊經溝港道（亦道跡）　新經須陁洹

舊經頻來果（亦一往來）　新經斯陁含

舊經不還果　新經阿那含

舊經無著果（亦應真，亦應儀）　新經阿羅漢（亦言羅訶）

舊經摩納　新經長者

舊經濡首　新經文殊

舊經光世音　新經觀世音

舊經須扶提　新經須菩提

舊經舍梨子（亦秋露子）　新經舍利弗

舊經為五衆　新經為五陰

舊經十二處　新經十二入

舊經為持　新經為性

舊經背捨　新經解脫

舊經勝處　新經除入

舊經正斷　新經正勤

舊經覺意　新經菩提

舊經直行　新經正道



舊經乾沓和　新經乾闥婆

舊經除饉除饉女　新經比丘比丘尼

舊經恒薩阿竭阿羅訶三耶三佛

新經阿耨多羅三藐三菩提

三藏記集卷第一

癸卯歲高麗國大藏都監奉

勅彫造

出三藏記集卷第一

校勘記

一　底本，麗藏本。

一　八四〇頁上二行著者，資、磧、普、南、徑作「梁釋僧祐撰」。

一　八四〇頁上六行第五字「振」，資、磧、普、南、徑作「震」。下同。

一　八四〇頁上二一行第一〇字「煒」，資、磧、普、南、徑作「暐」。

一　八四〇頁中三行第八字「傳」，資、磧、普、南、徑作「轉」。同行第九字「胡」，資、磧、普、南、徑作「梵」。下同。

一　八四〇頁中一二行第七字「王」，磧、普、南、徑作「年」。

一　八四〇頁中一三行第一三字「奚」，資、磧、普、南、徑作「爰」。

一　八四〇頁中一七行第三字「志」，磧、普、南、徑作「恙」。

一　八四〇頁中一七行第一三字「曰」，磧作「白」。

一　八四〇頁下四行「楚玉」，資、磧、普、南、徑作「荊玉」。

一　八四〇頁下一一行夾註「出大智度論」，資、磧、普、南、徑作「出大智論」。

一　八四〇頁下一五行「嘟咿」，資作「郁伊」；磧、普、南、徑作「噢咿」。

一　八四〇頁下二一行第一三字「今」，磧作「令」。

一　八四一頁上七行「現前」，徑作「現在」。

一　八四一頁上八行第四字「外」，資、磧、普、南、徑無。

一　八四一頁上二一行第九字「鴈」，資作「應」。

一　八四一頁上二二行第四字「令」，徑作「今」。

一　八四一頁中七行第五字「法」，南、徑作「去」。

一　八四一頁下一行及四行「楗槌」，資、磧、普、南、徑作「犍槌」。

一　八四一頁下八行「苦行」，磧作「若行」。同行「得是」，徑作「道得」。

一　八四一頁下一三行「待結」，徑作「智給」。

一　八四一頁下一五行第三字「其」，資、磧、普、南、徑作「去」。

一　八四二頁上一三行第一〇字「是」，徑作「來」。

一　八四二頁下三行第八字「閇」，資、磧、普、南作「閉」；徑作「開」。

一　八四三頁上一一行第七字「涌」，資、磧、普、南、徑作「踊」。

一　八四三頁上一八行第八字「其」，資、磧、普、南、徑作「其夜」。

一　八四三頁中二行「撓門」，資、磧、普、南、徑作「敲門」。

一　八四三頁中六行第六字「而」，磧作「西」。

一　八四三頁中一四行第五字「常」，磧作「當」。

一　八四三頁下三行「合手」，資、磧、普、南、徑作「合掌」。

一　八四四頁上末行第三字「香」，資、磧、普、南、徑作「天香」。

一　八四四頁中一八行第七字「及」，磧作「反」。

一　八四四頁下一二行第一一字「蹄」，資作「跡」。

一　八四四頁下一四行第一一字「理」，磧作「眼」。

一　八四五頁上二行第一二字「浛」，磧、南作「治」。

一　八四五頁上五行「揩莫」，資作「揩尊」；南、徑作「楷草」。

一　八四五頁中七行第六字「言」，資、磧、普、南、徑作「遺」。

一　八四五頁中一二行第四字「颳」，磧作「風」。

一　八四五頁下七行第六字「以」，資、磧、普、南、徑作「而」。

一　八四五頁下八行第一二字「戎」，磧、普、南、徑作「梵」。

一　八四五頁下一一行「揮翰」，資作「翰揮」。

一　八四五頁下一三行第一一字「義」，

資、磧、普、南、徑作「美」。

一　八四六頁上一行末字「云」，徑作「倆」。

一　八四六頁上二行首字「前」，資、磧、普、南作「倆前」。

一　八四六頁上五行第三字「各」，資、磧、普、南、徑作「右」。

一　八四六頁上一〇行正文「阿羅漢」下小字，資、磧、普、南、徑作「亦言阿羅訶」。

一　八四六頁上一五行正文「梨子」下夾註「亦秋露子」，磧作「亦鷺子」；普、南、徑作「亦鶖鷺子」。

一　八四六頁中二行第四字「鐽」，資、磧、普、南、徑作「鐽男」。

一　八四六頁中末行「三藏」，資、磧、普、南、徑作「出三藏」。

出三藏記集録上卷第二　　揺

釋僧祐撰

法寳所被遠矣夫神理本寂感而後通緣應中夏始自漢代昔劉向校書巳見佛經故知成帝之前法典久至矣逮孝明感夢張騫遠使西於月支寫經四十二章韜藏蘭臺帝王所印於是妙像麗於城闉金剎曜乎京洛慧教發揮震照區寓矣竊尋兩漢之季世攜乱離西京蕩覆墳典皆散東都播遷載籍多亡子政所覩其文雖沒而顯宗所寫厥篇猶存東流初法於斯有徵祐撿閱三藏訪覆遺源古經現在莫先於四十二章傳譯所始靡踰張騫之使洎章和以降經出蓋闕良由梵文雖至緣運或殊有譯乃傳無譯則隱苟非其人道不虛行也迩及桓靈經来稍廣安清朔佛之儔支讖嚴調之屬飛譯轉梵万里一契離文合義炳煥相接矣葉法輪屆心莫或條叙爰自安公始述名錄銓品譯才標列歲月妙典可徵實賴伊人敢以末學響附前規率其管見接為新錄兼廣訪別目括正異同追討支舉以俻錄體發源有漢迄于大梁運歷六代歲漸五百梵文證經四百有十九部華戎傳譯八十有五人魚貫名第略為俻矣或同是一經而先後異出新舊舛駮卷數參差皆別立章條使無疑亂至於律藏初啓則詳書本源審覈人代列于上錄若經存譯亡則編于下卷將使傳法之緣有孚聞道之心无惑敬貽来世庶在不墜焉



新集撰出經律論錄第一

新集條解異出經錄第二

新集表序四部律錄第三

新集經論錄第一

四十二章經一卷(舊錄云孝明皇帝四十二章安法師所撰錄闕此經)

右一部凡一卷漢孝明帝夢見金人詔遣使者張騫羽林中郎將秦景到西域始於月支國遇沙門竺摩騰譯寫此經還洛陽藏在蘭臺石室第十四間中其經今傳於世

安般守意經一卷(安錄云小安般經)陰持入經一卷

百六十品經一卷(舊錄云增一阿含百六十章)

大十二門經一卷　小十二門經一卷
大道地經二卷　安公云大道地經者修行經抄也外國所抄
人本欲生經一卷　道意發行經二卷
阿毗曇五法經一卷　舊錄云阿毗曇五法行經
七法經一卷　舊錄云阿毗曇七法行經云七法行今闕此經
五法經一卷　十報經二卷　舊錄云長阿鋡十報法
普法義經一卷　一名具法行具法行作舍利弗普法義作舍利日錄並同
義決律一卷　或云義決律法行經安公云此上二經出長阿含今闕
漏分布經一卷　四諦經一卷　安公云上二經出長阿含
七處三觀經二卷　九横經一卷
八正道經一卷　安公云上三經出雜阿含
雜經四十四篇二卷　安公云出增一阿鋡既不標名未詳何經今闕
五十校計經二卷　或云明度五十校計經
大安般經一卷　思惟經一卷　或云思惟略要法
十二因緣經一卷　五陰喻經一卷　舊錄云五陰譬喻經
轉法輪經一卷　或云法輪轉經
流攝經一卷　舊錄云一切流攝經或云一切流攝守經
是法非法經一卷　法受塵經一卷
十四意經一卷　舊錄云菩薩十四意經今闕
本相猗致經一卷　安公云出中阿含
阿鋡口解一卷　或云阿鋡口解十二因緣經或云斷十二因緣經舊錄云安侯口解凡有四名同一本
阿毗曇九十八結經一卷　今闕

禪行法想經一卷　難提迦羅越經一卷　今闕
右三十四部凡四十卷漢桓帝時安息國沙門安世高所譯出其四諦口解十四意九十八結安公云以世高撰也
道行經一卷　公云道行品經者般若抄也外國高明者所撰安公為之序注
右一部凡一卷漢桓帝時天竺沙門竺朔佛賫胡本至中夏到靈帝時於洛陽譯出
般若道行品經十卷　或云摩訶般若波羅經或八卷光和二年十月八日出
首楞嚴經二卷　中平二年十二月八日出今闕
般舟般三昧經一卷　舊錄云大般舟三昧經光和二年十月八日出
伅真陀羅經二卷　舊錄云屯真陀羅王經別錄所載安錄无今闕
方等部古品日遺日說般若經一卷　今闕
光明三昧經一卷　出別錄安錄无
阿闍世王經二卷　安公云出長阿含舊錄阿闍貰經
寶積經一卷　安公云一名摩尼寶光和二年出舊錄云摩尼寶經二卷
問署經一卷　安公云出方等部或云文殊問菩薩署經
胡般泥洹經一卷　今闕　兜沙經一卷
阿閦佛國經一卷　或云阿閦佛剎諸菩薩學成品經或云阿閦佛經
孛本經二卷　今闕
内藏百品經一卷　安公云出方等部舊錄云内藏百寶經遂校群錄並云内藏百寶无内藏百品故知即此經也



右十二部凡二十七卷漢桓帝靈帝時月支國沙門支讖所譯出其古品以下至内藏百品凡九經安公云似支讖出也
成具光明經一卷　或云成具光明三昧經或云成具光明定意經
右一部凡一卷漢靈帝時支曜譯出
法鏡經一卷　安公云出方等經　十慧一卷　或云沙彌十慧
右二部凡二卷漢靈帝時沙門嚴佛調都尉安玄共譯出十慧是佛調所撰
中本起經二卷　或云太子中本起經
右一部凡二卷漢獻帝建安中康孟詳譯出
法句經二卷
右二部凡二卷魏文帝時天竺沙門維祇難以吳主孫權黃武三年賫胡本武昌竺將炎共支謙譯出
維摩詰經二卷　闕
大般泥洹經二卷　安公云出長阿含祐案今長鋡與此異
瑞應本起經二卷　小阿差末經二卷　闕
慧印經一卷　或云慧印三昧經或云寶田慧印三昧經
本業經一卷　或云菩薩本業經　法句經二卷
須賴經一卷　或云須賴菩薩經　梵摩渝經一卷

𣪠阿末經一卷(或作私阿昧案此經即是菩薩道樹經)
微密持經一卷(或云无量門微密持經)
阿弥陁經二卷(内題云阿弥陁三耶三佛薩樓佛檀過度人道經)
月明童子經一卷(一名月明童子一名月明菩薩三昧經)
義足經二卷　阿難四事經一卷
差摩竭經一卷　優多羅母經一卷(闕)
七女經一卷(安公云出阿毗曇)　八師經一卷
釋摩男經一卷(安録云出中阿含)　孛抄經一卷(今孛經一卷即是)
明度經四卷(或云大明度无極經)　老女人經一卷(安公云出阿毗曇)
齋經一卷(闕)　四願經一卷
悔過經一卷(或云序十方礼悔過文)　賢者德經一卷
佛從上所行三十偈一卷(闕)
了本生死經一卷(安公云出生經祐案五卷生經无此名)
惟明二十偈一卷
首楞嚴經二卷(別録所載安録无今闕)
龍施女經一卷(別録所載安録无)
法鏡經二卷(出別録安録无)　㢈子經一卷(別録所載安録无)
十二門大方等經一卷(別録所載安録无今闕)
賴吒和羅經一卷(別録所載安録无或云羅漢賴吒和羅經)
右三十六部四十八卷魏文帝時
支謙以吳主孫權黄武初至孫亮
建興中所譯出
六度集經九卷(或云六度无極經或云度无極集或云雜无極經)



吳品五卷(凡有十品今闕)
右二部凡十四卷魏明帝時天竺
沙門康僧會以吳主孫權孫亮
世所譯出
首楞嚴經二卷(闕)　須賴經一卷(闕)
除灾患經一卷(闕)
右三部凡四卷魏高貴公時白
延所譯出別録所載安公録先无
放光經二十卷(晉元康元年五月十五日出有九十品名舊小品闕)
右一部凡二十卷魏高貴公時沙
門朱士行以甘露五年到于闐國
寫得此經正品梵書胡本十九章
到晉武帝元康初於陳留倉恒
水南寺譯出
光讚經十卷(十七品太康七年十一月二十五日出)
賢劫經七卷(舊録云賢劫三昧經或云賢劫定意經元康元年七月二十一日出)
正法華經七卷(二十七品舊録云正法華經或云方等正法華經太康七年八月十日出)
普耀經八卷(三十品安公云方等部永嘉二年五月出)
大哀經七卷(二十八品舊録云如來大哀經元康元年七月七日出)
度世品經六卷(或云度世或為五卷元康元年四月十三日出)
密迹經五卷(或云密迹金剛力士經或七卷太康九年十月八日出)
持心經六卷(十七品一名等御諸法一名莊嚴佛法舊録云持心梵天經或云持心梵天所問經太



修行經七卷(二十七品舊録云修行道地經太康五年二月二十三日出)
漸備一切智經十卷(或五卷元康七年十一月二十一日出)
生經五卷(或四卷)　海龍王經四卷(或三卷太康六年七月十日出)
普超經四卷(一名阿闍世王品安録亦云更出阿闍世王經或為三卷舊録云文殊普超三昧經太康七年十二月二十七日出)
維摩鞊經一卷(一本云維摩鞊名解)
阿惟越致遮經四卷(太康五年十月十四日出)
嚴淨佛土經二卷(舊録云文殊師利嚴淨經或云文殊佛土嚴淨經)
阿耨達經二卷(一名弘道廣顯三昧經舊録云阿耨達龍王經或云阿耨達請佛經)
首楞嚴經二卷(異出首楞嚴阿難言)
无量壽經二卷(一名无量清淨平等覺經)
寶藏經二卷(舊録云文殊師利寶藏經或云文殊師利現寶藏太始六年十月出)
寶結經二卷(一名菩薩淨行經舊録云寶結菩薩經或云寶結菩薩所問經永熙九年七月十四日出)
要集經二卷(或云諸佛要集經天竺日佛陀僧祇提)
佛昇忉利天品經二卷
等集衆德三昧經三卷(舊録云等集衆德經或云等集)
無盡意經四卷
離垢施女經一卷(太康十年十二月二日出)
郁迦長者經一卷(或云郁迦羅越問菩薩行經即大郁迦經或為二卷)
大淨法門經一卷(建始元年三月二十六日出)
須真天子經二卷(泰始二年十一月出)
幻士仁賢經一卷(或云仁賢幻士經)

魔逆經一卷 太康十年十二月二日出
濟諸方等經一卷 或云濟諸方等學經
德光太子經一卷 或云賴吒和羅所問光德太子經太始六年九月三十日出
文殊師利淨律經一卷 一本云淨律經太康十年四月八日出
決總持經一卷
寶女經四卷 舊錄云寶女三昧經或云寶女問慧經太康八年四月二十七日出
如來興顯經四卷 一本云興顯如幻經元康元年十二月二十五日出
般舟三昧經二卷 安公錄云更出般舟三昧經
首意女經一卷 或云梵女首意經　十二因緣經一卷
月明童子經一卷 一名月光童子經
五十緣身行經一卷 舊錄云菩薩緣身五十事經或云菩薩行五十緣身經
六十二見經一卷 或云梵網六十二見經
四自侵經一卷 安公云出阿毗曇
須摩經一卷 舊錄云須摩提經或云須摩提菩薩經
隨權女經二卷 出別錄安錄无
方等泥洹經二卷 或云大般泥洹經太始五年七月二十三日出
大善權經二卷 或云慧上菩薩問大善權經或云慧上菩薩經或云
善權方便經或云善權方便所度無極經太康六年六月十七日出
無言童子經一卷 或云无言菩薩經
溫室經一卷 舊錄云溫室洗浴衆僧經
頂王經一卷 一名維摩詰子問經安公云出方等部或云大方等頂王經
聖法印經一卷 天竺名阿遮曇摩文圖安公云出雜阿含
移山經一卷 舊錄云力士移山經



文殊師利五體悔過經一卷 舊錄云文殊師利悔過經
持人菩薩經三卷
滅十方冥經一卷 元熙元年八月十四日出
無思議孩童經一卷 舊錄云孩童經或云无思議光孩童菩薩經或云无思議光經
迦葉集結經一卷 舊錄云迦葉結經
彌勒成佛經一卷 與羅什所出異本
舍利弗目連遊諸國經一卷 或云舍利弗摩目揵連遊諸四衢經
琉璃王經一卷
奈女耆域經一卷 或云奈女經　寶施女經一卷
寶網童子經一卷 舊錄云寶網經
順權方便經二卷 一本云惟權方便經舊錄云順權女經一名轉女身菩薩經
五百弟子本起經一卷 舊錄云五百弟子自說本末經
或云佛五百弟子自說本起經
佛為菩薩五夢經一卷 舊錄云佛五夢或云太子五夢
普門經一卷 一本云普門品太康八年正月十一日出
如幻三昧經二卷 舊錄云三卷
彌勒本願經一卷 或云彌勒菩薩所問本願經
舍利弗悔過經一卷
胞胎經一卷 舊錄云胞胎受身經
十地經一卷 或云菩薩十地經
摩目揵連本經一卷
太子慕魄經一卷　四不可得經一卷
菩薩悔過經一卷 或云菩薩悔過法下卷出龍樹十住論



當來變經一卷　乳光經一卷
心明女梵志婦飯汁施經一卷 或云心明經
大六向拜經一卷 舊錄云六向拜經或云威華長者六向拜經
鴦掘摩經一卷 或云指髻經或云六結經
菩薩十住經一卷　摩調王經一卷 出六度集
為出經一卷 一名无所希望經　照明三昧經一卷
所欲致患經一卷　決沒盡經一卷 或云空寂菩薩所問經
菩薩齋法一卷 一名菩薩正齋經一名持齋經
獨證自誓三昧經一卷 或云如來獨證自誓三昧經
過去佛分衛經一卷 舊錄云過世佛分衛經
五蓋疑結失行經一卷 安公云不似護公出後記永寧二年四月十二日出
阿差末經四卷 或云阿差末菩薩經別錄所載安錄先闕
無極寶經一卷 別錄所載先闕安錄或云无極寶三昧經
阿述達經一卷 別錄所載安錄先闕或舊錄云
阿闍王女阿術達菩薩經

右九十部凡二百六卷今並有其經

等目菩薩經二卷 別錄所載安錄先闕
閑居經一卷　更出小品七卷
總持經一卷 若來出生經或云佛心總持　超日明經二卷
刪維摩詰經一卷 祐案護公先出維摩頗重出刪出逸偈也
虎耳意經一卷　無憂施經一卷 一本云阿闍世女名無憂施
五福施經一卷　樓炭經五卷 安公云出方等部
勇伏定經二卷 安公云更出首楞嚴元康元年四月九日出

嚴淨定經一卷（一名序世經） 慧明經一卷
迦葉本經一卷（或云大迦葉本）
光世音大勢至受決經一卷
諸方佛名經一卷 目連上淨居天經卷
普首童經一卷 十方佛名一卷
三品悔行經一卷（安公云近人合大修行經）
金益長者子經一卷 衆祐經一卷
觀行不移四事經一卷
小法沒盡經一卷 四婦喻經一卷
廬夷亘經一卷 諸神呪經三卷
盧羅王經一卷 龍施經一卷
檀若經一卷 馬王經一卷
普義經一卷 鹿母經一卷
給孤獨明德經一卷（舊録云給孤獨氏經）
龍王兄弟陁達誡王經一卷（逮是達字）
勸化王經一卷 百佛名一卷
更出阿闍世王經二卷
殖衆德本經一卷 沙門果證經一卷
龍施本起經一卷（舊録云龍或云龍女經）
佛悔過經一卷 三轉月明經一卷
解無常經一卷 胎藏經一卷
離垢蓋經一卷 小郁迦經一卷
阿闍貰女經一卷 賈客經二卷



人所從來經一卷 戒羅云經一卷
鴈王經一卷 十等藏經一卷
鴈王五百鴈俱經一卷
誡具經一卷 決道俗經一卷
猛施經一卷（舊録云猛施道地經） 城喻經一卷
耆闍崛山解一卷
譬喻三百首經二十五卷
比丘尼誡經一卷 誡王經一卷
三品悔過經一卷
菩薩齋法一卷（舊録云菩薩齋經或云賢首菩薩齋經）

右六十四部凡一百一十六卷經今闕

合二件凡一百五十四部合三百九卷晉武帝時沙門竺法護到西域得胡本還自太始中至懷帝永嘉二年以前所譯出祐捃摭群録遇護公所出更得四部安録先闕今條入録中安公云遭亂録散小小錯涉故知今之所獲審是護出也

超日明經二卷（舊録云超日明三昧經）

右一部凡二卷晉武帝時沙門竺法護先譯梵文而辭義煩重優婆塞聶承遠整理文偈刪為二卷



須真天子經二卷（或云須真天子問四事經 太始二年十一月八日出）

右一部二卷晉武帝世天竺菩薩沙門曇摩羅察口授出安文惠白元信筆受

異維摩詰經三卷
首楞嚴經二卷（別録所載安録先闕 録有州蘭首楞嚴二卷）

右二部凡五卷晉惠帝時竺叔蘭以元康元年譯出

惟逮菩薩經一卷（今闕）

右一部凡一卷晉惠帝時沙門帛法祖譯出

樓炭經六卷（別録所載安録先闕）
大方等如來藏經一卷（舊録云佛藏方等經）
法句本末經四卷（一名法句喻經或六卷或云法句譬經）
福田經一卷（或云諸德福田經）

右四部凡十二卷晉惠懷時沙門法炬譯出其法句喻福田二經炬與沙門法立共譯出

總前出經自安世高以下至法立以上凡十七家並安公録所載其張騫秦景竺朔佛維祇難竺將炎白延帛法祖凡七人是祐校衆録新獲所附入自衛士度以後皆祐所新撰

摩訶般若波羅蜜道行經二卷 衆錄並云道行經二卷衛士度略出今闕

右一部凡二卷晉惠帝時衛士度略出

合維摩詰經五卷 合支謙竺法護竺叔蘭出維摩三本合為一部

合首楞嚴經八卷 合支讖支謙竺法護竺叔蘭所出首楞嚴四本合為一部或為五卷

右二部凡十三卷晉惠帝時沙門支敏度所集其合首楞嚴傳云亦愍度所集既闕注目未詳信否

大孔雀王神呪一卷　孔雀王雜神呪一卷

右二部二卷晉元帝時西域高座沙門尸梨蜜所出

譬喻經十卷 舊錄云正譬喻經十卷

右一部凡十卷晉成帝時沙門康法邃抄集衆經撰此一部

十誦比丘戒本一卷 或云十誦大比丘戒

右一部凡一卷晉簡文帝時西域沙門曇摩持誦胡本竺佛念譯出

比丘尼大戒一卷

右一部凡一卷晉簡文帝時沙門釋僧純於西域拘夷國得胡本到關中令竺佛念曇摩持慧常共譯出



摩訶鉢羅若波羅蜜經抄五卷 一名長安品經或云摩訶般若波羅蜜經偽秦苻堅建元十八年出

右一部凡五卷晉簡文帝時天竺沙門曇摩蜱執胡大品本竺佛念譯出

雜阿毗曇毗婆沙十四卷 偽秦建元十九年四月出至八月二十九日出訖或云雜阿毗曇心

婆須蜜十卷 建元二十年三月十五日出至七月十三日訖

僧伽羅剎集經三卷 秦建元二十年十一月三十日出

右三部凡二十七卷晉孝武帝時罽賓沙門僧伽跋澄以苻堅時入長安跋澄口誦毗婆沙佛圖羅剎譯出又齎婆須蜜胡本竺佛念譯出

四阿鋡暮抄經二卷

右一部凡二卷晉孝武時西域沙門鳩摩羅佛提於鄴寺出佛提執胡本竺佛念佛護為譯僧導僧叡筆受

三十七品經一卷 晉太元二十年歲在丙申六月出

賢劫千佛名經一卷

右二部凡二卷晉孝武帝時天竺沙門竺曇無蘭在楊州謝鎮西寺撰出



增一阿鋡經三十三卷 秦建元二十年夏出二十一年春訖定三十三卷或分為二十四分

中阿鋡經五十九卷 周建元二十年出

右二部凡九十二卷晉孝武時兜佉勒國沙門曇摩難提以苻堅時入長安難提口誦胡本竺佛念譯出

出曜經十九卷　菩薩瓔珞經十二卷

十住斷結經十一卷

菩薩處胎經五卷 一名胎經或為四卷

中陰經二卷 闕

王子法益壞目因緣經一卷 或云阿育王息壞目因緣經

右六部凡五十卷晉孝武時涼州沙門竺佛念以苻堅時於關中譯出

中阿鋡經六十卷 晉隆安元年十一月十日於東亭寺譯出至二年六月二十五日訖與曇摩提所出大不同

阿毗曇八揵度二十卷 一名迦旃延阿毗曇建元十九年出

阿毗曇心十六卷 或十三卷苻堅建元末於洛陽出

鞞婆沙阿毗曇十四卷 一名廣說同在洛陽譯出

阿毗曇心四卷 晉太元十六年在廬山為遠公譯出

三法度二卷 同以太元十六年於廬山出

右六部凡一百一十六卷晉孝武帝及安帝時罽賓沙門僧伽提婆所譯出

新大品經二十四卷 偽秦姚興弘始五年四月二十三日於逍遙園譯出至六年四月二十三日訖
新小品經七卷 弘始十年二月六日譯出至四月二十日訖
新法華經七卷 弘始八年夏於長安大寺譯出
新賢劫經七卷 今闕 華首經十卷 一名攝諸善根經
新維摩詰經三卷 弘始八年於長安大寺出
新首楞嚴經二卷
十住經五卷 或四卷定五卷什共佛馱耶舍共譯出
思益義經四卷 或云思益梵天問經
持世經四卷 或三卷 自在王經二卷 弘始九年出
佛藏經三卷 一名選擇諸法或為二卷
菩薩藏經三卷 一名富樓那問亦名大悲心或為二卷
稱揚諸佛功德經三卷 一名集華
無量壽經一卷 或云阿彌陀經
彌勒下生經一卷 彌勒成佛經一卷
金剛般若經一卷 或云金剛般若波羅蜜經
諸法無行經一卷 菩提經一卷 或云文殊師利問菩提經
遺教經一卷 或云佛垂般涅槃略說教誡經
十二因緣觀經一卷 闕 菩薩呵色欲一卷
禪法要解二卷 或云禪要經

禪經三卷 一名菩薩禪法經與坐禪三昧經同
雜譬喻經一卷 比丘道略所集
大智論百卷 於逍遙園譯出或分為七十卷
成實論十六卷 十住論十卷
中論四卷 十二門論一卷
百論二卷 弘始六年譯出 十誦律六十一卷 已入律錄
十誦比丘戒本一卷
禪法要三卷 弘始九年閏月五日重挍正

右三十五部凡二百九十四卷晉安帝時天竺沙門鳩摩羅什以偽秦姚興弘始三年至長安於大寺及逍遙園譯出

長阿鋡經二十二卷 秦弘始十五年出竺佛念傳譯
曇無德律四十五卷 已入律錄
虛空藏經一卷 或云虛空藏菩薩經三藏後還外國
曇無德戒本一卷

右四部凡六十九卷晉安帝時罽賓三藏法師佛馱耶舍以姚興弘始中於長安譯出

舍利弗阿毗曇二十二卷 或二十卷

右一部凡二十二卷晉安帝時外國沙門毗婆沙為姚興於長安石羊寺譯出

大般涅槃經三十六卷 偽河西王沮渠蒙遜玄始十年十月二十三日譯出
方等大集經二十九卷 或云大集經或三十卷或二十四卷
方等王虛空藏經五卷 或云大虛空藏經捻經文與大集經第八虛空藏品同未詳是別出者不別錄云河南國乞佛時沙門釋聖堅譯出
方等大雲經四卷 或云方等無想大雲經或為六卷
悲華經十卷 別錄或云龔上出 金光明經四卷
海龍王經四卷
菩薩地持經八卷 或云菩薩戒經或云菩薩地經
菩薩戒本一卷 別錄云燉煌出
優婆塞戒七卷 菩薩戒經八卷
菩薩戒優婆戒壇文一卷

右十一部凡一百四卷晉安帝時天竺沙門曇摩讖至西涼州為偽河西王大沮渠蒙遜譯出 或作無讖

阿毗曇毗婆沙六十卷 丁丑歲四月出至己卯歲七月訖

右一部凡六十卷晉安帝時涼州沙門釋道泰共西域沙門浮陁跋摩於涼州城內苑閑豫宮寺譯出初出一百卷尋值涼王大沮渠國亂亡散失經文四十卷所餘六十卷傳至京師

寶梁經二卷

右一部凡二卷晉安帝時沙門

釋道龔出 傳云於涼州出

大方廣佛華嚴經五十卷 沙門支法領於于闐國得此經胡本到晉義熙十四年三月十日於道場寺譯出至宋永初二年十二月二十八日都訖

觀佛三昧經八卷

新無量壽經二卷 永初二年於道場出

禪經修行方便二卷 一名庾伽遮羅浮迷譯言修行道地一名不淨觀經凡有十七品

大方等如來藏經一卷 或云如來藏今闕

菩薩十住經一卷

出生無量門持經一卷

新微密持經一卷 闕　本業經一卷 闕

淨六波羅蜜經一卷 闕

文殊師利發願經一卷 晉元熙二年歲在庚申於道場寺出

右十部凡六十七卷晉安帝時天竺禪師佛馱跋陀至江東及宋初於廬山及京都譯出

大般泥洹六卷 晉義熙十三年十一月一日道場寺譯出

方等泥洹經二卷 今闕

摩訶僧祇律四十卷 已入律錄

僧祇比丘戒本一卷 今闕

雜阿毗曇心十三卷 今闕

雜藏經一卷　綖經 梵文未譯出

長阿鋡經 梵文未譯　雜阿鋡經 梵文未譯

弥沙塞律 梵文未譯　薩婆多律抄 梵文未譯



佛遊天竺記一卷

右十一部定出六部凡六十三卷晉安帝時沙門釋法顯以隆安三年遊西域於中天竺師子國得胡本歸京都住道場寺就天竺禪師佛馱跋陀共譯出其長雜二阿鋡綖經弥沙塞律薩婆多律抄猶是梵文未得譯出

方等檀特陀羅尼經四卷 或云大方等陀羅尼

右一部凡四卷晉安帝時高昌郡沙門釋法衆所譯出

普門品經一卷 闕

右一部凡一卷西域沙門衹多蜜所出傳云晉世出未詳何帝時

決定毗尼經一卷 一名破壞一切心識

右一部凡一卷衆錄並云於涼州燉煌出未審譯經人名傳云晉世出未詳何帝時

新無量壽經二卷 宋永初二年於道場寺出一錄云於六合山寺出

佛所行讚五卷 一名馬鳴菩薩讚或云佛本行讚六合山寺出

右二部凡七卷宋孝武皇帝時沙門釋寶雲於六合山寺譯出

觀世音授記經一卷



右一部凡一卷宋武帝時黃龍國沙門曇無竭遊西域譯出

弥沙塞律三十四卷 即釋法顯所得胡本以宋景平元年七月譯出已入律錄

弥沙塞比丘戒本一卷 與律同時出

弥沙塞羯磨一卷 與律同時出

右三部凡三十六卷宋榮陽王時沙門竺道生釋慧嚴請罽賓律師佛馱什於京都龍光寺譯出

雜阿毗曇心十三卷 今闕

右一部凡十三卷宋文帝時西域沙門伊葉波羅以元嘉三年為北徐州刺史王仲德於彭城譯出至擇品未竟至八年更請三藏法師於京都挍定

菩薩善戒十卷 或云菩薩地十卷

優婆塞五戒略論一卷 一名優婆塞五戒相

三歸及優婆塞二十二戒一卷 或云優婆塞戒

曇無德羯磨一卷 或云雜羯磨

右四部凡十三卷宋文帝時罽賓三藏法師求那跋摩於京都譯出

雜阿毗曇心四卷 宋元嘉十年於長干寺出晉雲傳譯其年九月訖

摩得勒伽經十卷 宋元嘉十二年乙亥歲正月於秣陵平樂寺譯出至九月二十二日訖

分別業報略一卷 大勇菩薩撰

勸發諸王要偈一卷 龍樹菩薩撰

請聖僧浴文一卷 闕

右五部凡二十七卷宋文帝時天竺三藏法師僧伽跋摩於京都譯出

觀普賢菩薩行法經一卷 或云普賢觀經下注云出深功德經中

虛空藏觀經一卷 或云觀虛空藏菩薩經

禪秘要三卷 元嘉十八年譯出或云禪法要或五卷

五門禪經要用法一卷

右四部凡六卷宋文帝時罽賓禪師曇摩蜜多以元嘉中於祇洹寺譯出

普耀經六卷　四天王經一卷

廣博嚴淨經四卷 或云廣嚴淨不退轉輪經

右三部十一卷宋文帝時沙門釋智嚴以元嘉四年共沙門寶雲譯出

般泥洹經二十卷 闕　摩訶僧祇律一部 胡本未譯出

右二部定出一部凡二十卷宋文帝時沙門釋智猛遊西域還以元嘉中於西涼州譯出泥洹經一部至十四年賷還京都

賢愚經十三卷 宋元嘉二十二年出



右一部凡十三卷宋文帝時涼州沙門釋曇學威德於于闐國得此經胡本於高昌郡譯出 天安寺釋弘守傳

新阿鋡經五十卷　大法鼓經二卷 東安寺譯出

勝鬘經一卷 丹陽郡譯出

八吉祥經一卷 元嘉二十九年正月十三日於荆州譯出

楞伽阿跋多羅寶經四卷 道場寺譯出

央掘魔羅經四卷 道場寺譯出

過去現在因果經四卷

相續解脫經二卷 東安寺譯出

第一義五相略一卷 東安寺譯出

釋六十二見經一卷 闕

泥洹經一卷 似即一卷泥日 闕　無量壽經一卷 闕

無憂王經一卷 闕

右十三部凡七十三卷宋文帝時天竺摩訶乘法師求那跋陀羅以元嘉中及孝武時宣出諸經沙門釋寶雲及弟子菩提法勇傳譯

觀弥勒菩薩生兜率天經一卷 或云觀弥勒菩薩經或云觀弥勒經

觀世音觀經一卷

禪要秘密治病經二卷 宋孝建二年於竹園寺譯出

佛母般泥洹經一卷 孝建二年於鍾山定林上寺譯出一名大愛道般泥洹經

右四部凡五卷宋孝武帝時為



河西王從弟沮渠安陽侯京都譯出前二觀先在高昌郡久乜譯出於彼賷來京都

念佛三昧經六卷 宋大明六年譯出或云菩薩念佛三昧經

破魔陀羅尼經一卷 或云無量門破魔陀羅尼經大明六年譯出

右二部凡七卷宋孝武時西域沙門功德直至荆州沙門釋玄請於禪房譯出

十誦羯磨一卷 或云略要羯磨法十誦律出

右一部凡一卷宋景和中律師釋僧璩於京都撰出

十誦比丘尼戒本一卷 或云十誦比丘尼大戒

十誦律羯磨雜事一卷

右二部凡二卷宋明帝時律師釋法頴於京都撰出

海意經七卷 闕　如來恩智不思議經五卷 闕

寶頂經五卷 闕　無盡意經十卷 闕

三密底耶經一卷 漢言賢人用律 闕

右五部凡二十八卷宋明帝時天竺沙門竺法眷於廣州譯出並未至京都

雜寶藏經十三卷 闕

付法藏因緣經六卷 闕　方便心論二卷 闕

右三部凡二十一卷宋明帝時西域三藏吉迦夜於北國以偽延興二年共僧正釋曇曜譯出劉孝標筆受此三經並未至京都

無量義經一卷

右一部凡一卷齊高帝時天竺沙門曇摩伽陀耶舍譯出

五百本生經（未詳卷數闕）　他毗利（齊言宿德律未詳卷數闕）

右二部齊武皇帝時外國沙門大乘於廣州譯出未至京都

善見毗婆沙律十八卷（或云毗婆沙律齊永明七年出）

右一部凡十八卷齊武帝時沙門釋僧猗於廣州竹林寺請外國法師僧伽跋陀羅譯出

觀世音懺悔除罪呪經一卷（永明八年十二月十五日譯出）

妙法蓮華經提婆達多品第十二一卷

右二部凡二卷齊武皇帝時先師獻正遊西域於于闐國得觀世音懺悔呪胡本還京都請瓦官禪房三藏法師法意共譯出自流沙以西妙法蓮華經並有提婆達多品而中夏所傳闕此一品先師至高昌郡於彼獲本仍寫



還京都今別為一卷

百句譬喻經十卷（齊永明十年九月十日譯出或五卷）

右一部凡十卷齊武帝時天竺沙門求那毗地於京都譯出

毗跋律一卷

右一部凡一卷齊帝時沙門釋法度出

教戒比丘尼法一卷

右一部凡一卷梁天監三年鍾山靈耀寺沙門釋僧威依四分律撰

大智論抄二十卷（一名要論）

右一部凡二十卷晉帝世廬山沙門釋慧遠以論文繁積學者難省故略要抄出

虛空藏經八卷

右一部凡八卷宋武帝世河南國乞佛時沙門聖堅出

十二因緣經一卷（建武二年出）　須達長者一卷（建武二年出）

都合四百五十部凡一千八百六十七卷

新集異出經錄第二

異出經者謂胡本同而漢文異也梵



書復隱宣譯多變出經之士才趣各殊辭有質文意或詳略故令本一末二新舊參差若國言訛轉則音字楚夏譯辭格礙則事義胡越豈西傳之踳駮乃東寫之乖謬耳是以泥洹楞嚴重出至七般若之經別本迺八傍及眾典往往如茲今並條目列人以表同異其異出雜經失譯名者皆附失源之錄

般若經（支讖出般若道行品經十卷出古品遺日說般若一卷竺佛朔出道行經一卷道行者般若抄也　朱士行出放光經二十卷一名舊小品　竺叔讀史出小品經七卷　衛士度抄摩訶般若波羅蜜道行經二卷　曇摩蜱出摩訶鉢羅若波羅蜜經五卷一名長安品經　鳩摩羅什出新大品二十四卷小品七卷）

右一經七人異出

般泥洹經（支讖出胡般泥洹經一卷　支讖出大般泥洹經二卷　竺法護出方等泥洹經二卷　曇摩讖出大般涅槃經三十六卷　釋法顯出大般泥洹經六卷　方等泥洹經二卷　釋智伍出泥洹經二十卷　求那跋陀羅出泥洹經一卷）

右一經七人異出其支讖大般泥洹與方等泥洹大同曇摩讖涅槃與法顯泥洹大同其餘三部並闕未詳同異

法華經（舊錄有薩芸分陀利經云是異出法華未詳誰出今闕此經　竺法護出正法華經十卷　鳩摩羅什出新妙法蓮華經七卷）

右一經三人出其一經失譯人名

巳入失源錄

首楞嚴經 支讖首楞嚴二卷 支謙首楞嚴二卷 白延首楞嚴二卷 竺法護更出勇伏定二卷 即更出首楞嚴 竺叔蘭首楞嚴二卷 鳩摩羅什新出首楞嚴二卷 舊錄有蜀首楞嚴二卷未詳誰出

右一經七人出其一經失譯名巳

入失源錄

維摩詰經 支謙出維摩詰二卷 竺法護出維摩詰經二卷 又出刪維摩詰一卷 竺叔蘭出維摩詰二卷 鳩摩羅什出新維摩詰經三卷

右一經四人異出

無量壽經 支讖出阿弥陁經二卷 竺法護出無量壽二卷 或云无量清淨平等覺 鳩摩羅什出无量壽一卷 釋寶雲出新无量壽二卷 求那跋陁羅出无量壽一卷

右一卷五人異出

道地經 安世高出大道地二卷 竺法護出修行道地七卷

右一經二人異出

普耀經 竺法護出普耀八卷 釋智嚴出普耀六卷

右一經二人異出

賢劫經 竺法護出賢劫十卷 鳩摩羅什出賢劫七卷

右一經二人異出

海龍王經 竺法護出海龍王四卷 曇摩讖出海龍王四卷

右一經二人異出

中阿鋡經 曇摩難提出中阿鋡五十九卷 僧伽提婆出中阿鋡六十卷

右一經二人異出

樓炭經 竺法護出樓炭五卷 釋法炬出樓炭六卷



右一經二人異出

微密持經 支謙出微密持一卷 佛陀跋陁出微密持一卷

右一經二人異出

大方等如來藏經 釋法炬出大方等如來藏一卷 佛馱跋陁出大方等如來藏一卷

右一經二人異出

本業經 支謙出本業一卷 佛馱跋陁出本業一卷

右一經二人異出

十住經 鳩摩羅什出十住四卷 佛馱跋陁出菩薩十住一卷

右一經二人異出

超日明經 竺法護出超日明二卷 聶承遠超日明二卷 即聶護公所出者

右一經二人異出

般舟三昧經 支讖出般舟三昧二卷 竺法護出般舟三昧二卷

右一經二人異出

弥勒成佛經 竺法護出弥勒成佛一卷 鳩摩羅什出弥勒成佛一卷

右一經二人異出

觀世音受決經 竺法護出光世音大勢至受決經一卷 曇无竭出觀世音受記經一卷

右一經二人異出

月明童子經 支謙出月明童子經一卷 竺法護出月明童子經一卷

右一經二人異出

普門經 竺法護出普門品一卷 祇多蜜出普門品一卷

右一經二人異出

鴦掘魔經 竺法護出鴦掘魔經一卷 求那跋陁羅出鴦掘魔羅經四卷

右一經二人異出



阿闍世王經 支讖出阿闍世王經二卷 竺法護出阿闍世王經一卷

右一經二人異出

十二因緣經 安世高出十二因緣經一卷 竺法護出十二因緣經一卷

右一經二人異出

阿差末經 支謙出阿差末二卷 竺法護出阿差末四卷

右一經二人異出

禪經 鳩摩羅什出禪經四卷 禪法要解二卷 佛馱跋陁出禪經二卷 五門禪經要用法一卷 沮渠安陽侯出禪要秘密治病經二卷 曇摩蜜多出禪法要二卷

右一經四人出

虛空藏經 曇摩讖出方等王虛空藏五卷 曇摩蜜多出虛空藏觀一卷 聖堅出虛空藏五卷 佛陁耶舍出虛空藏一卷

右一經四人出

譬喻經 安世高出五陰譬喻一卷 竺法護出譬喻三百首經二十五卷 无別題未詳其名 釋法炬出法句譬六卷 求那毗地出百句譬喻十卷 康法邃出譬喻經十卷

右一經五人出

无尽意經 竺法護出无尽意四卷 竺法眷出无尽意十卷 曇摩讖大集後无尽意四卷

右一經三人出

菩薩地持經 曇摩讖出菩薩地持三卷 求那跋摩出菩薩戒十卷

右一經二人出

比丘戒本 曇摩持誦出十誦比丘戒本一卷 羅什出十誦比丘戒本一卷 佛陁耶舍出曇无德戒本一卷 釋法顯出僧祇比丘戒本一卷 佛陁什出弥沙塞比丘戒本一卷

右一經五人出 按衆錄並云二百五十戒 凡有六種異出 其一本无

譯名入失源録中

比丘尼戒 竺法護出比丘尼一卷今闕 釋僧純出比丘尼大戒一卷 釋法穎撰十誦比丘尼戒一卷 覓歷所傳大比丘尼戒一卷是僞經今闕

右一經四人出

阿毗曇 安世高出阿毗曇五法七法二卷今闕七法 阿毗曇九十八法一卷闕 阿毗曇心四卷 阿毗曇心十六卷 僧伽跋摩出阿毗曇婆沙十四卷 僧伽提婆出阿毗曇鞞婆沙十四卷 天竺毗婆沙出 舍利弗阿毗曇三十二卷 浮陀跋摩出阿毗曇毗婆沙六十卷 釋法顯出雜阿毗曇心十三卷 伊葉波羅出雜阿毗曇心十三卷 僧伽跋摩出雜阿毗曇心十四卷 伽旃延阿毗曇心二十卷 未詳誰出已入失源録

右一經凡九人出

成具光明經 支讖 支曜

右一經二人異出

法鏡經 支謙 安玄

右一經二人異出

法句經 祇難 支謙

右一經二人異出

一卷无量壽經 鳩摩羅什 求那跋陀

右一經二人異出

長阿含經 佛陀耶舍 釋法顯

右一經二人異出

摩訶僧祇律 釋法顯 釋智猛

右一經二人異出

小品 竺法護 鳩摩羅什

右一經二人異出

長者須達經 安公雜録又有此經 求那毗陀出

右一經二人異出

方等泥洹經 竺法護 釋法顯

右一經二人異出

出三藏記集録上卷第二



出三藏記集録上卷第二

校勘記

一　底本，金藏廣勝寺本。

一　八四九頁中一行「録上」，徑無。

一　八四九頁中二行首字「釋」，磧、南、徑作「梁釋」。

一　八四九頁中一三行第四字「徵」，資、磧、南、徑、麗作「徹」。同行第一一字「覆」，資、磧、南、徑、麗作「覈」。

一　八四九頁中一九行第七字「飛」，資、磧、南、徑作「翻」。

一　八四九頁中二〇行第一〇字「業」，南、徑作「僕」；麗無。

一　八四九頁下二行末字「支」與三行首字「舉」之間，資、磧、南、徑有「竺時獲異經安録所記則爲未盡今悉更苞」共十七字。

一　八四九頁下五行第五字「戎」，磧、南、徑作「梵」。同行第一三字「魚」，資作「兼」。

一八四九頁下一四行末字「三」，[資]、[磧]、[南]、[徑]作「三闕」。

一八四九頁下一五行第三字「經」，[徑]作「經律」。

一八四九頁下二二行小字右「安錄云小」，[磧]作「安公云」；[南]作「安公云小」；[徑]作「安公云一小」。

一八五〇頁上二行小字右「安公」，[資]、[磧]、[南]、[徑]作「安公云」。

一八五〇頁上三行末字「卷」下，[資]、[磧]、[南]、[徑]有夾註「今闕此經」。

一八五〇頁上五行小字右第七字「七」，[資]、[磧]、[南]、[徑]作「十」。同行小字左第六字「令」，[徑]作「令」。

一八五〇頁上七行小字右行「行作」，[資]、[磧]、[南]、[徑]作「經」。

一八五〇頁上八行小字左第八字「舍」，[徑]作「舍」。

一八五〇頁上一一行小字左末字「含」，[資]、[磧]、[南]、[徑]作「含中」。

一八五〇頁上一二行小字左第三字「名」，[資]、[磧]、[南]、[徑]無。

一八五〇頁上一三行小字右第五字「五」，[磧]、[南]作「王」。

一八五〇頁上一四行小字右首字「或」，[資]、[磧]、[南]、[徑]作「或云」。

一八五〇頁上一七行小字右第六字「流」，[資]、[磧]、[南]、[徑]作「流攝」。

一八五〇頁上一九行小字左首字「四」，[磧]、[南]、[徑]無。同行「今闕」，[資]、[磧]、[南]、[徑]作「今闕此經」。

一八五〇頁上二〇行小字左「中阿含」，[資]、[磧]、[南]、[徑]作「中阿含也」。

一八五〇頁中五行第三字「以」，[資]、[磧]、[南]、[徑]、[麗]作「似」。

一八五〇頁中六行小字左末字「注」，[磧]作「住」。

一八五〇頁中八行第六字「明」，[資]、[磧]、[南]、[徑]作「梵」；[麗]作「胡」。

一八五〇頁中一〇行小字右「波羅」，[資]、[磧]、[南]、[徑]作「波羅蜜」。

一八五〇頁中一二行第三字「般」，[資]、[磧]、[南]、[徑]無。同行第七字「一」，[資]、[磧]、[南]、[徑]作「二」。

一八五〇頁中一二行小字左「八日」，[資]、[磧]、[南]、[徑]作「初八日」。

一八五〇頁中一三行小字右第四字「乇」，[磧]作「毛」；[南]、[徑]作「佗」。

一八五〇頁中一六行小字左第五字「貰」，[磧]、[南]、[徑]作「世」。

一八五〇頁中一八行小字左第四字「問」，[磧]作「出」。

一八五〇頁中一九行首字及本頁下一七行第二字「胡」，[資]、[磧]、[南]、[徑]作「梵」。

一八五〇頁中一九行「兜沙經」，[徑]作「梵沙經」。

一八五〇頁下一行第三字「三」，[資]、[磧]、[南]、[徑]作「四」。次頁中一八行小字右首字同。

一八五〇頁下七行「法鏡經一卷」下小字左第三字「經」，[資]、[磧]、[南]、[徑]作「部」。同行正文「十慧」，[資]、[磧]、[南]、[徑]作「十慧經」。

一八五〇頁下一六行第一二字「三」，[麗]作「二」。

一八五〇頁下一九行小字左「長鈴」，資、磧、南、徑、麗作「長阿含」。

一八五〇頁下二一行小字左「實用」，資、磧、南、徑作「寶網」。

一八五一頁上一行小字左末字「經」，資、磧、南、徑作「經也」。

一八五一頁上四行小字右第六字「子」，資、磧、南、徑作「男」；麗作「童男子」。

一八五一頁上八行小字左「阿含」，資、磧、南、徑作「阿含經」。

一八五一頁上一一行第三字「經」，資無。

一八五一頁上一三行小字左末字「名」，資、磧、南、徑作「名也」。

一八五一頁上一五行小字左末字「闕」，資、磧、南、徑作「闕之」。

一八五一頁上一七行「鹿子經一卷」下小字左第三字「无」，資、磧、南、徑作「無戴」。

一八五一頁上一八行「十二」，磧作「十一」。

一八五一頁上一九行小字左「吒」，資、磧、南、徑作「咤」。

一八五一頁上末行小字左第六字「雜」，資、磧、南、徑作「離」。

一八五一頁中五行第七字「湏」，資、磧、南、徑作「又須」。

一八五一頁中六行第五字「一」，資、磧、南、徑作「二」。

一八五一頁中八行「録先无」，資、磧、南、徑、麗作「録先無其名」。

一八五一頁中九行小字左第六字「名」，資、磧、南、徑、麗作「一名」。

一八五一頁中一二行「胡本」，磧、徑作「梵本」。至八五五八頁下同。

一八五一頁中一三行末字「恒」，資、磧、南、徑作「姮」。

一八五一頁中一七行第五字「七」，資、磧、南、徑、麗作「十」。

一八五一頁中一八行小字右首字「三」，資、磧、南、徑作「四」。小字右第六字「云」，資、磧、南、徑作「云出」。

一八五一頁中二〇行小字左第七字「三」，資、磧、南、徑作「二」。

一八五一頁中二一行小字左「丸年」，資、磧、南、徑、麗作「九年」。

一八五一頁下三行下小字右「太康」，徑作「大康」。

一八五一頁下六行正文及小字「秸」，資、磧、南、徑均作「詰」。下同。

一八五一頁下七行第五字「遮」，資、磧、南、徑無。

一八五一頁下八行小字右第三字「云」，資、磧、南、徑作「云是」。

一八五一頁下八行小字左第五字「殊」，徑作「珠」。第七字「土」，磧作「上」。

一八五一頁下一三行第二字及小字右末字「結」，磧、南、徑作「髻」。小字右第四字「薩」，麗作「背」。同行小字右第八字至左第三字「舊録云寶結菩薩經」，資、磧、南、徑無。

一八五一頁下一三行小字「舊録云寶結菩薩經或云寶結菩薩」，磧作「或」。

一 八五一頁下一七行小字左「等集」，資、磧、南、徑作「等集三昧經」。

一 八五一頁下一九行小字右首字「太」，麗作「大」。

一 八五一頁下二〇行首字「郁」，磧作「佛」。同行小字左「或爲二卷」，資、磧、南、徑無。

一 八五一頁下二一行小字右末字「月」，磧無。

一 八五一頁下末行小字左第二字「士」，南、麗作「上」。

一 八五二頁上三行小字右第三字「頼」，磧作「頭」。

一 八五二頁上三行小字左及一六行小字右「太始」，資、磧、南作「泰始」；徑作「泰始」。

一 八五二頁上五行第二字「揔」，資、磧、南、徑作「定」。

一 八五二頁上二一行小字右「維結」，資、磧、南、徑作「維摩詰」。

一 八五二頁上末行小字左首字「士」，資、磧、南、徑、麗作「力士」。

一 八五二頁中一行小字左末字「過」，資、磧、南、徑作「過經泰始七年正月二十七日出」。

一 八五二頁中二行末字「卷」，資、磧、南、徑作「卷泰始七年九月十五日出」。

一 八五二頁中四行小字左行末字「孩」，資、磧、南、徑、麗無。

一 八五二頁中七行小字左末字「經」，磧無。

一 八五二頁中一〇行第二字「冈」，資、磧、南、徑作「綱」。

一 八五二頁中一一行小字左「一名」，資、磧、南、徑作「一云」。同行小字左末字「經」，資、磧、南、徑作「經太安二年四月九日出」。

一 八五二頁中一二行小字左末字「經」，資、磧、南、徑作「經太安二年五月一日出」(「太」，南作「大」)。

一 八五二頁中一四行小字右第五字「五」，資、磧、南、徑作「五夢太安二年五月六日出」(其中「五夢」，磧作「王夢」)；麗作「五夢」。

一 八五二頁中一六行小字左「三卷」，資、磧、南、徑作「三卷太安二年五月十一日出」。

一 八五二頁中一七行小字左末字「經」，資、磧、南、徑作「經太安二年五月十七日出」。

一 八五二頁中一八行末字「卷」，資、磧、南、徑作「卷太安二年五月二十日出」。

一 八五二頁中一九行小字左末字「經」，資、磧、南、徑作「經太安二年八月一日出」。

一 八五二頁中二〇行小字左末字「經」，資、磧、南、徑作「經太安二年十二月四日出」。

一 八五二頁下四行小字右「或云指譬經」，資、磧、南、徑作「或云指譬經」。同行小字左「或云譬經」，資作「或云譬經」；磧、南、徑作「或云指譬經」；麗作「或云指譬經」。

一 八五二頁下五行第七字「卷」，資、南、徑作「卷太安元年十月三日出」；磧作「卷太安元年月三日出」。同行小字左行末字「集」，資、磧、南、徑作「集太安三年正月十八日出」。

一 八五二頁下六行第二字「出」，資、磧、南、徑作「步」。同行小字右第二字「名」，資、磧、南、徑作「云」。

一 八五二頁下六行末字「卷」，資、磧、南、徑作「卷太安三年二月一日出」。

一 八五二頁下七行第七字「卷」，資、磧、南、徑作「卷太安三年二月七日出」。

一 八五二頁下七行小字左末行「經」，資、磧、南、徑作「經太熙元年二月七日出」。

一 八五二頁下九行小字右「獨證」，資、磧、南、徑作「獨」。

一 八五二頁下一一行第五字「失」，磧作「夫」。

一 八五二頁下一二行小字左末字「闕」，資、磧、南、徑作「闕永嘉元年十二月一日出」。

一 八五二頁下一三行小字左末字「經」，資、磧、南、徑作「經永嘉元年三月五日出」。

一 八五二頁下一四行小字右第八字「或」，資、磧、南、徑、麗作「闕」。同行小字左第八字「闕」，資、磧、南、徑、麗作「或」。

一 八五二頁下一五行小字右「阿闍王」，資作「阿闍貰王」；磧、南、徑作「阿闍世王」。同行小字左首字「術」，資、磧、南、徑作「述」。

一 八五二頁下一六行「九十」，資、磧、南、徑作「九十五」。

一 八五二頁下一八行「一卷」，資、磧、南、徑作「十卷」。同行「小品」，資、磧、南、徑作「小品經」。

一 八五二頁下一九行小字「或云」，資、磧、南、徑作「或」。

一 八五二頁下二○行小字左末字「也」，資、磧、南、徑無。

一 八五二頁下二一行第六字「卷」，資、磧、南、徑作「卷一名二十八宿經」。

一 八五二頁下二二行小字左第三字「部」，資、磧、南、徑作「部太安元年正月二十三日出」。

一 八五三頁上一行小字左第二字「經」，資、磧、南、徑作「經元熙元年二月十八日出」。

一 八五三頁上五行第一一字「一」，徑作「經一」。

一 八五三頁上六行小字右「安公」，資、磧、南、徑、麗作「安公云」。

一 八五三頁上八行末字及九行末字「卷」下，資、磧、南、徑有夾註「元康中出」。

一 八五三頁上一二行末字「卷」下資、磧、南、徑有小字「永平元年中出」。

一 八五三頁上一三行第五字「卷」下，資、磧、南、徑有小字「永平中出」。同行末字「卷」下，資、磧、南、徑有小字「元康初出」。

一 八五三頁上一四行小字左末字

「經」，資、磧、南、徑作「經太熙元年末出」。

一　八五三頁上一七行末字「卷」，資、磧、南、徑作「卷建武元年四月十六日出」。

一　八五三頁上一九行小字右第四字「龍」至末字「經」，資、磧、南、徑、麗作「龍施本經或云龍施女經」。

一　八五三頁上末行第三字「貰」，磧、南、徑作「世」。

一　八五三頁上末行末字「卷」下，資、磧、南、徑有夾註「建武元年三月二日出」。

一　八五三頁中一行第七字「卷」下，資、磧、南、徑有小字「永興二年正月二十五日出」。同行第八字「戒」，資、磧、南、徑作「誡」。

一　八五三頁中二行第五字「卷」，資、磧、南、徑作「卷太始九年二月一日出」。同行末字「卷」下，資、磧、南、徑有小字「永興二年正月二十八日出」。

一　八五三頁中三行末字「卷」下，資、磧、南、徑有小字「永興二年二月二日出」。

一　八五三頁中四行第五字「卷」，資、磧、南、徑作「卷永興二年二月七日出」。同行末字「卷」下，資、磧、南、徑有小字「永興二年二月十一日出」。

一　八五三頁中五行小字左末字「經」，資、磧、南、徑作「經永興二年二月二十日出」。同行末字「卷」下，資、磧、南、徑有小字「永興二年三月一日出」。

一　八五三頁中六行第五字「解」，資、磧、南、徑作「解經」。

一　八五三頁中七行第五字「首」，麗作「云」。

一　八五三頁中七行末字「卷」，資、磧、南、徑作「卷永興三年二月七日出」。

一　八五三頁中八行第七字「卷」，資、磧、南、徑作「卷太始三年九月十日出」。

一　八五三頁中九行末字「卷」下，資、磧、南、徑有小字「大始三年九月二十一日出」。（「大」，徑作「太」）。

一　八五三頁中一〇行第四字「法」，徑作「法經」。同行小字右末字「或」，磧無。

一　八五三頁中一四行「胡本」，資、磧、南、徑作「梵本」。下至八五八頁上同。

一　八五三頁中二〇行第四字「几」，資、麗作「凡」。

一　八五三頁下一行第三字「天」，磧作「大」，

一　八五三頁下一行小字左行「太始」，資作「始」。同行小字左第八字「八」，資、磧、南、徑作「初八」。

一　八五三頁下二行第四字「二」，徑作「凡二」。同行第九字「世」，南作「出」。

一　八五三頁下三行「沙門」，資作「門」。

一　八五三頁下四行首字「恚」，資、磧、南、徑作「慧」。

一　八五三頁下一二行小字右「所載」，

磧無。

一八五三頁下一四行小字右第七字「或」，資、磧、南、徑作「或云」。

一八五三頁下一六行「懷時」，資、磧、南、徑作「懷帝時」。

一八五三頁下末行第四字「土」，資、磧、南、徑、麗作「士」。

一八五四頁上五行小字左首字「出」，資、磧、南、徑、麗作「所出」。

一八五四頁上六行小字「所出」，資、磧、南、徑作「出」。

一八五四頁上一一行「二卷」，資、磧、南、徑作「凡二卷」。

一八五四頁上一八行「持誦」，資、磧、南、徑作「持誦賫」。

一八五四頁中四行「胡大品本」，資、磧、南、徑作「梵大品本」。

一八五四頁中六行第八字「十」，徑作「論」。

一八五四頁中八行第三字「蜜」，資、磧、南、徑作「蜜集」。同行小字左「七月」，磧作「七日」。

一八五四頁中一六行、頁下一四行及八五七頁下六行「孝武」，資、磧、南、徑作「孝武帝」。

一八五四頁中二〇行小字右「太元」，麗作「大元」。

一八五四頁下一行第三字「撰」，南、徑作「譯」。

一八五四頁下二行小字左首字「出」，資、磧、南、徑作「出至」。

一八五四頁下三行小字左「二十四分」，資、磧、南、徑作「三十四卷」。

一八五四頁下四行小字右「周」，資、磧、南、徑作「同」。

一八五四頁下五行「孝武」，徑作「孝武帝」。

一八五四頁下一三行小字左第二字「目」，徑作「日」。

一八五四頁下一五行第一〇字「於」，資無。

一八五四頁下一八行小字左「曇摩提」，資、磧、南、徑作「曇摩難提」。

一八五四頁下一八行小字左第六字「大」，徑作「本」。

一八五四頁下二〇行第四字、二二行第四字、八五六頁上二〇行第五字及八五六頁下九行第五字「心」，徑作「心論」。

一八五四頁下二一行第六字及次頁中二〇行第六字「曇」，徑作「曇論」。

一八五四頁下末行小字右「太元」，徑作「大元」。

一八五五頁上四行小字右首字「僞」，資作「爲」。同行小字左「二十二」，資、磧、南、徑作「二十三」。

一八五五頁上八行「經十卷」下小字，資作「一名稱善根經」。

一八五五頁上一三行「經二卷」下小字右第三字「九」，資、磧、南、徑作「元」。

一八五五頁上二〇行小字左「菩提」，資、磧、南、徑作「菩薩」。

一八五五頁上二二行小字「闕」，資、磧、南、徑作「闕本」。同行正文「呵色欲」，磧、南、徑作「呵色欲經」。
一八五五頁中四行首字「成」，資、磧、南、徑作「誠」。
一八五五頁中一五行小字左末字「國」，資、磧、南、徑、麗作「國於罽賓得此經附賈人送至涼州」(「至」，麗作「到」。「賈」，資作「南」；徑、麗作「商」)。
一八五五頁中二〇行小字右首字「或」，徑作「或云」。
一八五五頁下二行小字右「大集經」下，資、磧、南、徑有「玄始九年譯出」一行。
一八五五頁下五行小字左「六卷」下，資、磧、南、徑有「玄始六年九月出」一行。
一八五五頁下六行小字左「龔上出」下，資、磧、南、徑有「玄始八年十二月出」一行。
一八五五頁下六行「光明經」，資、磧、南、徑作「光明」。同行「四卷」下，資、磧、南、徑有「玄始六年五月出」一行。

一八五五頁下七行「四卷」下，資、磧、南、徑有「玄始七年正月出」一行。
一八五五頁下八行小字左末字「經」下，資、磧、南、徑有「玄始七年十月初一日出」一行。
一八五五頁下一〇行第四字「戒」，徑作「戒經」。同行「七卷」下，資、磧、南、徑有「玄始六年四月十日出」一行。
一八五五頁下一一行「優婆」，資、磧、南、徑作「優婆塞」。同行「一卷」下，資、磧、南、徑有「玄始十年十二月出」一行。
一八五五頁下一二行「四卷」，資、磧、南、徑作「一十七卷」。
一八五五頁下一四行小字左末字「讖」，資作「䜟」。
一八五五頁下一五行第六字「沙」，徑作「沙論」。
一八五五頁下一七行第六字「泰」，磧、徑作「泰」。

一八五五頁下一八行第八字「菀」，資、磧、南、徑作「苑」。
一八五六頁上三行小字左「二十八日」，磧、南作「二十八月」。
一八五六頁上五行小字左「於道場」，資、磧、南、徑作「道場寺」。
一八五六頁上六行「方便」，徑作「方便經」。
一八五六頁上六行小字右第三字「庚」，徑作「庚」。同行小字右「修行」，磧、徑作「修」。同行小字左「十七品」，徑作「十行七品」。
一八五六頁上一二行小字左「庚申」，資作「庚中」。
一八五六頁上一四行第七字及本頁中六行第八字「陁」，徑作「陀羅」。
一八五六頁上一六行「泥洹」，資、磧、南、徑作「泥洹經」。同行小字左「譯出」，資、磧、南、徑作「譯」。
一八五六頁上二〇行「十三」，資、磧、南、徑作「十二」。
一八五六頁中二行「十一」，磧作「一

一」。

一 八五六頁中九行第四字「特」，資、磧、南、徑作「持」。同行小字左末字「尼」，資、磧、南、徑作「尼或云檀持陁羅尼」。

一 八五六頁中二〇行小字「馬鳴」，磧作「鳥鳴」。

一 八五六頁中末行第四字「授」，資、磧、南、徑作「受」。

一 八五六頁下六行第一〇字「榮」，資、磧、南作「榮」。

一 八五六頁下一三行第五字「末」，資、磧、南、徑、麗作「未」。

一 八五六頁下一八行小字右「或去」，資、磧、南、徑、麗作「或云」。

一 八五六頁下二一行第六字「四」，資、磧、南、徑、麗作「十四」。

一 八五六頁下二二行小字右末字「袜」，徑作「秣」；麗作「沽」。同行小字左「二十二」，磧作「二二」。

一 八五七頁上七行第七字「卷」，徑作「大藏」。

一 八五七頁上九行「一卷」，南、徑作「二卷」。

一 八五七頁上一四行小字右第三字「廣」，資、磧、南、徑作「廣博」。同行小字左「輪轉」，資、磧、南、徑作「轉輪」。

一 八五七頁上一八行「二十卷」下小字「闕」，磧無。

一 八五七頁中三行小字左第二字「守」，資、磧、南、徑作「宗」。

一 八五七頁中四行首字「新」，資、磧、南、徑作「雜」。同行「五十卷」下，資、磧、南、徑有小字「宋元嘉中於瓦官寺譯出」二行。

一 八五七頁中五行小字「丹陽」，資、磧、南、徑作「丹楊」。

一 八五七頁中九行「四卷」下，資、磧、南、徑有小字「宋元嘉中譯」一行。

一 八五七頁中一〇行小字左「譯出」，資、磧、南、徑作「出」。

一 八五七頁中一三行小字左第三字「闕」，麗作「旁闕」。

一 八五七頁中一三行與一四行之間，資、磧、南、徑有「現在佛名經三卷」一行。

一 八五七頁中一五行「十三部凡七十三」，資、磧、南、徑作「十四部凡七十六」。

一 八五七頁中一九行第六字「生」，資、磧、南、徑作「上生」。

一 八五七頁中二一行小字右第二字「元」，資、磧、南、徑無。

一 八五七頁下一行「京都」，資、磧、南、徑作「於京都」。

一 八五七頁下七行第一一字「玄」，資、磧、南、徑作「玄暢」。

一 八五七頁下一五行首字「釋」，資、磧、南、徑無。

一 八五七頁下二〇行及八五九頁下第一六行小字右「竺法眷」，資、磧、南、徑作「竺法卷」。

一 八五八頁上七行第五字「陁」，資、磧、南、徑作「伽陁」；麗作「加他」。

一 八五八頁上八行「他毗利」下小字

左首字「木」，磧、南作「未」。

一 八五八頁上一〇行「京都」，資、磧、南、徑作「都」。

一 八五八頁中六行第八字「帝」，資、磧、南、徑作「武帝」。

一 八五八頁中一二行小字「一名要論」，資無。

一 八五八頁中一三行第九字「帝」，資、磧、南、徑作「安帝」。

一 八五八頁中一八行第二字「佛」，資、磧、南、徑作「伏」。

一 八五八頁中一九行「須達長者」，資、磧、南、徑、麗作「須達長者經」。

一 八五八頁下一行第二字「復」，資、磧、南、徑作「複」。

一 八五八頁下二行第一一字「令」，資、磧、南、徑作「今」。

一 八五八頁下四行第四字「挌」，資、磧、南、徑作「格」。

一 八五八頁下七行第一三字「人」，資、磧、南、徑作「入」。

一 八五八頁下一〇行小字左「佛朔」，資、磧、南、徑作「朔佛」。

一 八五八頁下一六行小字左「一卷」，資、磧、南、徑作「二卷」。

一 八五九頁上三行小字右第一七字「竹」，資、磧、南、徑作「竺」。

一 八五九頁上三行小字左「首楞嚴」，資、磧、南、徑作「首楞嚴經」。

一 八五九頁上五行第一二字「名」，資、磧、南、徑作「人名」。

一 八五九頁上一二行第三字「卷」，資、磧、南、徑作「經」。

一 八五九頁上末行小字左第四字「出」，資、磧、南作「云」。

一 八五九頁中一〇行小字左第七字「那」，資、磧、南、徑、麗作「刪」。

一 八五九頁中一六行小字右第一〇字「至」，磧、南作「正」。

一 八五九頁下一行小字右第七字「王」，徑作「三」。

一 八五九頁下一行小字左第四字「出」，資、磧、南、徑、麗作「更出」。

一 八五九頁下三行小字右第九字「經」，麗無。

一 八五九頁下六行「一人」，資、磧、南、徑、麗作「二人」。

一 八五九頁下七行小字左「二卷」，資、磧、南、徑作「三卷」。

一 八五九頁下九行末字「出」，資、磧、南、徑作「異出」。

一 八五九頁下一一行小字左行「虛空藏」，資、磧、南、徑作「虛空藏經」。

一 八五九頁下一四行右七字「譬」，麗作「譬喻」。同行小字右第一三字「陁」，資、磧、南、徑作「地」。

一 八五九頁下一八行小字右「地持」，資、磧、南、徑、麗作「地持八卷」。同行小字左首字「求」，徑作「來」。

一 八五九頁下二二行第一二字「二」，麗作「一」。

一 八六〇頁上二行小字右第五字至第七字「比丘尼」，資、磧、南、徑作「比丘尼戒」。同行小字右第一〇字「今」，徑作「合」。

一 八六〇頁上二行小字左第一三字

「戒」，資、磧、南、徑、麗作「戒本」。

一 八六〇頁上五行小字左第八字「阿」至本頁上七行小字右第一四字「卷」，底本共六十九字，資、磧、南、徑、麗作「僧伽跋摩出阿毗曇毗婆沙十四卷阿毗曇心四卷僧伽提婆出阿毗曇鞞婆沙十四卷阿毗曇心十六卷天竺毗婆沙師出舍利弗阿毗曇二十二卷浮陀跋摩出阿毗曇毗婆沙六十卷」共七十二字。

一 八六〇頁上六行小字左「三十二」，麗作「二十二」。

一 八六〇頁上一〇行小字左「支曜」，磧、南、徑作「支謙」。

一 八六〇頁上一二行小字「支謙安玄」，資、麗作「安玄支謙」，磧、南、徑作「安公支謙」。

一 八六〇頁上一四行小字右「秖」，資、磧、南、徑作「祇」。

一 八六〇頁上一六行「一卷无量壽經」，徑作「無量壽經一卷」。

一 八六〇頁上二二行小字左「鳩摩羅」，資、磧、南、徑、麗作「鳩摩羅什」。

一 八六〇頁中二行全文，資、磧、南、徑無。

一 八六〇頁中三行及四行，資、磧、南、徑置於一行之前。

一 八六〇頁中末行「上卷」，徑作「卷」。

出三藏記集録中卷第三　　　　　　楹

釋僧祐撰

新集安公古異經録第一

新集安公失譯經録第二

新集安公涼土異經録第三

新集安公關中異經録第四

新集律分為五部記録第五

新集律分為十八部記録第六

新集律来漢地四部記録第七

## 新集安公古異經録第一

古異經者蓋先出之遺文也尋安録自道地要語迄四姓長者合九十有二經標為古異雖經文散逸多有闕亡觀其存篇古今可辯或無别名題取經語以為目或撮略四鋡摘一事而立卷名号質實信古典矣安公之于首雖則失源而舊譯見矣

道地經中要語章一卷 或云小道地經今有此經自此以下不稱有者並闕本

瞉練意章一卷 舊録云瞉練經安公云上二經出生經祐案今生經无此章名

梵志頗波羅延問尊種經一卷 舊録云頗



波延問種經今有此經

菩薩道地經一卷 安公云出方等部

颰披陁菩薩經一卷 安公云出方等部

五十五法誡經一卷 或云五十五法行

一切義要一卷　說善惡道經一卷

愛欲聲經一卷 一本云愛欲一聲經

摩訶遮曷旋經一卷　天王下作猪經一卷

魔王入目揵蘭腹經一卷 一名弊魔試摩目連經舊録云魔王入目連腹中經今有此經

始造浴佛時經一卷

十二賢者經一卷 舊録云十二賢經

佛併父弟調達經一卷 安公云上下經出阿毗曇

憂墮羅迦葉經一卷

四部本文一卷 安公云上二經出長阿鋡一本云出阿毗曇

中阿含本文一卷 一本云出中阿含經六十卷

七漏經一卷 或云七漏鈔經　讓德經一卷

有賢者法經一卷

摩訶厥弥難問經一卷 或云大厥弥經

大本藏經一卷　說阿難持誡經一卷

阿難問何因緣持誡見世間貧亦現道貧經一卷

給孤獨四姓家問應受施經一卷

曉所諍不解經者經一卷



奇異道家難問住處經一卷

奇異道家難問法本經一卷

賢者手力經一卷　八法行經一卷

雜阿含三十章一卷

自見自知為能盡結經一卷

有四求經一卷　佛本行經一卷

河中大聚沫經一卷 或云水沫所漂經或云聚沫譬經今有此經

聞城譬經一卷 舊録云聞城十二因緣經或云貝多樹下思惟十二因緣經今有此經

便賢者坑經一卷 坑字或作耕

自守亦不自守經一卷 舊録云不自守經或云不自守意經今有此經

所非汝所經一卷　兩比丘得割經一卷

聽施比丘經一卷 或云比丘聽施經今有此經

善馬有三相經一卷 舊録云馬三相經今有此經

馬有八弊惡態經一卷 或云馬有八態譬人經今有此經

道德舍利日經一卷

舍利日在王舍國經一卷

獨居思惟自念止經一卷

問所明種經一卷

欲從本相有經一卷 或云欲從本經

獨坐思惟意中生念經一卷

佛說如是有諸比丘經一卷

比丘所求色經一卷

佛說道有比丘經一卷
色為非常念經一卷
色比丘念本起經一卷 安公云自此上二十二經是阿含一卷
佛說善惡意經一卷
比丘一法相經一卷　有二力本經一卷
有三力經一卷　有四力經一卷
人有五力經一卷
不聞者類相聚經一卷 舊錄云類相聚經
天上釋為故世在人中經一卷
爪頭土經一卷　身為無有反復經一卷
師子畜生王經一卷
阿須倫子披羅門經一卷
披羅門子名不侵經一卷
生聞披羅門經一卷 舊錄云生聞梵志經
有陳遇經一卷　署杜乘披羅門經一卷
佛在拘薩國經一卷
佛在優墮國經一卷　是時自梵守經一卷
有三方便經一卷 舊錄云三方便經
披羅門不信重經一卷
佛告舍日經一卷　四意止經一卷 舊錄云四意止本行經
說人自說人胃不知腐經一卷 安公云上四十五經出雜阿含 祐按此雜阿含唯有二十五經而注云四十五斯豈傳寫筆散故重畫致謬歟夫晉史三豕魯之五門古賢其猶病諸况傭寫之人哉



佛有五百比丘經一卷
凡人有三事愚癡不足經一卷
佛誡諸比丘言我以天眼視天下人
生死好醜尊者早者經一卷 安公云此上三經出中阿含
弥連經一卷 舊錄云弥蘭經或作彌蓮出六度集今有此經
阿鳩留經一卷　憂多羅經一卷
梅檀調佛經一卷　惡人經一卷
羅貧壽經一卷 舊錄云羅貧壽或云鄰那壽經
梅檀樹經一卷 今有此經
難提和難經一卷 或云難提和羅經
四姓長者難經一卷 舊錄云四姓長者經
析佛經一卷
右九十二部凡九十二卷是古典經

新集安公失譯經錄第二

祐校安公舊錄其經有譯名則綵錄上卷無譯名者則條目于下尋安錄自修行本起訖於和達凡一百有三十四經莫詳其人又關涼二錄並闕譯名今總而次列入失源之部安錄誠佳頗恨太簡注目經名撮題兩字且不列卷數行間相接後人傳寫名部混糅且朱點為標朱滅則亂循空追求困於難了斯亦璵璠之一玷也且衆錄雜經苞集逸異名多復重失



相散系今悉更删整標定卷部使名實有分尋覽無惑焉

修行本起經二卷 安公言南方近出直益小本起耳舊錄有宿行本起疑即此經
菩薩道樹經一卷 或云道樹三昧經二名異並同一本
八念經一卷 舊錄云大阿那律八念經
禪行三十七品經一卷
諸法本經一卷　中日經一卷 安公云出中阿含
月光童子經一卷
梵志孫陁耶致經一卷 安公云出中阿含　三十七品經一卷 安公云出律經
枯樹經一卷 安公云出中阿含
六淨經一卷 安公云出律經　法律三昧經一卷
應行律一卷　歡豫經一卷
三十二相經一卷 或云菩薩三十二相經
八十種好經一卷
演道俗經一卷 舊錄云演道俗業經
黑氏梵志經一卷
大愛道般泥洹經一卷
頞多和多耆經一卷
羅云母經一卷 或云阿那邠多祖犀大母經
五母子經一卷
無垢賢經一卷 或云无垢賢女經
八關齋經一卷　迹經一卷 或云菩薩逝經
生死變化經一卷 或云生死變識經一名見正比丘經或云見正經

普明王經一卷　文陁竭王經一卷

耶祇經一卷　五福徳經一卷

末羅王經一卷　分恕檀王經一卷

長者音悅經一卷 或云音悅經 或云長者音悅不蘭迦葉經

首達經一卷 舊録云維先首達經

梵皇經一卷 或云梵摩皇經　五百梵志經一卷

僧大經一卷 或云佛大僧大經　法常住經一卷

大小諫王經二卷 今有諫王經一卷未詳大小

波耶匿王經一卷 或云波斯匿王經 或云波斯匿王喪母經

摩夷比丘經一卷 或云摩夷經

旃陁越國王經一卷

迦葉戒經一卷 或云迦葉禁戒經

摩達王經一卷　五恐怖世經一卷 舊録云五恐怖經

進學經一卷 或云勸進學道經

四飯法經一卷 或云四飯法章　梵摩難王經一卷

師比丘經一卷 或云比丘師經　十二死經一卷

五無反復經一卷

等入法嚴經一卷 或云菩薩等入法嚴經

治身經一卷 舊録云佛治身經 舊録並同

治意經一卷 舊録云佛治意經 舊録並同

十善十惡經一卷 安公云出阿毗曇

阿難念弥經一卷 安公云出中阿含

堯調經一卷 安公云出中阿含



四磓喻經一卷 安公云出中阿含 舊録云四磓經 或作四鉢經

馬有八態經一卷 與古異録馬八態惡態經異本

金色女經一卷 安公云出阿毗曇

大子須大拏經一卷

十夢經一卷 安公云出阿毗曇 舊録云舍衛國王十夢經 或云波斯匿王十夢經 或云舍衛國王夢見十事經 或云國王不黎先泥十夢經同一本

長者辯意經一卷 舊録云辯意長者經

長者須達經一卷 或云須達經

孝子報恩經一卷 一名孝子經

孝子睒經一卷 或云菩薩睒經 或云睒經

自愛不自愛經一卷 舊録云自愛經

長壽王經一卷　薩和檀王經一卷 出六度集

未生怨經一卷　須摩提女經一卷

賢首夫人經一卷 或云賢首經　七婦經一卷

玉耶女經一卷 或云玉耶經　新歲經一卷

阿難八夢經一卷 舊録云阿難七夢經 案録並云夢是誤作八字也

車匿本末經一卷 或云車匿經

九色鹿經一卷

五苦章句經一卷 一名淨除罪蓋娛樂佛法經 或云五道章句經

佛滅度後棺斂葬送經一卷

婦遇對經一卷 舊録云婦人遇辜經 或云婦遇辜經

羅云忍辱經一卷

阿難邠坻四時施經一卷 舊録云阿難邠祁四時布施經



蜜蜂王經一卷 出六度集

呵調阿那含經一卷 舊録云訶調阿那含經 或作苛調阿那含經

戒徳香經一卷　鬼子母經一卷

内外六波羅蜜經一卷 安公云出方等部 一本云内六波羅蜜經

小五濁經一卷 舊録云小五濁世經 或云五濁世經 或云五濁世卒

弗迦沙王經一卷 一名蓱沙王五願經 安公云出中阿含

佉真陁羅所問寶如来經二卷 或云佉真陁羅所問寶如来三昧經 或云佉真陁羅經

迦旃偈一卷 舊録云比丘迦旃延說法沒盡偈百二十章

右九十二部今並有其經

七車經一卷　弥勒經一卷 安公云出長阿含

阿拔經一卷 安公云出長阿含 或云阿拔摩納經

隨藍經一卷 安公云出中阿含　七事經一卷 安公云出中阿含

海有八事經一卷　堅心經一卷

太子和休經一卷 或云私休經

分陁利經一卷 舊録云薩芸芬陁利經 或云是異出法花經

無悕望經一卷 或云無所希望經 即是象步經之別名

内藏大方等經一卷

難等各第一經一卷 舊録云阿難迦葉舍利弗說各第一經

胎中女經一卷 一名腹中女聽經 或云阿羅呵公女胎中聽經

小阿闍世經一卷　普達王經一卷

小須賴經一卷　貧女人經一卷

惟留王經一卷 舊録云惟流王經

目佉經一卷 或安公云出方等部
理家難經一卷　迦留多王經一卷
梵志闍孫經一卷 舊錄云梵志闍遜經
波達王經一卷　抄寶積經一卷
悲心悒悒經一卷　趣度世道經一卷
異了本生死經一卷　長者威勢經一卷
鹹水喻經一卷 安公云出中阿含 舊錄云鹹水譬喻經
薩和達王經一卷　癡注經一卷
弥勒當來生經一卷
慧上菩薩經二卷 慧上菩薩經即是大善權經
調達經一卷　睺本經一卷
放鉢經一卷 安公云出方等部　賴吒譯羅經一卷 安公云出中阿含
馬王經一卷 出六度集　和達經一卷 安公大錄記於此
鉢呿沙經一卷　法海經一卷
失利越經一卷　分身舍利經一卷
以身施餓虎經一卷　恚曇慕二卷
吉法驗一卷　口傳劫起盡一卷
仕行送大品本末一卷　律解一卷
打揵稚法一卷 徒鉢呿沙經至打揵稚法凡一十一部先在安公注經錄末尋其間出或是晚集所得今鈔附此錄焉從七車經至打揵稚法凡五十部今並闕此經
右一百四十二部凡一百四十七
卷是失譯經

新集安公涼土異經錄第三



大忍辱經十卷　淨行經二卷
金剛三昧經一卷　犍沙王經一卷
有無經一卷　五百偈一卷
須耶越國貧人經一卷 舊錄云須耶越國貧人傭財頭經
浮木經一卷　坏喻經一卷　婬恎經一卷
首至問十四章經一卷 舊錄云首至問佛十四意經或云首至問十四事今有此經
阿般計泥洹經一卷 一本作陶射討泥洹經
四非常經一卷　五失盖經一卷
大愛道受誡經二卷 舊錄云大愛道或云大愛道比丘尼今有此經
要真經一卷　本無經一卷
勸德經一卷　十五德經一卷
父母因緣經一卷　不退轉經四卷 或云不退轉法輪經
長者法志妻經一卷 今有此經　慧行經一卷
金輪王經一卷　慧行經一卷
七智經一卷 作七知今有此經　未生王經一卷
內外無為經一卷　道淨經一卷
七事本末經一卷 舊錄云七事行本經
難龍王經一卷 或云難龍經今有此經
阿陁三昧經一卷　百寶三昧經一卷
三乘經一卷　耆域術經一卷 舊錄云耆域四術經
五蓋離疑經一卷　太子智止經一卷
大五濁經一卷 舊錄云大五濁世經
道德章一卷　苦相經一卷



須佛得度經一卷　由經一卷
須菩提品經七卷 一本云法護出道行經同本異出也
三慧經一卷　菩薩等行經一卷
分然洹國迦羅越經一卷
四無畏經一卷　五陰事經一卷 今有此經
義決法事經一卷
權變經一卷 舊錄云文殊師利權變三昧經
十偏悊經一卷　賢劫五百佛一卷
七言禪利經一卷 舊錄云偏悊七言禪利經
菩薩十偏悊經一卷　十思惟經一卷
分別六情經一卷　三失盖經一卷
佛寶三昧經一卷　法志女經一卷
文殊師利示現寶藏經二卷
右五十九部凡七十九卷是涼土
異經

新集安公關中異經錄第四

阿難為蠱道呪經一卷 舊錄云阿難為蠱道所呪經
墮落優披塞經一卷 今有此經
薩和薩王經一卷　菩薩本行經一卷
藍達王經一卷 一名目連因緣功德經或云目連功德經今有此經
王舍城靈鷲山經一卷 舊錄云王舍城靈鷲山要直經
阿多三昧經一卷　思道經一卷
人民求願經一卷 今有此經

大犿寶積惟日經一卷　佛在竹園經一卷
陁賢王經一卷　道意經一卷
法為人經一卷
墮迦羅問菩薩經一卷（今有此經）
阿夷比丘經一卷　颰陁悔過經一卷
太子辟羅經一卷（舊錄云大子鉢羅經）
沙弥羅經一卷　八德經一卷
善德經一卷　方等决經一卷
摩呵揵陁惟衛羅盡信比丘等度經一卷（舊錄云盡信比丘經）　比丘三事經一卷

右二十四部凡二十四卷是關中異經

新集律分為五部記錄第五（出毗婆沙）

佛涅洹後大迦葉集諸羅漢於王舍城安居命優波離出律八万法藏有八十誦初大迦葉任持第二阿難第三末田地第四舍那波提第五優波掘至百一十餘年傳授不異一百一十餘年後阿育王出世初大邪見毀壞佛法焚燒經書僧衆星散故八十誦灰滅後值羅漢更生信心懺悔除罪甚有神力為鐵輪王王閻浮提能役鬼神一日一夜壞舍利八塔造八万四千塔還興顯佛法請諸羅漢誦



出經律時有五大羅漢各領徒衆弘法見解不同或執開隨制共相傳習遂有五部出焉十六大國隨用並行競各進業皆獲道證自非聖道玄通孰能使之然乎後時五部異執紛然競起阿育王言皆誦佛語我今何以測其是非問僧佛法斷事云何諸僧皆言法應從多阿育王即集五部僧共行籌當尒時衆取婆麤富羅部籌多遂改此一部為摩訶僧祇摩訶僧祇者大衆名也若就今時此土行籌便此十誦律名摩訶僧祇也大集經佛記未来世當有此等律出世與今事相應六名不異也又有因緣經說佛在世時有一長者夢見一張白疊忽然自為五段驚詣佛所請問其故佛言此乃我滅度後律藏當分為五部

新集律分為十八部記錄第六

佛滅度二百年後薩婆多部分出婆蹉部婆蹉部又分出三部一者法盛二者名賢三者六成弥沙塞部分出中間見迦葉維部分出二部一者僧伽提二者式摩（一本三摩提）摩訶僧祇部



四百年時分出六部一者維跡二者多聞三者施設四者毗陁五者施羅六者上施羅又一本曇無德部（此十）（八部見有同異文殘不復備寫）

新集律來漢地四部序錄第七

昔甘露初開經法是先因事結戒律教方感及豐夢秉其五分而彼趣多當其異部故知道運推移化緣不壹矣至于中夏聞法亦先經而後律律藏稍廣始自晉末而迦葉維部猶未東被既總集五家故存其名錄若乃梵文至止之歲胡漢宣譯之人大衆講集之處名德書翰之文並具舉遺事交相為證使覽者昭然究其始末云尒

薩婆多部十誦律（六十一卷）

薩婆多部者梁言一切有也所說諸法一切有相學內外典好破異道所集經書說無有我所受難能荅以此為号昔大迦葉具持法藏次傳阿難至于第五師優波掘本有八十誦優波掘以後世鈍根不能具受故刪為十誦以誦為名謂法應誦持也自茲以

出三藏記集錄中卷第三　第十六張　拡

下師資相傳五十餘人至秦弘始之
中有罽賓沙門弗若多羅誦此十誦
胡本来遊關右羅什法師於長安逍
遥國三千僧中共譯出之始得二分
餘未及竟而多羅亡俄而有外國沙
門曇摩流支續至長安於是廬山遠
法師慨律藏未備思在究竟聞其至
止乃與流支書曰佛教之興先行上
國自分流以来近四百年至於沙門
德式所闕猶多頃西域道士弗若多
羅者是罽賓持律其人諷十誦胡本
有鳩摩耆婆者通才博見為之傳譯
十誦之中始備其二多羅早喪中塗
而廢不得究竟大業慨恨良深傳聞
仁者賚此經自隨甚欣所遇冥運之
来豈人事而已耶想弘道為物感時
而動叩之有人必情無所恡若能為
律學之衆留此經本開示梵行洗其
耳目使始涉之流不失無上之津梁
懷勝業者日月弥朗此則惠深德厚
人神同感矣幸望垂懷不孤往心一二
悉諸道人所具不復多白曇摩流支
得書方於關中共什出所餘律遂具

出三藏記集錄中卷第三　第十七張　拡

一部凡五十八卷後有罽賓律師卑
摩羅叉来遊長安羅什先在西域從
其受律羅叉後自秦適晉住壽春石
澗寺重校十誦律本名品遂正分為
六十一卷至今相傳焉

曇無德四分律　四十卷或分四十五卷

曇無德者梁言法鏡一音曇摩毱多如
来涅槃後有諸弟子顛倒解義覆隱
法藏以覆法故名曇摩毱多是為四分
律蓋罽賓三藏法師佛陁耶舍所出
也初耶舍於罽賓誦四分律不賚胡
本而来遊長安秦司隸校尉姚爽欲
請耶舍於中寺安居仍令出之姚主以
无胡本難可證信衆僧多有不同故
未之許也羅什法師勸曰耶舍甚有
記功數聞誦習未曾脫誤於是姚主
即以藥方一卷民籍一卷並可四十許
紙令其誦之三日便集僧執文請試
之乃至銖兩人數年紀不謬一字於
是咸信伏遂令出焉故肇法師作長
阿鋡序云秦和始十二年歲上章掩
茂右將軍司隸校尉姚爽於長安中
寺集名德沙門五百人請罽賓三藏

出三藏記集錄中卷第三　第十八張　拡

佛陁耶舍出律藏四分四十卷十四
年訖十五年歲昭陽奮若出長阿含
涼州沙門佛念為譯秦國道士道含
筆受余以嘉運猥条聽次雖無翼善
之功而預親承之末略記時事以示
来賢又荅江東隱士劉遺民書末云
法師於大寺出新至諸經法藏淵曠
日有異聞禪師於宮寺教習禪道門
徒數百夙夜匪懈邕邕肅肅致可欣
樂三藏法師於中寺出律本末精悉
若覩初制毗婆沙於石羊寺出舍利
弗阿毗曇胡本雖未及譯時問中事發
言奇新賁道一生豫参嘉會遇茲盛
化自不覩釋迦祇洹之集餘復何恨
而恨不得與道勝君子同斯法集耳
故撮舉肇公書序以顯其證焉

婆麁富羅律　四十卷

婆麁富羅者受持經典皆說有我
不說空相猶如小兒故名為婆麁富
羅此一名僧祇律律後記云中天竺
昔時甦有悪王御世三藏比丘及諸
沙門皆遠避四奔悪王既死善王更
立還請沙門歸國供養時巴連弗邑

有五百僧欲斷事既無律師又闕律文莫知承案即遣使到祇洹精舍寫此律文衆共奉行其後五部轉集諸律師執義不同各以相承為是爭論紛然于時阿育王言我今何以測其是非於是問僧佛法斷事云何皆言法應從多王言若尒當行籌知何衆多既而行籌婆麁富羅衆籌甚多以衆多故啓名摩訶僧祇摩訶僧祇者言大衆也沙門釋法顯遊西域於摩竭提巴連弗邑阿育王塔天王精舍寫得胡本賫還京都以晉義熈十二年歲次壽星十一月共天竺禪師佛馱跋陀於道場寺譯出至十四年二月末乃訖

弥沙塞律 三十四卷

弥沙塞者佛諸弟子受持十二部經不作地相水火風相虛空識相是故名為弥沙塞部此名為五分律比丘釋法顯於師子國所得者也法顯記云顯本求戒律而北天竺諸國皆師師口傳無本可寫是以遠涉乃至中天竺於摩訶乘僧伽藍得一部律是



摩訶僧祇復得一部抄律可七千偈是薩婆多衆律即此秦地衆僧所行者也又得雜阿毗曇心可六千偈又得一部綖經二千五百偈又得一部方等泥洹經可五千偈又得摩訶僧祇阿毗曇法顯住三年學胡書胡語悉寫之於是還又至師子國二年更求得弥沙塞律胡本法顯以晉義熈二年還都歲在壽星衆經多譯唯弥沙塞一部未及譯出而亡到宋景平元年七月有罽賓律師佛大什來至京都其年冬十一月瑯琊王練比丘釋慧嚴竺道生於龍光寺請外國沙門佛大什出之時佛大什手執胡文于闐沙門智勝為譯至明年十二月都訖

迦葉維律 未知卷數

迦葉維者一音迦葉毗佛諸弟子受持十二部經說無有我及以受者輕諸煩惱猶如死屍是故名為迦葉毗此一部律不來梁地昔先師獻正遠適西域誓尋斯文勝心所感多值靈瑞而葱嶺險絕弗果兹典故知此律於



梁土衆僧未有其緣也

右五部其四部至中夏凡一百有八十卷部卷已入經錄㝡限

出三藏記集錄中卷第三

癸卯歲高麗國分司大藏都監奉勑彫造

# 出三藏記集録中卷第三

## 校勘記

一　底本，麗藏本。

一　八七一頁上一行「録中」，徑無。

一　八七一頁上一行「中卷」，資、磧、普作「卷中」。

一　八七一頁上一三行首字「有」，資、磧、普、南、徑無。同行第八字「雖」，資作「唯」。

一　八七一頁上一五行第七字「目」，資、磧、普、南、徑作「録目」。

一　八七一頁上末行第三字及夾註左末字「頗」，資、磧、普、南、徑作「頞」。

一　八七一頁中二行及三行夾註左末字「部」，資、磧、普、南、徑作「部中」。

一　八七一頁中三行「颰披陁」，資作「風披陁」，磧、普、徑作「颰拔陀」。

一　八七一頁中八行夾註左二字「摩」，資、磧、普、南、徑作「摩訶」。

一　八七一頁中一二行夾註右末字「下」，資、磧、普、南、徑作「十」。

一　八七一頁中一五行夾註右第三字「云」，磧、普、南、徑作「云出」。

一　八七一頁中末行首字「曉」，磧、普作「時」。同行第六字「經」，資無；磧、普、南、徑作「結」。

一　八七一頁下一一行夾註右第七字「經」，資、磧、普、南、徑無。

一　八七一頁下一五行夾註右第五字「八」，徑作「入」。

一　八七一頁下二〇行首字「欲」，資、磧、普、南、徑作「欲化」。

一　八七二頁上一四行夾註左第一字「門」，資、磧、普、南、徑作「聞」。

一　八七二頁上一七行第一三字「守」，資、磧、普、南、徑作「自守」。

一　八七二頁上二二行夾註左「故重畫致」，資、磧、普、南、徑作「重畫故」。

一　八七二頁中五行第二字「連」，資、磧、普、南、徑作「蓮」。

一　八七二頁中一一行正文第九字「析」，資、磧、普、南、徑作「誓」。

一　八七二頁中一六行第三字「修」，資、磧、普、南作「條」。

一　八七二頁中末行末字「失」，資、磧、普、南、徑作「迭」。

一　八七二頁下四行夾註左「二名」，資、磧、普、南、徑作「或云私阿三昧經三名」。

一　八七二頁下一一行「法律三昧經」與一二行「應行律」，徑前後互置。

一　八七三頁上九行第二字「耶」，資、磧、普、南、徑作「斯」。同行夾註右第四字「斯」，資、磧、普、南、徑作「耶」。

一　八七三頁中一五行夾註右末字「玉」，徑作「王」。

一　八七三頁中一六行夾註左第四字「夢」，資、磧、普、南、徑作「七夢」。同行夾註左末字「也」，資、磧、普、南、徑無。

一　八七三頁中一九行夾註左第二字

「經」，資作「界」。

一 八七三頁中二〇行第六字「殺」，磧、普、徑作「殮」。

一 八七三頁中二一行夾註右第六字「過」，資、磧作「遇」。

一 八七三頁下二行首字「呵」，磧、普、徑作「阿」。

一 八七三頁下二行夾註右第七字「那」，資、磧、普、南、徑無。

一 八七三頁下九行第三字「偈」，資、磧、普、南、徑作「偈經」。

一 八七三頁下一三行「墮藍經」，與同行「七事經」，資、磧、普、南、徑前後互置。

一 八七三頁下一九行夾註右末字「舍」，徑作「含」。

一 八七三頁下二〇行夾註左第三字「呵」，磧作「阿」。

一 八七三頁上一行夾註右第一字「或」，資、磧、普、南、徑無。

一 八七四頁上一二行下夾註左「阿含」，資、磧、普、南、徑作「阿含經」。

一 八七四頁上一三行下夾註右第三字「大」，資、磧、普、南、徑作「本」。

一 八七四頁上一九行第三字及夾註右第九字、二〇行夾註左第七字「稚」，資、磧、普、南、徑作「椎」。

一 八七四頁上一九行夾註左第一字「一」，資、磧、普、南、徑無。

一 八七四頁上二〇行夾註右第一字「未」，徑作「末」。

一 八七四頁中一五行夾註右第一字「作」，資、磧、普、南、徑作「或作」。

一 八七四頁中一七行夾註左「行本」，資、磧、普、南、徑作「本行」。

一 八七四頁中末行第三字「章」，資、磧、普、南、徑作「章經」。

一 八七四頁下二行夾註左末字「也」，資、磧、普、南、徑無。

一 八七四頁下八行第二字「傴」，資、磧、普、南、徑作「漚」。九行夾註右第四字及一〇行第四字同。

一 八七四頁下八行「五百佛」，資、磧、普、南、徑作「五百佛名經」。

一 八七四頁下一六行第九字「録」，資、磧、普、南無。

一 八七五頁上六行夾註右第三字「云」，資、磧、普、南、徑作「云天王」。

一 八七五頁上一一行第一一字「是」，資、磧、普、南、徑無。

一 八七五頁上二二行第一三字「造」，資、磧、普、南、徑作「起」。

一 八七五頁中二行首字「法」，資、磧、普、南、徑作「通佛法」。

一 八七五頁中一四行第四字「六」，資、磧、普、南、徑作「立」。

一 八七五頁中一七行末字「部」，資、磧、普、南、徑作「部耳」。

一 八七五頁中二二行「二部」，資、磧、普、南、徑作「一部」。

一 八七五頁中末行夾註左第一字「摩」，資、磧、普、南、徑作「魔」。

一 八七五頁下一行末字「一」，資、磧、普、南、徑作「二」。

一 八七五頁下七行第四字「及」，磧

作「反」。同行第一二字「彼」，資、磧、普、南、徑無。

一　八七五頁下一七行第六字及次頁中七行第五字「梁」，徑作「此」。

一　八七六頁上三行首字「胡」，資、磧、普、南、徑作「梵」。下同。

一　八七六頁上七行第八字「思」，徑作「恩」。

一　八七六頁上一七行第一一字「厺」，資、普作「恪」。

一　八七六頁中二行第三字「又」，普、南、徑作「叉」。

一　八七六頁中六行夾註右末字「分」，資、磧、普、南、徑作「分爲」。

一　八七六頁下八行第八字「宫」，資、磧、普、南、徑作「瓦官」。

一　八七七頁上三行第一二字「轉」，資、磧、普、南、徑作「傳」。

一　八七七頁中三行第九字「心」，徑作「心論」。

一　八七七頁中四行末字「部」，資、磧、普、南、徑作「卷」。

一　八七七頁中五行「五千」，徑作「五十」。

一　八七七頁中一五行第三字「闐」，磧作「填」。

一　八七七頁下四行「録中卷」，徑作「卷中」。

# 出三藏記集錄下卷第四

釋僧祐撰

## 新集續撰失譯雜經錄

祐總集衆經遍閱群錄新撰失譯猶多卷部聲實紛糅尤難銓品或一本數名或一數本或妄加游字以辭繁致殊或撮半立題以文省成異至於書誤益惑亂甚棼然故知必也正名於斯為急矣是以雠校歷年因而後定其兩卷以上凡二十六部雖闕譯人悉是全典其一卷以還五百餘部率抄衆經全典蓋寡觀其所抄多出四鋡六度道地大集出曜賢愚及譬喻生經並割品截偈撮略取義强製名號仍成卷軸至有題目淺拙名與實乘雖欲啓學實蕪正典其為愆謬良足深誡今悉擇出本經注之目下抄略既分全部自顯使沿波討源還得本譯矣尋此錄失源多有大經詳其來也豈天墜而地踊哉將是漢魏時來歲久錄亡抑亦秦涼宣梵成文屆止或晉宋近出忽而未詳譯人之



闕殆由斯歟尋大法運流世移六代撰注群錄獨見安公以此無源未足怪也夫十二部經應病成藥而傳法淪昧實可悵歎祐所以杼軸於尋訪崎岠於纂錄也但陋學謏聞多所未周明哲大士惠縫其闕言貴拱璧况法施哉

大方便報恩經七卷

雜譬喻經六卷 或云諸雜譬喻經

佛本行經五卷

分別功德經五卷 一名增一阿含經疏迦葉阿難造

胡本經四卷　大智度無極經四卷

道神足無極變化經四卷 一名合道神足經

羅摩伽經三卷

大方廣如來性起微密藏經二卷 或云如來性起經

儒首菩薩無上清淨分衛經二卷 一名決了諸法如幻化三昧經

菩薩瓔珞本業經二卷 或云菩薩瓔珞經

諸經菩薩名二卷　諸經佛名二卷

興起行經二卷

遺教三昧經二卷 或云遺教三昧法律經

淨度三昧經二卷 或云淨度經

未曾有因經二卷 或云未曾有經

大乘方便經二卷　摩訶摩耶經二卷 或云摩耶經

阿鞞舍經二卷　益意經二卷
鞞先經二卷　舊辟喻經二卷
雜辟喻經二卷　大比丘威儀經二卷
大比丘威儀經二卷 異出本與錄先作異出字誤作異出今改正
觀無量壽經一卷　龍種尊國變化經一卷
過去香蓮華佛世界經一卷
過去無邊光淨佛土經一卷
佛說往古性和佛國願行法典經一卷 抄
見水世界經一卷 抄大集經
㮈華違王上佛授記妙華經一卷 或云㮈華違王經
佛說陁羅尼法門六種動經一卷 抄
佛入三昧一毛放大光明經一卷 抄
佛謦咳徹十方經一卷 抄方等大集經
佛見梵天頂經一卷 抄
佛跡見千輻輪相經一卷 抄
佛爵化出菩薩經一卷
佛變時會身經一卷 抄
佛心總持經一卷 與生經所出心總持大同小異
佛以三事笑經一卷 抄六度集
佛見牧牛者示道經一卷
世尊繫念經一卷 抄阿含
如來神力經一卷 抄雜阿含
作佛形像經一卷 或作優填王作佛形像經或云作像因緣經



有稱十方佛名得多福經一卷 抄
三千佛名經一卷　千佛因緣經一卷
稱揚諸佛功德經一卷 抄三卷稱揚諸佛功德經
過去五十三佛名一卷 出藥王藥上觀亦出如來藏經
五十三佛名經一卷
三十五佛名經一卷 出決定毗尼經
八部佛名經一卷　十方佛名經一卷
賢劫千佛名經一卷 唯有佛名與曇無蘭所出四諦經千佛名異
稱揚百七十佛名經一卷 或云百七十佛名
德內豐嚴王佛名經一卷 抄
南方佛名經一卷 出治城寺經
滅罪得福佛名經一卷
觀世音求十方佛各為授記經一卷 抄
觀世音所說行法經一卷 是呪經
光世音經一卷 出正法華經或云光世音普門品
觀世音經一卷 出新法華
觀藥王藥上二菩經一卷 或云藥王藥上二菩薩觀經或云藥王藥上觀經
請觀世音經一卷 一名請觀世音菩薩消伏毒害陁羅尼呪經
文殊師利授記經一卷
文殊師利般涅槃經一卷
濡首童真經一卷
弥勒菩薩本願待時成佛經一卷 抄
弥勒下生經一卷 異出本　弥勒為女身經一卷



大光明菩薩百四十八願經一卷
無言菩薩流通法經一卷 抄六集
虛空藏菩薩問持經幾福經一卷 抄
寂調意所問經一卷 一名如來所說清淨調伏
大雲密藏菩薩問大海三昧經一卷 抄方等大雲經
寶日光明菩薩問蓮華國相貌經一卷 抄
功德寶光菩薩問護持經一卷 抄
師子出雷音菩薩問文殊成佛時經一卷 抄
師子出雷音菩薩問文殊師利發心經一卷 抄
自在王菩薩問如來誓戒經一卷 抄
薩陁波倫菩薩求深般若圖像經一卷
無垢施菩薩分別應辯經一卷 即是異出離垢施經
光味菩薩造七寶梯經一卷 抄方等大集經
三曼陁颰陁羅菩薩經一卷
寂意菩薩問五濁經一卷 抄
無言菩薩經一卷 抄方等大集經
儒童菩薩經一卷 抄六度集或云儒童
異出菩薩本起經一卷
菩薩十住行道品經一卷 抄
菩薩十法住經一卷　菩薩十道地經一卷 與護公所出十地大同小異
大方廣菩薩十地經一卷
菩薩緣身五十事經一卷 與五十緣身行大同小異
菩薩三法經一卷 抄

菩薩五法行經一卷
菩薩六法行經一卷 抄　菩薩生地經一卷
菩薩所生地經一卷　菩薩戒自在經一卷 抄
菩薩戒要義經一卷 抄菩薩戒
菩薩戒經一卷 異出本似抄
菩薩受戒經一卷 異出
受菩薩戒次第十法一卷
菩薩戒獨受壇文一卷
菩薩初發心經一卷 抄
菩薩求佛本業經一卷
菩薩莊嚴瓔珞經一卷
菩薩本願經一卷 抄
菩薩本願行品經一卷
菩薩出要得無礙法門經一卷
菩薩導行經一卷 抄
菩薩諸苦行經一卷 抄　菩薩宿命經一卷
菩薩奉施諸塔作願念經一卷 抄
菩薩如意神通經一卷 抄
菩薩懺悔法一卷　菩薩懺悔法一卷 異本
菩薩受齋經一卷
菩薩布施懺悔法一卷 抄决定毗尼經
菩薩以明離鬼妻經一卷 出六度集
菩薩求五眼法一卷 或云五眼文



菩薩呵家過經一卷 抄　菩薩呵睡眠經一卷
初發意菩薩行易行法一卷 出十住論易行品
初發意菩薩常晝夜六時行五事經一卷
六菩薩名經一卷
迦葉赴佛涅槃經一卷 或云佛般涅槃時迦葉赴佛經
迦葉責阿難雙度羅漢喻經一卷 一名迦葉詰阿難
佛往慰迦葉病經一卷
摩訶迦葉度貧母經一卷
大迦葉遇尼乹子經一卷 抄長阿鋡
舍利弗問寶女經一卷 抄
舍利弗嘆寶女說不可思議經一卷
舍利弗等比丘得身作證經一卷
舍利弗般涅槃經一卷 出生經
目連降龍經一卷 或云降龍王經或云降龍經
目連弟布施望即報經一卷 抄
阿難同學經一卷 抄阿鋡
阿難見水光瑞經一卷 抄
阿難見伎樂啼哭無常經一卷 抄阿鋡
阿難問事佛吉凶經一卷 或云阿難問事經
阿難惑經一卷 抄人本欲生經
佛命阿難詣寂勝長者經一卷 抄
迦旃延無常經一卷 出生經
阿那律思目連神力經一卷 抄

阿那律七念章經一卷
請般特比丘經一卷　請賓頭盧法一卷
尊者薄拘羅經一卷 抄中阿含
婆拘盧呇異學問經一卷 抄
尊者瞿低獨一思惟經一卷 抄阿鋡
優陁夷坐樹下寂靜調伏經一卷 抄阿鋡
羅漢迦留陁夷經一卷
羅漢遇甁沙王經一卷 抄阿鋡
央掘魔歸化經一卷 抄
佛降央掘魔人民歡喜經一卷 抄
央掘魔悔過法經一卷 抄
帝釋施央掘魔法服經一卷 抄
鴦掘髻經一卷　鴦掘魔母因緣經一卷 抄
羅旬踰經一卷　淨彌經一卷 抄增一阿鋡
和難釋經一卷 出生經　和難經一卷 出生經
難提釋經一卷
金師精舍尊者病經一卷 抄
調達問佛顏色經一卷 抄
調達教人為惡經一卷 抄六度集
波利比丘誘梵行經一卷 抄
阿梵和利比丘無常經一卷 抄
摩訶比丘經一卷 抄　睒婆比丘經一卷 抄
拘提比丘經一卷　聰明比丘經一卷 抄

出三藏記集錄下卷第四 第九張 樓

善哭比丘經一卷 深淺學比丘經一卷抄
大悲比丘本願經一卷
沙曷比丘功德一卷 舊錄云沙曷比丘經
差摩比丘喻重病經一卷 抄雜阿含
坐禪比丘命過生天經一卷 抄出曜經
分衛比丘經一卷 出生經 比丘各言志經一卷 出生經
比丘疾病經一卷 出生經 比丘求證人經一卷抄
比丘於色默離經一卷 抄阿含
比丘避女惡名欲自煞經一卷抄
比丘問佛何故捨世學道經一卷 抄出曜經
比丘聞佛多優婆塞命終經一卷 抄中阿含
沙彌十戒經一卷 舊錄云沙彌戒 沙彌威儀一卷
沙彌尼戒一卷 比丘尼十戒經一卷
受十善戒經一卷 摩訶僧祇部比丘隨
用要集法一卷 或云摩訶僧祇律大比丘要集
清信士阿夷扇持經一卷 出生經
釋種問優婆塞經一卷 抄阿含
優婆塞五法經一卷
賢者五福經一卷 賢者五戒經一卷抄
賢者威儀一卷 或云賢者威儀法
優婆塞五戒經一卷 優婆塞威儀經一卷
弟子學有三輩經一卷 或云三品弟子經
弟子死復生經一卷 或云死亡更生經

出三藏記集錄下卷第四 第十張 樓

泥洹後諸比丘經一卷 或云小般泥洹經或云泥洹後變記經或云泥洹後比丘世變經或云佛般泥洹後比丘世變經
外道出家經一卷抄 出家緣經一卷
泥洹後千歲中變記一卷 或云千歲變經
真偽沙門經一卷 或云真偽經 竊為沙門經一卷抄
僧名數事行一卷 淳陀沙彌經一卷
瞿曇彌經一卷 瞿曇彌記果經一卷抄
佛母般泥洹經一卷 比丘尼現變經一卷抄
母子作比丘僧比丘尼意亂經一卷 一名學人意亂經出增一阿含
旃闍摩暴志謗佛經一卷 出生經
優波離問佛經一卷 比丘諸禁律一卷
佛為比丘說極深險處經一卷抄
佛為比丘說大力經一卷抄
佛為比丘說三法經一卷抄
佛為比丘說燒頭喻經一卷 抄雜阿含
佛為諸比丘說莫思惟世間思惟經一卷
佛為年少比丘說正事經一卷抄
佛看比丘病不受長者請經一卷 抄出曜
佛度栴陁羅兒經一卷
大力士出家得道經一卷 一名力士跋陀經抄雜阿含
獵師捨家學道經一卷 抄出曜
長者子六過出家經一卷 抄出曜
二老男女見佛出家得道經一卷抄

出三藏記集錄下卷第四 第十一張

弟子為耆域術懆戒經一卷
弟子過命經一卷 出生經
弟子問事佛吉凶經一卷
梵王變身經一卷抄 梵天詣婆羅門 出雜含經 一卷抄
帝釋礼三寶供養經一卷抄
天帝釋受戒經一卷抄
釋提桓因詣目連放光經一卷抄
帝釋慈心戰勝經一卷
天於阿脩羅欲鬪戰經一卷 抄長阿含
諸天問須倫鬪經一卷
比丘問佛釋提桓因因緣經一卷 出雜阿含
比丘浴遇天子放光經一卷抄
明星天子問慈經一卷 抄方等大集
卷鞞梨天子詣佛說偈經一卷 抄雜阿含
歡樂過差天經一卷 抄出曜
三十三天園觀經一卷 抄增一阿含
四天王經一卷 後有呪似後人所附
四天王案行世間經一卷抄
諸天經一卷 舊錄云諸天事經 天神禁寶經一卷 抄義足
諸天問如來警戒不思議經一卷 抄方等大集經
梵天策經一卷 本異出 魔王變身經一卷抄
魔嬈亂經一卷 與魔王試目連大同小異
魔王入苦宅經一卷 抄方等大集

魔作不淨色欲嬈亂經一卷 抄阿含
魔化比丘經一卷 舊錄云魔化比丘經
魔化年少詣佛說偈經一卷 抄雜阿含
太白魔王堅信經 卷 抄方等大集
佛弟子化魔子頌偈經一卷 抄方等大集
魔女聞佛說法得男身經一卷 抄方等大集
魔業經一卷 偈經一卷 抄大集
開化魔經一卷 抄方等大集 過魔法界經一卷 抄方等大集
佛問阿須輪大海有藏經一卷 抄阿含
轉輪聖王七寶見世間經一卷 抄
轉輪聖王七寶具足經一卷 抄
轉輪聖王發心求 土經一卷 抄
淨飯王般泹洹經一卷
頂生王因緣經一卷 舊錄云頂生王經
頂生王故事經一卷
頻毗娑王詣佛供養經一卷 抄
阿闍世王問五逆經一卷 抄
阿闍世王問瞋恨從何生經一卷
阿闍世王受決經一卷
韋提希子月夜問天人經一卷
波斯匿王承佛神力到寶坊經一卷 抄方等大集
波斯匿王問何欲最樂經一卷 抄阿含
波斯匿王詣佛有五威儀經一卷 抄阿含



波斯匿王欲伐央掘魔羅經一卷 抄
波斯匿王太后崩塵土坌身經一卷 抄阿含
波斯匿王祖母命終經一卷
波斯匿王女命過詣佛經一卷 抄阿含
流離王攻釋子經一卷 抄 優填王經一卷
阿育王獲果報經一卷 抄雜阿含
阿育王於佛所生大敬信經一卷 抄雜阿含
阿育王供養道場樹經一卷 抄雜阿含
阿育王施半阿摩勒果經一卷 抄雜阿含
一切施王所行檀波羅蜜經一卷 或云行檀波羅蜜經
功德莊嚴王八万四千歲請佛經一卷
鏡面王經一卷 出六度集 察微王經一卷 出六度集
摩天國王經一卷 梵貪王經一卷 出六度集
提陁王經一卷 薩羅王經一卷 抄或云薩羅國王
長壽王經一卷 抄出雜經非安公所載者
阿質王經一卷 摩訶王經一卷 出異
惟樓王師子湩經一卷 或云惟樓師子湩辟喻經
國王五人經一卷 出生經
國王成就五法久存於世經一卷 抄阿含
國王獻世典經一卷 抄出雜
舍頭諫太子二十八宿經一卷 舊錄云舍頭諫經一名虎耳
太子刷護經一卷 抄
五百王子作淨土願經一卷



調伏王子心經一卷 抄方等大集
阿那邠祁化七子經一卷 含 若誨子經一卷
教子經一卷 一名須達教子經舊錄云須達訓子經 福子經一卷
二童子見佛說偈供養經一卷
三幼童經一卷 抄 佛問四童子經一卷 抄
五百幼童經一卷 出生經
童子問佛乞食事經一卷 抄出雜
童子善射術經一卷 抄出雜
逝童子經一卷 與菩薩逝經大同小異
長壽童子病見世尊經一卷 抄
小兒聞法即解經一卷
長者威施所問菩薩修行經一卷 或云菩薩修行經或云長者修行經
長者梨師達多兄弟二人詣世尊經一卷 抄中阿含
長者賢首經一卷
長者夜輪得非常觀經一卷 抄出雜
長者命終生無熱天經一卷 抄雜阿含
長者命終生兜率天經一卷 抄阿含
長者詣佛說子婦不恭經一卷 抄阿含
長者子制經一卷
長者子懊惱三處經一卷 或云三處惱經
長者命終無子付囑經一卷

獨富長者財物無付經一卷 抄
慳貪長者經一卷 抄與日難經大同
寂勝長者受呪願經一卷
中越長者悔過供佛經一卷 抄
棄惡長者問菩薩法經一卷
質多羅長者請比丘經一卷
佛為拘羅長者說根熟經一卷
佛神力救長者子經一卷 抄
樹提摩納發菩提心誓願經一卷 抄
郁伽居士見佛說法醒悟經一卷 抄阿含
毗羅斯那居士五欲娛樂經一卷 抄阿含
十支居士八城人經一卷 抄中阿含
離車不放逸經一卷 抄
無畏離車白阿難經一卷 抄阿含
七老婆羅門請狗一子經一卷
四吒婆羅門出家得道經一卷 抄阿含
婆羅門虛偽經一卷 抄阿含
婆羅門服白經一卷 抄阿含
婆羅門通達論經一卷
婆羅門解知眾德經一卷 阿含
婆羅門行經一卷 抄阿含
婆羅門問佛布施得福經一卷 抄
婆羅門子命終愛念不離經一卷 抄中阿含



婆羅門問世尊將來世有幾佛經一卷
婆羅門避死經一卷 抄阿含
逗遮婆羅門論議出家經一卷 抄雜阿含
善德婆羅門求舍利經一卷
善德婆羅門問提婆達經一卷
佛化火與婆羅門出家經一卷 抄雜阿含
不與婆羅門等爭訟經一卷 抄
佛為婆羅門說四法經一卷 抄
佛為婆羅門說耕經一卷 抄雜阿含
佛為老婆羅門說偈經一卷 抄雜阿含
佛為黃竹園老婆羅門說學經一卷 抄中阿含
佛為頻頭婆羅門說像類經一卷 抄
佛為年少婆羅門說知善不善經一卷 抄
佛為憍慢婆羅門說偈經一卷 抄
佛為事火婆羅門說悟道經一卷 抄阿含
佛為阿支羅迦葉說自他作苦經一卷 抄
佛為調馬聚落主說法經一卷 抄阿含
六師結誓經一卷　審裸形子經一卷 出生經
外道問佛闘戰生天因緣經一卷 抄阿含
外道問佛生歡喜天因緣經一卷 抄雜阿含
佛將比丘優婆七人遊行遇外道說法經一卷 抄
佛為外道須深說離欲經一卷 抄



外道誘質多長者經一卷
外道仙尼說度經一卷
仙人說阿修羅歸化經一卷 抄阿含
仙人撥劫經一卷 出生經或云仙人撥劫經
五仙人經一卷 出生經
寶海梵志成就大悲經一卷 抄
寶海梵志請如來經一卷 抄
无害梵志執志經一卷
光華梵志經一卷 出生經
梵志勸轉輪王發菩提經一卷 抄
梵志問佛師經一卷
梵志問世間滅損經一卷
梵志向佛說夢經一卷 抄
梵志子死稻敗經一卷 抄
梵志避死經一卷
梵志觀無常得解脫經一卷
梵志與女經一卷
佛開解梵志阿颰經一卷 抄阿含或云梵志阿颰經
降千梵志經一卷 抄阿含　度梵志經一卷 抄
梵志試火恩經一卷 抄
梵志計水淨經一卷 抄阿含　梵志經一卷
寶女問慧經一卷 抄四卷寶女所出
寶女問三十二相經一卷 抄

寶施女經一卷 抄　梓女經一卷 抄中阿含
蓮華女經一卷　金色女經一卷 異出本
不莊挍女經一卷　七女本經一卷
前世諍女經一卷 出生經
三摩竭經一卷 與分惒檀王經大同小異
摩鄧女經一卷　摩鄧女經一卷 抄與摩鄧女同
女人欲熾荒迷經一卷 抄出曜
貧女為國王夫人經一卷
羅閱城人民請佛經一卷
釋家畢罪經一卷 出生經
過去鳴鼓人經一卷 抄雜阿含
過去彈琴人經一卷 抄
慜身濟賈人經一卷 出六度經
慜龍濟國人經一卷 出六度集
墮珠海水中經一卷 出生經
懈怠耕者經一卷 舊錄云懈怠耕兒經
商人脫賊難經一卷 抄
商人子作佛事經一卷 抄長阿含
昔有二人相愛敬經一卷 抄出曜
善生子經一卷 舊錄云善生子一名異出六向拜經
尸迦羅越六向拜經一卷 與讖公大六拜事同辯
世間強盜布施經一卷 抄增一阿含
舍衛人喪子發狂經一卷 抄阿含一



貧子得財發狂經一卷
乞兒發惡心經一卷 抄
瓦師逃走經一卷 抄出曜
貧窮老公經一卷 或云貧老經　老母經一卷
孤母喪一子經一卷　貧為牛者經一卷 出生經
子命過經一卷 出生經　二偷士經一卷 抄出曜
阿遬達經一卷　樹提伽經一卷
鞞摩肅經一卷　夫那羅經一卷
阿蘭那經一卷　那賴經一卷 出生經
那先經一卷 異出本　大意經一卷
釋摩男本經一卷　申日兜本經一卷
墮藍本經一卷 或云墮藍本文別錄云是異出雜譬
君臣經一卷 出生經　夫婦經一卷 出生經
舅甥經一卷 出生經　越難經一卷
日難經一卷 即是越難經後說事小異　鸚鵡經一卷 抄中阿含
菩薩身為鴿王經一卷 出六度集
水牛王經一卷 出生經　鹿王經一卷 或云佛說昔為鹿王經
兔王經一卷 出生經
拘薩羅國烏王經一卷 出生經
雀王經一卷 出六度經　孔雀經一卷 出生經
野雞經一卷 出生經　鷹鶉獵經一卷 抄增一阿含
羅婆鳥鷹所捉經一卷 抄
鵄鳥事經一卷　河中草龜經一卷 抄



大魚事經一卷 抄　三魚失水經一卷
雪山無猴猨經一卷　暴象經一卷
赤嘴烏經一卷 或云赤烏喻經　蠱狐烏經一卷 出生經
三種良馬經一卷 抄　四種良馬經一卷 抄阿含
群牛千頭經一卷 抄　牧牛經一卷
犢子經一卷　驢駝經一卷 抄
獼狗齧王經一卷 舊錄云獼狗經　猘狗經一卷 與獼狗同
度脫狗子經一卷 或云度狗子經
猴獼與婦戲致變經一卷
王后為驢頭經一卷
居士喪故為婦鼻重經一卷
馳行法經一卷 抄阿含　鬼問目連經一卷
目連見衆生身毛如箭經一卷 抄雜阿含
目連見大身衆生然鐵纏身經一卷 抄雜阿含
見一衆生舉體糞穢塗身經一卷 抄雜阿含
衆生頂有鐵磨盛火熾然經一卷 抄阿含
佛為訶到曠野鬼說法經一卷 抄阿含
鐵城泥犁經　泥犁經一卷 或云中阿含泥犁經
勤苦泥犁經一卷　十八泥犁經一卷
四泥犁經一卷　地獄經一卷
地獄衆生相害經一卷
地獄罪人衆苦事經一卷 抄
佛為比丘說大熱地獄經一卷 抄

罪業報應教化地獄經一卷
摩訶乘精進度中罪報品一卷
十法成就惡業入地獄經一卷 抄
比丘成就五法入地獄經一卷 抄阿含
調達入地獄經一卷 抄中阿含或云調達入地獄事
調達生身入地獄經一卷 抄出曜
龔鄣祇全身入地獄經一卷 抄
流離王生身入地獄經一卷 抄
監王五天使者經一卷 舊錄云監王五使者經
福經一卷 抄阿鋡　毀經一卷 抄雜阿含
時經一卷 或云時非時經　灌經一卷 或云四月八日灌經
意經一卷　瘖意經一卷
正意經一卷　惡意經一卷 抄阿含
罵意經一卷　舉鉢經一卷 抄
息恚經一卷 抄中阿含　福行經一卷 抄阿含
忍辱經一卷　福報經一卷 抄
法觀經一卷　身觀經一卷 抄
多聞經一卷　受持經一卷 抄阿含
伏婬經一卷 抄阿含　離睡經一卷
應法經一卷 抄　樂想經一卷
尊上經一卷　醫王經一卷 抄阿含
危脆經一卷　柔軟經一卷 抄
梵網經一卷 與護公錄所出梵網六十二見大同小異



名稱經一卷 抄　處處經一卷
閑居經一卷 出生經　何苦經一卷 抄
無懼經一卷 抄　貧窮經一卷 抄阿含
求欲經一卷 抄阿含　分別經一卷
襄利經一卷　犯罪經一卷
慢法經一卷 抄　邪見經一卷
放逸經一卷 抄　無常經一卷 抄
惡道經一卷 抄阿含　積骨經一卷
苦陰經一卷　法社經一卷
灌臘經一卷 或云般泥洹後四輩灌臘經
受歲經一卷 抄阿含　盜具經一卷 出生經
腹使經一卷 出生經　曉食經一卷 抄修行道地曉了食品
普施經一卷 抄阿含　持齋經一卷
盂蘭經一卷　雜讚經一卷 出生經
甘露道經一卷 抄似出曜　海八德經一卷
恒水戒經一卷 舊錄云恒水經　寂志果經一卷
不壞淨經一卷 抄雜阿鋡　具善根經一卷 抄
法施勝經一卷　人弘法經一卷 抄大雲經
壽命促經一卷 抄雜阿含　色無常經一卷 抄阿含
戒消災經一卷 舊錄云戒消伏
戒相應經一卷 抄或云戒相應法
護口意經一卷　修行慈經一卷 抄
法滅盡經一卷　未曾有經一卷 異出本



不淨觀經一卷 抄長阿含　心本淨經一卷 抄文殊普超三昧經
无母子經一卷 抄　无吾我經一卷 抄
大枯樹經一卷 與安公錄枯樹經大同小異
水上泡經一卷
諸漏盡經一卷 或云諸盡經抄雜阿含
是我所經一卷 出生經　阿耨風經一卷 抄阿含
出曜華經一卷 抄出曜　華嚴淨經一卷
華嚴瓔珞一卷　觀世樓炭經一卷 有三品
波若得經一卷　惟日雜難經一卷
處中行道經一卷 抄雜阿含
勸行有證經一卷
修行勸意經一卷 抄中阿含
多增道章經一卷 舊錄云多增道經一名異出十報法
內身觀章經一卷
忠心政行經一卷 出六度集或云忠心經舊錄有大忠心經小忠心經
堅心政意經一卷 或云堅意經　罪業報應經一卷
分明罪福經一卷　捨諸世務經一卷
摩訶剎頭經一卷 與灌經同後事小異
天地成敗經一卷 是抄衆經
救護身命經一卷　清淨法行經一卷
金剛清淨經一卷 或云金剛三昧本性清淨不壞不滅經
眼色相繫經一卷 抄　禪思滿足經一卷 抄阿含
修集士行經一卷　承事勝己經一卷

出三藏記集錄下卷第四　第二十四張

法古造行經一卷　無始本際經一卷
大慈無減經一卷　慈仁不煞經一卷
淨除業障經一卷抄淨業障大本
栴檀塗塔經一卷　求欲說法經一卷
少多制戒經一卷　異信異欲經一卷
相應相可經一卷　商人求財經一卷
比丘世利經一卷　恒水流澍經一卷抄
信能渡河經一卷
積木燒然經一卷與枯樹經大同小異
業喻多少經一卷　前世三轉經一卷
除恐怖品經一卷抄修行道地
良時難遇經一卷抄　說法難值經一卷
向邪違法經一卷抄　邪業自活經一卷出生經
衆生身穢經一卷　業陰因事經一卷
求離牢獄經一卷抄　阿含正行經一卷
增一阿含經一卷抄增一阿鋡
摩訶乘寶嚴經一卷
十住毗婆沙經一卷抄十住論
不退轉法輪經一卷抄
一音辯正法經一卷抄
精勤四念處經一卷抄
調伏衆生業經一卷抄
无病第一利經一卷抄出曉

出三藏記集錄下卷第四　第二十五張

父母恩難報經一卷抄中阿含
多倒見衆生經一卷抄
世間言美色經一卷抄
形疾三品風經一卷抄思惟要法經
人受身入陰經一卷抄修行道地
斫毒樹復生經一卷抄出曜
一切行不恒安經一卷抄阿含
人身四百四病經一卷
人身八十種虫經一卷抄修行道地
人病醫不能治經一卷抄脩道地
祭亡人不得食經一卷抄
分別善惡所起經一卷
犯戒罪報輕重經一卷
大乘方等要慧經一卷或云方等慧經或云要慧經
佛遺日摩尼寶經一卷
無崖際持法門經一卷或云無崖際經
仁王護國般若波羅蜜經一卷
阿難陁目佉尼呵離陁經一卷
樂瓔珞莊嚴方便經一卷一名轉女身菩薩經沙門法海譯或云樂瓔珞莊嚴女經
過去行檀波羅蜜經一卷抄
本行六波羅蜜經一卷
當來選擇諸惡世界經一卷抄

四大色身生厭離經一卷
有衆生三世作惡經一卷
信人者生五種患經一卷
以金貢太山贖罪經一卷
人民疾疫受三歸經一卷抄阿含
受持佛名不墮惡道經一卷
第一四門經一卷出大十二門經　第二四門經一卷
第三四門經第三四門即名甘露道律經捡雜目錄或有不稱第三四門而直云甘露道律經者
佛入甘露調意經一卷從第一四門至甘露調意凡四品並是大十二門經一部後人分品寫出遂分成四經生經一部亦如此
楞伽阿跋多羅寶一切佛語斷食肉章經一卷抄大楞伽經所或云楞伽抄經
三劫經一卷抄長阿含　三小劫一卷
三毒經一卷　三慧經一卷
三行經一卷抄阿含　三因緣經一卷抄
三時過經一卷抄雜阿含
四自在神通經一卷抄
四品學法經一卷抄　四食經一卷抄
四未曾有法經一卷抄阿含　四種人經一卷抄
四人出現世間經一卷抄阿含
五戰鬪人經一卷抄阿含
五陰成敗經一卷抄修行道經

五道輪轉罪福報應經一卷
六齋八戒經一卷　七寶經一卷
七處三觀經一卷 異出抄雜阿含　八光經一卷
八陽經一卷　八關齋經一卷 異出
九傷經一卷　十報三統略經一卷 異出
十二因緣章經一卷 舊錄云十二因緣經
十一思惟念如來經一卷 抄阿含或云十一相思惟念如來經
十二遊經一卷 舊錄云十二由經
十二遊經一卷 異本大同小異　十二頭陁經一卷
沙門為十二頭陁經一卷
十二品生死經一卷
十八不共法經一卷 出寶女經
三十二相因緣經一卷 與安公失源所出三十二相大同小異
慈仁問八十種好經一卷 與安公失源所出八十種好大同小異
三十七品經一卷 異本　三十七品經一卷 異本
寶積三昧文殊師利菩薩問法身經
一卷 或云遺曰寶積三昧文殊師利問法身經
空淨天感應三昧經二卷 舊錄云空淨三昧經
自誓三昧經一卷 內題云獨證品第四出比丘淨行中與護公所
出獨證自誓三昧大同小異
佛印三昧經一卷　法華三昧經一卷
月燈三昧經一卷　定意三昧經一卷
般舟三昧念佛章經一卷



四百三昧名經一卷 抄
庾伽三摩斯經一卷 譯言修行略一名達磨多羅禪法或云達磨多羅菩薩撰禪經要集
禪定方便次第法經一卷
禪要呵欲經一卷　禪秘要經一卷 抄禪要秘密治病經所出
治禪鬼魅不安經一卷 抄禪要秘密治病經所出
阿練若習禪法經一卷 即是抄菩薩禪法第一卷
禪法一卷　說數息事經一卷
恒河譬經一卷 抄　須河譬喻經一卷
須河譬經一卷 與前須河齊大同小異　灰河經一卷
塵土灰河譬喻經一卷 與前灰河小異
水喻經一卷 抄阿含　鑄金喻經一卷 抄
浮木譬喻經一卷 抄阿含　田夫喻經一卷 抄阿含
嬰兒譬喻經一卷 抄阿含　羣牛譬經一卷 抄阿含
羊羣喻經一卷 抄　大虵譬喻經一卷 舊錄云大虵經
飛鳥喻經一卷 抄阿含　鼈喻經一卷 抄六度集
馬喻經一卷 抄　箭喻經一卷 抄阿含
木杵喻經一卷 抄阿含　毒喻經一卷 出生經
毒草喻經一卷 出生經或云毒草經　毒悔喻經一卷 出生經
調達喻經一卷 抄　爪甲擎土譬經一卷 舊錄云爪甲取土經
譬喻六人經一卷 抄罵意經　譬喻經一卷
譬喻經一卷 異出　法句譬喻經一卷 凡七十七事或云法句譬經
雜譬喻經一卷 凡十一事安法師載竺法護經目有譬喻經三百首二十



五卷混雜名目雖可分別新撰得並列定卷以曉學者焉此衆本多出大經時失譯名然護公所出或在其中矣
梵音偈本一卷　陁羅尼偈一卷 抄
阿弥陁佛偈一卷　後阿弥陁佛偈一卷
七佛各說偈一卷　讚七佛偈一卷
深自知身偈一卷 舊錄云自知偈　禪經偈一卷 抄禪經中偈
恒起尼百句一卷　五言詠頌本起一卷 一百四十二首
道行品諸經胡音解一卷
灌頂七万二千神王護比丘呪經一卷
灌頂十二万神王護比丘尼呪經一卷
灌頂三歸五戒帶佩護身呪經一卷
灌頂百結神王護身呪經一卷
灌頂宮宅神王守鎮左右呪經一卷
灌頂塚墓因緣四方神呪經一卷
灌頂伏魔封印大神呪經一卷
灌頂摩尼羅亶大神呪經一卷
灌頂召五方龍王攝疫毒神呪經一卷
灌頂梵天神策經一卷
灌頂普廣經一卷 本名普廣菩薩經或名灌頂隨願往生十方淨土經凡十一經從七万二千神王呪至召五方龍王呪凡九經是舊集灌頂揔名大灌頂經從梵天神策及普廣經拔除過罪經凡三卷是後人所集足大灌頂為十二卷其拔除過罪經一卷摘入疑經錄中故不兩載
摩訶般若波羅蜜神呪一卷
般若波羅蜜神呪一卷 異

七佛所結麻油述呪一卷
七佛所結麻油述呪一卷異本
七佛神呪一卷　七佛神呪一卷結縷者異本
大神母結誓呪一卷　大神將軍呪一卷
八吉祥神呪一卷古錄云八吉祥經　陁鄰鉢經一卷
陁羅尼句經一卷　華積陁羅尼神呪一卷
持句神呪一卷　六神名神呪一卷
幻師阿夷鄒呪一卷　伊洹法願神呪一卷
幻師陂陁神呪一卷
醫王惟樓延神呪一卷或云阿難所問醫王惟樓延神呪
幻師颰陁神呪一卷古錄云幻王颰陁經
解日厄神呪一卷　摩尼羅亶神呪一卷
檀特羅麻油述神呪一卷
麻油述神呪一卷　羅亶神呪案摩經一卷
呪水經一卷　嚫水經一卷　龍王呪水浴經一卷
龍王結願五龍神呪一卷
五龍呪毒經一卷　十八龍王神呪經一卷
呪請雨呪止雨　取血氣神呪一卷舊錄云血呪
藥呪一卷　呪毒一卷　呪時氣一卷
呪小兒一卷　呪齲齒一卷或云呪蟲齒或云呪齒
呪齲齒異本　呪牙痛　呪牙痛異本
呪眼痛　呪眼痛異本　呪賊一卷或云辟除賊害呪
呪賊異本　卒逢賊結帶呪　七佛安宅神呪一卷

安宅呪一卷
三歸五戒神王名一卷安法師所載竺法護經目有神呪三卷既無名題莫測同異今新集所得並列名條卷雖未詳譯人而護所出呪必在其矣
右八百四十六部凡八百九十五卷新集所得今並有其本悉在

經藏

條新撰目錄闕經未見經文者如左
雜譬喻經八十卷舊錄所載　雜譬經二十卷舊錄所載
出要經二十卷
阿惟越致轉經十八卷舊錄所載
摩訶乘經十四卷設字別日乘
蜀普耀經八卷舊錄所載似蜀土所出　行道經七卷
正法華三昧經六卷疑即是正法華經之別名
摩訶乘優波提經五卷
三昧王經五卷　梵王請問經五卷
不退轉輪經四卷
佛從兜率降中陰經四卷出王宗經目
四天王經四卷疑一部四本　魔王請問經四卷
鄴先辟喻經四卷舊錄所載　度無極辟經三卷
長阿含經三卷疑是長阿含經殘缺
大梵天王請轉法輪經三卷
釋提桓因所問經三卷
法華光瑞菩薩現壽經三卷

普賢菩薩答難二千經三卷
儒首菩薩經二卷疑即是儒首菩薩分衛經
太子試藝本起經二卷
小本起經二卷舊錄所載
不思議功德經二卷或云功德經
蜀首楞嚴經二卷出舊錄所載似蜀土所出
後出首楞嚴經二卷舊錄所載
梵天王請佛千首經二卷又大梵天王經二卷似此
深斷連經二卷
甘露味阿毗曇二卷或云甘露味經二卷
弘道經二卷　乳王如來經一卷或云乳王
瞻波國佛說戒經一卷
佛在耆枝山說法經一卷
佛三毒事經一卷　佛七事經一卷
佛開和伏經一卷　佛意行經一卷
佛醫王經一卷　因佛生三心經一卷
佛聚經一卷　如來智印經一卷先闕
七佛本緣經一卷
七佛父母姓字經一卷舊錄云七佛姓字經
釋迦文支鉢經一卷
佛鉢經一卷　佛大衣經一卷　佛袈裟經一卷
佛本記一卷舊錄所載　賢劫五百佛名一卷
現在十方佛名經一卷　過去諸佛名一卷

千五百佛名一卷　三千佛名經一卷
五千七百佛名經一卷　觀世音成佛經一卷
文殊因緣經一卷　文殊本願經一卷
文殊觀經一卷　弥勒受决經一卷
弥勒作佛時經一卷　弥勒勸經一卷
弥勒須河經一卷　導師問佛經一卷
颰陁菩薩百二十難經一卷
賢首菩薩二百問經一卷
持身菩薩經一卷 或云持身經
金剛女菩薩經一卷　善意菩薩經一卷
阿惟越致菩薩戒經一卷 舊録云阿惟越致戒經
菩薩從兜率天降中陰經一卷
菩薩行喜經一卷　菩薩淨本業經一卷
菩薩初業經一卷　菩薩四事經一卷
菩薩十六願經一卷　菩薩五十德行經一卷
菩薩教法經一卷　菩薩正行經一卷
菩薩出入諸則經一卷　菩薩内誡經一卷
菩薩常行經一卷 舊録所載
菩薩母姓字經一卷　菩薩家姓經一卷
菩薩比丘經一卷　菩薩經一卷
迦葉解經一卷　迦葉因緣經一卷
舍利弗問暑經一卷
迦葉獨證自誓經一卷 舊録所載



舍利弗嘆度女人經一卷
舍利弗生西方經一卷
舍利弗目連泥洹經一卷
摩訶目揵連與佛角能經一卷 舊録所載
目連所問經一卷　目連因緣經一卷
阿難得道經一卷 舊録所載
阿難般泥洹經一卷 舊録所載
阿難現變經一卷　難陁經一卷
阿那律念復生經一卷 舊録
滿願子經一卷　阿那含七念經一卷
羅漢善子經一卷　賓頭盧取鉢經一卷
鳩摩迦葉經一卷
童迦葉經一卷 出長阿含或云童迦葉解難
愛行比丘經一卷　愛身比丘經一卷
加丁比丘經一卷　揄比丘經一卷
善星比丘經一卷　六群比丘經一卷
自在王比丘經一卷　羅耶達比丘經一卷
比丘和須蜜經一卷　比丘法相經一卷
佛為比丘說二事經一卷
玄戒未來比丘經一卷
沙門分衛見怪異經一卷 舊録所載
釋種子經一卷　蓮華色比丘尼經一卷
人詐名為道經一卷 舊録所載



尊者婆蹉律經一卷　恒水不說戒經一卷
波羅提木叉一卷　大沙門羯磨一卷
大戒經一卷 舊録所載
五部威儀所服經一卷 或云五部僧服經
衣服制一卷 舊録所載　結界文經一卷
八歲沙弥降外道經一卷 抄出舊録云八歲沙弥折外異學經
八歲沙弥開解國王經一卷
罽賓二沙弥經一卷　沙弥離戒一卷
沙弥離威儀一卷 舊録所載　沙弥持戒經一卷
海洲優婆塞會經一卷
優婆夷墮舍經一卷　在家菩薩戒經一卷
在家律儀經一卷　賢者雜事經一卷
弟子本行經一卷 舊録所載　弟子修學經一卷
弟子行澤中遇賊劫經一卷
弟子精進經一卷　道本五戒經一卷 舊録所載
迦提羅越問五戒經一卷
威儀經一卷 舊録所載　郁羅延天王經一卷
毗沙門王經一卷　大四天王經一卷
二十八天經一卷
為壽盡天子說法經一卷 舊録云命盡天子經
諸天壽經一卷　魔現成佛經一卷
魔試佛經一卷 舊録所載
魔試目連經一卷 或云魔試目連經

魔王誡經一卷

阿須倫問八事經一卷 舊錄云何須倫所問八事

淨飯王經一卷　佛埜閱頭檀王經一卷

阿育王作小兒時經一卷

小阿育王經一卷

優塡王照逝心女經一卷

迦夷王頭布施經一卷　果尊王經一卷

佛居士經一卷　降恐王經一卷

摩羅王經一卷　遮羅王經一卷 出六度集

摩竭王經一卷 舊錄云摩竭國王經　摩登王經一卷

尸呵遍王經一卷 舊錄云尸呵遍王經　舍夷國經一卷

乾夷王經一卷 出六度集　羅提埵王經一卷 或作國王羅提埵經

摩訶惟越王經一卷　薩和達王經一卷

難國王經一卷　年少王經一卷 舊錄所載

洴沙王經一卷　十四王經一卷

王以竹施經一卷　勸王持五誡經一卷

太子法慧經一卷 舊錄云太子法慧

太子法施經一卷 出六度集

太子旃舍羅差經一卷

是光太子經一卷 舊錄所載　長者威德經一卷

長者法志經一卷　長者難提經一卷 舊錄所載

長者仁賢經一卷　長者洹羅越經一卷

長者子誓經一卷 舊錄所載



佛問淳陁長者受樂淨行經一卷

五百婆羅門問有無經一卷 舊錄所載

婆羅門問事經一卷

婆羅門等爭說經一卷

六師詣波斯匿王經一卷

丘揵齋經一卷　仙歎經一卷 出六度集

光味仙人覩佛身經一卷 抄方等大集

明星梵志經一卷　摩竭梵志經一卷 出義足

感辭梵志經一卷 出義足

猛觀梵志經一卷 出義足　法觀梵志經一卷 出義足

兜率梵志經一卷　兜勒梵志經一卷

梵志拔陁經一卷　梵志計火淨經一卷

梵志問疑經一卷　梵志意經一卷

梵志好母經一卷　梵志溼女經一卷

梵志六師經一卷　天后賢女經一卷

德女問經一卷　女利行經一卷 舊錄所載

貧女少施獲弘報經一卷

貧女聽經魅齧命終經一卷 古錄貧女聽經魅齧命終生天經

國王瘷夫人經一卷 舊錄所載　弥家女經一卷

四婦因緣經一卷 舊錄所載　鍾磬貧乏經一卷 出比曜

溼人曳踵行經一卷 舊錄所載

二人作沙門弟斷兄舌經一卷

氣噓煞梅陁羅經一卷



眼能視煞人經一卷　孤獨三兄弟經一卷

老少俱死經一卷　阿鮈他經一卷

須多羅經一卷 舊錄云須多羅入胎經

犇提和經一卷 抄六度集　須陁利經一卷

不蘭伽經一卷　小申日經一卷

波羅柰婢四姓經一卷

大姓家主叩書不經一卷　提謂經一卷

迸羅經一卷　隨迦經一卷 舊錄所載云晉言堅強

金轉龍王經一卷　盤達龍王經一卷 舊錄所載

蘇曷龍王經一卷　三龍王經一卷

菩薩作六牙爲本事經一卷

菩薩作龜本事經一卷 六度集

菩薩師子王經一卷

菩薩爲魚王經一卷 出六度集

爲王經一卷 出生經　虎王經一卷

鼈王經一卷 或云菩薩曾爲鼈王經　竭王經一卷

毒龍弛施經一卷　養牛經一卷

放牛法經一卷

牛米自供養經一卷 舊錄云牛來自供經

行放食牛經一卷 舊錄所載

墮釋迦牧牛經一卷 舊錄所載

餓鬼經一卷　鐵杵泥犁經一卷

閻羅王經一卷　緣經一卷　藥經一卷

苦慧経一卷　慧達経一卷　法足経一卷
身數経一卷　選福経一卷　布施経一卷
助善経一卷　孝順経一卷　古來経一卷
度世経一卷　緣本経一卷　法藏経一卷
明住経一卷　善懸経一卷　植質経一卷
名相経一卷　怯異経一卷　滅怯経一卷
本鉢経一卷　案鉢経一卷　諸法経一卷
雜讚経一卷　法嚴経一卷 舊錄所載疑即是等入法嚴
漸備経一卷 疑是漸備之一卷　辟四経一卷 舊錄所載
與脫経一卷　伏願経一卷　寶見経一卷
真提経一卷　明義経一卷　見在経一卷
雜事経一卷　釋學経一卷
釋論一卷 疑是大智論抄之一卷　盲解経一卷 疑即義盲雜解
賣智慧経一卷 舊錄所載　初受道経一卷 舊錄所載
度道俗経一卷　學経福経一卷 舊錄所載
諸福德経一卷　說人身経一卷
施色力経一卷　色入施経一卷
戒法律経一卷　止寺中経一卷 舊錄所載
未生火経一卷　未生灾経一卷
成敗品一卷 経目或云成敗品第四似是積災經之一品
念佛品経一卷　須弥山経一卷
閻浮利経一卷　甚閻弥寶経一卷 舊錄云世間所呈弥寶経
無端舡持経一卷 舊錄云無端舡捴持經



安般行道経一卷 舊錄所載　成行無想経一卷
現道神足経一卷
解慧微妙経一卷 舊錄所載
失道得道経一卷 舊錄所載
心情心識経一卷 舊錄所載云有此
撿意向正経一卷 舊錄所載
悔過除罪経一卷
道德果證経一卷 舊錄所載
深自傥倖経一卷　布施持戒経一卷
礼敬諸塔経一卷　浴像功德経一卷
浴僧功德経一卷　生西方齋経一卷
造浴室法経一卷　父子因緣経一卷 舊錄所載
熒火六度経一卷 舊錄有明度一卷云一名熒火明度經
有疑往解経一卷　雜阿含経一卷 舊錄所載
長阿含方法経一卷　六足阿毗曇一卷
小觀世摟炭経一卷 舊錄所載
陁憐旦目佉経一卷
布施度無極経一卷 疑是六度集之一卷
内禪波羅蜜経一卷 舊錄所載
令人孝有德経一卷　甚深大迴向経一卷
人於出家者経一卷　心應深貪慕経一卷
地水火風空経一卷　求欲者除意経一卷
持戒教人煞生経一卷



七月十五日臘法経一卷
功髙憍慢有二輩経一卷
歡喜布施有五事経一卷
木鎗刺脚因緣経一卷 出興起行經
三夢経一卷
三悔處経一卷　三乘無當経一卷
四署経一卷　四輩経一卷 舊錄云四輩弟子經或云四輩學經
四等意経一卷　四意止本経一卷
四政斷経一卷　大四諦経一卷 舊錄所載
四厚経一卷　五暑経一卷　五穀世経一卷
五方便経一卷 舊錄所載　五戒報應経一卷
五惟越羅名解說経一卷 舊錄所載
五亂経一卷　五耶経一卷　五陰経一卷 舊錄所載
中五濁世経一卷 舊錄所載
六波羅蜜経一卷 舊錄所載
六裹事経一卷　六禪経一卷
六度六十行経一卷
六輩阿惟越致経一卷　七衆経一卷
七流経一卷　七使経一卷
七輩人撗死経一卷　大七車経一卷 舊錄所載
七歲作善経一卷　八正八邪経一卷 舊錄所載
八方萬物無常経一卷
八捴持経一卷 舊錄所載　八輩経一卷 舊錄所載

八雙經一卷 八部僧行名經一卷 舊錄所載
九結經一卷 九惱經一卷
九道觀身經一卷 十部僧經一卷
十二意經一卷 十二阿練若高行經一卷
十二部經名一卷 大十二因緣經一卷 舊錄所載
十八難經一卷 舊錄所載 三十二僧鄣經一卷
三十四意經一卷 五十德相經一卷
五十二章經一卷 舊錄所載別有孝明四十二章 六十二疑經一卷
六十品經一卷
七十二觀身經一卷 百法經一卷
百八愛經一卷 舊錄所載似抄玉華疑經
二百五十戒經一卷 諸錄並云有六種異出
惟日三昧經一卷
逮慧三昧經一卷 舊錄所載一名文殊師利問菩薩十事行經
月電三昧經一卷 無言三昧經一卷
小安般舟三昧經一卷 舊錄所載
阿和三昧經一卷 禪行斂意經一卷 舊錄云禪行檢意
禪數經一卷 舊錄所載 禪行法經一卷
須弥山辟經一卷 日月辟經一卷
海水辟經一卷 藥草喻經一卷
功德天辟經一卷 賢劫辟經一卷
金剛辟經一卷 寶藏辟經一卷
明珠辟經一卷 聚木辟經一卷



四大辟經一卷 化辟經一卷 舊錄云化喻經
般若波羅蜜偈一卷 佛清淨偈一卷
太子出國二十偈一卷 佛十力偈一卷
羣生偈一卷 舊錄所載 十方佛神呪一卷
大總持神呪一卷 舊錄云總持呪 四天王神呪一卷
護諸比丘呪一卷 出生經
十二因緣結縷神呪一卷
摩訶神呪一卷 移山神呪一卷
降魔神呪一卷 和摩結神呪一卷
威德陁羅神呪一卷
異出般舟三昧經一卷
異出寶藏經一卷
異出普門經一卷 目錄云向一方言
異出義足二卷 異出四諦經一卷
異出菩薩本經一卷 異出逝童子經一卷
異出孫陁耶致經一卷
異出善十惡經一卷 異出九傷經一卷
異出了本經一卷
右合四百六十部凡六百七十五卷詳挍羣錄名數已定並未見其本今闕此經右二部件凡一千三百六部合一千五百七十卷 已寫前件八百四十六部八百九十五卷在藏未寫四百六十部六百七

出三藏記集錄下卷第四 十五卷 今闕

# 出三藏記集録下卷第四

## 校勘記

一 底本，金藏廣勝寺本。

一 八八一頁中一行經名，磧、普、南作「出三藏記集下卷第四」；徑作「出三藏記集卷第四上」。

一 八八一頁中二行著者「釋僧祐撰」，磧、普、南、徑作「梁釋僧祐撰」。

一 八八一頁中三行「新集」，麗作「雜集」。同行「雜經録」，資、磧、南、徑、麗作「雜經録第一」。

一 八八一頁中一三行第二字「鋡」，資、普、南、徑作「含」。

一 八八一頁中一六行第二字「乘」，磧、南作「乖」。同行第一三字「⿱保言」，磧、南、徑、麗作「愆」。

一 八八一頁中一九行「大經」，資、磧、普、南、徑作「入經」。

一 八八一頁中二〇行第九字「踊」，資、磧、普、南、徑作「涌」。

一 八八一頁中末行「屆止或昬」，麗作「屆上或昏」。同行「未詳」，資作「謀」；磧、普、南、徑作「未講」。

一 八八一頁下六行「拱壁」，南、麗作「珙璧」。

一 八八一頁下一二行「胡本」，資、磧、普、南、徑作「梵本」。

一 八八一頁下一二行第四、五字「四卷」下，資、磧、普、南、徑有夾註「似是長安中出」；麗有夾註「以是長安中出」。

一 八八一頁下一六行首字「儒」，磧、普、南、徑作「輭」。同行夾註左第四字「三」，資、磧、南、徑、麗作「三昧」。

一 八八一頁下二二行「因經」，資、普、南、徑作「因緣經」。

一 八八二頁上一行第七字「益」，徑作「蓋」。

一 八八二頁上三行「大比丘威儀經二卷」，資、磧、普、南、徑無。

一 八八二頁上五行第五字「經」，資、磧、普、南、徑作「佛經」。

一 八八二頁上七行、八行之間，資、磧、南、徑、麗有「東方善華世界佛座震動經一卷」；「無量樂佛土經一卷」。

一 八八二頁上一〇行夾註右第三字「採」，磧作「探」。

一 八八二頁上一三行「磬咳」，資、普、南、徑作「謦欬」；磧作「謦咳」。

一 八八二頁上一六行「一卷」下，資、磧、南、徑、麗有夾註「抄」。以下時有出現。

一 八八二頁上一七行夾註「抄」，資、磧、普、南、徑無。以下時有出現。

一 八八二頁上一八行夾註左第五字「心」，資、磧、徑、麗作「小」。

一 八八二頁上二一行夾註「抄阿鋡」，徑作「抄阿含經」。下同。

一 八八二頁上二二行夾註左「鋡」，磧、南無。

一 八八二頁上末行夾註右第二字「作」，磧、普、南、徑作「云」。

一 八八二頁中三行夾註右「抄三卷

稱揚」，徑作「抄稱揚」。

一　八八二頁中四行「佛名」，資、磧、普、南、徑作「佛名經」。

一　八八二頁中八行夾註右第五字「與」，徑作「異」。

一　八八二頁中九行夾註左「十佛名」，資、磧、普、南、徑作「佛名經」。

一　八八二頁中一一行夾註右第一字「治」，麗作「治」。

一　八八二頁中一三行及一九行「授記經」，資、磧、普、南、徑作「受記經」。

一　八八二頁中一七行「菩經」，資、磧、普、南、徑、麗作「菩薩經」。

一　八八二頁中一八行夾註右首字「一」，磧、普無。

一　八八二頁中二一行首字「濡」，資、磧、普、南、徑作「輭」。

一　八八二頁下二行夾註「抄六集」，資、磧、普、南、麗作「抄大集」；徑作「抄大集經」。

一　八八二頁下四行第三字「意」，資、磧、普、南、徑作「音」。

一　八八二頁下八行第三字及九行第三字「出」，資、磧、普、南、徑作「步」。

一　八八二頁下一七行夾註左「儒童」，資、磧、普、南、徑、麗作「儒童經」。

一　八八三頁上六行第五字「經」，資、磧、普、南、徑作「法」。

一　八八三頁上一四行第五字「得」，麗作「行」。

一　八八三頁上一七行第五字「諸」，資、磧、普、南、徑作「詣」。

一　八八三頁上二一行夾註右第二字「決」，資、磧、普、南、徑、麗作「決定」。

一　八八三頁中六行夾註左「阿難」，資、磧、普、南、徑、麗作「阿難經」。同行夾註左第一字「詰」，磧作「語」。

一　八八三頁中九行第四字「遇」，徑作「過」。

一　八八三頁中一八行「啼哭」，徑作「嗇哭」。

一　八八三頁下三行夾註左「阿含」，徑作「阿含經」。下同。

一　八八三頁下五行「瞿伍」，資、磧、普、南、徑、麗作「瞿低迦」。

一　八八三頁下一四行夾註右末字「一」，磧、普、徑無。

一　八八三頁下一九行夾註左「度集」，徑作「度集經」。下同。

一　八八四頁上三行「功德」，磧、普、徑作「功德經」。

一　八八四頁上末行夾註右「死亡」，資、磧、普、南、徑作「死已」。

一　八八四頁中五行夾註左第一字「爲」，磧、普、南、徑、麗作「僞」。

一　八八四頁中六行「事行」，徑作「事行經」。

一　八八四頁中一一行「諸埜律」，資、磧、普、南、麗作「諸禁律」；徑作「諸禁律經」。

一　八八四頁中一八行至頁下一五行夾註「抄出曜」，資、磧、普、南、徑作「抄出曜經」。

一　八八四頁下一六行夾註右末字「一」，磧、南無。

一　八八四頁下一九行末夾註「抄義足」，徑作「抄義足經」。

一　八八四頁下二〇行「不思議」，資、磧、普、南、徑作「不可思議」。

一　八八四頁下二二行夾註右「戠日」，資、磧、南、徑、麗作「試目」。

一　八八五頁上二行夾註左「丘經」，資、磧、普、南、徑、麗作「比丘經」。

一　八八五頁上三行第五字「詣」，徑作「諸」。

一　八八五頁上四行第八字「卷」，資、磧、普、徑、麗作「一卷」。

一　八八五頁上七行「偈經一卷抄大集」，資、磧、普、南、徑無。

一　八八五頁上八行夾註上「方等大集」，資、磧、南、徑無；普作「卷抄」。同行夾註下左「大」，磧、普、南、麗作「大集」；徑作「大集經」。

一　八八五頁上一二行「土經」，資、磧、普、南、徑、麗作「淨土經」。

一　八八五頁上一九行第三字「世」，資作「貰」。

一　八八五頁上二一行第五字「承」，資、磧、普、南、徑作「乘」。

一　八八五頁中二行第七字「崩」，磧、南、麗作「崩」。

一　八八五頁中一三行第七字「卷」下，資、磧、普、南、徑有夾註「出六度集」；麗有夾註「上同」。

一　八八五頁中一四行夾註左第三字「王」，徑作「王經」。

一　八八五頁中一六行第八字「訶」，資、磧、普、南、徑作「調」。

一　八八五頁中一九行第八字「存」，資、磧、普、南、徑作「在」。

一　八八五頁中二一行首字「舍」，徑作「含」。同行夾註左「虎耳」，徑作「虎耳經」。

一　八八五頁下一九行夾註「抄阿含」，資、磧、普、南、徑作「抄雜阿含」。

一　八八五頁下二二行夾註左第二字「腦」，磧、普、南、徑、麗作「惱」。

一　八八六頁上一四行夾註「抄阿含」，資、磧、普、南、徑作「抄中阿含」。

一　八八六頁上一五行「一子」，資、磧、普、南、徑、麗作「弟子」。

一　八八六頁上二〇行第七字「德」，資、磧、普、南、徑、麗作「術」。同行夾註「阿含」，資、磧、普、南、徑、麗作「抄阿含」。

一　八八六頁中八行第九字「經」，資、磧、普、南、徑無。

一　八八六頁中一八行第七字「卷」下，徑有夾註「抄經」。

一　八八六頁下一八行夾註左第三字「阿」，資、磧、普、南、麗作「阿颰」；徑作「阿颰經」。

一　八八六頁下二二行「寶女所出」，磧、麗作夾註；徑作「寶女所出經」。

一　八八七頁上一行第七字「椋」，磧、普作「桼」。

一　八八七頁上六行第二字「鄧」，磧、普、南、徑、麗作「鄒」。

一　八八七頁上一三行夾註左末字

「經」，資、磧、普、徑作「集習」。

一　八八七頁上一四行第六字「人」，資、磧、普、南、徑無。

一　八八七頁上一六行夾註「懈念耕兒經」，磧、麗作「懈怠耕兒經」；徑作「懈怠耕見經」。

一　八八七頁上二一行夾註左末字「辫」，資、磧、普、南、徑、麗作「辟異」。

一　八八七頁上末行夾註「抄阿含一」，資、磧、普、南、麗作「抄阿含」；徑作「抄阿含經」。

一　八八七頁中五行第四字「一」，資、磧、普、南、徑無。

一　八八七頁中八行第六字「卷」下，資、磧、普、南、徑、麗有夾註「抄中阿含」。

一　八八七頁中一三行下夾註「出生經」，磧、南、徑作「抄生經」。

一　八八七頁中一四行夾註「出生經」，徑作「抄生經」。

一　八八七頁中二〇行夾註「出生經」，普、南、徑作「出生集」。

一　八八七頁中二一行夾註「出生經」，資、磧、普、南、徑無。

一　八八七頁中二一行夾註「抄增一阿含」，資、磧、普、南、徑作「抄出增一阿含經」。

一　八八七頁中末行第六字「卷」下，資、磧、南、麗有夾註「抄阿含」；徑有夾註「抄阿含經」。

一　八八七頁下三行夾註「赤鳥喻經」，資、普、南作「赤棠烏喻經」。

一　八八七頁下九行、一〇行之間，資、磧、普、南、徑有「鼈獮猴經一卷出生經」一行，「瞎鼈經一卷抄」一行。麗有「敝魚獮猴經一卷出生經」一行，「瞎鼈經一卷抄」一行。

一　八八七頁下一一行「沒故」，資、磧、普、南、徑作「物故」。

一　八八七頁下一六行夾註「抄阿含」，資、普、南、徑、麗作「抄雜阿含」。

一　八八七頁下一八行第五字「經」，資、磧、普、南、徑作「經一卷」。

一　八八八頁上九行「監王」，資、磧、普、南、徑作「閻王」；麗作「盐王」。同行夾註「盐王五使」，資、磧、普、南、徑作「閻王五天使」。

一　八八八頁上一〇行夾註「抄阿鋡」，徑作「抄阿含經」。

一　八八八頁中一〇行「臘」，磧、南作「蠟」。夾註同。

一　八八八頁中一二行夾註「食品」，徑作「食品經」；麗作「食器」。

一　八八八頁中一五行夾註右第二字「似」，徑無。

一　八八八頁下八行「瓔珞」，磧、普、南、徑作「瓔珞經」。

一　八八八頁下一一行末字「卷」下，資、磧、普、南、徑有夾註「抄雜阿含」。

一　八八九頁上一行首字「法」，資、磧、普、南、徑作「往」。

一　八八九頁上八行、九行之間，徑有「出三藏記集卷第四上」、「卷第四下」。

一　八八九頁上一一行至本頁中九行夾註「抄修行道地」，徑作「抄修行道地經」。

一 八八九頁上一三行第二字「邪」，資、磧、普、南、徑作「耶」。

一 八八九頁上一四行第八字「業」，資、磧、普、南、徑作「苦」。

一 八八九頁上一四行末字「卷」下，資、磧、普、南、徑有夾註「抄中阿含」。

一 八八九頁上一六行夾註左「阿鋡」，徑作「阿含經」。

一 八八九頁上末行夾註「抄出曜」，徑作「抄出曜經」。

一 八八九頁中四行夾註左末字「經」，資、磧、普、南、徑無。

一 八八九頁中一〇行夾註「抄修道地」，資、磧、普、南、麗作「抄修行道地」；徑作「抄修行道地經」。

一 八八九頁下四行第三字「貢」，徑作「真」。

一 八八九頁下八行第五字「經」，磧、徑作「經一卷」。

一 八八九頁下一一行夾註右第一一字「分」，資、磧、普、南、徑作「逐」。

一 八八九頁下一三行夾註右末字「所」，資、磧、普、南、徑、麗作「所出」。

一 八八九頁下一四行「三小刼」，資、磧、普、南、徑、麗作「三小刼經」。

一 八八九頁下末行夾註左行「道經」，資、磧、普作「道地」；徑作「道地經」。

一 八九〇頁上六行夾註左首字「一」，南、徑、麗作「二」。

一 八九〇頁上七行夾註「十一相思惟念」，資作「十一想思念」；磧作「十二想思念」；普、南、徑作「十想思念」。

一 八九〇頁上九行夾註「異本」，資、普、南、徑作「異本文」。

一 八九〇頁上一五行第六、七字「一卷」下「異本……異本」（共十一字），資、磧、普、南、徑無。

一 八九〇頁上一八行第三字「天」，資、磧、普、南、徑作「大」。同行第九字「二」，資、磧、普、南、徑作「一」。

一 八九〇頁中末行夾註左第二字「目」，資、磧、普、南、徑作「內」。

一 八九〇頁下一行夾註右「新撰得並列」，資、磧、普、南、徑作「今新撰所得並列名」；麗作「新撰所得並列」。同行夾註左「時失」，磧、普、南、徑作「雖時安」。

一 八九〇頁下三行第八字「後」，資、磧、普、南、徑作「後出」。

一 八九〇頁下六行首字「恒」，磧、普作「怛」。同行夾註右首字「一」，資、磧、普、南無。

一 八九〇頁下六行夾註「一百四十二首」，徑作「百十四二首」。

一 八九〇頁下七行第六字「胡」，磧、普、南、徑作「梵」。

一 八九〇頁下二〇行夾註左末字「摘」，磧、普、南、徑作「已摘」。同行夾註左末字至二一行左一字「摘入疑經錄中故」，資作「已中故疑經錄摘入」。

一 八九一頁上五行夾註右第三字「云」，資、磧、普、南、徑無。

一 八九一頁上一一行夾註「幻王」，資、磧、普、南、徑作「幻士」。

一 八九一頁上一八行「止雨」，資作「上雨經一卷」；磧、普、南、徑作「止雨經一卷」。

一 八九一頁中二行夾註左第三字「目」，資、普、南、徑作「自」。

一 八九一頁中三行夾註左第一字「修」，磧、普、南、徑、麗作「條」。同行夾註左「在其」，資、磧、普、南、徑作「在其中」。

一 八九一頁中一二行夾註「蜀土」，徑作「蜀士」。

一 八九一頁下二行首字及本行夾註右第四字「儒」，磧、普、南、徑作「濡」。

一 八九一頁下一一行夾註「乳王」，資、磧、普、南、徑作「乳王經」。

一 八九一頁下一三行第四字「枝」，磧、普、南、徑作「拔」。

一 八九一頁下二〇行第四字「支」，資、普、南、徑作「枝」；麗作「放」。

一 八九一頁下二二行及末行第一三、一四字、次頁上一行第四、五字「佛名」，資、磧、普、南、徑作「佛名經」。

一 八九二頁上五行第七至第八字「一卷」，普無。同行第一一字「勤」，資、磧、普、南、徑、麗作「難」。

一 八九二頁上七行第一〇字「一」，磧、普、南無。

一 八九二頁上二二行第五字「暑」，磧、南、徑作「署」。下同。

一 八九二頁中九行夾註「舊録」，徑作「舊録所載」。

一 八九二頁下一七行「天王」，資、磧、普、南、徑作「天子」。

一 八九二頁下二一行末字「卷」下，資、磧、普、南、徑有夾註「或云弊魔經」。

一 八九三頁上一行第三字「誡」，磧、普、南、徑作「試」。

一 八九三頁上二行夾註右第四字「何」，磧、南、普、徑作「阿」。

一 八九三頁上八行「居士」，資、磧、普、南、徑作「居王」。

一 八九三頁上一〇行夾註下與正文「摩登王」之間，資、磧、普、南、徑有「和墨王經一卷出六度集」一行；「薩波達王經一卷舊録所載」一行。

一 八九三頁上一二行下夾註左第三字「[土韋]」，磧、普、徑作「埤」。

一 八九三頁上一三行第九字「薩」，資、磧、普、南、徑作「菩」。

一 八九三頁上一五行首字「洴」，資、磧、普、南、徑作「流」。

一 八九三頁上二〇行第一〇字「盛」，磧、普、南、徑作「感」。

一 八九三頁下二行第九字「劒」，資、磧、普、南、徑作「斂」。

一 八九三頁下四行夾註右首字「抄」，徑作「出」。

一 八九三頁下八行第六字「隨」，麗作「墮」。同行夾註「堅強」，資、磧、普、南、徑作「賢強」。

一 八九三頁下一二行夾註「六度」，磧、普、南、徑作「出六度」。

一 八九三頁下一九行第六字「經」，

資、磧、普、南、徑無。

一八九三頁下二一行首字「墮」，磧、普、南、徑作「隨」。

一八九三頁下二二行第一一、一二字「一卷」，資、磧、普、南無。

一八九四頁上七行第六字「案」，資、磧、普、南、徑作「安」。

一八九四頁上一〇行首字「與」，磧、普、南、徑作「興」。

一八九四頁上末行第三字及本行夾註左首字「瓶」，資、磧、普、南、徑作「底」。

一八九四頁中五行第二字「情」，資、磧、普、南、徑作「墮」。

一八九四頁中一三行夾註右「明度」，資、磧、普、南、徑、麗作「明度經」。

一八九四頁中一五行「阿毗曇」，資、磧、普、南、徑作「阿毗曇經」。

一八九四頁下四行第二字「鏘」，資、磧、南、徑作「槍」。

一八九五頁上一七行夾註「極意」，資、磧、普、南、徑作「極意經」。

一八九五頁中一七行「善十惡」，資、磧、普、南、徑作「十善惡」；麗作「十善十惡」。

一八九五頁中末行夾註右第一字「已」，資、磧、普、南、徑作「其已」。

一八九五頁下末行第六字「録」，資、磧、普、南無。

一八九五頁下末行「出三藏記集録下卷第四」，徑作「出三藏記集卷第四下」。

出三藏記集録下卷第五　　桓

釋僧祐撰

新集抄経録第一
新集安公疑経録第二
新集疑経録第三
新集安公注経及雜経志録第四
小乘迷學竺法度造異儀記第五
長安叡法師喻疑第六

新集抄経録第一

抄経者蓋撮擧義要也昔安世高抄出修行為大道地経良以廣譯為難故省文略說及支謙出経亦有孛抄此並約寫胡本非割斷成経也而後人弗思肆意抄撮或棊散衆品或爪剖正文既使聖言離本復令學者逐末竟陵文宣王慧見明深亦不能免若相競不已則歲代弥繁蕪黷法寶不其惜與名部一成難用刊削其安公時抄悉附本録新集所獲撰目如左庶誡來葉無効尤焉

抄華嚴経十四卷　抄方等大集経十二卷
抄菩薩地経十二卷



抄法句辭経三十八卷
抄阿差末経四卷　抄淨度三昧経四卷
抄摩訶摩耶経三卷　抄胎経三卷
抄央掘魔羅経二卷　抄報恩経二卷出上卷
抄頭陁二卷抄律中事　抄義足経二卷
抄法華藥王品一卷
抄維摩詰所說佛國品一卷
抄維摩詰方便品一卷
抄維摩詰問疾品一卷
抄安般守意経一卷　抄菩薩本業経一卷
抄菩薩本業願行品一卷
抄四諦経要數一卷　抄法律三昧経一卷
抄照明三昧不思議事経一卷
抄諸佛要集経一卷
抄大乘方等要慧経一卷
抄普賢觀懺悔法一卷
抄樂瓔珞莊嚴方便経一卷
抄未曾有因緣経一卷
抄阿毗曇五法行経一卷
抄諸法無行経一卷　抄無為道経一卷
抄分別経一卷　抄德光太子経一卷
抄魔化比丘経一卷
抄優婆塞受戒品一卷

抄優婆塞受戒法一卷

抄貧女為國王夫人經一卷（從華嚴經至貧女為國王夫人凡二十六部並齊竟陵文宣王所抄凡抄字在經題上者皆文宣所抄也）

般若經問論集二十卷（即大智論抄或云要論或云略論或上釋論）

右一部凡二十卷廬山沙門釋慧遠以論文繁積學者難究故略要抄出

抄成實論九卷（齊武帝永明七年十二月竟陵文宣王請定林上寺釋僧柔小莊嚴寺釋慧次等於普弘寺共抄出）

淨度三昧抄一卷　律經雜抄一卷

本起抄經一卷　睒抄經一卷（舊錄所載）

五百梵律經抄一卷（舊錄所載）

大海深嶮抄經一卷（上六抄經是舊抄今並闕本）

抄為法捨身經六卷（抄字在上似是文宣王所抄今闕此經）

法苑經一百八十九卷（此一經近世抄集撰羣經以類相從雖立号法苑終入抄數今闕此經）

右抄經四十六部凡三百五十一卷其四十八部一百五十一卷並有經其八部二百一卷今闕

## 新集安公疑經錄第二　安法師造

外國僧法學皆跪而口受同師所受若十二十轉以授後學若有一字異



者共相推挍得便擯之僧法无縱也經至晉土其年未遠而喜事者以沙標金珷珷如也而无括正何以別真偽乎農者禾草俱在后稷為之嘆息金匱玉石同緘卞和為之懷耻安敢豫學次見涇渭雜流龍虵並進豈不耻之今列意謂非佛經者如左以示將來學士共知鄙信焉

寶如來經二卷（南海胡作或云寶如來三昧經）

定行三昧經一卷（或云佛遺定行摩目揵所問經）

真諦比丘慧明經一卷（或云慧明比丘經或云清淨真諦經）

尼吒國王經一卷（或云尼吒黃羅國王經或云黃羅王經）

胷有万字經一卷（或云胷現万字經）

薩和菩薩經一卷（舊錄云大國王薩和菩薩）

善信女經二卷（或云善信經）

護身十二妙經一卷（一名度世護世經）

度護經一卷（或云度護法經）　毗羅三昧經二卷

善王皇帝經二卷（或云善王皇帝功德尊經或為一卷）

惟務三昧經一卷（或作惟無三昧）

阿羅呵公經一卷（或云相國阿羅呵公經）

慧定普遍神通菩薩經一卷（舊錄云慧定普遍國土神通菩薩經）

陰馬藏經一卷（或云陰馬藏光明經）



大阿育王經一卷（云佛在波羅奈者）

四事解脫經一卷（或云四事解脫度人經）

大阿那律經一卷（非八念者闕）

貧女人經一卷（名難陀者舊錄云貧女難陀經闕）　鑄金像經一卷（闕）

四身經一卷（闕）　普慧三昧經一卷（闕）

阿秋那經一卷（舊錄云阿秋那三昧經闕）

兩部獨證經一卷（闕）　法本齋經一卷（西涼州來闕）

覓歷所傳大比丘尼戒一卷

右二十六部三十卷

## 新集疑經偽撰雜錄第三

長阿鋡經云佛將涅槃為比丘說四大教法若聞法律當於諸經推其虛實與法相違則非佛說又大涅槃經云我滅度後諸比丘輩抄造經典令法淡薄種智所照驗於今矣自像運澆季浮競者多或憑真以攝偽或飾虛以亂實昔安法師摘出偽經二十六部又指慧達道人以為深戒古既有之今亦宜然矣祐挍閱羣經廣集同異約以經律頗見所疑夫真經體趣融然深遠假託之文辭意淺雜玉石朱紫無所逃形也今區別所疑注之於錄并近世妄撰亦標于末並依

倚雜経而自製名題進不閑遠適外
域退不見承譯西賓我聞與於户牖
印可出於胷懷誑誤後學良足寒心
既躬所見聞寧敢嘿已嗚呼来葉慎
而察焉

比丘應供法行経一卷 此経前題云羅什出祐案経卷舊无譯名兼羅什所出文無此経故入疑錄

居士請僧福田経一卷 此経前題云曇无讖出案讖所出无此故入疑錄

灌頂度星招魂斷絕復連経一卷

決定罪福経一卷　無為道経二卷

情離有罪経一卷　燒香呪願経一卷 或大呪願経

安墓呪経一卷　觀月光菩薩記一卷

佛鉢経一卷 或云佛鉢記甲申年大水及月光菩薩出事

弥勒下教一卷 在佛鉢記後　九十六種道一卷

右十二部経記或義理乖背或
文偈淺鄙故入疑錄庶袪蕪穢
以顯法寶

灌頂経一卷 一名藥師琉璃光経或名灌頂拔除過罪生死得度経

右一部宋孝武帝大明元年秣
陵鹿野寺比丘慧簡依経抄撰 此経後有續命法所以偏行於世

提謂波利経二卷 舊別有提謂経一卷



右一部宋孝武時北國比丘曇靖撰

寶車経一卷 或云妙好寶車菩薩経

右一部北國淮州比丘曇辯撰
青州比丘道侍改治

菩提福藏法化三昧経一卷

右一部齊武帝時比丘道備所
撰 備易名道歡

佛法有六義第一應知一卷 未得本

六通无礙六根淨業義門一卷 未得本

右二部齊武帝時比丘釋法願
抄集経義所出雖弘経義異於
偽造然既立名号則一部懼後
代疑乱故明注于錄

佛所制名數経五卷

右一部齊武帝時比丘釋王宗
所撰抄集衆経有似數林但題
稱佛制懼乱名實故注于錄

衆経要攬法偈二十一首一卷

右一部梁天監二年比丘釋道
歡撰右合二十部二十六卷
疑経兩錄合四十六部五十六
卷其三十八部失源八部有人名

新集安公注経及雜経志錄第四



大日月麗天衆星助燿雨從龍降虒
池佐潤由是豐澤洪沾大明煥赫也
而猶有爝火於雲夜抱瓮於漢陰者
時有所不足也佛之著教真人發起
大行於外國有自來矣延及此土當
漢之末世晉之盛德也然方言殊音
文質從異譯胡為晉出非一人或善
胡而質晉或善晉而未備胡衆経晧
然難以折中竊不自量敢豫僧數既
荷佐化之名何得素飡終日乎輙以
洒掃之餘暇注衆経如左非敢自必
值聖心庶望考文時有合義願將来
善知識不咎其默守冀抱瓮爝火譏
有微益

光讚折中解一卷　光讚抄解一卷

般若放光品者分別盡漏而不證八
地也源流浩汗厥義幽邃非彼草次
可見宗廟之義也安為折疑准一卷

折疑略二卷起盡解一卷

道行品者般若抄也佛去世後外國
高明者撰也辭句質複首尾互隱為
集異注一卷

大小十二門者禪思之奧府也為各

作注大作注大十二門二卷小十二
門一卷 今有
了本生死者四諦四信之玄藪也為
注一卷 今有　密迹金剛經持心梵天經
右二經者護公所出也多有隱義
為作甄解一卷
賢劫八万四千度無極者大乘之妙
目也為解一卷
人本欲生經者九止八脫之妙要也
為注撮解一卷 今有
安般守意多念之要藥也為解一卷 今有
陰持入者世高所出殘經也淵流美
妙至道直逕也為注二卷 今有
大道地者修行抄也外國所抄為注
一卷
衆經衆行或有未曾共和者安集之
為十法句義一卷連雜解共卷
義指者外國沙門於此土所傳義也
古諸部訓異欲廣來學視聽也增之
為注一卷
九十八結者阿毗曇之要義為解一
卷連約通解共卷
又為三十二相解一卷



三界諸天混然淆雜安為錄一卷 今有
此土衆經出不一時自孝靈光和已
來迄今晉康寧二年近二百載值殘
出殘遇全出全非是一人難卒綜理
為之錄一卷 今有
荅沙汰難二卷　荅法將難一卷
西域志一卷
凡二十七卷其諸天錄經錄及荅沙
汰難至西域志雖非注經今依安舊
錄附之于末
僧法尼所誦出經入疑錄
寶頂經一卷　永元元年出時年九歲
淨土經七卷　永元元年出時年九歲
正頂經一卷　永元元年出時年九歲
法華經一卷　永元元年出時年九歲
藥草經一卷　永元二年出時年十歲
太子經一卷　永元二年出時年十歲
伽耶波經一卷　永元二年出時年十歲
波羅奈經一卷　中興元年出時年十二歲
優婁頻經一卷　中興元年出時年十二歲
益意經二卷　天監元年出時年十三 智遠承旨
般若得經一卷　天監元年出時年十三 智遠承旨
華嚴瓔珞經一卷　天監元年出時年十三 智遠承旨

踰陁衛經一卷　天監四年臺内華光
殿出時年十六
阿那含經二卷　天監四年出時年十六
妙音師子吼經三卷　天監四年出年十六 僧遠家
出乘師子吼經一卷　天監三年出時年十五
勝鬘經一卷　永元元年出時年九歲
優曇經一卷
妙莊嚴經四卷
維摩經一卷 江家出
序七世經一卷
右二十一種經凡三十五卷
經如前件齊末太學博士江泌處女
尼子所出初尼子年在齠齔有時閉
目靜坐誦出此經或說上天或稱神
授發言通利有如宿習令人寫出俄
而還止經歷旬朔續復如前京都道
俗咸傳其異今上勑見面問所以其
依事奉荅不異常人然篤信正法少
修梵行父母欲嫁之誓而弗許後遂
出家名僧法住青園寺祐既収集正
典檢括異聞事接耳目就求省視其
家秘隱不以見示唯得妙音師子吼
經三卷以備疑經之錄此尼以天監

年三月六有好事者得其文頭前後
所出定
二十餘卷厥舅孫質以為真經行路
勸化収合傳寫既染毫牘必存於世
昔漢建末濟陰丁氏之妻忽如中疾
便能胡語又求紙筆自為胡書復有
西域胡人見其此書云是經莂推尋
往古不無此事但義非金口又無師
譯取捨兼懷故附之疑例
薩婆若陀眷屬莊嚴經一卷二十餘紙
右一部梁天監九年郢州投陀道
人妙光戒歲七臘矯以勝相諸尼
嫗人僉稱聖道彼州僧正議欲駈
擯遂潛下都住普弘寺造作此
經又寫在屏風紅沙映覆香花供
養雲集四部嚫供煙塞事源顯發
勑付建康辯覈疑狀云抄略諸經
多有私意妄造借書人路琰屬辭
潤色獄牒妙光巧詐事應斬刑路
琰同謀十歲謫戍即以其年四月
二十一日勑僧正慧超令喚京師
能講大法師宿德如僧祐曇准等
二十人共至建康前辯妙光事超



即奉旨與曇准僧祐法寵慧令慧
集智藏僧旻法雲等二十人於縣
辯問妙光伏罪事事如牒衆僧詳
議依律擯治天恩免死恐於偏地
復為惑亂長繫東冶即収拾此經
得二十餘本及屏風於縣燒除然
猶有零散恐亂後生故復略記薩婆若陀長者是妙光父名妙光弟名金剛德體弟子名師子
法苑經一百八十九卷
抄為法捨身經六卷
右二部蓋近世所集未詳年代人
名悉撫集羣經以類相從既立号
法苑則疑於別經故注記其名以
示後學卷數雖多猶是前錄衆
經故不入部帙之限
小乘迷學竺法度造異儀記第五
夫至人應世觀衆生根根力不同設
教亦異是以三乘立軌隨機而發五
時說法應契而化沿麁以至妙因小
以及大階漸殊時教之體也自正法
稍遠受學乖平外域諸國或偏執小
乘最後涅槃顯明佛性而猶執初教
可謂膠柱鼓琴者也元嘉中外國商



人竺婆勒久停廣州每往来求利於
南康郡生兒仍名南康長易字金伽
後得入道為曇摩耶舍弟子改名法
度其人貌雖外國實生漢土天竺科
軌非其所諳但性存矯異欲以攝物
故執學小乘云無十方佛唯禮釋迦
而已大乘經典不聽讀誦反抄著衣
以此為法常用銅鉢無別應器乃令
諸尼作鎮肩衣似尼師檀縫之為囊
恒著肩上而不用坐以表衆異每至
出路相捉而行布薩悔過但伏地相
向而不胡跪法度善闇漢言至授戒
先作胡語不令漢知案律之明文授
法資解言不相領不得法事而竺度
睇向面行詭術明識之衆咸共駁棄
唯宋故丹陽尹顏竣女宣業寺尼法
弘交州刺史張牧女弘光寺尼普明
等信受其教以為真實雖出貴族而
識謝慧心毀訾方等既絶法雨妄學
詭科乖背律儀来苦方深良可愍
傷自正化東流大乘日曜英哲頂受
遍寓服膺而使迷偽之人專行偏教
莫或振止何其甚哉昔慧導拘滯疑

惑大品曇樂偏執非撥法華冈天下之明信巳情之謬闘中大衆固巳栢為無閒矣至如彭城僧渕誹謗涅槃舌根銷爛現表厥殃大乘難誣亦可驗也尋三人之惑並恶止其躬而竺度之悖以毒飲人凡女人之性智弱信强一受偽教則同惑相挻故京師數寺遂塵異法東境屋衆亦時染此風將恐邪路易開濫汙不已蓋乎斯豈魔断大乘故先侮女人歟此實開士之所痛悼而法主所宜圭制也大方便經云釋迦如来昔為比丘專以四阿含教化謗毀方等於無數刼受大苦報從阿鼻出發大乘心致成正覺後進之賢宜思防断古今明誡可不慎乎昔慧叡法師久歎愚迷製此喻疑防於今日故存之錄末雖於錄非類顯證同矣

喻疑第六　長安叡法師

夫應而不寂感之者至感有精麁應亦不一影響理也若以方斯之非徒乖其圓乃亦喪其方故以偏聞之悟喻其所疑疑非膏肓麁必為治若治所



不至喻復其如之何並可詳覽往喻昔漢室中興孝明之世無盡之照始得揮光此壤於二五之照當是像法之初自介巳来西域名人安侯之徒相繼而至大化文言漸得渕照邊俗陶其鄙倍漢末魏初廣陵彭城二相出家並能任持大照尋味之賢始有講次而恢之以裕義迂之以配說下至法祖孟詳法行康會之徒撰集諸經宣暢幽旨粗得充允祖聽暨今附文求旨義不遠宗言不乖實起之於亡師及至符并龜兹三王来朝持法之宗亦並與經俱集究摩羅法師至自龜兹持律三藏集自罽賓禅師徒衆尋亦並集關中洋洋十數年中當是大法後興之盛也叡才常人鄙而得厠對宗匠陶譯玄典法言無日不聞聞之無要不記故敢依准所聞寄之紙墨以宣所懐什公亡大教興世五十餘年言無不實實無不益益而為言無非教也實而為稱無非實也實以如意為喻教以正失為體若能體其隨宜之旨則言無不深若守



其一照則惑无不至今此世界以雜為名則知本自雜薄本自雜薄則易為風波風波易以動不淳易為雜易動易雜故大聖隨宜而進進之不以一途三乘離化由之而起三藏祛其染滯般若除其虚妄法華開一究竟泥洹闡其實化此三津開照照無遺矣但優劣存乎人深淺在其悟任分而行無所臧否前五百年也此五百年中得道者多不得者少以多言之故曰正法後五百年唯相是非執競盈路得道者少不得者多亦以多目之名為像法像而非真失之由人由人之失乃有非跋真言斧戟實化无擇起於胷中不救出自脣吻三十六國小乘人也此釁流於秦地慧導之徒遂復不信大品既蒙什公入關開託真照般若之明復得揮光末俗朗兹實化尋出法華開方便門令一實究竟廣其津途欣樂之家景仰沐浴真復不知老之將至而曇樂道人以偏執之見而復非之自畢幽途永不可誨今大般泥洹經法顯道

人遠尋真本於天竺得之持至揚都
大集京師義學之僧百有餘人師執
本衆而譯之詳而出之此經云泥洹
不滅佛有真我一切衆生皆有佛性
皆有佛性學得成佛佛有真我故
聖鏡特宗而為衆聖中王泥洹永存
為應照之本大化不泯真本存焉而
復致疑安於漸照而排跋真誨任其
偏執而自幽不救其可如乎此正是
法華開佛知見開佛知見今始可悟
金以瑩明顯發可知而復非之大化
之由而有此心經言闡提真不虛也
此大法三門皆有成證昔朱士行既
襲真式以大法為巳任於雒中講中
小品亦往往不通乃出流沙尋求大
品既至于填果得真本即遣弟子十
人送至雒陽出為晉音未發之間彼
土小乘學者乃以聞王云漢地沙門
乃以婆羅門書惑乱真言王為地主
若不折之断絶大法聾盲漢地王之
咎也王即不聽時朱士行乃求燒經
為證王亦從其所求積薪十車於殿
階下以火焚之士行臨階而發誠誓



若漢地大化應流布者經當不燒若
其不應命也如何言已投之火即為
滅不損一字遂得有此法華正本於
于填大國揮光重壤踊出空中而得
流此此大般泥洹經既出之後而有嫌
其文不便者而更便改之人情小惑
有慧祐道人私以正本雇人寫之容
書之家忽然火起三十餘家一時蕩
然寫經人於灰火之中求銅鐵器物
忽見所寫經本在火不燒及其所寫
一紙陌外亦燒字亦無損餘諸巾紙
寫經竹筒皆為灰燼此三經者如什
公所言是大化三門無極真體皆有
神驗無所疑也什公時雖未有大般
泥洹文已有法身經明佛法身即是
泥洹與今所出若合符契此公若得
聞此佛有真我一切衆生皆有佛性
便當應如白日朗其胷衿甘露潤其
四體無所疑也何以知之每至苦問
佛之真主亦復虛妄積功累德誰為
不惑之本或時有言佛若虛妄誰為
真者若是虛妄積功累德誰為其主
如其所探令言佛有真業衆生有真

性雖未見其經證明評量意便為不
乖而亦曾問此土先有經言一切衆
生皆當作佛此云何荅言法華開佛
知見亦可皆有為佛性若有佛性復
何為不得皆作佛耶但此法華所明
明其唯有佛乘無二無三不明一切
衆生皆當作佛皆當作佛我未見之
亦不抑言无也若得聞此正言真是
會其心府故知聞之必深信受同吾
之肆學正法者小可虛其衿帶更聽
往喻如三十六國著小乘者亦復自
以為日月之明无以進於巳也而大
心寡朗乃能鄙其狂而偏執自貽重
罪慧道之非大品而尊重三藏亦不
自以為照不周也曇樂之非法華憑
陵其氣自以為是天下悠悠唯巳一
人言其意亦無所與讓令疑大般泥
洹者遠而求之正當以一切衆生皆
有佛性為不通真照真照自可照其
虛妄真復何須其照一切衆生既有
偽矣別有真性為不變之本所以陶
練既精真性乃發恒以大慧之明除
其虛妄虛妄既盡法身獨存為應化

之本應其所化能成之緣一人不度吾終不捨此義如驗復何為疑耶若於真性法身而復致疑者恐此邪心無處不惑佛之真我尚復生疑亦可不信佛有正覺之照而為一切種智也般若之明自是照虛妄之神器復何與佛之真我法身常存一切皆有佛之真性真性存焉學不越崖成不乖本乎而欲以真照無虛言言而亦无佛我亦无泥洹是邪見但知執此照惑之明不知無惑之性非其照也為欲以此誣誷天下天下之人何可誣也所以遂不關嘿而驟明此照者是惜一肆之上而有鑠金之說一市之中而言有虎者三易惑之徒則將為之所染皆為不救之物亦得已而言之豈其好明人罪耶實是鎭鉇螫手不得不斷幸有深識者體其不嘿之旨未深入者尋而悟之以求自清之路如其已不可喻吾復其如之何

出三藏記集録下卷第五

出三藏記集録下卷第五

校勘記

一 底本，金藏廣勝寺本。九〇三頁中及頁下，原版缺，以麗本補。

一 九〇三頁中一行「録下」，徑無。

一 九〇三頁中二行著者，磧、普、南、徑作「梁釋僧祐撰」。

一 九〇三頁中一三行第六字「胡」，磧、普、南、徑作「梵」。下同。

一 九〇三頁中一五行「爪剖」，資、磧、普、南、徑作「苽部」。

一 九〇三頁中二一行第一三字「經」，資、磧、普、南、徑無。

一 九〇四頁上三行夾註右「二十六」，資、磧、普、南、徑、麗作「三十六」。

一 九〇四頁上一六行夾註左「撿撰」，資、磧、普、南、徑作「並撮撰」。

一 九〇四頁上一七行夾註右「法苑」，資、磧、普作「法苑經」。

一 九〇四頁上一九行「四十八」，資、磧、普、南、徑作「三十八」。

一 九〇四頁中四行「俱在」，資、磧、普、南、徑作「俱存」。

一 九〇四頁中六行「涇清」，資作「涇渭清」；磧、普、南、徑作「涇渭」。

一 九〇四頁中八行第一〇字「信」，資、磧、普、南、徑作「倍」。

一 九〇四頁中一二行夾註左「黄羅王」，南、徑作「黄羅國王」。

一 九〇四頁中一四行第四字「薩」，資、磧、普、南、徑無。同行夾註左「菩薩」，資、磧、普、南、徑作「菩薩經」；麗作「菩薩經」。

一 九〇四頁中二〇行夾註右末字「阿」，麗作「何」。

一 九〇四頁中二二行夾註右「國土」，南、徑作「國王」。

一 九〇四頁下四行下夾註「闕」，資、磧、普、南、徑無。

一 九〇四頁下八行「一卷」，資、磧、普、南、徑作「經一卷」。

一 九〇四頁下八行末字「卷」下，麗有夾註「闕」。

一　九〇五頁上九行夾註右「无此」，資、磧、普、南、徑作「無此經」。

一　九〇五頁上一〇行「一卷」，南、徑作「二卷」。

一　九〇五頁上一一行「二卷」，磧作「一卷」。

一　九〇五頁上一四行第三字「經」，資、磧、普、南、徑作「記」。

一　九〇五頁上一五行夾註左「記後」，徑作「後記」。

一　九〇五頁上一八行「法寶」，南、徑作「法實」。

一　九〇五頁上二〇行第末字「袜」，南、徑作「秣」。

一　九〇五頁上二二行夾註左第三字「偏」，磧、普作「遍」。

一　九〇五頁中四行第六字「侍」，南、徑作「恃」。

一　九〇五頁中一一行第七字「雖」，南作「唯」。

一　九〇五頁中一二行「則一部」，資、磧、普、南、徑作「則別成一部」。

一　九〇五頁下三行「猶有」，徑作「有猶」。

一　九〇五頁下八行末字「皓」，資、磧、普、南、徑作「浩」。

一　九〇六頁上一行「大作注」，徑無。

一　九〇六頁上五行首字「右」，南、徑作「在」。

一　九〇六頁上一六行「共和」，資、磧、普、南、徑作「共知」。

一　九〇六頁上一七行第二字「十」，磧、普、徑作「一」。

一　九〇六頁中一一行第五字「誦」，磧無。

一　九〇六頁中一三行「七卷」，麗作「一卷」。

一　九〇六頁中一九行「一卷」，資、磧、普、南、徑作「二卷」。

一　九〇六頁中一九行末字及二〇行末字「歲」，資、磧、普、南、徑無。

一　九〇六頁下一行首字「踰」，資、磧、普、南、徑作「喻」。

一　九〇六頁下四行「年十六」，資、磧、普、南、徑作「時年十六」。

一　九〇六頁下七行末字及八行末字「卷」下，資、磧、普、南、徑有「永元元年出時年九歲」一行。

一　九〇七頁上一行首字「年」，資、磧、普、南、徑作「四年」。

一　九〇七頁上二行第三字「定」，資、磧、普、南、徑作「經」。

一　九〇七頁上四行第四字「合」，資、磧、普、南、徑作「拾」。

一　九〇七頁上五行第三字「建」，資、磧、普、南、徑、麗作「建安」。

一　九〇七頁上七行「經荊」，資作「經別」；磧、普、南、徑作「別經」。

一　九〇七頁上一一行第一一字「投」，南作「止」。

一　九〇七頁上一三行第一〇字「正」，資、磧、普、南、徑作「頭」。

一　九〇七頁上一五行「紅沙」，資、磧、普、麗作「紅紗」。

一　九〇七頁上一九行「慭形」，資作「斬形」；磧、普、南、徑、麗作「斬刑」。

一 九〇七頁中五行第八字「治」，資、磧、普、南、徑作「治」。

一 九〇七頁中一九行第八字「沿」，資、磧、南、徑、麗作「沿」。

一 九〇七頁中末行第六字「琴」，磧、普、南、徑作「瑟」。

一 九〇八頁上三行第六字「如」，徑作「於」。

一 九〇八頁上七行「相埏」，資、磧、普、南、徑作「相挻」。

一 九〇八頁上九行「湍汙」，磧、普、麗作「淄污」。

一 九〇八頁上一一行「宜庄」，磧、南、徑作「宜匡」；麗作「宜匡」。

一 九〇八頁上二一行第一〇字「斯」，資、磧、普、南、徑作「期」。

一 九〇八頁上末行第八字「庵」，資、磧、普、南、徑作「庻」。

一 九〇八頁中八行第八字「裕」，磧、普、南、徑作「格」。

一 九〇八頁中一〇行「祖聽」，資、磧、普、南、徑作「視聽」。

一 九〇八頁中一六行第六字「興」，資、磧、普、南、徑作「興興」。

一 九〇八頁中一九行第一一字「亡」，資、磧、普、南、徑作「云」。

一 九〇八頁下五行第四字「離」，資、磧、普、南、徑作「雜」。

一 九〇八頁下七行第一三字「遺」，資、磧、普、南作「匱」。

一 九〇八頁下八行第四字「存」，資、磧、普、南、徑作「在」。

一 九〇八頁下一三行第一三字「由」，資、普作「田」。

一 九〇九頁上二行第一三字「師」，資、磧、普、南、徑作「禪師」。

一 九〇九頁上一一行第八字「知」，資、磧、普、南作「如」。

一 九〇九頁上一四行「雒中講中」，資作「雒陽講中」；磧、普、南、徑作「雒陽中講」。

一 九〇九頁中六行第八字「便」，資、磧、普、南、徑無。

一 九〇九頁中七行末字「客」，磧、普、南、徑作「容」。

一 九〇九頁中末行第五字「令」，資、磧、普、南、徑、麗作「今」。

一 九〇九頁下三行「此六何」，資作「此當何」；磧、普、南、徑作「此當云何」。

一 九一〇頁上二行第七字「如」，磧、普、南、徑作「始」。

一 九一〇頁上一〇行第一〇字「見」，資、磧、普、南、徑作「見也」。

一 九一〇頁上一三行第七字「開」，資、磧、南、徑作「闢」。同行「明明」，資、磧、普、南、徑作「明」。

一 九一〇頁上一六行「不殺」，資、磧、普、南、徑作「不救」。同行第一二字「亦」，資、磧、普、南、徑作「亦不」。

一 九一〇頁上末行「録下」，徑無。

趙城縣廣勝寺

出三藏記集序卷第六　超

釋僧祐撰

四十二章經序第一　未詳作者
安般守意經序第二　僧會法師
安般注序第三　道安法師
安般守意經序第四　謝敷作
陰持入經序第五　道安法師
人本欲生經序第六　道安法師
了本生死經序第七　道安法師
十二門經序第八　道安法師
大十二門經序第九　道安法師
法鏡經序第十　僧會法師

四十二章經序第一　未詳作者

昔漢孝明皇帝夜夢見神人身體有金色項有日光飛在殿前意中欣然甚悅之明日問群臣此為何神也有通人傅毅曰臣聞天竺有得道者號曰佛輕舉能飛殆將其神也於是上悟即遣使者張騫羽林中郎將秦景博士弟子王遵等十二人至大月支國寫取佛經四十二章在十四石函中登起立塔寺於是道法流布處處修立佛寺遠人伏化願為臣妾者不可稱數國內清寧含識之類蒙恩受賴于今不絕也



安般守意經序第二　康僧會

夫安般者諸佛之大乘以濟衆生之漂流也其事有六以治六情情有內外眼耳鼻口身心謂之內矣色聲香味細滑邪念謂之外也經曰諸海十二事謂內外六情之受邪行猶海受流餓夫夢飯蓋無滿足也心之溢盪無微不浹怳惚髣髴出入無間視之無形聽之無聲逆之無前尋之無後深微細妙形無絲髮梵釋僊聖所不能照明默種于此化生乎彼非凡所覩謂之陰也猶以晦曀種夫深芥閻手覆種孽有万億旁人不覩其形種家不知其數也一朽乎下万生乎上彈指之間心九百六十轉一日一夕十三億意意有一身心不自知猶彼種夫也是以行寂繫意著息數一至十十數不誤意定在之小定三日大定七日寂無他念泊然若死謂之一禪禪棄也棄十三億穢念之意已獲數定轉

念者隨錣除其八正有二意意定在隨由在數矣垢濁消滅心稍清淨謂之二禪也又除其一注意鼻頭謂之止也得止之行三毒四走五陰六冥諸穢滅矣昭然心明踰明月珠淫邪汚心猶鏡處泥穢垢汚焉偃以照天覆以臨土聰叡聖達万土臨照雖有天地之大靡一大而能觀所以然者由其垢濁衆垢汚心有踰彼鏡矣若得良師劖刮瑩磨薄塵微曀蕩使無餘舉之以照毛髮面理無微不察垢退明存使其然矣情溢意散念万不識一矣猶若於市馳心放聽廣採衆音退宴存思不識一夫之言心逸意散濁翳其聰也若自閑處心思寂寞志無邪欲側耳靖聽万句不失片言斯著心靖意清之所由也行寂止意懸之鼻頭謂之三禪也還觀其身自頭至足反覆微察内體汚露森楚毛竪猶覩膿涕於斯具照天地人物其盛若衰無存不亡信佛三寶衆冥皆明謂之四禪也攝心還念諸陰皆滅謂之還也穢欲寂盡其心無想謂之淨



也得安般行者厥心即明舉眼所觀无幽不覩往無數劫方來之事人物所更現在諸剎其中所有世尊法化弟子誦習無遐不見無聲不聞怳惚髣髴存亡自由大弥八極細貫毛氂制天地住壽命猛神德壞天兵動三千移諸剎八不思議非梵所測神德無限六行之由也世尊初欲説斯經時大千震動人天易色三日安般無能質者於是世尊化為兩身一曰何等一尊主演于斯義出矣大士上人六雙十二輩靡不執行有菩薩者安清字世高安息王嫡后之子讓國與叔馳避本土翔而後進遂處京師其為人也博學多識貫綜神模七正盈縮風氣吉凶山崩地動鍼脉諸術觀色知病鳥獸鳴啼無音不照懷二儀之弘仁愍黎庶之頑闇先挑其耳却啓其目欲之視聽明也徐乃陳演正真之六度譯安般之秘奥學者靡興靡不去穢濁之操就清白之德者也余生末蹤始能負薪考妣徂落三師凋喪仰瞻雲日悲無質受睠言顧之



潸然出涕宿祚未沒會見南陽韓林潁川皮業會稽陳慧此三賢者信道篤密執德弘正烝烝進進志道不倦余之從請問規同矩合義无乖異陳慧注義余助斟酌非師不傳不敢自由也言多鄙拙不究佛意明哲衆賢願共臨察義有肬腨加聖刪定共顯神融矣

安般注序第三　　釋道安

安般者出入也道之所寄無往不因德之所寓无往不託是故安般寄息以成守四禪寓骸以成定也寄息故有六階之差寓骸故有四級之别階差者損之又損之以至於無為級别者忘之又忘之以至於無欲也無為故無形而不因無欲故無事而不適無形而不因故能開物無事而不適故能成務成務者即万有而自彼開物者使天下兼忘我也彼我雙廢者守于唯守也故修行經以斯二法而成寂得斯寂者舉足而大千震揮手而日月捫疾吹而鐵圍飛微嘘而須弥舞斯皆乘四禪之妙止御六息之大辯者

也夫執寂以御有崇本以動末有何難也安般居十念之一於五根則念根也故撰法句者屬惟念品也昔漢氏之末有安世高者博聞稽古特專阿毗曇學其所出經禪數最悉此經其所譯也茲乃趣道之要徑何莫由斯道也魏初康會為之注義義或隱而未顯者安竊不自量敢因前人為解其下庶欲蚑翮以助隨藍霧潤以增巨壑也

安般守意經序第四　謝敷作

夫意也者衆苦之萌基背正之元本荒迷放蕩浪逸無崖若狂夫之无所麗愛惡充心耽昏無節若夷狄之无君微矣哉即之無像尋之無朕則毫末不足以喻其細迅矣哉儵踰惚怳眴帀宇宙則奔電不足以比其速是以彈指之間九百六十轉一日一夕十三億想念必響報成生死栽一身所種滋蔓弥劫凡在三界倒見之徒弱喪淪流莫能自反正覺慈愍開示慧路防其終凶之原漸塞其忿欲之微兆為啓安般之要徑泯生滅以冥寂



申道品以養恬建十慧以入微禁九神之逸足防七識之洪流故曰守意也若乃制伏麁垢弗剗漏結者亦有望見賀樂之士閑色聲於視聽遏塵想以禪寂乘靜泊之禎祥納色天之嘉祚然正志荒於華樂昔習沒於交逸福由矜執而日零毒根迭興而罪襲是以輪迴五趣億劫難拔嬰羅欲罔有剎深牢由於無慧樂定不惟道門使其然也至於乘慧入禪亦有三輩或畏苦滅色樂宿泥洹志存自濟不務兼利者為無著乘或仰希妙相仍有遺無不建大悲練盡緣縛者則号緣覺菩薩者深達有本暢因緣無達本者有有自空暢無者因緣常寂自空故不出有以入無常寂故不盡緣以歸空住理而有非所緣非緣故無無所脫苟廟心領要觸有悟理者則不假外以靜內不因禪而成慧故曰阿惟越致不隨四禪也若欲塵翳心慧不常立者乃假以安般息其馳想猶農夫之淨地明鏡之瑩刻矣然即芸耨不以為地地淨而種滋瑩刻非以



為鏡鏡淨而照明故開士行禪非為守寂在遊心於玄冥矣肇自發心悲盟弘普秉權積德忘期安衆衆雖濟而莫脫將廢知而去筌矣是謂菩薩不滅想取證也此三乘雖同假禪靜至於建志厥初各有攸歸故學者冥怭心宏摸殖栽於始也漢之季世有捨家開士安清字世高安息國王之太子也審榮辱之浮寄齊死生乎一貫遂脫屣於萬乘抱玄德而遊化演道教以發矇表神變以諒之于時儁乂歸宗釋華崇實者若禽獸之從麟鳳鱗介之赴虬蔡矣又博綜殊俗善衆國音傳授斯經變為晉文其所譯出百餘万言探暢幽賾淵玄難測此安般典其文雖約義關衆經自淺至精衆行具舉學之先要孰踰者乎行者欲凝神反朴道濟無外而不循斯法者何異肘夫之陟太山無翅而品昇虛乎釋迦如來妙慧足於曩劫歷無數以潛化至于衆生運會國滿告成而猶現行六年以為教端者誠以鎮一紛耶莫尚茲也由是而觀可不

務與斅涂習沉冥積罪歷劫生與備
乖弗覩神化雖以微祚得稟遺典而
情想蘩蕪道根未固仰欣聖軌未一
暫履夕惕戰懼惄焉如擣是以誠心
諷誦以鍾識習每遭明哲輒咨凝滯
然冥宗已遠義訓小殊乃採集英彥
戢而戴焉雖粗聞大要未悟者衆於
是復率愚思推撿諸類尋求明證遂
相繼續撰為注義并抄撮大安般修
行諸經事相應者引而合之或以隱
顯相從差簡搜尋之煩然經道弘深既
非愚淺所能裁衷又辭意鄙拙万不
暢一紙增理穢敢云足以闡融妙旨
乎實欲私記所識以偹遺忘而已耳
儻有攬者願亮不逮正其愚謬焉

陰持入經序第五　　釋道安

陰持入者世之深病也馳騁人心變
德成狂耳聾口爽耽醉榮寵抱癡投
冥酸號三趣其為病也猶癩疾焉入
骨徹髓良醫拱手猶癲蹶焉來則冥
然莫有所識大聖悼茲痛心內發忘身
安赴荼炭含厚德忍儛擊觀羅窓於
重雲止罝網于八極洪癡不得振其



翼名愛不得逞其足採善心於毫芒
拔兇頑於虎口以大寂為至樂五音
不能聾其耳矣以無為為滋味五味
不能爽其口矣曜形濁世拯擢難計
陟降教終潛淪無名諸無著等尋各
騰逝大弟子衆深懼妙法泯然廢沒
於是令迦葉集結阿難所傳凡三藏
焉該羅幽廓難度難測也世雄授藥
必因本病病不能均是故衆經相待
乃備非天非聖罔能綜練自茲以後
神通高士各為訓釋或攬撰諸經以為
行式辟璞璣敷擇彼珠玭以色相發
佩之冠之為光為飾喻繪事敷調別
衆采以圖暉烈諸明哲者所撰亦然
此經則是其數也有捨家開士出自
安息字世高大慈流洽播化斯土譯
梵為晉微顯闡幽其所敷宣專務禪
觀醇玄道數深矣遠矣是經其所出
也陰入之弊人莫知苦是故先聖照以
止觀陰結日損成泥洹品自非知機
其孰能與於此乎從首至于九絕都
是四十五藥也以慧斷知入三部者成
四諦也十二因緣訖淨法部者成四



信也其為行也唯神矣故不言而成
唯妙矣故不行而至統斯行者則明
曰四達立根得眼成十力子紹胄法王
奮澤大千若取證則拔三結住壽成
道徑至應真此乃大乘之舟檝泥洹
之關路于斯晉土禪觀弛廢學徒雖
興蔑有盡漏何者禪思守玄練微入
寂在取何道猶覘于掌墮替斯要而
怖見證不亦難乎安未近積罪生逢
百羅戎狄孔棘世之聖導潛遯晉山
孤居離衆幽處窮壑竊攬篇目淺識
獨見滯而不達夙宵抱疑諮諏靡質
會太陽比丘竺法濟并州道人支曇
講陟岨冒寇重戴遠集此二學士高
朗博通誨而不倦者也遂與析槃暢
尋造茲注解世不值佛又處邊國音
殊俗異規矩不同又以愚量聖難以
逮也冀未踐緒者少有微補非敢自
必析究經旨

人本欲生經序第六　　釋道安

人本欲生經者照乎十二因緣而成
四諦也本者癡也欲者愛也生者生
死也略舉十二之三以為目也人在生

死莫不浪滯於三世飄縈於九止綢繆八縛者也十二因緣於九止則第一人亦天也四諦所鑒鑒乎九止八解所正正乎八邪邪正則無往而不恬止鑒則無往而不愉無往而不愉故能洞照傍通無往而不恬故能神變應會神變應會則不疾而速洞照傍通則不言而化不言而化故無棄人不疾而速故無遺物物之不遺人之不棄斯禪智之由也故經曰道從禪智得近泥洹豈虛也哉誠近歸之要也斯經似安世高譯為晉言也言古文悉義妙理婉覩其幽堂之美闕庭之富或寡矣安每攬其文欲疲不能所樂而現者三觀之妙也所思而存者想滅之辭也敢以餘暇為之撮注其義同而文別者無所加訓焉

了本生死經序第七　釋道安

夫四信妙輿者衆祐之寶軒也以運連縛倒見衆生凡在三界罔弗冠癡佩行嬰舞生死而趨陰堂揖讓色味驂惑載疑驅馳九止者也既則猥賢侮聖繼其姦慝貪餮恚鐵鳥截玄路



群誹上要殃禍備嘗矣世雄顧愍深啚變謀法旍曜於重霓道鼓振於雷吼寂千障乎八紘慧戈陷乎三有於是砕癡冠決嬰佩昇信車入諦軌則因緣息成四喜矣故曰了本生死也了猶解也本則癡也尤也如來擿舉一隅身子申敷高首引興幽讚美矣威矣夫討身有命則隨緣縛謗佛毀信若弥綸於幽室矣夫解空無命則成四諦照然立信若日殿之麗乾矣斯乃五十六藥之崇基淵乎蓋衆行之宗也闡微成務孰先者乎佛始得道隆建大哀此經則十六之一也其在天竺三藏聖師莫不以為教首而研幾也漢之季世此經始降茲土雅邃奧邈少達其歸者也魏代之初有高士河南支恭明為作注解探玄暢滯真可謂入室者矣儁哲先人足以析中也然童曚之倫猶有未悟故仍前迹附釋未訓非苟穿鑿以紫乱朱也儻孤居始進者可以辯惑焉

十二門經序第八　釋道安

十二門者要定之目號六雙之關徑



也定有三義焉禪也等也空也用療三毒綢繆重病嬰斯幽厄其日深矣貪囹恚圄癡城至固世人遊此猶春登臺甘處欣欣如居華殿嬉樂自娛蔑知為苦嘗酸速禍困惫五道夫唯正覺乃識其謬耳哀倒見之苦傷逹流之痛為設方便防萌塞漸闢茲慧定令自滌滌挫銳解紛逐神玄路苟非至德其道不凝也夫邪僻之心必有微著是故禪法以四為差焉貪淫囹者荒色悖烝不別尊卑渾心耽愐習以成狂亡國傾身莫不由之虛迷空醉不知為幻故以死尸散落自悟漸斷微想以至于寂味乎無味故曰四禪也瞋恚圄者爭纖介之虛聲結歷血之重咎恩親絕於快心交友腐於縱忿含怒徹髓不悛滅族聖人見強梁者不得其死故訓之以等丹心齊親至柔其志受垢含苦治之未乱醇德邃厚呪不措角況人害乎故曰四等也愚癡城者誹古聖謗真諦愣二親輕師傅斯病尤重矣以慧探本知從癡愛分別末流了之為惑練心攘

愿狂病瘵矣故曰四空也行者挹禪
海之深醴溉昏迷之慼火激空淨之
渊流盪癡塵之穢垢則皎然成大素
矣行斯三者則知所以宰身也所以
宰身者則知所以安神也所以安神
者則知所以度人也然則經無巨細出
自佛口神心所制言為世寶慧日既
沒三界喪目經藏雖存渊言難測自
非至精孰達其微於是諸開士應真
各為訓解釋其幽賾辯其差貫則爛
然易見矣窮神知化何復加乎從十
二門已後則是訓傳也凡學者行十二
門却盡神足滅外止麁謂成五道也
三向諸根進消內結謂盡諸漏也始
入盡漏名不退轉諸佛嘉歎記其成
號深不可測獨見曉焉神不可量獨
能精焉陵雲輕舉淨光燭幽移海飛
嶽風出電入淺者如是况成佛乎是
乃三乘之大路何莫由斯定也自始
發跡逮于無漏靡不周而復始習玆
定也行者欲崇德廣業而不進斯法
者其猶無柯而求伐不飯而徇飽難
以獲矣醒寤之士得聞要定不亦妙



乎安宿不敏生值佛後又處異國楷
範多闕仰希古烈滯而未究寤寐憂
悸有若疾首每惜玆邦禪菁替廢敢
作注于句末雖未足光融聖典且發
蒙者儻易攬焉安世高善開禪數
斯經似其所出故錄之于末

大十二門經序第九　　釋道安

夫淫息在乎解色不係防閑也有絕
存乎解形不係念空也色解則野容
不能轉形解則無色不能滯不轉者
雖天魔玉顏窈窕艷姿莫足傾之之
謂固也不滯者雖遊空無識泊然永
壽莫足㝵之之謂真也何者執古以
御有心妙以了色雖群居猶芻靈泥
洹猶如幻豈多制形而重無色哉是
故聖人以禪防淫淫无遺焉以四空滅
有有無現焉淫之有息要在明乎萬
形之未始有百化猶逆旅也怨憾之
興興於此彼此彼既興遂成仇敵仇
敵適成勃然赫怒赫怒已發無所不
至至不可至神幽想獄乃毒乃辛欣
之甘之是以如來訓之以等等所難
等何往不等等心既富怨本息矣豈



非為之乎未有𠅏難於其易者乎夫
然則三事凶躭廢然息矣十二重關
廓然闢矣根立而道生覺立而道成
莫不由十二門立乎定根以送道休
也大人揮變榮光四塞彈撇安明吹
沫千刃默動異刹必先正受明夫匪
禪無以統乎無方而不留匪定無以
周乎萬形而不礙禪定不愆於神變
乎何有也至矣盡矣蔑以加矣此經
世高所出也辭旨雅密正而不艷比
諸禪經最為精悉案經後記云嘉禾
七年在建鄴周司隸舍寫緘在篋匱
向二百年矣冥然不行無聞名者比
丘竺道護於東垣界賢者經中得送
詣濩澤乃得流布得經之後俄而其
家遇火護若不覩為灰炭矣自絲非
與斯禪也後死者不得與聞此經也
此經也八音所誨四道作訓約无之
文重無簡矣精義入禪何以上乎前
世又為懸解一家之傳故全而次之
然世高出經貴本不飾天竺古文文
通尚質倉卒尋之時有不達今為略
注繼前人之末非敢乱朱與有以寤焉

法鏡經序第十　康僧會



夫心者衆法之原臧否之根同出異名禍福分流以身為車以家為國周遊十方稟無惓息家欲難足由海吞流火之獲薪六邪之殘已甚於蒺蔾網之賊魚矣女人佞等三魍其善偽而信眾家之為禍也尊邪穢賤清真連叢璅謗聖賢興獄訟喪九親斯家之所由矣是以上士恥其穢懼其厲爲之懦懦如也嘿思遁邁由明哲之避無道矣剔鬚毀容法服為珎靖處廟堂練情攘穢懷道宣德闓導聾瞽或有隱處山澤枕石漱流專心滌垢神與道俱志寂齊乎無名明化同乎羣生賢聖競乎清靖稱斯道曰大明故曰法鏡騎都尉安玄臨淮嚴浮調斯二賢者年在束齔弱志聖業鈎深致遠窮神達幽愍世矇惑不覩大雅竭思譯傳斯經景摸都尉口陳嚴調筆受言既稽古義又微妙然時干戈未戢志士莫敢或違大道淩遟內學者寡聞覩其景化可以拯塗炭之尤嶮然義壅而不達因閑竭愚為之注義喪師歷載莫由重質心憤口悱停筆愴如追遠慕聖涕泗并流今記識闕疑俟後明哲庶有暢成以顯三寶矣



出三藏記集序卷第六

出三藏記集序卷第六

校勘記

一　底本，金藏廣勝寺本。

一　九一三頁中一行及卷末經名「第六」，徑作「第七」。

一　九一三頁中二行著者，磧、普、南、徑作「梁釋僧祐撰」。

一　九一三頁中一五行第三字「項」，資作「頃」。

一　九一三頁中二一行「石函」，磧、徑、麗作「石函」。

一　九一三頁下四行「康僧會」，徑作「吳沙門康僧會」。

一　九一三頁下一三行第九字「聲」，資、磧、普、南、徑作「釋」。

一　九一三頁下一四行「種于」，資、磧、普、南、徑作「種子」。

一　九一三頁下一五行「深芥」，資、磧、普、南、徑作「粢芬」；麗作「粢芥」。

一　九一四頁上四行「四走」，磧、普、南、徑作「四趣」。

一 九一四頁上五行第四字「昭」，資、磧、普、南、徑作「哭」。

一 九一四頁上七行第三字「土」，徑作「士」。

一 九一四頁上八行第六字「大」，資、磧、普、南、徑作「夫」。

一 九一四頁中五行第一三字「毛」，徑作「毫」。

一 九一四頁中七行第五字「八」，徑作「入」。

一 九一四頁中一一行第二字「一」，資、磧、普、南、徑作「一曰」。同行第六字「于」，資、磧、普、南、徑作「千」。

一 九一四頁中一五行「神撗」，資、磧、普、南、徑、麗作「神模」。

一 九一四頁中二〇行第一三字「靡」，資、磧、普、南、徑、麗作「塺」。

一 九一四頁中二二行第三字「未」，磧、南、徑、麗作「末」。

一 九一四頁下三行首字「萬」，資、磧、南、麗作「篤」。

一 九一四頁下三行「承承」，資、磧、普、南、徑、麗作「烝烝」。

一 九一四頁下九行「釋道安」，徑作「晉沙門釋道安」。九一六頁上一六行同。

一 九一四頁下一〇行末字「回」，磧、普、南、徑、麗作「因」。

一 九一四頁下一二行「寄息」，磧作「寄思」。

一 九一五頁上一行第八字「崇」，麗作「筞」。

一 九一五頁上一〇行第三字「壑」，資作「谿」。

一 九一五頁上一一行「謝數」，徑作「晉謝敷」。

一 九一五頁上一五行第一二字「朕」，資、磧、普、南作「跃」。

一 九一五頁上一六行末字「眴」，資、普、南作「眴」；徑作「瞤」。

一 九一五頁上一九行第一一字「栽」，磧、普、南、徑作「裁」。

一 九一五頁上二〇行末字「弱」，南、徑、麗作「溺」。

一 九一五頁上二一行第七字「及」，資、磧、普、南、徑、麗作「反」。

一 九一五頁上二二行第一〇字「其」，資、磧、普、南、徑無。

一 九一五頁中二行第四字「足」，磧作「定」。

一 九一五頁中三行第八字「弗」，資、磧、普、南、徑作「拂」。

一 九一五頁中五行「禎祥」，資、磧、普、南、徑、麗作「禎祥」。

一 九一五頁中五行第一三字「夫」，資、磧、普、南、徑、麗作「天」。

一 九一五頁中七行第三字「由」，資、磧、南、徑、麗作「田」。

一 九一五頁中一六行首字「日」，資、磧、普、南、徑、麗作「自」。

一 九一五頁中一七行「所緣非緣」，資、磧、普、南、徑作「所縛非縛」。

一 九一五頁中一八行「苟廟」，磧作「苟厝」；麗作「苟厝」。

一 九一五頁下三行第五字「權」，徑

作「權」。

一九一五頁下六行末字「冥」，磧、普、南、徑、麗作「宜」。

一九一五頁下七行「殖栽」，資、磧、普、南、徑、麗作「植栽」。

一九一五頁下一〇行第四字「毲」，資、磧、普、南、徑作「屣」。

一九一五頁下一一行第一〇字「諒」，資、磧、普、南、徑作「源」。

一九一五頁下一二行首字「乂」，磧、普、麗作「又」。

一九一五頁下一三行第七字「葵」，資、磧、普、南、徑作「蔡」。

一九一五頁下一九行「肘夫」，資、磧、普、南、徑、麗作「刖夫」。

一九一五頁下二一行「國滿」，資、磧、普、南、徑、麗作「圓滿」。

一九一六頁上七行第三字「戴」，資、磧、普、南、徑、麗作「載」。

一九一六頁上一八行第三字「狂」，資作「任」。

一九一六頁上二〇行第九字「癲」，磧、普、南、徑作「蹎」。

一九一六頁中一行第二字「名」，資、磧、普、南、徑作「巨」。

一九一六頁中二行第二字「兇」，資作「胷」。

一九一六頁下三行首字「曰」，資、磧、普、南、徑、麗作「白」。

一九一六頁下四行首字「舊」，南作「奪」。

一九一六頁下九行第九字「未」，磧、普作「來」。

一九一六頁下一〇行第二字「羅」，資、普、南、徑作「罹」。同行第八字「之」，徑作「乏」。同行第一〇字「導」，資作「道」。

一九一六頁下一一行第一一字「潛」，磧作「替」。

一九一六頁下一四行第五字「寂」，磧、南、徑、麗作「寇」。同行第七字「蜜」，資、磧、普、南、徑、麗作「甯」。

一九一七頁上一三行第一三字「關」，磧、普、南、徑、麗作「闕」。

一九一七頁上二一行第一一字「捐」，磧、南、麗作「揖」。

一九一七頁上二二行第一三字「猥」，資、磧、普、南、徑、麗作「狎」。

一九一七頁中二行第五字「旍」，資作「於」。

一九一七頁中三行第七字「紘」，磧作「絃」。

一九一七頁中六行第一三字「摘」，資、磧、普、南、徑、麗作「指」。

一九一七頁中一〇行第四字「照」，麗作「昭」。

一九一七頁中一六行第二字「遐」，磧、普、南、徑、麗作「邈」。

一九一七頁中一六行第五字「其」，資、磧、普、南、徑作「旨」。

一九一七頁中一九行第五字，次頁中五行首字「曚」，資、磧、普、南、徑作「蒙」。

一九一七頁下五行首字「蔑」，資、磧、普、南、徑作「莫」。同行第四字「苦」，南作「若」。

一九一七頁下一一行末字「恤」，資、磧、普、南、徑作「緬」。

一九一七頁下一五行第一〇字「介」，資、磧、普、南、徑作「芥」。

一九一七頁下一六行「歷血」，資、磧、普、南、徑作「瀝血」；麗作「歷世」。

一九一七頁下二〇行第四字「呪」，資、磧、普、南、徑作「咒」。

一九一七頁下末行第六字「未」，資、磧、普、徑、麗作「末」。

一九一八頁上八行第一一字「言」，資、磧、普、南、徑作「玄」。

一九一八頁上一三行第一〇字「謂」，磧、普、南、徑作「謂之」。同行第一三字「道」，徑作「通」。

一九一八頁中三行首字「悸」，南作「季」。

一九一八頁中八行第四字「在」，資、磧、普、南、徑作「存」。

一九一八頁中九行第一三字「野」，資、磧、普、南、徑、麗作「治」。

一九一八頁中一〇行第三字及第一三字「轉」，磧、普、南、徑作「縛」。

一九一八頁中一六行第五字「禪」，資、磧、普、南、徑作「四禪」。同行第八字「溪」，磧、普作「有」。

一九一八頁中一七行首字「有」，磧作「淫」。又「之有」，磧、普、南、徑作「有之」。

一九一八頁中一八行第一〇字「挔」，普、南、徑、麗作「旅」。

一九一八頁下三行第三字「閞」，資、磧、普、南、徑作「闢」。

一九一八頁下六行第三字「刃」，南作「乃」。

一九一八頁下一六行第二字「遇」，徑作「過」。同行第九字「灰」，磧作「反」。

一九一八頁下一八行末字「之」，資、磧、普、南、徑作「乏」。

一九一八頁下一九行第九字「禪」，資、磧、普、南、徑作「神」。

一九一八頁下二〇行第一一字「全」，資、磧、普、南、徑作「筌」。

一九一九頁上一行「康僧會」，徑作「吴沙門康僧會」。

一九一九頁上六行第八字「倿」，資、磧、南、徑作「佞」；麗作「佞」。

一九一九頁上七行第一一字、九行第一一字及一二行第五字「癥」，資、磧、普、南、徑作「穢」。

一九一九頁上一二行第一〇字「閨」，南作「閒」；徑作「𨳝」。

一九一九頁上一四行第一二字「同」，資、磧、普、南、徑作「周」。

一九一九頁上一六行第一二字「浮」，南、徑作「佛」。

一九一九頁上一七行第六字「束」，資、磧、普、南、徑作「谿」。

一九一九頁上一八行第四字「逹」，資作「遠」。同行第八字「矇」，資、磧、普、南、徑作「蒙」。

一九一九頁上二二行第二字「聞」，磧、普作「會」。

一九一九頁中末行第六字「序」，資、磧、普、南無。

出三藏記集序卷第七　　釋僧祐撰　　極


道行經序第一　釋道安作
道行經後記第二　未詳作者
放光經記第三　未詳作者
合放光光讚略解第四　道安法師
須真天子經記第五　未詳作者
普曜經記第六　未詳作者
賢刧經記第七　未詳作者
般舟三昧經記第八　未詳作者
首楞嚴三昧經注序第九　未詳作者
合首楞嚴經記第十　支敏度作
首楞嚴經後記第十一　未詳作者
新出首楞嚴經序第十二　弘充法師
法句經序第十三　未詳作者
阿維越致遮經記第十四　出經後記
魔逆經記第十五　出經後記
慧印三昧及濟方等學二經序讚第十六　王僧孺撰
聖法印經記第十七　出經後記
文殊師利淨律經記第十八　出經後記
王子法益壞目因緣經序第十九　佛念法師




合微密持陁以尼惣持三本第二十　支恭明作

道行經序第一　釋道安作

大哉智度万聖資通咸宗以成也地
含日照無法不周不恃不處累彼有
名既外有名亦病无形兩忌玄莫埍
然無主此智之紀也夫永壽莫美乎
上乢而齊之殤子神偉莫美於陵虗
而同之侑滯至德莫大乎真人而比
之朽種高妙莫大乎世雄而喻之幻
夢由此論之亮為衆聖宗矣何者執
道御有畀高有差此有為之域耳非
據真如遊法性冥然無名也據真如
遊法性冥然無名者智度之奥室也
名教遠想者智度之蘧廬也然存乎
證者莫不契其無生而惶眩存乎迹
者莫不忿其蕩冥而誕誹道動必反
優劣致殊眩誹不其宜乎不其宜乎
要斯法也與進度齊軌逍遥俱遊千
行万宜莫不以成衆行得字而智進
令名諸法衆相成者求之此列也且
其經也進咨第一義以為語端追述
權便以為談首行無細而不歷數無
微而不極言似煩而各有宗義似重

而各有主璅見者慶其迩教而悅寤宏喆者望其遠標而絶息陟者弥高而不能階涉者弥深而不能測謀者慮不能規尋者度不能暨窈冥矣眞可謂大業淵藪妙矣者哉然凡諭之者考文以徵其理者昏其趣者也察句以驗其義者迷其旨者也何則考文則異同每為辭尋句則觸類每為旨為辭則喪其平成之致為旨則忽其始擬之義矣若率初以要其終或忘文以全其質者則大智玄通居可知也從始發意逮一切智曲成決著八地無深謂之智也故曰遠離也三脫照空四非明有統鑑諸法因後成用樂病雙亡謂之觀也明此二行於三十万言其如視諸掌乎顛沛草次无起無此也佛泥曰後外國高士抄九十章為道行品桓靈之世朔佛賫詣京師譯為漢文因本順旨轉音如已敬順聖言了不加飾也然経既抄撮合成章指音殊俗異譯人口傳自非三達胡能一一得本緣故乎由是道行頗有首尾隱者古賢論之往往有滯



仕行恥此尋求其本到于闐乃得送詣倉垣出為放光品斥重省刪務令婉便若其悉文將過三倍善出無生論空持巧傳譯如是難為繼矣二家所出足令大智煥尒闡幽支讖全本其亦應然何者抄経刪削所害必多委本從聖乃佛之至戒也安不量末學庶幾斯心載詠載玩未墜于地撿其所出事本終始猶令析傷玷缺厭然無際假無放光何由解斯経乎永謝先喆所蒙多矣今集所見為解句下始況現首終隱現尾出経見異銓其得否舉本證抄敢增損也幸我同好飾其瑕讁也

道行経後記第二　未詳作者

光和二年十月八日河南洛陽孟元士口授天竺菩薩竺朔佛時傳言者譯月支菩薩支讖時侍者南陽張少安南海子碧勸助者孫和周提立正光二年九月十五日洛陽城西菩薩寺中沙門佛大寫之

放光経記第三　二十卷者　未詳作者

惟昔大魏潁川朱士行以甘露五年



出家學道為沙門出塞西至于闐國寫得正品梵書胡本九十章六十万餘言以太康三年遣弟子弗如檀晉字法饒送経胡本至洛陽住三年復至許昌二年後至陳留界倉垣水南寺以元康元年五月十五日衆賢者昔集議晉書正寫時執胡本者于闐沙門無叉羅優婆塞竺叔蘭口傳祝太玄周玄明共筆受正書九十章凡二十万七千六百二十一言時倉垣諸賢者等大小皆勸助供養至其年十二月二十四日寫都訖経義深奧又前後寫者衆挍不能善悉至太安二年十一月十五日沙門竺法寂来至倉垣水北寺求経本寫時撿取現品五部并胡本與竺叔蘭更共考挍書寫永安元年四月二日訖於前後所寫挍寂為是定其前所寫可更取挍晉胡音訓暢義難通諸開士大學文生書寫供養諷誦讀者願留三思恕其不逮也

合放光光讚略解序第四　釋道安作

放光光讚同本異譯耳其本俱出于闐國持来其年相去無幾光讚于

闐沙門祇多羅以泰康七年賫来講公以其年十一月二十五日出之放光分如檀以泰康三年于闐為師送至洛陽到元康元年五月乃得出耳先光讃来四年後光讃出九年也放光于闐沙門无叉羅執胡竺叔蘭為譯言少事約刪削復重事事顯炳煥然易觀也而從約必有所遺於天竺辞及騰每本蘭馬光讃護公執胡本聶承遠筆受言准天竺事不加飾悉則悉矣而辞質勝文也每至事首輒多不使諸反覆相明又不顯灼考其所出事事周密耳于相補益所悟實多恨其寢逸涼土九十一年幾至泯滅乃達此邦也斯經既殘不具並放光尋出大行華京息心居士翕然傳焉中出支和上遣人於倉垣斷絹寫之持還中山中山王及衆僧城南四十里幢幡迎經其行世如是是故光讃人無知者昔在趙魏迸得其第一品知有茲經而求之不得至此會慧常進行慧辯等持如天竺路經涼州寫而因焉展轉秦雍以晋泰元元年五月二十四日乃達襄陽尋之玩之欣有所益輒記其所長為略解如左般若波羅蜜者無上正真道之根也正者等也不二入也等道有三義焉法身也知也真際也故其為經也以如為始以法身為宗也如者尒也本末等尒無能令不尒也佛之興滅綿綿常存悠然無寄故曰如也法身者一也常淨也有無均淨未始有名故於戒則無戒無犯在定則無定無乱處智則無智無愚泯尒都忘二三盡息皎然不緇故曰淨也常道也真際者無所著也泊然不動湛尒玄齊無為也無不為也九法有為而此法淵默故曰無所有者是法之真也由是其經万行兩廢觸章輒無也何者癡則無往而非激終日言盡物也故為八万四千塵垢門也慧則無往而非妙終日言盡道也故為八万四千度無極也所謂執大淨而万行正正而不害妙乎大也凡論般若推諸病之壇股者理徹者也尋衆衆藥之封域者斷迹者也高談其徹迹者失其所以指南也其所以指南者若假号章之不住五通品之不貢高是其涉百辟而不失千者也宜精理其徹迹又思存其所指則始可與言智已矣何者諸五陰至薩云若則是菩薩来往所現法慧可道之道也諸一相无相則是菩薩来往所現真慧明乎常道也可道故後章或曰世俗或曰說已也常道則或曰無為或曰復說也此兩者同謂之智而不可相無也斯乃轉法輪之目要般若波羅蜜之常例也

須真天子經記第五　未詳作者

須真天子經太始二年十一月八日於長安青門内白馬寺中天竺菩薩曇摩羅察口授出之時傳言者安文惠帛元信手受者聶承遠張玄泊孫休達十二月三十日未時訖

普曜經記第六　未詳作者

普曜經永嘉二年太歲在戊辰五月本齋菩薩沙門法護在天水寺手執胡本口宣晋言時筆受者沙門康殊帛法巨

出賢刧經記第七　未詳作者

賢劫經永康元年七月二十一日月支菩薩竺法護從罽賓沙門得是賢劫三昧手執口宣時竺法友從洛寄來筆者趙文龍使其功德福流十方普遂蒙恩離於罪蓋其是經者次見千佛稽受道化受菩薩決致無生忍至一切法十方亦尒

般舟三昧經記第八　未詳作者

般舟三昧經光和二年十月八日天竺菩薩竺朔佛於洛陽出菩薩法護時傳言者月支菩薩支讖授與河南洛陽孟福字元士隨侍菩薩張蓮字少安筆受令後普著在建安十三年於佛寺中校定悉具足後有寫者皆得南無佛又言建安三年歲在戊子八月八日於許昌寺校定

首楞嚴三昧經注序第九　未詳作者

首楞嚴三昧者晉曰勇猛伏定意也謂十住之人忘當而切顯不為而務成盡勇伏之名生於希尚者耳雖功高天下豈係其名哉直以忘宗而稱立遺稱故名貴訓三千數典詣群生聽之而弗及鑽之而莫踰自非奇致



超玄胡可以應乎聖錄所謂勇猛者誠哉難階也定意者謂迹絕仁智有無兼忘雖復寂以應感惠澤倉生何嘗不通以仁智照以玄宗所以寂者未可得而分也故其篇云悉遍諸國亦無所分而於法身不壞也謂雖從感若流身充宇宙豈有為之者哉謂化者以不化為宗作者以不作為主為主其自忘焉像可分哉若至理之可分斯非至極也可分則有虧斯成則有散所謂為法身者絕成虧遺合散靈鑒與玄風齊蹤負神與太陽俱暢其明不分萬類殊觀法身全濟非亦宜乎故曰不分無所壞也首楞嚴者冲風冠乎知喪洪緒在於忘言微旨盡於七位外迹顯乎三權洞重玄之極奧耀八特之化谷捴高木之玄標建十準以伺能體妙旨以調習既習釋而知玄遺慈故慈洽兼照而照弘也故有陶化育物紹以經綸自非領略玄宗深致奇趣豈云究之哉沙門支道林者道心冥乎上世神悟發於天然俊朗明徹玄映色空啓于往數



位叙三乘余時復疇諮豫聞其一敢以不敏係于句末想望來賢助刪定焉（安公經錄云中平二年十二月八日支讖所出其經首略如是我聞唯稱佛在王舍城靈鳥頂山中）

合首楞嚴經記第十（胡文叫曾音勇伏定意）　支愍度（三經謝敷合注共四卷）

此經本有記云支讖所譯出讖月支人也漢桓靈之世來在中國其博學淵妙才思測微凡所出經類多深玄貴尚實中不存文飾今之小品阿闍貰屯真般舟悉讖所出也又有支越字恭明亦月支人也其父亦漢靈帝之世來獻中國越在漢生似不及見讖也又支亮字紀明資學於讖故越得受業於亮焉越才學深徹內外備通以季世尚文時好簡略故其出經頗從文麗然其屬辭析理文而不越約而義顯真可謂深入者也以漢末沸亂南度奔吳從黃武至建興中所出諸經凡數十卷自有別傳記錄亦云出此經今不見復有異本也然此首楞嚴自有小不同辭有豊約文有晉胡較而尋之要不足以為異人別出也恐是越嫌讖所譯者辭質多胡

音異者删而定之其所同者述而不
敀二家各有記録耳此一本於諸本
中斛寂省便又少胡音偏行於世即
越所定者也至大晋之初有沙門支
法護白衣竺𠦑蘭並更譯此経求之
於義𡸁相發明披尋三部勞而難兼
欲令學者即得其對令以越所定者
為毋護所出為子蘭所譯者繫之其
所無者輙於其位記而別之或有文
義皆同或有義同而文有小小增減
不足重書者亦混以為同雖無益於
大趣分部章句差見可耳
勇伏定記日元康九年四月九日燉
煌菩薩支法護手執胡経口出首楞
嚴三昧聶承遠筆受願令四輩攬綜
奉宣觀異同意

首楞嚴後記第十一　未詳作者

咸和三年歳在癸酉凉州刺史張天
錫在州出此首楞嚴経于時有月支
優婆塞支施崘手執胡本支博綜衆
経於方等三昧特善其志業大乘學
也出首楞嚴須頼上金光首如幻三
昧時在凉州州内正聽堂湛露軒下



集時譯者歸慈王世了帛延善晋胡
音延博解群籍内外兼綜受者常侍
西海趙瀟會水令馬亦内侍来恭政
此三人皆是俊徳有心道徳時在坐
沙門釋慧常釋進行凉州自屬辭辯
肎如本不加文飾飾近俗質近道文
質兼唯聖有之耳

新出首楞嚴経序第十二　釋弘充作

首楞嚴三昧者蓋神道之龍津聖徳
之渊府也妙物希微非器像所表幽
玄冥湛豈情言所議冠九位以虚昇
畢万行而圓就量種智以窮賢絶殆
㢈而静統用能靈臺十地扃鑰法雲
罔象環中神圖自外然心雖澄一應
元不周定必凝泊在感斯至故明宗
本則三達同寂論善救則六度弥綸
辯威劾則強魔慴縛語衆變則百億
星繁至乃微号龍上晦跡塵光像告
諸乗有盡無滅斯皆衆定之冥功成
能之顯事擁濟之樞綱勇伏之宏要
美羅什法師弱齡言道思通法門昔
紆步關右譯出此経自雲布以来競
展而衍中興啓運世　道載昌宣轉



之盛日月弥懋太宰江夏王該綜群
籍討論渊敏每覽茲卷特深遠情充
以管昧嘗廁玄肆預遭先匠啓訓音
軌叅聽儒緯髣髴文意以皇宋大明
二年歳次奋茂於法言精舎略為注
解㢈勉不習之傳敢慕我聞之義如
必紕繆以俟君子

法句経序第十三　未詳作者

曇鉢偈者衆経之要義曇之言法鉢
者句也而法句経別有數部有九百
偈或七百偈及五百偈偈者結語猶
詩頌也是佛見事而作非一時言各
有本末布在衆経佛一切智厥性大
仁愍傷天下出興于世開現道義所
以解人凡十二部経惣括其要別有
四部阿鋡至去世後阿難所傳卷無
大小皆稱聞如是處佛所究暢其説
是後五部沙門各自鈔采経中四句
六句之偈比次其義條別為品於十
二部経靡不斟酌無所適名故曰法
句夫諸経為法言法句者猶法言也
近世葛氏傳七百偈偈義致深譯人
出之頗使其渾漫惟佛難值其文難

聞又諸佛興皆在天竺天竺言語與漢異音云其書為天書語為天語名物不同傳實不易唯昔藍調安侯世高都尉弗調譯胡為漢審得其體斯以難繼後之傳者雖不能審猶尚貴其實粗得大趣始者維祇難出自天竺以黃武三年來適武昌僕從受此五百偈本請其同道竺將炎為譯將炎雖善天竺語未備曉漢其所傳言或得胡語或以義出音近於質直僕初嫌其辭不雅維祇難曰佛言依其義不用飾取其法不以嚴其傳經者當令易曉勿失厥義是則為善座中咸曰老氏稱美言不信信言不美仲尼亦云書不盡言言不盡意明聖人意深邃无極今傳胡義實宜經達是以自竭受譯人口因循本旨不加文飾譯所不解則闕不傳故有脫失多不出者然此雖辭朴而旨深文約而義博事鈎衆經章有本故句有義說其在天竺始進業者不學法句謂之越敘此乃始進者之鴻漸深入者之奧藏也可以啓矇辯惑誘人自立學



之功微而所苞者廣實可謂妙要者哉昔傳此時有所不出會將炎來更從諮問受此偈等重得十三品并挍往故有所增定第其品目合為一部三十九篇大凡偈七百五十二章庶有補益共廣聞焉

阿維越遮致經記第十四（晉言不退轉法輪經四卷）出經後記

太康五年十月十四日菩薩沙門法護於燉煌從龜茲副使美子侯得此梵書不退轉法輪經口敷晉言授沙門法乘使流布一切咸悉聞知

魔逆經記第十五　出經後記

太康十年十二月二日月支菩薩法護手執梵書口宣晉言聶道真筆受於洛陽城西白馬寺中始出折顯元寫使功德流布一切蒙福度脫

慧印三昧及濟方等學二經序讚第十六（王僧孺撰）

夫六書相因懸日月而無跂二字一吐更天地而靡渝雖書不盡言言非書不闡言不盡意意非言不稱是以諦聽善思承茲利喜俯首屈足恭此受持若讀若誦已說今說一音一偈莫匪舟棨一讚一稱動成輪軌況夫



五力方圓四攝无忌開方便門示真實相流方等之妙說得菩提之至因沐此寶池照玆法炬香雲靡靡慧露傍流出伽耶之妙城發娑羅之寶樹建安殿下含章挺性育德成體德聲溢於秋水義美光於冬日事高祖丘兜圃名出前葛後蕣損己利人忘我濟物傍通兼善无礙無私若空谷之必應如洪鍾之虛受匡法弥道以善為樂重以植顯因於永劫襲妙果於玆生託意紹隆用心依止妙達空有深辯權實而王體不安有虧涼暑行仁莫顯楚君曰見其瘳施德靡言漢相方饗其樂桂葉龜腦固風寒之易銷荔葩鷺骨更騰飛之可尋況復慧身方漸善根宿樹無勞湔腸滌胃不待望色察聲有廣州南海郡民何規以歲次協洽月旅黃鍾天監之十四年十月二十三日採藥於豫章胡翼山幸非放子遂臣乃類尋仙韜隱登峯十所里肩若有來將循曲陌先限清澗或如上水乍有潔流方從揭厲且就寒攬未濟之間忽不自覺見澗之

西隅有一長者語規勿渡規於時即留其人面色正青徒跣捨屣年可八九十面已皺斂鬚長五六寸顯半於鬚耳過於眉眉皆下被眉之長毛長二三寸隨風相靡脣色甚赤語響而清手爪正黃指毛亦長二三寸著赭布帔下有赭布泥洹僧手捉書一卷遇授與規規即捧持望礼三拜語規可以此經與建安王兼言王之姓字此經卷至宜作三七日病齋若不曉齋法可問下林寺副公副法師者戒行精苦恬惔无為遺嗜欲等豪賤蔬菴自充禪寂無怠此長者言畢便去行十餘步間忽不復覩規開卷敬視名為慧印三昧經經首以至極法身無相為體理出百非義喻名相寂同法相妙等真如言其慧冥此理有若恒即心照凝寂故以三昧為名後又有濟諸方等學經此下又題云天竺菩薩和難曰僧迦與海虎王經首以流通王教軌法有體所以誡示大士化物方法言若濟諸蒼民宜弘方等之教方等者大乘之通名究竟之弘旨其軸題云燉煌菩薩沙門支法護所出竺法首筆受共為一卷寫以流通軸用淳漆書甚緊潔點製可觀究尋義趣或微或顯稱在羅閱山箸陁鄰巨行無來無去非住非止斯蓋鷲嶽鶴林之別記寶殿孤園之後述不殊玉捻靡異寶函理出希微辭深鈞致是稀正說曾匪異端雖王遵之得四十二章安清之出百六十品無以惑異大王沐浴持奉聲跪鑽習多寫廣述闡揚玄旨孰匪醫王即斯藥樹不待眠眴無勞苦口捨茲六術弃此十巫昔或授編書於氾上受揣術於谷裏乍有寤言且或假夢未有因應炳發若此其至焉受命下才式旌上道敢因滓穢率此顓蒙其辭曰

雷音震響錄簡青編匪言曷教非迹靡傳是資妙象實寄幽筌照之慧燭濟以寶舟懸哉至矣在應斯圓覆其鞚韁浸此漂漣援焚拯溺去蓋銷經灼灼應韓英英河楚松孤桂欝鸞栖鵬舉熙野光朝潤山枯渚濫源茲永覆遺已多欝為蕃幹擢此天柯寄誠梵表託好禪阿接足能仁心直妙覺用遣滯滓是袪塵濁靡向非真何背非俗一忘受想將損味觸無德不訓有感必名生彼神決亦我玄要既鍋既已留華及少等以北恒均之東耀枯少尋經律竊闚諸部之奧但一切變易万事遷訛所以古今同異觸類皆有故魚謬為魯陶誤成陰棠晉末以來關中諸賢經錄云慧印三昧經支讖所出濟方等大乘學經法護所出聖法印經後記云晉元康四年菩薩沙門支法護於酒泉出此經弟子竺法首筆受而何規所得經本二經同卷題方等於法護乱三昧於支讖實由編寫成然非為詮濫而一往觀覽容生疑惑聊記所憶存之未塵故出別記

聖法印經記第十七（天竺名阿遮曇摩文圖）出經後記

元康四年十二月二十五日月支菩薩沙門曇法護於酒泉演出此經弟子竺法首筆受令此深法普流十方大乘常住

文殊師利淨律經記第十八

經後記云沙門曇法護於京師遇西國
寂志從出此經經後尚有數品其人
忘失輙宣現者轉之為晉更得其本
補令具足太康十年四月八日白馬
寺中聶道真對筆受勸助劉元謀
傅公信侯彥長等

王子法益壞目因緣經序第十九　竺佛念造

原夫善惡之運契猶形影之相顧受
對明驗凡三差焉現世中世後世播
九色之深恩以悅天妃之耳目孤飡
投王而全命形受五瓦之切酷斯現
報也羣徒潛淪於幽鑒神陟淪漂而
不攺身酸歷世之殃豐不曉王子之
喪目斯中報也阿蘭從禍於无相嬰
佩永惑於始終為著翅之累貍飛沉
受困而難討斯後報也故聖人降靈
必有所由非務不豫清白明矣玄鑒
三世弱喪之流深記來世坏形之累趣
承入百練之室自如來逝後阿育登
位綱維閻浮光被六合圖形神寺八
万四千羅漢御世汜濟億數國主師
宗玄化滂沛万民仰戴而不巳神祇
欽賴而愈深然王子法益宿殖洪業



生在王宮容貌殊特復受斯對靡知
緣趣會秦尚書令輔國將軍宗正卿
領城門校尉使者司隸校尉姚旻者
南安郡人也親姚諮之次兄字景嶷
文為儒表則烈勳於千載武為邈群
則皎然而獨摽凡音通實則辯攙而
曠遠執素縱情則翱翔而無倫德也
紕懿範也難摸赫逸翰於群十振龍
威於昆鋒然愍永惑之巨救傷愚黨
之不寤欲紹先勝之遺迹竪玄宗於
末俗故請天竺沙門曇摩難提出斯
緣本秦建初六年歲在辛卯於安定
城二月十八日出至二十五日乃訖
胡本三百四十三首盧也傳為漢文
一万八千言佛念譯音情義實難或
離文而就義或正滯而傍通或取解
於誦人或事略而曲備奠將來之學
士令鑒罪福之不朽設有毫釐潤色
者盡銘之於萠兆故序之焉

合微密持經記第二十　支恭明

合微密持陁以尼惣持三本上子是她以尼下子
是惣持微密持也佛說無量門微密持經佛說阿難
陁目佉尼呵離陁憐尼經一名成道降魔得一切智



又別對西臺曇斐記云二本後皆有此名並不列出耳
此經凡有四本三本並各二名一本
三名備如後列其中文句叅差或胡
或漢音殊或隨義制語各有左右依
義順文皆可符同所為異處後列得
法利三乘階級人數及動地雨華諸
天伎樂供養多不悉備意所未詳
一本一名無量門微密之持二名成
道降魔得一切智此一本名行於世
為常舊本
一本一名阿難陁目佉尼呵離陁羅
尼二名疾使人民得一切智
一本一名無端底門揔持之行一名
菩薩降却諸魔堅固於一切智
一本一名出生無量門持二名一生
補處道行三名成道降魔得一切智
此本備明法利及動地伎樂事
四本皆各摽前一名於經首第二第
三名不以題經也後舍利弗請名佛
說名皆備如前列

出三藏記集序卷第七

出三藏記集序卷第七

## 校勘記

一　底本，金藏廣勝寺本。

一　九二三頁中一行及卷末經名「第七」，【徑】作「第八」。

一　九二三頁中二行著者「釋僧祐」，【磧】、【普】、【南】、【徑】作「梁釋僧祐」。

一　九二三頁中三行末字及一二行末字、本頁下一行末字「作」，【資】、【磧】、【普】、【南】、【徑】無。

一　九二三頁中一一行第七字「注」，【資】、【磧】、【普】、【南】、【徑】作「法」。

一　九二三頁中二一行第八字「記」，【磧】、【普】無。

一　九二三頁下一行第六字「以」，【資】、【磧】、【普】、【南】、【徑】作「降」。

一　九二三頁下二行著者「釋道安作」，【磧】、【普】、【南】作「釋道安」；【徑】作「晉釋道安」。

一　九二三頁下四行首字「含」，【資】、【磧】、【普】、【南】、【徑】作「合」。

一　九二三頁下五行第一一字「忌」，【資】、【磧】、【普】、【南】、【徑】、【麗】作「忘」。同行「莫墹」，【資】作「莫墳」；【磧】、【普】、【南】、【徑】作「莫塊」；【麗】作「漢塊」。

一　九二三頁下六行第九字「夫」，【資】作「士」。

一　九二三頁下八行第四字「佾」，【資】、【磧】、【普】、【南】、【徑】作「消」。

一　九二三頁下一一行第四字「昇」，【徑】作「畀」；【麗】作「卑」。

一　九二三頁下一五行第五字「契」，【資】作「瞑」。同行第一〇字「惶」，【資】、【磧】、【普】、【南】、【徑】作「煌」。

一　九二三頁下一九行第三字「宜」，【資】、【磧】、【普】、【南】、【徑】作「定」。

一　九二三頁下二〇行首字「令」，【資】、【磧】、【普】、【南】、【徑】作「全」。

一　九二四頁上二行第一〇字「息」，【資】、【磧】、【普】、【南】、【徑】作「目」。

一　九二四頁上四行「暨窈」，【資】、【磧】、【普】、【南】作「盡暨杳」；【徑】作「盡既杳」。

一　九二四頁上五行第五字「渕」，【徑】作「淵」。下同。

一　九二四頁上九行第三字「辤」，【資】作「住」。同行第七字「平」，【資】、【磧】、【普】、【南】、【徑】作「卒」。

一　九二四頁上一三行第三字「深」，【資】、【磧】、【普】、【南】、【徑】作「染」。

一　九二四頁上一六行「草次」，【資】、【磧】、【普】、【南】、【徑】、【麗】作「造次」。

一　九二四頁上二一行第四字「指」，【資】、【磧】、【普】、【南】、【徑】作「投」。

一　九二四頁中四行第三字「持」，【麗】作「特」。

一　九二四頁中九行末字「厭」，【資】、【磧】、【普】、【南】、【徑】作「戢」。

一　九二四頁中一七行「者譯」，【磧】、【普】、【南】、【徑】作「譯者」。

一　九二四頁中一八行第六字「識」，【資】、【磧】、【普】、【南】、【徑】作「謙」。

一　九二四頁中二二行夾註「二十卷者」，【徑】無。

一　九二四頁下二行第七字「胡」，【磧】、【普】、【南】、【徑】作「梵」。下同。

一　九二四頁下七行首字「昔」，資、磧、普、南、徑作「共」；麗作「皆」。

一　九二四頁下二一行末字「作」，資、磧、普、南無。

一　九二五頁上一行第八字及三行第五字、末行第九字「泰」，磧、麗作「泰」。

一　九二五頁上四行「耳先」，資作「放光」。

一　九二五頁上七行第五字「刬」，資、磧、普、南、徑作「删」。

一　九二五頁上九行「本蘭」，資、磧、普、南、徑作「大簡」。

一　九二五頁上一二行首字「使」，資、磧、普、南、徑作「便」。

一　九二五頁上一二行第一〇字「灼」，資、磧、普、南、徑作「灼也」。

一　九二五頁上一三行「事事」，資、磧、普、南、徑作「事」。

一　九二五頁上一七行首字「出」，資、磧、普、南、徑作「山」。

一　九二五頁上二二行第五字「持」，資、磧、普、南、徑作「將」。

一　九二五頁上末行首字「困」，資、磧、普、南、徑作「因」。

一　九二五頁中三行第五字「無」，資、磧、普、南、徑作「成無」。

一　九二五頁中五行「也知」，資作「如」；磧、普、南、徑作「也如」。

一　九二五頁中六行首字「始」，資、磧、普、南、徑作「首」。

一　九二五頁中八行「修然」，資、磧、普、南、徑、麗作「悠然」。

一　九二五頁中一四行「九法」，資、磧、普、南、徑、麗作「萬法」。

一　九二五頁中一七行第四字「激」，資、磧、普、南、徑、麗作「徼」。

一　九二五頁中二一行「壇股」，資、磧、普、南、徑、麗作「壇服」。

一　九二五頁中二二行「衆衆」，資、磧、普、南、徑、麗作「衆」。

一　九二五頁中末行第六字及本頁下三行第九字「徹」，磧、普、南、徑作「轍」。

一　九二五頁下三行第二字「干」，資、磧、普、南、徑、麗作「午」。

一　九二五頁下一六行第一二字「泊」，資、磧、普、南、徑作「伯」。

一　九二五頁下二〇行第二字「齋」，資、磧、普、徑作「齊」。

一　九二五頁下二二行第三字「巨」，資、磧、普、南、徑作「炬」。

一　九二五頁下末行首字「出」，資、磧、普、南、徑無。

一　九二六頁上四行首字「筆」，資、磧、普、南、徑作「筆受」。

一　九二六頁上五行末字「千」，徑作「于」。

一　九二六頁上一〇行「翔佛」，資、磧、普、南、徑作「佛翔」。

一　九二六頁上一三行「筆受」，資、磧、普、南、徑作「筆授」。

一　九二六頁上二〇行第三字「勇」，磧、普、南、徑作「勇猛」。

一　九二六頁上二一行第一一字「忘」，資、磧、普、南、徑作「忘業」。

一　九二六頁上二二行「貴訓」，資、磧、普、南、徑作「遺訓」。同行「數典」，資、磧、普、南、徑作「敷典」。

一　九二六頁中三行第一一字「澤」，資、磧、普、南、徑作「澤者」。

一　九二六頁中四行第四字「以」，資、磧、普、南、徑作「惠以」。

一　九二六頁中六行第五字「而」，資、磧、普、南、徑無。

一　九二六頁中一六行「七位」，資、磧、普、南、徑作「七住」。

一　九二六頁中一七行第九字「谷」，資、磧、普、南、徑作「筌」。

一　九二六頁中二一行第五字「致」，資、磧、普、南、徑作「達」。

一　九二六頁下三行夾註右末字「支」，資、磧、普、南、徑作「於支」。

一　九二六頁下五行「支愍」，資、磧、南、徑作「支敏」。

一　九二六頁下九行「不存」，資、磧、普、南、徑作「不在」。

一　九二六頁下一〇行「貰乇」，磧、普作「世乇」；南、徑作「世佗」。

一　九二六頁下一九行第七字「卷」，資、磧、普、南、徑作「本」。

一　九二七頁上一行第二字「異」，資、磧、普、南、徑作「所異」。

一　九二七頁中一行「歸慈王世了」，資、磧、普、南、徑作「龜茲王子世」；麗作「歸慈王世子」。

一　九二七頁中八行末字「作」，資、磧、普、南、徑無。

一　九二七頁中九行「神道」，資、磧、普、南、徑作「神通」。

一　九二七頁中一七行第八字「縛」，資、磧、普、南、徑作「淪」。

一　九二七頁中一八行第五字「微」，資、磧、南、徑作「徵」。

一　九二七頁中末行末字「轉」，資、磧、普、南、徑作「傳」。

一　九二八頁上四行第四字「弗」，徑作「佛」。

一　九二八頁上一一行「難曰」，資作「難白」。

一　九二八頁上一二行第六字「其」，資無。

一　九二八頁上二〇行第三字「鈎」，資、磧、普、南、徑作「均」。

一　九二八頁上二二行第六字「進」，南、徑作「准」。

一　九二八頁中四行首字「往」，徑作「住」。

一　九二八頁中七行「遮致」，資、磧、普、南、徑作「致遮」。

一　九二八頁中七行夾註「法輪經」，資、磧、普、南、徑作「法輪」。

一　九二八頁中九行「美子侯」，資、磧、普、南、徑作「羌子侯」。

一　九二八頁中一八行第三字「書」，麗作「晝」。

一　九二八頁下六行「義美」，磧、普、南、徑作「美義」。

一　九二八頁下七行第六字「惠」，資、磧、普、南、徑、麗作「意」。

一　九二八頁下九行「弥道」，磧、普、徑、麗作「弘道」。

一九二八頁下一三行第九字「瘵」，徑作「瘳」。

一九二八頁下一四行末字「易」，徑作「見」。

一九二九頁上三行第一一字「寸」，普作「十」。

一九二九頁上一〇行第八字「病」，資、磧、普、南、徑作「宿」。

一九二九頁上一六行第八字「喻」，資、磧、普、南、徑作「踰」。

一九二九頁上一七行第八字「冥」，資作「宜」。

一九二九頁上二〇行「王教」，資、磧、普、南、徑、麗作「至教」。

一九二九頁上二一行「土化」，資、磧、普、南、徑作「士化」。

一九二九頁上二二行第六字「民」，資、磧、普、南、徑作「氓」。

一九二九頁中七行第四字「凾」，磧、普、徑、麗作「函」。

一九二九頁中一二行「眠眴」，南、徑作「眠瞬」。

一九二九頁中一三行「氾上」，麗作「圯上」。

一九二九頁中一六行首字「滓」，資作「宰」。

一九二九頁中二〇行第二字「鞬」，資、磧、普、南、徑、麗作「鞬」。

一九二九頁中二〇行第九字「拯」，資、磧、普、南、徑作「援」。

一九二九頁中末行第八字「斡」，磧、普作「幹」。

一九二九頁下一行第六字「阿」，磧、普、南、徑作「河」。

一九二九頁下三行第八字「損」，資、磧、普、徑作「捐」。

一九二九頁下四行第四字「名」，資、磧、普、南、徑、麗作「召」。

一九二九頁下一六行第一二字「未」，磧、普、南、徑、麗作「末」。

一九二九頁下二〇行第三字「雲」，資、磧、普、南、徑無。

一九二九頁下末行與次頁上一行之間，資、磧、普、南、徑有「出經後記」一行。

一九三〇頁上一行第七字「曇」，資、磧、普、南、徑作「竺」。

一九三〇頁上二行第三字「從」，資、磧、普、南、徑作「誦」。

一九三〇頁上七行第九字「經」，資、磧、普、南、徑無。

一九三〇頁上一一行第九字「兀」，資、磧、普、南、徑作「刖」。

一九三〇頁上一四行「无相」，資、磧、普、南、徑作「無想」。

一九三〇頁上一七行「不豫」，資、磧、普、南、徑作「不務」。

一九三〇頁上一九行首字「承」，資、磧、普、南、徑作「引」。

一九三〇頁中一行第一一字「斯」，資、磧、普、南、徑作「此」。

一九三〇頁中二行「緣趣」，資、磧、普、南、徑作「緣起」。

一九三〇頁中三行「司疑」，資、磧、普、南、徑、麗作「司隸」。

一九三〇頁中五行第一三字「遯」，

磧、普、徑、麗作「遡」。

一　九三〇頁中八行第九字「輸」，資、麗作「幹」。

一　九三〇頁中一三行「二月」，資、磧、普、南、徑作「三月」。

一　九三〇頁中二〇行首字及二一行首字「合」，資、磧、普、南、徑、麗作「合」。

一　九三〇頁中二〇行「支恭明」，麗作「支恭明作」。

一　九三〇頁中二一行第六字及夾註左首字「以」，資、磧、普、南、徑作「隣」。

一　九三〇頁中二一行夾註右「上子」，麗作「上本」。夾註左「下子」，麗作「下本」。

一　九三〇頁中二一行夾註「是地以尼」，磧、普作「是陁隣尼」。

一　九三〇頁中二二行夾註「揔持」，資、磧、普、南、徑作「揔持揔持」。

一　九三〇頁中末行正文「一名」，資、磧、普、南、徑作「佛說揔持經一名」。

一　九三〇頁下一行夾註左「列出」，資、磧、普、南、徑作「別出」。

一　九三〇頁下七行第一二字「兩」，普作「雨」。

一　九三〇頁下一五行第五字「諸」，徑作「請」。

# 出三藏記集序卷第八　　　　楹

釋僧祐撰

摩訶鉢羅若波羅蜜經抄序第一　道安法師
大品經序第二　長安叡法師
大品注經序第三　大梁皇帝
小品經序第四　長安叡法師
大小品對比要抄序第五　支道林作
正法華記第六　出經後記
正法華後記第七　未詳作者
法華宗要序第八　慧觀法師
法華經後序第九　長安叡法師
持心經後記第十　出經後記
思益經序第十一　長安叡法師
維摩詰經序第十二　僧肇法師
合維摩詰經序第十三　敏度法師
毗摩羅詰堤經義疏序第十四　長安叡法師
自在王經後序第十五　長安叡
大涅槃經序第十六　涼州朗法師
大涅槃經記序第十七　未詳作者
六卷泥洹經記第十八　出經後記
二十卷泥洹經記第十九　出智猛傳
摩訶鉢羅若波羅蜜經抄序第一　道安法師



昔在漢陰十有五載講放光經歲常再遍及至京師漸四年矣亦恒歲二未敢墮息然每至滯句首尾隱沒釋卷深思恨不見護公叉羅等會建元十八年正車師前部王名弥第來朝其國師字鳩摩羅跋提獻胡大品一部四百二牒言二十千失盧失盧三十二字胡人數經法也即審數之凡十七千二百六十首盧殘二十七字都并五十五万二千四百七十五字天竺沙門曇摩蜱執本佛護為譯對而撿之慧進筆受與放光光讚同者無所更出也其二經譯人所漏者隨其失處稱而正焉其義異不知孰是者輙併而兩存之往往為訓其下凡四卷其一經五卷也譯胡為秦有五失本也一者胡語盡倒而使從秦一失本也二者胡經尚質秦人好文傳可眾心非文不合斯二失本也三者胡經委悉至於嘆詠丁寧反覆或三或四不嫌其煩而今裁斥三失本也四者胡有義記正似亂辭尋說向語文无以異或千五百刈而不存四失本

也五者事已全成將更傍及反騰前辭已乃後說而悉除此五失本也然般若經三達之心覆面所演聖必因時時俗有易而刪雅古以適今時一不易也愚智天隔聖人叵階乃欲以千歲之上微言傳使合百王之下末俗二不易也阿難出經去佛未久尊大迦葉令五百六通迭察迭書今離千年而以近意量截彼阿羅漢乃兢兢若此此生死人而平平若此豈將不知法者勇乎斯三不易也涉茲五失經三不易譯胡為秦詎可不慎乎正當以不關異言傳令知會通耳何復嫌大匠之得失乎是乃未所敢知也前人出經支讖世高審得胡本難繫者也叉羅支越斲鑿之巧者也巧則巧矣懼竅成而混沌終矣若夫以詩為煩重以尚為質朴而刪令合令則馬鄭所深恨者也近出此撮欲使不雜推經言旨唯懼失實也其有方言古辭自為解其下也於常首尾相還句不通者則冥如合符厭如復折乃見前人之深謬欣通外域之嘉會



也於九十章蕩然無措疑處毫芒之間泯然無微疵已矣乎

南摸一切佛過去未來現在佛如諸法明天竺礼般若辭也明智也外國礼有四種一罰耶二波羅南三婆南四南摸南摸屈體也此跪此四拜拜佛外道國主父母通拜耳礼父母云南摸薩迦薩迦供養也

摩訶大也鉢羅若智也波羅度也蜜無極經抄天竺經无前題前題皆云吉法吉法竟是也道安為此首目題也

大品經序第二　長安釋僧叡

摩訶般若波羅蜜者出八地之由路登十階之龍津也夫淵府不足以盡其深美故寄大以目之水鏡未可以喻其澄朗故假慧以稱之造盡不足以得其崖極故借度以明之然則功託有無度名所以立照本靜末慧目以之生曠兼無外大稱由以起斯三名者雖義涉有流而詣得非心跡寄有用而功實非待非心故以不住為宗非待故以无照為本本以無照則凝知於化始宗以非心則忘功於行地故啓章玄門以不住為始妙歸三慧以無得為終假号照其真應行顯其明無生沖其用功德旌其深大明要終以驗始漚和即始以悟終蕩蕩焉



真可謂大業者之通塗畢佛乘者之要軌也夫實重故防深功高故校廣囑累之所以慇懃功德之所以屢增良有以也而經來茲土乃以秦言譯之典摸乖於殊制名實喪於不謹致使求之彌至而失之彌遠頻煩重關而窮路轉廣不遇淵匠殆將墜矣亡師安和上鑿荒塗以開轍標玄指於性空落乖蹤而直達殆不以謬文為閡也亹亹之功思過其半邁之遠矣究摩羅什法師慧心夙悟超拔特詣天魔干而不能迴淵識難而不能屈扇龍樹之遺風振慧響於此世秦王感其來儀時運開其凝滯以弘始三年歲次星紀冬十二月二十日至長安秦王扣其虛關匠伯陶其淵致虛關既闢乃正此文言淵致既宣而出其釋論渭濱流祇洹之化西明啓如來之心逍遙集德義之僧京城溢道詠之音末法中興將始於此乎予既知命遇此真化敢竭微誠屬當譯任執筆之際三惟亡師五失及三不易之誨則憂懼交懷惕焉若厲雖復履

薄臨深未足喻也幸冀宗匠通鑒文雖左右而旨不違中遂謹受案譯敢當此任以弘始五年歲在癸卯四月二十三日於京城之北逍遥園中出此經法師手執胡本口宣秦言兩釋異音交辯文旨秦王躬攬舊經驗其得失諮其通途坦其宗致與諸宿舊義業沙門釋慧恭僧䂮僧遷寶度慧精法欽道流僧叡道恢道標道恒道悰等五百餘人詳其義旨審其文中然後書之以其年十二月十五日出盡校正撿括明年四月二十三日乃訖文雖粗定以釋論撿之猶多不盡是以隨出其論隨而正之釋論既訖尒乃文定定之未已已有寫而傳者又有以意增損私以般若波羅蜜為題者致使文言舛錯前後不同良由後生虛己懷薄信我情篤故也胡本唯序品阿鞞跋致品魔品有名餘者直第其事數而已法師以名非佛制唯存序品略其二目其事數之名與舊不同者皆是法師以義正之者也如陰入持等名與義乖故隨義改之陰為衆入為處持為性解脫為背捨除入為勝處意止為念處意斷為正勤覺意為菩提直行為聖道諸如此比改之甚衆胡音失者正之以天竺秦名謬者定之以字義不可變者即而書之是以異名斌然胡音殆半斯實匠者之公謹筆受之重慎也幸冀遵實崇本之賢推而體之不以文撲見咎煩異見慎也

注解大品序第三　大梁皇帝

機事未形六畫得其悔吝玄象既運九章測其盈虛斯則鬼神不能隱其情狀陰陽不能遁其變通至如摩訶般若波羅蜜者洞達无底虛豁无邊心行處滅言語道斷不可以數術求不可以意識知非三明所能照非四辯所能論此乃菩薩之正行道場之直路還源之真法出要之上首本來不然畢竟空寂寄大不能顯其博名慧不能度其用假度不能機其通借岸不能窮其實若談一相事絕百非補處默然等覺息行始陋可謂無德而稱以無名相作名相說導涉求之意開新發之眼故有般若之字彼岸之号須者學徒罕有尊重或時聞聽不得經味帝釋誠言信而有徵此實賢衆之百慮菩薩之魔事故唱愈高和愈寡知愈希道愈貴致使正經沉匿於世寔由虛己情少懷疑者多盡己少則是我之見深懷疑多則損捐之慮繁然則雖繁慮紛紜不出四種一謂此經非是究竟多引涅槃以為碩訣二謂此經未是會三咸誦法華以為咸難三謂此經三乘通教所說般若即聲聞法四謂此經是階級行於漸教中第二時說舊義如斯陋无是非較略四意粗言所懷涅槃是顯其果德般若是明其因行顯果則以常住佛性為本明因則以無生中道為宗以世諦言說是涅槃是般若以第一義諦言說豈可復得談其優劣法華會三以歸一則三遣而一存一存未免乎相故以万善為乘體般若即三而不三則三遣而一亡然无法之可得故以无生為乘體無生絕於戲論音何三之可會所謂百華異色共成

一陰万法殊相同入般若言三乘通教多執二文今復開五意以增所疑一聲聞若智若斷皆是菩薩無生法忍二三乘學道宜聞般若三三乘同學般若俱成菩提四二乘欲住欲證不離是忍五羅漢辟支從般若生於此五義不善分別堅著三乘教同一門遂令朱紫共色珉玉等價若明察此說深求經旨連環既解弄丸自息謂第二時是亦不然人心不同皆如其面根性差別復過於此非可局以一教限以五時般若無生非去來相豈以數量拘寧可以次第求始於道樹終於雙林初中後時常說智慧復何可得名為漸教釋論言須菩提聞法華經中說於佛所作少功德乃至戲笑漸漸必當作佛又聞阿鞞跋致㽞中有退不退又復聞聲聞人皆當作佛是故今問為畢定為不畢定以此而言去之弥遠夫學出離非求語言應定觀道以正宗致三乘不分依何義說相與無相有如水火二性相違豈得共貫雖一切聖人以無為法三



乘入空其行各異聲聞以壞緣觀觀生滅空緣覺以因緣觀觀法性空菩薩以無生觀觀畢竟空此則涇渭殊味涇渭分流非可以口勝非可以力爭欲及弱喪去斯何適值大寶而不取遍深縱而不求亦何異窮子反走於宅中獨姟撿目於道上此迺或行之常性迷途之恒心但好龍而觀畫愛爲而翫跡荊山可爲流慟法水所以大悲經辯免馬論喻鹿犀俱以一爲配成三獸用度河以測境因圍箭以驗智格得空之淺深量相心之厚薄懸鏡在前無待耳識離婁既睇豈勞相者若無不思誼之理豈有不思誼之事放瑞光於三千集寄蓮於十方變金色於大地嚴華臺於虛空妻舌相之不虛證般若之真實所以龍樹道安童壽慧遠咸以大權應世或以殆庶救時莫不伏膺上法如說修行况於細人可離斯哉此經東漸二百五十有八歲始於魏甘露五年至自于闐叔蘭開源弥天導江鳩摩羅什澍以甘泉三譯五校可謂詳矣龍樹菩



薩著大智論訓解斯經義旨周備此實如意之寶藏智慧之滄海但其文遠曠每怯近情朕以聽覽餘日集名僧二十人與天保寺法寵等詳其去取雲根寺慧令等兼以筆功採釋論以注經本略其多解取其要釋此外或捃關河舊義或依先達故語時復間出以相顯發若章門未開義勢深重則參懷同事廣其所見使質而不簡文而不繁庶令學者有過半之思講般若經者多說五時一往聽受似有條理重更研求多不相符唯仁王般若具書名部世既以為疑經今則置而不論僧叡小品序云斯經正文凡有四種是佛異時適化之說多有十万偈少者六百偈略出四種而不列名釋論言般若部黨有多有少光讚放光道行止舉三名復不滿四此土別有一卷謂為金剛般若欲以配數可得為五既不具得經名復不悉時之前後若以臆斷易致譏嫌此非議要請俟多聞今注大品自有五段非彼所言五時般若勸說以不住標其

始命說以无教通其道頤説以无得顯其行信說以甚深美其法廣說以不盡要其終中品所以累教未章所以三篇義備後釋不復詳言設迺時犢正教處無法名猶且苦辛草澤經歷嶮遠翹心遏聽澍意希夷冀遲玄應想像空聲輕生以重半偈賣身以尊一言甘渫血而不疑情欣出髓而無悋況復龍宮神珠寶臺金鏤難得之貨難聞之法遍布塔寺充刃目前豈可不伏心受持虔懷鑽仰使佛種相續菩提不斷知恩反復更無他道方以雪山芷以香城寧得同日語其優劣卒書所得懼增来過明達後進幸依法行

小品經序第四　釋僧叡作

般若波羅蜜經者窮理盡性之格言菩薩成佛之弘軌也軌不弘則不足以冥羣異指其歸性不盡則物何以登道場成正覺正覺之所以成羣異之所以一何莫由斯道也是以異教懸歎三撫以之頻發功德疊校九增以之屢至如問相標玄而玄其玄幻品忘寄而忘其忘道行坦其津難問窮其原隨喜忘趣以要終照明不化以即玄章雖三十貫之者道言雖十万倍之者行行凝然後無生道足然後補處及此而變一切智也法華鏡本以凝照般若冥末以解懸解懸理趣菩薩道也凝照鏡本告其終也終而不泯則歸途扶踈有三實之跡權應不夷則亂緒紛綸有惑趣之異是以法華般若相待以期終方便實化冥一以俠盡論其窮理盡性夷明万行則實不如照取其大明真化解本無三則照不如實是故歎深則般若之功重美實則法華之用微此經之尊三撫三囑未足惑也有秦太子者寓跡儲宮擬韻區外翫味斯經夢想增至准悟大品深知譯者之失會聞究摩羅法師神授其文真本猶存以弘始十年二月六日請令出之至四月三十日校正都訖考之舊譯真若荒田之稼芸過其半未詐多也斯經正文凡有四種是佛異時適化廣略之說也其多者云有十万偈少者六百偈此之大品乃是天竺之中品也隨宜之言復何必計其多少議其煩簡耶胡文雅質按本譯之於麗巧不足樸正有餘矣幸冀文悟之賢略其華而幾其實也

大小品對比要抄序第五　支道林作

夫般若波羅蜜者衆妙之淵府群智之玄宗神王之所由如來之照功其為經也至无空豁廓然無物者也無物於物故能齊於物无智於智故能運於智是故夷三脫於重玄齊万物於空同明諸佛之始盡群靈之本无登十住之妙階趣無生之徑路何者耶賴其至无故能為用夫无也者豈能无哉无不能自无理亦不能為理理不能為理則理非理矣无不能自无則無非无矣是故妙階則非階无生則非生妙由乎不妙无生由乎生是以十住之稱興乎未足定号般若之智生乎教迹之名是故言之則名生設教則智存智存於物實无迹也名生於彼理無言也何則至理冥壑歸乎无名无名无始道之體也无可不

可者聖之慎也苟慎理以應動則不得不寄言宜明所以寄宜暢所以言理冥則言廢忘覺則智全若存无以求寂希智以忘心智不足以盡无寂不足以冥神何則故有存於所存有無於所无存乎存者非其存也希乎无者非其无也何則徒知无之為无莫知所以无知存之為存莫知所以存希无以忘无故非无之所无寄存以忘存故非存之所存莫若无其所以无忘其所以存忘其所以存則无存於所存遣其所以无則忘无於所无忘无以妙存妙存故盡无盡无則忘玄忘玄故无心然後二迹无寄无有冥盡是以諸佛因般若之无始明万物之自然衆生之喪道溺精神乎欲渕悟羣俗以妙道漸積損至无設玄德以廣教守谷神以存虚齊衆首於玄同還羣靈乎本无蓋聞出小品者道士也常遊外域歲數悠曩未見典載而不詳其姓名矣嘗聞先學共傳云佛去世後從大品鈔之以出小品世傳其人唯目之以淳德之中抄

事應明其至到而已亦莫測其由也夫至人也攬通羣妙凝神玄冥虚靈響應感通无方建同德以接化設玄教以悟神述往迹以搜滯滯成規以啓源或因變以求通事濟而化息適任以全分分足則教廢故理非乎變變非乎理教非乎體體非乎教故千變万化莫非理外何神動哉以之不動故應變无窮无窮之變非聖在物物變非聖聖未始於變故教遺興乎變理滯生乎權接應存物理致同乎歸而辭數異乎本事備乎不同不同之功由之万品神悟遅速莫不縁分分闇則功重言積而後悟簡明則神朗觸理則玄暢輕之與重未始非分是以聖人之為教不以功重而廢分分易而存輕故羣品所以悟分劫所以成必須重以運通因其宜以接分此為悟者之功重非聖教之有煩今緻所以約教功所以全必待統以適任約文以領玄領玄則易通因任則易從而物未悟二本之不異統致同乎宗便以言數為大小源流為精麁文約謂之

小文殷謂之大慎常之為通因變之為滯守數之為得領統之為失而彼指文之徒羈見束教頂著阿鋡神匱分淺才不經宗儒墨大道域定聖人志記文句詰教難擁謂崇要為達諒領統為傷宗須徵驗以明實效應則疑伏是以至人順羣情以徵理取驗乎沸油明小品之體本塞羣疑幽滯因物之徵驗故示驗以應之今不可以趣徵於一驗目之為淳德效喪於事實謂之為常人而未達神化之權統玄應於將来暢濟功於殊塗運無方之一致而察殊軌為異統覩寄化為逆理位大賢為欣王聚滯貨為欲始徒知至聖之為教而莫知所以教是以聖人標域三才玄定万品教非一塗應物万方或損教遠无寄通適會或抱一御有繫文明宗崇聖典為世軌則夫體道盡神者不可詰之以言教遊无蹈虚者不可求之於形器是以至人於物遂通而已明乎小大之不異暢玄標之有寄因順物宜不拘小介或以大品辭茂事廣喻引宏

與雖窮理有外終於玄同然其明宗
統一會致不異斯亦大聖之時教百
姓之分致苟以分致之不同亦何能
求簡於聖哉若以簡不由聖豈不寄
言於百姓夫以万聲鍾響響一以持
之万物感聖聖亦寂以應之是以聲
非乎響言非乎聖明矣且神以知来
夫知来者莫非其神也機動則神明
神明則逆鑒明夫来往常在鑒内是
故至人鑒將来之希纂明才致之不
並簡教迹以崇順擬羣智之分向關
之者易統知希之者易行而大品言
數豐具辭領富溢問對衍奥而理統
宏邃雖玄宗易究而詳事難脩是以
明夫為學之徒須尋迹旨關其所往
究攬宗致標定興盡然後悟其所滯
統其玄領或須練綜群門明其酬對
探幽研賾盡其妙致或以教衆數益
諷績難究欲為寫崇供養力致无階
諸如此例群仰分挾闕者絶希是故
出小品者叅引王統簡領羣目筌域
事數標判由宗以為小品而辭喻清
約運旨疊疊然其往往明宗而標其



會致使宏統有所於理无損自非至
精孰其明矣又察其津塗尋其妙會
攬始源終研極奥旨領大品之王標
備小品之玄致綢繆焉攬津乎玄味
精矣盡矣无以加矣斯人也將神王
於冥津羣形於万物量不可測矣宜
求之於筌表寄之於玄外惟昔聞之
曰夫大小品者出於本品本品之文
有六十万言今遊天竺未適於晉今
此二抄亦興於大本出者不同也
而小品出之在先然斯二經雖同出
於本品而時往有不同者或小品之
所具大品所不載大品之所備小品
之所闕所以然者或以二者之事同
乎相以為賴明其本一故不並矣而
小品至略玄總事要舉宗大品雖辭
致婉巧而不喪本歸至於說者或以
專句推事而不尋況旨或多以意裁
不依經本故使文流相背義致同爭
羣儀偏供喪其玄旨或失其引統錯
徵其事巧辭辯偽以為經體雖文藻
清逸而理統乖宗是以先哲出經以
胡為本小品雖抄以大為宗推胡可



以明理徹大可以檢小若苟任胸懷之
所得背聖教之本旨從常於新聲苟
競於異常異常未足以徵本新聲不
可以經宗而遺異常之為談而莫知
傷本之為至傷本則失統失統則理
滯理滯則惑殆若以殆而不思其源
因而不尋其本斯則外不關於師資
内不由於分得豈非仰資於有知自
塞於所尋困蒙於所滯自窮於所通
進不闇常退不研新說不依本理不
經宗而忽詠先舊毀訾古人非所以
為學輔其自然者哉夫物之資生靡
不有宗事之所由莫不有本宗之與
本万理之源矣本喪則理絶根朽宗
枝傾此自然之數也未紹不然矣於
斯也徒有天然之才渕識邈世而未
見大品攬其源流明其理統而欲寄
懐小品率意造義欲奇其分得標顯
目然希邈常流徒尚名賓而竭其才
思玄格聖言趣悦群情而乖本違宗
豈相望乎大品也哉如其不悟將恐
遂其所惑以罔後生是故推孝異同
驗其虗實尋流窮源各有歸趣而小

品引宗時有諸異或辭例事同而不
乖旨歸或取其初要察其後致或筌
次事宗例其首尾或散也羣品略振
玄要時有此事乖亦不同又大品事
數其衆而辭曠浩衍本欲推求本宗
明驗事旨而用思甚多勞審功又寡
且稽驗廢事不覆速急是故余今所
以例玄事以駢比標二品以相對明彼
此之所在辯大小之有先雖理或非
深奥而事對之不同故采其所究精
麁並兼研盡事迹使驗之有由故尋
源以求實趣定於理宗是以考大品
之宏致驗小品之揔要搜玄沒之所
存求同異之所寄有在尋之有軌
介乃也貫綜首尾推步玄領究其盤
結辯其凝滯使文不違旨理無負宗
樓驗有寄辯不失微由於希詠之徒
浪神遊宗陶冶玄肆推尋源流闚虛
考實不亦爽易乎若其域乖體極對
非理標或其所寄者顧俟將來摩訶
薩幸為研盡備其未詳也

## 正法華經記第六　出經後記

太康七年八月十日燉煌月支菩薩



沙門法護手執胡經口宣出正法華
經二十七品授優婆塞聶承遠張仕
明張仲政共筆受竺德成竺文盛嚴
威伯續文承趙叔初張文龍陳長玄
等共勸助歡喜九月二日訖天竺沙
門竺力龜茲居士帛元信共參校元
年二月六日重覆又元康元年長安
孫伯虎以四月十五日寫素解

## 正法華經後記第七　未詳作者

永熙元年八月二十八日比丘康那
律於洛陽寫正法華品竟時與清戒
界節優婆塞張季博董景玄劉長武
長文等手執經本詣白馬寺對與法
護口校古訓講出深義以九月本齋
十四日於東牛寺中施檀大會講誦
此經竟日盡夜無不咸歡重已校定

## 法華宗要序第八　釋慧觀

夫本際冥湛則神根凝一涉動離淳
則精粗異陳於是心轡競策塵想諍
馳覊有淺深則昏明殊鏡是以從初
得佛暨于此經始應物開津故三乘
別流別流非真則終期有會會必同
源故其乘唯一唯一無上故謂之妙



法頌曰是乘微妙清淨第一於諸世
間最無有上夫妙不可明必擬之有
像像之美者蓮華為上蓮華之秀
分陁利為最妙万法而為言故喻之
分陁利其為經也明發曚不可以語
極釋權應之所由御終不可以秘深
則開實以顯宗權應既彰則局心自
廢宗致既顯則真悟自生故能令万
流合注三乘同往同往之三會而為
一乘之始也覺慧成滿乘之盛也滅
景澄神乘之終也雖以万法為乘然
統之有主舉其宗要則慧収其名故
經以真慧為體妙一為稱是以釋迦
玄音始發讚佛智甚深多實稱善
歎平等大慧頌曰為說佛慧故諸佛
出世間唯此一事實餘二則非真然
則佛慧乃一之正實乘之體成妙之
至足華之開秀者也雖寄華宣微而
道玄像表稱之曰妙而體絕精麁頌
曰是法不可示言辭相寂滅二乘所
以息慮補處所以絕塵唯佛與佛乃
能究焉故恒沙如來感希聲以靈萃
已逝之聖振餘靈而現證信佛法之

奥區窮神之妙境其此經之謂乎此經之謂乎觀少習歸一之言長味會通之要然緬思愈勤而幽旨弥潛未甞不面靈鷲以遐想臨辭句而增懷諒由技謬差其本謬文乖其正也有外國法師鳩摩羅什超爽儁邁奇悟天拔量與海深辯流玉散繼釋蹤以嗣軌秉神火以霜燭紉頹網於將絕拯漂溺於巳淪耀此慧燈來光斯境秦弘始八年夏於長安大寺集四方義學沙門二千餘人更出斯經與衆詳究什自手執胡經口譯秦語曲從方言而趣不乖本即文之益亦巳過半雖復霄雲披翳陽景俱暉未足喻也什猶謂語現而理沉事近而旨遠又釋言表之隱以應探賾之求雖冝扇未開固巳得其門矣夫上善等潤靈液尚均是以仰感囑累俯慨未同故採述旨要流布未聞庶法輪退轉往所未往十方同悟究暢一乘故序之云尒

法華經後序第九　僧叡法師

法華經者諸佛之秘藏衆經之實體也以華為名者照其本也稱分陁利者美其盛也所興既玄其旨甚婉自非達識傳之罕有得其門者夫百卉藥木之英物實之本也八万四千法藏者道果之原也故以喻馬諸華之中蓮華寂勝華而未敷名屈摩羅敷而將落名迦摩羅處中盛時名分陁利未敷喻二道將落譬泥洹榮曜獨足以喻斯典至如般若諸經深無不極故道者以之而歸大無不該故乘者以之而濟然其大略皆以適化為大應務之門不得不以善權為用權之為化悟物雖弘於實體不足皆屬法華固其冝矣尋其幽旨恢廓宏邃所該甚遠豈徒說實歸本畢定殊途而巳耶乃實大明覺理囊括古今玄佛壽無量永劫未足以明其久也分身无數万形不足以異其體也然則壽量定其非數分身明其无實普賢顯其无成多寶照其不滅夫邁玄古以期今則万世同一日即百化以悟玄則千塗无異轍夫如是者則生生未足以期存永寂亦未可言其滅矣尋幽宗以絕往則喪功於本無控心纏於三昧則忘期於二地經流茲土雖復垂及百年譯者昧其虛津靈關莫之或啓談者乖其准格幽蹤罕得而履徒復搜研皓首並未有窺其門者秦司隸校尉左將軍安城侯姚嵩擬韻玄門宅心世表注誠斯典信詣弥至每思尋其文深識譯者之失既遇究摩羅法師為之傳寫指其大歸真若披重霄而高蹈登崐崙而俯眄矣于時聽受領悟之僧八百餘人皆是諸方英秀一時之傑也是歲弘始八年歲次鶉火

持心經記第十　出經後記

持心經太康七年三月十日燉煌開士竺法護在長安說出梵文授承遠

思益經序第十一　釋僧叡法師

此經天竺正音名毗絁沙真諦是他方梵天殊特妙意菩薩之号也詳聽什公傳譯其名幡覆展轉意似未盡良由未備秦言名實之變故也察其語意會其名旨當是持意非思益也直以未喻持義遂用益耳其言益者

超絶殊異妙拔之稱也思者進業高
勝自强不息之名也舊名持心寂得
其實又其義旨舊名等御諸法梵天
坦其津塗世尊照其所明普華嚴其
非心文殊泯以無生落落焉真可謂
法輪再轉於閻浮法鼓重聲於宇内
甘露流津於季末靈液沾潤於遐裔
者矣而恭明前譯頗麗其辭迷其旨
是使宏標乖於謬文至味酖於華艷
雖復研尋弥稔而幽旨莫啓幸遇究
摩羅什法師於關右既得更譯梵音
正文言於竹帛又蒙披釋玄旨曉大
歸於句下于時諮悟之僧二千餘人
大齋法集之衆欣務難遭之慶近是
講肆之來未有其比于時予與道恒
謬當傳寫之任輙復疏其言記其事以
貽後來之賢豈期必勝其辭必盡其
意耶庶以所録之言粗可髣髴其心耳
不同時事之賢儻欲令見其高座所
説之旨故具載之于文不自加其意也

維摩詰經序第十二　　釋僧肇

維摩詰不思議經者蓋是窮微盡化
妙絶之稱也其旨淵玄非言像所測



道越三空非二乘所議超群數之表
絶有心之境眇莽无為而无不為罔
知所以然而能然者不思議也何則
夫聖智無知而万品俱照法身无
像而殊形並應至韻无言而玄籍弥
布冥權无謀而動與事會故能統濟
群方開物成務利現天下於我無為
而惑者覩感照因謂之智觀應形則
謂之身覿玄籍便謂之言見變動便
謂之權夫道之極者豈可以形言權
智而語其神域哉然羣生長寢非言
莫曉道不孤運弘之由人是以如来
命文殊於異方召維摩於他土爰集
毗耶共弘斯道此經所明統万行則
以權智為主樹德本則以六度為根
濟朦惑則以慈悲為首語宗極則以
不二為言凡此衆説皆不思議之本也
至若借座燈王請飯香土手接大千
室包乹像不思議之迹也然幽關難
啓聖應不同非本無以垂迹非迹無
以顯本本迹雖殊而不思議一也故
命侍者標以為名焉大秦天王雋神
超世玄心獨悟弘至治於万機之上



揚道化於千載之下每尋翫茲典以
為栖神之宅而恨支竺所出理滯於
文常懼玄宗墜於譯人北天之運運
通有在也以弘始八年歲次鶉火命
大將軍常山公左將軍安城侯與
義學沙門千二百人於常安大寺請
羅什法師重譯正本什以高世之量
冥心真境既盡環中又善方言時手
執胡文中自宣譯道俗虔虔一言三
復陶冶精求務存聖意其文約而詣
其旨婉而彰微遠之言於茲顯然余
以闇短時豫聽次雖思乏参玄然麁
得文意輙順所聞而為注解略記成
言述而無作庶將来君子異世同聞焉

合維摩詰經序第十三　　支敏度作

蓋維摩詰經者先哲之格言弥道之
宏標也其文微而婉厥旨幽而遠可
謂唱高和寡故舉世罕攬然斯經梵
本出自維耶離在昔漢興始流茲土
于時有優婆塞支恭明逮及於晋有
法護叔蘭此三賢者並博綜稽古研
機極玄殊方異音兼通關解先後譯
傳別為三經同本人殊出異或辭句

出入先後不同或有无離合多少各異或方言訓古字乖趣同或其文胡越其趣亦乖或文義混雜在疑似之間若此之比其塗非一若其偏執一經則失兼通之功廣披其三則文煩難究余是以合兩令相附以明所出為本以蘭所出為子分章斷句使事類相從令尋之者瞻上視下讀彼案此足以釋乖迂之勞易則易知矣若能參考校異極數通變則万流同歸百慮一至庶可以闡大通於未寤闡同異於均致若其配不相儔儻夫其類者俟後明喆君子刋之從正

毗摩羅詰提經義疏序第十四 僧叡法師

此經以毗摩詰所說為名者尊其人重其法也五百應真之所稱述一切菩薩之所嘆伏文殊師利對揚之所明答普現色身之要言皆其說也借座於燈王致飯於香積接大衆於右掌內妙樂於忍界阿難之所絕塵皆其不可思議也高格邁于十地故弥勒屈之而虛己崇墉超於學境故文殊已還並未有闚其庭者法言恢廓



指玄門以忌期觀品夷照揔化本以冥想落落焉聲法鼓於維耶而十方世界无不悟其希音恢恢焉感諸佛於一室而恒沙正覺無不應其虛求予始發心啓蒙於此諷詠研求以為喉衿稟玄指於先匠亦復未識其絕往之通塞也既蒙究摩羅法師正玄文摘幽指始悟前譯之傷本謬文之乖趣耳至如以不來相為辱來不見相為相見未緣法為始神緣合法為止心諸如此比無品不有無章不尒然後知邊情險詖難可以參契真言厠懷玄悟矣自慧風東扇法言流詠已來雖曰講肆格義迂而乖本六家偏而不即性空之宗以今驗之最得其實然鑪冶之功微恨不盡當是無法可尋非尋之不得也何以知之此土先出諸經於識神性空明言處少存神之文其處甚多中百二論文未及此又無通鑒誰與正之先匠所以輟章遐慨思決言於弥勒者良在此也自提婆已前天竺義學之僧並無來者於今始聞宏宗高唱敢豫㣲味之



流無不竭其聦而住其心然領受之用易存憶識之功難掌自非般若朗其聞慧揔持銘其思府焉能使機過而不遺神會而不昧者哉故因紙墨以記其文外之言借衆聽以集其成事之說煩而不簡者遺其事也質而不麗者重其意也其指微而婉其辭博而晦自非筆受胡可勝哉是以即於講次疏以為記與通万之賢不咨其煩而不要也

自在王經後序第十五 僧叡法師

此經以菩薩名号為題者蓋是思益無盡意密迹諸經之流也以其圓用無方故名自在勢無與等故稱為王操準宏廓固非思之所及幽旨玄凝尋者莫之髣髴此土先出方等諸經皆是菩薩道行之式也般若指其虛標勇伏明其必制法華泯一衆流大哀旌其拯濟雖各有其美而未備此之所載秦大將軍尚書令常山公姚顯真懷簡到徹悟轉詣聞其名而悅之考其旨而靈衿思弘斯化廣其流津以為斯文既布使若菩薩常住不

去此世奔誠發自大心欣躍不能自替遂請鳩摩羅法師譯而出之得此二卷於菩薩希䟦卓犖之事朗然照列矣是歲卯始九年歲次鶉首

## 大涅槃經序第十六　涼州釋道朗作

大般涅槃者蓋是法身之玄堂正覺之實稱衆經之淵鏡万流之宗極其為體也妙存有物之表周流無窮之內任運而動見機而赴任運而動則乘虛照以御物寄言蹄以通化見機而赴則應万形而為像即羣情而設教至乃形充十方而心不易慮教弥天下情不在已前流塵蟻而弗下弥蓋羣聖而不高功濟万化而不恃明踰万日而不居渾然與太虛同量泯然與法性為一夫法性以至極為體至極則歸于無變所以生滅不能遷其常生滅不能遷其常故其常不動非樂不能虧其樂故其樂無窮或我生於謬想非我起於因假因假存于名數故至我越名數而非無越名數而非無故能居自在之聖位而非我不能變非淨生於虛淨故真淨水鏡於万法水鏡於万法故非淨不能渝是以斯經卑章叙常樂我淨為宗義之林開究玄致為涅槃之原用能闡秘藏於未聞啓靈管以通照拯四重之瘵疽拔無間之疣贅闡秘藏則群識之情暢審妙我之在己啓靈管則悟玄光之潛映神珠之在體然四重無間誹謗方等斯乃衆患之痾痟創疣之甚者故大涅槃以无創疣為義名斯經以大涅槃為宗目宗目舉則明統攝於衆妙言約而義備義名立則照三乘之優劣至極之有在然冥化無朕妙契无言任之冲境則理不虛運是以此經開誠言為教本廣衆喻以會義建護法以涉初觀秘藏以窮原暢千載之固滯散靈篇之餘疑至於理微幽蟠徵于微者則諸菩薩弘郢匠之功曠舟舩之濬清難雲搆幡覆周密由使幽途難坦宗歸豁然是故誦其文而不疲語其義而不惓甘其味而無足飡其音而不猒始可謂微言興詠於真丹高韻初唱于赤縣梵音震響於聾俗真容巨曜於今日而宣聞之士偏執之流不量愚見敢評大聖无崖之典遂使是非興於諍論譏謗生于快心先覺不能返其迷衆聖莫能移其志方將沉蔽八邪之綱長淪九流之淵不亦哀哉不亦哀哉

天竺沙門曇摩讖者中天竺人婆羅門種天懷秀拔領鑒明邃機辯清勝內外兼綜將乘運流化先至燉煌停止數載大沮渠河西王者至德潛著建隆王業雖形處万機每思弘大道為法城塹會開定西夏斯經與讖自遠而至自非至感先期孰有若茲之遇哉讖既達此以玄始十年歲次大梁十月二十三日河西王勸請令譯讖手執梵文口宣秦言其人神情既銳而為法殷重臨譯敬慎殆无遺隱搜研本正務存經旨唯恨胡本分離殘缺未備耳余以庸淺預遭其運夙夜感戢欣遇良深聊試標位叙其宗格豈謂必然闡其宏要者哉

此經梵本正文三万五千偈於此方言數減百万言今數出者一万餘偈如來去世後人不量愚淺抄略此經

分作數分隨意增損雜以世語緣使違失本正如乳之投水下章言雖然猶勝餘經足滿千倍佛涅槃後初四十年此經於閻浮提宣通流布大明於世四十年後隱沒於地至正法欲滅餘八十年乃得行世雨大法雨自是以後尋復隱沒至于千載像教之末雖有此經人情薄淡无心敬信遂使羣邪競辯曠塞玄路當知遺法將滅之相

大涅槃經記第十七　未詳作者

此大涅槃經初十卷有五品其胡本是東方道人智猛從天竺將來暫憩高昌有天竺沙門曇无讖廣學博見道俗兼綜遊方觀化先在燉煌河西王宿植洪業素心冥契契應王公躬統士衆西定燉煌會遇其人神解悟識請迎詣州安止內苑遣使高昌取此胡本命讖譯出此經初分唯有五品次六品已後其本久在燉煌讖因出經下際知部甚不足尋訪慕餘殘有胡道人應期送到此經胡本都二万五千偈後來胡本想亦近具足但頌



來國家慇懃未暇更譯遂少停滯諸可流布者經中大意宗塗悉舉无所少也今現已有十三品作四十卷為經文句執筆者一承經師口所譯不加華飾其經初後所演佛性廣略之閒耳無相違也每自惟省雖復西垂深幸此遇遇此大典開解常滯非言所盡以諸家譯經之致大不允其旨歸疑謬後生是故竊不辭輒作徒勞之舉輿少有補益諮參經師採尋前後略舉初五品為私記餘致惟之悉可領也祐尋此序與朗法師序及讖法傳小小不同未詳孰正故復兩出

六卷泥洹記第十八　出經後記

摩竭提國巴連弗邑阿育王塔天王精舍優婆塞伽羅先見晉土道人釋法顯遠遊此土為求法故深感其人即為寫此大般泥洹經如來秘藏願令此經流布晉土一切衆生悉成平等如來法身義熙十三年十月一日於謝司空石所立道場寺出此方等大般泥洹經至十四年正月二日挍定盡訖禪師佛大跋陁手執胡本寶雲傳譯于時坐有二百五十人



二十卷泥洹記第十九　出智猛遊外國傳

智猛傳云毗耶離國有大小乘學不同帝利城次華氏邑有婆羅門氏族甚多其稟性敏悟歸心大乘博覽衆典无不通達家有銀塔縱廣八尺高三丈四龕銀像高三尺餘多有大乘經種種供養婆羅門問猛言從何來答言秦地來又問秦地有大乘學不即答皆大乘學其乃驚愕雅歎希有將非菩薩往化耶智猛即就其家得泥洹胡本還於涼州出得二十卷

出三藏記集序卷第八

癸卯歲高麗國分司大藏都監奉
勑彫造

## 出三藏記集序卷第八

### 校勘記

一 底本，金藏廣勝寺本。九四五頁上、九四五頁中及九四六頁上至九四八頁下共十一版，原版殘，以麗藏本換。

一 九三六頁中一行經名「序卷」，資、磧、普、南作「序中卷」。

一 九三六頁中一行及卷末經名「第八」，徑作「第九」。

一 九三六頁中五行「大品注」，徑作「注解大品」。

一 九三六頁中九行「正法華」，徑作「正法華經」。

一 九三六頁中一二行第四字「後」，徑無。

一 九三六頁中末行「道安法師」，徑作「晉道安法師」。

一 九三六頁下六行第一一字「胡」，磧、普作「梵」。下同。

一 九三六頁下六行「胡大」，南、徑作「梵天」。

一 九三六頁下七行「失盧失盧」，資、磧、普、南、徑作「首盧首盧」。

一 九三六頁下八行「胡人」，資、普作「胡」；磧、南、徑作「梵」。

一 九三六頁下一六行第五字「經」，資、磧、普、南、徑作「紙二紙異者出別爲一卷合」。又第一〇字「胡」，南、徑作「梵」。下同。

一 九三六頁下二二行第五字「記」，資、磧、普、南、徑作「說」。同行「向語」，徑作「句語」。

一 九三六頁下末行第八字「刈」，磧、普、南、徑作「剗」。

一 九三七頁上三行第三字「遻」，資、磧、普、南、徑、麗作「經」。

一 九三七頁上四行首字「時」，資、磧、普、南、徑無。

一 九三七頁上七行末字「尊」，資、磧、普、南、徑作「尊者」。

一 九三七頁上九行第八字「截」，資、磧、普、南、徑作「裁」。

一 九三七頁上一三行第五字「開」，資、磧、普、南、徑作「闢」。

一 九三七頁上一八行第六字「尚」，資、磧、普、南、徑作「尚書」。

一 九三七頁中三行第二字及五行夾註右首字、左第九字「摸」，磧、普、南、徑作「無」。

一 九三七頁中四行夾註左第一四字「摸」，磧、普、南、徑作「莫」。

一 九三七頁中五行夾註右「此跪」，資、磧、普、南、徑作「跪也」。

一 九三七頁中一四行首字「託」，資、磧、普、南、徑作「詑」。同行第一二字「未」，資、磧、普、徑、麗作「末」。又末字「目」，資、磧、南、徑作「日」。

一 九三七頁中末行末字「馬」，資、磧、普、南、徑、麗作「焉」。

一 九三七頁下五行第三字「摸」，資、磧、普、南、徑作「謨」。

一 九三七頁下七行「不過」，磧、普、南、徑、麗作「不遇」。

一 九三七頁下一二行第三字「干」，

磧、麗作「于」；經作「千」。

一 九三七頁下一七行第三字「闢」，資、磧、普、南、經作「開」。

一 九三八頁上一行第九字「巽」，磧、麗作「巽」。

一 九三八頁上九行「擲道」，資、磧、南、經作「標道」。

一 九三八頁上一三行第九字「撿」，經作「校」。

一 九三八頁上一八行第一〇字「篤」，磧、南、經、麗作「篤」。

一 九三八頁上一九行第九字「魔」，資、磧、普、南、經作「魔事」。

一 九三八頁上二〇行第四字「事」，資、磧、普、南、經作「品」。

一 九三八頁中五行第二字「名」，資、磧、普、南、經作「言」。

一 九三八頁中九行第六字「慎」，資、磧、普、南、經作「情」。

一 九三八頁中一〇行「大品」，經作「大品經」。

一 九三八頁中一一行「六畫」，資、磧、普、南、經、麗作「六畫」。同行第一〇字「厷」，磧、經、麗作「吝」。

一 九三八頁下五行第二字「宜」，資、磧、南、經、麗作「寡」。

一 九三九頁上五行「四二」，資、磧、普、南、經作「四三」。

一 九三九頁上九行第一二字「丸」，經作「九」。

一 九三九頁上二一行第一三字「依」，南作「休」。

一 九三九頁中一五行「寄蓮」，資、磧、普、南、經作「奇蓮」。

一 九三九頁中一九行「不伏」，資、磧、普、南、經作「不服」。

一 九三九頁下五行第二字「雲」，資、磧、普、南、經作「靈」。

一 九三九頁下五行第一二字「採」，資、磧、普、南、經作「探採」。

一 九三九頁下一二行「修理」，資、磧、南、經、麗作「條理」。

一 九三九頁下一五行末字「有」，資、磧、普、南、經作「者」。

一 九四〇頁上二行第九字「美」，資、磧、普、南、經作「歎」。

一 九四〇頁上三行第一二字「未」，資、磧、普、南、經作「末」。

一 九四〇頁上八行「渫血」，資、普作「歃血」；磧作「歃丘」；南、經作「歃血」。

一 九四〇頁上八行第一〇字「情」，資、磧、普、南、經、麗無。同行第一三字「膸」，磧、南、經、麗作「髓」。

一 九四〇頁上九行「金鍱」，磧、普、南、經作「金牒」。

一 九四〇頁上一六行「釋僧叡」，經作「長安釋僧叡」。

一 九四〇頁上二一行「異教」，資、磧、普、南、經作「累教」。

一 九四〇頁中四行首字「倍」，資、磧、普、南、經作「佩」。

一 九四〇頁中一四行第一〇字及次頁下七行第一〇字「微」，資、磧、普、南、經作「徵」。

一 九四〇頁中一五行第七字「惑」，

磧作「感」。

一　九四〇頁下三行第五字「按」，磧、南、徑作「案」。

一　九四〇頁下六行「支道林」，徑作「晉沙門釋支道林」。

一　九四〇頁下一二行第八字「始」，資、磧、普、南、徑作「始有」。

一　九四一頁上二〇行「常遊」，資、磧、普、南、徑作「嘗遊」。

一　九四一頁上二二行「驗之以」與末行「之中抄」，資、磧、普、南、徑、麗前後互置。

一　九四一頁中一行「至到」，磧、普、南、徑作「致」。

一　九四一頁中二行「虛靈」，資、磧、普、徑作「靈虛」。

一　九四一頁中八行「何神」，資、磧、普、南、徑作「神何」。

一　九四一頁中一九行第一二字「今」，資、南、徑作「令」。

一　九四一頁下一行第四字「謂」，徑作「爲」。同行第七字「慎」，資、磧、普、南、徑作「順」。

一　九四一頁下二行第二字「[氵彝]」，資、磧、普、南、徑作「彝」。

一　九四一頁下三行第九字「頂」，磧、南作「頃」。

一　九四一頁下五行第二字「記」，資作「扃」；磧、普、南、徑作「局」。

一　九四一頁下五行第八字「擁」，資、磧、普、南、徑作「[木雍]」。

一　九四一頁下一三行「寄化」，資、磧、普、南、徑作「奇化」。

一　九四一頁下末行「小介」，資、磧、普、南、徑作「小沵」。

一　九四二頁上八行及九行「神明」，資、磧、普、南、徑、麗作「神朗」。

一　九四二頁上九行「逆鑒朗」，資、磧、普、南、徑、麗作「逆鑒明」。

一　九四二頁上一六行第六字「定」，資、磧、普、南、徑作「之」。

一　九四二頁上一七行第八字「綜」，資、磧、普、南、徑作「紘」。

一　九四二頁上一九行第二字「績」，資、磧、普、南、徑作「讀」。

一　九四二頁中一〇行「興於」，麗作「興」。

一　九四二頁中一七行第二字「婉」，資作「綩」。

一　九四二頁中二〇行「偏供」，資作「偏侠」；磧、普、南、徑作「偏狹」。

一　九四二頁下一行第一二字「任」，麗作「住」。同行第一三字「匈」，磧、普、南、徑、麗作「胷」。

一　九四二頁下二行第九字「從」，徑作「徙」。

一　九四二頁下七行首字「因」，資、磧、普、南、徑、麗作「困」。

一　九四二頁下一四行末字「宗」，資、磧、普、南、徑、麗作「則」。

一　九四二頁下一五行第九字「未」，磧、南、徑作「末」。

一　九四二頁下一六行第一一字及一九行第四字「邈」，磧、徑、麗作「邀」。

一　九四二頁下一八行第九字「奇」，資、磧、普、南、徑、麗作「寄」。

一 九四二頁下一九行首字「目」，徑作「自」。

一 九四三頁上一行第一〇字及三行第四字「例」，資、磧、普、南、徑作「倒」。

一 九四三頁上三行第一〇字「也」，資、磧、普、南、徑、麗作「在」。

一 九四三頁上五行第二字「其」，資、磧、普、南、徑、麗作「甚」。

一 九四三頁上六行第八字「甚」，磧作「其」。

一 九四三頁上八行第七字「比」，徑作「此」。

一 九四三頁上九行「有光」，資、磧、普、南、徑作「有先」。

一 九四三頁上一四行末字「軌」，資、磧作「軌」；麗作「軌」。

一 九四三頁上一七行「夫微」，資、磧、南、徑、麗作「失徵」。

一 九四三頁上一八行第八字「肆」，資、磧、普、南、徑作「妙」。

一 九四三頁中一行第一〇字「宣」，磧、普、南、徑作「宣傳」。

一 九四三頁中一三行「白馬客」，資、磧、普、南、徑作「白馬寺」；麗作「白馬容」。

一 九四三頁中一四行「本齋」，資作「本齊」；磧、普、徑作「大齋」。

一 九四三頁下七行第七字「攉」，磧、普、南、徑作「致攉」。

一 九四三頁下八行「廢宗致」，資作「發宗」。

一 九四三頁下一二行第一一字「收」，資、磧、普、南、徑作「牧」。

一 九四三頁下一六行第一〇字「一」，資、磧、普、南、徑、麗作「二」。

一 九四三頁下一九行第七字「日」，資、磧、麗作「曰」。

一 九四三頁下二二行第三字「焉」，磧、普、南、徑作「盡」。

一 九四三頁下二二行「霊萃」，磧、普、南、徑作「雲萃」。

一 九四四頁上八行第三字「秉」，磧、南、麗作「秉」。同行第九字「紐」，磧作「細」。

一 九四四頁上一七行首字「扇」，資、磧、普、南、徑、麗作「扉」。

一 九四四頁上一八行末字「同」，資、磧、普、南、徑作「閑」。

一 九四四頁中一行第七字、二〇行第六字「照」，徑作「昭」。

一 九四四頁中四行「物實之」，資、磧、普、南作「萬物實之」；徑作「萬物寔實」。

一 九四四頁中一一行末字「大」，資、磧、普、南、徑、麗作「本」。

一 九四四頁中一四行第一一字「廊」，資、磧、普、南、徑作「廓」。

一 九四四頁中一五行第五字「從」，資、磧、普、南、徑、麗作「徒」。

一 九四四頁中末行「期存」，資、磧、普、南、徑作「言期在」。

一 九四四頁下四行第一一字「蹤」，資、磧、普、南、徑作「跡」。

一 九四四頁下五行第九字「末」，資、磧、普作「未」。

一 九四四頁下一三行末字「火」，麗作「大」。

一 九四四頁下二〇行「幡覆」，資、磧、普、南、徑作「翻覆」。

一 九四五頁上八行第一二字「迷」，資、磧、普、南、徑作「仍迷」。

一 九四五頁上九行「味酞」，資、磧、普、南、徑作「味淡」。

一 九四五頁上一四行「大齋」，資、磧、普、南、徑作「大齋」。同行第八字「務」，資作「豫」；磧、普、南、徑作「豫」。

一 九四五頁上一九行第九字「令」，資、磧、普、南、徑作「全」。

一 九四五頁中一行「三空」，磧、普作「三室」。

一 九四五頁中二行「眇芥」，磧、普、南、徑作「渺漭」。

一 九四五頁中七行第八字「現」，資、磧、普、南、徑作「見」。

一 九四五頁中九行末字「便」，資、磧、普、徑作「乃」。

一 九四五頁下八行第七字「環」，磧、普、南、徑作「寰」。

一 九四五頁下一〇行「精永」，磧、南、麗作「精求」。

一 九四五頁下一二行第一〇字「之」，資、磧、普、南、徑、麗作「乏」。同行末字「麁」，資、磧、普、南、徑作「庶」。

一 九四五頁下一五行「支敏度」，徑作「沙門支敏度」。

一 九四五頁下一六行第一二字「弥道」，資作「弘道」；磧、普、徑、麗作「弘道」。

一 九四五頁下二二行「關解」，資、磧、普、南、徑作「開解」。

一 九四六頁上一一行「一至」，資、磧、普、南、徑作「一致」。同行第八字「闢」，資、磧、普、南、徑作「闢」。又第一三字「寐」，資、磧、普、南、徑作「寤」。

一 九四六頁上一二行「夫其」，磧、普、南、徑、麗作「失其」。

一 九四六頁上一三行第九字「刊」，磧作「利」。

一 九四六頁上一五行「毗摩詰」，磧、普、南、徑作「毗摩羅詰」。

一 九四六頁上末行第七字「閃」，南、徑作「闕」。

一 九四六頁中七行「究摩羅」，資、磧、普、南、徑作「鳩摩羅什」。

一 九四六頁中一二行「險詖」，資、磧、普、南、徑作「譣詖」。

一 九四六頁中二一行首字「章」，磧、南、徑作「章於」。

一 九四六頁下一行第八字「住」，資、磧、普、南、徑作「注」。

一 九四六頁下六行「遺其事」，資作「貴事」；磧、南、徑作「貴其事」。

一 九四六頁下九行第一〇字「万」，資、磧、南、徑、麗作「方」。

一 九四六頁下一六行「此土」，南作「此士」。

一 九四六頁下一七行末字及二二行第六字「亞」，磧、普、徑作「虛」。

一 九四六頁下二一行第二字「真」，

資、磧、普、南、徑作「其」。

一 九四七頁上三行末字「照」，磧、普、徑作「昭」。

一 九四七頁上一〇行第二字「虗」，磧、普、徑作「靈」。

一 九四七頁上一五行首字「万」，資作「邁」。

一 九四七頁中二行第三字「皐」，資、磧、普、南作「解」。

一 九四七頁中四行末字「[illegible]」，磧、南作「瘭」。

一 九四七頁中六行第五字「我」，磧、普、南、徑作「義」。

一 九四七頁中八行及九行「創疣」，資、磧、普、南、徑作「瘡疣」。

一 九四七頁中一八行「幡覆」，磧、普、南、徑作「翻覆」。

一 九四七頁中二一行第五字「飡」，磧作「食」。

一 九四七頁中末行第八字「容」，南、徑作「俗」。

一 九四八頁上二一行「尋訪慕」，資、磧、普、徑作「訪募」；南作「訪慕」。

一 九四八頁中九行「不辯」，資、磧、普、南、徑作「不自辯」。

一 九四八頁中一一行第一二字「惟」，資、磧、普、南、徑作「准」。

一 九四八頁中一二行夾註右「懺法」，資、磧、普、南、徑作「讖法師」。同行夾註左「兩出」，資、磧、普、南、徑作「兩存」。

一 九四八頁中二一行「二日」，資、磧、普、南、徑作「一日」。

一 九四八頁中二二行「禪師」，徑作「神師」。

出三藏記集序卷第九　釋僧祐撰

華嚴経記第一　出経後記
十住経合注序第二　釋僧衛作
漸備経十住胡名并書敘第三　未詳作者
菩薩善戒菩薩持二経記第四　釋僧祐撰
大集虚空藏無盡意経記第五　釋僧祐撰
如來大哀経記第六　未詳作者
長阿鋡経序第七　僧肇法師
中阿鋡経序第八　道慈法師
增一阿鋡経序第九　道安法師
四阿鋡暮抄序第十　未詳作者
優婆塞戒経序記第十一　出経後記
菩提経序第十二　僧馥法師
關中出禪経序第十三　叡法師作
廬山修行方便禪経序第十四　慧遠法師
禪要秘密経記第十五　出経後記
修行地不淨觀序第十六　慧觀法師
勝鬘経序第十七　法慈法師
勝鬘経序第十八　慈法師
文殊師利發願記第十九　出経後記
賢愚経記第二十　釋僧祐撰
八吉祥経後記第二十一　出経後記
無量義経序第二十二　劉虬作
辟喻経序第二十三　康法邃作
百句辟喻経前記第二十四　出経前

華嚴経記第一　出経後記

華嚴経胡本凡十万偈，昔道人支法領從于闐得此三万六千偈，以晉義凞十四年歲次鶉火三月十日，於揚州司空謝石所立道場寺，請天竺禪師佛度跋陁羅手執梵文，譯胡為晉，沙門釋法業親從筆受。時吳郡内史孟顗、右衛將軍褚叔度為檀越。至元凞二年六月十日出訖。凡再校胡本，至大宋永初二年辛丑之歲十二月二十八日校畢。

十住経合注序第二　釋僧衛作

天冥鑒以沖虛靜用，百川以之本；至極以无相摽玄，品物以之宗。故法性住湛一以居妙，寂紛累以運通；靈根朗圓燭以遂能，乘沙動以開用。然能要有資，用必有本；用必有本，故御本則悟涉無方；能要有資，故悟虛則遂其通。通則苞鏡六合而有无圓照，塞

則用隨緣感而應必應偏照圓則神
功造極應偏則顛覆興焉故四瀆開
溢則洪川灌壑玄象垂轍則三光晦
耀因此而推固知運通有宗化積有
本夫運通之宗因緣開其會無相極
其終化積之本十道啓其謀心術兆
其始故心術悉無則靈照通而大乘
廓滯有則神虛塞而九宅開矣然推
而極之則唯心與法引而張之則綿
彰八極請辯而目焉夫万法浩然宗
一無相靈魄弥綸統極圓照斯盡目
體用為万法言性虛為無相稱動王
為心識謂靜御為智照故滯有應塞
則曰心曰識憑虛照通則曰智曰見
見者正見也始曉之偏目也智者正
遍知也體極之圓号也正見創入轍
之始正遍擢體極之終四者盖精魄
弥綸水鏡万法雖數隨緣感然靈照
常一而不變者也夫體用無方則用
實異照故乱識為塵穢心欲開見謂
寶廓智謂種穢心故五欲為酖醴之
室開見故三寶為荆石之門乱識故
六塵為幻惑之肆廓智故一切種為



驪龍之渕四者寔万法浩然同實異
照雖感應交映而宗一無相者也故
識御六塵以曚性心赴五欲以昏慮
見憑四諦以先鑒智撫无相以通照
然則境雖理故心緣精魄弥綸體故
靈照靈照故統名一心所緣故揔号
一法若夫名隨數變則浩然無際統
以心法則未始非二故十住為經將
窮顛心術之原本遂真悟之始辯神
功啓于化彰八万歸於圓照使靈機
無隱伏之數大造無虛竊之名尒乃
落滯識以反鑒真慧以居宗開十
道運其用恬無相遠其通合三義以
廓能則表宏稱謂菩提菩提者統極
十道之尊号括囊通物之妙稱乃十
住啓靈照之圖極遠弘大通之逸軌
故十住者靜照息機反鑒之容目者
也夫所以冠大業之始唱統十地之
通目表稱十住諒義存於茲焉義存
於茲焉然則十住之興盖廓明神覺
之嚮像發瑩真慧之砥礪如来及流
盡源之舟擧世雄撫會誕化之天府
乃衆經之宗本法藏之渕源實鑒始



領終之水鏡光宣佛慧之日月者也
夫致弘不可以言象窮道玄不可以
名數極故文約而義豐致婉而旨弘
兆百行開于心轍啓八万擧其一嵎
非夫探鈎玄賾研機孰能冗貞鑒
於希微開拔英悟迭于三嵎者哉悲
夫守習之迷雖服膺舊聞不覩斯要
辟負日月而弥昏面玄津而莫濟矣
當請弥而擢焉夫擧高必詣遠致深
則興玄故廓六天以妙處引法雲以
勝衆盖非勝無以扣其玄處非妙不
足光其道道光要有方玄扣必得人
故位妙處以殊方則境絶衆穢開玄
肆以引衆則英顏盖時處極六天則
實映七珎衆擧法靈則體鏡九宅廓
六變以開運朗耀世之宏觀叩三說
以開與撫玄中之統韻發五請以宣
到應衆誠以弥淳迹二七以運感禾
交用於玄端開神轍于三轉之際兆
靈覺於九識之渕疋夫衆經以比興
固不得同日而語開八万以辯用焉
可共劫而言非夫體苞三義道揔兩
端孰有若斯之弘哉孰有若斯之弘

哉以此而斷其道淵矣其致玄矣夫
以金剛之幽殖揔神辯以居用猶日
不可究其深況自降慈者乎然道不
獨運弘必由人故令千載之下靈液
有寄焉夫外國法師究摩羅耆婆者
挺天悟於命世邁英風于季俗乘冥
寄而孤遊因秦運以弘道撫玄節於
希聲暢微言于象外可以袪故納新
非擬三益悟宗入轍幾于過半運啓
其願弥遭其會以鉛礫之質蒯南金
之肆誠悟無返三之機思無稽玄之
謀然在聞賞事蔟無惑焉故撫經靜
慮感尋疇昔每苦其文約而致弘言
婉而旨玄使靈燭映于隱數大宗昧
于編文神標懸是以權範玄風自旋
用浇淳至于閑詣靖惟扣膺津門則
何常不遥然長慨撫類薄以興懷哉
故遂撰記上聞略為注釋豈曰淵瑩
之侍晨靈盖以申其用巳之心耳庶
後来明哲有以引而補焉

漸備經十住胡名并書叙第三　未詳作者

波藍提陁晉曰一住　維摩羅晉曰二住
波拔迦羅晉曰三住　阿至摸晉曰四住



頭闍耶晉曰五住　阿比目佉晉曰六住
頭羅迦摩晉曰七住　阿遮羅晉曰八住
抄頭摩提晉曰九住　曇摩弥迦晉曰十住

漸備經晉曰十住名

第一住名悦豫　第二住名離垢
第三住名興光　第四住名輝耀
第五住名難勝　第六住名目前
第七住名玄妙　第八住名不動
第九住名善哉意　第十住名法雨

漸備經十住行

第一住　全志　第二住說誡行
第三住說十二門五通事
第四住說三十七品事
第五住說四諦事
第六住說十二因緣事
第七住說權智事
第八住說神足變化事
第九住說神足教化事
第十住亦說神足教事

漸備經護公以元康七年出之其經
有五卷五万餘言第一卷說一住事
今無此一卷今現有二住以上至十
住為十品



漸備經十住與本業大品異說事委
悉於本業大品不知何以暗於涼州
昔涼州諸道士釋教道竺法彦義斯
二道士普皆博學以經法為意不知
何以不集此經又亦不聞其有所說
始知博聞之難為人興顯經且亦是
大經說事廣大義理幽深乃是衆經
之美望辟叙茂瞻真有奇關而吊法
巨亦是博學道士昔鄴中亦與周旋
不知何以復不集此經文不聞其言懷
聞強記信難有護公出須賴經雖不
見恒聞彦說之張天錫更出首楞嚴
故當應委於先者元康七年十一月
二十一日沙門法護在長安市西寺
中出漸備經手執胡本譯為晉言護
公菩薩人也尋其餘音遺迹使人仰
之弥遠夫諸方等無生諸三昧經類
多此公所出真衆生之冥梯大品出
來雖數十年先出諸公略不綾習不
解諸公何以尒諸公才明過人當能
留心思研心以為至業者故當極有
所得先出諸公故恨大蘭於文句殊
多可恨大品項来東西諸講習無不

出三藏記集序卷第九　第九張　福字號

以為業於文句猶不同覺其轉深但寸分有限思尋有極幽旨作非短思所盡然文句故可力為方欲研之窮此一生與有微補漸備經恨不得上一卷與因緣冥中之助忽復得之漸備所說十住位分衆行各有階級目下殊異於衆經方欲根悉研尋之如今茫茫猶涉大海不知第一住中何說彼或有因緣信使君不可不持作意蓋尋求之理大品上兩卷若有可尋之階亦勤以為意謹公出光讚計在放光前九年不九年當八年不知何以遂逸在涼州不行於世尋出經時乃在長安出之而都不流行乃不知其故吾往在河北唯見一卷經後記云十七章年号日月亦與此記同但不記處所所以為異然出經時人云聶承遠筆受帛元信沙門法度此人皆長安人也以此推之略當必在長安出此經胡本亦言于闐沙門祇多羅所賫來也此同如慧常等涼州來跡正似涼州出未記其故或乃護公在長安時經未流宣唯持至涼州未

出三藏記集序卷第九　第十張　福字號

能乃詳審泰元元年歲在丙子五月二十四日此經達襄陽釋慧常以酉年因此經寄互市人康兒展轉至長安長安安法華遣人送至互市互市人送達襄陽付沙門釋道安襄陽時齊僧有三百人使釋僧顯寫送與揚州道人竺法汰漸備經以泰元元年十月三日達襄陽亦是慧常等所送與光讚俱來頃南鄉間人留寫故不與光讚俱至耳首楞嚴須賴並皆與漸備俱至涼州道人釋慧常歲在壬申於內苑寺中寫此經以酉年因寄至子年四月二十三日達襄陽首楞嚴經事事多於先者非第一第二第九此章最多近三四百言許於文句極有所益須賴經亦復小多能有佳處云有五百戒不知何以不至此乃最急四部不具於大化有所闕般若經乃以善男子善女人為教首而戒立行之本百行之始猶樹之有根常以為深恨若有緣便盡訪求之理先胡本有至信因之勿零落

## 菩薩善戒菩薩地持二經記第四　僧祐撰

出三藏記集序卷第九　第十一張　福字號

祐尋舊錄此經十卷是宋文帝世三藏法師求那跋摩於京都譯出經文云此經名善戒名菩薩地名菩薩毗尼摩夷名如來藏名一切善法根本名安樂國名諸波羅蜜聚凡有七名第一卷先出優波離問受戒法第二卷始方有如是我聞次第列品乃至三十而復有別本題為菩薩地經撿此兩本文句悉同唯一兩品分品品名小小有異義亦不殊既更不見有異人重出推之應是一經而諸品乱雜前後參差菩薩地本分為三段第一段十八品第二段有四品第三段有八品未詳兩本孰是三藏所出正本也又菩薩地持經八卷有二十七品亦分二段第一段十八品第二段四品第三段五品是晉安帝世曇摩讖於西涼州譯出經首礼敬三寶無如是我聞似撰集佛語文中不出有異名而今此本或題云菩薩戒經或題云菩薩地經與三藏所出菩薩善戒經二文雖異五名相涉故同一說　又此二經明義相類根本似是一經異國

人出故成別部也並次第明六度品名多同製辭各異祐見菩薩地經一本其第四卷第十戒品乃是地持經中戒品又少第九施品當是曝曬誤雜後人不悉便亦傳寫其本脫多恐方亂或若細尋內題了然可見若有菩薩地經闕無第九施品者即是誤本也

大集虛空藏無盡意三經記第五　僧祐撰

祐尋舊錄大集經是晉安帝世天竺沙門曇摩讖於西涼州譯出有二十九卷首尾有十二段說共成一經第一瓔珞品第二陁羅尼自在王第三寶女第四不眴第五海慧第六無言第七不可說第八虛空藏第九寶幢第十虛空目第十一寶髻第十二無盡意更不見異人別譯而今別部唯有二十四卷

尋其經文餘悉同唯不可說菩薩品後寶幢分前中間闕無虛空藏所問品五卷又經唯盡寶髻菩薩品復無審末無盡意所說不可思議品四卷略無二品九卷分所餘二十卷為二



十四卷耳

又尋兩本並以海慧菩薩品為第五越至無言菩薩品第七無第六品未詳所以

又檢錄別有大虛空藏經五卷成者即此經虛空藏品當是時世有益甄為異部又別無盡意經四卷成者亦是此經末無盡意品也但護公錄復出無盡意經四卷未詳與此本同異

如來大哀經記第六　未詳作者

元康元年七月七日燉煌菩薩支法護手執胡經經名如來大哀口授聶承遠道真正書晉言以其年八月二十三日訖護親自覆挍當令大法光顯流布其有攬者疾得揔持暢譯妙法

長阿含經序第七　釋僧肇作

夫宗極絕於稱謂賢聖以之沖默玄旨非言不傳釋迦所以致教是以如來出世大教有三約身口則防之以禁律明善惡則導之以契經演幽微則辯之以法相然則三藏之作也本於殊應會之有宗則異途同趣矣禁律



律藏也四分十誦法相阿毗曇藏也四分五誦契經四阿含藏也增一阿含四分八誦中阿含四分五誦雜阿含四分十誦此長阿含四分四誦合三十經以為一部阿含秦言法歸法歸者蓋是万善之淵府揔持之林苑其為典也淵博弘富溫而弥曠明宣禍福賢愚之迹剖判真偽異濟之原歷記古今成敗之數墟域二儀品物之倫道无不由法無不在辟彼巨海百川所歸故以法歸為名開析修途所記長遠故以長為目翫兹典者長迷頓曉邪正難辯顯如晝夜報應冥昧照若影響劫數雖遼近猶朝夕六合雖曠現若目前斯可謂朗大明於幽室惠五目於衆瞽不闚戶牖而智無不周矣大秦天王滌除玄覽高韻獨邁恬智交養道世俱濟每懼微言翳於殊俗以右將軍使者司隸挍尉晉公姚爽質直清柔玄心超詣尊尚大法妙悟自然上特留懷每任以法事以弘始十二年歲上章掩茂請罽賓三藏沙門佛陁耶舍出律藏四

分四十卷十四年訖十五年歲昭陽舊居出此長阿含訖涼州沙門佛念為譯秦國道士道含筆受時集京夏名勝沙門於宅第挍定恭承法言敬無差飜華崇朴務存聖旨余以嘉遇猥參聽次雖無翼善之功而豫親承之末故略記時事以示來覽焉

中阿鋡經序第八　釋道慈

中阿鋡經記云昔釋法師於長安出中阿鋡增一阿毗曇廣說僧伽羅叉阿毗曇心婆須蜜三法度二衆從解脫縁此諸經律凡百餘万言並違本失旨名不當實依悕屬辭句味亦差良由譯人造次未善晉言故使尒耳會燕秦交戰關中大亂於是良匠背世故以弗獲改正乃經數年至關東小清冀州道人釋法和罽賓沙門僧伽提和招集門徒俱遊洛邑四五年中研講遂精其人漸曉漢語然後乃知先之失也於是和乃追恨先失即從提和更出阿毗曇及廣說也自是之後此諸經律漸皆譯正唯中阿鋡僧伽羅叉婆須蜜從解脫縁未更出



耳會僧伽提和進遊京師應運流化法施江左于時晉國大長者尚書令衛將軍東亭侯優婆塞王元琳常護持正法以為已任即檀越也為出經故造立精舍延請有道精慧持筆義學沙門四十許人施諸所安四事無乏又豫請經師僧伽羅叉長供數年然後乃以晉隆安元年丁酉之歲十一月十日於揚州丹揚郡建康縣界在其精舍更出此中阿鋡請罽賓沙門僧伽羅叉令講胡本請僧伽提和轉胡為晉豫州沙門道慈筆受吳國李寶唐化共書至來二年戊戌之歲六月二十五日草本始訖此中阿鋡凡有五誦都十八品有二百二十二經合五十一万四千八百二十五字分為六十卷時遇國大難未即正書乃至五年辛丑之歲方得正寫挍定流傳其人傳譯准之先出大有不同於此二百二十二經中若委靡順從則懼失聖旨若從本制名類多異舊則逆忤先習不愜衆情是以其人不得自專時有改本從舊名耳然五部異



同執知其正而道慈愚意怏怏於違本故諸改名者皆抄出注下新舊兩存別為一卷與自錄相連以示於後將來諸賢令知同異得更採訪脫遇高明外國善晉西方言者訪其得失刊之從正

增一阿含序第九　釋道安作

四阿含義同中阿含首以明其指不復重序也增一阿含者皆法條貫以數相次也數終十令加其一故曰增一也且數數皆增以增為義也其為法也多錄禁律繩墨切厲乃度世撿括也外國巖岫之士江海之人於四阿含多詠味茲焉有外國沙門曇摩難提者兜佉勒國人也齠齓出家孰與廣聞誦二阿含溫故日新周行諸國无土不涉以秦建元二十年來詣長安外國鄉人咸皆善之武威太守趙文業求令出焉佛念譯傳曇嵩筆受歲在甲申夏出至來年春乃訖為四十一卷分為上下部上部二十六卷全無遺忘下部十五卷失其錄偈也余與法和共考正之僧略僧茂助挍

出三藏記集　卷第九　第十八張　[illegible]字

漏失四十日乃了此年有阿城之役伐鼓近郊而正專在斯業之中全具二阿含一百卷鞞婆沙婆和須蜜僧伽羅剎傳此五大經自法東流出經之優者也四阿含四十應真之所集也十人撰一部題其起書為録偈焉懼法留世久遺逸散落也斯土前出諸經班班有其中者令為二阿含各為新録一卷全其故目注其得失使見綠尋之差易也合上下部四百七十二經凡諸學士撰此二阿含其中往往有律語外國不通與沙弥白衣共視也而今已後幸共護也使與律同此乃茲邪之急者也斯諄諄之誨幸勿藐藐聽也廣見而不知護禁乃是學士通中創也中本起康孟祥出出大愛道品乃不知是禁經比丘尼法堪慊切直割而去之此乃是大鄙可痛恨者也此二經有力道士乃能見當以著心焉如其輕忽不以為意者幸我同志鳴鼓攻之可也

四阿鋡暮抄序第十　未詳作者

阿鋡暮者秦言趣無也阿難既出十

出三藏記集序卷第九　第十九張　[illegible]字

二部經又採撅其要經至道法為四阿鋡暮與阿毗曇及律並為三藏焉身毒學士以為至德未墜於地也有阿羅漢名婆素跋陀抄其膏腴以為一部九品四十六葉序重去復文約義豊真可謂經之瓔珞也百行美妙辯是與非莫不悉載也優奧深富行之能事畢矣有外國沙門字因提麗先賫詣前部國秘之佩身不以示人其王彌第求得諷之遂得布此余以壬午之歲八月東省先師寺廟於鄴寺令鳩摩羅佛提執胡本佛念佛護為譯僧導曇究僧叡筆受至冬十一月乃訖此歲夏出阿毗曇冬出此經一年之中具二藏也深以自幸但恨八九之年始遇斯經恐韋編未絕不終其業耳若加數年將無大過也近勑譯人直令轉胡為秦解方言而已經之文質所不敢易也又有懸數懸事皆訪其人為注其下時復以意消息者為章章注脩妬路者其人注解別經本也其有直言脩妬路者引經證非注解也

出三藏記集序卷第九　第二十張　[illegible]字

優婆塞戒經記第十一　出經後記

太歲在丙寅夏四月二十三日河西王世子撫軍將軍録尚書事大沮渠興國與諸優婆塞等五百餘人共於都城之內請天竺法師曇摩讖譯此在家菩薩戒至秋七月二十三日都訖秦沙門道養筆受願此功德令國祚无窮將来之世值遇弥勒初聞悟解逮無生忍十方有識咸同斯誓

菩提經注序第十二　釋僧叡

夫万法無相而有二諦聖人無知而有二名二諦者俗也道也二名者權也智也二名以語嘿為稱二諦以緣性為言緣性兩陳而其實不爭語嘿誠異而幽旨莫二故般若經曰色即是空空即是色見緣起為見法也菩提經者諸佛之要藏十住之營貌其文雖約而義貫衆典其旨雖玄曉然易攬猶日月麗天則羣像自朗亦之二隅則三方自釋也經之為體論緣性則以二諦為宗語玄會則以權智為主言菩提則以無得為玄明發意則

以冥為妙姚約而弘深莫不備者婆法師入室之秘訣也親承者宣故罕行世家師順得之於始會余雖不敏謬聞於第五十性疎多漏故事語而書紳豈曰注解自貽來哂庶同乎我者頷之文外耳

關中出禪經序第十三　僧叡法師

禪法者向道之初門泥洹之津徑也此土先出修行大小十二門大小安般雖是其事既不根悉又無受法學者之戒蓋闕如也究摩羅法師以辛丑之年十二月二十日自姑臧至常安予即以其月二十六日從受禪法既蒙啓授乃知學有成准法有成修首楞嚴經云人在山中學道无師道終不成是其事也尋蒙抄撰衆家禪要得此三卷初四十三偈是究摩羅羅陁法師所造後二十偈是馬鳴菩薩之所造也其中五門是婆須蜜僧伽羅叉漚波崛僧伽斯那勒比丘馬鳴羅陁禪要之中抄集之所出也六覺中偈是馬鳴菩薩修習之以釋六覺也初觀婬恚癡相及其三門皆



僧伽羅叉之所撰也息門六事諸論師說也菩薩習禪法中後更依持世經益十二因緣一卷要解二卷別時撰出夫馳心縱想則情念滯而惑愈深繫意念明則澄鑒朗照而造極弥密心如水火擁之聚之則其用弥全決之散之則其勢弥薄故論云質微則勢重質重則勢微如地質重故勢不如水水性重故力不如火火不如風風不如心心無形故力无上神通變化八不思議心之力也心力既全乃能轉昏入明明雖愈於不明而明未全也明全在于忘照照忘然後无明非明无明非明尒乃幾乎息矣幾乎息矣慧之功也故經云无禪不智無智不禪然則禪非智不照照非禪不成大哉禪智之業可不務乎出此經後至弘始九年閏月五日重求撿校懼初受之不審差之一毫將有千里之降詳而定之輒復多有所正既正既備無間然矣

廬山出修行方便禪經統序第十四　釋慧遠

天三業之興以禪智為宗雖精麤異分而階藉有方是故發軫分逵塗無亂轍革俗成務功不待積靜復所由則幽緒告微淵博難究然理不云昧庶旨統可尋試略而言禪非智無以窮其寂智非禪无以深其照則禪智之要照寂之謂其相濟也照不離寂寂不離照感則俱遊應必同趣功玄於在用交養於万法其妙物也運羣動以至壹而不有廓大象於未形而不無無思无為而無不為是故洗心靜乱者以之研慮悟微入微者以之窮神也若乃將入其門機在攝會理玄數廣道隱於文則是阿難曲承音詔遇非其人必藏之靈府何者心無常規其變多方數無定像待感而應是故化行天竺緘之有匠幽關莫開罕闚其庭從此而觀理有行藏道不虛授良有以矣如來泥曰未久阿難傳其共行弟子末田地末田地傳舍那婆斯此三應真咸乘至願冥契于昔功在言外經所不辨必闇軏元匠孱焉無差其後有優波崛弱而超悟智紀世表才高應冥觸理從簡八万

法藏所在唯要五部之分始自於此因斯而推固知形運以廢興自兆神用則幽步無跡妙動難尋涉麁生異可不慎乎可不察乎自茲已來感於事變懷其舊典者五部之學並有其人咸懼大法將頹理深其慨遂各述讃禪經以隆盛業其為教也無數方便以求寂然寂乎唯寂其揆一耳而尋條求根者衆統本運末者寡或將暨而不至或守方而未變是故經稱滿願之德高普事之風原夫聖旨非徒全其長亦所以救其短若然五部殊業存乎其人人不繼世道或隆替廢興有時則乎相升降小大之目其可定乎又達節善變出處無際晦名寄跡無聞無示若斯人者復不可以名部分既非名部之所分亦不出乎其外別有宗明矣每慨大教東流禪數尤寡三業无統斯道殆廢頃鳩摩耆婆宣馬鳴所述乃有此業雖其道未融蓋是為山於一簣欣時來之有遇感寄趣於若人捨夫制勝之論而順不言之辯遂誓被僧那以至寂為



已任懷德未忘故遺訓在茲其為要也當大成於未象開微言而崇體悟或色之悖德杜六門以寢患達忿競之傷性齊彼我以宅心於是異族同氣幻形告疎入深緣起見生死際尒乃闢九關於龍津超三忍以登位垢習凝於無生形累畢於神化故曰无所從生靡所不生於諸所生而无不生今之所譯出自達磨多羅與佛大先其人西域之俊禪訓之宗搜集經要勸發大乘弘教不同故有詳略之異達磨多羅闔衆篇於同道開一色為恒沙其為觀也明起不以生滅不以盡雖往復無際而未始出於如故曰色不離如如不離色色則是如如則是色佛大先以為澄源引流固宜有漸是以始自二道開甘露門釋四義以反迷啓歸塗以領會分別陰界導以正觀暢散緣起使優劣自辨然後令原始反終妙尋其極其極非盡亦非所盡乃曰無盡入于如來無盡法門非夫道冠三乘智通十地孰能洞玄根於法身歸宗一於無相靜无遺照動不離寂者哉

禪要秘密治病經記第十五　出經後記

河西王從弟大沮渠安陽侯於于闐國衢摩帝大寺從天竺比丘大乘沙門佛陁斯那其人天才特拔諸國獨步誦半億偈兼明禪法內外綜博无籍不練故世人咸曰人中師子沮渠親面稟受憶誦無滯以宋孝建二年九月八日於竹園精舍書出此經至其月二十五日訖尼慧濬為檀越

修行地不淨觀經序第十六　慧觀法師

夫禪典之妙蓋是三乘之所遊反迷悟識者託幽途以啓真城塹三業之固宅廣六度以澄神散結賊於曠野研四變以遊心焰三慧為炬明浪冲源以殊分金對戟以練魔定慧相和以測真如是智依定則癡妄斷而實落定由智則七識湛然而淳清融九服則玄庭有階階級相乘則鑪治成妙義之本本之有方尋根傳訓則冥一俱當雖利鈍有殊濟苦一量若契會同趣則聖性同照聖性同照則累患永遼故知禪智為出世之妙術實

出三藏記集序卷第九　第二十七張　槐字号

際之義標也夫禪智之為道言約理俻究析中道對治万法善惡相乘迭轉孰止乎有廢興館闕亙徹略位其宗以揆大方異世同文上聖為慈悲之主留法藏於千載亦三異之軌轍知會通之至階汰麁鍊於曩刧曲成衆蠱之靈鑛密典相傳以至今接有緣以八背未始失其會隨機猶掌迴所謂潛智常寂而不失照雖万機寂化一用故能窮諸法寶擬想玄扇遊志妙極躡神光於無間者哉禪典要密宜對之有宗若漏失根原則支尋不全聾盲失旨則上慯幽昏可不懼乎若能審其本根冥訓道成實觀會古則万境齊明冲途鑒介而融體玄像於無形然後知凡聖異流心行無邊然棄本尋條之士各以外降小異俱會其穴遂迷穴見偶變其津塗昏遊長夜永與理隔不亦哀哉自頃來禪訓寶少尠得其中每以列形難保還動不常便啓誠三寶搜求玄要依四百論扣其關言會遇西來宗匠綜習大法尋本至終冥隅一關千載之下

出三藏記集序卷第九　第二十八張　槐字号

優曇華隆可不欣乎遂乃推究高宗承嗣之範去佛涅槃後阿難曲奉聖旨流行千載先與同行弟子摩田地摩田地傳與舍那婆斯此三應真大願弘覆冥構于昔神趣事外慈在拯濟潛行救物偶會無差佛在世時有外學五通仙人往至佛所請求出家乘俗高勝志存遠寄便言若我入道智慧辯才與身子等者尒乃當於至尊法中脩習梵行佛知其本根於後百年當弘大事便荅仙人汝今出家智慧淺薄不及身子仙人即退後百年中其人出世奇識博達遇物開悟遂出家學道尋得應真三明內照六通遠振辯才无㝵摧諸異論所度人衆其量無邊於諸法藏開託教文諸賢遂見乃有五部之異是化運有方開徹有期五部既舉則深淺殊風遂有支流之別既有其別可不究本詳而後學耶此一部典名為具足清淨法場傳此法至於罽賓轉至富若蜜羅富若蜜羅亦盡諸漏具足六通後至弟子富若羅亦得應真此二人

出三藏記集序卷第九　第二十九張　槐字号

於罽賓中為第一教首富若蜜羅去世已來五十餘年弟子去世二十餘年曇摩多羅菩薩與佛陁斯鄰俱共諮得高勝宣行法本佛陁斯鄰化行罽賓為第三訓首有於彼來者親從其受法教誨見其涅槃時遺教言我所化人衆數甚多入道之徒具有七百富若羅所訓為教師者十五六人如今於西域中熾盛教化受學者衆曇摩羅從天竺來以是法要傳與婆陁羅婆陁羅與佛陁斯鄰佛陁斯鄰愍此旃丹無真習可師故傳此法本流至東州亦欲使了其真偽塗无乱轍成無虗擣必加厚益斯經所云開四色為分界一色无量緣宗歸部津則發趣果然其猶朝陽揮首万類影旋師子震吼則衆獸伏馬聖王輪寶諸雄悚然攬斯法界廓清虗津入有不感處無不流自非道起群方智鑒玄中孰能立无言之辯於靈沼之淵寄言述於七覺之林可謂無名於所名而物無不名無形於所形而物無不形無事於所事而物無不事者哉

勝鬘經序第十七　釋慧觀作

勝鬘經者蓋方廣之要略趣昇之洪
軌欲其為教也創基覆匱而雲峯已
構沖想一興而淵悟載谿言踰常訓
旨越舊篇故發心希聖而神儀曜靈
歸無別章而歎德斯脩誠感聲發而
尊号響集然後勤心切戒曠志僧鄉
善攝靡遺大乘斯御馳輪幽蹤長驅
永路期運剋終誕登玄極玄極無二
故万流歸一故曰二乘皆入一乘所
謂究竟第一義乘一誠無辯而義有
區分名由義生故稱謂屢轉三五之
興蓋由此也尒其興也窮無始之前
以明解惑之本究來際之末挹泥洹
之妙文宗義豐弥綸羣籍宇宙不足
以擬其廣太虛不能以議其量淵兮
其不可測也廓兮其不可極也將來
本際之源退反流之極者必至於此
焉司徒彭城王殖根遐劫龍現茲生
依跡上台協讃皇極而神澄世表志
光玄猷聞斯幽典誠期愈曠凡厥道
俗莫不響悅請外國沙門求那跋陀
羅手執正本口宣梵音山居苦節通



悟息心釋寶雲譯為宋語德行諸僧
慧嚴等一百餘人考音詳義以定厥文
大宋元嘉十三年歲次玄枵八月十
四日初轉梵輪訖于月終公乃廣寫雲
布以澤未洽將興後世同往高會道
場故略叙法要以添同暮之懷云尒

勝鬘經序第十八　慈法師

勝鬘經者蓋是方等之宗極者也所
以存于千載功由人弘故得以元嘉
十二年歲在乙亥有天竺沙門名功
德賢業素敦尚貫綜大乘遠載胡本
來遊上京庇迹祇洹招學鑽訪才雖
不精絕義粗輝揚遂播斯旨乃上簡
帝主于時有優婆塞何尚之尸丹楊
尹為佛法檀越登集筆葦敏德名
望便於郡內請出此經既會賢本心
又謹傳譯字句雖質而理妙淵博殆
非常情所可廁慮時竺道生義學弟
子竺道攸者少習玄宗偏蒙旨訓後
侍從入廬山溫故傳覆可謂助鳳耀
德者也法師至元嘉十一年於講座
之上遷神異世道攸慕深情慟有若
天墜於是奉訣墳壟遂遁臨川三十



許載經出之後披尋反覆既悟深旨
仰而歎曰先師昔義闇與經會但歲
不待人經襲義後若明匠在世剖析
幽賾者豈不使異經同文解無餘向
者哉輙敢解釋兼翼宣遺訓故作注
解凡有五卷時人以為文廣義隱所
以省者息心玄門至大明四年孝武
皇帝以其師習有承勑出為都邑法
師慈因得諮覲粗問此經首尾又尋
其注意竊謂義然今聊撮其要解撰
為二卷庶使後賢共見其旨焉

文殊師利發願經記第十九　出經後記

晉元熙二年歲在庚申於楊州鬭場
寺禪師新出云外國四部衆礼佛時
多誦此經以發願求佛道

賢愚經記第二十　釋僧祐新撰

十二部典蓋區別法門曠劫因緣既
事照於本生智者得解亦理資於譬
喻賢愚經者可謂兼此二義矣河西
沙門釋曇學威德等凡有八僧結志
遊方遠尋經典於于闐大寺遇般遮
于瑟之會般遮于瑟者漢言五年一
切大衆集也三藏諸學各弘法寶說

經講律依業而教學等八僧隨緣分聽於是競習胡音折以漢義精思通譯各書所聞還至高昌乃集為一部既而踰越流沙賫到涼州于時沙門釋慧朗河西宗匠道業淵博揔持方等以為此經所記源在譬喻譬喻所明兼載善惡善惡相翻則賢愚之分也前代傳經已多譬喻故因事改名号曰賢愚焉元嘉二十二年歲在乙酉始集此經京師天安寺沙門釋弘宗者戒力堅淨志業純白此經初至隨師河西時為沙弥年始十四親預斯集躬覩其事洎梁天監四年春秋八十有四凡六十四臘京師之第一上座也唯經至中國則七十年矣祐揔集經藏訪訊遐迩躬往諮問面質其事宗年耆德峻心直據明故摽講為錄以示後學焉

八吉祥經記第二十一　出經後記

八吉祥經宋元嘉二十九年太歲壬辰正月三日天竺國大乘比丘釋求那跋陁羅於荊州城內譯出此經至其月六日竟使持節侍中都督荊湘



雍益梁寧南北秦八州諸軍事司空荊州刺史領南蠻校尉南譙王優婆塞劉義宣為檀越

無量義經序第二十二　荊州隱士劉虬作

無量義經者取其無相一法廣生衆教含義不貲故曰無量夫三界羣生隨義而轉一極正覺任機而通流轉起滅者必在苦而希樂此叩聖之感也順通示現者亦施悲而用慈即救世之應也根異教殊其階成七先為波利等說五戒所謂人天善根一也次為拘隣等轉四諦所謂授聲聞乘二也次為中根演十二因緣所謂授緣覺乘三也次為上根舉六波羅蜜所謂授以大乘四也衆教宜融群疑須導次說無量義經既稱得道差品復去未顯真實使發求實之冥機用開一極之由序五也故法華接唱顯一除三順彼求實之心去此施權之名六也雖權開而實現猶掩常住之正義在雙樹而臨崖乃暢我淨之玄音七也過斯以往法門雖多撮其大歸數盡於此亦由衆聲不出五音之表



百氏並在六家之內其無量義經雖法華首戴其目而中夏未覩其說每臨講肆未甞不廢談而歎想見斯文忽有武當山比丘慧表生自羗胄偽帝姚略從子國破之日為晉軍何澹之所得數歲聰黠澹之字曰螟蛉養為假子俄放出家便勤苦求道南北遊尋不擇夷險以齊建元三年復訪奇搜秘遠至嶺南於廣州朝亭寺遇中天竺沙門曇摩伽陁耶舍手能隸書口解齊言欲傳此經未知所授表便慇懃致請心形俱至淹歷旬朔僅得一本仍還嶠北齋入武當以今永明三年九月十八日頂戴出山見投弘通奉覩真文欣敬兼誠詠歌不足手舞莫宣輙虔訪宿解抽刷庸思謹立序注云

自極教應世與俗而差神道救物稱感成異玄圃以東号曰太一罽賓以西字為正覺東國明殃慶於百年西域辨休咎於三世希無之與修空其揆一也有欲於無者既無得無之分施心於空者豈有入空之照而講求

釋教者或謂會理可漸或謂入空必頓請試言之以筌幽寄立漸者以万事之成莫不有漸堅冰基於履霜九成作於累土學人之入空也雖未貞符辭如斬木去寸無寸去尺無尺三空稍登寧非漸耶立頓者以希善之功莫過觀於法性法性從緣非有非無忘慮於非有非無理照斯一者乃曰解空存心於非有非无境智猶二者未逸於有有中伏結非无日損之驗空上論心未有入理之効而言納羅漢於一聽判無生於終朝是接誘之言非稱實之說妙得非漸理固必然既二談分路兩意爭途一去一取莫之或正尋得旨之匠起自支安支公之論無生以七住為道慧陰足十住則群方與能在迹斯異語照則一安公之辯異觀三乘者始簣之因稱定慧者終成之實録此謂始求可隨根三入解則其慧不二辭喻亦云大難既夷乃無有三險路既息其化即亡此則名一為三非有三悟明矣生公去道品可以泥洹非羅漢之名六度可以至佛非樹王之謂斬木之喻木存故尺寸可漸無生之證生盡故其照必頓案三乘名教皆以生盡照息去有入空以此為道不得取象於形器也今無量義亦以无相為本若所證實異豈曰無相若入照必同寧曰有漸非漸而去漸寄筌之虛教耳如来亦去空拳誑小兒以此度衆生微文接麁漸說或允忘象得意頓義為長聊舉大較談者擇焉

辟喻經序第二十三　康法邃造

辟喻經者皆是如来隨時方便四說之辭敷演弘教訓誘之要牽物引類轉相證據亍明善惡罪福報應皆可寤心免彼三塗如今所聞億未載一而前後所寫亍多複重今復撰集事取一篇以為十卷比次首尾皆令條別趣使易了於心無疑願率土之賢有所遵承永升福堂為將來基

百句辟喻經記第二十四　出經前記

永明十年九月十日中天竺法師求那毗地出修多羅藏十二部經中抄出辟喻聖為一部凡一百事天竺僧伽斯法師集行大乘為新學者撰說此經

出三藏記集序卷第九

出三藏記集序卷第九　校勘記

一　底本，金藏廣勝寺本。

一　九五五頁中一行及卷末經名「第九」，徑作「第十」。

一　九五五頁中二行著者，資作「沙門釋僧祐撰」；磧、普、南、徑作「梁沙門釋僧祐撰」。

一 九五五頁中四行「十住經含」，磧、普、南、徑、麗作「十住經合」。
一 九五五頁中五行第六字「胡」，磧、普、南、徑作「梵」。同行「第三」，資、磧、普、南、徑、麗作「第三未詳作者」。
一 九五五頁中六行「第四」，磧、普、南、徑、麗作「第四釋僧祐撰」。
一 九五五頁中七行第九字「經」，資、磧、普、南、徑作「三經」。
一 九五五頁中一五行「叡法師作」，資、磧、普、南、徑作「長安叡法師」。
一 九五五頁中一六行「修行」，資、磧、普、南、徑作「出修行」。
一 九五五頁中一九行「法慈」，資、磧、普、南、徑作「未詳作者」；麗作「法慈法師」。
一 九五五頁中二一行「發願」，資、磧、普、南、徑作「發願經」。
一 九五五頁下六行「胡本」，資、磧、普、南、徑作「梵本」。下同。
一 九五五頁下二〇行第八字「沙」，資、磧、普、南、徑、麗作「涉」。
一 九五六頁上八行第五字及次頁上二行第八字「神」，麗作「袖」。
一 九五六頁上八行第六字「虗」，資、磧、普、南、徑作「慮」。
一 九五六頁上九行第九字「引」，資、磧、普、南、徑作「別」。
一 九五六頁上一一行末字「目」，徑作「日」。
一 九五六頁上一四行第七字「虗」，資、磧、普、南、徑作「靈」。
一 九五六頁上一七行第五字「摽」，資、磧、南、徑、麗作「標」。
一 九五六頁上一九行末字「用」，徑作「同」。
一 九五六頁上二一行「酖醴」，磧、普、南、徑、麗作「酖醴」。
一 九五六頁中三行第九字「赴」，磧、普、南、徑作「起」。
一 九五六頁中九行第二字「頣」，磧、普、南、徑作「賾」；麗作「頣」。
一 九五六頁中一四行第一三字「統」，資、磧、普、南、徑作「包」。
一 九五六頁中二一行「觴像」，資作「觴牖」；磧、普、南作「向牖」；徑作「向牖」。
一 九五六頁下三行第一〇字「致」，資、磧、普、南、徑作「辭」；麗作「詞」。
一 九五六頁下五行第一一字「冗」，資、磧、普、南、徑、麗作「亢」。
一 九五六頁下六行第五字「拔」，徑作「扶」。
一 九五六頁下七行第五字「迷」，麗作「述」。
一 九五六頁下九行第三字「弥」，資、磧、普、南、徑作「引」。
一 九五六頁下一四行第七字「顔」，資、磧、徑、麗作「彦」。
一 九五六頁下一五行首字「實」，資、磧、普、南、徑作「寶」。同行第八字「霊」，磧、普、南、徑作「雲」。
一 九五六頁下一七行第三字「與」，資、磧、普、南、徑作「興」；麗作「奥」。同行「五請」，資、南、徑作

「五情」。又末字「宣」，資、磧作「宗」，

一 九五六頁下二一行首字「固」，資、磧、普、南、徑無。

一 九五七頁上二行末字「日」，資、磧、普、徑作「曰」。

一 九五七頁上三行第九字「慈」，資、磧、普、南、徑作「玆」。

一 九五七頁上一二行第三字「在」，資、磧、普、南、徑作「存」。

一 九五七頁上一九行第二字「侍」，磧、普、南、徑、麗作「待」。

一 九五七頁上一九行第四字「霊」，資、磧、普、南、徑、麗作「露」。

一 九五七頁中一九行第八字「教」，資、磧、普、南、徑、麗作「教化」。

一 九五七頁下四行第四字「普」，磧、普、南、徑作「並」。

一 九五七頁下一九行第一二字「縷」，資、磧、普、南、徑作「綜」。

一 九五七頁下二二行「大蘭」，資、磧、普、南、徑作「太簡」。

一 九五八頁上二二行「未記」，資、磧、普、南、徑、麗作「未詳」。

一 九五八頁中三行及四行「矛市」，資、磧、普、南、徑作「牙市」。

一 九五八頁中一六行第一二字「佳」，南作「住」。

一 九五八頁中末行「僧祐」，徑作「梁僧祐」。

一 九五八頁下二二行第一二字「説」，資、磧、普、南、徑、麗作「記」。

一 九五九頁中一五行第六字「攬」，資、磧、普、南、徑作「覽」。下同。

一 九五九頁下八行第八字「割」，資、磧、普、南、徑作「剖」。

一 九五九頁下一四行「顯嚮」，資、磧、普、南、徑、麗作「影響」。

一 九五九頁下一五行第一三字「火」，資、磧、普、南、徑作「大」。

一 九五九頁下二二行第一〇字「上」，資、磧、普、南、徑作「在上」。

一 九六〇頁上一行「歲照」，資、磧、普、南作「歲在昭」；徑、麗作「歲昭」。

一 九六〇頁上二行「舊居」，資、磧、普、南、徑、麗作「奮若」。

一 九六〇頁上三行第八字「舍」，徑作「舍」。

一 九六〇頁上四行第六字「宅」，資、磧、普、南、徑無。

一 九六〇頁上五行「無差」，磧、普、南、徑作「受無差」；麗作「無老舛」。

一 九六〇頁上一三行「話句」，資、磧、普、南、徑、麗作「辭句」。

一 九六〇頁中五行第一〇字「精」，資、磧、普、南、徑、麗作「釋」。

一 九六〇頁中九行「丹揚」，南、徑作「丹陽」。

一 九六〇頁中二二行第六字「愜」，資作「怗」；磧、普、南、徑作「協」。

一 九六〇頁下五行第七字「西」，資、磧、普、南、徑、麗作「梵」。

一 九六〇頁下七行「阿含」，徑作「阿含經」。同行「釋道安」，徑作「晉釋道安」。

一 九六〇頁下九行第一〇字「皆」，

磧、普、南、徑作「比」。
一 九六〇頁下一〇行第八字「令」，磧、普、南、徑作「令」。
一 九六〇頁下一二行第一〇字「乃」，資作「及」。
一 九六〇頁下末行第一〇字「略」，磧、普、南、徑作「畧」。
一 九六一頁上二行首字「伐」，徑作「代」。
一 九六一頁上六行第一〇字「書」，資、磧、普、南作「晝」。
一 九六一頁上八行第九字「今」，南、徑作「令」。
一 九六一頁上一三行第一一字「也」，資、磧、普、南、徑作「之」。
一 九六一頁上一八行第五字「直」，磧、普、南、徑作「真」。
一 九六一頁中一行第九字「經」，資、磧、普、南、徑、麗作「逕」。
一 九六一頁中七行第一〇字「優」，磧、南、徑作「幽」。
一 九六一頁中一二行「胡本」，資、磧、普、徑作「梵文」；南作「胡文」。
一 九六一頁中二一行第二字「爲」，普、南、徑作「爲其」。
一 九六二頁上一行第二字「冥」，資、磧、普、南、徑、麗作「冥期」。
一 九六二頁上一行「不倫」，資、磧、普、南、徑、麗作「不備矣」。
一 九六二頁上三行「行世」，資、磧、普、南、徑作「行於世」。
一 九六二頁上一三行「常安」，資、磧、普、南、徑作「長安」。
一 九六二頁上一四行第九、一〇字「有成」，磧、普、南、徑無。
一 九六二頁上一五行首字「修」，麗作「條」。
一 九六二頁中四行第一〇字「念」，磧、普、南、徑、麗作「悆」。
一 九六二頁中六行第八字「聚」，資、磧、普、南、徑、麗作「聚」。
一 九六二頁中二一行「既正」，資、磧、普、南、徑無。同行「無間」，資、普作「無簡」。
一 九六二頁中二二行「釋慧遠」，徑作「晉釋慧遠」。
一 九六二頁下八行「於在」，磧、普、南、徑作「在於」。
一 九六二頁下一一行「悟微」，資、磧、普、南、徑作「悟徹」。
一 九六二頁下末行第八字「冥」，資、磧、普、南、徑作「寡」。
一 九六三頁上一行「所在」，磧、普、南、徑作「所存」。
一 九六三頁上七行第五字「隆」，磧作「降」。
一 九六三頁上一〇行「守方」，徑作「方守」。
一 九六三頁上一一行第一二字「夫」，南作「去」。
一 九六三頁中二行「未象」，磧、普、南、徑、麗作「末象」。
一 九六三頁中一〇行第七字「儁」，資、磧、南、徑、麗作「俊」。
一 九六三頁中二一行「如來」，資、磧、普、南、徑無。

一　九六三頁下一五行第一四字「冲」，資、普、南、徑作「中」。

一　九六三頁下一八行第一〇字「淳」，南無。同行「清清」，磧、普、徑作「淳」。

一　九六三頁下一九行第一三字「治」，徑、麗作「治」。

一　九六四頁上五行「三異」，資、磧、普、南、徑作「三乘」。

一　九六四頁上六行第七字「汰」，磧作「伏」；南、徑作「汏」。

一　九六四頁上一〇行第一三字「扇」，資、磧、普、南、徑、麗作「扉」。

一　九六四頁上一一行首字「志」，資作「逸」；徑作「忘」。

一　九六四頁上一五行第九字「整」，磧、徑作「豁」。

一　九六四頁上一八行第三字「穴」，資、磧、普、南、徑作「宗」。同行第八字「偶」，資、南、徑作「隅」，磧、普作「湡」。

一　九六四頁上二〇行第三字「少」，資、磧、普、南、徑無。又第一〇字「列」，資、磧、普、南、徑作「殊」。

一　九六四頁中一八行第三字「徹」，磧、普、徑作「潛」。

一　九六四頁中一九行「支流」，資、磧、普、南、徑作「支派」。

一　九六四頁下六行首字「從」，資作「行」。同行「涅槃」，資、磧、普、南、徑作「涅槃其湟槃」。

一　九六四頁下一五行末字「津」，磧、普、南、徑作「律」。

一　九六四頁下一六行「揮首」，資、磧、普、南、徑作「暉首」。

一　九六四頁下一九行第一〇字「起」，徑作「超」。

一　九六五頁上一〇行「二乘」，麗作「三乘」。

一　九六五頁上一二行「名由」，資、磧、普、南、徑作「名曰」。

一　九六五頁上一四行第一一字「未」，資、磧、普、南、徑作「味」。

一　九六五頁上一七行「將來」，磧、普、南、徑作「將求」。

一　九六五頁上二〇行第五字「協」，資作「偽」。

一　九六五頁中六行第一〇字「暮」，資、磧、普、南、徑作「慕」。

一　九六五頁中七行「慈法師」，資、磧、普、南、徑作「法慈法師」。

一　九六五頁中一一行第八字「統」，資、磧、普、南、徑作「綜」。

一　九六五頁中一一行第一三字及次頁上二行第六字「胡」，資作「梵」。

一　九六五頁中一二行第一一字「鑽」，資、磧、普、南、徑作「讚」。

一　九六五頁中一四行「帝主」，南、徑作「帝王」。同行第一〇字「尚」，資、磧、普、南、徑作「上」。又第一二字「尸」，麗作「居」。

一　九六五頁中一五行第九字「筆」，資、磧、普、南、徑作「華」；麗作「京」。

一　九六五頁中一八行第六字「廟」，資、磧、普、南、徑作「庿」。

一　九六五頁下四行第二字「齣」，徑

作「頭」。

一　九六五頁下二〇行第六字「威」，資、磧、普、南、徑作「成」。

一　九六六頁上二行第一三字「思」，南作「異」。

一　九六六頁上一五行第五字「唯」，資、磧、普、南、徑無。

一　九六六頁上一六行第七字「訊」，資、磧、普、南、徑作「告」。

一　九六六頁上一八行首字「講」，資、磧、普、南、徑作「謀」。

一　九六六頁上一九行第四字「經」，資、磧、普、南、徑無。

一　九六六頁中七行第二字「義」，資、磧、普、南、徑作「業」。

一　九六六頁中一五行第一一字「宜」，徑作「冥」。

一　九六六頁中一八行第六字「序」，資、磧、普、南、徑作「緒」。

一　九六六頁中二一行第九字「暢」，南作「易」。

一　九六六頁中二二行第四字「斯」，資、磧、普、南、徑作「此」。

一　九六六頁下一二行第一〇字「俺」，資、磧、普、南、麗作「淹」。又第一三字「玥」，磧、南、徑、麗作「朔」。

一　九六六頁下一四行末字「投」，資、磧、普、南、徑作「校」。

一　九六六頁下二〇行第五字「覺」，資、磧、普、南、徑作「學」。

一　九六七頁上七行第五字「於」，資、磧、普、南、徑無。

一　九六七頁上一〇行第三字「逸」，資、磧、普、南、徑、麗作「免」。

一　九六七頁上一六行第七字「七」，磧作「士」。

一　九六七頁上一八行第一三字「因」，資、磧、普、南、徑作「日」。

一　九六七頁上二〇行第二字「三」，資、磧、普、南、徑作「而三」。

一　九六七頁中一八行第一一字「土」，磧、南作「上」。

一　九六七頁中末行第四字「聖」，資、磧、普、南、徑、麗作「聚」。

趙城縣廣勝寺

出三藏記集序卷第十　釋僧祐撰　楹


道地經序第一　道安法師
沙弥十慧章句序第二　嚴佛調作
十法句義經序第三　道安法師
三十七品序第四　曇無蘭作
舍利弗阿毗曇序第五　道摽法師
僧伽羅刹經序第六　未詳作者
僧伽羅刹集經後記第七　未詳作者
婆須蜜經序第八　未詳作者
阿毗曇序第九　道安法師
阿毗曇心序第十　未詳作者
阿毗曇心序第十一　慧遠法師
三法度記第十二　慧遠法師
三法度記第十三　出經後記
八揵度阿毗曇根揵度後別記第十四　未詳作者
十四卷鞞婆沙序第十五　道安法師
六十卷毗婆沙序第十六　道挻法師
雜阿毗曇心序第十七　未詳作者
後出雜心序第十八　焦鏡法師
大智釋論序第十九　叡法師作
大智論記第二十　出論後記
大智論抄序第二十一　慧遠法師


道地經序第一　釋道安

夫道地者應真之玄堂升仙之奧室也無本之城杳然難陵矣無爲之牆邈然難踰矣微門妙闥少闚其庭者也蓋爲器也猶海與行者日酌之而不竭迳精者無斁而不滿其爲像也含弘靜泊綿綿若存寂寥無言辯之者幾矣怳惚无行求矣漭乎其難測聖人有以見因華可以成實覩末可以達本乃爲布不言之教陳無轍之軌闢止啓觀式成定諦髭彦六雙率由斯路歸精谷神於乎羡矣夫地也者苞潤施毓稼穡以成鏐鐐瓊琛冈弗以載有喻止觀莫近於此故曰道地也昔在衆祐三達遐鑒八音四辯共弈敷化誠病而療聲典難筭至如来善逝而大訓絶五百無著遷而靈教乖於是有三藏沙門厥名衆護仰惟諸行布在羣籍俯愍發進不能悉洽祖述衆經撰要約行目其次序以爲一部二十七章其於行也要猶人首與可終身載不可須臾下猶氣息與

可終身通不可須臾閑息閑則命殞首下則身殰若行者斃去斯法奸軌之隱入矣有開士世高者安息王元子也禪國高讓納万乘位尅明畯德敃容脩道越境流化爰適此邦其所傳訓渕微優遠又析護所集者七章譯為漢文音近雅質敦兮若樸或變質從文或因質不飾皇矣世高審得厥旨夫絶愛原滅榮冀息馳騁莫先於止了癡藏達九道見身幻莫首於觀大聖以是達五根登無漏揚美化易頑俗莫先於止靡不由茲也真可謂感德大業至矣哉行自五陰盡于成壞則是苦諦漏盡之迹也神足章者則是禪思五通之要也五十五觀者則是四非常度三結之本也人之處世矇昧未祛㶑㶑甘色如嚮大牢田處穢海幽厄九月既生迠遭羅遘百凶尋旋老死嬰苦万端漂溺五流莫能自返聖人深見以為苦諮遊神八路長陟永安專精稽古則逸樂若此開情縱欲則酸毒若彼二道顯著宜順所從石以灌碎剝堅截對素質精深五色炳燦由是論之可不勉哉



予生不辰值皇綱紐絶獫狁猾夏山左蕩沒避難濩澤師殞友折周爰諮謀頑靡所詢時鴈門沙門支曇講鄴都沙門竺僧輔此二仁者聰明有融信而好古冒嶮遠至得與酬酢尋章察句造此訓傳怖權與進者暫可徵癖鼓吹奮翼以助隨嵐蟻壟增封嵩岳之頂豈其能益於高猛哉探賾奧邈惟八輩難之況末學小子庶幾茲哉然天竺聖邦道岨遼遠幽見碩儒少來周化先哲既逝來聖未至進退狼跋咨嗟涕演故作章句申己丹赤冀諸神通照我喁喁必枉靈趾燭謬正闕也

沙彌十慧章句序第二　嚴阿祇梨浮調所造

昔在佛世經法未記言出尊口弟子誦習辭約而義博記鮮而妙深佛既泥日微言永絶猶穀水消竭日月隕墜於是衆賢共使阿難演其所聞凡所著出十二部經其後高明各為注說章句解故或以十數有菩薩者出自安息字世高韜弘稽古靡經不綜愍俗童矇示以橋梁於是漢邦敷宣佛法凡厥所出數百万言或以口解或以文傳唯沙彌十慧未聞深說夫十者數之終慧者道之本也物非數不定行非道不度其文郁郁其用亹亹廣弥三界近觀諸身調以不敏得充賢次學未決聞行未中四夙罹殃咎遘和上憂長無過庭善誘之教悲窮自潛無所繫心於是發憤忘食因閑靡思遂作十慧章句不敢自專事喻衆經上以達道德下以慰己志創奧博尚之賢不足留意未升堂室者可以啓矇焉

十法句義經序第三　道安法師

夫有欲之激百轉千化搖蕩成教亦何得一端乎是故正覺因心所遷即名為經邪止名正乱止名定方圓隨器合散從俗隨器故因質而立名從俗故緣對而授藥立名無常名則神道矣授藥無常藥則感而通故矣即已不器又通其故則諸行汜然因法而結也二三至十存乎其人病有衆寡以人為目耳辟藥分劑有單有複訴

脉視色授藥緣疾法叅相成不其然乎自佛即幽阿難所傳分為三藏纂乎前緒部别諸経小乘則為阿含四行中阿含者數之藏府也阿毗曇者數之苑藪也其在赤澤碩儒通人不學阿毗曇者蓋闕如也夫造舟而濟者其體也安粹數而立者其業也美是故般若啓卷必數了諸法平數以成經斯乃衆経之唯衿為道之樞極也可不務乎可不務乎於戲前徒不忘玄數者秋露子也于玆繼武有自来矣篤斯業者或不成也爰晋土者世高其儁也偉哉數學渊源泒清抱德惠和播馨此域安雖希高迹末由也巳然旋焉周焉滅焉脩焉未墜地也并一不惑以成積習移志蹈遠移質緣以高尚欲疲不能也人亦有言曰聖人也者人情之積也聖由積靡爐鍾之間悪可巳乎経之大例皆異說同行異說者明夫一行之歸致同行者其要不可相無則行必俱行全其歸致則同處而不新不新故頬至而不惑俱行故菆萃而不迷也所謂知異知同是乃大通既同既異是謂大倫也以此察之義焉瘦哉義焉瘦哉夫玄覽莫美乎同異而得其門者或寡矣明白莫過乎辯數而入其室者鮮矣昔嚴調撰十慧章句康僧會集六度要目每尋其迹欣有寤焉然猶有闕久行未録者今抄而第之名曰十法句義若其常行之注解若昔未集之貽後同我之倫儻可察焉

三十七品經序第四　沙門竺曇無蘭撰

三十七品者三世諸佛之舟轝聲聞古佛亦皆乘之而得度三界衆生靡不載之故經曰大乘道之轝一切度天人然則三十七品或離或合在一增四法有四意止四神足無四意斷五法則有五根五力七法無七覺意八法而有八等則為五經也依如此比當應為七經如此則離也而諸經多合唯一增尒耳中阿鋡身意止有安般出入息事將是行四意止時有乱意起者執對行藥也又諸經三十七品文辭不同余因閑戲尋省諸經撮採事備辭巧便者差次條貫伏其位使經體不毀而事有異同者得顯于義又以三昧連之乎末以具泥洹四十品五根中去四禪四諦有目無文故復屬之於後令始涉者攬之易寤不亦佳乎又以諸經之異者注于句末也

小安般三十七品後則次止觀律法義次三十七品後次四諦小十二門後次三向尒為泥洹四十品止觀四諦成道之行不可以相無也是故集止觀三三昧四禪四諦繫之於三十七品後欲令行者覽之易見而其行也

序二百六十五字本二千六百八十五字子二千九百七十字凡五千九百二字除後六行八十字不在計中晉泰元二十一年歲在丙申六月沙門竺曇無蘭在楊州謝鎮西寺撰

舍利弗阿毗曇序第五　釋道摽

阿毗曇秦言無比法出自八音亞聖所述作之雖簡成命曲備重微曠濟神要莫比貞祇洹之微風反派之宏趣然佛後闇昧競執異津或有我有法或無我有法乖忤純風[illegible]朦聖道

有舍利弗玄哲高悟神貫翼從德倫左面智參照來其人以為是非之越大猷將隱既曰像法任之益滯是以敢於佛前所聞經法親承即集先巡堤防譏抑邪流助宣法化故其為經也先立章以崇本後廣演以明義之體四焉問分也非問分也攝相應分也厚分也問者寄言扣擊明夫應會非問分者假韻嘿通惟宣法相攝相應分者揔括自他釋非相無厚分者遠述因緣以彰性空性空彰則反迷至矣非相無則相與用矣法相宣則邪觀息矣應會明則極無遺矣四體圓足二諦義備故稱無比法也此經於先出阿毗曇雖文言融通而旨格各異又載自空以明宗極故能取貴於當時而垂軌於千載明典振於遠維四衆寧介同仰是使殉有者祛妄見之惑向化者起即隆之動莙莙焉故冥宗之遺緒也亹亹焉故歸輪之所契也此經標明曩代靈液西睎純教弥於閶風玄門扇於東嶺惟秦天王冲資叡聖冥根樹於既往實相



結於皇極王德應符闡揚三寶聞玆典誥夢想思攬雖曰悠邈感之愈勤會天竺沙門曇摩崛多曇摩耶舍等義學來遊秦王既契宿心相與辯明經理起清言於名教之域散衆微於自無之境超超然誠韻外之致愔愔然覆美稱之實於是詔令傳譯然承華天哲道嗣聖躬玄味遠流妙度淵極特體明旨遂讚其事經師本雖闇誦誠宜謹備以秦弘始九年命書梵文至十年尋應令出但以經趣微遠非徒關言所契苟彼此不相悟直委之譯人者恐津梁之要未盡於善亭至十六年經師漸閑秦語令自宣譯皇儲親管理味言意兼了復所向盡然後筆受即復内逞上討其煩重領其指歸故令文之者修飾義之者綴潤并挍至十七年訖若乃文外之功勝契之妙誠非所階未之能詳並求之衆經考之諸論新異之美自宣之於文惟法住之實如有表裏然原其大體有無兼用微文淵富義旨顯灼斯誠有部之永塗大乘之靡趣先達



之所宗後進之可仰標以近質綜不及遠情未能已猥叅斯典悕感之誠脫復微序譏望賢哲以知其鄙

僧伽羅剎經序第六　秦言衆護　未詳作者

僧伽羅剎者須賴國人也佛去世後七百年生此國出家學道遊教諸邦至揵陀越土甄陀罽貳王師焉高明絕世多所述作此土修行經大道地經其所集也又著此經憲章世尊自始成道迄于淪虛行無巨細必因事而演遊化夏坐莫不曲備雖普燿本行度世諸經載佛起居至諸為密今攬斯經所寤復多矣傳其將終我若立根得力大士誠不虛者立斯樹下手授其葉而棄此身使鄰羅延力大象之勢無能移余如毛髮也正使就耶惟者當不燋此葉言然之後便即立終罽膩王自臨而不能動遂以巨絙象挽未始能搖即就耶惟炎葉不傷尋升兜術與弥勒大士高談彼宫將補佛處賢劫第八以建元二十年罽賓沙門僧伽跋澄賷此經本來詣長安武威太守趙文業請令出焉佛念

為譯慧嵩筆受正值慕容作難於近郊然譯出不襄余與法和對撿定之十一月三十日乃了也此年出中阿含六十卷增一阿含四十六卷伐鼓擊柝之中而出斯百五卷窮通不改其恬誦非先師之故迹乎

僧伽羅剎集經後記第七　未詳作者

大秦建元二十年十一月三十日罽賓比丘僧伽跋澄於長安石羊寺口誦此經及毗婆沙佛圖羅剎翻譯秦言未精沙門釋道安朝賢趙文業研覈理趣每存妙盡遂至留連至二十一年二月九日方訖且婆須蜜經及曇摩難提口誦增一阿含并幻網經使佛念為譯人念迺學通内外才辯多奇常疑西域言繁質謂此土好華每存瑩飾文句減其繁長安公趙郎之所深疾窮挍考定務在典骨既方俗不同許其五失胡本出此以外毫不可差五失如安公大品序所載余既預衆末聊記卷後使知釋趙為法之至

婆須蜜集序第八　未詳作者



婆須蜜菩薩大士次繼弥勒作佛名師子如來也從釋迦文降生鞞提國為大婆羅門梵摩瑜子厥名鬱多羅父命覲佛尋侍四月具覩相表威變容止還白所見父得不還已出家學改字須蜜佛般涅槃後遊教周妬國槃奈國高才蓋世奔逸絶塵集斯經焉於七品為一揵度盡十三揵度其所集也後四品一揵度訓釋佛偈也凡十一品十四揵度也該深廣度與阿毗曇並興外國傍通大乘特明盡漏博涉十法百行之能事畢矣尋之滿然猶滄若之無崖可不謂之廣乎陟之瞠尒猶崐岳之無頂可不謂之高乎寶渚極目猷夜光之珎巖岫舉暎猷天智之玉督乎富也何過此經外國外高座者未墜於地也集斯經已入三昧定如彈指頃神升兜術弥妬路弥妬路刀利及僧伽羅剎適彼天宮斯二三君子皆次補處人也弥妬路刀利者光炎如來也僧伽羅剎者柔仁佛也兹四大士集乎一堂對揚權智賢聖嘿然洋洋盈耳不亦樂乎罽賓沙門僧伽跋澄以秦建元二十年轉此經一部來詣長安武威太守趙政文業者學不猒士也求令出之佛念譯傳跋澄難陁禘婆三人執胡本慧嵩筆受以三月五日出至七月十三日乃訖胡本十二千首盧也余與法和對校修飾武威少多潤色此經說三乘為九品特善修行以止觀經十六寂巻每尋上人之高韻未常不忘身味也恨闕嬰矛之門晚懼失其宗廟之美百官之富也

阿毗曇序第九　釋道安

阿毗曇者秦言大法也衆祐有以見道果之至賾擬性形容執乎真像謂之大也有以道慧之至齊觀如司南察乎一相謂之法故曰大法也中阿含世尊責優陁耶曰汝莫詰阿毗曇乎夫然佛以身子五法為大阿毗曇也（戒定慧名无漏也）佛般涅槃後迦旃延（義第一也）以十二部經浩博難究撰其大法為一部八揵度四十四品也其為經也富莫上焉邃莫加焉要道無行而不由可不謂之富乎至德無妙而不出可不謂之邃乎富邃洽備故故能微顯闡

幽也其說智也周其說根也密其說禪也悉其說道也具周則二八用各適時密則二十迭為賓主悉則昧淨遍遊其門具則利鈍各別其所以故為高座者所咨三藏者所鼓儛也其身毒來諸沙門莫不祖述此經憲章鞞婆沙詠歌有餘味者也然乃在大荒之外葱嶺之表雖欲從之末由見也以建元十九年罽賓沙門僧迦禘婆誦此經甚利來詣長安比丘釋法和請令出之佛念譯傳慧力僧茂筆受和理其指歸自四月二十日出至十月二十三日乃訖其人檢挍譯人頗雜義辭龍虵同淵金鍮共肆者彬彬如也和撫然恨之余亦深謂不可遂令更出夙夜匪懈四十六日而得盡定損可損者四卷焉至於事須懸解起盡之處皆為細其下胡本十五千七十二首盧（四十八万二千三百四言）秦語十九万五千二百五十言其人忘因緣一品云言數可與十門等也周攬斯經有碩人所尚者三焉以高座者尚其博以盡漏者尚其要以研機者尚其密密者



龍象翹鼻鳴不造耳非人中之至恬其孰能與於此也要者八忍九斷巨細畢載非人中之至練其孰能致於此也博者衆微衆妙六八曲備非人中之至懿其熟能綜於此也其將來諸學者遊晱於其中何求而不得乎

阿毗曇心序第十　未詳作者

釋和尚昔在關中令鳩摩羅跋提出此經其人不閑晉語以偈本難譯遂隱而不傳至於斷章直云脩妬路及見提婆乃知有此偈以偈撿前所出又多首尾隱沒互相涉入譯人所不能傳者彬彬然是以勸令更出以晉泰元十六年歲在單閼貞于重光其年冬於尋陽南山精舍提婆自執胡經先誦本文然後乃譯為晉語比丘道慈筆受至來年秋復重與提婆挍正以為定本時衆僧上座竺僧根支僧紀等八十人地主江州刺史王凝之優婆塞西陽太守任固之為檀越並共勸佐而興立焉

阿毗曇心序第十一　釋慧遠

阿毗曇心者三藏之要頌詠歌之微



言管統衆經領其宗會故作者以心為名焉有出家開士字曰法勝淵識遠覽極深研機龍潛赤澤獨有其明其人以為阿毗曇經源流廣大難卒尋究非贍智宏才莫能畢綜是以探其幽致別撰斯部始自界品訖于問論凡二百五十偈以為要解号之曰心其頌聲也擬象天樂若雲籥自發儀形羣品觸物有寄若乃一吟一詠狀鳥步獸行也一弄一引類乎物情也情與類遷則聲隨九變而成歌氣與數合則音協律呂而俱作拊之金石則百獸率舞奏之管弦則人神同感斯乃窮音聲之妙會極自然之衆趣不可勝言者矣又其為經標偈以立本述本以廣義先弘內以明外譬由根而尋條可謂美發於中暢於四枝者也發中之道要有三焉一謂顯法相以明本二謂定已性於自然三謂心法之生必俱遊而同感俱遊必同於感則照數會之相因已性定於自然則達至當之有極法相顯於真境則知迷情之可反心本明於三觀

則覩玄路之可遊然後練神達思水鏡六府洗心淨慧擬跡聖門尋相因之數即有以悟無推至當之極動而入微矣罽賓沙門僧伽提婆少翫茲文味之弥久兼宗匠本正闡入神要其人情悟所參亦已涉其津矣會遇来遊因請令譯提婆乃手執胡本口宣晉言臨文誡懼一章三復遠亦實而重之敬慎無違然方言殊韻難以曲盡儻或失當俟之来賢幸諸明哲正其大謬晉太元十六年出

三法度序第十二　釋慧遠法師

三法度經者蓋出四阿含四阿含則三藏之契經十二部之淵府也以三法為統以覺法為道開而當名變而弥廣法雖三焉而類無不盡覺雖一焉而智無不周觀諸法而會其要辯衆流而同其原斯乃始涉之鴻漸舊學之華苑也有應真大人厥号山賢悟思閑宇智周變通感達識之先覺愍後勝之未悟故撰此三法因而名之自德品暨于所依凡三章九真度斯其所作也其後有大乘居士字僧



伽先以為山賢所集雖辭旨高簡然其文猶隱故仍前人章句為之訓傳演散本　文以廣其義顯發事類以弘其美幽讃之功於斯乃盡自茲而後道光于世其教行焉於是振錫取足者仰玄風而高蹈榫思入微者挹清流而洗心高座談對之士擬之而後言博識淵有之賓由之而踏閫也有遊方沙門出自罽賓姓瞿曇氏字僧伽提婆昔在本國豫聞斯道雅翫神趣懷佩以遊其人雖不親承二賢之音旨而諷味三藏之遺言志在分德誨人不惓每至講論嗟詠有餘遠與同集勸令宣譯提婆於是自執胡經轉為晉言雖音不曲盡而文不害意依實去華務存其本自昔漢興逮及有晉道俗名賢並參懷聖典其中弘通佛教者傳譯甚衆或文過其意或理勝其辭以此考彼殆兼先典後来賢哲若能參通晉胡善譯方言幸復詳其大歸以裁厥中焉

三法度經記第十三　出經後

比丘釋僧伽先志願大乘學三藏摩



訶鞞耶伽蘭兼通一切書記此三法度三品九真度撰說出此經持此福福一切衆生令從苦得安見諦解脫

八揵度阿毗曇根揵度後別記第十四　未詳作者

斯經序曰其人忘因緣一品故闕文焉近自罽賓沙門曇摩卑闍之来經容川僧伽㧜婆譯出此品八揵度文具也而卑去八揵度是體耳別有六足可自百万言卑誦二足今無譯可出慨恨良深泰元十五年正月十九日於揚州瓦官佛圖記

鞞婆沙序第十五　十四卷者　釋道安法師

阿難所出十二部經於九十日中佛意三昧之所傳也其後別其逕至小乘法為四阿含阿難之功於斯而已迦栴延子撮其要行引經訓釋為阿毗曇四十四品要約婉顯外國重之優波離裁之所由為毗尼與阿毗曇四阿含並為三藏身毒甚珎未墜於地也世也又有三羅漢一名尸陁槃尼二名達悲三名鞞羅尼撰鞞婆沙廣引聖證言輙擭古釋阿毗曇焉其所引據

皆是大士真人佛印印者也達悉迷而近煩鞞羅要而近略尸陁寂折中焉其在身毒登無畏座僧中唱言何莫由斯道也其經猶大海與深廣晧汗千寶出焉猶崐岳與嵬峨幽藹百珎之藪資生之徒於焉斯在兹經如是何求而不有乎有秘書郎趙政文業者好古索隱之士也常聞外國尤重此經思存想見然乃在崐岳之右屯野之西眇念絶域末由也已會建元十九年罽賓沙門僧伽跋澄諷誦此經四十二處是尸陁槃尼所撰者也來至長安趙郎飢虛在往求令出焉其國沙門曇無難提筆受無梵文弗圖羅剎譯傳敏智筆受為此秦言趙郎正義起盡自四月出至八月二十九日乃訖胡本一万一千七百五十二首盧長五字也凡三十七万六千六十四言也秦語為十六万五千九百七十五字經本甚多其人忘失唯四十事是釋阿毗曇十門之本而分十五事為小品迴著前以二十五事為大品而著後此大小二品全無所損



其後二處是忘失之遺者令第而次之趙郎謂譯人曰尒雅有釋古釋言者明古今不同也昔來出經者多嫌胡言方質而改適今俗此政所不取也何者傳胡為秦以不閑方言求知辭趣耳何嫌文質文質是時幸勿易之經之巧質有自来矣唯傳事不盡乃譯人之咎耳衆咸稱善斯真實言也遂案本而傳不令有損言游字時改倒句餘盡實録也余欣秦土忽有此經挈海移岳奄在兹域載玩載詠欲疲不能遂佐對校一月四日然後乃知大方之家富昔見之至夹也恨八九之年方闚其牖耳願欲求如意珠者心牢在莛伴勿令不周肴若之實者也

毗婆沙經序第十六（六十卷者）　釋道梃作

毗婆沙者蓋是三藏之指歸九部之司南司南既准則羣迷革正指歸既宣則邪輪輟駕自釋迦遷暉六百餘載時北天竺有五百應真以為靈燭久潛神炬落耀含生昏喪重夢方始雖法勝迦旃延撰阿毗曇以拯頹運而後進之賢尋其宗致儒墨競搆是



非紛然㪫乃㴩神玄觀搜簡法相造毗婆沙抑正衆說或即其殊辞或標之銓評理致淵曠文蹄艶博使西域勝達之士莫不資之以鏡心覧之以朗識而冥瀾潛灑將洽殊方然理不虛運弘之由人大沮渠河西王者天懷遐廓摽誠沖寄雖迹纏紛務而神棲玄境用能丘谿廓廟韜第林野是使淵叟投竿巖逸来廷息心昇堂玄客入室誠詣既著理感不期有沙門道泰才敏自天冲氣疎朗博關奇趣遠条異言往以漢土方等既備幽宗粗暢其所未練唯三藏九部故杖策冒嶮爰至葱西綜攬梵文義承高旨并獲其胡本十万餘偈既達涼境王即欲令宣譯然懼環中之固將或未盡所以側席虛衿企矚明勝時有天竺沙門浮陁跋摩周流敷化會至涼境其人開悟淵博神懷深邃研味鑽仰逾不可測遂以乙丑之歲四月中旬於涼城內苑閑豫宮寺請令傳譯理味沙門智嵩道朗等三百餘人考文詳義務存本旨除煩即實質而不野

出三藏記集序卷第十　第二十四張　摄字号

王親屢迴御駕陶其幽趣使文當理詣斥言有寄至丁卯歲七月上旬都訖通一百巻會凉城覆没淪湮遐境所出経本零落殆盡今凉王信向發中深探幽趣故每至新異怖仰奇聞其年歲首東寫巳出本六十巻令送至宋臺宣布未聞庶令日新之美敞於當時福祚之興垂于來葉挺以從緣得參聽末欣遇之誠竊不自嘿粗列時事以貽来哲

雜阿毗曇心序第十七　未詳作者

如来泥洹𣩠百年後有尊者法勝於佛所說経藏之中抄集事要為二百五十偈号阿毗曇心其後復有尊者達摩多羅攬其所製以為文體不足理有所遺乃更捜採衆経復為三百五十偈補其所闕号曰雜心新舊偈本凡有六百篇第之數則有十一品篇号仍舊為稱唯有擇品一品全異於先尊者多羅復即自廣引諸論敷演其義事無不列列無不辯微言玄旨於是昭著自兹之後道隆於世涉學之士莫不寶之以為美談於宋元

出三藏記集序卷第十　第二十五張　摄字号

嘉三年徐州刺史太原王仲徳請外國沙門伊葉波羅於彭城出之擇品之半及論品一品有緣事起不得出竟元嘉八年復有天竺法師名求那跋摩得斯陁含道善練兹経来遊揚都更從校定諮詳大義余不以闇短廁在二集之末輙記所聞以訓章句庶於攬者有過半之益耳

後出雜心序第十八　焦鏡法師

昔如来泥洹之後於秦漢之間有尊者法勝造阿毗曇心本凡有二百五十偈以為十品後至晉中興之世復有尊者達摩多羅更增三百五十偈以為十一品号曰雜心十品篇目仍舊為名唯別立擇品篇以為異耳位序品次依四諦為義界品直說法相以擬苦諦行業使三品多論生死之本以擬習諦賢聖所說断結證滅之義以擬滅諦智定土品多說無漏之道以擬道諦自後諸品雜明上事更無別體也於宋元嘉十一年甲戌之歲有外國沙門名曰三藏觀化遊此其人先於大國綜習斯経於是衆僧請

出三藏記集序卷第十　第二十六張　摄字号

令出之即以其年九月於宋都長干寺集諸學士法師雲公譯語法師觀公筆受考校治定周年乃訖鏡以不才謬豫聽末雖思不及玄而時有淺解今謹率所聞以示後生至於折中以俟明哲於會稽始寧山徐支江精舍撰訖

大智釋論序第十九　釋僧叡

夫万有本於生生而生生者無生變化兆於物始而始始者無始然則无生無始物之性也生始不動於性而万有陳於外悔悋生於内者其唯邪思乎正覺有以見邪思之自起故阿含為之作知滯有之由惑故般若為之照然而照本希夷津崖浩汗理超文表趣絶思境以言求之則乖其深以智測之則失其旨二乘所以顛沛於三藏新學所以曝鱗於龍門者不其然乎是以馬鳴起於正法之餘龍樹生於像法之末正餘易弘故直振其道風瑩拂而巳像末多端故乃寄跡凡夫示悟物以漸又假照龍宮以朗搜玄之慧託閑幽秘以窮微言之

妙尒乃憲章智典作茲釋論其開夷路也則令大乘之駕方軏而直入其辨實相也則使妄見之惑不遠而自復其為論也初辭擬之必標衆異以盡美矣成之終則舉無執以盡善釋所不盡則立論以明之論其未辨則寄折中以定之使靈篇無難喻之章千載悟作者之旨信若人之功矣有究摩羅耆婆法師者少播聡慧之聞長集奇拔之譽才舉則亢標万里言發則英辯榮枯常仗茲論焉淵鏡憑高致以明宗以秦弘始三年歲次星紀十二月二十日自姑臧至長安秦王虛衿既已蘊在昔見之心豈徒則悅而巳晤言相對則淹留終日研微造盡則窮年忘惓又以晤言之功雖深而恨獨得之心不曠造盡之要雖玄而惜津梁之勢未普遂以莫逆之懷相與弘兼忘之惠乃集京師義業沙門命公卿賞契之士五百餘人集於渭濱逍遙園堂鑾輿佇駕於洪溙禁禦息警於林間躬攬玄章考正名於胡本諮通律要坦夷路於来踐經



本既定乃出此釋論論之略本有十万偈偈有三十二字并三百二十万言胡夏既乖又有煩簡之異三分除二得此百卷於大智三十万言玄章婉旨朗然可見歸途直達無復惑趣之疑以文求之无間然矣故天竺傳云像正之末微馬鳴龍樹道學之門其淪滑溺喪矣其故何耶寔由二末契微邪法用盛虛言與實教並興嶮徑與夷路爭轍始進者化之而流離向道者惑之而播越非二匠其孰與正之是以天竺諸國為之立廟宗之若佛又稱而詠之曰智慧日巳頹斯人令再曜世昏寢巳久斯人悟令覺若然者真可謂功格十地道牟補處者矣傳而稱之不亦宜乎幸哉此中鄙之外忽得全有此論胡文委曲皆如初品法師以秦人好簡故裁而略之若備譯其文將近千有餘卷法師於秦語大格唯識一法方言殊好猶隔而未通苟言不相喻則情無由比不比之情則不可以託悟懷於文表不喻之言亦何得委殊塗於一致理固



然矣進欲停筆爭是則校競終日卒無所成退欲簡而便之則負傷手穿鑿之譏以二三唯案譯而書都不備飾幸與明悟之賢略其文而挹其玄也

大智論記第二十　出論後

究摩羅耆婆法師以秦弘始三年歲在辛丑十二月二十日至常安四年夏於逍遙園中西門閣上為姚天王出釋論七年十二月二十七日乃訖其中兼出經本禪經戒律百論禪法要解向五十万言并此釋論一百五十万言論初品三十四卷解釋一品是全論其本二品巳下法師略之取其要足以開釋文意而巳不復備其廣釋得此百卷若盡出之將十倍於此

大智論抄序第二十一　釋慧遠作

夫宗極無為以設位而聖人成其能昏明代謝以開運而盛衰合其變是故知嶮易相推理有行藏屈申相感數有往復由之以觀雖冥樞潛應圓景無窮不能均四象之推移一其會通況時命紛謬世道交淪而不深根固蔕寧極以待哉若達開塞之有運

時来非由遇則正覺之道不虚凝於
物表弘教之情亦漸可識矣有大乗
高士厥号龍樹生于天竺出自梵種
積誠曩代契心在兹接九百之運撫
頹薄之會悲蒙俗之茫昧蹈險跡而
弗悋於是卷陰衡門雲翔赤澤慨文
明之未發思怱躍而勿用乃喟然嘆
曰重夜方昏非螢燭之能照雖白日
寢光猶可繼以朗月遂自誓落簮表
容玄服隱居林澤守閑行禪靖慮研
微思通過半因而悟曰聞之於前論
大方無垠或有出乎其外者俄而迴
步雪山啓神明以訢志將歷古仙之
所遊忽遇沙門於巖下請質所疑始
知有方等之學及至龍宮要藏秘典
靡不管綜滞根既拔則名冠道位德
倫三忍然後開九津於重淵朋鱗族
而俱遊學徒如林英彦必集由是外
道高其風名士服其致大乗之業於
兹復隆矣其人以般若經為靈府妙
門宗一之道三乗十二部由之而出
故尤重焉然斯經幽奥厥趣難明自
非達學鮮得其歸故叙夫體統辨其



深致若意在文外而理蘊於辭輙寄
之賓主假自疑以起對名曰問論其
為要也發軫中衢啓惑智門以無當
為實無照為宗無當則神凝於所趣
無照則知寂於所行寂以行智則羣
邪革慮是非息焉神以凝趣則二諦
同軌玄轍一焉非夫正覺之靈撫法
輪而再轉孰能振大業於將頹紐遺
網之落緒令微言絶而復嗣玄音輟
而復詠哉雖弗獲與若人並世叩津
聞道至於研味之際未嘗不一章三
復欣於有遇其中可以開蒙朗照水
鏡万法固非常智之所辨請略而言
生塗兆於無始之境變化攝於倚伏
之場咸生於未有而有滅於既有而無
推而盡之則知有無迴謝於一法相
待而非原生滅兩行於一化映空而
無主於是乃即之以成觀反鑒以求
宗鑒明則塵累不止而儀像可覩觀
深則悟徹入微而名實俱玄將尋其
要必先於此然後非有非無之談方
可得而言嘗試論之有而在有者有
於有者也無而在無者無於無者也



有有則非有無無則非無何以知其
然無性之性謂之法性法性無性因
緣以之生生緣無自相雖有而常無
常無非絶有猶火傳而不息夫然則
法無異趣始末淪虚畢竟同爭有無
交歸矣故遊其樊者心不待慮智無
所緣不滅相而寂不修定而閑不神
遇以斯通焉識空空之為玄斯其至
也斯其極也過此以往莫之或知又
論之為體位始無方而不可詰觸類
多變而不可窮或開遠理以發興或
導近習以入深或闔殊塗於一法而
弗雜或闢百慮於同相而不分此以
絶夫疊凡之談而無敵於天下者也
尒乃博引衆經以贍其辭暢發義音
以弘其美美盡則智無不周辭博則
廣大悉備是故登其涯而無津挹其
源而弗竭汪汪焉莫測其量洋洋焉
莫比其盛雖百川灌河未足語其辯
矣雖涉海求源未足窮其邃矣若然
者非夫淵識曠度孰能與之潛躍非夫
越名反數孰能與之潛漠非夫洞幽
入實孰能與之沖泊哉有高座沙門字

日童壽宏才博見智周羣籍翫服斯論佩之弥久雖神悟發中必待感而應于時秦主姚王敬樂大法招集名學以隆三寶徳洽殊俗化流西域是使其人聞風而至既達關右即勸令宣譯童壽以此論深廣難卒精究因方言易省故約本以為百卷計所遺落殆過參倍而文藻之士猶以為繁咸累於博罕既其實辟大義不和雖味非珍神珠内映雖寶非用信言不美固有自来矣若遂令正典隱於榮華玄樸虧於小成則百家競辯九流爭川方將幽淪長夜背日月而昏逝不亦悲乎於是靜尋所由以求其本則知聖人依方設訓文質殊體若以文應質則疑者衆以質應文則悦者寡是以化行天竺辭樸而義微言近而旨遠義微則隱昧無象旨遠則幽緒莫尋故令翫常訓者牽於近習束名教者惑於未聞若開易進之路則階藉有由曉漸悟之方則始涉有津遠於是簡繁理穢以詳其中令質文有體義無所越輒依経立本繫以問論



正其位分使類各有屬謹與同止諸僧共別撰以為集要凡二十卷雖不足增暉聖典庶無大謬如其未允請俟来哲

出三藏記集序卷第十

出三藏記集序卷第十

校勘記

一　底本，金藏廣勝寺本。九七三頁中原版缺，以麗藏本補。

一　九七三頁中一行及卷末經名「第十」，徑作「第十一」。

一　九七三頁中二行著者，磧、普、南、徑作「梁釋僧祐撰」。

一　九七三頁中六行「品序」，資、磧、普、南、徑作「品經序」。

一　九七三頁中一四行「度記」，資、磧、普、南作「度序」；徑作「度經序」。

一　九七三頁中一五行「度記」，徑作「度經記」。

一　九七三頁中一六行第五字「眦」，徑無。

一　九七三頁中一八行「道挺」，徑作「道梴」。

一　九七三頁下四行第九字「陵」，磧、普、南、徑作「陟」。

一　九七三頁下五行第一一字「闚」，

資、磧作「闕」。

一九七三頁下一六行末字「共」，資、磧、普、南、徑作「赫」。

一九七三頁下一八行第一三字「霊」，磧、普、南、徑、麗作「靈」。

一九七三頁下一九行末字「惟」，資、磧、普、南作「雅」。

一九七三頁下二〇行「能悉」，徑作「悉能」。

一九七三頁下二一行首字「祖」，磧、普作「粗」。

一九七三頁下末行第五字「截」，資、磧、普、南、徑作「戴」。

一九七四頁上二行末字「軌」，磧、徑作「究」。

一九七四頁上四行第七字「納」，磧、普作「細」。同行第一一字「尅」，普、徑作「克」。

一九七四頁上八行第一〇字「矣」，資、徑作「族」。

一九七四頁上一二行第七字「止」，麗作「正」。

一九七四頁上一八行第一三字及頁下七行第一二字「羅」，磧、普、徑作「罹」。

一九七四頁上二二行第二字「開」，資、磧、普、南作「閑」。

一九七四頁上末行「漼碎」，資作「漼辟」，磧、普、南、徑作「淬壁」，麗作「淬碎」。

一九七四頁中四行「友曇」，資、磧、普、南、徑、麗作「支曇」。

一九七四頁中七行第七字「怖」，資、磧、普、南、徑作「希」。

一九七四頁中九行第一二字「賾」，麗作「頤」。

一九七四頁中一四行「喁喁」，資、磧、普、南、徑作「顒顒」。

一九七四頁中一六行「嚴阿祇梨浮調」，資、磧、普、南、徑作「嚴佛調」。

一九七四頁中一八行第八字「記」，資、磧、普、徑作「説」。

一九七四頁中一九行「泥曰」，南、徑作「泥洹」。

一九七四頁下九行第二字「潛」，磧、普、南作「潜」。

一九七四頁下一〇行首字「靡」，資、磧、普、南、徑、麗作「歷」。

一九七四頁下一二行第二字「尚」，資、磧、普、南、徑作「崇尚」。

一九七四頁下二一行第一〇字「汜」，資、磧、普、徑作「汎」。

一九七四頁下二二行第七字「存」，資、磧、普、南、徑作「在」。

一九七五頁上八行第一二字「平」，資、磧、普、南、徑作「卒」。

一九七五頁上一一行「秋露」，資作「鶖露」；磧、普、南、清作「鶖鶖」。

一九七五頁上一五行第八字「滅」，資、磧、普、南作「減」；麗作「滅」。

一九七五頁上二〇行第八字「夫」，磧、普作「天」。

一九七五頁中四行第二字「宜」，資、磧、普、南、徑、麗作「寡」。

一九七五頁中七行第四字「久」，資、磧、普、南、徑作「文」。

一　九七五頁中一二行首字「古」，資、磧、普、南、徑作「支」。

一　九七五頁中一五行第三字「有」，資、普、南、徑作「而有」。

一　九七五頁中二二行第三字「文」，磧作「末」。

一　九七五頁下二行第五字「三」，磧、普、南、徑作「三三」。

一　九七五頁下三行第一二字「目」，磧、普作「自」。

一　九七五頁下四行第一一字「攪」，資、磧、普、南、徑作「覺」。下同。

一　九七五頁下六行第二字「也」，麗無。

一　九七五頁下八行第二字「次」，資、磧、普、南、徑作「決」。

一　九七五頁下九行第四字「向」，普作「四」。

一　九七五頁下一五行第二字「二」，資、磧、普、南、徑作「二十」。

一　九七五頁下二〇行第一二字「微」，資、磧、普、南、徑作「徽」。

一　九七五頁下二一行第一二字「流」，資、磧、普、南、徑作「衆流」。

一　九七五頁下末行第九字「純」，資、磧、普、南、徑作「淳」。

一　九七六頁上三行第四字「旣」，磧、普、南、麗作「既」。

一　九七六頁上三行第八字「任」，磧作「住」。

一　九七六頁上五行第二字「謙」，資、南、徑作「庶」；磧、普作「遮」。

一　九七六頁上八行及一〇行「厚分」，資、磧、普、南、徑作「緒分」。

一　九七六頁上八行第四字「問」，資、磧、普、南、徑作「問分」。

一　九七六頁上一六行第三字「又」，磧、普、南作「制文」；徑作「文」。

一　九七六頁上一八行第一一字「殉」，資、磧、普、徑作「徇」。

一　九七六頁上二〇行第六字「遺」，麗作「貴」。

一　九七六頁上二二行第一三字「惟」，資、磧、普、南作「雖」。

一　九七六頁上末行第四字「資」，資、磧、普、徑作「姿」。

一　九七六頁中二行第二字「誥」，徑作「詰」。

一　九七六頁中四行第六字「王」，資、磧、普、南、徑作「主」。

一　九七六頁中五行第二字「理」，資、磧、普、南、徑作「理趣」。

一　九七六頁中一二行第一二字「悟」，資、磧、普、南、徑作「領悟」。

一　九七六頁中一六行「逞上」，資、磧、普、南作「呈上」；麗作「逆止」。

一　九七六頁中一八行首字「掇」，資、磧、普、南、徑作「綴」。

一　九七六頁中二一行第五字「住」，徑作「主」。

一　九七六頁下三行第二字「復」，磧、南、徑作「腹」。同行第一〇字「知」，資、磧、普、南、徑作「恕」。

一　九七六頁下四行「未詳作者」，磧、普、南、徑作「道安法師」。

一　九七六頁下七行第九字「賓」，資、

磧、普、南、徑作「貳」。

一　九七六頁下九行第一〇字「悳」，資、磧、南、徑作「憲」。下同。

一　九七六頁下一二行第一一字「諸」，資、磧、普、南、徑作「謂」。

一　九七六頁下一五行首字「授」，資、磧、普、南、徑作「援」。

一　九七六頁下一八行第三字「膩」，資、磧、普、南、徑作「貳」；麗作「戒」。同行第一二字「以」，資無。

一　九七七頁上五行第三字「榒」，資、磧、普、南、徑、麗作「析」。

一　九七七頁上五行第九字「百」，磧、普、南、徑作「一百」。

一　九七七頁上一〇行第三字「及」，磧作「反」。

一　九七七頁上一七行第六字「減」，麗作「滅」。

一　九七七頁上一八行第六字「考」，資作「可」。

一　九七七頁上一八行第九字「在」，資、磧、普、南、徑作「存」。

一　九七七頁上一九行第七字「胡」，資、磧、普、南、徑作「梵」。下同。

一　九七七頁上二一行第三字「末」，磧作「宋」。

一　九七七頁中五行「學改字湏蜜」，資、磧、普、南、徑作「學改字婆湏蜜」；麗作「學道改字須蜜」。

一　九七七頁中六行第四字「國」，資、磧、普、南、徑作「圀」。

一　九七七頁中六行第一三字「集」，資、磧、普、南、徑作「撰集」。

一　九七七頁中七行第三字「於」，資、磧、普、南、徑作「别」。

一　九七七頁中九行「深廣度」，資、磧、普、南、徑、麗作「羅深廣」。

一　九七七頁中一二行「滄若」，資、磧、普、南、徑、麗作「滄海」。

一　九七七頁中一四行第九字及一五行第四字「猷」，資、麗作「猶」；磧、普、南、徑作「猷」。

一　九七七頁中一五行第九字「晳」，資、麗作「磬」；磧、普、南、徑作「懿」。

一　九七七頁下一行第六字「轉」，資、磧、普、南、徑作「傳」。

一　九七七頁下七行第一二字「特」，磧、普、南、徑作「持」。

一　九七七頁下八行第五字「經」，資、磧、普、南、徑、麗作「逕」。

一　九七七頁下九行「臭味」，資、磧、普、南作「息味」。

一　九七七頁下一二行第一一字「祜」，資、磧、普、徑作「祐」。

一　九七七頁下一八行夾註「无漏也」，資、磧、普、南、徑作「無漏」。

一　九七八頁上一行第七字「周」，資作「用」。

一　九七八頁上二行第一三字「用」，資作「周」。

一　九七八頁上七行末字「大」，資、磧、普、南、徑作「八」。

一　九七八頁上八行第一二字「未」，徑作「末」。

一　九七八頁中一行末字「恬」，磧作「活」。

一 九七八頁中五行第六字「熟」，資、磧、普、徑作「孰」。

一 九七八頁中九行第九字「似」，資、磧、普、徑作「以」。

一 九七八頁中一〇行第一〇字「云」，徑作「去」。

一 九七八頁中一五行「尋陽」，資、磧、普、徑作「潯陽」。

一 九七八頁中二二行末字「遠」，資、磧、普、徑作「遠法師」。

一 九七八頁下三行「覧極」，資、磧、普、南、徑作「鑒探」。

一 九七八頁下一四行末字「衆」，磧、普、南、徑作「象」。

一 九七八頁下一八行首字「枝」，資、磧、普、南、徑作「肢」。

一 九七九頁上八行末字「實」，資、磧、普、南、徑作「寶」。

一 九七九頁上一二行「三法度」，徑作「三法度經」。

一 九七九頁中二行第五字「隱」，資、磧、普、南、徑作「經」。

一 九七九頁中三行第一〇字「顯」，徑作「以」。

一 九七九頁中五行末字「取」，資、磧、普、徑作「趣」。

一 九七九頁中二二行末字「後」，資、磧、普、南、徑作「後記」。

一 九七九頁下二行第八字「説」，資、磧、普、南、徑作「記」。又第一二字「持」，南、徑作「特」。

一 九七九頁下三行首字「福」，資、磧、普、南、徑、麗作「祐」。

一 九七九頁下一〇行第六字「泰」，資、磧、普、南、徑作「秦建」。

一 九八〇頁上四行末字「晧」，資、磧、普、南、徑、麗作「浩」。

一 九八〇頁上一〇行首字「艽」，磧、普、南、徑作「芃」。同行第六字「念」，資、磧、普、南、徑、麗作「尒」。

一 九八〇頁上一四行第一一字「無」，資、磧、普、南、徑、麗作「爲」。

一 九八〇頁上一五行第三字「剎」，磧作「洲」。

一 九八〇頁上一九行第一一字「万」，麗無。

一 九八〇頁上二二行首字「五」，麗作「三」。

一 九八〇頁中一行第三字「二」，徑無。

一 九八〇頁中五行第一〇字「閉」，資、磧、普、南、徑作「閉」。

一 九八〇頁中一五行第二字「莊」，磧、南、徑作「裝」。同行「倉若」，資、磧、普、南、徑作「滄海」。

一 九八〇頁中一六行「道梃」，徑作「道埏」。

一 九八〇頁中一九行首字「宣」，資、磧、普、南、徑作「定」。

一 九八〇頁中二二行第二字「法」，磧、普、南、徑作「前」。

一 九八〇頁下二行第一二字「軩」，資、磧、普、南、徑作「辯」。

一 九八〇頁下三行第一一字「愽」，磧、普作「傅」；麗作「博」。

一 九八〇頁下四行第一二字「覧」，

資、磧、普、南、徑作「鑿」。

一九八〇頁下八行第七字「谿」，資、磧、普、南、徑作「壑」。

一九八〇頁下一三行第一四字「榮」，資、磧、普、南、徑、麗作「策」。

一九八一頁上二行第二字「斥」，資、磧、普、南、徑作「片」。

一九八一頁上五行「深探」，資、磧、普、南、徑作「探深」。

一九八一頁上五行「奇聞」，麗作「寄聞」。

一九八一頁上六行第四字「東」，資、磧、普、南、徑、麗作「更」。

一九八一頁上六行第一二字「今」，資、磧、普、南、徑作「令」。

一九八一頁上七行第一三字「敝」，資、磧、普、麗作「敝」。

一九八一頁上九行第四字「末」，資、磧作「未」。頁下四行第五字磧、普同。

一九八一頁上末行「美談」，磧、普、南、徑作「美說」。

一九八一頁中四行首字「竟」，資、磧、普、南、徑作「竟至」。

一九八一頁中二行第九字「二」，資、磧、普、南、徑、麗作「三」。

一九八一頁下六行第八字「始」，資作「如」。

一九八一頁下七行第三字「訖」，資、磧、普、徑、麗作「記」。

一九八一頁下二一行「道風」，資、磧、普、南、徑、麗作「遺風」。

一九八二頁上五行第二字「矣」，磧、普、南、徑作「卒」。

一九八二頁上九行第一三字「問」，磧、普、南、徑作「聞」。

一九八二頁上一一行第一〇字「焉」，徑作「爲」。

一九八二頁上末行「律要」，資、磧、普、徑作「津要」。

一九八二頁中三行第九字「蘭」，資、磧、普、南、徑、麗作「簡」。

一九八二頁中八行「滑溺」，資、普、南、徑作「猾弱」。磧、麗作「猾溺」。

一九八二頁中一五行第一二字「牟」，資、普、南、徑作「侔」。

一九八二頁中二〇行「唯識一法」，資、磧、普、南、徑作「唯譯一往」。

一九八二頁下三行第一二字「都」，磧、南、徑作「鄙」。

一九八二頁下五行「出論後」，磧、南、徑作「出後論」。

一九八二頁下一一行「此釋」，徑作「釋此」。

一九八二頁下一八行第三字「代」，磧、普作「伐」。

一九八三頁上四行「積誠」，資、磧、普、南、徑作「精誠」。

一九八三頁上七行第六字「忽」，資、磧、普、南、徑作「惑」。

一九八三頁上一三行第八字「訊」，資、磧、普、南、徑作「訴」。

一九八三頁中一一行首字「聞」，普、南、徑作「問」。

一九八三頁下六行第七字「樊」，資、磧、普、南、徑作「奥」。

一　九八三頁下七行第一三字「不」，資、磧、普、南、徑作「非」。

一　九八三頁下八行第三字「斯」，磧、普、南、徑作「期」。

一　九八三頁下一四行「疊凡」，資、磧、普、南、徑作「疊瓦」。

一　九八四頁上二〇行第六字「開」，資作「閈」。

# 中華大藏經（漢文部分）

## 校勘凡例

一 《中華大藏經（漢文部分）》的底本以《趙城金藏》爲主；《趙城金藏》缺佚，則以《高麗藏》等作底本。各卷所用底本的名稱及涉及底本的其他問題，均在校勘記的第一條中説明。

一 《中華大藏經（漢文部分）》選用的參校本共八種，即《房山雲居寺石經》（石）、宋《資福藏》（資）、《影印宋磧砂藏》（磧）、元《普寧藏》（普）、明《永樂南藏》（南）、明《徑山藏》（徑）、《清藏》（清）、《高麗藏》（麗）。

一 校勘記中的「諸本」，若底本爲金藏，即包括石、資、磧、普、南、徑、清、麗全部八種校本；若底本爲麗藏，則包括石、資、磧、普、南、徑、清全部七種校本。其他情況若用「諸本」，校勘記中則另加説明。

一 校勘採用底本與校本逐字對校的办法，只勘出經文中的異同及字句錯落，一般不加評注。參校本若有缺卷，或有殘缺、漫漶等字迹無可辨認者，則略去不校，校勘記亦不作記録。

一 一經多卷，經名、譯者、品名出現同樣性質的問題，一般只在第一卷出校，並注明以下各卷同；分卷不同時，以底本爲主出校。

一 古今字、異體字、正俗字、通假字及同義字，一般不出校。如：

古今字：宍（肉）；猗（倚）；距（跂）；鉾（矛）；誼（義）等。

異體字：[illegible]（槊）；剎（刹）；皃（貌）；惱（惱）；㝵（碍、礙、閡）等。

正俗字：怪（恠）；滴（渧）；體（躰）；刺（刾）；閑（閒）等。

通假字：惟（唯）；嫉（疾）；頻（嚬、顰）；揣（摶）；尠（鮮）等。

同義字：言（曰）；如（若）；弗（不）等。